Duarte Mendonça

O percurso madeirense da Venerável Irmã Wilson segundo a imprensa regional (1881-1916)

Congregação das Irmãs Franciscanas
de Nossa Senhora das Vitórias

Funchal
2016

FICHA TÉCNICA:

Título: *O percurso madeirense da Venerável Irmã Wilson segundo a imprensa regional (1881 - 1916)*

Autor: Duarte Miguel Barcelos Mendonça

Design gráfico: Duarte M. B. Mendonça

Imagem da capa: Retrato da Irmã Wilson, da autoria de Luís Bernes, publicado no *Heraldo da Madeira* a 23 de junho de 1907

Edição: Congregação das Irmãs Franciscanas de Nossa Senhora das Vitórias - Secretariado da Irmã Wilson

1.ª Edição - Dezembro de 2016

Local de edição: Funchal - Madeira

Impressão: Impresso nos Estados Unidos pela CreateSpace, uma empresa da Amazon.com

ISBN: 978-989-99624-2-2

Depósito Legal: 419871/16

Todos os direitos reservados
© Duarte Miguel Barcelos Mendonça. É expressamente proibida a reprodução na totalidade ou em parte desta publicação, por quaisquer meios, electrónicos ou mecânicos, incluindo fotocópia e outras formas de registo e distribuição de informação.

A Miss Wilson

A Ninfa que nos mata a sede, ninguém há-de
Descobri-la jamais na rocha em que se esconde;
É como a verdadeira, a meiga Caridade
Dá sem saber a quem, e sem saber aonde.

António Feliciano Rodrigues (Castilho)
Últimas Folhas, Funchal, 1912

AGRADECIMENTOS

Gostaria de expressar o meu agradecimento à Ir. Dulce Pinto pelo convite que me endereçou, no princípio de 2016, para elaborar esta obra, a fim de assinalar a efeméride do centenário da morte da Irmã Maria de S. Francisco Wilson, fundadora da Congregação das Irmãs Franciscanas de Nossa Senhora das Vitórias, iniciada no Funchal em 1884.

Agradeço outrossim penhoradamente ao Senhor Presidente da Câmara Municipal do Funchal, Dr. Paulo Cafôfo, por, no seguimento da solicitação que lhe foi apresentada nesse sentido pela Ir. Dulce Pinto, me ter dispensado das minhas tarefas habituais na Biblioteca Municipal do Funchal de modo a poder me dedicar em exclusivo a este fascinante projeto de investigação e (re)descoberta do percurso ímpar da Irmã Wilson na Madeira.

Por último e não menos importante, manifesto o meu reconhecimento à Dra. Alexandra Canha, Diretora da supramencionada Biblioteca, pelo apoio e incentivo a este projeto editorial desde a primeira hora.

A todos, a expressão indelével da minha gratidão.

O autor.

ÍNDICE

Prefácio 1

Introdução 3

1.	**De 1881 a 1890**	5
1.1.	1881	6
1.2.	1883	6
1.3.	1884	9
1.4.	1885	15
1.5.	1886	25
1.6.	1887	33
1.7.	1888	42
1.8.	1889	42
1.9.	1890	44
2.	**De 1891 a 1900**	47
2.1.	1891	48
2.2.	1892	55
2.3.	1893	63
2.4.	1894	65
2.5.	1895	70
2.6.	1896	71
2.7.	1897	78
2.8.	1898	80
2.9.	1899	95

2.10.	1900	99

3. De 1901 a 1910 101
3.1.	1901	103
3.2.	1902	124
3.3.	1903	125
3.4.	1904	129
3.5.	1905	136
3.6.	1906	141
3.7.	1907	156
3.8.	1908	405
3.9.	1909	427
3.10.	1910	438

4. De 1911 a 1916 459
4.1.	1911	459
4.2.	1912	463
4.3.	1913	464
4.4.	1915	464
4.5.	1916	465

Conclusão 475

ANEXOS 479

Anexo I	Lista dos jornais madeirenses consultados para o corpo principal desta obra (entre 1881 e 1916)	481
Anexo II	Cronograma do percurso da Irmã Wilson na Madeira	485
Anexo III	Textos relativos à expansão protestante no Santo da Serra	497
Anexo IV	A obra da Irmã Wilson na Santa Casa da Misericórdia de Santa Cruz segundo Manuel Ferreira Pio	531
Anexo V	Folhetos sobre a *peste balbínica*	537
	1. Contendo referências ao oferecimento da Irmã Wilson para cuidar dos doentes no Lazareto em 1905	537
	2. Da autoria do Feiticeiro do Norte	549
	3. Outros folhetos sobre esta peste	551
Anexo VI	Transcrição do opúsculo "A Tragédia do Lazareto"	569
Anexo VII	Movimento hospitalar do Lazareto em 1907	587

Anexo VIII	Transcrição do capítulo V do livro *Leaves from a Madeira garden*	647
Anexo IX	Evocação da Irmã Wilson entre 1917 e 1966	651
Anexo X	Pagela de 1939 com oração a pedir a beatificação da Irmã Wilson	653
Anexo XI	Notícias referentes à trasladação dos restos mortais da Irmã Wilson de Câmara de Lobos para a capela da Quinta das Rosas em 1939	655
Anexo XII	Notícias referentes à comemoração do 50.º aniversário da morte da Irmã Wilson	657
Anexo XIII	Notícias referentes à comemoração do centenário da morte da Irmã Wilson	663

Bibliografia 677

Nota sobre o Autor da obra 681

PREFÁCIO

"Façamos todo o bem que nos é permitido fazer". Este conselho de Mary Jane Wilson contém uma sabedoria nascida da experiência de vida, marcando a história do povo madeirense no início do século XX.

Duarte Mendonça convida-nos a conhecer um outro lado desta Mulher, aquilo que foi escrito sobre ela, sobre o seu trabalho, permitindo-nos entender o modo como a sociedade civil a via e, sobretudo, sentia a sua ação.

Esta obra pretende, deste modo, coligir aquilo que a imprensa regional publicou acerca do percurso madeirense de Mary Jane Wilson, entre 1881 e 1916. Por outro lado, permite trazer a público aquilo que, de outro modo, permaneceria guardado em folhas de jornais, ao abrigo dos olhares das pessoas comuns.

A antologia anotada de Duarte Mendonça permite-nos, ainda, perceber os contextos, contactar com um tempo diferente do nosso, na medida em que, para além da recolha feita, o historiador põe o leitor em contacto com outras fontes que enriquecerão, naturalmente, o nosso conhecimento desta inglesa que funda uma Congregação na Ilha da Madeira, vive e morre, nesta terra que amou até ao fim.

Um conjunto de fotografias gentilmente cedidas pelo Secretariado da Irmã Wilson e outras compiladas pelo autor ajudam-nos a reconstituir o itinerário da Irmã Wilson, na ilha da Madeira, completando, deste modo, este caminho pela imprensa insular. Por outro lado, o livro oferece-nos um caminho de aprofundamento da vida e obra de Mary Jane Wilson, um autêntico itinerário de fé, cultura e missão sócio caritativa.

Dos diversos anexos, salientamos testemunhos diretos sobre a presença da Irmã Wilson na Ilha da Madeira, marcados pela sua relação com o povo solidarizando-se com os mais fracos, com os doentes, com as crianças e com os idosos.

A obra revela, ainda, informações sobre a vida da Irmã Elizabete Amaro de Sá, sua fiel companheira de missão, cofundadora da Congregação que deixou oloroso rasto de virtudes: persistência, caridade e zelo pela herança recebida.

As celebrações do primeiro centenário da morte da Irmã Wilson são, então, pretexto para a realização deste trabalho que agradecemos: ao Senhor Presidente da Câmara, Dr. Paulo Cafôfo que tornou possível que o Dr. Duarte Mendonça se dedicasse à construção deste honroso tratado de pesquisa, elaboração e edição; à Senhora Diretora da Biblioteca Municipal do Funchal, Dr.ª Alexandra Canha, pelo apoio prestado a este projeto e a todas as pessoas que cederam material recente para os anexos.

Não podemos deixar de registar e demonstrar toda a nossa gratidão ao au-

PREFÁCIO

tor desta antologia que gentilmente nos oferece tão insigne publicação.
    Mary Jane Wilson, a "Boa Mãe", como lhe chamou o Povo congregou boas-vontades, congregou-nos a todos para o Bem-comum.
    Esta obra faz prova da importância que esta Mulher teve na vida desta terra. A imprensa agradeceu-lhe a dedicação, a entrega e o amor ao próximo. Nós, hoje, agradecemos-lhe também a forma como nos ensinou a fazer da nossa vida um lugar de amor.
    A todos os que tornaram possível (mais) este projeto, MUITO OBRIGADA!

Irmã Maria Dulce Gomes de Góis Pinto
Superiora Provincial

INTRODUÇÃO

Há cerca de doze anos atrás, num dia em que deambulávamos pelo Funchal e tínhamos que fazer tempo até chegar a hora agendada para um compromisso casual, algo encaminhou os nossos passos até à Rua do Carmo, no sentido de visitarmos o Museu da Irmã Wilson pela primeira vez. Já tínhamos ouvido falar por alto no nome desta religiosa e, levados pela curiosidade, quisemos saber algo mais sobre ela. Gostámos da visita àquele espaço museológico e, como recordação da mesma, adquirimos um exemplar do livro *Mary Jane Wilson – Roteiro*, da autoria de Abel Soares Fernandes, que posteriormente lemos de fio a pavio. Gostámos particularmente do modo como as matérias estavam expostas e da ênfase que o seu autor deu à apresentação de excertos dos textos das fontes originais. E isso inspirar-nos-ia para os nossos futuros trabalhos editoriais. Longe estávamos nós de imaginar, nessa altura, que volvidos tantos anos seriamos chamados a elaborar um livro sobre a Boa Mãe. Realmente, nada acontece por acaso.

Mas diga-se ainda, em abono da verdade, que este não é o nosso primeiro trabalho sobre a Irmã Wilson, pois há seis anos atrás fomos convidados pela Ir. Diamantina de Freitas, então Superiora Provincial da Província do Coração de Maria, a apresentar uma conferência sobre a fundadora da sua Congregação, no âmbito da comemoração da efeméride do centenário da sua prisão pelas tropas republicanas no Funchal. Intitulada "Madre Wilson e Madre Virgínia - Duas vidas cruzadas com os primeiros passos da República na Madeira", esta preleção foi apresentada na Igreja do Colégio, no Funchal, a 14 de outubro de 2010, perante uma vasta audiência, que encheu por completo aquele templo, sendo a maior que alguma vez tivemos nas muitas conferências que já apresentámos nesta ilha. Podemos mesmo dizer que, paulatinamente, a Irmã Wilson foi abrindo caminhos para que este trabalho tivesse lugar e fosse realizado por nós.

Para a preparação desta obra propusémo-nos a consultar toda a imprensa madeirense balizada entre os anos de 1881 e 1916, os anos em que a Irmã Wilson viveu entre nós. Nesse período publicaram-se cem títulos diferentes, entre jornais diários, semanários ou quinzenários. Pesquisámos todos eles (cf. Anexo I) e, nesse árduo processo, consultámos dezenas de milhares de páginas de jornais, mantidos quer na Biblioteca Municipal do Funchal, quer no Arquivo Regional e Biblioteca Pública da Madeira, com o intuito de recolher e transcrever tudo o que foi publicado sobre o percurso madeirense desta religiosa, da sua Congregação e das instituições a que esteve ligada. Foi um trabalho intenso, e ao mesmo tempo fascinante, de pesquisa em velhos jornais, no qual mergulhámos profundamente no panorama noticioso regional daquela época.

Finda a pesquisa passámos ao não menos moroso trabalho de transcrição dos textos e posterior arrumação dos mesmos por ordem alfabética do nome do jornal e por data, e ainda divididos por anos e por décadas, e de modo a proporcionarmos ao leitor interessado nesta temática uma visão cronológica dos factos e vicissitudes relacionadas com a vida madeirense, digamos assim, de Mary Jane Wilson. No *corpus* destes

INTRODUÇÃO

textos encontrámos um pouco de tudo, desde os textos encomiásticos publicados na imprensa católica, aos neutros, digamos assim, publicados pela imprensa generalista, e aos críticos, divulgados pela imprensa anticlerical, sinónimo da de teor republicano, que nutria um ódio fidagal à Igreja Católica e a todos os seus membros, denegrindo-os regularmente nos seus pasquins.

Terminada essa etapa passámos à recolha e tratamento das imagens que ilustram esta obra. Conforme se poderá constatar, as mesmas não se referem unicamente a esta religiosa e ao seu percurso de vida entre nós mas também ao panorama regional no geral, de modo a ajudar a visualizar melhor os lugares por onde se espalhou a ação benéfica da sua Congregação.

O livro inédito que ora apresentamos é o resultado final de dez meses de trabalho árduo e intenso, realizado a solo. Após termos desenvolvido um projeto editorial semelhante relativamente à presença da Família Imperial Austríaca na Madeira em 1921/22, obra essa editada pela Câmara Municipal do Funchal em 2013, oferecemos agora ao público interessado na obra da Irmã Wilson um novo livro, que seguiu a mesma metodologia de trabalho.

Através da leitura desta obra podemos acompanhar, a par e passo, e dia a dia, tudo o que foi publicado na imprensa regional sobre a Boa Mãe, enquanto esta viveu entre nós. Ao lermos estes textos recuamos no tempo, ao seu tempo e, como que por magia, o passado torna-se presente, e os leitores de hoje podem inteirar-se do que aos leitores de ontem foi dado a ler acerca desta figura que marcou indelevelmente a História da Madeira.

1. De 1881 a 1890

No primeiro capítulo desta obra acompanharemos o percurso de Mary Jane Wilson na sua primeira década passada na Madeira, desde a chegada à nossa ilha em 1881, como enfermeira acompanhando Mr. Fleming, um paciente inglês que procurava a cura das suas maleitas nos ares balsâmicos da ilha, até à sua viagem à Inglaterra em 1890. Nos jornais de 1881 e seguintes não encontramos mais nenhuma referência a este paciente, sendo que, segundo se afirma, teria regressado a Inglaterra algum tempo depois, tendo esta ilustre senhora inglesa, enfermeira diplomada e detentora de uma sólida formação intelectual e moral, que se tinha convertido ao Catolicismo alguns anos antes e pertencia à Ordem Terceira de São Francisco, sido convidada pelo Bispo D. Manuel Agostinho Barreto a permanecer no Funchal, de modo a criar centros de catequese e a colmatar uma lacuna no que respeitava à eduçação feminina de qualidade, numa altura em que o ensino público deixava muito a desejar e os poucos colégios privados destinavam-se sobretudo aos rapazes.

Neste período acompanharemos as notícias da criação, por Miss Wilson, do *Colégio de S. Jorge* e respetiva botica anexa, estabelecida no Palácio de São Pedro, onde então funcionava o *Hotel Sheffield*, com o intuito de facultar uma educação esmerada às filhas das pessoas da alta sociedade funchalense e, com o pagamento das respetivas propinas, ajudar a fornecer medicamentos gratuitamente aos pobres desta cidade. Veremos também algumas referências ao *Orfanato de Santa Isabel*, criado por esta senhora, oriunda da Inglaterra vitoriana, com o intuito de acolher e educar crianças órfãs do sexo feminino. De modo a financiar todas as atividades caritativas em que se envolveu, acompanharemos as notícias alusivas a todas as récitas teatrais, ou até exposições de pinturas, que seriam realizadas de modo a angariar fundos para as mesmas. E neste campo o percurso desta benemérita senhora e da sua importante obra caritativa cruza-se com o da própria história do Teatro na Madeira, que então servia sobretudo para angariar verbas para fins caritativos, e no qual participavam como atores e atrizes pessoas de ambos os sexos, da alta sociedade funchalense, e ainda alguns estrangeiros ilustres que procuravam a nossa ilha para passar largas temporadas.

Com o desaparecimento da *Botica de S. Jorge*, alguns anos após a sua abertura, veremos surgir o *Dispensário Ouchkoff*, aberto pela família russa do mesmo nome, na Calçada da Cabouqueira, que lhe daria continuidade por algum tempo, até ser encerrado definitivamente após a partida desta família nobre rumo ao seu país natal.

Nos seus primeiros anos na Madeira as referências a Miss Wilson enquanto diretora do *Colégio de S. Jorge* e respetiva botica são as mais elogiosas possíveis, sinónimo do respeito que granjeou no meio social local através do seu trabalho exemplar e dedicação a causas nobres, conforme veremos seguidamente.

1. DE 1881 A 1890

1.1. 1881

Mary Jane Wilson chegou à Madeira, pela primeira vez, a 26 de maio de 1881, a bordo do *Taymouth Castle*. Contava na altura 40 anos. AO LADO: Foto de Miss Wilson por altura da sua chegada a esta ilha. *Secretariado da Irmã Wilson*.

[Sem título][1]
Passou anteontem o vapor inglês *Taymouth Castle*, em 5 dias de Dartmouth, de viagem para o Cabo. Trouxe o sr. Fleming e miss Wilson.[2]

1.2. 1883

Colégio de S. José.[3] – Uma estrangeira bastante instruída[4] que se acha nesta cidade, abriu, no acreditado hotel «Scheffield», palácio de S. Pedro,[5] onde se acha residindo, um

---

1 Biblioteca Municipal do Funchal (BMF), *Diário de Notícias*, 28 de maio de 1881. Texto inserido na rubrica "Passageiros".

2 Na p. 393 do livro *Irmã Wilson: Vida - Testemunhos - Cartas*, de Abílio Pina Ribeiro, afirma-se o seguinte: «Em maio de 1881, veio para a Madeira uma inglesa, Irmã da Terceira Ordem de S. Francisco [Miss Wilson], como enfermeira duma jovem senhora, casada, recém-convertida e cuja fé estava em perigo, devido ao isolamento de outros católicos e à influência de enfermeiras protestantes.» Essa jovem senhora seria certamente a esposa de Mr. Fleming, referido nesta notícia, que regressou à inglaterra no verão do ano seguinte.

3 BMF, *O Direito*, 7 de abril de 1883. Texto inserido na rubrica "Seção noticiosa". Lapso do articulista, visto trata-se efetivamente do *Colégio de S. Jorge*, como se vê nos textos seguintes. O *Colégio de S. José* era a denominação de uma escola criada algum tempo antes pelo Bispo do Funchal, D. Agostinho Barreto, para ministrar a educação a rapazes pobres.

4 Tratava-se de Mary Jane Wilson.

5 Entre 1881 e 1882 o *Hotel Sheffield* esteve localizado em diversos lugares no Funchal. Em junho de 1881 Carolina Sheffield transferiu temporariamente o seu hotel da Rua da Carreira para o *Hotel Alemão*, localizado à Rua da Conceição, que também lhe pertencia, e anunciava a sua mudança, a partir de 1 de outubro desse ano para a casa onde anteriormente se situava o consulado americano, à Praça da Constituição. Nesse anúncio também se referia o seguinte: «Dizendo-se que é a senhora Sheffield proprietária de tal hotel, desnecessário é recomendá-lo, porque os seus créditos são atestados por inúmeras famílias respeitáveis que têm residido no hotel daquela estimável senhora.» BMF, *O Direito*, 11 de junho de 1881. Uma notícia posterior à abertura do hotel no edifício sito à esquina da Rua de S. Francisco com a Praça da Constituição, o mesmo jornal referia o seguinte relativamente ao mesmo e à sua proprietária: «Indicar o local do novo hotel e anunciar o nome

Aspeto do Funchal por volta do início da década de 1880, quando Miss Wilson chegou à ilha pela primeira vez. Na paisagem citadina nota-se a ausência do *Teatro D. Maria Pia*, que ainda não havia sido construído, e só seria inaugurado em 1888.

colégio denominado de *S. José*, destinado a ilustrar as crianças. Parece que as meninas pobres são ali admitidas gratuitamente.[6]

---

de sua proprietária e diretora, são mais que recomendações valiosas do hotel Sheffield, que tem por si já o testemunho honroso de notáveis hóspedes que encarecem justamente o excelente tratamento que ali recebem, e a amabilidade de sua digna proprietária.» BMF, *O Direito*, 8 de outubro de 1881. Em junho do ano seguinte é anunciada a transferência deste hotel deste local para o Palácio de S. Pedro, (à época propriedade do Conde de Carvalhal, que naquela altura ocupava o cargo de Presidente da Câmara Municipal do Funchal). Arquivo Regional e Biblioteca Pública da Madeira (ABM), *Diário da Tarde*, 30 de junho de 1882. Notícia posterior refere que o palácio seria arrendado por 800$000 réis anuais. ABM, *Diário da Tarde*, 1 de julho de 1882. Seis dias depois o mesmo jornal referia o seguinte sobre esta mudança de localização deste hotel: «O novo hotel Sheffield à rua de S. Pedro, principia a funcionar no dia 8 do corrente./ A ex.^{ma} sr.^{a} D. Carolina Sheffield fez, como já tivemos a ocasião de dizer, uma magnífica aquisição, arrendando o belo palácio do ex.^{mo} sr. Conde de Carvalhal./ É um edifício que tem acomodações para mais de trinta hóspedes. Tem salas vastas; quartos magníficos./ Aquele palácio fica transformado num dos melhores hotéis do Funchal.» ABM, *Diário da Tarde*, 7 de julho de 1882. Por seu turno, o *Diário de Notícias* do mesmo dia, também se refere em termos elogiosos a esta nova localização deste hotel, fazendo ainda o elogio da sua gerente: «O acreditado hotel da ex.^{ma} sr.^{a} D. Carolina Sheffield que com toda a justiça tão procurado tem sido ultimamente pelos estrangeiros, nossos hóspedes que ali encontram a par de um tratamento sem rival, a afabilidade e os desvelos que fora do seio de suas famílias, raramente encontram, acabou de mudar-se para o palácio do sr. Conde de Carvalhal a S. Pedro. Ali começará a funcionar desde o dia 8 do corrente. Fazer o elogio àquela belíssima casa é uma inutilidade. Damos os nossos parabéns à ex.^{ma} sr.^{a} D. Carolina Sheffield pela bela aquisição que fez, e igualmente os damos aos que forem ali hospedados.» BMF, *Diário de Notícias*, 7 de julho de 1882. No mês seguinte foi publicado na imprensa regional um anúncio deste hotel, nestes termos: «**O HOTEL SHEFFIELD** Acha-se atualmente funcionando no magnífico palácio do ex.º sr. conde do Carvalhal, reunindo toda a espécie de comodidades e vantagens próprias de um hotel de primeira ordem.» ABM, *Diário da Tarde*, 9 de agosto de 1882.

6 A ideia de abrir um colégio privado, onde os alunos pagariam uma mensalidade, e com o lucro gerado também educar crianças pobres cujos pais não podiam pagar pela educação dos seus filhos não era algo de inédito no meio funchalense, visto que um ano antes do anúncio da abertura do colégio da Ir. Wilson, Eduardo de Maciel Brito e Nóbrega, diretor do Real Colégio Luso-Britânico, sito à Rua da Carreira fez um anúncio semelhante, conforme se lê no artigo de jornal intitulado "**Pão do Espírito**", que seguidamente apresentamos: «Prometemos há dias falar da instituição caridosa, criada pelo digno e inteligente professor e diretor do colégio Luso-Britânico – o nosso amigo o sr. Eduardo M. de Brito e Nóbrega, e hoje vamos cumprir a nossa palavra./ O digno professor, condoído da sorte das infelizes crianças, condenadas às privações de uma educação que as tornasse úteis a si e à sociedade, promoveu por meio de bazares, um fundo destinado à criação de uma escola e abrigo para os meninos pobres./ É esta instituição semelhante às que, pelos mesmos meios, têm criado em Portugal senhoras ilustres à frente das quais se vê a excelsa rainha dos portugueses, o anjo da caridade./ [...]/ Na Madeira, pois, a iniciativa da educação para os filhos dos pobres, parte de um obreiro

1. DE 1881 A 1890

Em maio de 1883 Miss Wilson foi a Inglaterra, a bordo do *Trojan*, para tentar trazer para a Madeira uma companheira para a auxiliar nas lides do futuro Colégio de de São Jorge. AO LADO: Anúncio da passagem deste vapor pelo Funchal. *Coleção do autor e BMF, Diário de Notícias, 19/5/1883.*

Mary Jane Wilson regressou ao Funchal em outubro do mesmo ano, a bordo do *Garth Castle*. *Coleção do autor.*

Passageiros[7]
[...] Para Plymouth no vapor inglês «Trojan», foram: Mr. Strang e irmã, mr. Sidebotton e senhora, miss Buckley, major Toome, senhora e 2 filhos, miss Wilson,[8] mr. L. Cossart, senhora, filho e criada; mr. Hardwich, mr. Manford, mr. Fowlere e irmão, mr. MacKenzie, mr. Browning e senhora.

S. Jorge.[9] – É este o título de um colégio para meninas que vai estabelecer nesta cidade Miss Wilson, ensinando-se no mesmo colégio, português, incluindo lavores, inglês, francês, alemão, italiano, música e canto.[10]

---

infatigável da educação, auxiliado também por senhoras ilustres./ É uma instituição santa; tem por fim uma das mais esplendidas manifestações da caridade; o melhor uso que os ricos podem fazer dos bens com que fortuna os contemplou./ E que melhor aplicação podem ter estes do que espalhar a luz da instrução, o alimento intelectual, por sobre as pobres crianças que vivem nas densas trevas da ignorância?/ [...]/ A instituição do sr. Nóbrega é desta natureza: é santa./ Terá as bênçãos das mães pobres, que mal podendo alimentar seus filhos, não lhes podem dar mais... não lhes podem dar o pão do espírito – a instrução./ [...]» ABM, *Diário da Tarde*, 22 de março de 1882.

[7] BMF, *Diário de Notícias*, 26 de maio de 1883.

[8] Nesta viagem a Ir. Wilson foi a Inglaterra para tentar convencer uma companheira da Ordem Terceira de São Francisco a vir com ela para a Madeira com o intuito de auxiliá-la no Colégio de São Jorge.

[9] BMF, *O Direito*, 22 de agosto de 1883. Texto inserido na rubrica "Seção noticiosa".

[10] No mesmo ano é referida a existência de uma escola para crianças pobres, gerida por protestantes, a dois passos do Palácio de S. Pedro, nestes termos: «**Escola dos pobres.** – Na escola de meninas pobres, à rua das Pretas desta cidade, mantida por senhoras estrangeiras (cremos que protestantes) foi distribuído a todas as crianças que frequentam a mesma escola, vestido, camisa, sapatos, etc.» BMF, *O Direito*, 22 de dezembro de 1883.

Baía do Funchal por volta de finais do séc. XIX. O porto da capital madeirense era ponto de paragem para inúmeros barcos que cruzavam os mares, muitos dos quais levavam emigrantes madeirenses para as Ilhas de Sandwich, atual Hawaii, cujo surto migratório começara em 1878, poucos antes antes da chegada de Miss Wilson à Madeira. *Coleção do autor.*

[Sem título][11]

Vieram ontem de Inglaterra no *Garth Castle*, os seguintes passageiros:

Mr. J. Blandy, mrs. Blandy e criada, miss Blandy, mr. Hammington e criada, mr. Leacock, mr. Claudi, miss Wilson, miss J. A. Kent, miss E. M. Kent, master A. E. Ingham, mr. J. H. Phillips, mrs. Phillips, mrs. Clark, mr. F. Falkner.

1.3. 1884

[Sem título][12]

Em seguida damos o quadro das disciplinas que se ensinam no *Colégio inglês de S. Jorge*, estabelecido no palácio do sr. conde do Carvalhal, à rua da Mouraria:

Português: Leitura e recitação de prosa e verso. Gramática e exercícios da língua portuguesa; redação. Aritmética, sistema legal de pesos e medidas; noções de álgebra. Geometria elementar e suas aplicações mais usuais, Geografia, cronologia e história, Moral e história sagrada, em especial

Palácio de São Pedro, onde outrora esteve estabelecido o *Hotel Sheffield*, e onde Miss Wilson residiu e estabeleceu o Colégio de São Jorge e respetiva botica anexa. *Foto do autor.*

---

[11] BMF, *Diário de Notícias*, 17 de outubro de 1883.
[12] ABM, *Diário de Notícias*, 13 de março de 1884.

1. DE 1881 A 1890

Miss Wilson com o traje de professora do Colégio de São Jorge. *Secretariado da Irmã Wilson.*

do Novo Testamento, Caligrafia, Rudimentos de física, química e história natural, Noções de higiene. Canto coral, canto de sala. Ginástica. Trabalhos de agulha e lavores. Música. Desenho, etc.

Além disto haverá mais dois cursos: um de literatura e outro, à parte, para as senhoras que desejarem aprender desenho e as línguas inglesa, alemã, francesa e italiana.

Este colégio pode prestar relevantes serviços à educação da mulher que, entre nós, vive quase completamente entregue à sua própria iniciativa.

[Sem título][13]

A senhora diretora do Colégio de S. Jorge, faz participar a todas as senhoras e cavalheiros da Madeira, que se associou nos seus trabalhos escolásticos a uma senhora de grande experiência na educação.

Esta senhora residiu 22 anos em Paris e 8 na Itália.

Na primeira semana de abril abrir-se-ão no Colégio cursos separados de francês e italiano, tanto para senhoras, como para crianças. Desde hoje até 6 de abril próximo, exceto nos domingos, das 5 às 6 horas da tarde, recebem-se as alunas que quiserem fazer as suas reclamações.

Colégio de S. Jorge, Palácio de S. Pedro.
Funchal, 27 de março de 1884.

Colégio de São Jorge.[14] – Chamamos a atenção das pessoas que podem dar a seus filhos uma brilhante educação, para o anúncio do *Colégio de S. Jorge*, que vai na secção correspondente.

COLÉGIO DE S. JORGE[15]

A senhora diretora do Colégio de S. Jorge, faz participar a todas as senhoras e cavalheiros da Madeira que se associou nos seus trabalhos escolásticos a uma senhora de grande experiência na educação. Esta senhora habitou 22 anos [em] Paris e 8 na Itália.

Na primeira semana de abril abrir-se-ão no colégio, cursos separados de francês e italiano, tanto para senhoras como para crianças.

Desde hoje até 6 de abril próximo, exceto aos domingos, entre as 5 e as 6 horas da tarde, recebem-se as alunas que quiserem fazer as suas reclamações.

Colégio de S. Jorge, Palácio de S. Pedro.
Março 28 de 1884.

---

[13] ABM, *Diário de Notícias*, 27 de março de 1884. Texto publicado na página dos anúncios.
[14] BMF, *O Direito*, 29 de março de 1884.
[15] BMF, *O Direito*, 29 de março e 2 de abril de 1884.

1.3. 1884

Aspeto atual do hall de entrada do Palácio de São Pedro, onde no presente se encontra estabelecido o Museu de História Natural do Funchal. *Foto do autor.*

Crónica do bem[16]

Realiza-se hoje, pelas 4 horas da tarde, no palácio de S. Pedro, um concerto musical no qual tomarão parte obsequiosamente o sr. Ernesto Mascheck,[17] Fran Hertz e miss Rayser, cantora de bastante mérito.

O programa que temos à vista é muito atraente. Executar-se-ão trechos dos melhores autores, de Correlli, Bach, Mendelsohn, Mozart, Roff, Schumann, Lachner, Weber.

Não publicamos este programa na íntegra, porque nos falta absolutamente espaço, pelo que pedimos desculpa a miss Wilson e a quem também agradecemos o seu amável convite para assistir àquela festa.

O produto deste concerto, que promete ser agradabilíssimo, reverterá em favor dos fundos da escola de S. Jorge,[18] estabelecida no referido palácio de S. Pedro.

Estamos certos que poucos serão aqueles que deixarão de contribuir para obra tão meritória.

Veja-se o anúncio respetivo, que adiante vai publicado.

An Amateur Concert[19]

In aid of the funds of S. Georges free dispensary will be given on Wednesday the 7.ᵗ in-

---

16 ABM, *Diário de Notícias*, 7 de maio de 1884.

17 Este homem era professor de música e encontrava-se hospedado no *Sheffield Hotel*, sito ao Palácio de São Pedro. Apresentou o primeiro concerto naquele local, dois anos antes, a 20 de outubro de 1882, três meses após o hotel se ter mudado para aquele local, segundo referem notícias da época: «Principia brevemente no hotel Sheffield as «soirées musicais» nas quais tomarão parte o sr. Ernesto Mascheck e suas discípulas./ A estas pequenas e interessantes festas familiares, só poderão assistir as pessoas que receberem expresso convite.» ABM, *Diário de Notícias*, 7 de setembro de 1882. Outro artigo publicado no mês seguinte neste jornal anunciava o seu primeiro concerto neste hotel: «No dia 20 do corrente realiza-se, numa das salas do magnífico hotel Sheffield, o 1.º concerto clássico dado pelo distinto amador de música, o sr. Ernesto Mascheck./ Vejam o anúncio respetivo.» ABM, *Diário de Notícias*, 10 de outubro de 1882.

18 O produto deste concerto revertia, não para os fundos do Colégio de S. Jorge mas sim para a Farmácia Gratuita de São Jorge, conforme se lê no anúncio do mesmo, em língua inglesa, publicado no mesmo jornal, cuja missão primordial era a de providenciar medicação gratuita aos pobres.

19 ABM, *Diário de Notícias*, 7 de maio de 1884.

Foto antiga do Hospício e seus jardins. *Coleção do autor.*

A 15 de janeiro de 1884 Miss Wilson dirigiu-se ao Hospício da Princesa D. Maria Amélia de modo a solicitar à sua Superiora que lhe cedesse alguém que a ajudasse no Colégio de São Jorge. A recolha recaiu sobre a órfã Amélia Amaro de Sá, que viria a tornar-se na Irmã Maria Isabel. Com este facto assinalou-se a fundação da Congregação das Irmãs Franciscanas de Nossa Senhora das Vitórias. *Secretariado da Irmã Wilson.*

stant at 4 o'clock p. m. at the Palacio de S. Pedro at which Herr Mascheck has kindly consented to play.
Tickets will be sold at the door.
Price 1:000 rs.

Concerto.[20] – Verifica-se hoje no palácio de S. Pedro um esplêndido concerto.
O programa vai na seção competente.

AN AMATEUR CONCERT[21]

In aid of the funds of St. George's Free Dispensary will be given on Wednesday the 7th inst. at the Palacio de São Pedro – at which Herr Mascheck has kindly consented to play. Tickets will be sold at the door. – Price 1$000.

Programme

Trio. Sonate Violin, Violoncello & Piano – *Correlli.*
Herr Mascheck Herr e Fran Hertz. – *Arie* Mein glaubiges Herze – *Bach.* – Fraulein Kaiser Herr and Fran Hertz. – *Violoncello Solo* Sei getren bis in den Tod, Paulus *Mendelsohn.* – Herr & Fran Hertz. – *Arie* Neue Freuden, neue Schmerzen Figaro – *Mozart.* Fraulein Kaiser & Fran Hertz – *Violin Solo* Cavatine *Raff.* Herr Mascheck *Songs* Dichtorliebe *Schuman.* – Fraulein Kaiser Fran Hertz. – *Violoncello Solo* Aufenthalt *Schubert.* Herr & Fran Hertz. – *Song* Waldváglein *Lachner.* Fraulein Kaiser Her's Fran Hertz. *Song* Elkánig *Schubert. Duet* Iubel Ouverture *Weber.* – Fran Hertz' Herr Kron.

Concerto.[22] – Realizou-se no palácio de S. Pedro em benefício do *Dispensário livre de S. Jorge*, que fornece medicamentos aos pobres, instituído nesta terra por Miss Wilson, um ótimo concerto em que tomou parte Mr. Mascheck e outros artistas de merecimento. As músicas eram clássicas, e a execução foi de muito bom desempenho. Todos se houveram perfeitamente, e Mr. Mascheck mais uma vez revelou o seu génio artístico. As árias, principalmente a de Bach pareceram-nos belas, e foram, como era de esperar, artisticamente

---

20 BMF, *O Direito*, 7 de maio de 1884. Texto inserido na rubrica "Seção noticiosa".
21 BMF, *O Direito*, 7 de maio de 1884.
22 ABM, *A Verdade*, 10 de maio de 1884. Texto inserido na rubrica "Seção Noticiosa".

desempenhadas.

O concurso de pessoas foi bastante numeroso, a festa verdadeiramente simpática, e o seu fim essencialmente caridoso.

Crónica do bem[23]

Realizou-se ontem, pelas 11 horas da manhã, com a assistência do sr. bispo do Funchal, a bênção do colégio de S. Jorge, estabelecido no Palácio de S. Pedro.

Fazemos votos pelos progressos desta casa de educação que está no caso de prestar bons serviços a esta terra, se for contemplada com o favor público, com a proteção dos eleitos da fortuna, cujo principal prazer deverá consistir em praticar o bem.

Bênção.[24] – Domingo, 11 do corrente, pelas 11 horas da manhã, realizou-se no palácio de S. Pedro a bênção da escola [de] S. Jorge, e da sua botica, ali estabelecida, cerimónia celebrada pelo nobre prelado diocesano.

À Miss Wilson, digna diretora daquela escola, agradecemos a honra do seu convite para assistirmos àquela festa, à qual, com pesar nosso, não pudemos comparecer.

D. Manuel Agostinho Barreto, Bispo do Funchal, benzeu o Colégio de São Jorge a 11 de maio de 1884. *BMF*, Correio do Funchal, *3/2/1898*.

Benção.[25] – No domingo passado, 11 do corrente, pelas 11 da manhã, teve lugar, no palácio de S. Pedro, a bênção da escola de S. Jorge e da botica ali estabelecida para os pobres, bênção que foi lançada pelo Ex.mo e Rv.mo Prelado diocesano.

Acabada a cerimónia, Sua Ex.ª Rv.ma dirigiu uma breve mas eloquente e comovedora alocução na qual deu a razão do ato que se acabava de praticar e exortou as Ex.mas Sr.as Mestras do Colégio a que cuidassem em dar uma educação sólida e religiosa àquelas criancinhas que lhe eram confiadas, como mimosas e tenras florinhas que começavam a desabrochar, a fim de que não fossem crestadas pelo suão esterilizador e abrasador duma má educação. Às criancinhas presentes também dirigiu o zeloso Prelado algumas palavras tendentes a levar àqueles corações o sentimento do respeito, gratidão e amor para com as suas dignas diretora e mestras.

Aspeto atual da sala do segundo andar do Palácio de São Pedro, onde outrora esteve estabelecido o Colégio de São Jorge, fundado por Miss Wilson, que aliava o ensino das letras ao religioso. A porta ao fundo dá para a antiga capela do palácio. *Foto do autor.*

A sala contígua à capela achava-se repleta de damas nacionais e estrangeiras e de alguns cavalheiros.

Que o Senhor se digne abençoar, pois, tão útil instituto.

---

23 ABM, *Diário de Notícias*, 13 de maio de 1884.
24 BMF, *O Direito*, 14 de maio de 1884. Texto inserido na rubrica "Secção Noticiosa".
25 ABM, *A Verdade*, 17 de maio de 1884. Texto inserido na rubrica "Seção Noticiosa".

1. DE 1881 A 1890

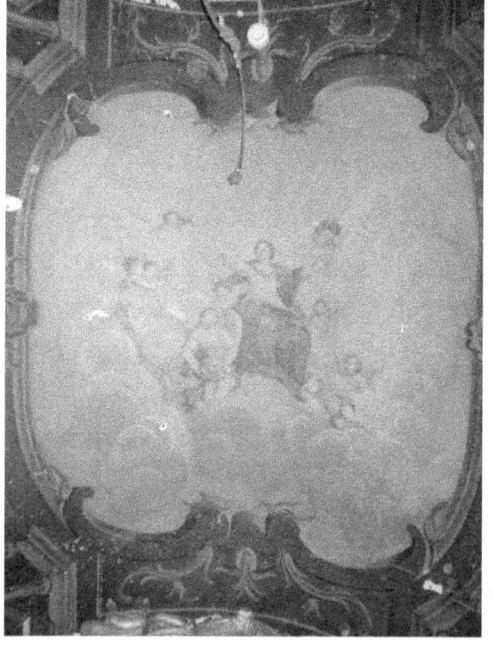

Aspeto atual do altar-mor e teto da antiga capela do Palácio de São Pedro, de invocação mariana, onde Miss Wilson se teria recolhido em oração por diversas vezes. *Fotos do autor.*

[Sem título][26]

Causou-nos verdadeira satisfação a notícia que nos deram acerca dos progressos do novo colégio de S. Jorge, estabelecido no palácio de S. Pedro, um dos mais belos e vastos edifícios do Funchal.

Tem ultimamente aumentado o número das educandas que recebem ali uma instrução variada e sólida, habilitando-se para serem os anjos tutelares da família e dignos ornamentos da sociedade.

Isto não é um *reclame*, uma coisa grosseira e vil que nos inspira verdadeiro tédio. É pura expressão do que pensamos e sentimos.

A sr.ª Wilson, uma dama respeitabilíssima, que está incumbida da direção daquele excelente colégio, desenvolve, no cumprimento dos seus elevados e espinhosos deveres, a autoridade duma verdadeira mãe, que não exclui a ternura incomparável, que adivinha todos os pensamentos, previne todos os desejos, aviventa todas as boas inspirações e anima todas as ideias generosas.

Não recomendamos o colégio de S. Jorge, porque ele está recomendado por si mesmo. É este o seu maior e melhor elogio.

Elogio.[27]

O nosso ilustrado colega do «Diário de Notícias» no seu número de 9 do corrente, referindo-se ao colégio de S. Jorge, estabelecido no palácio de S. Pedro, dirige-se dum modo muito lisonjeiro à sr.ª Wilson, diretora e proprietária daquele estabelecimento de instrução e educação religiosa, louvando a maneiras aliás instrutiva e útil como ali se ministra a instrução religiosa e científica às educandas.

Folgamos registar notícias de tal natureza.

[Sem título][28]

Um cavalheiro que foi ontem de visita ao colégio de S. Jorge, à rua da Mouraria, não se cansa de elogiar o método de ensino, a ordem, o respeito, o asseio daquele importante estabelecimento de instrução.

---

26 ABM, *Diário de Notícias*, 9 de agosto de 1884.
27 ABM, *A Verdade*, 16 de agosto de 1884. Texto inserido na rubrica "Seção Noticiosa".
28 ABM, *O Correio da Manhã*, 12 de setembro de 1884. Texto inserido na rubrica "FUNCHAL".

A mais antiga foto das professoas e alunas do Colégio de São Jorge. *Secretariado da Irmã Wilson.*

[Sem título][29]
Informam-nos que têm aumentado consideravelmente o número de educandas no colégio de S. Jorge, à rua da Mouraria, o que não é para admirar, porque ali tudo contribui para uma educação sólida.

1.4. 1885

SAINT GEORGES HIGH SCHOOL[30]
The Lady Superintendent begs to inform the Residents and Visitors of Madeira that she is arranging French and German classes for Ladies, children of both sexes, and in French for gentlemen also.
Native teachers for both languages, Piano lessons on the German system are also given.
For terms etc. apply to
Palácio de S. Pedro
February – 12 – 1885.

―

A diretora do colégio de São Jorge, faz saber que abriu aulas de francês e alemão para senhoras e crianças de ambos os sexos. – Também tem aula de francês para senhores. As pessoas que ensinam são naturais de França e Alemanha.
Há no mesmo colégio instruções para piano pelo sistema alemão.
Palácio de S. Pedro, 10 de fevereiro de 1885.

---

29 ABM, *O Correio da Manhã*, 4 de outubro de 1884. Texto inserido na rubrica "FUNCHAL".
30 BMF, *O Direito*, 14 e 18 de fevereiro de 1885.

[Sem título][31]

Sabemos que são notáveis os progressos obtidos no colégio de S. Jorge, a que temos aludido, por diversas vezes, com toda a justiça.

BENEFÍCIO[32]

NA QUINTA-FEIRA, **16 do corrente,** verifica-se um sarau musical e dramático, no palácio de S. Pedro, a benefício da botica de S. Jorge, instituição destinada a ministrar medicamentos gratuitamente aos pobres.

Preço da entrada, paga à receção do respetivo, 1$000 rs.

St. GEORGE'S
TREE DISPENSARY[33]

On Thursday next the 18th instant an Amateur Theatrical and musical entertainment will be given at the Palacio de S. Pedro in aid of the funds of the St. George's Tree Dispensary[34] all friends of the seck[35] poor are begged to contribute by their presence to this much needed charite[36] tickets may be obtained at the Palacio de S. Pedro, either before or on the night of the 16th price 1.000 to be paid on entrances.

Récita[37]

Deve realizar-se brevemente, no palácio de S. Pedro, uma récita de distintos amadores, cujo produto deve reverter em benefício da *Botica Gratuita de S. Jorge*, que está prestando valiosíssimos serviços à pobreza.

Não sabemos por enquanto as peças que ali devem subir à cena, mas sabemos que quaisquer que sejam serão desempenhadas pelas ex.^{mas} sr.^{as} viscondessa do Ribeiro Real, D. Júlia Dias, D. Maria Leopoldina da Câmara Leme, e madame Beneden; e os srs. Luís Ribeiro de Mendonça, Beneden e João da Câmara Leme. Suas Altezas os Príncipes de Oldenbourg[38] presidirão a esta simpática festa.

As colunas da nossa folha ficam, pois, à disposição da ilustrada comissão para qualquer publicação que se torne precisa.

Soirée dramática e musical[39]

Já está designado o dia 18 do corrente para a *soirée* dramática e musical que se deve realizar no palácio de S. Pedro, em benefício, como já tivemos ocasião de dizer, da *Farmácia Gratuita de S. Jorge*. Hoje, porém, deve realizar-se o ensaio geral.

As peças que ali devem subir à cena, são as seguintes:

Le Caprice, comédia francesa, desempenhada pelas ex.^{mas} sr.^{as} viscondessa do Ribeiro

---

31 ABM, *O Correio da Manhã*, 18 de fevereiro de 1885. Texto inserido na rubrica "ATRAVÉS DO FUNCHAL – DIA A DIA".

32 BMF, *O Direito*, 11 de abril de 1885.

33 BMF, *O Direito*, 11, 15 e 18 de abril de 1885. Existe um lapso tipográfico no título visto a versão correta ser "FREE DISPENSARY", 'dispensário livre', e não "Tree Dispensary", 'dispensário da árvore'.

34 Cf. Nota anterior.

35 A versão correta é "sick".

36 A versão correta é "charity".

37 ABM, *Diário de Notícias*, 15 de abril de 1885.

38 Segundo refere o *Elucidário Madeirense*, o Príncipe Nicolau Frederico Augusto de Oldenburgo, tenente-general do exército russo, esteve na Madeira durante cerca de dois anos, entre 1884 e 1886, tendo residido na (antiga) Quinta Vigia, e tendo-se tornado muito conhecido entre nós pela vida de fausto e grandeza que ostentava, pelas deslumbrantes festas que realizava na sua residência e ainda pelos atos de filantropia que frequentemente praticava.

39 ABM, *Diário de Notícias*, 17 de abril de 1885.

Real, Beneden e esposa.

Eu ou Tu, comédia portuguesa, desempenhada pelas ex.^{mas} sr.^{as} D. Júlia Dias Ribeiro de Mendonça, viscondessa do Ribeiro Real, D. Maria Leopoldina da Câmara e pelo sr. João da Câmara.

Restaurant, comédia, desempenhada pelas ex.^{mas} sr.^{as} viscondessa do Ribeiro Real, D. Maria Leopoldina da Câmara e pelo sr. Luís Ribeiro.

Consta-nos que haverá também uma cena cómica cujo desempenho parece estar a cargo da ex.^{ma} sr.^a D. Maria Leopoldina da Câmara.

É ensaiadora a ex.^{ma} sr.^a D. Carolina Dias, que por mais duma vez tem conseguido manifestar as provas do seu talento, revelado em profundíssimos conhecimentos da arte de Talma.

A julgar, pois, pela ensaiadora e pelo espírito esclarecido das damas e cavalheiros que tomam parte nesta festa, o desempenho há-de merecer sinceros e gerais aplausos por parte dos espectadores, que cremos serão em grande número.

A soirée[40]

Depois de ter entrado na máquina o primeiro lado do nosso jornal, onde noticiámos a *soirée* dramática e musical, recebemos o respetivo programa que só amanhã podemos publicar.

[Sem título][41]

Realiza-se hoje numa das salas do Palácio de S. Pedro uma soirée musical e récita em que tomarão parte distintos amadores, cujo produto reverterá em benefício da farmácia do colégio de S. Jorge. Achamos feliz a ideia.

Soirée dramática e musical[42]

Publicamos hoje, como ontem prometemos, o programa da festa que hoje se deve realizar no Palácio de S. Pedro e da qual já aqui demos minuciosa notícia.

Soirée Dramatique au benefice[43]
De la pharmacie gratuite de ST. GEORGE sous le patronage de son Altesse Impériale Monseigneur le Prince Nicolas d'Oldenbourg et de madame la Princesse
AU PALAIS DE S. PEDRO
Le 18 avril à huit heurs

———

EU OU TU
Vaudeville en un acte
....

PERSONNAGES:

Fernanda	M.me Júlia Dias Ribeiro de Mendonça
Rosa	M.me la Vicomtesse do Ribeiro Real
Lério	Mr. João da Câmara Leme
Isabel (FEMME DE CHAMBRE)	M.lle Maria L. Câmara Leme

---

40 ABM, *Diário de Notícias*, 17 de abril de 1885.
41 ABM, *O Correio da Manhã*, 18 de abril de 1885. Texto inserido na rubrica "ATRAVÉS DO FUNCHAL".
42 ABM, *Diário de Notícias*, 18 de abril de 1885.
43 BMF, *O Direito*, 18 de abril de 1885.

1. DE 1881 A 1890

— * —

LE CAPRICE
(Par Alfred de Musset)
PERSONNAGES:

M.me la comtesse de Chavigny	M.me Van Beneden
M.me de Léry	M.me la Vicomtesse do R. Real
Mr. de Chavigny	Mr. Van Beneden
Un Domestique	F......

SUZETTE
Monologue par Mlle Maria Leopoldina da Câmara Leme

À procura de casamento
PERSONNAGES:

Adèle de Berincourt (modiste)	M.me la Vicomtesse do R. Real
Pierrot (chemisier)	M.me Júlia Ribeiro de Mendonça
Bonquetière	M.lle Maria L. Camara Leme
Un domestique	Mr. João da Câmara Leme

A soirée dramática[44]

Como tínhamos noticiado, realizou-se no sábado último, no palácio de S. Pedro, a soirée dramática realizada por distintos amadores em benefício da *Farmácia Gratuita de S. Jorge*.

Não nos enganámos, pois, quando, dando notícia desta festa tão recomendável, dissemos que as damas e cavalheiros que tomaram sobre si o pesado encargo da récita, obteriam um êxito completo.

O espetáculo compunha-se das comédias em um ato – *Eu ou Tu*, *Le Caprice*, À Procura dum Casamento, e do monólogo *Suzette*.

Eu ou Tu é uma engraçada comédia em que duas raparigas disputam a primazia do amor dum belo rapaz. Cheia de peripécias engraçadíssimas, realçam ainda muito mais pelo desempenho, que foi surpreendente por parte de todos, tomando parte nele as ex.^{mas} sr.^{as} D. Júlia Dias, viscondessa do Ribeiro Real, D. Maria L. da Câmara Leme e o sr. João da Câmara.

Não especializando pois, ninguém, diremos somente que todos estiveram à altura da ovação franca e sincera, que a plateia a todos dispensou.

Le caprice, é também uma comédia de muito mimo e espírito.

Mme. Beneden, no papel de La Comtesse de Chavigny, que desempenhou magistralmente, teve momentos em que seguiu rigorosamente os preceitos da arte, mormente naquelas transições em que tão bem sabia passar da alegria às lágrimas.

A ex.^{ma} viscondessa do Ribeiro Real, no papel de Mme. Léry, houve-se também à altura duma verdadeira atriz, – muita naturalidade, gesticulação soberba e frases ditas com a graça que provocava constantemente a gargalhada.

Ao Sr. Beneden, coube-lhe o papel de Mr. de Chavigny, papel bastante ingrato mas do qual soube s. ex.^{a} tirar um partido, que a todos agradou.

À procura dum casamento é uma comédia que sobressaiu pelo desempenho, que foi completo, e não pelo espírito e engenho da peça, que nos pareceu medíocre.

A ex.^{ma} viscondessa do Ribeiro Real, que desempenhou o papel da modista, e o sr. Luís

---

[44] ABM, *Diário de Notícias*, 21 de abril de 1885.

SOIRÈE DRAMATIQUE

Au bénéfice de la pharmacie gratuite de St. George, sous le patronage de son altesse impériale monseigneur le Prince Nicolas d'Oldenburg et de madame la Princesse.

AU PALAIS DE SÃO PEDRO.

Le 18 avril à huit heures.

EU OU TU
VAUDEVILLE EN UN ACTE

PERSONNAGES :

FERNANDA	M.me Julia Dias Ribeiro de Mendonça.
ROSA	M.me la Viscomtesse do Ribeiro Real.
LÉRIO	M.r João da Camara Leme.
IZABEL (femme de chambre)	M.lle Maria L. da Camara Leme.

LE CAPRICE
(PAR ALFRED DE MUSSET).

PERSONNAGES :

M.me LA COMTESSE DE CHAVIGNY	M.me Van Beneden.
M.me LÉRY	M.me la Viscomtesse do Ribeiro Real.
M.r DE CHAVIGNY	M.r Van Beneden.
UN DOMESTIQUE	F...

SUZETTE
Monologue par M.lle Maria Leopoldina da Camara Leme.

A PROCURA D'UM CASAMENTO

PERSONNAGES :

ADÈLE DE BERINCOURT (modiste)	M.me la Viscomtesse do Ribeiro Real.
PIERROT (chemisier)	M.r Luiz Ribeiro de Mendonça.
BOUQUETIERE	M.lle Maria L. da Camara Leme.
UN DOMESTIQUE	M.r João da Camara Leme.

Pelo aspeto cuidado da apresentação deste programa e pela borda artística que o decora, supomos que esta teria sido a folha de sala deste espetáculo de beneficência em prol da Farmácia gratuita de São Jorge. *ABM*, Diário de Notícias, *18/4/1885*.

Ribeiro, o do camiseiro, principais protagonistas da peça, deram aos seus papéis um perfeito e completo desempenho, não esquecendo a ex.ma sr.ª D. Maria L. da Câmara Leme e o sr. João da Câmara, que também muito contribuíram para o bom êxito da comédia, que teve a plateia em completa hilaridade.

No intervalo do 2.º para o 3.º ato recitou a ex.ma sr.ª D. Maria L. da Câmara Leme, um monólogo que nos surpreendeu pelo seu completo desempenho. Os *couplets* que, sobre serem engraçadíssimos, foram excelentemente cantados, com aquela voz clara e bem timbrada, valeram-lhe sempre, em cada um deles, estrondosas palmas e aplausos nem merecidos.

A sala achava-se literalmente cheia, e os aplausos, durante toda a récita, foram abundantíssimos: – palmas, bravos, *bouquets*, tudo enfim demonstrou exuberantemente o agrado e a satisfação da plateia, que era composta da nossa primeira sociedade.

A satisfação e o agrado por parte dos espectadores, ainda mais uma vez se manifestou no fim, entre bravos e palmas, em uma chamada geral aos atores e à ensaiadora a ex.ma sr.ª D. Carolina Dias.

Assim, pois, todos quantos concorreram a esta festa de caridade se retiraram satisfeitíssimos, já pelo agradabilíssimo passatempo que vinham de gozar, já por acabarem de contribuir para um fim tão santo e tão justo.

Soirée dramatique.[45] – No palácio de S. Pedro realizou-se no próximo passado domingo uma soirée dramática.

A soirée dramática a benefício da Farmácia Gratuita de S. Jorge[46]

Pelas oito horas da noite do dia 18 de abril, encontravam-se na sala principal do Palácio de S. Pedro, onde está estabelecido o Colégio de S. Jorge, as pessoas mais distintas da sociedade funchalense, a fim de assistirem a uma representação teatral que vários e ilustres amadores davam em benefício da «Farmácia gratuita de S. Jorge».

Debaixo da proteção dos nobres Príncipes Russos ora entre nós, e para tornar essa festa ainda mais luzida, dignou-se comparecer a ela a Sereníssima Princesa de Oldenbourg com a sua comitiva, e, logo depois da chegada desses distintos personagens, deu-se começo ao espetáculo com a representação da peça em um ato, ornada de música, intitulada *Eu ou Tu*, na qual tomaram parte as ex.mas sr.as Viscondessa do Ribeiro Real, D. Júlia Dias de Mendonça, D. Maria Leopoldina da Câmara Leme e o sr. João da Câmara Leme.

Este *vaudeville*, como lhe chamam os franceses, tem cenas engraçadíssimas a par duma crítica um pouco mordaz.

Em seguida tivemos o gosto de ouvir, em francês, a excelente comédia de Alfred de Musset, *Le Caprice*, sendo ela desempenhada pelas ex.mas sr.as Viscondessa do Ribeiro Real, Van Beneden, e Monsieur Van Beneden.

Esta peça, para quem não compreende bem o francês, não lhe dará o valor merecido, mas o seu enredo está repleto de espírito e de fina crítica, e fazendo ver cenas que muitas vezes dão na vida íntima das famílias.

Um monólogo dito pela ex.ma sr.ª D. Maria Leopoldina da Câmara intitulado *Suzette*, e a comédia vaudeville *À procura dum casamento* representada pelas ex.mas sr.as Viscondessa do Ribeiro Real, D. Maria Leopoldina, e ex.mos srs. Luís Ribeiro de Mendonça, e João da Câmara Leme pôs termo à festa.

Como remate da soirée veio no fim desta última peça a ex.ma sr.ª D. Maria Leopoldina ao proscénio, e dirigiu uns *couplets* de agradecimento às pessoas que vindo gozar duma bonita distração, também contribuíram com o seu óbolo para um fim útil e caritativo.

A instituição da farmácia gratuita de S. Jorge, é de grande vantagem para o doente pobre. Quantos dos nossos semelhantes não morrem à míngua de socorros farmacêuticos, por não terem os meios necessários para os comprar?

---

[45] ABM, *A Verdade*, 21 de abril de 1885. Texto inserido na rubrica "Seção Noticiosa".
[46] BMF, *O Direito*, 22 de abril de 1885.

1.4.1885

Aspeto atual da antiga sala principal do Palácio de São Pedro, que outrora funcionou como teatro, onde foram realizados diversos eventos culturais de beneficência de modo a angariar fundos para a Farmácia gratuita de São Jorge. À esquerda, ao alto, ainda se vê a antiga tribuna de honra, onde se sentavam os donos da casa e convidados ilustres para assistirem a récitas teatrais e concertos. Atualmente esta é a maior sala do Museu de História Natural do Funchal. *Foto do autor.*

É mister todavia dizer que os honrados farmacêuticos do Funchal[47] dão muitos medicamentos de graça a uma avultada quantidade dos desvalidos da fortuna, no que, além de prestarem um grande serviço à humanidade, também lhes dá uma satisfação íntima da boa ação que praticam, e isso tanto basta para ficarem compensados pelo desembolso havido. Mas como os pobres na Madeira são muitos, torna-se também necessária que a esmola não pese só sobre a ilustrada classe a que nos referimos, por isso aplaudimos sinceramente a ideia de Miss Wilson, instituindo a botica gratuita que, é verdade, não pode sustentar-se por si só, e dividindo o peditório por todas as classes da sociedade, torna-se a esmola mais suave não sendo ela menos meritória por isso.

Assim, nós, os madeirenses, devemos ser muito gratos à nobre estrangeira que veio criar entre nós um estabelecimento de tanta utilidade prática; e não devemos agradecer menos aos nobres amadores, que no espetáculo a que nos referimos, vieram consolidar, com o produto da sua récita, os fundos do Dispensário [de] S. Jorge.

Todas as damas e cavalheiros que tomaram parte nessa festa de caridade, mereceram os aplausos de todos os espetadores, merecendo especial menção as ex.^{mas} sr.^{as} Viscondessa do Ribeiro Real, D. Maria Leopoldina da Câmara Leme, pela maneira desembaraçada com que diziam os seus papéis e se apresentaram em cena.

O teatrinho estava muito bem ornado; e não merece menos elogio a ex.^{ma} ensaiadora a sr.ª D. Carolina Dias de Almeida, pois s. ex.ª contribuiu poderosamente para o bom êxito da representação.

Repetição[48]

A repetição da Soirée dramática a benefício da Farmácia Gratuita de S. Jorge, terá lugar

---

47 Refira-se, a título de curiosidade, que em 1882 existiam apenas três farmácias no Funchal, segundo refere Ellen Taylor, na sua obra *Madeira, Its Scenery and how to see it*: a *Farmácia Luso-Britânica*, na Rua dos Ferreiros, a *Farmácia Central* e a *Botica dos Dois Amigos*, sita à Rua da Carreira.

48 BMF, *Diário de Notícias*, 23 de abril de 1885.

na sexta-feira 24 do corrente às 8 horas da noite no palácio de S. Pedro.

As pessoas que desejarem assistir a esta récita têm de procurar os bilhetes hoje e amanhã no palácio de S. Pedro, para evitar os erros e omissões que se deram na distribuição dos convites para a representação do dia 18, da parte das pessoas que foram encarregadas de entregar as cartas.

Preço do bilhete pago à entrada 1$000 réis.

Para crianças 500 réis.

[Sem título][49]

A repetição da *Soirée* dramática a benefício da *Farmácia gratuita de S. Jorge* realiza-se hoje, pelas 8 horas da noite, no Palácio de S. Pedro.

As pessoas que desejarem assistir a esta récita têm de procurar os respetivos bilhetes, hoje no Palácio de S. Pedro para evitar-se os enganos e omissões que se deram na distribuição dos convites do dia 18, da parte dos indivíduos que dela foram encarregados.

Chamamos também a atenção dos nossos leitores para o programa de tão simpática festa, que adiante vai publicado.

SOIRÉE DRAMATIQUE[50]
Au benefice de la pharmacie gratuite de St. George, sous le patronage de son altesse Impériale monseigneur le Prince Nicolas d'Oldendbourg et de madame la Princesse.
AU PALAIS DE SÃO PEDRO
LE 24 AVRIL À HUIT HEURES

EU OU TU
VAUDEVILLE EN UN ACTE
PERSONNAGES

FERNANDA	Mme. Julia D. Ribeiro de Mendonça
ROSA	Mme. La Viscomtesse do Ribeiro Real
LÉRIO	Mr. João da Câmara Leme
ISABEL (femme de chambre)	Mlle. Maria L. da Câmara Leme

MONOLOGUE par Mlle. Maria das D. S. da Câmara

LE CAPRICE
(PAR ALFRED DE MUSSET)
PERSONNAGES

Mme. LA COMTESSE DE CHAVIGNY	Mme. Van Beneden
Mme. LÉRY	Mme. La Viscontesse do Ribeiro Real
Mr. DE CHAVIGNY	Mr. Van Beneden
UN DOMESTIQUE	F.

---

[49] ABM, *O Correio da Manhã*, 24 de abril de 1885. Texto inserido na rubrica "ATRAVÉS DO FUNCHAL".
[50] ABM, *O Correio da Manhã*, 24 de abril de 1885.

1.4. 1885

Professoras e alunas do St. George's High School, ou seja, do Colégio de São Jorge. Na foto é visível que algumas educadores ostentam alguns cordofones madeirenses. Esta mesma foto foi publicada no livro *The Madeira Islands*, do americano Anthony Biddle, editado em 1896, em Filadélfia, nos Estados Unidos, acompanhada da legenda "A group of Funchal ladies". Miss Wilson é a terceira senhora da direita para a esquerda. *Secretariado da Irmã Wilson.*

SUZETTE
Monologue par Mlle. Maria Leopoldina da C. Leme

À PROCURA DUM CASAMENTO
PERSONAGENS

ADÈLE DE BERINGOURT (modista) .... Mme. la Viscontesse do Ribeiro Real
PIERROT (chemisier) .... Mr. Luís Ribeiro de Mendonça
BOUQUETIÈRE .... Mlle. Maria L. da Câmara Leme
UN DOMESTIQUE .... Mr. João da Câmara Leme

Preço do bilhete, pago à entrada 1$000 réis.
Para crianças 500 réis.

Soirée dramática[51]

Como já ontem tivemos ocasião de dizer, realiza-se hoje a repetição da récita que há dias teve lugar no palácio de S. Pedro, em benefício da Farmácia Gratuita de S. Jorge, cujo desempenho mereceu da parte dos espectadores o mais lisonjeiro acolhimento.

Desta vez o espetáculo é aumentado com um monólogo que será desempenhado pela ex.ma sr.a D. Maria das Dores Sauvayre da Câmara.

É de esperar que tanto pela qualidade do espetáculo como pelo seu magnífico desempenho a concorrência seja numerosa como da primeira vez.

---

51 BMF, *Diário de Notícias*, 24 de abril de 1885.

[Sem título]⁵²

Agradecemos, muito penhorados, o convite que dirigiu a esta redação a ilustre diretora do *Colégio de S. Jorge* para assistirmos à *soirée* dramática que se realizou ontem no palácio de S. Pedro.

Amanhã falaremos do desempenho.⁵³

Bulletin pour les étrangers⁵⁴

Une splendide *soirée dramatique* vient d'avoir lieu le 18 courant au college de S. Georges – Palacio de S. Pedro – au profit de la farmacie gratuite établie dans le susdit college en faveur des pauvres. C'est sous les auspices des Princes d'Oldenbourg que s'est réalisée cette fête; c'est un nouveau trait de la charité tant de fois signalée de leurs Altesses qui vient rehausser encore l'éclat qui s'attache à leur nom. […]⁵⁵

Soirée dramática⁵⁶

Efetuou-se na noite de sábado, no palácio de S. Pedro, a repetição do espetáculo de que já aqui demos desenvolvida notícia.

Nesta noite, porém, a récita foi abrilhantada com mais dois monólogos: *Le Jeune Homme* pela ex.ᵐᵃ sr.ª D. Maria das Dores Sauvayre da Câmara, e a *Mosca* pelo sr. Luís Ribeiro, duas composições de muito mimo e subido espírito, e que sobretudo realçaram pelo seu completo desempenho.

A concorrência foi diminuta, não faltando todavia aos distintos atores amadores as palmas e os bravos que foram ruidosos durante todo o espetáculo.

O produto desta récita foi, como já dissemos, em benefício da *Farmácia Gratuita de S. Jorge*.

Doente⁵⁷

Está incomodada de saúde a ex.ᵐᵃ diretora do Colégio de S. Jorge, Miss Wilson.

Sentimos bastante pois a sua falta é muito sensível no colégio que tão competentemente dirige.

Restabelecimento⁵⁸

Está em via de restabelecimento miss Wilson, que nestes últimos dias passou bastante incomodada de saúde.

Folgamos em dar esta notícia.

---

52 ABM, *O Correio da Manhã*, 25 de abril de 1885. Texto inserido na rubrica "ATRAVÉS DO FUNCHAL".

53 Na edição seguinte deste jornal, de 28 de maio, não foi publicado nenhuma referência a esta festa, indo todo o destaque para o "bazar-quermesse" promovido na Quinta Vigia, pelo Príncipe d'Oldenbourg, onde este se encontrava hospedado, em favor do Asilo de Mendicidade e Órfãos do Funchal. E antes dessa edição este jornal publicou, inclusivamente, um "Número Extraordinário", a 26 de abril, totalmente dedicado a este grande evento de caridade.

54 BMF, *O Direito*, 25 de abril de 1885. Por esta altura este jornal publicava esta rubrica destinada aos visitantes de língua francesa hospedados na Madeira.

55 Este texto continuava com a referência a uma festa de beneficência, em prol do Asilo de Mendicidade e Órfãos do Funchal, na forma de um Bazar-Quermesse que teria lugar no dia seguinte, na Quinta Vigia, promovido pelo Príncipe Nicolas d'Oldenbourg.

56 BMF, *Diário de Notícias*, 26 de abril de 1885.

57 BMF, *Diário de Notícias*, 22 de maio de 1885.

58 BMF, *Diário de Notícias*, 31 de maio de 1885.

[Sem título][59]

A ilustre diretora do colégio de S. Jorge vai melhor do incómodo de saúde, que a acometeu ultimamente, privando as suas discípulas por algum tempo dos desvelos e das luzes do seu ensino.

Desejamos-lhe breve e completo restabelecimento.

[Sem título][60]

Continuamos a receber as mais lisonjeiras notícias acerca do *Colégio de S. Jorge*.

A sua inteligente e respeitável diretora é incansável em prodigalizar às suas educandas todos os benefícios dum ensino eminentemente moralizador e instrutivo.

É justiça dizê-lo.

Em 1885 o Colégio de São Jorge mudou-se para a Rua das Mercês n.º 25, onde atualmente se encontra instalado o Externato da Apresentação de Maria. *Foto do autor.*

[Sem título][61]

O colégio de S. Jorge mudou-se para a rua das Mercês.[62]

Colégio de São Jorge.[63] – Este colégio que mudou do palácio de S. Pedro para a rua das Mercês, está sendo largamente frequentado, o que muito abona a proficiência não só da digna diretora, como da professora a ex.ma sr.ª D. Maria do Espírito Santo Cabedo, cuja inteligência e aptidão estão justificadas no adiantamento notável das suas discípulas.

A mesma professora vai oportunamente fazer exame complementar, ato que estamos convencidos, fará com a distinção que nos garante a sua inteligência.

1.5.1886

Teatro Esperança[64]

Realiza-se hoje no teatro Esperança uma récita de amadores.

Subirão à cena as comédias: *Um rapto em Sintra, Ideias do sr. Sardinha, Verduras da Mocidade*, e a cena cómica *O Viúvo Inconsolável*.

É de esperar que haja grande concorrência.

---

59 ABM, *O Correio da Manhã*, 9 de junho de 1885. Texto inserido na rubrica "ATRAVÉS DO FUNCHAL".

60 ABM, *O Correio da Manhã*, 13 de agosto de 1885. Texto inserido na rubrica "ATRAVÉS DO FUNCHAL".

61 ABM, *O Correio da Manhã*, 16 de setembro de 1885. Texto inserido na rubrica "ATRAVÉS DO FUNCHAL".

62 Na edição seguinte deste jornal alvitrava-se que o correio do Funchal mudar-se-ia para o Palácio de S. Pedro, que pertencia ao Conde de Carvalhal.

63 BMF, *O Direito*, 3 de outubro de 1885. Texto inserido na rubrica "Seção Noticiosa". Esta mudança seria temporária, devido a obras de conservação no Palácio de S. Pedro, retornando depois ao mesmo edifício, conforme refere Abel Soares Fernandes no seu livro *Mary Jane Wilson – Roteiro*. Ainda segundo este autor, o edifício da Rua das Mercês que albergou o colégio da Ir. Wilson situava-se no n.º 25 daquela artéria.

64 BMF, *Diário de Notícias*, 25 de abril de 1886.

Teatro[65]
No domingo passado em razão da grande chuva que impediu a concorrência ao teatro Esperança não houve espetáculo.
Foi adiado não sabemos para quando.

Récita[66]
É segunda-feira a récita dada por algumas senhoras e cavalheiros da nossa primeira sociedade, no Teatro Esperança, a benefício da farmácia gratuita de S. George e de outras obras de caridade.

Récita[67]
No dia 3 de maio próximo deve realizar-se no teatro *Esperança* uma récita dada por algumas damas e cavalheiros da primeira sociedade funchalense, revertendo o produto das entradas em favor do colégio de S. Jorge.

Teatro Esperança[68]
A récita que devia ter lugar no domingo passado no teatro Esperança foi adiada para o dia 4 de maio.
As peças que sobem á cena são: *Um rapto em Sintra*, *Ideias do sr. Sardinha*, *Verduras da Mocidade* e *O viúvo inconsolável*.
É natural que a concorrência seja bastante.

Récita.[69] – Algumas damas e cavalheiros da nossa mais seleta sociedade dão segunda--feira, 4 do corrente, um escolhido espetáculo no teatro «Esperança», em benefício da Farmácia dos pobres – denominada de S. Jorge, que tão valioso auxílio presta à humanidade enferma, que ali vai implorar medicamentos.

Teatro[70]
Tem hoje lugar no teatro Esperança uma récita de amadores, cujo programa já aqui publicámos. Os bilhetes que no penúltimo domingo foram vendidos, mas que não serviram por não ter havido espetáculo, servem para hoje. Segundo nos dizem os ensaios têm sido bem dirigidos, e portanto deve ter o espetáculo um bom resultado.

[Sem título][71]
A falta de espaço obrigou-nos a adiar para amanhã a publicação dum artigo que recebemos dum nosso amigo acerca do colégio de S. Jorge.
Dá-lo-emos amanhã.

---

[65] BMF, *Diário de Notícias*, 28 de abril de 1886.
[66] BMF, *Diário de Notícias*, 29 de abril de 1886.
[67] ABM, *Jornal de Notícias*, 29 de abril de 1886.
[68] BMF, *Diário de Notícias*, 1 de maio de 1886.
[69] BMF, *O Direito*, 1 de maio de 1886.
[70] BMF, *Diário de Notícias*, 4 de maio de 1886.
[71] ABM, *Jornal de Notícias*, 4 de maio de 1886.

Alunas do Colégio de São Jorge recreando-se nos jardins do Hospício da Princesa D. Maria Amélia. *Secretariado da Irmã Wilson.*

Soirée Dramática[72]

Devia ter-se realizado ontem no teatro *Esperança* uma soirée dramática em benefício da farmácia gratuita de S. Jorge e de outras obras de caridade.

Subiriam à cena, *Judith*, comédia original em 1 ato, na qual tomariam parte as ex.^{mas} sr.^{as} viscondessa do Ribeiro Real, e Maria Leopoldina da Câmara Leme e os srs. Luís Ribeiro de Mendonça e Remy Salvator; *La Serenade*, comédia em um ato, representada pelas ex.^{mas} sr.^{as} viscondessa do Ribeiro Real e D. Maria Leopoldina da C. Leme; *Henriette*, monólogo, por esta última; e a comédia vaudeville em 1 ato, *Un mari dans du Coton*, entrando como personagens a ex.^{ma} sr.^{a} viscondessa do Ribeiro Real e mr. Charles Van Beneden.

Amanhã falaremos do desempenho.

Bulletin pour l'étranger[73]

[...] Avant-hier a eu lieu au théâtre «Esperança», une charmante représentation organisée par les dames de la première société de Funchal, au profit du Dispensaire ou Pharmacie gratuite de S. Jorge. Les personnes qui soutiennent cette pieuse fondation méritent bien les benedictions des pauvres. [...]

Récita.[74] – Foi esplêndida a festa que se realizou na segunda-feira no «Teatro Esperança», em benefício do colégio de S. Jorge e de outras obras de caridade, promovido por distintíssimos amadores da nossa primeira sociedade. O velho teatro transformado em galharda e vistosa sala, elegantemente ornado de luzes e flores, conteve naquela noite tudo o que há de mais distinto no Funchal. No palco receberam as mais calorosas ovações, e a justíssima homenagem aos seus formosos talentos, as damas e cavalheiros que interpretaram brilhantemente as comédias de que se compunha o programa da récita. Essas damas e cavalheiros foram: a ex.^{ma} Viscondessa do Ribeiro Real, D. Maria Leopoldina da Câmara Leme, Mrs. Remy Salvator, Charles Van Beneden e comendador Ribeiro de Mendonça.

---

72 ABM, *Jornal de Notícias*, 4 de maio de 1886.
73 BMF, *O Direito*, 5 de maio de 1886.
74 BMF, *O Direito*, 5 de maio de 1886. Texto inserido na rubrica "Seção Noticiosa".

1. DE 1881 A 1890

As peças que levaram à cena foram: em português *Judite*, e a *Serenata*, comédias em um ato, *Henriette*, monólogo ornado de grandiosa música, e em francês a comédia *Vaudeville*, *Un mari dans du coton*. Todas foram muito aplaudidas.

Pedimos licença para consignar aqui o nome da ensaiadora e autora ou tradutora das comédias, a ex.ma sr.ª D. Carolina Dias de Almeida, uma artista de raça, uma atriz distintíssima, uma cantora exímia, que o Funchal tem aplaudido por vezes, e que o público, que assistiu à récita de segunda-feira, vitoriou também, pela parte que com justiça lhe cabia nas glórias daquela esplêndida noite.

Miss Wilson recebeu diversos elogios, na imprensa madeirense, pelo papel desempenhado no Colégio de São Jorge. *Secretariado da Irmã Wilson.*

COLÉGIO DE S. JORGE[75]

O Colégio de S. Jorge, tem adquirido os bem merecidos créditos de estabelecimento de primeira ordem; e goza essa fama com legítimo direito, porque atingiu o fim de completar a educação da mulher madeirense, preenchendo uma lacuna que de há muito existia no nosso sistema de educação.

A ilustre diretora do Colégio de S. Jorge, a Ex.ma Sr.ª Wilson, é credora de altos encómios, como instituidora de tão simpática, quão útil casa de educação.

Às educandas confiadas à educação esmerada de S. Ex.ª, grava-se-lhes pelos corações juvenis, com mão firme e certeiro buril, a Fé sem os exageros do fanatismo; cria-se ali a mulher religiosa, mas para Deus e para a família; apontam-se-lhes os erros do mundo, mas não se lhes veda a sociedade: entrelaça-se-lhes, como a hera à cruz, o amor de Deus e do santuário do lar.

Prepara-se ali a mulher como filha, e mostra-se-lhe o futuro, na alta missão de esposa e mãe.

Prepara-se ali a mulher para afrontar as alternativas da vida social, ilustrando-a como escudo contra os grandes obstáculos que a mulher encontra do berço ao túmulo, ou habilitando-a a ser distinta nas regiões sociais onde o destino a levar.

E quem melhor pode imprimir nesses corações tenrinhos os deveres da mulher; quem pode ensaiar-lhes, com mais proficiência, os primeiros voos de pombas?

A ilustre diretora do Colégio de S. Jorge, é tida pela boa sociedade como senhora de uma ilustração distinta, e conhece as prendas que devem tornar um coração um cofre, porque na alta missão de irmã caritativa, tem penetrado até onde vai a caridade enxugar lágrimas e matar a fome, aonde habita a miséria e aonde é mister fazer prevalecer pela educação e pelo exemplo a virtude e a honra.

Além da preparação moral que ali recebem as colegiadas, recebem a educação literária dos nossos cursos, saindo as educandas do Colégio de S. Jorge, mulheres ilustradas e corretas companheiras do homem, a quem têm de acompanhar, ou no fausto da opulência e da glória, ou na pobreza herdada dos menos favorecidos, onde a missão da mulher é mais augusta e melindrosa como filha, como esposa e como mãe.

O.

---

[75] ABM, *Jornal de Notícias*, 5 de maio de 1886. Este texto encontra-se precedido da seguinte frase introdutória: «Em seguida publicamos o artigo que nos foi enviado e a que ontem aludimos.»

Soirée Dramática[76]

Pode dizer-se, sem exageração, que foi bom o desempenho da récita que se verificou segunda-feira última no teatro *Esperança*.

As ex.^{mas} sr.^{as} viscondessas do Ribeiro Real e D. Maria Leopoldina da C. Leme revelaram-se amadoras distintas: muita naturalidade, graça e correção.

Foram entusiasticamente aplaudidas por um público escolhido.

O monólogo, que está bem feito, foi recitado deliciosamente pela ex.^{ma} sr.^a D. Maria Leopoldina da C. Leme.

Do desempenho dos cavalheiros, só diremos que o sr. Luís Ribeiro de Mendonça, chegou por vezes a iludir, fazendo-se passar por um ator de profissão, quando é certo que ele se acha afastado do palco há muitos anos.

A concorrência foi muito regular.

A RÉCITA NO Teatro Esperança NA NOITE DE 3 DO CORRENTE[77]

[...] Mas vamos à festa de 3 do corrente. Sobe o pano.

Judite. Uma condessinha que se aborrece longe do marido, que não tem um papagaio ou um *King-charles* para distrair-se e apenas um D. Simão atencioso, afável, todo cortesia, todo préstimos, e que uma bela noite, deixando-se arrastar por aquele *tic* aventureiro e caprichoso que habita as cabecinhas de todas as senhoras mulheres, lança-se numa aventura um pouco perigosa num baile de máscaras, e entontece um adido à legação francesa, que daquela data em diante fica perdido de amores por ela. E agora o temos, o apaixonado francês, penetrando em casa da condessa, que desconfia ser a sua *Judite*, e daqui, umas cenas perigosas em que talvez iria soçobrar a leviana condessinha, se uma carta salvadora do marido lhe não anuncia a sua próxima chegada, pondo em debandada o inimigo, que recua vendo que a praça vai ser socorrida.

Um ligeiro enredo, uma pequenina comédia de sala, mas que ainda assim dá lugar a graciosas cenas, e mais graciosas e mais atraentes, executadas como foram, por tão distintos amadores.

A ex.^{ma} sr.^a Viscondessa do Ribeiro Real no papel de condessa foi muito distintamente, e nos diálogos em francês com o adido da delegação, foi duma finura de verdadeira atriz, pronta no remoque, felicíssima na declamação, dum trabalho verdadeiramente artístico, como dificilmente se encontra numa simpres amadora. Não fosse ela filha do nobre Conde de Carvalhal...

Mr. Remy Salvator, um correto apaixonado duma *Judite* desconhecida, um pouquichinho *gauche* quando vacila ainda nas incertezas de quem será a sua *Ella*, e *hardi* como depois convém, a quem conhecendo o inimigo, avança para ele com a cobiça dos louros de vitória. D. Simão, (Luís Ribeiro) um belo tipo do prestimoso amigo de casas fidalgas, francamente, mais *natural* no teatro do que *naturalmente* é cá fora. Um *ensemble*, pois, do precioso efeito e que soube colher justíssimos e calorosos aplausos.

---

[76] ABM, *Jornal de Notícias*, 5 de maio de 1886.

[77] BMF, *O Direito*, 8 de maio de 1886. Texto inserido na rubrica "Folhetim". Devido ao sucesso alcançado por esta récita, a mesma seria repetida, alguns dias depois, em prol de outra instituição caritativa do Funchal, segundo se lê na edição de 19 de maio deste mesmo jornal: «**Récita**. – Consta-nos que as nobres damas e cavalheiros que, na noite de 3 do corrente, realizaram no teatro *Esperança* uma esplêndida récita a benefício da farmácia de S. Jorge, repetem [em] breve o espetáculo a benefício do «Asilo de Mendicidade e órfãos» desta cidade.» Outro jornal da época também se referiu a esta repetição, em duas edições diferentes, nestes termos: «**Récita** – Parece que há a ideia de levar à cena, pela segunda vez, no teatro *Esperança*, a récita que ali se realizou há dias em benefício da farmácia de S. Jorge./ Desta vez o produto da espetáculo reverterá em benefício do *Asilo de Mendicidade e órfãos*./ Louvamos muito semelhante ideia.» ABM, *Jornal de Notícias*, 9 de maio de 1886; «**Teatro** – Sábado próximo [22 de maio] efetua-se no teatro *Esperança* a repetição da récita que há tempos teve ali lugar em benefício da farmácia do colégio de S. Jorge./ Desta vez o produto da récita reverterá em benefício do *Asilo de Mendicidade e Órfãos*.» ABM, *Jornal de Notícias*, 19 de maio de 1886.

*
* *

Caramba! Viva tu madre!...

Estamos em plena Granada, a terra da beleza, como diz a canção:

> *Para beleza Granada,*
> *Para elegancia Paris,*
> *Para canciones Triana,*
> *Para toreros Madrid.*

São duas irmãs, ambas filhas da bela Granada, loucas ambas pelos melodiosos sons da guitarra por horas mortas da noite, e ambas apaixonadas por um Alma viva desconhecido, que lhes vem, sob os floridos balcões, gemer umas trovas de amor melodiosas e ternas.

Ambas se julgam amadas, ambas o querem para si, ambas se deixam arrastar pelo quente temperamento de belas filhas da Espanha, e, daqui, umas deliciosas cenas de costumes espanhóis, onde o *salero* faísca em cintilações caprichosas e nos impele a gritar cá da plateia num entusiasmo de *aficionado: Caramba! Viva tu madre!*

Mercedes, (Ribeiro Real) a viuvinha que ainda quer provar mais uma vez da taça do matrimónio e *Juanita*, (D. M. Leopoldina da Câmara Leme) a solteirinha que corre atrás da taça onde ainda não pôs os lábios, deram-nos uma reprodução maravilhosa das filhas de Granada, um quase nada *toquées* para os nossos hábitos de *gatos-pingados* da seriedade, mas verdadeiras, mas nítidas de naturalidade, como convém a raparigas que se aquecem ao sol que doira os rendilhados de Alhambra e lhes corre ainda nas veias o sangue das Fátimas e dos abencerragens.

Depois, o encanto quebra-se.

À voz amorosa do cantor da *serenata* vem juntar-se um soprano feminino. É o copo de água sobre a fogueira que prometia incendiar o coração das duas irmãs, *Pobresitas!* A ilusão foi-se!... É recomeçar, formosas *hijas de Granada!* Amanhã virá outro e a guitarra gemerá mais uma vez, acompanhando a cantiga:

> *Te quiero mas que al vivir*
> *mas que a la tierra y el cielo*
> *mas que a mi padre y mi madre,*
> *ya mas querer-te no puedo!...*

*
* *

Que graciosa cena cómica, *Henriette*! Que deliciosos bocadinhos de música, que letra tão adequada a ela e que vocalização tão de molde a dar-lhe o *cachet*, o encanto, a graça especial que ela exigia!... Uma encantadora surpresa!

Uma criadinha brejeira dum barão bronco e tapado, possuidor dumas filhas *idem*, vem dizer-nos que há festa em casa naquela noite, e a propósito, ao inverso do que as senhoras criadas costumam fazer, põe-nos ali em pratos limpos o viver da casa, as qualidades do barão, a formosura das filhas e entra até pelos convidados, com uma irreverência muito para agradecer-lhe, porque tudo isto é dito com um «entrain» delicioso e com uma graça picaresca, de nos fazer morrer de riso.

Não creio que uma atriz de profissão possa fazer melhor aquela «Henriette» do que a fez Ex.ma Sr.a D. M. Leopoldina da C. Leme.

A sua voz bem timbrada ataca aquela música ligeira e alegre com umas maliciosas reticências, com umas vocalizações vivas que, fazem dela uma cantora do género, de subido mérito, e na parte recitativa as mesmas qualidades tornam-na uma admirável «soubrette». O entusiasmo que soube arrancar de todo o teatro, os aplausos com que foi coroado o seu

Mary Jane Wilson convertera-se ao Cristianismo alguns antes antes de chegar à Madeira, e era membro da Ordem Terceira Franciscana. Quando residiu no Palácio de São Pedro, situado junto à igreja com a mesma invocação, utilizava aquele templo religioso para seguir os seus preceitos religiosos, entre os quais o acompanhamento de antigas procissões ali realizadas, como estas que estas imagens ilustram. *BMF*, Madeira: Old and New, *Londres, 1909.*

«trabalho», mostram evidentemente que não há exagero na apreciação que aí fica.

E cabe aqui também um bravo sincero e justíssimo à autora, ou «arregladora» daquela formosa «bluette», em que imprimiu todas as altas qualidades artísticas que a distinguem, e onde, a par dum espírito aristocraticamente fino, soube pôr uma encantadora música, tão de feição a exprimir a graça sedutora daquela «Henriette» excecional. Um bravo pois à ex.ma sr.a D. Carolina Dias de Almeida.

*

Uma comédia de maior fôlego – «Un mari dans du coton». Uma «charge» preciosa ao idealismo insaciável dos maridos «déclassés». Um sujeito que busca no matrimónio a realização de todas as suas aspirações de solteiro «blasé» e que ao contrário do que a sua imaginação lhe disse, vai encontrar uma gentil «managère» pródiga de carinhos e atenções serenas, que lhe arranja um «home» encantador mas duma tranquilidade que lhe espicaça os nervos e o torna um marido «infeliz», visto através do ideal que ele arquitetara. Ela cerca-o de cuidados, arranja-lhe uns pratinhos saborosos e bons, mas ele, o insaciável, quer mais, quer… uma coisa que ele nem mesmo sabe bem o que é. Ela «n'a pas du chic!»… Então a mulherzinha empreende uma campanha admirável para conquistar aquele marido. Desde o sentimentalismo baboso e piegas até ao cachação duro e realista, desde o capricho aventureiro até o ciúme provocador, desde o ataque de nervos até ao suicídio estapafúrdio e romântico, «Cezarine», a esposa, percorre toda a escala dos grandes recursos que toda a mulher tem no seu arsenal, e por fim, conquista-o, vence-o, trá-lo aos seus pés por uma orelha, e estabelece finalmente, naquele interior tempestuoso, a serenidade e a paz dos legítimos e verdadeiros «ménages». Vence enfim, a «santa companheira»!...

Os dois amadores que representaram este «vaudeville» - a ex.ma sr.ª Viscondessa do Ribeiro Real e Mr. Van Beneden, souberam vencer as escabrosidades dos seus papéis, e dar-lhes uma interpretação digna dos aplausos com que foram vitoriados. Aquela «Cezarine» não foi uma simples amadora. Houve ali muita arte, muita distinção, uma manifestação esplêndida dos recursos que possui aquela nobre descendente dos atores-amadores de 1865 e a que me referi no princípio destas linhas. Aquele glorioso pai, o «Horace» de outrora, que levou a vida a «grand train», ali, inutilizando agora pelos golpes da doença, como havia de sentir-se feliz ao reviver triunfante na gentilíssima filha!...

*

Bravos, aplausos, «bouquets» sem número, acolheram os distintos amadores, durante toda a récita. E melhores do que esses bravos, esses aplausos, essas flores, tiveram eles as bênçãos dos pobres que socorreram e a satisfação íntima de terem brilhantemente concorrido para uma bela obra de caridade.

*

Eis atados um ao outro os dois extremos do meu rosário de 21 anos. O «croniqueiro» de outrora ressuscitou hoje à voz duma saudade, que a «récita» de segunda-feira teve o condão de fazer reviver-lhe.

Abençoada noite que me deu a maior consolação que é dada a velhos sentir, – o recordar!...

S...

Teatro Esperança[78]

Realizou-se na segunda-feira 3 do corrente o espetáculo que algumas damas e cavalheiros da aristocracia promoveram em benefício da farmácia gratuita de S. Jorge.

Apesar de termos recebido bilhete para este espetáculo os afazeres do professorado não nos permitiram assistir a ele, mas passámos o bilhete a um amigo, visto o fim humanitário a que o produto desta soirée se destinava.

Todas as pessoas que assistiram e a quem pedimos informações sobre o desempenho das diversas comédias representadas são concordes em afirmar que elas tiveram por parte de todos os amadores uma interpretação magnífica.

Daqui enviamos pois os nossos sinceros parabéns a todas as damas e cavalheiros que entraram nesta récita. [...]

Festa infantil[79]

Amanhã, miss Wilson, no louvável costume de aliar a sólida instrução que ministra às crianças com os divertimentos que as distraem, reúne no seu colégio, no Palácio de S. Pedro, umas sessenta destas crianças para um brinquedo próprio para a idade das mesmas, em uma festa infantil.

Não se poupa, a distinta educadora, em proporcionar às crianças os atrativos que as cativam e entusiasmam.

É na verdade um colégio que muito bons serviços tem prestado à instrução das crianças.

---

[78] ABM, *O Povo*, 8 de maio de 1886. Texto inserido na rubrica "DISPERSOS".
[79] ABM, *Diário de Notícias*, 18 de novembro de 1886.

Alegria[80]

O divertimento infantil que se realizou no colégio de miss Wilson, ao palácio de S. Pedro, foi muito animado e correu com a alegria que sempre se nota em corações puros e juvenis.

1.6.1887

To the charitable[81]

An advertised notice appears in the *Diario* of the 20th instant referring to a Bazaar to be held in aid of Mrs. W. Smart's «Portuguese Mission School».[82]

Those not truly informed about the poor Schools of Funchal, and desirous of assisting the poor children here, ought to be informed that every parish in Funchal has gratuitous schools under Government, both for boys and girls: also, that there are private poor schools established under ecclesiastical and civil authority, such, for instance, as those of the *Rua Santa Maria*, of the *Rua do Bispo*, of the *Hospicio*, and others. Moreover, there is evidence that one of the main objects of the so-called *Mission* School is *proselytism* amongst the Catholic poor, and, of this, the very large majority of the English Colony entirely disapprove.

An Englishwoman.[83]

Imagem de Nossa Senhora das Vitórias, junto da qual Miss Wilson rezou pedindo o dom da fé. Obtida esta, esta inglesa nascida na Índia sempre teria uma predileção especial por esta Senhora e adotou o seu nome para batizar a Congregação das Irmãs Franciscanas de Nossa Senhora das Vitórias, por si estabelecida no Funchal em 1884. *Secretariado da Irmã Wilson.*

Distribuição de prémios[84]

Realizou-se anteontem, pelas 2 e meia horas da tarde, no Colégio de S. Jorge, a distribuição de prémios às alunas que mais se têm distinguido no curso do mesmo colégio.

Assistiram a este ato muitas damas e cavalheiros desta terra e alguns estrangeiros, assim como também o revd. Prelado, que presidiu à festa.

---

80 ABM, *Diário de Notícias*, 21 de novembro de 1886.

81 BMF, *O Direito*, 22 e 26 de janeiro de 1887. Texto inserido na rubrica "Anúncios".

82 Este anúncio também foi publicado na edição de 26 de janeiro d'*O Direito*, nestes termos: «**A sale of work** And other useful articles will be held on Friday 28th January 1887 at 183 Rua dos Ferreiros, Funchal, in aid of free meals for poor children who attend Mrs. W. Smart's Portuguese Mission School. **BAZAR** D. Elisa Smart deseja prevenir as pessoas da sua amizade e ao público que o bazar a benefício dos meninos da sua escola terá lugar no dia 28 do corrente na casa n.º 183 à rua dos Ferreiros, começando às 11 horas da manhã – entrada 50 réis.»

83 Não conseguimos apurar se este texto fosse ou não da autoria de Mary Jane Wilson. No entanto, refira--se que o mesmo deu início um animado "despique" entre a sua autora, que defendia o Catolicismo, e outro interlocutor, que defendia a expansão do Metodismo, popularmente designado por Calvinismo, que se prolongou em diversas edições seguintes deste jornal com apresentação de argumentos e contra-argumentos de parte a parte.

84 BMF, *Diário de Notícias*, 24 de abril de 1887.

Principiou esta festa, na qual só tomaram parte as educandas, por uma marcha de Mendelssohn, a *Wedding March*, que foi perfeitamente executada pelas meninas D. Maria da Conceição Almeida e misses Mabel e Dora Wilkinson.

Em seguida representaram a engraçada comédia *Pia Angélica*, própria para crianças, na qual tomaram parte, e muito bem, as meninas D. Clotilde de Oliveira, D. Maria da Câmara e Vasconcelos e D. Isabel da Câmara e Vasconcelos.

Passou-se depois a ouvir um dueto, tocado ao piano, dos *Sinos de Corneville*, mimosamente executado por misses Mabel e Dora Wilkinson, a que se seguiu uma engraçada comédia, *A mascarada infantil*, também obra para ser executada por crianças, em que desempenharam bem os seus papéis D. Maria da Câmara e Vasconcelos, D. Isabel da Câmara e Vasconcelos, e D. Carolina Mendonça. Foi acompanhada nos *couplets* ao piano, com uma fantasia de Weber por miss G. M. Wilkinson.

A ensaiadora foi a inteligente e interessante D. Maria Leopoldina da Câmara, cujo merecimento já todos viram brilhantemente confirmado em uma simpática festa que há tempos se deu no *Esperança*, a benefício do Asilo, e desta mesma escola.

Em seguida, passou-se à recitação da *Caridade*, na qual tomaram parte D. Augusta Pereira e miss Mabel Wilkinson.

D. Henriqueta Gonçalves tocou também muito graciosamente ao piano, a solo, a *Calabraise*, de Rosenhain.

Teve então lugar a distribuição dos prémios e fitas às alunas que miss Wilson indicava, sendo-lhe entregues pelo rev.mo prelado e por ilustres damas a quem a mesma distinta professora convidara para a distribuição, relativa ao curso de doutrina, seguindo-se a recitação em inglês da poesia de Walter Scott, *Breathes there a man with soul so dead*, por D. Isabel da Câmara e Vasconcelos, passando-se à distribuição dos prémios e fitas relativos aos cursos de inglês e francês.

Em seguida, a pedido de miss Wilson, o rev.mo prelado encerrou a sessão dirigindo palavras incitadoras e de congratulação para com as famílias das alunas, a estas e à sua professora, encarecendo a necessidade da instrução.

Terminou esta festa pelas 5 horas da tarde, deixando uma simpática impressão nos ânimos dos que a ela assistiram, porque todos se entusiasmam com os progressos do *Colégio de S. Jorge*, que tantos serviços está prestando à instrução da Madeira.

Exame[85]

Fez sábado exame no liceu nacional desta cidade, de instrução primária, miss Wilkinson, uma menina de nacionalidade inglesa, filha do falecido sr. Frank Wilkinson.

É a primeira menina inglesa que foi examinada no liceu desta cidade.

Fez um exame bastante distinto, pelo que lhe endereçamos os nossos parabéns.

Lecionou-se no colégio de miss Wilson.

Récita infantil[86]

Realiza-se hoje, no colégio de S. Jorge, habilmente dirigido por miss Wilson, uma récita infantil a benefício das órfãs da escola de Santa Isabel,[87] e em que tomam parte as educan-

---

[85] BMF, *Diário de Notícias*, 25 de abril de 1887.

[86] BMF, *Diário de Notícias*, 30 de abril de 1887.

[87] Trata-se da *Orfandade de Santa Isabel*, que Mary Jane Wilson fundara, provavelmente na Quinta do Salvador, no Livramento, sendo esta uma casa de educação para meninas órfãs e abandonadas, onde também lhes era ministrada a catequese. Acerca desta instituição, que cremos não ter tido um carácter oficial como teve o *Colégio de São Jorge*, esta é a primeira notícia que conseguimos encontrar na imprensa da época. Cremos também que por esta altura as suas alunas foram integradas neste colégio visto que em notícias posteriores encontramos referência à *Orfandade de São Jorge*. Num documento redigido no Funchal e intitulado "**A orfandade de Santa Isabel**", datado de 12 de agosto de 1888, e publicado no livro *Mary Jane Wilson – Roteiro*, de Abel Soares Fernandes, pode ler-se o seguinte sobre esta obra da Ir. Wilson: «As Irmãs de S. Francisco estabeleceram no Funchal, na Ilha da Madeira, um colégio para meninas onde se ensinam todas as matérias

das do colégio que a ilustre professora tão dedicadamente rege.

É de esperar grande concorrência, atendendo ao fim que a festa tem em vista.

Colégio de S. Jorge[88]

Fizeram exame e foram aprovadas 3 alunas do colégio de S. Jorge, concorrendo para tão bom resultado a ex.^{ma} sr.^{a} D. Maria do Espírito Santo Cabedo, que, com toda a distinção leciona no mesmo colégio a língua portuguesa.

[Sem título][89]

Verificou-se ontem no colégio de S. Jorge uma récita infantil em benefício da escola de Santa Isabel.

Foi regular a concorrência dos espetadores.

Soirée dramática[90]

Na próxima terça-feira realiza-se no teatro Esperança uma soirée dramática, a benefício da botica de S. Jorge, e na qual tomam parte distintas damas e cavalheiros desta cidade, que impulsionados pela generosidade dos seus sentimentos de caridade contribuem para um fim tão simpático.

Representar-se-á a comédia de Pinheiro Chagas – *Quem desdenha*, o monólogo *Henriette*, a comédia *Serenade*, e a comédia em três atos de Alfredo Musset, *Barberine*.

Tomam parte as ex.^{mas} sr.^{as}: Viscondessa do Ribeiro Real, D. Frederica Ribeiro de Mendonça, D. Maria Leopoldina da Câmara, madame Van Beneden, e os srs: D. Francisco de Castro e Almeida, comendador Luís Ribeiro de Mendonça, Feliciano de Brito Correia, Remy Salvator, René Masset, mr. Van Beneden, e L. R. Caily.

Miss Wilson acompanhada por algumas meninas suas protegidas no Orfanato de Santa Isabel. No verso desta foto encontra-se manuscrita a seguinte informação, em língua inglesa: "M. J. Wilson and 3 of the children of her orphanage. Taken 1889 when she was 49". *Secretariado da Irmã Wilson.*

---

necessárias a uma senhora e fundaram igualmente uma casa de educação para órfãs e crianças abandonadas. Neste orfanato ensina-se-lhes também doutrina cristã, ler, escrever e contar, economia doméstica, engomar, coser, bordar, etc., procurando-se ao mesmo tempo dar às crianças a educação e família. Encarregando-se destas órfãs têm as irmãs a intenção de prepará-las para ganharem a vida no mundo como criadas e algumas mais inteligentes, como mestras ou aias de meninas./ Recebem-se as crianças desde a idade dos dois anos e conservam-se até aos dezoito./ O Orfanato existe há 4 anos e já abriga 9 crianças./ As irmãs têm admitido gratuitamente como pensionistas e alunas externas algumas meninas vítimas de revezes da fortuna, esperando assim dar-lhes com uma boa educação, meios de subsistência e de serem úteis à sociedade./ Fornece-se a estas crianças vestuário, livros e outros objetos necessários na classe./ A intenção das Irmãs ao começarem esta obra caritativa era, procedendo com maior economia, ofertarem às órfãs o excesso das rendas do Colégio; mas infelizmente, a crise financeira que atinge a Madeira atualmente, prejudica esta obra de beneficência e obriga as Irmãs a apelarem para a caridade das almas generosas, a fim de não serem obrigados a despedir as pobres órfãs, as quais, pela maior parte, não têm outro meio.»

88 BMF, *O Direito*, 30 de abril de 1887.

89 ABM, *Jornal da Manhã*, 1 de maio de 1887. Texto inserido na rubrica "FUNCHAL – DIA A DIA".

90 BMF, *Diário de Notícias*, 13 de maio de 1887. Texto inserido na rubrica "Seção Noticiosa".

Mary Jane Wilson junto da sua protegida Charlotte Anderson. *Secretariado da Irmã Wilson.*

Dizem-nos que há muito entusiasmo para a concorrência a esta soirée.

Récita[91]

Na terça-feira próxima realiza-se no teatro «Esperança» uma récita a benefício da botica de S. Jorge, dada por distintos curiosos que já têm alcançado na nossa cena os mais brilhantes triunfos. Serão representadas as comédias «Quem desdenha...», «Serenade» e «Barberine» e a formosa cena cómica ornada de música «Henriette», um encanto de graça e de boa música e que tem uma execução esplêndida. Tomam parte nesta récita as Ex.^{mas} Sras Viscondessa do Ribeiro Real, Mme. V. Beneden, D. M. Leopoldina da Câmara, D. Frederica Ribeiro de Mendonça, e os srs. D. Francisco de Almeida, Luís Ribeiro, Feliciano de Brito Correia, Mr. Van Beneden, Remy Salvator, Masset e Caily. Uma festa encantadora!...

[Sem título][92]

Terça-feira próxima realizar-se-á no teatro *Esperança* uma brilhante récita de amadores distintos, damas e cavalheiros da nossa melhor sociedade, revertendo o seu produto em benefício do colégio de S. Jorge.

Récita[93]

Depois de amanhã tem lugar no teatro «Esperança» uma récita e benefício da botica de S. Jorge, instituição que está prestando bons serviços à pobreza desta terra.

Soirée dramática[94]

Realiza-se efetivamente hoje, no teatro *Esperança*, a soirée dramática a benefício da botica de S. Jorge.

O merecimento das peças escolhidas, que ali têm de ser desempenhadas, e os nomes das ilustres damas e distintos cavalheiros a quem o mesmo desempenho foi confiado, são-nos garantia de que a *soirée* será concorridíssima, e de que passaremos deliciosamente ali uma noite de espetáculo.

À porta do teatro, vender-se-á alguns exemplares da peça francesa *Barberine*, primorosamente traduzida em português, bem como alguns bouquets, e sorvete.

---

[91] BMF, *O Direito*, 14 de maio de 1887.
[92] ABM, *Jornal da Manhã*, 14 de maio de 1887. Texto inserido na rubrica "FUNCHAL – DIA A DIA".
[93] ABM, *O Académico*, 15 de maio de 1887.
[94] BMF, *Diário de Notícias*, 17 de maio de 1887. Texto inserido na rubrica "Seção Noticiosa".

[Sem título][95]

Deve ser esplêndido o espetáculo que se realizará esta noite no teatro *Esperança*, a benefício da Botica e Orfandade de São Jorge.

Deve ser esplêndido, não só porque os cavalheiros e damas que entram nesse espetáculo têm decididamente talento para trabalhos cénicos, mas porque o respetivo programa é variado, escolhido e brilhante.

Compor-se-á o espetáculo da comédia em 1 ato, – *Quem desdenha*, de Pinheiro Chagas; dum monólogo *Henriette*, pela ex.ma sr.ª D. Maria Leopoldina da Câmara Leme; da comédia em um ato *Sérénade*; da comédia em três atos *Barberine*, de Alfred de Musset.

Tudo leva a crer que seja grande a concorrência; e mesmo porque o fim de tão brilhante festa é uma obra verdadeiramente meritória: prestar auxílio a uma instituição de caridade e instrução, como é a Botica e Orfandade de São Jorge.

Teatro Esperança[96]

Ontem o teatro «Esperança» teve uma enchente real; ali tão luzida e numerosa concorrência era atraída pela soirée dramática dada por uma troupe da nossa mais elegante sociedade em benefício da orfandade do Colégio de S. Jorge.

Não nos demorando na apreciação do fim generoso que tinha a simpática festa, por supormos supérfluo encarecer a caridade que a inspirou, ministrando à distintíssima diretora do Colégio de S. Jorge, miss Wilson, o óbolo que com mão amiga distribui pelas infelizes orfãnzinhas suas pupiladas, – vamos sem perda das impressões em extremo agradáveis que ainda nos vibram na alma, dar aos nossos leitores notícia da elegância, para assim dizer perfumada daquela festa que adoçando penas e realçando talentos, nos deixara na alma uma lembrança tão complexamente agradável, que não podemos deixar de arquivar entre as mais gratas recordações da vida da nossa elegante sociedade.

Rompeu o espetáculo a mimosa comédia de Pinheiro Chagas, – *Quem desdenha...*, comédia finíssima e de sala:

PERSONAGENS

Fulgêncio da Silveira	D. Francisco de Castro e Almeida
Henrique Sampaio	Comendador Luís A. Ribeiro de Mendonça
Eleutério Lopes, mestre escola	Feliciano de Brito Correia
D. Quitéria, mulher de Fulgêncio	Viscondessa do Ribeiro Real
Elvira, sua filha	D. Frederica Ribeiro de Mendonça
Um criado	Remy Salvator

Compreendidos a altura das damas e cavalheiros a quem tinham sido confiados, os papéis da comédia de Pinheiro Lopes, teria o autor uma glória mais, se visse tão corretamente interpretado o seu pensamento, por troupe tão seleta. Fulgêncio e Eleutério, de caracterização admirável, guindaram-se ao que há de bom em desempenhos cómicos, indo com os segredos da arte provocar a hilaridade à mais sisuda carranca dum espetador frio.

Encontramos especial apreço nos dois velhotes, por serem fora da cena, ao ar livre da convivência, um D. Francisco e um Feliciano, cheios de pachorra, muita pachorra.

D. Quitéria da Silveira, interpretação confiada à ex.ma sr.ª Viscondessa do Ribeiro Real, não nos surpreendeu, porque conhecíamos os créditos de s. ex.ª como amadora distinta e muitíssimo correta.

O Henrique (Luís Ribeiro) e Elvira (D. Frederica Ribeiro) tinham sob sua responsabilidade de amadores dramáticos dois papéis difíceis, – eram pai e filha na realidade da família, e noivavam ali, na cena fingida da comédia, e nesta hipótese por mais hábeis que sejam os esforços vem sempre os papéis a caírem na frieza que com arte e muito talento foi repelida pelos dois enamorados.

---

95 ABM, *Jornal da Manhã*, 17 de maio de 1887. Texto inserido na rubrica "FUNCHAL – DIA A DIA".
96 BMF, *O Direito*, 18 de maio de 1887.

Francamente, não deixaram nada a desejar estes dois papéis; e se os aplausos já colhidos pelo sr. Luís Ribeiro, ainda soavam aos nossos ouvidos, todavia a plateia não tinha sido arrebatada pela ex.ma sr.ª D. Frederica Ribeiro, que no seu debute a suspendeu em delírio colhendo os loiros devidos ao seu muito talento.

O sr. Remy Salvator, que nesta comédia apenas lhe coube um papel de pouca importância, tem na *Barberine* onde se mencione o seu elogio.

HENRIETTE
Monólogo por D. Maria Leopoldina da Câmara Leme
Dizer tudo é pouco, limitamo-nos a ver se podemos em pouco dizer tudo… esplêndido!

SÉRÉNADE
Comédia em um ato
PERSONAGENS

«Mercedes», viúva	Viscondessa do Ribeiro Real
«Juanita», sua irmã	D. Maria Leopoldina da Câmara Leme

Mercedes e Juanita; à Mercedes dá a ex.ma sr.ª Viscondessa o *salero* das viuvinhas espanholas, e s. ex.ª vai também e tão distinta na interpretação deste papel, que nós nos tínhamos que fazer aqui senão colecionar os elogios já adquiridos por s. ex.ª por outras ocasiões em que o tem interpretado.

Juanita é também papel de simpatias e de aplausos para a ex.ma sr.ª D. M. L. da Câmara Leme.

BARBERINE
Comédie en trois actes, d'Alfred de Musset

PERSONAGES

«Béatrix d'Aragon», reine de Hongrie	M.me la Vicomtesse do Ribeiro Real
«Barberine», épouse d'Ulric	M.me Van Beneden
«Kalèkairi», jeune suivante turque	M.lle Maria Leopoldina da Câmara Leme
«1.ere dame d'honneur de la reine»	M.lle Ribeiro de Mendonça
«Le comte Ulric», gentilhomme bohémien	Mr. René Masset
«Astolphe de Rosemberg», jeune baron hongrois	Mr. Charles van Beneden
«Le chevalier Uladislas»	
«Un courtesan de la cour de Hongrie»	Mr. Remy Salvator
«Polacco», marchand-sorcier ambulant	
«L'Hotelier et la sentinelle»	Mr. L. R. Cayley

Courtisans – Dames d'honneur de la Reine – Valets de Rosemberg

Esta comédia é de aparato e em costume. O seu desempenho foi distintíssimo, e não devemos fazer relevos numa ou noutra interpretação, porque houve um harmónico acordo de talento e arte, e se alguma referência a mais no bom desempenho da *Barberine* deve ser consignada aqui e sem ofensa de Madames la Viscontesse do Ribeiro Real e Van Beneden e dos cavalheiros que a desempenharam, a Mr. Charles Van Beneden, que foi no papel de Astolphe de Rosemberg duma sublime execução.

Os pobres do Asilo do Funchal estendem as mãos para vós, ex.mas damas e cavalheiros.[97]

***

---

[97] Julgamos tratar-se de um lapso do autor deste texto visto os fundos provenientes desta récita teatral reverterem para as pupilas do Colégio de S. Jorge, como o próprio refere no início.

1.6.1887

Teatro Esperança[98]

Mais uma vez o antigo teatro da rua dos Aranhas se arrebicou como um velho casquilho, para receber a fina flor da sociedade funchalense.

E o caso é que o velhote disfarçou tão bem as rugas que o tempo lhe riscou na carcaça meio desconjuntada, que, ao vê-lo assim tão sécio e enfeitado, chegamos a alimentar durante umas poucas de horas magnificamente passadas, a doce ilusão, de nos acharmos transportados a um desses teatrinhos elegantes de casas aristocráticas.

A decoração do teatro, entregue nas mãos delicadas das senhoras da mais fina roda da sociedade funchalense, estava realmente encantadora.

No palco principalmente, tivemos ocasião de notar o fino gosto das senhoras encarregadas de ornamentá-lo. A profusão de flores espalhadas por todo o edifício, (sem metáfora) davam-lhe um aspeto verdadeiramente *chic*. E para completar o quadro a formosura das senhoras junta à elegância das toilettes.

O espetáculo correu, como era de esperar, muitíssimo bem.

O desempenho da comédia *Quem desdenha*, uma comédia finíssima, muito bem escrita, o que é desnecessário dizer, por isso que é de Pinheiro Chagas, excedeu todas as nossas suposições.

Luís Ribeiro admirável de naturalidade, perfeitamente encarnado no seu papel, chegou a convencer-nos de que tinha andado connosco no liceu; a ex.^{ma} sr.ª D. Frederica Ribeiro, uma provinciana adorável, com todo o espírito de uma funchalense não menos adorável; a sr.ª viscondessa do Ribeiro Real, impagável (perdoe-nos s. ex.ª o pouco parlamentar do termo qualificativo do esplêndido desempenho do seu engraçadíssimo papel) D. Francisco de Almeida, perfeitamente na encarnação do difícil e ingrato personagem que teve de representar; Feliciano de Brito, o mestre-escola de aldeia mais completo que temos visto.

A todos um bravo, já que anteontem um catarro teimoso, não nos permitiu enviar-lho.

Ao monólogo Henriette, apesar de o termos ouvido já duas vezes, achamos a mesma graça, a mesma beleza, da primeira vez.

A serenata idem. Escrevemos idem, porque não temos à mão um bom dicionário de sinónimos para classificar cada um dos papéis desempenhados no agradável espetáculo da noite de anteontem.

Depois da comédia *A Serenata*, o sr. João da Câmara Leme Homem de Vasconcelos recitou a seguinte mimosa poesia que foi muito aplaudida:

> Ó entes geniais e peregrinos,
>   A Glória vos conduz!...
> Almas de fogo, vívidas, brilhantes,
>   Almas que têm luz!
>
> Flores na cena, belas, perfumadas,
>   Que fazem atrair,
> Querubins na Arte, meigos, sorridentes,
>   Que sabem seduzir.
>
> Senhoras, sois enlevo da plateia,
>   Por quem sois bem queridas!
> Como ela vos aclama e assim vos deixa
>   De lauréis cingidas!
>
> Senhoras, aceitai este protesto
>   Da nossa admiração!
> Para vós... palmas, c'roas, louros virentes...
>   E em nós... a gratidão!

Terminou o espetáculo com a comédia em três atos de A. de Musset – *Barberine*, desempenhada por madame Van Beneden, viscondessa do Ribeiro Real, D. Frederica Ribei-

---

[98] BMF, *Diário de Notícias*, 19 de maio de 1887. Texto inserido na rubrica "Seção Noticiosa".

O Dispensário dos Pobres, estabelecido na Calçada da Cabouqueira n.º 54, e financiado pela família russa Ouchkoff, deu continuidade e um novo impulso ao trabalho abnegado em prol dos pobres iniciado alguns anos anos por Miss Wilson na Botica de São Jorge. *Coleção do autor.*

ro, D. Maria Leopoldina da Câmara, srs. Masset, Van Beneden, Remy Salvator.

O desempenho foi muito regular sendo todos muito aplaudidos.

A orquestra composta do sr. Nuno e filhos, tocou durante os intervalos, muitíssimo bem.

Foi uma noite agradabilíssima, que seria muito bom se repetisse.

Não sabemos ainda qual foi o produto da récita, mas deve ter sido avultado em vista da grande enchente que teve o teatro.

SOIRÉE DRAMÁTICA[99]

Uma casa de espetáculo brilhante e encantadora a da noite do dia 18[100] no teatro *Esperança*. Um singular conjunto de mulheres formosas, de flores inebriantes, de arte de música, de luz, fascinando o espírito, prendendo os sentidos. Uma noite admiravelmente passada, sem tédio, sem abrimentos de bocas, apesar de o espetáculo se ter prolongado tanto, quando o sono já andava em rebates intrépidos para dominar e vencer os espetadores, mas, em vão, porque eram tão grandes as seduções. Uma enchente verdadeiramente real e, como se costuma dizer, à cunha. Talvez o único inconveniente da festa.

O desempenho, se não foi completo, por parte de todos os distintos amadores, por alguns deles foi correto e brilhante.

É de justiça especializar os que realmente merecem o nome de bons intérpretes da arte cénica, tão difícil, tão cortada de ingratidões e asperezas, mas também tão florida, tão fascinadora, tão gloriosa para os talentos privilegiados.

Na engraçadíssima comédia de Pinheiro Chagas, *Quem desdenha…*, Luís Ribeiro de Mendonça deu uma interpretação admirável ao papel de *Henrique Sampaio*, pondo em relevo mais uma vez o seu feliz talento para trabalhos cénicos.

Não menos admirável foi a sua caracterização.

D. Francisco de Castro e Almeida e Feliciano de Brito Correia compenetraram-se dos seus papéis, satisfazendo os mais exigentes. As suas caracterizações foram perfeitas. Ambos denunciaram estudo e intuição da arte.

A ex.ma sr.ª Viscondessa do Ribeiro Real, como sempre, manteve primorosamente a sua reputação de distintíssima amadora. *Diz bem*, com muita verve: gesto, olhar, voz adequados às situações.

A ex.ma sr.ª D. Frederica Ribeiro, a quem coube papel de *Elvira*, um papel difícil, andou muito bem.

O que ainda veio dar mais brilho e mais encanto ao espetáculo, foi o monólogo, um trabalho cénico de valor incalculável e considerado pelos críticos mais autorizados, como um dos mais difíceis, senão o mais difícil.

A ex.ma sr.ª D. Maria Leopoldina da Câmara Leme monologou bem, monologou com todas as regras da arte, que só conhece provavelmente apenas por mera intuição, a de todos os grandes talentos. Foi correta, completa, admirável. *Henriette* poucas vezes encontrará melhor intérprete. Muitíssimo bem.

Bastará acrescentar que o monólogo tem sido sempre o escolho dos maiores atores. Modernamente temos Sarah Bernardht e Coquelin, o incomparável ator francês!

Na comédia em um ato *Sérénade*, a ex.ma sr.ª viscondessa do Ribeiro Real e D. Maria

---

[99] ABM, *Jornal da Manhã*, 19 de maio de 1887. Texto inserido na rubrica "FUNCHAL – DIA A DIA".
[100] Não foi a 18 mas sim a 17.

Leopoldina, a gentil e adorável *Henriette*, desempenharam distintamente.

Na *Baberine*, que agradou menos, talvez, especializamos ainda, as ex.^mas sr.^as viscondessa do Ribeiro Real e D. Maria Leopoldina da Câmara Leme e madame Van Beneden, que corresponderam à força e à significação dos seus papéis.

E por último falemos de Mr. Charles Van Beneden. É de toda a justiça que registemos o seu nome como o dum verdadeiro ator. Foi, pelo menos, esta a impressão que nos deixou o desempenho do seu papel, *Astolphe de Rosemberg*, que foi distinto, entre os mais distintos.

A todos, sem exceção, os nossos mais sinceros e calorosos aplausos.

Mas esperem. Ainda falta mencionar uma coisa: a recitação correta e elegante duma bonita poesia pelo sr. João da Câmara Leme e Vasconcelos, dedicada às ex.^mas sr.^as Viscondessa do Ribeiro Real e D. Maria da C. Leme; e doutra, muitíssimo bem, pelo sr. Marceliano R. de Mendonça.

*
* *

Um alvitre. Porque é que tão distintos intérpretes da arte cénica não hão-de aparecer mais uma vez no teatro Esperança por amor dos infelizes que se acolhem no «Asilo de Mendicidade e Órfãos»?

Mais um espetáculo, em nome da arte e em nome dos pobres.

Bazar[101]

Deve efetuar-se durante este mês na quinta Vigia um bazar, promovido por M.me Ouchkoff, cujo produto será aplicado a uma casa para socorros médicos aos pobres.[102]

---

101 BMF, *O Direito*, 3 de dezembro de 1887.

102 A 16 de Setembro de 1887 chegou ao Funchal, uma vez mais, o casal russo Ouchkoff, instalando-se na Quinta Vigia. Este casal já estivera anteriormente na Madeira, onde a senhora tinha vindo em busca de cura para os seus padecimentos, e o mesmo tinha-se notabilizado pela sua benemerência para com os mais desfavorecidos, através de generosas ofertas monetárias a diversas casas de caridade. No final desse ano este casal decidiu abrir um Dispensário para os pobres, conforme se pode ler num relatório, redigido em francês, a 14 de fevereiro de 1889, por D. Favrat, o Diretor do Dispensário, e divulgado juntamente com a edição do dia seguinte do *Diário de Notícias*: «**DISPENSAIRE POUR LES MALADES PAUVRES/ RAPPORT DE L'ANNÉE 1887-1888.**/ Grâce à la généreuse initiative de monsieur et madame Ouchkoff la création du Dispensaire, qui porte leur nom, fut décidée en novembre 1887. Le but des fondateurs était de faire donner des consultations et d'accorder des medicaments aux maladies privés de resources que la mort enlevait trop souvent à leur famille sans qu'ils eussent rien pu tenter pour l'éloigner. Pendant les mois de Décembre 87 et de Janvier 88 l'on installa la pharmacie et les salles de consultation et le 2 Février, le Dispensaire s'ouvrait sans bruit Rue de Cabouqueira, 54./ Les malades pauvres ne tardèrent pas à connaître le chemin de cet établissement de bienfaisance, ils arrivèrent de toutes parts, non seulement de Funchal et de ses environs, mais encore des communes les plus éloignées de la ville. [...]» Este Dispensário tinha uma enorme procura por parte dos madeirenses mais pobres e mensalmente eram atendidas gratuitamente centenas de pessoas, a quem lhes era facultada a respetiva medicação, também a título gratuito, e ainda eram distribuídos diversos géneros alimentícios às pessoas mais carenciadas. Regularmente eram publicados na imprensa relatórios bilingues (em português e francês) das atividades desta nobre instituição. Para fazer face às avultadas despesas com a manutenção deste louvável serviço de apoio aos mais necessitados, para além das generosas contribuições do Sr. Ouchkoff, realizavam-se igualmente no Funchal alguns eventos para angariar fundos para o mesmo, tais como bazares, bailes, peças de teatro, entre outros. A 4 de maio de 1889 o *Diário de Notícias* publicou a nota de despedida do Sr. Ouchkoff, mas o seu Dispensário continuou a funcionar, como o comprovam os relatórios mensais publicados neste órgão informativo. Apesar dele ter saído da ilha, a esposa, que era doente, continuou a residir na ilha. Aquando do seu regresso à Madeira, em outubro de 1889, um jornal anticlerical publicou a notícia intitulada "**Escândalo Monumental**", do qual apresentamos um excerto das considerações que o mesmo teceu sobre ele: «[...] Aportou, há dias, ao Funchal um vapor conduzindo a seu bordo vários passageiros para esta terra./ Entre esses passageiros figurava o sr. Constantino Ouchkoff, cavalheiro de nacionalidade russa, que já há anos veio buscar lenitivo para sua esposa no benéfico clima da Madeira, e que todos os invernos nos tem continuado a visitar. Dizem-nos ser um cavalheiro bastante abastado que alguns benefícios tem feito à classe desvalida do Funchal subministrando-lhes esmolas em dinheiro e víveres e também em medicamentos, apesar de que nos não consta que os medicamentos não são dados conformemente com as disposições da nossa legislação./ É certo, porém, que o governo de S. Majestade, a instâncias do sr. governador civil, recompensou já, e muito generosamente o sr. Ouchkoff, pelos benefícios feitos ás classes desvalidas na Madeira, fazendo-lhe a mercê da comenda da Ordem de Cristo; e dizemos, muito generosamente, porque ao grande Vasco da Gama, que descobriu meio mundo para a coroa de Portugal,

Bazar[103]

Começou ontem e continua hoje o Bazar na quinta Vigia, cujo produto será aplicado para a instalação duma casa de socorro médico a doentes pobres.

1.7. 1888

O colégio Wilson[104]

Este acreditado colégio apresentou este ano a exame duas examinandas, que deram brilhantes provas da competência da diretora do mesmo colégio, miss Wilson, e da ilustração da respetiva professora de português, a ex.ma sr.a D. Maria Cabedo.
A estas duas distintas educadoras as nossas felicitações, e bem assim às mesmas alunas.

BULLETIN RELIGIEUX POUR LES ÉTRANGERS[105]
5.º LES QUÊTES ET OEUVRES DE CHARITÉ À MADÈRE

[…] OEUVRES DE CHARITÉ. Voici les quatre principales par ordre d'ancienneté.
1.ª *L'Asyle de mendicité et des orphelins*, situe «rue da Imperatriz». […]
2.º *La Conférence de St. Vincent de Paul*, […]
3.º *L'association des Dames de la Charité et des Dames du Vestiaire des pauvres*. […]
4.º *Le dispensaire des pauvres*. Cette belle oeuvre fondée d'abord et soutenue pendant quelques années pour la digne fondatrice et directrice du Collège de S. Jorge a été reprise et puissament organizée pour la noble famille Ouchkoff, qui en fait presque tous les frais.[106] Toutefois il a été fait appel à la charité publique par le moyen d'un bazar de charité et tous les dons de quelque nature qu'ils soient sont reçus avec reconnaissance. […]

1.8. 1889

Santa Cruz[107]

Escrevem-nos de Santa Cruz:
[…] – Acha-se definitivamente organizada a confraria que tem de dirigir o hospital. Tomam parte nela alguns Senhores e é presidida pelo Rev.mo Vigário; há também uma irmandade composta de Senhoras, e o interesse que todos tomam pela boa administração dessa casa promete-nos um estabelecimento de caridade onde encontrem abrigo e socorro os menos favorecidos da fortuna. Trata-se primeiramente de reparar o edifício que se acha em mau estado; e para isso concorre com uma pequena verba a ex.ma Câmara deste

---

foi concedida, apenas, a mercê do grau de cavaleiro daquela ordem./ E parece-nos que entre as descobertas de Vasco da Gama, e as esmolas do sr. Ouchkoff há alguma diferença./ Trouxe o sr. Ouschkoff na sua bagagem várias malas cheias de objetos de subido custo, objetos que deviam pagar ao estado direitos em valor superior, talvez, a trezentos mil réis, e impostos de consumo em valor não inferior, talvez, a quarenta ou cinquenta mil réis./ Este é o facto. […]» BMF, *O Látego*, 9 de outubro de 1889. Este periódico voltou a clamar contra este alegado escândalo em edições seguintes, nomeadamente a 16 e 23 de Outubro e 30 de Novembro de 1889.

103 BMF, *O Direito*, 17 de dezembro de 1887. Texto inserido na rubrica "Secção Noticiosa".
104 BMF, *Diário de Notícias*, 11 de agosto de 1888.
105 ABM, *A Verdade*, 6 de dezembro de 1888.
106 Com a abertura deste dispensário encerrou-se a *Farmácia Gratuita de São Jorge*, passando esta nova entidade a dar continuidade ao trabalho de benemerência na área médica iniciado alguns anos antes por Miss Wilson.
107 ABM, *A Verdade*, 2 de maio de 1889.

concelho. [...]

No Palácio de São Pedro[108]

O Palácio de São Pedro foi arrendado para ser nele instalado a repartição do levantamento da carta agrícola desta ilha.

O colégio de Miss Wilson que ali está funcionando é transferido por estes dias para um outro edifício.[109]

No Hotel Vila Vítória realizou-se uma exposição de pinturas com entradas pagas, revertendo o dinheiro angariado para as obras de caridade mantidas por Mary Jane Wilson. Anteriormente esta pequena unidade hoteleira denominara-se Cardwell Hotel e é crível que tivesse tido outro nome antes. Julgamos que este espaço fosse o antigo Henry Jones Hotel, sito ao Ribeiro Seco, onde Miss Wilson se alojou ao chegar à Madeira em 1881, pois naquela altura este era o único hotel existente naquela localidade. Este espaço também se tornaria célebre, décadas depois, por ter sido ali que se alojou o Beato Carlos d'Áustria e esposa aquando da sua chegada ao Funchal, em novembro de 1921. *Coleção do autor.*

Exposition[110]

On parle en ville d'une exposition de peinture qui aurait lieu à Funchal, le 26 et le 27, au profit d'une oeuvre digne du plus haut intérêt.

Nous espérons être à même de donner de plus longs détails dans notre prochain numéro.

Exposition[111]

L'exposition de peintures dont nous parlions dans notre numéro d'avant-hier aura lieu le 26 et le 27 dans les salons de «Victoria Hotel.»

Madame Carneiro, Mademoiselle Petersen et Mademoiselle Heidl, peintres, voulant temoigner a Miss Wilson toute la sympathie qu'elles éprouvent pour l'oeuvre charitable à laquelle cette cette dernière s'est si génereusement vouée, abandonnent à son profit, tout le produit des entrées à cette exposition – entrée fixée à 200 réis par personne.

Depuis 1885, Miss Wilson a recueilli des orphelines qu'elle instruit et éleve pour en faire plus tard de bonnes domestiques, lingères, ou femmes de chambre. Les resources sont bien faibles et insuffisantes pour atteindre le but que se propose la fondatrice, aussi ne pouvons nous qu'applaudir à l'idée généreuse de ces Dames qui organisent cette Exposition.

Le 26 et le 27 sont jours de fête, de plus les distractions sont rares à Madère, espérons donc que le public voudra bien diriger, ces jours là, sa promenade vers «Victoria Hotel» et tout en admirant les peintures ne refusera point de venir en aide à une oeuvre vraiment digne d'intérêt.

L'Exposition sera ouverte de 10 h. à 1 h., et de 2 h. à 6 heures.

Exposição[112]

Nos dias 26 e 27 do corrente nos salões do hotel Vitória, haverá uma magnífica exposição de quadros a benefício da obra de caridade de miss Wilson.

Entrada fixa 200 réis cada pessoa.

---

108 BMF, *Diário de Notícias*, 14 de maio de 1889.

109 Seria transferido para a Quinta da Nora, que pertencia a Francisco Teles de Menezes, Barão da Nora, e que se situava na freguesia de Santa Maria Maior.

110 BMF, *Diário de Notícias*, 22 de dezembro de 1889.

111 BMF, *Diário de Notícias*, 24 de dezembro de 1889.

112 BMF, *Diário de Notícias*, 25 de dezembro de 1889.

Exposition[113]

Madame Carneiro, Mesdemoiselles Petersen et Heidl remercient toutes les personnes qui ont bien voulu visiter l'exposition de peintures, et apporter leur offrandes à l'ouvre fondée par Miss Wilson.

1.9. 1890

O COLÉGIO DE S. JORGE[114]

Cremos que a nossa sociedade desconhece quase completamente o que seja este magnífico estabelecimento de instrução aqui fundado e dirigido por Miss Wilson, senhora tão inteligente como instruída, e extremamente solícita pelo adiantamento intelectual e moral das suas alunas colegiais.

Não conhecemos na Madeira estabelecimento ou colégio algum onde uma menina possa receber mais vasta e sólida instrução quer sob o ponto de vista científico quer sob o religioso. Pelo que respeita à instrução científica ensina-se no Colégio de S. Jorge: instrução primária, que está a cargo de senhoras madeirenses muito inteligentes e instruídas, o francês por professora inglesa. Além disto ali se ensina também, pelo menos às meninas que desejarem, tudo quanto diz respeito aos trabalhos domésticos. – A instrução religiosa é tão vasta e sólida como despida de quanto sejam exageros ou preconceitos nocivos.

O Colégio de S. Jorge é, como se vê, um estabelecimento de instrução completa para uma menina, pois nem o piano lhe falta; e apesar disto são, relativamente, poucas as famílias que se utilizam das vantagens que lhes oferece este colégio, sendo, de mais a mais, toda esta instrução ministrada por preços os mais módicos possíveis.

É um facto que se não pode explicar senão, porventura, pela circunstância de Miss Wilson, que se pode considerar uma benemérita da pobreza, não fazer alarde do seu Colégio, nem ter nunca quem se lembrasse de o apresentar à nossa sociedade, apesar de não haver outro que mais o merecesse.

Grupo de alunas do Colégio de São Jorge nos jardins da Quinta da Nora.
Secretariado da Irmã Wilson.

Dissemos mui de propósito que Miss Wilson é uma benemérita da pobreza, para, bem que ofenda a cristã modéstia da piedosa senhora, fazermos constar à nossa sociedade que o Colégio de S. Jorge não foi fundado para fazer a fortuna de Miss Wilson, senão para sustentar e instruir órfãos indigentes com o remanescente das colegiais que pudessem pagar a sua instrução e subsistência. E já que nos atrevemos a fazer esta notícia que certamente vai contrariar imenso a modéstia da caridosa senhora, devemos acrescentar constar-nos que, tendo ela uma fortuna muito razoável a tem dissipado quase toda nessa meritória obra de bem-fazer, por não ter tirado do Colégio o resultado que esperava.

Não querendo despedir as órfãs que recebeu um dia e às quais trata com verdadeira solicitude e carinho maternal, e não lhe dando o Colégio para as despesas a fazer com essas infelizes desamparadas da fortuna e por vezes da família, sustenta-as e educa-as a expensas dos seus próprios bens!

---

113 BMF, *Diário de Notícias*, 31 de dezembro de 1889.
114 ABM, *O Combate*, 21 de fevereiro de 1890.

Nós mesmo, que escrevemos estas linhas animado do vivo desejo de que a nossa alta sociedade, aproveitando a esmerada instrução que se subministra neste Colégio, concorra também para a caridosa obra de Miss Wilson, lhe devemos a extrema fineza de ter recebido a nosso pedido uma órfãzinha, há mais de dois anos, e de ainda hoje lhe estar administrando o pão do corpo e do espírito com verdadeiro amor de mãe.

Terminando esta breve notícia, pedimos desculpa à piedosa senhora para virmos revelar ao nosso mundo a sua caridade verdadeiramente cristã, evangélica, e recomendamos o Colégio de S. Jorge como digno da preferência dos pais que desejarem dar a suas filhas uma educação sólida e cristã, concorrendo além disso para uma obra de caridade.

O Colégio de S. Jorge acha-se atualmente instalado na freguesia de S. Maria Maior, no magnífico prédio denominado – Quinta da Nora.

Miss Wilson com o traje de mestra do Colégio de São Jorge. *Secretariado da Irmã Wilson.*

[Sem título][115]

Faleceu na quinta-feira a esposa do nosso hóspede Mr. Constantin Ouchkoff, que já muito se achava entre nós, procurando alívio aos padecimentos que lhe minaram a existência. Esta infeliz senhora, pelos largos benefícios que prodigalizava aos necessitados, deixa uma grande falta. E a retirada de Mr. Ouchkoff, que tanto se tem distinguido em obras humanitárias, criando um *Dispensaire* para os pobres e abrindo sempre a sua bolsa à indigência, dificilmente será compensada.

Os nossos sinceros pêsames.[116]

---

115 ABM, *A Luta*, 22 de fevereiro de 1890.
116 Na notícia intitulada **"Saimento fúnebre"** encontramos a descrição da saída do féretro da inditosa senhora para a Rússia: «Realizou-se ontem de tarde o saimento fúnebre de Madame Ouchkoff da *Quinta Vigia* para a Pontinha./ Atrás do féretro iam quase todos os amigos e algumas pessoas das relações de M. Constantino Ouchkoff./ O féretro, ao chegar ao cais da Pontinha, foi transportado para bordo do *Lobo* e este conduziu-o para bordo do vapor de recreio *El Dorado*./ Este segue viagem para a Rússia na quarta-feira próxima. ABM, *Diário de Notícias*, 25 de fevereiro de 1890. Outra notícia do mesmo jornal, intitulada **"Partida"**, acrescentava mais pormenores acerca da saída deste benemérito russo em direção ao seu país: «Partiu ontem efetivamente com destino à Rússia, o vapor de recreio El Dorado, levando a bordo o cadáver embalsamado de Mme. Marie Ouchkoff e toda a sua consternada família./ Grande número de amigos do Mr. Constantino Ouchkoff foram a bordo daquele vapor fazer as suas últimas despedidas, que foram, segundo nos informam, verdadeiramente comoventes./ O vapor Açor, conduzindo os amigos do Mr. Ouchkoff, acompanhou o El Dorado até grande distância./ Fazemos votos para que a ilustre família Ouchkoff tenha uma feliz viagem, e que nunca se esqueça daqueles a quem sempre patrocinou nesta terra. ABM, *Diário de Notícias*, 27 de fevereiro de 1890. Aquando da partida de Constantino Ouchkoff para a Rússia em fevereiro, o mesmo ofereceu uma grande quantia de dinheiro para patrocinar o funcionamento do seu Dispensário, que continuou aberto até o dia 1 de junho, data em que encerrou definitivamente as portas. A 11 deste mês o *Diário de Notícias* publicou o último relatório mensal do mesmo, em inglês e francês, através do qual se constata que em maio foram prestadas 762 consultas, atendidos 24 novos pacientes e tinham sido preparadas 708 receitas para serem oferecidas a doentes pobres. Aquando do anúncio do seu encerramento alguns jornais da época fizeram um apelo às forças vivas do Funchal solicitando a devida ajuda financeira para que o Dispensário pudesse continuar a funcionar, mas todos os apelos foram em vão, e os doentes pobres da nossa cidade viram assim encerrar-se para sempre uma porta amiga, que muitas carências tinha colmatado enquanto se manteve aberta. Na notícia intitulada **"Dispensário Ouchkoff"**, publicada noutro jornal, encontramos um desses apelos: «Fechou-se como se sabe no dia 1 do corrente o denominado *Dispensaire Ouchkoff* ou Posto Médico da Cabouqueira, que tantos benefícios derramou no seio das famílias desvalidas. A causa da estricção deste consultório, sabe-se também, está em se haver ausentado o benemérito instituidor que lhe deu o seu nome, e, ao que nos referem, a s. ex.ª não ter encontrado nesta terra quem o quisesse auxiliar no seu humanitário bem fazer. Triste, muito triste, tudo isto./ A Madeira recusa-se a auxiliar um estrangeiro numa cruzada de caridade! Será possível?/ É infelizmente, para desdouro nosso. O sr. *Ouchkoff,* afirmam-nos declarou ao retirar-se de entre nós que estava

Exposition de tableaux[117]

Une exposition de tableaux et aquarelles de Madame Carneiro, Mademoiselle Heidl, Monsieur Stölz et Monsieur Hanns Novak, aura lieu dans les salons de l'Imperial Hotel, de Mardi 8, le Mercredi 9 et le Jeudi 10, de 10h. à 1h. le matin et de 2h. à 6h. le soir.

Les entrées, dont le prix est fixé à 200 réis, seront versées au profit de l'oeuvre de l'Orphelinat dirigé par Miss Wilson.

Exposition de tableaux et aquarelles[118]

Nous rappelons à nos lecteurs que c'est demain 10 que ferme l'Exposition de tableaux et aquarelles que nous annoncions dans notre numéro de dimanche.[119]

Tous ceux que s'intéressent au dessein et à la peinture visiteront avec interêt cette serie de jolies reproductions des plus beaux sites de Madère, de quelques types très reussis des habitants de l'île.

Passageiros[120]

Saíram ontem para Londres, pelo vapor *Grantully Castle*, os seguintes passageiros:

The Earl of Lathom, Lady M. Wilbraham, Lady E. Wilbraham e criada, Mr. & Mrs. Brash, Mr. & Miss Fyfe, Miss Thompson, The Hon. Mrs. Cadogan e criada, Mr. Benson, Mr. Durnford, Mrs. Lubbock e criada, Miss Wilson, Mr. Hall, Mr. Peacock, Mr. & Mrs. Sinclair, Mr. Sinclair Junior, Miss Sinclair, Mr. Cunningham e filho, Mr. Wyne e criado, Master C. Cossart, Mr. Rainder, Revd. Napier, Mr. & Mrs. Wilcox, Mr. Munro e Mr. Marben. Total 28.

A 24 de abril de 1890 Miss Wilson viajou para Inglaterra a bordo do *Grantully Castle*. Coleção do autor.

O FUNCHAL[121]

[Continuação]

[...]

Estabelecimentos de beneficência suprimidos

São deste número o *Consultório e Botica dos Pobres*, fundado por Miss Wilson e sustentado desde 1888 pela família Ouchkoff.

De 1888 a 1889 elevavam-se a 2:669$319 réis, as despesas feitas pela família russa Ouchkoff, nos socorros de cirurgia, medicina e farmácia prestados a 1:246 doentes inscritos nos livros do consultório.

Sensível perca! [...]

---

pronto a concorrer com uma parte das despesas com o consultório que criara, se os madeirenses ou alguém que fosse nosso hóspede quisesse contribuir também para a conservação duma obra que tinha refrigerado muitos sofrimentos e acudido a muitos desamparados da fortuna. Ninguém aceitou a operação solicitada, e o sr. Ouchkoff só merece louvores por ter sustentado o seu consultório durante alguns meses, depois de se ausentar. Ninguém podia exigir dele mais nem tanto. Dos madeirenses é que, talvez, se podia esperar outra coisa./ [...]» ABM, *O Combate*, 14 de junho de 1890.

117 ABM, *Diário de Notícias*, 6 de abril de 1890.
118 ABM, *Diário de Notícias*, 10 de abril de 1890.
119 Na edição de 6 de abril.
120 ABM, *Diário de Notícias*, 25 de abril de 1890.
121 ABM, *A Verdade*, 10 de outubro de 1890. Texto inserido na rubrica "FOLHETIM".

2. De 1891 a 1900

Nesta década acompanhamos o percurso de Mary Jane Wilson desde a sua chegada de Inglaterra, em maio de 1891, onde o seu nome surge pela primeira vez na imprensa regional como Irmã Mary Wilson,[122] até ao ano de 1900, onde a encontramos em Santa Cruz. Se na primeira década passada na Madeira a sua ação se concentraria no Funchal, veremos, desde o início desta a sua gradual mudança para a então vila de Santa Cruz, no seguimento do convite do Barão da Nora, onde desempenharia um papel importantíssimo na revitalização do negligenciado Hospital de Santa Isabel, popularmente designado por Hospital de Santa Cruz, pertencente à Santa Casa da Misericórdia daquela vila, que se encontrava igualmente em decadência e a precisar de novo alento. Antes disso encontramos as últimas referências ao Colégio de S. Jorge, então estabelecido na Rua dos Netos.

Apesar da sua mudança para Santa Cruz, onde viria a professar nesse ano, a Irmã Wilson não abandonou por completo a cidade do Funchal visto que ocasionalmente encontramos na imprensa desta cidade a referência a eventos de caridade, promovidos com o intuito de angariar fundos para o Hospital daquela vila. Paralelamente à recuperação daquela pequena unidade hospitalar, que veio suprir uma enorme carência que ali se fazia sentir em termos de assistência médica, far-se-á igualmente o restauro da capela daquele estabelecimento pio, retomando-se, por parte das Irmãs, as festas em honra de Santa Isabel, a padroeira daquele tempo religioso.[123] No campo festivo encontramos ainda as notícias referentes à oferta, pelo Barão da Nora, em 1894, de uma imagem de Nossa Senhora de Lourdes, pela qual a Irmã Wilson tinha uma grande devoção, à igreja matriz de Santa Cruz, e ao início das solenidades em sua honra.

Em 1896 vemos igualmente a ajuda providencial que Madame Arendrup concedeu à Irmã Wilson, em memória do seu filho, falecido no dia de Páscoa desse ano, no Funchal. Nesse sentido esta filantrópica senhora ofereceria 100 libras a esta religiosa para ajudar a financiar a construção de uma nova ala no Hospital de Santa Cruz.

Por volta de março do ano seguinte assinala-se um facto importante na vida da Irmã Wilson, que daria início a uma obra meritória no campo da educação, que se estenderia a diversos pontos da ilha. Referimo-nos à inscrição desta ilustre religiosa como Benfeitora da Obra de São Francisco de Sales, que havia sido estabelecida na Madeira pouco tempo antes, com o intuito de abrir escolas paroquiais que visavam combater o avanço das doutrinas calvinistas na ilha. Com efeito, em dezembro desse ano, a convite do pároco de Santana, algumas irmãs seriam enviadas para aquela freguesia nortenha no sentido de ali abrirem uma escola católica, onde ministrariam o ensino das letras e também o religioso.

Em agosto de 1898 assistimos igualmente a outro marco importante na história

---

122 Na pág. 135 do livro *Mary Jane Wilson – Roteiro*, de Abel Soares Fernandes, encontramos um excerto do testemunho da Ir. Maria do Carmo Pereira que refere que a Congregação teve início em Santa Cruz a 21 de janeiro de 1891. A ser assim, faz sentido que aquando da chegada de Mary Wilson à Madeira em maio desse ano o seu nome venha referido, na lista de passageiros do vapor *Moor*, como Sister Mary Wilson, ou seja Irmã Mary Wilson. No entanto, como refere o mesmo autor, é tradição, no seio desta congregação referir que as primeiras profissões particulares da Irmã Wilson e de outras duas companheiras se realizaram em Santa Cruz a 15 de julho do mesmo ano.

123 Refira-se, a título de curiosidade que a antiga capela da Santa Casa da Misericórdia do Funchal também tinha Santa Isabel como padroeira.

2. DE 1891 A 1900

da Congregação fundada pela Irmã Wilson, com a cerimóna da bênção da primeira pedra de uma escola e capela anexa, no sítio do Lombo da Pereira, no Santo da Serra, freguesia onde havia uma grande implantação da doutrina calvinista,[124] precisamente defronte ao local onde os protestantes tinham o seu estabelecimento de ensino. Para a construção deste edifício, iniciada no verão do ano seguinte, seria providencial novamente a grande ajuda financeira disponibilizada para o efeito por Edith Arendrup.

Em julho de 1899 assistir-se-á à abertura de uma nova escola, na freguesia da Santa, no Porto Moniz, que seria regida igualmente pelas Irmãs de Santa Cruz. A abertura desta escola revestir-se-ia de um carácter especial. Em maio desse ano a professora da escola salesiana já existente naquela localidade abandonou a escola para ir para Santa Cruz receber formação religiosa e professar na Congregação fundadada pela Irmã Wilson e, volvidos alguns meses, para júbilo da população local, regressou à mesma localidade, acompanhada de duas religiosas para assumir a direção da escola da qual, alguns meses antes, era a única docente. E por último e não menos importante, no final do mesmo ano observa-se a abertura da escola do Santo da Serra, que viria a ter um papel importante no combate ao protestantismo que assentara arraiais e prosperava a olhos vistos naquela freguesia, e da qual se dissera, dois anos antes, que estava ameaçada de apostasia geral.

2.1. 1891

A 20 de maio de 1891, dez anos após a sua primeira viagem para a Madeira, Miss Wilson chegou de Inglaterra a bordo do *Moor*. Coleção do autor.

Passageiros[125]
Chegaram ontem de Londres pelo vapor inglês *Moor* os seguintes:
Rev. A. Whelpton, Mr. Stark, Mr. S. Fowle, Mr. Jule, Sister Mary Wilson, Mrs. Abudarham e duas filhas.

Passageiros[126]
Chegaram ontem de Londres e Lisboa no vapor inglês *Moor* os seguintes passageiros:
Rev. H. Whelpton, Mr. Stark, Mr. S. Forrle, Mr. Jule, Miss M. Wilson, Miss Abudarham e 2 filhas.

Colégio de São Jorge dirigido por Miss Wilson[127]
Deste excelente colégio 3 alunas fizeram exame de todas as matérias que constituem o 1.º ano do curso do liceu obtendo o seguinte resultado:
A menina D. Maria Noemi de Castro, filha do nosso amigo Alexandre Augusto de Castro, aprovada com distinção em português e francês, ficando, simplesmente aprovada em desenho. Esta aluna é digna dos maiores elogios, pela boa aplicação que tem feito da sua

---

[124] De modo a constatar o quão avassalador era esta implantação protestante no Santo da Serra, vejam-se algumas notícias publicadas na imprensa regional da época, sobre este assunto, que apresentamos no Anexo III.
[125] ABM, *Diário de Notícias*, 21 de maio de 1891.
[126] ABM, *O Reclame*, 21 de maio de 1891.
[127] ABM, *Diário de Notícias*, 21 de julho de 1891.

inteligência: habilitou-se não só para os exames das matérias que fazem parte do 1.º ano do curso do liceu, em que foi distinta, mas está também habilitada para completar o 2.º ano do mesmo curso, o que espera fazer em outubro próximo. Fala e escreve o francês e inglês com muita correção.

As meninas D. Maria Antónia de Sousa Pereira e D. Clotilde Eugénia de Oliveira e Castro completaram também o primeiro ano do curso do liceu e fizeram exames de inglês, que faz parte do segundo ano do mesmo curso, em que foram distintas.

Recebam por isso as nossas felicitações.

Santa Cruz 9 de setembro de 1891.[128]
(Continuado do n.º antecedente)

[...] Outros assuntos.

– Consta, e corre como certo, que o Botas velho[129] e o seu secretário[130] estão aprendendo, ou vão aprender, a língua francesa, com umas senhoras que para aqui vieram, conhecidas pelo nome de *Franciscanas*, as quais estão lecionando crianças de ambos os sexos.

– Corre também como certo que vai ser nomeado farmacêutico da botica que se vai abrir no edifício da Santa Casa da Misericórdia, um tal João de Freitas de Ornelas, conhecido pelo nome de «doutor de Gaula», o qual é protegido pelo nosso presidente da Câmara. [...]

– Diz-se igualmente que os habitantes desta freguesia vão dirigir ao Governo de Sua Majestade uma petição para ser aberta a igreja, embora sem solho, porque de inverno não podem ouvir missa, em consequência das chuvas.[131] [...]

Até breve.

J[132]

COLÉGIO
DE
S. JORGE[133]

Rua dos Netos n.º 33

Este colégio está habilitado para ensinar:

Português, desde o elementar ao do 1.º ano do curso geral do liceu;

Francês, inglês, desenho, matemática, geografia e história, todas as disciplinas do curso

---

128 ABM, *A Luta*, 3 de outubro de 1891.

129 Epíteto por que era conhecido em Santa Cruz Joaquim António Teles de Menezes, edil daquela vila, e pai de Frederico Teles de Menezes, o administrador do concelho nesta época. Na correspondência de 31 de maio desse ano e publicada neste jornal a 13 de junho de 1891, o mesmo correspondente afirma o seguinte: «Como prometi nas minhas correspondências de 17 de março e 24 de abril últimos, vou principiar hoje a dar conhecimento ao público das infâmias e arbitrariedades que se têm feito e se continuam a fazer quase todos os dias na Câmara municipal deste concelho, depois que a presidência dela e a administração do mesmo concelho, por infelicidade nossa, caíram nas mãos dos senhores Teles, pai e filho, conhecidos em toda a ilha, como já disse, ou por outra em todo o mundo, pela alcunha de «Botas», já se vê pelas suas... habilidades.»

130 Luís Pereira de Menezes, secretário da administração da Câmara de Santa Cruz.

131 Na correspondência de 1 de agosto de 1891, publicada neste jornal a 8 de agosto deste ano, o mesmo insurge-se contra o estado em que se encontrava a igreja matriz de Santa Cruz, nestes termos: «A desgraça já chegou ao ponto de, se quisermos ouvir missa, termos de ajoelhar no meio da rua! (e isto ainda se faz por estarmos no verão) por isso que não temos igreja, por se achar fechada pelo mau estado do solho, sendo tudo devido ao desleixo e incúria da autoridade a quem, por infelicidade nossa, está confiada a administração do concelho, – desses Botas, que em tempo de eleições prometem tantos e quantos ao povo, e que, depois de servidos, lhe voltam as costas».

132 José Francisco Gonçalves, escrivão suplente da repartição de Fazenda (Finanças) de Santa Cruz, o correspondente deste jornal nesta vila que, nas suas correspondências era muito crítico para com a administração de Teles de Menezes, e por isso foi perseguido.

133 ABM, *Diário de Notícias*, 16, 17, 18, 20, 21, 22, 23, 24, 25, 28, 29, 30, 31 de outubro, 1, 3, 4, 5, 6 e 7 de novembro de 1891. Texto inserido nas páginas alusivas aos anúncios deste jornal.

2. DE 1891 A 1900

COLLEGIO DE S. JORGE

Rua dos Nettos n.º 33

Este collegio está habilitado para ensinar:

Portuguez, desde o elementar ao do 1.º anno do curso geral do lyceu;

Francez, inglez, desenho, mathematica, geographia e historia, todas as disciplinas do curso geral até o 3.º anno, e latim do curso de sciencias.

Este curso é exclusivamente para meninas, ás quaes se ensinarão também todas as obras de lavores e piano.

PROFESSORES

De portuguez e latim, o rvd.º padre Rodrigues; de mathematica e historia, o rvd.º padre Leça; de instrucção primaria elementar e d'admissão ao lyceu, geographia e desenho, o ex.mo snr. Vicente da Costa Arez; de francez, Mr. Sioen: de inglez, Miss. Wilson; obras de lavores, D. Elisa Sauvayre da Camara; e de piano, Miss. Mary Wilkinson.

O último anúncio ao Colégio de S. Jorge foi publicado por 19 vezes, entre 16 de outubro e 7 de novembro de 1891. Mas os resultados práticos foram nulos e foi decidido encerrá-lo definitivamente, tendo a comunidade se mudado de vez para Santa Cruz. EM CIMA: Aspeto atual do prédio sito à Rua dos Netos n.º 33, fazendo esquina com a Rua dos Ferreiros, que foi o último local onde esteve instalado o Colégio de S. Jorge. *Foto do autor.*

geral até o 3.º ano, e latim do curso de ciências.

Este curso é exclusivamente para meninas, às quais se ensinarão também todas as obras de lavores e piano.

PROFESSORES

De português e latim, o rvd.º padre Rodrigues; de matemática e história, o rvd.º padre Leça; de instrução primária elementar e admissão ao liceu, geografia e desenho, o ex.mo sr. Vicente da Costa Arez; de francês, Mr. Sioen; de inglês, Miss Wilson; obras de lavores, D. Elisa Sauvayre da Câmara; e de piano, Miss Mary Wilkinson.

Enferma[134]

Acha-se incomodada de saúde Miss Jorge, senhora muito virtuosa que há muito reside entre nós, como segunda diretora do acreditado colégio de S. Jorge, superentendido por Miss Wilson.[135]

Exposição de quadros[136]

Nos dias 21, 22 e 24 do corrente verificar-se-á na casa n.º 20 à rua das Cruzes, uma exposição de qua-

---

[134] ABM, *Diário do Comércio*, 2 de dezembro de 1891.

[135] É esta a última notícia que encontrámos na imprensa regional relativa ao Colégio de S. Jorge, que encerraria nesse ano, motivado pela falta de pagamento das propinas por parte das famílias abastadas do Funchal, o que impediria a obtenção dos fundos necessários para a prossecução das normais obras de caridade a que se dedicava a Ir. Wilson no Funchal. Com o encerramento deste estabelecimento de ensino, a congregação mudou-se definitivamente para Santa Cruz, onde daria continuidade à sua obra em prol dos mais necessitados.

[136] ABM, *Diário de Notícias*, 19 de dezembro de 1891.

dros e aguarelas de verdadeiro merecimento, em benefício das obras de caridade de Miss Wilson.[137]

Amanhã daremos notícia mais desenvolvida desta interessante exposição.

Exposição de quadros[138]

Abre-se na segunda-feira uma exposição de pintura na casa que faz esquina para a rua da Bela Vista e Cruzes (defronte do vice-consulado francês).

São expositores as seguintes damas e cavalheiros:

Madame Antonie H. Gutscher, Madame Carneiro, Mr. Hans Nowack[139] e Mr. Cândido Pereira.[140]

EXPOSITION DE TABLEAUX[141]

Les 21, 22, 23 et 24 décembre aura lieu à Funchal, rua das Cruzes, n.º 20, une exposition de tableaux et aquarelles dus au pinceau d'artistes justement appréciés.

Un bien modeste bazar où se vendront quelques objets utiles et pratiques tels que: ouvrages à l'aiguille, broderies, travaux à la main etc, mériteront d'attirer l'attention des étrangers. Le montant de la vente des objets du bazar, ainsi que le produit des entrées (200 reis par personne) sera affecté à l'ouevre de Miss Wilson.

Elisa Sauvayre da Câmara, professora de obras de lavores no Colégio de São Jorge em 1891. *Secretariado da Irmã Wilson.*

Chacun connait ici le généreux dévouement de la fondatrice de cette oeuvre envers les pauvres, les malades indigentes et les orphelines, et, l'éxiguité des resources dont elle peut disposer.

Nous osons espérer que les personnes étrangéres ne lui refuseront pas leur concours et vondront, bien, en honorant l'exposition de leur présence, contribuer à cette oeuvre digne de toute leur sympathie.

Exposição de quadros[142]

Inaugurou-se ontem esta exposição na casa, à rua das Cruzes, n.º 20, continuando aberta nos dias 22, 23 e 24 do corrente.

Encontra-se ali um modesto bazar, onde serão vendidos alguns objetos úteis e práticos, como obras de agulha, bordados, etc.

O produto desta venda reverte, como já dissemos, em benefício da obra de caridade de Miss Wilson, cuja generosa dedicação é bem conhecida para os pobres, os enfermos indigentes e os órfãos, assim como a escassez dos seus recursos pecuniários.

---

137 Esta exposição teria como objetivo a angariação de fundos para as primeiras obras de reparação do arruinado Hospital de Santa Cruz. Devido ao facto da imprensa da época não nos fornecer muitos dados sobre os primeiros anos da presença da Ir. Wilson em Santa Cruz, apresentamos no Anexo IV desta obra a transcrição de parte do capítulo IV do livro da autoria de Manuel Ferreira Pio, dedicado àquele concelho, que é muito elucidativa sobre este assunto.

138 ABM, *Diário do Comércio*, 19 de dezembro de 1891.

139 Hans Nowack (1866-1918), aguarelista austríaco. Em julho de 1893 este artista era referido, na imprensa regional, como sendo professor de desenho na escola António Augusto de Aguiar, no Funchal.

140 Cândido Pereira (1869-1935), natural de Lisboa, iniciou a sua carreira docente na Escola de Desenho Industrial Josefa de Óbidos, no Funchal, cuja instalação supervisionou e que a partir de 1891 passou a designar-se por Escola António Augusto de Aguiar.

141 ABM, *Diário de Notícias*, 20, 22, 23 e 24 de dezembro de 1891.

142 ABM, *Diário de Notícias*, 22 de dezembro de 1891.

2. DE 1891 A 1900

Apeto da antiga Rua da Bela Vista (atual Rua do Quebra-Costas) no topo da qual esteve patente ao público uma exposição de pinturas, com entradas pagas, revertendo os fundos para as obras de caridade de Miss Wilson. AO LADO: Aspeto da zona das Cruzes. *Coleção do autor.*

Estamos convencidos de que os estrangeiros não lhe recusarão o seu concurso e se dignarão visitar aquela interessante exposição.

Quadros a óleo e aguarelas[143]

Uma pequena exposição de pintura, instalada no alto da Bela Vista,[144] tem nestes dias atraído a atenção dum ou outro amador de belas artes que por acaso existe na cidade. Domina a aguarela e a pintura a óleo. Bastantes flores, rosas, sobretudo, lançadas com elegância, bem tocadas e fielmente reproduzidas; muitas paisagens de terra e mar: – água serena e espelhenta, água tempestuosa, água avermelhada pelo sol cadente, sob um céu onde estratos incandescentes se alinham metodicamente; maciços densos de verdura; árvores isoladas e plangentes; efeitos de luar; e por último dois interiores dum antigo pátio manuelino, alguns trechos de ruas do Funchal, e a torre, a inevitável torre da Sé, ladeada pela palmeira, encimada pelos coruchéus; tais são os assuntos que mereceram a predileção dos expositores.

Os quadros das senhoras – M.^{de} Carneiro, M.^{de} Gutscher, M.^{le} Irma Komlósy – são em geral despretensiosos, mas corretos, sem grande fôlego, mas também sem grandes desfalências, e possuem a distinção, qualidade indispensável em todas as produções femininas. Não os descrevo detalhadamente, porque o fim deste ligeiro artigo é referir-me só aos trabalhos de Cândido Pereira e de Hans Nowack, sem intuito de os analisar com minúcia, nem de criticá-los com solenidade, mas apenas para os inculcar como sinal de bom agoiro em relação ao futuro artístico dos seus autores, que fazem agora as primeiras armas.

H. Nowack expõe muitas aguarelas; dois ou três carvões, outros tantos desenhos ornamentais e um desenho à pena, se bem me lembro. As aguarelas são o seu principal trabalho, e nalgumas delas noto indícios de qualidade cujo conjunto constitui o artista, e que são: o saber técnico; o sentimento do pitoresco, essa espécie de dupla vista que descobre a feição original da natureza; e ainda a faculdade superior de transmitir a emoção experimentada.

Em Nowack o saber técnico é completo. O seu desenho é duma correção impecável e possui além disso um cunho pessoal, característico; diz-me com inexcedível clareza o

---
[143] ABM, *Diário de Notícias*, 29 de dezembro de 1891. Texto inserido na rubrica "FOLHETIM".
[144] Antiga denominação da atual Rua do Quebra-Costas.

2.1. 1891

No princípio da década de 1890 Miss Wilson muda-se para Santa Cruz, no seguimento do convite formulado pelo Barão da Nora, então Administrador do Concelho daquela localidade, no sentido de tomar conta do Hospital da Santa Casa da Misericórdia daquela vila. *Coleção do autor.*

que seja este rapaz do Norte, transviado num país meridional; define-me o seu temperamento de trabalhador, sereno, frio, persistente, meticuloso, arranjado, sem entusiasmos e sem desesperos. A tendência espontânea para a perfeição do desenho leva-o a tratar com demasiada minudência os pequenos detalhes da pintura, como na *Torre da Sé* e no *Interior da Torre*, em que o vigor e a largueza da composição ficaram prejudicados; mas tal defeito é resgatado pela vivacidade do colorido e pela justeza dos tons revelados nestas duas aguarelas.

O exotismo das coisas, os aspetos típicos, a vida das ruas duma terra que lhe é estranha, fixam-se bem na sua retina impressionável, educada, – e daqui provém a escolha quase sempre feliz do assunto. Nada de camponesas trajando os fatos tradicionais da ilha; nada de trenó a bois, com o respetivo carreiro e o indispensável candeeiro, pasmados para a gente; para longe toda essa frandulagem banal que vinha constituindo o pitoresco oficial da Madeira, consagrado por fotografias mais banais ainda: um canto de rua suja, de prédios escalavrados e leprosos; uma grade de feitio antigo, onde tremula um trapo vermelho; mais uma tabuleta desbotada encimando uma porta de taberna; ou então uma parede de pátio enrelvado, solitário, sobre que abre uma velha janela de colunas; ou ainda uma travessa dos subúrbios, que alonga a sua calçada faiscante de sol entre muros rematados por trepadeiras em flor; tais são os motivos sobre que Nowack ensaiou as forças do seu pincel de aguarelista, e a que soube imprimir uma feição genuína. Porque a verdade é esta: em toda a parte, dos extremos da Sibéria aos confins da Patagónia, pode haver tavernas e tabuletas e paredes sem cal e pátios e travessas apertadas entre muros; mas a *Rua dos Tanoeiros*, ou o *Pátio dos Aranhas* é que se não confundem com qualquer pátio nem com qualquer rua, pois foram surpreendidos em flagrante, apanhados com o seu peculiar aspeto de todos os dias, e fixados inconfundivelmente, com o seu movimento variegado, ou a sua desolada solidão, ou a sua funda tranquilidade.

Uma porta de capela, na rua de St.º António, pequenina aguarela que se me afigura ser o melhor trabalho que Nowack expõe, pela fidelidade do tom e pela elegância de fatura, larga e desembaraçadamente, faz-me crer que este eslavo é suscetível de aquecer sob os raios do nosso bom sol meridional, de modificar a correção um pouco hirta e solene do seu desenho, e de pôr na obra esse grãozinho de poesia, que comunica a quem vê a emoção que o pintor experimenta perante a natureza, e que afinal de contas é a verdadeira característica do artista.

2. DE 1891 A 1900

A Irmã Wilson junto da Irmã Isabel de Sá, ostentando ambas o seu hábito religioso. Ambas professaram em Santa Cruz, a 15 de julho de 1891, oficializando assim a sua Congregação que muito Bem iria derramar pelo povo daquela vila, conquistando assim a sua estima.
Secretariado da Irmã Wilson.

(Continua.)

J. TIERNO[145]

Quadros a óleo e aguarelas[146]
(Conclusão)

Cândido Pereira, o outro expositor, não quis dedicar-se à aguarela – que para muitos que principiam é valioso tirocínio, quando não seja a especialidade definitiva –, e atacou de vez a pintura a óleo. São cinco os quadros que apresenta: *O Tejo*, adiante de St.ª Apolónia; *O Pátio dos Aranhas*; *Um Moinho*, na Ribeira de St.ª Luzia; e duas vistas da *Torre da Sé do Funchal*. No conjunto deles fácil se torna descobrir o que constitui a maneira do autor, e que vem a ser: uma grande espontaneidade na fatura, a visão correta, desenho propositadamente desleixado, colorido por vezes falso ou hesitante, e uma quase ingénua sinceridade de impressão que ares de mestre experimentado não logram disfarçar; no total – bom número de qualidades inatas, que o estudo só por si não pode dar, e alguns defeitos que depressa se eliminam.

Nas telas expostas o assunto e ao mesmo tempo o arranjo são deveras felizes, e apesar dum ou outro dos senões que deixo indicados, o efeito é em geral agradável.

Um Moinho, composição cheia de pitoresco e de cor local, essa possui uma justa tonalidade. Mas já o Pátio dos Aranhas é pintura morna, de ares tristonhos, tons moles e neutros, feita decerto ao cair da tarde, sob um céu melancólico de inverno... A gente, porém, reconcilia-se como o Pereira ao ver a *Torre da Sé*, garrida, fresca, fácil, um nadinha redundante de acessórios, mas de atmosfera arejada, diáfana e excelentemente reproduzida.

A Marinha é um pedaço do Tejo nas alturas em que o formidável estuário mais se alarga, a ponto de parecer um mar interior, onde o rio tem a cor e a transparência da esmeralda, e a sua superfície dormente, unida, tocada de sol, sem uma prega e sem a menor ondulação, se dilata majestosamente quase até ao horizonte, a confundir-se com a linha sinuosa dos terrenos recobertos de pinhais. Um molho de vergas e de cordagens emaranhadas, junto duma ponte, à esquerda; ao centro dois barcos parados, de mastros esguios e velas colhidas; noutro plano o perfil pesado dum vapor; e a água, a água profunda, tranquila, envolvendo e dominando tudo – eis o que é este quadrinho, que tem para mim o merecimento de dar-me ideia completa e verdadeira, de me fazer compreender nitidamente o bocado de natureza que copia.

Tal foi a impressão que me deixaram os trabalhos de C. Pereira. Repito: os defeitos que se lhe notam são de pouca monta, e facilmente se levam de vencida. Mas que Cândido Pereira tenha cautela; não se torne formalista, não se fortifique por detrás das fórmulas

---

[145] João Tierno, agrónomo, que ocupou o cargo de Intendente de Pecuária no Funchal.
[146] ABM, *Diário de Notícias*, 30 de dezembro de 1891. Texto inserido na rubrica "FOLHETIM".

de qualquer mestre mais ou menos autêntico e capaz. O meio em que hoje vive, em plena província, não é tão mau como se supõe para quem quer trabalhar; ao menos está-se livre de sugestões estranhas, e alheio às opiniões, imposições, ideias novas das diferentes escolas e grupos que enxameiam por essa Lisboa fora. O preferível é cada um extrair sozinho de dentro de si, à força de estudo, o bocado de talento que Deus lá lhe deixou, sem mesmo se deixar dominar pelos hábitos que as ocupações forçadas impõem.

Efetivamente é bom, é mesmo necessário possuir o fundo técnico, o saber profissional; mas devemos lembrar-nos de que – muito embora o grande Stendhal lesse todos os dias uma página do código para tonificar o estilo – nunca professor algum de retórica foi um verdadeiro escritor.

J. TIERNO.

2.2. 1892

Os jesuítas na Madeira[147]

[…] Mas se, como nos autoriza o autor, entendermos por jesuitismo todo e qualquer modo de ser de manifestação religiosa em sociedades parciais, então há na Madeira uns poucos de coios jesuíticos de bastante influência social.

O primeiro coio jesuítico é – *O Seminário Diocesano*, dirigido e governado única e exclusivamente pelo Lazarista Padre Ernesto Schmitz, e entregue a mais um tal padre Prévot, também Lazarista. Este é de nação francesa, aquele alemão. […]

[…] Há mais ainda, na cidade e nos campos, *Franciscanos* e *Franciscanas*, filhos e filhas do *Rosário Vivo de Sião*, do Apostolado da oração etc. etc. obedecendo em tudo aos preceitos da ordem.

Há irmãs Franciscanas com hábito próprio, e Lazaristas com hábitos meio disfarçados. […]

As Franciscanas estão em decadência.[148] […]

Sobe a número avultado o contingente recrutado nesta ilha, no sexo fraco, para o engrossamento das fileiras, na França e, mesmo, no continente.

Vão, por enquanto, estas notas, ficando o resto para quando tivermos mais cabal conhecimento de causa.

Relação das pessoas que se dignaram alimentar a subscrição promovida pelo atual secretário da Mesa gerente da Confraria da Santa Casa da Misericórdia e Hospital da Vila de Santa Cruz, a benefício do mesmo Hospital, no ano económico de 1890-1891.[149]

Ex.mas Sr.as

D. Maria B. Teles de Menezes	1$000
D. Maria Rufina da Câmara	500
D. Maria Aldora Machado	300
D. Guilhermina A. B. de M. Agrela	300
D. Maria Constância de M. Câmara	200
D. Filomena Adelaide Figueira	500
D. Júlia Marta de Oliveira	1$000

---

147 ABM, *Atalaia*, 1 de junho de 1892.

148 Porventura o autor deste texto tenha referido isto devido ao facto de, neste ano, ter-se encerrado o Colégio de São Jorge e dispensário anexo, que então funcionava na Rua dos Netos, 33,, devido a dificuldades financeiras, tendo as Irmãs, em número de nove, se mudado para Santa Cruz no princípio de 1892.

149 BMF, *O Direito*, 9 de junho de 1892.

D. Silvana M. Garcês	100
D. Maria Merciana da S. Barreto	200
D. Rosalina Cândida Camacho	200
Anónima	500
Anónima	200
Wolkoushy	4$500

Ex.^{mos} Srs.

Dr. Bernardo V. Pinto de Andrade	500
Dr. Joaquim Augusto Machado	500
Dr. João Baptista Leal	2$250
Teles	4$500
Luís Pereira de Menezes Agrela	300
Tenente Matos	500
Rev.º Vigário João Joaquim F. da Silva	2$250
Rev.º João do Espírito Santo	500
António Fernandes Mendes	500
Tristão Pedro B. da Câmara	2$250
Nicolau Tolentino Camacho	2$000
Eduardo L. Rodrigues	1$000
Francisco da Costa Júnior	500
João António Bianchi	4$500
Anónimo	500
Júlio A. Machado	500
Manuel Sarmento	1$000
A. Álvares de Freitas	1$000
Anónimo	500
Rev.º C.º Pacheco	500
Júlio Olavo S. Barreto	500
T. L. A.	500
Barbosa	100
João Figueira da Silva	500
Joaquim Figueira da Silva	500
João Gomes Garcês	500
João Baptista do Rego	500
Joaquim José de Gouveia	500
Martinho de Gouveia	600
Teodoro P. de F. Vieira	1$000
J. A. de V. L.	200
Capitão Norberto Jaime Teles	500
Rev.º Semião do Espírito Santo	500
Sargento Spranger	300
Anónimo	100
Anónimo	100
Manuel Carvalho S.	100
João Ferreira	150
João Joaquim de Freitas	200
Anónimo	100
Manuel António	100
Tomé Vieira	100
João Alves	100
Rufino Correia	100
António Martins da Luz	200
Manuel Carvalho J.	200
Manuel V. S.	200
Remígio de Andrade	200
José da Costa	300
João Teixeira	100
João Alves	100

2.2. 1892

Fachada principal do edifício da Santa Casa da Misericórdia de Santa Cruz. Aquando da chegada da Irmã Wilson a esta vila este encontrava-se em estado ruinoso e houve que promover subscrições de modo a angariar fundos para o recuperar e reativar o seu hospital. À esquerda da capela de Santa Isabel, ao centro, ficava o Hospital de Santa Isabel, popularmente designado por Hospital de Santa Cruz e, à direita, a sua farmácia, que seria equipada com o mobiliário e medicamentos do desativado Dispensário dos Pobres, suportado por largo tempo pela família russa Ouchkoff, no Funchal. *Foto do autor.*

Domingos Alves	100
Manuel Nunes Pombo	100
João Caetano	100
José Dias	200
João Gomes de Jesus	050
João Alves	500
José Álvares	500
Dionísio Teixeira	100
Vitorino Fernandes	400
João António S.	100
Manuel, f.º de Carlos	050
Alfredo Dias	200
João Maurício da Costa	050
Manuel Escórcio	050
Soma	46$900

(Continua.)

Relação das pessoas que se dignaram alimentar a subscrição promovida pelo atual secretário da Mesa gerente da Confraria da Santa Casa da Misericórdia e Hospital da Vila de Santa Cruz, a benefício do mesmo Hospital, no ano económico de 1890-1891.[150]
(Continuação)

Transporte	46$900

---

[150] BMF, *O Direito*, 11 de junho de 1892.

2. DE 1891 A 1900

Ex.ᵐᵒˢ Srs.

João António de Andrade	500
João Martins	050
António Joaquim Telo	100
João de Olival	050
Manuel Rodrigues de Sá	050
Manuel Moniz	100
Manuel Vieira Toupeiro	200
José João Pereira	100
Cândido Garcês	200
João Nunes	300
Manuel Rodrigues Coelho	200
Constantino F. de Nóbrega	100
Manuel Ribeiro	100
Manuel de Andrade	300
Balbino Nunes	100
João de Freitas Pataca	200
Manuel Joaquim de Freitas	200
Joaquim de Olival	100
Manuel da Silva	100
João Marques da Silva	100
Francisco António de Sá	100
João Inácio Gonçalves	200
Martinho Correia	100
Manuel V. de Aguiar	100
Manuel da Câmara	100
José de Araújo Ligeiro	100
Manuel Vieira	050
Manuel Rodrigues	050
Manuel Nunes	100
João Teixeira	050
Alberto António	300
António Teixeira	050
Manuel de Freitas	100
António Rodrigues	100
João Alves Reynold	050
José de Nóbrega	200
António Rodrigues	050
Manuel Marques	100
Manuel de Nóbrega	150
João Teixeira Lagartixa	100
Manuel Teixeira Lagartixa	100
Manuel de Sousa Estrela	100
Domingos da Câmara	100
Pedro Rodrigues	050
Francisco Joaquim de Freitas	300
Manuel de Freitas Amaro	100
B. Z. de S.	100
João de Nóbrega	100
António Fernandes	100
Joaquim M. Alves	200
Manuel Vieira	100
João Fernandes Neves	100
Joaquim Inácio Gonçalves	100
Gregório dos Santos	050
Manuel Rodrigues J.	100
António Teixeira Rego	200
José de Andrade	100

Manuel Nunes	100
Manuel da Câmara	150
Joaquim da Mata	500
Alfredo Rodrigues Alves	100
Manuel Rodrigues S.	100
Calisto Alves	200
Alexandre Escórcio	100
António Escórcio	100
José Escórcio	100
António de Sousa Vital	100
João Alves Ferro	050
Miguel da Silva	050
António de Freitas Bailinho	050
António de Sousa Barranco	050
Domingos Nunes	200
Domingos de Araújo Ligeiro	050
Manuel Ferreira	050
Júlio Rodrigues	100
José Baptista	100
João Gonçalves	050
José Pires	100
Sérvulo de Freitas	050
Manuel de Freitas	100
António de Freitas	100
Manuel João	100
João Gonçalves	100
Domingos Ferreira	100
José Nunes	100
Francisco de Faria	100
Manuel Teixeira	100
Soma	57$400

(Continua.)

Relação das pessoas que se dignaram alimentar a subscrição promovida pelo atual secretário da Mesa gerente da Confraria da Santa Casa da Misericórdia e Hospital da Vila de Santa Cruz, a benefício do mesmo Hospital, no ano económico de 1890-1891.[151]

(Conclusão)

Transporte	57$400

Ex.ᵐᵒˢ Srs.

Lúcio de Freitas	100
Francisco Nunes	100
João de Sousa	100
Manuel de Sousa	050
João António J.	200
Justiniano de Freitas	200
José de Freitas	100
José Nunes Paciente	100
Francisco Poeira	100
José de Nóbrega	150
Manuel Dias do Nascimento	200

---

[151] BMF, *O Direito*, 19 de junho de 1892.

2. DE 1891 A 1900

José Correia Sénior	100
José Correia Júnior	050
Manuel Ferreira	100
João Vieira	050
Miguel do Rego	100
Pedro Vieira	100
Manuel Vieira	100
João Rodrigues	100
Inocêncio Carvalho	100
João António	050
Domingos de Sousa	100
José de Andrade	100
João Alves	100
Manuel Vieira	100
João Augusto Serrão	100
Constantino José Lobo	500
Joaquim Alves	100
José de Freitas	050
Matias Alves	100
António Fernandes de Aguiar	050
José Dias do Nascimento	100
Francisco Pereira	100
José Vieira Sénior	200
Augusto José de Andrade	100
Manuel Gonçalves	100
João Gonçalves	100
Manuel Nunes	050
Manuel de Freitas	050
José da Silva	050
Joaquim de Freitas	050
Manuel Vieira Marujo Júnior	100
Manuel de Freitas Bailinho	050
Manuel Rodrigues	050
Manuel Vieira	200
João Vieira Coelho	200
Luís Coelho	100
Manuel de Freitas	100
Manuel Rodrigues Alves	100
Manuel Teixeira Quitéria	200
José Fernandes	100
João Teixeira	100
José de Freitas	050
Manuel de Araújo	050
António Vieira	050
António Coelho Capitão	050
João Rodrigues	050
Manuel Carvalho	100
José Vieira	100
Júlio Alves	100
José Vieira Júnior	100
Manuel de Freitas	050
João Pereira	100
Emílio Fernandes	100
José Vieira Americano	150
João Fernandes Madruga S.	100
Manuel Vieira Marujo	050
António de Sousa	050
António Rodrigues	050
João Alves	050
António de Araújo Ligeiro	050

José de Freitas	100
Manuel Rodrigues	100
António de Freitas Júnior	050
Filipe de Sousa	100
Manuel Vieira Coelho	100
Francisco de Sousa Jardim	100
João Baptista	050
José Baptista	100
José Dias	050
Feligério da Câmara	050
Francisco de Olival	100
Manuel Ferreira	050
Manuel Vieira	050
Zeferino de Freitas	100
Manuel Gomes Camacho	050
Adolfo Vicente da Costa	160
Soma	65$810
Transporte	65$810
Manuel Alves	100
António Vieira	050
Manuel Vieira	100
António Coelho	050
António da Câmara	100
Manuel de Sousa Jardim	200
José Dias	100
Rufino Joaquim de Jesus	100
José Monteiro	050
Manuel de Sousa	100
Pedro Moniz	050
Alexandre de Freitas	050
António Vieira Prioste	050
José Vieira Talasca	050
João Augusto de Faria	050
João de Gouveia	050
João Vieira	050
Pedro de Andrade	200
António Joaquim de Freitas	200
João Vieira Americano	200
António Teixeira	050
José de Gouveia	200
Manuel Nunes Pombo	200
Francisco Vieira	100
José Fernandes	100
Fernando Augusto de Sá	050
António Joaquim da Mata	050
João Fernandes	050
Manuel Coelho	050
Joaquim de Gouveia	200
João José de Gouveia	200
Manuel Coelho	150
Manuel Joaquim Gonçalves	200
Ângelo Álvares de Freitas	400
João Luís Sénior	200
Pedro de Quintal	100
Amélia A. de Faria	300
Rosa Escórcio	300
Regina S. Jardim	100
Maria de Freitas	100

Maria da Conceição	100
Valentina de Olival	100
Maria Augusta	050
Joaquina de Freitas	100
Maria de Jesus	050
Maria de Freitas	100
De esmolas tiradas por Miss Mary Jane Wilson e a Ex.ma Sr.ª D. Elisa L. da Câmara no dia 1.º de agosto de 1890	4$020
Oferta de dois estrangeiros que visitaram o Hospital no dia 25 de abril de 1891	1$500
Total	76$930
António de Freitas	420 litros de areia
Manuel de Olival	410 " " "

O sr. governador civil em Santa Cruz[152]

Como havíamos noticiado, foi no domingo último em visita à vila de Santa Cruz o sr. governador civil deste distrito,[153] acompanhado dos srs. secretário geral, von Hafe, diretor das obras públicas, capitão Alves, António Caetano Aragão, administrador deste concelho e Pedro de Alcântara Góis, comissário de polícia.

No cais de Santa Cruz aguardavam o desembarque de sua ex.ª a câmara municipal com a respetiva bandeira, as autoridades e vários cavalheiros locais, a filarmónica *Santa--cruzense* e um grande número de pessoas.

Dali dirigiu-se s. ex.ª ao edifício da câmara municipal, acompanhado da referida filarmónica, visitando em seguida o hospital e farmácia, a igreja matriz e todas as repartições públicas. [...]

O sr. Governador Civil em Santa Cruz[154]

Foi no domingo a Santa Cruz a fim de tomar conhecimento pessoal das mais urgentes necessidades daquela importante freguesia, sua ex.ª o sr. Merens de Távora, governador civil deste distrito.

Acompanharam-no os srs. Von Hafe, dr. António Jardim de Oliveira, António Caetano Aragão, Pedro de Alcântara Góis, e capitão Joaquim Maria Alves.

S. Ex.ª visitou a igreja matriz, que se acha em lamentável estado, as repartições públicas, escolas, obras em construção e o hospital e farmácia dirigidos por miss Wilson. [...]

Criação dum hospital em Machico[155]

Uma distinta dama que veraneou este ano na vila de Machico, onde colheu alívios para os seus padecimentos, nutre a caridosa ideia de pôr todo o seu valimento em ação para adquirir donativos e esmolas para a fundação dum hospital que, adjunto à misericórdia da mesma vila, possa socorrer e abrigar doze enfermos pobres de ambos os sexos.

A alevantada ideia da nobre dama precisa,[156] para que se possa levar a efeito tão caridosa instituição, todo o auxílio não só da Câmara Municipal de Machico mas muito mais ainda dos Poderes centrais.

Ousamos, pois, lembrar a s. ex.ª o sr. governdor civil, quanto lhe agradeceriam os povos daquele concelho, se s. ex.ª auxiliando a benemérita iniciativa daquela respeitável senhora, solicitasse do governo de S. M. um subsídio, tirado dos bens dos conventos há pouco extintos nesta cidade, que viesse em socorro do projetado hospital e bem assim, fizesse conver-

---

152 ABM, *Diário do Comércio*, 19 de julho de 1892.
153 Merens de Távora.
154 BMF, *O Direito*, 20 de julho de 1892.
155 ABM, *Diário do Comércio*, 1 novembro 1892.
156 Provavelmente tratava-se da Ir. Wilson, que eventualmente pretendia replicar em Machico o projeto a que se tinha dedicado em Santa Cruz.

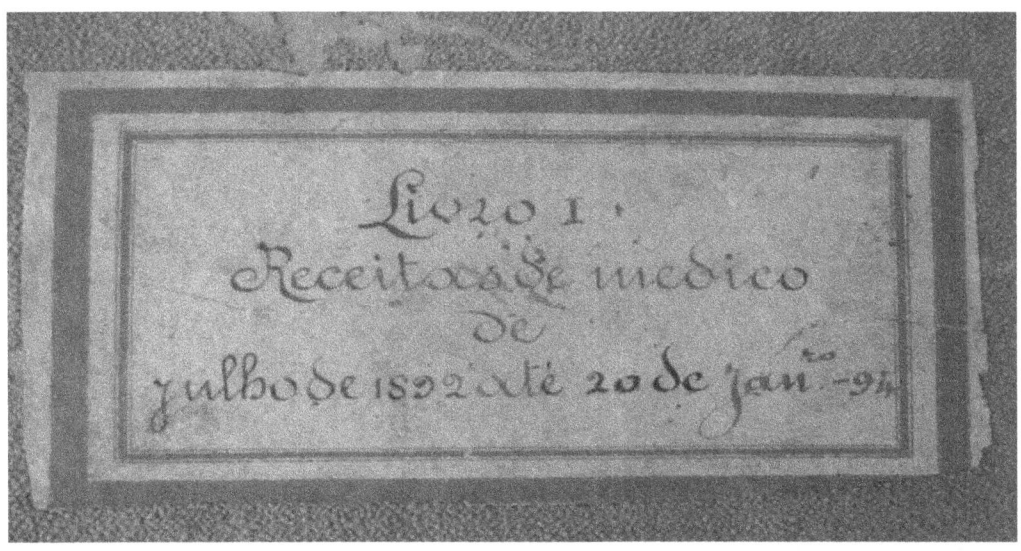

Através da etiqueta do 1.º livro de receitas do Hospital de Santa Isabel se constata que este retomou as suas atividades em julho de 1892, já sob a gerência da Irmã Wilson. *Foto do autor.*

gir, como receita para aquele estabelecimento, os bens das confrarias extintas neste distrito.

2.3. 1893

Passageiros[157]
[...] – Seguiram para Lisboa no vapor *Funchal* os seguintes:[158]
D. Eugénia Le Crenier, D. Maria A. B. Ferraz Pais, Manuel O. Graça, [...] padre João G. de Noronha, [...] Irmã Wilson,[159] Miss Charlotte Charles, Irmã Ana Pereira, [...] dois marinheiros da armada e 7 praças de pré.

Passageiros[160]
[...] Seguiram para Lisboa, no vapor *Funchal* os seguintes:
Mme Eugenie le Crenier, D. Maria Antónia B. Ferraz Pais, [...] P.e João Gaudêncio de Noronha, [...] Irmã Wilson, Miss Char-

Em julho de 1893 a Irmã Wilson foi até Lisboa, a bordo do vapor *Funchal*, de modo a encontrar-se com a Superiora das Irmãs Hospitaleiras, para ver se seria possível irem para Santa Cruz algumas religiosas daquela Congregação, o que não viria a ocorrer. O regresso à capital madeirense far-se-ia pelo mesmo navio. *Coleção do autor.*

---

157 ABM, *Diário de Notícias*, 9 de julho de 1893. Devido à lista de passageiros ser muito extensa, optámos por não a apresentar na íntegra.

158 Segundo se lê na edição do dia anterior deste jornal, este navio partiria do Funchal rumo a Lisboa no dia 8 de julho, pelas 8 horas da manhã.

159 Nesta viagem a Lisboa a Ir. Wilson foi encontrar-se com a Superiora das Irmãs Hospitaleiras para ver se seria possível enviar algumas religiosas desta congregação para Santa Cruz, para servirem como enfermeiras no hospital daquela vila.

160 ABM, *Diário do Comércio*, 9 de julho de 1893.

lotte Charles, Irmã Ana Pereira, [...] Teresa Pestana de Jesus, Maria Berenguer e quatro filhas.

[Sem título][161]
Seguiram ontem viagem para Lisboa, no vapor *Funchal*, os seguintes passageiros:
D. Eugénia le Crenier, D. Maria A. B. Ferraz Pors, Manuel de Oliveira Graça, [...] Irmã Wilson, Miss Charlotte Charles, Irmã Ana Pereira, [...]

Passageiros[162]
Chegaram ontem de Lisboa no vapor português *Funchal* os seguintes:
Manuel I. da Costa Lira, Jerónimo Pessoden, João H. Vollers, [...] Irmã Mary Wilson, [...] João Gonçalves e 1 praça de pré.
Total, 116.

Passageiros[163]
Chegaram ontem de Lisboa, no vapor *Funchal*, os seguintes:
Manuel Inísio da Costa Lira, Padre Jerónimo Pessoden, Padre J. H. Vollers, Padre José Ellert, Padre Lommeruco Loubièree, Padre José Platzer, Padre Júlio Torrend, [...] Irmã Mary Wilson, [...] João Gonçalves e uma praça de pré.
Total – 116.

[Sem título][164]
No vapor «Funchal», vieram ontem de Lisboa, os seguintes passageiros:
Manuel Inízio da Costa Lira, Padre Jerónimo Posseden, Padre J. H. Vollers, Padre J. Ellert, Padre L. Loubièrce, Padre J. Platzer, Padre Júlio Torrend, Dr. António de F. Ferraz, tentente J. A. Escórcio, José Freitas Pestana, João R. Rebelo. A. Pereira, José de Mendonça, J. Lomelino, J. A. Pereira e esposa, António P. Rodrigues, Manuel J. Perestrelo F. Vieira, Manuel dos Passos Freitas, Florêncio Matias, João F. de Almeida, Irmã Mary Wilson, António Gomes, Manuel Teixeira e família, Manuel M. da Silva, G. Rodrigues e família, Domingos Marquês Moura e esposa, António Figueira, Augusto P. Trindade, João F. da Silva e família, Manuel V. Pinto, Joaquim de Andrade e família, Sabino da Câmara e seu sobrinho, Severo Gonçalves e família, Manuel G. Costa, Virgino da Silva, João L. de Abreu, A. S. Neto, J. Montes, Carlos C. de Meireles, A. C. Noronha, J. E. Pereira, José Alves, A. A. Campos, cabo cadete C. A. Bettencourt, e uma praça de pré.

SANTA CRUZ, 17 de agosto de 1893[165]
(Correspondência)
[...] – O hospital da Santa Casa da Misericórdia desta vila, a cargo das Irmãs de São Francisco acha-se na melhor ordem e asseio. Os doentes que naquele estabelecimento dão entrada encontram todo o carinho e dedicação no seu tratamento, por parte daquelas dignas senhoras.
Desde o 1.º de janeiro deste ano tem fornecido a doentes pobres, remédios de 201 receitas, no valor de réis 35:330 de que resultou 63 curas completas.

---

[161] ABM, *O Direito*, 9 de julho de 1893.
[162] ABM, *Diário de Notícias*, 23 de julho de 1893. Devido à lista de passageiros ser muito extensa, optámos por não a apresentar na íntegra.
[163] ABM, *Diário do Comércio*, 23 de julho de 1893.
[164] ABM, *O Direito*, 23 de julho de 1893.
[165] ABM, *Diário do Comércio*, 19 de agosto de 1893. Texto inserido na rubrica "Seção rural".

Aspeto atual da dependência onde outrora existia a enfermaria do Hospital de Santa Cruz, onde a Irmã Wilson e suas companheiras cuidaram de inúmeros doentes.
AO LADO: À esquerda desta sala, encastrado na parede, encontra-se um antigo retábulo do extinto convento franciscano outrora existente em Santa Cruz. *Fotos do autor.*

Aos associados que estão pagando 20 réis semanais para receberem os remédios para si e sua família, tem fornecido no mesmo prazo remédios de 778 receitas no valor de 206:463 réis, produzindo 347 curas.

Como se vê, são grandes os socorros prestados por aquele importante estabelecimento de caridade, cuja receita é muito diminuta, a não ser as subscrições promovidas principalmente pela incansável Irmã Miss Wilson.

São importantes os melhoramentos e reformas realizadas ultimamente no edifício do hospital.

As pessoas caridosas que concorrerem com suas ofertas para aquele estabelecimento podem ter inteira certeza da sua boa aplicação.

Por hoje nada mais.

Z.

2.4. 1894

Santa Isabel[166]

No próximo dia 2 de julho realiza-se com muito empenho na vila de St.ª Cruz a festa de St.ª Isabel.

Consta-nos que por este motivo o vapor *Falcão* fará naquele dia uma viagem pelas 9

---

[166] ABM, *Diário de Notícias*, 26 de junho de 1894.

Igreja Matriz de Santa Cruz, segundo uma foto de 1897 do fotógrafo M. Goulart, de New Bedford. *Coleção do autor.*

horas e meia da manhã.[167]

De tarde o vapor *Lobo* fará a viagem do regresso.

Festa de Santa Isabel em Santa Cruz[168]

O revd.º vigário João Joaquim Figueira da Silva escreveu-nos uma carta em que nos diz que a festa de Santa Isabel, realizada anteontem na vila de Santa Cruz, se limitou apenas a uma missa cantada com sermão, não havendo portanto, música de arraial, como aqui foi noticiado em virtude duma infundada informação.

Aí fica, pois, restabelecida a verdade e satisfeito o pedido do revd.º pároco de Santa Cruz.

Festividade em Santa Cruz[169]

No domingo 26 do corrente deve ter lugar na vila de Santa Cruz a solenidade da primeira comunhão das crianças e a bênção duma imagem de N. S.ª de Lourdes, que o sr. Barão da Nora fez vir da Alemanha. O Ex.mo Prelado benzerá a nova imagem e administrará o santo crisma às crianças da primeira comunhão.

Festividade[170]

No último domingo do corrente tem lugar uma solene festa na igreja da vila de Santa Cruz [a] primeira comunhão às crianças e benção da nova imagem da Senhora de Lourdes, mandada vir da Alemanha pelo nosso prezado amigo o sr. Barão da Nora.

Assiste à festividade o ilustre Prelado diocesano, que administrará o sacramento da Confirmação.

Nossa Senhora de Lourdes[171]

No próximo domingo, na igreja paroquial de Santa Cruz, realiza-se, pela primeira vez, com grande pompa, a festividade de Nossa Senhora de Lourdes, cuja bonita imagem foi oferecida pelos srs. barões da Nora.

Espera-se considerável concurso de povo, não só de St.ª Cruz, mas das freguesias limítrofes e do Funchal.

O ex.mo prelado diocesano parte para ali no próximo sábado, a fim de benzer a imagem, pregando em seguida. […]

---

167 Com efeito, no *Diário de Notícias* do dia seguinte encontra-se um anúncio da viagem do vapor *Falcão* e *Lobo* a Santa Cruz, a 2 de julho, de modo a levar romeiros à Festa de Santa Isabel. Nesta época tais anúncios eram publicados aquando da realização de "festas rijas" em diversos locais da Madeira. Mas como se depreende pelo teor da notícia seguinte esta festa foi apenas de carácter litúrgico, não havendo arraial associado à mesma.

168 ABM, *Diário de Notícias*, 3 de julho de 1894.

169 ABM, *A Verdade*, 1 de agosto de 1894.

170 ABM, *Diário do Comércio*, 17 de agosto de 1894.

171 ABM, *Diário de Notícias*, 22 de agosto de 1894.

O vapor Falcão faz naquele dia uma viagem extraordinária para a vila de Santa Cruz, pelas 9 horas da manhã, regressando às 8 horas da noite.

Veja-se adiante o respetivo anúncio.

Santa Cruz, 27 de agosto de 1894.[172]

Com grande aparato e luzimento celebrou-se nesta vila no domingo 26 do corrente a festa de N.ª S.ª de Lourdes.

Nesse dia pela manhã s. ex.ª rev.ma o ilustre Prelado Diocesano na igreja matriz celebrou missa, administrando por essa ocasião a 1.ª comunhão solene a cento e tantas crianças.

S. ex.ª revd.ma dirigiu aos jovens que comungavam pela primeira vez uma sentimental prática.

Às 11 horas do dia na capela do hospital civil o venerando prelado administrou o sacramento do crisma ao sr. barão da Nora, servindo de padrinho o digno par do reino dr. Agostinho de Ornelas, uma filha do sr. barão bem como, o sr. tenente Albino Leal [que] também receberam este sacramento.

Às 11 e meia voltando o Prelado à igreja matriz ali foi benzida solenemente a imagem da Senhora de Lourdes que os srs. barões da Nora se dignaram oferecer.

Em seguida começou a missa solene com acompanhamento de orquestra, sendo orador ao Evangelho o ex.mo Prelado Diocesano que, como sempre, pronunciou um eloquente e doutrinal discurso.

Às 3 horas da tarde na casa da residência dos srs. barões da Nora teve lugar um esplêndido jantar com menu variado e delicado acompanhado de vinhos generosíssimos.

Imagem de Nossa Senhora de Lourdes, proveniente da Alemanha, que o Barão da Nora ofereceu à igreja matriz de Santa Cruz em 1894. A partir desse ano passou a celebrar-se, naquela vila, a solenidade em sua honra, que já era celebrada no Funchal, com grande empenho, na Capela da Penha de França. A Irmã Wilson tinha uma devoção especial a esta Senhora e quase que podemos alvitrar que foi a seu pedido que o Administrador do concelho daquela vila fez a referida oferta. *Foto do autor.*

Assistiram ao jantar as seguintes pessoas: – Prelado Diocesano, Par do Reino Agostinho de Ornelas e Vasconcelos e duas filhas, Viscondes do Vale Paraíso, D. Manuel Saldanha da Gama, Comendadores Carlos de Bianchi e Ferdinando de Bianchi, dr. João Baptista de Freitas Leal e esposas, dr. Manuel Maria de França e esposa, revd.mos Cónego Aires Pacheco, vigário Figueira da Silva, Carlos de Bianchi Júnior e esposa.

Trocaram-se afetuosos brindes de congratulação e agradecimento aos srs. barões.

Durante o jantar a filarmónica da vila tocou as melhores peças do seu reportório.

Às 5 horas da tarde saiu a procissão da Igreja matriz compondo-se o préstito de muitas confrarias, de grande número de crianças vestidas de branco seguindo tudo na melhor ordem possível.

Todas as damas e cavalheiros que tomaram parte no jantar acompanharam o préstito religioso.

Era enorme a concorrência de povo que pelas ruas do trânsito estacionava por a [para ver a] procissão.

Esta solenidade religiosa deixou gratas impressões a todos quantos tiveram a ventura de assistir a tão edificante ato.

---

172 ABM, *Diário de Notícias*, 30 de agosto de 1894. Texto inserido na rubrica "Seção Rural".

Aspeto atual do interior da igreja matriz de Santa Cruz. *Foto do autor.*

São dignos dos maiores elogios os srs. barões da Nora que levados pelo seu fervor religioso quiseram assim publicamente patentear os seus sentimentos.

Às 8 horas da noite todos os convidados dos srs. barões se retiraram para suas casas saudosos da cativante amabilidade e distinção com que foram recebidos.

A botica do hospital bem como todo o edifício que atualmente está sob a direção de Miss Wilson cativou a todos os visitantes pelo asseio e boa ordem que reina naquela casa de caridade.

É digna de muitos elogios a caritativa senhora que tão proficientemente dirige aquele instituto.

Agradou também o estado de asseio limpeza e policiamento desta vila, pois ouvimos muitos visitantes referirem-se favoravelmente a este respeito.

F.

Brilhante manifestação em louvor de Nossa Senhora de Lourdes[173]

No dia 26 do corrente,[174] dia consagrado pela Igreja ao doce coração da Mãe de Deus, a vila de Santa Cruz apresentou um aspeto edificante e muito consolador para todos quantos presam a religião e prestam homenagem à Virgem Nossa Senhora.

Os Ex.^{mos} Barões da Nora, abastados proprietários daquele concelho, deram um público testemunho da sua fé e da sua piedade, mandando vir, de fora, uma bela estátua de Nossa Senhora de Lourdes e preparando uma festa para a qual convidaram o Exmo Prelado diocesano e muitos cavalheiros e damas de distinção. Entre estas pessoas viam-se os Ex.^{mos} Par do Reino, Agostinho de Ornelas e Vasconcelos e duas de suas filhas. D. Manuel Saldanha da Gama, Viscondes de Val Paraíso, Carlos de Bianchi e esposa, Ferdinando M. de Bianchi e esposa, Dr. Manuel Maria de França e esposa, Dr. J. B. de Freitas Leal[175] e esposa, Cónego António Aires Pacheco, Vigário João Joaquim Figueira e Carlos de Bianchi J.^{or}.

Antes da Missa solene, S. Ex.ª Rev.^{ma}, o sr. Bispo diocesano, administrou, na capela da Misericórdia, o sacramento da confirmação a alguns membros da família dos Ex.^{mos} Barões da Nora, prosseguindo em seguida, com os cavalheiros presentes, para a igreja matriz, onde fez a bênção da imagem, que se achava colocada sobre um andor guarnecido de flores, fora da capela-mor.

A Missa foi acompanhada a orquestra e depois do Evangelho subiu ao púlpito o Exmo Prelado que fez um tocante sermão, sobre a festa do dia e a devoção à santa Mãe de Deus, aparecida em Lourdes, louvando os sentimentos daqueles que tão espontânea e generosamente manifestaram a sua fé para com a Virgem Santa.

Terminada a solenidade religiosa foi servido, na residência dos Ex.^{mos} Barões, um magnífico jantar a que assistiram as damas e cavalheiros já mencionados. Durante o jantar tocou a filarmónica Santa-cruzense belas peças de música. O ilustre dono da casa levantou

---

173 ABM, *A Verdade*, 7 de setembro de 1894.

174 De Agosto. Na edição do dia 31 deste mês, sob o título "**Festa em Santa Cruz**", este jornal divulgou o seguinte: «O nosso solícito amigo e correspondente, sr. dr. Leal, anunciou-nos, por telegrama, que nos enviara uma descrição desta festa. Certamente a correspondência foi extraviada, pois até hoje ainda a não recebemos./ Esperamos, contudo, que o nosso amigo sanará esta falta, enviando-nos de novo a descrição daquela brilhante festa para a publicarmos na próxima semana.»

175 Dr. João Baptista de Freitas Leal, o autor desta crónica, conforme se lê na nota anterior.

2.4. 1894

A Irmã Maria de S. Francisco Wilson e demais elementos da sua Congregação em Santa Cruz, onde desempenharam un notável papel de benemerência para com os pobres e doentes, tendo granjeado a estima geral da população daquela localidade. *Secretariado da irmã Wilson.*

brindes às pessoas presentes, que foram correspondidos.

Terminado o jantar, teve lugar a procissão, que ia muito concorrida. O andor com a imagem de Nossa Senhora de Lourdes era levado pelos Ex.^{mos} Barão da Nora, Dr. França, Carlos Bianchi J.^{or} e Dr. Freitas Leal. Atrás do andor ia a Exma Baronesa da Nora acompanhada de muitas outras senhoras, e adiante ia regendo a irmandade, o filho do sr. Barão, acompanhado do Rev.º coadjutor da paróquia. Seguia-se a irmandade do S.S. Sacramento e o pálio, que era levado por cavalheiros principais da localidade. Levava o Santo Lenho o Rev.º Vigário de Machico acolitado pelos Rev.^{os} Vigários de Gaula e Água de Pena.

Em seguida ao pálio ia o Exmo Prelado acompanhado pelos Rev.^{mos} Cónego Pacheco e Vigário de Santa Cruz, seguindo-se logo os cavalheiros convidados para a função. A filarmónica Santa-cruzense fechava o préstito.

A procissão ia em muito boa ordem e produzia um belo efeito: muitas irmandades com capas azuis e brancas; muitas meninas vestidas de branco, com cintos azuis, precediam o andor, cantando cânticos devotos. As ruas estavam apinhadas de povo e era grande o respeito e piedade que todos mostravam ao verem passar a procissão.

Edificante foi este espetáculo, belo o exemplo, oferecido, pelos ilustres promotores desta bela função cujos efeitos serão todos benéficos e salutares para a povoação onde foi celebrada.

Se a honra de ter promovido esta tocante festa cabe principalmente aos ilustres Barões da Nora, não devemos também esquecer, como valiosas cooperadoras desta bela manifestação religiosa, as dignas irmãs de S. Francisco de Assis residentes no edifício da Santa Casa da Misericórdia de Santa Cruz. Aquelas sr.^{as} com o seu espírito metódico e perseverante, próprio do povo inglês, tem sabido conquistar, para Deus, muitas almas. São incansáveis em cuidar dos enfermos, em socorrer os pobres e em ensinar as crianças, cooperando para todas as obras santas e úteis promovidas na vila. A boa ordem em que ia a procissão e o bom gosto que reinava na disposição dela era, em grande parte, devido aos esforços daquelas senhoras, empenhadas no serviço de Deus para bem da humanidade. Quando os bons exemplos e as manifestações de piedade partem daqueles que se acham colocados em posição elevada, calam no ânimo do povo como o orvalho benéfico que desce para fecundar a terra.

O céu permita que as bênçãos divinas caiam abundantes sobre os promotores daquela tocante festa e produzam frutos de salvação para todos.

L.

Em Santa Cruz[176]

Na capela da Misericórdia desta freguesia também se festejou o seráfico patriarca S. Francisco com missa cantada e lausperene.

2.5. 1895

Irmãs Hospitaleiras[177]

No vapor «Funchal» vieram do Continente duas irmãs hospitaleiras que vão fazer serviço no hospital da vila de Santa Cruz.[178]

Oxalá que o zelo destas beneméritas irmãs se patenteie claramente para também um dia poderem entrar no Hospital e Asilo desta cidade.

Irmãs Hospitaleiras[179]

São já por todos reconhecidos os benefícios que à sociedade portuguesa prestam as Irmãs Hospitaleiras.

No Continente quase que não há cidade ou vila que não tenha admirado a caridade dessas heroínas.

Os hospitais, os asilos da infância e velhice, têm presenciado o seu amor, o seu desvelo, a sua abnegação para com os pobres enfermos, as crianças e a decrepitude indigente. [...]

O Hospital e Asilo desta cidade carecem evidentemente de Irmãs Hospitaleiras.

A opinião pública é favorável ao seu chamamento.

Por toda a parte são elas louvadas como as melhores enfermeiras e educadoras da juventude. Todos lhes tecem os maiores elogios. Os mesmos que se dizem espíritos fortes e que por modo algum querem passar por reacionários, são os primeiros a confessar a sua inexcedível dedicação e amor para com a humanidade.

Venham pois as Irmãs Hospitaleiras quanto antes. Entreguem-lhes o Hospital e Asilo e verão levantar-se à sua verdadeira altura esses estabelecimentos de caridade.

No último número da *Verdade* demos, muito à pressa, uma notícia relativa à vinda de duas Irmãs Hospitaleiras para o hospital de Santa Cruz e que hoje devemos retificar.

Vieram, sim, mas não ficam. Talvez mais tarde venham definitivamente algumas para aquele hospital.[180]

E o hospital civil do Funchal, que é o primeiro entre nós, porque não as há-de chamar? E o Asilo porque não as há-de também admitir?

Aliviar a sorte dos que sofrem, concorrer para o engrandecimento dos estabelecimentos de caridade, fazendo com que eles cumpram o fim para que foram instituídos, parece-nos, deveria ser o alvo de todos os que se interessam pela nossa terra, de todos os que sentem amor pela humanidade.

Voltaremos ao assunto.

---

176 ABM, *A Verdade*, 5 de outubro de 1894.

177 ARM, *A Verdade*, 11 de janeiro de 1895. (Por lapso do tipógrafo, no cabeçalho do jornal lê-se 1894).

178 Esta informação acabou por não ser totalmente verdadeira na medida em que não vinham para ficar no hospital de Santa Cruz. Segundo refere o *Diário de Notícias* de 24 de junho de 1896, duas Irmãs Franciscanas Missionárias de Maria, de nacionalidade francesa, haviam chegado à Madeira, vindas de Lisboa, a bordo do vapor *Funchal*, com o intuito de estudar a maneira de estabelecer um colégio para educação de meninas no Convento de Santa Clara. Regressaram à capital portuguesa a 6 de julho, no mesmo vapor.

179 ARM, *A Verdade*, 18 de janeiro de 1895. (Por lapso do tipógrafo, no cabeçalho do jornal lê-se 1894).

180 De facto, estas duas religiosas, pertencentes às Franciscanas Missionárias de Maria, vieram à Madeira ver as condições para se estabelecerem no Funchal, como veio a acontecer, *a posteriori*, no antigo Convento de Santa Clara, e nunca foram para o Hospital de Santa Cruz. E algumas das irmãs desta congregação, que vieram para a Madeira acabaram por, efetivamente, prestar cuidados de enfermagem no Hospital da Santa Casa da Misericórdia do Funchal, até apresentarem a sua demissão quando, em 1901, a Mesa da mesma foi tomada de assalto por elementos ligados à maçonaria funchalense.

Em Santa Cruz[181]

No domingo próximo, 10 de setembro, terá lugar na vila de Santa Cruz a festa de Nossa Senhora de Lourdes, fazendo-se a tocante cerimónia da primeira comunhão e de tarde procissão.

2.6. 1896

Concerto[182]

Na próxima sexta-feira deve realizar-se no palácio de S. Lourenço um concerto pela distinta cantora americana Miss Katherine Timberman[183] a benefício do hospital da vila de Santa Cruz.

Os bilhetes acham-se à venda na antiga loja *Dilley*, à rua do Aljube.

Grande concerto musical[184]
Em benefício do hospital de Santa Cruz
HOJE – 27 de março – HOJE
No Palácio de São Lourenço

Os bilhetes acham-se à venda no Hotel Reid e nos estabelecimentos dos srs. Dilley e Bentham.

Concerto[185]

Realiza-se hoje, no Palácio de S. Lourenço, um concerto musical em benefício do hospital da vila de Santa Cruz.

Concert[186]

It is proposed to give a concert in aid of the Hospital at Sta. Cruz (under the superintendence of miss Wilson) this evening at the Palacio of St. Lourenço.

The proceeds will be devoted to building a second ward thus enabling men to be received as well as women and saving many valuable lives.

The Hospital is almost entirely dependent on voluntary subscriptions and it is earnestly hoped that a generous response will be made to this appeal.

PATRONS

Col. Jones American Consul.
Exmo sr. João Henrique von Hafe.
R. Blandy Esq.
Mr. Krohn.
Exmo sr. Carlos Bianchi Junior.

---

181 ABM, *A Verdade*, 30 de agosto de 1895. Texto inserido na rubrica "NOTÍCIAS LOCAIS".

182 BMF, *Diário de Notícias*, 25 de março de 1896.

183 Aquando da sua passagem pelo Funchal em 1896, esta contralto americana realizou dois concertos no *Teatro D. Maria Pia*, o primeiro a 16 e o segundo a 21 de março, sendo que metade da receita deste segundo evento reverteria para a *Associação Protetora dos Pobres* e do *Seamen's Hospital*. Segundo se lê no programa do primeiro destes concertos, esta cantora seria acompanhada pela soprano F. P. Latham, pelo baixo H. Ullathorne e ainda pelo barítono R. C. Thridgould.

184 ABM, *Diário do Comércio*, 27 de março de 1896.

185 ABM, *Diário do Comércio*, 27 de março de 1896.

186 ABM, *Diário do Comércio*, 27 de março de 1896.

Tickets can be obtained at:
Reid's New Hotel.
Reid's Carmo Hotel.
Reid's Santa Clara Hotel.
Jones' Bella Vista Hotel.
Antiga Loja Dilley.
Bentham (Carreira)

Price 800 reis each

Concerto[187]
Agradecemos o bilhete que nos foi oferecido para o concerto realizado ontem no salão do palácio de S. Lourenço pela excelente cantora americana, Miss Katherine Timberman, em benefício do hospital da vila de Santa Cruz.

Concerto[188]
Foi bastante concorrido, principalmente pela colónia estrangeira, o concerto em benefício do hospital da vila de St.ª Cruz, promovido por Miss Wilson, na sexta-feira passada no salão grande do Palácio de S. Lourenço.

Todos os executantes desempenharam com muita correção os diversos números de música que lhes foram distribuídos, cabendo a honra da noite a Miss Timberman que, na *Chanson du Tigre*, da ópera *Paul et Virginia*, demonstrou os recursos da sua excelente voz, sendo também muito aplaudida na *ode sáfica* do Schumann, primorosamente acompanhada ao piano por Miss Mac Gavin.

Também agradou a sonora voz de Mr. Thridgould na *The night watch* e na canção *The queen of the Earth*, sendo justamente aplaudido, bem como todos os demais executantes.

Concerto[189]
Correu admiravelmente o concerto dado anteontem no salão do palácio de S. Lourenço, a benefício da misericórdia de Santa Cruz, pela distinta cantora americana Miss Katharine Timberman, que foi muito aplaudida.

Agradecemos o bilhete que nos foi enviado.

Concerto[190]
Realizou-se sexta-feira no palácio de S. Lourenço um concerto dado pela distinta cantora Miss Timberman coadjuvada por Miss Gavin, Mr. Thridgould e pelos excelentes artistas srs. Agostinho Martins, Von Hafe e Villa y Dalmau, em favor do Hospital da Vila de Santa Cruz.

Todos os artistas desempenharam correta e graciosamente os diversos trechos agradecendo muito tanto aos nacionais como aos estrangeiros.

À muito digna e ilustrada comissão agradecemos o bilhete que teve a amabilidade de oferecer-nos.

---

187 BMF, *Diário de Notícias*, 28 de março de 1896.
188 BMF, *Diário de Notícias*, 29 de março de 1896.
189 ABM, *Diário do Comércio*, 29 de março de 1896.
190 ABM, *O Distrito*, 30 de março de 1896.

A 27 de março de 1896 decorreu no Palácio de São Lourenço, no Funchal, um concerto de beneficência em prol do Hospital de Santa Cruz. *Coleção do autor.*

Concerto[191]

Como fora anunciado,[192] realizou-se, na noite de 27 de março, numa das salas do Palácio de S. Lourenço, o concerto em benefício do Hospital de Santa Cruz e promovido por Miss Wilson.

A concorrência foi muito numerosa, especialmente de estrangeiros.

O programa foi, em geral, escrupulosamente desempenhado, distinguindo-se sobretudo Miss Timberman no canto da «Chanson du Tigre» e da «Ode Sáfica», e que foi calorosamente aplaudida, bem como Mr. Thridgould que cantou muitíssimo bem a «The night watch» e «The Queen of the Earth», mostrando sempre uma voz bem timbrada, sonora e muito natural.

Agradecemos o bilhete que nos foi oferecido.

Ato filantrópico[193]

É digna de maior louvor madame Arendrup, que vai mandar erigir, do seu bolso, uma enfermaria no hospital da vila de Santa Cruz, à memória do seu filho Axel Arendrup que faleceu nesta cidade no corrente ano e em dia de Páscoa.

Que as bênçãos dos pobres enfermos caiam sobre madame Arendrup, que pratica uma obra de verdadeira filantropia socorrendo os enfermos pobres.

Parabéns à incansável e dedicadíssima miss Wilson.

É para louvar[194]

O digno diretor das Obras Públicas sr. João H. von Hafe, a pedido da benemérita diretora do hospital da vila de Santa Cruz e do nosso colega nesta redação sr. barão da Nora, encarregou-se, da melhor vontade, do levantamento da planta para a construção da enfer-

---

191 ABM, *A Voz Pública*, 30 de março de 1896.
192 Noutros jornais, porque nas edições anteriores a esta não consta nenhuma referência a este concerto.
193 ABM, *Diário do Comércio*, 28 de abril de 1896.
194 ABM, *Diário do Comércio*, 29 de abril de 1896.

2. DE 1891 A 1900

Edith Arendrup, grande amiga da Irmã Wilson, fez-lhe um importante donativo de 100 libras, em 1896, de modo a ajudar a financiar a construção de uma segunda enfermaria no Hospital de Santa Cruz, em memória do seu filho, Axel Arendrup (ao centro), falecido no Funchal nesse ano e sepultado no Cemitério de São Gonçalo, cuja sepultura se mantém intacta até ao presente. *Secretariado da Irmã Wilson.*

maria que ali vai mandar construir, como ontem noticiámos, Madame Arendrup.
É digno de louvor o procedimento do sr. von Hafe.

Missionárias de Maria[195]

Vão hoje visitar o hospital de Santa Cruz as duas Missionárias de Maria, ultimamente chegadas a esta cidade.
Acompanha-as na sua visita, àquela casa de caridade, miss Wilson, diretora do mesmo hospital e os srs. Barões da Nora e dr. Machado de França e esposa.

*

As irmãs de Maria, professas duma congregação franciscana, têm por viso especial a educação e precessão da mulher para os misteres das missões ultramarinas. [...]

Passageiros[196]

Seguiram para Londres no vapor inglês *Grantully Castle* os seguintes:
Mr. e Mrs. Ellmore, Mr. e Mrs. Camacho e criança, Miss Gomes, Mr. E. Clark, Mr. F. Clark, Mr. Abbott, Mr. Uapper, Mr. J. Jay, Miss Wilson e Miss C. Albuquerque.

De Southampton[197]

Procedente do porto acima é esperado amanhã de madrugada o vapor inglês *Dunvegan Castle* trazendo 15 passageiros para esta ilha. Segue daqui para o Cabo da Boa Esperança.

Passageiros[198]

[...] – E de Southampton, no vapor inglês *Dunvegan Castle*, vieram os seguintes:

---

[195] ABM, *Diário do Comércio*, 27 de junho de 1896.
[196] BMF, *Diário de Notícias*, 24 de julho de 1896.
[197] BMF, *Diário de Notícias*, 1 de dezembro de 1896.
[198] BMF, *Diário de Notícias*, 3 de dezembro de 1896.

2.6.1896

Antigo cais do Funchal. *Coleção do autor.*

Mr. A. Clark, Mr. L. Cohen e criado, Miss Savnett, Mrs. Stopford, Mr. J. E. Gordon M. P., Dr. Grabham, Major Reeve, Mr. Santos, Miss A. Thompson, Miss Wilson, Mr. D. Gibson, Mr. B. Barnato e Mrs. Wells. [...]

Passageiros[199]
[...] – De Southampton, no vapor «Dunvegan Castle»:
Mr. B. Bamats, mr. Willis, mr. L. Cohen Valet, mr. A. Clark, miss Gamett, mr. J. E. Gordon, dr. Grabham, major Reevs, mr. Santos, mrs. Thampson, miss A. Thampson, miss Wilson, mr. D. Gibson, e mr. E. Gibson.

Passageiros[200]
Por ter saído ontem incompleta a lista dos passageiros vindos no vapor inglês *Dunvegan Castle*, damos-lhe novamente publicidade:
Mr. A. Clark, Mr. L Cohen e criado, Miss Garnett, Mrs. Stopford, Mr. J. E. Gordon M. P., Dr. Grabham, Major Reeve, Mr. Santos, Mrs. Thompson, Miss A. Thompson, Miss Wilson, Mr. D. Gibson, Mr. E. Gibson, Mr. Rochfort Maguire M. P. e criado, Hon. Mrs. Maguire e criada. [...]

Bazar[201]
No sábado e domingo próximos realiza-se, no palácio de S. Lourenço, um bazar em benefício do Hospital da vila de Santa Cruz.
Este estabelecimento, como toda a gente reconhece, está prestando um grande benefício aos povos daquele concelho, os quais se ressentiam muito da falta dum melhoramento de tal natureza.

Anúncio da passagem do vapor *Grantully Castle* pela Madeira em 1896, no qual a Irmã Wilson seguiu viagem para Inglaterra. Curiosamente, também já tinha viajado neste navio em abril de 1890. *BMF, Diário de Notícias, 23/7/1896.*

A Irmã Wilson regressou à Madeira, em dezembro de 1896, a bordo do Dunvegan Castle. *Coleção do autor.*

---
199 ABM, *Diário do Comércio*, 3 de dezembro de 1896.
200 BMF, *Diário de Notícias*, 4 de dezembro de 1896.
201 ABM, *Diário do Comércio*, 16 de dezembro de 1896.

É de esperar que o público não se recuse a contribuir para o bom resultado desse bazar, cujo produto se destina a um fim tão útil.

A banda de caçadores 12 abrilhantará esta festa.

Bazar em benefício da Santa Casa de Misericórdia da vila de St.ª Cruz[202]

Como já em tempos aqui noticiámos, madame Arendrup teve a filantrópica ideia de oferecer 100 libras para uma nova enfermaria no hospital da vila de Santa Cruz.

Aquele hospital, que tão bons serviços está prestando sob a incansável direção das dignas irmãs de S. Francisco, apenas tem uma só enfermaria.

Sucede frequentes vezes que se nesta está um doente de um sexo, não pode ser recebido um outro de sexo diferente.

Foi pelo conhecimento deste facto que madame Arendrup teve a feliz ideia de oferecer 100 libras, para ser edificada uma nova enfermaria naquele hospital.

E assim, fazendo uma enfermaria para cada sexo, desaparece o inconveniente que frequentemente se tem dado.

As zelosas e incansáveis irmãs de S. Francisco, naquela vila, promovem um bazar que terá lugar no edifício de S. Lourenço amanhã e domingo, cujo produto reverterá para a construção da referida enfermaria e anexos indispensáveis, para o que não chegam as 100 libras oferecidas pela generosa senhora.

É tão digno e filantrópico o fim do bazar, que, estamos certos, todos concorrerão a esse bom fim de minorar o infortúnio dos infelizes, a favor de quem é destinado.

Este bazar é realizado sob a proteção do Ex.mo e Rev.mo Prelado e de várias senhoras da nossa primeira sociedade.

Bazar[203]

Realiza-se hoje e amanhã no palácio de S. Lourenço um bazar em benefício da Santa Casa da Misericórdia da vila de Santa cruz, sendo abertas as portas ao meio dia. Tocará a banda regimental de caçadores 12.

BAZAAR

A Bazaar will be held today and tomorrow at the Palacio de São Lourenço, in favour of the St.ª Casa de Misericordia de St.ª Cruz.

The doors will be opened at 12 o'clock, and the Military Band will play during the afternoon.

This Hospital is in extreme need of help from the benevolence of the Public on whose charity it is almost entirely dependent.

During the past few years considerable repairs have been made in the building and one good ward has been opened for men, but that which formerly served for women is too badly situated to be worth the expense of restoration and The Board of Directors has decided to construct a new one.

One hundred pounds were lately given by an English lady in memory of her son and the present bazaar is being held in order to augment this sum sufficiently for the completion of the new ward and its appendages.

The Promoters hope that the charity, which animates all hearts at this joyous season, will lead many to befriend the sick of Our Lord Jesus Christ, Who as at this time «For our sakes became poor», and the prayers of the sick will not fail to bring on them the blessing of The Infant Saviour.

PROTETOR

Sua ex.ª rev.ma o sr. D. Manuel A. Barreto.

---

202 ABM, *Diário do Comércio*, 18 de dezembro de 1896.

203 BMF, *Diário de Notícias*, 19 de dezembro de 1896; ABM, *Diário do Comércio*, 19 de dezembro de 1896. Nesta segunda fonte publicou-se apenas o anúncio em inglês, a lista dos protetores do evento e pessoas que presidiam às mesas.

2.6. 1896

Em dezembro de 1896 o Palácio de São Lourenço, situado em local de destaque à entrada da cidade do Funchal, serviu de palco a um novo evento de angariação de fundos em benefício do Hospital de Santa Cruz. *Coleção do autor.*

PROTETORAS

Viscondessa de Ribeiro Real, viscondessa de Vale Paraíso, baronesa de Nora, D. Amélia Frazão Acciaioly, D. Ana Augusta L. de F. Branco, D. Ana Velosa de Bianchi, Mrs. Blandy, Mrs. Cossart, Mrs. Graham, Mrs. Hill, Mrs. Welsh, the Misses Hinton, The Misses Taylor, D. Augusta L. de Freitas Leal, D. Ifigénia da Câmara Figueiroa, D. Isabel Figueira Jardim, D. Leocádia de Vasconcelos Mimoso.

Presidem nas mesas as ex.^{mas} sr.^{as}:

The Misses Graham, D. Carlota de Vasconcelos, D. Carlota Acciaioly, D. Eugénia de Freitas Leal, D. Frederica Teles de Menezes, D. Joana Abudarham, D. Júlia da Câmara Lomelino, D. Júlia Acciaioly, D. Laura de Castro e Almeida, D. Leonor de Vasconcelos Mimoso, D. Maria José de Freitas Leal, D. Maria da C. da Câmara Lomelino, D. Maria da C. Teles de Menezes, D. Maria Ana de Bianchi e D. Maria Eugénia de Bianchi.

Bazar[204]

Foi ontem bastante concorrido, de nacionais e estrangeiros, o bazar no palácio de S. Lourenço, em benefício da Santa Casa da Misericórdia de Santa Cruz.

Continua hoje.

BAZAR[205]

Continua hoje, no Palácio de S. Lourenço, o bazar em benefício do hospital da vila de Santa Cruz.

[…][206]

---

[204] BMF, *Diário de Notícias*, 20 de dezembro de 1896.

[205] ABM, *Diário do Comércio*, 20 de dezembro de 1896.

[206] Seguia-se o anúncio do bazar, em língua inglesa, que já havia sido publicado nesta fonte no dia anterior, a lista dos protetores do evento e pessoas que presidiam às mesas, que omitimos de modo a evitar a sua repetição.

Bazar[207]

Terminou anteontem o bazar que se realizou no Palácio de S. Lourenço em benefício da Santa Casa da Misericórdia de Santa Cruz, sendo bastante satisfatório o resultado.

Agradecimento[208]

As irmãs de S. Francisco, no hospital da vila de Santa Cruz, agradecem a s. ex.ª o revd.mo Prelado e a todas as ex.mas senhoras que se dignaram proteger o bazar que teve lugar no Palácio de São Lourenço nos dias 19 e 20 do corrente em benefício daquele hospital; e se não apresentam já as contas do produto, é porque tendo ficado alguns objetos por vender, estão promovendo a venda deles, para de tudo as prestarem oportunamente.

Aspeto atual do altar-mor da Capela de Santa Isabel, em Santa Cruz, que durante muitos anos serviu de local de oração à comunidade franciscana liderada pela Irmã Wilson. Foto do autor.

2.7. 1897

Notícias de Santa Cruz[209]

Recebemos da Vila da Santa Cruz as seguintes notícias, que comunicamos aos nossos leitores. […]

– Realizou-se aqui, com a costumada decência e luzimento o Lausperene das 40 horas, na capela do Hospital a expensas das Filhas de Maria e Irmãs de S. Francisco.

Todos os três dias houve missa cantada e vésperas com assistência de grande número de fiéis. […]

Caridade[210]

Diz um colega da manhã que o ilustre chefe deste distrito,[211] na sua última visita à vila de Santa Cruz, ofereceu 20$000 para o hospital da localidade.

Digno de imitação.

Novas inscrições no Livro dos Benfeitores e Fundadores[212]

Freguesias	N.º do Livro	Os Ex.mos Sr.es e as Ex.mas Sr.as	Donat.º	
[…]				
Santa Cruz	979	Irmã Maria Francisca Wilson	D.º	400
[…]				

---

207 BMF, *Diário de Notícias*, 22 de dezembro de 1896.
208 ABM, *Diário do Comércio*, 25 de dezembro de 1896.
209 BMF, *O Correio do Funchal - Diário da Tarde*, 9 de março de 1897.
210 BMF, *O Correio do Funchal - Diário da Tarde*, 30 de abril de 1897.
211 José Ribeiro da Cunha.
212 BMF, *Boletim Mensal Diocesano da Obra de S. Francisco de Sales para Defesa e Conservação da Fé na Diocese do Funchal*, março e abril de 1897. Texto inserido na rubrica "Notícias da Obra". Segundo se lê num destes boletins «Os Benfeitores pagam uma anuidade fixa determinada por cada um deles; os Fundadores só pagam por uma vez uma quantia não inferior a 2$500 rs.» Segundo se infere por esta afirmação a Ir. Wilson seria benfeitora desta Obra e é esta a sua primeira ligação efetiva à mesma, que posteriormente daria os seus frutos, com a abertura de várias escolas por irmãs vitorianas em diversas localidades da ilha da Madeira.

A CÂMARA DE SANTA CRUZ[213]

[...] Corre como certo e é público e notório: [...]

Que também há seis meses está por pagar a importância com que a câmara contribui para o hospital daquela vila, em valor superior a réis 100$000.[214] [...]

Em Santa Cruz[215]

Realizou-se ontem, na vila de Santa Cruz, a festividade de N. Senhora de Lourdes.

Foi grande a concorrência de fiéis, tanto à missa cantada como à procissão.

De manhã foi administrada a sagrada comunhão às crianças, que pela primeira vez eram admitidas à receção do Sacramento da Eucaristia e que haviam sido instruídas, nas principais verdades da religião, pelo digno e zeloso padre-cura. As meninas trajavam todas de branco e os meninos de preto, na maioria.

Aproximaram-se da Sagrada mesa com uma compostura e piedade dignas de nota e mesmo de imitação.

De tarde, antes da procissão, falou da S. S. Virgem e dos milagres de Lourdes, pelo espaço de 3 quartos de hora, o rev. padre Jacinto Nunes.

Depois das 5 horas da tarde saiu a procissão, que foi acompanhada pelos rev.os párocos, confrarias, crianças da 1.ª comunhão, Filhas de Maria e Irmãs franciscanas. Encerrava o préstito o sr. administrador do concelho acompanhado de outros cavalheiros.

Foi uma festa singela mas tocante.

Aquando da realização das principais festas religiosas em redor da ilha era normal surgirem na imprensa fuchalense anúncios de vapores para transpote de passageiros até às mesmas, numa época em que a rede viária era praticamente inexistente. Neste caso vemos o anúncio de transporte marítimo até Santa Cruz, aquando da celebração da Festa da Senhora de Lourdes. *BMF, Diário de Notícias, 29/8/1897.*

Recomendações.[216] – Celebrar-se-ão as missas mensais de Julho e Agosto por todos os associados vivos e defuntos da diocese, especialmente pelas seguintes intenções que recomendamos encarecidamente às orações e sufrágios de todos os membros da Obra, mas particularmente das dignas mestras e dos alunos das nossas escolas. [...]

4.º A freguesia de Santo António da Serra ameaçada de apostasia geral (¹).[217] [...]

---

213 ABM, *Diário do Comércio*, 13 de julho de 1897. Por esta altura o edil de Santa Cruz era Joaquim de Gouveia.

214 O ambiente político em Santa Cruz em finais do séc. XIX era muito crispado, e houve alguns edis conotados com o movimento maçónico madeirense que não viam com bons olhos a presença das Vitorianas naquela vila e, como medida de represália para com elas, não pagavam ao hospital a quantia anual previamente acordada.

215 BMF, *O Correio do Funchal - Diário da Tarde*, 30 de agosto de 1897.

216 BMF, *Boletim Mensal Diocesano da Obra de S. Francisco de Sales para Defesa e Conservação da Fé na Diocese do Funchal*, junho - julho - agosto [de 1897]. Texto inserido na rubrica "Notícias da Obra".

217 (¹) A quarta parte dos alunos da escola de S. Francisco de Sales já passou para a nova escola calvinista: *faz tremer*, diz uma testemunha ocular, ouvir *as blasfémias que já proferem muitas crianças* contra o S.S.

Funchal 9 de julho de 1897.

A Direção Diocesana.

NOVA ESCOLA NA VILA DE SANTANA.[218] – O Revd. P. Quirino Gonçalves, digno V. Vigário de Santana, resolveu fundar uma escola de S. Francisco de Sales nessa freguesia e tem solicitado o concurso da Obra. Em atenção ao entusiasmo com que o povo acolheu o projeto do Revd. P. Vigário e correspondeu ao seu apelo, formando-se até 40 dezenas em poucos dias, o que pressagia a futura importância da escola e da Obra nesse novo Centro, o Ex.mo Diretor, Rev.mo C.º Fazenda, anuiu de bom grado ao pedido e logo designou a mestra que devia assumir a regência da cadeira.

Damos os nossos parabéns aos habitantes de Santana porque quem vai dirigir a nossa escola é a Ex.ma Irmã Maria Isabel de Sá, dig.ma Superiora das Irmãs Hospitaleiras tão apreciadas na Vila de Santa Cruz. A competência da futura professora em matéria de ensino é garantia segura de prosperidade para a escola, ao passo que as suas qualidades e maneiras delicadas e agradáveis lhe hão-de granjear facilmente a simpatia dos alunos e de todas as pessoas de bem. A Irmã Maria Isabel vai acompanhada de outra irmã que exercerá as funções de ajudante.

Confiamos assaz da caridade e senso prático dos bons habitantes de Santana para nos persuadir que saberão corresponder ao ativo zelo de seu dedicado Pároco e coadjuvá-lo na sua empresa alistando-se todos na Obra de S. Francisco de Sales na qualidade de Benfeitores, Fundadores, Zeladores ou associados. [...]

2.8. 1898

SANTANA 6 – 2 – 98.[219]

[...] – Fundou-se há pouco mais de um mês, nesta freguesia, uma escola pertencente à Obra de S. Francisco de Sales; é dirigida por uma inteligente e ilustrada senhora e por 3 ajudantes que não se poupam a esforços para bem ministrar a instrução a umas 125 crianças que ordinariamente frequentam aquela casa, como vimos num dos últimos dias. Tudo isto se deve aos esforços do reverendo Vigário desta freguesia que a nada se tem poupado para a realização de tal fim, chegando até a fazer construir uma casa anexa à igreja para residência das dignas professoras. [...]

(Correspondente)

Generosa oferta[220]

Uma dama estrangeira, atualmente residente em Paris mandou entregar a Miss Wilson, digna diretora do Hospital da vila de Santa Cruz a quantia de um conto de réis, a fim de auxiliar aquele instituto de caridade.

Esta benfazeja alma receberá do Céu a recompensa a tão generosa oferta.

Sacramento e ver a facilidade com que as famílias recebem, leem os papelinhos de propaganda e acreditam nas promessas e afirmações dos calvinistas.

218 BMF, *Boletim Mensal Diocesano da Obra de S. Francisco de Sales para Defesa e Conservação da Fé na Diocese do Funchal*, novembro e dezembro [de 1897]. Texto inserido na rubrica "Notícias da Obra".

219 ABM, *A Madeira*, 9 de fevereiro de 1898. Texto inserido na rubrica "Crónica rural".

220 BMF, *O Correio do Funchal - Diário da Tarde*, 26 de março de 1898.

2.8.1898

Antigo postal de Santana, vendo-se ao centro a sua igreja matriz, junto da qual se situava a escola de S. Francisco de Sales fundada a 8 de dezembro de 1897 pela Irmã Maria Isabel de Sá. *Coleção do autor.*

Nova escola em Santana.[221] – Abriu pela Festa da Imaculada Conceição e no meio de bastante entusiasmo a nova escola paroquial de S. Francisco de Sales na freguesia de Santana, como tínhamos anunciado no último Boletim.

A Ex.ma Sr.a Irmã Maria Isabel de Sá com as dignas irmãs que lhe servem de ajudantes tiveram a consolação de matricular na 1.a semana até 118 alunos. Veio breve a tribulação dar o batismo de fogo à obra nascente porque as boas irmãs adoeceram todas e tiveram que suspender a classe oito dias depois de a ter aberto; reabriu porém a escola depois da Festa e tudo corre agora serena e prosperamente. Deus abençoe o zelosíssimo Vigário, suas beneméritas auxiliares e todos os bons associados da Vila! […]

Récita a benefício[222]

É sexta-feira e não quinta como dissemos ontem por mero lapso,[223] que se repete no teatro «D. Maria Pia» a récita que, com geral aplauso, se realizou no dia 12 do corrente.[224]

Irmã Elisabete, a fundadora da escola salesiana em Santana. *Secretariado da Irmã Wilson.*

---

221 BMF, *Boletim Mensal Diocesano da Obra de S. Francisco de Sales para Defesa e Conservação da Fé na Diocese do Funchal*, janeiro, fevereiro e março [de 1898]. Texto inserido na rubrica "Notícias da Obra".

222 BMF, *O Correio do Funchal - Diário da Tarde*, 19 de abril de 1898.

223 Na edição do dia anterior, sob o título "**Teatro D. Maria Pia**", este jornal havia noticiado o seguinte: «Consta-nos que, na próxima quinta-feira, o público funchalense terá o prazer de apreciar de novo o magnífico espetáculo que alguns amadores da nossa primeira sociedade deram no «D. Maria Pia» terça-feira última e que tão agradáveis impressões deixou no espírito dos numerosíssimos espetadores».

224 A 12 de Abril havia-se realizado neste teatro uma "**Récita de Amadores**", conforme anunciou este periódico na edição desse dia, nos seguintes termos: «É esta noite que que se realiza a récita promovida pela

2. DE 1891 A 1900

Em abril de 1898 decorreu no *Teatro D. Maria Pia*, no Funchal, uma récita em benefício de diversas instituições de caridade, entre as quais se encontrava a Santa Casa da Misericórdia de Santa Cruz. *Coleção do autor.*

O novo espetáculo será a benefício da Confraria de S. Vicente de Paulo, das Santas Casas da Misericórdia do Funchal e Santa Cruz e do *Seamen's Hospital* e *Sopa Económica*.

NOVA RÉCITA[225]

Na próxima sexta-feira, repete-se no *D. Maria Pia* a récita da noite de 12 do corrente, a benefício das Santas Casas de Misericórdia do Funchal e Santa Cruz, da conferência de S. Vicente de Paulo, do *Seamen's Hospital* e Sopa Económica.

Os bilhetes acham-se à venda na antiga loja Dilley.

*

Tickets for the Amateur Theatrical Performance to be given on April the 22nd in aid of various Charitable Institutions & Hospital will be offered for sale at Dilley's shop opposite the Cathedral today.

RÉCITA DE AMADORES[226]

Conforme noticiámos há dias, realiza-se esta noite, no *D. Maria Pia*, pela segunda vez, a récita de distintos amadores, que tão funda sensação causou no público, na noite de 12 do corrente.

Mlle. Matilde Sauvayre desempenhará, com o talento artístico que a caracteriza, duas novas cançonetas *La Mode* e *Le Washington Post*.

Mlle. Ilda Burnay desempenhará, com a sua inimitável graciosidade, a cançoneta *Un coup de soleil* e pela primeira vez a cançoneta *Le Petit Goss*.

O resto do seleto programa, que publicamos na secção competente, sofreu também algumas alterações.

Será uma segunda festa esplêndida sob todos os pontos de vista artísticos; e pela qual há grande entusiasmo.

Esta festa de caridade é também promovida por miss Ella Gordon, sempre incansável quando se trata da prática duma boa obra.

Bem-haja por isso.

*

* *

O produto líquido da festa de hoje será destinado para as Santas Casas das Misericórdias do Funchal e Santa Cruz, *Conferência de S. Vicente de Paulo* e *Sopa Económica*.

Na sua juventude Matilde Sauvayre da Câmara participou nesta récita de caridade. *BMF*, Registo Bio-Bibliográfico de Madeirenses, [1984].

RÉCITA DE AMADORES[227]

Foi, como era de esperar, brilhantíssima a récita de beneficência dada anteontem no *D.*

Ex.ma condessa de Torre Bela e em que tomarão parte distintos amadores da nossa primeira sociedade./ Promete ser uma brilhante festa, estando desde há dias tomados todos os lugares do nosso belo teatro./ Esta récita realiza-se em benefício de uma viúva necessitada.»

225 BMF, *Diário de Notícias*, 19 de abril de 1898. Texto inserido na rubrica "TEATRO".
226 BMF, *Diário de Notícias*, 22 de abril de 1898. Texto inserido na rubrica "TEATRO".
227 BMF, *Diário de Notícias*, 24 de abril de 1898. Texto inserido na rubrica "TEATRO".

Maria Pia.

O desempenho foi cabal, magnífico. Mademoiselle Matilde Sauvayre houve-se, com notável talento, nas cançonetas *La Mode* e *Le Washington Post*, sendo calorosa e entusiasticamente aplaudida por um público selecto.

Causou também grande prazer e entusiasmo Mlle. Ilda Burnay nas deliciosas cançonetas *Un coup de Soleil* e Le Petit Goss.

Os outros números do programa tiveram igualmente o melhor desempenho. O quadro vivo das *flores* e das *estrelas* produziu novamente um belíssimo efeito. A orquestra executou magistralmente *Raymonde*, a *Traviata*, *Un ballo in maschera*, a *Ave Maria* e *Cavallaria Rusticana*, podendo satisfazer os mais entendidos e exigentes na matéria.

A todos os distintos amadores e artistas as nossas mais calorosas felicitações pelo seu brilhante êxito; e à generosa e incansável promotora de tão esplêndida festa, também os nossos sinceros parabéns por ver os seus nobres esforços coroados pelo mais satisfatório resultado.[228]

FESTA DE S. FRANCISCO DE SALES[229]

[…] *Festa de S. Francisco de Sales no campo.* – Vieram de vários centros paroquiais notícias que nos encheram de consolação por vermos que vão crescendo as manifestações de devoção ao nosso amado protetor. Celebrou-se a festa patronal da Obra nas freguesias de S. Roque, do Santo da Serra, de Santana, de Boaventura, dos Canhas, do Porto Moniz, e cremos que mais em algumas outras, com missa rezada, havendo em quase todas prática sobre a Obra, numerosas confissões e comunhões (200 em Santana) pelas intenções gerais os [e] locais da Obra. […]

Em 1893 foi introduzida na Madeira a "Obra de S. Francisco de Sales para a Defesa e Conservação da Fé na Diocese do Funchal", através do Cónego Fazenda, com a aprovação do Bispo D. Manuel Agostinho Barreto. Este movimento teve o mérito de criar dezenas de escolas salesianas em diversas freguesias da Madeira, sobretudo nos locais onde se fazia sentir com mais intensidade a progressão do Calvinismo, de modo a combatê-lo e sustê-lo. E todas as escolas criadas pela Irmã Wilson pertenciam à rede escolar deste movimento. São Francisco de Sales (1567-1622), Doutor da Igreja, é ainda o patrono dos Salesianos, congregação criada por São João Bosco em 1859. Esta estendeu os seus benefícios à Madeira, aonde chegou a 25 de outubro de 1950, no sentido de dar continuidade à Escola de Artes e Ofícios, criada na década de 20 pelo Pe. Laurindo Leal Pestana. *Coleção do autor.*

---

228 Na edição de 13 de maio deste jornal foi publicado o relatório detalhado da receita e despesa com este evento, sob o título "**Rendimento líquido da récita dada no teatro de «D. Maria Pia» no dia 22 de abril de 1898, a benefício de várias instituições de Beneficência**", redigido por Ella Gordon a 11 de maio desse ano, através do qual se verifica que se obteve uma receita de 507$015 réis e uma despesa de 64$115 réis, apurando-se um rendimento líquido de 442$900 réis, que foram divididos por cinco instituições de caridade, a saber, Seamen's Hospital, Santa Casa da Misericórdia do Funchal, Hospital de St.ª Cruz, Confraria de S. Francisco de Paulo [Conferência de S. Vicente de Paulo] e Sopa Económica, recebendo cada uma a quantia de 88$580 réis.

229 BMF, *Boletim Mensal Diocesano da Obra de S. Francisco de Sales para Defesa e Conservação da Fé na Diocese do Funchal*, abril e maio [de 1898]. Texto inserido na rubrica "Notícias da Obra".

2. DE 1891 A 1900

Antigos postais exibindo uma casa típica de Santana e uma azenha daquela localidade, tendo ambas em comum a cobertura de colmo. *Coleção do autor.*

Nossas escolas.[230] – A sua frequência tende sempre para aumentar e já passa de 2000 alunos.

– A escola aberta no princípio de janeiro na *Vila de Santana*, já tem matriculados uns 150 alunos de ambos os sexos e a frequência diária não é inferior a 130. Os habitantes da freguesia apreciam muito a Ex.ma irmã franciscana que rege a escola, as suas dignas ajudantes e não rareiam os testemunhos da sua estima e afeto. Pedimos a Deus que conserve à ilustre professora a saúde e as forças necessárias para tão nobre empresa.

Uma correspondência de Santana para o jornal «A Madeira»[231] rende homenagem às beneméritas irmãs e ao mui solícito Pastor da freguesia, que não poupa esforços nem despesas para colocar a escola nas melhores condições possíveis e para esse fim já principiou a levantar uma casa nova junto à igreja. [...]

Escola do Porto Moniz – Correu há pouco uma notícia que sobressaltou toda a população de Santa Maria Madalena do Porto Moniz e lançou na consternação todos os alunos da escola de S. Francisco de Sales e as suas famílias. A excelente e extremosa professora, Sr.ª Guilhermina de Sousa Pinto, que durante 4 anos regera essa escola com tanto amor e proficiência, granjeando não só a estima e confiança geral, mas a afeição e a veneração de todas as pessoas de bem, depois de conseguir as melhoras que desejava e de haver malogrado um plano que retardara a sua saída, resolvera demitir-se e tentar outra vez a realização de uma esperança que afagava desde muito tempo, entrando numa congregação religiosa.[232]

Acompanhamos o bom povo do Santo da Serra[233] na sua dor, por vários títulos justa e legítima, tanto mais que a nossa Obra perde nesta excelente professora o seu mais firme esteio nesta freguesia e fazemos votos para que o Revd. Diretor paroquial da obra possa preencher satisfatoriamente esse vácuo.

Não podemos deixar de consignar aqui um testemunho público da nossa viva gratidão à benemérita Sr.ª D. Guilhermina Sousa Pinto pelos seus relevantes serviços à escola e Obra de S. Francisco de Sales; felicitamo-la pela nobreza das suas aspirações e dirigiremos nossos votos ao Senhor para que, na sua Bondade, se digne aceitar e compensar-nos um dia este comum sacrifício que também nós tivemos de consentir. [...]

UMA BOA OBRA[234]

Ainda não há muito tempo que uma bondosa senhora, holandesa da nação, Miss

---

230 BMF, *Boletim Mensal Diocesano da Obra de S. Francisco de Sales para Defesa e Conservação da Fé na Diocese do Funchal*, abril e maio [de 1898]. Texto inserido na rubrica "Notícias da Obra".
231 Cf. texto com Nota de Rodapé nr.º 219.
232 Na Congregação de Nossa Senhora das Vitórias em Santa Cruz. Após professar, regressaria à mesma escola, retomando a regência da mesma, conforme veremos mais adiante.
233 Lapso do autor, visto tratar-se efetivamente da Santa do Porto Moniz e não do Santo da Serra.
234 BMF, *O Correio do Funchal - Diário da Tarde*, 18 de julho de 1898.

2.8.1898

Arendrup,[235] que foi nossa hóspede durante algum tempo, concebeu a ideia de mandar construir na freguesia de Santo António da Serra um edifício, cujo fim fosse instruir a juventude, incutindo-lhe ao mesmo tempo na alma os rudimentos da religião católica apostólica romana, que ela com todo o fervor segue.

Esta alma generosa, dispondo de enorme fortuna e abrigando em seu peito sentimentos tão nobres, não podia fazer melhor aplicação dos bens que a Providência lhe dispensou.

Despertou-lhe tal ideia a propaganda desbragada que alguns miseráveis dissidentes fazem das doutrinas de Lutero e Calvino, entre os habitantes de Santo António da Serra.

Com efeito, mal se compreende como pode consentir-se que estejam a funcionar ali escolas protestantes, onde se combate abertamente a religião, que se diz ser a do Reino e que a Carta Constitucional a proclama como tal.

Branduras dos nossos costumes!...

Miss Arendrup, fervorosíssima católica, indignada com semelhante procedimento de tais propagandistas e por ver ao mesmo tempo o pouco caso que a autoridade faz do que se está passando no Santo da Serra, determinou-se a mandar construir naquela freguesia, no sítio do Lombo do Pereiro,[236] a expensas suas, uma casa para educação de crianças, tendo anexa uma capela para exercícios do culto.

Casa do pastor Smart, no Santo da Serra (possivelmente onte esteve instalada a missão "Monte da Fé") e grupo de madeirenses protestantes daquela localidade. *Coleção do autor.*

Esta bondosa senhora que atualmente se acha no estrangeiro deve voltar à Madeira no próximo inverno.

Os trabalhos para tal edificação já começaram com todo o afã, achando-se já concluída a casa que deverá servir, parte para cavalariça e parte para abrigo dos operários.

Logo que o edifício esteja pronto será ministrado nele o ensino gratuito, por pessoa convenientemente habilitada, oferecendo-se além disso outras garantias às crianças que frequentarem aquela escola.

Muito têm a lucrar com isto os habitantes de Santo António da Serra, que só deverão ter palavras de bênção e de agradecimento para com a sua generosa protetora.

Damos também parabéns ao revd. Vigário P.e Roque C. Rodrigues, por ter mais este valioso auxílio contra a propaganda calvinista na sua paróquia.

Em Santo António da Serra[237]

Deve ter sido hoje feita a bênção solene e lançamento da primeira pedra da capela do Santíssimo Coração de Jesus, que vai construir-se na freguesia de Santo António da Serra.

Todos os eclesiásticos das paróquias circunvizinhas assistiram ao ato religioso. O rev. pároco, Padre Roque Caetano Rodrigues, dirigiria a palavra ao auditório.

Consta-nos que, junto à capela, vai ser construída uma boa casa que servirá de escola

---

235 Miss Arendrup era inglesa e não holandesa.
236 A designação correta é Lombo da Pereira.
237 BMF, *O Correio do Funchal - Diário da Tarde*, 24 de agosto de 1898.

católica e onde os filhos do povo possam ir despreocupadamente beber uma salutar instrução, não eivada do veneno da heresia, que procura arteiramente inocular-se nos paroquianos do Santo da Serra.

Esperamos que algum dos nossos solícitos correspondentes nos dê notícia pormenorizada do que foi a tocante cerimónia de hoje.

[Sem título][238]

Por falta de espaço não publicamos hoje a notícia circunstanciada da bênção e lançamento da primeira pedra para a capela do S. S. Coração de Jesus, em Santo António da Serra.

No Santo da Serra[239]

Imponente e majestosa, como são na generalidade os aspetos da liturgia católica, a cerimónia religiosa que anteontem se realizou na freguesia do Santo da Serra do lançamento da primeira pedra da capela do Sagrado Coração de Jesus. Esta manifestação do culto católico, que chamou ao sítio da ribeira de João Gonçalves, local onde há-de levantar-se a capela, um concurso extraordinário de pessoas de todas as camadas sociais, revestiu um brilhantismo desusado e foi verdadeiramente aparatosa.

As tocantes cerimónias, impostas pelo ritual para tais ocasiões, foram escrupulosamente observadas, deixando gratas e salutares impressões no ânimo dos numerosos assistentes. Oficiou o rev. padre Roque Caetano Rodrigues, vigário do Santo da Serra, acolitado pelo rev. padre Norberto Gonçalves, vigário de Gaula e pelo rev. padre Fernando Augusto da Silva, vigário da Camacha. Tomaram também parte da solenidade os rev.os padres José Joaquim Figueira Silva, vigário de Santa Cruz, António Nicolau Fernandes, cura da mesma freguesia, Manuel Joaquim de Paiva, vigário de Machico, e diácono Boaventura Estevão de Ornelas, além de vários alunos do seminário diocesano.

Ao colocar-se a pedra angular no seu respetivo lugar e ao encerrarem-se todas as cerimónias religiosas, uma filarmónica da vila de Santa Cruz executou o hino nacional.

Em seguida subiu a uma tribuna, adredemente preparada e engalanada vistosamente com louro, hortênsias e a bandeira das quinas, o rev. padre Manuel Joaquim de Paiva, vigário da freguesia de Machico. Este virtuoso e esclarecido sacerdote sem haver proferido uma oração ataviada com os ouropéis da eloquência e com as galas dum alevantado estilo, pronunciou um discurso primoroso, mas singelo, sem preocupações oratórias, tendo apenas em vista fazer uma condigna comemoração do facto, enaltecendo-o, e mostrando os benefícios resultados que dele adviriam para os povos da freguesia do Santo da Serra. Foi um trecho de oratória sacra repassado de verdadeira unção evangélica e que impressionou muito agradavelmente todo o auditório.

Ao ato assistiram os srs. administradores de Santa Cruz e Machico, concelhos a que pertence a freguesia do Santo da Serra.

Em breve daremos uma notícia circunstanciada dos motivos que determinaram a edificação da capela, dos fins que se teve em vista e dos meios que para isso hão-de empregar--se. Não deixaremos no olvido o nome da generosa ilustre dama que custeia as despesas da construção da capela e do belo edifício adjunto. Vamos para isso solicitar as necessárias informações e depois as daremos aos nossos leitores.[240]

Santana, 1 de setembro de 1898.[241]
É hoje a primeira vez que «boto fala» para o «Correio do Funchal», um jornal muito

---

238 BMF, *O Correio do Funchal - Diário da Tarde*, 25 de agosto de 1898.
239 BMF, *O Correio do Funchal - Diário da Tarde*, 26 de agosto de 1898.
240 Neste periódico não encontrámos o futuro texto a que se refere o autor desta notícia.
241 BMF, *O Correio do Funchal - Diário da Tarde*, 6 de setembro de 1898.

2.8.1898

Antigo postal exibindo uma panorâmica do Santo da Serra. Por volta de finais da década de 1890 esta freguesia estava ameaçada de apostasia geral, tal era a aceitação que a doutrina protestante tinha junto da população local, grande parte da qual havia aderido ao Calvinismo. Com o surgimento da capela e escola anexa no Lombo da Pereira, financiada por Madame Arendrup e posterior ocupação pelas Franciscanas de Santa Cruz iria inverter-se este panorama desolador. *Coleção do autor.*

lido, pelo menos cá pelos campos. [...]
 – Muitos benefícios nos trouxe o estabelecimento das irmãs Franciscanas nesta freguesia: os alunos, de ambos os sexos na respetiva escola, são muitos. E a propósito, não podemos deixar de louvar o nosso pároco, Rev.mo João Quirino Gonçalves, pois que se não poupa a sacrifícios e despesas, para que a sua igreja, e a dita escola estejam um «bijou».
A. V.

O Bispo do Funchal aos seus amados Diocesanos, em especial aos reverendos párocos, seus dedicados cooperadores, a bênção e a graça de Jesus Cristo.[242]
 Há quatro anos que um zeloso Sacerdote,[243] domiciliado nesta nossa Diocese, teve a feliz ideia de estabelecer aqui, com aprazimento e deferência de nossa parte, a *Obra cristã e civilizadora de S. Francisco de Sales*, que tantos e tão bons frutos tem produzido em França e noutros países. [...]
 Ainda mais. Nesta diocese acresce um outro mal e maior perigo, qual é o da ousada e tolerada propaganda protestante.
 Desde muito que veio a heresia assentar seus arraiais nesta formosa olha; se maiores estragos não tem feito, se deve isso á fé bem funda e radicada do nosso povo. Todavia alguns lamentáveis prejuízos tem causado e está causando, especialmente na paróquia de Santo António da Serra, desde o princípio a mais abalada pelas doutrinas da seita. [...]
 Vamos então combater a terrível propaganda pelos meios ao nosso alcance. Fundemos escolas católicas e procuremos atrair as crianças, ensinando-as por esmola, e com toda a caridade, para lhes salvar a alma e dar elementos de vida social e de família como convém

---

242 BMF, *Boletim Mensal Diocesano da Obra de S. Francisco de Sales para Defesa e Conservação da Fé na Diocese do Funchal*, agosto, setembro e outubro de 1898.

243 O Cónego Manuel Esteves Fazenda, diretor diocesano da Obra de S. Francisco de Sales. Era ainda tesoureiro desta entidade religiosa o Padre Fausto Lopes Ribeiro dos Santos e secretário o Padre Leão Xavier Prévot, de nacionalidade francesa.

à Igreja e ao país. [...]

A *Obra de S. Francisco de Sales* tem aberto várias escolas, mas é mister abrir outras mais, muito mais, sobretudo nos pontos mais atacados. [...] Ao presente estão abertos 22 cursos diurnos e noturnos, onde são instruídos 1780 alunos de ambos os sexos. É alguma coisa de valor para combater as trevas da ignorância, do ócio e do vício, mas muito mais se precisa, e a *Obra de S. Francisco de Sales*, mal pode conservar estas escolas, quanto mais fundar outras, que tão necessárias são. Venham pois agremiar-se todos os nossos amados diocesanos: façam os reverendos Párocos um apostolado constante e fervoroso em favor da *Obra cristã e civilizadora*. [...]

Funchal, 12 de agosto de 1897.

† *Manuel, Bispo do Funchal.*

MOVIMENTO DA OBRA[244]

[...]

4.º Mapa geral da Despesa
1.º ESCOLAS[245]

Freguesias	N.º		
[...]			
Santana	32	Mestra e ajudante	96$000
[...]			

Relatório das escolas de S. Francisco de Sales[246]

[...]

II Designação das escolas e Pessoal docente[247]

N.º de ordem	Data da Abertura	Curso	Freguesia	Sítio	Regentes e ajudantes
[...]					
32	Jan.º 98	Diurno	Santana	Igreja	Ex.ma Irmã M.ª Isabel de Sá » Irmã ajudante
[...]					

III Movimento escolar (de agosto de 1897 até julho de 1898)

Escolas		N.º dos matriculados			Sexo		Idade			Frequência			
Freguesia	N.º	No 1.º de agosto de 97	Durante o ano letivo	Total	Masculino	Feminino	Abaixo de 7 anos	De 7 até 12	Acima de 12 anos	Assídua	Regular	Irregular	Saíram
[...]													
Santana	32.º	97	181	181	48	133	35	119	27	29	47	105	46

---

244 BMF, *Boletim Mensal Diocesano da Obra de S. Francisco de Sales para Defesa e Conservação da Fé na Diocese do Funchal*, agosto, setembro e outubro de 1898.

245 No 2.º ponto das despesas encontravam-se os seguintes itens: obras, mobília e fornecimentos escolares, pão aos alunos mais necessitados, brindes de Natal e fatos de 1.ª Comunhão, biblioteca de bons livros, impressão do Boletim da Obra, medalhas de S. Francisco de Sales para os associados, a organização da festa anual em honra do patrono, na igreja do Colégio, no princípio do ano, entre outros.

246 BMF, *Boletim Mensal Diocesano da Obra de S. Francisco de Sales para Defesa e Conservação da Fé na Diocese do Funchal*, agosto, setembro e outubro de 1898.

247 Apesar de, neste quadro se referir que a escola de Santana abriu em janeiro de 1898, esta informação não está totalmente correta visto que a sua abertura oficial ter sido a 8 de dezembro de 1897, tendo reaberto em janeiro de 1898, após um breve período de doença das Irmãs responsáveis por ela.

[...]

IV Aproveitamento religioso (¹)²⁴⁸

Escolas			Passaram para			Efetivos da			Deveres religiosos		
Freguesia	N.º	Total dos alunos	2.ª classe	Cat.º pequeno	Cat.º grande	2.ª classe	3.ª classe	4.ª classe	Ouvem missa regularmente	Desobrigaram-se	Fizeram a 1.ª comunhão
[...] Santana [...]	32.º	181	30	7	20	70	7	20	140	146	8

V Aproveitamento literário (¹)²⁴⁹

Escolas			Passaram para			Efetivos da			Socorros	
Freguesias	N.º	Total dos alunos	2.ª divisão	3.ª divisão	4.ª divisão	2.ª divisão	3.ª divisão	4.ª divisão	Fatos	Alimentos
[...] Santana [...]	32.º	181	54	31	10	54	31	10	97	3

SANTANA.²⁵⁰ – Por iniciativa do Rev. Vig. P.ᵉ João Quirino Gonçalves, abriu-se em dezembro uma escola de S. Francisco de Sales, cuja direção foi confiada às Ex.ᵐᵃˢ Irmãs Franciscanas de Santa Cruz.

O rápido incremento da Obra, a prosperidade crescente da escola e as numerosas e bem significativas provas de estima e simpatias prodigalizadas à digna Diretora, Irmã Maria Isabel de Sá e companheiras, provam que a população apreciou o pensamento altamente civilizador e cristão de seu zeloso Pároco e o entranhado afeto que consagra ao seu rebanho, especialmente à parte mais tenra e que mais cuidado merece. Na verdade não é vulgar um Pároco construir à sua custa uma casa espaçosa para servir de escola, de habitação para as mestras e de local para outros serviços de caridade que porventura se vierem a organizar de futuro.

Permita Deus que tão belos inícios deem os frutos que prometem! [...]

SANTO ANTÓNIO DA SERRA. – O Santo taumaturgo português lembrou-se à boa hora de fazer um milagre a favor desta freguesia de que é Orago. Não sabemos na verdade explicar de outra forma o facto maravilhoso que está presentemente em via de realizar-se no Serrado das Ameixieiras, quase em frente da escola calvinista do sr. Smart.

Uma nobre viúva de origem inglesa, nossa hóspede há muitos anos, perde aqui, há dois anos, o único herdeiro de seu nome e fortuna e resolve levantar à memória desse filho estremecido um monumento perdurável que ateste a fé e a piedade do filho e da mãe.

---

248 (¹) As classes de doutrina dividem-se como segue: 1.ª cl. Orações necessárias para a receção do Sacramento da Penitência. 2.ª cl. Fórmulas fundamentais que se encontram no princípio do catecismo diocesano; 3.ª cl. Catecismo pequeno; 4.ª cl. Catecismo grande.

249 (¹) As divisões de leitura são as seguintes: 1.ª D. Soletrar; 2.ª D. ler por cima; 3.ª D. ler e escrever correntemente; 4.ª D. Divisão superior de gramática, aritmética, etc.

250 BMF, *Boletim Mensal Diocesano da Obra de S. Francisco de Sales para Defesa e Conservação da Fé na Diocese do Funchal*, agosto, setembro e outubro de 1898. Texto inserido na rubrica "Notícias especiais dos centros".

2. DE 1891 A 1900

Antigo caminho entre Santa Cruz e o Santo da Serra que, nos sécs. XIX e XX era considerada uma zona de veraneio para as classes abastadas. BMF, *Heraldo da Madeira*, 25/9/1904.

Antiga estrada perto de Santo António da Serra. BMF, *Madeira: Old and New*, 1909.

È vulgar em tais casos lembrar-se das necessidades corporais dos míseros, que não fazem falta em país algum; porém o que é raro e denota uma elevação de sentimentos pouco vulgar, é dar uma atenção especialíssima às necessidades morais e espirituais dos nossos irmãos desvalidos, é acudir em auxílio de populações ignorantes dos elementos da religião e por isso mesmo incapazes de se defender contra o contágio das doutrinas e costumes perversos que hoje em dia, na Madeira como no continente, penetram nas mais obscuras aldeias, arrastando numerosas vítimas, famílias, bairros e freguesias inteiras, ora para a heresia, ora para o indiferentismo e para todas as suas consequências.

Pois é exatamente o caso da ilustre Senhora. Nascida e educada num país onde a crença é livre e a religião essencialmente militante, mas sem fanatismo e sem alteração na cortesia e facilidade das relações entre católicos e protestantes, a Exma Sr.ª D. Mary Edith Arendrup, ouvindo falar das condições muito desiguais em que se tratara a luta religiosa na freguesia do Santo da Serra e dos excessos que podiam resultar de parte e doutra, feita ciente da ignorância e do indiferentismo religioso que lavrava em grande parte das famílias pobres, assim como da deficiência extrema dos seus meios de instrução, a generosidade de sua alma não lhe consentiu ver sem uma profunda dor o grande perigo que corriam tantas a almas remidas pelo sangue de Cristo e especialmente o perigo da infância. Eis porque resolveu construir a expensas suas uma casa boa que servisse de escola, de residência para ela e as mestras da sua escolha, onde todos, ignorantes, pobres e doentes, pudessem encontrar os socorros que necessitasse o seu estado.

Oxalá tão formoso exemplo abra os olhos àquela boa gente e lhe faça compreender, primeiro, que a conservação da fé e a salvação da alma merecem [que] se faça algum sacrifício, e, também, que não é com desforços violentos, nem mostrando-se odiento e rancoroso que o católico deve defender e fazer vingar a sua fé, mas pelos meios que nos ensina a caridade, por uma santa emulação na prática de todas as obras de misericórdia! (^{1})[251]

Esperamos que nossa escola do Lombo de João Ferino, apesar da sua pouca distância, não será sensivelmente prejudicada pela escola em construção, porque os serviços prestados às famílias daquele sítio por nossa boa professora, a sr.^{a} D. Maria Matilde Gonçalves, são dos que não podem esquecer e que cativavam para sempre o coração do povo.[252]

---

[251] (^{1}) «Sede zelosos do bem sempre em bem… Não nos façamos cobiçosos de vã glória, provocando-nos uns aos outros, tendo inveja uns dos outros». Epist. aos Gálat. IV. 8; V. 26.

[252] Em 1896 o órgão oficial desta Obra referia o seguinte relativamente a esta escola salesiana localizada no sítio de João Ferino e à sua professora: «**S. António da Serra**. – A escola, que o solícito Vigário da freguesia diligenciou fundar por ocasião do Centenário do grande taumaturgo português, [a 15 de agosto de 1895, data em que se assinalou o 7.º centenário do nascimento de Santo António de Lisboa], foi visivelmente abençoada por S. António e correspondeu plenamente às nossas esperanças graças ao zelo pouco vulgar da sua inteligente mestra. A Exma Sr.ª D. Matilde Gonçalves, apesar da sua fraca saúde, não limita a sua tarefa às horas já longas da classe; à noite converte-se a escola em salão de reunião, de leituras instrutivas, de conversas

Livro de registo da aquisição de medicação para a "Pharmacia Central" da Santa Casa da Misericórdia de Santa Cruz desde 1898. *Foto do autor.*

À vista dos esforços constantes empregados pelo Rev. Vig. para procurar a pacificação religiosa da freguesia, e em presença dos resultados já obtidos e dos outros mais valiosos ainda que se antolham num breve futuro, todos os habitantes que se prezam de católicos deveriam mostrar-se satisfeitos e agradecidos a tão zeloso pastor. Infelizmente bastam uns poucos de díscolos para paralisar a expansão da alma popular e amargurar o coração de quem sacrifica a vida pelas ovelhas.

Pedimos a Deus fortaleça o ânimo do Rev. P.ᵉ Roque Caetano Rodrigues para que prossiga sem temor sempre avante até alcançar plena vitória: O Céu declara-se por ele. [...]

O hospital de Santa Cruz[253]

Extrato duma parte da ata da sessão de 19 de dezembro de 1897, da Mesa gerente da confraria da Santa Casa da Misericórdia da vila de Santa Cruz.

«Depois de aberta a sessão compareceu a Irmã Maria de S. Francisco (Miss Wilson) diretora deste pio estabelecimento, e disse que na sessão de 26 de abril de 1896 tinha feito ciente à Mesa gerente de que uma senhora, Madame Edith Arendrup, com o louvável fim de sufragar a alma de seu filho, Axil Jerome Arendrup, falecido no Funchal, oferecia 100 libras para a construção de uma nova enfermaria, com a condição de que nela houvesse um altar ou nicho com a imagem do Sagrado Coração de Jesus a

---

edificantes para as famílias do sítio de João Ferino, que já não tem nada que invejar aos calvinistas do sítio vizinho. Quem nos dera poder abrir mais uma ou duas escolas semelhantes naquela vasta freguesia! Não há desinfetante melhor contra a heresia malfazeja, e continua esta desgraçadamente a ter bastantes simpatias e adeptos em alguns sítios. Damos graças a Deus por terem malogrado, graças ao nobre proceder dum ilustre titular, a um concurso de circunstâncias verdadeiramente providenciais, à solicitude do Revd. P.ᵉ Roque C. de Freitas e doutro zeloso eclesiástico, três tentativas sucessivas e diversas feitas com o fim de adquirir terreno ou casa para se construir ou abrir escola calvinista. É forçoso confessar todavia que as correrias frequentes dos evangelistas, o acolhimento que recebem mesmo em casa de pretendidos católicos, não nos deixam dúvida sobre a gravidade do mal que lavra nesta freguesia.» BMF, *Relatório Anual e Boletim Mensal Diocesano da obra de S. Francisco de Sales para defesa e conservação da fé na Diocese do Funchal*, agosto e setembro [de 1896].

[253] BMF, *O Correio do Funchal - Diário da Tarde*, 12 de novembro de 1898; ABM, *Diário do Comércio*, 13 de novembro de 1898. Nesta segunda fonte este texto foi publicado tendo por título apenas o subtítulo patente na primeira.

fim de que os doentes que ali dessem entrada orassem ao Sagrado Coração pela alma do finado, e com a pensão de uma Missa anual no aniversário do seu falecimento, mandada celebrar pela respetiva Mesa gerente; que a Mesa aceitou a proposta, agradecendo nessa ocasião aquela oferta, e que encarregara (a ela Irmã) de receber o dinheiro e dirigir a obra; – que efetivamente, recebera as 100 libras, e juntamente com outras ofertas de diversos cavalheiros com o produto dum bazar, tinha não somente construído a dita enfermaria com sua respetiva cozinha e outros quartos anexos, mas também tinha melhorado a antiga enfermaria para homens debaixo do plano do sr. Raleigh Blandy, protetor desta casa, tudo com aprovação da Mesa; – que a obra não estava completa, mas que tinha esperança de a concluir com novas ofertas.

Porém, sabendo que a casa não tinha fundos para sustentar os doentes pobres que precisassem deste estabelecimento de caridade, sendo diminutos os seus rendimentos, propunha, a exemplo da Senhora Mary Edith Arendrup que dora avante todos os cavalheiros ou damas que quisessem entrar de pronto com a quantia não inferior a cem mil réis, para fundos, ou que legassem em seu testamento para ser entregue depois do seu falecimento, fossem considerados como fundadores, tendo o seu nome gravado em uma lápide à entrada da casa, uma comemoração diária nas orações das Irmãs, uma Missa rezada no aniversário do seu falecimento, aliás em outro qualquer dia, e além disso tendo parte em um ofício e Missa de «requiem» que a Mesa gerente mandaria celebrar todos os anos por todos os fundadores e benfeitores desta Santa Casa.

Em vista desta proposta, a Mesa deliberou que tendo em consideração a boa vontade e zelo desta Irmã pelo aumento deste hospital a fim de exercer a caridade a que voluntariamente se dedicou como Irmã Hospitaleira, e sendo reconhecida a falta de fundos para acudir aos infelizes que precisassem de ser recolhidos nesta casa para tratamento, dava licença para a mesma Irmã mandar publicar em qualquer jornal desta terra o conteúdo desta mesma proposta e a aceitação que ela teve perante a Mesa gerente, a fim de todos terem conhecimento de negócio tão importante, qual é o bem das almas e socorro da humanidade.

(Assinados)
Vigário João Joaquim Figueira da Silva.
Padre António Nicolau Fernandes.
Eduardo Luís Rodrigues.
Arsénio Álvares de Freitas.
Alfredo Dias.
Teodoro Pedro de Freitas Vieira.
Santa Cruz, 17 de janeiro de 1898.
O Secretário,
Teodoro Pedro de Freitas Vieira.

Exposição de quadros[254]

Continuará até sexta-feira próxima a exposição de quadros e estudos, no Palácio de S. Lourenço, em benefício do Hospital de Santa Cruz.

O produto da entrada será entregue à Irmã Maria de S. Francisco (Miss Wilson), para ser aplicado em favor daquele estabelecimento, que necessita muitos reparos e novas construções, para preencher o seu fim humanitário.

A entrada será 100 réis.

Entrada aberta à exposição, desde as 10 horas da manhã até às 5 da tarde.

Picture Exhibition

An exhibition of Pictures and studies will be offered on Monday the 19th instant in the Palace of his Excy The Civil Governor.

Entrance and following days 100 réis.

---

[254] BMF, *O Correio do Funchal - Diário da Tarde*, 17, 19, 20, 21 e 22 de dezembro de 1898.

2.8. 1898

> **EXPOSIÇÃO DE QUADROS**
> A exposição de quadros no palacio de São Lourenço continuará até sexta-feira.
> Entrada 100 reis, a beneficio do hospital em Santa Cruz.
>
> **PICTURE — EXHIBITION**
> The Exhibition of Pictures in the Palace of S. Lourenço will remain open until Friday.
> Entrance 100 réis for the Hospital in Santa Cruz.

Em dezembro de 1898 o Palácio de São Lourenço abriu as suas portas a um novo evento de índole cultural organizado com o intuito de angariar verbas para o Hospital de Santa Cruz. *BMF, Diário de Notícias, 20/12/1898.*

The proceeds to be received by Sister Mary Francis (Miss Wilson) in aid of the building fund of the Hospital in S.ᵗᵃ Cruz. Open form 10 A. M. to 5 P. M.

EXPOSIÇÃO DE PINTURAS[255]

Na segunda-feira 19 de dezembro no palácio de S. Lourenço haverá exposição de pinturas e de modelos para estudos.
A admissão será 200 réis no primeiro dia e 100 réis nos dias seguintes.
A irmã Mary Francis (Miss Wilson) receberá o produto das entradas com aplicação a construções no hospital de Santa Cruz.
Entrada das 10 da manhã às 5 da tarde.

PICTURE EXHIBITION

An Exhibition of Pictures and Studies will be opened on Monday, December 19th, in Palace of his Excellency the Governor.
Entrance 200 reis the first, and 100 reis the following days, to be received by Sister Mary Francis (Miss Wilson) in aid of the building-fund of the Hospital in Santa Cruz.
Open from 10 a.m. – 5 p.m.

Exposição de quadros[256]

Segunda-feira próxima, 19 do corrente, haverá uma exposição de quadros e estudos no Palácio de S. Lourenço, em benefício do Hospital de Santa Cruz.
O produto da entrada será entregue à Irmã Maria de S. Francisco (Miss Wilson) para ser aplicado em favor daquele estabelecimento, que necessita muitos reparos e novas construções para preencher ao seu fim humanitário.
No dia 19 a entrada será de 200 réis e nos dias seguintes de 100 réis.
Entrada aberta à exposição desde as 10 horas da manhã até às 5 da tarde.

---

[255] BMF, *Diário de Notícias*, 17 e 18 de dezembro de 1898.
[256] ABM, *Diário do Comércio*, 17 de dezembro de 1898.

Picture Exhibition
An exhibition of pictures and studies will be offered on Monday the 19th instant in the Palace of his excellency the Civil Governor.
Entrance 200 réis the first and 100 réis the following days.
The proceeds to be received by Sister Mary Francis, (Miss Wilson) in aid of the building fund of the Hospital in Santa Cruz.
Open from 10 A. M. to 5 P. M.

Exposição de pinturas[257]
Recebemos e agradecemos os bilhetes que nos foram enviados para podermos visitar a exposição de quadros e estudos que hoje se realiza no Palácio de S. Lourenço a benefício do Hospital de Santa Cruz.

Exposição de pintura[258]
Continua até sexta-feira a exposição de pintura no Palácio de S. Lourenço, que hoje foi visitada pelo ex.mo Prelado.
É digna de ver-se aquela magnífica coleção de belos quadros, representando vários templos, monumentos, cidades, vistas mais apreciáveis tanto da nossa ilha como particularmente do estrangeiro.
Alguns deles são obra de amadores da nossa terra.
Visitem pois o Palácio de S. Lourenço, na certeza de que empregarão bem o seu tempo, e concorrerão com sua pequena esmola para uma simpática obra de caridade.

Exposição de pinturas[259]
Foi ontem regularmente concorrida a exposição de pinturas que se realizou no palácio de S. Lourenço, encontrando-se ali diversos trabalhos de muito merecimento.
A exposição continua ainda por alguns dias.

EXPOSIÇÃO DE PINTURAS[260]
A exposição de quadros no palácio de São Lourenço continuará até sexta-feira.[261]
Entrada 100 réis, a benefício do hospital em Santa Cruz.

PICTURE EXHIBITION
The Exhibition of Pictures in the Palace of S. Lourenço will remain open until Friday.
Entrance 100 réis for the Hospital in Santa Cruz.

---

257 BMF, *O Correio do Funchal - Diário da Tarde*, 19 de dezembro de 1898.
258 BMF, *O Correio do Funchal - Diário da Tarde*, 20 de dezembro de 1898.
259 BMF, *Diário de Notícias*, 20 de dezembro de 1898.
260 BMF, *Diário de Notícias*, 20, 21 e 22 de dezembro de 1898.
261 Até ao dia 23 de dezembro.

2.9. 1899

PORTO MONIZ.[262] – O Revd. Vigário desta freguesia espera organizar depois da Páscoa a escola salesiana da Santa, com o auxílio das dignas irmãs franciscanas de Santa Cruz que solicitou expressamente para esse fim, devendo residir ali três irmãs e sendo uma delas, ao que parece, a antiga e tão saudosa professora, saída em maio para Santa Cruz, e que volta agora sob o nome de Irmã Maria da Ressurreição.

Felicitamos cordialmente aos nossos bons associados do Porto Moniz, especialmente aos da Santa e mormente ao Rev. Padre António da Silva Correia Valente por esse importante melhoramento e fazemos votos para que se colham brevemente abundantes e belos frutos que confirmem e consolidem para todo o sempre a agremiação e harmonia de todas as boas vontades. [...]

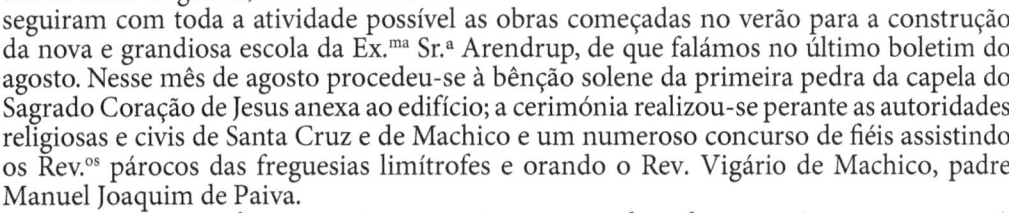

Igreja da Santa, no Porto Moniz, onde a 19 de julho de 1899 foi reaberta, junto à mesma, a escola de S. Francisco de Sales desta freguesia, por três religiosas oriundas da Congregação fundada pela Irmã Wilson em Santa Cruz. Uma delas era a antiga professora da escola que, alguns meses antes, decidindo ingressar na vida religiosa, fora professar a Santa Cruz, regressando depois à Santa, sob o nome de Irmã Maria da Ressurreição, sendo nomeada diretora da dita escola. *Foto do Cónego Dias existente no Secretariado da Irmã Wilson.*

SANTO DA SERRA. – Poucas notícias temos desta freguesia, mas são boas. Prosseguiram com toda a atividade possível as obras começadas no verão para a construção da nova e grandiosa escola da Ex.ma Sr.a Arendrup, de que falámos no último boletim do agosto. Nesse mês de agosto procedeu-se à bênção solene da primeira pedra da capela do Sagrado Coração de Jesus anexa ao edifício; a cerimónia realizou-se perante as autoridades religiosas e civis de Santa Cruz e de Machico e um numeroso concurso de fiéis assistindo os Rev.os párocos das freguesias limítrofes e orando o Rev. Vigário de Machico, padre Manuel Joaquim de Paiva.

Consta-nos que foram gratíssimas as impressões de todos os assistentes, porque, à vista das obras começadas e que por si já representavam um enorme esforço, uma grande vontade de valer às populações do sítio e dos arredores, não custava acreditar nas belas perspetivas que, segundo o eloquente orador, se abriam para o futuro da religião, da moralidade e até do bem-estar temporal, nessas paragens, se os beneficiados quisessem corresponder às atenções da Providência Divina e não frustrassem por uma cegueira pertinaz e insensata os sacrifícios da ilustre Dama, do pastor solícito e das excelentes irmãs franciscanas.

As obras principais estão concluídas, só restam por fazer os trabalhos interiores; o orçamento calculado primeiramente, em 5 ou 6 contos de réis, não será inferior a 8 ou 9 contos de réis. Isto aqui na Madeira! e no Santo da Serra!... só por milagre de Santo António!

Enquanto não abrir a nova escola, continuam bem frequentadas as três escolas existentes: a de S. Francisco de Sales, no Lombo de João Ferino (de 50 a 60 alunos), a da igreja, regida pelo próprio Vigário da freguesia (cerca de 45 alunos), e a do sr. Manuel de Freitas Reis, aberta por conta do rev. padre Roque Caetano Rodrigues (uns 20 alunos).

Quando a causa de Deus prospera, o príncipe dos infernos range os dentes e medita uma desforra; veremos qual esta há-de ser. [...]

---

262 BMF, *Boletim Mensal Diocesano da Obra de S. Francisco de Sales para Defesa e Conservação da Fé na Diocese do Funchal*, novembro e dezembro de 1899. Texto supostamente inserido na rubrica "Notícias especiais dos centros". Faltam algumas páginas iniciais deste exemplar, o que não nos permite afirmar isto com toda a certeza.

2. DE 1891 A 1900

Porto Moniz.[263] – Os votos dos nossos associados da Santa do Porto do Moniz, relativamente à escola de S. Francisco de Sales, estão plenamente realizados; damos-lhes os mais vivos parabéns.

No dia 19 de julho, no dia e sob os auspícios de S. Vicente de Paulo o apóstolo da caridade, o revd.º padre Valente da Silva Correia, digno vigário da freguesia do Porto Moniz, foi presidir à instalação das três irmãs franciscanas da Congregação de Santa Cruz, I. Maria Antónia, I. Maria da Ressurreição e I. Maria da Cruz, na casa dos Romeiros onde vão residir junto à escola de S. Francisco de Sales cuja direção lhes foi entregue nesse dia.

Foi um dia de júbilo para a freguesia e esse dia marcará sem dúvida o começo de uma nova era de prosperidade moral e material para a freguesia de Santa Madalena do Porto Moniz.

Este grande benefício, que o revd.º padre Miguel trabalhou com todo o zelo em preparar e que tinha sido facilitado pelas mútuas e bem acentuadas simpatias do povo pelas irmãs e destas por aquela boa população donde já tinham saído várias postulantes, este grande benefício, dizemos, é um padrão de glória para o benemérito vigário do Porto Moniz que conseguiu realizá-lo e proporcioná-lo à freguesia, e tornar-se-á um título cada vez mais apreciado à gratidão e afeição dos seus paroquianos.

A coincidência da instalação das irmãs e da novena da Santa Padroeira da freguesia, cuja festa era no dia 22, foi providencial e revela a parte que a Santa Maria Madalena teve e quer tomar nesta santa empresa.

Enviamos daqui as nossas mais cordiais felicitações ao revd.º padre Valente e ao bom povo da Santa, e fazemos votos para que a Providência continue a proteger aí a Obra de S. Francisco de Sales permitindo-lhe realizar as magníficas esperanças que tão valioso reforço nos faz conceber.

Dizem-nos que já duplicou o número dos alunos chegando a uns 150, o que faz pensar em alargar a casa da escola. Ainda bem!

Situação da Obra.[264] – […]

– Os nossos associados quererão naturalmente conhecer a sorte que levaram as 4 escolas que deixaram de ser subsidiadas pela Obra. Vamos satisfazer tão legítimo desejo:

1.º – Temos a consolação de anunciar que no dia imediato ao encerramento de nossa escola do Lombo de João Ferino, na freguesia do Santo da Serra, procedeu-se na Serra das Ameixieiras, distante de um quarto de hora, à abertura da magnífica escola construída a expensas da Ex.ma Sr.a Arendrup, sustentada pela mesma e regida pelas excelentes Irmãs Franciscanas de Santa Cruz. Há curso diurno e noturno, tendo o diurno uma frequência de 102 alunos.

No domingo e dias santos celebra-se a Santa Missa na elegante capelinha ereta junto à casa e consta-nos que no resto do dia continua a haver grande afluência de povo que toma parte nos vários exercícios religiosos, catequese, terço, leitura, cânticos, etc., promovidos e presididos pelas boas irmãs com zelo e proficiência acima de todo o elogio.

Glória a Deus e louvores ao Santo Taumaturgo, protetor da freguesia, que completou o milagre e saberá consolidar e perpetuar tão bela obra! […]

Festa de S. Francisco de Sales. – […]

– No Porto Moniz, segundo nos escreve o Rev. Diretor Paroquial, foi celebrada no dia de Todos os Santos da forma seguinte:

«Fez-se no 1.º de novembro como no ano passado a festa de S. Francisco de Sales, que muito agradou. Às 12 horas entravam na igreja, apinhada de fiéis, todos os alunos da escola com o pendão das Filhas de Maria que os seguiam e as Irmãs professoras,

---

[263] BMF, *Boletim Mensal Diocesano da Obra de S. Francisco de Sales para Defesa e Conservação da Fé na Diocese do Funchal*, abril a julho de 1899 [1900]. Texto inserido na rubrica "Notícias da Obra".

[264] BMF, *Boletim Mensal Diocesano da Obra de S. Francisco de Sales para Defesa e Conservação da Fé na Diocese do Funchal*, novembro e dezembro de 1899 e janeiro e fevereiro de 1900. Texto inserido na rubrica "Notícias da Obra".

2.9.1899

Duas perspetivas da capela dos Sagrados Corações e escola anexa, construída no sítio do Lombo da Pereira, no Santo da Serra, através do generoso financiamento de Madame Arendrup, onde a Irmã Wilson e suas companheiras viriam a desenvolver uma notável ação de âmbito educacional e religioso, tendo conseguido trazer de volta para a religião católica muitas famílias que se haviam convertido ao protestantismo. *Secretariado da Irmã Wilson.*

cantando o Laudate Mariam. Em seguida à missa de 3 padres, houve a admissão de 6 filhas de Maria. Logo após o sermão saiu a procissão em que tomaram parte os alunos da escola com o pendão de S. Francisco, os associados, as Filhas de Maria com seu pendão e Imagem da Virgem, a confraria de S. Francisco com sua Imagem e a confraria do S.S. Sacramento. Cantava-se em 2 coros sem se ouvirem um ao outro.

Todos os alunos se confessaram nas vésperas vindo 2 confessores de fora. Houve nessa semana mais de 500 comunhões.

Não faltou o *pão por Deus* às crianças. Poucas vezes se terá feito festa tão devota, tão grande e tão barata!»

MOVIMENTO DA OBRA[265]

[...]

Despesa geral do ano (VIII-98 até VIII-99)

Freguesias	N.º	ESCOLAS	
[...]			
Porto Moniz	10	Mestra, fato, livros, obras, diversas	84$000
[...]			
St.º da Serra	20	Mestra, aluguer, fato para 50 alunos	128$000
[...]			
Santana	32	Diretora e ajudantes	140$000
[...]			

Relatório das Escolas[266]

[...]

II – Designação das escolas e Pessoal docente[267]

N.º de ordem	Data da fundação	Curso	Freguesia	Sítio	Regentes e ajudantes
[...]					
10	Maio 94	Diurno	Porto Moniz	(S.ta M. Mad.na)	Interinidade
[...]					
32	Jan.º 98	Diurno	Santana	Igreja	Irmã M.ª Isabel de Sá Irmãs ajudantes
[...]					

III – Movimento escolar (de agosto de 1898 até julho de 1899)

Escolas		N.º dos matriculados			Sexo		Idade			Frequência			
Freguesia	N.º	No 1.º de agosto de 98 97	Durante o ano letivo	Total	Masculino	Feminino	Abaixo de 7 anos	De 7 a 12	Acima de 12 anos	Assídua	Regular	Irregular	Saíram
[...]													
P. Moniz	10.º	53	48	101	22	79	27	60	14	32	73	6	10
[...]													
St. S.ra	20.º	48	2	50	39	11	1	28	1	40	14	50	7
[...]													
Santana	32.º	183	21	204	52	152	39	153	12	50	74	80	9
[...]													

---

265 ABM, *Boletim Mensal Diocesano da Obra de S. Francisco de Sales para Defesa e Conservação da Fé na Diocese do Funchal*, agosto, setembro e outubro, 1899.

266 ABM, *Boletim Mensal Diocesano da Obra de S. Francisco de Sales para Defesa e Conservação da Fé na Diocese do Funchal*, agosto, setembro e outubro, 1899.

267 Apesar de neste quadro se referir a data da fundação da escola de Santana como tendo ocorrido em janeiro de 1898, a data correta da abertura oficial é a de 8 de dezembro de 1897. Esta escola reabriu em janeiro de 1898, após um breve período de doença das Irmãs, conforme referido anteriormente.

IV Aproveitamento religioso (¹)²⁶⁸

Freguesia	Escolas N.º da escola	Total dos alunos	Passaram para 2.ª classe	3.ª classe	4.ª classe	Total dos alunos da 2.ª classe	3.ª classe	4.ª classe	Deveres religiosos Ouvem missa regularmente	Desobrigam-se	Fizeram a 1.ª comunhão
[...]											
P. Moniz	10.º	101	6	2	4	12	2	11	74	27	11
[...]											
S. S.ʳᵃ	20.º	50	5	4	15	8	0	26	9	49	15
[...]											
Santana	32.º	204	5	32	21	31	32	33	53	165	39
[...]											

V – Aproveitamento literário (¹)²⁶⁹

Freguesia	Escolas N.º	Total dos alunos	Passaram para 2.ª divisão	3.ª divisão	4.ª divisão	Total dos alunos da 2.ª divisão	3.ª divisão	4.ª divisão	Socorros Receberam fatos	Alimentos	Alunos associados da obra
[...]											
P. Moniz	10.º	101	6	2	4	12	2	11	74	27	11
[...]											
S. Serra	20.º	50	6	2	0	17	2	0	41	0	6
[...]											
Santana	32.º	204	57	14	7	54	31	17	80	0	50
[...]											

2.10. 1900

Santo António da Serra.²⁷⁰ – [...]
A escola sustentada pelas zelosas Irmãs Franciscanas de Santa Cruz, está dando os mais esplêndidos resultados, é muito frequentada sobretudo à noite, pois apesar de haver três Irmãs só para ensinar, já sentem que não bastam porque o número de alunos, alguns mesmo casados, tende sempre a aumentar.

Esperamos que esta escola há-de concorrer para que muitos dos sectários das doutrinas protestantes vejam o caminho que têm trilhado e rendendo-se à luz da verdade e da graça, novamente voltem à religião que abandonaram. O Rev. P.ᵉ Farinha também com o seu zelo e boa vontade tem contribuído para se obterem estes resultados, pois todos os do-

---

268 (¹) As classes de doutrina dividem-se como segue: 1.ª classe: Orações necessárias para a receção do Sacramento da Penitência. 2.ª classe: Fórmulas fundamentais do catecismo diocesano; 3.ª classe: Catecismo pequeno da diocese; 4.ª classe: Catecismo grande da diocese.

269 (¹) As divisões de leitura são as seguintes: 1.ª Divisão: Soletrar; 2.ª Divisão: ler por cima; 3.ª Divisão: ler e escrever correntemente; 4.ª Divisão superior de gramática.

270 ABM, *Boletim Mensal Diocesano da Obra de S. Francisco de Sales para Defesa e Conservação da Fé na Diocese do Funchal*, março, abril, maio e junho de 1900. Texto inserido na rubrica "Notícias da Obra".

mingos e dias santificados vem dizer uma missa na capela da escola, fazendo sempre uma prática com bênção do S. Sacramento.

Novas inscrições no Livro dos Benfeitores e Fundadores[271]

Freguesias	N.º do Livro	As Ill.ªs Sr.ªs e Srs.	Donat.º	
[...]				
Santa Cruz	1335	Ex.mas Irmãs de Santa Cruz	»	1$200
[...]				

---

[271] ABM, *Boletim Mensal Diocesano da Obra de S. Francisco de Sales para Defesa e Conservação da Fé na Diocese do Funchal*, março, abril, maio e junho de 1900.

3. De 1901 a 1910

Nesta década, a mais importante do percurso da Irmã Wilson entre nós, veremos o apogeu da sua fama através do seu papel fulcral no combate à varíola no Lazareto, em 1907, e também um certo declínio, ao ter sido apanhada nas ondas de choque que abalaram o mundo católico nacional com a implantação da República em Portugal, em outubro de 1910, de que resultou ter sido forçada ao exílio em Inglaterra.

Mas comecemos por 1901. Neste ano e seguintes veremos a importante ação que a Irmã Wilson e a sua Congregação continuou a desempenhar no Hospital de Santa Cruz, pugnando pelo seu bom funcionamento e progresso, o que lhe granjeou o carinho e afeto do povo santacruzense. Este ano foi igualmente importante para todas as ordens e congregações religiosas em Portugal, e na Madeira também, que puderam legitimar-se perante a Lei, através da criação de associações devidamente organizadas e reguladas, e que no caso da Irmã Wilson se consubstanciou através da criação da Associação de Nossa Senhora das Vitórias, cujos estatutos foram publicados em sede de *Diário de Governo* em dezembro. Este ano ficou igualmente marcado por fortes perseguições e inflamados ataques às instituições católicas madeirenses por parte de destacados elementos da maçonaria insular e outros seus correligionários, em diversos jornais anticlericais, e não só. O próprio governador civil do Funchal desta época, José Ribeiro da Cunha, era maçon e tomou diversas medidas anticatólicas. Em Santa Cruz a Irmã Wilson passou amargos momentos através da ação do denominado "Nero de Santa Cruz", republicano dos sete costados, que cortou o parco financiamento anual do município local ao hospital da vila e até chegou a ameaçar expulsá-la e às suas Irmãs do mesmo. E como cúmulo da sua ação malfazeja, demitiu a Mesa da Santa Casa da Misericórdia daquela vila, que o havia intimado judicialmente a pagar uma enorme dívida para com aquela instituição, e nomeou outra, composta por maçons, que em poucos meses esbanjou os parcos recursos financeiros de que aquela instituição dispunha.

Nos primeiros anos destas décadas continuaremos a ver a "presença" da Irmã Wilson no Funchal através da realização de diversos eventos solidários com o intuito de angariar donativos para o Hospital de Santa Isabel, em Santa Cruz.

Nesta década assistir-se-á à continuação do trabalho das Irmãs Franciscanas de Santa Cruz nas escolas salesianas de Santana e da Santa, no Porto Moniz, e igualmente à abertura de duas novas escolas em 1905, a primeira das quais em Machico, no mês de fevereiro, na Quinta de S. Cristóvão, no sítio do Caramanchão, de modo a suster o avanço do ensino protestante estabelecido nas imediações algum tempo antes; a segunda seria aberta em agosto no Arco de S. Jorge, a pedido do Pe. José Marques Jardim, natural daquela localidade e que, paroquiando o Santo da Serra e vendo o bom trabalho desenvolvido na escola do Lombo da Pereira, quis que o benefício do ensino ministrado por estas religiosas também se estendesse ao seu torrão natal.

No final de 1905 surgiu no Funchal a denominada *peste balbínica*, sendo os doentes alegadamente afetados por ela obrigados ao internamento compulsivo no Lazareto, cuja direção havia sido entregue ao Dr. Balbino Rego. Ao saber disso a Irmã Wilson ofereceu os seus serviços ao Governador Civil do Funchal para, em companhia de algumas companheiras, ir para ali cuidar gratuitamente dos pacientes mas tal oferta foi recusada. A 7 de janeiro do ano seguinte a *farsa do Lazareto* seria desmascarada quando um grupo de militares, acompanhado de muito povo, invadiu a *Bastilha do Lazareto* e libertou os doentes ali internados. Essa invasão seria marcada, igualmente, pela destruição, pelo povo revoltado, de tudo quanto estava à mão de semear naquele local, deixando-o incapaz de ser reutilizado em caso de verdadeira necessidade.

O ano de 1906 marcou o regresso da Irmã Wilson ao Funchal, ao ser nomeada, em setembro, pelo Bispo D. Manuel Agostinho Barreto, como regente do Recolhimento do Bom Jesus. Este ano ficou igualmente marcado pela entrada da varíola na Madeira, no final de dezembro, através da permissão do desembarque do capitão do vapor *Massilia*, que estava atacado desta doença infecto-contagiosa, a qual se alastrou rapidamente pelo Funchal fazendo inúmeras vítimas nos primeiros meses do ano seguinte.

Ao tomar conhecimento da dimensão e gravidade deste surto, o *Diário de Notícias* abriu uma subscrição pública, de modo a angariar fundos para socorrer os variolos nos seus domicílios, pois os mesmos foram aconselhados a ficar em casa, de modo a evitar o alastrar da doença pelo Funchal. E nessa ação a Irmã Wilson teve um papel importante, ao providenciar ajuda a diversos variolosos, sobretudo na zona do Ribeiro Seco de Cima e Cruz de Carvalho, acompanhada pelo Dr. José Joaquim de Freitas, por sinal um dos principais rostos da maçonaria na Madeira, e fundador do *Auxílio Maternal*, que nasceu sob a protecção deste movimento anticlerical. Não deixa de ser assinalável o facto, que se sublinha, destas duas pessoas, que militavam em campos completamente opostos, terem unido esforços e trabalhado em conjunto no sentido de ajudar os variolosos, perante o grave quadro epidémico que se fazia sentir na época.

Devido ao alastrar da doença, que ceifava inúmeras vidas, sobretudo no Funchal, a Irmã Wilson voltou a oferecer os seus serviços ao Governador Civil da época, no sentido de ir para o Lazareto, acompanhada por diversas Irmãs do Hospital de Santa Cruz, de modo a tratar gratuitamente dos valoriosos, tendo o seu oferecimento sido aceite desta vez. Reaberto o Lazareto, em maio desse ano, após a realização de obras de recuperação do local, a Irmã Wilson assumiu desde logo a direção dos serviços de enfermagem do mesmo.

Com o intuito de angariar fundos para a manutenção dos doentes internados no Lazareto, que foi como que purificado da ação nefasta do Dr. Rego pela presença ali da Irmã Wilson e suas companheiras, foi providencial a subscrição aberta pelo supramencionado jornal, assim como os diversos bandos precatórios que, espontaneamente, se formaram na cidade do Funchal, organizados por pessoas de diferentes quadrantes da sociedade, que renderam os frutos almejados, sendo o resultado desses peditórios entregue à Irmã Wilson, de modo a que a mesma fizesse face às inúmeras despesas com que se defrontou na gestão do Lazareto.

Conforme veremos igualmente nas páginas que se seguem, a imprensa regional deu um largo destaque, em 1907, ao alastrar da varíola pelo Funchal e à ação da Boa Mãe e suas companheiras no Lazareto, e a todo o movimento solidário a que se assistiu em prol dos doentes ali internados, visto que o Governo nacional apenas lhe cedeu aquele espaço para tratamento dos doentes mas "esqueceu-se" de providenciar os necessários meios para a sua manutenção.

Fruto da sua abnegação e especiais cuidados para com os variolosos internados no Lazareto, a quem dispensava igualmente carinhos maternais, a Irmã Wilson foi agraciada, nesse ano, pelo Rei D. Carlos, com a comenda da Ordem de Torre e Espada, a mais alta distinção que se poderia atribuir a alguém, por recomendação do Governador Civil D. Bernardo da Costa.

Neste ano veremos igualmente as notícias referentes à grande cerimónia festiva realizada no Lazareto a 27 de outubro de 1907, perante milhares de pessoas, em comemoração do fim da epidemia e igualmente em louvor ao denodado trabalho da Irmã Wilson na extinção da mesma, e ainda as referentes ao regresso triunfal desta religiosa a Santa Cruz, a 16 de novembro do mesmo ano, onde foi aclamada como uma verdadeira heroína pelas autoridades locais, acompanhadas por uma enorme multidão agradecida.

No início de 1908 a Irmã Wilson seria convidada, pelo Bispo do Funchal, a assumir igualmente a direção do Asilo de Mendicidade e Órfãos do Funchal, tendo a mesma nomeado uma comissão de quatro religiosas da sua congregação para dirigirem aquela instituição que desempenhava um papel importantíssimo no seio da sociedade funchalense da época, marcada por muita miséria e forte emigração.

Tudo corria bem para a Irmã Wilson nos anos que se seguiram à gesta do Lazareto, pois esta ilustre religiosa havia ganho, de forma indelével, a admiração, carinho e respeito de toda a sociedade madeirense (excepto para alguns maçons que vomitavam ódio, através dos seus pasquins anticlericais, nomeadamente *O Povo* e *Trabalho e União*, contra a sua gestão do Recolhimento do Bom Jesus e do Lazareto, que em 1908 seria oficialmente transformado em hospital de isolamento e cuja gestão fora entregue à Congregação fundada pela Irmã Wison), até que se assistiu, a 5 de outubro de 1910, à implantação da República em Portugal, e com ela à vitória do movimento maçónico nacional, que nutria um ódio de morte contra a Igreja Católica e seus representantes. Com o novo regime foram nomeados novos dirigentes na Madeira, escolhidos por entre os maçons mais empedernidos: o Dr. Manuel Augusto Martins, diretor d'*O Povo*, foi nomeado Governador Civil, e o Dr. Manuel Gregório Pestana Júnior, nomeado Administrador da Câmara Municipal do Funchal. Três dias após a implantação da República é decretado pelo famigerado Afonso Costa o fim das ordens e congregações e o encerramento compulsivo de todas as casas religiosas e conventos, a secularização dos seus ocupantes e a expulsão do país dos religiosos estrangeiros. De modo a dar execução a este decreto o edil funchalense, conforme se verá, fez questão de assistir pessoalmente ao encerramento do Recolhimento do Bom Jesus, do Lazareto e de outras casas religiosas tais como o convento de Santa Clara ou o das Mercês, lacrando as portas com selos. Todas as religiosas, entre elas a Irmã Wilson, seriam conduzidas, sob prisão até ao Palácio de S. Lourenço, onde aguardariam a sua entrega aos seus familiares, e onde a Boa Mãe aguardaria a expulsão para Inglaterra.

3.1. 1901

Irmãs Franciscanas de Santa Cruz.[272] – A esta solicitude pastoral pela instrução religiosa da infância deveu obedecer, sem dúvida, a resolução tomada em 1896 pelo providente Prelado de dar proteção decidida a uma pequena comunidade de Irmãs 3.ªs Franciscanas fundada no Funchal, pelo ano de 1884 e transferida poucos anos depois para a Vila de Santa Cruz, onde estão estabelecidas na Santa Casa da Misericórdia, e de aproveitar a sua dedicação para a regência das escolas populares, quer Salesianas quer outras, quando faltassem outras professoras idóneas.

De facto as Irmãs de Santa Cruz, que hoje são 25, aceitaram em 1898 a direção da escola Salesiana de *Santana* e em 1899 a da escola da *Santa Madalena do Porto Moniz* prosperando, rapidamente, as duas escolas de um modo mui consolador, tendo já uma frequência de 350 alunos.

Em 1899 a Divina Providência, inspirou a uma nobre dama estrangeira a fundação, no Santo da Serra, de uma espaciosa e bela casa escolar, com capela adjunta, para que as referidas Irmãs pudessem combater ali a propaganda calvinista com as mesmas armas por ela empregadas.

Construída e dotada a escola com uma pequena renda anual, a generosa fundadora fez doação da casa ao Ex.mo Prelado diocesano que vê assim satisfeita, de um modo inesperado, um dos mais ardentes votos do seu coração. […]

---

[272] BMF, *Quinzena Religiosa da Ilha da Madeira*, 1 de fevereiro de 1901. Texto inserido no artigo intitulado "24 ANOS DE EPISCOPADO", de homenagem ao Bispo do Funchal, D. Manuel Agostinho Barreto. Esta nova publicação resultou da fusão d'*O Domingo Católico* com o *Boletim Mensal Diocesano da Obra de S. Francisco de Sales*.

Concerto a benefício do hospital de Santa Cruz[273]

O concerto a benefício do hospital de Santa Cruz, dirigido por Miss Wilson, sob a proteção de Mrs. Spence,[274] e no qual tomarão parte distintos amadores tanto nacionais como estrangeiros bem conhecidos pelo seu talento e que se prontificaram com a maior amabilidade, a tomar parte nesta festa de caridade, que tem por fim socorrer um grande número de infelizes, realiza-se sexta-feira, 22 de março, na casa do *Club Funchalense*, à rua dos Ferreiros, que a digna direção do mesmo club teve a extremosa bondade de emprestar para esse fim.

Os bilhetes serão distribuídos e pagos à entrada na noite do concerto.

Previamente se publicará o programa para esta festa de caridade.

[Sem título][275]

The Concert under the patronage of Mrs. Spence, in aid of Sister Wilson's Hospital at Santa Cruz, will be given by kind permission of the President and Members, at the Portuguese Club Rua dos Ferreiros, on Friday next March the 22nd. at 8.45 p.m.

The tickets will be distributed within the next few days.

Ordens Religiosas[276]

Do *Correio da Noite* do dia 9:

Apareceu hoje, no *Diário do Governo* um decreto pela presidência do conselho e ministério do reino e justiça, sobre as ordens religiosas. Ordena a[o]s governadores civis um inquérito e marca o prazo de oito dias, para que aos mesmos funcionários sejam presentes os estatutos por que se regem os estabelecimentos de ensino, propaganda, beneficência ou caridade, dirigidos ou administrados por comunidades ou congregações religiosas, ou por indivíduos a elas pertencentes. Fala no cumprimento do decreto de 28 de maio de 1834 e no de 5 de agosto de 1833, um relativo a ordens monásticas e o outro a votos de noviciados.

Posterior a estes decretos indicados no de hoje, há um projeto de lei, cuja proposta foi apresentada por Anselmo Braamcamp, em 11 de março de 1862 – faz hoje, justamente, 39 anos – que é muito mais terminante e explícito. Esse projeto, que representava as ideias do imaculado estadista e do seu partido, diz o seguinte:

Art.º 1.º É proibida a existência em território português de comunidades, congregações ou corporações religiosas de um e outro sexo, introduzidas ou modificadas desde a publicação dos decretos com força de lei de 9 de agosto de 1833, 22 de maio e 22 de julho de 1834, quaisquer que seja o número de indivíduos ou associados de que se componham, o motivo do seu estabelecimento e a qualidade e a duração dos seus votos.

Art. 2.º Nenhum estabelecimento público ou particular de instrução ou beneficência, poderá admitir, no exercício do ensino e da educação, qualquer indivíduo nacional ou estrangeiro, que por pertencer às comunidades, corporações ou congregações religiosas de que trata o artigo 1.º, sem estar expressamente autorizado por uma lei.

Art. 3.º As disposições do artigo precedente são aplicáveis aos serviços hospitalares e beneficentes dos sobreditos indivíduos pertencentes às comunidades, congregações ou corporações religiosas mencionadas, aos estabelecimentos pios que dependem do Estado, das municipalidades, das juntas de paróquia e de qualquer outra corporação de mão morta.

Art. 4.º O governo proverá imediatamente à organização de ensino e da educação da infância nos estabelecimentos de beneficência, públicos ou particulares, regulando neles

---

[273] BMF, *Diário de Notícias*, 17 de março de 1901.
[274] Esposa de Mr. Spence, Cônsul de Inglaterra na Madeira.
[275] BMF, *Diário de Notícias*, 17 de março de 1901. Texto inserido na rubrica "ENTRE NOUS", destinada à comunidade estrangeira residente na Madeira.
[276] BMF, *Diário Popular*, 19 de março de 1901.

tudo que diz respeito à administração, o governo e a direção moral.

Art. 5.º Por esta maneira são confirmados os decretos com força de lei de 9 de agosto de 1833, 28 de maio e 22 de julho de 1834.

———

Eis o decreto de hoje:

[«]Tendo-se suscitado acentuadas reclamações, arguindo que em diversas partes se tem fundado em contravenção das leis do reino institutos de ordens religiosas, e estabelecimentos organizados e regidos por corporações ou indivíduos ligados por votos religiosos; cumprindo dar execução às disposições legais em vigor acerca daqueles institutos, e bem assim tomar, com referência a estes estabelecimentos, as providências mais conformes ao direito e à conveniência pública, para o que se torna indispensável averiguar sem demora, mas com exatidão, a existência, organização, fins e condições dessas coletividades, por maneira que deste assunto se proceda com seguro conhecimento dos factos:

Hei por bem determinar que os governadores civis dos diversos distritos do reino, com a maior urgência e o mais zeloso cuidado, investiguem e informem:

1.º Se nos distritos a seu cargo existem, de facto, instituições religiosas de ordens regulares, seja qual for a sua denominação, instituto ou regra, que se destinem à vida monástica, a fim de serem suprimidas, dando-se cumprimento ao disposto no decreto de 28 do maio de 1834;

2.º Se nos mesmos distritos existem estabelecimentos de ensino, propaganda, beneficência ou caridade, dirigidos ou administrados por quaisquer comunidades ou congregações religiosas, ou em cuja direção ou administração intervenham indivíduos pertencentes a essas comunidades ou congregações; devendo os mesmos magistrados exigir que, dentro de oito dias, lhes sejam presentes os estatutos com que se tenham fundado, e os regulamentos por que se regem esses estabelecimentos, a fim de serem imediatamente fechados os que deixarem de os apresentar, e de sobre todos os outros se providenciar devidamente.

3.º Se em quaisquer casos [casas] religiosas dos seus distritos abusivamente se dá admissão a ordens sacras e noviciados monásticos, de qualquer instituto ou natureza que sejam, a fim de se dar pronto e inteiro cumprimento ao disposto no decreto de 5 de agosto de 1833, que formalmente proíbe os votos e noviciados.

O presidente do conselho de ministros, ministro e secretário de estado dos negócios do reino, e o ministro e secretário de estado dos negócios eclesiásticos e de justiça, assim o tenham entendido e façam executar. Paço, em 10 de março de 1901. – Rei – *Ernesto Rodolfo Hintze Ribeiro – Artur Alberto de Campos Henriques.*»

Não queremos, neste momento, fazer mais considerações sobre o assunto. Não querermos acentuar que o presidente do conselho teve, mais uma vez, de curvar a espinha perante as manifestações, que de toda a parte surgiram contra o abuso das ordens religiosas, ilegalmente e sub-repticiamente introduzidas em Portugal. Não queremos acentuar que entre o decreto de hoje, – bom ou mau, profícuo ou improfícuo, – e as declarações provocadoras feitas no parlamento pelo sr. Hintze Ribeiro vai uma grande distância. Não cedia ante manifestações de praça pública e das ruas, nem adotava nenhuma providência, para o cumprimento da lei, enquanto se lhe pretendessem impor pelo[s] tumultos! Entretanto, o diploma de hoje é uma reconsideração. […][277]

Concerto a benefício do hospital de Santa Cruz[278]

Publicamos em seguida o programa desta festa musical que se realiza na próxima sexta-feira, no *Club Funchalense*, pelas 8 horas e meia da noite.

---

[277] Para todos os efeitos, perante a legislação vigente no país nesta época, estava ilegal a Congregação criada pela Ir. Wilson e protegida pelo Bispo D. Agostinho Barreto, mas a mesma seria legalizada no final deste ano, mediante a publicação, em sede de *Diário da República*, dos respetivos estatutos, que apresentamos mais à frente nesta obra.

[278] BMF, *Diário de Notícias*, 21 de março de 1901.

1.ª PARTE

1 – *L'Amour tient à peu de chose*, de Mezzacapo; melodia por Mlle. Matilde Sauvayre da Câmara – ao piano, Mme. Ten Brock.

2 – *L'Aubade*, ária da ópera «Le Roi d'Ys», de Lalo; por Mr. Hugo Krohn – ao piano, Mrs. Geddes Scott.

3 – *Danse Hongroise* * * * – solo de violino por Miss Faber – ao piano, Mlle. von Keys.

4 – *The Andalusian Maid* * * * – Whistling Song, por Mrs. Geddes Scott.

5 – *L'Automne*, de Christoforo; solo de violoncelo por Mlle. Maria U. Passos e Almeida – ao piano, o ex.^{mo} sr. Alfredo Lino.

2.ª PARTE

6 – *Au Pays Blais*, de Chaminade; canção por Mlle. Matilde Sauvayre da Câmara – ao piano, Mme. Ten Brock.

7 – *The Promise of Life*, de Cowen; melodia por Mr. Anderson – ao piano, Mrs. Anderson.

8 – *Berceuse*, de U. Reber; solo de violoncelo por Mlle. Maria U. Passos e Almeida – ao piano, o ex.^{mo} sr. Alfredo Lino

9 – *If I were a Bee*, de Raynon; canção por Miss Walker – ao piano, Mrs. Geddes Scott.

10 – *The Wood-Nymphs Call* * * * – Whistling Song; por Mrs. Geddes Scott.

11 – *When Twilight Comes*, de Strelozki; melodia por Mr. Hugo Krohn – ao piano, Mr. Geddes Scott.

Concerto[279]

No club *Funchalense* realiza-se esta noite um concerto musical em benefício do hospital da vila de Santa Cruz.

As ordens religiosas[280]

Foi publicada uma extensa portaria contendo as instruções que devem seguir os governadores civis[281] no cumprimento do decreto de 10 [do] corrente acerca do inquérito às congregações religiosas.

A portaria termina suscitando [solicitando] aos mesmos funcionários que a recusa por parte dos estabelecimentos a que se refere o número 2.º do citado decreto, de exibirem os estatutos com que se fundaram e regulamentos por que se regem no prazo de 8 dias, será punida fazendo fechar imediatamente os mesmos estabelecimentos.

Concerto musical[282]

O concerto musical que se verificou anteontem, numa das salas do *Club Funchalense*, a benefício do hospital de Santa Cruz, obteve um belíssimo êxito que nos é grato registar.

Todos os executantes foram muito aplaudidos; mas, devemos especializar o canto por mademoiselle Matilde Sauvayre da Câmara; o solo de violoncelo por mademoiselle Maria U. Passos e Almeida; e a parte cantante e de assobio por Mrs. Geddes Scott.

Miss Walker e Mr. Hugo Krohn mereceram igualmente o aplauso do seleto auditório.

CONCERT[283]

The concert held the evening before last, in the «Club Funchalense», was a very brilliant

---

[279] ABM, *Diário do Comércio*, 22 de março de 1901.
[280] ABM, *Diário do Comércio*, 22 de março de 1901.
[281] Nesta altura o Governador Civil do Funchal era D. Bernardo da Costa.
[282] BMF, *Diário de Notícias*, 24 de março de 1901.
[283] BMF, *Diário de Notícias*, 24 de março de 1901. Texto inserido na rubrica "ENTRE NOUS".

one. It was under the patronage of Mrs. Spence in aid of the Hospital at Santa Cruz.

Ordens religiosas[284]

O sr. governador civil oficiou ao sr. administrador do concelho do Funchal, determinando-lhe que proceda a uma visita às casas desta cidade onde se diz existem freiras e aos estabelecimentos dirigidos por indivíduos pertencentes a congregações religiosas, tendo ordem para mandar fechar os que não estiverem de conformidade com as leis vigentes.

Congregaçõs religiosas[285]

O sr. administrador do concelho do Funchal, acompanhado do seu secretário e um guarda civil, foi ontem à Santa Casa da Misericórdia do Funchal e mandou chamar os vogais da comissão administrativa.

Parece que este facto se relaciona com a circunstância de se acharem exercendo as funções de enfermeiras, naquela casa, várias irmãs franciscanas.[286]

[Sem título][287]

Nota dos estabelecimentos onde se acham instaladas congregações religiosas ou pessoas pertencentes a elas:
Hospício da princesa D. Maria Amélia.
Internato e escolas anexas ao mesmo Hospício.
Lavandaria, casas de costura e de engomar, no mesmo internato.
Convento de Santa Clara – Irmãs franciscanas.
Convento das Mercês, também conhecido pelo recolhimento das Capuchinhas.
Asilo de Mendicidade.
Hospital de Santa Isabel.
Irmãzinhas dos Pobres.
Hospital de Santa Cruz, com dependências em Santo António da Serra, Santana e Porto do Moniz.
Seminário do Bom Despacho.
Sobre o que se pratica nestas casas, falaremos.

---

284 BMF, *Diário de Notícias*, 26 de março de 1901.

285 BMF, *Diário de Notícias*, 29 de março de 1901.

286 Eram Franciscanas Missionárias de Maria e não pertencentes à Congregação fundada pela Ir. Wilson. Notícias posteriores, publicadas sobre o título "**Ordens religiosas**", referiam o seguinte sobre estas religiosas: «Na administração do concelho do Funchal estão sendo ouvidas testemunhas acerca dos serviços prestados no hospital civil pelas irmãs franciscanas, de conformidade com o disposto no decreto do dia 10 de março.» BMF, *Diário de Notícias*, 3 de abril de 1901. Dois meses depois as mesmas apresentariam a sua demissão, conforme se lê na imprensa da época, sob o título "**As irmãs franciscanas**": «Cada vez se acentua mais a opinião de que as irmãs franciscanas, que tão bons serviços estavam prestando na Santa Casa da Misericórdia do Funchal, resolveram demitir-se por terem tomado o partido da comissão transata que queria preencher um lugar de 360$000 réis anuais, que todos consideravam inútil, visto que por outra forma não se pode explicar a insistência daquelas senhoras no seu pedido de demissão, enviando ontem novo ofício ao sr. presidente da comissão administrativa em que participavam que se retiravam ontem pelas 5 horas da tarde./ Da parte daquela comissão não receberam senão provas de respeito./ E como agora não dispomos de tempo, não nos alargaremos em mais considerações./ */ Todo o pessoal nomeado para substituir as irmãs franciscanas no serviço prestado naquela casa de caridade foi interinamente, vista a precipitação com que aquelas senhoras se retiraram dali./ A comissão administrativa da Santa Casa da Misericórdia do Funchal pensa em dotar aquele estabelecimento de caridade com pessoal competentemente habilitado e à altura da sua missão. ABM, *Correio da Tarde*, 25 de julho de 1901. Este pedido de demissão teve origem no facto de elementos pertencentes à maçonaria funchalense terem sido nomeados, pelo novo governador civil, José Ribeiro da Cunha, para a comissão administrativa desta santa casa de caridade. No entanto, ao deixarem a Santa Casa da Misericórdia do Funchal, estas religiosas ofereceram à mesma o material de enfermagem com que tinham dotado quando para lá entraram, orçado em cerca de 200$000 réis, o que foi sublinhado e louvado pela imprensa da época.

287 BMF, *O Democrata*, 7 de Abril de 1901. Através desta lista conseguimos compreender o panorama dos institutos religiosos existentes na Madeira nesta época.

3. DE 1901 A 1910

PIAS FRAUDES[288]

Os partidários do jesuitismo desandaram agora a berrar pela liberdade das congregações religiosas, equiparando-as às associações civis.

Tartufo a vestir-se de cidadão!

Fanáticos em matéria religiosa, e absolutistas em matéria política, surgem agora a invocar a liberdade, para que ela lhes guarde as costas.

É o caso do criminoso a fugir para a cadeia, a fim de se livrar das iras da multidão.

Faltava esta...

Só nos momentos críticos, quando a parte pontapeável do corpo lhes dá os rebates do medo é que eles acham boa a *peste da liberdade*!

Santas criaturas.

O diabo, porém, é que nem sempre as artimanhas logram salvar causas perdidas.

O direito de liberdade de associação não pode ser invocado para as congregações, pelo simples motivo de que estas são a negação dele.

«*Associação* implica:
Carácter temporário.
Possibilidade de saída e reentrada.
Dependência constante da direção para com os associados.
Responsabilidade e publicidade.
Plenitude dos direitos naturais do associado.
Autonomia.
Congregação implica:
Caráter permanente.
Impossibilidade de saída e de reentrada.
Dependência constante dos associados para com a direção.
Irresponsabilidade e não publicidade.
Abdicação absoluta dos direitos naturais dos associados.
Obediência.»

O lema da *associação* é: Liberdade, Igualdade, Fraternidade. O da *congregação*: Subserviência, abdicação, «Perinde ac cadaver», enfim.

Um *congregado* não é mais um cidadão. É uma *coisa*. Objeto inútil, castrado para as energias da vida.

Estabelecer, pois, paralelo entre as duas, é comparar um espeto a um copo de água. [...]

Para o efeito de se conservarem na *rica vidinha*, fica registada a mistificação com que pretendem desculpar a sua existência, invocando a igualdade do direito de associação. O que não invocam é a *igualdade de deveres*. Nessa nem sequer falam. [...]

Os noviciados[289]
Mais 5 vítimas

Pelo visto, a autoridade não quis cumprir o decreto de 10 de março, limitando a sua ação a visitas de cavaqueira nos diferentes pontos onde as *servas do Senhor* curtem os seus histerismos.

Não quis cumprir o seu dever, mas cumpriremos nós o nosso, denunciando nesta coluna os *noviciados* e *profissões* que se têm feito e vão fazendo em vários *coios* aqui existentes.

Na freguesia de Santana, desta ilha, vivia uma rapariga em companhia de seus tios, desde a idade de 5 anos. Casal sem filhos e com alguns bens de fortuna, adotaram-na como se filha fosse. A rapariga, pela sua obediência e trato amorável, fazia o encanto dos tios. Um belo dia, porém, surgiu a asa negra da desgraça na pessoa de um desses missionários que periodicamente percorrem as freguesias rurais a fanatizar almas cândidas e a perverter consciências simples.

---

[288] BMF, *O Democrata*, 14 de abril de 1901.
[289] BMF, *O Democrata*, 14 de abril de 1901.

A rapariga principiou a fugir de casa para a igreja, e quanto mais frequentava esta, mais ia faltando em casa ao respeito dos velhos tios. Exortações, pedidos, rogos, lágrimas, tudo foi em vão para a desviar de semelhante caminho. O convívio dos roupetas tinha-lhe mudado o caráter. A tudo respondia insistentemente que não queria saber da família. Que só desejava *estar com Deus*. Que era *serva e esposa do seu Jesus*.

Que bela *doutrina* reveladora das *virtudes* dessa horda que se diz representante de Cristo na terra!...

Não podendo aturá-la, e temendo coisa pior, os tios foram entregá-la aos pais. Foi uma cena tocante a despedida, pelo muito amor que eles lhe tinham. E parece que as suas lágrimas calavam alguma coisa no ânimo da rapariga, porque ela prometeu nessa ocasião aos pais que só iria á igreja par cumprir os preceitos comuns a todos os bons católicos.

Daí nasceu a esperança de que ela se corrigiria e voltaria a ser a mesma criatura amorável e obediente.

Puro engano!

A breve trecho a rapariga fugiu de casa e veio para Santa Cruz *noviciar*. E lá está já de balandrau e camândulas.

Quando soube isto, a tia sofreu tal abalo, que perdeu o uso da razão! Vagueia agora na álgida inconsciência da sua noite de loucura, enquanto os pais e o tio bebem o fel amargo do desespero...

São mais cinco vítimas para aumentar ao cadastro. [...]

Agradecimento[290]

Mrs. Hill, promotora do concerto que teve lugar no *Club Funchalense* e Irmã Maria Wilson, superiora do hospital de Santa Cruz, vem por este meio agradecer com muito reconhecimento a Mrs. Bowring Spence que com a sua amabilidade costumada permitiu que o concerto dado em benefício deste estabelecimento de caridade tivesse lugar debaixo da sua especial proteção e igualmente agradecem reconhecidas a todas as senhoras e cavalheiros que se prestaram tão amavelmente a tomar parte nesta obra de caridade e ao Exmo Sr. Von Hafe organizador do concerto que tanto se interessou e incomodou para o bom resultado dele, assim como às distintas amadoras e amadores, os quais nunca se recusam a contribuir com o seu apreciável talento de todos tão conhecido, a valer aos infelizes.

Nomeamos as Ex.^{mas} Sras D. Matilde Sauvayre da Câmara, Mme Ten Brock, D. Maria Úrsula Passos, Mrs. Geddes Scott, Mrs. Anderson, Miss Faber, Mlle. Von Keys, Miss Walker e os Ex.^{mos} Srs. Mr. Hugo Krohn, Mr. Anderson, Sr. Lino, que tanto concorreram para o bom êxito desta festa, para o único estabelecimento de caridade que existe fora do Funchal.

Mrs. Hill e Irmã Maria Wilson agradecem reconhecidas à ex.^{ma} e digna direção do *Club Funchalense* que permitiu que o concerto fosse dado numa das salas do Club. Igualmente não podem deixar de mencionar no seu agradecimento Mme Semy Abudarham e Mrs. Cossart que muito ajudaram nos arranjos necessários para o concerto.

Igualmente ao Exmo Sr. J. Figueira de Sousa pelo oferecimento que fez dos programas.

Publicamos o resultado do concerto cuja soma foi de 221$520 réis, assim como as despesas que foram necessárias fazer-se, da forma seguinte:

Receita e despesa do concerto realizado no «Club Funchalense no dia 22 de março próximo passado a benefício do hospital de Santa Cruz.

RECEITA

Bilhetes vendidos	201$000
3 bilhetes pagos em ouro (meia libra)	3$200
Dinheiro remetido por Miss Wilkinson a Miss Wilson proveniente de bilhetes vendidos no «New Hotel»	10$000
Oferta de Mr. George Bullough 1 libra em ouro	6$500
Oferta duma senhora	500

---

[290] BMF, *Diário de Notícias*, 14 de abril de 1901.

DESPESA	
Aluguer de cadeiras	6$600
Velas	5$400
Impressão de bilhetes e envelopes	4$900
Madeira e trabalho de carpinteiro para concerto do estrado	4$000
Gratificação	4$900
Transporte do piano	4$000
Despesas miúdas	4$980
Soma	34$780
Produto líquido	186$470

[Sem título][291]

Mrs. Hill the promoter of the Concert held at the Portuguese Club on the 22nd. of last month, and Sister Mary Wilson, Matron of the Hospital at Santa Cruz, in aid of which institution the Concert was held, wish to offer their sincerest thanks to Mrs. Bowring Spence, for so kindly allowing the Concert to be held under her patronage.

To Mr. von Hafe the organizer of it and to the following ladies and gentlemen Mrs. Geddes Scott, Mlle. Matilde Sauvayre, Miss Faber, Mlle. M. Ursula Passos, Miss Von Keys, Mme. Ten Brock, Mrs. Anderson, Miss Walker, Mr. Hugo Krohn, Mr. Anderson and Mr. Alfredo Lino, whose hearty cooperation, invaluable assistance and musical talents contributed so largely to the great success of the undertaking.

Mrs. Hill and Sister Wilson, also desire to thank the President and Members of the Club Funchalense for their kindness in having placed the Club ball room at their disposal on the night of the Concert; and their thanks are also due to Mrs. Cossart and Madame Abudarham for kind help shown in many ways; as well as to the Barão do Jardim do Mar, proprietor of the «Diário de Noticias», for so considerably publishing all notices connected with the Concert in his popular paper free of charge.

All interested in the success of the Concert, will be glad to know that a sum of Rs. 186$470 was realized clear of expenses, which amount will be paid into Sister Mary Wilson's account at Messrs. Blandy Brothers Office within the next few days.

No Funchal.[292] – Em consequência do último decreto de 10 de março p. p., o sr. administrador deste concelho tem visitado os estabelecimentos de comunidades religiosas existente no Funchal para fazer o inquérito exigido pelo dito decreto. Consta ter ido ao colégio de Santa Clara, às Escolas do Hospício, ao Asilo de Mendicidade, ao Hospital da Misericórdia, aos recolhimentos das Mercês e do Bom Jesus. Não se fechou nenhuma destas casas, e confiamos que nos será poupada a grande mágoa de tão triste desastre.

MINISTÉRIO DO REINO[293]

Senhor: – Mais uma vez se suscitou entre nós a questão religiosa; de todas, a que mais afeta as consciências e exalta os espíritos. Lamentável questão esta que, distendendo-se pelo país, e entrando na vida íntima das famílias, leva a convicção à intransigência, o sentimento à paixão, a crença ao fanatismo, quando a tempo se não provê de remédio com sereno critério e ponderada razão. Lamentável questão, sobretudo, no momento em que mais preciso se torna que todos, afastando dissidências que conduzem à inimizade e à

---

[291] BMF, *Diário de Notícias*, 14 de abril de 1901. Texto inserido na rubrica "ENTRE NOUS".

[292] BMF, *Quinzena Religiosa da Ilha da Madeira*, 15 de abril de 1901. Texto inserido na rubrica "Notícias de toda a parte".

[293] BMF, *Diário do Governo*, 18 de abril de 1901. Apesar deste não ser um diário regional, apresentamos aqui este texto que é fundamental para percebermos a razão de ser da posterior criação da Associação de Nossa Senhora das Vitórias, cujos estatutos foram publicados na mesma fonte, alguns meses depois.

desordem, ponham o melhor do seu trabalho e esforço em resolver outros problemas, que tanto interessam à economia da nação.

Mas, Senhor, não se conquista, em feitos heroicos, o regime liberal, em que assenta o trono de Vossa Majestade, para hoje, amanhã e sempre, se cerrar os olhos a práticas e abusos, que contendem com o que este regime nos trouxe de progresso, em princípios que lhe são essenciais.

A verdade, que os factos atestam, é que de há muito, e a despeito das leis, se têm introduzido no país comunidades e congregações religiosas, noviciados e profissões, apostolados e catequeses, escolas e institutos de toda a ordem, que vivem sem autorização que os legitime, sem fiscalização, e até sem conhecimento do Estado, fora da jurisdição ordinária das autoridades eclesiásticas, fora dos preceitos que em Portugal regem as associações e os indivíduos, os nacionais e os estrangeiros.

E a isto urge pôr cobro para que a lei, que a Constituição declarou igual para todos, seja por todos respeitada e cumprida. [...]

Mas, sem embargo das leis existentes, por todo o país, nas cidades mais populosas como nas vilas e aldeias, se foram introduzindo comunidades ou congregações religiosas, estabelecendo escolas, hospitais, asilos, creches, instituições de toda a ordem, com aplicação ao ensino, à beneficência, à caridade, à propaganda da fé e da civilização no ultramar, dando educação a crianças, tratamento a doentes, albergue a velhos e inválidos, preparando missionários, e levando, por eles, às colónias, ao mesmo tempo que a devoção e a fé, o amor pela Nação Portuguesa.

Tudo isto, porém, ou em grande parte, fora das leis e da ação do Estado. Muitas dessas instituições sem a autorização necessária; muitos desses estabelecimentos sem estatutos aprovados, sem fiscalização eficaz, sem obediência efetiva às autoridades regularmente constituídas.

Sabia o Governo, sabiam todos, que tais institutos existiam, porque factos quotidianos o atestavam; mas às Secretarias de Estado não chegava o conhecimento do que neles se passava, e não podia assim exercer-se, como de dever, a superintendência oficial.

Em tais circunstâncias, o que cumpria ao Governo fazer?

Eliminar, de chofre, tudo o que encontrava, e em que, no fundo, havia muito de altruísta e de bom? Impossível.

Seria lançar na sociedade uma funda perturbação, a que os meios administrativos, e os recursos do Tesouro, dificilmente poderiam acudir de pronto.

A obrigação do Governo era, primeiro, inquirir dos factos; providenciar depois conforme as leis.

Esta foi, Senhor, a razão do n.º 2 do decreto de 10 de março.

*
* *

Fez-se o inquérito; e justo é dizer que mais rápido não podia ser, em assunto de tanto alcance e melindre. Em pouco mais de um mês, deram os governadores civis dos distritos cumprimento àquele decreto, consoante as instruções que receberam na portaria de 12 de março, enviando precisas e minuciosas informações sobre os estabelecimentos dirigidos por comunidades ou congregações religiosas, ou em cuja administração intervinham indivíduos pertencentes a essas associações.

E desse inquérito se apurou haver, realmente, no país:
– conventos onde se fazia vida monástica, com noviciados e profissões;
– comunidades, ou casas religiosas, votadas ao culto e à catequese, de sacerdotes manifestamente filiados em ordens religiosas;
– estabelecimentos de ensino, caridade e beneficência, e propaganda, dirigidos por comunidades ou congregações religiosas não autorizadas, algumas com votos e até com clausura; escolas não subordinadas aos preceitos que regem a instrução pública; institutos de beneficência ou caridade, sem estatutos, sem inspeção, não fazendo orçamentos nem prestando contas, de facto alheios à tutela administrativa; mas escolas que educam, hospitais que tratam, creches e asilos que albergam, associações de onde têm saído missionários para a Africa, já mortos alguns, outros ainda em laboriosa propaganda.

– estabelecimentos, enfim, de beneficência e caridade, legalmente constituídos, mas que têm ao seu serviço indivíduos pertencentes a comunidades ou congregações; d'estes, muitos prestando árdua e desinteressada coadjuvação.

Ao preceito n.º 1 do decreto de 10 de março deu o Governo execução, mandando fechar conventos, onde se fazia vida monástica, comunidades e casas de religiosos, votados à catequese, e que se reconheceu pertencerem a ordens regulares.

O que fazer no tocante aos estabelecimentos de ensino, caridade, beneficência, e propaganda no ultramar, e às comunidades ou congregações religiosas que os dirigem ou administram?

Suprimir? Não. Regularizar.

Dar existência normal e regular ao que é proveitoso e benéfico, corrigindo os defeitos e evitando os abusos. Fazer entrar, no império da lei, o que com a lei bem pode viver. Tirar do mistério e da sombra, onde só se esconde quem a consciência argui, o que, na inteireza dos atos, e na segurança das intenções, bem pode defrontar a luz do sol.

Nem para isso é necessário lei nova.

Basta que as comunidades e congregações religiosas se amoldem à feição secular e legal das associações de caráter religioso. Basta que os estabelecimentos de ensino, caridade ou beneficência, e de propaganda no ultramar, se subordinem à legítima ação e superintendência do Estado.

É o que sucinta e claramente procurámos formular no decreto que submetemos à aprovação de Vossa Majestade, e que perante o Vosso alto critério vimos justificar.

*
* *

Senhor! A associação é um direito; – ninguém o contesta. Reconhece-o o artigo 359.º n.º 3, define-o o artigo 365.º do Código Civil. Mas não é, não pode ser, não foi nunca, um direito absoluto. Sempre, em todo o tempo, o Estado lhe pôs, por condição, a sua faculdade tutelar, aprovando os estatutos e fiscalizando as funções dos associados. [...]

Às associações que regularmente se constituírem, sujeitando os seus estatutos à aprovação do Governo, observando estritamente as leis do país no que toca ao ensino, conformando-se com a tutela administrativa no que respeita à beneficência e à caridade, cumprindo os regulamentos especiais dos institutos que para isso fundarem, – porque é indispensável que tenham um fim de manifesta utilidade social – confere o decreto, que trazemos a Vossa Majestade, com relação a esses institutos, a qualidade jurídica de pessoas morais, nos termos dos artigos 32.º e 37.º do Código Civil, e para todos os efeitos da legislação que lhes é aplicável, sobretudo a que regula a aquisição de bens imobiliários.

É o que a lei portuguesa determina. É o que a conveniência pública recomenda. [...]

A esta forma legal de associações se poderão sujeitar as comunidades e congregações religiosas, atualmente existentes, com os institutos que têm fundado. De todas se reclama, porém, que acatem e observem as leis do país. E para a sua remodelação, nos termos do decreto que formulamos, se lhes dá o prazo de seis meses. É o prazo que se consigna no projeto da lei francesa sobre associações. Em menos tempo, seria difícil elaborar estatutos e regulamentos, apreciá-los e aprová-los devidamente, – tantos são os institutos a regularizar.

Senhor: – Tudo se pode assim conciliar: o sentimento que a Religião inspira, a prática do bem que a devoção assegura, o benefício que a sociedade recolhe, o respeito que a lei exige.

E de conciliação entre todos é o ânimo generoso de Vossa Majestade, sempre solícito no que interessa à tranquilidade, ao desenvolvimento e ao bem-estar da Nação Portuguesa.

No decreto, que Vos apresentamos, foi nosso intuito servir, ao mesmo tempo, a causa da Religião e a do Estado.

Vossa Majestade resolverá pelo melhor.

———

Atendendo ao que Me representaram o Presidente do Conselho de Ministros, Ministro e Secretario de Estado dos Negócios do Reino, e os Ministros e Secretários de Estado dos

Negócios Eclesiásticos e de Justiça e dos Negócios da Marinha e Ultramar: Hei por bem decretar o seguinte:

Artigo 1.º Nenhuma associação de caráter religioso poderá instituir-se ou funcionar no país sem prévia autorização do Governo.

§ 1.º São condições essenciais para esta autorização:

a) A apresentação dos estatutos por que a associação pretende reger-se, e que serão publicados na folha oficial, depois de aprovados pelo Governo;

b) Destinar-se a associação a atos de beneficência ou caridade, a educação e ensino, ou à propaganda da fé e civilização no ultramar;

c) Não haver, na associação, clausura, práticas de noviciado, nem profissões ou votos, não permitidos por lei;

d) Subordinar-se a associação, em tudo o que respeita ao espiritual, às autoridades eclesiásticas ordinárias portuguesas;

e) Sujeitar-se a associação, em tudo o que respeita às suas funções temporais, às leis do país e à superintendência do Estado;

f) Ser formada com cidadãos portugueses a direção superior da associação, exceto se esta for constituída somente por cidadãos estrangeiros.

§ 2.º As associações, constituídas nos termos do parágrafo precedente, serão, com respeito aos institutos que estabelecerem, consideradas como pessoas morais para todos os efeitos da legislação civil.

Conselheiro Hintze Ribeiro, que em 1901 ficou conhecido pelo epíteto de "mata freiras" devido à perseguição que moveu contra as ordens religiosas estabelecidas contra a lei em vigor no país, mas que meses depois criou uma lei que permitia a sua regularização legal através da criação de associações religiosas devidamente estatuídas. *BMF,* O Direito, *2/8/1907.*

Art. 2.º Os institutos de beneficência ou caridade, de educação e ensino, ou de propaganda, estabelecidos pelas associações de que trata o § 1.º do artigo antecedente obedecerão às seguintes prescrições:

a) Não poderão ser abertos, nem funcionar, sem regulamento aprovado pelo governador civil do distrito;

b) Os institutos de beneficência ou caridade ficarão sujeitos à tutela e inspeção das autoridades administrativas, nos termos da legislação comum;

c) Os institutos de educação e ensino observarão, em tudo, as leis que no país regulam a instrução pública, sem que possam delas afastar-se;

d) Os institutos destinados à formação e desenvolvimento de missões ultramarinas reger-se-ão por preceitos especiais, tendentes a assegurar os benefícios da propaganda da fé e da civilização nas possessões portuguesas.

Art. 3.º As associações de caráter religioso, que se constituírem fora das condições expressas no § 1.º do artigo 1.º deste decreto, e as que, tendo sido regularmente constituídas, contravierem, depois, ao que ali se acha disposto, serão imediatamente dissolvidas, aplicando-se o preceituado no artigo 282.º do Código Penal, e ordenando-se o pronto encerramento de quaisquer institutos que hajam estabelecido.

Art. 4.º Os institutos designados no artigo 2.º deste decreto, que forem estabelecidos fora das condições ali prescritas, e os que, tendo sido regularmente estabelecidos, contravierem, depois, ao que ali se acha preceituado, serão prontamente encerrados, ordenando-se a imediata dissolução das associações de caracter religioso que os hajam constituído.

Art. 5.º Os institutos de beneficência ou caridade, de educação e ensino, e de propaganda da fé e da civilização no ultramar, atualmente existentes, dirigidos ou administrados por quaisquer comunidades ou congregações religiosas, ou em cuja direção ou administração intervenham indivíduos pertencentes a essas comunidades ou congregações, deverão, dentro de seis meses, remodelar-se em conformidade com as disposições respetivas do artigo 2.º deste decreto, para que possam ter existência legal.

§ 1.º As comunidades ou congregações religiosas, que gerirem ou administrarem esses institutos, deverão, dentro do mesmo prazo, observar as disposições do artigo 1.º § 1.º do presente decreto, para que possam ser reconhecidas e funcionar como associações de caráter religioso, nos termos do direito comum.

§ 2.º Os indivíduos, de um ou outro sexo, pertencentes a comunidades ou congregações religiosas, que atualmente intervêm na direção ou administração dos referidos institutos, deverão igualmente, para que possam neles continuar a exercer as suas funções, mostrar, dentro do mesmo prazo, que essas comunidades ou congregações cumpriram o disposto no citado § 1.º do artigo 1.º deste decreto.

Art. 6.º A inobservância do preceituado no artigo antecedente e seus parágrafos determinará, findo o prazo de seis meses nele fixado, a aplicação do disposto nos artigos 3.º e 4.º, quanto à imediata dissolução das respetivas comunidades ou congregações religiosas, e ao pronto encerramento dos institutos que hajam estabelecido, aplicando-se, não menos, quando haja lugar, o preceituado no artigo 282.º e § 1.º do Código Penal.

O Presidente do Conselho de Ministros, Ministro e Secretario de Estado dos Negócios do Reino, o Ministro e Secretario de Estado dos Negócios Eclesiásticos e de Justiça e o Ministro e Secretario de Estado dos Negócios da Marinha e Ultramar, assim o tenham entendido e façam executar. Paço, em 18 de abril de 1901. = REI. = *Ernesto Rodolfo Hintze Ribeiro* = *Arthur Alberto de Campos Henriques* = *António Teixeira de Sousa.*

Resolução da questão religiosa[294]

Em conselho de ministros foi apreciado o decreto destinado a regular a questão das congregações religiosas e foi elevado o documento à assinatura d'el-rei.

Diz o *Século* que as providências adotadas consistem, na essência, no seguinte:

a) Encerramento de todas as casas onde haja congregações religiosas contemplativas, isto é, conventos ou institutos sem o carácter essencial de beneficência ou de educação. Nem se consentirá a permanência da vida conventual, nem serão permitidos votos, hábitos, ou outras manifestações da vida conventual.

b) Os institutos ou casas religiosas de beneficência e educação, que atualmente existem no país terão, num prazo que nos parece ser de seis meses, de se secularizarem e de se conformarem com a lei; se passado esse período não tiverem cumprido essa obrigação, serão dissolvidos.

Os bens pertencentes aos membros dessas associações antes da sua constituição, ou que lhes tenha vindo a caber por herança, ser-lhes-ão restituídos.

A formação ou constituição de qualquer instituto de caridade ou de beneficência, de carácter religioso, será precedida de uma declaração à autoridade, apresentação de estatutos, declaração do fim e título da associação, sede e nomes e profissões dos fundadores, ou dos indivíduos encarregados da sua administrarão ou direção.

Qualquer mudança ou transformação dependerá do consentimento prévio da autoridade.

Em geral essas associações ficam sujeitas às obrigações e com os direitos gerais aplicáveis às associações laicas.

Fica também assegurado que qualquer membro dessas instituições pode retirar-se quando quiser, sem peia alguma especial.

O decreto estabelece penalidades para os fundadores, administradores ou diretores de associações formadas contra as disposições ou que se afastem dos seus intuitos, bem como contra os que reconstituírem associações dissolvidas, ou auxiliarem ou favorecerem a reunião de membros dessas associações.

---

[294] BMF, *Diário de Notícias*, 22 de abril de 1901.

3.1.1901

As franciscanas[295]

Estas santas cocotinhas do Senhor andam de casa de Pilatos para casa de Herodes, pedindo [que] lhes digam que interpretação devem dar ao novo decreto, vomitado pelo atual governo.

É natural que ninguém lhes saiba responder, pois é um imbróglio hintzaceo.

POR SANTA CRUZ[296]
AO SR. GOVERNADOR CIVIL[297]

Daquela vila referem-nos um caso que parece incrível se tivesse dado, mas que é verdadeiro e no qual figura triste e vergonhosamente, como protagonista, o sr. Menezes e Agrela, o homem que os regeneradores, como testemunho das prendas e qualidades morais que os distinguem, puseram à frente do concelho de Santa Cruz.

Se o facto não fosse publicamente notório, se não tivesse causado escândalo naquela vila, se não se tratasse dum facto, em suma, que se liga à existência da misericórdia de Santa Cruz, nem dele nos ocuparíamos, para que não pudesse supor-se que mantemos qualquer reservado propósito de acinte ou hostilidade pessoal para com o sr. Agrela. [...]

Mas vamos ao caso, tal como daquela vila o referem.

O sr. Agrela e uns parentes seus são devedores à misericórdia de Santa Cruz da quantia de 200:000 réis, de que os mesmos não têm pago os juros, estando a dívida quase a prescrever.

A comissão administrativa daquele estabelecimento, composta pelos vigário e cura da freguesia, os rev.ᵒˢ padres Figueira da Silva e Nicolau Fernandes, e pelo professor de instrução primária Teodoro Pedro de Freitas, de há muito que instava com o sr. Agrela para que pagasse a dívida voluntariamente.

Desejava poupar-lhe a vergonha de o chamar aos tribunais. [...]

Além disso, se todas as dívidas são sagradas, mais o devem ser aquelas que dizem respeito a estabelecimentos de caridade, e este de que se trata está em tão más condições que, ainda há pouco tempo, teve de recorrer à generosidade de nacionais e estrangeiros para ocorrer [acorrer] às suas necessidades, promovendo a sua diretora[298] um concerto em beneficência dele, o qual se realizou no teatro Canavial desta cidade.[299] [...]

A PROVOCAÇÃO[300]

À população liberal desta terra acaba de ser lançada uma luva que é forçoso levantar.

Não contente em não mandar fechar os coios jesuíticos de natureza contemplativa, como as Mercês, ou aqueles onde se fazem noviciados, como Santa Clara, Santa Cruz, etc., etc., o sr. governador civil[301] proibiu no domingo passado a representação do drama *Padres e Jesuítas*.[302]

---

295 BMF, *O Democrata*, 28 de abril de 1901.
296 BMF, *Diário Popular*, 14 de maio de 1901.
297 D. Bernardo da Costa.
298 A Irmã Wilson.
299 A 27 de março de 1901 realizou-se no *Teatro Canavial*, (antigo *Teatro Esperança*, sito à Rua dos Aranhas), uma récita de caridade em prol de diversas casas de caridade da cidade do Funchal. No entanto, conforme vimos anteriormente, o concerto realizado no Funchal em prol do Hospital de Santa Cruz decorreu no Club Funchalense, a 22 de março do mesmo ano.
300 BMF, *O Democrata*, 2 de junho de 1901.
301 D. Bernardo da Costa.
302 A proibição da representação desta peça, de teor manifestamente anticlerical, no *Teatro D. Maria Pia*, suscitou a ira popular, acicatada pelas forças vivas ligadas à maçonaria madeirense. Devido ao facto deste governador ter tomado esta e outras atitudes que se poderão entender como sendo pró-Igreja, os seus atos passaram a ser jocosamente apelidados nalguma imprensa regional como sendo "bernardices". E pouco tempo depois o governador foi destituído do cargo e regressou ao continente. Regressaria ao cargo anos mais tarde, em 1907, no ano em que se verificou a epidemia da varíola.

Isto é afrontoso, porque é iníquo.

Se, obcecado também pelo fanatismo jesuítico – de que é porta-bandeira essa meia dúzia de indivíduos que o cerca – não tem autoridade para cumprir as leis promulgadas pelo próprio ministério que para aqui o mandou, menos a pode ter para provocar e ordenar tais atos.

E que motivo alega para essa proibição estulta e absolutamente despropositada?
A ordem pública?

Mas os calos dessa matrona, espécie de bordão a que todos os tiranetes conscientes e inscientes se agarram não foi alterada em coisa nenhuma.

Pelo contrário, se há distrito onde a água morna da tranquilidade tenha estiolado, é este. [...]

Nero de Santa Cruz[303]

O sr. Luís Pereira, administrador daquele concelho irado e não jucundo ameaça a terra, o mar e o mundo.

Há pouco era a comissão administrativa da Santa Casa de Misericórdia, depois em especial os revd.os vigários e cura, que cometeram o crime de o auxiliar sempre nas ocasiões críticas; hoje são as beneméritas irmãs franciscanas que tantos benefícios têm prestado à sobredita misericórdia.

Qual será a causa de semelhante animadversão?

O contágio? Não. Uma miséria... não consentiram que se realizassem os sonhos dourados do sr. Luís Pereira.

Um dia antes de terminar o prazo para a prescrição, direito para que apelava o sr. Administrador do concelho (!!!) intimavam-no a que satisfizesse a sua dívida àquele pio estabelecimento.

Por isso, guerra de extermínio às beneméritas irmãs que souberam elevar aquele estabelecimento de moribundo que estava ao estado florescente em que se acha, promovendo bazares, fazendo «quêtes» sobretudo entre a colónia estrangeira e tratando com carinho de mãe e desvelos de família os que vão ali procurar alívio ao seu sofrer.

Entretanto, cuidado sr. administrador, porque o povo estima as irmãs como a menina dos seus olhos, e não tem complacências com os seus superiores.

Pode uma governador civil saber que o sr. Luís Pereira abusa do seu cargo dando participações falsas, chamando sem motivo à administração cidadãos que lhe não são afetos só para os incomodar, defraudar a fazenda pública nos selos, etc. etc. etc. defraudar o hospital na verba que a câmara lhe vota, etc. etc. apelar finalmente para a prescrição de uma dívida, pode um governador civil saber de tudo isto e conservá-lo como seu delegado, mas o povo é que não consente, que faça guerra impune a essas santas criaturas, que caridosa e generosamente se dedicam ao bem dele e de quantos lhe são caros.

Não faça de Nero, sr. Luís Pereira, que aí vai o seu próprio interesse.

Misericórdia de Santa Cruz[304]

Dizem-nos dali, que o sr. administrador daquele concelho, que se queria utilizar da prescrição para se abotoar com uma dúvida importante àquele estabelecimento de caridade, prescrição que a respetiva comissão administrativa, à frente da qual se acha o rev.º pároco, fez judicialmente interromper, – ameaça agora, que, por ocasião de informar o orçamento daquele pio estabelecimento, não só há-de pôr de lá para fora o vigário e a comissão da sua presidência, mas ainda as irmãs de S. Jorge, que lá se acham há anos.

Que venha de lá essa vingança!!

A ameaça já está feita, é só esperar pelos acontecimentos.

---

303 ABM, *Correio da Tarde*, 25 de julho de 1901.
304 BMF, *Diário Popular*, 25 de julho de 1901.

Em junho de 1901 ocorreu a visita dos Reis de Portugal à Madeira mas não consta que a Irmã Wilson os tenha visto, porque a mesma estava radicada em Santa Cruz e o casal real não saiu do Funchal. *Desenhos de D. Neto. BMF, DN, 23/6/1901.*

CARTA ABERTA[305]
Ill.mo e Ex.mo Sr. José Ribeiro da Cunha, Digníssimo Governador Civil do Funchal

Confiamos que V. Ex.ª estará reunindo os elementos oficiais da sindicância feita pelo seu antecessor às congregações ou ordens religiosas aqui existentes, – fora da lei, para V. Ex.ª poder habilitar-se a dar execução neste distrito ao decreto de 18 de abril do corrente ano.

Esses elementos, porém, Ex.mo Sr., não podem satisfazer ao espírito independente, reto e liberal de V. Ex.ª porque foram organizados num período angustioso, e por pessoas inteiramente afetas à causa jesuítica, em intimidade de relações, mesmo políticas, com os *jesuítas de casaca*, co-irmãos de ordens religiosas, e certamente interessadas em ocultar a verdade dos factos, tendo simplesmente a peito satisfazerem formalidades exigidas pelo ministro do reino; pois, de contrário, *teriam dado corda para serem enforcadas*.

No continente, onde a política jesuítica não predomina, muitos coios desse jaez foram encerrados.

Aqui, na Madeira, porém, *nem um único!* o foi ainda, sendo este distrito e esta cidade aqueles em que, depois de Braga, mais infrene e mais impudente campeia o jesuitismo de todas as cores e feitios, assim oficioso como oficial, fazendo gala da sua importância, e ostentando o seu poderio, como se tal decreto não devesse ter aqui aplicação! [...]

Aquele enorme *Polvo*[306] seguro ao *Rochedo da Penha*[307] estendeu os seus tentáculos do sul ao norte da ilha, e por toda a parte traz presa a rede do beatério-político que serve a causa do jesuitismo.

Se V. Ex.ª se aproximar, pelo mar, à Baixa-Larga, verá uns grandes olhos revolvendo-se no espaço, espreitando e faiscando lumes ameaçadores contra qualquer vulto desconhecido. [...]

---

305 BMF, *O Democrata*, 28 de julho de 1901.
306 Epíteto pejorativo atribuído ao Bispo D. Manuel Agostinho Barreto por este articulista.
307 Onde se situava a residência do Prelado funchalense na época que, segundo refere um artigo do Cónego Sena Freitas, não residia na casa principal da Penha de França, mas sim na pequena casa que se situa ao fundo do seu jardim, sobranceira ao mar.

Conselheiro José Ribeiro da Cunha, Governador do Funchal entre 1901 e 1902, que tomou algumas medidas *anticatólicas* aquando do seu mandato. BMF, O Direito, 15/7/1902.

O artigo primeiro do decreto de 18 de abril diz: – «NENHUMA associação de carácter religioso *poderá instituir-se* ou FUNCIONAR no país *sem prévia autorização do Governo.*»

No distrito do Funchal, Sr. Governador Civil, FUNCIONAM, SEM PRÉVIA AUTORIZAÇÃO DO GOVERNO, depois deste decreto, as *mesmíssimas* associações religiosas – congregações ou ordens, que existiam antes desse decreto, que neste distrito não teve aplicação!!!...

Continuam a *funcionar*, sem prévia aprovação do Governo, e *contra a letra expressa* do mesmo decreto, e das leis anteriores, *ainda em vigor*:

O CONVENTO DAS MERCÊS, que está fora da lei.

O CONVENTO DE SANTA CLARA, que está fora da lei.

O ORFANATO ANEXO AO HOSPÍCIO D. AMÉLIA, que está fora da lei.

O CONVENTO DE JESUS,[308] que está fora da lei.

O CONVENTO DE S. FRANCISCO DE PAULA, *em Santa Cruz*,[309] que está fora da lei.

O HOSPÍCIO D. AMÉLIA para tísicos, segundo a sua constituição legal, HOJE, *transformado* e *ampliado* para fins diversos, está fora da lei.

É inútil fechar os olhos para não ver, porque a lei, pela necessidade mesma do seu prestígio, tem de ser cumprida, embora o amigo *Polvo* se desgoste e lhe arranquem dos tentáculos a rede que ele segura, distendidas as malhas que fecham a passagem ao peixe mais pequeno e mais saboroso do cardume!

Sr. Governador Civil, o decreto de 18 de abril permite, *depois de prévia aprovação do Governo*, associações de beneficência ou caridade, e de educação e ensino, com estatutos aprovados, sujeitas às leis portuguesas, e sob fiscalização das autoridades portuguesas, «*sem clausura nem práticas de noviciado, nem profissões ou votos.*»

Desde já denunciamos a V. Ex.ª que:

1.º – No convento das Mercês *há clausura* e *voto perpétuo*.

2.º – No convento de Santa Clara das Franciscanas *há práticas de noviciado, voto e clausura, disfarçada*.

3.º – No convento de Jesus *há clausura e voto*.

4.º – No orfanato anexo ao hospício D. Amélia *há práticas de noviciado, voto e clausura disfarçada*.

5.º – No convento de S. Francisco de Paula, em S. Cruz, *há práticas de noviciado, voto e clausura*.

6.º – No hospício D. Amélia *há noviciado e voto*, estando este estabelecimento de enfermos pobres servindo de pretexto, e cobrindo um coio de irmãs de S. Vicente de Paula, e de padres jesuítas internados nesse cortiço de indústria de mel de abelhas, um verdadeiro vergel da mocidade elegante e rica, o *Hyde Park* do *high life* madeirense, onde as inocentes crianças sadias se contagiam da tísica e aprendem como se vai para o céu mais cedo, falando francês, pagando às caridosas irmãs e aos padres da Companhia o serviço que lhes prestam.

Se V. Ex.ª quiser encontrar mais algum coio, não terá nisso grande trabalho, nem lhe será muito difícil descobrir os mistérios de tanta caridade, que por toda a parte engrossam o erário da Companhia de Jesus, e aumentam o cardume das servas da mesma Companhia,

---

[308] Entenda-se o *Recolhimento do Bom Jesus*, no Funchal, que não era um convento.

[309] Em Santa Cruz não existia propriamente um convento, pelo menos não surge em nenhum lado a referência à Santa Casa da Misericórdia daquela vila como tal mas, a existir, seria de S. Francisco de Assis e nunca de S. Francisco de Paula, como refere o autor deste texto, publicado neste jornal anticlerical.

roubadas à sociedade civil, à civilização, ao progresso, à felicidade da família.

Tudo se faz por caridade! – ensino, esmolas, hospitalização, festas, quermesses, benefícios &. A Arca-Santa nunca se esgota, porque as *catequeses* e o *retiro* dão para *tudo*!

De V. Ex.ª
O Democrata

Notícias sobre a obra de S. Francisco de Sales[310]

[...]

Mapa das escolas de S. Francisco de Sales atualmente existentes na Diocese da Madeira

ESCOLAS	POPULAÇÃO ESCOLAR
[...]	[...]
Santana	200
[...]	[...]
Porto do Moniz	160

Temos pois, à vista o mapa, aproximadamente uma frequência de mil e setecentas crianças que recebem educação em 15 escolas sustentadas pela nossa querida obra e dirigidas por 27 professoras, as quais desempenham diariamente com a mais zelosa atividade o árduo e penoso mister do ensino literário, moral e religioso.

Ainda o Sr. Luís Pereira[311]

Consta-nos que o Sr. sr. Luís Pereira não ficou satisfeito com as referências que aqui lhe fizemos.

Entretanto, dissemos simplesmente a verdade.

Lamentamos que muitos factos que chegaram ao nosso conhecimento não tenham ainda sido confirmados por prova testemunhal para serem publicados.

Nada temos com a vida particular do sr. Luís Pereira, a quem desejamos até ser agradáveis, mas com os desmandos do sr. Administrador do Concelho de Santa Cruz não podemos obtemperar.

Que S. Ex.ª se diga amigo da Irmãs Franciscanas e lhes faça tremenda e caluniosa carga ao sr. Governador Civil não podemos consentir sem censura.

Faça-se S. Ex.ª exato cumpridor dos seus deveres e terá em nós amigos e defensores.

Em Santa Cruz[312]

Realiza-se nesta freguesia, no dia 29 do corrente, a festa do SS. Sacramento, sendo o encarregado da direção o sr. Adolfo C. Burnay. A festa será a grande instrumental, dirigida pelo hábil maestro sr. Nuno. Na véspera e dia tocarão 2 filarmónicas, havendo num dos passeios públicos um bazar, cujo produto reverterá em benefício do Hospital da supradita freguesia.

Como nos anos pretéritos os vapores costeiros farão diversas viagens para aquela aprazível vila.

O Mata freiras[313]

O sr. Hintze em telegrama enviado ao sr. Governador Civil pergunta se já foram apresentados os estatutos de algumas das congregações religiosas da Madeira.

---

310 BMF, *Quinzena Religiosa da Ilha da Madeira*, 1 de agosto de 1901.
311 ABM, *Correio da Tarde*, 3 de agosto de 1901.
312 ABM, *Correio da Tarde*, 24 de setembro de 1901.
313 ABM, *Correio da Tarde*, 22 de outubro de 1901.

S. Ex.ª respondeu negativamente.
Consta-nos de fonte segura que as irmãs franciscanas já pediram autorização.
S. Ex.ª não se lembra.
Admira-nos que o sr. Hintze não mandasse perguntar se já estavam legalizados os estatutos do coio maçónico.

Ao sr. Governador Civil[314]

Como as leis do país *proíbem os votos e profissões religiosas*, assim como revestir-se de hábitos religiosos quem não tenha professado e feito voto, neste caso estão todas as *irmãs* das diversas congregações religiosas, *que desapareceram* perante a secularização do Decreto de 18 de abril do corrente ano. De facto, já se não encontram nas ruas de Lisboa e Porto *as associadas* vestidas com tais hábitos. Desejamos, pois, saber se o sr. Governador Civil está à espera de instruções do Governo mandando cumprir as Leis do país, ou se espera alguma manifestação de desagrado contra a *ostentação risonha e provocante das manas*, para então providenciar sobre este assunto, **que não caiu no esquecimento!**...

M.

Notícias da Obra de S. Francisco de Sales[315]

[...]

II. – FESTA DE S. FRANCISCO DE SALES NO PORTO MONIZ

O Rev.º Vice Vigário desta paróquia, P.e João Correia, em prova da grande simpatia que consagra à nossa querida Obra, teve a feliz ideia de promover uma festa em honra do nosso Santo Padroeiro.

No dia 3 de novembro houve no Porto Moniz missa cantada e sermão ao evangelho pelo digno Vice Vigário, tendo por objeto a excelência da obra patrocinada pelo admirável S. Francisco de Sales.

Apresentamos ao nosso Rev.º Amigo, as mais sinceras felicitações pela dedicação e zelo que vai mostrando, querendo destarte significar que a nossa benemérita associação ali cimentada pelo zeloso P.e Miguel Pestana dos Reis e conservada no mesmo grau de esplendor pelo Rev.º P.e Valente tem para o nosso novo Cooperador a mesma simpatia, e que por ela trabalha arduamente. [...]

PORQUE SE ESPERA?[316]

Há meses levantaram-se em Portugal fortíssimos clamores contra as congregações religiosas.

A opinião do país mostrou-se de tal forma contrária a elas, que o poder, caso raro entre nós, se viu obrigado a ouvi-la, providenciando. [...]

No entanto, à publicação do primeiro decreto, supuseram muitos liberais que iriam ganhar uma enorme vitória sobre os reacionários.

Era, diga-se a verdade, justificável a suposição.

Com a publicação do segundo decreto, uma estrondosa voz de alarme reboou por todo o país.

Do seio do exército liberal soltou-se este grito aflitivo – Traição!

De novo, o povo pediu, protestou, ameaçou.

Todavia, a procela, que prometia tornar-se medonha, amainou a pouco e pouco, em virtude do boato, que circulou, de que nem uma só ordem religiosa se sujeitava a pedir a regularização.

Se assim fosse, se as congregações, por um orgulho mal entendido, se obstinassem em

---

[314] BMF, *O Democrata*, 1 de dezembro de 1901.
[315] BMF, *Quinzena Religiosa da Ilha da Madeira*, 1 de dezembro de 1901.
[316] BMF, *O Democrata*, 8 de dezembro de 1901.

permanecer fora da lei, repelindo furiosamente a mão que se estendia para as amparar, não tínhamos a agradecer ao governo, se se desse, a expulsão delas, mas sim às próprias congregações.

Os frades e freiras sustentaram-se até à última hora, dispostos a não legalizarem as suas respetivas ordens, e a obrigarem o governo a passar pela humilhação de engolir o decreto, porque elas bem sabiam que ele não tinha força nem coragem para o fazer cumprir.

Era, no entretanto, inquietador o estado dos espíritos.

Viram as congregações, pela exaltação dos ânimos, que a sua tranquilidade estava dependente da transigência, embora temesse do governo, cujo aspeto era mais de medo do que de ameaça.

Aceitaram, portanto, o favor que o governo lhes oferecia, aliviando-o de grande peso.

A traição estava consumada. [...]

Que explicação se pode dar ao facto de estarem umas congreganistas a ser sustentadas a título de enfermeiras pela Misericórdia de Santa Cruz, que há tanto já não recebe doentes? [...]

Desde há muito que se poderia ter posto cobro a estes abusos.

Porque se espera então?

Depois da guerra sem tréguas, sem quartel, sem misericórdia que os reacionários juraram aos atuais dirigentes dos negócios públicos da Madeira, só um caminho honroso têm estes a seguir – aceitar a guerra.

Quem tal diria![317]

Já se sabe o que levou o sr. governador civil a solicitar nova conferência ao nobre Prelado funchalense.

O sr. José Ribeiro foi à Penha para comunicar ao sr. bispo aquilo que sua ex.ª estava fartíssimo de saber, porque há quase dois meses o comunicara a todo o país o «Diário do Governo», isto é que continuariam a permanecer entre nós as «Irmãs Franciscanas, as Irmãs de caridade e as Irmãzinhas dos Pobres» etc.

Há pouco tempo ainda, o «Democrata» e outros liberalões de água chilra exigiam do governo e do sr. José Ribeiro que desterrassem para fora da Madeira, em nome da liberdade, as irmãs acima referidas. [...]

Hoje já a liberdade não periga e o sr. governador civil quis fazer de gentil e generoso indo à Penha comunicar ao Prelado que as congregações religiosas continuam a existir entre nós mas não se lembrou de que essa concessão nenhum favor representa do governo ou do sr. José Ribeiro, mas resulta da obediência ao decreto que o sr. Hintze publicou.

Agora uma pergunta: com que cara aparecerá o sr. governador civil àqueles a quem prometera que antes das eleições e depois delas que Santa Clara e Mercês seriam fechadas e que as irmãs que já as habitavam seriam deportadas da Madeira?

Cada vez se torna mais anormal e insustentável a situação entre nós do sr. José Ribeiro e ele sem perceber que o estão comprometendo dia a dia, fazendo-o desempenhar papéis pouco sérios! [...]

Direção Geral de Administração Política e Civil[318]
1.ª Repartição

[...]

---

317 ABM, *Correio da Tarde*, 19 de dezembro de 1901.

318 BMF, *Diário do Governo*, 28 de dezembro de 1901. Apesar deste jornal ser publicado em Lisboa inserimos aqui este texto visto que o mesmo é fundamental para melhor conhecermos a estruturação da congregação fundada pela Ir. Wilson. Na mesma edição deste órgão informativo foram ainda publicados os "Estatutos da Associação de Nossa Senhora das Mercês na cidade do Funchal", colocando assim, ao abrigo da lei, o antigo e vetusto convento das Mercês, sito à rua com a mesma denominação, onde residia à época a Serva de Deus Madre Virgínia Brites da Paixão, cujo Processo Diocesano de Beatificação e Canonização está em curso na nossa Diocese.

Sua Majestade El Rei, a quem foram presentes os estatutos por que pretende reger-se, para os efeitos do decreto de 18 de abril último, a Associação de Nossa Senhora das Vitórias, da freguesia de Santa Cruz, na ilha da Madeira; vistas as disposições legais aplicáveis: há em conceder-lhe a sua aprovação com a expressa cláusula de que lhes será retirada logo que deixem de ser devidamente cumpridos, ou a sobredita coletividade se desvie dos fins legais da sua instituição ou dos precisos termos do citado decreto.

Paço, em 26 de dezembro de 1901.= *Ernesto Rodolfo Hintze Ribeiro.*

Estatutos da Associação de Nossa Senhora das Vitórias

Artigo 1.º A Associação de Nossa Senhora das Vitórias constitui-se como associação de carácter religioso nos termos das leis do país.

Como associação de carácter religioso tem por fim manter, observar e propagar a Religião Católica e Apostólica Romana, que é a religião do Estado, procurando praticar as virtudes que ela ensina, pelos modos constantes do artigo seguinte:

Art. 2.º A associação consagra-se a ensinar [a]os ignorantes a doutrina cristã, quando para isso forem chamadas pelos párocos das freguesias onde residem, a visitar os pobres e os doentes nos seus domicílios, ensinar as primeiras letras a crianças pobres nas escolas paroquiais, particularmente nas freguesias remotas, tratar doentes nos hospitais rurais e orfanatos de crianças do sexo feminino, quando para isso forem chamadas pela competente autoridade.

As associadas que para esse fim forem habilitadas podem ensinar os idiomas estrangeiros, obras de mãos, etc., a quem as procurar para isso.

Art. 3.º A associação está sujeita à jurisdição do prelado diocesano e subordinar-se-á aos párocos respetivos no que pertence ao governo e ensino nas escolas, assim como em qualquer outra obra paroquial, e no temporal à inspeção do Estado, tudo nos termos das leis do país.

Art. 4.º Logo que estes estatutos forem aprovados pelo Governo, sujeitará a associação à aprovação do governador civil do respetivo distrito o regulamento de cada um dos seus estabelecimentos, e o mesmo fará quanto aos estabelecimentos que de futuro sejam fundados antes de os abrir.

Art. 5.º Os estabelecimentos da Associação, que forem de beneficência ou caridade, ficarão sujeitos à tutela e inspeção das autoridades administrativas, nos termos da legislação comum, e os de educação e ensino às leis que regulem a instrução pública.

§ 1.º A Associação organizará e terá sempre escriturados em dia, um inventário de seus haveres e uma relação de seus associados, com designação da idade, estado e nacionalidade, para serem presentes à autoridade administrativa com os demais livros e documentos de administração, quando por ela forem requisitados.

§ 2.º A Associação atualmente não possui bens próprios.

§ 3.º A tesoureira do conselho diretor dará a cada associada, à sua entrada, uma relação de todos os haveres que trouxer, que será assinada pela presidente, secretária e tesoureira e por ela própria. Se porventura sair da Associação, ser-lhe-á entregue tudo quanto nela estiver inventariado. Este relatório será feito em duplicado, ficando ela com uma cópia e a tesoureira com outra. Se a associada quiser dispor de qualquer objeto inventariado, dará o recibo disto à tesoureira, que o juntará à cópia do relatório em seu poder.

§ 4.º Toda a associada que tiver rendimentos próprios pagará à Associação, por suas despesas diárias, uma soma conforme as suas posses, que todavia não excederá a 10$000 réis mensais, a não ser a título de esmola para auxiliar as associadas pobres.

§ 5.º As despesas com doença, médico, remédios, e em caso de falecimento as do enterro, serão feitas à custa das associadas ou dos seus herdeiros.

Art. 6.º Os imobiliários que a Associação adquirir por título gratuito, serão desamortizados nos termos da lei; e por título oneroso só poderá adquirir os indispensáveis para o desempenho dos seus fins, precedendo todavia licença do Governo.

Por nenhum título poderá a Associação adquirir, quaisquer bens de associadas, quer diretamente, quer por interposta pessoa, sob pena de os perder em favor do Estado, quando a associada ou seus representantes não queiram reavê-los nos termos de direito.

Art. 7.º O rendimento da Associação e de cada um dos seus institutos provém das quotas das alunas pensionistas e externas, que tiverem meios de as pagar, dos ordenados vencidos pelas associadas nas escolas e hospitais, dos seus trabalhos manuais, de esmolas, legados e produto de quaisquer subscrições, donativos, etc.

Haverá uma casa principal que servirá de procuradoria, e da qual todas as outras estarão dependentes. Numa delas deverá haver uma escola para a instrução das associadas.

§ único. A receita de cada instituto será aplicada à respetiva despesa, devendo quaisquer saldos entrar em conta e não poderão ser aplicados senão a qualquer dos fins da Associação, nos termos destes estatutos.

Art. 8.º Só podem ser admitidas como associadas as pessoas de sexo feminino, solteiras ou viúvas, filhas de matrimónio, de maior idade e as menores com licença escrita de seus pais ou tutores.

§ único. A pretendente ao ingresso na Associação deverá apresentar certidão do seu batismo, atestado do seu pároco de bom comportamento moral e de reconhecida piedade, assim como um atestado de um médico conhecido, de que não sofre de doença contagiosa e que goza de saúde regular, sem os quais não poderá ser admitida.

Art. 9.º As associadas conservam todos os seus direitos individuais, como a lei estabelece e reconhece.

Art. 10.º A administração da associação pertence a um conselho diretor, eleito anualmente, pela assembleia geral, o qual funcionará gratuitamente.

Art. 11.º Têm direito a tomar parte nas assembleias gerais todas as associadas maiores de vinte e um anos.

Art. 12.º Compete à assembleia geral:

1.º Eleger de três em três anos a sua mesa e todos os anos o conselho diretor e a comissão revisora de contas.

2.º Despedir qualquer associada, a seu pedido ou com motivo justificado, devendo neste segundo caso preceder audiência da arguida, cuja exclusão deverá ser aprovada por dois terços dos membros presentes à assembleia.

3.º Deliberar sobre as contas, relatórios e qualquer assunto respeitante à associação, para que tenha sido convocada.

Art. 13.º A mesa da assembleia geral compõe-se de presidente e duas secretárias; o conselho diretor de seis membros, e a comissão revisora de contas de três.

Cada instituto local tem o seu conselho diretor, composto de três membros, presidente, secretário e tesoureiro, que será nomeado pelo conselho diretor da procuradoria e que enviará anualmente a sua escrituração à comissão revisora de contas da mesma procuradoria.

Art. 14.º Haverá duas reuniões anuais da assembleia geral e as extraordinárias que forem requeridas pelo conselho diretor ou por doze sócias.

A primeira reunião ordinária efetuar-se-á no segundo domingo de julho e nela se procederá à eleição da comissão revisora de contas e à da mesa da assembleia geral (de três em três anos). A esta reunião serão presentes pelo conselho diretor o inventário e contas da gerência do ano económico findo.

Na segunda reunião ordinária que deve efetuar-se quinze dias depois da primeira, discutir-se-á o parecer da comissão revisora sobre as contas, bem como o relatório do conselho diretor, e proceder-se-á à eleição deste.

Art. 15.º O conselho diretor elege de entre os seus membros presidente, secretária e tesoureira.

Art. 16.º Pertence à presidente representar a Associação em juízo e fora dele, dirigir os trabalhos, das sessões do conselho, convocar as reuniões e executar as deliberações do mesmo, provendo a todos os casos ordinários de administração e aos extraordinários que forem urgentes.

À secretária compete a correspondência e lavrar as atas das sessões.

À tesoureira compete a arrecadação dos fundos.

Art. 17.º Ao conselho diretor incumbe:

3. DE 1901 A 1910

1.º A admissão das associadas.
2.º A admissão e exclusão das alunas e de quaisquer pessoas socorridas pela Associação e, em geral, deliberar sobre o modo de gerir os estabelecimentos da Associação e de cumprir quaisquer dos seus fins.
3.º A nomeação e demissão do pessoal e empregadas.
Art. 18.º O conselho diretor deve submeter à aprovação da autoridade pública os seus orçamentos e contas nas épocas e pela forma determinada na lei para as corporações administrativas.
Feito em Santa Cruz, Ilha da Madeira, aos 16 de novembro de 1901.

3.2. 1902

MAPA GERAL DA DESPESA[319]
I DESPESAS DAS ESCOLAS

Escolas	Designação das despesas	Quantias
[...]	[...]	
10. Santana	Professora e ajudante, diversas despesas	122$000
11. Porto Moniz	« «	120$000
[...]	[...]	
[...]		

MAPA DAS ESCOLAS

Escolas	N.º dos alunos
[...]	[...]
Santana	214
Porto do Moniz	151

Coração de Jesus[320]

Aspeto atual da igreja matriz de Santa Cruz.
Foto do autor.

Celebra-se na próxima sexta-feira na igreja paroquial de Santa Cruz a festa do Sagrado Coração de Jesus, havendo sermão ao Evangelho pelo rev.º padre F. Ascensão de Freitas, digníssimo pároco do Caniço.

Na novena de quinta-feira à noite fará a sua estreia na tribuna sagrada o nosso prezadíssimo amigo e colega de redação, rev. padre Manuel Rodrigues Coutinho, que por certo não desmentirá os seus conhecidos créditos de orador.

As novenas têm sido feitas em Santa Cruz com grande empenho. Na tarde da sexta-feira sairá a procissão respetiva que

---

319 BMF, *Quinzena Religiosa da Ilha da Madeira*, 1 de janeiro de 1902. Nesta altura, para além das duas escolas dirigidas pelas discípulas da Ir. Wilson, a Obra de S. Francisco de Sales tinha várias outras ao seu encargo, a saber: uma em Santa Maria Maior, uma no sítio do Lombo dos Aguiares e outra no da Madalena, em Santo António, uma no sítio de Santana, em São Roque, uma em São Martinho, uma no Caniço, duas em Santa Cruz, cinco em Machico, três em Câmara de Lobos, uma em São Gonçalo e outra em Santo António, apresentando, no seu conjunto, um total de 2201 alunos.
320 ABM, *Correio da Tarde*, 3 de junho de 1902.

este ano será dirigida pelas irmãs franciscanas do hospital da vila.

Franciscanas[321]
Ao que nos consta, existe uma sucursal do convento de Santa Clara, na Santa do Porto Moniz.[322]

Foram da cidade umas santinhas iniciar algumas raparigas, que hoje pertencem à ordem e usam hábito.

Chamamos a atenção de S. Ex.ª o Sr. Governador Civil e administrador do concelho, porque é um abuso o que se está praticando.

3.3. 1903

Mapa geral das despesas[323]

ESCOLAS	QUANTIAS
[...]	
Porto Moniz. Professora e ajudante, etc.	96$000
[...]	
Santana. Professora e ajudante e despesas diversas	146$500
[...]	

Mapa das escolas

ESCOLAS	NÚMERO DOS ALUNOS
[...]	[...]
Santana	200
Porto Moniz	105
[...]	[...]

[...]

Por Santa Cruz[324]
Reina por ora paz e sossego no concelho de Santa Cruz pela ausência da administração de um imbecil e pertinaz administrador que ali estava e que agora está entregue nas mãos da justiça por suposto crime eleitoral.[325]

---

[321] BMF, *O Rebate*, 25 de julho de 1902. O texto estava publicado em itálico e decidimos manter esta formatação.

[322] Não seria de Santa Clara, à época ocupado pelas Franciscanas Missionárias de Maria, mas Irmãs Vitorianas, que tinham ido para a Santa, no Porto Moniz, administrar a escola paroquial de S. Francisco de Sales, criada pelo pároco daquela freguesia.

[323] BMF, *Quinzena Religiosa da Ilha da Madeira*, 1 de fevereiro de 1903. Nesta altura a Obra de S. Francisco de Sales tinha ao seu encargo outras escolas, a saber: duas em Santa Maria Maior, duas em Santo António, uma em S. Martinho (que estava fechada desde outubro), uma no Caniço, três em Câmara de Lobos, cinco em Machico e uma na Ponta do Sol, num total de 1898 alunos.

[324] ABM, *Correio da Tarde*, 12 de maio de 1903.

[325] Quando Luís Pereira de Agrela, (o administrador da Câmara de Santa Cruz, atrás referido como o "Nero de Santa Cruz", que estava conotado com o movimento maçónico madeirense e por isso não via com bons olhos a presença das Irmãs Franciscanas na Santa Casa da Misericórdia daquela vila), deixou o cargo que ocupou por alguns anos naquela edilidade, o povo irrompeu pelo edifício da Câmara Municipal adentro e trouxe para a rua a sua cátedra e transportou-a até à praia, perante grandes aclamações, onde a mesma foi queimada sobre o calhau, ao mesmo tempo que eram lançados foguetes ao ar, em sinal de júbilo por se terem visto livres de uma pessoa de maus fígados à frente dos destinos daquela edilidade.

É este homem aquele que não há muito tempo tentou meter o dente com extravagante descaro na Santa Casa da Misericórdia daquela vila para fazer com que fossem expulsas as irmãs desse hospital para depois apoderar-se como salteadores de tudo quanto lá havia.

Foi o tal administrador que mandou informações das beneméritas irmãs para a autoridade superior, isto é, só mentiras e calúnias.

Este homem de bem que em Santa Cruz todos o reconhecem como um Gungunhana dotado da maior sem vergonha que tem aparecido, tinha por fim, expulsando as irmãs do hospital, apoderar-se com o seu amigo «Cambado» e companhia, de objetos por eles cobiçados, etc., etc.

Foram estes que fizeram com que a câmara não desse o pequeno subsídio que costumava dar às beneméritas irmãs.

Porque deixaram de lhes dar o pequeno subsídio? É porque aquelas beneméritas irmãs não mereciam? Ah! Santo Deus.

A nobre superiora daquele hospital tem mandado fazer obras admiráveis naquela casa, que em parte estava a cair por terra. E com que dinheiro senão seu e de esmolas? Mandou arranjar duas enfermarias, uma para homens e outra para mulheres, mas só uma é que está pronta; de maneira que, recebendo homens não pode receber mulheres e vice-versa, e isto por falta de dinheiro.

E uma senhora que dá tudo o que é seu para os pobres e pede para os pobres é uma heroína ou não é? Mas aqueles infames não vêm um palmo diante do nariz.

Diz o miserável autor do tal vil papel que mandaram à autoridade superior: as irmãs ocupam os melhores quartos da casa.

Santo Deus! Esse biltre estava demente!!! Se os leitores quiserem ajuizar sobre o que dizemos peçam para ver o hospital daquela vila e então dirão:

Arreda caluniadores.

Sr. presidente da câmara de Santa Cruz!

Porque não manda a câmara pelo menos acabar as obras do hospital? É porque não há dinheiro? Mas a maior parte das vezes gastam-no em coisas inúteis.

É porque as irmãs não são do seu agrado? Se é esta a causa tenha paciência.

Pelo menos compadeça-se dos pobres sr. presidente, o sr. não sabe a que tempo chega e enfim todos nós ignoramos o nosso futuro.

Faça pelo menos este ato de filantropia já que nunca fez algum!

Oxalá fosse a minha voz e a de todos os pobrezinhos ouvida!!

Fora com os caluniadores!

Se for preciso voltaremos ao assunto.

Rapioca.

Irmãs Franciscanas[326]

Embora haja muito tempo já que alimentemos o desejo de dizer algumas palavras sobre um assunto de não pouca importância, contudo poucos momentos nos tem sobrado das nossas ocupações diárias e por isso só agora podemos conseguir o que desejávamos.

Hoje pois vamos satisfazer esse desejo que há tempo trazemos, que consiste em dizer alguma coisa sobre um assunto que para muitas pessoas parecerá uma bagatela mas que para outros será de suma importância. Queremos referir-nos às Irmãs Franciscanas de S. Cruz, cuja superiora é a sábia e virtuosa senhora Wilson.

Por certo quase todos os nossos leitores conhecem esta piedosa senhora; pois é aos seus esforços e sacrifícios que se deve a reedificação da Santa Casa da Misericórdia de Santa Cruz. Estava em ruínas esta casa mas lembrou-se a senhora Wilson de a mandar reconstruir quase por completo. Fez tudo isto com auxílio de algumas pessoas dedicadas às obras pias e gastando também, talvez todo o seu património.

Fundou ali um instituto religioso onde muitas piedosas mulheres têm encontrado envolto no hábito das filhas de S. Francisco tudo quanto podem ambicionar de mais precioso

---

[326] ABM, *Correio da Tarde*, 16 de julho de 1903.

A Santa Casa da Misericórdia de Santa Cruz, onde a Irmã Wilson derramou tanto Bem pelo povo daquela vila, ganhando a estima geral da sua população, situa-se junto à Igreja Matriz daquela localidade. *Foto do autor.*

neste mundo – a virtude.

Entregou a sua obra nas mãos da Providência que nunca falta àqueles que de coração a ela se acolhem.

É já grande o número das humildes filhas do Patriarca de Assis que professaram naquela casa. Algumas delas estão dirigindo uma escola no Santo da Serra, outras no Porto Moniz e ainda umas cinco têm a seu cargo a direção duma escola em Santana à frente da qual está a inteligente e virtuosa Irmã Maria Isabel, achando-se a maior parte delas em Santa Cruz. Em todas aquelas freguesias as boas Irmãs têm espalhado o ensino religioso e preparado ao mesmo tempo os tenros corações das humildes filhas dos campónios para o grande banquete do progresso e da civilização.

Muito folgaríamos em poder dizer de uma só vez tudo o que desejamos mas não nos é possível por vários motivos [e] por irmos por partes não maçaremos tanto os leitores.

C.
(Continua)

Irmãs Franciscanas[327]
(Continuação)

Caridade! Palavra sublime e significativa, mas que infelizmente não é compreendida por todos. Para se compreender bem o que seja caridade é necessário que tenhamos conhecimento da significação da palavra sacrifício porque caridade significa amor e o amor de forma alguma pode existir sem o sacrifício. Não julgueis, caríssimos leitores, que a caridade consiste em dar um pedação de pão ao mendigo, mas sim em sacrificar o nosso eu pelo eu de todos. Quem abriga em seu coração a caridade, sabe dulcificar as amarguras de outrem, sabe sentir as dores alheias como próprias, reparte com os infelizes de tudo quanto possa, alivia-lhes as agruras morais, físicas ou materiais e compartilha enfim dos sofrimentos dos abandonados da felicidade. É certo que se não pode fazer bem a todos, mas a todos se pode dar testemunho da bondade e interesse que por eles se toma.

Eis aqui o que fazem as carinhosas irmãs de Santa Cruz. Quanto é belo contemplar essas piedosas irmãs no afetuoso exercício da sua caridade, quer seja na enfermaria do hospital quer seja na própria morada do pobre! Se é na enfermaria que exercem o seu santo minis-

---

[327] ABM, *Correio da Tarde*, 23 de julho de 1903.

Nas suas deslocações pelo interior da ilha a Irmã Wilson era transportada de rede, um meio de transporte muito em voga na Madeira na sua época. *Secretariado da Irmã Wilson.*

tério, não se poupam a todos os sacrifícios e incómodos a fim de prestarem aos doentes todas as comodidades possíveis; se têm de exercitar o seu zelo na própria choupana do indigente, elas para aí se dirigem santamente, apressadas, entram nesses lares onde reina muitas vezes a doença a par da miséria, e, como caritativas irmãs adivinham as necessidades do pobre, por isso empregam todos os meios para adoçar a agrura do sofrimento. Ao vê-las, o pobre sente renascer em si o amor e a confiança, porque reconhece nessas humildes irmãs anjos de Deus que lhe vêm trazer o alívio e a consolação. Sabe o pobre que elas só têm em seus lábios palavras de ternura e humildade, palavras de compaixão que temperam a amargura das lágrimas e do infortúnio.

Ah! Muitas vezes nos sobem ao cérebro turbilhões de indignação, quando depois de tudo isto, pensamos que ainda há em Santa Cruz infelizes que para com elas só têm palavras de desprezo!

Uma das coisas que realmente nos penaliza também é o ver que a Santa Casa da Misericórdia apenas tem uma enfermaria disponível porque ainda não foi possível terminar os trabalhos da segunda que será destinada às mulheres. De quem será a culpa?...

Empenha-se agora o zelo e fervor cristão da senhora Wilson no conserto da Capela do hospital, mas a boa vontade que [a] anima afrouxa à míngua de meios pecuniários com que concorrer às despesas. O que mais ardentemente desejávamos era poder auxiliar a religiosa senhora no seu louvável e santo intento, mas como nada podemos fazer senão ter o desejo de prestar auxílio lembramos aos que podem e que são muitos, se lembrem de concorrer com alguma coisa para o conserto da capela.

(Continuaremos)

«Celestino»

Irmãs Franciscanas[328]
(Conclusão)

No nosso último número mostrámos apenas a dedicação e a bondade das Irmãs para com todas as pessoas, vamos, pois, hoje dizer duas palavras acerca da sua entrada para aquela morada abençoada onde residem. Essas felizes criaturas conheceram o amor de Deus, viram que naquela casa é que poderiam amá-Lo de todo o coração, e por isso para lá entraram, a fim de O poderem servir com um coração perfeito e sincero, numa palavra, para cumprirem os divinos ensinamentos de Jesus Cristo. Que recolhimento tão profundo e que bem se sente uma alma aqui. Respira-se ali o perfume da santidade e da paz.

Aí está o casto ninho do seu esposo, o sacrário onde vão contar ao seu Deus, as suas penas e alegrias e a quem tantas vezes rezam pelos infelizes do mundo. Naquela habitação abençoada, só conhecem o bem e a verdade, ali desenganam-se de todas as ilusões mundanas. Não fazem consentir a sua felicidade nos bens deste mundo, mas no desprendimento deles sem o que se não pode aspirar às coisas da eternidade. As boas Irmãs só dão exemplo de abnegação, de paciência e de caridade porque entraram para ali não para levarem uma

---

[328] ABM, *Correio da Tarde*, 6 de agosto de 1903.

vida sem trabalho nem canseiras, como infelizmente há quem julgue, mas sim para se purificarem por meio duma vida de mortificação e santidade. Para esses, que rastejam nas coisas da terra, o sacrifício é duro, espantoso e até impossível, mas para os humildes filhos de S. Francisco, o sacrifício é doce. Aborrecem o mundo, porque o mundo é mal com aparências mais ou menos lindas de bens e gozos passageiros. O mundo abria-lhes os braços floridos, mas elas desprezaram-no e quiseram encerrar-se dentro daquelas paredes santas, para praticarem o bem, a virtude e a caridade mútua. Eis estimados leitores o fim para que entraram para aquela casa.

Bondosas Irmãs, em Santa Cruz há gente que vos odeia, talvez, porque prestais culto a Deus, amor à virtude e honra ao dever! Mas avante e não afrouxeis, porque Deus é o vosso guia e o vosso conforto. Há infelizes que nos têm aversão porque a virtude, o bem, a caridade e todas as outras virtudes são para eles o que o grego é para mim!

Acreditai mais, oh vós que nos ledes, na dedicação e amor das boas Irmãs que só têm nos lábios frases delicadas e ternas do que nas palavras daqueles que para com elas só têm rancor e que por conseguinte, andam desviados do caminho da verdade e da justiça.

Saudemos, pois, as dedicadas Irmãs, e desculpemos a falta de gratidão daqueles que têm ousado contra a santidade e heroísmo dessas mulheres piedosas, que se envolvem no hábito da penitência e cuja fímbria os seus perseguidores não são dignos de tocar, mas que nos honraríamos de beijar se tal honra nos fosse concedida.

Terminamos dizendo às Irmãs que, quando não tiverem doentes na enfermaria, não se esqueçam nunca de pedir por esses que sofrem doenças da alma, para que Deus lhes ilumine a inteligência.

CELESTINO

3.4. 1904

Obra de S. Francisco de Sales na Madeira[329]

Esta obra, que tem principalmente em vista ministrar a instrução elementar às classes menos abastadas, sustenta na Madeira 28 escolas, sendo 14 do sexo masculino com a frequência de 801 alunos e 14 do sexo feminino frequentadas por 987 alunas.

Estas escolas acham-se assim distribuídas: 3 na freguesia de Santa Maria Maior, 3 em Santo António, 2 em S. Roque, 2 no Caniço, 2 em Santa Cruz, 2 em Santana, 7 em Machico, 4 em Câmara de Lobos e 2 no Porto Moniz.

Com a sustentação destas escolas, compra de livros e roupa para crianças pobres despendeu-se a importância de 1:525$775 réis.

MAPA GERAL DAS DESPESAS[330]

Escolas	Quantias
[…]	
Porto Moniz, professoras etc	90$900
[…]	
Santana, professoras etc	42$500
[…]	

---

[329] BMF, *Diário de Notícias*, 29 de janeiro de 1904. Esta é uma das poucas notícias referentes a estas escolas publicadas neste órgão informativo, que geralmente apenas divulgava a festa anual desta Obra, na igreja do Colégio, no Funchal.

[330] BMF, *Quinzena Religiosa da Ilha da Madeira*, 1 de fevereiro de 1904. Neste ano a Obra de S. Francisco de Sales tinha um total de 1788 alunos.

MAPA DAS ESCOLAS

Escolas		Alunos
[...]		[...]
Santana	sexo masculino	60
	sexo feminino	100
Porto Moniz (S.ta Mad.a)	sexo masculino	67
	sexo feminino	102
[...]		[...]

NOTAS IMPORTANTES

Julgamos conveniente e até necessário dizer algumas palavras sobre o movimento de alguns centros locais. [...]

– **Santana** continua com a sua escola de numerosos alunos, não porém sem grandes sacrifícios, porque a receita tem sido muito diminuta, e a Direção Diocesana não tem podido distrair da caixa geral nenhuma verba para o auxílio dessa escola. O nosso caro amigo, o bom Padre Fernandes, muito se tem empenhado para a propaganda da associação, recrutando ainda ultimamente nove dezenas; mas não deixa de se tornar dificultosa a conservação da dita escola, aliás tão bem dirigida pelas dignas Irmãs de Santa Cruz. [...]

– O **Porto Moniz** é atualmente um dos centros mais prósperos, sendo a alma desta prosperidade o zeloso Padre João Correia que, além de ser um apóstolo da nossa Obra, se tornou um verdadeiro benemérito pelo seu elevado desprendimento, não duvidando adiantar da sua bolsa, com grande probabilidade de o não tornar a receber, a importante quantia de 56$000 réis para sustentação da escola estabelecida no sítio de Santa Madalena.

A Direção Diocesana vai empenhar os seus esforços para que lhe seja restituída a sobredita importância, mas no entanto não deixamos de felicitar e agradecer o nosso bom amigo tão grande generosidade. [...]

[Sem título][331]

Under the kind Protection of Monsignor the Bishop of Funchal there will be an Exhibition of Mr. and Mrs. Gutschers pictures studies and sketches at the Studio 24 rua das Angústias Sunday at 3 p.m., and on Monday and Tuesday from 10 to 5.30.

The Entrance fee 200 reis to be given to the Hospital in Santa Cruz and Sister M. Wilsons charities.

Santa Casa da Misericórdia da vila de Santa Cruz[332]

Por alvará do sr. governador civil foi dissolvida a mesa gerente da confraria daquele estabelecimento de caridade, e nomeada para gerir os seus negócios uma comissão composta dos srs. facultativo Nicolau Tolentino Camacho, João Cabral, João Augusto Lomelino, facultativo António Pereira Gonçalves, Manuel António, Alexandre Rodrigues Góis e João Gonçalves Mosquito.

O médico Nicolau Tolentino Camacho foi nomeado para a Mesa da Santa Casa da Misericórdia daquela vila em 1904. *BMF*, Almanaque Ilustrado do Diário da Madeira 1913, *1912*.

CONTINUAM AS INFÂMIAS[333]

Ainda não termina a política de baixos instintos que, mergulhada nas sombras espessas

---

[331] BMF, *Diário de Notícias*, 27, 28 e 29 de março de 1904. Na última data este anúncio foi publicado sob o título "Exhibition" e foi corrigida a morada do atelier para 24 Travessa das Angústias.
[332] BMF, *Diário de Notícias*, 27 de abril de 1904.
[333] ABM, *Correio da Tarde*, 28 de abril de 1904.

dum rancor e egoísmo feroz, não pode olhar para o bem público da nossa terra.

Foi demitida a comissão administrativa do Hospital de St.ª Isabel da Vila de Santa Cruz. Essa comissão era constituída por cavalheiros respeitabilíssimos, no número dos quais entravam o venerando pároco daquela freguesia e o rev.º padre cura. Tanto estes, como os restantes membros da comissão, são caracteres honestíssimos, que só queriam o bem daquele estabelecimento de beneficência e eram incapazes de transigir com a mínima irregularidade.

Mas, porque não são correligionários da autoridade que tão desastradamente administra aquele concelho, foram alvo da sua mesquinha vingança.

Além disso, a comissão demitida apertava com o sr. Luís de Agrela, administrador do concelho, por causa dumas dívidas já carunchosas, às quais ele fugia, acolhendo-se ao falso refúgio duma falsa prescrição.

Daí o ser substituída por uma horda de quadrilheiros que lambem as botas à tal mui digna autoridade e presididos pelos célebre Cambado, coração de hiena, que tanta vez tem tentado arranhar com as unhas felinas as caridosas senhoras que lá assistem e especialmente a benemérita superiora Miss Wilson.

O célebre «Carregador de cacau» quis ter o gostinho de meter o dente nos cavalheiros demitidos; mas, queira Deus não lhe amargue a boca a fel.

Lembre-se que quem semeia ventos colhe tempestades.

SANTA CRUZ, 3-8-04[334]

[…] Realizou-se no sábado último na escola oficial do sexo masculino desta Vila distintamente regida pela ex.ma sr.ª D. Georgina Vasconcelos Afonso os exames de instrução primária de 1.º grau, […]

[…] Da escola particular do Lombo da Pereira (Santo da Serra), regida pelas irmãs Franciscanas: 1 aluna com a classificação de *bom*. […]

Em Santa Cruz[335]

Realizou-se anteontem na vila de Santa Cruz um concerto em benefício da Santa Casa de Misericórdia daquela vila, promovido pelos srs. dr. Manuel dos Passos Freitas, Luís Nascimento, José Ferreira e dr. A. Portugal da Silveira.

Teve lugar numa das salas da administração do concelho, havendo concorrido a esta festa tudo o que de mais «chic» há em St.ª Cruz, sendo o desempenho dos executantes correto o mais possível.

Sarau musical[336]

Em Santa Cruz, realizou-se anteontem, a benefício da Santa Casa da Misericórdia daquela vila, um sarau, em que tomaram parte os distintos amadores srs. dr. Manuel dos Passos Freitas, Luís Nascimento, dr. Alfredo Portugal da Silveira e José Ferreira.

Sarau em Santa Cruz[337]

Ampliando a notícia que ontem demos acerca do sarau musical realizado na vila de Santa Cruz a benefício da casa de Misericórdia daquela vila, podemos hoje acrescentar que aquela bela festa teve lugar nas salas da administração do concelho, obsequiosamente cedidas para aquele fim pelo sr. Luís Pereira de Menezes e Agrela e que se achavam elegantemente ornamentadas, manifestando-se em tudo o mais apurado bom gosto.

---

334 BMF, *Diário Popular*, 6 de agosto de 1904. Texto inserido na rubrica "Correspondências".
335 BMF, *O Direito*, 27 de setembro de 1904.
336 BMF, *Heraldo da Madeira*, 27 de setembro de 1904.
337 BMF, *Heraldo da Madeira*, 28 de setembro de 1904.

Ao sarau assistiu um grande número de espetadores, tanto de Santa Cruz como de Machico, vendo-se ali as pessoas mais distintas e qualificadas das duas vilas.

Os srs. dr. Manuel dos Passos Freitas, dr. Alfredo Portugal da Silveira, Luís Crawford do Nascimento e José Ferreira que de tão boa vontade se prestaram a tomar parte naquela festa de caridade, mantiveram-se sempre à altura dos créditos de que gozam como distintos cultores da arte musical, sendo entusiasticamente aplaudidos.

As pessoas que assistiram a este sarau, trouxeram dele as mais gratas e duradouras impressões, pela forma distintíssima como se houveram os que nele tomaram parte.

Misericórdias.[338] – Foram ontem exoneradas as comissões administrativas das misericórdias de Santa Cruz e Machico e nomeadas novas comissões.

SANTA CRUZ – 23-11-1904[339]

[…] Muito se tem falado aqui no saque que a comissão quadrilheira desta Misericórdia deu ao respetivo cofre, e por isso aí vai alguma coisa do que sei a tal respeito.

Em abril último, o sr. Ribeiro da Cunha[340] dissolveu a comissão administrativa desta Misericórdia, por ela se ter *atrevido* a executar o sr. Luís Pereira de Menezes e Agrela e família por uma dívida à mesma Misericórdia, e nomeou nova comissão, que tomou posse em 1 de maio seguinte a qual recebeu da anterior, em dinheiro 165$070 rs., em títulos 3, 718$959 rs., recebendo depois, de rendimentos vários, 145$310 rs.

Esta comissão do sr. Ribeiro da Cunha foi demitida a 2 de novembro corrente e substituída pela anterior.

Naqueles seis meses de gerência, nada fez aquela comissão em favor da Misericórdia; mas, à última hora, desde 24 de outubro último até 2 de novembro, destribuíu por si e por amigos seus 287$860 rs., que apanhou, debitou-se por mais cento e tantos mil réis e mandou entregar ao sr. Luís P. de Menezes e Agrela e família os 233$139 rs. que estes lá haviam depositado, como devedores da Misericórdia e na execução que esta lhes moveu.

Para autorizar todas estas despesas, fez a Comissão, à última hora, um orçamento, que o sr. Ribeiro da Cunha aprovou em 19 de outubro (no dia em que saiu desta ilha já demissionário). E autorizada com este orçamento, despendeu logo, e em oito dias, os referidos 287$860 pelo modo seguinte: […]

E como já vai longa concluo, pedindo ao leitor que não chame nomes feios a esta Comissão, porque bastará designá-la por *Comissão quadrilheira da Misericórdia de Santa Cruz*.

Era composta esta benemérita, que já o diabo a levou, dos seguintes cidadãos:

Nicolau Tolentino Camacho, João Telo de Menezes Cabral, João Augusto Vasconcelos Lomelino, Manuel António, João Gonçalves Mesquita, e o médico António Pereira Gonçalves. […]

Esta comissão, em oito dias, distribuiu pelos seus membros e amigos o rendimento de dois anos da Misericórdia!!

Correspondente

SANTA CRUZ – 29-11-1904[341]

Assinalada por esbanjamentos e desvios de dinheiros a efémera passagem da Quadrilha pela gerência da Santa Casa da Misericórdia desta vila, voltou este pio estabelecimento a ser gerido pela benemérita comissão anterior, composta dos srs. padre António Nicolau Fernandes, Eduardo Luís Rodrigues, João Baptista do Rego, José da Costa, Luís Pedro de

---

338 BMF, *Diário Popular*, 3 de novembro de 1904.
339 BMF, *Diário Popular*, 26 de novembro de 1904. Texto inserido na rubrica "Correspondências".
340 O Governador Civil da Madeira nesta época.
341 BMF, *Diário Popular*, 1 de dezembro de 1904. Texto inserido na rubrica "Correspondências".

Castro e Abreu, António Teixeira de Gouveia e Arsénio Álvares de Freitas.

Esta comissão lidava há anos no empenho de aumentar os parcos haveres da Misericórdia para que esta pudesse, dentro de algum tempo, satisfazer o seu benemérito fim. E muito tem ela conseguido já, porque tirou do caos e da desordem (íamos a dizer do nada) a sua desgraçada fazenda, exigindo o arrecadando todas as suas dívidas, por mais «soberbamente caloteiros» que fossem os seus devedores, ainda que isto lhe rendesse, como rendeu, sérios desgostos e a sua dissolução quando mandavam os Agrelas e os Ribeiros da Cunha.

Agora, e com receio de que o sr. Hintze Ribeiro organize, neste distrito, nova quadrilha, pretende esta comissão duas coisas, a saber: concluir a 2.ª enfermaria do seu hospital e reparar a sua capela, que está muito arruinada, e aumentar e colocar os seus parcos capitais, por forma a garantir-se contra saques de futuros quadrilheiros e a poder garantir a assistência e hospitalização dum razoável número de enfermos.

Que Deus a ampare neste santo desejo, que o público a proteja, acudindo à subscrição que vai ser aberta, e que a sr.ª Wilson, a grande benemérita deste estabelecimento, continue a consagrar-lhe a dedicação da sua bela alma, são os nossos votos. […]

Correspondente.

MACHICO, 13-12-04.[342]

[…] – Trabalha-se ativamente na abertura de uma nova escola no sítio do Caramanchão,[343] desta freguesia, e que será dirigida pelas Irmãs da benemérita congregação estabelecida em Santa Cruz, e de que é superiora a digníssima Irmã Maria de S. Francisco Wilson. Esta escola está destinada a prestar excelentes serviços, já por ficar situada a meio da freguesia, e à distância de mais de dois quilómetros da escola oficial, já pela competência e excelente fama das dignas professoras. […]

Irmãs Franciscanas de Santa Cruz[344]

Estas beneméritas senhoras foram hoje vilmente insultadas nas colunas do pasquim que uma súcia de malandretes redigem no antro da rua de S. Francisco. Este seráfico patriarca há-de sentir desejos que lhe tirem o nome dessa rua, onde se alojaram os malvados, que, com a mais refalsada má-fé lhe caluniam e menoscabam as suas virtuosas filhas. Vamos responder à folha sectária, não para defender essas humildes e caridosas senhoras, porque não precisam de defesa ante os ilustres e crentes filhos desta terra, mas para frisar mais a lastimosa ruindade dos indivíduos, que só caluniam e infamam naquele desastrado jornal.

Primeiro levanta um grito de alarme contra a «seita negra», que vai mandar algumas irmãs derramar a luz da instrução e semear os gérmenes da virtude no coração das crianças, nas freguesias onde a infância tem sede de saber. São baldados esses gritos contra o jesuitismo e contra a seita negra, porque a quase totalidade dos madeirenses, sabe que, com essas palavras, quer o pasquim aludir à fé e crença pura na religião, que eles prezam, respeitam e professam.

Há diversas graduações na cultura intelectual das virtuosas filhas de S. Francisco, que tem a sua sede na vila de S. Cruz, porque são diversos os misteres a que elas se dedicam.

Mas podemos garantir a todos os nossos leitores que a comunidade franciscana de Santa Cruz, conta membros mais ilustrados e com a inteligência mais bem cultivada, que alguns infames rabiscadores que com inaudito descaro as caluniam nas colunas do «pasquim». Basta lembrar o nome da inteligente e ilustrada senhora que dirige aquela casa, a

---

342 BMF, *Diário Popular*, 15 de dezembro de 1904.

343 Na quinta de S. Cristóvão. Poucos meses antes este mesmo jornal referia, na edição de 24 de setembro, na rubrica "Crónica religiosa", que na respetiva capela seria realizada, no dia seguinte, a festa de S. Cristóvão, que há cem anos não se realizava.

344 ABM, *Correio da Tarde*, 17 de dezembro de 1904. Esta é a resposta deste jornal católico ao artigo que o jornal anticlerical *O Direito* publicou no mesmo dia, conforme se vê no texto que se segue. Esse jornal era por vezes referido na imprensa católica como "o *torto* da Rua de S. Francisco", por se publicar naquela rua.

benemérita irmã Wilson, tão conhecida dos funchalenses e de toda a Madeira. Basta olharem para o resultado que tem obtido no exame, as crianças educadas por aquelas senhoras, sendo sempre as mais bem classificadas, como na escola de Santana, que foi regida pela ilustrada irmã Maria Isabel.

Mas o ódio à religião que corre [n]as entranhas dos miseráveis deturpadores do «Direito», só lhes deixa escrever calúnias e asneiras nas colunas de tão deletério «pasquim».

Voltaremos ao assunto.

A seita negra[345]

Está já definitivamente resolvido que do coio de Santa Cruz sejam tiradas umas tantas *irmãzinhas* para irem fundar escolas jesuíticas nas freguesias da Fajã da Ovelha, Achadas da Cruz, S. Vicente e outras, havendo também tenção, caso não consigam fechar a Casa dos Pobres Desamparados, entregá-la à direção das mesmas seráficas criaturas.

Para onde caminhamos nós?

Para que abismo nos quer conduzir esta gente, que, depois de perseguições atrozes e vilãs, se entrega nos braços do jesuitismo, fazendo as mais terminantes declarações de sujeição e obediência?!

De todos é sabido que as tais irmãzinhas nada mais representam do que uma sucursal jesuítica, mascarada com um nome diferente, mas seguindo em tudo as instruções da terrível e perigosa seita.

Ignorantes e boçais, pois quase todas são tiradas das camadas mais humildes, apenas sabem o suficiente para lerem uns livros de orações, de que não chegam a compreender o sentido.

Como a sua instrução é nenhuma, não podendo por isso, discernir o justo do injusto, o razoável do disparatado, transformam-se em cegos instrumentos da reação, acreditando piamente o que a seita negra lhes ensina, cumprindo à risca as instruções que lhes ministram.

Tomar a sério tais *professoras* e esperar algum resultado bom dos seus ensinamentos é o mesmo que acreditar no maior de todos os disparates.

A experiência, mesmo, tem demonstrado que nas tais escolas só se ensina a rezar, fanatizando as crianças com ensinos absurdos e incutindo-lhes um pavor extraordinário pelos tormentos eternos, que serão, dizem, aplicados a todas aquelas que durante a sua vida não seguirem sempre as instruções ali recebidas.

Deste modo ficam as crianças estúpidas e fanatizadas, constituindo um verdadeiro perigo para o futuro, porque as crianças de hoje serão as esposas e mães de amanhã e pela sua viciada educação influirão dum modo perniciosíssimo na família que constituírem.

Eis o resultado a que visam, resultado a que chegarão, se não houver quem lhes grite: – para trás corvos sinistros do retrocesso!

Apontando aqui o perigo, levamos o aviso a todos os homens liberais, pois todos, sem exceção, devem opor os seus esforços à invasão do perigo negro, em nome do progresso e da liberdade.

Cada qual, na sua esfera de ação e pelos meios ao seu alcance, levante uma barreira que se oponha à invasão do terrível flagelo, tanto ou mais terrível que os três históricos flagelos: – peste, fome e guerra.

AINDA AS IRMÃS FRANCISCANAS[346]

O jornal do sr. José Leite, além de chamar caluniosamente ignorantes e fanáticas às irmãs Franciscanas da vila de Santa Cruz, denuncia ainda ao público o grande crime (!) cometido por elas, incutindo no ânimo das crianças o temor das penas eternas.

Já demonstrámos aqui a falsidade da acusação do «Direito» respetivamente à ignorân-

---

[345] BMF, *O Direito*, 17 de dezembro de 1904.
[346] ABM, *Correio da Tarde*, 22 de dezembro de 1904.

cia e fanatismo dessas criaturas inofensivas e beneméritas, que os pasquineiros da rua de S. Francisco odeiam, porque elas envergam o hábito religioso.

Quem professar as verdadeiras crenças religiosas, quem ostentar a candura da virtude, tem a aversão certa dos mesquinhos indivíduos que chafurdam no covil de criminosos da redação do pasquim.

Porque as irmãs, nas escolas onde ensinam, ao lado da luz que acendem na inteligência, semeiam os gérmenes da virtude no tenro coração das crianças, porque as guiam pelo caminho da virtude e desviam de trilhar a senda do vício, grita o «Direito» contra a invasão da seita negra e passa ordem ao exército liberal, que prepare armas contra as tropas aguerridas do jesuitismo!

Estes reclames ao exército liberal são simplesmente ridículos.

Nesta ilha é inútil essa fantochada retórica. O jesuitismo do «Direito» estende-se a quase todos os habitantes do distrito e os seus liberais são uma meia dúzia de impiotes, sob as ordens do sr. José Leite, mas que não valem um caracol.

O tempo em que esses velhaquetes, que blasfemam do nome da liberdade, tinham a influência que lhes dava o mando da autoridade colocada nas suas mãos indignas, já passou. Agora é que reina a verdadeira liberdade, que é a de praticar o bem, como as irmãs que vão ilustrar a inteligência e formar o coração das rudes crianças dos campos, sem embargo da coação exercida pelos vis tiranetes cujo reinado acabou felizmente, neste distrito.

Quanto à zombaria que o «Direito» faz das penas eternas, parece-nos que essa blasfémia foi escrita com mão trémula; enquanto a pena lançava essas palavras do papel, parece transpirar daquelas linhas, que a consciência do autor o remordia interiormente por tão baixo procedimento.

Talvez essas insolências sejam do próprio indivíduo a quem o espírito dum amigo, veio participar que estava no inferno à sua espera!

Lamenta ainda o torto «Direito» que as futuras mães de família, e por consequência a a geração de amanhã, haja de ser educada por esses corvos da reação!

Se certas personagens, que nós e o «Direito» conhecemos, fossem educadas no temor das penas eternas, não seria a história política da Madeira manchada por crimes degradantes, como o desfalque no cofre da polícia e outros feitos do mesmo quilate.

Queremos aproveitar esta oportunidade para responder também à acusação que algumas vezes temos ouvido formular, contra aquelas beneméritas Irmãs, afirmando que elas não praticam nenhum benefício útil para o público.

Quem assim fala certamente ignora a educação ministrada com a maior abnegação nas freguesias de Santana, Porto do Moniz, e Santo da Serra. Nesta última paróquia, em duas classes, uma diurna e outra noturna, aquelas caridosas filhas de S. Francisco prodigalizam os mais desvelados afetos à educação das crianças, que, se não fossem elas, iriam cair nas garras do protestantismo que assentou arraiais no meio daqueles agrestes filhos da serra.

Quem assim as acusa, ignora os valiosos melhoramentos operados pela ilustrada superiora das irmãs franciscanas de Santa Cruz, na Santa Casa da Misericórdia daquela vila.

Neste estabelecimento de caridade existem duas enfermarias bem instaladas, uma para homens e outra para mulheres. Este e outros melhoramentos, são devidos à benemérita irmã Wilson, que promoveu uma «quête» entre madeirenses e estrangeiros, para aformosear a Santa Casa.

Aí recebem alívio carinhoso alguns enfermos e muitos outros poderiam ser caridosamente recebidos, se a câmara regeneradora de Santa Cruz, em vez de retirar o insignificante subsídio que dispensava a essa pia casa, a ajudasse com mais valiosa remuneração.

Mas não ficaram por aqui os correligionários do «Direito». Nomearam uma comissão que distribuiu pelos seus membros a modesta quantia que encontrou no cofre daquele pio estabelecimento, como é já do domínio do público. Ainda bem que a nova comissão nomeada pelas autoridades que sabem manter a moralidade, emprazou os «honestos» quadrilheiros a restituir o que abusivamente haviam desencaminhado.

São estes motivos e o ódio à religião católica que levam o jornal do sr. José Leite a caluniar e insultar aquelas indefesas criaturas que nunca lhe fizeram mal.

Das escolas dirigidas pelas irmãs franciscanas só podem sair excelentes pais de família, dedicadas e virtuosas esposas, mães que saibam cumprir a sublime missão que lhes incumbe no lar doméstico.

Da escola que funciona perto da casa do diretor do «Direito», onde se não ensina a religião, onde se ostentam os símbolos da ímpia maçonaria, onde lecionam pessoas de reputação mais que duvidosa, daí, é que hão-de sair infelizes chefes de família, entes nocivos à sociedade.

3.5. 1905

Escola[347]

O rev.º pároco da freguesia do Arco de S. Jorge e alguns seus paroquianos lidam no louvável empenho de estabelecer, naquela freguesia, uma escola particular do sexo feminino, cuja falta se faz sentir bastante, visto apenas haver ali uma escola oficial do sexo masculino.

Despesa pormenorizada[348]

Escolas	Quantias
[...]	[...]
Porto Moniz (Santa) mensalidades das Irmãs	72$090
Santana, mensalidade das Irmãs	75$000
[...]	[...]

Notas importantes

A fim de melhor informarmos os nossos queridos associados passamos a descrever o movimento atual da Obra nos diversos centros. [...]

– *Porto do Moniz*. – A prosperidade deste centro continua, graças a Deus, devida em grande parte aos cuidados do Rev.º Vigário P.e João Correia e do Rev.º Cura Padre Jacob Sardinha. O Padre João Correia já de há muito é contado entre os maiores beneméritos da Obra de S. Francisco de Sales, que não pode deixar de mais uma vez lhe tributar aqui os seus mais rasgados elogios e profundos agradecimentos. [...]

– *Santana*. – Neste centro muito se deve ao zelo dedicado do Rev.º Vigário, Padre Fernandes e às dignas Irmãs Franciscanas que dirigem a escola. Como sempre luta com grandes dificuldades, dado ao pequeno número de associados que conta. O Rv.º Pároco é quem sustenta quase por completo a escola.

Prouvera a Deus que o povo de Santana se convencesse do grande bem que lhe tem feito a escola Salesiana e do grande mal que lhe adviria se ela por falta absoluta de recursos viesse a desaparecer. Semelhante convicção havia necessariamente de levá-lo a trabalhar cuidadosamente em aumentar os recursos da Obra. Com os nossos agradecimentos ao zeloso Vigário e às dedicadas mestras, são estes os votos que fazemos pela conservação e progresso da Obra de S. Francisco de Sales na freguesia de Santana.

– *Machico*. – Muito agradáveis são as notícias que nos chegam deste centro.

Continuam funcionando nele 2 escolas, devendo ser uma delas, dentro em breve, dirigida pelas dignas Irmãs de S.ª Cruz. O digno Vigário P.e Jacinto e o digno cura P.e Rufino, tem-se devotado com caritativo empenho ao bem da Obra. Bem hajam por isso. Oxalá que as dezenas em vez de diminuírem se vão aumentando dia a dia, para que assim as escolas sustentadas por este centro se conservem e deem o resultado suspirado. Os nossos cordiais agradecimentos aos reverendos párocos de Machico. [...]

---

[347] BMF, *Heraldo da Madeira*, 14 de janeiro de 1905.

[348] BMF, *Quinzena Religiosa da Ilha da Madeira*, 1 de fevereiro de 1905. Por esta altura a Obra de S. Francisco de Sales ministrava a educação primária a um total de 1530 alunos.

No princípio de 1905 a Congregação da Irmã Wilson estendeu o benefício da instrução ao concelho vizinho de Machico, abrindo uma nova escola de S. Francisco de Sales na Quinta de São Cristóvão, no sítio do Caramanchão, de modo a combater o ensino protestante ministrado pelos Calvinistas, que tinham aberto uma escola nas proximidades. *Coleção do autor.*

Mapa das Escolas

Escolas	Alunos
[...]	[...]
Porto do Moniz (Santa Madalena) sexo masculino	71
Porto do Moniz (Santa Madalena) sexo feminino	105
Santana sexo masculino	38
« « feminino	77

Escola de S. Francisco de Sales[349]

Realizou-se no dia 2 do mês de fevereiro, a inauguração da nova escola de S. Francisco de Sales, na freguesia de Machico, ao sítio do Caramanchão. A escola é regida pelas beneméritas irmãs franciscanas de Santa Cruz que tão bem sabem educar o coração e a inteligência das crianças. Com muito prazer, vamos transcrever duma carta que nos enviou o rev.º padre Jacinto, as informações que nos dá, por onde os leitores poderão ver o empenho que, tanto ele como rev.º cura, P. Rufino, tomam pela nossa obra e os ótimos frutos que ela está destinada a produzir naquela freguesia: «Tenho a honra de brindá-lo com a notícia de que ontem inaugurei no sítio do Caramanchão (Quinta de S. Cristóvão) a nova escola católica de S. Francisco de Sales, que será regida pelas Irmãs Franciscanas da comunidade que tem à testa a Irmã Maria de S. Francisco Wilson.

As irmãs vieram residir para Machico no dia 25 de janeiro, dia em que se comemora a conversão de S. Paulo. Ontem, festa da Purificação, fui à capela anexa à escola e aí celebrei a Santa Missa, com uma assistência de mais de 500 pessoas, fiz prática sobre o mistério do dia e terminei falando sobre a antiga capela de S. Cristóvão, de novo aberta ao culto, e onde em breve estará o SS. Sacramento, e sobre a abertura da nova escola que, à semelhança de Jesus, por amor de quem foi aberta, será luz de revelação para as crianças pobres e glória para este povo.

Ontem de tarde já estavam matriculadas 199 crenças de ambos os sexos, pois que a escola é mista. Todavia os meninos têm escola em quarto diferente das meninas, pois

---

[349] BMF, *Quinzena Religiosa da Ilha da Madeira*, 1 de março de 1905.

3. DE 1901 A 1910

Duas perspetivas da Quinta de São Cristóvão, onde foi instalada a escola fundada pelas Irmãs de Santa Cruz, que foi muito bem recebida pela população local, que acorreu em massa a inscrever as suas crianças na mesma, sendo a escola que mais rapidamente progrediu. *Secretariado da Irmã Wilson.*

a casa tem boas acomodações que o permitiram fazer. Será uma escola modelo, não lhe parece?

Espero que aumente o fervor dos associados da obra de S. Francisco, e, de facto, associados que desde muito tinham deixado a devoção, prometem continuar. Outros vieram agora dar seus nomes.

Domingo último eu e o meu Revº Cura pregámos sobre a obra e domingo continuarei.

Os zeladores e zeladoras – muitos dos quais se tinham descuidado – sendo zeladores que voltam ao pristino fervor.

O povo, e a melhor sociedade desta freguesia, estão satisfeitíssimos com a vinda das irmãs para aqui. É geral e uníssono o contentamento.

O povo, veio ao cais, no dia da chegada das irmãs, para conduzir gratuitamente o mobiliário das religiosas para a residência delas em S. Cristóvão.

Oxalá que as esperanças que todos depositamos nelas se não tornem, algum dia em cruel deceção.

Em Deus confio e S. Francisco de Sales pedirá por elas e por nós.»

Santa Cruz, 8 de julho de 1905.[350]

O dia 6 do corrente ficará para sempre lutuosamente gravado no coração do bom povo desta primorosa vila.

O preito de homenagem rendido ao malogrado Charles Frederick Raleigh Blandy, por ocasião do seu enterro, foi grandioso, profundamente emocionante. Não longe de três mil pessoas acompanharam à sua última morada o grande benfeitor desta terra. [...]

[...] Amparou e protegeu muitos desventurados aqui, onde havia nada menos de seis famílias de quem ele era o amparo. O hospital desta vila muito lhe deve, pois que era um dos seus protetores.

Mas não era só o bálsamo da caridade que ele derramava a mãos cheias sobre os desprotegidos da sorte. Quis também dotar o município com reconhecidos melhoramentos públicos. Um deles, do mais subido valor, um magnífico relógio a cuja inauguração ele assistiu radiante de alegria, aí está na torre da igreja paroquial desta vila a perpetuar a memória de tão benemérito «gentleman». [...]

(Correspondente)

---

[350] BMF, *Diário de Notícias*, 11 de julho de 1905. Texto inserido na rubrica "NOTÍCIAS RURAIS".

Santana, 28-7-1905[351]

[...] – Tiveram lugar nos dias 24 e 25 do corrente, na escola oficial do sexo feminino desta freguesia, os exames do primeiro grau de instrução primária, presididos pelo sr. Francisco José de Brito Figueiroa Júnior, ilustrado professor da escola oficial do sexo masculino da freguesia de S. Vicente. – Tendo o digno professor da escola oficial do sexo masculino apresentado oito alunos a exame, obtiveram dois a classificação de suficiente, ficando os restantes reprovados; da escola do sexo feminino fizeram exame duas alunas, ficando uma aprovada com a classificação de bom e outra reprovada; da escola dirigida pelas irmãs Franciscanas, fizeram exame quatro alunas, ficando todas aprovadas com a classificação de suficiente. [...]

Antigo postal das Cruzinhas, em São Roque do Faial, outrora ponto de passagem obrigatório no caminho para Santana. *Coleção do autor.*

(*Correspondente*)

Santana, 5-8-1905[352]

[...] – Por mal informado noticiei, na minha última correspondência,[353] que, da escola oficial do sexo feminino desta freguesia, tinham feito exame de 1.º grau duas alunas, ficando uma aprovada com a classificação de bom e outra reprovada e que da escola dirigida pelas irmãs Franciscanas tinham feito exame quatro, ficando todas aprovadas; porém, como assim não é, e se deve dar o seu a seu dono, apraz-me retificar, informando que da escola oficial do sexo feminino foram aprovadas ambas as alunas apresentadas a exame, tendo uma obtido a classificação de bom e outra de suficiente; da escola dirigida pelas irmãs Franciscanas só foram apresentadas três alunas, ficando duas com a classificação de suficiente e uma reprovada. [...]

(*Correspondente*)

BISPADO DO FUNCHAL[354]

Mais uma vez temos a lamentar que alguns dos R.ᵒˢ Diretores locais não enviassem o respetivo mapa e outros que não fizessem resumo algum dos factos mais notáveis ocorridos durante o ano. Particularmente sabemos porém, que em todos os centros, onde está estabelecida a devoção do S. Coração de Jesus, reina a fé, a piedade e o zelo, que bem se patenteiam já pelo número cada vez mais crescido de associados, pelas inúmeras comunhões de devoção e pelas obras de caridade a que se dedicam os nossos irmãos. Em quase todas as freguesias celebrou-se a festa respetiva, com o esplendor do costume, havendo tríduo ou novena, que a precederam, bem como a simpática cerimónia da primeira comunhão das crianças.

Passamos agora aos centros locais que nos enviaram o respetivo mapa com alguns esclarecimentos. [...]

Santo António da Serra: – Escreve-nos o Rev.º Diretor local:

«A paróquia tem quase 2000 almas. Tem uma capela consagrada aos Sagrados Corações de Jesus e Maria, fundada em 1899 a expensas de uma caritativa senhora inglesa. Próximo desta capela, cuja residência é ocupada por religiosas franciscanas, existem cerca

---

351 BMF, *Heraldo da Madeira*, 1 de agosto de 1905. Texto publicado na rubrica "Pelos nossos campos".
352 BMF, *Heraldo da Madeira*, 9 de agosto de 1905. Texto publicado na rubrica "Pelos nossos campos".
353 Cf. texto anterior.
354 BMF, *Quinzena Religiosa da Ilha da Madeira*, 15 de agosto de 1905. Texto inserido na rubrica "Atualidades".

3. DE 1901 A 1910

Irmã Wilson junto da Irmã Elisabete no Santo da Serra. *Secretariado da Irmã Wilson.*

de 60 calvinistas. Estes sectários, para angariarem adeptos, faziam no primeiro domingo de cada mês uma cerimónia a que chamavam «Ceia do Senhor», o que atraía grande concorrência. Para obviar a este mal inspirou-me o S. Coração a feliz ideia de convidar os associados do Apostolado da Oração a fazerem-na na dita capela, nesse primeiro domingo, uma comunhão geral reparadora, comungando o maior número possível a fim de desagravar o Divino Coração e alcançar a conversão daqueles infelizes.

O efeito foi maravilhoso, de modo que hoje já ninguém fala no primeiro domingo dos calvinistas e na dita capela há mensalmente no primeiro domingo a média de 50 comunhões, existindo aí de há meses também algumas secções de comunhão reparadora e o fervor aumenta dia a dia, para o que concorrem não pouco as referidas religiosas. Na igreja paroquial há também, de há um ano para cá, algumas secções de comunhão reparadora e nas 1.ªs sextas-feiras[355] há a média de 45 comunhões.» [...]

Obra de S. Francisco de Sales[356]

Com muito prazer podemos anunciar aos nossos caros associados que mais uma escola está aberta, onde se trabalha no espírito de S. Francisco de Sales na educação cristã da infância e juventude. Dirigida pelas proficientíssimas Irmãs de S. Cruz a nova escola do Arco de S. Jorge deve a sua existência ao incansável zelo do seu Rev.ᵐᵒ Vig.º e à generosidade de insignes benfeitores. A Obra de S. Francisco de Sales não pode contribuir senão com uma modesta mensalidade.

É geral a satisfação que se vê em toda esta gente. Os meninos e meninas, esses estão loucos de contentes. Oxalá estes primeiros entusiasmos não esfriem, e que uma geração futura bem-educada seja o prémio dos sacrifícios e das generosidades que se fazem para maior glória de Deus! [...]

Santa Cruz, 17 de novembro de 1905.[357]

Em aditamento ao nosso telegrama de 14 do corrente, referente à visita de Sua Ex.ª Revd.ᵐᵃ o Sr. Bispo desta diocese a esta vila e das merecidas festas de receção em homenagem àquele nosso virtuoso Pastor, vimos hoje dar mais desenvolvida descrição. [...]

Na quinta-feira[358] ainda Sua Ex.ª Revd.ᵐᵃ crismou diversas pessoas.

Neste dia visitou os paços do concelho, onde encarregou o sr. secretário da câmara de em seu nome agradecer à municipalidade a honra que este lhe dispensara em cooperar na receção que se lhe havia feito, seguindo dali para o tribunal e demais repartições públicas

---

[355] Nas primeiras sextas-feiras do mês realizava-se a devoção do Sagrado Coração de Jesus em muitas igrejas da Diocese do Funchal.
[356] BMF, *Quinzena Religiosa da Ilha da Madeira*, 1 de setembro de 1905.
[357] BMF, *Diário de Notícias*, 19 de novembro de 1905. Texto inserido na rubrica "NOTÍCIAS RURAIS".
[358] 16 de novembro.

onde foi pela mesma forma apresentar os seus agradecimentos. Também visitou o Hospital desta vila que encontrou no melhor estado de asseio. [...]

(Correspondente)

3.6. 1906

CARTA[359]

Ex.ᵐᵒ Sr. Redator do Heraldo da Madeira.

Trata-se dum assunto que interessa a todos nós, habitantes da Madeira, e aos bons créditos da ilha; e por isso atrevo-me a vir reclamar contra o proceder das nossas autoridades no palpitante assunto da MOLÉSTIA REINANTE.[360]

Escusado é dizer que me não leva a isso a política, que não tenho, a não ser a de desejar ver todos bem encaminhados e felizes. E que a tivesse, não escolheria o momento atual para a fazer, nem julgo ninguém capaz disso.

Dito isto, permita-me, sr. redator, que diga o que se me oferece sobre o caso que traz sobressaltados uns, e desconfiados os outros.

As autoridades pretendem, primeiro que tudo, que são *febres infeciosas* os poucos casos de que até aqui, felizmente, tem sido ainda menor o número das vítimas. Muito bem, mas se se trata de meras febres de mau carácter, cujos atacados convém entretanto isolar no Lazareto, porque é que envolvem no mais profundo mistério tudo quanto se passa naquela casa, não permitindo, sequer, aos parentes e amigos dos doentes que saibam notícias uns dos outros?

As versões que correm são muitas. Uns são de opinião dos nossos governantes, e contentam-se com as febres infeciosas; outros, que é pura política (o que não posso acreditar); estes, que é...; e aqueles – os da última hora – que se trata de pneumonias infeciosas, etc!

Seja o que for, é mau e mata; embora, felizmente, tenha até aqui sido muito limitado o número de vítimas.

Mas, para que o número destas não aumente, e que o próprio micróbio seja completamente desterrado, não seria mais acertado que esses que nos dirigem, em vez dos processos imperiosos, viessem francamente dizer-nos qual é a verdadeira natureza do mal que nos aflige e quais os meios profiláticos e outros que a cada um convinha empregar para se defender a si e aqueles cuja guarda lhes foi confiada?

Não senhor. Não se diz nada em público para o não assustar. Diz-se que o estado sanitário nunca foi melhor. Entretanto, as Canárias já não querem contato com o nosso porto, e não deixam lá entrar navio que toque na Madeira; e o próprio "São Miguel" não comunicou por imposição dos Açores!

Se não fosse o *mistério do Lazareto*, apetecia gritar logo que estavam loucos os açorianos e canários; mas podemos fazê-lo quando nos é vedado saber tudo quanto se passa de portas adentro daquela casa?

Sou, pois, de opinião que se acabem com os mistérios, maior mal que o próprio mal; que se diga de uma vez por toda a verdade, mesmo porque só assim nos poderão acreditar os estrangeiros quando

Luís da Rocha Machado, o autor deste texto, que seria acusado posteriormente na imprensa madeirense de, através do mesmo, ter instigado o assalto ao Lazareto, que ocorreria dois dias depois, pondo assim fim à *peste balbínica*. BMF, Almanque Ilustrado do Diário da Madeira 1913, *1912*.

---

359 BMF, *Heraldo da Madeira*, 5 de janeiro de 1906.
360 Tratava-se da famigerada *peste balbínica*.

qualquer dia lhes dissermos que o mal desapareceu.

Se é verdade que não tem importância a moléstia reinante, deixem, tomadas as devidas precauções, comunicar os internados no Lazareto com os que estão cá fora.

Se, infelizmente se trata de moléstia grave, diga-se publicamente a todos o que convém fazer para a prevenir ou remediar, levando a franqueza a comunicá-la também para o estrangeiro.

Se isso nos levar ao isolamento completo deste, nunca será portanto tempo como seria se continuarmos a enganá-lo; porque mais tarde não seremos acreditados quando lhes dissermos que tudo voltou ao seu antigo estado.

Há pois a meu ver máxima conveniência para todos que se acabe com os mistérios do Lazareto, cujo estabelecimento deve passar, do *inferno* em que é tido, para um meio hospitalar, onde possa cada um daqueles que tiver a infelicidade de lá ir, encontrar todos os socorros materiais e espirituais, sem o abuso do isolamento [como] até aqui.

A propósito de *espirituais*, perguntarei ainda aos dirigentes porque não têm no Lazareto um padre que dê a cada um os socorros da religião, e ainda porque é que recusaram admitir lá as três irmãs de caridade que se ofereceram para tratar de graça os enfermos, ali internados?

D. V.

Att. V.or e C.º obsq.º

Rocha Machado

3 Jan. 1906.[361]

A Ira de Deus[362]

Com o desprendimento de quem põe os interesses desta tão bela e tão martirizada terra acima de todas as preocupações políticas, aconselhámos a autoridade a que tivesse circunspeção, cordura e cuidado nas suas medidas sanitárias, que estavam a levantar rumores, explosões e demonstrações de mau agouro e que só não eram ouvidos por esses surdos e odientos delegados do governo!

Negavam na sua imprensa e negavam aos cônsules e à Associação comercial a existência da epidemia, e mandavam-na combater com uma ostentação tão inconveniente que desmentia todas as suas afirmativas, criando uma situação de incerteza mais desesperadora que a verdade, mil vezes!

Só homens sem olhos, sem prudência, sem previsão e sem senso, podiam observar com tão estúpida indiferença os prenúncios da tempestade que se desencadeou no dia 7 sobre esta cidade!

A narrativa dos acontecimentos que no Domingo puseram, mais que em sobressalto, quase em terror o Funchal, vai ao diante feita com os pormenores, em parte, fornecidos pelo *compte-rendu* do Diário de Notícias e por informações da nossa reportagem.

O movimento da cólera popular pronunciou-se todo nesse dia contra o Lazareto, transformado em casa de isolamento e de hospitalização dos suspeitos e dos atacados da suposta ou verdadeira epidemia que se manifestara nesta cidade por casos, na sua maior parte, ocultados à ansiedade da população impressionada pelas prevenções da autoridade.

Foi aquele estabelecimento o objetivo único da raiva do povo, satisfazendo-se a sua irritação com destruir tudo quanto na sua exaltação acreditava ser a causa dos vexames que lhe impunha a direção dada às medidas do governo do Distrito.

O povo dera uma designação característica e sugestiva a essa casa que devia ser como uma Providência, quando ocorresse e se comprovasse uma epidemia! Chamou-lhe a Bastilha de Gonçalo Aires!

E, na verdade, a incompreensível desorientação da autoridade administrativa convertera numa *prisão pavorosa* esse estabelecimento que até aqui, e em circunstâncias muito me-

---

361 Notícias posteriores divulgadas na imprensa madeirense atribuem a esta missiva a génese do movimento popular que tomaria de assalto o Lazareto e libertaria os doentes lá internados.

362 BMF, *O Direito*, 9 de janeiro de 1906.

Aspeto atual do Lazareto, visto do mar. Em 1906 foi considerado como sendo a Bastilha madeirense devido aos alegados maus-tratos alegadamente inflingidos aos pacientes contagiados com a *peste,* que ali haviam sido internados compulsivamente pelo Dr. Balbino Rego. Com o "assalto ao Lazareto", ocorrido a 7 de janeiro de 1906, foi desmascarada a fraude do seu diretor, suscitando a ira popular contra a sua pessoa. Nas semanas e meses que se seguiram publicaram-se inúmeros folhetos descrevendo muitos dos abusos que ocorreram naquele local, que resultaram na morte de diversos pacientes, que eram sepultados secretamente, a altas horas da noite, sem que os familiares fossem informados. *Foto do autor.*

lindrosas, havia prestado relevantes serviços à extinção de graves moléstias contagiosas!

E como conseguiu essa autoridade criar os terrores, os ódios e as suspeitas, e até as superstições de que se cercou essa casa tão útil e tão necessária numa crise da natureza da que se inculcava?

Conseguiu-o convertendo-a num verdadeiro «presídio de enfermos»!

O tristíssimo regime sanitário que o sr. governador inaugurou **pela primeira vez** entre nós, fez-nos chegar à perfeição de se considerar um crime o estar doente, e como um castigo a assistência médica e a cura!!

Uma alucinação administrativa destas nunca viramos, nem supuséramos que jamais se pudesse ver nesta terra! [...]

Ninguém dirá que somos suspeitos de *excessivos escrúpulos religiosos*, mas não compreendemos que num governo, já não dizemos católico, mas simplesmente tolerante se sonegassem os socorros da religião àqueles que na hora extrema dos seus padecimentos imploram esse refrigério moral!

Não tem uma pequena parte nas apreensões do público contra o regime inquisitorial do Lazareto, a barbaridade com que se recusou aos desgraçados essa consolação!

Consolação gratuita e inofensiva, porque se ofereceram ministros dedicados e generosos para prestarem essa assistência moral aos pobres!

Desconhecíamos esse pormenor que tanto agravou a crise criada pela insensatez das autoridades! Mas uma comunicação feita à imprensa por um respeitável amigo nosso, veio aumentar ainda mais a nossa surpresa com esse desatino inaudito.

Referimo-nos ao facto, a todos os respeitos memorável, de se haver recusado o préstimo oficioso das *religiosas* que se haviam oferecido para assistir gratuitamente e permanentemente aos enfermos internados no Lazareto!

Para nós que, também, não somos suspeitos de parcialidade para com as instituições de ordem monástica esse facto produz no nosso espírito uma impressão que nem sabemos definir!

Foi um sentimento de inoportuna política, selvagem e estulta que determinou, em ocasião tão crítica, essa recusa?

Os governos mais intransigentes em «política religiosa» nunca ousaram rejeitar os serviços que as Irmãs de Caridade tantas vezes têm prestado em situações bem perigosas como as da guerra e das calamidades epidémicas.

O ato do governo na ocasião em que se nos inculcava por factos, (embora por palavras se negasse), a existência de uma enfermidade contagiosa de grande perigo, é inexplicável, até, pelos precedentes da sua aliança com os elementos políticos a que pertencem essas vítimas da profissão e do dever religioso. [...]

Manifestação popular[363]

Ficará para sempre memorável o dia 7 de janeiro de 1906.

O povo madeirense assaltou o Lazareto onde estavam internados diversos doentes e suas famílias e pô-los em liberdade.

Enquanto autoridades bem-intencionadas e bem orientadas utilizaram o Lazareto como casa de isolamento, sem envolvê-lo em mistérios tenebrosos, antes comunicando ao público o que lá se passava e às famílias dos atacados o estado em que estes se encontravam, nunca pessoa alguma se lembrou de atacar o Lazareto.

Mas, infelizmente, as nossas autoridades, confiadas na impunidade em que ficaram perante perseguições ignominiosas que aí fizeram, entenderam que podiam contrariar o nosso pacífico povo sem lhe advir o mínimo desgosto.

Exorbitaram e por isso ocorreram os sucessos do dia 7, que passamos a narrar.

Na noite do dia 5, o povo do sítio do Bom Sucesso vendo por ali o sr. dr. Abel de Vasconcelos e desconfiando que este clínico fosse denunciar algum doente para ser internado no Lazareto insultou-o e perseguiu-o, vendo-se o sr. dr. Abel obrigado a saltar diversas fazendas para poder escapar à sanha popular. Participada esta ocorrência ao governador civil, dirigiu-se esta autoridade ao quartel de infantaria 27 e pediu uma força que partiu para o campo da Barca, dividindo-se neste ponto em duas partes, ficando uma no posto de desinfestação e seguindo a outra para o Lazareto, donde depois se retirou.

Como constasse ao sr. Lomelino que o povo pretendia assaltar o Lazareto, no seu alto critério, que tudo se prevenia pondo a guardar aquele edifício a irrisória força dum cabo e três soldados!

Sucedeu, porém, que dois soldados desta guarda, ali colocado[s] no dia 6, para matarem as horas vagas, entraram no Lazareto e foram seguindo até à chamada zona de refúgio. Sendo avistados pelos empregados daquele estabelecimento foram logo internados na dita zona e sujeitos a desinfeções.

Desta ocorrência veio participação para o quartel e a nova foi passando de boca em boca.

Os soldados, ao saberem que camaradas seus estavam internados no Lazareto, resolveram ir lá soltá-los, certamente por suporem que igual sorte lhes estaria reservada.

Marcaram ponto de reunião no dia sete pelas 10h da manhã no *Campo de D. Carlos* e dali partiram para o Lazareto, em número superior a sessenta. Aos soldados juntou-se enorme multidão de povo.

Mulheres, homens e crianças estavam cerca de 5.000, numa vozearia enorme.

Às 11 horas puseram-se em marcha os manifestantes e seguiram pelas ruas de Santa Maria e Largo do Socorro, ali dividiram-se uns pela Travessa da Sacristia, outros pela calçada do Socorro e foram todos a caminho do Lazareto.

Ali chegados arrombaram a porta principal, e desceram até aos edifícios onde estavam os doentes e isolados.

Os soldados depois de terem posto em liberdade os camaradas seguiram com eles para o quartel e o povo seguia com os outros internados, homens, mulheres e crianças, pela cidade dentro, no meio do maior entusiasmo, sendo correspondidos com vivas e acenos de

---

[363] BMF, *O Direito*, 9 de janeiro de 1906.

lenços das janelas por onde passavam.

Não houve uma única tentativa contra as vidas dos médicos ou empregados, o que demonstrou que não havia intenção de fazer mal a pessoa alguma, mas simplesmente protestar contra a forma como estavam procedendo ao isolamento de doentes, ao segredo e às falsas informações que a autoridade tão imprevidente estava dando a todos quantos lhe perguntavam pelo estado sanitário do Funchal.

Duas horas depois saiu uma força comandada pelo sr. capitão Luís Acciaioly que se dirigiu para o Lazareto, quando, porém, ali chegou encontrou já tudo destruído e muitos curiosos a verem o resultado da revolta. [...]

As irmãs no Lazareto[364]

No dia 7 de dezembro do ano passado a superiora das Irmãs Franciscanas de Santa Cruz dirigiu-se ao ex.^{mo} e revd.^{mo} Prelado desta Diocese e ofereceu-se para ir para o Lazareto tratar dos doentes, dizendo que podiam contar com mais algumas Irmãs para esse serviço.

Este oferecimento foi comunicado ao governador civil, que respondeu não serem necessárias, pois os doentes eram em número diminuto.

Esta, afirmam-nos, ser a verdade.

A 7 de dezembro de 1905 a Irmã Wilson voluntariou-se para ir para o Lazareto, acompanhada de algumas Irmãs da comunidade de Santa Cruz, de modo a tratar dos doentes infetados com a *peste*, mas o seu oferecimento foi recusado pelo Governador Civil de então, Pedro José Lomelino. *Secretariado da Irmã Wilson.*

ONDE ESTÁ A PESTE?[365]
Pormenores curiosos

O que vamos hoje revelar ao público do Funchal constitui o complemento do auto de corpo de delito contra as autoridades administrativas deste Distrito. [...]

De que servia esse segredo quando o sr. Diretor técnico do Laboratório Bacteriológico dizia perante quem o quis ouvir que estávamos em presença da peste... do Porto?

Não era preciso mais nada para criar a lenda da peste!

Essa lenda tomou ainda um vulto extraordinário com as reservas, com os mistérios, com os segredos sinistros da reclusão no Lazareto, com a divulgação dos maus tratos que se davam aos internados, com os enterramentos noturnos, com a organização da «enfermagem familiar» daquela casa, com a exclusão de «testemunhas insuspeitas», quais seriam as irmãs de caridade que ali não foram admitidas pelo governador, e por mil outros incidentes que denunciavam um plano infernal em toda esta manobra torpíssima dos exploradores da rica mina da peste! [...]

---

[364] BMF, *O Direito*, 11 de janeiro de 1906.
[365] BMF, *O Direito*, 17 de janeiro de 1906.

Guelas de Pau[366]
III

Não prevalecerão contra a Madeira as portas do Lazareto, transformada em verdadeiro inferno pelo espírito insolente e mau que dirige a administração do Distrito. [...]

Por um sentimento de honrosa dedicação e humanidade uma senhora que exerce profissão da caridade em Santa Cruz, M. Wilson, veio oferecer perante o ilustre Prelado do Funchal os seus desinteressados serviços aos internados do Lazareto.

Não reclamava em pagamento do seu sacrifício senão as bênçãos dos pobres. Foi levada essa graciosa oferta ao conhecimento do chefe do Distrito,[367] e recusou-a!

Se o perigo era real poucos como essa senhora e as suas companheiras estavam no caso de auxiliar a debelação de tão funesta e inculcada enfermidade. Tinham a prática dos hospitais e a sua presença era até um útil concurso moral prestado ao serviço do Lazareto onde havia mulheres que eram submetidas a um tratamento rigoroso e vergonhoso, não «aplicado mas infligido» pelas mãos grosseiras e selvagens dos Carochas!

Ah! Mas o Lazareto era um filão cuja exploração se reservava aos felizes privados do sr. Octaviano Soares[368] e do respetivo Diretor daquela casa sanitária![369]

A recusa do sr. governador, recusa imediata e direta feita ao digno Prelado, não era uma inspiração dos seus princípios de impiedade política, era uma inspiração da ganância sôfrega que não admite nem competidores nem testemunhas da sua exploração.

Os [As] «benesses da epidemia» estavam reservados para a família e para os compadres.

Já aqui o dissemos uma vez e repetimos: não há quem nos possa acusar de suspeições que desdizem os nossos princípios, mas seria para nós incompreensível a rejeição dos serviços gratuitos da instituição religiosa que os oferecia, se os factos não viessem pôr a descoberto os motivos ominosos de tão inesperada demonstração de incompatibilidade do governador progressista com esses mesmos a quem solicita o seu apoio político.

Nós não lhe solicitámos jamais essa cooperação, mas no dia em que a aflição pública e a necessidade nos impusessem a aceitação desse conforto humanitário, diz-nos a consciência que rejeitá-lo seria um crime!

Na opinião pública ninguém interpreta esse procedimento inqualificável do chefe distrital senão por esta forma:

«A autoridade não queria testemunhas da sua intrujice nem da sua especulação monstruosa».

Se assim não fosse, ela exultaria por nos patentear os seus desvelos no combate da «formidável epidemia da peste»!

«Estamos bem servidos» dizia o governador ao Prelado!

E realmente ficámos bem servidos!

O ódio do povo contra os seus carrascos avolumou com os mais extraordinários pormenores o horror verdadeiramente fúnebre daquela casa, hoje nefanda para o Funchal inteiro, mas que devia, noutras circunstâncias, merecer-lhe a simpatia e as bênçãos.

Eis a obra da maldade e da fria indiferença destes tutores da sociedade!

Maldição eterna sobre esses celerados das «Guelas de Pau»!

Folheto[370]

Brevemente vai ser publicado um bem escrito e documentado folheto historiando toda a tragédia do Lazareto.[371]

---

[366] BMF, *O Direito*, 26 de janeiro de 1906.

[367] Dr. Pedro José Lomelino.

[368] Administrador da Câmara Municipal do Funchal e Comissário da Polícia nesta época.

[369] Dr. Balbino Rego, sobre o qual cairiam graves acusações e que neste ano se tornou na pessoa mais odiada da Madeira, devido ao seu proceder no Lazareto.

[370] BMF, *O Direito*, 31 de janeiro de 1906.

[371] Tratava-se do folheto intitulado "A Farsa do Lazareto", conforme se verá seguidamente. Apresentamos a sua transcrição no Anexo V desta obra.

NOTAS IMPORTANTES[372]

Como nos anos anteriores, vamos dar aos nossos leitores e queridos associados, notícias pormenorizadas acerca dos vários centros paroquiais da nossa benemérita Obra, salientando aqueles que, pela sua generosidade e dedicação efetiva, mais dignos se tornaram do nosso reconhecimento e dum modo particular credores da eterna gratidão de todos quantos recebem proteção e são socorridos pela mesma Obra. Oxalá que o exame circunstanciado de todos os principais centros conserve os sentimentos de caridade de uns, afervore a falta de zelo de outros e faça ainda com que muitos saiam do seu estado de apatia que os leva a não se importarem senão com o seu próprio bem-estar e adoram em seus corações o feio egoísmo, essencialmente oposto ao espírito da nossa santa religião. [...]

Machico – É sobremodo consolador o ver como esse centro se conserva e desenvolve. O Rev.º P.e Jacinto que se pode dizer constituiu por completo o centro antigo, foi incansável em atividade e zelo para o colocar no esplendor em que se acha. A escola, dirigida pelas beneméritas Irmãs de Santa Cruz pode dizer-se modelar e é geral a simpatia que tem em toda a freguesia. O Rev.º P.e Jacinto que em breves dias abandonará Machico para vir ocupar o seu lugar de primeiro cura da Sé, para onde há pouco foi despachado, com grande satisfação própria pode contemplar como Deus abençoou os seus grandes esforços. A Obra de S. Francisco de Sales dar-lhe-á sempre um lugar de honra entre os seus beneméritos e Machico honrará com justo encómio o enorme bem que o seu querido vigário ali realizou. Esperamos que o Rev.º P.e Ribeiro nomeado para substituir o Rev.º P.e Jacinto, continuará com não menor afã e entusiasmo a Obra tão admiravelmente iniciada pelo seu antecessor. Oxalá também que os dignos associados desta freguesia nunca esfriem na caridade para com a Obra que tanto bem está operando na sua terra e em toda a Madeira. [...]

Santana – Nesta freguesia a Obra está estacionária e conserva-se a escola que lá existe, devido ao zelo industrioso do R.º Vigário. P.e Joaquim Fernandes.

Se o povo de Santana se compenetrasse bem da importância da escola salesiana que abriga em seu seio, como envidaria mais esforços para lhe criar uma situação totalmente desafogada! Infelizmente o nosso povo está habituado a calcular o valor duma obra, só pelo proveito material que dela se possa auferir. Daí vem malsinar-se uma escola porque o número dos alunos apresentados ao exame final parece diminuto ou porque o resultado desses exames não é inteiramente satisfatório. E não se atende à educação do coração, à morigeração dos costumes nem aos conhecimentos religiosos ensinados, como se tudo isto fosse de menor importância do que um brilhante exame! E não se olha ao zelo e dedicação das pessoas que educam essas crianças! E até muitas vezes se lhes perverte e desvirtua as intenções mais puras! A escola de Santana é dirigida pelas boas Irmãs franciscanas que trabalham com a dedicação e zelo que sempre lhes foi peculiar. Oxalá prospere a nossa Obra neste novo ano. São estes os nossos votos mais sinceros, convencidos de que não podemos desejar coisa melhor para o bem da freguesia. Ao Rev.º Vigário, nosso particular amigo e às boas Irmãs franciscanas os nossos agradecimentos.

Porto Moniz – O centro desta freguesia tem prosperado nos últimos anos, graças ao zelo do Rev.º Vigário P.e João Correia e do Rev.º Cura P.e Jacob Sardinha. É com grande prazer que vemos a receita chegar para as despesas o que denota uma prosperidade muito apreciável. Enorme bem, lá estão fazendo as dedicadas Irmãs franciscanas. Permita N. Senhor que tão belo fervor não afrouxe nunca, antes pelo contrário aumente de dia para dia. Aos Rev.os Vigário e Cura o nosso sincero reconhecimento; às boas religiosas as nossas felicitações pela bênção que Deus tem dado aos seus trabalhos.

Arco de S. Jorge – Esta pequena freguesia do norte da Ilha pode legitimamente ufanar-se com a escola salesiana que possui, fruto do ardente labor do Rev.º P.e Marques Jardim que a paroquiou até ao presente ano e que agora dirige a freguesia do Santo da Serra. Se fora este o único efeito valioso da estada do Rev.º P.e Jardim no Arco de S. Jorge já por muito contente se devia dar o nosso caro amigo. Felizmente N. S. abençoou em muitas outras coisas o seu zelo e dedicação. Dirigem a escola as Irmãs franciscanas, o que é uma garantia segura para o seu bom funcionamento. Queira Deus que o entusiasmo que acompanhou

---

372 BMF, *Quinzena Religiosa da Ilha da Madeira*, 1 de fevereiro de 1906.

3. DE 1901 A 1910

A escola de S. Francisco de Sales do Arco de São Jorge, dirigida pelas Irmãs Franciscanas de Santa Cruz, foi estabelecida no primeiro andar deste prédio daquela freguesia. *Secretariado da Irmã Wilson.*

esta fundação jamais entibie, antes se conserve e aumente. Ao presente governa a freguesia o Rev.º P.ᵉ José Faria que temos a plena certeza saberá continuar fervorosamente a obra que lhe legou o seu antecessor. Ao Rev.º P.ᵉ Jardim e a todos os generosos benfeitores da Obra nesta freguesia os nossos parabéns e emboras calorosos. [...]

Despesa Pormenorizada

Escolas	Quantias
[...]	[...]
Arco de S. Jorge (Escola das Irmãs) subsídio	14$000
Escolas autónomas:	
Machico (Escola de S. Cristóvão e do Moinho da Serra) ...	159$000
[...]	[...]
Porto Moniz (Escola das Irmãs)	72$000
[...]	[...]
Santana (Escola das Irmãs) ……...........................	75$000
[...]	[...]

Mapa das Escolas Salesianas 1905[373]

	Sexo-masc.	Sexo fem.	Núm. total
[...]	[...]	[...]	[...]
Machico			
Escola de S. Cristóvão	149	154	203
[...]	[...]	[...]	[...]
Santana			
Escola das Irmãs de S. Cruz ….......................…............	30	99	129
Arco de S. Jorge			
Escola das Irmãs de S. Cruz ….......................…............	29	41	70
Porto Moniz			
Escola de S. Madalena …………………………..	31	62	93
[...]	[...]	[...]	[...]

---

[373] Por esta altura existiam diversas escolas de S. Francisco de Sales, em diversas freguesias do Funchal e noutras partes da ilha que não estavam a cargo das discípulas da Ir. Wilson, a saber, duas em Santa Maria Maior, uma em Santa Luzia, duas em Santo António, uma em São Roque, uma em Machico, duas em Câmara de Lobos e uma na Ponta do Sol. No total o número de alunos que frequentavam todas as Escolas de S. Francisco de Sales, na ilha da Madeira, ascendia a 1503, sendo que 728 eram rapazes e 775 raparigas.

A tragédia do Lazareto[374]

É amanhã que aparece à venda um opúsculo de cinquenta e tantas páginas, assim intitulado, e que é uma narrativa completa de todos os sucessos aqui ocorridos com a fantástica peste, desde 28 de novembro até à presente data.

Acompanham o opúsculo três fotografias, cópias fiéis dos originais.

A publicação deste opúsculo tem por fim perpetuar a recordação da infamíssima burla de que a Madeira foi teatro, e é por isso posto à venda pelo diminuto preço de cem réis, a fim de que fique ao alcance de todos.

A Farsa do Lazareto[375]
Versos ilustrados

Cenas passadas de portas adentro do Lazareto.

A Farsa do Lazareto[376]
Versos

Descrição em verso do que se passou adentro do Lazareto com gravuras representando diversas cenas, todas verdadeiras.

O autor dos versos *A Farsa* foi um dos internados que esteve condenado a ficar para sempre dentro do Lazareto.

Machico 8 – 4 – 906[377]

Quando o rev.º padre José Marques Jardim, vice vigário do Santo da Serra, regressava à sua residência, depois de ter dito missa na capela das irmãs de S. Francisco da mesma freguesia, ao passar um pequeno ribeiro, caiu do cavalo em que montava, por este se ter desbocado, queda que podia ser fatal, se não fosse a agilidade do cavaleiro não obstando, ainda assim a que fosse ferido no lábio superior por um pé do cavalo. […]

S.

Capa do folheto contendo a descrição da "Farsa do Lazareto", onde encontramos uma referência ao oferecimento da Irmã Wilson em 1905, cuja transcrição apresentamos no Anexo V. Na capa encontra-se um desenho ilustrando as desinfeções a que eram sujeitos todos os pacientes infetados com a *peste* que davam entrada naquele hospital de isolamento, que foram muito criticadas na altura. *ABM*, "A Peste Balbínica", *folheto avulso*.

---

374 BMF, *O Direito*, 17 de fevereiro de 1906. Na edição do dia seguinte deste jornal encontra-se uma nova notícia, intitulada "**Tragédia do Lazareto**", que trazia mais pormenores sobre esta publicação, nestes termos: «Está à venda o opúsculo assim intitulado e onde vêm consignadas todas as peripécias da fantástica peste./ É um documento destinado a perpetuar a maior das infâmias que este povo tem presenciado./ Acompanham-no três fotografias: – a da 1.ª vítima do lazareto; – a da pequenita Fernanda, filha do alfaiate José de Freitas, salva pelo povo no dia 7 de janeiro; – e a do ex-diretor do lazareto./ O seu custo é apenas de 100 réis.» Apresentamos no Anexo VI a transcrição desta obra, onde é referido o oferecimento da Irmã Wilson ao Governador Civil do Funchal, em 1905, que foi recusado.

375 BMF, *O Direito*, 23 de fevereiro de 1906.

376 BMF, *O Direito*, 23 de fevereiro de 1906. Apresentamos a transcrição do teor deste e de outros folhetos relativos à *peste balbínica* no Anexo V desta obra.

377 ABM, *O Jornal*, 9 de abril de 1906. Texto inserido na rubrica "Notícias de Machico".

Machico, 16 de julho de 1906.[378]

[...] – Terminaram já os exames do 1.º grau neste concelho.

Foram examinados 12 alunos do sexo masculino, obtendo 5 a classificação de ótimo, 4 a de *bom* e 3 a de *suficiente*.

Do sexo feminino foram examinadas 4 alunas, sendo 2 classificadas de ótimo, 1 de *bom* e 1 de *suficiente*.

Onze dos alunos examinados e aprovados pertenciam à escola católica de S. Francisco de Sales, que funciona no sítio do Caramanchão e que é proficientemente dirigida pelas Irmãs Franciscanas de Santa Cruz. Esta escola, a que presta melhores serviços ao concelho, conta mais de 200 alunos. [...]

(Correspondente)

Contra factos não há argumentos[379]

[...] Vejamos quais os factos que nos levam a acreditar na conivência e cumplicidade do então governador civil substituto Pedro José Lomelino, em todos os crimes cometidos no Lazareto, e nas análises feitas no Laboratório Bacteriológico pelo dr. Balbino do Rego.

Sobre o Dr. Pedro José Lomelino recaíram graves acusações de ser um dos principais defensores das ações do Dr. Balbino Rego no Lazareto, sendo por isso um dos principais cúmplices da famigerada *peste balbínica*. BMF, Almanaque Ilustrado do Diário da Madeira 1913, *1912*.

1.º Sendo o sr. Pedro Lomelino médico, devia chamar para junto de si em ocasiões tão terríveis como a de uma epidemia de peste, todos os médicos graduados da Madeira, e devia submeter à opinião deles os trabalhos do dr. Balbino do Rego, pois mais veem cinco ou seis, do que um.

2.º Quando estava aberto o Lazareto, o dr. Lomelino devia, na sua dupla qualidade de médico e autoridade superior do distrito, visitar o Lazareto e saber o que se estava ali passando era ou não o que no público corria.

3.º Quando um médico estrangeiro muito afamado pretendeu ver os trabalhos bacteriológicos e visitar o Lazareto, devia o sr. Lomelino autorizar e nunca negar, como o fez.

4.º Quando as Irmãs hospitaleiras de Santa Cruz se ofereceram para tratar os doentes no Lazareto, os quais estavam com enfermeiras de má nota, devia imediatamente ter aceite, pois que essas senhoras são carinhosas no tratamento dos doentes.

5.º Quando o dr. César Mourão Pita, que é médico por uma escola superior, lhe foi dizer que ele tomasse cuidado no que estava fazendo o dr. Rego etc, devia atender a este prudente conselho, em vez de lhe responder que todos os médicos do Funchal não valiam as solas das botas do dr. Rego.

6.º etc. etc...

A nada atendia o então governador civil substituto, recebendo mal tudo quanto fosse no sentido de acabar com a peste.

Ele não queria no lazareto quem tratasse, porque lhe convinha que morressem os supostos pestíferos. [...]

O loto do "Popular"[380]

O "Popular" na sua qualidade de órgão dos náufragos do "Lazareto", quer ser – honra lhe seja! – coerente com o proceder dos seus clientes que é o de todos os infelizes ultrajados pelas ondas; [...]

[...] Desta maneira, o colega vai amanhã dizer que quem assenta na água fresca da levada do Castelejo é o sr. José Ribeiro; que quem esmola votos por entre a cascadura e pelos

---

[378] ABM, *O Jornal*, 17 de julho de 1906. Texto inserido na rubrica "Notícias rurais".
[379] BMF, *O Direito*, 26 de julho de 1906.
[380] BMF, *Heraldo da Madeira*, 10 de agosto de 1906.

Em setembro de 1906 a Irmã Wilson regressou ao Funchal, ao ter aceite o convite do Bispo D. Manuel Agostinho Barreto para assumir o cargo de regente do Recolhimento do Bom Jesus. *Coleção do autor.*

casais de S. Martinho, com um sucesso de vaias e apupos, são os deputados franquistas, ainda incógnitos; que a declaração pública e assinada pelo sr. João da Silva Inácio, se dirige evidentemente contra o sr. major Alexandre Sarsfield, e até que o governador do Funchal que recusou para o serviço do "Lazareto" o oferecimento das irmãs hospitaleiras foi o sr. dr. Manuel de Arriaga. Por este andar, quem poderá prever aonde irá chegar nas suas afirmativas pitorescas o bom do "Diário Popular"? […]

Recolhimento do Bom Jesus[381]

Consta-nos que Miss Wilson, superiora das irmãs franciscanas que têm a sua sede na vila de Santa Cruz, vai tomar a direção do recolhimento do Bom Jesus desta cidade,[382] no

---

381 BMF, *Heraldo da Madeira*, 29 de agosto de 1906.

382 A título de curiosidade apresentamos aqui alguns dados históricos sobre este vetusto edifício. No artigo intitulado "**Recolhimento do Bom Jesus da Ribeira**" publicado n'*O Direito* de 7 de julho de 1886, encontra-se um relatório, datado de 1812, que contém a notícia da criação deste estabelecimento e do fim para que havia sido instituído, o qual transcrevemos seguidamente: «Ill.mo e Ex.mo Sr. – O Recolhimento do Bom Jesus da Ribeira deve a sua fundação ao piedoso zelo do licenciado Simão Gonçalves Cidrão, arcediago que foi da Sé desta cidade do Funchal; ajudado, pois, este das esmolas dos fiéis e do apurado catolicismo e eficaz caridade do padre Pascoal Ferreira de Sousa, mestre da capela da dita catedral, lhe estabeleceu o dote constante das escrituras de doação, datadas de 20 de dezembro de 1655 e de 9 de outubro de 1673./ Tal Instituto teve por objeto recolher vinte e cinco a trinta mulheres conversas, entrando neste número algumas donzelas pobres, para livrá-las por este modo de caírem na desgraça das primeiras, as quais, como em pouco tempo se tornassem edificantes, mereceram que pessoas honestas ambicionassem a sua companhia, – já parentas do fundador, já das famílias mais qualificadas desta terra, como presentemente se está observando./ Foi aprovado o mencionado Instituto pelo Ordinário com todas as formalidades prescritas, sendo Bispo desta Diocese Dom Frei Gabriel de Almeida, (a) tempo em que se solicitou da Sé Apostólica a graça para professarem as recolhidas, o que se não obteve; não havendo assento nem tradição, de qual fosse o motivo./ Isto não obstante elas vivem como religiosas, sujeitas ao coro e às mais obrigações que lhes são inerentes./ Desde logo tiveram sacrário com o Santíssimo Sacramento na capela-mor da sua própria igreja onde celebram constantemente as festividades do ano, assim como ofícios e aniversários pelas almas dos fundadores e dotadores./ Na primitiva entravam as recolhidas sem dote, mas não chegando o rendimento da casa, ainda mesmo ajudado dos trabalhos de suas mãos, foi resolvido pelo Ordinário, a quem são sujeitas, que as que houvessem de ser admitidas para o futuro dariam duzentos mil réis./ Com o andar do tempo se levantou a trezentos mil réis e hoje tem subido a quatrocentos mil réis, com as vistas de se evitar o desfalque dos capitais./ Assim mesmo o rendimento do ano passado foi de um conto trezentos sessenta e sete mil réis (1:367$000) e a sua despesa de

3. DE 1901 A 1910

Claustro e do coro da igreja do Recolhimento do Bom Jesus. *Fotos do Cónego Dias existentes no Secretariado da Irmã Wilson.*

dia 1 do próximo mês de Setembro.

Posse[383]
Na próxima segunda-feira tomará a direção do recolhimento do Bom Jesus, a madre Maria de S. Francisco Wilson, dando-lhe a posse o rev.º cónego Mgr. Monteiro, atual governador do bispado.

Recolhimento do Bom Jesus[384]
O revd.º cónego Monsenhor J. Luís Monteiro confere amanhã posse da direção do Recolhimento do Bom Jesus, da Ribeira, à madre Maria de S. Francisco Wilson, que dirige há anos o hospital da vila de Santa Cruz.

Vêm também daquele hospital para o referido recolhimento mais duas religiosas.

Recolhimento do Bom Jesus[385]
Como já noticiámos, tomará a direção do recolhimento do Bom Jesus, Miss Wilson, superiora das irmãs franciscanas que têm sua sede em Santa Cruz.

A posse, que será conferida por monsenhor João Luís Monteiro, terá lugar amanhã.

Recolhimento do Bom Jesus[386]
Tomou a direção do recolhimento do Bom Jesus, Miss Wilson, superiora das irmãs franciscanas, que tem sua sede em Santa Cruz.

Recolhimento do Bom Jesus.[387] – No dia 3 de setembro, a Ex.ma Sr.ª Irmã Maria Francisca Wilson, digníssima Fundadora e Superiora do Instituto das Irmãs Franciscanas de Santa Cruz, assistida de duas religiosas da mesma Congregação, assumiu a regência do Recolhimento do Bom Jesus, o qual abriga atualmente cerca de 30 recolhidas. A posse foi-lhe conferida, em nome do Ex.mo Prelado diocesano, pelo Rev. Mgr. Cónego Monteiro.

Esta nomeação parece muito acertada, porque há

---

dois contos e sete mil réis (2:007$000 rs), a que deu lugar o sustento, posto que módico e parco, vestuário, pagamento do confessor, sacristão, médico, botica, lenha, etc., o que observei das contas que me foram apresentadas./ Acham-se ao presente no dito Recolhimento quarenta e duas pessoas incluindo a Regente, Escrivã e a Porteira; umas vivem das rendas do mesmo e outras são sustentadas pelos parentes, – o que, faltando-lhes, se vêm na necessidade de pedirem alguns socorros aos corações benéficos./ De toda a história que acabamos de expor se manifesta o proveito e vantagem que resulta deste Estabelecimento./ Funchal a 3 de julho de 1812.

383 ABM, *O Jornal*, 1 de setembro de 1906.
384 BMF, *Diário de Notícias*, 2 de setembro de 1906.
385 BMF, *Heraldo da Madeira*, 2 de setembro de 1906.
386 BMF, *Diário Popular*, 4 de setembro de 1906.
387 BMF, *Quinzena Religiosa da Ilha da Madeira*, 15 de setembro de 1906. Texto inserido na rubrica "Notícias diocesanas".

3.6.1906

Aspeto exterior do Recolhimento do Bom Jesus, sito à Rua do Bom Jesus, no Funchal. *Foto do Cónego Dias existente no Secretariado da Irmã Wilson.*

toda a razão de esperar que, graças ao senso prático, à prudência e caridosa firmeza da nova regente, que já fez suas provas, vai inaugurar-se neste piedoso Instituto uma nova era de paz e de prosperidade.

Festa de S. Cristóvão[388]

Realiza-se domingo próximo, na respetiva capela, a festividade de S. Cristóvão, na qual tomam parte as Irmãs franciscanas que, na casa contígua à capela, têm uma escola que é a mais frequentada do concelho de Machico, o que prova o apreço em que é tida pelo povo.

É orador ao Evangelho o rev.º padre Rufino A. de Menezes, vigário de Água de Pena.

Santa Cruz, 27 – 9 – 906[389]
D. Manuel Agostinho Barreto

Chegou ontem de tarde a Santa Cruz[390] o Ex.mo D. Manuel Agostinho Barreto, venerando Bispo do Funchal. Sua Ex.ª Rev.ma partiu do Porto da Cruz, em rede, sendo acompanhado até esta vila pelo rev. padre José Pereira da Silva, ilustrado professor do Seminário, padre José Marques Jardim, vice vigário do Santo da Serra e conselheiro João Baptista de Freitas Leal. Quando o venerando Prelado descia a Calçada de S. Gil, subiram ao ar algumas granadas, anunciando a sua chegada.

O sr. D. Manuel Agostinho Barreto visitou a igreja paroquial, o rev. padre João Joaquim Figueira da Silva, digno

Sempre que D. Manuel Agostinho Barreto passava por Santa Cruz fazia questão de visitar o Hospital daquela localidade. *BMF,* Almanaque de Lembranças Madeirenses para 1908, *1907.*

---

388 ABM, *O Jornal*, 27 de setembro de 1906. Texto inserido na rubrica "Notícias de Machico".

389 ABM, *O Jornal*, 27 de setembro de 1906. Texto inserido na rubrica "Notícias rurais".

390 O Bispo vinha de S. Jorge e seguia para o Funchal, tendo embarcado no cais de Santa Cruz, rumo ao seu destino final.

vigário desta freguesia, o Hospital de Santa Isabel, indo depois descansar em casa do rev. padre António Nicolau Fernandes, digno cura de Santa Cruz. [...]

(Correspondente)

[Sem título][391]

– No próximo domingo celebra-se na sua capela, em Machico, a festa de S. Cristóvão, pregando ao Evangelho o rev.º padre Rufino A. de Menezes, vigário de Água de Pena.

[Sem título][392]

Conforme já noticiámos, é hoje que se celebra, na sua respetiva capela, à vila de Machico, a festa de S. Cristóvão, com sermão ao Evangelho pelo revd.º padre Rufino de Menezes. [...]

Machico 1 de outubro de 1906[393]

[...]

Festividades

Realizou-se ontem a festa em honra de S. Cristóvão, na sua capela, no sítio do Caramanchão desta freguesia. Pregou o rev.º padre Rufino de Menezes, pároco de Água de Pena, fazendo um brilhante panegírico do Santo e incitando os assistentes a unirem-se numa santa cruzada contra todos os inimigos da fé. Referiu-se aos relevantes serviços prestados pelas Irmãs Franciscanas de Santa Cruz, ali estabelecidas, aos povos desta freguesia, sustentando uma escola onde é ministrada a educação a perto de trezentas crianças dum e outro sexo, implantando-se-lhes naqueles tenros corações a verdadeira fé, sem a qual não poderá ser feliz a sociedade.

A concorrência era extraordinária e a alegria reinava em todos os corações. [...]

Aspeto atual do púlpito da Capela de Santa Isabel, em Santa Cruz.
Foto do autor.

5 – 10 – 906[394]
Missa cantada

Houve ontem uma missa cantada, na capela do Hospital de Santa Isabel, mandada celebrar pelos irmãos terceiros da congregação franciscana, em honra do glorioso patriarca de Assis.

Santo da Serra, 11-10-906[395]

[...]

Primeira sexta-feira

É florescente nesta freguesia a prática da primeira sexta-feira de cada mês, tendo-se aproximado da sagrada mesa mais de cem pessoas, na igreja paroquial, e oitenta pessoas na Capela do S. Coração, no Lombo

---

391 BMF, *Diário de Notícias*, 28 de setembro de 1906. Texto inserido na rubrica "NOTÍCIAS RELIGIOSAS".

392 BMF, *Diário de Notícias*, 30 de setembro de 1906. Texto inserido na rubrica "NOTÍCIAS RELIGIOSAS".

393 ABM, *O Jornal*, 2 de outubro de 1906. Texto inserido na rubrica "Notícias rurais".

394 ABM, *O Jornal*, 6 de outubro de 1906. Texto inserido na rubrica "Notícias de Santa Cruz".

395 ABM, *O Jornal*, 13 de outubro de 1906. Texto inserido na rubrica "Notícias rurais".

3.6.1906

Interior da capela dos Sagrados Corações, no sítio do Lombo da Pereira, no Santo da Serra, onde a Irmã Wilson e suas companheiras promoveram simultaneamente o ensino das letras e o religioso, com o intuito de reforçar a crença da população local e assim combater a expansão do Calvinismo naquela freguesia. *Foto do Cónego Dias existente no Secretariado da Irmã Wilson.*

da Pereira.

Graças ao Divino Coração pelo favor alcançado. [...]

(Correspondente)

Lazareto – 28 de novembro[396]

Faz hoje um ano que se abriram as portas do Lazareto sendo internada neste estabelecimento a sr.ª D. Maria Amanda Perestrelo Cabral, com sua família e servos, a qual faleceu na madrugada do 1.º de Dezembro. Foi a primeira vítima desse estado particularmente alarmante de saúde pública que, durante tantos meses, trouxe exaltada a opinião e que ainda hoje a população relembra com indignação e pavor.

Após um ano volvido, ainda o mistério se não desvendou por completo, deixando este aniversário na alma popular uma profunda impressão de dor e de íntima revolta.

Santa Cruz-30-11-906[397]

[...]

Inquérito

Também já chegou a Santa Cruz a ordem emanada do governo para se proceder a um inquérito acerca do pessoal das congregações religiosas. O sr. administrador do concelho vai pois indagar se não indagou já, da Congregação Franciscana para ver quantos membros conta, qual a sua nacionalidade e condição.

É, na verdade, uma medida acertada, pois naqueles coios, como lhes chama a imprensa jacobina, pode-se tramar contra as instituições ou contra a independência do país.

Porque será que se ordenam estas *sindicâncias* a coletividades que estão ao abrigo da lei, enquanto se fecham os olhos a outras agremiações que são expressamente proibidas pelas disposições da mesma lei?

Manifestações da liberdade arte-nova.

Correspondente.

---

396 BMF, *Heraldo da Madeira*, 28 de novembro de 1906.
397 ABM, *O Jornal*, 3 de dezembro de 1906. Texto inserido na rubrica "Notícias rurais".

3.7. 1907

A bordo do «Massilia»[398]

A varíola chegou à Madeira no final de dezembro de 1906, no seguimento do desembarque do capitão do vapor francês *Massilia*, infetado com esta doença, que acabou por se espalhar junto da população e ao longo dos primeiros meses de 1907, causando cerca de 400 mortos. *Coleção do autor.*

Desembarcou anteontem de bordo do vapor italiano *Massilia*,[399] procedente de Marselha, o capitão do mesmo vapor, atacado de varíola, sendo conduzido para o *Seamen's Hospital*, onde foi ocupar um leito na enfermaria de isolamento.[400]

A bordo do *Massilia* foi o sr. dr. Scott vacinar todos os passageiros, em número de 44, cujo estado de saúde é excelente, tendo sido convenientemente desinfetado o camarote do capitão. [...]

Arco de S. Jorge 17-1-907.[401]

[...]

Escola

A Escola Salesiana estabelecida nesta freguesia, onde goza de geral simpatia de que a prova é a sua grande freguesia, reabriu depois das férias do Natal. [...]

(*Correspondente*)

Já era tempo[402]

É já passado um ano sobre os tristes acontecimentos a que se deu o nome de questão da peste.

No entanto, há ainda muitos mistérios que conviria desvendar.

Não competindo ao Dr. Rego exercer o cargo de diretor do hospital do Lazareto porque foi ele nomeado?

A pessoa a quem competia esse serviço recusou-se a fazê-lo?

Foi o Dr. Rego que se ofereceu para exercer aquele cargo? Ou foi solicitado para esse fim?

A sua nomeação foi indicada pelo governador civil de então? Ou foi imposta por al**guém de Lisboa?**

Porque foram nomeados, para enfermeiros, cozinheiros etc., pessoas sem habilitações algumas para exercer tais cargos e que, pelo seu mau proceder anterior, de modo algum,

---

398 BMF, *Diário de Notícias*, 1 de janeiro de 1907. Este vapor, destinado a Nova Iorque, não foi anunciado na imprensa madeirense como fazendo transporte de passageiros para aquele destino, o que nos leva a concluir que o mesmo fez um desvio na sua rota de modo a deixar na Madeira o capitão, atacado com varíola. Consultada a base de dados dos passageiros que entraram nos Estados Unidos patente no site da *Ellis Island Foundation*, constatámos que este vapor, saído de Marselha a 22 de dezembro de 1906, chegou ao seu destino final a 17 de janeiro de 1907, não tendo tomado passageiro algum no Funchal, mas sim em Ponta Delgada, nos Açores, onde fez escala no dia 6 desse mês para embarque de quinze emigrantes que rumavam à América, três dos quais eram madeirenses.

399 O *Massilia* não era um vapor italiano mas sim francês, e pertencia à empresa de navegação francesa Fabre Line.

400 Com a sua vinda para terra propagar-se-ia o surto de varíola na nossa ilha, de que resultaria cerca de 400 mortos, número esse que seria superior caso não existisse a ação providencial da Ir. Wilson e suas companheiras no Lazareto, conforme veremos mais adiante.

401 BMF, *O Jornal*, 19 de janeiro de 1907. Texto inserido na rubrica "Notícias rurais".

402 BMF, *O Povo*, 31 de janeiro de 1907.

davam garantia para o bom desempenho de tão melindrosa missão?

Todos os doentes que foram internados no Lazareto foram previamente examinados cuidadosamente pelos senhores delegado ou subdelegado de saúde?

Se o não foram, qual a razão? Seria por imposição de alguém? Seria porque a autoridade administrativa se arrogou o direito de invadir as atribuições dos delegados de saúde? Seria por desleixo ou medo destes?

Antes de serem empregados meios violentos e brutais para internar alguém no Lazareto, serviram-se os senhores delegado e subdelegado de saúde de todos os meios [dis]suasórios?

Quando correram com insistência boatos alarmantes de factos criminosos passados no Lazareto porque não foi substituído o diretor daquele hospital? Ou ao menos lhe não foi dado como ajudante um outro médico?

O senhor governador de então empregou alguns esforços nesse sentido?

Não podendo ignorar o mesmo governador civil que era péssimo o pessoal menor daquele hospital empregou alguns esforços para o fazer substituir?

Quando a senhora Wilson se ofereceu com outras irmãs franciscanas para auxiliar o serviço de enfermeiras, porque não foi aceite o seu oferecimento? Seria por motivo de ideias religiosas?

É certo que um médico estrangeiro pediu licença, para visitar o Lazareto?

Envidaram-se alguns esforços para que o governo enviasse à Madeira um bacteriologista a valer para estudar a epidemia que se dizia grassar aqui?

Quem ordenou o internamento no Lazareto da guarda que se achava na porta?

Em que termos era concebida a participação do dr. Rego para que fosse dada uma ordem tão rigorosa contra os pobres soldados?

Depois do assalto ao Lazareto, o irmão do dr. Rego e a esposa deste que não tiveram tempo de se desinfetar, estiveram isolados na fortaleza ou estiveram em contato com os outros refugiados.

Parece-nos que para honra das pessoas visadas nas perguntas que ficam feitas, e outras que havemos de fazer, elas deveriam vir à imprensa esclarecer factos que cada qual expõe ao sabor das suas opiniões, dos seus interesses e até das suas amizades.

Só assim se pode fazer luz sobre aqueles acontecimentos e se poderão proclamar os inocentes, e condenar os culpados.

Mapa das Escolas Salesianas – 1906[403]

	Sexo		N.º
	Masc.	Fem.	Total
ARCO DE S. JORGE			
1.º Escola das irmãs de S.ª Cruz	31	44	75
[...]	[...]	[...]	[...]
MACHICO			
4.º Escola de S. Cristóvão (Irmãs de S. Cruz)	135	140	275
[...]	[...]	[...]	[...]
PORTO MONIZ			
7.º Escola de S.ª M.ª Madalena (Irmãs de S. Cruz)	33	63	96
SANTANA			
8. Escola das Irmãs de S.ª Cruz	30	91	121
[...]	[...]	[...]	[...]

---

[403] BMF, *Quinzena Religiosa da Ilha da Madeira*, 1 de fevereiro de 1907. Por esta altura a Obra de S. Francisco de Sales tinha ao seu encargo outras escolas, a saber, duas em Câmara de Lobos, uma na Ponta do Sol, duas em Santo António, uma em Santa Cruz, uma em Santa Luzia, duas em Santa Maria Maior e uma em S. Roque, num total de 1545 alunos, sendo 766 do sexo masculino e 769 do sexo feminino.

3. DE 1901 A 1910

Despesa Pormenorizada

Escolas	Quantias
[...]	[...]
Arco de S. Jorge, (Escola das Irmãs), subsídio	36$000
Centros autónomos:	
Machico, (Escola de S. Cristóvão e do Moinho da Serra)	159$000
[...]	[...]
Porto Moniz, (Escola das Irmãs)	72$000
[...]	[...]
Santana, (Escola das Irmãs)	77$000
[...]	[...]

MOVIMENTO DOS CENTROS DA OBRA

Sem as obras da caridade a fé do cristão é uma fé morta e sem valor, diz o Apóstolo S. Tiago. O apostolado das almas, o zelo pela instrução e educação religiosa da infância desvalida, sempre foi a mais bela das obras de caridade e de misericórdia; [...]

[...] Esta Obra existe em quase todas as freguesias da diocese. [...]

Vamos passar em revista todos os centros em atividade, notando de passagem os factos mais salientes. [...]

Arco de S. Jorge – Este centro, que possui uma escola Salesiana, dirigida pelas dignas Irmãs de S.ª Cruz, é de fundação recente devida ao zelo do R. P. José Marques Jardim, natural da freguesia e atual V. Vigário do Santo da Serra. O seu digno sucessor, R. P. José de Faria, tem-se empenhado deveras pela prosperidade da Obra e da escola, porém sentimos não podermos pormenorizar nada por falta de informações. [...]

Machico – «*Fazei-vos bem a vós mesmos!*» bradava o caridoso português S. João de Deus, implorando esmolas pelas ruas de Granada a favor dos seus pobres hospitalizados.

Foi o que o nosso amigo, R. P. Jacinto da Conceição Nunes, disse ou fez entender aos habitantes desta freguesia, quando tratou de levantar a Obra Salesiana, já muito descabida, e fundou a bela escola de S. Cristóvão, a mais frequentada e talvez ainda a mais florescente de todas as escolas do campo na Madeira.

A escola continua sempre a espargir a luz em centenas de inteligências infantis, a formar aqueles tenros corações, que encerram as esperanças das famílias e da freguesia, da religião e da pátria. As dignas irmãs de Santa Cruz lá estão sempre prodigalizando àquelas inumeráveis crianças os tesouros de sua paciente e esclarecida caridade.

Temos toda a razão de supor que os nossos bons associados deste centro não se têm arrependido da empresa para a qual concorreram com tanto entusiasmo e tão belo êxito, mas pelo contrário que se têm esforçado por manter firme e segura a Obra começada; queremos crer que as mudanças havidas na direção da paróquia e do Centro não tem prejudicado seriamente a prosperidade deste último.

É verdade que não recebemos o relatório nem as notícias que esperávamos, mas confiamos bastante no critério e zelo do atual V. Vigário o qual é filho dessa vila, para nos persuadir que compreende o alcance excecional da Obra Salesiana na sua paróquia, que não a deixou nem a deixará periclitar, mas saberá entrega-la em bom estado ao R. P. António Nicolau Fernandes, o novo pároco apresentado, cujo zelo e competência nos tranquilizam sobre o

Ao chegar ao Santo da Serra e tomar conhecimento do importante papel desempenhado pela Escola de S. Francisco de Sales estabelecida no sítio do Lombo da Pereira, o Pe. Marques Jardim convidou a Irmã Wilson a abrir uma escola idêntica no Arco de S. Jorge, sua terra natal.
BMF, Registo Bio-Bibliográfico de Madeirenses, *[1984].*

futuro desse centro. (1)[404] [...]

Porto Moniz – Este centro, autónomo sem querer, desejoso de conservar a sua escola da Madalena, que tanto bem já tem produzido e agora mais que nunca, segundo a voz pública e o testemunho do Rev. P. Vigário, este centro, dizemos tem continuado a lutar para equilibrar a sua receita com a sua despesa e quase que o tem conseguido. É verdade que as boas irmãs de Santa Cruz que dirigem a escola se contentam com pouco, apesar de darem muito, todo o seu tempo, forças e coração.

Os tempos correm bicudos e bom é que as congregações religiosas se vão acostumando livremente aos sacrifícios que talvez lhes sejam impostos amanhã pelo despotismo.

Não é razão, bem sabemos, para que a Obra Salesiana e as freguesias que lhes aproveitam os serviços sejam ingratas e mesquinhas para com aquelas beneméritas obreiras da instrução e educação popular; mas a Obra de S. Francisco de Sales luta também com grandes dificuldades e, por outra parte, as pessoas abastadas que nas freguesias estão em condições de elevar, com seu auxílio, a esmola dos pobres ao nível das necessidades, são em geral, as que menos conhecem ou entendem o dever da caridade. Deus há-de retribuir a todos conforme as suas obras; quanto a nós agradecemos a todos. [...]

Santana – Custa a compreender que a Vila de Santana, a qual tem fama de civilizada e religiosa, não pareça ligar importância à causa da instrução popular e da educação religiosa da infância pobre, nem pareça compreender que a lei da caridade, em virtude da qual os cristãos se declaram solidários uns dos outros, é a pura essência da religião católica que dizem professar.

Segundo as informações recebidas do digno e mui zeloso Diretor desse Centro, mal pode sustentar-se a escola, apesar de ser ela bastante frequentada e sempre dirigida pelas excelentes Irmãs de Santa Cruz, com tanto zelo e inteligência quanto desinteresse e sacrifícios pessoais.

As quotas dos associados mal chegam à terça parte da despesa, a qual é muito reduzida. Não haverá pois em Santana nenhum pecador que tenha de remir os seus pecados com esmolas aos pobres, como Daniel aconselhava ao rei de Assíria? Não haverá aí cristão que tome o conselho de N. S. Jesus Cristo e trate de preparar-se em vida um tesouro que a ferrugem nem a traça consumam, nem os ladrões furtem?

Pedimos a Deus se digne abençoar e fazer frutificar as instruções e exemplos do nosso Rev. amigo. P. Joaquim Fernandes, para que o ano presente seja mais próspero.

(Continua)

No Bom Jesus[405]

Informa-nos pessoa de toda a respeitabilidade que a sr.ª Wilson, regente do recolhimento do Bom Jesus proibiu a entrada de «O Povo» naquela casa e que o sr. padre Paiva em discurso feito às recolhidas lhes proibiu terminantemente a leitura de jornais que não sejam dedicados à defesa da religião.

Com que direito se fez essa proibição?

As recolhidas do Bom Jesus têm tanto direito de lerem os jornais que lhes agradam como quaisquer outras pessoas.

Os pais das menores que aí vivem têm o direito de educar suas filhas conforme entendam e incutir-lhes as ideias que defendem.

Bem sabemos que naquela casa se pretende fazer fanáticas as pobres recolhidas; mas não podemos deixar de dizer que mostram bem pouca confiança nas ideias que vêm a peito defender, aquela regente e aquele padre, visto que tanto medo sentem que os seus discípulos leiam ou ouçam qualquer coisa em contrário.

---

404 (1) Já recebemos algumas das informações esperadas.

405 BMF, *O Povo*, 10 de fevereiro de 1907. Este foi o primeiro artigo, publicado neste jornal anticlerical, em que o mesmo implicou com o trabalho da Irmã Wilson nesta instituição. Outros se seguiriam, em setembro deste ano, que seriam rebatidos veementemente pel'*O Jornal*, de matriz católica.

3. DE 1901 A 1910

[Sem título][406]

Realizam-se hoje as seguintes festas religiosas: […] – No Bom Jesus, Bênção às 5 horas. […]

SAÚDE PÚBLICA[407]
Junta de Higiene Distrital

Sob a presidência do sr. governador civil, reuniu ontem aquela corporação para ser ouvida sobre as medidas a adotar, no caso em que aumente o número dos variolosos, neste distrito.

Compareceram os srs. drs. Nuno Silvestre Teixeira, João Augusto Teixeira, capitão-médico José Agostinho Rodrigues, e Pedro José Lomelino e conselheiro dr. Manuel José Vieira, na qualidade de presidente da vereação funchalense. […]

Emitiu-se o parecer da conveniência de se mandarem proceder a imediatos reparos no edifício do Lazareto de Gonçalo Aires,[408] para servir de hospital de isolamento, em caso de epidemia, só para os variolosos que residam em casas onde esse isolamento não possa ser feito com todas as condições de garantia.

Nesta hipótese pensa-se em solicitar os bons serviços de irmãs hospitaleiras, franciscanas ou de caridade. […]

Saúde Pública[409]

Em virtude do parecer emitido pela Junta de saúde distrital, estiveram ontem no edifício do Lazareto os srs. delegado de saúde dr. Nuno Silvestre Teixeira, dr. João Baptista de Carvalho, administrador deste concelho, e José Lopes Ribeiro, condutor da direção das obras públicas, a fim de ser escolhido e adaptado o edifício mais apropriado para a instalação dum hospital de isolamento, destinado ao tratamento de variolosos, quando porventura se torne isso necessário e as circunstâncias o aconselharem.

Felizmente que os poucos casos até agora conhecidos não se têm propagado, havendo fundadas esperanças de que o mal se não alastrará.

Começam hoje no edifício escolhido no Lazareto os trabalhos de reparação do mesmo edifício, que não são muito importantes, devendo em breves dias estar completamente pronto para o fim a que se destina.

É de presumir que nem chegue a ser utilizado, não devendo nós no entretanto regatear os merecidos louvores às respetivas autoridades, pelas medidas que vão adotando, convencidas do grande preceito – mais vale prevenir do que remediar.

Arco de S. Jorge, 13-03-07.[410]

[…]

Nuno Silvestre Teixeira e João Baptista de Carvalho. Em 1907 o primeiro ocupava o cargo de Delegado de Saúde no Funchal e o segundo o de Administrador da Câmara Municipal do Funchal. *BMF*, Registo Bio-Bibliográfico de Madeirenses, *[1984]*.

---

406 BMF, *Diário de Notícias*, 24 de fevereiro de 1907. Texto inserido na rubrica "NOTÍCIAS RELIGIOSAS".

407 BMF, *Diário de Notícias*, 1 de março de 1907.

408 Cujas instalações haviam sido vandalizadas pela fúria popular aquando do assalto ao Lazareto em janeiro de 1906.

409 BMF, *Heraldo da Madeira*, 2 de março de 1907.

410 BMF, *O Jornal*, 16 de março de 1907. Texto publicado na rubrica "Notícias rurais".

3.7.1907

Entre nós

Tivemos o prazer de ver domingo passado entre nós o sr. dr. João Maria, de Ponta Delgada, onde exerce clínica com proficiência.

Este nosso amigo veio inocular a vacina nalgumas pessoas.

As beneméritas irmãs Franciscanas ofereceram para este fim generosamente a casa da Escola Salesiana a seu cargo, onde preparam convenientemente as crianças que ali se dirigem para receberem a vacina. [...]

(Correspondente)

Varíola[411]

[...] Anteontem reuniu no palácio de S. Lourenço a Junta Distrital de Higiene, sob a presidência do sr. conselheiro Dr. António Jardim de Oliveira, secretário geral servindo de governador civil deste distrito, sendo resolvido telegrafar ao governo pedindo que autorizasse uma verba extraordinária para imediatos reparos numa das casas do Lazareto, a fim de servir de hospital de isolamento ou para arrendamento duma casa destinada ao mesmo fim. [...]

A VARÍOLA[412]

Um desleixo, que neste momento aflitivo para os madeirenses não curamos de saber se foi cometido por S. ou B., pôs a nossa vida em perigo.

A varíola, essa doença perigosa que já nos tem visitado por diversas vezes, alastra-se pelo Funchal e campos numa fúria devoradora, aterrando a todos, ceifando douradas existências, consternando famílias inteiras torturando crianças e adultos, e àqueles de que se apodera e não atira para a vala, rouba-lhes a vista ou impossibilita-os de ganhar a vida.

Está a Madeira servindo de repasto a tão horrível moléstia e as autoridades, que já mais dum mês ouvem os ininterruptos queixumes do povo e as arguições da imprensa, nada fazem para livrar-nos das garras aduncas da morte.

Como a adversidade ainda não as visitou, às nossas lamentações respondem com o seu desprezo. [...]

Desgraçado país em que os seus habitantes, numa situação horrível como a atual, permanecem à mercê da esmola particular.

Paga o povo impostos, contribuições, etc., e quando é preciso debelar os males que o afligem o governo desinteressa-se, as autoridades locais calam-se, o delegado de saúde dorme, os políticos injuriam-se e os patuscos riem-se.

Morrem aos 5 e aos 10 por dia?

Que importa isso?

A canalha que padeça e aos senhores que nada falte! [...]

Vamos dar uma opinião.

Pode ela não agradar a todos, mas, se a seguissem, decerto que a hórrida visão da Bastilha apagar-se-ia completamente do espírito dos madeirenses.

Opinamos porque se abra o Lazareto de G. Aires, onde sejam internados os variolosos, e que em lugar de um magarefe ou assassino ponham lá um médico distinto, e em vez de megeras e prostitutas, mulheres honestas e bondosas, em substituição de vadios e devassos, homens dignos e de boa conduta moral.

Tinop

A VARÍOLA[413]

Dissiparam-se todas as esperanças que muitos alimentavam, de que a terrível varíola

---

411 BMF, *O Direito*, 22 de março de 1907.
412 BMF, *O Povo*, 4 de abril de 1907.
413 BMF, *Heraldo da Madeira*, 5 de abril de 1907.

não se propagaria nesta cidade, em virtude das medidas que se supunha seria adotadas pelas autoridades sanitárias.

Estamos agora em face da triste realidade e já não há esperanças que desvaneçam os receios que se vão apoderando da população.

O mal alastra-se e começa a campear livremente. Os focos da terrível doença multiplicam-se e já é tarde decerto para atalhar a sua marcha destruidora.

Parece-nos que se impunha, desde o aparecimento daquela doença epidémica, o internamento dos atacados em lugar isolado, que pusesse a restante população ao abrigo do contágio. Na nossa crassa ignorância, laborávamos talvez em erro. A ciência devia ter falado sobre o caso. Sabemos apenas que em circunstâncias idênticas e por mais duma vez, foi adotado o isolamento.

Porque não se fez isso agora? Por falta de local adequado? Por falta de recursos? Por falta de indicação por parte das autoridades sanitárias?

Não sabemos.

Apenas sabemos, por infelicidade nossa, que o mal se irradia e vai causando vítimas. […]

Varíola na Madeira[414]

Não tínhamos tenções de ocupar-nos do melindroso assunto da saúde pública da Madeira, mas são infelizmente tão desoladores os boatos que aí circulam, que é tempo de quebrarmos o nosso tão prolongado silêncio, e dizer duas palavras acerca da terrível epidemia que aí se alastra.

Em primeiro lugar, devemos dizer que não resta dúvida alguma que a culpabilidade do alastramento do horroroso flagelo da varíola cabe única e simplesmente ao sr. guarda-mor de saúde, dr. Barreto, que teve a infeliz ideia de consentir que o capitão do vapor *Massilia*, que estava varioloso, desembarcasse e fosse residir para um hospital, que não estava em condições de receber qualquer epidémico!

Ora o sr. dr. guarda-mor devia ver que mandando internar um varioloso num simples hospital, situado num bairro, onde há tantas casas particulares, devia forçosamente alastrar-se a epidemia, de que esse enfermo estava atacado.

Quer-nos parecer que não é necessário envergar uma sobrecasaca nem um chapéu alto, nem ter um curso superior para ver o que acima deixamos dito!

Se houvesse um lazareto ou uma casa em condições de receber um varioloso, podia o sr. dr. Barreto consentir que desembarcasse o capitão do *Massilia* e para lá fosse internado, mas não havendo lazareto nem casa apropriada nunca devia o sr. guarda-mor fazer o que fez!

Mas já que é tarde para remediar o procedimento do sr. dr. Barreto, que não foi nada correto, porque não se tem tomado medidas enérgicas para debelar tão grande mal?

A horrorosa epidemia alastra-se, lançando tantos filhos na orfandade, e as autoridades de braços cruzados, parece que sentem prazer em ver o horrível flagelo da varíola a arrastar ao túmulo tantos maridos extremosos, tantas esposas estremecidas e tantos filhos queridos!

É de pasmar, santo Deus!!

Há muito que o nosso estimável colega «Diário de Notícias» está reclamando providências urgentes e enérgicas, lembrando até excelentes medidas que se fossem postas em execução talvez a Madeira não estaria a braços com uma terrível epidemia, mas aos rogos do «Notícias» as autoridades competentes fazem «ouvidos de mercador».

Se se tivesse cortado o mal pela raiz, isolando com o máximo rigor os variolosos que iam aparecendo, não se teria alastrado, certamente, por essa cidade além essa terrível epidemia. Todos estes descuidos depõem bastante contra quem compete velar pela saúde pública.

Parece incrível que numa terra civilizada, como a nossa, nada disto se tivesse feito!

---

[414] BMF, *Correio da Tarde*, 6 de abril de 1907.

Embora seja muito tarde, acordem as competentes autoridades e tomem medidas urgentíssimas, a fim de se não propagar a terrível epidemia.

Arranje-se uma das salas do Lazareto, que em vinte e quatro horas está pronta, ou então alugue-se uma casa em sítio isolado, peçam-se os esplêndidos serviços das irmãs hospitaleiras,[415] nomeie-se para diretor um médico sério e competente, e para lá se mandem todos os casos de varíola que aparecem.

É isto, e nada mais, que resta a fazer.

SAÚDE PÚBLICA[416]
Subscrição a favor das vítimas da varíola

Não tendo o governo autorizado até hoje a verba indispensável para acudir às necessidades da saúde pública desta terra, gravemente ameaçada pela invasão da varíola, tornando improfícuo o isolamento dos atacados, por falta de recursos pecuniários que ponham as suas famílias, extremamente pobres, ao abrigo da fome, resolvemos abrir uma subscrição, nas colunas deste *Diário*, cujo produto será destinado para o tratamento dos variolosos, para a compra de roupas e alimentação dos indivíduos isolados, esperando-se que todos, sem exceção de classe e nacionalidade, contribuirão da melhor vontade para um fim tão justo e humanitário.

«Diário de Notícias»	20$000
Blandy Brothers & C.ª	100$000
João de Freitas Martins	20$000
Visconde de Cacongo	50$000
Anónimo	50$000
William Reid	20$000
Krohn Brothers & C.ª	10$000
Cossart, Gordon & C.ª	20$000
William Hinton & Sons	20$000
Reid Castro & C.ª	20$000
Henriques & Câmara	10$000
Manuel José Vieira	20$000
Dr. Júlio Paulo de Freitas	20$000
Francisco da Costa & Filhos	20$000
Luís Gomes da Conceição	20$000
Soma	420$000

Esta subscrição, que encontrou, como era de esperar, por parte do público, o mais espontâneo e caloroso acolhimento, facto que registamos com verdadeira satisfação, continua aberta neste *Diário*, podendo as pessoas que quiserem contribuir para o mesmo fim enviar os seus óbolos a esta redação, antecipando-lhes, em nosso nome e no dos contemplados, o mais cordial agradecimento pelo seu generoso concurso.

O sr. conselheiro dr. Manuel José Vieira expediu anteontem ao sr. presidente do conselho de ministros o seguinte telegrama:

> Ex.ᵐᵒ Presidente Conselho Ministros e Ministro do Reino.
> LISBOA
> Nos primeiros casos varíola procurou esta Câmara pela limitada verba socorros imprevistos satisfazer pedidos chefe do distrito, não tendo poupado despesas e diligências com a vacinação e revacinação. Epidemia porém alastra causando geral alarme.
> Telegrama Delegação de Saúde à Inspeção Geral respetiva ficou sem resposta!

---

[415] Referência à Ir. Wilson e suas companheiras que, à época, tomavam conta do hospital da Santa Casa da Misericórdia de Santa Cruz.

[416] BMF, *Diário de Notícias*, 7 de abril de 1907. O pequeno texto que antecede a lista dos subscritores desta subscrição e o que lhe segue, foram repetidos nas edições seguintes deste jornal, sempre que se apresentaram atualizações à mesma. De modo a evitar repetições desnecessárias, optámos por não apresentá-los.

João de Freitas Martins, o Visconde de Cacongo e o Dr. Júlio Paulo de Freitas encontram-se entre os primeiros contribuintes da subscrição aberta pelo *Diário de Notícias* em prol das vítimas da varíola. *BMF*, Registo Bio-Bibliográfico de Madeirenses, *[1984]*.

À Câmara falecem recursos, nem pode ir além sua competência.
Em nome toda a população do Funchal peço e rogo urgentes providências. – Presidente da Câmara – *Manuel José Vieira*.

Até ontem à noite este telegrama não havia obtido resposta. [...]

SAÚDE PÚBLICA[417]
Subscrição a favor das vítimas da varíola
[...]

Transporte	420$000
A. Lindon	10$000
Porfírio de Oliveira	20$000
Visconde de Gonçalves de Freitas	5$000
Soma	455$000

[...]

Porto Moniz, 4-4-907.[418]
[...]

Mais ofertas

As beneméritas irmãs Franciscanas, diretoras da escola Salesiana, mimosearam a capela da Santa com variadíssimos e belíssimos ramos de flores artificiais, evidenciando-se floristas primorosas.

A mesma amabilidade tiveram para com a capela municipal do nosso cemitério. [...]

Correspondente

Aspeto atual do interior da igreja da Santa. *Foto do Cónego Dias existente no Secretariado da Irmã Wilson.*

SAÚDE PÚBLICA[419]
Subscrição a favor das vítimas da varíola
[...]

---

417 BMF, *Diário de Notícias*, 8 de abril de 1907.
418 ABM, *O Jornal*, 8 de abril de 1907. Texto inserido na rubrica "Notícias rurais".
419 BMF, *Diário de Notícias*, 9 de abril de 1907.

Transporte	455$000
M. A. Silva Passos, Sucessores	10$000
Henrique Figueira da Silva	5$000
Gebrüder Wartenberg	5$000
Henrique de Sá Nogueira	
Ilídio Dias	20$000
Francisco Meira	
J. F. W.	5$000
V. V. P.	20$000
José Júlio de Lemos	7$000
Wilhelm Marum	5$000
A. P. Cunha	5$000
Leacock & C.ª	10$000
Dr. Cooper	5$000
Anónimo	500
José Maria Teixeira	2$500
Charles Thomas Stanford	25$000
Francisco Dias Tavares	20$000
Soma	600$000

[...] Miss Wilson procurou-nos ontem para nos dizer que, desde que o governo lhe cedesse o lazareto de Gonçalo Aires, tal qual como se acha atualmente, e se comprometesse a fornecer leitos, medicamentos e alimentação necessários, se instalaria ali imediatamente com as suas irmãs, no que também esperava ser secundada pela caridade pública.

Entendemos que o governo deve aceitar esta generosa proposta, como a solução mais satisfatória da gravíssima situação que atravessamos, cercados de varíola por todos os lados!

Para este importante assunto chamamos a atenção do chefe do distrito, pedindo-lhe em nome de todos os seus administrados, que se digne fazer constar imediatamente ao governo central a referida proposta, empregando todo o seu empenho para que ela seja aceite.

Lembre-se Sua Ex.ª, que se trata duma questão de salvação pública!

Devemos ainda acrescentar que há dois médicos da nossa terra que se prontificaram a prestar gratuitamente os seus bons serviços aos variolosos, que tenham de ser isolados.

Cremos que não há tempo a perder. O mal alastra, e dentro de pouco tempo, se não se adotarem já as mais rigorosas medidas de isolamento, os casos de varíola contar-se-ão por centenas!

Urge providenciar! Peça-se, reclame-se, exija-se do governo a proteção e solicitude a que o povo madeirense tem direito, neste momento, em que está a braços com uma terrível epidemia! [...]

O comerciante José Júlio de Lemos, dono da Companhia Nova, que se ocupava da destilação de álcool, também fez um donativo generoso em prol desta causa nobre. *BMF, Almanaque Ilustrado do Diário da Madeira 1914, 1913.*

SAÚDE PÚBLICA[420]
Subscrição a favor das vítimas da varíola

[...]

Transporte	600$000
Mr. and Mrs. C. A. Browne	10$000
Eduardo de Freitas & C.ª	3$000

---

[420] BMF, *Diário de Notícias*, 10 de abril de 1907. Esta lista de subscritores foi repetida na edição de 17 de abril deste jornal.

Mrs. Clifford England	5$000
C. L. M.	5$000
Casino Pavão	100$000
Nunes & C.ª	500
João da Luz Pita	1$000
Anónimo	1$000
António Domingos de Gouveia	1$500
Leça, Gomes & C.ª	5$000
Hawaiian Board Immigration (E. R. S. Honolulu Hawaii)	5$000
Marques & Oliveira	1$000
Manuel Santos	200
Anónimo	200
Anónimo	1$000
Condessa de Torre Bela	10$000
Anónimo	2$000
José Pereira da Ressurreição	1$000
Abreu & Freitas	1$000
Anónimo	500
Anónimo	500
Anónimo	100
Anónimo	1$000
V.ª Romano Gomes & Filhos	20$000
José Fernandes de Azevedo	5$000
Condessa do Ribeiro Real	10$000
Otto von Streit	5$000
António de Oliveira	2$500
Soma	813$000

D. Bernardo da Costa de Sousa Macedo, Governador do Funchal em 1907, aquando do deflagrar da varíola. Acompanharia de perto a ação da Irmã Wilson no Lazareto e, ficando impressionado com a sua solicitude, humanismo e entrega total a esta causa, *pro bono*, recomendou ao Governo nacional que a condecorasse, o que viria a acontecer meses depois. *BMF, Heraldo da Madeira, 22/6/1906.*

[...] Somos informados de que os variolosos, até agora conhecidos, vivem na mais dolorosa miséria, com falta de tudo, assim como as suas famílias.

Morre-se de varíola e luta-se com a fome, e o governo permanece impassível e cruza os braços ante tamanha desgraça! Uma desgraça e uma vergonha!

Pois ao povo madeirense que paga pontual e religiosamente, além do pesado tributo de sangue, as contribuições predial, de renda de casas, industrial, sabe Deus à custa de quantos sacrifícios, não assiste o direito de reclamar e exigir dos poderes tutelares o auxílio e a proteção que se tornam agora mais do que nunca necessários, indispensáveis?

Não se pede, não se reclama, não se exige uma esmola, pede-se, reclama-se e exige-se uma pequena parte do dinheiro que foi pago à custa do suor do rosto do contribuinte. Nada mais. [...]

Fomos informados de que o sr. governador civil telegrafou ontem para Lisboa, dando conta da proposta de Miss Wilson para a entrega a esta, do Lazareto de Gonçalo Aires, mostrando a conveniência de ser aceite, como muito vantajosa, para todos.

Até à hora de entrar o nosso jornal no prelo, sua ex.ª não havia recebido resposta. [...]

SAÚDE PÚBLICA[421]
Subscrição a favor das vítimas da varíola
[...]

Transporte	813$000
Mercearia Central	5$000
Mrs. Mc Clelland	5$000
Gebrüder Iklé	10$000
J. A. Pereira	1$500
Maria G. da Veiga e Sousa	1$500
Mr. & Mrs. Reichmann	5$000
António Gomes Jardim	5$000
Power Drury & C.ª	5$000
Anónimo	500
Anónimo	1$000
F. R. de Abreu Nunes	2$500
Soma	855$000

[...] Na sala de sessões da câmara municipal deste concelho reuniram ontem os srs. conselheiro dr. Manuel José Vieira, presidente da mesma câmara, drs. delegado e subdelegado de saúde, Nuno Silvestre Teixeira e Carlos Leite Monteiro, administrador do concelho João Baptista de Carvalho e comissário de polícia Francisco Avelino Gonçalves, a fim de se tratar de assuntos relativos ao atual estado sanitário do Funchal.

Foi resolvido que se aguardasse a resposta ao telegrama enviado anteontem para Lisboa, dando conta da proposta feita por Miss Wilson acerca do Lazareto.

Só depois de dada essa resposta, se tomará qualquer resolução. [...]

Vê-se, pois, que a varíola continua a alastrar por todos os pontos da cidade.

E o telegrama do chefe do distrito acerca da generosa oferta de Miss Wilson continua sem resposta!

O Presidente da Câmara Municipal do Funchal em 1907, Conselheiro Dr. Manuel José Vieira (segundo desenho de Luís Bernes) e Dr. Carlos Leite Monteiro que, no mesmo ano, ocupava o cargo de Subdelegado de Saúde do Funchal. *BMF, Diário Popular, 1/11/1904 e Registo Bio-Bibliográfico de Madeirenses, [1984].*

*

Não tendo o governo respondido até ontem à tarde ao telegrama do sr. governador civil com respeito ao lazareto de Gonçalo Aires, telegrafámos aos srs. deputados por este círculo, capitão João Augusto Pereira, dr. Salvador Manuel Brum do Canto e conselheiro Francisco Xavier Cabral Moncada, solicitando-lhes que seja deferido o pedido feito pelo sr. governador civil. [...]

SAÚDE PÚBLICA[422]
Subscrição a favor das vítimas da varíola
[...]

---

[421] BMF, *Diário de Notícias*, 11 de abril de 1907.
[422] BMF, *Diário de Notícias*, 12 de abril de 1907.

Transporte	855$000
Simy Buzaglo Abudarham	5$000
Miguel Rodrigues Amado	1$500
João Gonçalves Nicolau	1$500
Soma	863$000

[…] Visto o governo não ter autorizado a entrega do lazareto, para o isolamento dos variolosos, e sendo da maior urgência acudir às necessidades dos atacados e suas famílias, em luta com a mais negra penúria, resolvemos dar imediata e equitativa aplicação aos donativos angariados por intermédio deste jornal, declinando no sr. dr. José Joaquim da Freitas,[423] como quem tanto conhece aquelas misérias, com as quais, pela sua profissão, médico e espírito humanitário, tem estado em contacto quase quotidianamente, o nobre, mas espinhoso encargo de distribuir donativos, em géneros alimentícios, medicamentos, camas e roupas pelas pobres famílias que estão atualmente a braços com a terrível epidemia de varíola, privadas de todos os recursos, vivendo em habitações onde há absoluta falta das mais insignificantes comodidades!

E como Miss Wilson também se prestou, com a sua proverbial caridade, a socorrer e a aliviar tantas dores e infortúnios, foi igualmente encarregada de distribuir donativos por outros variolosos e suas famílias.

No desempenho desta humanitária missão, começou ontem a ser feita a distribuição de donativos pelo distinto e dedicado médico, que, na quadra dolorosa que atravessamos, já tem prestado os melhores serviços, e pela bondosa senhora, cuja vida é toda consagrada à prática do bem, cumprindo-nos consignar aqui a ambos o nosso mais caloroso, sincero e cordial agradecimento em nosso nome e no dos contemplados. […]

À Miss Wilson entregámos ontem a quantia de 20$000 réis com destino aos variolosos, cujos nomes publicaremos oportunamente.

Câmara Municipal do Funchal[424]
Sessão de 11 de abril

Assistiram os srs. conselheiro dr. Manuel José Vieira, presidente, dr. Manuel Figueira de Chaves, comendador Bernardino Gomes, João Carlos de Aguiar, João Isidoro de Araújo Figueira, dr. Baltazar Gonçalves, Francisco Nogueira Guimarães e Diogo Alberto Cunha.

Foi lida a ata da sessão anterior e aprovada a sua redação.

Foram presentes os seguintes processos de expediente: […]

– Dt.º do sr. dr. Carlos Leite Monteiro, dando conhecimento de que tendo atendido no Posto Médico Municipal um doente que lhe pareceu suspeito de varíola e que para ali fora enviado pelo sr. comissário de polícia civil, por carecer de socorros médicos, foi pelo mesmo funcionário solicitada a permanência do doente ali até que haja lugar para aonde ele venha a ser removido, visto não ter domicílio certo; […]

O sr. presidente, em vista deste ofício, teve ontem uma conferência com os srs. administrador do concelho, comissário de polícia civil e dr. Carlos Leite Monteiro, pois fechar um estabelecimento destes na presente ocasião, em que tão bons serviços estava prestando, é um caso muito sério e digno de ponderação. Resolveu-se que tendo o chefe do distrito solicitado autorização para lhe ser entregue o Lazareto, a fim dos atacados serem ali tratados convenientemente, para o que se oferecera Miss Wilson, se espere a resposta, pois que então será o doente para ali removido e caso se faça demorar a resposta a câmara tratará de removê-lo dali para outro local.

O sr. comendador Bernardino Gomes lamenta e admira-se que se tenha permitido o ficar ali um indivíduo atacado de varíola, de mais a mais no edifício onde está instalado o

---

[423] Uma das mais proeminentes figuras da maçonaria madeirense, e fundador do Auxílio Maternal, que nasceu sob os auspícios da mesma. Não deixa de ser curioso o facto dele e da Ir. Wilson terem trabalhado lado a lado na distribuição de donativos aos variolosos pobres, um mês antes da abertura do Lazareto, onde voltariam a trabalhar juntos.

[424] ABM, *Diário do Comércio*, 12 de abril de 1907.

Hospital da Santa Casa da Misericórdia.[425] [...]
Pede que no telegrama que vai ser enviado ao sr. ministro do reino se solicite o diferimento da entrega do Lazareto, desejada pelo chefe de distrito, e sejam aceites os serviços de miss Wilson. [...]

Subscrição[426]

Tem tido muito bom acolhimento da parte do público funchalense a subscrição aberta pelo nosso colega «Diário de Notícias» a favor dos atacados de varíola.

É digno dos mais rasgados encómios aquele nosso ilustre colega, assim como todas as pessoas que têm contribuído com qualquer donativo, que reverterá a favor das pobres vítimas da varíola.

É de 871.000 réis a quantia que a referida subscrição atingiu até hoje.

Enigmas a decifrar[427]

Na governação e na política, como nos almanaques, há sempre enigmas a decifrar.

Neste momento governativo se nos oferece uma questão enigmática, cuja chave não é fácil encontrar.

Acha-se a cidade do Funchal e as freguesias suburbanas a braços com uma epidemia de varíola, que uma deplorável resolução das autoridades sanitárias aqui deixou introduzir-se, contra a expressa disposição da lei, que só permite o desembarque de variolosos quando haja, para recebê-los, estabelecimento hospitalar em condições de isolamento e de profilaxia que garantam a população dos perigos do contágio do terrível morbo.

Perante esta situação alarmante, o Chefe superior do distrito convocou os funcionários de saúde, solicitando em seguida do governo central os auxílios e providências que a situação sanitária reclama.

E o governo, que quando mesmo estivesse nos antípodas tinha sempre o telégrafo para providenciar rapidamente, encerrou-se num mutismo incompreensível, deixando correr o marfim, que é como quem diz, a epidemia variolosa.

Um enigma.

O sr. delegado de saúde telegrafara, sobre o mesmo assunto, às estações superiores e estes oráculos permaneceram mudos e quedos como o penedo do Adamastor.

Outro enigma.

Depois Miss Wilson, a cujos ouvidos soaram os rumores crescentes da indignação do público, perante a indiferença incompreensível e o silêncio descortês das estações superiores, ofereceu ao sr. governador civil o seu préstimo e o das suas subordinadas, prontificando-se a tratar os variolosos no edifício do lazareto, quando devidamente preparado para este fim.

Telegrafou de novo s. ex.ª, participando ao governo esta proposta, sobre a qual informou favoravelmente.

E o governo permaneceu ainda na sua mudez esfígica, silencioso e frio como as regiões polares.

Ainda a continuação do enigma. [...]

JUNTA GERAL DO DISTRITO[428]
Sessão de ontem

Presidência do sr. conselheiro dr. José Leite Monteiro, assistindo os procuradores srs.

---

425 Tratava-se de um rapaz de raça negra, que veio a falecer, vitimado pela varíola, a 19 de abril, conforme referiu o *Diário do Comércio* do dia seguinte.
426 BMF, *Correio da Tarde*, 13 de abril de 1907.
427 BMF, *Diário de Notícias*, 13 de abril de 1907.
428 BMF, *Diário de Notícias*, 13 de abril de 1907.

O Conselheiro Dr. José Leite Monteiro ocupava o cargo de Presidente da Junta Geral do Funchal em 1907, por altura do surto de varíola. *BMF*, Primeiro de Dezembro, 3/5/1908.

padre Fernando Augusto da Silva, Henrique Augusto Vieira de Castro, Luís da Rocha Machado, João de Castro da Silva Banhos, Artur Pedro de Quental, Jesuíno de Nóbrega e Leandro Nunes Vieira Júnior. [...]

Foi posta em discussão e aprovada a proposta do sr. Vieira de Castro, sobre os socorros aos variolosos pobres, para que fosse organizado imediatamente um orçamento suplementar, com o crédito de 3:000$000 réis e que se pedisse à imprensa que recomendasse permanentemente, na primeira página dos respetivos órgãos, a prática da vacinação e revacinação, assim como a da desinfeção dos domicílios dos variolosos.

O sr. Henrique A. Vieira de Castro justificou larga e judiciosamente a primeira parte da sua proposta, pondo bem em relevo que, desde que o governo cerrava os ouvidos aos justos pedidos telegráficos dos srs. dr. delegado de saúde e governador civil com respeito às medidas de isolamento que deviam ser adotadas, neste momento, em que a população funchalense está a braços com a varíola, a Junta Geral devia socorrer pecuniariamente, sem demora, os desgraçados variolosos.

Disse ainda que se podia calcular, em três semanas o tempo que levaria a aprovação do referido orçamento suplementar, incluindo os oito dias para a reclamação, mas estava certo de que, durante esse tempo o *Diário de Notícias*, com o produto da sua subscrição, continuaria a socorrer os variolosos pobres.

O revd.º padre Fernando A. da Silva declarou que só aprovaria as despesas com a varíola, depois do emprego de todos os meios perante o governo para este fornecer os socorros necessários.

O sr. Rocha Machado fez idêntica declaração.

O mesmo sr. procurador propôs que se telegrafasse ao governo, instando com este para que o Lazareto fosse posto à disposição de Miss Wilson, e que fornecesse o que se tornava preciso para a acomodação, tratamento e sustento dos variolosos.

Esta proposta foi aprovada por unanimidade. [...]

SAÚDE PÚBLICA[429]
Subscrição a favor das vítimas da varíola

[...]

Transporte	863$000
De João Fernandes Barradas, dinheiro que tinha em seu poder, para esmolas	5$000
João Fernandes Barradas	1$000
Luís Policarpo da Silva	2$000
Soma	871$500

[...] Correu ontem o boato, com grande insistência, de que o sr. D. Bernardo da Costa pedira, pelo telégrafo, a demissão do cargo de governador civil deste distrito, visto que o silêncio sistemático do governo aos seus telegramas com respeito à saúde pública desta terra representa uma verdadeira desconsideração para a sua dignidade de funcionário.

A confirmar-se este boato, só temos motivo para louvar a resolução do sr. D. Bernardo da Costa.

E pode sua ex.ª ter a certeza de que a sua altiva e digna resolução encontra o aplauso geral. [...]

---

[429] BMF, *Diário de Notícias*, 13 de abril de 1907.

3.7.1907

Junta Geral do Funchal[430]
Reunião de 12 de abril

Assistiram os srs. conselheiro dr. José Leite Monteiro, presidente, Luís da Rocha Machado, padre Fernando Augusto da Silva, Henrique Vieira de Castro, João de Castro da Silva Banhos, Artur Pedro de Quental, Jesuíno de Nóbrega e Leandro Nunes Vieira Júnior, secretário. […]

– Seguidamente a Junta ocupou-se do auxílio que devia dispensar para o serviço dos variolosos, tendo neste sentido o sr. Vieira de Castro mandado para a mesa as seguintes propostas: […]

O sr. Luís da Rocha Machado propôs e foi aprovado por unanimidade que se dirigisse um telegrama ao governo, nos seguintes termos: – «A epidemia de varíola alastra-se por falta de isolamento dos doentes. A população clama contra a falta de medidas. A Junta pede que seja aceite o oferecimento de Miss Wilson e que sejam autorizados os fornecimentos indispensáveis para o Lazareto.» […]

Varíola[431]

[…] Acerca da saúde pública, a Junta Geral deste distrito, na sua sessão de ontem, ocupou-se do auxílio que devia dispensar para o serviço dos variolosos, tendo neste sentido o sr. Vieira de Castro mandado para a mesa as seguintes propostas: […]

O sr. Luís da Rocha Machado propôs e foi aprovado por unanimidade que se dirigisse um telegrama ao governo, nos seguintes termos: – «A epidemia de varíola alastra-se por falta de isolamento dos doentes. A população clama contra a falta de medidas; Junta pede que seja aceite o oferecimento de miss Wilson e que sejam autorizados os fornecimentos indispensáveis para o Lazareto.»

*

Também o sr. conselheiro dr. Manuel José Vieira telegrafou ontem, pela segunda vez, ao sr. presidente do conselho de ministros nos seguintes termos:
Exmo Sr. Presidente do Conselho de Ministros, Ministro do Reino:
«Aumenta epidemia varíola.
Peço respeitosamente mas com insistência a V. Ex.ª deferimento meu telegrama dia 5 do corrente e ao do digno Chefe Distrito, solicitando abertura Lazareto condições propostas.» […]

SAÚDE PÚBLICA[432]
Subscrição a favor das vítimas da varíola

[…]

Transporte	871$000
Anónimo	500
Soma	871$500

[…]

Casos de varíola fora da cidade

No sítio do Ribeiro Seco, de Cima, freguesia de S. Martinho, estão atacados de varíola:
Júlio, de 3 anos, filho de Júlio de Pontes;
Dois filhos da viúva de João Gomes Camacho, um de 9 anos e outro de 20;
Hipólito Fernandes e uma sua filha;
Maria Gonçalves Pereira, mulher de Manuel Gonçalves, cego.
A viúva dum Gonçalves e um filho de José Pereira.
Informou-nos Miss Wilson que, além destes casos, se dizia haver mais dois, no mesmo sítio.

---

430 ABM, *Diário do Comércio*, 13 de abril de 1907.
431 ABM, *O Jornal*, 13 de abril de 1907.
432 BMF, *Diário de Notícias*, 14 de abril de 1907.

Estes doentes foram visitados por aquela excelente senhora, aos quais garantiu a alimentação e às suas famílias, até o dia 19 do corrente, com a importância que recebeu, por intermédio do nosso *Diário*.

Miss Wilson foi por nós autorizada a fornecer camas e roupas aos variolosos que estão ao seu cuidado. [...]

O sr. conselheiro dr. Manuel José Vieira telegrafou anteontem, pela segunda vez, ao sr. presidente do conselho de ministros, nos seguintes termos:

> Exmo Sr. Presidente do Conselho de Ministros e Ministro do Reino.
> «Aumenta epidemia varíola.
> Peço respeitosamente mas com instância a V. Ex.ª deferimento meu telegrama dia 5 do corrente e ao do digno Chefe Distrito, solicitando abertura Lazareto, condições propostas.»

CARTA[433]
Recolhimento do Bom Jesus

13th April 1907.

Dear Sir,

I hope I am not trespassing too much on your kindness and on the space of your newspaper, in asking you to publish the enclosed account of a small subscription which various friends have entrusted to me for distribution amongst the poor attacked by smallpox; in doing this you will render me a great service.

Believe me,
Dear Sir,
Yours truly,
Sister Mary Frances Wilson.

Received between the 5th and 11th of April:

Collected by a Friend	
Mrs. England	1$000
Mrs. Mc Clelland	3$000
From various friends in small sums	1$995
A Friend (Rua de Santa Maria)	500
The Revd. Director and the ladies inhabiting the Recolhimento do Bom Jesus	5$000
D. Merciana Barreto	2$000
Total Rs	13$495

These alms were distributed in the following manner:

In Rua do Brigadeiro Couceiro, rua da Alegria and Ribeira de S. João - to 8 families	
Groceries	6$280
Bread	800
Wood	400
Rua dos Barreiros - to 3 families:	
Milk	315
Bread	120
Groceries	1$565
Cruz de Carvalho - to 6 families:	
Bread	420
Lemons	960
Milk	160
Groceries	2$475
Total Rs	13$495

---

[433] BMF, *Diário de Notícias*, 14 de abril de 1907.

Sister Mary Frances Wilson

13 – 4 – 07.

SAÚDE PÚBLICA[434]
Subscrição a favor das vítimas da varíola
[...]
Providências do governo

Segundo o telegrama que publicamos hoje na seção competente, enviado pelo ilustre deputado, por este círculo, sr. capitão João Augusto Pereira, o sr. conselheiro João Franco vai tomar providências, até à próxima quarta-feira, com respeito à saúde pública desta terra.

Já não é sem tempo. [...]

Benemerência.[435] – É digno de todo o elogio o procedimento da ilustrada Redação do *Diário de Notícias*, pelo interesse e zelo que tem mostrado pela saúde pública, desde o começo da atual epidemia de varíola, pela insistência com que tem reclamado e recomendado as medidas sanitárias necessárias, especialmente pelas suas diligências junto dos nossos deputados em cortes, e pela valiosa subscrição que tem promovido no Funchal a qual já chegou a mais de um conto.

Não é menos digno de louvor e de admiração o rasgo de heroísmo da veneranda Irmã Maria Francisca Wilson, que, apesar da sua idade, não hesitou em oferecer-se para ir, com as irmãs da sua congregação, tratar gratuitamente, só por caridade, aos variolosos, internando-se com eles no Lazareto.

O governo tem-se honrado a si mesmo aceitando a generosa oferta e confiando os interesses dos pobres doentes aos cuidados desinteressados da caridade religiosa.

A irmã Maria Francisca (ou Miss Mary Frances Wilson) já está no seu posto com oito das suas filhas; que Deus as abençoe e proteja!

Desconsideração[436]

Por toda essa cidade se fazem comentários muito desagradáveis para o chefe do distrito, pelo facto evidentemente demonstrado de o governo central não ter até hoje respondido aos telegramas que a respeito da epidemia de varíola há mais de 15 dias lhe foram enviados pelo sr. D. Bernardo.

Todos dizem que a falta de consideração da parte do governo central para com o sr. D. Bernardo, constitui a prova provada do nenhum conceito me que sua ex.ª é tido no ministério.

No entanto sua ex.ª continua imóvel, não no seu posto de governador civil, por que o governo lhe retirou toda a confiança que nele depositava, perante os diversos funerais das vítimas da varíola que aí grassa assustadoramente!

*

O nosso prezado colega «Diário de Notícias» de hoje diz o seguinte:

> O sr. capitão João Augusto Pereira, ilustre deputado por este círculo, acedendo solicitamente ao pedido que lhes fizemos telegraficamente no dia 10 do corrente, escreveu no dia seguinte ao sr. conselheiro João Franco, presidente do conselho de ministros, expondo-lhe o que se passa nesta cidade e reclamando providências, acrescentando que assim o exigiam a vida da população e os interesses da Madeira.
>
> O sr. capitão João Pereira não interpelou o governo na câmara dos deputados

---
[434] BMF, *Diário de Notícias*, 15 de abril de 1907.
[435] BMF, *Quinzena Religiosa da Ilha da Madeira*, 15 de abril de 1907. Texto inserido na rubrica "Notícias diocesanas".
[436] BMF, *Correio da Tarde*, 16 de abril de 1907.

sobre o estado sanitário da Madeira porque no dia 11 não houve sessão.
Do contrário tê-lo-ia feito.
Agradecemos penhoradamente a atenção que lhe mereceu o telegrama que lhe dirigimos, registando com prazer o interesse que tomou pelo assunto.

Isto vai sem comentários...

SAÚDE PÚBLICA[437]
Subscrição a favor das vítimas da varíola

[...] O sr. capitão João Augusto Pereira, ilustre deputado por este círculo, acedendo solicitamente ao pedido que lhe fizemos telegraficamente no dia 10 do corrente, escreveu no dia seguinte ao sr. conselheiro João Franco, presidente do conselho de ministros, expondo-lhe o que se passa nesta cidade e reclamando providências, acrescentando que assim o exigiam a vida da população e os interesses da Madeira.

O sr. capitão João Pereira não interpelou o governo na câmara dos deputados sobre o estado sanitário da Madeira porque no dia 11 não houve sessão.
Do contrário tê-lo-ia feito.
Agradecemos penhorados a atenção que lhe mereceu o telegrama que lhe dirigimos, registando com prazer o interesse que tomou pelo assunto.

*

Miss Wilson forneceu-nos ontem a seguinte relação dos variolosos, residentes no Ribeiro Seco, de Cima:

Uma filha de Maria Gomes Camacho, de 9 anos; um filho de Maria Gonçalves, viúva, de 39 anos; duas filhas de António dos Passos, uma de 10 e outra de 7 anos; João Barreto, de 3 anos; Germano Vieira, pai de 6 filhos; um filho de Henrique Rodrigues, de 8 anos; um filho de Júlio Pontes, de 6 anos.

Estes atacados estão recebendo subsídio do *Diário de Notícias*, por intermédio de Miss Wilson. [...]

Obras no Lazareto[438]

Começaram já, com atividade, as obras de grandes reparações no edifício do Lazareto, indo muito adiantados os trabalhos de construção duma muralha na entrada principal deste edifício e na casa da guarda junto ao cais. Estão trabalhando atualmente 14 operários.

A ilustre irmã Wilson pôs à disposição do pessoal encarregado nas mesmas obras, camas e mandou fornecer as refeições diárias com o fim de pernoitarem ali, visto residirem longe da cidade.

"Na ilha da Madeira"[439]

Recebemos um opúsculo de 117 páginas, intitulado "Na ilha da Madeira – Hospital Improvisado", de que é autor o sr. dr. António Balbino Rego.

Ocupa-se largamente dos acontecimentos que se deram nesta cidade no período decorrido de 29 de dezembro de 1905 a 7 de janeiro de 1906, não considerando o sr. dr. Rego, ainda esgotado o assunto até que lhe seja permitida a publicação dos respetivos documentos oficiais, que hão-de lançar grande luz sobre os factos que aponta.

O folheto vem acompanhado duma planta do Lazareto.
Agradecemos a remessa do opúsculo, que vamos ler.

---

[437] BMF, *Diário de Notícias*, 16 de abril de 1907.
[438] BMF, *Diário de Notícias*, 16 de abril de 1907.
[439] BMF, *Heraldo da Madeira*, 16 de abril de 1907.

Abertura do Lazareto[440]

Quando o nosso jornal ia entrar no prelo, fomos informados dum telegrama oficial em que permitia a entrega do Lazareto a Miss Wilson.

Temos mais uma vez de apreciar quanto vale o prestígio do nosso prezadíssimo amigo, sr. capitão João Augusto Pereira, junto do governo central, que lhe mereceu mais atenção do que ao delegado de confiança na Madeira.

Reveja-se nisto a quadrilha.

CARTA[441]

Sister Mary Frances Wilson begs to acknowledge with her grateful thanks the receipt of an anonymous offering of 5$000 rs. «for the poor unfortunate smallpox patients» also of another anonymous offering of 1$200 rs.

Recolhimento do Bom Jesus, 16 – 4 – 07.

Saúde Pública[442]

O espírito humano é uma contínua contradição. Desde a íntima manifestação física que tem como que uma reação, até os mais simples atos da vida orgânica e social aparece sempre e sempre a perpétua contradição.

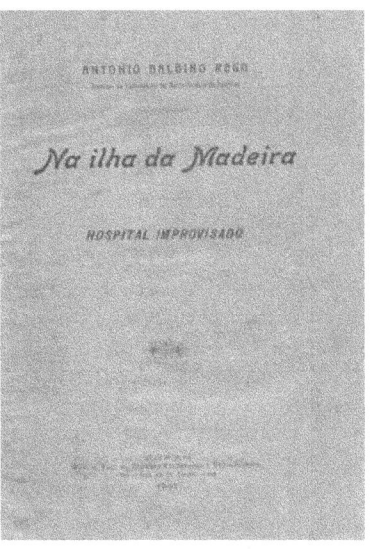

Capa do primeiro livro do Dr. Balbino Rego, sobre a sua ação no Lazareto, onde existe um interessante mapa do Lazareto, que apresentamos na folha seguinte.
BMF, Na ilha da Madeira, *1907*.

Por isso ria Demócrito e chorava Heráclito sobre o mesmo objeto: e filósofos abalizados e sociólogos célebres e psicólogos profundos ainda não chegaram a um acordo sobre quem tinha razão se *Demócrito rindo se Heraclito chorando*.

Há uma coisa porém em que o espírito humano está de acordo – é na conservação da saúde pública. Podem discordar nos meios a empregar, medidas a tomar, no emprego moderado ou exagerado da força pública, mas todos concordam que a saúde pública se deve conservar embora com todos os sacrifícios.

Neste particular, com nos demais, há entretanto pessimistas e otimistas. Estes, vendo tudo cor-de-rosa, chamam a uma epidemia um *andaço*, aqueles chamarão a ligeiras enfermidades terríveis contágios.

É mister muita prudência neste assunto, não sacrificando a verdade às primeiras impressões ou receios infundados, nem tampouco pospondo a realidade a interesses mais ou menos legítimos ou a rivalidades mais ou menos mesquinhas.

Seguir um prudente meio-termo inquirindo racionalmente das circunstâncias para uma segura orientação, eis o que está naturalmente indicado.

Manifestou-se há semanas entre nós a varíola, por culpa não sabemos de quem. Ousamos esperar que a autoridade sanitária o terá averiguado e feito participação a quem de direito, a fim de serem tomadas providências para o futuro, ao menos. A autoridade administrativa tratou imediatamente de isolar os *focos* e, contando sufocar a epidemia, lançou mão dos meios profiláticos aconselhados pela ciência, não tomando medidas espalhafatosas que viriam alamar a população e talvez indispor os ânimos contra os rigores da higiene sanitária, sempre exigente e por isso mal aceite.

O mal cresceu, espalhou-se um pouco mais, embora não tanto como o avolumam os pessimistas, exagerados por timidez ou por índole, e então, S. Ex.ª o sr. Governador civil

---

[440] ABM, *A Chacota*, 17 de abril de 1907.
[441] BMF, *Diário de Notícias*, 17 de abril de 1907.
[442] BMF, *O Jornal*, 17 de abril de 1907.

telegrafou ao governo pedindo autorização para mandar fazer os reparos indispensáveis no Lazareto de Gonçalo Aires, a fim de servir de isolamento para os variolosos.

Na sua solicitude pela sanidade do Funchal, observou S.ª Ex.ª o sr. governador civil, que a situação do Hospital no ponto mais frequentado e central da cidade, não permitia a admissão dos enfermos de doenças de carácter epidémico. Insistiu para que os variolosos fossem internados no Lazareto, entregues aos cuidados das Irmãs Franciscanas, dirigidas pela Irmã Wilson, sem despesas para o Estado, visto o nosso colega «Diário de Notícias» se prontificar a fazer a aplicação da importante subscrição que abriu nas suas colunas para hospitalização dos referidos enfermos.

Meticuloso e legalista, nesta como nas demais medidas tomadas, encarregou o governo a direção geral de saúde pública de responder a S. Ex.ª o sr. Governador civil e com efeito ontem o sr. D. Bernardo recebia um telegrama, assinado pelo sr. H. Schindler, servindo de Diretor Geral, autorizando a entrega do Lazareto e os repairos indispensáveis para a hospitalização dos enfermos.

O nosso ilustre colega «Diário de Notícias» telegrafou por sua parte aos nossos representantes em cortes, que se acham em Lisboa, e por um telegrama do ilustre Capitão João Augusto Pereira vê-se que não foram estranhos a estas diligências.

S. Ex.ª o Sr. Governador Civil reuniu esta manhã pelas nove horas no Palácio de S. Lourenço uma comissão para tratar do assunto, composta de S. Ex.ªˢ o Sr. Secretário Geral, Drs. Delegado e Sub delegado de Saúde, Administrador do Concelho, Comissário de Polícia, Irmã Wilson, Vice-Provedor da Misericórdia, resolvendo o seguinte:

1.º Que o lazareto fosse adaptado com a possível brevidade a isolamento dos variolosos, sendo entregue o serviço interno à Irmã Wilson e o clínico aos facultativos municipais sob a direção do sr. Delegado de Saúde, podendo cada doente conservar o seu médico assistente;

2.º Que feitos os indispensáveis reparos, no sábado próximo, o mais tardar, sejam isolados os doentes;

3.º Que cada dia seja patente no comissariado de polícia um boletim do movimento hospitalar – onde se indiquem as entradas, saídas, e óbitos;

4.º Que seja permitido a quaisquer estranhos aproximarem-se do isolamento e à distância conveniente falarem com os doentes, amigos ou conhecidos.

5.º Que uma pessoa da família de cada doente poderá acompanhá-lo para assistir ao seu tratamento, sujeitando-se ao isolamento.

Hoje mesmo, ao meio-dia, os srs. drs. delegado de saúde e administrador do concelho e Irmã Wilson foram visitar o local que deve ser adotado para aquele fim.

Importa agora que todos pelo seu bem estar próprio e pelo bem estar da sua família e do seu próximo se sujeitem ao regime estabelecido e temos fundadas esperanças que essa terrível enfermidade por misericórdia de Deus em breve se dissipará.

Como dissemos nem todos aprovarão as medidas tomadas e as medidas adotadas; uns queixar-se-ão de terem sido demasiado tardias e outros de terem sido precipitadas, porque onde houver mais de um homem há de haver diversidade de opiniões, como diz o axioma latino: *tot capita quot sententia[e]*.[443]

NA PÁGINA SEGUINTE: Planta do Lazareto do Funchal, desenhada pelo Eng.º Adriano Augusto Trigo, e elaborada na Direção das Obras Públicas do Funchal a 7 de dezembro de 1905. LEGENDA: **Zona Suja** - · - · - · **Zona de observação** = = = = = **Zona neutra** o o o o o o **Zona limpa** . . . . **A** - Hospital; **B** 1.º pavimento, r/c - Posto de desinfeção; 3.º pavimento, 2.º andar - Depósito de cal, caixões e casa de autópsias; **C** - Casa de observação ou refúgio; **D** - Cozinha; **E** - Acomodações do pessoal masculino; **F** - Rouparia; **G** - Casa do antigo guarda do Lazareto; **H** - Escritório; **I** - Depósito de víveres; **J** - Residência do Fiscal; **K** - Guarda vigiando a ribeira, muros e beira-mar; **L** - Porta guardada por 2 homens; **M** - Cancela de madeira; **N** - Pulverizadores; **O** - Cancela de madeira; **P** - Escada de madeira em construção; **Q** - Câmara de sulfuração; **R** - Escada de pedra em construção. *BMF, Na ilha da Madeira, 1907.*

---

[443] Expressão latina significando "tantas cabeças tantas sentenças".

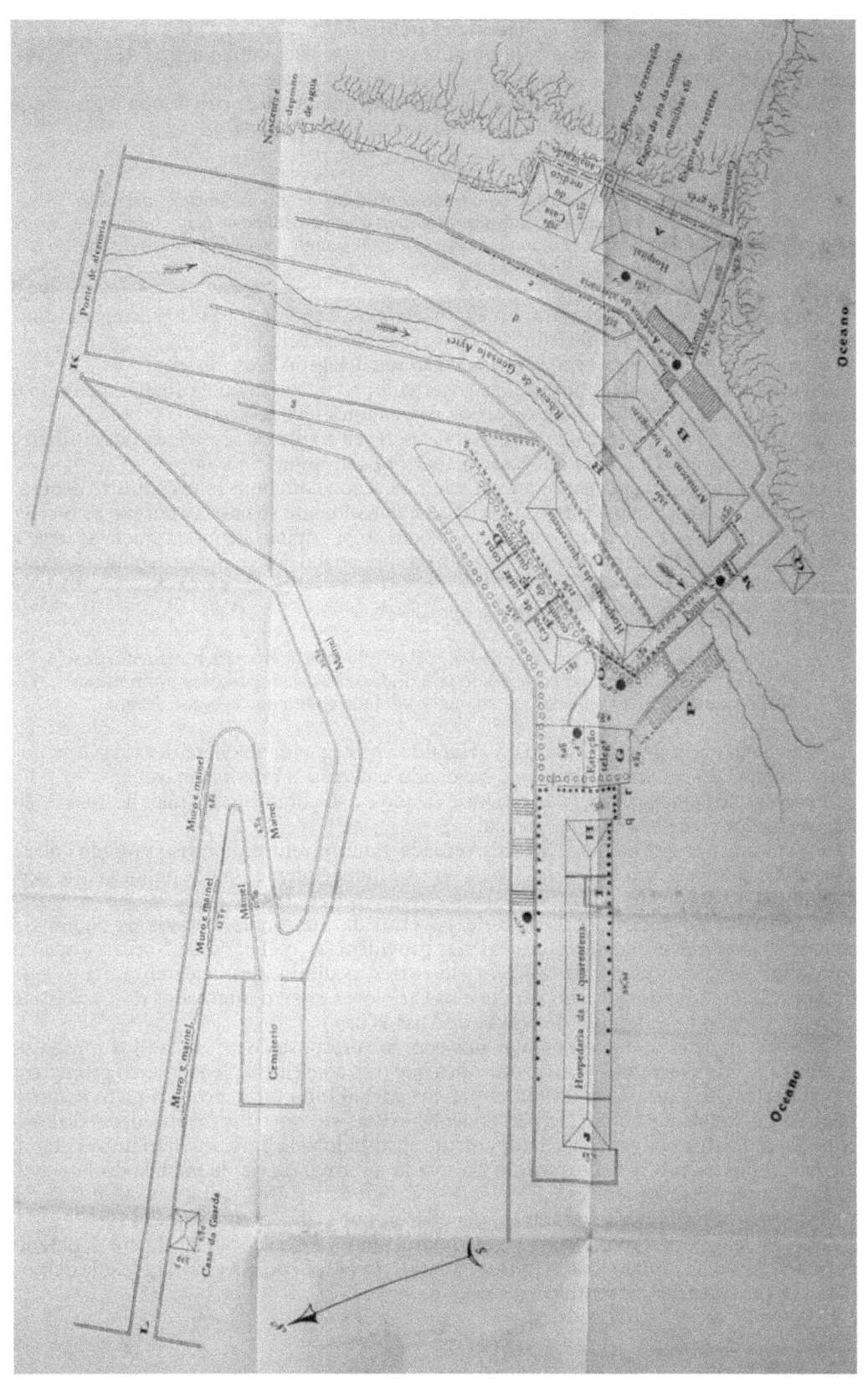

O "Heraldo" mentindo[444]

Com grande surpresa, lemos hoje no nosso colega o "Heraldo" o artigo da 2.ª página, com o título «Saúde Pública» e subtítulo «A cedência do Lazareto».

Desse artigo, rememoramos o primeiro período, que provoca riso a toda a gente que presenciou de perto o que acaba de passar-se com a saúde pública.

Aí vai:

> Nem sempre supusemos que o governo central, acedendo às solícitas instâncias do seu delegado neste distrito, adotava as necessárias providências para combater a epidemia da varíola que reina entre nós, evitando quanto possível o alastramento daquela terrível doença.

Então, colega, o governo central cedeu o Lazareto à benemérita Miss Wilson, a instâncias do seu delegado do seu distrito? Isto lê-se mas não se acredita.

Qual o crédito que o governo central deu ao seu delegado neste distrito?

Nenhum! Toda a gente sabe que o sr. governador civil telegrafou há 18 dias, pedindo o lazareto para a Miss Wilson tratar os variolosos, e nunca teve resposta!

Se não fosse o sr. capitão João Pereira, que escreveu ao ilustre presidente de Ministros, ainda hoje estávamos à espera que fossem abertos os hospitais do lazareto.

O colega, por um facciosismo rancoroso e não vendo com bons olhos o ilustre deputado Pereira, diz perfeitamente ao contrário do que realmente se passou, porque se o «Heraldo» dissesse a verdade tinha que fazer o elogio ao. sr. capitão Pereira, a quem se deve a abertura do Lazareto, mas como o colega nunca simpatizou com o nobre deputado, mente desenfreadamente.

O colega no 5.º período do mesmo artigo, diz mais:

> Foi, pois, a pedido do sr. Governador civil cedido o Lazareto para tratamento dos variolosos, devendo proceder-se desde já às indispensáveis reparações, a fim duma parte daquele edifício ser convenientemente adotado ao fim que agora se destina.

Vê-se bem que a ilustre redação do «Heraldo» na cegueira de querer levantar o sr. governador civil do lamaçal, em que está envolvido, enterrou-o cada vez mais.

O colega fazia melhor figura se estivesse calado e não comprometia mais a situação do sr. governador civil por causa da varíola.

E para mostrar que o colega faltou à verdade, transcrevemos do nosso presado colega «Diário de Notícias», um dos jornais mais sérios e independentes que se publica entre nós, o seguinte:

«Continuando, porém, o silêncio do governo da metrópole a todos os pedidos e instâncias para que ordenasse as necessárias providências, o «Diário de Notícias» apelou para os três representantes da Madeira em cortes, pedindo-lhes, telegraficamente, que intercedessem junto do governo para que os variolosos fossem internados no Lazareto, e entregues à heroica e afetuosa dedicação de Miss Wilson.

Mas só um deles se dignou animar-nos com uma resposta: o sr. capitão João Augusto Pereira, que nos telegrafou, participando-nos que o sr. conselheiro João Franco prometera providenciar até quarta-feira última, e que nos enviou uma carta, pelo primeiro paquete saído de Lisboa, dando conta que, não podendo avistar-se com o ilustre presidente do conselho de ministros por este estar inteiramente absorvido pela grave questão universitária, lhe fizera, por escrito, a fiel exposição do estado anormal da saúde pública do Funchal, pedindo urgentes providências.

Estas não se fizeram esperar muitos dias. São as que acima mencionámos.

Não podemos, portanto, deixar de atribuir à valiosa intervenção do ilustre deputado por este círculo, sr. capitão João Augusto Pereira, a resolução do governo, ainda que demorada, em providenciar no sentido exposto.

---

[444] BMF, *Correio da Tarde*, 18 de abril de 1907.

Consignamos este facto, com sincero prazer e eterno reconhecimento, em nosso nome e no de todos os que vão ser beneficiados pelas medidas adotadas.»

O Lazareto[445]

Só na próxima segunda-feira, a [é] que estarão concluídos os trabalhos [a] que se está procedendo no Lazareto, nas enfermarias improvisadas, para o tratamento dos variolosos.

SAÚDE PÚBLICA[446]
Subscrição a favor das vítimas da varíola
[...]
As providências do governo

O sr. presidente do conselho, sr. João Franco, cumprindo a promessa de que adotaria providências sanitárias com respeito à Madeira, até quarta-feira última, encarregou o diretor geral de saúde pública, de telegrafar anteontem ao chefe do distrito, transmitindo-lhe as suas ordens naquele sentido, em virtude das quais será o lazareto de Gonçalo Aires, depois dos indispensáveis reparos, posto à disposição dos variolosos pobres, a fim de serem ali tratados, com o maior carinho, por Miss Wilson e suas irmãs.

Duas perspetivas da antiga estrada de acesso ao Lazareto. *Coleção do autor.*

Os serviços clínicos serão prestados pelos médicos assistentes dos enfermos ou pelos facultativos municipais deste concelho.

As famílias que quiserem acompanhar os seus enfermos, podem fazê-lo, sendo observadas as devidas precauções.

Aos parentes e amigos dos atacados é permitido visitar estes todos os dias, das 12 horas do dia às 3 da tarde, a distância conveniente dos variolosos, para evitar o contágio.

Todos os dias será afixado no comissariado de polícia e publicado pela imprensa, um boletim do movimento hospitalar do Lazareto.

A todos serão facultadas as informações e notícias mais completas acerca do tratamento dos internados.

O produto restante da subscrição aberta, neste *Diário,* será aplicado às despesas com o mesmo tratamento.

Eis, em resumo, o que ficou assente para acudir aos variolosos pobres, o que certamente não só atenuará a sua aflitiva situação, como também evitará a maior propagação do mal.

Cumpre-nos agora, em homenagem à verdade e à justiça, recapitular alguns factos e incidentes que se relacionam com as providências adotadas.

O *Diário de Notícias,* em face do mutismo do governo aos telegramas enviados pelo chefe do distrito acerca do precário estado sanitário desta terra, e tornando-se, por outro lado, urgente socorrer os variolosos pobres e suas famílias que lutavam com as mais duras privações, começou por abrir uma subscrição a benefício daqueles desgraçados, subscrição que, como se viu, obteve o êxito mais completo e consolador.

Continuando, porém, o silêncio do governo da metrópole a todos os pedidos e instâncias para que ordenasse as necessárias providencias, o *Diário de Notícias* apelou para os três representantes da Madeira em cortes, pedindo-lhes, telegraficamente, que intercedes-

---
445 BMF, *Correio da Tarde,* 18 de abril de 1907.
446 BMF, *Diário de Notícias,* 18 de abril de 1907.

sem junto do governo para que os variolosos fossem internados no Lazareto, e entregues à heroica e afetuosa dedicação de Miss Wilson.

Mas só um deles se dignou animar-nos com uma resposta: o sr. capitão João Augusto Pereira, que nos telegrafou, participando-nos que o sr. conselheiro João Franco prometera providenciar até quarta-feira última, e que nos enviou uma carta, pelo primeiro paquete saído de Lisboa, dando-nos conta que, não podendo avistar-se com o ilustre presidente do conselho de ministros por este estar inteiramente absorvido pela grave questão universitária, lhe fizera, por escrito, a fiel exposição do estado anormal da saúde publica do Funchal, pedindo urgentes providências.

Estas não se fizeram esperar muitos dias. São as que acima mencionámos.

Não podemos, portanto, deixar de atribuir à valiosa intervenção do ilustre deputado por este círculo, sr. capitão João Augusto Pereira, a resolução do governo, ainda que demorada, em providenciar no sentido exposto.

Consignamos este facto, com sincero prazer e eterno reconhecimento, em nosso nome e no de todos os que vão ser beneficiados pelas medidas adotadas.

*

Sabemos que todos os variolosos estão dispostos, da melhor vontade, a entregar-se aos maternais cuidados de Miss Wilson e suas irmãs, no Lazareto de Gonçalo Aires.

E assim era de esperar, porque aquela bondosa senhora consagra a sua vida exclusivamente à prática do bem, aliviando a doença e a miséria dos seus semelhantes, não receando o contágio das mais terríveis enfermidades, às quais se apressa a prestar os seus generosos serviços de verdadeira irmã de caridade.

*

As obras de reparação principiarão nos edifícios do Lazareto, lado leste, reparações que devem ser, em seguida, convenientemente desinfetados.

Quando estiverem ultimados os reparos nos edifícios, do lado oeste, serão instalados ali definitivamente os doentes que ainda existirem. [...]

Variolosos[447]

O sr. ministro do reino, segundo telegrama recebido ontem pelo sr. governador civil, autorizou o estabelecimento dum hospital provisório de isolamento de variolosos numa das casas do Lazareto de Gonçalo Aires, e permitiu que ficassem a cargo de Miss Wilson os serviços internos do mesmo hospital.

O serviço clínico será exercido alternadamente pelos srs. delegado e subdelegado de saúde e facultativos municipais do concelho, sendo aceite a cooperação dos médicos particulares que a isso se queiram prestar gratuitamente.

As camas e roupas serão fornecidas pela Santa Casa da Misericórdia desta cidade.

Às mães será permitido assistir ao tratamento de seus filhos, e às famílias que desejarem visitar os internados será facultado o ingresso no Lazareto, tomando-se para isso as necessárias precauções.

À imprensa local será fornecido diariamente um boletim do movimento hospitalar.

Até que enfim![448]

Segundo somos informados o governo ordenou ontem, telegraficamente, a abertura do Lazareto de Gonçalo Aires, para ali ser feito isolamento dos variolosos e dos que com eles estão em contacto.

Já não era sem tempo tal providência, cuja falta roubou a vida a algumas dezenas de desgraçados, vítimas da epidemia que um serviço inconsciente fez entrar e alastrar-se na Madeira.

A necessidade dum hospital de isolamento, como medida essencial e indispensável

---

[447] ABM, *Diário do Comércio*, 18 de abril de 1907.
[448] BMF, *Diário Popular*, 18 de abril de 1907.

para qualquer flagelo que dum para outro momento nos visite é recomendada pela ciência como o mais poderoso entrave que se pode opor a uma epidemia que porventura aí nos surja, como sucede no presente momento. [...]

Saúde Pública[449]
A cedência do Lazareto – Medidas adotadas

Sempre supusemos que o governo central, acedendo às solícitas instâncias do seu delegado neste distrito, adotava as necessárias providências para combater a epidemia da varíola que reina entre nós, evitando quanto possível o alastramento daquela terrível doença.

A demora havida na adoção dessas medidas tem sua explicação na morosidade que a nossa burocracia imprime a todas as coisas e nos gravíssimos assuntos que o governo tinha a resolver e que eram de molde a absorver por completo todas as atenções.

Mas não é tarde para atenuar-se o mal já feito, tratando-se agora de tomar as medidas que a gravidade da situação aconselha.

O oferecimento feito por mrs. Wilson[450] e suas companheiras, ao chefe do distrito, para tratarem os variolosos num hospital de isolamento, foi comunicado ao governo central por aquele magistrado, que apoiou as ideias manifestadas pelas beneméritas religiosas, ideias que foram bem recebidas pelas estações superiores.

Foi, pois, a pedido do sr. Governador civil, cedido o Lazareto para tratamento dos variolosos, devendo proceder-se desde já às indispensáveis reparações, a fim duma parte daquele edifício ser convenientemente adotado ao fim a que agora se destina.

O Lazareto será entregue à exclusiva direção e superintendência de miss Wilson e às religiosas suas auxiliares, que serão as enfermeiras desveladas e carinhosas dos doentes, não lhes escasseando todos os requisitos para prestarem um serviço completo e que nada deixará a desejar ainda aos mais exigentes, na medida dos recursos que lhes forem dispensados.

Não será obrigatório o internamento dos variolosos no Lazareto, sendo ali apenas recolhidos os que voluntariamente quiserem ou suas famílias. No entretanto, aconselha-se aos parentes dos variolosos que não tenham meios de tratar os doentes em suas casas com os preceitos recomendados pela ciência, que os façam recolher ao Lazareto, onde lhes serão prestados todos os socorros e com a mais acrisolada caridade.

Todos os serviços do improvisado hospital de isolamento serão feitos duma maneira aberta e clara, não se envolvendo coisa algum no segredo ou no mistério.

O Lazareto poderá ser visitado, tomadas as indispensáveis precauções para evitar o contágio, todos os dias do meio-dia às 3 horas.

Os médicos encarregados do serviço clínico do hospital formularão um boletim diário com os nomes de todos os doentes e com a designação do estado em que cada um se encontra, ficando um exemplar em poder de miss Wilson e outro afixado na porta do comissariado de polícia e facultando-se cópias à imprensa.[451]

As mães ou próximos parentes dos variolosos, podem ser internados no Lazareto e servir-lhes de enfermeiros, sujeitando-se ao isolamento.

Os médicos do Funchal têm entrada franca no Lazareto a toda a hora do dia, podendo até os doentes terem como médicos assistentes, os mesmos facultativos que tenham cá fora.

Nas casas em que se encontrarem variolosos, será exercida uma mais ativa vigilância com respeito ao isolamento, devendo ser rigorosas as desinfeções das habitações, roupas etc.

Nas condições em que agora se abre o Lazareto, não deve haver, por parte do público,

---

[449] BMF, *Heraldo da Madeira*, 18 de abril de 1907.

[450] Trata-se de um lapso do autor do texto visto a expressão correta ser Miss Wilson, na medida em que a designação Mrs. se aplicar no caso duma senhora ser casada, o que não era o caso.

[451] Recolhemos, do *Diário de Notícias*, todos os dados referentes ao movimento hospital do Lazareto neste ano de 1907 e apresentamo-los no Anexo VII desta obra.

a menor repugnância em fazer internar ali os variolosos, sobretudo os desprotegidos da fortuna, não só pelo bom e caritativo tratamento que se ministrará a todos, mas ainda para evitar que o mal se propague e vá contagiar outros indivíduos.

É um benefício que devem aproveitar todos quantos dele tiverem necessidade.

*
* *

Miss Wilson, os srs. delegado e subdelegado de saúde e administrador do concelho estiveram ontem no edifício do Lazareto, assentando nas medidas que desde já convém adotar para o internamento dos doentes.

*

O produto da subscrição aberta pelo "Diário de Notícias", que ainda não foi distribuída pelos variolosos, vai ser entregue a miss Wilson para acudir às primeiras despesas com os doentes.

Consta que vão aparecer outros donativos.

No comissariado de polícia recebem-se todas as ofertas em dinheiro, roupas ou géneros alimentícios, com que qualquer pessoa queira contribuir para os doentes, ofertas que diariamente serão enviadas para o Lazareto.

O rev.mo cónego Homem de Gouveia, vice-provedor da Santa Casa, procurou ontem o sr. governador civil, para pôr à disposição de miss Wilson algumas camas, roupas e louças, que podem ser dispensadas do serviço do hospital de Santa Isabel.[452]

Um grande serviço[453]

A abertura do Lazareto de Gonçalo Aires para o isolamento dos variolosos é, no presente momento, a mais vantajosa medida que se poderá opor à marcha da epidemia que, de dia para dia aí toma proporções inquietadoras.

Embora tarde, a adoção de semelhante providência representa um grande passo dado no sentido de atenuar a marcha do flagelo que aí campeia. [...]

Há dois meses que uma epidemia do pior carácter, atirada sobre a população madeirense por um funcionário da estação de saúde marítima, se tem alastrado no Funchal e contagiado já freguesias suburbanas, devorando no decurso desse tempo algumas dezenas de preciosíssimas vidas e inutilizando outras para o resto da sua existência.

Como medidas de primeira necessidade a opor à marcha do terrível mal que vai levando o luto e o pânico à população, impunham-se desde logo a vacinação e o isolamento. [...]

Eis como se refere ao caso o nosso colega «Diário de Notícias», que nas providências postas em prática para debelar a epidemia que aí grassa, tomou um importante quinhão:

«O *Diário de Notícias*, em face do mutismo do governo aos telegramas enviados pelo chefe do distrito acerca do precário estado sanitário desta terra, e tornando-se por outro lado, urgente socorrer os variolosos pobres e suas famílias que lutavam com as mais duras privações, começou por abrir uma subscrição a benefício daqueles desgraçados, subscrição que, como se viu, obteve o êxito mais completo e consolador.

Continuando, porém, o silêncio do governo da metrópole a todos os pedidos e instâncias para que ordenasse as necessárias providências, o *Diário de Notícias* apelou para os três representantes da Madeira em cortes, pedindo-lhes, telegraficamente, que intercedessem junto do governo para que os variolosos fossem internados no Lazareto, e entregues à heroica e afetuosa dedicação de Miss Wilson. [...]

---

[452] Denominação do antigo hospital da Santa Casa da Misericórdia do Funchal, outrora sito à Praça da Constituição, atual Avenida Arriaga.

[453] BMF, *Diário Popular*, 19 de abril de 1907.

Uma entrevista[454]
Receios do público consequências ainda da peste

Fomos ontem procurados por uma comissão de funchalenses, que desejaram ouvir a nossa opinião, acerca da epidemia reinante e do isolamento dos doentes.

Era uma prova de confiança, à qual não podíamos corresponder senão com a verdade; por isso manifestamo-nos com a maior sinceridade e boa vontade a esta boa gente, que nos honra com a sua confiança, e à qual sempre nos esforçamos por corresponder. [...]

– Vimos aqui com v. por termos lido no jornal que vai ser aberto o Lazareto, para o isolamento de doentes. Temos ainda bem presentes as cenas da peste, e, por isso, desejamos saber em que condições se realizará o isolamento.

– Ah! respondemos, então trata-se do Lazareto; são receios infundados, quer-nos parecer. As cenas passadas não tornam a repetir-se, a lição foi dura, e ainda há-de ser mais, quando a justiça tomar conta dos criminosos. Cenas iguais não tornam a dar-se; pode até vir o Rego e mais o Lomelino que o povo tem os olhos abertos.

– *A canalha*, replicou-nos um.

– Sim a *canalha,* segundo a opinião do Pedro Lomelino.

Hoje o caso muda de figura, o Lazareto de ontem não é o Lazareto de hoje, volta ao que sempre foi em idênticas circunstâncias, e que não deu nunca lugar a reclamações. [...]

Como sabem, o sr. governador civil conseguiu do governo o isolamento dos doentes.

Foi tarde que o governo respondeu aos instantes rogos do sr. governador civil para isolar os variolosos, abrir o Lazareto e recolher neles os doentes pobres e ricos que desejam ali ser tratados, mas embora tarde tudo se remediará.

Como veem não há no internato violência, há apenas uma questão de garantia para os não doentes.

A superintendência das enfermarias foi confiada a Miss Wilson, uma senhora há muitos anos residente na Madeira e que há uma dezena de anos está em Santa Cruz cuidando do hospital daquela vila e a quem se devem relevantes serviços e dedicação desinteressada.

Os seus interesses, são somente satisfazer à sua ordem e às suas ideias religiosas e de propaganda; é de todas a mais útil, porque em condições de epidemias, quando todos fogem, inclusivamente alguns médicos, essas senhoras expõem a sua vida em benefício da humanidade.

– Essas senhoras vão gratuitamente tratar os doentes?

– Creio que sim, mas isso não faz o caso; podiam ir pagas e bem pagas que em casos destes não há dinheiro que pague uma boa enfermeira.

Mas consta-nos que são gratuitos os seus serviços e que até se ofereceram ao sr. governador civil.

Essas senhoras são as enfermeiras, são as únicas pessoas que tocam nos doentes; todavia qualquer pessoa pode acompanhar os seus no isolamento, porque assim foi determinado pelo governador civil.

Os doentes pobres são tratados e sustentados pelo Estado, os remediados e ricos por sua conta.

Os médicos oficiais, obrigados a tratarem os doentes, são: delegado e subdelegado de saúde e médicos municipais.

– E o Pedro Lomelino também?

– É esse o erro desta medida, mas o sr. governador civil não podia excluí-lo desse número; todavia não será difícil evitar que ele lá ponha os pés.

– Mas... se ele lá vai o povo enfurece, ninguém quer ir para lá se tratar com ele, foi ele quem mandou na peste e... desse homem tudo se espera.

– Não digo que não, mas primeiro que lhe chegue a vez de lá ir, estará acabada a epidemia.

Depois há a garantia das enfermeiras que não se prestam a maroteiras, que conhecem o Lomelino como nós todos o conhecemos.

– Isso é verdade mas...

---

454 BMF, *O Direito*, 19 de abril de 1907.

– Ordenou mais o sr. governador civil que todos os médicos do Funchal possam visitar o hospital e que os doentes que desejarem ser tratados por outro médico que não seja dos oficiais possa chamá-lo.

Além disso as famílias dos doentes e o público podem entrar no Lazareto durante 3 horas por dia, não passando da zona limpa; podem informar-se dos doentes e falar com os convalescentes; não há mistérios com[o] os de [da] peste.

Acresce ainda que diariamente os médicos farão um boletim de todos os doentes, no qual descreverão o estado de cada um.

– E os mortos, ficam no Lazareto?

– Não, os mortos são sepultados no cemitério público, com as precauções devidas e indispensáveis.

– O sr. publica tudo quanto nos disse?

– Certamente; vou até fazer pública a nossa cavaqueira. […]

A varíola e o "Diário"[455]

For ordenada a abertura do Lazareto para nele serem isolados os variolosos.

O internato é feito nas seguintes condições: – o serviço de enfermarias fica sob a direção de Miss Wilson; as famílias poderão acompanhar os seus doentes e tratá-los; o lazareto estará aberto do meio-dia às 3 da tarde para os visitantes; os doentes podem escolher o médico que lhes aprouver; todos os médicos terão entrada livre e a qualquer hora; um boletim diário, respeitante ao estado de todos os internados, será publicado nos jornais e afixado na porta do comissariado de polícia.

Ante medidas tão humanitárias e tão sensatas, que varrem por completo qualquer desconfiança, só temos que curvar-nos, dando-lhes o nosso apoio.

É essa sem dúvida uma vitória do povo, para a qual, com legítimo orgulho o dizemos, também concorremos.

Combatendo as selváticas cenas praticadas no lazareto por ocasião da suposta peste, (sem que, por consideração de parentesco ou de amizade pessoal, poupássemos o dr. Rego ou o imbecil governador de então e seus sequazes, porque todos eram igualmente culpados) concorremos para uma valiosa conquista: – evitar que o povo voltasse a ser vítima de ciganos sem consciência. […]

A varíola[456]

[…] Há já meses que nesta cidade grassa, e não com pouca celeridade, a terrível epidemia da varíola. O pânico, à vista desta terrível doença, apoderou-se das populações não só rurais, mas campestres também.

Justos e fundados são estes receios, pois de todos é sobejamente conhecido que quase todos os casos desta terrível epidemia são fatais. […]

Abriu-se afinal o Lazareto para o tratamento desses infelizes, e por isto não podemos deixar de louvar o governo e as autoridades, que para isso concorreram. Só lamentamos que uma medida tão indispensável não fosse autorizada pelo governo com mais antecipação, logo ao aparecerem os primeiros casos, pois assim mais facilmente se poriam peias ao mal.

Contudo ainda não foi sem tempo e só temos a aprovar as providências tomadas, esperando daí os resultados mais satisfatórios para a debelação de tão horrível epidemia que atualmente nos assoberba, especialmente à população do Funchal.

Que todos nos compenetremos da grave situação em que nos encontramos e nos empenhemos com um só coração e reto sentir para a esconjuração do flagelo e não vá servir--se alguém do caso para torpe e indigna especulação política, como soe fazer-se.

Quando se trata do bem comum devem pôr-se generosamente de lado os interesses de

---

[455] BMF, *O Direito*, 19 de abril de 1907.
[456] ABM, *O Jornal*, 19 de abril de 1907.

partido.

Tem sido sempre esta a nossa linha de conduta e estamos resolvidos a segui-la sempre e invariavelmente. […]

Lazareto[457]

Começaram hoje os trabalhos nas enfermarias do Lazareto Gonçalo Aires, sendo grande [a] quantidade de operários que estão procedendo àquelas obras.

SAÚDE PÚBLICA[458]
Subscrição a favor das vítimas da varíola

Transporte	871$500
Colégio «Vera Cruz»	6$510
Soma	878$010

[…] A sr.ª D. Henriqueta Júlia Vera Cruz Areias, mui hábil e inteligente diretora do acreditado colégio «Vera Cruz», promoveu uma *quête* entre as suas alunas, a favor das vítimas da varíola, colhendo a importância total de 6$510 réis, que teve a amabilidade de nos enviar.

Agradecemo-lo em nosso nome e no das pessoas que forem contempladas. […]

As obras de reparação na parte do Lazareto, destinada ao hospital provisório, não ficarão concluídas antes de oito dias. […]

Abertura do Lazareto para isolamento de variolosos[459]

Abre hoje o Lazareto, para isolamento de variolosos.[460]

Os ânimos estão serenos, o público recebeu bem as medidas do chefe do distrito, todos receberam com geral satisfação a notícia de que tinham por enfermeiras umas senhoras dedicadas e experientes no tratamento de doentes.

Compare-se agora, a abertura atual do Lazareto com a de 1905, por ocasião da suposta epidemia de peste, arranjada pela «família gananciosa».

Ninguém estava prevenido para receber a sangue frio esta notícia, que a todos sobressaltou, e a primeira ideia que acudiu foi o isolamento dos pestíferos. […]

No dia seguinte, ou dois dias depois, era nomeado diretor e único incumbido do Lazareto o chefe do Posto Bacteriológico o dr. António Balbino do Rego.

Este, a sua primeira medida, foi meter pessoal seu no Lazareto, e o governador civil de então o sr. Pedro José Lomelino, não tinha observações a fazer-lhe; tudo confirmava, pois estavam conluiados, para levarem a cabo a grandiosa obra que os interessava... na bolsa.

Para fiscal nomeou o irmão, um famigerado farmacêutico mal-assombrado, que revelou os seus instintos selvagens.

Como costureira, nomeou a cunhada, mulher do tal farmacêutico.

Para enfermeira nomeou uma criada do irmão, mulher inexperiente e bruta, que não auxiliaria o serviço quando se tratasse duma epidemia.

Não tendo mais pessoal na família nomeou cozinheiro um vadio que também se salientou, homem de confiança e amizade do então administrador do concelho Octaviano Soares.

E, finalmente, para enfermeiro um tal Carocha, homem expulso da polícia por incorrigível, que não sabia coisa alguma de enfermaria, mas prestável ao serviço que lhe fora

---

[457] BMF, *Correio da Tarde*, 20 de abril de 1907.

[458] BMF, *Diário de Notícias*, 20 de abril de 1907.

[459] BMF, *O Direito*, 20 de abril de 1907.

[460] A abertura do Lazareto para internamento de doentes só seria feita dez dias depois, a 1 de maio, dia em que ali entraram os primeiros 30 doentes, conforme se verá nos textos que se seguem.

distribuído, e para lavadeira uma prostituta.

Um serviço hospitalar que parecia uma casa de degradação.

Dias depois, a irmã franciscana Miss Wilson dirigia-se a s. ex.ª revd.ma e oferecia os seus serviços e das suas colegas para enfermeiras gratuitas do Lazareto.

S. ex.ª revd.ma imediatamente comunicou ao sr. Pedro Lomelino o oferecimento, o qual respondeu que não podia aceitar Miss Wilson, porque estava o quadro preenchido!

Esta recusa produziu um detestável efeito no público, e foi alvo de comentários bastante desagradáveis, pois já nesse tempo corriam boatos de maus tratos a doentes e inclusivamente de assassinatos. [...]

Dias depois do sr. Lomelino recusar a irmã Wilson, era internada como enfermeira no Lazareto, uma mulher de má nota e de conduta repreensível.

Estes factos foram-se sucedendo pela forma como o público os conhece, até que chegou o dia abençoado, 7 de janeiro, em que o povo arrancou a máscara aos facínoras e matou a peste.

Hoje, abre o Lazareto o atual governador civil, que há tempos pediu ao governo esta medida, e que só conseguiu muito tempo depois.

Antes tarde, para bom fim, que cedo, para fins indignos como foi a abertura por ocasião da suposta peste.

O sr. governador civil, cujas qualidades de caráter, de inteligência e de honestidade, não sofrem comparação, com as do sr. Pedro José Lomelino, a primeira coisa que fez, foi aceitar para enfermeiras dos variolosos aquelas senhoras que o sr. Lomelino rejeitou, e preferiu-as a mulheres perdidas, mulheres sem coração, nem responsabilidade.

Além desta medida, sensata e digna, ordenou s. ex.ª que os isolados tivessem a liberdade de escolher médico para os tratar, e que as famílias dos doentes e o público possam ir durante umas certas horas do dia ao edifício do Lazareto informar-se do estado dos doentes.

Que qualquer pessoa da família dos doentes possa estar à cabeceira deles, o que é uma medida radical e que não deixa margem a suspeitas ou invenções.

Que todos os dias seja fornecido, ao público e à imprensa, um boletim do estado dos doentes, de forma a não haver mistérios, que só servem para desagradar ao público e afugentar os doentes do isolamento.

O internato é voluntário para as pessoas cujas casas sejam apropriadas a isolamento, outra garantia para a população.

O que se pode exigir mais?

Nada! [...]

A varíola[461]

[...]

Lazareto

Soubemos hoje do sr. encarregado das obras de reparação do edifício do Lazareto, que só no dia vinte e nove do corrente esse prédio ficará em condições de receber variolosos.

– Os srs. Francisco do Carmo Gonçalves, amanuense, e Francisco Maria de Freitas, oficial de diligências da administração do concelho, foram hoje, por ordem do sr. administrador, ao Lazareto de Gonçalo Aires fazer a entrega à irmã Wilson do mobiliário que lá existe.

*

Pedem-nos para lembrarmos à pessoa ou pessoas que superintendem no Lazareto, para mandarem vender a erva e a água que ali existem e que estão sendo retiradas em proveito de particulares, revertendo o seu produto na cura dos variolosos pobres.

---

[461] BMF, *O Jornal*, 20 de abril de 1907.

Santa Cruz 18-4-07[462]

[...]

Para o Lazareto

No próximo sábado partem para o Funchal 4 irmãs franciscanas desta vila, que vão prestar serviço, no Lazareto, aos variolosos, juntamente com outras 4 irmãs da mesma congregação. [...]

Correspondente.

O "Diário de Notícias" e a situação sanitária[463]

Aspeto atual da entrada para o Lazareto. *Foto do autor.*

Não pertencemos ao número das gralhas que se enfeitam com penas de pavão, nem procuramos ostentar filantropia como armadilha para apanhar popularidade efémera, a fim de obter com ela e por ela o domínio político ou a concessão de explorações tão rendosas como condenáveis.

Também não vemos nos atos de solidariedade social e de caridade cristã, mais do que o cumprimento de um dever, sem margem para vanglórias nem vaidades.

Quem cumpre o dever não é a mais obrigado; mas cumpri-lo não dá jus a nenhuma recompensa, além da satisfação íntima da própria consciência.

Estes são os princípios altruístas que professamos – e que sempre havemos defendido neste *Diário*, não só com palavras, o que seria o menos, faltando-lhe a sinceridade; mas com obras, que é o principal, cuja veracidade não pode ser contestada – embora tente fazê-lo o ruim sentimento da inveja, víbora que se arrasta como o sapo, assinalando a sua passagem, com a baba peçonhenta, pelos marnéis da imprensa.

Isto vem adrede para explicar a nossa atitude perante a situação sanitária da Madeira, ao mesmo passo que quebramos os dentes à matilha refece que nos investe aos tacões.

O *Diário de Notícias*, em todas as épocas e com todas as calamidades públicas, não só da Madeira, mas de outros pontos do país, tem seguido sempre a norma de auxiliar e defender quanto possível as vítimas, ou seja de uma epidemia, de uma catástrofe ou de uma monstruosa violência do poder.

Tem estado e continua a estar ao lado dos fracos contra os fortes, quando a razão se acha do lado dos primeiros, como quase sempre sucede.

Jornal noticioso e anunciador, desligado de todas as fações partidárias, o *Notícias* consagra-se à defesa dos interesses da sua terra, que são os interesses do povo, a cujo lado estará sempre que as circunstâncias o exigirem.

Tem cumprido o seu dever nesta triste conjuntura em que, por leviandade das autoridades, a Madeira está sendo flagelada pela epidemia da varíola.

Foi o primeiro jornal que levantou o alarme do perigo, denunciando os focos infeciosos, recomendando ao público a vacinação e revacinação, como único meio profilático eficaz; e quando viu desamparadas as vítimas da epidemia, foi também o primeiro a reclamar providências e o único que abriu subscrição pública para acudir àquele desamparo.

Por este facto, que consideramos o cumprimento de um dever humanitário e jornalístico, não queremos nem precisamos encómios de quem quer que seja – mas não permitimos que os apologistas da batota venham agora batotear sobre o desastre da epidemia, atribuindo-nos, caluniosamente, especulações de que só eles e quejandos são capazes.

Mas ainda não é tudo.

Quando vimos que os telegramas oficiais ficavam sem resposta, por motivos que desconhecemos, telegrafámos aos deputados pela Madeira, impetrando a sua intervenção parlamentar para se obter do governo o auxílio necessário.

---

462 BMF, *O Jornal*, 20 de abril de 1907. Texto inserido na rubrica "Notícias rurais".
463 BMF, *Diário de Notícias*, 21 de abril de 1907.

João Soares Branco, Governador Civil do Funchal desde janeiro de 1906. *BMF, Heraldo da Madeira*, 31/1/1906.

E foi então que o ilustre deputado João Augusto Pereira nos telegrafou a resposta do ilustre presidente do conselho, prometendo providenciar até quarta-feira.

Na véspera chegou efetivamente a licença para que fosse aberto o lazareto e confiado o tratamento aos variolosos a Miss Wilson, sob a competente direção médica, correndo as despesas por conta das corporações administrativas locais, segundo consta.

Esta tem sido a nossa corretíssima atitude perante a crise epidémica que atravessamos.

E superiores a todas as calúnias da especulação e da má-fé, contentes com o aplauso público e com a nossa consciência, entregamos ao desprezo os sabujos que nos ladram à sombra.

Lazareto de Gonçalo Aires[464]

Desejaríamos que nos dissessem que fim levou o mobiliário existente no Lazareto de Gonçalo Aires, depois do dia 7 de janeiro de 1906, visto que quase nada se encontrou naquele edifício, na última visita ali feita,[465] facto que lamentamos agora mais do que nunca, porque tal mobiliário seria utilizado pelos variolosos pobres que tenham de ser recolhidos no mesmo lazareto.

No entretanto, chamamos a atenção do chefe do distrito para o desaparecimento da referida mobília, cujo arrolamento foi feito, por ordem do sr. capitão Soares Branco, então, ilustre governador civil deste distrito, a fim de que sejam ordenadas imediatamente as necessárias diligências para a descoberta da verdade sobre o grave assunto, impondo-se a responsabilidade a quem ela cabe, seja qual for a sua posição social.

SAÚDE PÚBLICA[466]
Subscrição a favor das vítimas da varíola

Transporte	878$010
Um português	2$000
Soma	880$010

[...] Segundo a relação que Miss Wilson fez o favor de nos fornecer, existiam ontem atacados de varíola, no sítio do Ribeiro Seco, freguesia de S. Martinho, os seguintes indivíduos que estão sendo subsidiados por este *Diário*:

João Gomes Camacho, de 20 anos de idade; José Gomes Camacho, de 9 e Júlia Gomes Camacho, de 11, todos filhos da viúva de João Gomes Camacho; Maria Isabel, de 8 anos, filha de José Pereira; Hipólito Fernandes e um seu filho, de 6 anos; Manuel Gonçalves, de 16 anos, filho de Manuel Gonçalves (o cego); Maria Gonçalves, viúva; Manuel, de 12 anos e Leonardo, de 9, filhos de António dos Passos; um filho de João Barreto, de 9 anos; Germano Vieira, caso muito atenuado (foi vacinado quatro vezes, em diversas épocas); Blandina, de 9 anos, filha de Henrique Rodrigues; Abel, de 12 anos, filho de Francisco Fernandes; Maria Quitéria, mulher de Manuel Rodrigues; José Álvares, de 26 anos, casado; e Aloísio Vasco de Jesus, de 12 anos, filho de Maria de Jesus, viúva. Total 17.

*

---

[464] BMF, *Diário de Notícias*, 21 de abril de 1907.

[465] Após o assalto popular ao Lazareto, em janeiro de 1906, este ficou praticamente ao abandono, e cremos que as mobílias existentes no mesmo, que escaparam à fúria popular, tenham sido furtadas pelos residentes nos arredores, o que já teria acontecido por mais de uma vez na história daquela casa de isolamento.

[466] BMF, *Diário de Notícias*, 21 de abril de 1907.

[...] A Irmã Maria de S. Francisco Wilson vem manifestar o seu eterno reconhecimento à sr.ª D. Margarida de Almada pela oferta, que se dignou fazer, de roupas usadas para os variolosos pobres.

*

Pela administração deste concelho foi ontem feita a Miss Wilson a entrega dos poucos objetos que escaparam à rapinagem a que nos referimos hoje noutra parte deste jornal.

SAÚDE PÚBLICA[467]

A varíola continua a alastrar-se. [...]
Continuam ativamente os trabalhos de reparação do Lazareto, que não poderá receber variolosos antes da próxima quinta-feira.

*
* *

Os srs. Francisco da Câmara Gonçalves e Francisco Maria de Freitas, amanuense e oficial da administração deste concelho, estiveram ontem no Lazareto fazendo entrega a Miss Wilson, por meio de inventário, dos utensílios ali existentes. [...]

A VARÍOLA[468]

Vai abrir-se o Lazareto.
Eis o que, depois de longa e penosa expectativa dos madeirenses se dignou o governo fazer.
Abrir o Lazareto e entregá-lo às irmãs franciscanas.
E com isto se contentam muitos e até jogam as cristas pelo motivo de quererem para si ou para os seus afeiçoados a glória de tão grande *favor* do governo.
Importa-nos pouco que isto se deva ao sr. capitão Pereira ou ao sr. governador civil ou ao oficial de marinha Martins de Carvalho.
O que nos importa é que não basta o que o governo fez.
No próximo número mostraremos que o que está feito é nada em compensação do que resta fazer.

SAÚDE PÚBLICA[469]
Subscrição a favor das vítimas da varíola

Transporte	880$010
Do colégio «Vera Cruz»	500
Soma	880$510

[...] As notícias que nos chegam à hora a que este jornal entra no prelo são as mais tristes e desconsoladoras possíveis.
A varíola continua a alastrar-se no bairro de Santa Maria, dum modo assustador. Assinalam-se novos casos em diferentes pontos da cidade.
Há casas onde estão atacadas três, quatro e cinco pessoas.
Se não fossem os socorros das almas caridosas, maior seria a catástrofe, mais pesado seria o luto e mais funda a miséria de tantas famílias, – maior seria o abandono de tantos desgraçados. [...]

---

[467] BMF, *Heraldo da Madeira*, 21 de abril de 1907.
[468] BMF, *O Povo*, 21 de abril de 1907.
[469] BMF, *Diário de Notícias*, 22 de abril de 1907.

SAÚDE PÚBLICA[470]
Subscrição a favor das vítimas da varíola

Transporte	880$510
N. F. J.	5$000
Soma	885$510

[...] Prosseguiram ontem, com grande atividade no Lazareto, as obras de reparação.

SAÚDE PÚBLICA[471]

A varíola continua a alastrar-se. [...]

Continuam ativamente os trabalhos de adaptação duma parte do edifício do Lazareto para hospital de isolamento.

Estes trabalhos de reparação devem estar concluídos na próxima quinta-feira e em seguida darão ali entrada alguns variolosos. [...]

[Sem título][472]

O «Diário de Notícias», há dias, que «no Lazareto, (para isolamento) nem é bom pensar». Agora entende que se deve aceitar os préstimos das irmãs franciscanas.

Como eles mudam!

Olhe, nós sempre fomos de opinião que se devia abrir o Lazareto, esteja como estiver. Tivesse-se procedido assim, desde o princípio e não teríamos tantas mortes a lamentar.

SAÚDE PÚBLICA[473]
Subscrição a favor das vítimas da varíola

Transporte	885$510
D. Henriqueta Júlia Vera Cruz Areias	300
Soma	885$810

[...]

Variolosos[474]

As pessoas que desejarem concorrer com roupas ou outros donativos para os variolosos pobres, devem enviá-las ao comissariado de polícia civil.

A caridade e os variolosos pobres[475]

Para que se não tolha e antes se estimule o sentimento sincero da caridade, todos devem facilitar essa prática que, produzindo direta e materialmente os seus benéficos efeitos, educa o espírito e a alma popular no exercício do bem e amor do próximo.

Admitindo estes princípios achámos acertada a resolução tomada no comissariado de polícia civil de serem ali recebidos todos os donativos, quer em dinheiro, quer em roupas, géneros de mercearia, lenha, carvão, etc. com que os ricos e remediados queiram contribuir para minorar a sorte dos seus irmãos indigentes atacados de varíola.

Louvando este procedimento da autoridade respetiva, aqui deixamos ao público a ne-

---

470 BMF, *Diário de Notícias*, 23 de abril de 1907.
471 BMF, *Heraldo da Madeira*, 23 de abril de 1907.
472 ABM, *A Chacota*, s/d, nº 14. [24 de abril de 1907?].
473 BMF, *Diário de Notícias*, 24 de abril de 1907.
474 ABM, *Diário do Comércio*, 24 de abril de 1907.
475 BMF, *Heraldo da Madeira*, 24 de abril de 1907.

3.7. 1907

Aspeto atual da antiga seção da Zona Suja do Lazareto localizado na margem esquerda da Ribeira da Ribeira de Gonçalo Aires. Ao fundo, à direita, situava-se o Hospital de isolamento e, à sua esquerda, parcialmente oculta pela copa das árvores, ficava a casa do médico. Em primeiro plano vê-se o antigo edifício do Armazém de Bagagens, no rés-do-chão do qual ficava o posto de desinfeção. Nos pisos superiores deste prédio foram internados os variolosos pobres em 1907. *Foto do autor.*

cessária informação.

Visita ao Lazareto[476]

Sua ex.ª o sr. Bernardo da Costa, ilustre governador civil deste distrito, foi hoje, às 11 horas da manhã, ao Lazareto de Gonçalves Aires,[477] a fim de verificar se aquela casa de isolamento se achava em condições de receber doentes.

Consta-nos que as obras que ali se fizeram causaram a sua ex.ª agradável impressão.

Varíola[478]

[...] Consta-nos que o Lazareto de Gonçalo Aires abre amanhã, devendo ser removidos para aquele edifício alguns variolosos, em cujas casas haja perigo de contágio. [...]

SAÚDE PÚBLICA[479]
Subscrição a favor das vítimas da varíola

Transporte	885$810
H. P. Miles	15$000
Wilson, Sons & C.º Lt.º	10$000
Cory's Madeira Coaling & C.º	20$000
A friend	500
Anónimo	5$000
Padre Teixeira Pita, vigário da Ponta do Sol	1$000

---

476 BMF, *O Jornal*, 24 de abril de 1907. Texto inserido na rubrica "Notícias locais".
477 Trata-se de um lapso, visto o nome correto ser de Gonçalo Aires.
478 BMF, *O Jornal*, 24 de abril de 1907.
479 BMF, *Diário de Notícias*, 25 de abril de 1907.

Soma .... 937$310

[...] O sr. governador civil esteve ontem de manhã no Lazareto de Gonçalo Aires. As irmãs franciscanas devem ficar hoje ali instaladas definitivamente para prestarem os seus beneméritos serviços aos variolosos. [...]

Varíola[480]

Este terrível flagelo continua a propagar-se. [...]

S. ex.ª o sr. governador civil foi ontem pelas 11 horas da manhã visitar o edifício do Lazareto, trazendo boa impressão das obras de reparações que ali se fizeram ultimamente. [...]

Ficaram concluídas as obras de reparações no Lazareto de Gonçalo Aires, devendo este ser aberto hoje. [...]

SAÚDE PÚBLICA[481]

Registam-se em cada dia novos casos de varíola. A terrível doença vai-se infelizmente alastrando por diversos pontos da cidade. [...]

Varíola[482]

[...] Só terça-feira próxima dará entrada no Lazareto alguns variolosos, visto ainda andar ali a trabalhar alguns homens, porque receia-se que os quartos já prontos não cheguem para todos os doentes que devem dar entrada naquele estabelecimento.

SAÚDE PÚBLICA[483]
Subscrição a favor das vítimas da varíola

Transporte	937$310
Anónimo	500
E. Jones	20$000
Dr. C. A. Mourão Pita	2$500
Um arredonda	1$190
Henrique Rodrigues Teixeira, dinheiro que achou	5$000
Soma	966$500

[...] O Lazareto de Gonçalo Aires só abre, na próxima terça-feira, para receber variolosos. [...]

Oferta[484]

O sr. comendador Manuel Gonçalves ofereceu passagem gratuita de Santa Cruz para o Funchal, num dos seus vapores costeiros, às irmãs franciscanas que dão hoje entrada no hospital de isolamento ao Lazareto, na qualidade de enfermeiras voluntárias junto dos variolosos que ali serão internados.

---

480 BMF, *O Direito*, 25 de abril de 1907.
481 BMF, *Heraldo da Madeira*, 25 de abril de 1907.
482 ABM, *O Jornal*, 25 de abril de 1907.
483 BMF, *Diário de Notícias*, 26 de abril de 1907.
484 BMF, *Heraldo da Madeira*, 26 de abril de 1907.

Procissão do 1.º de maio[485]

A «Procissão de maio» não se realiza na próxima quarta-feira, em consequência da epidemia da varíola, ficando transferida para quando tiver cessado essa doença.

Crónica do bem[486]

Dum estrangeiro que se acha residindo entre nós recebemos 50 libras esterlinas para serem despendidas com os variolosos pobres que derem entrada no Lazareto, importância esta que entregámos já a Miss Wilson, caridosa diretora daquele hospital.

Em nome dos contemplados agradecemos tão generosa oferta.

Recolhimento do Bom Jesus, 26 – 4 – 07[487]

Dear Sir,

Will you kindly permit me through your columns to thank the following ladies for their most acceptable offerings of china, old house and body linen.

Condessa do Ribeiro Real.
D. Isabel Barbosa.
D. Júlia Esmeraldo.
D. Maria Sequeira.

I devoutly hope all householders may be inspired to help in the same way, as *old* linen will be an unspeakable comfort to the poor smallpox patients, especially to babies and young children. The parochial clergy of St. Peter's kindly receive all such offerings in the sacristy of their church, and undertake their transmission to the Lazareto.

May I suggest that everyone should use all means in their power to destroy flies and ants as soon as possible.

New case; Ribeiro Seco de Cima – um filho de Henrique Rodrigues, de 4 anos; não vacinado.

    Believe me
      Dear Sir,
        Yours truly
Sister Mary Frances Wilson.

O Comendador Manuel Gonçalves, que já havia cedido ao Lazareto o aparelho telefónico para o ligar ao Comissariado de Polícia, também teve o nobre gesto de transportar para o Funchal, gratuitamente, num dos seus vapores, as Irmãs Franciscanas que foram para ali para cuidar dos variolosos.
BMF, Almanaque de Lembranças Madeirense para 1911, *1911*.

SAÚDE PÚBLICA[488]
Subscrição a favor das vítimas da varíola

Transporte	966$500
Dum estrangeiro para auxiliar os variolosos internados no Lazareto (50 libras em ouro)	225$000
H. C. Hempel	1$000
Soma	1:192$500

[…]

Despesa

A seguir publicamos uma nota das despesas que temos feito com os variolosos pobres,

---

[485] ABM, *O Jornal*, 26 de abril de 1907.
[486] BMF, *Diário de Notícias*, 27 de abril de 1907.
[487] BMF, *Diário de Notícias*, 27 de abril de 1907. Missiva inserida na rubrica "CARTAS".
[488] BMF, *Diário de Notícias*, 27 de abril de 1907.

e de que estão encarregados o distinto clínico sr. dr. José Joaquim de Freitas e Miss Wilson:

Abril 11 – Dinheiro entregue a Miss Wilson para distribuir pelos variolosos pobres das freguesias rurais	20$000
« 15 – Idem, idem, idem	20$000
« 17 – Conta paga a Manuel Duarte de Sousa pelo fornecimento de camas e travesseiros	6$400
« « – Idem a Freitas & Barros idem panos e cobertores	13$500
« « – Idem a Pedro Gomes Pestana pelo fornecimento de camas e travesseiros	16$000
« « – Idem à «Loja dos Dois Amigos» pelo fornecimento de panos e cobertores	27$800
« 18 – Idem Silvestre Quintino de Freitas, idem, idem	14$600
« 20 – Dinheiro entregue a Miss Wilson para os pobres variolosos das freguesias rurais	30$000
« 22 – Idem pago a Freitas & Barros pelo fornecimento de pano e cobertores	47$400
« 26 – Idem, idem, idem, idem	10$700
« « – Idem, idem Francisco Dias Tavares, idem, idem	85$500
« « – Dinheiro entregue a Miss Wilson, para os internados no Lazareto (50 libras em ouro)	225$000
« « – Dinheiro pago a Manuel Duarte de Sousa, pelo fornecimento de camas e travesseiros	32$000
« « – Idem, idem a Pedro Gomes Pestana, idem, idem, idem	46$400
« « – À mercearia «Central» pelo fornecimento de géneros alimentícios para os variolosos pobres	118$500
« « – Idem a Pestana & Freitas pelo fornecimento de carne aos variolosos pobres, até esta data	32$940
Soma	746$740

[…] Informou-nos a benemérita Miss Wilson que o sr. Francisco de Araújo Figueira se lhe ofereceu para proceder gratuitamente nas suas oficinas à fatura de 100 lençóis e 100 camisas.

Bem-haja por isso! […]

Varíola[489]

[…] O sr. comendador Manuel Gonçalves, ofereceu viagem gratuita, a bordo do seu vapor, de Santa Cruz para o Funchal, às irmãs franciscanas que vêm como enfermeiras para o hospital de isolamento do Lazareto. […]

SAÚDE PÚBLICA[490]

Continuam a aparecer novos casos de varíola. […]

Apesar de ser um dos principais rostos da maçonaria na Madeira, o Dr. José Joaquim de Freitas trabalhou juntamente com a Irmã Wilson no tratamento dos variolosos nos seus domicílios, antes da abertura do Lazareto, e novamente neste hospital de isolamento, após a sua abertura.
BMF, Registo Bio-Bibliográfico de Madeirenses, *[1984].*

Desde o primeiro caso fatal de varíola, ocorrido a 7 de fevereiro último, registaram-se até ontem 40 óbitos causados por aquela terrível doença. […]

No governo civil[491]

O sr. governador civil pediu a vários clínicos desta cidade uma conferência, de caráter particular, a qual se deve realizar hoje pelo meio-dia no governo civil compa-

---
489 BMF, *O Direito*, 27 de abril de 1907.
490 BMF, *Heraldo da Madeira*, 27 de abril de 1907.
491 BMF, *Heraldo da Madeira*, 27 de abril de 1907.

3.7. 1907

Aspeto atual do antigo Hospital de isolamento do Lazareto, onde a Irmã Wilson e as suas companheiras se hospedaram em 1907. Aquando das comemorações do 50.º aniversário da gesta do Lazareto foi colocado um painel de azulejos evocativo desse facto na fachada deste edifício, por cima da porta principal do mesmo. *Foto do autor.*

recendo também Miss Wilson a quem vai ser entregue o serviço das enfermarias do hospital de cura e isolamento.

Ao que nos dizem, o chefe do distrito deseja ouvir os diversos facultativos por forma a tirar o máximo aproveitamento dos alvitres que possam ser apresentados com relação à defesa do distrito contra a varíola que entre nós grassa.

No Lazareto[492]
As irmãs de Santa Cruz

Abre-se por estes dias o Lazareto de Gonçalo Aires para isolamento dos infelizes atacados da varíola. E a propósito convém tornar saliente a circunstância de que a irmã Maria Wilson com outras religiosas da sua congregação ofereceram generosamente a sua dedicação e serviços no tratamento desses desgraçados.

É de toda a conveniência e necessidade que se dê a tais factos toda a publicidade, a fim de ver se eles conseguem penetrar nos olhos acataractados de muitos que fingem não lobrigar estas coisas, quando às pessoas religiosas passam o papel de parasitas e seres inúteis que só gastam a vida a dedilhar rosários.

Nesta conjuntura tão crítica em que todos, justamente receosos perante o terrível flagelo da varíola, procuram comodamente premunir-se contra o seu contágio, contemplamos o sublime espetáculo dessas religiosas arriscando a própria vida pela conservação da saúde alheia!

É a mais fragante das injustiças não reconhecer os benefícios de quem tão dedicadamente se sabe sacrificar pelo bem de seus semelhantes e, para cúmulo da ingratidão, desvirtuar ainda as suas intenções tão retas, e cheias de abnegação verdadeiramente cristã.

Não é difícil *assalariar* alguém para o tratamento de qualquer doença sem carácter tão epidémico. Mas *oferecer-se* para consagrar os seus desvelos a infelizes atacados de uma enfermidade tão grave e contagiosa como é a varíola, é um ato tão cheio de heroicidade e sacrifício que só a caridade cristã o poderia inspirar e realizar!

Até aí não voam as tão cacarejadas filantropias, que nunca arriscariam a vida própria

---

[492] ABM, *O Jornal*, 27 de abril de 1907.

para conservação da do seu semelhante.

Todas estas religiosas, algumas delas filhas do povo, foram educadas na escola da religião. E unicamente de tais escolas é que podem surgir tão sublimes exemplos, que talvez não assombrem tanto por serem de todos os dias, sem contudo por isso percam nada do seu valor intrínseco.

Já por vezes temos lido em vários periódicos da imprensa indígena os mais rasgados elogios a essa obra verdadeiramente satânica e desmoralizadora a que chamam «Escola do vintém», onde as míseras criancinhas, dignas de melhor sorte, vão beber a largos tragos o veneno mortífero de uma educação inteiramente divorciada da ideia de Deus.

Estamos na expectativa de comparar um dia os atos da abnegação em favor do próximo dos que são educados nessas tão cacarejadas escolas e os dos membros das congregações religiosas, para vermos quem levará a palma!

Admira-nos sobremodo duas coisas: – haver pais que consintam e queiram uma educação tão perniciosa para seus filhos – e o procedimento de certa imprensa que, pretendendo passar por séria, e auxiliada pela assinatura de muitos católicos, tece por vezes os mais rasgados encómios às escolas e obras protetoras de uma tal educação.

É indispensável que tudo isto se torne cada vez mais do domínio público para prevenção dos católicos.

E às boas e beneméritas irmãs franciscanas de Santa Cruz as nossas mais cordiais felicitações pela maneira dedicada como se consagram ao bem, ainda temporal, dos seus semelhantes, concorrendo, assim para mais uma vez se patentearem as virtudes sublimes que só a nossa divina religião sabe inspirar.

E esperamos que o Deus de bondade, atendendo a quem tanto se sabe sacrificar por seu amor, afastará mais facilmente de nós tão terrível flagelo.

SAÚDE PÚBLICA[493]
Subscrição a favor das vítimas da varíola

Transporte	1:192$500
Mr. Arthur Reynell-Pack	4$570
Mrs. & Miss Fry	4$570
Soma	1:201$640

[…] Sob a presidência do chefe do distrito, reuniram ontem os srs. drs. Nuno Silvestre Teixeira e Carlos Leite Monteiro, delegado e subdelegado de saúde, dr. César A. Mourão Pita, capitão-tenente José Agostinho Rodrigues, tenente Lúcio Tolentino da Costa, Fortunato Félix Pita, Pedro José Lomelino, comendador Eliseu de Sousa Drummond, António Alfredo da Silva Barreto, José Joaquim Mendes e Abel Sabino de Freitas.

Assistiram também os srs. conselheiro dr. António Jardim de Oliveira, secretário-geral, conselheiro dr. Manuel José Vieira, presidente da Câmara Municipal do Funchal, dr. João Baptista de Carvalho, administrador do concelho e Francisco Avelino Gonçalves, comissário de polícia, assim como Miss Wilson e outra irmã franciscana.

O sr. governador civil, fazendo uso da palavra, disse que o fim da reunião era ouvir o parecer dos srs. facultativos sobre o atual estado sanitário e das medidas que se deviam de adotar, de preferência a quaisquer outras, para combater a epidemia de varíola.

Todos os srs. clínicos presentes manifestaram-se no sentido de se praticar a vacinação e revacinação no maior número de pessoas possível, como o meio mais seguro para a extinção da varíola, o que não podia fazer-se, porém, senão pela persuasão.

Foi alvitrado que a autoridade eclesiástica, pela grande influência que exerce sobre os povos, aconselhasse e promovesse a vacinação e revacinação nas freguesias rurais.

Com respeito ao internato dos variolosos no Lazareto de S. Gonçalo Aires,[494] também não podia ser feito senão por persuasão, e nunca contra a vontade dos atacados e suas

---

[493] BMF, *Diário de Notícias*, 28 de abril de 1907.
[494] Lapso do autor do texto, visto Gonçalo Aires não ser um santo.

famílias.

Miss Wilson declarou que só podia receber no Lazareto, no primeiro dia, 30 enfermos, podendo depois ir hospitalizando maior número deles.

Calculam-se em cem o número dos doentes que podem ser ali admitidos. […]

Reunião[495]

Ontem, a convite do ex.ᵐᵒ Governador Civil, teve lugar no gabinete de s. ex.ª uma reunião das autoridades e de diversos médicos, à qual assistiu também o sr. Presidente da Câmara, Miss Wilson e uma outra irmã, a fim de tratar-se da epidemia de varíola.

O sr. governador civil principiou por agradecer os serviços relevantes que os médicos têm prestado para o combate da epidemia, já vacinando e revacinando gratuitamente um avultado número de pessoas, já atendendo com solicitude os atacados, especializando os srs. drs. Mourão Pita e José Joaquim de Freitas.

Convidou depois s.ª ex.ª a usar da palavra todos aqueles que o quisessem fazer.

Vários dos médicos presentes expuseram a sua maneira de ver e os processos que lhes pareciam mais eficazes para a extinção do mal, ficando assente o seguinte: distribuição de linfa vacínica por todos os médicos, a fim de continuar com atividade a vacinação e revacinação; internamento no Lazareto dos atacados pobres, que por falta de recursos não possam tratar-se, bem como, daqueles em cuja habitação não seja possível fazer um isolamento eficaz, realizando-se este internamento nas condições já conhecidas do público, podendo as famílias acompanhar os seus doentes e escolher o médico de sua confiança, ficando o serviço de enfermarias sob a direção de Miss Wilson.

Sua Ex.ª o sr. governador civil terminou por pedir a todos os médicos que continuem a trabalhar no combate da varíola e fazendo votos para que a Madeira fique em breve livre do pernicioso mal, para o que empregaria toda a sua boa vontade e o melhor do seu esforço.

Reunião no governo civil[496]

Na grande reunião ontem realizada no governo civil, a pedido do chefe do distrito, estiveram presentes os srs. governador civil, secretário geral, presidente da Câmara, administrador do concelho, comissário de polícia, delegado e subdelegado de saúde, dr. Mourão Pita, Dr. Barreto, Dr. Fortunato Pita, Dr. Maurício Sequeira, Dr. Pedro Lomelino, Dr. José Joaquim de Freitas, Dr. Eliseu Drumond, Dr. José Agostinho Rodrigues, Dr. Gonçalves Marques, Dr. Eduardo de Ascensão, Dr. José Joaquim Mendes, Dr. V. de Freitas, Dr. Tolentino da Costa, Miss Wilson e outras irmãs franciscanas.

O sr. governador civil expôs o motivo desta reunião e, fazendo o elogio dos médicos do Funchal, pediu que os facultativos que se achavam presentes apresentassem os alvitres que na atual conjuntura julgavam indispensáveis.

O chefe do distrito de modo especial chamou a atenção de todos os médicos para a vacinação e revacinação, empregando meios persuasivos e constantes para vencer a resistência que as camadas populares oferecem àquela prática, esperando da ilustração e solícitos esforços já demonstrados pelos mesmos clínicos o necessário auxílio de que carecem neste momento as autoridades sanitárias e administrativas.

O isolamento foi considerado como um meio seguro e eficaz para evitar a propagação da epidemia, devendo persuadir-se o internamento dos doentes no Lazareto.

A dedicação de Miss Wilson e das suas companheiras é credora da admiração e respeito de todos. A cooperação destas religiosas na luta contra a varíola, tornando o hospital de isolamento um lugar de absoluta confiança e de solícito carinho, quase um templo, muita confiança deve inspirar aos doentes e suas famílias que ali terão entrada, podendo coadjuvar as irmãs franciscanas nos serviços da enfermaria.

---

495 BMF, *O Direito*, 28 de abril de 1907.
496 BMF, *Heraldo da Madeira*, 28 de abril de 1907.

Muito há a esperar da caridade e abnegação destas senhoras para o debelamento da varíola.

Depois da sessão o sr. governador civil teve uma demorada conferência com o sr. presidente da câmara.

Lazareto[497]

Consta que se abrem amanhã os hospitais do Lazareto.
Já não era sem tempo!

SAÚDE PÚBLICA[498]
Subscrição a favor das vítimas da varíola

Transporte	1:201$640
Multa imposta a Vitorino Rodrigues, pela comissão da Levada do Bom Sucesso, por ter tapado a água sem lhe pertencer	5$000
Soma	1:206$640

[...] O Lazareto só abre amanhã para receber variolosos.

Varíola[499]

[...] Abre hoje o lazareto de Gonçalo Aires a fim de serem internados todos os variolosos. [...]

SAÚDE PÚBLICA[500]

Devem hoje ficar concluídos os indispensáveis trabalhos de reparação no Lazareto, a fim de ser adaptado a um hospital de isolamento.

Os doentes devem dar ali entrada amanhã.

Consta-nos que se está preparando lugares para 100 internados, caso isso se torne necessário.

O Lazareto vai ser ligado com o palácio de S. Lourenço por meio dum telefone.

Já ali se encontram Miss Wilson e 4 companheiras e algum pessoal menor.

Foi nomeado fiscal dos serviços do hospital de isolamento o sr. Tomás Pita.

* * *

A casa Cory ofereceu três sacas de carvão para serviço de cozinha. [...]

SAÚDE PÚBLICA[501]
Subscrição a favor das vítimas da varíola

[...] Foram oferecidos ao hospital de isolamento do Lazareto de Gonçalo Aires, os objetos seguintes:[502]

Do sr. António M. Pimentel:

40 canjirões; 100 colheres (sendo 50 das de chá); 25 garfos; 2 açucareiros; 6 bacias de cama e 24 pratos.

---

497 BMF, *Correio da Tarde*, 30 de abril de 1907.
498 BMF, *Diário de Notícias*, 30 de abril de 1907.
499 BMF, *O Direito*, 30 de abril de 1907.
500 BMF, *Heraldo da Madeira*, 30 de abril de 1907.
501 BMF, *Diário de Notícias*, 1 de maio de 1907.
502 A listagem destes objetos oferecidos ao Lazareto foi divulgada noutros jornais do mesmo dia, nomeadamente no *Diário Popular*, sob o título "Lista dos objetos oferecidos ao Lazareto"; n'*O Direito*, sob o título "Varíola"; e no *Heraldo da Madeira*, sob o título "SAÚDE PÚBLICA".

Dos srs. Henrique A. Rodrigues & C.ª (Bazar do Povo):
24 copos; 24 ditos mais pequenos; 4 comadres; 9 escarradeiras; 6 candeeiros de suspensão; 100 pratos pequenos (de 2 tamanhos) e 2 bules grandes.
Dos srs. Silva & Freitas (Olaria Funchalense):
24 alguidares de vários tamanhos; 4 infusas de barro (de cerca de 2 litros); e 3 potes dos maiores para receberem água filtrada.
Do sr. João da Cruz Pita (rua do Sabão):
120 canjirões ou canecas; 6 copos grandes; 6 taças sortidas; 6 chávenas e pires.
Do sr. António Ferreira (rua do Sabão):
36 pratos e sopeiras; 12 copos grandes; 24 taças para sopa; 6 jarros grandes; 6 bacias de cama; 12 pratinhos, para sabão; 1 candeeiro de suspensão e 2 escarradeiras.
Do sr. Francisco S. Faria (rua do Sabão):
6 candeeiros pequenos e 12 bacias para lavatórios.
Dos srs. Coelho & Irmãos:
9 bacias de cama; 2 bules; 1 jarro; 2 canjirões; 12 chávenas; 17 pratos; 25 taças; 1 escarradeira e 9 copos.
Bem hajam por isso, e esperamos que este belo exemplo será seguido por todos quantos podem socorrer os nossos infelizes irmãos. [...]

Agradecimento
A irmã Maria de S. Francisco Wilson agradece penhoradamente as seguintes ofertas para os variolosos do lazareto:
Miss Jane Hinton, duas libras
Anónimo – 1$000.
Anónimo – 500.
Mrs. Faber – roupas usadas.
Anónimos – 2 pacotes.

O Bazar do Povo foi uma das muitas empresas madeirenses que contribuíram com donativos em géneros para o Lazareto em 1907. *Coleção do autor.*

Varíola[503]
[...] São hoje internados no Lazareto de Gonçalo Aires alguns dos indivíduos que se acham atacados de varíola. [...]

SAÚDE PÚBLICA[504]
Continuam a aparecer novos casos de varíola em diferentes pontos da cidade e seus arredores. [...]
Têm sido recebidas muitas ofertas com destino ao Lazareto, que [em] breve começará a funcionar como hospital de isolamento. [...]

---

503 BMF, *O Direito*, 1 de maio de 1907.
504 BMF, *Heraldo da Madeira*, 1 de maio de 1907.

SAÚDE PÚBLICA[505]
Subscrição a favor das vítimas da varíola

Transporte	1:201$640
Dos empregados da «Western Telegraph C.º»	41$500
Soma	1:248$140

[…] O Lazareto abre hoje de tarde para receber os variolosos, mediante guia do sr. dr. subdelegado de saúde, Carlos Leite Monteiro.

O sr. comissário de polícia fornecerá as redes para o transporte dos doentes. […]

O sr. governador civil e sua ilustre esposa estiveram ontem de tarde no Lazareto, visitando todas as instalações. […]

AVISO[506]

Para deferir a um voto exprimido na Junta Geral do Distrito, lembramos aos nossos leitores que, em atenção à epidemia de varíola que grassa com bastante intensidade no Funchal e arredores, é dever da mais alta prudência e caridade, imposto pelos interesses pessoal, doméstico e social, sujeitarem-se todos, sem distinção de idade e posição, à inofensiva mas utilíssima operação de «vacinação» e sendo preciso, «da revacinação», devendo, além disso, os donos da casa «desinfetar» com o maior cuidado toda a casa, inclusive a mobília, em que se tenha dado algum caso de varíola ou algum contato suspeito de varioloso.

Visto que está aberto o Lazareto e entregue à exclusiva direção e superintendência da Ex.ma e ilustrada Irmã Maria Francisca Wilson e das suas Irmãs da Congregação franciscana de Santa Cruz, cujos conhecimentos profissionais dedicação e carinho pelos doentes são bem conhecidos, que, além disso, o serviço médico está a cargo dos médicos municipais e de qualquer outro médico da confiança e escolha dos doentes, os quais publicarão diariamente o boletim de saúde de cada um dos doentes internados, sem haver segredo ou mistério algum, visto enfim que os doentes internados podem ser visitados todos os dias do meio-dia às 3 horas, tomando-se apenas as indispensáveis precauções para evitar o contágio, sendo-lhe facultada até a assistência da mãe ou de qualquer parente próximo que se queira sujeitar à obrigação do internato, por todas estas razões, aconselhamos a todas as pessoas acometidas pela doença, especialmente às pessoas menos favorecidas da fortuna, se recolham espontânea e imediatamente ao Lazareto, sem receio e com a certeza de que com este generoso sacrifício, prestarão um excelente serviço a si próprias, à sua família e ao bairro que habitam.

A varíola[507]

O nosso prezado colega «Diário de Notícias» no assaz louvável intuito de concorrer para a conservação da saúde pública tem apresentado várias medidas profiláticas de que devemos lançar mão contra a epidemia que ora nos fere. […]

Desde o princípio faltaram as precauções indispensáveis à propagação do mal – não se isolando cuidadosamente a doença logo que se constataram o primeiro ou os primeiros casos certos e assim tomou as proporções que tem atualmente. […]

O Lazareto de pouco servirá para a debelação da varíola, atendendo ao seu grande alastramento, não sendo contudo para depreciar os grandes bens que daí dimanarão, especialmente no tratamento dos variolosos pobres, que não encontrariam no lar doméstico igual tratamento em razão da sua penúria.

Opinamos, pois, que no Lazareto deviam ser internados não só os variolosos do Funchal, mas também e especialmente os que em qualquer localidade fossem o início da terrível epidemia.

---

[505] BMF, *Diário de Notícias*, 2 de maio de 1907.
[506] ABM, *O Jornal*, 2 de maio de 1907.
[507] ABM, *O Jornal*, 2 de maio de 1907.

Removendo assim esses infelizes logo que se reconhecesse com toda a certeza a existência dum caso de varíola, assim, conforme julgamos, se preservariam mais facilmente as povoações do contágio.

O momento é crítico. E embora a terrível epidemia pareça querer diminuir um pouco desde os últimos dias, nem por isso nos devemos considerar livres de tão lastimável flagelo.

Caridosa oferta[508]

A Sociedade dos 27, por proposta dum dos seus dedicados membros fez ontem uma quête ao jantar a favor dos variolosos, quête que rendeu 4$500 réis sendo encarregado o sr. cónego Homem de Gouveia, de fazer chegar às mãos da Irmã Wilson essa oferta.

Bem hajam, quantos no meio dos seus prazeres e alegrias se lembram dos pobres enfermos.

SAÚDE PÚBLICA[509]
Subscrição a favor das vítimas da varíola

Transporte	1:248$140
Wolffenstein & Horwitz	5$000
Soma	1:253$140

[...] A *Sociedade dos 27* enviou ontem, produto duma *quête*, a quantia de 4$500 réis ao mui rev.º cónego Homem de Gouveia, a fim de a entregar à Irmã Wilson, para os variolosos.

Lazareto[510]

Foi ontem aberto o Lazareto de Gonçalo Aires, tendo já ali dado entrada alguns variolosos pobres.

SAÚDE PÚBLICA[511]

A varíola vai felizmente declinando, registando-se dia a dia um número menor de casos novos, sendo também poucos os casos fatais que se deram ultimamente. [...]

Entraram ontem no hospital de isolamento do Lazareto os primeiros variolosos.

O mau estado do tempo não permitiu que outros doentes dessem ali entrada ontem, devendo hoje continuar a admissão de mais variolosos.

*
* *

Está, pois, aberto o Lazareto, onde os variolosos encontrarão excelente tratamento, a necessária assistência médica e os carinhos e abnegação de miss Wilson e suas dedicadas companheiras.

No Lazareto[512]

Está aberto, afinal, o Lazareto de Gonçalo Aires para tratamento dos infelizes variolosos.

Em harmonia com as determinações de sua Ex.ª, o sr. Governador civil terão livre ingresso no recinto daquele edifício, a qualquer hora do dia os srs. facultativos devendo antes

---

508 ABM, *O Jornal*, 2 de maio de 1907.
509 BMF, *Diário de Notícias*, 3 de maio de 1907.
510 ABM, *Diário do Comércio*, 3 de maio de 1907.
511 BMF, *Heraldo da Madeira*, 3 de maio de 1907.
512 BMF, *O Jornal*, 3 de maio de 1907.

munir-se no Comissariado de polícia de um cartão de identidade.

Qualquer pessoa da família dos variolosos ali internados poderão igualmente ter entrada franca naquele edifício todos os dias das 12 às 3 da tarde a fim de inquirirem do estado de saúde dos doentes.

As redações dos jornais poderão solicitar no referido Comissariado bilhetes de identidade, sendo permitido no Lazareto durante o dia ao seu redator que ali se apresente munido do mesmo bilhete.

Todas as manhãs será enviada ao comissariado de polícia uma nota contendo os nomes, idade, e moradas dos doentes em tratamento no Lazareto, com a indicação do seu estado mórbido, bem como o movimento de entradas e saídas nas últimas 24 horas. Esta nota, assinada pelo médico que fizer a visita estará patente na porta do comissariado de polícia; podendo ser fornecidas cópias à imprensa.

Logo que esteja estabelecido o telefone que liga o Lazareto com o comissariado de polícia poderão as famílias dos doentes usar dele para inquirirem de seu estado.

Em vista destas acertadas medidas já ninguém tem motivo para receios de se internar naquela casa, onde receberão um carinhoso e desvelado tratamento, atendendo ao seu ótimo pessoal de enfermaria. [...]

Desde o mês de fevereiro até ontem, deram-se neste distrito cerca de 200 casos de varíola.

*

A firma M. Gonçalves & C.ª mandou para o comissariado de polícia, a fim de serem remetidas para o Lazareto, a benefício dos variolosos 3 sacas com carvão.

O LAZARETO[513]
Desde anteontem até hoje deram entrada neste hospital de isolamento 56 variolosos.

SAÚDE PÚBLICA[514]
Subscrição a favor das vítimas da varíola

Transporte	1:253$140
Anónima	1$100
Soma	1:254$240

[...] O Lazareto de Gonçalo Aires começou a funcionar, para tratamento dos variolosos, desde o dia 2 do corrente, sob a superior direção da irmã Wilson, coadjuvada, nesta santa e humanitária missão, por algumas das suas irmãs.

O funcionamento deste hospital será feito, nas condições que já aqui mencionámos circunstanciadamente.

Os variolosos que já ali deram entrada mostram-se satisfeitos e reconhecidos pelo modo carinhoso como foram recebidos e se acham instalados, não faltando nada para minorar-lhes os sofrimentos físicos e levar-lhes ao espírito a mais completa confiança e serenidade.

*

Para policiar o recinto do Lazareto vai hoje ser destacada para ali uma força de infantaria 27, comandada por um 2.º sargento.

*

Era grave o estado de alguns variolosos internados ontem no Lazareto.

*

Até ontem à noite tinham dado entrada no Lazareto 19 variolosos, tendo falecido o que se achava em estado de maior perigo. [...]

---

[513] BMF, *Correio da Tarde – Jornal Progressista*, 4 de maio de 1907. A partir da edição desta data este jornal passou a designar-se deste modo.

[514] BMF, *Diário de Notícias*, 4 de maio de 1907.

Salve-se quem puder![515]

Depois duma luta de quatro meses, verdadeiramente simpática e altruísta e em que a beneficência pública desta terra mais uma vez demonstrou quanto vale e quanto pode, sempre que se trate de minorar o sofrimento dos que padecem, conseguiu-se, finalmente, abrir ao público os hospitais de isolamento do Lazareto de Gonçalo Aires que, em consequência duma maléfica campanha de descrédito haviam sido devastados por um vandalismo cruel e lamentável.

Antiga hospedaria da 1.ª Quarentena, situada na margem direita da Ribeira de Gonçalo Aires. *Foto do autor.*

Restaurou-se assim, à custa da caridade pública, aquilo que um grupo de desvairados, impelidos por um desorientado grupo de especuladores, destruiu com o mais manifesto prejuízo para a saúde pública desta terra.

De tão criminoso desatino resultou o alastramento do flagelo que no decurso de alguns meses roubou a vida a bastas dezenas de infelizes, deixando no luto e na orfandade numerosas famílias, que hoje pranteiam aqueles que foram, afinal, as vítimas da desorientação que não há muito aí lavrou na parte menos culta do público. [...]

Após o assalto veio a rapinagem, que deixou sem um leito, sem uma janela, sem uma simples banca, os edifícios que se deveriam conservar religiosamente intactos para ocorrer [acorrer] a qualquer facto anormal que porventura mais tarde se viesse a dar na saúde pública.

Devastou-se tudo, roubou-se com o mais assombroso arrojo todo o mobiliário, utensílios e até os próprios aparelhos de desinfeção que ali existiam e no fim, ainda por cima os *heróis* promovem uma festa com *bodo aos pobres*, nomeando já para os anos seguintes uma comissão permanente para promover iguais festejos em tão glorioso dia!

Meses depois surge-nos aí uma terrível epidemia, importada com a maior inconsciência por um agente da sanidade marítima.

Apenas se manifestou o primeiro caso dessa epidemia, imediatamente se reconheceu a gravidade da sua expansão, visto que o único hospital de isolamento que possuíamos havia sido destruído pelos *heróis* do vandalismo de 7 de janeiro.

Como remediar semelhante mal se as autoridades a quem competia debelá-lo cruzavam os braços e se não apareciam recursos com que se pudesse improvisar uma casa em hospital de isolamento? [...]

Mas a caridade pública desta terra, que nunca felizmente teve limites na sua benéfica ação, quando reconheceu que de parte alguma surgiam as providências que a opinião pública unanimemente reclamava, em poucos dias subscrevia com uma importantíssima verba para fazer face às primeiras despesas da luta contra a epidemia reinante.

Enquanto, porém, se não tomavam as necessárias providências, a epidemia foi se alastrando e a morte campeando por toda a parte.

Abre-se finalmente o Lazareto, depois de inúmeros sacrifícios e de tanta abnegação e canseira da virtuosa irmã Wilson e das suas beneméritas companheiras; e, como medida de *rigoroso* isolamento, para impedir o contágio dos não atacados, determina que só ali sejam internados os que *facultativamente* e por simples *persuasão* assim o queiram!

Supérfluo será acrescentar que, desde a abertura do Lazareto até hoje, apenas **três** infelizes se resolveram a aproveitar a generosa hospitalidade que a caridade pública lhes pôs à sua disposição!

E a consequência lógica deste retraimento hospitalar é a epidemia continuar aí a reinar pavorosamente, sem outro meio de ataque que não seja a Graça da Providência.

Daqui a poucos dias serão os hospitais do Lazareto abandonados e novamente entre-

---

515 BMF, *Diário Popular*, 4 de maio de 1907.

gues à rapinagem, que mais uma vez os deixarão no estado deplorável e vergonhoso em que há pouco foram encontrados.

E eis em que se cifram, finalmente, as providências adotadas em favor da saúde pública deste distrito, o que corresponde ao grito alarmante de – «salve-se quem puder!»

VARÍOLA[516]

Foram ontem participados mais nove casos de varíola, datando todos de alguns dias.

*

O lazareto já começou a receber variolosos, que estão sendo carinhosamente tratados pelas irmãs franciscanas, sob a direção de Miss Wilson.

SAÚDE PÚBLICA[517]

[...] Com destino aos variolosos pobres, os srs. Freitas & Barros ofereceram uma peça de pano.

*
* *

Os srs. facultativos têm livre entrada no recinto do Lazareto, a qualquer hora do dia, devendo solicitar no comissariado de polícia um cartão de identidade.

*
* *

As pessoas das famílias dos interessados terão ingresso no recinto do Lazareto todos os dias, a fim de inquirirem do estado dos doentes.

*
* *

As redações poderão solicitar no comissariado bilhetes de identidade, sendo-lhes permitida a entrada no Lazareto durante o dia ao redator que ali se apresente munido do mesmo bilhete.

*
* *

Todas as manhãs será enviado ao comissariado de polícia uma nota contendo os nomes, idade e moradas dos doentes em tratamento no Lazareto, com a indicação do seu estado mórbido, bem como as entradas e saídas nas últimas 24 horas. Esta nota será assinada pelo médico que fizer a visita e estará patente na porta do comissariado podendo ser fornecida cópia à imprensa.

*
* *

Logo que esteja estabelecido o telefone que liga o Lazareto com o comissariado de polícia, poderão as famílias dos doentes usar dele para inquirirem do seu estado.

*
* *

Sua ex.ª o sr. governador civil requisitou ao comando militar da Madeira, uma guarda do comando de um sargento, a fim de fornecer três sentinelas, sendo duas permanentes, uma à porta principal e outra sobre a ponte que separa a zona limpa da zona suja. A terceira sentinela será postada na ponte junto ao parlatório todos os dias das 12 horas até às 4 da tarde.

As instruções especiais são: não permitir a entrada no recinto do Lazareto a pessoa alguma que não se apresente munida de bilhete de identidade, passado pelo comissariado de polícia, com exceção das autoridades civis e militares, do pessoal empregado no Lazareto, e das pessoas que forem visitar os doentes às horas acima indicadas.

---

516 BMF, *O Direito*, 4 de maio de 1907.
517 BMF, *Heraldo da Madeira*, 4 de maio de 1907.

3.7.1907

Escolas fechadas[518]

O sr. conselheiro Dr. Manuel José Vieira, digno presidente da Câmara Municipal desta cidade, mandou fechar as escolas municipais de ensino primário, em virtude da epidemia da varíola que, infelizmente, está grassando entre nós.

SAÚDE PÚBLICA[519]

[…] Devem ser hoje internados uns trinta variolosos.
O boletim médico só principiará a ser dado de hoje em diante.
O Lazareto começou ontem a ser policiado por uma guarda de infantaria n.º 27, sob o comando dum 2.º sargento.

*

Estão sendo enviadas para o lazareto de Gonçalo Aires diversas quantidades de vinho, de pasto e generoso, para uso dos variolosos ali internados, que, a pedido do sr. governador civil, foram gentilmente oferecidas pelas seguintes firmas:
Blandy Brothers & C.º, F. F. Ferraz, Cossart Gordon & C.º, Leacock & C.º, Joaquim Figueira César, Krohn Brothers & C.º, João Rodrigues de Jesus, Francisco Dias Tavares, Power Drury & C.º, José Ramos Cardeira, comendador Ferdinando de Bianchi e Henriques & Câmara. […]
O sr. presidente da câmara municipal do Funchal mandou encerrar as escolas municipais deste concelho, enquanto durar a presente epidemia. […]
O sr. comissário de polícia enviou an[te]ontem a quantia de 2$500 réis à irmã Wilson, proveniente duma multa.

Comendador Ferdinando Maximiliano Bianchi, afilhado do malogrado Imperador Maximiliano do México, foi uma das diversas pessoas a oferecer vinho para os doentes internados no Lazareto. *BMF*, Registo Bio-Bibliográfico de Madeirenses, [1984].

Abertura do Lazareto[520]

É-nos hoje imensamente agradável poder noticiar que os infelizes que se acham atacados pela epidemia que aí continua a campear, têm aceitado agradavelmente o internato naquele hospital de isolamento, a cargo da benemérita irmã Wilson.
Já anteontem, depois da hora a que escrevemos o nosso editorial, entraram, além dos três doentes de que fizemos menção, mais quinze atacados.
Informam-nos de que, ontem à noite, o número de doentes internados era superior a trinta.
Ainda bem que os infelizes que estão sendo vítimas do terrível flagelo que aí tomou tão graves proporções devido exclusivamente à falta duma casa onde se tivessem isolado os primeiros casos, principiam a compreender a utilidade daquela casa de isolamento destinada a prestar à saúde pública do distrito, os mais importantes serviços.

SAÚDE PÚBLICA[521]

É evidente que a epidemia da varíola vai declinando.
Registaram-se ontem poucos casos novos.
A abertura do Lazareto veio restringir consideravelmente as proporções do mal, que muitos de propósito avolumavam, havendo as melhores disposições nos variolosos e suas famílias para darem entrada no hospital de isolamento.
Ainda bem que assim acontece.

---

518 ABM, *O Jornal*, 4 de maio de 1907.
519 BMF, *Diário de Notícias*, 5 de maio de 1907.
520 BMF, *Diário Popular*, 5 de maio de 1907.
521 BMF, *Heraldo da Madeira*, 5 de maio de 1907.

As medidas adotadas, o desejo manifestado pela grande maioria dos atacados de recolherem ao Lazareto e a vacinação e revacinação que em larga escala se tem feito, asseguram para breve a completa extinção da epidemia. [...]

SAÚDE PÚBLICA[522]

[...] Por falta de camas, não puderam ser admitidos ontem mais variolosos no Lazareto. [...]

No Lazareto[523]

Alguém nos procurou nesta redação pedindo-nos para que tornássemos pública a maneira caridosa e desvelada como são tratados todos os infelizes variolosos ali internados.

Esta pessoa que é um pai de família declarou-nos que tinha ido àquele edifício hospitalar acompanhar um seu filho que ali foi receber tratamento da varíola, com intento de permanecer nesse edifício, a fim de ministrar a seu filho todos os cuidados necessários.

Mas vendo que os doentes ali eram tratados com todo o carinho e dedicação, deixou-o confiados às boas irmãs franciscanas, certo de que não poderia encontrar quem melhor lhes soubesse e quisesse ministrar a seu filho os necessários cuidados.

É com a máxima satisfação que registamos este facto.

SAÚDE PÚBLICA[524]
Subscrição a favor das vítimas da varíola

Transporte	1:254$240

Esta subscrição continua aberta neste *Diário*, podendo as pessoas que quiserem contribuir para o mesmo fim enviar os seus óbolos a esta redação, antecipando-lhes, em nosso nome e no dos contemplados, o mais cordial agradecimento pelo seu generoso concurso.

DESPESA

Transporte	797$305
Ao sr. Alfredo António Camacho por 25 catres de ferro, 25 camas, 25 travesseiros e 25 almofadas para o Lazareto, por ordem de Miss Wilson	137$500
Soma	934$805

[...] É de toda a urgência que se proceda imediatamente aos concertos indispensáveis na casa grande do Lazareto, antigo hospital.

Torna-se necessário que se estabeleçam diversas enfermarias, a fim de se separarem os doentes, segundo os graus do mal ou o seu estado de convalescença.

*

Constando-nos que Miss Wilson declarou haver falta de catres no Lazareto, resolvemos fazer a aquisição, pelo obsequioso e cativante intermédio do sr. dr. José Joaquim de Freitas, de dez daqueles trastes que serão comprados com o produto da subscrição deste *Diário*.

Mais uma vez apresentamos ao dedicadíssimo e infatigável clínico o nosso mais cordial agradecimento pelo modo, digno do maior elogio, como nos tem coadjuvado nesta santa cruzada a favor dos pobres variolosos. [...]

---

522 BMF, *Diário de Notícias*, 6 de maio de 1907.
523 BMF, *O Jornal*, 6 de maio de 1907.
524 BMF, *Diário de Notícias*, 7 de maio de 1907.

Varíola[525]

No lazareto estão internados 77 variolosos, os quais estão sendo carinhosamente tratados. [...]

A varíola[526]

No Lazareto existem atualmente, ao que nos consta, 76 variolosos.
Muitos outros desejam a sua admissão, mas não podem consegui-la, por ora, em razão de estarem todos os lugares disponíveis preenchidos, conforme nos informam.
É geral a satisfação dos variolosos e suas famílias pelo modo como ali são tratados os doentes, o que muito honra a Irmã Maria Wilson e suas companheiras. [...]

Isolamentos[527]

Há séculos, segundo a história da religião dos povos, homens e mulheres, arrastados num pensamento de saúde espiritual, procuravam o isolamento dos claustros, fugindo assim ao contágio das misérias humanas, de ordem moral ou social e muitos outros iam até à solidão dos bosques, internando-se num recolhimento profundo e de purificação da alma pecaminosa.
Assim conseguiam preservar-se os que olhavam para as coisas da terra como origens de perdição ou de enfermação grave; pelo menos, a sua intenção era esta.
Num tempo em que ainda o contágio das enfermidades era desconhecido, mal interpretado ou misterioso, o contágio das doenças morais era assaz reconhecido. [...]
Entre nós há uma má vontade manifesta contra essa instituição que se chama hospital.
Razões de sobra nos guiam nessa indisposição.
A crónica dos hospitais, de muitos, ao menos, é lúgubre e horripilante. Enfermeiros desumanos, médicos endurecidos e administradores sem caridade, têm lançado num desprestígio tão santas e tão úteis instituições.
Não é de hoje, felizmente; são as crónicas do tempo passado que tradicionalmente revivem no espírito popular, e revivem com tal intensidade que ainda se atribuem aos tempos de agora barbaridades que não existiram; mas, sendo supostas, tornaram-se admissíveis a quem só fala por ouvir dizer e não teve oportunidade ou não se deu ao incómodo de ver, antes de proferir tão desgraçadas afirmações.
Um hospital, sem caridade, sem amor e sem afeto e onde não há ao menos o interesse de levantar o desprestígio em que caiu, pois a maioria desses estabelecimentos têm um carácter oficial, e não são como as casas de saúde pertencentes a empresas que precisam de nome para eles, um hospital em tais condições é o último recurso, quando é a única tábua que se oferece ao náufrago da vida.
Faça-se para o isolamento uma verdadeira casa de caridade, donde saiam mil bocas a apregoarem a maneira carinhosa com que são ali tratados os enfermos, e essa grande medida sanitária será olhada como uma providência salvadora.

SAÚDE PÚBLICA[528]

[...] Visitámos anteontem o hospital de isolamento que ora funciona no Lazareto de Gonçalo Aires, achando-se quase preenchido o número de doentes que as duas enfermarias devem comportar.
São grandes as salas armadas em enfermarias; são os dois andares superiores do armazém de bagagens, com especialidade, o que está servindo para os homens, com a porta em frente ao mar; os dois salões devem satisfazer muito razoavelmente aos fins a que foram

---

[525] BMF, *O Direito*, 7 de maio de 1907,
[526] BMF, *O Jornal*, 7 de maio de 1907.
[527] BMF, *Diário de Notícias*, 8 de maio de 1907.
[528] BMF, *Diário de Notícias*, 8 de maio de 1907.

destinados e muito melhor do que a instalação em quartos separados, por demandar tal serviço um grande número de enfermeiros de ambos os sexos, e tornar-se assim mais limitado o número dos internados.

São sete as irmãs de S. Francisco que lá estão em vários serviços e quatro os homens encarregados da enfermaria dos homens e acidentalmente da das mulheres.

Para hospital improvisado tão apressadamente e ainda em começo de funcionamento, achámo-lo como uma verdadeira providência, que prestará os mais relevantes serviços aos pobres do pão de cada dia, e, ainda mais, aos minguados do verdadeiro conhecimento dos seus deveres em presença duma calamidade pública, representada assim pela epidemia atual.

Em geral, os casos que se nos ofereceram à vista não pareciam extremamente graves.

Duas ou três mulheres e dois ou três homens, entre os quais dois de cor, um de cada sexo, denunciavam um prognóstico bem terrível, e com efeito um deles já é falecido.

Os outros, coitados, lá iam sofrendo a sua horrorosa doença e sentia-se que se conformavam com a hospitalização que recebiam, não lhes faltando o tratamento prescrito pelo clínico sr. dr. Nuno Teixeira e tendo ainda o maior número deles, uma pessoa de família que não só concorre para auxiliar os serviços de enfermaria, como de dar uma tal ou qual consolação aos que se veem a braços com a enfermidade.

Com o decorrer dos dias e quando termine este, por assim dizer, atropelamento de entradas, uma ou outra fala que se vá notando irá desaparecendo, pois não falta boa vontade às pessoas que ali superintendem. […]

O que urge fazer[529]

Ficaram ontem ocupados todos os leitos que, em número de oitenta e tantos, foram enviados para o hospital de isolamento do Lazareto onde se acha internada uma grande parte dos infelizes que estão atacados de varíola.

Tendo-se, porém, suposto ao princípio que todos os variolosos poderiam ser internados nas acomodações que para tal fim ali foram preparadas, reconhece-se agora, que, infelizmente, o número de atacados é já tão considerável que se torna incompatível com a parte reservada no Lazareto para o seu isolamento.

Só dentro da cidade supõe-se existirem já tantos variolosos como os que se encontram em tratamento no hospital do Lazareto.

A epidemia, ao contrário do que alguns colegas têm dito, longe de diminuir toma proporções verdadeiramente inquietantes.

Em S. Martinho, S. António e mesmo noutros arrabaldes do Funchal a epidemia alastra-se, registando-se cada dia novos casos, alguns dos quais se supõe tenham estado acobertados. […]

Como se vê, a epidemia não tende a localizar-se ou a restringir-se, mas infelizmente a alastrar-se com espantosa celeridade.

E o que é mais para inquietar é que esse mal, que ao princípio foi atacando os indivíduos que viviam em habitações pouco higiénicas e insalubres, começa a invadir criaturas de melhor categoria social habitando residências em melhores condições higiénicas. […]

Não há, pois, a menor dúvida, que estamos a braços com uma epidemia de pior carácter pela sua percentagem mortífera, e que tende a aumentar por forma a abalar a tranquilidade dos que, até ainda há pouco, a consideravam, talvez, de pouca gravidade. […]

SAÚDE PÚBLICA[530]

[…] Já se vai fazendo sentir muito a falta do prometido boletim do movimento hospitalar do Lazareto de Gonçalo Aires.

Que ele não se faça esperar por mais tempo são os desejos de toda a gente que se inte-

---

[529] BMF, *Diário Popular*, 8 de maio de 1907.
[530] BMF, *Diário de Notícias*, 9 de maio de 1907.

3.7. 1907

Os dois andares superiores do antigo armazém de bagagens do Lazareto foram preparados para servirem de enfermarias para acolher os variolosos pobres que foram internados no Lazareto em 1907. *Foto do autor.*

ressa pelos variolosos internados naquela casa. […]

O sr. Júlio F. Spínola enviou-nos ontem 4 caixas com bolachas, de diversas marcas, excelentemente manipuladas no seu estabelecimento à rua do Esmeraldo, n.ᵒˢ 54 e 58 – *Fábrica Madeirense*, com destino aos variolosos internados no Lazareto de Gonçalo Aires.

Bem-haja por isso; e que tão generoso procedimento seja seguido por outros srs. industriais.

*

A casa Blandy recebeu ontem de Inglaterra três caixas contendo sabão para a lavagem de roupas em água salgada, denominado *Sapon*, a que já em tempo nos referimos neste *Diário*.

Este sabão é destinado às roupas dos variolosos internados no Lazareto.

*

O sr. Vital Fontenelle enviou ontem umas camisas para os variolosos internados no Lazareto, por intermédio do sr. dr. José Joaquim de Freitas.

*

Ao sr. administrador do concelho do Funchal, dr. João Baptista de Carvalho, foram enviadas ontem oito camisas com destino aos internados do Lazareto.

*

A digna direção do *Ateneu Comercial* convidou um *sexteto* para dar um concerto no dia 16 do corrente numa das salas do mesmo *Ateneu*, a favor dos variolosos internados no Lazareto.

Registamos esta generosa resolução com sincero júbilo e merecido louvor.

*

Consta-nos que os briosos membros do Real Corpo de Bombeiros desta cidade projetam para breve um bando precatório a favor dos variolosos internados no Lazareto.

Tal procedimento é digno do maior elogio. […]

Bando precatório[531]

Por proposta do seu digno comandante, o sr. Alfredo Ferraz, foi resolvido ontem à

---

[531] BMF, *Diário Popular*, 9 de maio de 1907.

noite, pela assembleia geral da briosa Corporação de Bombeiros Voluntários desta cidade, realizar um bando precatório, no próximo domingo, cujo produto reverterá em benefício dos infelizes atacados pela epidemia da varíola, que aí se alastra sem que infelizmente para combatê-la existam os necessários recursos pecuniários.

O bando precatório, que sairá do respetivo quartel dos bombeiros pelas 11 horas da manhã do domingo próximo, percorrerá o itinerário que depois de amanhã publicaremos.

É um ato da mais elevada beneficência esse que a simpática corporação de bombeiros se propõe realizar em favor de tantos infelizes a quem um terrível flagelo tortura.

AOS CÔNSULES[532]

Publicamos em seguida o ofício que o sr. governador civil deste distrito dirigiu ao corpo consular nesta ilha.

Illmo e Exmo Sr.

Para os fins que V. Ex.ª houver por conveniente e no interesse do Distrito que tenho a honra de administrar, cumpro o meu dever em levar ao conhecimento de V. Ex.ª as circunstâncias em que atualmente se encontra o estado sanitário desta Ilha.

O capitão do vapor italiano "Massilia" aqui chegado em dezembro último desembarcou [um passageiro] atacado de doença que depois se soube ser varíola, e foi internado no Seamen's Hospital; apesar de todos os meios, que decerto foram empregados, o mal alastrou-se pela cidade, produzindo alguns casos de varíola, vitimando principalmente crianças já por efeitos da própria moléstia, já por o mal encontrar organismos depauperados, vivendo em habitações e locais completamente desprovidos de todos os princípios higiénicos e, em todo o caso, em indivíduos que nunca tinham sido vacinados, ou que o não eram há muitos anos, ou que o foram já no período da incubação da doença: certo que a moléstia sem ter tomado (e nunca tomou felizmente até hoje) carácter alarmante chamou

---

[532] BMF, *Heraldo da Madeira*, 9 de maio de 1907; BMF, *Diário de Notícias*, 12 de maio de 1907; BMF, *Correio da Tarde – Jornal Progressista*, 14 de maio de 1907. Nesta última fonte, este ofício foi acompanhado do seguinte comentário, publicado na mesma edição, sob o título "**O ofício-circular do sr. governador civil**": «Noutra parte do nosso jornal publicamos o tão comentado ofício-circular dirigido pelo sr. governador civil ao corpo consular desta ilha, informando-o, embora mal, do que se tem passado nesta terra com relação ao gravíssimo assunto da saúde pública./ A leitura do referido ofício sugeriu-nos algumas leves considerações, que deixamos, em seguida, exaradas./ Diz o sr. governador que «apesar de TODOS OS MEIOS, que decerto FORAM EMPREGADOS, o mal alastrou-se pela cidade, produzindo ALGUNS casos de varíola.»/ Quererá talvez sua ex.ª convencer a nós e ao público com este bocado de prosa, que se fossem postas em vigor medidas enérgicas, como por várias vezes lembrou o «Diário de Notícias» e o nosso humilde trissemanário, teria o horrível flagelo alastrado por toda essa cidade?/ Não possuímos dotes intelectuais muito elevados, mas também não somos tão parvos, que acreditemos na maior parte do seu ofício-circular de sua ex.ª./ NUNCA foram empregados todos os meios, como diz o sr. governador, com o fim de debelar tão horrorosa epidemia, a não ser no período em que a moléstia tinha produzido DEZENAS de casos. E note-se que esses meios não os empregou o chefe do distrito, como tinha rigorosa obrigação, mas sim o nosso querido e prestantíssimo amigo capitão João Augusto Pereira, incansável deputado por este círculo, que, tomando em grande conta o pedido que foi feito pelo «Diário de Notícias», jornal que mais se tem salientado no assunto, pediu encarecidamente, ao sr. ministro do reino, em nome do povo que representa, que fossem imediatamente abertos os hospitais do Lazareto./ Se não fosse a energia daquele prestimoso deputado, qual seria a situação de nós todos!!/ Mencione o sr. governador quais as medidas que tomou quando se manifestaram os primeiros casos de varíola?/ NENHUMAS, absolutamente. O «Correio da Tarde», em seu número de 822 bem pediu ao sr. governador que se alugasse uma casa, devidamente isolada e que para lá fossem os variolosos que aparecessem./ A estes nossos rogos e aos do nosso prezadíssimo colega «Diário de Notícias», sua ex.ª deu «ouvidos de mercador»./ Ora um chefe dum distrito que está a braços com uma horrorosa epidemia, que não quer ouvir os pedidos do público feito por meio dos jornais, não é digno que seja elogiado por pessoa alguma, mas até detestado!/ O sr. governador diz mais! «certo que a moléstia se te tomado (E NUNCA TOMOU felizmente ATÉ HOJE) CARÁCTER ALARMANTE./ O quê, sr. governador, então não era para alarmar os espíritos mais tranquilos, [o] que se passava com a saúde pública? Os casos de varíola apareciam de momento para momento, os focos infeciosos eram numerosos e – outra causa mais grave ainda lançou o terror no seio de tantas famílias – o abandono com que a autoridade superior deste distrito olhava para um quadro tão lúgubre, tão desolador!/ E a mortandade que aí se está dando a quem se deve?/ O povo sensato que responda./ Outras partes do ofício-circular do sr. governador merecem muitas considerações, que nos abstemos de fazer devido à falta de tempo e espaço de que podemos dispor.»

A Irmã Wilson e outras companheiras na Zona Limpa do Lazareto. *Secretariado da Irmã Wilson.*

desde logo a minha atenção e das autoridades sanitárias, reunindo-se a Junta Distrital de Higiene e ouvindo depois a opinião e propostas de todos os médicos do Funchal oficiais e particulares.

Tratou-se logo de pôr em prática os dois princípios que a ciência aconselha como os mais urgentes para combater o mal:

A vacinação e revacinação.

O isolamento dos atacados.

Quanto ao 1.º sabe V. Ex.ª bem como tem sido feito e apesar da relutância com que a população menos instruída e talvez mal aconselhada recebeu de princípio a prática da vacinação, certo é que a insistência com que as autoridades médicas e a imprensa usaram aconselhar este meio profilático deu e tem dado os melhores resultados, sendo hoje aceite com a melhor vontade, não só aqui no Funchal, como nos concelhos rurais, avultando já o número dos habitantes do Distrito que se têm revacinado duas e mais vezes, a ponto de se ter esgotado nos hospitais, farmácias e drogarias o fornecimento de tubos e placas de linfa vacínica, o que tem produzido a diminuição de casos registados e evidentemente uma tendência de decrescimento da moléstia.

Quanto ao segundo foi a referida junta e todos os médicos de opinião unânime que o único edifício em condições de se prestar ao isolamento eficaz e seguro dos atacados era o Lazareto. Sabe V. Ex.ª que este, em vista de factos conhecidos, não estava preparado para receber os doentes; tratou-se pois de se fazer as reparações necessárias e inadiáveis, que a urgência do caso reclamava, trabalhos que se protraíram por mais tempo que o calculado, o que acontece sempre em assuntos desta ordem.

Logo que o Lazareto ficou em condições de servir de casa de isolamento foram para aí transportados os doentes e ali todos os dias são internados como V. Ex.ª já sabe, por ser do domínio público.

Estes dois factos conjugados com os esforços feitos por todos os médicos do Funchal e com o zelo e dedicação que Miss Mary Wilson emprega no tratamento dos doentes que lhe estão confiados, levam-me a supor que temos empregado todos os meios para combater e debelar a varíola na Madeira.

Como disse a V. Ex.ª e V. Ex.ª bem conhece a moléstia nunca tomou carácter alarmante, o número de casos registados nunca foi excessivo nem a mortalidade grande. O espírito público, mormente nas baixas camadas do povo, sobressaltou-se, não pela própria natureza da doença nem pelos seus efeitos, mas por motivos que é ocioso indicar e que a V. Ex.ª não são decerto estranhos; hoje porém, que a minha atitude e, deixe-me V. Ex.ª confessá-lo, a dedicação que tenho posto ao serviço deste importante ramo da administração pública, a boa vontade que tenho encontrado nas corporações, autoridades, médicos e nos próprios habitantes tem orientado devidamente o espírito popular, fazendo-lhe ver as vantagens dos dois princípios acima mencionados, postos hoje em prática e contribuindo para provar que não há razão alguma de alarme e bem ao contrário todos os sintomas são de que a moléstia tende a diminuir.

Como representante, aqui, do governo Central, impende-me o dever de participar a V. Ex.ª os factos que deixo expostos, confiado de que V. Ex.ª, da sua parte, envidará todos os esforços ao seu alcance junto do país que V. Ex.ª aqui tão dignamente representa e com o qual Portugal continua sempre a manter as mais íntimas relações de boa amizade política e comercial para que haja conhecimento completo do estado sanitário da Madeira, que me parece não ser de molde a impedir ou dificultar a livre comunicação de passageiros que ao Funchal aportam nos navios que da Europa vêm ou que à Europa se dirigem.

Conto com todo o auxílio de V. Ex.ª no sentido da Madeira não sofrer com os falsos alarmes os quais prejudicam todo o comércio grande e pequeno, nacional e estrangeiro e podem ser causa de perturbações económicas no Distrito.

Aproveito mais este ensejo para renovar a V. Ex.ª os protestos da minha alta consideração.

Deus Guarde a V. Ex.ª

Funchal, 8 de maio de 1907.

Ill.mo e Ex.mo Sr. Cônsul de... na Madeira.

O Governador Civil
(a) *D. Bernardo da Costa*

SAÚDE PÚBLICA[533]

Transporte	1:254$240
Joaquim Silvestre Gomes	2$500
Soma	1:256$740

[...] Duma caridosa senhora recebemos três belas galinhas para os variolosos internados no lazareto, o que registamos com prazer e louvor.

É mais um óbolo de caridade que se vem juntar a tantos outros a favor dos nossos infelizes irmãos atacados de varíola, e que lutavam com as mais tristes e dolorosas privações.

Devemos dizer bem alto, para honra do povo funchalense, para honra de nacionais e estrangeiros: se não fossem os seus acrisolados sentimentos humanitários, se não fosse a sua caridade, sempre solícita, sempre previdente, sempre pronta e alerta para atenuar os males alheios, ai! dos pobres variolosos que nem tinham enxergas para repousar os membros doloridos pelas febres e pelas pústulas.

Toda a gente sabe que a maior parte deles foram encontrados sobre montes de palhas e farrapos, sem pão, sem carne, sem leite, condenados ao mais completo abandono!

Tudo, porém, mudou, logo que a caridade particular, acedendo nobremente ao nosso apelo, se apressou a socorrer os nossos irmãos enfermos e indigentes.

E aqueles que sobrevivem não se cansam em abençoar os seus generosos benfeitores, todos os que contribuíram para minorar os seus sofrimentos físicos.

É mais uma página brilhante da história do nosso povo e mais uma prova eloquente do altruísmo do estrangeiro que, tratando-se da prática da caridade, não conhece nem nacionalidades, nem fronteiras.

Não se deve também jamais esquecer a dedicação, a generosidade, o desinteresse, acima de todo o elogio, de Miss Wilson, o anjo de caridade que obrou um verdadeiro

---

[533] BMF, *Diário de Notícias*, 10 de maio de 1907.

milagre, fazendo afastar a maldição que pesava sobre o Lazareto de Gonçalo Aires, e dos dois infatigáveis e ilustres clínicos, srs. drs. César A. Mourão Pita e José Joaquim de Freitas que, no desempenho das suas funções profissionais, gratuitas, nunca trepidaram um só momento em socorrer os variolosos, expondo-se constantemente aos riscos do contágio do terrível mal.

A todos os outros srs. facultativos que têm aplicado, em larga escala, a linfa antivariólica, com sacrifício dos próprios interesses pecuniários, cabem igualmente os maiores louvores. [...]

É no próximo domingo, pelas 11 horas da manhã, que os bombeiros voluntários saem do seu quartel em bando precatório, cujo produto reverterá a favor dos infelizes variolosos pobres, internados no Lazareto. [...]

Torna-se da máxima urgência aumentar o pessoal enfermeiro do Lazareto, visto que Miss Wilson e as suas irmãs não podem vencer os muitos encargos, trabalhos e cuidados que sobre elas pesam.

BANDO PRECATÓRIO[534]

É amanhã, pelas 11 horas, que a corporação dos "Bombeiros Voluntários" desta cidade, percorre algumas ruas do Funchal, em bando precatório, a fim de angariar donativos para os atacados de varíola que se acham no Lazareto, sendo acompanhada pela magnífica filarmónica dos «Artistas Funchalenses», que nunca se poupa a oferecer os seus préstimos quando se trata de um bem para os seus conterrâneos.

SAÚDE PÚBLICA[535]
Subscrição a favor das vítimas da varíola

Transporte	1:256$740
Dinheiro achado	500
Soma	1:257$240

[...] O sr. dr. Manuel Silvestre Gomes procurou ontem o sr. governador civil, declarando que estava resolvido a pôr gratuitamente os seus serviços clínicos à disposição dos variolosos internados no Lazareto, onde os prestaria permanentemente ou aos enfermos atacados da mesma doença que ainda estão fora daquele estabelecimento hospitalar.

O sr. governador civil agradeceu muito amavelmente a generosa oferta do sr. dr. Manuel Silvestre Gomes, dizendo que não podia tomar nenhuma resolução sobre o assunto sem primeiro ouvir o sr. dr. delegado de saúde. [...]

Foram ontem remetidas para o Lazareto as três caixas com o *Sapon*, mandadas vir há dias de Inglaterra pela casa Blandy. [...]

Festa de caridade[536]

A zelosa direção do Ateneu Comercial do Funchal, no louvável intuito de minorar a sorte das vítimas da epidemia de varíola, realiza na próxima quinta-feira, 16 do corrente, um interessante concerto musical, que deverá ser muito concorrido, atento o carinhoso fim a que se destina o produto dessa festa.

Bem hajam, por isso, os seus promotores.

---

534 BMF, *Correio da Tarde – Jornal Progressista*, 11 de maio de 1907.
535 BMF, *Diário de Notícias*, 11 de maio de 1907.
536 BMF, *Diário Popular*, 11 de maio de 1907.

Varíola[537]

[...] Amanhã a briosa corporação dos bombeiros voluntários, sai do seu quartel pelas 11 horas da manhã, percorrendo várias ruas desta cidade em bando precatório, cujo produto reverterá em benefício dos variolosos pobres que se acham em tratamento no Lazareto.

Bando precatório[538]

Como já noticiámos, a corporação dos "Bombeiros Voluntários" percorre amanhã algumas ruas desta cidade, num bando precatório, a fim de angariar donativos para os variolosos.

Para acudir aos variolosos[539]
Bando precatório

Amanhã, a corporação dos bombeiros voluntários percorrerá algumas ruas da cidade em bando precatório para angariar donativos com que acorrer às despesas feitas no Lazareto com os variolosos.

É uma iniciativa de todo o ponto simpática que se impõe por si mesma, que dispensa elogios, e à qual saberá corresponder generosamente a tradicional caridade dos funchalenses.

Perante a falta de recursos com que lutam os que têm a seu cargo defender a saúde pública, perante a aflição dos que se veem a braços com a moléstia reinante, pertencentes às classes menos favorecidas, a caridade particular saberá afirmar mais uma vez o quanto pode e quanto vale.

Assim o devemos esperar.

O bando precatório sairá do Quartel às 11 horas da manhã, percorrendo o seguinte itinerário: rua do Príncipe, ponte do Bettencourt, rua da Conceição, Ponte Nova, rua dos Netos, largo de S. Pedro, rua das Pretas, largo do Colégio, rua dos Ferreiros, rua do Aljube, rua de João Tavira, rua da Carreira, largo de S. Paulo, rua das Cruzes, calçada de Santa Clara, rua da Mouraria, rua dos Aranhas, rua Nova de S. Pedro, travessa do Freitas, Carreira, rua de S. Francisco, praça da Constituição (lado norte), até o Palácio de S. Lourenço, onde o sr. comandante entregará a importância angariada ao ilustre governador civil deste distrito, a fim de sua ex.ª por sua vez entregá-la a miss Wilson.

O ofício-circular de Sua Ex.ª o sr. Governador Civil[540]

Logo no segundo período do ofício-circular do sr. governador civil dirigido aos srs. cônsules, nesta ilha, encontra-se uma afirmativa que denuncia claramente deficiência de informação. [...]

Neste ponto sentimos também não estar de acordo com o sr. governador civil.
Prosseguindo, acentua sua ex.ª mais o seguinte:

> Quanto ao segundo (o isolamento dos atacados) foi a referida junta e todos os médicos de opinião unânime que o único edifício em condições de se prestar ao isolamento eficaz e seguro dos atacados era o Lazareto. Sabe V. Ex.ª que este, em vista de factos conhecidos, não estava preparado para receber os doentes; tratou-se pois de se fazer as reparações necessárias e inadiáveis, que a urgência do caso reclamava, trabalhos que se protraíram por mais tempo que o calculado, o que acontece sempre em assuntos desta ordem.
> Logo que o Lazareto ficou em condições de servir de casa de isolamento foram para aí transportados os doentes e ali todos os dias são internados como V. Ex.ª já

---

[537] BMF, *O Direito*, 11 de maio de 1907.
[538] BMF, *Heraldo da Madeira*, 11 de maio de 1907.
[539] ABM, *O Jornal*, 11 de maio de 1907.
[540] BMF, *Diário de Notícias*, 12 de maio de 1907.

sabe, por ser do domínio público.

Seja-nos permitido observar a Sua Ex.ª que o Lazareto de Gonçalo Aires só foi entregue a Miss Wilson, para servir de hospital de isolamento, depois dos esforços empregados pelo sr. capitão João Augusto Pereira, ilustre deputado por este círculo, que, a nosso pedido, formulado em telegrama, dirigiu um veemente apelo ao ilustre presidente do conselho, sr. conselheiro João Franco a favor dos infelizes variolosos que só contavam e continuam a contar quase exclusivamente com a caridade pública!

Ah! se não fora ela, teria sido ainda mais pungente e lúgubre o quadro que há três meses se tem para aí desenrolado aos olhos de toda a gente que quer ver!

Diz Sua Ex.ª:

> «... Estes dois factos (vacinação e revacinação e o isolamento dos atacados) conjugados com os esforços feitos por todos os médicos do Funchal, e com o zelo e dedicação que Miss Mary Wilson emprega no tratamento dos doentes que lhe estão confiados, levam-me a supor que temos empregado todos os meios para combater e debelar a varíola da Madeira.»

Com bastante mágoa devemos dizer que não se empregaram todos os meios, ou que se foram empregados, já foram muito tarde, – quando o mal tinha alastrado por toda a parte.

Era no princípio da manifestação da varíola, entre nós, que esses meios se deviam ter empregado com energia, atividade e persistência, como tantas vezes pedimos e reclamámos nas colunas deste *Diário*.

Não se fez isto, e agora já é difícil vencer e dominar o mal.

Sua Ex.ª, ainda por deficiência de informação, acrescenta o seguinte:

> «... hoje porém que a minha atitude e, deixe-me V. Ex.ª confessá-lo, a dedicação que tenho posto ao serviço deste importante ramo de administração pública, ...»

Desejaríamos que Sua Ex.ª nos dissesse em que consistiu essa dedicação, porque seríamos os primeiros a registá-la com prazer e a encarecê-la com justiça.

Sua Ex.ª reunia a Junta Distrital de Higiene no dia 28 de fevereiro último; no dia 12 de março partia para Lisboa, e no dia 22 do mesmo mês regressava à Madeira.

Podemos assegurar a Sua Ex.ª que ainda alimentámos a esperança de que, estando em Lisboa, obtivesse do governo central um crédito extraordinário para acudir aos variolosos pobres e a necessária autorização para as obras de reparos no Lazareto.

Baldada esperança!

Sua Ex.ª, resumindo a exposição dos meios para combater e debelar a moléstia, conclui, dizendo:

> «... que não há razão alguma para alarme e bem ao contrário TODOS OS SINTOMAS são de que a moléstia tende a diminuir».

Não sabemos a que sintomas se refere Sua Ex.ª, que lhe inspiram a esperança de que a moléstia tende a diminuir.

Através da sua lente de otimismo, o sr. governador civil vê as coisas, como desejaríamos que elas fossem, mas factos são factos, e que, nos conste, até hoje ainda ninguém sobre a terra teve o poder de mudar-lhes a natureza e de diminuir-lhes a importância.

Estão todos os dias aparecendo novos casos ou os que, pelo menos, se achavam sonegados à autoridade sanitária.

A casa do Lazareto, ocupada atualmente pelos variolosos, já não tem capacidade suficiente para receber muitos outros enfermos, a alguns dos quais já foram passadas as respetivas guias de entrada, e esperam, com ansiedade, pelo momento da sua admissão.

No entretanto, os variolosos que continuam cá fora, irão propagando o mal, porque não é possível mantê-los no conveniente isolamento, estando em contacto com toda a gente.

São estes os sintomas que se nos impõem, e, francamente, não se prestam a um *otimis-*

mo tão animador e cor-de-rosa, como o do sr. governador civil; otimismo que o levou até a dar um baile, já no período intenso da varíola. [...]

Concluindo estas ligeiras observações, seja-nos ainda permitido observar que o ofício-circular do chefe deste distrito foi demasiadamente otimista e extremamente prematuro.

SAÚDE PÚBLICA[541]
Subscrição a favor das vítimas da varíola

Transporte	1:257$240
Adelina Adelaide Serrão	5$000
João Gomes	2$000
Soma	1:264$240

[...] É hoje, pelas 11 horas da manhã, que saem os briosos bombeiros voluntários em bando precatório a favor dos variolosos internados no Lazareto.

O itinerário é o seguinte:

Quartel, Rua do Príncipe, Ponte do Bettencourt, Rua do Phelps, Rua da Conceição, Ponte Nova, Rua dos Netos, Rua de S. Pedro, Rua das Pretas, Largo do Colégio, Rua dos Ferreiros, Chafariz, Rua do Aljube, Rua de João Tavira, Rua da Carreira, S. Paulo, Rua das Cruzes, Calçada de Santa Clara, Rua da Mouraria, Rua dos Aranhas, Rua Nova de S. Pedro, Travessa do Freitas, Rua da Carreira, Rua de S. Francisco, Praça da Constituição, S. Lourenço.

O resultado da *quête* será entregue ao sr. governador civil, a fim deste o enviar a Miss Wilson.

Quem será que não concorrerá com o seu óbolo, para fim tão humanitário?

Quem é que deixará de socorrer os nossos infelizes irmãos, a braços com a terrível moléstia?

Bem hajam os valentes rapazes por mais esta prova que dão dos seus sentimentos altruístas. [...]

Ofereceram, com destino aos variolosos internados no Lazareto, as seguintes quantidades de arroz:

Os srs. António Giorgi & C.ª, 30 kilos; Francisco da Costa & F.os, 25 kilos; Manuel Gomes de Oliveira, 25 kilos; e Figueira, Irmão & C.ª, 25 kilos.

Bem hajam por isso. [...]

A casa Blandy ofereceu meia tonelada de carvão *Newcastle* para o lazareto de Gonçalo Aires. [...]

Bando precatório[542]

A briosa corporação de bombeiros voluntários percorre hoje, em bando precatório, as ruas principais desta cidade, a fim de angariar donativos a favor dos variolosos pobres que se acham internados no Lazareto de Gonçalo Aires, saindo do seu quartel às 11 horas da manhã.

O produto da quête será entregue ao sr. governador civil, que pela sua parte o enviará a Miss Wilson, a quem se acham confiados os serviços internos daquele hospital de isolamento.

Os funchalenses vão mais uma vez manifestar os seus elevados sentimentos de humanidade, contribuindo com o seu óbolo para um fim tão caritativo.

O itinerário é o seguinte:

Quartel, R. do Príncipe, Ponte do Bettencourt, R. do Phelps, R. da Conceição, Ponte Nova, R. dos Netos, R. de S. Pedro, R. das Pretas, Largo do Colégio, R. dos Ferreiros, Chafariz, R. do Aljube, R. de João Tavira, R. da Carreira, S. Paulo, R. das Cruzes, Calçada de Santa Clara, R. da Mouraria, R. dos Aranhas, R. Nova de S. Pedro, Travessa do Freitas, R. da

---

[541] BMF, *Diário de Notícias*, 12 de maio de 1907.
[542] ABM, *Diário do Comércio*, 12 de maio de 1907.

3.7.1907

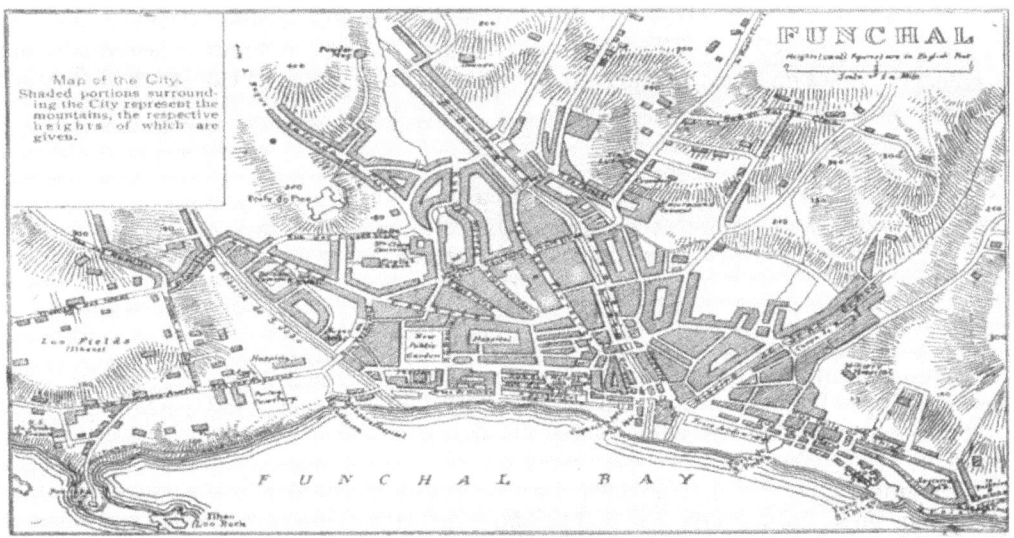

O bando precatório promovido pela corporação dos bombeiros voluntários foi o primeiro de muitos que se organizaram no Funchal em 1907 com o intuito de angariar fundos para serem entregues à Irmã Wilson, para que esta pudesse fazer face às enormes despesas com que se confrontou com o tratamento dos variolosos no Lazareto. BMF, *The Madeira Islands, 1896*.

Carreira, R. de S. Francisco, Praça da Constituição e Fortaleza.

Bando precatório[543]

Eis o itinerário do bando precatório a que anteontem nos referimos.

Sairão hoje pelas onze horas da manhã os Bombeiros do seu quartel à rua do Príncipe, e percorrerão: Ponte do Bettencourt, rua do Phelps, rua da Conceição, Ponte Nova, rua dos Netos, rua de S. Pedro, rua das Pretas, Largo do Colégio, rua dos Ferreiros, Chafariz, Rua do Aljube, Rua de João Tavira, Rua da Carreira, S. Paulo, Rua das Cruzes, Calçada de Santa Clara, Rua da Mouraria, Rua dos Aranhas, Rua Nova de S. Pedro, Travessa do Freitas, Rua da Carreira, Rua de S. Francisco, Praça da Constituição e Fortaleza de S. Lourenço, onde entregarão ao sr. Governador Civil o produto do bando, seguindo depois, debaixo de forma para o seu quartel.

Bando precatório[544]

É hoje que a briosa corporação dos bombeiros voluntários, impulsionada por um nobre sentimento, percorre as ruas da cidade em bando precatório, cujo produto reverterá em benefício das vítimas da varíola.

É pois um apelo que os generosos rapazes fazem ao coração bondoso dos funchalenses, sempre prontos a suavizar amarguras, enxugar lágrimas, consolar aflitos.

Por certo que nenhuma bolsa se fechará, pessoa alguma negará um óbolo destinado a acudir a irmãos nossos, que lutam com a miséria e doença.

O dinheiro recebido será entregue a Miss Wilson por intermédio do ilustre chefe do distrito.

O bando, que sai pelas 11 horas da manhã, percorrerá o itinerário seguinte:

Quartel, rua do Príncipe, Ponte do Bettencourt, rua do Phelps, rua da Conceição, Ponte Nova, rua dos Netos, Largo de S. Pedro, rua das Pretas, Largo do Colégio, rua dos Ferreiros,

---

[543] BMF, *Diário Popular*, 12 de maio de 1907.
[544] BMF, *O Direito*, 12 de maio de 1907.

rua do Aljube, rua de João Tavira, Carreira, Largo de S. Paulo, rua das Cruzes, S. Clara, rua da Mouraria, rua dos Aranhas, rua Nova de S. Pedro, Travessa do Freitas, Carreira, rua de S. Francisco, Praça da Constituição lado norte, Largo da Sé, Praça da Constituição lado sul e Fortaleza de S. Lourenço.

Varíola[545]
[…] O sr. dr. Manuel Silvestre Gomes pôs gratuitamente à disposição de s. ex.ª o sr. governador civil os seus serviços clínicos no Lazareto.

Bando precatório[546]
Como já noticiámos, a briosa corporação dos nossos bombeiros voluntários promove hoje uma "quête" em favor dos variolosos, percorrendo várias ruas da cidade num bando precatório, que, atento o fim altruísta a que se destina, há-de ser bem recebido pelo nosso público.

Confiamos em que ninguém recusará o seu óbulo à benemérita corporação que, levada pelos mais nobres sentimentos de compaixão e caridade pelos pobres enfermos, implora uma esmola aos habitantes desta cidade.

O bando precatório sairá às 11 horas da manhã e percorrerá o seguinte itinerário:

Quartel dos Bombeiros, rua do Príncipe, ponte do Bettencourt, rua do Phelps, rua da Conceição, ponte Nova, rua dos Netos, Largo S. Pedro, rua das Pretas, Largo do Colégio, rua dos Ferreiros, rua do Aljube, rua de J. Tavira, rua [da] Carreira, Largo S. Paulo, rua das Cruzes, S. Clara, rua da Mouraria, rua dos Aranhas, rua Nova S. Pedro, Travessa do Freitas, Carreira, rua [de] S. Francisco, Praça da Constituição (lado norte), Largo da Sé, Praça da Constituição (lado sul), e Fortaleza São Lourenço.

A VARÍOLA[547]
Parece que um mau fado nos persegue.

Um guarda-mor de saúde consente no desembarque dum varioloso sem as cautelas que a ciência e a lei lhes impunham.

A doença transmite-se a uma criança, depois a um adulto; em seguida aparecem diversos casos.

As autoridades civis e sanitárias ou não atinam com o que devem fazer ou não fazem caso.

O certo é que as providências aconselhadas pela ciência em tais casos não foram tomadas,

A epidemia espalha-se por diferentes pontos da cidade.

É quase impossível opor-lhe já um dique.

Converte-se o Lazareto em hospital de isolamento.

Tudo isto com uma morosidade verdadeiramente extraordinária.

Consertam-se todas as casas do Lazareto?

Fornecem-se camas, roupas, louças, etc. em abundância?

Nomeiam-se médicos que residam lá permanentemente de modo que de dia ou de noite seja atendido qualquer daqueles infelizes ali internados que careçam do auxílio da ciência?

Tomaram-se medidas tendentes a que não faltem os alimentos precisos?

Nada disto.

Já não há camas.

Não há dinheiro.

---

545 BMF, *O Direito*, 12 de maio de 1907.
546 BMF, *Heraldo da Madeira*, 12 de maio de 1907.
547 BMF, *O Povo*, 12 de maio de 1907.

3.7.1907

Gastando-se o que foi generosamente dado pela caridade pública, o que sucederá?

É pavoroso pensá-lo. A câmara, segundo ouvimos, resolveu dar um conto de réis para as despesas com os variolosos; não sabemos se esse dinheiro foi ou não entregue.

A Junta Geral concorre com três contos; mas o governo não autorizou ainda essa despesa.

O governo...

É melhor não falar no governo. [...]

O futuro aparece-nos muito negro.

Oxalá não tenhamos maiores desgraças a lamentar.

Concerto musical[548]

Realiza-se quinta-feira próxima, nas salas do «Ateneu Comercial» do Funchal, um concerto musical, cujo produto reverterá em benefício dos infelizes variolosos.

O preço de entrada será de 500 rs por pessoa.

Para um fim humanitário como este, é de esperar que todas as pessoas que receberam convite, não deixarão de comparecer a tão simpática festa.

Donativos[549]

Diz um provérbio que os amigos conhecem-se na adversidade. *Amicus certus in re incerta...*

Atualmente grassa entre nós essa epidemia que, se não podemos afirmar ser pequena, também a não qualificámos de grande.

No combate especial que há a travar nestas circunstâncias, três ordens de elementos se hão-de conjugar no mesmo impulso: – as forças das autoridades civis e sanitárias, as que derivam da necessidade de defesa própria e as nascidas do coração, pela caridade e pelo patriotismo.

A imprensa tem revelado os atos filantrópicos desenvolvidos desde o momento em que entrou na consciência do povo funchalense a noção nítida duma necessidade e urgência de atuarem, com alguns dos seus próprios recursos, no valimento dos desgraçados feridos pelo raio da enfermidade.

Donativos e dedicações pessoais têm-se apresentado neste doloroso lance de calamidade pública.

Abriu-se o hospital de isolamento e não faltaram de todos os lados vontades ansiosas de fazer bem e sentimentos elevados de amor aos pobres.

Rua do Príncipe (atual Rua 5 de Outubro), Rua dos Netos e Praça da Constituição (atual Avenida Arriaga) foram algumas das artérias do Funchal por onde passou este primeiro bando precatório organizado em prol dos variolosos pobres internados no Lazareto. *Coleção do autor.*

---

548 BMF, *O Povo*, 12 de maio de 1907.
549 BMF, *Diário de Notícias*, 13 de maio de 1907.

Quanto nos apraz mencionar tais atos de benemerência, numa época em que se preconiza a filantropia pelo interesse e em que ações generosas são adrede procuradas para encapotar o egoísmo e a ganância. [...]

Os amigos verdadeiros dos pobres e dos infelizes são os que os socorrem espontaneamente levados pelo seu bom coração, que sente as desgraças alheias e com elas sofre.

Oxalá que a torrente de benefícios continue a afluir; bem preciso é o concurso de todos; uma pequena esmola engrossa aos olhos dos necessitados quando é oportuna e nunca melhor oportunidade se nos pode oferecer do que esta em que a calamidade nos devasta e nos tira a tranquilidade do espírito e do coração.

Por isso bem hajam todos os que têm enviado os seus donativos para a instalação do hospital no Lazareto de Gonçalo Aires, bem hajam ainda todos os que continuam a ter lembranças para essa pobre gente.

É proverbial a caridade do povo funchalense e não esmorecerá por certo agora diante do infortúnio de muitos dos seus irmãos.

Temos fé de que registaremos novos donativos, que serão outros tantos lenitivos em tamanho desconforto.

SAÚDE PÚBLICA[550]
Subscrição a favor das vítimas da varíola

Transporte	1:264$240
D. Maria Gonçalves Farinha	10$000
Anónimo S.	2$000
De V. D. E. M. S. por intermédio do sr. dr. José Joaquim de Freitas	5$000
Soma	1:281$240

[...] Miss Wilson manifestou-nos o desejo de pedirmos, por intermédio do nosso *Diário*, brinquedos para as crianças convalescentes no hospital do Lazareto, o que também constitui uma boa obra de caridade. [...]

Realizou-se ontem o bando precatório realizado pelos bombeiros voluntários, produzindo a *quête* a importância de 322$930 réis, a qual foi entregue ao sr. governador civil, a fim de a fazer chegar às mãos de Miss Wilson.

O sr. governador civil encarregou o chefe Ribeiro dessa missão.

Além da referida quantia, foram recolhidos pelos bombeiros, vinte e quatro pares de meias, uma caixa com cacau e algumas galinhas, o que tudo será entregue à Miss Wilson para os variolosos internados no Lazareto.

Acompanhou o bando precatório a filarmónica dos *Artistas Funchalenses* que, durante o trajeto, executou as seguintes marchas graves: – *Recordando*, *Mística* e *Segredo de Confissão*, composição do falecido maestro Gaspar.

É mais uma eloquente prova da caridade dos funchalenses.

É mais uma resposta, digna e altiva, ao cruel abandono a que foram votados os nossos irmãos enfermos.

E é também mais uma generosa demonstração dos sentimentos altruístas dos nossos bombeiros.

A varíola[551]

Esta epidemia vai agora assaltando as populações rurais.

Já há dias no nosso editorial advogamos a ideia de isolar ou antes remover para o Lazareto o primeiro ou primeiros atacados da doença em qualquer freguesia ou localidade, especialmente nos nossos campos, livrando assim do contágio as restantes pessoas, e hoje voltamos de novo ao assunto.

---

550 BMF, *Diário de Notícias*, 13 de maio de 1907.
551 ABM, *O Jornal*, 13 de maio de 1907.

Em razão do mal já estar tão generalizado no Funchal, o edifício do Lazareto não servirá de muito como medida de preservação do contágio, sendo contudo bastante para apreciar pelo tratamento desvelado e caritativo que ali recebem os doentes, especialmente pobres.

É necessário que agora se lançasse também um olhar para as freguesias rurais até há pouco limpas da varíola, e onde presentemente se manifesta um ou outro caso isolado. Nestes lugares é que devia haver todo o empenho no emprego das medidas indispensáveis para evitar a propagação da epidemia. Se aí se pudesse conseguir uma casa de isolamento, bom seria. Mas não sendo isso possível, julgamos [que] o melhor caminho a seguir seria internar esses infelizes no Lazareto, visto que usando apenas do isolamento domiciliar sempre haverá o perigo de contágio nas pessoas que habitam a mesma casa. [...]

Bando precatório[552]

Foi de 322$930 réis a importância angariada pelos bombeiros voluntários que, em bando precatório, percorreram ontem algumas ruas desta cidade.

Essa quantia foi enviada a miss Wilson para o tratamento de variolosos pobres internados no Lazareto.

*

Consta-nos que diversos rapazes do comércio desta cidade pretendem organizar um bando precatório para, no próximo domingo, angariar donativos destinado ao tratamento dos variolosos pobres.

Para isso, porém, solicitarão o concurso de bandas de música e tunas, a fim de abrilhantarem o ato.

Contraste[553]

Mais uma vez o brioso e benemérito povo madeirense, mostrou os seus alevantados e nobres sentimentos humanitários, concorrendo por forma muito acima do vulgar com o seu óbolo para minorar o sofrimento dos seus irmãos a braços com a terrível epidemia (varíola) que infelizmente grassa entre nós, devido à ignorância duns e desleixo doutros.

A benemérita quão simpática corporação dos bombeiros voluntários, percorrendo no curto espaço de 2 horas algumas das principais ruas da cidade em bando precatório, recolheu a bonita soma de réis 322:930!!! que ato contínuo depositou nas mãos do sr. governador civil a fim de lhe dar o devido destino. Não se sentiu s. ex.ª humilhado perante esse punhado de filhos do povo, que impulsionados pela dor que atualmente fere todos os corações, foram de porta em porta, recolher do órfão e da viúva, vítimas da incúria e do desleixo a esmola que vai cobrir a nudez dos seus irmãos albergados no lazareto!!!... Que grande exemplo e salutar lição para quem comendo à mesa do orçamento, descura por completo os pobres que trabalham dia e noite para pagar honradamente as contribuições com que são demasiado sobrecarregados, sem conseguirem que o governo central mova um olhar de clemência para esta terra que apesar da sua pequenez, é relativamente uma das maiores fontes de receita para o Tesouro.

É demais. [...]

CONCERTO[554]

Terá lugar na próxima quinta-feira, pelas oito horas da noite, no «Ateneu Comercial do Funchal», um concerto musical a benefício dos variolosos internados no Lazareto.

São dignos dos mais rasgados encómios os membros da digna direção daquela casa, que impulsionados por um sentimento verdadeiramente humanitário, realizam no seu

---

552 ABM, *O Jornal*, 13 de maio de 1907.
553 BMF, *Correio da Tarde – Jornal Progressista*, 14 de maio de 1907.
554 BMF, *Correio da Tarde – Jornal Progressista*, 14 de maio de 1907.

club uma festa, cujo produto reverterá a favor dos infelizes atacados de varíola.

Bem hajam os que socorrem os pobres, e rua com os que com tanto desprezo têm olhado para esta grave questão!!

100$000[555]

Constava hoje, que o sr. Luís da Rocha Machado, banqueiro nesta cidade, ia mandar de oferta a Miss Wilson para ajuda do tratamento dos variolosos do Lazareto, a importância de 100$000 réis.

Dizem-nos mais que, esta importância é para desfazer a má impressão que corre no público acerca do procedimento incorretíssimo do mesmo sr. Machado, padre Fernando e José Leite, que, manifestamente se opuseram à [a]provação de uma proposta feita à Junta Geral, pelo sr. Vieira de Castro, no sentido de fazer incluir no respetivo orçamento um subsídio para socorrer os infelizes variolosos!

O povo que agradeça àqueles «bem-intencionados» cavalheiros a rejeição de uma proposta que tinha por fim minorar a sorte infeliz dessas desgraçadas vítimas de uma epidemia que aí se implantou por obra e graça da imbecilidade oficial de certos indivíduos.

Mas o sr. Vieira de Castro, não desanimou e empregando novamente os seus serviços conseguiu por fim que fosse votada a sua proposta.

Com grande espanto lemos hoje nos jornais da manhã, que o tal orçamento se acha ainda na Madeira, para subir ao governo central, a fim de obter a competente aprovação!

Quando terá lugar o regresso desse infeliz orçamento?

Provavelmente quando a Madeira estiver contaminada e tiver baixado à sepultura, alguns centenares dos nossos irmãos!!!

Agora vamos ver se o sr. Rocha Machado sempre se resolve a dar os tais 100$000 réis, cujo boato aí corre com alguma instância.[556]

Bando Precatório[557]

O que, no domingo, se presenciou nesta cidade produziu, em todos os corações bem formados, uma emoção profunda e inapagável.

Não era a primeira vez que esse punhado de bravos e corajosos rapazes, que constituem a *Real Corporação dos Bombeiros Voluntários,* saía à rua, fazendo um apelo à caridade em favor dos desvalidos.

Já os viramos, como agora, percorrendo as ruas a implorar socorro para os que sofrem, e a quem a desventura não deu meios de minorar os seus infortúnios.

Então, como agora, os vimos passar nessa romagem de filantropia, implorando o óbolo destinado aos pobres e aos infelizes!

Abençoado proceder!

Eles, os generosos rapazes, que, espontaneamente, se alistaram nessa *ala do bem*, que não recuam diante das labaredas dum incêndio para salvar a vida e a propriedade dos seus concidadãos, como por mais duma vez tem sido público e notório, nunca esqueceram, também, os que se debatem nos horrores da fome, ou se contorcem nos dolorosos transes da enfermidade. [...]

---

555 BMF, *Correio da Tarde – Jornal Progressista*, 14 de maio de 1907.

556 Na mesma edição deste periódico, sob o título **"SILÊNCIO"**, foi publicado, junto a este artigo o seguinte texto sobre este assunto: «Tem causado no público grande admiração o silêncio do «benemérito» banqueiro sr. Rocha Machado, acerca da desgraçada situação em que presentemente se encontra a Madeira, que luta desesperadamente com uma epidemia de mau caráter./ O sr. Rocha Machado, que tem por hábito aparecer, de vez em quando, na imprensa empunhando uma acha de lenha com que costuma agredir aqueles que o fizeram homem, está silencioso desta vez, parecendo assim coonestar e aplaudir o procedimento daqueles que mais contribuem para o alastramento da horrorosa epidemia!/ Que boa alma, tão ingénua e gentil, aparenta possuir tão escrupuloso cidadão!/ O público quer saber qual é o pensar do sr. Machado nesta questão, tão melindrosa./ Saia desse silêncio sepulcral: deite carta, que o público quer ver essa brilhante prosa.»

557 BMF, *Diário de Notícias*, 14 de maio de 1907.

Aos que pediram e aos que deram, aqui deixamos consignados os protestos mais sinceros e mais cordiais, da nossa consideração e do nosso respeito, pela sua generosa filantropia.

E se os que pediram e os que deram, nos merecem tão veementes protestos, não menos os merecem: a respeitável e veneranda senhora – Miss Wilson e as suas dignas cooperadoras – que no Lazareto de Gonçalo Aires – tão generosamente, com tanta abnegação e caridade estabeleceram de *motu* próprio e por iniciativa exclusivamente sua, esse humilde albergue, onde os pobres, com o corpo ulcerado pelas fétidas pústulas da varíola, vão encontrar os desvelos dum tratamento tão carinhoso e dedicado.

E não é só isso.

É lá, também, nesse modestíssimo *hospital* que a caridade fundou, e que a caridade sustenta, que a população desta ilha encontrou uma das suas melhores defesas para obstar ao pernicioso contágio de doença tão maligna quanto asquerosa, que, quando não vitima, deixa sempre marcado o ferrete da sua ruim purulência. [...]

Mais uma vez aplaudimos o proceder nobre e alevantado da, por mais dum título, benemérita Corporação dos Bombeiros Voluntários. [...]

Há quem diga que se não deveria ter realizado o *bando precatório*.

Uns, «porque não estamos a braços com uma calamidade pública».

Outros, «porque era a Câmara Municipal do Funchal que deveria pagar todas as despesas com o tratamento dos variolosos.»

E ainda outros: – «que tais despesas deveriam ser custeadas pelo governo.»

Seja como for. O que ninguém pode, com justiça, é deixar de enaltecer o pensamento verdadeiramente generoso, superior ao mais alto elogio, dessa agremiação de valentes e simpáticos rapazes, a quem a cidade tantos serviços deve, que se condoeram da pobreza ferida por uma desastrada e desastrosa epidemia. [...]

À benemérita Corporação dos Bombeiros Voluntários que se não esqueceu de socorrer os pobres enfermos, a quem a caridade dera abrigo e tratamento, mais uma vez, ainda, os nossos aplausos e as nossas cordiais saudações.

Agradecimento[558]

O Corpo de Bombeiros Voluntários do Funchal cumpre o sacratíssimo dever de agradecer por este meio às damas e cavalheiros que contribuíram com o seu óbolo para o resultado que obteve o mesmo corpo, no bando precatório que ontem realizou em benefício dos variolosos pobres, e a todos protesta eterna gratidão.

Quartel Central, 13 de maio de 1907.

SAÚDE PÚBLICA[559]
Subscrição a favor das vítimas da varíola

Transporte	1:281$240
J. S.	2$500
Alfredo António Camacho	9$500
M. R.	1$000
Anónimo A. C.	500
Soma	1:294$240

[...] Duma generosa senhora recebemos 4 lençóis para os pobres variolosos. Os nossos agradecimentos.

*

Consta-nos que a classe marítima pensa em promover, para breve, um bando precatório, a favor dos variolosos internados no Lazareto.

---

[558] BMF, *Diário de Notícias*, 14 de maio de 1907; BMF, *O Direito*, 14 de maio de 1907; BMF, *Heraldo da Madeira*, 14 de maio de 1907.

[559] BMF, *Diário de Notícias*, 14 de maio de 1907.

Tal ideia é digna do maior elogio.

*

Algumas alunas da escola de ensino normal do Funchal promovem entre si e pessoas das suas relações uma *quête* em favor dos variolosos.

Bela ação. [...]

É da maior conveniência que se estabeleça a admissão dos parentes e amigos, ao Lazareto, em visita aos variolosos, de forma que o número dos visitantes e o dos pedidos de informação a Miss Wilson, não se acumulem e atropelem, dificultando à santa senhora a tarefa de dar a todos notícias do estado dos enfermos, e resposta à multiplicidade de perguntas que lhe dirigem, tendo ainda o grande inconveniente de aumentarem a fadiga da dedicada diretora daquele estabelecimento hospitalar.

Remediar estes inconvenientes, é um grande serviço prestado a Miss Wilson que é merecedora de todos os elogios, de toda a estima e consideração.

*

A pedido da benemérita Miss Wilson, mandámos imprimir nas nossas oficinas e vamos hoje remeter àquela senhora, 300 boletins para o registo do movimento hospitalar diário.

*

Alguns alunos do 6.º e 7.º ano do curso do nosso liceu, de colaboração com vários empregados de casas comerciais, projetam levar a efeito, nos dias 26 e 30 do corrente, uma *quermesse* no *Jardim D. Amélia*[560] a benefício dos variolosos internados no Lazareto de Gonçalo Aires, contando com a valiosa colaboração de todas as almas generosas.

Os nossos mais calorosos aplausos.

*

O sr. Alfredo António Camacho, com estabelecimento ao largo da Igrejinha, teve a bondade de nos enviar 9$000 réis para os variolosos do Lazareto, importância correspondente a três camas, travesseiros, almofadas e mesas que lhe mandámos comprar para serviço daqueles doentes.

Bem-haja por isso. [...]

Bando precatório[561]

Conforme noticiámos realizou-se anteontem o bando precatório promovido pela briosa corporação dos bombeiros voluntários em benefício dos variolosos pobres que se acham em tratamento no Lazareto de Gonçalo Aires.

Eram 11 horas da manhã quando saíram do quartel central, à rua do Príncipe, percorrendo várias ruas desta cidade produzindo a «quete» a quantia de 322$930 réis e diversos objetos.

Acompanhava o bando precatório a filarmónica «Artistas Funchalenses», que se ofereceu gratuitamente.

O produto da «quete» foi entregue a s. ex.ª o sr. D. Bernardo da Costa, ilustre governador civil deste distrito, que em frase alevantada enalteceu o nobre procedimento dos bombeiros.

O sr. governador encarregou o chefe Ribeiro de entregar à Miss Wilson aquela importância.

SAÚDE PÚBLICA[562]

[...] Está sendo montada a linha telefónica que deve ligar o Lazareto com o Comissariado de polícia.

Para que esta linha possa funcionar o mais depressa possível, o sr. comendador Manuel Gonçalves pôs à disposição do sr. governador civil os aparelhos para isso indispensáveis,

---

560 Antiga denominação do atual Jardim Municipal.
561 BMF, *O Direito*, 14 de maio de 1907.
562 BMF, *Heraldo da Madeira*, 14 de maio de 1907.

sendo esta oferta aceite pelo sr. D. Bernardo da Costa, que agradeceu bastante a gentileza do sr. Gonçalves. [...]

Como noticiámos, a briosa corporação dos Bombeiros Voluntários percorreu anteontem várias ruas da cidade promovendo uma "quête" a benefício dos variolosos internados no Lazareto.

O público funchalense correspondeu ao apelo dos simpáticos rapazes, que colheram no seu pequeno percurso através de algumas ruas, a importância de 322$930 réis.

Os nossos bombeiros foram ao palácio de S. Lourenço entregar esta quantia ao sr. governador civil, que num breve mas eloquente discurso agradeceu em nome dos pobres enfermos aquelas esmolas e elogiou a ideia altruísta que os bombeiros tinham concebido.

Quermesse[563]

Alguns alunos dos últimos anos do nosso liceu juntamente com vários empregados das principais casas de comércio desta cidade, projetam realizar uma "Quermesse" no jardim "D. Amélia" nos dias 26 e 30 do corrente, a benefício dos variolosos, para o que já encetaram alguns trabalhos preparatórios.

Aplaudimos a ideia, fazendo votos por um feliz resultado, e desde já felicitamos os iniciado[re]s desta festa, que se destina a tão meritório fim.

Concerto[564]

Na próxima quinta-feira, no Ateneu Comercial desta cidade, e por iniciativa da sua direção realiza-se um concerto musical cujo produto reverte em benefício dos variolosos pobres que se encontram internados no Lazareto.

Os bilhetes têm sido remetidos com carta de convite.

EPIDEMIAS[565]

Sobre esta encantadora ilha caiu, como um castigo, não um desses três grandes flagelos que os antigos caracterizavam com os nomes de peste, fome e guerra, mas uma das mais terríveis enfermidades, que a todos assombram pelo seu aspeto horrível, e meteu pavor pelas suas consequências mortais.

As *bexigas* ou matam ou marcam, como ferro em brasa, à sua passagem, e quando vemos junto a nós esses rostos manchados dum rubro sombrio, indício dum ataque bem recente, o pensamento nos leva imediatamente até à consideração de que essa enfermidade poderia talvez ser evitada, sendo esse convalescente a estampa viva duma incúria condenável. [...]

Hoje, como uma Providência, está aberto um estabelecimento onde a hospitalização de variolosos se está operando; mas esse hospital que a caridade insinuou e, por assim dizer, fundou, não é como se supôs ao princípio um hospital de isolamento para esta cidade, por não poder comportar todos os enfermos e haver, portanto, ainda alguns focos disseminados. É por isso que lembramos às autoridades competentes que obtenham do governo central todos os recursos necessários para tornar efetivo o isolamento que é desejado e ansiosamente esperado.

Estamos aí a ver quão favoravelmente foram recebidas as instalações que se organizaram no Lazareto de Gonçalo Aires, para onde se voltavam ainda olhares de indignação, talvez mal cabida ou então exagerada, mas bem manifesta.

Está feita a sua reabilitação. Todos compreendem que as medidas sanitárias são compatíveis com a população e muito mais com a população funchalense que sabe dar provas de submissão sempre que lhas saibam arrancar.

---

[563] BMF, *Heraldo da Madeira*, 14 de maio de 1907.
[564] BMF, *Heraldo da Madeira*, 14 de maio de 1907.
[565] BMF, *O Jornal*, 14 de maio de 1907.

Nas condições em que funciona o hospital nesse aprazível sítio, que ao pitoresco dos campos reúne a salubridade das brisas oceânicas, a cujos pés se assenta, nessas abençoadas condições tudo corre, tudo aceita o seu internato, pois ninguém deixa de apreciar o seu alcance moral e ninguém se nega a concorrer para que o saneamento do Funchal seja uma realidade breve e um testemunho de quanto podem as dedicações extremas e a boa vontade de muitos num acorde seguro e vibrante. [...]

A varíola[566]

Acham-se atualmente internados no lazareto 89 pessoas atacadas de varíola. Todos estes infelizes recebem o mais carinhoso e dedicado tratamento da parte da irmã Maria Wilson e suas companheiras. Não deve passar desapercebido este ato de generosidade e caridade cristã praticado por essas beneméritas filhas de S. Francisco. Numa época em que muitos procuram fazer recair sobre as pessoas religiosas o descrédito e o ridículo, passando-lhes um papel de parasitas inúteis, bom é que para o Lazareto se volvam os olhares daqueles que se deixam dominar por tais ideias, e reconheçam a injustiça e inexatidão das suas apreciações.

É necessário confessar que o procedimento da Irmã Maria Wilson e das suas dedicadas companheiras representa um ato de heroicidade em favor dos míseros a braços com uma torturante e terrível epidemia. Suavizar as dores a esses infelizes, oferecer-lhes desinteressadamente os mais carinhosos cuidados, especializando aqueles que no seu domicílio, além da doença que os dilacera, só encontrariam a mais lancinante penúria, é ação que só não a terão no devido apreço aqueles a quem o ódio figadal à religião ofusca o espírito e torna parciais e injustas as apreciações.

Vê-se, pois, que as pessoas religiosas fazem mais alguma coisa do que dedilhar rosários e balbuciar *Padre-nossos*. É necessário atribuir essa heroica dedicação da Irmã Maria Wilson e suas companheiras não apenas a sentimento natural de filantropia, mas sobretudo à religião que sabe criar e fornecer tão sublimes exemplos de abnegação e caridade. Não regateemos encómios às beneméritas irmãs franciscanas, mas também não recusemos à religião cristã a parte que lhe cabe em tão emocionante espetáculo que nos oferecem os atos de acrisolado amor do próximo, praticados pela dedicada Diretora do Lazareto e suas dignas companheiras. [...]

A lavadeira Maria Augusta, reconhecendo que um seu freguês lhe não pagaria a quantia de 400 réis, queixou-se no comissariado de polícia para que lhe fosse entregue a referida importância, oferecendo-a em seguida para os variolosos pobres internados no Lazareto. [...]

SAÚDE PÚBLICA[567]
Subscrição a favor das vítimas da varíola

Transporte	1:294$240
A. G. A.	10$000
Soma	1:304$240

[...] Maria Augusta, lavadeira, ofereceu 400 réis para o Lazareto, pela lavagem duma roupa.

*

Recebemos ontem um pacote com pano de morim da casa Otto von Streit, para os infelizes variolosos, pobres, que se acham internados no Lazareto.

*

Das casas alemãs de bordados dos srs. Wilhelm Marum e Gebruder Iklê (casa Suíssa), recebemos dois pacotes com pano de morim, idem, idem.

*

---

[566] BMF, *O Jornal*, 14 de maio de 1907.
[567] BMF, *Diário de Notícias*, 15 de maio de 1907.

Da casa de bordados, de que é representante nesta cidade o sr. Willy Schnitzer, recebemos também um pacote com pano, idem, idem.

*

A casa alemã do sr. Gebruder Wartenberg também nos enviou um pacote contendo uma peça de pano de morim, idem, idem.

Bem-haja por isso. [...]

Visto já não haver lugar, no Lazareto de Gonçalo Aires, para todos os variolosos que desejam ser ali admitidos, os quais são em grande número, torna-se urgente que se mande proceder às necessárias obras de reparação e adaptação no corpo principal daquele edifício.

Para este assunto chamamos a atenção do chefe do distrito, a fim de providenciar como reclama a gravidade da situação.

Levamos ao conhecimento de Sua Ex.ª que a epidemia aumenta consideravelmente.

Urge providenciar. [...]

O ilustre Visconde de Cacongo, ofereceu a Miss Wilson, para os variolosos do Lazareto, duas dúzias de garrafas de excelente vinho Madeira, seis toalhas de mão e seis lençóis novos. Bem-haja a generosidade do nobre titular. [...]

Na onda solidária em prol do Lazareto até as pobres lavadeiras contribuiram com ofertas monetárias. *Coleção do autor.*

Varíola[568]

[...] Uma comissão composta dos alunos do nosso liceu srs. Albino de Menezes, Cruz Baptista Santos e J. Araújo, vai amanhã por diversas casas pedir donativos para os variolosos pobres.

*

Na próxima quinta-feira realiza-se na sala do Ateneu Comercial do Funchal um concerto musical, revertendo o seu produto em benefício dos variolosos pobres que se acham em tratamento no Lazareto de Gonçalo Aires.

Quermesse[569]

Para a "quermesse" que nos dias 26 e 30 do corrente se realiza no jardim "D. Amélia"", como noticiámos, ficou ontem definitivamente constituída a respetiva comissão, a qual é apenas composta de alunos do nosso liceu, os quais, em breve começarão a angariar os necessários donativos, contando antecipadamente com os sentimentos caritativos do povo madeirense.

A comissão, em carta, dirige-se amanhã a várias pessoas, e apela para esses mesmos sentimentos pedindo [que] concorram com prendas para a "quermesse". Além disso tencionam hoje abrir uma subscrição destinada a acorrer às indispensáveis despesas da "quermesse", revertendo a parte restante em benefício dos doentes pobres.

É com toda a sinceridade que aplaudimos esta iniciativa, desejando vê-la coroada dos mais felizes resultados, e desde já pomos os fracos préstimos do nosso jornal em favor de tão santa e simpática causa.

---

[568] BMF, *O Direito*, 15 de maio de 1907.
[569] BMF, *Heraldo da Madeira*, 15 de maio de 1907.

[...]
Santo da Serra, 14 – 5 – 1907.[570]

Irmãs Franciscanas

Por telegrama enviado ao administrador do concelho de Santa Cruz, foram chamadas mais duas Irmãs Franciscanas que voluntariamente se haviam oferecido para tratar os variolosos.

Mais duas voluntárias da caridade cujos nomes aqui registamos: Irmã da Cruz e Irmã da Paixão. – Vão bem, juntas! [...]

Correspondente

SAÚDE PÚBLICA[571]
Subscrição a favor das vítimas da varíola

Transporte	1:304$240
The Western Telegraph C.º Ld.	20$000
English Church	50$000
Francisco Gomes de Abreu	2$500
Soma	1:376$740

[...]

DESPESA

Transporte	1:161$485
Maio 15 - A João Faria Monteiro pelo fornecimento de 12 peças de pano de algodão para lençóis destinados ao hospital do Lazareto a pedido de Miss Wilson	44$220
Soma	1:205$740

Apelo às almas caridosas em favor dos internados no Lazareto[572]

Nesta época calamitosa, em que um grande número de madeirenses jazem internados no Lazareto a braços com a varíola, e que a caritativa Miss Wilson luta com dificuldades no custeio caro e difícil do debelar deste mal, a «Academia Funchalense» resolveu também prestar um fraco, mas sincero auxílio, no intuito de suavizar um pouco a sorte daqueles infelizes, nossos irmãos.

Fiada na índole generosa e filantrópica dos ilustrados e beneméritos funchalenses, resolveu promover uma *quermesse* no *Jardim D. Amélia*, gentilmente posto à sua disposição, pela ilustre Vereação Funchalense, nos dias 26 e 30 do corrente.

Vem, por este meio, pedir a V. Ex.ªs que se dignem coadjuvá-la, ainda que seja com a mais modesta dádiva, que será recebida pela Comissão que andará de porta em porta ou enviada para a Rua dos Aranhas n.º 49, até o dia 23 do corrente.

Desde já agradecendo. Pela Academia,

A Comissão.

[...] É no domingo próximo que os marítimos tencionam promover um bando precatório em benefício dos infelizes variolosos internados no Lazareto, tendo reunido ontem à noite para esse fim. [...]

É também uma esmola proporcionar às criancinhas convalescentes da varíola,

---

[570] ABM, *O Jornal*, 15 de maio de 1907. Texto inserido na rubrica "Notícias rurais".

[571] BMF, *Diário de Notícias*, 16 de maio de 1907.

[572] Este apelo foi ainda publicado noutros jornais da época, nomeadamente no *Diário Popular*, de 16, 17 e 19 de maio de 1907, sob o título "Apelo às almas caridosas"; n'*O Direito*, de 16 de maio de 1907, sob o título "ÀS ALMAS CARIDOSAS"; e ainda no *Heraldo da Madeira*, de 16 de maio de 1907, sob o título "**Quermesse**" e precedido do seguinte texto introdutório: «A comissão de alunos do nosso liceu, a que ontem aludimos, tem já iniciados os seus trabalhos para a realização da "quermesse", nos dias 26 e 30 do corrente, em benefício dos variolosos pobres do concelho do Funchal./ Esta festa, inspirada pelos mais nobres sentimentos de generosidade, promete dever ser brilhante, pois são já grandes as adesões por parte do público mais seleto do Funchal, que assim coadjuva os nossos académicos em uma obra de grande alcance moral e filantrópico./ No intuito de melhor facilitar a aquisição de prendas para a "quermesse", resolveu a comissão solicitá-las por meio de carta, a qual abaixo publicamos na íntegra, e também, a pedido da comissão, a distribuímos aos nossos assinantes e anunciantes conjuntamente com o nosso número de hoje./ Eis a carta:»

3.7. 1907

A 26 e 30 de maio de 1907 decorreu no Jardim D. Amélia (atual Jardim Municipal) uma quermesse, organizada pela Academia Funchalense, com o intuito de angariar fundos para as despesas com o tratamento dos variolosos no Lazareto. *Coleção do autor.*

internadas no Lazareto, algumas horas de distração, dando-lhes brinquedos, que são os seus sonhos dourados, os seus mais doces enlevos.

É por isso que hoje nos dirigimos aos donos das lojas de quinquilharias, confiados nos seus sentimentos generosos, pedindo-lhes a gentileza de brindarem aquelas infelizes crianças com alguns brinquedos, ainda que estejam já avariados.

Será uma grande alegria para os pequenos convalescentes.

*

A irmã Mary Francis Wilson pede-nos que apresentemos, em seu nome, os seus mais cordiais agradecimentos aos proprietários das casas de bordados que tiveram a caridosa lembrança de lhe enviar, por nosso intermédio, várias peças de morim para os variolosos internados no Lazareto.

A irmã Wilson serve-se deste meio para manifestar a sua gratidão, visto os seus muitos afazeres não lhe permitirem dirigir-se por escrito a cada um dos generosos benfeitores.

*

Alguns alunos do nosso liceu constituíram-se em comissão com o fim de angariar fundos para os variolosos internados no Lazareto.

*

Recebemos ontem um garrafão de vinho para os mesmos variolosos, oferecido generosamente pelo sr. Francisco Gomes de Abreu, morador à rua de Santa Maria, n.º 63.

Este benfeitor enviou-nos também a quantia de 2$500 réis para a subscrição aberta, neste *Diário*, a favor daqueles nossos infelizes irmãos.

Os nossos sinceros agradecimentos em nome dos contemplados. [...]

Duas distintas senhoras tiveram a feliz ideia de organizar uma *matinée infantil* que deverá realizar-se, no próximo mês de junho, revertendo o seu produto a favor dos variolosos internados no Lazareto.

Aplaudimos calorosamente a generosa iniciativa, que certamente há-de encontrar a mais decidida coadjuvação por parte do nosso público, sempre disposto a minorar os infortúnios alheios.

Tudo quanto se fizer e promover a favor daqueles nossos infelizes irmãos será ainda pouco para acudir às importantes e inadiáveis despesas com a alimentação, roupas, medicamentos e ordenados dos serventes e cozinheiros.

Estão no Lazareto cerca de 90 enfermos, e cuja alimentação deve ser boa e substancial, e por isso mesmo, dispendiosa.

Se a caridade pública não continuar a dispensar os seus preciosos dons àqueles variolosos, Miss Wilson e suas irmãs ver-se-ão, dentro de pouco tempo, em luta com as mais difíceis condições financeiras.

É preciso que todos os que podem concorrer para fim tão humanitário, se apressem a fazê-lo. [...]

Caridade[573]

Socorrer os pobres, diluir o sofrimento dos que sem bens nem dinheiro vivem na indigência, desfazendo-se em lágrimas de amargura, eis a obra da caridade.

Há lares sem lume, famílias pobremente acomodadas em casebres humildes, para quem a vida é um sudário de martírios, mirrando e gemendo, com as faces descarnadas e os corações amortecidos. É a gente de quem a felicidade se afastou, para deixar entregue aos revezes da vida, imersa nas contrariedades dum discorrer repleto de imperfeições, cobrindo-se de farrapos velhos e pisando com os pés descalços o áspero basalto da estrada. São corpos tisnados pela aspereza do trabalho, sem viço nem frescor, que nunca souberam fruir o descanso e a quietação. Pais, que em seu redor, ouvem os filhinhos ainda no berço, pedir pão, e que só têm para consolá-los, as suas lágrimas também. Mulheres desvanecidas que dos portais estendem a mão ao transeunte que passa, pedindo uma esmola, exorando a caridade.

*

Quando uma doença impassível às lágrimas da amargura, assola essa gente que não vê senão a miséria, logo a caridade, se ainda anda pelo mundo, corre a socorrê-la, levando-lhe o conforto e a consolação.

Então o amor do próximo, patenteia-se numa esmola, e deixando por um momento de pensar nas graduações sociais, os altos descem aos domínios dos baixos, renunciam a todos os deleites do luxo, a todos os prazeres de suas vivendas altivas, e passam a aconchegar-se-lhes com carinho, a praticar o bem e a filantropia.

Alguns dos internados no Lazareto, atacados de varíola, homens, mulheres e crianças, são pobres, que, destituídos de todos os bens terrenos, não têm com que alimentar-se, nem fatos para vestir. Apelando para a caridade dos bons corações, sempre abertos às nobres causas, e levando no peito a compaixão, nós, adolescentes, pedimos a todos que participem de nosso sentir, a fim de que as suas esmolas vão minorar a indigência de nossos irmãos.

Funchal, 15 – 5 – 07.

Cruz Baptista Santos.
Juvenal de Araújo.
Albino de Menezes.

José Cruz Baptista Santos foi um dos principais organizadores deste evento solidário em 1907. *BMF,* Registo Bio-Bibliográfico de Madeirenses, *[1984].*

Récita de caridade[574]

Consta-nos que um grupo de rapazes amadores artísticos desta cidade pensam em pedir brevemente à câmara o teatro de «D. Maria Pia», a fim de darem ali uma récita em benefício dos variolosos que se acham no Lazareto de Gonçalo Aires.

---

[573] BMF, *Diário de Notícias*, 16 de maio de 1907.
[574] BMF, *O Direito*, 16 de maio de 1907.

3.7.1907

Aspeto atual da Hospedaria da 1.ª Quarentena, conhecida popularmente na época por "casa grande do Lazareto", onde foram internados os pacientes infetados com a *peste balbínica*, cujas instalações foram destruídas pelo povo aquando do assalto ao Lazareto, a 7 de janeiro de 1906. A partir dessa data este edifício passou a ficar conhecido como a "Bastilha do Lazareto". A grande varanda foi construída pela Junta Geral no início da década de 60 com o intuito de servir de solário da Clínica Sol-Ar-Saúde, que ali funcionou por diversos anos, sendo dirigida pelo saudoso Dr. João de Lemos Gomes (1906-1996). *Foto do autor.*

Sarau musical[575]
Conforme noticiámos é hoje que se realiza no salão teatro do Ateneu Comercial do Funchal, um sarau musical em benefício dos variolosos pobres que se acham no Lazareto de Gonçalo Aires.
O sexteto é regido pelo sr. Nuno Graceliano Lino.

A varíola[576]
[…] – Mais soubemos que tiveram hoje início na casa grande do Lazareto de Gonçalo Aires os trabalhos de reparação, a fim de ali serem internados mais variolosos.
Folgamos sumamente com isso, porque os infelizes que suspiravam por ali ter entrada e não o conseguiram por não haverem lugares disponíveis, verão agora realizados os seus desejos.

*

Pela corporação e bombeiros voluntários desta cidade foi enviada ao comissariado de polícia civil meia libra em ouro, a fim de ser remetida à Irmã Maria de S. Francisco Wilson e destinada aos variolosos pobres internados no Lazareto. Esta meia libra foi oferecida a um dos bombeiros, por uma senhora que se achava no campo no dia da «quête». […]

---

[575] BMF, *O Direito*, 16 de maio de 1907.
[576] ABM, *O Jornal*, 16 de maio de 1907.

SAÚDE PÚBLICA[577]
Subscrição a favor das vítimas da varíola

Transporte	1:376$740
312 – 2	10$000
Da casa de bordados do sr. Carl Sander	3$000
Carlos de Moura Coutinho	500
Soma	1:390$240

[...]

DESPESA

Transporte	1:205$705
Maio 16. – A Fabrício Irmãos pelo fornecimento de 5 armários para o Lazareto a pedido de Miss Wilson (Estes empreiteiros ofereceram as madeiras de forras dos referidos armários)	10$000
« « – A José Maria Pestana pelo carreto dos mesmos para o Lazareto	600
Soma	1:227$500

[...] Por intermédio do sr. comissário de polícia foi enviada ontem a Miss Wilson meia libra em ouro, que uma senhora enviou ao quartel dos bombeiros voluntários, visto não se achar na cidade, quando se realizou o bando precatório.

*

Do hábil funileiro sr. João Baptista Pereira recebemos 6 lanternas, 12 canjirões e 3 cafeteiras para serviço dos internados no Lazareto.

*

O sr. cônsul americano[578] enviou-nos para o mesmo fim 34 peças de roupas com pouco uso.

*

Do sr. Francisco Gomes Marques, proprietário da fábrica *Santa Maria*, manipuladora de bolachas, pão, doces, massas, etc., etc., recebemos dois tabuleiros com excelente marmelada, uma lata com bela bolacha *Maria* e outra com magníficos doces *combinação*, para os infelizes doentes do Lazareto.

*

Do proprietário da loja «Crispim», à rua dos Ferreiros, sr. João Crispim Gomes, recebemos uma caixa contendo uma grande variedade de brinquedos para as crianças convalescentes no Lazareto,[579] assim como uma caixa com 12 garrafas de excelente vinho «Madeira» para os variolosos ali internados.

*

Duma gentil menina recebemos ontem um boneco chinês, para ser enviado à Irmã Wilson, com destino às crianças convalescentes.

*

O sr. José Joaquim Marques, dono da padaria à rampa do Cidrão, oferece para a alimentação de amanhã do Lazareto 25 kilos de pão inglês e 35 kilos de pão português alvo, segundo a nota que lhe foi fornecida pela Miss Wilson.
Bom seria que as outras padarias se resolvessem a seguir tão filantrópico exemplo, no que prestariam um ótimo auxílio nesta conjuntura que atravessamos.
A todos os benfeitores os nossos agradecimentos, em nome dos contemplados.

*

---

577 BMF, *Diário de Notícias*, 17 de maio de 1907.
578 Maxwell Blake.
579 Na rubrica "**SAÚDE PÚBLICA**" da edição de 16 de maio deste jornal tinha sido publicado o seguinte apelo à doação de brinquedos para as crianças convalescentes no Lazareto: «É também uma esmola proporcionar às criancinhas convalescentes da varíola, internadas no Lazareto, algumas horas de distração, dando-lhes brinquedos, que são os seus sonhos dourados, os seus mais doces enlevos./ É por isso que hoje nos dirigimos aos donos das lojas de quinquilharias, confiados nos seus sentimentos generosos, pedindo-lhes a gentileza de brindarem aquelas infelizes crianças com alguns brinquedos, ainda que estejam já avariados./ Será uma grande alegria para os pequeninos convalescentes.»

A irmã Wilson tem atualmente a seu encargo a alimentação de 140 pessoas, incluindo-se, neste número, os parentes dos enfermos e o pessoal em serviço.
Por aqui se vê quanto não será preciso para acorrer a esta enorme despesa.
A mesma caritativa senhora pediu-nos que, por intermédio do nosso jornal, fizéssemos sentir às almas generosas a necessidade que há de enviar-lhe roupas velhas para os convalescentes poderem sair, e ser desinfetadas as de uso próprio.
Estão ali atualmente três convalescentes nestas condições: querem sair, mas não têm roupa que substitua a que deve ficar no Lazareto para ser desinfetada.

*

A irmã Wilson pede-nos que, em seu nome, apresentemos os seus mais cordiais agradecimentos às sr.ªs Condessa de Torre Bela e D. Augusta Prado pelos brinquedos que lhe enviaram para os seus pequeninos convalescentes, que se mostram extremamente felizes com tais tesouros.

*

Um grupo de empregados do comércio tencionam promover brevemente um concerto no teatro D. Maria Pia, em benefício dos variolosos.
Do coração abraçamos tão generosa iniciativa, na persuasão de que será muito bem acolhida.

SAÚDE PÚBLICA[580]

[...] A comissão de alunos do nosso liceu que promove a realização duma Quermesse no jardim D. Amélia no dia 26 e 30 do corrente, tem angariado vários donativos para os variolosos, de que damos em seguida a respetiva relação:
Dia 15
M. Gonçalves & C.ª 5$000 réis, França Mendes 500 réis, Morgado Freir[e] 500 réis, Francisco António de Freitas, Júnior 500 réis, Anónimo 200 réis, E. S. 500 réis, Anónimo 200 réis. J. B. Blandy 2$500, Wilson Sons & C.ª Ltd. réis 2$500, A. Liondon 1$500 réis, Mirenriralive 500 réis, David Erskine 1$000 réis, Anónimo 200 réis, Q. C. A. 1$400 réis. W. &. F. 1$000 réis, Hotel Royal 7$720 réis, Anónimo 200 réis, Anónimo 500 réis, Anónimo 500 réis, Anónimo 300 réis, B. C. Eduarde 1$000 réis, Cónego Homem de Gouveia 500 réis, Cónego Monteiro 500 réis, António F. de Oliveira 500 réis, Vigário de S. Pedro 500 réis, Travassos Lopes, 500 réis, A. S. Silva Júnior 1$000 réis, Carn Sander 500 réis, S. S. Rodrigues 500 réis, A. Oliveira 500 réis, Eduardo Ascensão 500 réis, C. B. 500 réis, Pinto Coelho, 500 réis, Capitão Conty 500 réis, Anónimo 500 réis, Artur Vilares 500 réis, João Pires Taborda 500 réis, Anónimo 200 réis, Anónimo 200 réis, Ricardo C. de Freitas 500 réis, Anónimo 500 réis, Barreto 500 réis, Ivo E. Pereira 500 réis, Anónimo 500 réis; Anónimo 500 réis, Anónimo 500 réis, C. Santos 500 réis, Anónimo 200 réis, Anónimo 500 réis, Admiral (4 shillings) 900 réis, Reid Palace Hotel 13$000 réis, Anónimo 1$500 réis, Faber 2$500 réis, R. Faber 1$300 réis. Total 60$920.
A comissão angariou ontem mais a quantia de 54$480 réis, o que perfaz ao todo até o dia 16 a quantia de réis 115$400.
Continuaremos amanhã a publicar a lista dos caridosos subscritores. [...]
Ao sr. Carlos C. do Nascimento, 1.º patrão da nossa corporação de bombeiros voluntários, foi entregue por uma dama da nossa sociedade meia libra em ouro para ser remetida a Miss Wilson, no Lazareto, com destino aos variolosos.
O sr. Carlos Nascimento pediu ao sr. comissário de polícia para se dignar fazer a remessa. [...]

A varíola[581]

Dissemos ontem que alguém nos informara de que eram intimadas algumas pesso-

---
580 BMF, *Heraldo da Madeira*, 17 de maio de 1907.
581 ABM, *O Jornal*, 17 de maio de 1907.

O Dr. Nuno Ferreira Jardim ofereceu um pacote de roupas para os doentes do Lazareto. *BMF*, Registo Bio-Bibliográfico de Madeirenses, *[1984]*.

as indeterminadas para conduzirem os variolosos ao Lazareto, causando a indisposição das mesmas que inesperadamente eram obrigadas a um tal serviço. Mas hoje chegou ao nosso conhecimento que não era verídica tal informação, pois estão quatro homens certos encarregados desse mister.

Registamos com satisfação o facto.

– Acham-se atualmente no Lazareto 140 pessoas, incluindo neste número os parentes dos variolosos e o pessoal enfermeiro e em serviço.

A alimentação de todas estas pessoas está á cargo da Irmã Maria de S. Francisco Wilson, donde se pode concluir a suma dificuldade em que se verá a caridosa e dedicada Irmã para fazer frente a tamanho encargo.

É um ato de caridade e até um dever que a todos incumbe o auxiliar a Diretora do Lazareto, concorrendo por qualquer meio para minorar o pesado ónus que recai sobre seus ombros.

Estamos precisamente na época em que por toda a parte nesta ilha, se celebram com fausto e esplendor as festas do Espírito Santo, em que a beneficência aos pobres deve ocupar o primeiro lugar. Alvitramos aos rev.os párochos a ideia de empregarem a sua influência em ordem a serem reservadas algumas das esmolas destinadas a essas festividades, que em muitas freguesias serão bem avultadas, e depois oferecidas à Irmã Maria Wilson para que assim possa mais facilmente fazer face às grandes despesas com o pessoal pobre internado no Lazareto.

Aí fica o alvitre.

*

Algumas pessoas caridosas encarregaram os reverendos párocos de S. Pedro de passarem às mãos da Irmã Maria Wilson alguns recursos pecuniários e outros objetos em favor dos variolosos pobres, internados no Lazareto, a saber:

– As sr.as Florenças – 10$000 réis;
– O sr. major João Alves Camacho – 4$000 réis.
– O sr. Dr. Nuno Ferreira Jardim – um pacote de roupas;
– Mr. Power – idem;
– O sr. Conselheiro J. B. de Freitas Leal – idem;
– O rev.º Lindon – idem;
– O sr. Evaristo Augusto Ferreira – 1 catre de ferro para criança e uma mesa.

*

Algumas alunas da Escola Distrital constituíram-se em comissão para fazerem uma quête pelas pessoas das suas relações em favor dos variolosos. […]

A sr.ª Maria Cândida Pestana, viúva, moradora à rua da Cadeia Velha, freguesia da Sé, entregou hoje no comissariado de polícia 13 peças de roupa a fim de serem enviadas aos variolosos pobres internados no Lazareto. […]

MUITO BEM![582]

Segundo lemos em alguns colegas da manhã, os membros de [da] Associação Marítima desta cidade sairão amanhã em bando precatório, por diversas ruas desta cidade, acompanhados da filarmónica «Artístico Madeirense,» a fim de tirarem esmolas, para ajuda de costear as despesas que a benemérita Miss Wilson está a fazer com os variolosos no Lazareto. Aplaudimos a filantrópica ideia dos promotores do bando precatório, e ainda mais pela lembrança que tiveram de irem levar pessoalmente a Miss Wilson, o produto da «quête», dando assim uma prova de confiança ao sr. governador civil.

---

[582] BMF, *Correio da Tarde – Jornal Progressista*, 18 de maio de 1907.

Em maio de 1907 os membros do Montepio Marítimo, constituído pela humilde gente do mar, também organizaram um bando precatório em prol dos variolosos do Lazareto. *Coleção do autor.*

Ainda bem que a classe marítima compreendendo quem têm sido os verdadeiros causadores, da epidemia, se ter alastrado, por essa ilha além!

São dignas dos mais rasgados elogios pela sua resolução.

Podem alguns jornais que para aí existem zurrarem à vontade, contra aqueles que não têm culpa alguma do afastamento da navegação do nosso porto, que a classe marítima não lhes liga a menor importância.

E para prova disso vê-se a resolução, deles que são afinal os mais prejudicados.

Cada vez se metem mais no ridículo, os tais defensores das algibeiras.

Não pode nem deve continuar[583]

Consta que a benemérita m.ss Wilson se vê no Lazareto de Gonçalo Aires na mais dura das [o]ca[s]iões perante a insubordinação insultuosa até por vezes, que existe naquele recinto, por parte das numerosas famílias (*com saúde*) que ali se acham a título de vigiarem os variolosos que ali têm infernados.

Essa gente que além de estar consumindo a maior parte da receita obtida da caridade pública, para o tratamento restinto aos doentes, está ainda em cima ocupando leitos, roupas e quartos que podiam servir para um formidável número de variolosos que ali não tem podido dar entrada por falta de lugar e camas, deve vir para fora acabando-se com o abuso, isto deve-se provavelmente ao sr. governador, tal medida.

Em nenhum hospital se admite semelhante prática.

Se [a] autoridade mandasse cumprir o regulamento de saúde nada disto se dava.

A anarquia que reina ali dentro, com desgosto de m.s Wilson, porque se não dá no Hospício, no Hospital da misericórdia, etc, etc?

É porque nesses estabelecimentos os regulamentos cumprem-se; e se ali tratam doentes não se asila as famílias inteiras desses doentes.

O que ali está a autoridade consentindo que se faça é não só obrando, mas também medroso o que lhe traz a perca total da força governativa que é mister mantê-la sempre.

Afinal a vítima será essa benemérita Senhora que acima de tudo, pondo a caridade, está sofrendo ali dentro por amor dela os próprios massacres porque passa o linho, grande é

---

[583] BMF, *Correio da Tarde – Jornal Progressista*, 18 de maio de 1907.

certo, que a procissão, ainda agora começa a sair.

Ainda não tocou o clarim… Deus queira que ele não toque, porque não havendo [o] medo que guardava a vi[n]ha ninguém tem a sua vinha guardada.

REUNIÃO[584]

Constava hoje que várias pessoas se iam reunir a fim de ir ao sr. governador, para sua ex.ª pedir ao governador central um crédito, para acudir as despesas que Miss Wilson está a fazer no Lazareto.

Aplaudimos a ideia, desde o momento que seja tudo feito em ordem. É este o nosso desejo.

COMUNICADO[585]
Um alvitre

Tenho observado que o prestimoso e popular *Diário de Notícias* tem por norma dar publicidade a quaisquer escritos, sobre qualquer assunto e seja quem for o seu autor, contanto que esses escritos reúnam dois predicados: tratarem de matéria de interesse público e virem trajando decentemente, isto é, em linguagem capaz de ser ouvida em qualquer sala de gente civilizada e honesta.

Isto mesmo ouvi eu já dizer a um dos membros dessa esclarecida redação, e como acho justo e atraente o programa, venho à sombra dele pedir a V… a permissão de expor em um cantinho do seu diário algumas considerações sobre factos que estão na ordem do dia, sendo de geral interesse.

Atravessamos uma crise melindrosa de saúde pública, temos entre nós uma epidemia de varíola intensiva e extensiva como, decerto, nunca sofreu esta terra.

Para sustentar o combate contra esse terrível inimigo da saúde e da vida da população madeirense, são indispensáveis elementos de combate, de profilaxia e de terapêutica, à altura da grandeza do mal que nos assedia.

Tais elementos não se podem adquirir nem empregar eficazmente sem dispormos de um agente principalíssimo – esse agente é o dinheiro.

Mas quem é a entidade oficial a quem a lei impõe o dever de providenciar quando uma população é invadida por uma epidemia?

Diz-se que essas providências incumbem diretamente ao governo central, e se isto assim é, que o digam os homens da lei que a minha humilde personalidade não exerce o mister de manusear os códigos.

Vendo, porém, que ao manifestar-se a epidemia das bexigas, o chefe do distrito, a câmara municipal e a Junta Geral, todos telegrafaram ao governo central pedindo as urgentes providências, devo concluir logicamente, em face desse apelo, que a obrigação de providenciar compete legalmente ao governo.

Por outro lado, não tendo o governo respondido oportunamente a esses telegramas, poderia também supor-se que ele se considera legal e moralmente desobrigado de socorrer os seus administrados em momentos de flagelo epidémico.

Esta hipótese é totalmente inadmissível, pois mesmo, prescindindo-se do dever legal, fica de pé a obrigação moral e humanitária.

Finalmente, depois de muito instado, resolveu-se o governo a permitir que fosse aberto o lazareto para tratamento de variolosos, sendo aceite a proposta de Miss Wilson, que abnegada e caridosamente se ofereceu para, coadjuvada pelas suas irmãs, assistirem de enfermeiras aos doentes internados naquele edifício.

Em que se revela aqui a ação governativa? Simplesmente em não impedir o bem a que a caridade particular espontaneamente se dedicou.

Tão extraordinária providência não precisa ser comentada.

---

584 BMF, *Correio da Tarde – Jornal Progressista*, 18 de maio de 1907.
585 BMF, *Diário de Notícias*, 18 de maio de 1907.

Ficou, pois, a Madeira nesta crise aflitiva entregue aos seus próprios recursos, à caridade particular e a uns exíguos subsídios das duas corporações administrativas do Funchal.

Vejo, pela ata da última sessão camarária, que da verba de 1.819$333 réis de que pode dispor a câmara municipal, apenas restam 500 mil réis para futuras despesas, e talvez ainda a procissão não vá na rua.

A verba da subscrição aberta por V… no *Diário de Notícias* acha-se também quase esgotada, segundo as contas que diariamente presta.

No lazareto existem 140 pessoas, entre doentes e pessoas que os acompanham, o que representa uma despesa mensal superior aos recursos realizados para fazer face à epidemia.

Nestas circunstâncias impõe-se um expediente que passo a indicar.

Todas as pessoas de saúde, exceção feita dos enfermeiros e cozinheiros, devem ser devidamente desinfetadas e remetidas para suas casas, a fim de se atenuar a despesa do lazareto.

Todos os sãos se podem retirar de ânimo tranquilo, cheios da mais plena confiança de que aos seus queridos doentes nada faltará, sob a salvaguarda dessas senhoras beneméritas que dia e noite por eles velam, com celestial dedicação, rodeando-os de todos os possíveis confortos materiais.

Parece-me que este alvitre não deve ser desprezado.

E, concluindo, faço votos para que a caridade particular não esmoreça na sua ação beneficente, conduzindo a bom termo esta cruzada de salvação pública.

V…, sr. Redator, me desculpará o espaço que ocupo no seu interessante jornal com a publicidade destas mal alinhavadas linhas.

*

SAÚDE PÚBLICA[586]
Subscrição a favor das vítimas da varíola

Transporte	1:390$240
Do sr. João José Gomes, proprietário da sapataria «União» e dos seus oficiais	10$000
Soma	1:400$240

[…]

Do sr. Jaime de Albuquerque Mesquita, agente do armazém de obra de vimes e bordados da Madeira à Praça da Constituição, n.º 41, recebemos um carrinho com duas bonecas, 5 cestinhos e mais 8 brinquedos para as crianças do Lazareto e uma garrafa de bom vinho Madeira, para os convalescentes.

*

Da sr.ª D. Júlia de Almada Pinto Correia recebemos um fato completo para mulher e uma blusa para criança, com destino ao Lazareto.

*

Do sr. Luís Gonçalves Jardim, com fábrica à rua do Esmeraldo, recebemos uma caixa contendo 50 kilos e excelente massa e 10 kilos de magnífico cuscus para os infelizes que se acham internados no Lazareto.

*

O sr. E. Jones, proprietário do «Hotel Bela Vista», enviou-nos ontem um volume contendo roupas e brinquedos, com destino ao Lazareto.

*

Da sr.ª D. Matilde de França Nóbrega recebemos uma boneca para os doentinhos do Lazareto.

*

O sr. dr. G. Scott enviou-nos ontem um pacote com roupa para os variolosos do Lazareto.

*

---

[586] BMF, *Diário de Notícias*, 18 de maio de 1907.

3. DE 1901 A 1910

A Rua Conde de Carvalhal e a Entrada da Cidade (atual parte sul da Avenida Zarco) foram algumas das artérias funchalenses por onde passou o bando precatório promovido pela classe marítima. *Coleção do autor.*

Do sr. João Welsh recebemos, para os pequeninos convalescentes do Lazareto vários brinquedos que foram o enlevo do seu estremecido filho, o que ainda duplica o valor da gentil oferta.

A todos, sinceros agradecimentos.

*

Foi de cerca de duzentos mil réis o produto do concerto musical que se realizou anteontem no *Ateneu Comercial* a favor dos variolosos internados no Lazareto. [...]

O sr. governador civil telegrafou ao governo central, na terça-feira última, pedindo autorização para mandar proceder aos necessários reparos nas casas destinadas a hospital no Lazareto, sem que até ontem tivesse obtido resposta alguma.

O respetivo orçamento foi elaborado pelo empreiteiro sr. João Maria da Costa, constatando-nos que é da importância de cerca de 400$000 réis. [...]

Os membros do *Montepio Marítimo* realizarão amanhã, pelas 11 horas do dia, acompanhados da filarmónica *Artístico Madeirense*, um bando precatório, cujo itinerário será o seguinte:

Sai da casa de ensaio à Estrada do Conde de Carvalhal, Caminho do Palheiro Ferreiro, Rua Bela de S. Tiago, Largo dos Lavradores, Largo do Pelourinho, Rua Direita, Rua da Cadeia Velha, Rua do Phelps, Rua dos Ferreiros, Rua dos Tanoeiros, Rua da Alfândega, Largo da Sé, Rua de João Tavira, Rua da Carreira, Rua dos Aranhas, Rua Nova de S. Pedro, Travessa do Freitas, Rua de S. Francisco, Praça da Constituição e Entrada da Cidade, organizando-se em seguida um cortejo fluvial, acompanhado daquela filarmónica, desde o cais até ao Lazareto, onde entregarão a Miss Wilson o produto do peditório.

Aquela filarmónica tocará durante este trajeto uma sentida marcha grave.

Bando precatório[587]

A classe marítima, acompanhada da filarmónica *Artístico Madeirense*, percorrerá amanhã, em bando precatório, as seguintes ruas do Funchal, a fim de angariar donativos para os variolosos pobres que se acham internados no Lazareto de Gonçalo Aires:

Avenida de João de Deus, Estrada do Conde de Carvalhal, Caminho do Palheiro, rua Bela de S. Tiago, Largo da Feira, rua Direita, rua da Cadeia Velha, rua do Phelps, rua dos Ferreiros, rua da Alfândega, Largo da Sé, rua de João Tavira, rua da Carreira, rua dos Aranhas, rua Nova de S. Pedro, Travessa do Freitas, rua de S. Francisco, Largo de S. Francisco, Largo de S. Lourenço e Entrada da Cidade.

---

[587] ABM, *Diário do Comércio*, 18 de maio de 1907.

3.7.1907

Sairá às 11 horas da manhã da casa de ensaio da referida filarmónica.

Em benefício dos variolosos[588]

Está sendo organizado nesta cidade um grande grupo musical composto de amadores, para depois de convenientemente ensaiado percorrer as diversas ruas do Funchal em bando precatório, em favor das vítimas da varíola.

Tão louvável ideia que parte dum cavalheiro a quem muito prezamos deve ser coroada do melhor êxito.

Bando precatório[589]

Deve hoje percorrer algumas ruas do Funchal, implorando a caridade pública, um bando precatório composto da laboriosa classe marítima que, condoída do infortúnio dos que se acham prostrados no leito atacados do flagelo que aí lançou, se vem pedir aos funchalenses mais uma esmola para minorar a situação de tantos desgraçados que estão sob o peso da doença sem pão e sem os recursos necessários para poderem resistir.

É um peditório simpático esse que hoje deve cruzar as nossas ruas e que deve ser bem-sucedido atento a generosidade nunca desmentida dos funchalenses.

Como é grande e nobre a caridade e como são igualmente nobres aqueles que a promovem com tão sacrossanto intuito!

O Visconde Gonçalves de Freitas foi um dos beneméritos que contribuiu com um importante donativo para o peditório promovido por uma comissão de alunos do Liceu do Funchal. *BMF*, Registo Bio-Bibliográfico de Madeirenses, *[1984]*.

Sarau musical[590]

Foi bastante concorrido o sarau musical que se realizou anteontem no salão-teatro do Ateneu Comercial do Funchal, em benefício dos variolosos pobres, que se acham em tratamento no Lazareto de Gonçalo Aires.

O programa executado pelo sexteto agradou bastante sendo habilmente regido pelo distinto músico sr. Nuno Graceliano Lino.

SAÚDE PÚBLICA[591]

Continuamos a publicar a relação dos donativos angariados pela comissão de alunos do nosso liceu, que promove a "Quermesse" ao Jardim D. Amélia nos dias 26 e 30 do corrente, em benefício dos variolosos pobres.

O transporte das esmolas colhida no dia 15 foi de 60$920.

Dia 16[592]

Transporte do dia anterior 60$920. H. Hinton 5$000 réis, Visconde Gonçalves de Freitas 1000 réis, Anónimo 500 réis, J. B. de Freitas Leal 500 réis, Viúva Baltazar 500 réis, Anónimo 200 réis, J. Cossart 2$500 réis, Anónimo 200 réis, Anónimo 1$000 réis, Anónimo 200 réis, Anónimo 200 réis, Anónimo 200 réis, Anónimo 300 réis, Marques 500 réis, João Mendes 500 réis. Loja Alemã, Máquinas de Coser Gritzner 500 réis, Anónimo 200 réis, Anónimo 200 réis, Conselheiro António Jardim Oliveira 1000 réis, Augusto Fran-

---

588 BMF, *Diário Popular*, 18 de maio de 1907.

589 BMF, *Diário Popular*, 18 de maio de 1907.

590 BMF, *O Direito*, 18 de maio de 1907.

591 BMF, *Heraldo da Madeira*, 18 de maio de 1907.

592 A mesma listagem foi ainda publicada noutra fonte, nomeadamente no *Diário Popular* do dia seguinte, 19 de maio, integrada na rubrica "VARÍOLA".

cisco 200 réis, M. Rego Abreu 500 réis, Faustino V. Ornelas 200 réis, Anónimo 200 réis, Anónimo 200 réis, Abreu Nunes, 500 réis, Manoel H. de Abreu 200 réis, Anónimo 200 réis, Anónimo 200 réis, Anónimo 200 réis, Anónimo 200 réis, Anónimo 200 réis, Anónimo 500 réis, Anónimo 1$000 réis, Anónimo 500 réis, Anónimo 500 réis, Anónimo 200 réis, Luís Álvaro de Carvalho 500 réis, Crispim 200 réis, Anónimo 100 réis, Anónimo 200 réis, Anónimo 200 réis, Anónimo 300 réis, Anónimo 100 réis, Anónimo 300 réis, Maximiano S. Roiz 500 réis, João A. Roiz 500 réis, Anónimo 500 réis, Anónimo 500 réis, António de Barros Júnior, 500 réis, dr. Alberto Jardim 500 réis, Anónimo 500 réis, M. A. N. 500 réis, João Francisco M. Cabral 500 réis, J. J. de Nóbrega 500 réis, Anónimo 1000 réis, Anónimo 500 réis, Anónimo 500 réis, João & Martins 500 réis, Anónimo 1$000 réis, Padre Pereira 500 réis, J. Brazão 500 réis, Anónimo 500 réis, Anónimo 100 réis, Anónimo 500 réis, João Augusto Freitas 500 réis, Anónimo 500 réis, Anónimo 200 réis, dr. M. Sequeira 500 réis, Anónimo 500 réis, dr. José Joaquim de Freitas 500 réis, Anónimo 500 réis, Cónego Modesto 300 réis, Carlos Luís de Freitas 1$000 réis, Anónimo 1$000 réis, Anónimo 1$200 réis, Anónimo 500 réis, Anónimo 1$500 réis, Anónimo 2$000 réis, Anónimo réis 1$500, E. I. E. 500 réis, Anónimo 500 réis, J. L. 500 réis, Anónimo 1$000 réis, Arturo Quental 500 réis, A. Birks 500 réis, António D. Silva 500 réis, A. Bettencourt 200 réis, Padre Sousa 500 réis, António Silva 500 réis, Anónimo 100 réis, Anónimo 200 réis, A. J. Pires 500 réis, João C. Faria 500 réis, Nóbrega 500 réis, Anónimo 500 réis, Anónimo 300 réis, Anónimo 400 réis, Anónimo 200 réis. Soma 115$400 réis.

Ontem a mesma comissão angariou a importância de 37$340 réis, o que perfaz a quantia de 152$740 réis, além de vários objetos destinados à "Quermesse".

Esta comissão académica continua a colheita de esmolas e donativos. […]

A varíola[593]

Continua a espalhar o seu manto sombrio sobre a população desta Ilha, esta justamente temida epidemia.

As nossas freguesias rurais vão oferecendo um não diminuto contingente de casos. […]

Começou a funcionar desde hoje o telefone que liga o Lazareto com o comissariado de polícia, podendo, em virtude das determinações do sr. governador civil, as famílias dos variolosos colherem no comissariado as informações que desejarem acerca dos doentes ali internados.

*

O sr. comendador Manuel Gonçalves, desejando facilitar o serviço do Lazareto às autoridades sanitárias e administrativas, pôs à disposição das referidas autoridades os aparelhos dos dois telefones que ligam o Lazareto ao comissariado de polícia. […]

SAÚDE PÚBLICA[594]
Subscrição a favor das vítimas da varíola

Transporte	1:400$240
Cândido Fernando de Gouveia e companheiros	1$200
Das empregadas da casa de bordados dos srs. Wollffenten & Horwitz	2$000
Anónima	1$540
Anónimo	1$000
Do pessoal da «Sucursal da Casa Alemã»	3$700
Soma	1:409$680

[…] O sr. comissário de polícia enviou ontem para o Lazareto uma cesta com ovos, uma saca com nabos e um cesto com mogangas que foram apreendidos na via pública, tendo-se o respetivo dono recusado a pagar a multa. […]

---

593 ABM, *O Jornal*, 18 de maio de 1907.
594 BMF, *Diário de Notícias*, 19 de maio de 1907.

3.7.1907

Vai ser hoje vendida em praça, na vila de Santa Cruz, uma *charola* que a esposa do sr. dr. José Plácido Nunes Pereira e outras senhoras arranjaram, sendo o produto enviado à Irmã Wilson. [...]

O produto das entradas para o concerto musical, realizado no *Ateneu Comercial* do Funchal, na quinta-feira última, a favor dos variolosos internados no Lazareto, rendeu cerca de 140$000 réis e não de 200$000 réis. [...]

As alunas da Escola Industrial «António Augusto de Aguiar», em reunião de anteontem, resolveram realizar uma *quête*, entre as pessoas de suas relações, em benefício dos variolosos.

Bem hajam.

*

Uma senhora enviou à Irmã Wilson, por intermédio do sr. administrador deste concelho, dr. João Baptista de Carvalho, vários brinquedos e peças de roupa para os internados no Lazareto.

*

Dum anónimo recebemos ontem um pacote com roupa para os pobres variolosos internados no Lazareto. [...]

A pedido do sr. João Augusto Brito Figueiroa, o distinto músico sr. J. P. Vela acedeu da melhor vontade a ensaiar e reger uma grande orquestra, para sair em bando precatório em favor dos infelizes atacados de varíola.

É uma excelente ideia que, sem dúvida, será bem recebida tanto por parte do público em geral como por aqueles que apreciam a boa música.

Os rapazes que queiram fazer parte dessa orquestra, devem participá-lo ao sr. Brito Figueiroa, que se encontra durante as horas do expediente no tribunal desta comarca. [...]

Dr. José Plácido Nunes Pereira, cuja esposa, acompanhada de ouras senhoras de Santa Cruz, promoveram a venda de uma *charola* com o intuito de angariar verbas para os variolosos do Lazareto. *BMF*, Registo Bio-Bibliográfico de Madeirenses, [1984].

VARÍOLA[595]
[...]
Bando precatório

A classe marítima, acompanhada da filarmónica *Artístico Madeirense*, percorrerá hoje, em bando precatório o seguinte itinerário a fim de angariar donativos para os variolosos que estão internados no Lazareto de Gonçalo Aires:

Avenida de João de Deus, Estrada do Conde de Carvalhal, Caminho do Palheiro, rua Bela de S. Tiago, Largo da Feira, rua Direita, rua da Cadeia Velha, rua do Phelps, rua dos Ferreiros, rua da Alfândega, Largo da Sé, rua de João Tavira, rua da Carreira, rua dos Aranhas, rua Nova de S. Pedro, Travessa do Freitas, rua de S. Francisco, Largo de S. Lourenço e Entrada da Cidade.

Sairá às 11 horas da manhã da casa de ensaio da referida filarmónica. [...][596]

Varíola[597]

[...] Hoje pelas 11 horas da manhã realiza-se o bando precatório promovido pela classe marítima em benefício dos variolosos pobres, que se acham em tratamento no Lazareto de Gonçalo Aires percorrendo o seguinte itinerário:

Estrada do Conde de Carvalhal, Caminho do Palheiro Ferreiro, Rua Bela de S. Tiago,

---

[595] BMF, *Diário Popular*, 19 de maio de 1907.

[596] Omitimos aqui a transcrição da "Relação dos donativos angariados pela comissão de alunos do nosso liceu, que promove a «Quermesse» no Jardim D. Amélia nos dias 26 e 30 do corrente, em benefício dos variolosos pobres", que já havia sido publicada no *Heraldo da Madeira*, na edição do dia anterior.

[597] BMF, *O Direito*, 19 de maio de 1907.

Largo do Pelourinho, Rua Direita, Rua da Cadeia Velha, Rua do Phelps, Rua dos Ferreiros, Rua dos Tanoeiros, Rua da Alfândega, Largo da Sé, Rua de João Tavira, Rua da Carreira, Rua dos Aranhas, Rua Nova de S. Pedro, Travessa do Freitas, Rua de S. Francisco, Praça da Constituição e Entrada da Cidade, organizando-se em seguida um cortejo fluvial, desde o cais até ao Lazareto, onde entregarão a Miss Wilson o produto do peditório.

É acompanhado da filarmónica «Artístico Madeirense», que durante o trajeto tocará uma marcha grave.

SAÚDE PÚBLICA[598]

[...] Continuamos a publicar a relação dos donativos angariados pela comissão de alunos do nosso liceu, que promove a "Quermesse" no Jardim D. Amélia, nos dias 26 e 30 do corrente, em benefício dos variolosos pobres.

Dia 17[599]

I. Gonçalves 5$000 réis, Anónimo 100 réis, Anónimo 200 réis, J. F. Lúcio 500 réis, Anónimo 500 réis, Casa Alemã 1$500 réis, Leopoldo Sénior 1000 réis, J. J. Matos 200 réis, Anónimo 300 réis, Anónimo 500 réis, Anónimo 100 réis, Anónimo 500 réis, Anónimo 1$000 réis, Anónimo 500 réis, Anónimo 1$000 réis, Anónimo 200 réis, António de Ascensão 300 réis, Anónimo 500 réis, Anónimo 200 réis, J. Spínola 200 réis, João da Silva 50 réis, Joaquim França, 300 réis, Francisco de Freitas 300 réis, Anónimo 1$000 réis, Anónimo 500 réis, Anónimo 250 réis, Anónimo 500 réis, João Cabral de Melo 500 réis, Augusto Machado e Bertoldo 200 réis, A. J. Barreto 500 réis, D. Júlia Ten-Brock 500 réis, Anónimo 300 réis, Anónimo 20 réis, Anónimo 40 réis, Anónimo 40 réis, Anónimo 200 réis, Anónimo 500 réis, D. Emília, 200 réis, Anónimo 140 réis, Anónimo 300 réis, Anónimo 200 réis, D. Júlia 500 réis, Anónimo 200 réis, Anónimo 400 réis, Anónimo 500 réis, Anónimo 100 réis, Caetano A. França, 500 réis, Anónimo 1$000 réis, Anónimo 200 réis, Gastão Figueira 200 réis, Anónimo 60 réis, Anónimo 100 réis, Barão da Nora 1$000 réis, Anónimo 500 réis, Anónimo 700 réis, Anónimo 500 réis, Anónimo 200 réis, Anónimo 500 réis, Anónimo 40 réis, Anónimo 300 réis, Anónimo 500 réis, Anónimo 500 réis, Anónimo 200 réis, Gonçalves 500 réis, Capitão do Porto 2$000 réis, D. Maria Pereira 500 réis, Anónimo 200 réis, António Fernandes 100 réis, João Roiz 500 réis, D. L. Isabel Moniz 200 réis, Z. B. 200 réis, Anónimo 500 réis, Anónimo 100 réis, F. L. A. 2$500 réis, D. Isabel N. Jardim 500 réis.

Soma 152$740 réis.

*
* *

A "Associação de Classe dos Carpinteiros e artes Correlativas do Funchal", pôs gentilmente à disposição da Academia um pavilhão para o bazar, oferecendo gratuitamente todo o trabalho de armar e desarmar o mesmo pavilhão, assim como vários outros utensílios.

Carta[600]
... Redação do "Heraldo"

Na qualidade de assinante, desde a fundação do seu bem conceituado jornal, venho muito atenciosamente pedir-lhe a publicação das seguintes linhas:

...Sr. Redator

Li no "Diário de Notícias" de 18 do corrente, um comunicado, sob o título de – "[Um] Alvitre"[601] – onde o ilustre articulista apresenta uma ideia que no meu fraco entender não produziria efeito agradável na presente conjuntura pela seguintes razões:

---

598 BMF, *Heraldo da Madeira*, 19 de maio de 1907.
599 Esta listagem também foi publicada noutra fonte, nomeadamente no *Diário Popular* de 22 de maio de 1907, integrada na rubrica "VARIOLA".
600 BMF, *Heraldo da Madeira*, 19 de maio de 1907.
601 Cf. texto com a Nota de Rodapé n.º 584.

1.º – Eu gostava que o ilustre articulista meditasse no seguinte: se tivesse a infelicidade de adoecer com a varíola e ter de ser internado no Lazareto e tendo uma dedicada esposa, mãe ou irmã que quisesse velar à sua cabeceira durante a sua doença gostaria que lhe proibissem isso; havendo a notar que algumas vezes sucede que quando sai um indivíduo da sua casa para o Lazareto morre dessa triste enfermidade não tornando mais a ver os seus entes queridos?

2.º – É certo que as pessoas de saúde que estão internadas no Lazareto, estão sobrecarregando a despesa daquela casa, mas não é menos certo que são outros tantos auxiliares que as beneméritas irmãs hospitaleiras têm a seu lado, por isso que uma grande parte de doentes não têm lá parentes, e retiradas que fossem essas pessoas, ficariam as incansáveis irmãs sobrecarregadas com um trabalho bastante árduo e talvez superior às suas delicadas forças.

Prometendo a V... não tornar a incomodá-lo sobre este assunto, subscrevo-me de V....
Mt.º Att.º Ven. e Obg.º
Um assinante

COMISSÃO[602]

Foi constituída uma comissão de alunos do nosso liceu que representando a academia Funchalense vão angariar donativos para a realização de uma quermesse no jardim D. Amélia.

A ideia é bastante louvável debaixo de todos os pontos de vista.

Caridade pública[603]

É sem dúvida louvável que se procure por qualquer maneira socorrer os variolosos pobres.

Abriu-se uma subscrição no «Diário de Notícias».

Realizou-se o bando precatório feito pela benemérita corporação doa Bombeiros Voluntários.

Efetuou-se o concerto musical na simpática associação «Ateneu Comercial».

Procuraram os dignos estudantes do nosso liceu levar a efeito uma quermesse pública.

Uma caritativa comissão de senhoras envida todos os esforços para obter dinheiro por meio duma subscrição.

Tudo isto é muito bom; mas não chega.

Parecia-nos acertado que se fizesse chegar até ao governo o nosso descontentamento pela sua falta de providências.

Assim é que não pode continuar.

O governo tem obrigação de nos dar ao menos uma parte do que é nosso, do que nos custou o nosso trabalho para nos beneficiar agora que precisamos.

Nada temos que pedir.

Temos que exigir que o governo cumpra a sua obrigação.

SAÚDE PÚBLICA[604]

[...]

Bando precatório

A classe marítima do Funchal deu ontem mais uma prova dos seus sentimentos humanitários, promovendo um bando precatório que, durante cerca de 5 horas, percorreu as ruas principais desta cidade, recolhendo os seguintes donativos:

Em dinheiro – 300$435 réis.

---

602 ABM, *A Pátria*, 19 de maio de 1907.
603 BMF, *O Povo*, 19 de maio de 1907.
604 BMF, *Diário de Notícias*, 20 de maio de 1907.

Oferta dos condutores dos barcos ao serviço do Lazareto – 8$000 réis.
Em géneros alimentícios:
Uma lata de bolacha, uma dita de frutas em conserva, seis garrafas de vinho generoso, dois pacotes com doces, um pacote contendo duas dúzias de chocolates e cinco volumes de roupa diversa.

Terminado o bando precatório, a comissão delegada pela associação *Montepio Marítimo*, acompanhada da filarmónica *Artístico Madeirense*, dirigiu-se, na lancha a vapor *D. Amélia*, para o cais do Lazareto, onde a aguardava a Irmã Wilson a quem foi feita a entrega de todos os donativos.

A comissão cobrou recibo na importância de 308$435 réis, assim como dos demais donativos.

A Irmã Wilson, muito comovida, agradeceu a generosa esmola para os seus doentes. Acompanhavam-na as outras irmãs.

Foi um ato que provocou as lágrimas de todos os assistentes.

A Irmã Wilson, tendo sido informada pela comissão que o pequeno barco, engalanado de flores e ramagens que figurara à frente do bando precatório, conduzido às mãos de quatro marítimos, pertencia ao varioloso João da Mata, de 15 anos, falecido anteontem no Lazareto, manifestou o desejo de possuir esse barco, como saudosa recordação não só do morto, mas do ato filantrópico de ontem, ao que acedeu a comissão prontamente.

Os convalescentes vieram às janelas acenar aos delegados da benemérita e briosa associação *Montepio Marítimo*, manifestando o seu eterno reconhecimento pelo bem que acabava de lhe[s] ser dispensado.

É também digno de todo o elogio o modo desinteressado como se prestaram a abrilhantar o bando precatório, os sócios da filarmónica *Artístico Madeirense*, executando durante o itinerário sentidas marchas que a todos emocionaram profundamente.

Saudamos daqui os caritativos e briosos marítimos pelo seu ato humanitário!

A favor dos variolosos pobres

É no dia 7 do próximo mês de junho, dia do Sagrado Coração de Jesus, que se realiza no *Casino Pavão* a *matinée infantil* a que há dias nos referimos, revertendo o produto a favor dos variolosos internados no Lazareto.

Abrilhantará esta festa de caridade um belo *sexteto*, que executará um escolhido programa.

Esta ideia foi geralmente bem acolhida, como são todas as generosas iniciativas a benefício dos nossos infelizes irmãos enfermos, que só podem contar, quase exclusivamente, com a caridade pública.

Triste é dizê-lo mas é felizmente verdade.

Donativos

O sr. João Welsh enviou à Irmã Wilson, por intermédio do sr. comissário de polícia, 12 garrafas de vinho velho para os variolosos.

*

Uma anónima ofereceu roupa usada e uns brinquedos com destino ao Lazareto, por intervenção do sr. administrador deste concelho.

*

A comissão promotora da *quermesse*, que deve realizar-se nos dias 26 e 30 do corrente mês, enviou à Irmã Wilson para os variolosos, 6 garrafas de vinho generoso, 12 pacotes de cacau e 6 latas de conserva.

Estes géneros foram oferecidos para a *quermesse*, mas aquela benemérita comissão entendeu que devia enviá-los desde já ao seu destino, pela necessidade que podia haver no consumo dos mesmos géneros. […]

3.7.1907

Foto do bando precatório promovido pelo Montepio Marítimo a 19 de maio de 1907, no qual foi conduzido em mãos um pequeno barco para o interior do qual as pessoas deitavam as suas ofertas pecuniárias em prol dos variolosos. Curiosamente este bote pertencencia a um jovem falecido na véspera, no Lazareto. Ao saber disso, a Irmã Wilson manifestou o desejo de ficar com ele, como recordação do inditoso rapaz, e o mesmo foi-lhe prontamente oferecido. *Secretariado da Irmã Wilson.*

Agradecimento[605]

Os membros do *Montepio Marítimo* pedem-nos que em seus nomes agradeçamos à briosa filarmónica *Artístico Madeirense* a gentileza e boa vontade como se dignou acompanhar o bando precatório, que se realizou anteontem, e ainda a bizarria com que, não obstante se achar cansada, acedeu aos desejos de se prolongar o respetivo itinerário, sendo por isso merecedora dos maiores encómios.

À população funchalense que tão generosamente acolheu e contribuiu para fim tão humanitário, os marítimos deixam consignado aqui o seu mais profundo agradecimento.

SAÚDE PÚBLICA[606]
Subscrição a favor das vítimas da varíola

Transporte	1:409$680
Dum marítimo	100
Soma	1:409$780

[...] Hoje devem dar entrada no Lazareto umas 12 pessoas. [...]

Dum dos marítimos recebemos 100 rs. que encontrou num dos bolsos do casaco e que atirados duma janela lhe caiu ali, sem que ele desse por isso. [...]

A varíola[607]

[...] Duas senhoras enviaram ao sr. administrador do concelho alguma roupa usada

---

605 BMF, *Diário de Notícias*, 21 de maio de 1907.
606 BMF, *Diário de Notícias*, 21 de maio de 1907.
607 BMF, *O Jornal*, 21 de maio de 1907.

destinada aos variolosos pobres internados no Lazareto. Foi entregue ao sr. comissariado[608] de polícia para lhe dar o conveniente destino.

*

O sr. João Welsh remeteu ao sr. comissário de polícia 12 garrafas de vinho Madeira com o mesmo fim.

SAÚDE PÚBLICA[609]
Subscrição a favor das vítimas da varíola

Transporte	1:409$780
Anónimo	1$200
Produto duma *quête* feita anteontem pelos membros da E. T. N. T. na quinta das Murteiras	3$280
Soma	1:414$260

[...] O sr. ministro do reino aprovou o 1.º orçamento suplementar da Junta Geral, deste distrito, na importância de 3:000$000 réis, com destino aos variolosos. [...]

Das sr.ªs D. Guilhermina Caires Reis e D. Maria Isabel Caires Reis recebemos um cesto com fato, para os internados no Lazareto.

Muitos agradecimentos. [...]

VARÍOLA[610]

[...]

Bando precatório

O Montepio Marítimo do Funchal, que promoveu um bando precatório cerca de 5 horas, percorreu as ruas principais desta cidade, recolhendo os seguintes donativos:

Em dinheiro – 300$435 réis.

Oferta dos condutores dos barcos ao serviço do Lazareto – 8$000 réis.

Em géneros alimentícios:

Uma lata de bolachas, uma dita de frutas em conserva, seis garrafas de vinho generoso, dois pacotes com doces, um pacote contendo duas dúzias de chocolate[s] e cinco volumes de roupa diversa.

Terminado o bando precatório, a comissão delegada pela associação «Montepio Marítimo», acompanhada pela filarmónica «Artístico Madeirense», dirigiu-se, na lancha a vapor «D. Amélia», para o cais do Lazareto, onde a aguardava a Irmã Wilson a quem foi feita a entrega de todos os donativos.

A comissão cobrou recibo na importância de 308$435 réis, assim como dos demais donativos. [...]

Ofertas

Foram enviadas ao sr. administrador do concelho e por esta autoridade entregue ao sr. comissário de polícia civil umas peças de roupa usada que foram oferecidas por umas senhoras, a fim de serem enviadas aos variolosos que se acham no Lazareto.

*

O sr. John Welsh oferece 12 garrafas de vinho para os variolosos do Lazareto.

Varíola[611]

[...] O bando precatório promovido pela classe marítima em favor dos variolosos, e que no domingo último percorreu várias ruas da cidade, recolheu uma importância supe-

---

608 Lapso do autor do texto. Deverá ler-se comissário.
609 BMF, *Diário de Notícias*, 22 de maio de 1907.
610 BMF, *Diário Popular*, 22 de maio de 1907.
611 BMF, *O Direito*, 22 de maio de 1907.

rior a trezentos mil réis e vários objetos.
Bem hajam pelo seu humanitário proceder.

Auxílio aos variolosos[612]
Realizou-se em Santa Cruz um benefício aos variolosos pobres, cujo produto excedeu a 15.000 réis.

SAÚDE PÚBLICA[613]
[...] A subscrição aberta pela comissão académica a favor dos variolosos atingiu ontem a importância de 204.150 réis.

*
* *

Domingo percorreu diferentes ruas da cidade, em bando precatório, a classe marítima do porto do Funchal, que angariou 300$435 réis em dinheiro e vários donativos.
Bem hajam.

A varíola[614]
Vai felizmente decrescendo a epidemia que há meses intensamente grassa nesta cidade, devido por certo às medidas tomadas, que, embora tardias, detiveram o mal que tão ameaçadoramente se ia propagando.

Nalguns concelhos rurais quase não aparece um caso, tendo as autoridades locais desenvolvido grande energia para evitar que qualquer contágio ali entre, e promovendo a vacinação e revacinação na mais larga escala. Merecem especial menção pela prontidão e energia nas providências tomadas os dignos administradores dos concelhos da Calheta, Câmara de Lobos e Santana, quanto é do nosso conhecimento.

O Lazareto prestou e está prestando um serviço relevantíssimo à saúde pública, e pena foi que devido a circunstâncias várias não pudesse ser aberto mais cedo, o que por certo teria evitado a propagação do terrível mal com o isolamento dos primeiros casos e com as medidas profiláticas aconselhadas pela medicina e pela higiene.

Bem hajam quantos se interessaram pela indispensável medida, posta em prática pela caridade pública secundada pela intervenção oficial.

Ponham ali os olhos os vândalos que destruíram quanto ali havia e os empregados desleixados que por sua incúria ou pouco escrúpulo deixaram desaparecer daquele estabelecimento, por várias vezes mobilado, tudo quanto dali podia ser subtraído, e maltratar ou inutilizar o que se não podia acarretar.

Cabe não pequena responsabilidade a quem consentiu em semelhantes desvios e estragos, tendo o rigoroso dever de os impedir.

Que ao menos nos sirva de lição para o futuro.

Deus não permita que tão cedo no visite outra epidemia; devemos entretanto estar sempre prevenidos para nos defendermos de qualquer calamidade desse género, que nos possa sobrevir.

É assombroso de dedicação o que as beneméritas Irmãs Franciscanas ali têm feito. O carinho, a abnegação, o zelo, o desinteresse, numa palavra a caridade tem cativado a todos quantos se acolheram àquele teto protetor.

Uma dezena de irmãs a tratarem de cerca de setenta doentes e outras tantas pessoas de família, acudindo aqui, correndo acolá, voando além, numa doença que exige tantos cuidados e conforto, sem faltar nada, espanta os médicos e os profanos, os doentes e os sãos. É que ali não há o móvel vil do interesse mesquinho e mercenário, há tão-somente o amor

---
[612] BMF, *O Direito*, 22 de maio de 1907.
[613] BMF, *Heraldo da Madeira*, 22 de maio de 1907.
[614] BMF, *O Jornal*, 22 de maio de 1907.

de Deus que pelo próximo tudo sofre, a tudo se expõe, tudo faz, sacrificando o sossego, a saúde, a comodidade e a própria vida.

Junto daquelas almas benfazejas até a enfermidade mais insuportável se sofre resignadamente.

Por notícias de Lisboa sabe-se que foi aprovado o subsídio de três contos de réis que a Junta Geral deste distrito inscreveu no seu orçamento suplementar, como subsídio aos variolosos, e consta-nos também que o Governo autorizou as despesas indispensáveis com os reparos no Lazareto e ainda uma verba, para acorrer às despesas com a debelação da terrível epidemia.

Bem-haja o nobre Chefe do Distrito, que, sem espalhafatos nem reclamos, pedindo, solicitando e instando junto do Governo central, conseguiu que olhassem com olhos misericordiosos para a Madeira, escutando os nossos clamores, que, escutando os nossos clamores, que, de afastados, mal conseguiam chegar aos seus ouvidos, mormente em época de borrasca política em que o embate das procelas abafa os gritos mais clamorosos.

As bênçãos dos infelizes variolosos, as lágrimas das mães desveladas e os votos dos extremosos chefes de família cobrirão o nome do sr. D. Bernardo e de quantos se interessam por minorar o sofrimento do próximo aflito.

Nem por isso, porém, deveremos afrouxar na guerra ao terrível mal. Pela palavra e pelo exemplo, aconselhando e ordenando ponhamos em prática todos os meios ao nosso alcance para vencermos por completo o grande inimigo.

Têm prestado relevantes serviços os rev.ᵒˢ párocos aconselhando a higiene, a vacinação e a revacinação nas suas homilias paroquiais. Continuem recordando-se que, embora médicos espirituais, lhes deve interessar também o bem-estar material dos seus paroquianos e conterrâneos.

A varíola[615]

Diariamente correm as notícias mais satisfatórias acerca do desvelado tratamento administrado pelas beneméritas Irmãs de Santa Cruz aos infelizes ali internados.

Seja isto motivo de consolação, ao menos, para as famílias dos variolosos que dão entrada naquele estabelecimento hospitalar, sabendo que os entes que lhe são caros encontrarão os mais escrupulosos cuidados e carinho da parte das dedicadas religiosas.

Um exemplo entre outros muitos que provam com quanta dedicação as Irmãs do Lazareto tratam os seus doentes:

Um dos primeiros recolhidos no Lazareto e que não foi senão com bastante desconfiança, vendo-se completamente curado depois de alguns dias do mais carinhoso tratamento, ao despedir-se declarou perante a Irmã Wilson e os outros doentes, cheio da mais profunda gratidão: «Eu vou agora para casa trabalhar; mas de tudo o que vou ganhar durante a primeira semana não guardarei 10 réis, mas tudo entregarei à Irmã Wilson para os gastos que tem tido comigo».

Este e outros factos tornam bem patente o ótimo serviço prestado pelas Irmãs franciscanas, que não se poupam a sacrifícios para minorarem a desventura, darem conforto e aliviarem os sofrimentos dos infelizes confiados ao seu carinho e dedicação.

*

Os alunos do Seminário do Funchal, desejando concorrer também com o seu pequeno óbolo, para o tratamento dos desventurados variolosos, que se acham no Lazareto e que por ora só contam com a generosidade das almas caridosas, sacrificaram da melhor vontade, o passeio extraordinário que costumavam dar, todos os anos, e pediram ao seu amado Diretor, que o dinheiro que o Seminário devia gastar nesse passeio, fosse oferecido à admirável Irmã Maria de S. Francisco Wilson para ajuda das despesas que continuamente está fazendo com os seus pobres doentes.

Costumavam também os Seminaristas manifestar todos os anos, o seu encendrado amor e eterna devoção para com a Rainha do Clero, a Virgem Santíssima, por meio de

---

[615] BMF, *O Jornal*, 22 de maio de 1907.

uma novena, feita com alguma pompa e brilho, na Igreja do Colégio durante o tão simpático mês de Maria; mas neste ano, resolveram omitir essa novena e oferecer aquilo que nela costumavam despender à infatigável Irmã Maria Wilson, persuadidos de que assim hão-de agradar mais à Virgem Santíssima, que é por excelência a Consoladora dos aflitos e que por isso não pode deixar de abençoar aqueles que de tão boa vontade os socorre. [...]

Os marítimos[616]

Referimo-nos há dias, vivamente emocionados, ao *bando precatório* dos beneméritos bombeiros voluntários.

Não menor emoção sentimos ao ver desfilar, por entre o povo que se apinhava, a laboriosa classe marítima que, condoída da pobreza de tantos desventurados, recorria à caridade pública para lhes minorar as agruras da sua tristíssima sorte.

Era realmente belo o espetáculo que se nos deparava!

Nos seus trajes modestos, com as faces tisnadas pelo sol, por esse sol que os alumia e acalenta desde que se ergue até que desaparece no horizonte, esses filhos do trabalho, essas poderosas alavancas da riqueza social, embora rudes e humildes, também quiseram mostrar que dentro em si, no coração que lhes bate sob a escura *blusa* com que se entregam ao labutar quotidiano, se abrigam os sentimentos mais nobres, e tem guarida, também, a mais sublime de todas as virtudes: – a caridade!

Quantos deles, dos que aí passaram no domingo último, em *santa peregrinação*, com as cabeças descobertas, muitas das quais branqueadas pela velhice, encanecidas na luta pela vida, não têm arrancado aos vagalhões do mar embravecido, semelhantes seus, prestes a morrer?

E esses mesmos braços, rijos e fortes, adestrados na luta contra as ondas, ou seja no trabalho, onde vão buscar o pão de cada dia, ou no salvamento de vidas, quando a tempestade rebrame e o mar, em fúria, ruge, ameaçador, açoitado pelo vendaval, ergueram-se, agora, em súplica, para implorar uma esmola em favor daqueles que, prostrados no leito da mais cruciante dor e do mais aflitivo sofrer, se debatem, com o corpo corroído pela gangrena das úlceras malignas

Diversos aspetos do antigo calhau do Funchal, onde outrora laborava a classe marítima que organizou generosamente um bando precatório em prol dos variolosos internados no Lazareto. *Coleção do autor.*

---

616 BMF, *Diário de Notícias*, 23 de maio de 1907.

3. DE 1901 A 1910

A Irmã Maria de S. Francisco Wilson no Lazareto. A expressão Boa Mãe surgiu pela primeira vez na imprensa no "Tributo de gratidão" que José Carlos de Freitas publicou no *Diário de Notícias* a 23 de maio de 1907, onde lhe exprimiu o seu agradecimento por se ter curado da varíola no Lazareto. *Secretariado da Irmã Wilson.*

da varíola, sobre a mísera enxerga do hospital que a caridade fundou!

A classe marítima desta cidade tornou-se, pelo seu generoso procedimento, digna da mais viva simpatia, e da maior consideração.

O acolhimento com que toda a população recebeu a sua caridosa súplica, foi o melhor que podia ser; foi uma demonstração eloquente do apreço em que tem essa laboriosa e digna classe.

Trabalho e caridade!

São, realmente, duas joias preciosas do mais subido quilate.

E quando elas rebrilham nos braços e nos corações dos humildes, mais vivas, mais intensas são ainda as fulgurações que irradiam.

O trabalho honesto é a nobilitação do homem.

E quando essa nobilitação tem a encimá-la a caridade, acode desde logo ao nosso peito o desejo de irromper em aclamações às classes que honestamente trabalham.

Por isso, quando, como no domingo passado, vemos, na melhor ordem, as classes trabalhadoras manifestarem sentimentos generosos e bons, nos associamos a elas e as aplaudimos com toda a sinceridade.

À digna e laboriosa classe marítima do Funchal enviamos daqui a expressão sincera das nossas cordiais felicitações, pela forma por que se houve, manifestando sentimentos que muito a honram e justamente a engrandecem.

* * *

Tributo de gratidão[617]

José Carlos de Freitas, proprietário da mercearia «Aliança», achando-se completamente restabelecido da grave enfermidade (varíola) que o acometeu, cumpre o indeclinável dever de patentear publicamente o seu grande reconhecimento pela forma proficiente e carinhosa, como foi recebido e tratado no Lazareto, especializando o distinto clínico sr. dr. Nuno S. Teixeira, Miss Wilson, irmã Boa Mãe[618] e demais irmãs hospitaleiras, os quais foram incansáveis no emprego de todos os meios ao seu alcance para combater tão terrível doença.

A todos, pois, sem exceção, deixa consignado o seu eterno reconhecimento.

Igualmente reconhecido para com todas as pessoas que direta ou indiretamente se interessaram pelo seu estado de saúde, agradece a prova de consideração e estima que lhe dispensaram.

---

[617] BMF, *Diário de Notícias*, 23 de maio de 1907.
[618] É esta a primeira vez que a Ir. Wilson foi apelidada de Boa Mãe, na imprensa regional.

Concerto[619]

No dia 30 do corrente, quinta-feira de *Corpus Christi*, a excelente filarmónica *Artístico Madeirense* realizará um concerto no Jardim Dona Amélia, cujo produto será destinado aos variolosos pobres.

SAÚDE PÚBLICA[620]
Subscrição a favor das vítimas da varíola

Transporte	1:414$260
Isabel Augusta da Silva	1$000
Soma	1:415$260

[...] O governo central autorizou uma verba para repairos no Lazareto de Gonçalo Aires e outra para tratamento dos variolosos.

*

A sr.ª D. Cristina de Oliveira Nunes Pereira entregou-nos ontem, para enviarmos à benemérita Irmã Wilson, a importância de 18$100 réis, produto da venda duma *charola*, que se efetuou no domingo último na vila de Santa Cruz.

*

Recebemos ontem, para enviarmos a Miss Wilson, 5$500 réis, produto duma subscrição feita por um grupo de empregados do comércio.

*

A *quête* promovida entre as pessoas de suas relações pelas alunas da Escola Distrital de habilitação ao magistério primário rendeu a importância de 92$800 réis, sendo ontem entregue por uma comissão a Miss Wilson.

*

Do sr. João Torres Afonso recebemos um garrafão com 5 galões de vinho tinto do norte de Portugal, para os variolosos internados no Lazareto. [...]

SAÚDE PÚBLICA[621]

Continuamos a publicar a relação dos donativos angariados pela comissão de alunos do nosso liceu que promove a "Quermesse" no Jardim D. Amélia nos dias 26 e 30 do corrente, em benefício dos variolosos pobres.

Dia 18:[622]

Transporte 152$740 réis.

António Francisco 50 réis, Francisco Gomes 200 réis, Anónimo 100 réis, Manuel R. Moniz 200 réis, S. Elisa Faria 500 réis, Roldão 500 réis, Anónimo 200 réis, Anónimo 200 réis, Guilhermina Fernandes 100 réis, Maria da Paixão 60 réis, Alfredo da Câmara 200 réis, Viúva Nunes, 500 réis, Maria C. Gonçalves 100 réis, Anónimo 20 réis, Anónimo 200 réis, Anónimo 100 réis, Anónimo 200 réis, Anónimo 100 réis, Anónimo 40 réis, Anónimo 100 réis, Anónimo 500 réis, Adida 500 réis, Anónimo 500 réis, Anónimo 100 réis, José de Castro 5$000 réis, Manuel Matos 500 réis, P. F. Abreu 100 réis, Anónimo 400 réis, Anónimo 200 réis, Anónimo 200 réis, Luís A. Canha 500 réis, Cunha 500 réis, Anónimo 500 réis, Anónimo 200 réis, Conde de Torre Bela 1$700 réis, Caldeira 200 réis, Martins 500 réis, Nuno Teixeira 500 réis, Anónimo 100 réis, Anónimo 200 réis, Anónimo 500 réis, Anónimo 100 réis, Anónimo 20 réis, Maria Helena 200 réis, Anónimo 500 réis, Anónimo 50 réis, Cónego Leça 500 réis, Anónimo 200 réis, Lúcio da Costa 200 réis; Anónimo 300 réis, Anónimo 200 réis, Anónimo 500 réis, Anónimo 200 réis, Anónimo 100 réis, Anónimo 200 réis, Anónimo

---

619 BMF, *Diário de Notícias*, 23 de maio de 1907.

620 BMF, *Diário de Notícias*, 23 de maio de 1907.

621 BMF, *Heraldo da Madeira*, 23 de maio de 1907.

622 A listagem dos donativos angariados no dia 18 e 21, assim como as despesas desta comissão, foram igualmente publicadas no *Diário Popular* de 24 de maio de 1907.

200 réis, João Ferreira Taborda 1$000 réis, Mota Prego 500 réis, Anónimo 500 réis, Anónimo 500 réis, Anónimo 200 réis, S. 1$000 réis, Anónimo 200 réis, Anónimo 200 réis, João Roiz 500 réis, Anónimo 100 réis, Anónimo 200 réis, Anónimo 500 réis, Anónimo 700 réis, Anónimo 400 réis, Luís C. Nóbrega 300 réis, Leitão 1$000 réis.

Dia 21:

Transporte 181$580 réis.

Anónimo 300 réis, João de Ornelas Sabino 500 réis. dr, José Pereira de Matos l$000 réis, Anónimo 200 réis, Anónimo 200 réis, Anónimo 100 réis, D. Berta Valente 500 réis, Maria A. B. Correia l$000 réis, Nuno G. Lino 200 réis, Anónimo 200 réis, Anónimo 500 réis, Maria Vieira 100 réis, Guilhermina A. Campos 100 réis, Anónimo 100 réis, W. Smart 500 réis, Welsh 500 réis, S. Álvaro da Sá 100 réis, Anónimo 200 réis, Anónimo 400 réis, Anónimo 100 réis, Anónimo 200 réis, Anónimo 500 réis, A. L. V. 500 réis, D. Virgínia Barbeito 500 réis, César Barbeito, 500 réis, Major Farinha e família 1$000 réis, Balbina F. Natividade 100 réis, Anónimo 100 réis, Anónimo 200 réis, Marceliano da Câmara 200 réis, Viúva Abudharam 5$000 réis, Uma arredonda por G. Costa 420 réis, Roberto Cuibem Jardim 10 réis, Anónimo 50 réis, Anónimo 1$000 réis, Anónimo 100 réis, Anónimo 50 réis, Anónimo 60 réis, Cristina de Oliveira 100 réis, Anónimo 50 réis, Anónimo 200 réis, Anónimo 200 réis, Anónimo 200 réis, Anónimo 500 réis, Anónimo 200 réis, Anónimo 200 réis, Anónimo 300 réis, Anónimo 20 réis, José Gonçalves 200 réis, Manuel Vieira 100 réis, A. G. Pacheco 2$500 réis.

Soma 204$150 réis.

Despesas

Dia 16:
Papel para impressos 1$000 réis.
Dia 17:
Condução de objetos 1$440 réis
Dia 18: 1$200 réis.
Dia 21:
Coelho e Irmão 680 réis, papel 40 réis, condução de objetos 1$500 réis
Soma 2$220 réis. […]

SAÚDE PÚBLICA[623]
Subscrição a favor das vítimas da varíola

Transporte	1:415$260
Multa imposta a Manuel Vieira, servente deste jornal	1$000
Soma	1:416$260

[…] Da sr.ª D. Hilda F. Miguéis recebemos, para os variolosos do Lazareto de Gonçalo Aires, um pacote com roupa.

*

Os srs. W.ᵐ Hinton & Sons enviaram para o Lazareto, por intermédio do sr. comissário de polícia, duas sacas com açúcar.

*

Duma senhora recebemos um pacote contendo fato para os doentes pobres do Lazareto.

*

Da sr.ª D. Maria Palmira C. A. Gomes, distinta professora particular, moradora à travessa do Forno n.º 5, recebemos uma toalha e a importância de 3$050 réis para enviarmos a Miss Wilson, produto duma subscrição que fez entre as suas alunas.

Bem hajam. […]

Os srs. Blandy Brothers & C.ª, no intuito de contribuírem para a extinção rápida da epidemia da varíola, oficiaram há dias ao sr. governador civil, pondo à sua disposição o

---

[623] BMF, *Diário de Notícias*, 24 de maio de 1907.

adiantamento de 400$000 réis para se proceder desde já aos repairos na antiga casa grande do Lazareto, não sendo, porém, aceite este oferecimento. [...]

VARÍOLA[624]
[...]
Escola normal
As alunas deste estabelecimento de instrução fizeram uma «quête» entre as pessoas de suas relações, em benefício dos infelizes variolosos do Lazareto, rendendo a bonita importância de 95$130 réis.

Uma comissão das mesmas alunas foi entregar esta soma à benemérita irmã Wilson que teve frases de enternecido agradecimento em nome dos doentes.

Bem hajam as caritativas meninas.

*

Agradecimento
As alunas da Escola Normal do Funchal agradecem reconhecidas às pessoas que contribuíram para a «quête» que fizeram e que rendeu a quantia de 95$130 réis em benefício dos variolosos internados no Lazareto. [...]

SAÚDE PÚBLICA[625]
Continuamos a publicar a relação dos donativos angariados pela comissão de alunos do nosso liceu, que promove a "Quermesse" no Jardim D. Amélia nos dias 26 e 30 do corrente, em benefício dos variolosos pobres.

Dia 22:

Transporte 204$150 réis.

Anónimo 200 réis, Anónimo 500 réis, Anónimo 500 réis, Anónimo 500 réis, Anónimo 150 réis, João Gomes Marques 200 réis.

Total 206$200 réis. [...]

A importância total da "quête" promovida pelas alunas da escola distrital do Funchal e de cuja comissão era presidente a sr.ª D. Elmina Ciríaco de Sousa Jardim, em benefício dos variolosos em tratamento no Lazareto, foi de de 95$630 réis, faltando incluir na nossa notícia de ontem, a quantia de 500 réis, que pela mesma presidente foi mais tarde recebida.

A entrega daquela importância foi já feita a Miss Wilson, que passou recibo.

A varíola[626]
Temos, por várias vezes, feito referências as mais lisonjeiras e louvores, a que têm incontestável direito, às beneméritas Irmã Maria Wilson e suas dedicadas companheiras; aos rev.ᵒˢ párocos que nas suas homilias têm empregado todo [o] empenho para que os povos lancem mão da vacina anti variolosa; à prestimosa classe médica e às autoridades civis e sanitárias no uso e emprego das medidas preventivas contra o mal que há meses grassa entre nós.

Cumpre-nos salientar nessa galeria de dedicações o rev.º Vigário de S. Gonçalo, que tem sido verdadeiramente incansável em prestar os socorros espirituais aos infelizes variolosos internados no Lazareto, tendo havido dias era que esse serviço lhe absorve algumas horas de tempo. Nem só os benefícios materiais são para apreciar, mas também as consolações, conforto e auxílios que a religião dispensa pelos seus ministros são, por certo, de sumo merecimento, por isso mesmo que se referem ao elemento constitutivo mais importante do nosso ser – a alma.

E, por isso, seria uma injustiça recusar ao rev.º Vigário de S. Gonçalo as honras da be-

---

[624] BMF, *Diário Popular*, 24 de maio de 1907.
[625] BMF, *Heraldo da Madeira*, 24 de maio de 1907.
[626] ABM, *O Jornal*, 24 de maio de 1907.

nemerência a que tem inquestionável direito, e também falta indesculpável não incluir na enumeração dos nomes dos que mais se têm distinguido em favor desses infelizes vítimas de um mal que todos, com razão, receiam, o nome do rev.º pároco de S. Gonçalo.

*

Os alunos do Seminário, por intermédio dos terceiranistas do curso teológico enviaram à Irmã Wilson a quantia de 50$600 réis, proveniente da subscrição que entre si organizaram em favor dos variolosos internados no Lazareto.

A referida quantia mostra superabundantemente o zelo e boa vontade com que todos concorreram, atendendo aos módicos recursos de que a maior parte dispõe, certamente há-de atrair a bênçãos do céu sobre os alunos do santuário que assim generosamente sabem socorrer as necessidades de seus irmãos. [...]

AGRADECIMENTO[627]

Manuel Lourenço não pode deixar de vir patentear publicamente o seu eterno reconhecimento para com a benemérita Irmã Wilson e suas dignas companheiras, pela forma amável, bondosa e delicada como que trataram seu irmão José Lourenço, que acaba de sair do Lazareto, completamente restabelecido da enfermidade, de que estava acometido.

Agradece, pois, imensamente penhorado todos esses favores, que as caridosas irmãs, sob cuja direção está aquela casa de isolamento, dispensaram ao referido seu irmão.

SAÚDE PÚBLICA[628]
Subscrição a favor das vítimas da varíola

Transporte	1:416$260
Da «União Cristã da Mocidade» que ontem foi inaugurada nesta cidade recebemos, para os variolosos pobres, como memória da sua inauguração	10$000
Multa imposta a Manuel Vieira, servente deste jornal	500
Soma	1:426$760

[...] Os alunos do Seminário diocesano promoveram uma *quête* entre si, que rendeu a importância de 50$000 réis, enviando-a a Miss Wilson.

Bem hajam.

*

Do sr. C. F. do Rego recebemos dez metros de pano para os variolosos pobres internados no Lazareto.

*

Os srs. João Venâncio Perry da Câmara, José B. Fontana e os revd.ᵒˢ padres vigário e cura do Porto da Cruz realizaram no domingo último uma *quête* no adro da igreja, colhendo a importância de 9$000 réis.

Vai ser entregue a Miss Wilson.

*

Os srs. Baptista Santos, Juvenal de Araújo e Albino de Menezes, que se constituíram em comissão para angariar donativos para os variolosos internados no Lazareto, arrecadaram 50$520 réis, que foram ontem entregues a Miss Wilson.

Foram as seguintes as pessoas que

No final de maio de 1907 foi realizado um peditório no adro da igreja do Porto da Cruz em benefício dos variolosos do Lazareto que rendeu 9.000 réis, que seriam entregues à Irmã Wilson. No postal vê-se on antigo templo daquela localidade que foi demolido após a construção da igreja atual. *Coleção do autor.*

---

627 BMF, *Correio da Tarde – Jornal Progressista*, 25 de maio de 1907; BMF, *Diário de Notícias*, 25 de maio de 1907.

628 BMF, *Diário de Notícias*, 25 de maio de 1907.

contribuíram:[629]

Dr. João Baptista de Carvalho, 5$000 réis; Crispim, 100 réis; J. M. C., 500 réis; Anónimo, 200 réis; Francisco C. Gonçalves, 100 réis; M. G. Vilar, 2$000 réis; Anónimo, 500 réis; Anónimo, 100 réis; Anónimo, 300 réis; Manuel Alves de Araújo, 500 réis; Anónimo, 200 réis; M. Rego de Abreu, 500 [réis]; Jaime A. de Gouveia, 100 réis; Anónimo, 200 [réis]; Quinta Santo André, 5$000 réis; Anónimo, 500 réis; José Maria Teixeira, 500 réis; E. B. S., 200 réis; J. da Silva, 500 réis; Pinto Coelho, 500 réis; Gonçalves, 500 réis; A. E. Santos, 500 réis; José da Silva Júnior, 2$000 réis; Januário de Freitas Barreto, 500 réis; E. T. de Sousa (Livraria Funchalense), 1$000 réis; M. N. A. 500 réis; Anónimo, 100 réis; M. H. Gouveia, 1$000 réis; D. Júlia A. Esmeraldo, 1$000 réis; Francisco António de Freitas Abreu, 1$000 réis; D. Amélia de Oliveira Faria, 500 réis; F. T. L. T., 500 réis; Fotografia «Vicente», 500 réis; Anónimo, 1$000 réis; Crispim, 500 réis; H. F. Silva, 1$000 réis; Anónimo, 500 réis; Joaquim Figueira César, 1$000 réis; Anónimo, 1$000 réis; D. Isabel de Matos e Câmara, 1$000 réis; J. F. Welsh, 1$000 réis; Anónimo, 500 réis; H. M., 500 réis; D. Maria das Dores, 500 réis; E. S. Jones, 2$500 réis; Mr. Tibbitt, 2$000 réis; B. V., 1$000 réis; J. C. Fabrício Rodrigues, 500 réis; Gomes, 200 réis; João da Silva Inácio, 1$000 réis; sr.as Florenças, 1$000 réis; Charles A. Cooper, 500 réis; V. E., 200 réis; Anónimo, 520 réis; Anónimo, 200 réis; Anónimo, 500 réis; J. Teixeira, 200 réis; A. de M., 100 réis; e Cruz B. Santos, 500 réis.

Total, 50$520 réis.

Os nossos mais calorosos aplausos, por obra tão meritória.

Casa Blandy[630]

O *Diário de Notícias*, na sua seção de saúde pública, dizia ontem «que os srs. Blandy Brother's & C.ª, no intuito de contribuírem para a extinção da varíola, haviam oficiado ao sr. governador civil, pondo à sua disposição o adiantamento de 400.000 réis para se proceder desde já aos repairos na antiga casa do Lazareto», – e acrescentava que o chefe do distrito «não havia aceite este oferecimento.»

Uma notícia simples na sua urdidura, mas duma grande velhacaria na sua essência.

A casa Blandy, mandando dar publicidade a esta notícia, teve em vista dois fins: exaltar-se aos olhos do povo, que ela tão rudemente tem flagelado, e colocar numa posição menos simpática o ilustre chefe do distrito, que está sendo injustamente acusado, pela imprensa local que lhe é desafeta, de falta de zelo e atividade ante o estado anormal da saúde pública.

A casa Blandy, porém, não alcançou nem um nem outro fim.

A *casa*, ninguém a *compra*, porque já todos a conhecem… […]

E agora que estamos dispostos a elucidar o *Notícias*, como um bom princípio de camaradagem jornalística, devemos dizer que o sr. governador civil recebeu no dia 20 do corrente uma carta da benemérita Miss Wilson, em que esta ilustre senhora expunha, com uma larga clareza de vistas e profundo conhecimento das coisas, as razões pelas quais ela dizia nunca lhe ter parecido razoável a adaptação da chamada *Casa Grande* do Lazareto para nova enfermaria de variolosos e que portanto não valia a pena fazer-lhe as reparações, ao que o chefe do distrito respondeu nos termos mais corretos que os concertos indispensáveis já tinham sido iniciados e seriam concluídos até final, pondo depois à completa disposição de Miss Wilson a casa reparada para o fim que a mesma senhora entendesse.

A carta é escrita em inglês, e caso o *Notícias* tenha na sua redação quem seja familiarizado com a língua da nossa aliada, mesmo sem auxílio do dicionário, parece podermos afirmar, e o digno chefe do distrito nos perdoe esta afirmação – que o sr. governador civil não terá dúvida em a mostrar, na hipótese, é evidente, de Miss Wilson se não opor, visto que as cartas pertencem sempre a quem as escreve e não a quem as recebe.

Está o *Notícias* satisfeito?

---

[629] Esta lista de beneméritos que contribuíram para esta *quête* foi ainda publicada no *Diário Popular* do mesmo dia, na rubrica "VARÍOLA", no *Heraldo da Madeira* da mesma data, na rubrica "SAÚDE PÚBLICA", e ainda n'*O Jornal* do mesmo dia, na rubrica "A varíola".

[630] ABM, *Diário do Comércio*, 25 de maio de 1907.

Quererá experimentar o que dizemos? [...]

VARÍOLA[631]
[...]
Oferta
Os srs. W.m Hinton & Sons enviaram para o Lazareto, por intermédio do sr. comissário de polícia, duas sacas com açúcar.

*

«Quête»
Os srs. C. Baptista Santos, A. de Menezes e J. de Araújo foram ontem, pelas 2 horas da tarde, ao Lazareto do Funchal, onde entregaram à Irmã Wilson a quantia de 50:520 réis, produto da *quête* que promoveram pelas pessoas das suas relações, a favor dos variolosos pobres internados naquele hospital.

Em seguida publicamos os nomes dos subscritores, bem como dos donativos angariados: [...]

Varíola[632]
[...] A comissão composta pelos Srs. José Cruz B. Santos, Juvenal Henriques de Araújo e Albino Esperidião de Menezes, que promoveu uma subscrição a favor dos variolosos, entregou ontem a Miss Wilson a quantia de 50$520 réis, produto da mesma. [...]

Agradecimento[633]
Completamente restabelecida da grave enfermidade que me forçou a solicitar o meu internamento no Lazareto, julgo do meu dever agradecer publicamente a forma pronta e zelosa como as dignas autoridades administrativas e sanitárias ordenaram a minha rápida remoção para o hospital de isolamento e a desinfeção do meu domicílio, sem que eu tivesse sofrido qualquer incómodo ou prejuízo e manifestar o meu inolvidável reconhecimento aos distintos clínicos srs. drs. Nuno Silvestre Teixeira e Carlos Leite Monteiro, a Miss Wilson e às suas beneméritas cooperadoras, especializando Miss Elizabeth, pela maneira proficiente, dedicada e carinhosa como ali fui tratada e da qual conservarei perdurável recordação.

Funchal, 25 de maio de 1907.

Maria de Jesus Cunha.

SAÚDE PÚBLICA[634]
Subscrição a favor das vítimas da varíola

Transporte	1:426$760
Anónimo	5$000
Produto líquido, do sarau musical, realizado no «Ateneu Comercial do Funchal»	134$300
Soma	1:566$060

[...] É credora da mais viva simpatia a iniciativa da direção do *Ateneu Comercial do Funchal* em realizar um sarau musical nas suas salas a favor dos variolosos pobres.

O acolhimento dispensado foi muito lisonjeiro, como era de esperar, não só pelo fim filantrópico a que era destinado o produto do sarau, como pela simpatia e benquerença de

---

[631] BMF, *Diário Popular*, 25 de maio de 1907.

[632] BMF, *O Direito*, 25 de maio de 1907.

[633] BMF, *Diário de Notícias*, 26 de maio de 1907; ABM, *Diário do Comércio*, 26 de maio de 1907; BMF, *Diário Popular*, 26 de maio de 1907; BMF, *O Direito*, 26 de maio de 1907; BMF, *Heraldo da Madeira*, 26 de maio de 1907.

[634] BMF, *Diário de Notícias*, 26 de maio de 1907.

que gozam os membros da direção do *Ateneu*, todos cavalheiros muito estimados.

Agradecemos a resolução de nos enviarem a importância para a subscrição que abrimos neste jornal.

Eis o penhorante ofício que nos foi dirigido:

"... Sr. Diretor do «Diário de Notícias».

Temos a honra de remeter a V.... para ser incluída na subscrição aberta pelo seu conceituado *Diário*, a favor dos variolosos pobres, a quantia de cento e trinta e quatro mil e trezentos réis, produto líquido do sarau musical realizado nesta associação, no dia 16 do corrente, conforme a nota da receita e despesa que abaixo damos.

Aproveitamos o ensejo para testemunhar o nosso sincero reconhecimento a todos os que se dignaram aceitar bilhetes para o referido sarau e bem assim aos ex.^{mos} srs. António de Aguiar, Guilherme Honorato Lino, José Maria das Neves, José de Freitas Gama e José Graceliano Lino, por se terem prestado a tocar gratuitamente, ato este que muito os enobrece.

RECEITA

279 bilhetes a 500 réis	139$500
Ofertas dos ex.^{mos} srs. comendador Joaquim Maria Fragoso, capitão Luís Maria A. Conty e Manuel Fernandes Fontes	1$500
Soma a receita	141$000

DESPESA

Custo dos bilhetes	2$700
Distribuição e cobrança	2$500
Pagamento ao sr. Nuno Graceliano Lino que fez parte do sexteto, conjuntamente com os cavalheiros acima mencionados	1$500
Soma a despesa	6$700
Líquido	134$300

Deus Guarde a V...

Gabinete da Direção do «Ateneu Comercial do Funchal», aos 25 de maio de 1997.[635]

À ... Redação do «Diário de Notícias».

A Direção. [...]

Quermesse[636]

Como temos noticiado, começa hoje no jardim "D. Amélia" e prossegue no dia 30 do corrente, a "quermesse" promovida pelos alunos do nosso liceu e cujo produto reverte em benefício dos variolosos pobres que se encontram em tratamento no Lazareto.

Atento o fim a que se destina esta festa e aos esforços empregados pelos académicos que constituem a comissão encarregada de levar a "quermesse" a efeito, espera-se uma grande concorrência, especialmente por parte do nosso público mais seleto e caritativo.

A banda regimental de infantaria, sob a regência do seu mestre o sr. Quintiliano da Câmara, das 5 e meia às 9 e meia da tarde, abrilhanta esta festa executando um escolhido reportório.

A "quermesse" de hoje[637]

Como previamente havíamos noticiado, é hoje que a digna Academia Funchalense, num rasgo de verdadeiro humanitarismo, realiza no pitoresco Jardim D. Amélia, uma "quermesse", cujo produto reverterá, segundo está previsto, a favor de tantos infelizes, que, atacados duma assustadora moléstia epidémica, se acham internados nos hospitais do Lazareto.

---

635 Lapso do autor, visto tratar-se do ano de 1907.
636 BMF, *Heraldo da Madeira*, 26 de maio de 1907.
637 ABM, *A Pátria*, 26 de maio de 1907.

3. DE 1901 A 1910

Outra perspetiva do Jardim D. Amélia (atual Jardim Municipal), onde decorreu a quermesse organizada pela Academia Funchalense. *BMF, The Madeira Islands, 1896*.

Os académicos do Funchal, querendo assim socorrer os seus infelizes irmãos contaminados pela varíola deixam o seu nome ligado a uma das obras mais meritórias, como é a de levar um pedaço de pão àqueles desgraçados, que até à presente data têm vivido única e exclusivamente da caridade do bondoso e simpático público Funchalense.

Depois da valente corporação dos Bombeiros Voluntários ter realizado um bando precatório, depois da digna direção do Ateneu Comercial ter efetuado um concerto musical, e depois ainda da laboriosa classe marítima ter implorado a caridade pública, – tudo isto a favor dos variolosos –, eis os académicos, envoltos em suas capas negras percorrendo a cidade de norte a sul, de oriente a ocidente, a angariar donativos para os pobres enfermos, e objetos para uma «quermesse», que, como acima deixámos dito, deve ter lugar hoje no nosso Jardim D. Amélia.

São, pois, dignos dos mais rasgados elogios aqueles rapazes, que diga-se a verdade, não se têm poupado a canseiras para que o simpático festival de hoje decorra na melhor ordem possível.

O público funchalense, que em tão grande número de coisas tem mostrado quanto é caritativo, quanto é amigo de socorrer os desgraçados deve hoje correr em massa, conforme se espera, ao «D. Amélia», a fim de concorrer para o bom êxito da festa, cujo produto, conforme dizemos no começo destas mal alinhavadas linhas, reverterá a favor dos variolosos pobres.

J. A.

Quermesse[638]

Sempre é hoje que se realiza a anunciada quermesse no Jardim D. Amélia, promovida pela academia funchalense.

Deus queira que depois de pagas todas as despesas, ainda fique algum dinheiro para socorrer os infelizes variolosos!

SAÚDE PÚBLICA[639]

[...] A Irmã Wilson vem por este meio manifestar o seu eterno reconhecimento pelas seguintes generosas dádivas para os seus doentes:

Da sr.ª D. Maria Palmira C. Alves	3$050
Da sr.ª D. Cristina Nunes Pereira	18$000
Dum grupo de empregados do comércio	5$500
Soma	26$550

[...] Foi bastante concorrida a *quermesse* que ontem se realizou no *Jardim D. Amélia*, promovida pela academia funchalense, a favor dos variolosos internados no Lazareto.

Na próxima quinta-feira será inaugurado um bazar na Praça da Constituição, também promovido pela mesma academia, tocando ali a filarmónica dos *Artistas Funchalenses*, das 4 às 7 horas da tarde, e dessa hora em diante no *Jardim D. Amélia*, onde continuará a *quermesse*, a filarmónica *Artístico Madeirense*.

---

[638] ABM, *A Pátria*, 26 de maio de 1907.
[639] BMF, *Diário de Notícias*, 27 de maio de 1907.

A varíola[640]

[...] Dum grupo de pessoas da freguesia de S. Martinho recebemos a quantia de 2$500 réis, destinada aos variolosos pobres internados no Lazareto. Essa quantia é o produto das economias feitas pelas mesmas caridosas pessoas numa «novena» em honra de Nossa Senhora da Ajuda.

Em nome dos contemplados agradecemos cordialmente, e fazemos ardentes votos para que tão belo exemplo seja imitado por todos os dirigentes das festividades religiosas. [...]

Na freguesia de São Martinho também se angariou dinheiro para os variolosos pobres internados no Lazareto. *Coleção do autor.*

Lazareto[641]

Ao contrário do que muitas pessoas esperavam, os variolosos têm querido internar-se no lazareto, sem oporem qualquer espécie de resistência, como sucedeu há 16 meses, quando foi da referida peste *balbínica*.

E porque foi que a balbínica acirrou a vontade do povo?

Porque as famílias dos internados de então viviam na mais terrível das incertezas, na mais horripilante das expectativas e na mais atroz das dores morais, pois que sempre ignoraram o destino que levavam os seus entes queridos, que a maldade ou estupidez, dalguns para lá ia atirando.

Porque o lazareto, duma casa de caridade que é hoje tinha-se tornado num ergástulo.

Porque, sem motivo plausível, pairava **silêncio oficial** sobre todo esse lúgubre sudário que lá se desenrolou.

E hoje?

Hoje ninguém pode recear que o internem no lazareto, como realmente ninguém receia, visto que todos, de antemão, já sabem que suas famílias estarão ao corrente da sua saúde, quer informando-se pelos boletins, quer perguntando ao médico ou enfermeiros.

Portanto, não admira que aqueles que, infelizmente se sentem contaminados pela varíola queiram recolher-se àquela casa de saúde, onde a par da boa alimentação, bom ar, e suficientes acomodações, encontraram.

Comparando o que foi o Lazareto no tempo da balbínica e o que é atualmente que estamos a braços com uma epidemia, tiramos a conclusão de que o povo sempre ingénuo e bom apenas cumpriu o seu dever fazendo dar às de Vila Diogo o bandido que se acoitava na Bastilha;[642] e igualmente cumpre o seu dever, amparando com os seus limitados recursos **(já que o governo nos abandona)**, os infelizes que agora estão sendo tratados ali.

O Anjo da Caridade[643]

Alguns jornais do continente têm enchido colunas, tecendo rasgados elogios a alguém a quem apelidam de Anjo da Caridade.

Nesta época calamitosa que atravessamos, em que o pobre e digno povo da Madeira se encontra a braços com a terrível epidemia da varíola, votado a um completo abandono por parte das autoridades administrativas e sanitárias desta terra, sentenciado a morrer em completo se em seu auxílio não corresse a caridade pública, que tão brilhantemente se tem manifestado desde o princípio da epidemia, seria para nós motivo de grata satisfação, se alguma alma caridosa nos fizesse a esmola de indicar quem é o tal Anjo da Caridade

---

640 BMF, *O Jornal*, 27 de maio de 1907.
641 BMF, *O Povo*, 27 de maio de 1907.
642 Referência ao Dr. Balbino Rego.
643 BMF, *O Povo*, 27 de maio de 1907. Este Anjo da Caridade seria certamente a Irmã Wilson.

que tanto tem dado que falar, mas que desgraçadamente para nós madeirenses, ainda não acordou dum sono reparador que dorme, desde o último benefício que prestou.

Estamos fartos de pedir às autoridades locais, que lancem para nós seus olhos misericordiosos e nos protejam nesta crise terrível que atravessamos. Estas, porém, a nada se movem! As autoridades locais, segundo nos informam, têm por seu turno pedido ao governo central, que autorize a junta a fazer imediata aplicação da importância de três contos de réis que votou para reparos no Lazareto e outras despesas exigidas pelas necessidades da ocasião, ou então que nos mande dinheiro para esse fim, porém o governo da sábia presidência do sr. João Franco, surdo aos nossos justos clamores, responde fleumaticamente que isto são politiquices da Madeira e até hoje ainda nada fez em nosso benefício.

Falar pois aos nossos governantes, é precisamente o mesmo que pregar aos peixinhos.
Francamente já não sabemos para quem apelar.
Só nos resta recorrer ao Anjo da Caridade!
Mas quem é ele?
Onde está ele?
Será porventura um mito, ou realmente existe essa entidade?
Se existe, se alguém a conhece ou pelo menos se já alguma vez a viu, pedimos encarecidamente a esse alguém, seja ele quem for que se compadeça de nós e nos indique quem é essa fada misteriosa de cuja generosidade tanto temos a esperar, para nos dirigirmos a ela muito de mansinho, de modo a não acordá-la de sobressalto, e depois de lhe fazermos ver a triste e desesperada situação em que nos encontramos, poder-lhe se sirva da sua influência junto de alguém, caso a tenha, para que esse alguém, cumprindo com o seu dever, satisfaça as justíssimas reclamações duma população inteira, que não pede favores, mas unicamente aquilo a que tem indiscutível direito.

Hyram.

A VARÍOLA[644]

Nos casos de epidemia toda a vida entendeu quem tem senso que há duas coisas a fazer: cuidar dos doentes e evitar que se contagiem os sãos.

Com as poderosas armas de que a ciência moderna dispõe é relativamente fácil a consecução desses dois fins, quando haja boa vontade da parte das autoridades administrativas e sanitárias e da população.

Na Madeira, que se tem feito?
Nos concelhos rurais, em regra, tem-se feito o que era preciso fazer-se.
No Funchal, na capital do distrito, nada.
Porquê?
Mistério.
A não ser a caridade particular, teriam morrido de fome alguns variolosos; outros teriam morrido por falta de roupas que permitissem a conveniente limpeza; teria enfim, uma verdadeira desgraça.

Mas as bolsas particulares podem fechar-se ou esgotar-se.
E depois?
Depois… o governo pensará tanto nisso como antes.
Por ora, é certo que os infelizes que não têm meios de se tratarem em suas casas, têm encontrado no Lazareto aquilo de que carecem, devido às esmolas particulares.

O Lazareto, porém, está funcionando apenas como casa de caridade.
Isto basta?
Decerto que não.
Ponhamos de parte o facto de não haver um médico único que seja no Lazareto permanentemente, ponhamos de parte todos os mais defeitos a que a falta de iniciativa dos poderes públicos, condenou aquela casa.

O Lazareto tinha de ser especialmente hospital de isolamento.

---

644 BMF, *O Povo*, 27 de maio de 1907.

Não basta ser caritativo com os doentes; é indispensável evitar que o mal continue.
É só isolando os doentes e vacinando os sãos é que isto se consegue.
Mas isolar como, se não há dinheiro?
O próprio Lazareto terá, afinal, que fechar.
Estamos aceiados, não haja dúvida.

QUERMESSE[645]

Na quermesse que se realiza na quinta-feira próxima, na Praça da Constituição, tocará das 4 às 7 da tarde, a magnífica filarmónica dos «Artistas Funchalenses» que executará um escolhido reportório.

No Jardim D. Amélia continuará a quermesse, tocando das 5 às 10 da noite a filarmónica dos (Guerrilhas).

SAÚDE PÚBLICA[646]
Subscrição a favor das vítimas da varíola

Transporte	1:566$060
Anónimo	500
Duma senhora	1$000
Soma	1:567$560

[...] Duma senhora recebemos duas toalhas de linho e uma camisa para os variolosos pobres do Lazareto.

*

O produto bruto da *quermesse* que se realizou anteontem no *Jardim D. Amélia*, a benefício dos variolosos internados no Lazareto, foi de 169$100 réis, e o produto bruto da subscrição promovida pela comissão delegada da Academia Funchalense, para o mesmo fim, foi de 224$800 réis. Total 393$900 réis.

A mesma comissão vai solicitar hoje do sr. Guilherme Honorato Lino o concurso da excelente filarmónica, da sua digna regência, para abrilhantar a *quermesse* no *Jardim D. Amélia*, da 1 às 3 horas da tarde, na próxima quinta-feira.

*

Devem começar hoje as obras de reparação da casa-hospital do Lazareto de Gonçalo Aires.

Há já dias que se está procedendo a repairos na casa grande do mesmo Lazareto.

Quermesse[647]

Foi na importância de 169.000 réis o produto da *quermesse* que se realizou anteontem no Jardim D. Amélia a favor dos variolosos pobres.

«Quermesse»[648]

Foi bastante concorrida a *quermesse* que se realizou anteontem no Jardim D. Amélia, promovida pela Academia Funchalense, a fim de minorar a sorte dos infelizes variolosos que se acham internados no Lazareto de Gonçalo Aires, e cujo produto atingiu a importante verba de 169:100 réis.

Na próxima quinta-feira será inaugurada na Praça da Constituição um bazar, igualmente promovido pela mesma Academia.

---

645 BMF, *Correio da Tarde – Jornal Progressista*, 28 de maio de 1907.
646 BMF, *Diário de Notícias*, 28 de maio de 1907.
647 ABM, *Diário do Comércio*, 28 de maio de 1907.
648 BMF, *Diário Popular*, 28 de maio de 1907.

Tocará neste recinto das 4 às 7 horas da tarde a filarmónica dos «Artistas Funchalenses», e dessa hora em diante tocará no Jardim D. Amélia a filarmónica «Artístico Madeirense».

*

A comissão académica encarregada desta «quermesse» tenciona dirigir-se hoje ao sr. Nuno Graceliano Lino a fim de pedir a este cavalheiro a filarmónica de que é digno regente, para abrilhantar aquele filantrópico ato.

Varíola[649]

[…] Foi bastante concorrida a «Quermesse», que se realizou anteontem no Jardim D. Amélia em benefício dos variolosos pobres que se acham internados no Lazareto, promovida pela academia funchalense.

Será inaugurado na próxima quinta-feira um bazar na Praça da Constituição, promovido pela mesma academia.

Naquele recinto tocam duas filarmónicas, entre as quais a Artístico Madeirense.

"Quermesse"[650]

No jardim "D. Amélia" teve lugar anteontem o primeiro dia da "Quermesse" promovida pelos alunos do nosso liceu, que foi um pouco prejudicada com o tempo chuvoso que fez durante o dia. No entanto produziu 169.100 réis.

A "Quermesse" continua na próxima quinta-feira, às 7 horas da tarde, por causa da procissão do Corpo de Deus. Neste dia, das 4 às 7 horas, na Praça da Constituição, a comissão de académicos promove um bazar.

Durante este tempo, naquele passeio a filarmónica dos Artistas Funchalenses executa um reportório muito escolhido.

Os académicos estiveram ontem com o sr. Guilherme Honorato Lino, a quem pediram para a filarmónica "Recreio Artístico Funchalense", de que aquele sr. é regente, fosse gentilmente tocar no Jardim, quinta-feira, das 7 às 11 horas da noite.

A comissão não se tem poupado a trabalhos, procurando colher donativos de toda a ordem e assim conseguindo com que a verba total venha a ser bastante crescida, no que é digna de todo o nosso louvor.

Quermesse[651]

Foi de 169$000 réis a importância do produto da «quermesse» que se realizou anteontem no Jardim D. Amélia, a favor dos variolosos pobres.

Generosa oferta[652]

Um caridoso anónimo acaba de nos oferecer uma libra, para ser destinada metade desta quantia à imprensa católica e o restante aos variolosos pobres internados no Lazareto.

Agradecemos em nome daqueles infelizes tão generosa oferta.

«Matinée» infantil[653]

Ensaia-se neste momento um escolhido grupo de graciosas crianças, dos dois sexos, destinadas a exibirem diversas danças e costumes madeirenses numa *matinée* que deve realizar-se no dia 7 do próximo mês de junho, nas salas do Casino Pavão, a benefício do

---

[649] BMF, *O Direito*, 28 de maio de 1907.
[650] BMF, *Heraldo da Madeira*, 28 de maio de 1907.
[651] ABM, *O Jornal*, 28 de maio de 1907.
[652] ABM, *O Jornal*, 28 de maio de 1907.
[653] BMF, *Diário de Notícias*, 29 de maio de 1907.

hospital dos variolosos.

Além das danças características e de costumes madeirenses, haverá esplêndida música, recitação de poesias, etc.

Desta simpática festa, realçada pela encantadora gentileza das crianças e sobretudo pelo fim humanitário a que se destina, são promotoras as sr.ªs D. Elisa Costa de Afonseca e D. Maria Eugénia Rego Pereira, a quem são devidos os mais justos encómios pela abnegada dedicação com que sacrificam o seu tempo, sujeitando-se aos incómodos e trabalhos inerentes a festivais desta natureza, só para acudirem em socorro das vítimas da epidemia, quase que exclusivamente entregues aos impulsos da caridade pública.

Os nossos aplausos à generosa ideia, desejando-lhe completo êxito. [...]

SAÚDE PÚBLICA[654]
Subscrição a favor das vítimas da varíola

Transporte	1:567$560
Anónimo (2 libras em ouro)	9$120
Mrs. Quin	5$000
Anónimo	500
Soma	1:582$180

[...] Dos srs. W. Hinton & Sons recebemos um saco com açúcar para os variolosos internados no Lazareto.

*

Os mordomos do *império* de S. Gonçalo enviaram da respetiva copa para o Lazareto, no domingo último, pão, carne, fruta, legumes e hortaliças.

Bem hajam por isso.

*

Vinte e tantos rapazes que saíram há dias do Lazareto, foram no domingo último àquele edifício fazer uma manifestação de simpatia à Irmã Wilson e às suas irmãs, que tão carinhosamente os trataram quando ali estiveram internados.

Aquelas beneméritas irmãs receberam os juvenis manifestantes com lágrimas e convidaram-nos a jantar, o que foi aceite, no meio de grande alegria.

Como dentre eles havia um, que tinha perdido pai e mãe, a ilustre Irmã Wilson, condoendo-se do seu duplo infortúnio, resolveu tomar conta do pequeno para o mandar educar, ficando ele desde logo sob a proteção daquela santa senhora. [...]

Aspeto atual de um dos recantos do Lazareto, na margem direita da Ribeira de Gonçalo Aires. *Foto do autor.*

O revd.º vigário de S. Gonçalo celebra amanhã o santo sacrifício da missa, num altar, levantado na zona limpa do Lazareto.

*

Foram ontem conduzidas 17 camas para aquele hospital.

*

Na freguesia de S. Vicente algumas senhoras de muita respeitabilidade constituíram-se em comissão, no propósito de angariar donativos para os pobres internados no Lazareto. [...]

---

[654] BMF, *Diário de Notícias*, 29 de maio de 1907.

O Dr. Vitorino José dos Santos, diretor da Escola Industrial António Augusto de Aguiar, entregou à Irmã Wilson o valor duma subscrição realizada pelas suas alunas. *BMF*, Registo Bio-Bibliográfico de Madeirenses, *[1984]*.

Revacinação[655]

O pessoal do Lazareto foi ontem todo revacinado pelo sr. dr. José Joaquim de Freitas, que ali foi propositadamente para esse fim.

A varíola[656]

[…] Foi entregue à Irmã Wilson, pelo sr. comissário de polícia, para os variolosos, a quantia de 5$000 réis, oferecida por um anónimo.

SAÚDE PÚBLICA[657]

[...] A Irmã Wilson pede-nos que, por intermédio do nosso *Diário*, apresentemos o seu eterno reconhecimento aos generosos benfeitores, abaixo mencionados, pelos donativos que lhe enviaram para os variolosos internados no Lazareto:

Do revd. cónego Homem de Gouveia, 4$500 réis, produto duma *quête* feita num jantar da «Sociedade dos 29»;

Da sr.ª condessa de Ribeiro Real, um açafate com roupas novas, sendo 18 camisas, 6 lençóis, 6 capas para travesseiros e 6 para almofadas;

Da sr.ª D. Carlota Gomes Melim, à rua dos Aranhas, n.º 49, da parte da comissão dos estudantes, 1 prato de arroz doce e duas caixas de «Quaker's Oats»;

Da sr.ª D. Adelaide Eulália de Freitas, da Calheta, 3$720 réis, resultado duma *quête* que fez naquela freguesia; e dois cestos de vindima com verduras, carne e pão, oferecidos pelo «imperador» da festa do Divino Espírito Santo em S. Gonçalo.

Da ex.ma direção de *O Jornal*, economias duma novena em honra de N.ª S.ª da Ajuda, 2$500 réis;

Dum anónimo, meia libra que, ao câmbio de ontem, rendeu 2$285 réis;

Do sr. Manuel Fernandes Camacho, por intermédio do sr. dr. Carlos Leite Monteiro, 5$000 réis;

Do sr. Vitorino José dos Santos, digno diretor da Escola Industrial António Augusto de Aguiar, o produto duma subscrição aberta pelas alunas da mesma Escola, 105$200 réis;

Dum anónimo, 12 galinhas e 116 ovos.

*

Com o fim de angariar donativos para os variolosos pobres internados no Lazareto de Gonçalo Aires, constituiu-se na Escola Industrial «António Augusto de Aguiar», uma comissão de alunos, que conseguiu arrecadar a importância de 105$200 réis.

A mesma comissão fez depositário da referida importância o digno diretor daquela

---

[655] BMF, *Heraldo da Madeira*, 29 de maio de 1907. Na edição deste dia e seguintes deste periódico foi publicada a notícia intitulada "**Vacinação e revacinação**", que exortava à realização deste meio profilático por parte das pessoas, como forma de suster o alastrar da varíola: «Insistimos no que em vários números do nosso jornal e em desenvolvidos artigos temos dito acerca da vacinação e revacinação, como os meios mais seguros e eficazes de combater a varíola e pôr-se cada um ao abrigo de ser contagiado pela terrível doença./ A vacinação e revacinação, nos países civilizados, em que a saúde pública constitui o *salus suprema lex*, é obrigatória e o seu uso quase quotidiano./ Aí, todas as classes sociais, desde o mais humilde trabalhador de enxada até ao mais opulento aristocrata, compreendem a necessidade imperiosa da vacinação e revacinação./ Ninguém a despreza e menos ainda ninguém lhe tem horror./ Pelo contrário, todos a procuram, munindo-se voluntariamente desta arma preciosa contra a terrível varíola./ A vacinação e revacinação são necessárias, e absolutamente indispensáveis./ Di-lo a ciência e di-lo a experiência de todos os dias./ Procure-se, pois, a vacinação e revacinação, sem exclusão de idades, não se prestando ouvidos aos falsos preconceitos espalhados pela ignorância e pela má-fé.»

[656] BMF, *O Jornal*, 29 de maio de 1907.

[657] BMF, *Diário de Notícias*, 30 de maio de 1907.

escola, o sr. engenheiro Vitorino José dos Santos, a quem também solicitou o obséquio de a fazer chegar às mãos de Miss Wilson, missão de que pessoalmente se desempenhou o mesmo sr. diretor.

A comissão foi constituída pelas seguintes alunas:
D. Hilda Florisbela Miguéis, D. Beatriz Matilde da Silva, D. Ester Luciana Melim, D. Maria Cristina Cunha, D. Maria Eudócia Coito, D. Clotilde Estela Margarida da Silva, D. Ida de Coito, D. Eduarda de Jesus Correia, D. Gabriela Jovita Miguéis Rosa, D. Leonídia Sara de Freitas Furtado, D. Maria Branca Ferreira, D. Maria da Graça Zulmira Cunha, D. Maria Gabriela Firmina de Sousa, D. Maria Gabriela Ferreira, D. Maria José Ribeiro, D. Eustáquia de Castro, D. Palmira Soares de Andrade e D. Sara de Ornelas.[658] [...]

Conforme noticiámos, continua hoje no *Jardim D. Amélia* a *quermesse* a benefício dos variolosos pobres internados no Lazareto.

Esta *quermesse* é, como se sabe, promovida por uma comissão delegada da Academia Funchalense, que não se tem poupado a esforços e trabalhos para o bom êxito da sua missão humanitária.

Desde as 7 às 10 horas da noite tocará naquele jardim a filarmónica *Artístico* Madeirense (Guerrilhas).

Na Praça da Constituição há também um bazar, com música, das 4 às 7 horas da tarde, pela filarmónica *Artistas Funchalenses*.

A Irmã Wilson faz sentir a conveniência de que os variolosos, internados no Lazareto, não sejam acompanhados pelas famílias que vão ocupar lugar que pode ser aproveitado pelos enfermos, aumentando, ainda por cima, os grandes encargos que já pesam sobre aquela casa hospitalar.

A estada ali dos parentes dos variolosos é motivo de embaraços e despesas que podem ser muito bem dispensados.

As exceções devem só subsistir para as mães das crianças variolosas de idades não superiores a três, quatro ou cinco anos, cuja presença se torna indispensável junto dos pequeninos enfermos.

De facto assim deve proceder-se para que não se torne demasiadamente penosa e difícil a generosa missão daquela santa senhora.

*

O rapaz que a Irmã Wilson deseja proteger, conforme noticiámos ontem, tem ainda os pais vivos, mas estes nenhum caso fazem da pobre criança.

A Irmã Wilson tomará conta dela, caso os pais não se oponham a isso.

*

A casa denominada do *hospital* está funcionando há três semanas.

Estão ali atualmente 18 pessoas isoladas. Logo que fique completamente mobilada, receberá mais 8 variolosos.

O referido edifício foi consertado, antes da recente abertura do Lazareto, mas não pode funcionar sem que seja aumentado o número das irmãs enfermeiras e a quantidade de roupas. [...]

CARIDADE[659]

À benemérita comissão académica, promotora da «quermesse» a benefício dos variolosos, internados no Lazareto de Gonçalo Aires.

Caridade! Sentimento inquebrantável e irresistível, abrigado no peito humano!

Exercer a caridade é uma consolação para quem tem alma para sentir e coração para amar!

---

658 Este segmento desta notícia foi publicado no *Diário do Comércio* do mesmo dia, sob o título "Subscrição", e ainda no *Heraldo da Madeira*, da mesma data, sob o título "SAÚDE PÚBLICA – Subscrição aberta pelas alunas da Escola Industrial António Augusto de Aguiar".

659 BMF, *Diário Popular*, 30 de maio de 1907.

Entre povos incultos, moral e intelectualmente falando, aonde campeia infrene o barbarismo e impera absolutamente a descrença, mãe natural da perversidade, aí mesmo, é exercida a caridade, porque este impulso é tão suave e inspirador, que consegue penetrar profundamente nos recônditos do mais feroz coração, obcecado pela obduração e instintos de Lúcifer.

A caridade é uma inspiração divina, manifestada num sorriso de bondade.

Os necessitados são quais tenras florinhas, que, abandonadas, à míngua de alimento, e expostas aos raios ardentes do sol, tendem a desfalecer sensivelmente; e a caridade é uma frondosa árvore, que, projetando sobre elas sua benéfica sombra, abriga-as do ardor e alimenta-as da mesma seiva, exaurida por si.

Os necessitados são também quais náufragos, errantes e exânimes, lutando com as ondas; e a caridade é a âncora de socorro, a *tábua de salvação!*

Os necessitados são ainda quais criminosos, sujeitos a todas as torturas, num ergástulo escuro e sombrio; e a caridade é o anjo mensageiro da redenção!

A caridade consegue tocar o indivíduo, ainda mesmo possuidor dum coração empedernido, imaterial.

A caridade suaviza a úlcera cancerosa da enfermidade, esmaga a mão negra da fome e entrava o braço mirrado da mudez!

A caridade é a divisa solene de todo o homem que milita nas fileiras sensíveis ao mal alheio.

A caridade é uma boa conselheira:

Quantas vezes a necessidade, causa primária de inúmeros suicídios, leva o homem, desvairado, a pôr termo à existência, pondo assim termo também às privações com que luta?!...

E quantos suicídios não são evitados também pela caridade?!...

Os assassínios são, a mais das vezes, oriundos das ambições, dos ódios, etc.; mas alguns há, que são filhos da necessidade, e os seus autores para acudirem àquela, transformam-se involuntária e inconscientemente em instrumentos perigosos!

Um assassino nestas circunstâncias, é e deve mesmo ser condenado, altamente o digo, pois, representa um atentado para a sociedade; revolta-nos os sentimentos a sua torpe e covarde ação; e, contudo, é digno da nossa lástima: é uma vítima da indigência!

*

É, pois, atendendo às súplicas do Dever e rendidos à flama sublime da Caridade, que alguns alunos do Liceu do Funchal, constituídos em comissão, promovem hoje uma «quermesse» no Jardim D. Amélia a benefício dos variolosos internados no Lazareto de Gonçalo Aires.

É um ato filantrópico e humanitário, que honra nobremente a Academia Funchalense.

É, pois, digna de rasgados encómios.

E o nosso povo, tão generoso e bom, certamente há-de concorrer com o seu óbolo, para tão nobre e alevantado fim.

À «quermesse», pois.

C. Baptista Santos

Quermesse[660]

Continua hoje no Jardim D. Amélia a quermesse em benefício dos variolosos pobres que se acham internados no Lazareto de Gonçalo Aires.

Das 7 horas da tarde às 11 horas da noite tocará naquele recinto a filarmónica «Artístico Madeirense».

---

[660] BMF, *O Direito*, 30 de maio de 1907.

3.7.1907

A 31 de maio de 1907 passou pela Madeira, a bordo do seu iate privado *Lisístrata*, o milionário americano Gordon Bennett, proprietário do jornal *New York Herald* que ao saber da subscrição aberta pelo *Diário de Notícias* em prol dos variolosos pobres contribuiu para a mesma com o generoso donativo de 200$000 réis. *Coleção do autor.*

"Quermesse"[661]

Como já noticiámos, continua hoje no jardim D. Amélia, pelas 7 horas da tarde, a "quermesse" promovida pela academia do nosso liceu a favor dos variolosos pobres.

Na praça da Constituição haverá hoje um bazar de prendas, cujo produto se destina ao mesmo fim.

SAÚDE PÚBLICA[662]
Subscrição a favor das vítimas da varíola

Transporte	1:582$180
Augusto César de Aguiar	500
Soma	1:582$680

[…] Foi bastante concorrida a *quermesse* de ontem no *Jardim D. Amélia*, a benefício dos variolosos pobres internados no Lazareto.

A filarmónica Artístico Madeirense, que tocou naquele jardim, das 7 às 10 horas da noite, agradou imenso.

*

Na Praça da Constituição tocou durante a tarde a filarmónica dos *Artistas Funchalenses*, que executou várias peças do seu reportório, agradando igualmente. […]

SAÚDE PÚBLICA[663]
Subscrição a favor das vítimas da varíola

Transporte	1:582$680
Mr. J. Gordon-Bennett (iate Lisístrata)	200$000
Soma	1:782$680

[…]

---

[661] BMF, *Heraldo da Madeira*, 30 de maio de 1907.
[662] BMF, *Diário de Notícias*, 31 de maio de 1907.
[663] BMF, *Diário de Notícias*, 1 de junho de 1907.

3. DE 1901 A 1910

A 2 de junho os carreiros do Monte também promoveram um bando precatório com o intuito de angariar verbas para os variolosos pobres internados no Lazareto. *Coleção do autor.*

Bando precatório[664]

A classe dos carreiros do Monte percorre amanhã, em bando precatório, as seguintes ruas, a fim de angariar donativos para os variolosos pobres que se acham internados no Lazareto:

Caminho do Monte, rua do Pombal, rua das Dificuldades, rua da Princesa, rua do Bettencourt, rua dos Ferreiros, Ponte do Torreão e Caminho dos Saltos.

Sairão da igreja do Monte em seguida à missa conventual e serão acompanhados pela orquestra da mesma freguesia.

Bando precatório[665]

A classe dos carreiros do Monte, movida pelo nobre sentimento da caridade, deseja também concorrer, no estreito limite de suas forças, para minorar a sorte de seus irmãos em tratamento no Lazareto.

Para isso, constituiu um bando precatório, que sairá domingo próximo da igreja de Nossa Senhora do Monte, após a missa conventual.

Se essa classe tem sido por vezes injustamente depreciada por erros de alguns dos seus membros, nem por isso deixa de contar em seu seio homens verdadeiramente de bem – bons filhos e bons chefes de família. Portanto, a centelha sagrada da caridade que inflamou em geral o bom povo madeirense, não podia deixar de acender-se no coração, embora humilde, dos que trabalham e suam num árduo labor, como é o dos carros.

Associam-se, pois, os carreiros à Santa Cruzada em favor da mais bela das virtudes – a caridade –, esperançados em que o público os secundará nos seus desejos, contribuindo com um óbolo que eles gostosamente irão depositar nas mãos da benemérita Irmã Wilson.

Acompanhará o bando precatório a orquestra da referida freguesia, e percorrerá o seguinte itinerário:

Caminho do Monte, rua do Pombal, rua das Dificuldades, rua da Princesa, rua do Bettencourt, rua dos Ferreiros, Ponte do Torreão e Caminho dos Saltos até à igreja do Monte.

Varíola[666]

[…] Os carreiros do Monte promovem amanhã um bando precatório em benefício dos variolosos.

QUERMESSE[667]

Foi bastante concorrida a quermesse que anteontem se realizou no Jardim D. Amélia, promovida pela academia funchalense, em benefício dos variolosos pobres que se acham em tratamento no Lazareto.

---

[664] ABM, *Diário do Comércio*, 1 de junho de 1907.
[665] ABM, *O Jornal*, 31 de maio de 1907; BMF, *Heraldo da Madeira*, 1 de junho de 1907.
[666] BMF, *O Direito*, 1 de junho de 1907.
[667] BMF, *O Direito*, 1 de junho de 1907.

Naquele recinto tocou, das 7 horas da tarde às 10 horas da noite, a filarmónica «Artístico Madeirense» que executou um variado e escolhido programa que agradou imenso, sendo alvo de calorosos aplausos.

"Quermesse"[668]

Extraordinariamente concorrida a "Quermesse" que se realizou na 5.ª feira última no Jardim Municipal, promovida pela Academia Funchalense destinada a socorrer os variolosos pobres.

O Jardim mal permitia a circulação do público tal era a desusada afluência de pessoas.

Neste local tocava a filarmónica "Artístico Madeirense" um escolhido reportório que foi excelentemente executado.

Em seguida à magnífica interpretação do pot-pourri "O Solar dos Barrigas" o sr. D. Bernardo da Costa dirigiu-se ao regente da filarmónica sr. António de Aguiar, cumprimentando-o pela execução.

A academia funchalense ofereceu ao sr. António de Aguiar uma artística batuta de ébano com chapeamentos de prata.

*
* *

O rendimento da "Quermesse" foi de 160:[000 réis].

A varíola[669]

[...] O governo central pôs à disposição do sr. governador civil deste distrito a quantia de um conto de réis, destinada ao tratamento dos variolosos pobres.

*

De mr. Léverson, residente no Carmo Reids Hotel, recebemos a esmola de 5$000 réis para os variolosos, que hoje mesmo enviamos à Irmã M. Wilson.

Bem hajam quantos se lembram dos infelizes e Deus lhe pagará a sua generosidade.

A caridade e a varíola no Funchal[670] – São verdadeiramente admiráveis e comoventes a espontaneidade e a generosidade com que as pessoas de bem de todas as classes, sexo, idade, doutrinas, crenças e parcialidades políticas se unem para acudir à defesa da saúde pública e às necessidades dos pobres variolosos, desde que começou a terrível epidemia.

É notável que, depois de penosas hesitações, todos concordaram prontamente em que o hospital de isolamento do Lazareto, saqueado, despejado e fechado tão estrondosamente pela indignação popular há quinze meses, se tornasse a abrir, desde que a sua direção fosse

Igreja de Nossa Senhora do Monte e antiga estampa da sua padroeira. Este templo religioso guarda, desde 1922, os restos mortais do Beato Carlos d'Áustria, falecido na Madeira a 1 de abril desse ano. *Coleção do autor.*

---

668 BMF, *Heraldo da Madeira*, 1 de junho de 1907.
669 BMF, *O Jornal*, 1 de junho de 1907.
670 BMF, *Quinzena Religiosa da Ilha da Madeira*, 1 de junho de 1907. Texto inserido na rubrica "Notícias diocesanas".

Dr. César Augusto Mourão Pita, falecido em 1907. *BMF*, Registo Bio-Bibliográfico de Madeirenses, [1984].

confiada à Caridade cristã, atualmente personificada pela ilustre e benemérita Irmã Wilson e pelas boas irmãs franciscanas de Santa Cruz.

Como os dinheiros públicos não fossem suficientes para custear as despesas do dito hospital, o nosso prezado colega, «Diário de Notícias», sempre alerta em questões de saúde pública, que já abrira nas suas colunas uma subscrição a favor das famílias pobres vitimadas pelo flagelo, apressou-se em oferecer o produto dela, o qual ascende já a quase um conto e meio.

– No domingo, 12 de maio, os bravos jovens que compõem a «Real Corporação dos Bombeiros Voluntários», auxiliados pela filarmónica «Artistas Funchalenses», andaram pelas ruas em Bando precatório, recolhendo 320$930 réis de esmolas, que entregaram ao ex.^{mo} sr. governador civil para o mesmo objeto.

– No domingo 19, foi a vez de uma comissão do «Montepio Marítimo», que obsequiosamente acompanhada pela filarmónica «Artístico Madeirense», angariou 308$435 réis de esmolas, que quis ter o gosto de ir entregar diretamente ao Lazareto nas mãos da bondosa diretora desse hospital.

– No dia 16, o «Ateneu Comercial» do Funchal já tinha dado um concerto de caridade que rendeu 140$000 réis.

– Os jornais anunciam *outro concerto* de caridade, promovido no teatro D. Maria Pia por um grupo de empregados de comércio, e um *novo bando precatório* acompanhado de grande orquestra.

– A briosa mocidade das escolas não podia nem quis ficar indiferente e inativa. As alunas da «Escola industrial António Augusto de Aguiar» já trataram de realizar uma *quête* entre as pessoas de suas relações. As alunas da Escola Distrital já entregaram também à Exma Sr.ª Irmã Wilson 92$800 rs. de esmolas colhidas entre as pessoas de suas relações. Os alunos e diretores do Seminário enviaram igualmente 50$600 réis, que representam sua quotização, o sacrifício de uma festa e de um passeio extraordinário. – Os alunos dos 6.º e 7.º ano do Liceu, coadjuvados por alguns empregados do comércio, organizaram uma *quermesse* que devia realizar-se nos dias 26 e 30 de maio. – Haverá até a 7 de junho uma *matinée infantil* no Casino da «Quinta Pavão», em benefício dos variolosos do Lazareto. – Além disso muitos negociantes e famílias caritativas têm enviado para o Lazareto móveis, roupas, géneros, vinho e até brinquedos para crianças doentes. – Para rematar este glorioso rol da caridade, cumpre-nos render homenagem a muitos membros da nobre classe médica, tanto do campo como da cidade, os quais, não contentes em cumprir com seus deveres profissionais estritos, se impuseram a gloriosa tarefa de promover a prática da vacinação e revacinação, consagrando todo o seu tempo e forças a bem da saúde pública e especialmente ao serviço dos doentes da classe pobre; apraz-nos citar aqui o sr. dr. José Joaquim de Freitas e também o sr. dr. César Augusto Mourão Pita, que já pagou com a vida sua extrema dedicação, merecendo por este meio a graça de uma morte muito cristã, cheia de resignação e de fé.[671]

---

[671] Sob o título "**Dr. César Augusto Mourão Pita**", o *Diário de Notícias* de 23 de maio de 1907 publicou o seguinte texto aquando da sua morte: «A enfermidade que acaba de o vitimar, surpreendeu-o quando ele desempenhava junto dos variolosos pobres e abandonados ao seu mal terrível e à sua negra miséria, a nobre missão de médico dedicado./ Este facto por si só seria bastante para tornar o ilustre extinto simpático a todos os corações generosos que se emocionaram profundamente com tamanha desgraça./ Podemos dizer que o dr. César Mourão Pita rendeu-se à morte no seu posto de honra, vindo encontrá-lo firme e sereno, como o soldado que perde a vida, na defesa da bandeira gloriosa da sua pátria./ Em roda do seu esquife muitas mães se curvam hoje, em espírito, elevando ao céu as mais ardentes e fervorosas preces pelo eterno repouso daquele a quem ficaram devendo, abaixo de Deus, a vida de seus extremosos filhos./ Este coro de lágrimas e orações constituem o título de maior glória, a mais eloquente homenagem de respeito e saudade para o médico, que, não olhando a canseiras nem a trabalhos, nem ao sacrifício da própria saúde, não hesitou um só momento em levar os socorros da sua ciência aos nossos infelizes irmãos contaminados pela varíola./ […]» Refira-se ainda que este ilustre médico havia sido nomeado pela Imperatriz D. Amélia como médico principal do *Hospício da*

Quem nos dera que tão bela unanimidade, tão nobre e consoladora fraternidade se encontrasse também para debelar outras moléstias epidémicas ainda piores, que contagiam as almas, pervertem as inteligências e levam fatalmente a desprezar, insultar e perseguir aquelas santas heroínas da caridade que hoje todos veneram, a blasfemar e a combater a religião santa que tem o privilégio de inspirar e de tornar vulgar e universal tão nobre e desinteressada caridade! Se é verdade que pelos frutos se conhece a árvore, não será o caso de reconhecer e de proclamar que entre as doutrinas e instituições católicas e as suas contrárias não pode haver hesitação, que estas não prestam e só as primeiras são boas e verdadeiras.

Escolas[672]

Felizmente as nossas escolas têm podido continuar a funcionar, não obstante a varíola procurar as suas vítimas de preferência entre as crianças, o que atribuímos à proteção especial de S. Francisco de Sales, e também à prudência vigilante das sr.ᵃˢ professoras em não admitir crianças que tenham tido algum contacto com variolosos.

O prolífico poeta madeirense Jaime Câmara foi o primeiro a publicar na imprensa um poema dedicado à Irmã Wilson aquando do surto de varíola em 1907. *BMF, Álbum de Lembranças Madeirense para 1911, 1911.*

Temos recebido notícias consoladoras dalgumas das nossas escolas, pelas quais se vê quanto são apreciadas, já pelos pais e mais pessoas das freguesias, já pelos rev.ᵒˢ párocos.

Pedimos licença para transcrever por ex. o que o rev.º padre Vigário do Arco de S. Jorge nos escreve com data [de] 25 de abril:

«*O bom resultado auferido desta escola é, graças a Deus, consolador, ainda que alguns por vezes se mostrem pouco reconhecidos e gratos a este favor do céu. Há mais fé, a Sagrada Mesa da Eucaristia é mais concorrida, o preceito da missa mais escrupulosamente cumprido e as catequeses mais frequentadas. Tudo isto é devido, é certo, à graça do Alto, princípio vivificador de todas as boas obras, mas é-o também em grande parte aos esforços das beneméritas Irmãs Franciscanas, que desenvolvem todo o zelo de que são capazes para que a escola prospere e as crianças aproveitem para o tempo e para a eternidade.*

Prouvesse a Deus que estas escolas nunca acabassem, especialmente nesta freguesia onde a sua existência é uma necessidade impreterível.»

Que estes belos resultados nos sirvam de estímulo para não afrouxarmos na nossa dedicação à obra mais querida do Coração Sagrado de Jesus, pois que ela tem por fim levar para ele todas as crianças que o Sagrado Coração chama com tanta instância para junto de si.

A Irmã Wilson[673]
Já soergue a cabeça o pobre desvalido,
E fita timorato

Princesa D. Maria Amélia, e que era o autor de diversas obras sobre medicina, a saber: *Les Annales Médicales à Madère*, referente aos anos 1877, 1878 e 1879, e ainda *Madère – Station Médicale Fixe*, publicado em 1889. Após a sua morte a Câmara Municipal do Funchal adquiriu, em leilão, a sua rica biblioteca, de modo a enriquecer o já de si valioso espólio da Biblioteca Municipal do Funchal.

672 BMF, *Quinzena Religiosa da Ilha da Madeira*, 1 de junho de 1907.

673 BMF, *Diário de Notícias*, 2 de junho de 1907. Poema inserido na rubrica "CANCIONEIRO". Este foi o primeiro poema dedicado à Ir. Wilson publicado na imprensa madeirense.

Quem o trouxe talvez exânime, perdido,
De esquálido grabato.

Melhora lentamente – e p'ra vo-lo dizer
Nem pouco me constranjo –
Porque sente pulsar num corpo de mulher
O coração de um anjo.

Quando a vê deslizar tão condolente e boa
Como as santas formosas,
Deseja entretecer-lhe uma pequena c'roa
De lírios e de rosas.

Mas decerto não pode ainda levantar-se;
E por isso procura
Desvelado esconder, sorrindo com disfarce,
Uma lágrima pura.

Que tal qualmente o rocio, a pérola do brejo
Em manhãs deslumbrosas,
Vem silente depor um fervoroso beijo
Nas lindas mãos piedosas.

Jaime Câmara.

Agradecimento[674]

Libânia Stella Ferraz e seu marido pedem licença para por este meio manifestarem o seu íntimo e eterno reconhecimento aos distintos clínicos srs. drs. Nuno S. Teixeira, Carlos Leite Monteiro e José Joaquim de Freitas pelos relevantes e assíduos serviços clínicos que lhes dispensaram, atendendo, no Lazareto de Gonçalo Aires, seu filho José, de 21 dias de idade, que ali deu entrada atacado de varíola.

Às ilustres irmãs, boa mãe Wilson, Elisabeth e suas dignas cooperadoras, é-nos muito grato deixar consignados aqui os mais vivos e sinceros agradecimentos, pela forma carinhosa, dedicada e extremamente caritativa, como se dignaram tratar o seu doentinho, sendo certo que a filantropia, generosidade e abnegação de todas aquelas santas senhoras não podem ser excedidas, nem tão pouco igualadas, mesmo que se trate duma mãe que vele pelo filho a quem muito ame, junto do seu leito de dor.

Felizes daqueles que, na sua desventura, são confiados aos seus extremosos e assíduos cuidados, porque nenhum conforto lhes falta, sob a proteção daqueles anjos de caridade.

Hoje, que o nosso pequenino ser se acha completamente curado, permitam-nos aquelas altruístas Irmãs de S. Francisco, que estes pais agradecidos e extremamente reconhecidos lhes apresentem os protestos da sua mais íntima gratidão.

Funchal, 1 de Junho de 1907.

SAÚDE PÚBLICA[675]
Subscrição a favor das vítimas da varíola

Transporte	1:782$680
Produto da subscrição promovida pelo contador da Ponta do Sol, sr. Luís Policarpo da Silva	31$200
Da agência dos vapores costeiros da casa Blandy, multa imposta a dois remadores, Manuel Gonçalves Russo e Francisco Assis	1$400

---

[674] BMF, *Diário de Notícias*, 2 de junho de 1907; BMF, *Heraldo da Madeira*, 2 de junho de 1907.
[675] BMF, *Diário de Notícias*, 2 de junho de 1907.

3.7.1907

Soma .... 1:815$280

[...]

DESPESA

Transporte	1:246$550
Junho 1. – Direitos pagos à alfândega pelo despacho de 4 caixas com sabão, para o Lazareto	16$505
» » – A 200 cartões grandes, em branco, para o Lazareto	400
» » – Carreto de 4 caixas com sabão para o Lazareto	100
» » – A Augusto Roberto Jerónimo Meleças e a Manuel Duarte de Sousa, pelo fornecimento de 10 camas completas para o Lazareto, a pedido de Miss Wilson.................	70$000
» » – Às lojas Baptista & Irmão e Marques & Oliveira, por dito de 20 cobertores	17$000
Soma	1:350$555

[...] Mrs. Eyre enviou à Irmã Wilson para os variolosos do Lazareto, por intermédio do sr. cônsul britânico Capt. Boyle, £5.5.0 que, ao câmbio do dia, rendeu 24$070 réis.

*

Mr. J. Gordon Bennett, que esteve anteontem no Funchal, em viagem para Cádis, a bordo do seu magnífico *iate Lisístrata*, praticou um ato de generosidade, digno do maior louvor, contribuindo com 200$000 réis para a subscrição que está aberta, neste *Diário*, a favor dos variolosos, o que veio pôr ainda mais em evidência a nobreza dos sentimentos do opulento milionário, proprietário e diretor do *New York Herald*.

Em nosso nome e no dos contemplados agradecemos a sua ação filantrópica.

Na freguesia da Ponta do Sol também foi realizada uma subscrição em prol dos variolosos pobres internados no Lazareto. *Coleção do autor.*

*

Receita e despesa da subscrição e *quermesse* promovida pela comissão delegada da Academia Funchalense a benefício dos variolosos internados no Lazareto:

Esta última importância foi ontem à tarde entregue à Irmã Wilson pela referida comissão que se dirigiu ao Lazareto, no vapor *Lobo*.

Eis a nota da despesa.

A homens ao serviço do bazar	3$100
A doces	11$800
A vinho	9$000
A dito	7$800
Ao «Bazar do Povo»	19$100
A Coelho & Irmão	4$900
À loja Pimentel	6$900
A flores	1$710
Garrafas	2$000
A papel, carretos, etc.	21$090
Soma	87$400

A referida comissão, composta dos srs. Carlos Borges, presidente; Gastão José Mendes Correia, vice-presidente; Artur de Barros e Sousa, tesoureiro; Armelin Machado, 1.º secretário; Júlio Casimiro Cunha, 2.º secretário; Pedro Góis Pita, 3.º secretário; e vogais Herculano Manso Perestrelo, Francisco Gilberto de Castro, João Henriques Camacho, Raul A. de Sousa, Adolfo de Sousa Brazão, José Teodoro Correia, Albino Honório de Freitas e Cristóvão Jaime de Ascensão, pede-nos que tornemos pública a sua eterna gratidão a todos [os] que concorreram generosamente com donativos para a subscrição e *quermesse* a que acima nos referimos.[676]

Os objetos que sobraram da rifa acham-se em exposição no *Golden Gate*, a fim de serem sorteados em globo.

Preço de cada bilhete – 800 réis.

"Quermesse"[677]

A comissão de alunos do nosso liceu, que levou a efeito a "Quermesse" no jardim "D. Amélia" nos dias 26 e 30 de maio último, pediu-nos a publicação do seguinte resumo da receita e despesa da mesma "Quermesse" e da subscrição que abriu também em favor dos variolosos em tratamento no Lazareto desta cidade.

Subscrição	224$800
1.º dia de "Quermesse"	169$100
2.º " "	160$000
Total	553$900
Despesa	87$400
Receita líqida	466$500

Quantia esta que pela mesma comissão foi já entregue a Miss Wilson.

A pedido da mesma comissão devemos no próximo número publicar o desenvolvimento desta receita e despesa, o que hoje não fazemos por absoluta falta de espaço.

Desde já, e em nome de tanto pobre doente nós agradecemos à comissão a sua generosa iniciativa, ao mesmo tempo que a felicitamos por tão feliz resultado.

SAÚDE PÚBLICA[678]

[...] Os carreiros do Monte realizaram ontem o projetado bando precatório, percorrendo os principais caminhos daquela freguesia e diversas ruas desta cidade, com os seus trajos de trabalho, conduzindo à frente um pequeno carro de vimes linda e artisticamente decorado com flores, sendo acompanhados pela orquestra da freguesia que tocava uma marcha grave.

As esmolas eram pedidas em carros do Monte, em miniatura, também ornamentados de flores.

Bem hajam por este generoso e comovente ato de filantropia. [...]

O sr. João Joaquim de Faria, escrivão do juízo de direito desta comarca e cantor da Sé Catedral oferece, a favor dos variolosos internados no Lazareto, a *benesse* de 5$000 réis que lhe competiu, como cantor na festa do Santíssimo Sacramento que se realizou ontem, sendo 2$500 réis da festa, 1$500 réis das vésperas e 1$000 réis da regência das mesmas vésperas.

O sr. Faria autoriza a administração deste *Diário* a receber do respetivo tesoureiro a referida importância.

Carreiros do Monte na reta final da Rua de Santa Luzia. À direita é visível o muro do antigo Convento da Encarnação. *Coleção do autor.*

---

676 Esta seção da notícia até este parágrafo foi publicada igualmente no jornal *O Direito*, de 4 de junho de 1907, inserida na rubrica "Varíola".

677 BMF, *Heraldo da Madeira*, 2 de junho de 1907.

678 BMF, *Diário de Notícias*, 3 de junho de 1907.

Santo da Serra, 1 de junho.[679]
[...]
Benemerência
Um dos internados no Lazareto e que dali já saiu curado, João de Gouveia, natural desta freguesia, rapaz dos seus vinte anos, não se cansa de publicar por toda a freguesia o carinho com que foi tratado pelas «santas irmãs», como ele lhes chama.

Conta como ali são todos bem tratados, de modo que aqueles que o ouvem se por desgraça fossem atacados da varíola desejariam para ali ir.

Louvado seja Deus! [...]

SAÚDE PÚBLICA[680]
[...] O bando precatório promovido pelos carreiros da freguesia do Monte a benefício dos variolosos internados no Lazareto rendeu a quantia de 214$455 réis, que foi entregue à irmã Wilson.

*

Largo da Fonte e perspetiva da freguesia do Monte. *Coleção do autor.*

Os carreiros do Monte que tomaram parte no peditório de domingo último, a favor dos variolosos internados no Lazareto, cumprem o indeclinável dever de protestar ao respeitável público a sua indelével gratidão pela maneira tão urbana e caritativa com que foram recebidos. As suas esperanças foram além de toda a expetativa e seus esforços briosamente secundados.

As ofertas que atingiram em dinheiro a importância de 214$455 réis, compunham-se também de alguns fatos, vinho e galinhas, o que tudo foi religiosamente entregue à bondosa irmã Wilson. A todos protestam o seu mais profundo reconhecimento, fazendo votos para que o Deus da Caridade a todos recompense também.

Não podem olvidar neste protesto de gratidão a briosa *troupe* da orquestra que se dignou acompanhá-los, mui particularmente o seu digno regente diretor, o sr. Manuel Teixeira.

Manifestam também o seu cordial reconhecimento à «Sociedade Marítima D. Amélia».
A Comissão. [...]

Bando precatório[681]
Foi na importância de 214.445 réis o produto da *quête* promovida pelos carreiros do Monte a favor dos variolosos pobres internados no Lazareto.

Varíola[682]
[...] No domingo passado realizou-se o bando precatório, promovido pelos carreiros do Monte, a favor dos variolosos, o qual obteve, além de várias ofertas, a importância de 214$000 réis.

São dignos de todo o elogio. [...]

---

679 BMF, *O Jornal*, 3 de junho de 1907. Texto publicado na rubrica "Notícias rurais".
680 BMF, *Diário de Notícias*, 4 de junho de 1907.
681 ABM, *Diário do Comércio*, 4 de junho de 1907.
682 BMF, *O Direito*, 4 de junho de 1907.

SAÚDE PÚBLICA[683]
Subscrição a favor das vítimas da varíola

Transporte	1:815$280
Anónimo	8$000
Manuel Francisco Gomes	2$500
Soma	1:825$780

[...]

DESPESA

Transporte	1:350$555
Junho 4. – À mercearia «Central», fornecimento de 500 réis diários em géneros, para Maria Júlia Fernandes, moradora ao Pelourinho n.º 12	5$500
« « – A Francisco Dias Tavares por 40 metros de pano, para idem, idem	4$000
« « – A Marques & Oliveira por 2 cobertores, para idem, idem	1$400
« « – A Alfredo António Camacho, por duas camas completas para idem, idem	4$000
« « – A José Maria dos Passos e Almeida pelo fornecimento de panelas e diversos objetos de cozinha para o Lazareto, a pedido de Miss Wilson	44$515
Soma	1:409$470

[...] De Mrs. J. B. Blandy recebemos um cesto com brinquedos para ser enviado à Irmã Wilson, o que muito agradecemos.

*

No próximo domingo diversos habitantes da freguesia de S. Gonçalo vão promover um bando precatório dentro daquela freguesia, saindo da igreja paroquial, pelas 10 horas da manhã, percorrendo os sítios das Neves, Palheiro Ferreiro, Boa Nova, Forca e Lazareto, em cujo edifício entregarão à Irmã Wilson o produto da *quête*.

Serão acompanhados por duas orquestras. Irá estendida uma bandeira segurada por 4 rapazes, ex-variolosos daquela freguesia.

Nessa ocasião serão também recebidas esmolas em legumes, hortaliças, etc., etc., para o que haverá pessoal encarregado de os receber.

*

A Irmã Wilson pede-nos que apresentemos, por este meio, o seu eterno reconhecimento aos benfeitores, abaixo mencionados, pelos donativos com que se dignaram contemplar os variolosos internados no Lazareto:

Do sr. João Rodrigues Figueira, oferta de reconhecimento, 5$000 réis;
Duma anónima, 3$500 réis;
Do pessoal da Companhia da Luz Elétrica, 10$000 réis;
Da comissão delegada da Academia Funchalense, 466$500 réis;
Das alunas da Escola Distrital, por intermédio da sr. D. Elmina C. de Sousa Jardim, 900 réis;
De Mr. Leverson (Hotel Carmo), por intermédio, do revd. cónego Homem de Gouveia, 5$000 réis;
Da comissão delegada dos carreiros do Monte, 214$455 réis;
Da sr.ª D. Virgínia Cândida Rego Martins, um garrafão com 10 litros de vinho, duas galinhas, um açafate com roupas usadas e um pacote de cacau;
De um anónimo, o pão do dia 2 do corrente (50 kilos);
Da Fábrica de St. António, duas latas de bolacha;
Do sr. João Martins da Silva, 25 galinhas e 2 galões de vinho Madeira;
Da companhia de manteiga A. Burnay, 40 kilos de manteiga;
De C. A. V., 3 caixas de vinho velho do Porto e duas peças de pano-cru;
De uma anónima, 1 ½ dúzia de garrafas de vinho Madeira velhíssimo;
Do sr. Francisco Dias Tavares, um garrafão com 10 litros de vinho. [...]

---

[683] BMF, *Diário de Notícias*, 5 de junho de 1907.

VARÍOLA[684]
[...]

No Lazareto
Bando precatório

Foi na importância de 214 445 réis o produto da «quête» promovida pelos carreiros do Monte a favor dos variolosos pobres internados no Lazareto. [...]

SAÚDE PÚBLICA[685]

[...] O sr. Francisco José, padeiro, morador à rua Nova de S. Pedro, ofereceu 15 kilos de pão para o Lazareto.

*
* *

No Lazareto encontra-se uma rapariga de 16 anos de idade, que ali entrou juntamente com sua mãe, ambas atacadas de varíola: a mãe sucumbiu aos estragos da doença, mas a filha acha-se completamente curada.

Sabendo miss Wilson que esta rapariga estava comprometida para casar, resolveu conservá-la no Lazareto até se efetuar o consórcio, obtendo para isso as necessárias licenças.

Segundo nos informam o casamento vai realizar-se no edifício do Lazareto, indo ali para esse fim o rev. pároco de S. Gonçalo que celebrará missa e abençoará os noivos.[686]

*
* *

Anteontem de tarde, quando o vapor "São Miguel" passava em frente do edifício do Lazareto, miss Wilson e as suas dedicadas companheiras, fizeram içar a bandeira nacional e com ela saudaram a passagem do mesmo vapor, prestando assim uma homenagem de gratidão e reconhecimento ao sr. D. Bernardo da Costa, pelos diligentes esforços e boa vontade que sempre manifestou no internamento dos doentes no Lazareto e pela maneira como cooperou com as boas irmãs no combate contra a varíola.[687]

É-nos agradável noticiar esta prova de consideração dispensada por miss Wilson ao sr. D. Bernardo da Costa, governador civil deste distrito.

A varíola[688]

O bando precatório promovido, no domingo passado, pelos carreiros do Monte em favor dos variolosos obteve a importante quantia de 214$000 réis.

*

Na Capela da Mãe de Deus, na freguesia do Caniço, celebrar-se-á no domingo próximo uma missa cantada com sermão a fim de implorar da Virgem a graça de fazer cessar a ter-

---

[684] BMF, *Diário Popular*, 5 de junho de 1907.

[685] BMF, *Heraldo da Madeira*, 5 de junho de 1907.

[686] Pesquisámos os registos de casamentos deste mês e seguinte das paróquias de São Gonçalo e de Santa Maria Maior e em nenhum deles encontrámos referência a este suposto casamento feito no Lazareto, o que nos leva a supor que o mesmo não se tenha efetuado naquele local.

[687] Com efeito, na edição do dia anterior deste periódico foi noticiada a partida do Governador Civil rumo a Lisboa, na notícia intitulada "**D. Bernardo da Costa**", nestes termos: «No vapor "São Miguel", partiu ontem para Lisboa, acompanhado de sua esposa e filhos, o sr. D. Bernardo da Costa de Sousa de Macedo, governador civil deste distrito./ O sr. D. Bernardo e sua ilustre esposa, embarcaram pelas 3 horas da tarde, no cais da entrada da cidade mas já muito antes dessa hora um número considerável de pessoas se achava no palácio de S. Lourenço, a fim de apresentarem as suas despedidas a suas ex.ªˢ que eram também aguardados nas imediações do mesmo palácio por inúmeras damas e cavalheiros, que os acompanharam até à extremidade do cais, indo muitos deles a bordo./ Era um cortejo verdadeiramente imponente o que se formou da porta de S. Lourenço até o lugar do embarque, vendo-se nele incorporadas muitas pessoas, da nossa primeira sociedade, titulares, grande número de funcionários públicos, oficiais do exército, comerciantes, proprietários, representantes da imprensa e muitos outros indivíduos sem distinção de partido ou classe. [...]» Deixava assim o Funchal este benquisto governador que, em breve, seria nomeado governador-geral de Cabo Verde.

[688] BMF, *O Jornal*, 4 de junho de 1907.

Sé do Funchal, onde uma senhora estrangeira residente no Funchal deixou dinheiro para ser entregue à Irmã Wilson. *Coleção do autor.*

rível epidemia da varíola.

Esta solenidade é feita a expensas dum grupo de rapazes que para tal fim se quotizaram.

São dignos de elogio esses mancebos, pois nem só devemos pôr a nossa confiança nas medidas e recursos da medicina para a debelação do mal, mas também recorrer ao auxílio do alto, que por mais de uma vez libertou esta nossa ilha de outros horrorosos flagelos.

Baile infantil[689]

É sexta-feira próxima que se realiza, no Casino da Quinta Vigia, um Baile infantil, cujo produto reverterá a benefício dos variolosos pobres internados no Lazareto.

A varíola[690]

Desde domingo último até hoje deram entrada no Lazareto 17 variolosos; nos últimos dois dias tiveram alta daquele edifício 7 indivíduos já curados, e ontem faleceram ali dois desses infelizes.

*

Acham-se presentemente internados no Lazareto 95 variolosos; destes estão em grave estado, 8; melhores, 50; em convalescença, 15; no mesmo estado, 22.

*

Os reverendos párocos do Porto da Cruz e os srs. José Bernardes Fontana e João Venâncio Perry da Câmara, promoveram uma subscrição no domingo do Espírito Santo na freguesia do Porto da Cruz, entre várias pessoas da localidade, para os variolosos, rendendo a quantia de 10$310 réis.

*

O rev. padre Jacinto da Conceição Nunes, Cura da Sé, trouxe-nos meia libra em ouro, que lhe tinha sido entregue por uma senhora estrangeira residente nesta cidade, no domingo último, para ser dada à benemérita Irmã Wilson em favor dos variolosos.

Em nome dos contemplados agradecemos à generosa senhora tão caridosa oferta.

*

Num dos vapores costeiros vieram há dias da freguesia da Boaventura vários géneros alimentícios, enviados pelo rev. pároco e destinado às pessoas internadas no Lazareto.

*

No domingo próximo percorrerá vários sítios da freguesia de S. Gonçalo um bando precatório promovido por alguns habitantes da mesma paróquia em favor dos variolosos, acompanhando-os duas orquestras.

Levarão uma bandeira estendida 4 mancebos que estiveram internados no Lazareto e ao presente inteiramente curados.

Realizado o peditório, irão depor nas mãos da Irmã Maria Wilson as esmolas recolhidas.

---

[689] BMF, *O Jornal*, 5 de junho de 1907.
[690] BMF, *O Jornal*, 5 de junho de 1907.

Agradecimento[691]

Maria Isabel G. Figueira e seu marido João Rodrigues Figueira, a quem a varíola atacou um seu filho Francisco José Figueira, o qual deu entrada no Lazareto no dia 5 de maio, e que hoje têm a ventura de o abraçar, de todo restabelecido, devido aos grandes esforços das beneméritas Irmãs de S. Francisco, não podem calar na alma quanto são gratos à Boa Mãe, a Ex.ma Sr.a Wilson e à boa Irmã Maria Elisabeth e aos Ex.mos Srs. Drs. Nuno S. Teixeira, Carlos L. Monteiro e José J. de Freitas, pelos grandes esforços que fizeram para salvar a seu filho de uma morte certa.

Assim como agradecemos a todos os benfeitores que concorreram com suas ofertas para aquela casa de isolamento das quais seu filho também compartilhou.

A todos o nosso eterno reconhecimento.

Funchal 5 de junho de 1907.

SAÚDE PÚBLICA[692]
Subscrição a favor das vítimas da varíola

Transporte	1:825$780
Búzio	3$000
José Fernandes Velosa	490
Soma	1:825$270

[...] A *matinée infantil*, no *Casino Pavão*, a benefício dos variolosos internados no Lazareto, realiza-se amanhã, das duas horas às cinco da tarde, em lugar de uma às quatro.

Os bilhetes para esta encantadora festa, que despertou grande entusiasmo, acham-se hoje à venda no *Café Mónaco*; e amanhã, à entrada do *Casino*.

Amanhã publicamos o respetivo programa, que é dos mais atraentes.

Varíola[693]

[...] Diversos habitantes da freguesia de S. Gonçalo promovem no próximo domingo um bando precatório, dentro daquela freguesia, em benefício dos variolosos pobres que se acham em tratamento no Lazareto, indo em seguida àquele edifício entregar à irmã Wilson o produto da «quête».

Irá estendida uma bandeira segurada por 4 rapazes ex-variolosos daquela freguesia.

Serão acompanhados por duas orquestras. [...]

A varíola[694]

Vai, felizmente, declinando esta epidemia que desde há meses se tornou nossa incómoda hóspede. Existem ainda alguns casos disseminados na cidade e nos campos, contudo já não se repetem com tanta frequência. Esperamos que esta melhoria sanitária continuará, desvanecendo-se os temores que a todos assaltavam pelo natural amor à vida, e em especialidade, ao comércio pelos graves inconvenientes que resultam do facto dos vapores das várias companhias estrangeiras deixarem de visitar o nosso porto, mal este que se refletiria consideravelmente nos interesses de toda a ilha. [...]

O rev.º padre Mendes, pároco da Boaventura, influiu no ânimo dos festeiros, que na sua freguesia estavam encarregados da celebração da solenidade em honra do divino Espírito Santo, no ano corrente, para que, em vez de despenderem uma grande quantia em fogo, como era costume, a reservassem para socorrerem os infelizes internados no Lazareto, ao

---

691 BMF, *O Jornal*, 5 de junho de 1907; BMF, *Diário de Notícias*, 6 de junho de 1907; BMF, *O Direito*, 6 de junho de 1907.

692 BMF, *Diário de Notícias*, 6 de junho de 1907.

693 BMF, *O Direito*, 6 de junho de 1907.

694 BMF, *O Jornal*, 6 de junho de 1907.

que os ditos festeiros acederam.

Não podemos deixar de enaltecer uma tal iniciativa do rev.º pároco da Boaventura. [...]

QUINTA PAVÃO[695]
Matinée infantil
Hoje, 7 de junho de 1907
Das 2 às 5 horas da tarde
PROGRAMA[696]
1.ª PARTE

Poesia recitada pela menina Maria B. de Agrela
1 – «Reverie», melodia pelo sexteto Agostinho Martins .... *B. C. Fauconier*
2 – «Impromptu», para piano, pela sr.ª D. Olga L. Cunha de Freitas .... *Chopin*
3 – «Reverie», para violoncelo, pela sr.ª D. Maria U. Passos Almeida, acompanhada ao piano pela sr.ª D. Augusta Passos Almeida .... *Dunkler*
4 – «Brise du soir», valsa pelo sexteto .... *E. Gillet*

2.ª PARTE

5 – «Au bord de la mer», «reverie» pelo sexteto .... *Dunkler*
6 – «Impromptu», para piano pela sr.ª D. Cora Alice Cunha .... *Schubert*
7 – «Favorita», terceto para violino, violoncelo e piano, pelas sr.ªs D. Isilda P. Almeida, D. Maria U. Passos Almeida e D. Augusta Passos Almeida .... *Donizetti*
8 – «The Honeymoon», marcha pelo sexteto .... *J. Rosey*

*

Perspetivas dos arredores e salão de baile da antiga Quinta Pavão. *BMF, Madeira: Old and New, 1909.*

Esta festa de caridade promete ser notavelmente concorrida, não só pelo pelo fim humanitário a que se destina, como também pelos seus muitos atrativos.

SAÚDE PÚBLICA[697]

[...] Desde o começo da epidemia da varíola até o dia 3 do corrente, foram participados na subdelegação de saúde 616 casos e 282 óbitos. [...]

A comissão encarregada dos festejos feitos na rua dos Tanoeiros, em honra do S. S. Sacramento da freguesia da Sé, ao terminarem os mesmos, dirigiu-se, acompanhada pela filarmónica *Recreio Lusitano,* a casa dum antigo membro da mesma comissão, o sr. Francisco Gomes de Abreu, morador à rua de Santa Maria, onde o sr. Pedro da Vera Cruz Silva fez uma *quête* em benefício dos variolosos pobres internados no Lazareto, a qual rendeu a quantia de 2$580 réis, que ontem nos foi entregue, assim como a de 1$710 réis, saldo que ficou, depois de satisfeitas todas as despesas com os referidos festejos, para ter o mesmo destino, e um

---

[695] BMF, *Diário de Notícias*, 7 de junho de 1907.
[696] Sob o título "Matinée infantil", o programa deste evento foi igualmente divulgado na edição do mesmo dia do *Diário do Comércio*.
[697] BMF, *Diário de Notícias*, 7 de junho de 1907.

fato usado para um dos mencionados variolosos.

Em nome dos contemplados agradecemos a generosa lembrança da simpática comissão.

*

A comissão encarregada dos festejos que se realizaram na rua dos Tanoeiros nos dias 1 e 2 do corrente, vem por este meio agradecer a todas as pessoas que concorreram, com donativos, para o mesmo fim.

A comissão,
Manuel do Nascimento Silva.
João H. Faria.
Pedro da Vera Cruz Silva.

[...] Não é no domingo próximo que se realiza na freguesia de S. Gonçalo o anunciado bando precatório, mas sim no domingo seguinte, em virtude de se realizar nesse dia, na igreja paroquial, o encerramento da devoção do mês do Sagrado Coração de Maria. [...]

Matinée infantil[698]

É hoje que se realiza no Casino Pavão a matinée infantil, em benefício dos variolosos pobres que se acham em tratamento no Lazarento de Gonçalo Aires.

Principia às 2 horas e termina às 5 horas da tarde.

Os bilhetes para esta festa acham-se hoje à venda na entrada do casino.

SAÚDE PÚBLICA[699]
Subscrição a favor das vítimas da varíola

Transporte	1:829$270
Da comissão dos festejos em honra do Santíssimo Sacramento na rua dos Tanoeiros	4$290
Soma	1:833$560

[...]

Arco de S. Jorge, 5-6-07[700]

Fez-se domingo passado, 2 do corrente, o encerramento do mês de Maria com pompa e aparato exclusivamente religioso.

Não houve esses estertores ruidosos da pirotecnia e flautada que tanto encanto merecem aos menos devotos e amigos de que as festas lhes falem mais aos ouvidos do que aos corações. [...]

São dignas de todo o elogio as beneméritas Irmãs Franciscanas que durante todo o mês de Maria se não pouparam a trabalho, nem sacrifícios, no louvável empenho de tornarem mais esplendoroso e brilhante, mais belo e atraente o culto tributado à Virgem.

Igreja do Arco de São Jorge. *Foto do Cónego Dias existente no Secretariado da Irmã Wilson.*

Oxalá a Virgem Santíssima se digne iluminar com o sol da divina justiça no céu os que na terra se sentem felizes, desfolhando flores no seu altar.

Até breve.

Correspondente.

---

698 BMF, *O Direito*, 7 de junho de 1907.
699 BMF, *Diário de Notícias*, 8 de junho de 1907.
700 BMF, *O Jornal*, 8 de junho de 1907. Texto publicado na rubrica "Notícias rurais".

Na matinée infantil realizada na Quinta Pavão em prol dos variolosos pobres assistiu-se a uma das primeiras manifestações de folclore madeirense no séc. XX. *Coleção do autor.*

Casino «Pavão»[701]

Conforme noticiámos, realizou-se ontem, neste casino, a «matinée» infantil em benefício dos variolosos pobres internados no Lazareto.

O programa foi maravilhosamente executado, causando muita sensação o *bailinho dos vilões*, sendo todas as crianças que nele tomaram parte unanimemente aplaudidas. [...]

SAÚDE PÚBLICA[702]
Subscrição a favor das vítimas da varíola

Transporte	1:833$560
Anónimo	1$000
Anónimo	1$700
Soma	1:836$260

[...] Dos srs. Wolffenstein & Horwitz recebemos 36 pedaços de morim para os internados no Lazareto, o que muito agradecemos em nome dos contemplados.

*

Segundo as informações que nos foram prestadas, a epidemia de varíola continua a decrescer dentro da cidade, havendo bem fundadas esperanças de que o mal desapareça, dentre nós, em muito pouco tempo.

São os nossos mais sinceros e ardentes votos. [...]

Varíola[703]

[...] A matinée infantil que se realizou anteontem no Casino Pavão, em benefício dos variolosos pobres que se acham no Lazareto, deixou em todos a mais viva impressão, sendo todas as pessoas que tomaram parte naquela encantadora festa alvo de calorosos aplausos por parte dos assistentes.

Antes de começar a matinée a excelente banda regimental tocou várias peças do seu vasto reportório.

---

[701] BMF, *O Jornal*, 8 de junho de 1907.
[702] BMF, *Diário de Notícias*, 9 de junho de 1907.
[703] BMF, *O Direito*, 9 de junho de 1907.

SAÚDE PÚBLICA[704]
Subscrição a favor das vítimas da varíola

Transporte	1:836$260
Anónimo	400
Soma	1:836$660

[...] Informou-nos a Irmã Wilson que não é verdade ter dado alta do Lazareto nenhum varioloso no período da descamação, como constou ao nosso solícito correspondente do Paul do Mar.

A Irmã Wilson tem tido o maior cuidado para que só saiam do Lazareto os indivíduos que estejam em franca convalescença.

Agradecimento[705]

Carolina Jardim e Adelaide dos Santos cumprem o imperioso dever, fazendo pública a sua eterna gratidão para com as beneméritas irmãs Wilson e suas dedicadas companheiras e bem assim para com os srs. drs. Nuno S. Teixeira e Carlos Leite Monteiro, pelos carinhosos e nunca olvidados serviços que dispensaram no Lazareto, à sua criada de cor, Sofia, que devido aos grandes cuidados de suas ex.ªs já se acha restabelecida da terrível varíola que a acometeu.

Funchal, 10 de junho de 1907.

A Irmã de Santo António com outras Irmãs, na Zona Suja do Lazareto, junto de uma criança negra que havia sido ali internada. Do número de variolosos ali acolhidos, uma grande parte era composta por crianças de tenra idade, muitas das quais viriam a sucumbir face à gravidade do seu quadro clínico. *Secretariado da Irmã Wilson.*

---

704 BMF, *Diário de Notícias*, 10 de junho de 1907.
705 BMF, *Diário de Notícias*, 11 de junho de 1907.

Quermesse[706]

Nos dias 29 e 30 do corrente realizar-se-á no «Jardim D. Amélia» uma *quermesse* promovida pela *Associação de Socorros Mútuos do Sexo Feminino do Funchal*, reservando-se 10% da receita para benefício dos variolosos do Lazareto do Funchal.

O programa da *quermesse* será o seguinte:

1.º – Abertura solene pelas 4 horas da tarde, tocando a excelente banda regimental de infantaria 27.

2.º – Abertura de três bazares, em que serão expostos muitos objetos finos e de bom gosto e se procederá à rifa de uma dádiva oferecida por Sua Majestade a Rainha, Presidente honorária desta associação.

3.º – Concerto pela filarmónica dos *Artistas Funchalenses* que executará em ambos os dias, das 6 às 10 horas da noite, um programa inteiramente novo e escolhido.

4.º – Iluminação completa do Jardim por focos elétricos.

A comissão encarregada do levar a efeito esta *quermesse* tem desenvolvido todo o zelo e atividade, esperando ver coroados os seus esforços pelo auxílio do público funchalense, que mais uma vez irá contribuir para o desenvolvimento desta tão útil associação e para o conforto dos infelizes variolosos.

SAÚDE PÚBLICA[707]
Subscrição a favor das vítimas da varíola

Transporte	1:836$660
Da direção do «Club Restauração» produto duma multa aplicada a um empregado ...	4$000
Soma	1:840$660

[...] A Irmã Wilson pede-nos que em seu nome testemunhemos, por este meio, o seu eterno reconhecimento aos benfeitores, abaixo mencionados, pelos donativos com que se dignaram contemplar os variolosos internados no Lazareto:

Dos srs. festeiros do Domingo do Espírito Santo em S. Gonçalo, um grande açafate de pão benzido;

De sua ex.ª rev.ma o prelado diocesano, duas garrafas de mel de abelhas;

Do sr. Daniel da Costa, uma grande giga de batatas (semilhas);

Da comissão composta dos srs. Júlio da Silva, Jordão Augusto Correia, João Patrício Pestana e Manuel Gonçalves, o balanço de 8$500 réis, que ficou das despesas com iluminação, música etc., da festa do S. S. Sacramento que se realizou na igreja paroquial de Santa Maria Maior.

*

Relativamente às notícias espalhadas de que saíam do Lazareto indivíduos ainda no período da descamação, causando isso reparos de muitos lados, sabemos que essas exfoliações observadas não podem referir-se à das pústulas dissecadas, mas sim à que se observa, em muitas enfermidades exantemáticas, independentemente da varíola, e que não oferecem perigo de contágio, porque o doente sai completamente curado da enfermidade que o atingiu.

*

Não foi o nosso correspondente do Paul do Mar que informou que do Lazareto saíra uma variolosa, no período da descamação, como dissemos por equívoco, mas sim, o nosso correspondente do Porto do Moniz.

Aí fica feita a necessária retificação. [...]

---

[706] BMF, *Diário de Notícias*, 11 de junho de 1907. Este programa foi igualmente repetido na edição de 19 de junho do *Heraldo da Madeira*.

[707] BMF, *Diário de Notícias*, 12 de junho de 1907.

3.7.1907

SAÚDE PÚBLICA[708]
Subscrição a favor das vítimas da varíola

Transporte	1:840$660
Produto duma subscrição feita pela menina D. Hermenegilda Lomelina Fernandes de Sousa	3$150
Soma	1:843$810

[...]

Bando precatório[709]

No próximo domingo, vários moradores de S. Gonçalo percorrerão a sua freguesia a pedir esmola para os infelizes variolosos internados no Lazareto.

O itinerário é o seguinte: sairá a comissão do adro da Igreja, às nove horas da manhã, percorrendo as estradas das Neves, Palheiro do Ferreiro, Boa Nova, Forca e Lazareto, onde será entregue a Miss Wilson o produto do bando.

No sítio da Forca, deverá passar das quatro para as quatro e meia da tarde.

Acompanharão a comissão duas orquestras, e as ofertas serão depostas numa bandeira da Cruz Vermelha conduzida por quatro indivíduos já curados de varíola indo também homens com cestos para receberem qualquer donativo para o mesmo fim.

"Quermesse"[710]

Nos dias 29 e 30 do corrente realiza-se no Jardim "D. Amélia" uma grande "Quermesse" a benefício da benemérita Associação de Socorros Mútuos do Sexo Feminino do Funchal e dos variolosos internados no Lazareto.

D. Henriqueta Gabriela de Sousa. *BMF,* Registo Bio-Bibliográfico de Madeirenses, *[1984].*

Promete ser uma festa encantadora, e o seu fim é duplamente simpático e atraente, por isso que vai contribuir para aumentar os fundos de tão útil agremiação e beneficiar os que tiveram a infelicidade de ser atacados pela varíola e que se encontram em tratamento no Lazareto.

Sabemos que a comissão encarregada destes festejos tem sido incansável, não se poupando a trabalhos e esforços para dar-lhes todo o brilhantismo possível, e entre os membros dessa comissão contam-se as sr.as D. Lélia da Veiga França, D. Matilde do Socorro Pereira Araújo, D. Matilde Augusta Pereira, D. Matilde Carvalho Klutt, D. Virgínia Pereira de Matos, D. Maria Amélia Correia de Freitas e D. Henriqueta Gabriela de Sousa.

É de esperar, que o público funchalense mais uma vez se dignará auxiliar esta comissão, para que sejam coroados do melhor êxito os seus beneméritos esforços em favor dos desprotegidos da fortuna.

Bando Precatório[711]

Um grupo de indivíduos da freguesia de S. Gonçalo, resolveu organizar um bando precatório que no domingo próximo, 16 do corrente, deverá percorrer várias ruas e sítios da mesma freguesia, a fim de angariar donativos para os variolosos que se encontram em tratamento no Lazareto desta cidade.

---

[708] BMF, *Diário de Notícias*, 13 de junho de 1907.
[709] BMF, *Diário Popular*, 13 de junho de 1907.
[710] BMF, *Heraldo da Madeira*, 13 de junho de 1907.
[711] BMF, *Heraldo da Madeira*, 13 de junho de 1907.

O produto será entregue a miss Wilson, cujos sentimentos de caridade têm feito eco no coração do nosso povo, por forma a todos lhe prestarem as maiores homenagens como prova de muito reconhecimento e alta consideração.

A comissão promotora do bando precatório da freguesia de S. Gonçalo publicou um avulso expondo os seus fins e avisando o público do dia em que o mesmo se realiza.

É desse avulso que recortamos os dois períodos que se seguem:

"O itinerário é o seguinte: saída do adro da igreja às 9 horas da manhã, percorrendo as estradas das Neves, Palheiro Ferreiro, Boa Nova, Forca, e Lazareto, onde se entregará a miss Wilson o produto da subscrição.

Acompanhará a comissão duas orquestras e as ofertas serão depostas na bandeira da Cruz Vermelha conduzida por quatro ex-variolosos, indo homens com cestos a fim de receber qualquer donativo que ofereçam à comissão para o mesmo fim, porque tudo é esmola."

Das 4 para as 4 e meia horas da tarde o bando deve passar no sítio da Forca.

Louvando tão generosa iniciativa, fazemos votos para que seja coroada do mais lisonjeiro resultado.

SAÚDE PÚBLICA[712]

[...] A Irmã Wilson pede-nos para, em seu nome, agradecermos à redação d'*O Jornal* a oferta de meia libra (2$280 réis), dum anónimo, por intermédio daquela gazeta e dum pacote de roupas usadas, também deixado por uma anónima, no Recolhimento do Bom Jesus.

*

O bando precatório que se realiza depois de amanhã na freguesia de S. Gonçalo a favor dos variolosos pobres, internados no Lazareto, sairá do adro da igreja paroquial pelas 9 horas da manhã, percorrendo as estradas das Neves, Palheiro Ferreiro, Boa Nova, Forca e Lazareto, onde o produto da *quête* será entregue à Irmã Wilson.

Varíola[713]

[...] Na freguesia de S. Gonçalo haverá no domingo próximo um bando precatório, que serão entregues a Miss Wilson para ajuda do tratamento dos variolosos entregues aos seus vigilantes cuidados.

O bando sai do adro da igreja de S. Gonçalo às 9 horas da manhã, percorrendo as estradas das Neves, Palheiro Ferreiro, Boa Nova, Forca e Lazareto.

Os donativos serão recebidos na bandeira da Cruz Vermelha, conduzida por quatro ex--variolosos, indo homens com cestos, a fim de transportarem todas as esmolas.

Acompanham o bando duas orquestras.

Bando precatório[714]

Domingo próximo, percorrerá diversas ruas e sítios da freguesia de S. Gonçalo, um bando precatório, a fim de angariar donativos para os variolosos que se acham em tratamento no Lazareto.

BANDO PRECATÓRIO[715]

Sairá amanhã na freguesia de S. Gonçalo, acompanhado duma orquestra, um bando precatório a benefício dos internados no Lazareto.

---

[712] BMF, *Diário de Notícias*, 14 de junho de 1907.
[713] BMF, *O Direito*, 14 de junho de 1907.
[714] ABM, *O Jornal*, 14 de junho de 1907.
[715] BMF, *Correio da Tarde – Jornal Progressista*, 15 de junho de 1907.

3.7.1907

Em São Vicente um grupo de senhoras organizou-se em comissão com o intuito de angariar donativos para os variolosos do Lazareto. *Coleção do autor.*

SAÚDE PÚBLICA[716]
Subscrição a favor das vítimas da varíola

Transporte	1:843$810
Da comissão promotora dos festejos na rua dos Ferreiros, entre o Chafariz e rua do Bispo, por ocasião da festa do Santíssimo Sacramento na Sé	2$000
Soma	1:845$810

[…] O sr. conselheiro Dr. Jardim de Oliveira, ilustre secretário-geral, servindo de governador civil, oficiou a 12 do corrente ao corpo consular desta ilha, comunicando que, tendo ouvido no mesmo dia o sr. dr. delegado de saúde, lhe foi afirmado que o estado sanitário é consideravelmente melhor e que não há perigo algum para a navegação que toca no Funchal, porquanto os poucos casos que ainda aparecem são logo isolados no Lazareto e os domicílios imediatamente desinfetados.

*

Como noticiámos em tempos, algumas senhoras da freguesia de S. Vicente constituíram-se em comissão, com o fim de obter donativos para os variolosos internados no Lazareto de Gonçalo Aires.

Hoje temos o prazer de registar que a subscrição atingiu a importância de réis 92$490, e cumpre-nos agradecer a honra com que nos distinguiram, encarregando-nos de enviarmos essa importância à benemérita Miss Wilson.

A tão digna comissão apresentamos as mais cordiais felicitações pela sua iniciativa e pelo feliz êxito obtido.

Na respetiva seção publicamos o comunicado que nos foi enviado. […]

[Sem título][717]

Sr. Diretor do «Diário de Notícias».

Com o fim de angariarmos, nesta freguesia, alguns donativos com os quais pudéssemos socorrer os nossos pobres e infelizes irmãos variolosos internados no Lazareto de Gonçalo Aires, dessa cidade, e minorar as dificuldades com que a mui filantropa Miss Wilson, diretora daquele estabelecimento de isolamento, deve ter lutado para sustentar as muitas pessoas ali internadas, constituímo-nos em comissão e, percorrendo todos os sítios desta freguesia, conseguimos obter a importância de 92$490 réis, que tomamos a liberdade de enviar a V. …, assim como a relação dos subscritores, solicitando-lhe a subida fineza de as fazer chegar às mãos daquela generosa senhora, a quem manifestamos a nossa máxima admiração pela sua incomparável coragem e inexcedível amor ao próximo, fazendo votos

---

716 BMF, *Diário de Notícias*, 15 de junho de 1907.
717 BMF, *Diário de Notícias*, 15 de junho de 1907. Texto inserido na rubrica "COMUNICADOS".

para que Maria Santíssima, Nossa Boa Mãe, lhe redobre a sua coragem e a das suas dedicadas irmãs, para encimarem a missão de que espontaneamente se encarregam.

Às pessoas que tão humanitariamente concorreram para esta subscrição, apresentamos, aqui, os nossos agradecimentos.

De V... etc.

S. Vicente,
1 – 6 – 907.

A comissão protetora,
Maria Adelaide de Brito Figueiroa.
Margarida Salazar Dinis.
Maria Teresa Esmeraldo Gouveia.
Ester de Freitas S. Almeida e Abreu.
Teresa da Paixão de Freitas.
Beatriz Amélia de Brito Figueiroa.
Clementina Assunção V. Branco.

Resultado da subscrição aberta na freguesia de S. Vicente, pelas abaixo assinadas, em benefício dos variolosos pobres internados no Lazareto do Funchal:[718]

(CÓPIA)
A COMISSÃO

Maria Adelaide de Brito Figueiroa	2$000
Beatriz Amélia de Brito Figueiroa	500
Margarida Salazar Dinis	3$000
Ester de Freitas S. A. Abreu	2$500
Maria Teresa E. de Gouveia	2$500
Teresa da Paixão de Freitas	1$000
Clementina Assunção V. Branco	1$000
D. Joana Gabriela d'O. Esmeraldo	1$000
D. Eva Isilda de Freitas Sousa	1$000
D. Ana Teixeira de Morais	500
D. Maria A. P. de Carvalho e Castro	500
D. Isabel A. de Sousa e Freitas	1$000
D. Helena de França Dória	1$000
D. Teresa Diniz de Aguiar	500
D. Carolina da E. de Freitas da Silva	500
D. Maria Pia Jardim	1$000
D. Virgínia de Sousa Brazão	1$000
D. Leonor de Freitas Costa	300
D. Georgina d'O Barbeito e Abreu	500
D. Umbelina Brazão Machado	500
D. Verónica de Sousa Nunes	1$500
D. Maria Emília Nunes Machado	1$000
D. Maria Carolina Jardim de Oliveira	1$000
D. Antónia Umbelina de Oliveira	500
D. Maria Nunes de Freitas	500
D. Maria Luísa Mendes	500
D. Maria Augusta de Aguiar	1$000
Viúva do sr. João G. de Andrade	500
Revd. António da Silva C. Valente	2$500
Revd. Mário Geraldo Jardim	1$000
O menino António Salazar Diniz	500
Fernando Mendes Esmeraldo	2$280
Valério de Sousa Brazão	2$000

---

[718] BMF, *Diário de Notícias*, 15 de junho de 1907. Lista inserida na mesma rubrica.

Manuel José de Aguiar	500
Manuel Cândido de Andrade	2$000
Manuel J. de Gouveia Brazão	1$000
Fábrica do Passo, propriedade de D. Augusta de Freitas Silva e João Gregório da Silva	8$000
Fábrica «Vitória», propriedade do sr. dr. Gregório Joaquim Diniz	2$500
Vicente Teodoro de Freitas	1$000
António de Gouveia Brazão Júnior	500
Frederico E. de Freitas da Silva	500
Bruno Brazão Machado	500
José Figueira da Silva	500
Frederico A. de Faria dos Reis	600
Anónimo	500
António João de Sousa	500
Anónimo	100
Anónimo	200
João Francisco de Andrade	500
Anónimo	300
Anónimo	100
Anónimo	100
Manuel Rufino de Gouveia	550
Manuel Gomes Camacho	200
Anónimo	100
João Ferreira de Ornelas	200
Anónimo	100
Manuel Justino de Ponte	500
Anónimo	100
Anónimo	120
João Figueira de Barros	200
Manuel José Natividade	500
António Gomes Camacho	200
Anónimo	70
Anónimo	60
Anónimo	100
João F. Figueira de Barros	50
Anónimo	100
António de Sousa	200
Manuel João de Sousa Brazão	500
Anónimo	40
José Vaz de Gusmão Martins	800
José Feliciano de Menezes	500
Anónimo	100
Anónimo	200
Anónimo	100
Anónimo	70
José Marques Rosa	200
António Gonçalves	50
Anónimo	100
Sara Rebeca	200
Teresa Pombo	50
Anónimo	50
João Gomes Andrade	200
Manuel Sebastião de Faria	700
Joaquim Baptista Ribeiro	900
Manuel António Andrade de Oliveira	500
Gregório Maria de Freitas	200
Anónimo	100
Manuel de Freitas da Silva	500
Manuel Joaquim de Andrade	300
José M. Diniz de Andrade	1$000
Valério de Andrade	600

Anónimo	80
Anónimo	50
Anónimo	50
Anónimo	100
Anónimo	40
Anónimo	60
Anónimo	40
Anónimo	30
Anónimo	20
Anónimo	50
Anónimo	70
Anónimo	70
Anónimo	40
Domingos António de Sousa	500
Vicente José de Sousa	500
Manuel de Sousa de Andrade	500
José Correia	200
Anónimo	200
Anónimo	200
Anónimo	40
Caetano José de Aguiar	500
António Francisco da Silva Branco	500
José da Silva Ganâncio	500
Anónimo	100
Anónimo	50
Anónimo	150
António Gomes Bazenga	500
José Maurício de Ponte	400
Anónimo	200
Anónimo	40
António de Sousa	1$000
Quête à porta da igreja	3$190
Anónimo	200
Anónimo	200
Anónimo	200
Silvino de Gouveia	100
José da Costa	600
Os trabalhadores da fábrica *Vitória*	800
Anónimo	60
Anónimo	100
Manuel de Sousa Nunes	500
Anónimo	200
Anónimo	100
Anónimo	50
Anónimo	100
Luís Amaro Teixeira	400
Anónimo	100
Anónimo	100
João Silvestre de Sousa	400
Anónimo	200
Anónimo	500
Anónimo	200
Caetano Nunes de Sousa	500
Anónimo	200
Anónimo	30
Anónimo	20
António Maria de Freitas	1$000
Manuel Pestana	200
Manuel Narciso da Silva	200
Anónimo	300

Anónimo	300
Anónimo	300
Anónimo	300
Anónimo	100
D. Maria Teixeira Baptista – uma toalha de linho	
Anónimo	200
Manuel Lúcio	100
Anónimo	420
Anónimo	200
Anónimo	350
Anónimo	200
Anónimo	300
Helena Ribeiro	200
Anónimo	200
Anónimo	150
Anónimo	250
Anónimo	100
Anónimo	50
Anónimo	300
Anónimo	150
Anónimo	400
Anónimo	100
Total	92$490

S. Vicente, 10 de junho de 1907.

Bando precatório[719]

Um grupo de rapazes da freguesia de S. Gonçalo sairá amanhã em bando precatório, a fim de angariar donativos para os variolosos pobres internados no Lazareto.

O itinerário é o seguinte: sairá do adro da igreja, às nove horas da manhã, percorrendo as estradas das Neves, Palheiro do Ferreiro, Boa Nova, Forca e Lazareto, onde será entregue a Miss Wilson o produto do bando.

No sítio da Forca, deverá passar das quatro para as quatro e meia da tarde.

Acompanharão a comissão duas orquestras, e as ofertas serão depositas numa bandeira da Cruz Vermelha conduzida por quatro indivíduos já curados de varíola, indo também homens com cestos para receberem qualquer donativo para o mesmo fim.

A varíola[720]

[...] Atingiu a importância de 92$490 réis a subscrição aberta na freguesia de S. Vicente, por um grupo de senhoras, em benefício dos variolosos.

Tal quantia vai ser entregue à benemérita Irmã Wilson.

A caridade e a varíola[721] – Se o braço da justiça divina continua a pesar sobre esta infeliz população da Madeira, também a caridade não descansa.

Praza a Deus aceitar estas belas obras, assim como as lágrimas, os sofrimentos das pobres vítimas do flagelo e as preces dos fiéis que imploram a misericórdia infinita, dignando-se enfim pôr termo à dolorosa provação que estamos experimentando.

Eis o rol das novas coletas:

A subscrição aberta no «Diário de Notícias» já subiu ao total de 1:836$660 réis, en-

---

[719] ABM, *Diário do Comércio*, 15 de junho de 1907.

[720] ABM, *O Jornal*, 15 de junho de 1907.

[721] BMF, *Quinzena Religiosa da Ilha da Madeira*, 15 de junho de 1907. Texto inserido na rubrica "Notícias diocesanas".

trando nesta soma uma oferta de 200$000 réis do ex.mo sr. J. Gordon Bennett, proprietário e diretor do grande jornal norte-americano «New York Herald», que passou aqui no seu belo yacht «Lisístrata».

– A subscrição das beneméritas alunas da escola Industrial, de que já falámos, ascendeu à quantia de 105$000 réis, que já foi entregue diretamente à veneranda Diretora do Lazareto.

– A subscrição e a quermesse promovidas pela briosa comissão académica dos alunos do nosso Liceu, de 3.º, 4.º e 5.º ano, com o auxílio de vários empregados de comércio, da banda «Artistas Funchalenses» e dos proprietários do material empregado, produziram um rendimento líquido de 466$500 réis, foram entregues diretamente à ex.ma Irmã Wilson.

– À generosa iniciativa de mais três alunos do Liceu, os srs. Cruz Baptista Santos, Juvenal de Araújo e Albino de Menezes deve-se ainda outra subscrição que rendeu 50$000 réis e foi entregue à mesma sr.ª Irmã Wilson.

– Finalmente nos domingo[s] 2 e 9 de junho organizaram-se mais 2 bandos precatórios; o 1.º nas freguesias do Monte, Santa Luzia, S. Pedro e Sé, organizado com o auxílio da filarmónica da freguesia, pela corporação dos carreiros de N.ª S.º do Monte, que teve a peito mostrar por sua vez que, longe de ser fechado aos nobres e generosos impulsos que fazem vibrar hoje tantas almas boas, o coração do pobre operário, que moureja para ganhar o sustento de cada dia, compartilha das dores e privações dos seus semelhantes. – A colheita de esmolas foi de 214$455 réis, que aquela boa gente correu logo [a] deitar nas mãos da *Boa Mãe*, como chamam à bondosa Irmã Wilson.

– O 2.º foi realizado na freguesia de S. Gonçalo por uma comissão de habitantes da localidade que recolheram   ?   e foram entrega-los à digníssima Irmã Wilson.

– Continuam a ser numerosos os donativos particulares especialmente em géneros, vinho e mobília.

SAÚDE PÚBLICA[722]

[…] É hoje que, conforme noticiámos, se realiza na freguesia de São Gonçalo o bando precatório a benefício dos variolosos pobres que se acham internados no Lazareto.

O bando passa no sítio da Forca das 4 para as 4 e meia horas da tarde.

*

As crianças do *Vintém das Escolas*, desejando também contribuir para as despesas com o tratamento dos variolosos internados no Lazareto de Gonçalo Aires, resolveram promover um bazar na Praça da Rainha, das 4 e meia horas em diante, nos dias 28 e 29 do corrente, pelo que pedem a todas as almas generosas a fineza de enviarem quaisquer objetos para a casa do sr. João Correia, à rua das Fontes n.º 1, até o dia 27.

Desde já apresentam os mais cordiais agradecimentos.

*

É merecedora do mais rasgado elogio a meritória resolução das crianças do Auxílio Maternal, colaborando na aquisição de donativos para os variolosos internados no Lazareto. […]

Bazar[723]

Nos dias 28 e 29 do corrente, véspera e dia de São Pedro, as alunas da escola do Vintém das Escolas organizam um bazar na Praça da Rainha, cujo produto reverterá em benefício dos variolosos pobres que se encontram em tratamento no Lazareto, devendo a importância liquidada ser, pelas próprias crianças, levada àquele hospital.

Os nossos aplausos por tão simpática ideia.

---

[722] BMF, *Diário de Notícias*, 16 de junho de 1907.
[723] BMF, *Heraldo da Madeira*, 16 de junho de 1907.

Bando Precatório[724]
Conforme há dias noticiámos, é hoje que na freguesia de São Gonçalo se realiza o bando precatório em benefício dos variolosos recolhidos no Lazareto.

SAÚDE PÚBLICA[725]
[...] Realizou-se no domingo último o bando precatório promovido por um grupo de habitantes da freguesia de S. Gonçalo, a benefício dos variolosos pobres internados no Lazareto, percorrendo o itinerário anunciado.

Teve, como era de esperar, o mais efusivo e simpático acolhimento por parte do público. Acompanhou o bando o revd.º pároco da freguesia, e bem assim duas orquestras.

Produziu em dinheiro 197$810 réis, sendo feitas também ofertas em roupas, pano, couves, *semilhas*, batatas, nabos, cenouras, cachos de bananas, vinho em garrafões e garrafas, 15 galinhas, ovos, laranjas, morangos, uma *corçada* de lenha, uma bezerra e 6 latas com bolacha, tudo no valor de cerca de 100$000 réis.

Foi oferecido mais uma *corçada* de lenha que deve ser hoje conduzida para o Lazareto.

A comissão promotora do bando precatório pede-nos que, em seu nome, apresentemos o seu eterno reconhecimento a todas as pessoas que contribuíram com donativos, especialmente, ao sr. Blandy pelas belas ofertas que se dignou fazer, e pela licença que deu para a passagem, por dentro da sua quinta, onde o bando teve o melhor acolhimento por parte do feitor, e trabalhadores.

A todos protesta a sua eterna gratidão.

São dignos dos mais rasgados elogios os promotores do bando precatório, e todos os dignos habitantes de S. Gonçalo. [...]

Os srs. João de Freitas e Marques de Freitas, com talho ao largo da Praça, haviam encomendado um bezerro para ser oferecido ao bando precatório que se realizou anteontem em S. Gonçalo, e que devia ser conduzido pelos filhos dos oferentes, mas como o bezerro não chegou a tempo, resolveram os mesmos oferentes enviar a Miss Wilson uma porção de carne equivalente.

Bem hajam por isso.

*

Uma comissão de alunos da Escola Comercial anexa à Associação Comercial do Funchal promoveu espontaneamente uma subscrição entre si a favor dos variolosos pobres internados no Lazareto, a qual rendeu a quantia de 25$095 réis.

Esta importância foi entregue a Miss Wilson, no dia 26 de maio.

É uma ação meritória que registamos com prazer.

Varíola[726]
[...] O bando precatório promovido por um grupo de habitantes da freguesia de S. Gonçalo, rendeu cento e tantos mil réis, em dinheiro, algumas galinhas e muita verdura.

A varíola[727]
[...] No dia 9 do corrente celebrou-se na freguesia da Ribeira Brava uma missa cantada com sermão ao glorioso mártir S. Sebastião, para implorar deste estrénuo confessor da fé a preservação daquela freguesia do flagelo da varíola.

É particular a devoção do povo da paróquia da Ribeira Brava para com o ínclito mártir que em tempos idos libertou aquela freguesia de um grande flagelo que a assolava.

*

---
[724] BMF, *Heraldo da Madeira*, 16 de junho de 1907.
[725] BMF, *Diário de Notícias*, 18 de junho de 1907.
[726] BMF, *O Direito*, 18 de junho de 1907.
[727] BMF, *O Jornal*, 18 de junho de 1907.

O bando precatório que, subdividido em dois grupos, no domingo último percorreu a freguesia de S. Gonçalo, colhendo esmolas para os variolosos, acompanhando um dos grupos o rev.º Vigário, obteve a importante quantia de réis, 197$810, que foi entregue à Irmã Wilson, bem como, entre outras coisas mais, uma bezerrinha, atingindo estes objetos oferecidos o valor provável de 100$000 réis. […]

SAÚDE PÚBLICA[728]
Subscrição a favor das vítimas da varíola

Transporte	1:845$810
A *quête* promovida pelos srs. Luís Agostinho Santana Ferreira e Eduardo Valério de Castro, para os variolosos internados no Lazareto rendeu	2$500
Soma	1:848$310

[…] No domingo, 30 do corrente, vários rapazes moradores na freguesia de Santa Maria Maior promovem um bando precatório em toda aquela freguesia, sendo o seu produto destinado ao tratamento dos variolosos internados no Lazareto.

O bando sairá do sítio do Lagar, no caminho do Palheiro e é acompanhado duma orquestra que tem a sua sede na Quinta do Faial.

Brevemente publicaremos o itinerário.

*

Sabemos que no dinheiro entregue a Miss Wilson, proveniente dos donativos dos bandos precatórios, foram encontradas moedas de cobre, na importância de 180$000 réis, o que bem demonstra quanto as classes mais pobres da nossa sociedade têm contribuído para minorar a sorte dos nossos desditosos irmãos variolosos. […]

Em favor dos variolosos[729]

Segundo nos informam devem começar brevemente os ensaios para uma agradável diversão que um grupo de bons rapazes projeta realizar no Campo D. Carlos, em benefício dos variolosos que se acham internados no Lazareto.

Essa diversão constará de cavalhadas[730] e o «Jogo da Rosa».

Os iniciadores de tão agradável quão útil diversão são os srs. Manuel de Freitas Júnior, Álvaro da Cruz Sobral e João Gualberto de Faria.

A varíola[731]

[…] No último domingo do corrente mês, um grupo de rapazes da freguesia de Santa Maria Maior, acompanhados de uma orquestra, percorrerão aquela freguesia no intuito de colherem esmolas em favor dos variolosos pobres internados no Lazareto. […]

NOTÍCIAS DA TRINDADE[732]

Os nossos patrícios empregados no comércio da Trindade, ao terem conhecimento da terrível varíola que grassa entre nós, fizeram reunir o «Grupo Dramático» Português, tendo como presidente o sr. Manuel Aires de Vasconcelos e secretário o nosso prezado amigo sr. Ricardo Zeferino Coelho, que em seção [sessão], resolveu abrir entre si uma subscrição a favor dos internados no Lazareto G. Aires, cuja importância foi de 213:230 réis, sendo enviado este donativo à ilustre redação do «Diário de Notícias». […]

---

728 BMF, *Diário de Notícias*, 19 de junho de 1907.
729 BMF, *Diário Popular*, 19 de junho de 1907.
730 Antiga denominação das corridas de cavalos realizadas no Funchal oitocentista.
731 BMF, *O Jornal*, 19 de junho de 1907.
732 BMF, *Correio da Tarde – Jornal Progressista*, 20 de junho de 1907.

3.7.1907

Associação do Sexo Feminino do Funchal[733]

Realiza-se nos dias 29 e 30 do corrente, no *Jardim D. Amélia*, uma *quermesse* a benefício da Associação do Sexo Feminino do Funchal, revertendo dez por cento da receita bruta dessa festa a favor dos variolosos internados no Lazareto.

Haverá três bazares, onde serão expostos à venda muitos objetos escolhidos e de bom gosto, entre os quais figura, e será rifada, uma delicada oferta de Sua Majestade a Rainha, presidente honorária daquela Associação.

O Jardim será todo iluminado a focos elétricos.

A excelente banda regimental tocará, nos dois dias, desde as 4 às 6 horas da tarde; e desde essa hora até às 10 da noite, toca a apreciável filarmónica dos *Artistas Funchalenses*, com um reportório todo novo.

A Comissão, organizadora da *quermesse*, está empregando louváveis esforços para o bom êxito deste benefício.

Tão plausíveis e meritórios são os fins a que se destina o produto desta festa, que certamente o público concorrerá com o seu generoso auxílio, a secundar os esforços da digna Comissão.

SAÚDE PÚBLICA[734]
Subscrição a favor das vítimas da varíola

Transporte	1:848$310
O produto de £ 46.10.6 enviadas pelo «Grupo Dramático Português», da ilha da Trindade, que ao câmbio do dia rendeu	213$315
Anónimo, n.º 7:478	850
« « 7:556	660
« « 7:460	750
Soma	2:063$885

[...]

Os nossos patrícios na Trindade
Patriótica e humanitária ação

Os nossos dignos patrícios estabelecidos na Trindade, logo que viram nas colunas do nosso *Diário* a subscrição a favor dos variolosos pobres, reuniram-se, num natural e nobilíssimo impulso de humanitarismo, resolvendo promover, entre si, uma subscrição que atingiu a importante soma de £ 46.10.6 ou sejam 213$315 réis na nossa moeda ao câmbio de ontem.

É digno do mais rasgado louvor o espírito filantrópico da colónia madeirense, na Trindade, que se lembrou de associar-se, carinhosa e generosamente, à santa cruzada a favor dos nossos infelizes irmãos atingidos pela varíola.

Ainda os menos favorecidos de fortuna, daqueles nossos patrícios, não deixaram de contribuir para fim tão simpático e humanitário, o que é tanto mais para enaltecer.

Acompanhou o importante donativo, a carta que publicamos noutra parte e na qual se fazem amáveis referências à nossa atitude na atual conjuntura, que muito agradecemos, se bem que não cumprimos senão o nosso dever.

Em nosso nome e no dos contemplados, apresentamos a expressão do mais cordial e efusivo agradecimento aos nossos briosos conterrâneos, pela sua ação meritória, especializando o sr. Manuel Alves de Vasconcelos, digno presidente do Grupo Dramático Português, na Trindade. [...]

Consta que no Campo de D. Carlos I se realizam brevemente cavalhadas, sendo o produto de entradas destinado aos variolosos pobres internados no Lazareto.

Excelente ideia. [...]

---

733 BMF, *Diário de Notícias*, 20 de junho de 1907.
734 BMF, *Diário de Notícias*, 20 de junho de 1907.

A Irmã Wilson esteve ontem conferenciando com Sua Ex.ª o sr. governador civil acerca dos internados no Lazareto.

A favor dos variolosos[735]

Com o maior prazer publicamos as seguintes carta e relação dos donativos que nos foram enviados pela colónia madeirense na Trindade:
… Redação do «Diário de Notícias».

Funchal.

… Srs.

Tendo o «Grupo Dramático Português» desta ilha encontrado nas colunas do seu mui conceituado jornal, uma subscrição aberta em favor das vítimas da varíola que atualmente é o flagelo do povo madeirense, resolveu, em sua sessão de 19 do corrente mês, unir-se de alma e coração a quem tão subidamente sabe desempenhar a alta missão de jornalista, desprezando as lutas políticas, para só se consagrar com toda a veemência à defesa da terra que tanto ama.

Seria, pois, um ato antipatriótico, se o «Grupo» que algumas provas de fidelidade tem dado à sua pátria, em ocasiões solenes, não se lembrasse, neste momento angustioso, dos seus patrícios que sofrem as terríveis consequências de tão grande mal, e por isso abriu, entre os seus patrícios, a subscrição que V.… incluso encontrarão, cujo produto vai em ordem do Banco.

Recebam, pois, … Srs. Redatores, os mais respeitosos cumprimentos do «Grupo» que embora distanciado centenas de léguas da sua mãe pátria, nunca se esquece daqueles que lutam em prol da humanidade, e concluindo, faz o «Grupo» votos para que V… continuem no caminho que encetaram na certeza que hão-de triunfar, orientados pela justiça e simpatia da causa.

Porto de Espanha, 26 maio de 1907,

O presidente do Grupo,
Manuel Aires de Vasconcelos.

Segue-se a relação dos subscritores e donativos:

«Grupo Dramático Português»	£	3.0.0.
Joaquim Ribeiro	«	5.4.2.
José Joaquim Ribeiro	«	5.4.2.
José Fernandes Reis	«	5.0.0.
Padre Pio M. Mc. Alinney O. P.	«	1.0.0.
Cônsul português	«	1.0.10.
João Augusto de Sousa	«	0.12.6.
António Neves	«	0.2.0.
J. M. Marques	«	0.5.0.
H. P. Sousa	«	0.2.0.
Francisco Quintal	«	1.0.10.
António F. Gonçalves	«	0.12.6.
João Carvão	«	0.2.0.
Anónimo	«	0.3.0.
«	«	0.2.0.
Amigo	«	0.2.0.
Roberto de Freitas	«	0.10.0.
H. Martins	«	0.4.2.
José S. Correia	«	0.4.2.
João Gonçalves Júnior	«	0.10.0.
Francisco de Sousa	«	0.2.0.
Carlos Netinho	«	0.2.0.

---

735 BMF, *Diário de Notícias*, 20 de junho de 1907.

3.7.1907

Carlos Gomes	«	0. 2. 1.
J. F. Camacho	«	0. 2. 0.
Manuel Gonçalves	«	0. 4. 2.
António Gonçalves	«	0. 2. 1.
José Gomes dos Ramos	«	0. 2. 1.
José Teixeira	«	1. 0. 10.
Francisco Nunes	«	0. 8. 4.
Manuel Gonçalves	«	0. 4. 2.
António Pereira	«	0. 1. 0.
A. G. Resende	«	0. 5. 0.
João Teixeira	«	0. 1. 0.
Manuel Gomes	«	0. 4. 2.
Guilherme de Freitas	«	0. 1. 0.
José de Freitas	«	0. 1. 0.
José Rodrigues	«	0. 1. 0.
António Rodrigues	«	0. 1. 0.
António Fernandes	«	0. 1. 0.
João de Freitas	«	0. 1. 0.
João Augusto de Freitas	«	0. 1. 0.
A. Gomes	«	0. 1. 0.
J. A. C. de Macedo	«	0. 10. 0.
J. N. Pereira	«	0. 2. 0.
Manuel João da Silva	«	1. 0. 10.
A. A. de Santana	«	0. 1. 2.
M. Gonçalves	«	0. 1. 0.
José Ferreira	«	1. 1. 0.
João Maria de Sousa	«	1. 0. 10.
João Gomes	«	0. 1. 0.
Agostinho da Silva	«	0. 3. 0.
Manuel Martins Pereira	«	0. 2. 0.
Norberto Ferreira de Gouveia	«	1. 0. 10.
António de Freitas Perú	«	0. 2. 0.
José Gomes Jardim Júnior	«	0. 3. 0.
José de Freitas	«	0. 1. 0.
Manuel Alexandre de Freitas	«	0. 1. 0.
Fernando de Freitas	«	0. 4. 0.
João Rodrigues	«	0. 5. 0.
Manuel Gomes	«	0. 1. 0.
João Augusto Dias	«	0. 6. 0.
António Fernandes	«	0. 2. 0.
M. A. Macedo	«	0. 3. 2.
José Figueira	«	0. 1. 0.
J. S. Andrade	«	0. 4. 2.
João de Sousa	«	0. 7. 4.
José Gomes	«	0. 8. 4.
Manuel Fernandes	«	1. 0. 10.
J. G. Fernandes	«	0. 9. 4.
Henrique Fernandes	«	0. 5. 2.
João Pestana	«	0. 2. 0.
M. G. de Abreu	«	0. 1. 0.
Um português	«	0. 3. 2.
Januário Faria	«	0. 4. 0.
João Ferreira	«	0. 5. 10.
António F. de Sousa	«	0. 2. 0.
Carlos da Silva	«	0. 3. 1.
José F. de Sousa	«	0. 4. 0.
Luís da Silva	«	0. 2. 0.
J. J. Camacho	«	0. 3. 0.
Eduardo M. Ribeiro	«	0. 2. 1.
Joaquim Jerónimo	«	0. 3. 0.

F. G. de Oliveira	«	0. 10. 0
M. de Oliveira	«	0. 4. 2.
Francisco de Ornelas	«	0. 5. 2.
J. Teixeira	«	1. 0. 0.
Alberto Mendes	«	1. 0. 0.
José I. Rodrigues	«	0. 6. 0.
Francisco Cardoso Drummond	«	0. 1. 0.
Manuel Gonçalves	«	0. 2. 0.
Francisco Nunes	«	0. 3. 0.
M. Rodrigues	«	0. 7. 4.
M. Sousa	«	0. 4. 2.
João Gomes	«	1. 0. 10.
Manuel Gomes	«	0. 5. 2.
João de Ornelas	«	0. 1. 1.
Manuel Afonso	«	0. 12. 6.
Manuel de Abreu	«	0. 2. 0.
Francisco Gomes	«	0. 3. 0.
António Gomes	«	0. 1. 0.
João Augusto Pinto	«	0. 2. 0.
Francisco dos Reis	«	0. 1. 0.
João Dionísio	«	0. 2. 2.
António de Freitas	«	0. 1. 6.
José de Freitas	«	0. 2. 0.
João de Sousa	«	0. 1. 0.
	£	46.10. 6.

SAÚDE PÚBLICA[736]
Subscrição a favor das vítimas da varíola

Transporte	2:063$885
Duma *quête* promovida por diversos sócios do «Club Recreio Musical»	5$000
Soma	2:068$885

[…] De Mrs. A. Drummond Paterson recebemos um volume de roupa para enviarmos a Miss Wilson com destino aos variolosos internados no Lazareto.

Agradecemos em nome dos contemplados.

Agradecimentos[737]

Marcelina Teixeira, assim como seu marido Domingos Teixeira, vem profundamente reconhecida agradecer os trabalhos, dedicações e desvelos dispensados pela «Boa» irmã Wilson, e demais irmãs, a sua filha Maria da Nazaré Teixeira, durante os 23 dias que ela esteve internada no Lazareto com a terrível doença da varíola.

O amor de mãe levou-me a acompanhá-la para velar junto dela; mas, no meio de tanta[s] dores, gemidos e lágrimas desfaleci e estive dois dias que não dei acordo a mim. Soube por minha filha que à beira do meu leito esteve sempre uma irmã, de noite e de dia, dispensando-me com carinho os seus cuidados, nada me faltando, o que me é grato proclamar e agradecer, bem como aos ex.^{mos} srs. drs. Carlos Leite Monteiro e Pedro José Lomelino, a maneira sábia e proficiente como nos trataram, a mim e à minha filha.

Deixamos a Deus a recompensa de tantos benefícios recebidos, visto sermos pobres e não podermos fazer mais do que tornar bem público o nosso reconhecimento e gratidão àquelas que pelo amor de Deus tão abnegadamente se consagram ao amor do próximo.

Funchal, 21 de junho de 1907.

---

[736] BMF, *Diário de Notícias*, 21 de junho de 1907.
[737] BMF, *Diário de Notícias*, 21 de junho de 1907.

Augusto Gomes da Silva, em estremo reconhecido para com a bondosa irmã Wilson, suas companheiras e o ex.mo sr. dr. Carlos Leite Monteiro, pela proficiência, zelo e desvelos dispensados para, abaixo de Deus, conservar a vida a seu filho Augusto Gomes da Silva Júnior, acometido da grave moléstia da varíola, vem por este modo patentear-lhes a sua perdurável gratidão.

Ao digno enfermeiro do hospital do Lazareto, sr. João de Caires, agradece também as finezas que lhe dispensou durante o período de sua enfermidade.

Funchal, 21 de junho de 1907.

Para os variolosos[738]

Foi de 213.315 réis a importância da subscrição aberta entre alguns madeirenses residentes na ilha da Trindade a favor dos variolosos internados no Lazareto.

NO JARDIM D. AMÉLIA[739]

Como já foi anunciado pela imprensa funchalense, é nos dias 29 e 30 do corrente que se realiza no Jardim D. Amélia, uma Quermesse a benefício da simpática quão útil «Associação dos Socorros Mútuos do Sexo Feminino», revertendo 10% do seu produto a benefício dos variolosos que se acham internados no Lazareto.

Abrilhantará esta quermesse, a excelente banda regimental e a magnífica filarmónica dos «Artistas Funchalenses» executando um reportório novo.

Pela primeira vez será executado, pela filarmónica «Artistas», algumas peças acompanhadas por rabecões.

No Jardim haverá 3 bazares para sortes e rifas de prémios, estando num dos bazares, em exposição, a magnífica oferta da nossa Augusta Rainha.

SAÚDE PÚBLICA[740]
Subscrição a favor das vítimas da varíola

Transporte	2:068$885
Produto líquido da festa do dia 7 do corrente no *Casino Pavão* a favor dos variolosos pobres	305:440
Soma	2:374$325

[...] As sr.as D. Elisa da Costa S. de Afonseca e D. Maria Eugénia Rego Pereira tiveram a gentileza, que muito nos penhorou e muito agradecemos, de nos enviar, com a carta que abaixa publicamos, a quantia de 305$440 réis, produto líquido da linda festa de 7 do corrente, no *Casino Pavão*, a fim de a aplicarmos do modo que julgarmos mais conveniente em favor das vítimas da varíola e das famílias dos atacados.

Serão cumpridos os desejos das duas distintas senhoras, a cuja inteligente e generosa iniciativa se ficou devendo um tão importante donativo a benefício dos desprotegidos da sorte, em nome dos quais lhes testemunhamos a mais sincera gratidão.

Segue-se a referida carta e bem assim a relação das despesas:

... Sr. Redator do *Diário de Noticias*.

Estando muitas famílias sem recursos, por se acharem atacadas de varíola, e impossibilitados de trabalhar aqueles que lhes ganhavam o pão, tomamos a liberdade de enviar a V... a quantia de 305$440 réis, produto líquido da festa por nós promovida no dia 7 do corrente no «Casino Pavão», a benefício dos variolosos pobres, pedindo a V... a fineza de a aplicar do modo que julgar mais conveniente em socorrer as vítimas da terrível epidemia e as famílias destas, que mais necessitarem deste auxílio.

---

738 BMF, *Heraldo da Madeira*, 21 de junho de 1907.

739 BMF, *Correio da Tarde – Jornal Progressista*, 22 de junho de 1907.

740 BMF, *Diário de Notícias*, 22 de junho de 1907.

Em virtude dalgumas pessoas terem demorado o pagamento dos seus bilhetes, é que tão tardiamente nos dirigimos a V... e, como apesar disso, ainda está algum dinheiro por receber, desde já pedimos licença a V... para lhe enviar esse dinheiro à medida que o formos recebendo, se as pessoas que ainda estão em dívida houverem por bem mandá-lo pagar, atendendo ao fim a que é destinado.

A fim de que o público tenha conhecimento do resultado da já mencionada festa, pedimos a V... mais o obséquio de publicar esta carta no seu muito lido e acreditado jornal e bem assim a inclusa nota de receita e despesa.

Apresentando a V... os nossos mais sinceros agradecimentos pela forma amável por que a ... Redação do *Diário de Notícias* nos coadjuvou nesta festa de caridade, subscrevemo-nos com a máxima consideração.

De V... etc.
Elisa da Costa e S. de Afonseca.
Maria Eugénia Rego Pereira.
Funchal, 21 – 6 – 07.

Nota das despesas:

Ao sr. Nuno G. Lino, por tocar no concerto	3$000
Cadeiras alugadas ao Asilo	3$600
Ao distribuidor	1$000
Despesa com cobrador, portadores, etc.	2$140
Ao empregado do teatro, por serviços prestados durante os ensaios	1$200
Soma réis	10$940
Receita	316$380
Despesa	10$940
Produto líquido	305$440

[...]

Agradecimento[741]

Os Irmãos de S. João de Deus,[742] que durante alguns meses têm percorrido as freguesias desta ilha no intuito de colherem esmolas para o seu benemérito Instituto, patenteiam por este meio indelével reconhecimento para com toda a população madeirense que tão generosamente lhes ofereceu o precioso óbolo da caridade.

Desejam especializar na sua gratidão os rev.os párocos, de quem receberam tão benévolo acolhimento, e nas freguesias da Ribeira Brava e Santa Cruz, além dos rev.os párocos, os srs. drs.: Carlos Jaime de Castro e José Plácido Nunes Pereira, de quem respetivamente recebeu um dos referidos religiosos os socorros médicos de que careceu, bem como ainda as beneméritas e dedicadas Irmãs Franciscanas de Santa Cruz, que com toda a caridade e zelo o trataram no Hospital da mesma vila.

---

741 ABM, *O Jornal*, 22 de junho de 1907. Noutra fonte foi publicado, um mês depois, uma semelhante nota de gratidão, sob o título "**Agradecimento**", nestes termos: «Antes de retirar para o continente, os Irmãos de S. João de Deus, que percorreram a diocese angariando esmolas para a sua casa de saúde do Telhal, têm a preito agradecer do fundo da alma o caridoso acolhimento que por toda a parte se dignaram fazer-lhe os rev.os párocos e os bons habitantes de todas as freguesias, protestando a todos uma eterna gratidão, especialmente aos rev.os vigários de Santa Cruz, de Boaventura e da Ribeira Brava, às boas irmãs do Hospital de Santa Cruz, ao ilustre facultativo da mesma casa, bem como ao sr. dr. Carlos Jaime de Castro e Abreu da Ribeira Brava que com a maior dedicação e bondade receberam e trataram a um deles durante a sua doença.» BMF, *Quinzena Religiosa da Ilha da Madeira*, 15 de julho de 1907. Texto inserido na rubrica "Notícias diocesanas". Na edição de 15 de abril de 1907 desta publicação foi noticiado deste modo a chegada destes religiosos ao Funchal, sob o título "**Irmãos hospitalares de S. João de Deus**", nestes termos: «Chegaram no princípio de março dois irmãos portugueses desta Ordem, a fim de pedirem esmolas para os doentes atacados de doenças mentais, que eles tratam numa casa de saúde, legalmente estabelecida na Quinta do Telhal, Sabugo, freguesia de Rio de Mouro, Concelho de Sintra./ O Ex.mo Prelado diocesano, que muito aprecia os serviços da Ordem, ofereceu-lhes hospedagem e autorizou-os a exercerem em toda a diocese o seu piedoso ofício. [...]»

742 Tratavam-se dos Padres Cosme Millan e Augusto Carreto de Barros.

A todos, o seu perdurável reconhecimento.

Bando precatório[743]

Realizou-se no domingo último, o anunciado bando precatório promovido por um grupo de boas almas da freguesia de S. Gonçalo, a benefício dos variolosos pobres internados no Lazareto de Gonçalo Aires, percorrendo diversos pontos da freguesia, acompanhado do rev.º pároco e duas orquestras.

Além de muitas ofertas, como: roupas, pano, «semilhas», batatas, couves, nabos, cachos de bananas, vinho, ovos, galinhas, laranjas, latas de bolacha, lenha, etc., produziu em dinheiro 197$810.

Ao passarem pela quinta do sr. Blandy tiveram um acolhimento altamente lisonjeiro por parte do digno feitor daquela quinta assim como dos empregados.

São dignos dos maiores elogios todos aqueles que concorreram para a realização do bando precatório assim como o honrado povo de S. Gonçalo pela deferência que teve para com os seus irmãos atacados da terrível epidemia.

Rifa[744]

A ilustre irmã Wilson tenciona rifar a pequena vaca que foi oferecida ao Lazareto pelo bando precatório de S. Gonçalo.

Miss Mary Jane Wilson[745]

Uma singelíssima e desvaliosa homenagem, mas acendido e sincero preito de admiração, tributamos hoje à diretora do hospital de isolamento para variolosos estabelecido no lazareto de Gonçalo Aires.

Ilustrando com o seu retrato as páginas do nosso jornal, associamo-nos ao coro unânime de saudações, que se erguem em torno do seu nome abençoado, que é já hoje um símbolo de acendrada dedicação, elevada até ao mais desinteressado sacrifício e até ao verdadeiro e puro heroísmo.

Miss Wilson, pondo a sua abnegação sem limites e a sua grande e nunca desmentida caridade em favor dos infelizes variolosos, sem mira no mais pequeno interesse ou no mais insignificante galardão, colocou-se na mesma plana dos grandes benfeitores da humanidade que, fazendo o bem só pelo bem, aspiram apenas ao aplauso da própria consciência e às recompensas na vida de além do túmulo.

A par dessa caridade incomparável, há no seu coração bondosíssimo tantos tesouros de ternura, de carinho e de

Desenho da Irmã Wilson, da autoria do pintor Luís Bernes, que ilustrava este artigo e que selecionámos para ilustrar a capa desta obra. *BMF, Heraldo da Madeira, 23/6/1907.*

---

743 ABM, *A Chacota*, 23 de junho de 1907.

744 BMF, *Diário de Notícias*, 23 de junho de 1907.

745 BMF, *Heraldo da Madeira*, 23 de junho de 1907. Este texto é da autoria do Pe. Fernando Augusto da Silva, que o transcreveu parcialmente na sua obra emblemática, *Elucidário Madeirense*, que foi uma obra de referência para diferentes gerações de estudantes e académicos.

meiguice, que é ela no Lazareto a verdadeira Providência dos enfermos, sempre com o riso da esperança e da consolação a iluminar-lhe a fronte.

O povo na sua ignorância e na sua demasiada credulidade, habilmente exploradas pelos que só deviam ser os seus verdadeiros mentores e guias, transformou o Lazareto numa prisão de Ugulino ou numa caverna de Caco, onde os doentes sofriam as maiores sevícias, qua iam dos ultrajes ao pudor até aos mais nefandos assassinatos. Tudo isso que não passou duma lenda, que foi apenas o objeto duma negregada especulação, converteu-se para o grande público numa crença inabalável, numa verdade axiomática, que impossível seria desfazer ou destruir.

Miss Wilson teve que lutar tenazmente com esses arreigados preconceitos, superstições e terrores. Não foi sem grandes receios que os primeiros variolosos deram entrada no hospital de isolamento. A breve trecho, porém, se quebrou por completo o encantamento. Aqueles fantásticos horrores vão se a pouco e pouco diluindo, e no Lazareto só foram encontrar a flama ardente da caridade a fulgurar intensamente num coração de mulher.

Hoje é ali o génio do bem a esparzir benefícios a fluxo, um foco de brilhante luz a alumiar tantas inteligências, um íris de paz e de esperança a acalentar corações atribulados.

Bem-haja por isso e que as grandes virtudes cristãs, que tanto fulgem no seu gentilíssimo espírito, irradiem cada vez mais, em prol dos desgraçados os clarões da mais pura e elevada caridade.

A benefício dos variolosos pobres[746]

Nos dias 28 e 29 do corrente realiza-se na Praça da Rainha, conforme já noticiámos, um bazar de prendas a benefício dos variolosos pobres, promovido pelo *Vintém das Escolas*.

Pede-se a todas as pessoas a quem foram pedidos objetos para o referido bazar, que não deixem de os enviar, atenta a prática do bem que se tem em vista.

Dádiva[747]

Os srs. João de Freitas e Marcos de Freitas, proprietários dum talho ao Largo da Praça, enviaram ontem ao Lazareto como oferta, e por intermédio do nosso jornal, um vitelo morto, em substituição do que tinham destinado, para o mesmo fim, ao bando precatório que no dia 16 percorreu a freguesia de S. Gonçalo.

Bem hajam os caritativos oferentes pela sua generosa dádiva.

Agradecimento[748]

João Rodrigues e sua mulher Filomena de Jesus, moradores ao beco do Cascalho, vêm por este meio agradecer sumamente penhorados a Miss Wilson e às outras dignas irmãs, assim como ao ex.mo sr. dr. Carlos Leite Monteiro, a maneira carinhosa e caritativa como trataram seu filho José, de seis anos de idade, durante o tempo que ele esteve internado no Lazareto.

Os pais agradecidos apresentam por esta forma a sua eterna gratidão a tão beneméritos benfeitores.

Funchal, 24 de junho de 1907.

SAÚDE PÚBLICA[749]

[...] Conforme noticiámos, é no próximo domingo, 30 do corrente, que sairá do sítio do Lagar, ao caminho do Palheiro, pelas 7 horas da manhã o bando precatório que percor-

---

746 BMF, *Diário de Notícias*, 24 de junho de 1907.
747 BMF, *Diário de Notícias*, 24 de junho de 1907.
748 BMF, *Diário de Notícias*, 25 de junho de 1907.
749 BMF, *Diário de Notícias*, 26 de junho de 1907.

3.7.1907

A 28 e 29 de junho decorreu na Praça da Rainha, outrora situada em frente ao Palácio de São Lourenço, um bazar a benefício dos variolosos pobres internados no Lazareto, promovido pelo *Vintém das Escolas*, o estabelecimento de ensino regido pela loja maçónica funchalense "Marquês de Pombal". Não deixa de ser interessante esta união de esforços em prol de uma causa nobre. Coleção do autor.

rerá o seguinte itinerário:
 Caminhos do Palheiro, Terço, Choupana, do Meio, Campo da Barca, ruas do Carmo, Phelps, Bettencourt, Ferreiros, Colégio, Carreira, Ponte de S. João, Cabouqueira, do Jasmineiro, Angústias, S. Lázaro, Serpa Pinto, Hermenegildo Capelo, Teatro, Praça da Constituição, Aljube, Chafariz, Direita, Pelourinho, Largo da Praça, rua de Santa Maria, Socorro, caminho do Lazareto e Lazareto. [...]

SAÚDE PÚBLICA[750]
Subscrição a favor das vítimas da varíola

Transporte	2:374$325
De Mrs. Sophia Buddicom 5 libras, que ao câmbio do dia renderam	22$875
Soma	2:397$200

[...] Conforme noticiámos, realiza-se nos dias 28 e 29 do corrente, na Praça da Rainha, um bazar a benefício dos variolosos pobres internados no Lazareto, promovido pelo *Vintém das Escolas*.

Nesses dois dias tocará naquele recinto a filarmónica *Artístico Madeirense*.

No domingo, pelas 5 horas da tarde, irão as crianças, alunas da mesma escola, entregar pessoalmente a Miss Wilson o produto do referido bazar, seguindo para ali em carros puxados a bois oferecidos por uns generosos cavalheiros.

SAÚDE PÚBLICA[751]
[...] Já se estão passando os bilhetes da rifa da bezerrinha que foi oferecida aos doentes internados no Lazareto.

*

---

[750] BMF, *Diário de Notícias*, 27 de junho de 1907.
[751] BMF, *Diário de Notícias*, 28 de junho de 1907.

Informou-nos Miss Wilson de que há poucas esperanças de salvar a maior parte dos doentes que entraram no Lazareto, nos últimos três dias, visto a gravidade do seu estado.

Bando Precatório[752]

Do sítio do Lagar, freguesia de S. Gonçalo, sairá no próximo domingo um bando precatório, cujo produto reverterá a favor dos variolosos pobres, percorrendo o itinerário seguinte:

Caminhos do Palheiro, Terço, Choupana, do Meio, Campo da Barca, ruas do Carmo, Phelps, Bettencourt, Ferreiros, Colégio, Carreira, Ponte de S. João, Cabouqueira, do Jasmineiro, Angústias, S. Lázaro, Serpa Pinto, Hermenegildo Capelo, Teatro, Praça da Constituição, Aljube, Chafariz, Direita, Pelourinho, Largo do Poço, rua de Santa Maria, Socorro, Caminho do Lazareto e Lazareto.

Consta-nos que duas criancinhas vestidas com o hábito das irmãs que se acham no Lazareto, acompanharão o bando precatório colhendo as esmolas que o público lhes quiser dar.

Em todo o percurso uma filarmónica acompanhará o mesmo bando.

SAÚDE PÚBLICA[753]
Subscrição a favor das vítimas da varíola

Transporte	2:397$200
Produto dalguns bilhetes que se achavam ainda por cobrar da festa do dia 7 do corrente no *Casino Pavão* e que foi enviado a Miss Wilson para distribuir pelas famílias dos variolosos pobres	13$860
Da comissão dos festejos da trezena de Santo António que se realizou no dia 12 do corrente, feita pelos devotos dos sítios do Salão e arredores, da mesma freguesia	2$730
Soma	2:413$790

[...]

DESPESA

Transporte	1:663$670
Junho 28 – A José dos Santos por 7 dias de trabalho no Lazareto	4$200
Remetemos ontem a Miss Wilson, para o Lazareto, a fim de esta ilustre senhora fazer a distribuição, conforme entender, o resto do produto da festa do dia 7 da «Quinta Pavão», na importância de réis	65$520
Produto de alguns bilhetes que se achavam ainda por cobrar da festa do dia 7 do corrente, no *Casino Pavão*, e que foi enviado a Miss Wilson para distribuir pelas famílias dos variolosos pobres	13$860
Soma	1:747$250

[...] Da sr.ª Maria Correia recebemos três frangos para os doentes do Lazareto, o que muito agradecemos.

*

Miss Wilson é de opinião que se persuadissem os chefes de família das freguesias de Santo António e S. Martinho, da conveniência de mandarem os seus doentes, atacados de varíola, para o Lazareto, onde serão tratados com muito zelo e proficiência.

Quando não se consiga isto, é aquela santa senhora de parecer que a epidemia variólica não ficará extinta senão no fim do verão.

Haverá períodos de descanso relativo, mas sucedidos por novas camadas de casos, de 15 em 15 dias, o que se pode atribuir às visitas feitas aos domicílios dos variolosos ou ao contacto com eles nas vias públicas, no estado de escamação.

Se o Lazareto recebesse agora os variolosos das duas referidas freguesias, podia-se esperar ver a cidade e arredores limpos da epidemia, em poucas semanas, restabelecendo-se novamente os bons créditos sanitários desta ilha.

---

[752] BMF, *Heraldo da Madeira*, 28 de junho de 1907.
[753] BMF, *Diário de Notícias*, 29 de junho de 1907.

A 29 e 30 de junho de 1907 decorreu no Jardim D. Amélia uma quermesse em benefício da Associação do Sexo Feminino do Funchal, revertendo 10% da receita angariada a favor dos variolosos do Lazareto. Foto deste jardim, visto do terraço do *Teatro D. Maria Pia*, vendo-se ao centro o antigo coreto que o decorava e que, a meados do séc. XX, foi transferido para o Largo de Câmara de Lobos. *Coleção do autor.*

Concordamos plenamente com a opinião de Miss Wilson.

Enquanto não se fizer o que aí fica indicado, não nos veremos tão cedo livres do terrível flagelo.

*

Continua hoje na Praça da Rainha o bazar a favor dos variolosos pobres internados no Lazareto promovido pelas alunas do «Vintém das Escolas».

O LAZARETO[754]

O nosso colega «Heraldo da Madeira» fazendo o elogio de Miss Wilson, a diretora deste hospital de isolamento diz o seguinte:

> O povo na sua ignorância e na sua demasiada credulidade, habilmente exploradas pelos que só deviam ser os seus verdadeiros mentores e guias, transformou o Lazareto numa prisão de Ugolino ou numa caverna de Caco, onde os doentes sofriam as maiores sevícias, que iam dos ultrajes ao pudor até aos mais nefandos assassinatos. Tudo isso que não passou duma lenda, que foi apenas o objeto duma negregada especulação, converteu-se para o grande público numa crença inabalável, numa verdade axiomática, que impossível seria desfazer ou destruir.

Não percebemos bem o que aquele colega quer com isto.

Pareceu-nos porém, que, como está em maré de reabilitações, pretendem também reabilitar o dr. Rego.

Não temos senão que louvar aquele colega na parte em que procura desfazer os receios infundados que uma parte menos culta da população madeirense nutre ainda pelo Lazareto.

Mas não pode merecer a nossa aprovação quando diz que a credulidade popular foi habilmente explorada e que os ultrajes ao pudor na época da tal peste não passou duma

---

[754] BMF, *O Povo*, 29 de junho de 1907.

No Hospício foram confeccionadas 200 camisas da noite para os variolosos do Lazareto. *Coleção do autor.*

lenda e duma negregada especulação.

Os nossos colegas «Diário de Notícias» e «Direito» moveram uma larga campanha contra o diretor daquele hospital – o Dr. Rego.

Que o «Diário de Notícias» mereça pouca confiança ao «Heraldo da Madeira» compreende-se pois que os dois jornais representam na imprensa os interesses antagónicos de duas casas rivais.[755]

Mas que a campanha de «O Direito» pareça ao «Heraldo» uma negregada especulação é que achamos forte.

Para o «Heraldo da Madeira» afirmar tão categoricamente que tudo o que se disse a respeito do Lazareto não passou duma lenda é porque procedeu a largas investigações que o habilitaram a tal.

Não era mau que o «Heraldo da Madeira» dissesse, pois, em que se fundou para fazer tal afirmação.

SAÚDE PÚBLICA[756]

[...] Esteve muito concorrido durante a tarde e à noite o bazar que se verificou na Praça da Rainha, promovido pelas alunas do *Vintém das Escolas* a benefício dos variolosos internados no Lazareto.

SAÚDE PÚBLICA[757]

[...] A Irmã Wilson pede-nos que, em seu nome, agradeçamos aos generosos benfeitores que enviaram as seguintes ofertas:

À ex.ma Irmã Béfort, digna superiora das irmãs de S. Vicente de Paulo, pela confeção gratuita de 200 camisas da noite para os variolosos do Lazareto, e às suas zelosas cooperadoras, às religiosas, mestras e órfãs do hospício, pela grande caridade que tiveram em trabalhar nas suas horas de recreio, a fim de as camisas estarem prontas no dia da abertura do Lazareto;

À Revd. Madre Marie Bernardin, digna superiora do convento de Santa Clara e às meninas pensionistas e semi pensionistas das suas escolas, que enviaram 10$860 réis;

À menina D. Ermazilda Lomelino Ferreira de Sousa, por uma nota de 5 «dollars» dos Estados Unidos da América do Norte, importância que lhe foi enviada por um tio, a quem ela escreveu, solicitando uma esmola para os pobres variolosos;

Ao sr. Crispim, por uma caixa de vinho e outra de brinquedos de toda a qualidade, assim como por 14 tesouras, objetos estes que só agora foram encontrados entre outras caixas com idênticos artigos;

Ao sr. João Alexandre P. de Abreu, por 12 cálices para vinho;

À sr.ª D. Maria Zaíra Moniz, por um pacote de roupas usadas;

Às sr.as D. Maria Sofia Valentim e D. Ema Rocha, por 6$200 réis, resultado duma subscrição feita por elas.

*

O bando precatório realizado ontem por um grupo de habitantes da freguesia de Santa

---

[755] O *Diário de Notícias* era publicado pela família Blandy, que era agente de navegação e possuía diversos navios de cabotagem e o *Heraldo da Madeira* era publicado pelo Comendador Manuel Gonçalves, que também tinha alguns vapores de cabotagem, e ainda alguns interesses no turismo terapêutico.

[756] BMF, *Diário de Notícias*, 30 de junho de 1907.

[757] BMF, *Diário de Notícias*, 1 de julho de 1907.

3.7.1907

Elementos integrantes do bando precatório organizado por um grupo de rapazes do sítio do Lagar, freguesia de São Gonçalo, que percorreu diversas ruas do Funchal a 30 de junho de 1907, entre as quais a zona do Campo da Barca, onde foi tirada esta fotografia. Ao centro destacam-se as meninas vestidas com o hábito das Irmãs que cuidavam dos variolosos no Lazareto. *Secretariado da Irmã Wilson.*

Maria Maior obteve farta colheita de donativos em dinheiro e géneros alimentícios.

O bando, que ia muito bem organizado, era acompanhado por duas orquestras que executavam uma marcha grave, muito impressionante.

A comissão encarregada da entrega dos donativos à Irmã Wilson, foi acompanhada até ao Lazareto por um avultado número de pessoas.

A Irmã Wilson agradeceu efusivamente a generosa e humanitária lembrança.

O produto em dinheiro foi de 177$770 réis.

Bem hajam por isso.

*

Conforme estava anunciado, as alunas do *Vintém das Escolas*, conduzidas em carros puxados a bois foram ontem de tarde, ao Lazareto, entregar à Irmã Wilson o produto do bazar realizado na Praça da Rainha.

O ato da entrega foi muito comovente, fazendo derramar lágrimas de santa alegria aos assistentes.

Bandos precatórios[758]

Foram ontem de tarde entregues à Irmã Superiora do Lazareto os donativos em dinheiro e géneros alimentícios, obtidos pelos bandos precatórios, realizados nas freguesias de Santa Maria Maior e de S. Gonçalo.

Nessa ocasião viam-se milhares de pessoas na zona limpa do Lazareto, de onde também se podiam observar muitos doentes já melhores, e as Irmãs junto deles, e algumas com criancinhas variolosas nos braços.

Todos faziam os maiores elogios às beneméritas Irmãs, e alguns, cheios de indignação, protestavam contra as indignidades praticadas na véspera por um grupo de dementados.

---

758 BMF, *O Jornal*, 1 de julho de 1907.

A varíola e a caridade[759] – Continua a luta da caridade contra a varíola, e o rol das boas ações não se estende menos de que o das vítimas.

– Consta que os promotores da festa do Espírito Santo na Boaventura, deferindo os conselhos do seu digno vigário, resolveram cercear ou talvez suprimir a verba destinada à compra dos foguetes e enviar à boa Irmã Wilson o produto desta economia. Merecem parabéns.

– Realizou-se no domingo, 17 de junho o bando precatório de S. Gonçalo, produzindo em dinheiro 197$810 réis e recolhendo ofertas de muitos géneros no valor de cerca de 100$000 réis, incluindo uma bezerra e uma corçada de lenha. É simplesmente admirável!

– Uma comissão de alunos da Escola comercial promoveu uma subscrição que rendeu 25$000 réis.

– Um grupo de senhoras promoveu também na freguesia de S. Vicente uma subscrição que rendeu 92$490. É um belo exemplo!

Todas essas esmolas já foram entregues à digna Irmã Wilson, zelosa diretora do Lazareto.

– Segundo uma circular oficial do sr. governador civil interino ao corpo consular da cidade, consta que a epidemia tem diminuído consideravelmente no concelho do Funchal, sobremodo na cidade. Contudo ainda passam de 80 os variolosos internados no Lazareto e continuam a circular no campo boatos e preconceitos absurdos contra a vacina e os seus propugnadores, tão é verdade que o povo acredita mais facilmente no mal que no bem.

QUERMESSE[760]

Realizou-se no sábado e domingo no jardim «D. Amélia» a «quermesse» em benefício da Associação de Socorros Mútuos do sexo feminino, revertendo dez por cento da receita bruta em benefício dos variolosos encerrados no Lazareto.

O jardim achava-se ricamente ornamentado com bandeiras e balões, atraindo grande concorrência de nacionais e estrangeiros atento o fim altamente simpático a que se destina o produto desta festa.

Mostrou mais uma vez o bom povo madeirense os seus nobres sentimentos humanitários, concorrendo por forma pouco vulgar ao jardim sendo digna dos mais rasgados encómios a ex.ma comissão promotora da «quermesse», que não se poupou a fadigas para proporcionar agradáveis horas de distração ao numeroso público que ali acorreu. […]

Abrilhantou a «quermesse» tocando nos citados dias das 4 às 6 horas da tarde, a banda regimental de infantaria 27, e das 6 às 10 horas da noite a excelente filarmónica dos «Artistas Funchalenses», executando magistralmente o seu variado reportório, merecendo especial menção a «Alvorada Militar», «Júlia» polka de cornetim e o Pot-pourri da Ópera «Huguenotes» em que o seu digno regente mais uma vez se evidenciou [como] um artista distintíssimo, executando a solo, no seu predileto instrumento (clarinete) um difícil e sentido trecho desta peça, arrancando ao numeroso e seleto auditório frenéticos aplausos durante toda a execução do seu programa. […]

Agradecimento[761]

A comissão abaixo assinada, promotora do bando precatório do sítio do Lagar, vem por este meio agradecer ao generoso e bom povo funchalense a forma como contribuiu com as suas esmolas para esta obra de caridade; às duas grandes orquestras que generosa e desinteressadamente abrilhantaram este bando; aos srs. José da Costa e João Fabrício pela cedência de duas juntas de bois, carro, etc., e a todos aqueles que espontaneamente os coadjuvaram para que este ato fosse revestido de toda a imponência devida.

---

759 BMF, *Quinzena Religiosa da Ilha da Madeira*, 1 de julho de 1907. Texto inserido na rubrica "Notícias diocesanas".
760 BMF, *Correio da Tarde – Jornal Progressista*, 2 de julho de 1907.
761 BMF, *Diário de Notícias*, 2 de julho de 1907; BMF, *Heraldo da Madeira*, 2 de julho de 1907.

Elementos integrantes do Bando Precatório organizado por um grupo de rapazes oriundos do sítio do Lagar, freguesia de São Gonçalo, que percorreu diversas ruas do Funchal a 30 de junho de 1907. No verso da foto encontra-se a seguinte inscrição: "A Comissão do bando precatório do dia 30 de junho de 1907, oferece esta fotografia em prova da consideração e lembrança à Boa Mãe Miss Wilson." AO LADO: As duas meninas, de seis e cinco anos, que participaram neste peditório vestidas com o hábito das Irmãs do Lazareto, de modo a suscitar a piedade popular. *Secretariado da Irmã Wilson.*

A todos, pois, a expressão sincera da sua gratidão e reconhecimento.
Sítio do Lagar, 1 de julho de 1907.
A comissão,
Francisco Nunes Correia.
José Fernandes.
Agostinho Joaquim Vieira.
José dos Passos Pires.
Henrique Luís da Silva.

Perdoados[762]

Os indivíduos que, conforme noticiámos,[763] haviam sido detidos no dia 29, nas proxi-

---

[762] BMF, *Diário de Notícias*, 2 de julho de 1907.

[763] Na notícia intitulada "**Nas proximidades do Lazareto**", publicada neste jornal a 1 de julho, cujo teor era o seguinte: «Foram anteontem detidos, por um guarda-fiscal e um guarda civil, oito indivíduos que, andando em barco, lançaram uma bomba, para matar peixe, nas imediações do Lazareto, atribuindo-se-lhes também

midades do Lazareto, por um guarda-fiscal e um guarda civil, foram ontem àquele hospital apresentar as suas desculpas à Irmã Wilson, que, da melhor vontade, lhes perdoou os seus atos irrefletidos.

Continua, porém, detido um indivíduo, que não fazia parte da *troupe*, por ter sido quem lançou a bomba para matar peixe, o que foi a origem do lamentável incidente.

SAÚDE PÚBLICA[764]

[...] Foi entregue à Irmã Wilson a quantia de 54$000 réis, produto da bezerrinha oferecida aos variolosos pobres do Lazareto.

*

Publicamos em seguida a mimosa poesia que foi entregue a Miss Wilson por um grupo de crianças, trajando os hábitos de irmãs franciscanas, que tomaram parte no bando precatório do sítio do Lagar:

A Miss Wilson[765]
À grande amiga e protetora das criancinhas; à desvelada e generosa diretora
do Lazareto por ocasião da epidemia da varíola

Senhora! Pobres crianças
– Almas a desabrochar,
Cheias de afeto e esperanças –
Vos querem a mão beijar.

Somos inda pequeninas
Mas dentro do coração,
Como o perfume as boninas
Trazemos a gratidão.

Vimos render grato preito
Ao desvelo, ao santo amor,
Com que junto a triste leito
Dais conforto e alívio à dor.

Crianças loiras como messes
Vos devem a vida, ó Mãe!
Salvou-as as vossas preces
Porque sois santa também.

Por isso nós, irmãos delas,
De joelhos a vos saudar
Vos cercamos como estrelas
À Virgem em seu altar.

E como ao partir da aurora
O orvalho fica na flor
Assim deixamos, Senhora
A vossos pés nosso Amor.

Funchal, 30 de junho de 1907.

Deste grupo, conjuntamente com a Miss Wilson, foi tirada uma fotografia pelo distinto

---

a prática de atos contra a moral./ A detenção destes indivíduos foi reclamada por intermédio do telefone que liga o Lazareto ao comissariado de polícia.»

764 BMF, *Diário de Notícias*, 2 de julho de 1907.

765 Estes versos seriam ainda divulgados noutros dois jornais da época, nomeadamente nas edições do mesmo dia do *Diário Popular* e do *Heraldo da Madeira*.

A Irmã Wilson no Lazareto a receber donativos para os variolosos pobres ali internados. *Secretariado da Irmã Wilson.*

amador sr. João Augusto Rodrigues (Morgado.)

*

Abaixo reproduzimos a eloquente e sentidíssima alocução proferida pela menina Ernestina Gomes, que fez parte da comissão de 16 alunas do *Vintém das Escolas*, encarregada de entregar pessoalmente à Irmã Wilson o produto do bazar, que foi de 63$100 réis, realizado na Praça da Rainha nos dias 28 e 29 de junho último, pelas referidas alunas, a benefício dos variolosos pobres internados no Lazareto.

As referidas 16 crianças formaram duas alas à chegada da Irmã Wilson, e depois do sr. João Correia, que acompanhou a comissão, na qualidade de presidente do *Vintém das Escolas*, ter apresentado àquela santa senhora, as interessantes crianças, e em especial a menina Ernestina Gomes, é que esta pronunciou inteligentemente a expressiva mensagem, cuja audição sensibilizou até às lágrimas todos quantos assistiram a este ato comovente.

A Irmã Wilson agradeceu, muito penhorada, tão gentil demonstração dos mais elevados sentimentos daqueles pequeninos e puros corações.

Bem hajam pela prática desta nobilíssima obra de caridade.

Segue-se a alocução:

Bondosa Irmã Wilson.

Com o mais profundo respeito e cheias de admiração pela vossa altruísta e nobre forma de proceder para com os desgraçados, vítimas de uma terrível enfermidade – a varíola –, vimos aqui hoje, crianças, símbolo de inocência e pureza depositar em vossas mãos o óbolo singelo que pudemos obter para esses nossos desgraçados irmãos.

Impulsionadas pela generosa ideia partida da Ex.ma Comissão que superintende o modelar estabelecimento, aonde nos é apontado o lindo Sol da Civilização, fizemos tudo quanto em nossos pequeninos corações pôde caber, para que, com os nossos rogos, as almas benfazejas concorressem para minorar a sorte desses infelizes que, se não fosse a vossa caritativa e desinteressada coadjuvação, teriam tido, sem dúvida, um fim bem desgraçado.

Com o nosso pequenino e singelo óbolo aceitai os votos veementes que fazemos pelas vossas felicidades e as preces sinceras e inocentes que nos regaços das nossas mães elevamos a Deus para que sempre o Olhar sereno da Providência vele até ao último dia da vossa vida sobre vós – misto de candura e caridade.

Que a Providencia que tudo vê seja sempre pródiga em benefícios para vós, bondosa Irmã Wilson e para todas aquelas bondosas Irmãs que vos coadjuvaram são os votos sinceros que vos fazem estas inocentes criancinhas que tendes diante de vós, e que hoje crianças, amanhã mulheres, terão como fanal esplêndido da sua forma de proceder para com os infelizes – o vosso altruísta e nobre exemplo.

Bando precatório[766]

O bando precatório realizado anteontem por um grupo de rapazes do sítio do Faial, obteve muitos géneros alimentícios e 177:770 réis em dinheiro.

O bando foi acompanhado por duas orquestras, que executavam uma linda marcha grave.

Duas crianças, vestidas com os hábitos das Franciscanas, ofereceram um lindo bouquet de flores a Miss Wilson com os seguintes versos: [...][767]

A comissão agradece aos srs. José da Costa e João Fabrício Júnior, por terem emprestado duas juntas de bois às duas orquestras e ao público pela forma por que foi acolhida.

Bando Precatório[768]

Como noticiámos, realizou-se anteontem um bando precatório, que saiu do sítio do Lagar, freguesia do Socorro percorrendo várias ruas desta cidade.

As esmolas colhidas, que se destinavam aos variolosos do Lazareto, atingiram a importância de 177$770, além de diversos géneros alimentícios.

Como dissemos, o bando era acompanhado por duas criancinhas, que vestiam o hábito das irmãs que se encontram no Lazareto, o que impressionou vivamente muitas pessoas.

Uma comissão foi ao Lazareto fazer entrega a Miss Wilson dos donativos obtidos, sendo-lhe nesta ocasião ofertada a mimosa poesia que em seguida publicamos: [...]

O fotógrafo amador sr. João Augusto Rodrigues tirou diversas fotografias do bando e uma no Lazareto, em que figuram miss Wilson, duas companheiras e as criancinhas com os seus hábitos.[769]

---

[766] BMF, *Diário Popular*, 2 de julho de 1907.
[767] Omitimos a transcrição dos versos, para evitar a sua repetição nesta obra.
[768] BMF, *Heraldo da Madeira*, 2 de julho de 1907.
[769] Esta ideia de utilizar crianças vestidas com o hábito de religiosas para angariar fundos para os mais necessitados seria repetida, cerca de trinta anos depois, nos Estados Unidos pela nossa comunidade radicada em New Bedford, no estado de Massachusetts. Em 1934, foi ali criado o movimento filantrópico denominado "Dia Madeirense", em que se promovia um arraial à moda da ilha, nos arredores daquela cidade, cujo lucro revertia para diversas casas de caridade da Madeira, algumas das quais ao encargo das Irmãs Vitorianas. O ponto alto dessa festa realizada pelos nossos emigrantes, ano após ano, era uma espécie de procissão acompanhada por uma banda filarmónica, em que quatro crianças, trajadas com hábitos religiosos, de cor branca,

3.7.1907

Quermesse[770]

A "Quermesse" realizada no Jardim "D. Amélia" nos dias 29 e 30 de junho último, em benefício dos variolosos em tratamento no Lazareto e do cofre da Associação de Socorros Mútuos do Sexo Feminino, teve uma grande concorrência.[771]

Agradaram bastante os programas ali executados pela banda regimental de infantaria 27 e pela filarmónica Artistas Funchalenses.

SAÚDE PÚBLICA[772]

[…] A Irmã Wilson pede-nos que, por intermédio do nosso jornal, testemunhemos o seu mais cordial agradecimento à comissão da freguesia de S. Gonçalo, composta do rev. pároco da mesma freguesia, Henrique Coito e Silva, José Fernandes de Gouveia, Manuel da Costa, Alfredo Severo Gomes, Manuel de Freitas Morna, João de Freitas Morna, João da Costa, José Lopes, Francisco da Silva e Narciso Gonçalves de Sousa, que se encarregou da rifa da bezerrinha oferecida pelo bando precatório, de que os mesmos senhores fizeram parte no dia 16 de junho último, rifa que rendeu a quantia de 54$000; e bem assim ao rev. pároco do Caniço pela remessa da quantia de 64$430 réis, produto duma *quête* feita por todos os bairros da sua paróquia.

Agradecimento[773]

João Pedro Vieira e sua mulher Virgínia Gomes Vieira, agradecem extremamente reconhecidos às piedosas Irmãs Franciscanas em serviço no Lazareto de Gonçalo Aires, especialmente a miss Wilson e Maria Elisabeth, a maneira dedicada e carinhosa como trataram dum seu filho que esteve internado naquela casa, bem assim aos srs. drs. Carlos Leite Monteiro e Pedro José Lomelino, pelo tratamento e cuidado que ali dispensaram ao doente.

Funchal, 2 de julho de 1907.

SAÚDE PÚBLICA[774]

[…] O sr. José Maria de Ornelas vai lançar ao mar redes de pesca, no próximo domingo, durante o dia, na praia Formosa, revertendo o produto do peixe que for apanhado, em benefício dos variolosos pobres internados no Lazareto. […]

SAÚDE PÚBLICA[775]

[…] A Irmã Wilson pede-nos que tornemos público que, além da quantia de réis 177$770 que recebeu do bando precatório de domingo, lhe foram entregues pela respetiva comissão, batatas-doces, semilhas, couves e diversos outros legumes, no valor aproximado de 24$000 réis, assim como 10 galinhas, 7 coelhos, uma lata com doce, duas capas novas para fronhas e 1 grande pacote de roupas usadas, sendo tudo recebido com muita estima e gratidão.

*

---

percorriam o campo da festa, segurando nas pontas de uma bandeira portuguesa, para onde as pessoas atiravam as suas ofertas monetárias destinadas aos pobres da ilha.

770 BMF, *Heraldo da Madeira*, 2 de julho de 1907.

771 Na edição de 11 de julho do *Heraldo da Madeira* foi publicado, por Virgínia Pereira de Matos, tesoureira desta associação, o relatório detalhado da Receita e despesa deste evento de beneficência, redigido a 8 desse mês, onde se vê que foi angariado o total de 83:910 réis, sendo que os 10% destinados ao Lazareto se cifraram em 8:390 réis.

772 BMF, *Diário de Notícias*, 3 de julho de 1907.

773 ABM, *Diário do Comércio*, 3 de julho de 1907; BMF, *Diário de Notícias*, 4 de julho de 1907.

774 BMF, *Diário de Notícias*, 4 de julho de 1907.

775 BMF, *Diário de Notícias*, 5 de julho de 1907.

O sr. dr. José Joaquim de Freitas revacinou ontem as irmãs Franciscanas e todo o pessoal do Lazareto.

SAÚDE PÚBLICA[776]

[...] A bezerrinha oferecida há tempos ao Lazareto e que foi rifada pela última lotaria de Lisboa, coube ao bilhete comprado pelo sr. Luís Figueira da Silva Júnior.

Consta que o sr. Luís Figueira vai mandá-la matar e oferecer metade da carne ao Lazareto.

*

A Irmã Wilson pede-nos que apresentemos a expressão do seu agradecimento ao mui rev. padre António José de Macedo, por lhe ter enviado a quantia de 2$200 réis para os pobres variolosos internados no Lazareto, por intermédio do sr. comissário de polícia.

*

Os mordomos e mordomas do sítio da Achada, freguesia de S. Pedro, que anualmente cumprem a piedosa devoção de, a suas expensas, mandar celebrar uma novena a S. João Baptista, da Ribeira, cerimónia que este ano se realizou no dia 22 de junho último, enviaram-nos ontem a importância de 3$170 réis, saldo que sobrou das despesas feitas, a fim de a remetermos a Miss Wilson, para o tratamento dos variolosos.

Agradecemos e aplaudimos a digna resolução.

Contas

A comissão encarregada de realizar a «quermesse» dos dias 29 e 30 de junho findo a benefício da «Associação de Socorros Mútuos do Sexo Feminino» e dos variolosos do Lazareto, não pôde ainda fechar as contas, em vista de uma resposta que está à espera da Direção da luz elétrica do Funchal.

A mesma comissão participa que o prémio que Sua Majestade ofereceu, saiu ao n.º 18 e que quem tiver este bilhete queira reclamar o objeto à rua da Carreira n.º 88.

A Comissão.

COMUNICADO[777]

... Redação do *Diário de Notícias*.

Inclusa remetemos a V... a importância de 8$390 réis, produto de 10% sobre a receita líquida da *quermesse* que nós realizamos nos dias 29 e 30 de junho próximo passado, importância esta que rogamos a V... se digne remeter à benemérita Irmã Wilson para os variolosos internados no Lazareto.

Desejávamos que esta dádiva fosse maior, mas um conjunto de circunstâncias em contrário não nos deixou satisfazer esta vontade, o que bastante sentimos.

Se V... acharem justo queiram ter a fineza de publicar esta, pelo que mais uma vez nos confessamos imensamente gratas.

Deus guarde a V...

Funchal, 8 de julho de 1907.

A Direção,
Matilde de Carvalho Klut.
Maria Amélia Correia de Freitas.
Alexandrina Amélia Pereira.
Virgínia Pereira de Matos. [...]

---

[776] BMF, *Diário de Notícias*, 7 de julho de 1907.
[777] BMF, *Diário de Notícias*, 10 de julho de 1907.

O Lazareto visto do seu cais privado. A ponte, de três arcos, que une as margens da Ribeira de Gonçalo Aires separava a antiga Zona Suja (à direita) da Zona Limpa (à esquerda). *Foto do autor.*

DOENTE[778]

Continua doente a benemérita irmã Miss Wilson, diretora do Hospital do Lazareto.

A doença que fez prostrar no leito, aquela benemérita senhora, é devido ao grande enfraquecimento, e aos desgostos que ali tem tido.

Todos os madeirenses se devem interessar pelas melhoras da benemérita senhora, se não fosse ela, desgraçados de todos nós.

Fazemos votos a Deus, para que ela melhor[e], para poder continuar na sua espinhosa missão.

SAÚDE PÚBLICA[779]

[...] Os nossos patrícios, estabelecidos no Pará, srs. Jorge M. Gonçalves e J. G. Ribeiro enviaram à Irmã Wilson, um cheque de 12 libras e 12 shillings para os variolosos do Lazareto.

Bem hajam por isso.

*

Pará, 27th June 1907.

Miss Wilson - FUNCHAL.

Dear Madam,

I beg to hand you herewith Bk Draft for the amount of £12-12-0 as the result of a subscription list started in this Town, in aid of the destitute Varioles of Funchal, by myself and Mr. J. G. Ribeiro, both of Funchal.

Seeing the urgent necessity under which you labor, we resolved to give our immediate assistance as an appreciation of the charitable work you have so devotedly undertaken and hope the small sum now sent you will be of some assistance to your poor patients.

Duplicate list of subscribers annexed which is being kept open.

Wishing you every success in your labour, I remain,

Yours truly

Geo. M. Gonçalves

---

[778] BMF, *Correio da Tarde – Jornal Progressista*, 11 de julho de 1907.
[779] BMF, *Diário de Notícias*, 11 de julho de 1907.

Subscrição aberta a favor dos variolosos pobres da Ilha da Madeira, que se acham em tratamento no Lazareto daquela ilha, a expensas da caridade pública.

José Gomes Ribeiro	30$000
Geo. M. Gonçalves	30$000
Euclides Borges	10$000
Maximiano Soares	10$000
Guilherme Game [Gomes?] e Silva	10$000
A. Mourão & C.ª	30$000
Silva França & C.ª	50$000
Augusto Vieira de Faria	10$000
A. Coelho & Comm.	10$000
Ferreira Costa & C.ª	10$000
Réis fracos	200$000

Esta importância ao câmbio do dia, no Pará, rendeu £12.12.0. [...]

Receita e despesa com a quermesse realizada nos dias 29 e 30 de junho último no Jardim D. Amélia, pela associação de socorros mútuos do «Sexo Feminino do Funchal».[780]

Receita do dia 29	84$905
Receita do dia 30	102$185
Total	193$990

DESPESA

[...]

Soma	110$080
Saldo	83$910
10% para o Lazareto	8$390
Produto líquido para a associação	75$520

Funchal, 8 de julho de 1907.

A tesoureira,
Virgínia Pereira de Matos.

Doente[781]

Acha-se doente Miss Wilson, diretora do Lazareto de Gonçalo Aires. Desejamos o pronto restabelecimento desta caridosa senhora.

Agradecimento[782]

A Comissão encarregada de realizar uma "quermesse" nos dias 29 e 30 de junho próximo passado, a benefício da "Associação de Socorros Mútuos do Sexo Feminino do Funchal" e dos variolosos internados no Lazareto, vem publicamente agradecer bastante reconhecida e imensamente grata a todas as entidades que diretamente concorreram com o seu valiosíssimo auxílio para o bom resultado desta festa.

À ex.ma câmara municipal, que da melhor boa vontade nos concedeu licença para realizarmos a nossa "quermesse" no "Jardim D. Amélia";

Ao ex.mo sr. comandante militar, por ter consentido que a excelente banda regimental de infantaria 27 abrilhantasse esta festa com o seu vasto e seleto reportório;

Ao ex.mo e rev.mo bispo sr. D. Manuel Agostinho Barreto e ex.mo sr. Visconde de Cacongo

---

780 BMF, *Diário de Notícias*, 11 de julho de 1907.
781 ABM, *Diário do Comércio*, 11 de julho de 1907.
782 BMF, *Heraldo da Madeira*, 11 de julho de 1907.

por nos terem prestado todo o seu valioso auxílio pelo que ficamos bastante reconhecidas;

À digna imprensa do Funchal por nos ter coadjuvado com o seu auxílio, assim como ao ex.^{mo} sr. Marinho de Nóbrega, pelo artigo de fundo publicado no "Diário de Notícias", do dia 30 de junho;[783]

À briosa filarmónica dos "Artistas Funchalenses" pela forma correta como se apresentou nestes dias no Jardim;

Às damas e cavalheiros que se dignaram concorrer com donativos e objetos para esta festa;

Às sr.^{as} sócias que nos ajudaram nestes trabalhos nos dias da "quermesse" assim como aos ex.^{mos} srs. António Alexandrino de Sousa, Gastão António Coimbra e Francisco Marques pelos relevantes serviços prestados por estes cavalheiros à nossa associação nestes dias;

A todas estas entidades deixamos aqui bem patente o nosso profundo e inolvidável reconhecimento.

Funchal, 9 de julho de 1907.
Pela Comissão,
A Presidente – *Lélia da Veiga França*.

NOTÍCIAS RELIGIOSAS[784]

Na capela do Senhor Bom Jesus da Ribeira estão-se celebrando as novenas de Nossa Senhora do Monte do Carmo. [...]

Melhoras[785]

[...] – A irmã Wilson, caritativa diretora do hospital do Lazareto, também continua melhorando, devendo em breve entrar em franca convalescença.

A varíola[786]

Felizmente pode dizer-se que está extinta nesta ilha a terrível epidemia da varíola.

Os poucos doentes que existem estão isolados no Lazareto.

Não quer isto dizer que não possa ainda aparecer um ou outro caso.

Se tal suceder é mister isolar imediatamente o doente e desinfetar convenientemente a habitação e roupas.

Se assim se não fizer, os cônsules negam-se a passar cartas limpas às embarcações que demandam o nosso porto e a informar bem do nosso estado sanitário aos seus respetivos governos, originando assim de novo o afastamento da navegação.

Sabemos que o sr. administrador do concelho tem envidado todos os esforços para, sem violências, internar no Lazareto todos os variolosos.

Não basta, porém, a boa vontade da autoridade; é preciso que todos nós nos convençamos de que o fim da epidemia só se consegue por meio da vacinação, revacinação, isolamento dos doentes e rigorosas desinfeções.

Há necessidade, pois, de que todos os cidadãos auxiliem a autoridade no propósito de extinguir por completo a epidemia.

É preciso lembrarmo-nos de que se a epidemia tomou sérias proporções foi isso devido à incúria e falta de energia duns, à ignorância e teimosia doutros e, quem sabe, talvez à

---

783 Trata-se do artigo intitulado "**A Associação das Senhoras**" que, começando por afirmar que "a mulher é o domingo do homem", tece rasgados elogios às mulheres e ao seu papel no lar doméstico e na sociedade, sublinhando ainda o papel importante no apoio às mesmas desempenhado pela Associação de Socorros Mútuos do Sexo Feminino do Funchal.

784 BMF, *Diário de Notícias*, 13 de julho de 1907.

785 BMF, *Heraldo da Madeira*, 14 de julho de 1907.

786 BMF, *O Povo*, 14 de julho de 1907.

má-fé doutros.

Agora, porém, é tempo de refletirmos todos, ricos e pobres, fidalgos e plebeus, autoridades e povo.

Com uma pouca de boa vontade tudo estará acabado em breve, restando apenas a saudade dos que morreram e a triste recordação do mau bocado que passámos.

É muito bem feito[787]

Alguns liberais a quem muito deve a missão «Marquês de Pombal» ou como vulgarmente é conhecida a «Escola do Vintém», lembraram-se de levar um grupo de alunas daquela escola a prestar homenagem a Mr. Wilson[788] pelos serviços que ela e suas companheiras prestaram aos variolosos.

A jesuitada e mais carolas em vez de ficarem satisfeitos com um ato que eles devem considerar de justiça, desembestaram em impropérios contra os liberais, os maçons e livres-pensadores.

Os jornais chamados católicos não têm cessado desde então de combater e insultar as duas instituições «Vintém das Escolas» e «Auxílio Maternal».[789]

Da nossa parte, estamos convencidos que se um maçon houvesse praticado atos de valor, por mais humanitários que fossem, nunca um jesuíta viria com as crianças de qualquer das suas escolas prestar-lhe homenagem.

Os liberais cá da terra entendem as coisas doutra maneira.

Aí têm a recompensa.

Agradecimento[790]

José César Vieira, já restabelecido do ataque de varíola que o acometera, pelo que deu entrada no Lazareto de Gonçalo Aires, vem apresentar a expressão do seu mais íntimo reconhecimento pela forma carinhosa e sumamente dedicada como foi tratado por parte da benemérita Miss Wilson, suas irmãs Mestra e da Paixão e outras companheiras, assim como do enfermeiro sr. João de Nóbrega, e testemunhar também o seu agradecimento ao sr. dr. Pedro José Lomelino, pela maneira proficiente e penhorante como sempre lhe prestou os serviços clínicos.

Funchal, 15 de julho de 1907.

SAÚDE PÚBLICA[791]

[…] A bezerrinha oferecida aos variolosos pobres do Lazareto foi rifada, saindo ao sr. Luís Figueira da Silva Júnior.

Tendo sido avaliada em 20$000 réis, aquele senhor ofereceu metade desta quantia, 10$000 réis, à Irmã Wilson.

Esta senhora devolveu, porém, a referida importância, comprando assim a bezerrinha, para ser novamente rifada. […]

No Santo da Serra[792]

Em breve se celebrará na freguesia de Santo António da Serra, na capela dos Sagrados Corações de Jesus e Maria, ao Lombo da Pereira, uma festa em ação de graças pela cessação do flagelo da varíola, havendo sermão pelo rev.º padre José Marques Jardim, pároco da freguesia.

---

787 BMF, *O Povo*, 14 de julho de 1907.
788 Trata-se de um lapso visto não ter sido ao Mr. (Senhor) Wilson mas sim à Miss (Menina) Wilson.
789 Estas duas instituições tiveram a sua génese no seio da maçonaria madeirense.
790 BMF, *Diário de Notícias*, 16 de julho de 1907.
791 BMF, *Diário de Notícias*, 16 de julho de 1907.
792 BMF, *O Jornal*, 16 de julho de 1907. Texto publicado na rubrica "Notícias religiosas".

3.7.1907

Falecimento[793]
Finou-se ontem, na vila de Santa Cruz, a piedosa e ativa Irmã Maria das Mercês, pertencente à congregação das Irmãs Franciscanas, que tem a sua sede naquela vila, e que, quer em hospitais quer em escolas, tantos benefícios prestam à nossa terra.
A falecida era natural de Machico.
Que descanse em paz; aos nossos leitores pedimos uma prece por sua alma.

[Sem título][794]
– Na freguesia do Santo da Serra, celebrar-se-á brevemente na capela dos Sagrados Corações de Jesus e Maria, uma missa cantada em ação de graças pelo desaparecimento da varíola, havendo sermão pelo respetivo pároco, revd.º padre José Marques Jardim.

Falecimento[795]
Faleceu anteontem de manhã, na vila de Santa Cruz, a Irmã Maria das Mercês, pertencente à congregação das Irmãs Franciscanas. Paz à sua alma.

Festividades religiosas[796]
[...] – Em Santo António da Serra, na capela dos SS. Corações de Jesus e Maria, no Lombo da Pereira, efetua-se brevemente uma festa em ação de graças pela cessação da varíola. Pregará o rev. vigário José Marques Jardim.[797] [...]

Heroínas[798]
No genuíno sentido da palavra as Irmãs da Caridade são incontestavelmente verdadeiras heroínas.
Ninguém há aí que lhe possa contestar tais direitos.
Nem todos as conhecem, mas aqueles que, livres de preconceitos, uma vez foram testemunhas da sua abnegação, do seu zelo, da sua caridade sem limites, não podem deixar de as denominar verdadeiras heroínas.
Muitos há infelizmente ainda que, levados por falsos princípios, obcecação de espírito ou ódio infernal, as olham com indiferença, quando as não ultrajam ou caluniam. Estão em tal caso os filantropos, os ímpios ou ateus. Para eles não há virtude no rigoroso sentido da palavra.
Efetivamente abandonar o mundo quando ele nos sorri, deixar a família, a pátria e com ela tudo o que de mais grato pode haver para o coração humano, para se internar num asilo, hospital ou lazareto, para ir a longínquos países, muitas vezes entre selvagens, derramar com a luz da instrução o conhecimento da Fé que professamos, para marchar com os exércitos para o campo de batalha na mais alta aceção da palavra, por entre o sibilar das balas e o estertor dos moribundos – oh! isso não pode deixar de ser a verdadeira loucura da Cruz ou o verdadeiro heroísmo cristão!
Aos inimigos das Irmãs de Caridade bem se pode aplicar as palavras do Apóstolo: «O homem animal não percebe o que diz respeito ao Espírito de Deus; é para ele loucura, e não o pode entender».
Felizmente, na Madeira, são já em pequeno número os que ou desdenham das Irmãs de Caridade ou lhes não fazem a justiça devida, tão grande tem sido entre nós os benefí-

---
793 BMF, *O Jornal*, 16 de julho de 1907.
794 BMF, *Diário de Notícias*, 17 de julho de 1907. Texto inserido na rubrica "NOTÍCIAS RELIGIOSAS".
795 ABM, *Diário do Comércio*, 17 de julho de 1907.
796 BMF, *Heraldo da Madeira*, 17 de julho de 1907.
797 Esta notícia foi repetida nesta rubrica nas edições seguintes deste jornal.
798 ABM, *O Jornal*, 17 de julho de 1907.

Na Camacha também se angariaram fundos em prol dos variolosos internados no Lazareto. *Coleção do autor.*

cios sem número que, por toda a parte hão espalhado. Vamos mesmo mais longe, hoje seria *ridículo* o que se atrevesse a desdenhar dos seus relevantes serviços!

Que o diga o Lazareto ou melhor os doentes ali tratados com o verdadeiro carinho maternal! [...]

Duas auréolas imortais circunvolvem a fronte das Irmãs da Caridade – o sacrifício e o amor. No sacrifício elevam-se até à palma do martírio e no amor vêm em tudo a Jesus.

Martírio sim. Renunciar a tudo para dedicar-se pelo amor de Deus ao próximo, curar as mais asquerosas chagas, permanecer dia e noite no meio dos empestados, assistir com a mais acrisolada dedicação aos moribundos, ir muitas vezes mesmo ao meio da idolatria para aí, qual sol deslumbrante, espargir por toda a parte centelhas de luz que levem a par do conhecimento do verdadeiro Deus a civilização no que ela tem de mais heroíco, afrontar a própria morte, sucumbindo não poucas vezes às mãos dos bárbaros, oh! isto é o verdadeiro martírio. Quanto ao amor que neles impera e que é causa primordial das suas heroicidades, esse deve-se procurar só em Jesus.

Sim é Jesus que elas tratam na pessoa dos doentes; as suas chagas são as chagas de Jesus, as suas dores são as dores de Jesus, os seus sofrimentos são os sofrimentos de Jesus.

Em uma palavra nos lazaretos, nos hospícios, nas misericórdias, nas escolas, nos asilos da infância ou da decrepitude em toda a parte e em tudo vêm membros de Jesus, tendo bem patentes sempre as palavras do Divino Mestre: «tudo o que fizerdes por Mim ao mais pequenino é a Mim mesmo que o fizestes!»

Admirável doutrina! Só ela por si podia transformar a face da terra e converter em paraíso este vale de lágrimas.

A Caridade é a essência do Cristianismo e as Irmãs são a personificação do Evangelho.

No mundo não se encontram, por certo, mulheres a quem melhor caiba o nome de *Heroínas*!

Que Deus as proteja sempre e que o Crucifixo que lhes pende da cintura, símbolo do sacrifício e do amor, seja o seu norte, por ser ele o único que produz s verdadeiras *Heroínas!*

SAÚDE PÚBLICA[799]

[...] A Irmã Wilson pede-nos que, em seu nome, testemunhemos a sua gratidão ao sr. José de Faria (barraqueiro) o donativo de 5$000 réis e à ilustrada redação do *Jornal* o de igual importância enviada da freguesia da Camacha, com destino aos variolosos do Lazareto.

Estes dois donativos foram entregues por intermédio do sr. comissário de polícia.

SAÚDE PÚBLICA[800]
Subscrição a favor das vítimas da varíola

Transporte	2:413$790
Da sr.ª D. Maria Cristina Rodrigues Lopes, professora oficial do Bom Sucesso, produto duma *quête* feita entre os seus alunos	4$710
Soma	2:418$500

---

[799] BMF, *Diário de Notícias*, 18 de julho de 1907.
[800] BMF, *Diário de Notícias*, 19 de julho de 1907.

"O anjo da caridade", como ficou conhecida na época a Irmã Wilson, acompanhando um doente curado ao cais do Lazareto, onde embarcaria rumo ao Funchal. À sua passagem, um polícia saúda-a reverentemente ao levantar o seu chapéu. *Secretariado da Irmã Wilson.*

[...] Há no Lazareto variolosos que se admiram do modo cuidadoso como se faz ali a descamação dos convalescentes.

Soube-se pelos variolosos de S. Martinho, em tratamento no mesmo hospital, que naquela freguesia, os atacados da mesma doença, logo que entram no período da convalescença, vão para a igreja, e ocupam-se ali a tirar as escamas com as unhas, lançando-as no chão, enquanto esperam pela missa.

Foi, principalmente, por este modo que a varíola tanto se propagou em S. Martinho.

Uma benemérita[801]

Há pouco mais de meio ano balouçava sobre o ingente dorso do Oceano um vapor que, vindo de terras estrangeiras, demandava o nosso porto para se refazer de víveres e seguir a sua derrota.

Chamava-se ele Massília, vindo de França e dirigia-se para New York. Mensageiro do comércio, ao ser avistado, causou geral alegria, sobretudo entre a classe marítima, que vive exclusivamente deste ramo de indústria. Mal se podia então prognosticar que aquele vapor, que então donairosamente se aproximava de terra, nos havia de trazer em vez da alegria o luto, em vez de comércio a paralisação do mesmo e em vez de vida a morte. E foi exatamente a classe marítima e menos abastada a que se vê sempre com mais satisfação o nosso porto concorrido de barcos de todas as nações, aquela que mais sofreu com a entrada do Massília.

Pouco depois da sua saída de França manifestou-se a varíola no comandante daquele vapor.

Chegado ao nosso porto, a tripulação pede que, em nome da humanidade, seja desembarcado o comandante, atacado daquela epidemia, que lhe seria tanto mais nociva quanto era certo que a bordo não havia nem médico nem farmácia.

Infelizmente para visitas tais não estávamos preparados. O Lazareto havia sofrido um saque e só falar nele causava calafrios. Era a nossa Bastilha que num momento de exaltação, e quem sabe se feliz, havia sido exautorado pelo povo. O caso complicava-se. Houve a triste ideia de recolher o varioloso no *Seamen's Hospital*. Infeliz lembrança, que tantas lágrimas causou a centenares de famílias. O *Seamen's Hospital* não estava nos casos de receber doentes infeciosos, ou então não houve o devido cuidado do isolamento. Como quer que seja, a terrível epidemia em breve se alastrou pela cidade.

Pensou-se então no Lazareto. Feitos os mais urgentes e indispensáveis reparos, tratava-se de escolher pessoa competente que estivesse à frente daquela casa. A escolha não era fácil. Sabia-se a responsabilidade tremenda que iria recair sobre ela.

Necessária era também muita abnegação, muita coragem e muito desprendimento da vida para ali se internar, tendo por companhia variolosos, alguns dos quais iriam ali terminar a existência. Demais, o pessoal que havia servido no Lazareto, por ocasião da famigerada peste bubónica, havia deixado bastante a desejar. Não faltaram até acusações tremendas contra ele.

A dedicação duma mulher – *Irmã da Caridade* – Maria Wilson, veio pôr termo a tantas hesitações. Ofereceu-se voluntariamente com suas companheiras para tratar, pelo amor de Deus, dos pobres variolosos.

E, se no tempo da decantada peste bubónica não foram aproveitados os seus serviços, agora foram-no com geral estima. À relutância que se sentia só com a possibilidade de ser mandado para o Lazareto, sucedeu, ainda nas classes mais ignaras, uma veneração e estima por aquela casa.

É que lá dentro estavam as beneméritas Irmãs da Caridade para atenderem os doentes e prestarem a todos os serviços que não podem ser excedidos pela própria família. É que o nome da Irmã Wilson já era pronunciado com respeito não só nesta cidade, mas principalmente em Santa Cruz, onde havia dirigido o Hospital daquela vila.

É que finalmente o bom povo da Madeira já vai compreendendo que há anjos terrenos,

---

[801] ABM, *O Jornal*, 19 de julho de 1907.

prontos a tudo sacrificarem pelo bem-estar de seus irmãos infelizes, e esses anjos terrenos são – as *Irmãs da Caridade*.

Quando os ateus, os mações e os livres-pensadores nos apresentarem heroínas como as Irmãs da Caridade, seremos nós também os primeiros a fazer-lhes justiça e a proclamá-las beneméritas.

A Irmã Wilson tinha o direito de se poder orgulhar de que hoje em toda a Madeira o seu nome é pronunciado com respeito religioso, diremos mesmo com veneração como o merecem as suas excelentes qualidades, se não firmasse todas as suas virtudes na indestrutível base da humildade que a leva a dizer com o salmista: "Não a nós Senhor, não a nós, mas ao Teu nome dá glória" ou aquela outra passsagem do Evangelho: "Somos servos inúteis e fizemos apenas o que devíamos fazer".

São estas as verdadeiras beneméritas que enchendo o mundo de ações heroicas, passando, à semelhança do Divino Mestre, fazendo o bem e aspirando quotidianamente ao sacrifício, só têm por recompensa cá na terra, o desprezo de si mesmas e lá no Céu uma glória imortal.

O mundo nem sempre lhes faz a verdadeira justiça, embora todos se devam inclinar respeitosos perante a heroicidade da virtude que é o diadema das Irmãs da Caridade.

SAÚDE PÚBLICA[802]
Subscrição a favor das vítimas da varíola

Transporte	2:418$500
Recebido da «Empresa Funchalense de Cabotagem» pelos serviços prestados, segundo avaliação do sr. capitão do porto do Funchal, pelo vapor «Gavião», ao pontão «Aarwack», dos srs. Manuel Gonçalves & C.ª, na noite tempestuosa de 2 de maio último	50$000
Soma	2:468$500

[…] Da «Empresa Funchalense de Cabotagem» recebemos ontem a importância de 50$000 réis, para os pobres variolosos, em tratamento no Lazareto, importância esta que foi arbitrada pelo sr. capitão do porto do Funchal, como remuneração dos serviços prestados pelo vapor *Gavião* ao pontão *Aarwack*, dos srs. Manuel Gonçalves & C.ª, na noite tempestuosa de 2 de maio último.

Agradecemos em nome dos contemplados. […]

Remédio contra as bexigas

Foi comunicado à Irmã Wilson a descoberta dum remédio eficaz contra a varíola, o qual consiste no seguinte:

Uma onça de creme de tártaro, numa garrafa de quartilho de água a ferver.

Esta bebida, depois de resfriada, deve ser ministrada ao atacado, no mais curto prazo de tempo, e tantas vezes quantas ele puder tomar.

Este remédio, entre outros efeitos benéficos que produz, evita a cegueira e as marcas, o que se tem verificado em milhares de casos.

Não custa experimentar.

SAÚDE PÚBLICA[803]
Subscrição a favor das vítimas da varíola

Transporte	2:468$500
Do sr. António Daniel Torres, natural do Porto da Cruz, proveniente duma multa que aplicou	500
Soma	2:469$000

[…]

---

[802] BMF, *Diário de Notícias*, 21 de julho de 1907.
[803] BMF, *Diário de Notícias*, 23 de julho de 1907.

[Sem título][804]
– Por ter terminado a varíola no Santo da Serra, realiza-se brevemente na capela do Sagrado Coração de Jesus e Maria, daquela freguesia, uma festa em ação de graças.

SAÚDE PÚBLICA[805]
Subscrição a favor das vítimas da varíola

Transporte	2:469$000
Do «Club Recreio Musical»	4$200
Soma	2:473$200

[...] No próximo domingo, 28 do corrente, sai da capela de Nossa Senhora da Boa Nova um bando precatório, composto de rapazes daquele sítio, acompanhado por duas orquestras, que percorrerão parte das freguesias da Camacha, Caniço e S. Gonçalo.

O produto é a benefício dos variolosos pobres internados no Lazareto.

Extinção da varíola[806]
Dentro da área urbana do Funchal, acha-se, felizmente, quase extinta a epidemia da varíola.

O que resta ainda é um pequeníssimo rescaldo que as autoridades administrativa e sanitária se empenham por extinguir completamente.

Há muito que esta doença podia achar-se extinta, se não fossem duas razões deploráveis, que são a antítese da própria razão: a repugnância injustificável das classes populares, mormente as rurais, a aceitarem a vacina, e o seu indiferentismo ou antes teimosia na recusa de quaisquer medidas profiláticas e higiénicas que lhes sejam aconselhadas pelos homens de ciência ou pelas autoridades sanitárias. [...]

Consta-nos que a autoridade competente está disposta a compelir todos os casos de varíola que ainda aparecem, ao rigoroso tratamento profilático e ao isolamento no hospital do lazareto, único eficaz e livre de transgressões e abusos, como os que se têm praticado cá fora.

Só assim se poderá extinguir o rescaldo da terrível epidemia, que tantas vidas tem custado e tantos prejuízos materiais acarretou à vida económica da população funchalense.

Esta resolução da autoridade merece o apoio de toda a gente sensata e esclarecida.

SAÚDE PÚBLICA[807]
Subscrição a favor das vítimas da varíola

Transporte	2:473$200
Cheque de 3 libras, 12 schillings e 10 vinténs (enviado pelo sr. Manuel Aires de Vasconcelos), que ao câmbio do dia rendeu	16$735
Soma	2:489$935

[...] Duma senhora recebemos ontem três peças de roupa, com destino aos internados no Lazareto.

Bem-haja por isso.

*

Do nosso digno patrício sr. Manuel Aires de Vasconcelos, estabelecido na Trindade, recebemos ontem um cheque, na importância de 3 libras, 12 shillings e 10 pence, que lhe foi entregue pelos seus compatriotas, cujos nomes abaixo publicamos, para a subscrição aberta neste *Diário* a favor dos variolosos pobres.

---

[804] BMF, *Diário de Notícias*, 24 de julho de 1907. Texto inserido na rubrica "NOTÍCIAS RELIGIOSAS".
[805] BMF, *Diário de Notícias*, 24 de julho de 1907.
[806] BMF, *Diário de Notícias*, 26 de julho de 1907.
[807] BMF, *Diário de Notícias*, 1 de agosto de 1907.

Agradecemos o generoso donativo, em nome dos contemplados, sendo, na verdade, muito honroso para os sentimentos altruístas daqueles nossos compatriotas que, mesmo longe da terra natal, não se esqueceram dos seus infelizes irmãos.

João Nunes	0. 8. 4
Anónimo	1. 0. 10
José de Pestegille	0. 2. 0
P. J. Pereira	0. 2. 0
José de Abreu	0. 4. 2
H. Fernandes	0. 2. 0
R. J. Castro	0. 3. 0
J. Pires	0. 2. 0
M. Pestana	0. 2. 0
João Pereira	0. 5. 0
E. de Oliveira	0. 1. 0
José Gomes Garanito	0. 5. 0
Manuel Pinheiro	0. 4. 2
Agostinho dos Santos	0. 1. 0
Roque de Andrade	0. 4. 2
Alexandre Coelho	0. 2. 0
Anónimo	0. 4. 2
	£ 3. 12. 10

A varíola e a caridade[808] – É verdade velha que Deus sempre tira o bem do mal e, por isso mesmo, que para as almas boas não há mal que se não se converta em bem. Entre outras provas, bastaria apontar a nobre emulação que continua a observar-se no Funchal e na Madeira no exercício da caridade a favor dos pobres variolosos do Lazareto. As santas heroínas que lá estão encerradas tinham aproveitado o ensejo para dar largas à celestial paixão da caridade que lhes refervia na alma e desse nobre exemplo brotou o salutar contágio do bem a contrapor-se ao contágio do mal.

– No dia 30 de julho realizou-se na freguesia de Santa Maria Maior, no sítio do Lagar, um novo bando precatório que rendeu 177$770 réis e uns 24$000 réis em géneros, produto que foi entregue à Veneranda Diretora do Lazareto com uma deliciosa poesia que reproduzimos adiante.

– Nos dias 29 e 30 de julho, a Associação de Socorros Mútuos do sexo feminino do Funchal, realizou no Jardim D. Amélia uma quermesse, e ofereceu para o mesmo fim humanitário a décima parte da receita líquida, [ou] seja 8$390 réis.

– O Rev.º pároco do Caniço entregou no princípio de julho à Ex.ma Irmã Wilson 64$430 réis provenientes de uma *quête* feita em todos os birros da sua freguesia.

– A comissão da festa do Espírito Santo em Gaula já tinha oferecido 5$000 réis a 15 de junho.

– Entre as muitas pessoas que têm enviado géneros, esmolas e cotizações, citaremos as dignas Irmãs do Hospício que se prontificaram a [oferecer] por caridade duzentas camisas para o Lazareto, as sr.as D. Maria Sofia Valentim e D. Ema Rocha (6$200 réis), a menina D. Ermazilda Lomelino Ferreira da Sousa (5$000), o sr. José Faria (barraqueiro) (5$000), um donativo da Camacha (5$000 réis).

– As alunas do colégio de Santa Clara e da escola do *vintém* quiseram contribuir também para tão excelente obra, a 1.ª por meio de uma subscrição que produziu 10$860 réis, a 2.ª por meio de um bazar de caridade na Praça da Rainha, nos dias 28 e 29 de junho, o qual rendeu 63$100 réis, indo depois as 16 alunas da comissão promotora entregar o fruto do seu zelo à boa Irmã Wilson, a quem uma delas dirigiu uma expressiva mensagem de felicitação e agradecimento pelo seu «altruísta e nobre exemplo».

---

808 BMF, *Quinzena Religiosa da Ilha da Madeira*, 1 de agosto de 1907. Texto inserido na rubrica "Notícias diocesanas".

– A subscrição do «Diário de Notícias» já atingiu a notável cifra de 2:473$200 réis, entrando nesta quantia uma subscrição de 213$230 promovida pelo *Grupo dramático português* da Ilha [da] Trindade sob a inspiração de alguns beneméritos madeirenses que o dirigem, assim como uma oferta de 50$000 réis da Empresa de cabotagem, e outra de 4$710, produto de uma coleta feita entre os alunos da ex.ma sr.a professora da escola oficial do Bom Sucesso.

– Eis a linda poesia que duas crianças trazendo o hábito das irmãs franciscanas, ofereceram com um belo ramalhete de flores à bondosa Irmã Wilson com a seguinte dedicatória: [...][809]

As heroínas da caridade – Sob o epígrafo *Heroínas*, o nosso estimado colega *O Jornal* publicou, no dia 17 de julho, um excelente artigo em homenagem geral a todas as congregações de religiosas que consagram ao bem corporal e espiritual de todas as classes e idades, especialmente no Funchal, os tesouros de abnegação e de dedicação que o amor de Deus, a caridade divina faz brotar no coração de cada um dos seus membros.

No dia 19, publicou outro artigo *Uma benemérita* em homenagem especial às admiráveis Irmãs Franciscanas de Santa Cruz, que hoje estão mais em foco, porque a epidemia da varíola lhes tem proporcionado um excelente ensejo de revelar a um mundo desorientado algum dos segredos que encerra o coração das Esposas do Senhor, a santa paixão do bem que aí substitui as paixões carnais que hoje imperam na sociedade, o emprego que elas sabem fazer da sensibilidade feminina e da ternura natural da sua alma.

Associamo-nos com todas as veras ao justo tributo de louvor do nosso estimado colega.

Não nos surpreende o belo heroísmo que faz convergir a atenção universal para aquela varonil irmã Wilson, cujo nome é abençoado por todos, e para o punhado de santas mulheres que ela anima com seu exemplo, dirige com sua experiência e ilustração. Sabemos aliás que elas não precisam dos aplausos e entusiasmos do público para dar largas ao seu zelo, porque este dimana, já o dissemos, de uma fonte mais alta e pura; sabemos até que elas preferem exercer os seus caridosos ministérios na obscuridade e no silêncio do hospital, que não ao lume da publicidade, expostas às comoções da popularidade, às aclamações e entusiasmos das multidões.

Mas cumprimos um dever aproveitando a ocasião e convidamos as pessoas obcecadas pelos preconceitos e pelas mentiras da impiedade moderna, a abrir os olhos, a fim de conhecerem onde está a verdade e a virtude, que são os verdadeiros amigos do povo e da sociedade, quais são as instituições verdadeiramente humanitárias e civilizadoras.

Praza a Deus que aos entusiasmos de hoje não sucedam amanhã as investidas irrefletidas e cegas de que as paixões populares, açuladas por outras paixões sectárias, nos oferecem tantos exemplos! Acodem-nos à mente as palavras dolorosas de Jesus chorando sobre a cidade de Jerusalém, no próprio dia em que ela o recebia em triunfo nos seus muros: «Oh! *se ao menos neste dia que te é dado, tu ainda conhecesses o que te pode trazer a paz!*»

Exames[810] – Apesar da enorme concorrência das nossas escolas Salesianas de Santa Maria Maior, no Funchal, e de S. Cristóvão, em Machico, as beneméritas diretoras respetivas, a sr.a D. Maria Augusta da Cunha e as Irmãs Franciscanas da Congregação de Santa Cruz, conseguiram preparar e apresentar aos exames de 1.º grau, estas últimas 5 alunos e 6 alunas que obtiveram a nota *ótimo*, e a sr.a D. Maria Augusta da Cunha 6 que obtiveram a nota *ótimo* e uma 7.a, que teve a nota *bom*.

Felicitamos sinceramente as dignas professoras e os pequenos diplomados. [...]

---

[809] De modo a evitar repetições, não apresentamos a transcrição deste poema, que já havia sido apresentado noutros órgãos da imprensa regional, e também a receita do "Remédio contra bexigas" que havia sido divulgado no *Diário de Notícias* de 21 de julho de 1907.

[810] BMF, *Quinzena Religiosa da Ilha da Madeira*, 1 de agosto de 1907. Texto inserido na rubrica "Boletim mensal de julho da Obra de S. Francisco de Sales".

Santo da Serra, 1 de Agosto[811]
Festa do Sagrado Coração de Jesus

Precedida de um tríduo solene, celebrou-se nesta localidade, no domingo passado, 28 de julho, a solenidade do Sagrado Coração de Jesus. [...]

Muitos parabéns ao rev. pároco e às beneméritas irmãs franciscanas que tanto se empenharam para que o Coração de Nosso Senhor e supremo Rei fosse deste modo tão bem honrado.

Miss Wilson[812]

Esta dedicadíssima diretora do hospital do Lazareto esteve ontem conferenciando com sua ex.ª, o sr. governador civil, sobre assuntos que se relacionam especialmente com o mesmo hospital.

Acompanhou a Irmã Wilson, o delegado de saúde, sr. dr. Nuno Silvestre Teixeira.

SAÚDE PÚBLICA[813]
Casos de pneumonia em Santo António

Somos informados de que, no sítio da Madalena, da freguesia de Santo António, apareceram diversos casos de pneumonia, de mau carácter, três dos quais foram fatais.

Conquanto não haja motivos para sobressaltos, convém que, desde já, sejam adotadas todas as precauções profiláticas para evitar que tal doença se propague pela vizinhança.

Tudo quanto se faça no sentido de obstar ao seu alastramento, é humanitário, e proveitoso à saúde pública.

Consta-nos que ontem à tarde, os srs. administrador do concelho, delegado e subdelegado de saúde foram ao local, onde apareceram as referidas pneumonias, a fim de providenciar do modo mais conveniente, não só no interesse dos doentes, mas de todos nós.

Esperamos que se tenham adotado as devidas precauções.[814]

Voltaremos ao assunto. [...]

MINISTÉRIO DOS NEGÓCIOS DO REINO[815]
Direção Geral de Administração Política e Civil
1.ª Repartição

Para os devidos efeitos se publicam os seguintes despachos: [...]

Julho 4 [...]
Grau de Cavaleiro da Antiga e Muito Nobre Ordem da Torre e Espada, do Valor, Lealdade e Mérito

Mary Jane Wilson, súbdito de Sua Majestade Britânica, da Associação de Nossa Senhora da[s] Vitória[s], na freguesia de Santa Cruz, da Ilha da Madeira, por relevantes serviços prestados aos variolosos internados no Lazareto do Funchal.

Festividades religiosas[816]

No domingo próximo realizam-se as seguintes:

---

811 BMF, *O Jornal*, 2 de agosto de 1907. Texto publicado na rubrica "Notícias rurais".

812 BMF, *Diário de Notícias*, 7 de agosto de 1907.

813 BMF, *Diário de Notícias*, 7 de agosto de 1907.

814 Uma das medidas adotadas foi o envio de duas religiosas, companheiras da Ir. Wilson no Lazareto, para dar assistência a estes doentes em Santo António.

815 BMF, *Diário do Governo*, 7 de agosto de 1907. Apesar deste órgão informativo não ser madeirense inserimos esta notícia do mesmo, visto a mesma se referir à Ir. Wilson.

816 BMF, *Heraldo da Madeira*, 7 de agosto de 1907.

Em Santo António, a de Nossa Senhora, a grande instrumental, em ação de graças pela extinção da epidemia da varíola na mesma freguesia. Ao Evangelho será orador o rev. Joaquim Teixeira. [...]

CONDECORAÇÃO MERECIDA[817]

Os nossos colegas «Diário de Notícias» e «Heraldo», publicaram hoje um telegrama de Lisboa, narrando que o governo de Sua Majestade acaba de conceder à benemérita e incansável irmã Franciscana Miss Wilson, o hábito da Torre e Espada, pelos seus grandiosos serviços prestados à nossa terra por causa da epidemia da varíola.

O governo agraciou aquela altruísta senhora, não fez mais do que o seu dever, se não fosse ela desgraçada Madeira, que a sua população, na sua maior parte, já estava plantada no cemitério.

Daqui enviamos à benemérita irmã, as nossas felicitações pela alta distinção que lhe acaba de ser concedida.

Miss Mary Wilson[818]

A esta benemérita amiga e protetora dos infelizes, atingidos pela miséria ou pela doença, temos o sumo prazer e a distinta honra de apresentar em nome do proprietário, redação, administração e todo o pessoal do *Diário de Notícias*, as mais calorosas e sinceras felicitações pela alta graça com que o governo de Sua Majestade entendeu, num ato de inteira justiça, assinalar e reconhecer com a Torre e Espada os relevantes serviços prestados por quem tudo esqueceu, para minorar os sofrimentos dos nossos irmãos atacados de varíola, dentro e fora do Lazareto.

Estas felicitações traduzem certamente o sentir de todos os madeirenses.

Não se deve, contudo, esquecer que o distinto clínico sr. dr. José Joaquim de Freitas, da melhor vontade e com risco da própria vida, não teve um único momento de hesitação em pôr-se, a toda a hora do dia e da noite, no inteiro serviço da santa cruzada em favor de tantos desgraçados variolosos abandonados de toda a proteção.

SAÚDE PÚBLICA[819]
Os casos de pneumonia em Santo António

Foram diagnosticadas de epidémicas as pneumonias que se manifestaram em vários indivíduos, moradores no sítio da Madalena, freguesia de Santo António.

Estas pneumonias apresentam, em todos os atacados, os mesmos sintomas. No primeiro dia são pneumonias francas. Os enfermos têm pouca febre.

Só no segundo dia é que manifestam toda a gravidade. Tornam-se duplas. A febre aumenta e sobrevêm o delírio e o estado comatoso que é seguido pela morte.

O perigo está no contágio. Evitado ele, não haja receio. [...]

Visita ao Lazareto[820]

O ilustre chefe do distrito vai hoje de manhã em visita ao Lazareto de Gonçalo Aires, indo por via marítima no vapor «Mariano de Carvalho»

---

[817] ABM, *Correio da Tarde – Jornal Progressista*, 8 de agosto de 1907.
[818] BMF, *Diário de Notícias*, 8 de agosto de 1907.
[819] BMF, *Diário de Notícias*, 8 de agosto de 1907.
[820] ABM, *Diário do Comércio*, 8 de agosto de 1907.

Mary Jane Wilson, da Associação de Nossa Senhora da Victoria, na freguezia de Santa Cruz, na ilha da Madeira, e subdita de Sua Magestade Britannica.

Eu El-Rei de Portugal e dos Algarves etc. vos Envio muito saudar.

Attendendo ás vossas distinctas qualidades e circumstancias, e Querendo Dar-vos um testemunho authentico do Apreço em que Tenho a vossa pessoa e os relevantes serviços que tendes prestado com a maior abnegação e caridade á causa da humanidade e beneficencia, enternando-vos no lazareto do Funchal para tratamento, allivio e amparo dos variolosos alli recolhidos, arriscando assim a cada momento a vossa vida sem outra recompensa mais, que as bençãos de tantos desgraçados a que tão sollicita e carinhosamente tendes acudido: Hei por bem Fazer-vos a mercê do grau de Cavalleiro da Antiga e Muito Nobre Ordem da Torre e Espada do Valor, Lealdade e merito. O que Me Pareceu participar-vos para vossa intelligencia e satisfação, e para que possaes usar desde já as respectivas insignias vos Envio esta Carta.

Escripta no Paço das Necessidades em quatro de julho de mil novecentos e sete.

EL Rei

Para Mary Jane Wilson, da Associação de Nossa Senhora da Victoria, na freguezia de Santa Cruz na ilha da Madeira, e subdita de Sua Magestade Britannica.

Carta manuscrita pelo Rei D. Carlos e por ele enviada à Irmã Wilson comunicando-lhe que lhe tinha sido atribuída a Comenda da Ordem da Torre e Espada. *Secretariado da Irmã Wilson.*

Miss Wilson[821]

Conferenciou com sua ex.ª, o sr. governador civil,[822] sobre assuntos que se relacionam especialmente com o Lazareto, Miss Wilson.

Acompanhou a Irmã Wilson o delegado de saúde, sr. dr. Nuno S. Teixeira.

Serviço Telegráfico do "Heraldo da Madeira"[823]

Lisboa, 7 às 5,10 t. [...]

Condecoração merecida

LISBOA – O Diário do Governo publica hoje o decreto condecorando com o hábito da Torre [e] Espada a irmã franciscana Miss Wilson pelos relevantes serviços prestados durante a epidemia da varíola no Funchal. [...]

(Correspondente)

Sister Wilson Decorated

LISBON – The "Diário do Governo" of today publishes a decree bestowing the Order of the "Torre e Espada" on the Franciscan sister Miss Wilson, for the great services rendered during the smallpox epidemic in Funchal. [...]

(Correspondent)

Honra merecida[824]

Por informação telegráfica, sabe-se que foi publicado, ontem, no *Diário do Governo* o decreto condecorando com o hábito da Torre e Espada a benemérita e dedicada diretora do Lazareto de Gonçalo Aires, a Irmã Maria de S. Francisco Wilson, pelos inapreciáveis serviços por ela prestados na epidemia que ultimamente grassou entre nós.

Esta distinção honra sobremodo não só a caritativa irmã que a ela tinha incontestável direito, embora a sua abnegação e caridade fossem exercidas com fins mais nobres, mas também enaltece o governo de sua Majestade que a agraciou, o sr. secretário geral, conselheiro dr. António Jardim de Oliveira, que, segundo nos consta, quando exercia o cargo de governador civil, instou perante o governo pela concessão da referida graça.[825]

Daqui sincera e cordialmente felicitamos a dedicada diretora do Lazareto, certos de que a honra que acaba de receber tornará mais públicos os seus assinalados serviços em favor dos infelizes atacados de uma epidemia, da qual todos justamente fugim para se eximirem do seu contágio, e que concorre para o prestígio da religião e dos institutos congreganistas, hoje caluniosa e omnimodamente agredidos, e alcunhados os seus membros de inúteis parasitas que para aí vegetam.

SAÚDE PÚBLICA[826]
No Lazareto de Gonçalo Aires

Sua Ex.ª, o sr. governador civil, foi ontem visitar o Lazareto de Gonçalo Aires, indo no

---

821 BMF, *Diário Popular*, 8 de agosto de 1907.

822 Boaventura Mendes de Almeida, oficial da Armada, que havia chegado à Madeira a 3 de agosto, tendo tomado posse do cargo nesse mesmo dia, segundo referiu a edição do dia seguinte deste jornal.

823 BMF, *Heraldo da Madeira*, 8 de agosto de 1907.

824 BMF, *O Jornal*, 8 de agosto de 1907.

825 Não foi ele que sugeriu ao governo esta condecoração, conforme este jornal desmentirá na edição do dia seguinte. Tal mérito cabe, outrossim, ao antigo governador do Funchal D. Bernardo da Costa Mesquitela, conforme o próprio o refere, aquando da morte da Ir. Wilson, no último artigo que apresentamos no corpo principal desta obra.

826 BMF, *Diário de Notícias*, 9 de agosto de 1907.

escaler da alfândega, acompanhado do sr. delegado de saúde.

Sua Ex.ª esteve se informando sobre tudo quanto se relaciona com aquele hospital, trazendo a impressão clara e nítida do que é preciso fazer, quando se torne necessário o internamento de pneumónicos.[827]

O sr. Mendes de Almeida percorreu todo o edifício, visitou todas as enfermarias, dirigiu palavras de animação e conforto aos enfermos, mostrando por tudo o máximo interesse. […]

Boletim hospitalar do Lazareto de Gonçalo Aires[828]

[…] Dum generoso anónimo recebemos 500 réis para enviarmos para o Lazareto à ilustre e benemérita Irmã Wilson, o que muito agradecemos.

Os frutos da sementeira[829]

[…] Quis um lamentável acaso que a epidemia de varíola, devido a um detestável serviço de saúde marítima, fosse introduzida no Funchal onde, dentro em pouco, principiou a tomar um pasmoso incremento.

Não aludamos, porém, ao funcionário sob cujos ombros, pesa a tremenda responsabilidade da introdução, dessa terrível epidemia na Madeira, que causou até hoje, a vida de **trezentos e noventa** infelizes. […]

Quando a recente epidemia de varíola principiou a alastrar-se e a causar um grande morticínio na população funchalense e seus subúrbios, ainda houve a ideia de a fazer localizar, recorrendo-se ao isolamento.

Mas a classe médica tinha por tal forma ficado desprestigiada, com a campanha indigna em que haviam sido envolvidas, as autoridades administrativas, tão desvirtuadas perante a opinião, que ninguém se sentia com força para empreender qualquer serviço daquela ordem, sob pena de correr grave perigo.

Além disso, a crença levada ao espírito público, de que os doentes internados no Lazareto eram vítimas dos mais absurdos crimes, estabeleceu um ódio tamanho aos isolamentos que só com a intervenção da força (?) estes poderiam ser realizados.

Mas admitamos, por hipótese, que não subsistiam os motivos que antecedem e que havia viabilidade em ordenar-se o isolamento dos doentes.

Como se poderia fazer isso se o único hospital que possuíamos em condições, fora assaltado vandalicamente, destruídas as máquinas de desinfeção, portas, e janelas e até soalhos do edifício e roubado o seu mobiliário, roupas e utensílios?

Evidentemente, a saúde pública da Madeira, depois do tal ato *heroico* de 7 de janeiro, ficou à mercê das contingências da sorte.

Foi, pois, a varíola campeando livremente, invadindo as habitações e devorando diariamente vítimas, às dezenas, até que a caridade pública, condoída do infortúnio de tanto desgraçado, e com o misericordioso auxílio do governo, conseguiu a reparação do hospital do Lazareto, abrindo as portas aos infelizes que, sob o manto duma benemérita,[830] ali têm ido procurar o tratamento que cá fora lhes era negado.

Não resta a menor dúvida que o tal ato *heroico* de 7 de janeiro e a campanha encarniçada dos *amigos do povo*, custou nada mais, nada menos, que **trezentas e noventa mortes!**

Tantas foram as vítimas devoradas pela epidemia de varíola, que se não teria chegado a desenvolver se houvesse hospital onde se tivesse podido isolar o primeiro caso que apareceu.

---

[827] No mesmo dia havia reunido a Junta Distrital de Saúde, onde foram discutidas as medidas a tomar para debelar o surto de pneumonias fatais que havia surgido em Santo António uns dias antes, e onde foi decidido que caso não fosse possível circunscrever ou extinguir este surto epidémico, os doentes seriam internados no Lazareto, após preparar-se devidamente este local para o efeito.

[828] BMF, *Diário de Notícias*, 9 de agosto de 1907.

[829] BMF, *Diário Popular*, 9 de agosto de 1907.

[830] Da Irmã Wilson.

Perante tão assombroso quadro fúnebre, emudeceram os *patriotas*, que durante meses sucessivos só pareciam derramar lágrimas sobre as lousas onda repousam doze indivíduos que contaminados por uma doença cruel, foram internados, já em estado grave, no Lazareto, onde pouco depois faleciam!

Que contraste de cifras e de sentimentos!

Não sabemos, francamente, qual o quadro mais horroroso e comovente: se contemplar num montão **trezentos e noventa cadáveres** transformados numa pústula informe e putrefacta, se ver os corpos de **doze** infelizes que sucumbiram a uma doença que resistiu a todos os recursos da ciência. [...]

É porque, sem dúvida, com relação ao primeiro caso, há a atenuar a responsabilidade que cabe ao funcionário a quem a Madeira deve o cruel morticínio causado pela varíola; e com referência ao segundo, tomaram-se em linha de conta os tais decantados suplícios em *caldeiras de água a ferver, os enforcamentos, as decapitações, os envenenamentos, os assassinatos de toda a ordem* e até as célebres *esguichadelas* que tanto entretiveram os inventores desses fantásticos e lendários acontecimentos!

E esta segunda parte, que é a mais pitoresca, se passou no ano da Graça de 1906!

Surge-nos agora a doença que acaba de manifestar-se em Santo António e para a repressão da qual as autoridades respetivas empregaram já todos os meios ao seu alcance.

É louvável o seu proceder. Não puderam, porém, ser postas em execução que desde logo urge tomar, em casos análogos, pela mesma razão que ontem se não pode localizar a epidemia de varíola. [...]

Miss Mary Wilson[831]

O governo, atendendo aos serviços prestados por esta senhora que, espontaneamente, se ofereceu para dirigir o improvisado hospital de variolosos no Lazareto, concedendo-lhe o grau de cavaleiro da mui nobre e antiga ordem da Torre e Espada, lealdade, valor e mérito.

Temos prazer em registar esto facto, que significa justiça, e enviamos à contemplada as nossas felicitações.

*

Ninguém nos leve a mal a observação que vamos fazer.

Não é despeito nosso porque não pretendemos ter condecorações, nem direito temos a elas.

Perguntamos simplesmente a quem recomendou a benemérita senhora, se pediu também ao governo que a classe médica do Funchal fosse, pelo menos, elogiada, pela forma desinteressada e digna como cooperou no intuito de combater o terrível flagelo?

Não desejamos fazer referências especiais, porque vimos todos empenhados, no louvável propósito de combater a propagação do mal.

Até casas comerciais, como por exemplo a casa Gonçalves, mandaram vir enormes porções de tubos de linfa vacínica, oferecendo-os ao ex.mo sr. governador civil D. Bernardo da Costa para distribuí-los pelos médicos, gratuitamente.

Deve-se fazer justiça a todos, porque todos se empenharam por bem cumprir a missão a que se dedicaram e todos também sem o menor interesse o fizeram.

O proponente é que se esqueceu de fazer justiça inteira e completa, que não o governo, porque este tem de seguir as indicações dos seus delegados de confiança e foi este que, presenciando a forma como todos se empenharam pelo bem-estar da população, apenas fez justiça a uma.

A classe médica não teve a honra de ser elogiada pelo governo. Nós a todos felicitamos pela forma digna e distinta como se houveram no desempenho duma campanha difícil, pela relutância dos povos.

Um bravo a todos por terem conseguido em tão pouco tempo o que, em partes onde se não luta com dificuldades pecuniárias, só muito morosamente se alcança.

---

[831] BMF, *O Direito*, 9 de agosto de 1907.

Telegramas[832]
O nosso colega Diário de Notícias publicou ontem os seguintes telegramas. [...]
IRMÃ WILSON
O governo de Sua Majestade acaba de agraciar Miss Mary Wilson, com a Torre e Espada, pelos seus serviços prestados aos variolosos internados no Lazareto do Funchal. [...]
O nosso colega «Heraldo da Madeira» publicou ontem os seguintes telegramas: [...]
CONDECORAÇÃO MERECIDA
Lisboa – O Diário do Governo publica hoje o decreto condecorando com o hábito da Torre e Espada a irmã franciscana Miss Wilson pelos relevantes serviços prestados durante a epidemia da varíola no Funchal. [...]

Irmã Maria Wilson[833]
Quando ontem aqui apresentámos as nossas felicitações à Irmã Maria de S. Francisco Wilson pela merecida honra que lhe acaba de ser conferida pelo governo de sua Majestade, dissemos, por lapso, que o sr. Conselheiro dr. António Jardim de Oliveira tinha instado perante o governo pela concessão da referida graça.

Cumpre-nos retificar esta informação, pois sua ex.ª o sr. Secretário-geral não solicitou qualquer mercê honorífica para a dedicada diretora do Lazareto, mas sim, em ofício dirigido ao sr. ministro do Reino, a 15 de julho findo, instava para que, independentemente de qualquer condecoração que lhe pudesse ser concedida, fosse beneficiada a benemérita Irmã com um subsídio para a conclusão das obras do hospital da Santa Casa da Misericórdia de Santa Cruz, por ela iniciadas já há muitos anos, recompensa esta que, sem dúvida, muito apreciaria altamente a caritativa diretora daquele hospital, que tão relevantes serviços tem prestado.

Não podemos deixar de enaltecer esta ideia do sr. Conselheiro dr. Jardim de Oliveira, que, se fosse levada a efeito, suma satisfação traria à Irmã Maria Wilson, cujo pensamento predominante é exercer a caridade sob todos aspectos.

Saúde pública[834]
Tendo a Junta distrital de saúde, que se reuniu ontem sob a presidência e a convite de sua ex.ª o sr. governador civil, resolvido que o isolamento domiciliário dos indivíduos atacados de pneumonia na freguesia de S. António, para ser mais completo, fosse feito por praças de infantaria 27, partiu ontem de tarde para aquela freguesia uma força de 25 soldados, sob o comando do sr. tenente Ricardo José de Andrade a fim de efetuarem o cordão sanitário ao redor das habitações das pessoas afetadas.

– Sua ex.ª o sr. governador civil Mendes de Almeida, acompanhado pelo delegado de saúde sr. dr. Nuno Silvestre Teixeira, visitou ontem o Lazareto de Gonçalo Aires, tomando nítido conhecimento de todas as dependências daquele edifício hospitalar, e, entrando nas enfermarias, dirigiu palavras de animação e conforto aos infelizes ali internados, mostrando por todas as coisas o máximo interesse.

– Em vista de não estar este edifício hospitalar nas devidas condições de receber as pessoas atacadas de pneumonia, a junta de saúde opinou que desde já se fosse tratando da competente instalação e que os doentes desde amanhã ali dessem entrada se o mal não tendesse a diminuir. [...]

MANIFESTAÇÃO A MISS WILSON[835]
Dizem-nos que, no dia em que estiver completamente extinta, nesta cidade, a epidemia

---
832 BMF, *O Direito*, 9 de agosto de 1907.
833 ABM, *O Jornal*, 9 de agosto de 1907.
834 ABM, *O Jornal*, 9 de agosto de 1907.
835 BMF, *Correio da Tarde – Jornal Progressista*, 10 de agosto de 1907.

da varíola, a bondosa irmã Wilson será trazida em triunfo, por grande número de ex--internados do Lazareto e de outras pessoas, desde esta casa de isolamento até o Funchal.
Louvamos tão bela ideia.

Confronto[836]

São, realmente, dignas do maior louvor as magníficas medidas que suas ex.ᵃˢ os srs. Governador Civil e administrador do concelho, de acordo com as autoridades sanitárias, têm posto em prática, com o fim de debelar a moléstia epidémica que há dias apareceu em Santo António.

Compare-se, agora o louvável proceder do atual chefe superior deste distrito com o do sr. D. Bernardo, que nada, em absoluto, fez a favor da saúde pública, quando entre nós apareceu a epidemia da varíola! Que tão triste confronto!

Apesar do nosso jornal militar em uma política contrária à do sr. Governador Civil, não podemos de maneira alguma deixar de fazer inteira justiça ao magnífico procedimento de sua ex.ª em face duma tão triste epidemia, que podia levar ao túmulo tantos infelizes se a ilustre autoridade superior do distrito não tomasse medidas urgentes.

Aplaudiremos sempre os bons atos administrativos de sua ex.ª como poderemos também condenar qualquer irregularidade praticada pelo sr. Governador no exercício de suas funções.

NO LAZARETO[837]

Nesta casa de isolamento só estão, presentemente, vinte e dois variolosos.

Uma benemérita[838]

Do nosso ilustre colega lisbonense o *Diário de Notícias*, do dia 7 do corrente, transcrevemos o seguinte:

O governo, por um decreto que a folha oficial hoje há de publicar, confere o grau de cavaleiro da antiga e mui nobre Ordem da Torre e Espada a Mary Jane Wilson, súbdita de sua majestade Britânica, que com uma dedicação digna de respeito e louvor, se internou no lazareto do Funchal, e ali tem prestado grandes serviços no tratamento de variolosos, tratando todos com inexcedível carinho, tão apreciado pelos que sofrem, mormente as crianças, para quem a benemérita senhora não se poupa ao mais insignificante mimo.

SAÚDE PÚBLICA[839]
Os casos de pneumonia em Santo António

A situação continua inalterável. Não se regista mais nenhum caso de pneumonia.

Tudo leva a crer que o mal está circunscrito, graças às acertadas medidas que foram logo postas em execução.

O isolamento dos domicílios dos atacados está perfeitamente garantido; e quando se dessem novos casos, e fosse preciso internar os enfermos no Lazareto, nenhuma dificuldade haveria nisso.

A repugnância pelo Lazareto de Gonçalo Aires acabou no dia em que a Irmã Wilson assumiu a direção daquele hospital.

Se em 1905, o pessoal de enfermeiros do referido Lazareto fosse digno, honesto, disciplinado e caritativo como o atual, e se se tivesse publicado um boletim diário do respetivo movimento hospitalar, como se tem feito ultimamente, desde que para ali foram interna-

---

[836] BMF, *Correio da Tarde – Jornal Progressista*, 10 de agosto de 1907.
[837] BMF, *Correio da Tarde – Jornal Progressista*, 10 de agosto de 1907.
[838] BMF, *Diário de Notícias*, 10 de agosto de 1907.
[839] BMF, *Diário de Notícias*, 10 de agosto de 1907.

dos os variolosos, com certeza que no dia 7 de janeiro de 1906 não teriam ido os populares assaltar aquele edifício, para pôr em liberdade os seus irmãos martirizados e dar cabo da *peste bubónica!*

Crónica do bem[840]
Do produto da nossa subscrição entregámos ontem a Miss Wilson a importância de 400$000 réis, para as despesas necessárias com os variolosos que se acham internados no Lazareto.

Boletim hospitalar do Lazareto de Gonçalo Aires[841]
[...]

DESPESA

Transporte	1:770$550
Dinheiro entregue à benemérita Irmã Wilson, para despesas com os variolosos internados no Lazareto	400$000
Soma	2:170$550

[...] A ilustre irmã Wilson pede-nos para em seu nome agradecermos as importâncias de 1$500 réis e 3$000 réis, que por intermédio do sr. comissário de polícia lhe enviaram respetivamente os srs. João Félix Pita e Moisés de Abreu e 5$000 réis que por intermédio da administração do nosso jornal, um nosso amigo nos incumbiu de enviar àquela benemérita senhora.

Uma benemérita[842]
O governo, por um decreto que a folha oficial publicou a 7 do corrente, confere o grau de cavaleiro da antiga e muito nobre Ordem da Torre e Espada a miss Mary Jane Wilson, súbdita de Sua Majestade Britânica, que com uma dedicação digna de respeito e louvor, se internou no Lazareto do Funchal, e ali tem prestado grandes serviços no tratamento de variolosos, tratando todos com inexcedível carinho, tão apreciado pelos que sofrem, mormente as crianças, para quem a benemérita senhora não se poupa ao mais insignificante mimo.

O Lazareto de Gonçalo Aires[843]
Segundo comunicação que Miss Wilson se dignou transmitir-nos, espera-se que brevemente fique encerrado o edifício do lazareto, por se achar concluída a grande tarefa da hospitalização dos variolosos, visto os poucos que ainda ali se encontram estarem em via de completo restabelecimento.

Começaram já as desinfeções de algumas dependências daquele estabelecimento sanitário, para a hipótese, que se nos afigura pouco provável, de serem ali isolados e tratados os pneumónicos da freguesia de St. António, caso esta medida se torne urgente e indispensável.

Mas temos esperança em que as atiladas medidas adotadas pelas autoridades competentes, em relação à doença ultimamente manifestada naquela freguesia, serão suficientes para impedir que ela se alastre, ficando circunscrita aos seus primeiros focos.

Com as pneumonias de mau carácter, o perigo da irradiação da doença consiste, como sucedeu com a varíola, no contágio alimentado e provocado pelas continuadas visitas de

---

[840] BMF, *Diário de Notícias*, 10 de agosto de 1907.
[841] BMF, *Diário de Notícias*, 10 de agosto de 1907.
[842] BMF, *Diário Popular*, 10 de agosto de 1907.
[843] BMF, *Diário de Notícias*, 11 de agosto de 1907.

parentes e conhecidos à casa e até ao quarto dos enfermos, visitas estas perfeitamente ociosas, determinadas quase sempre por mera curiosidade e até por insensata jactância das classes populares, desejosas de fazer alarde da sua descrença no contágio, que para elas é um verdadeiro mito, uma invenção da gente sabedora e médica, porquanto *não há doença que pegue nem a gente morre sem Deus querer!* [...]

A situação sanitária, é fé nossa, vai entrar num período de perfeita serenidade e confiança pública, com a total extinção da varíola e a jugulação, à nascença, das pneumonias de Santo António.

Podemos tranquilizar-nos a este respeito.

Mas temos por conveniente chamar a atenção de S. Ex.ª o sr. Governador civil para algumas considerações que vamos expor sobre o edifício do lazareto, única casa com que a população funchalense pode contar nas eventualidades, tão factíveis em portos marítimos, de ser surpreendida por qualquer doença exótica, epidémica ou contagiosa.

O ilustre Chefe superior do distrito, cremo-lo animado dos melhores desejos de fazer uma administração profícua a esta terra, e portanto não será baldado o apelo que fizermos a S. Ex.ª sobre qualquer objeto de reconhecido interesse público, como é a conservação do lazareto, montado em termos e condições precisas para ser aberto ao respetivo serviço, a toda a hora em que as circunstâncias sanitárias o determinarem.

Esse estabelecimento tem prestado relevantes serviços por ocasião de meningites cérebroespinais, de varíola, de pneumonias infeciosas; e se uma vez se tornou odioso aos funchalenses por ter servido de teatro de abomináveis experiências clínicas, os doentes em que quase sucumbiram mais pelo tratamento do que pela enfermidade, esse triste acontecimento já não se pode repetir e todos sabemos que a chamada *Bastilha sanitária*, por um milagre de amor da humana consciência, se transformou no sanatório confortável e hospitaleiro dos feridos das extraordinárias batalhas da vida – e hoje, à sombra abençoada da bandeira altruísta da cruz vermelha, que a mão delicada de uma mulher cristã hasteia triunfante no alto do lazareto de Gonçalo Aires, este estabelecimento só merece a simpatia e o respeito da população madeirense.

Pois é preciso levar ao conhecimento do novo Chefe superior do distrito a necessidade de manter aquele hospital em condições de poder funcionar a todo o momento preciso, conservando-o fechado, mas em ordem a poder-se utilizar à primeira urgência.

Esta casa tem hoje muitas roupas e alguns móveis, fornecidos pela caridade pública, e se não houver uma pessoa idónea e de confiança que se responsabilize pela guarda e conservação de tais alfaias, tudo isso desaparecerá em breve, apenas terminada a hospitalização, como por mais de uma vez tem sucedido.

Em nome do interesse público, tomamos a liberdade de solicitar do ilustre governador civil a sua valiosa intervenção junto do poder central, a fim de que o lazareto seja reparado e consertado convenientemente, para estar sempre pronto a servir de hospital de isolamento em caso de necessidade, procedendo-se a rigoroso inventário dos objetos existentes, entregando-os à guarda e vigilância de quem assuma para esse fim uma responsabilidade oficial, efetiva e iniludível.

SAÚDE PÚBLICA[844]
Os casos de pneumonia em St.º António

A fim de pormos os nossos leitores ao corrente da verdade, com respeito aos casos de Santo António, procedemos ontem a seguras indagações, obtendo os seguintes esclarecimentos:

Não se manifestou nenhum novo caso de pneumonia, no sítio da Madalena, sendo o mesmo o estado dos enfermos, que estão ao cuidado de três irmãs franciscanas.

Correu ontem com insistência o boato de que se tinham manifestado três novos casos de pneumonia no dito sítio. Não é verdade. [...]

---

[844] BMF, *Diário de Notícias*, 11 de agosto de 1907.

SAÚDE PÚBLICA[845]
Os casos de pneumonia em St.º António

[...] Havendo falta de camas e roupas para os doentes, assim como louças e outros utensílios, foram estes artigos mandados ir do Lazareto.

Também foi ordenado que aos doentes pobres fosse fornecido o alimento melhor possível.

Foi igualmente resolvido, para comodidade e precaução contra o contágio, que as irmãs franciscanas fossem instaladas na escola oficial do sexo masculino.

Mantido o isolamento rigoroso e feitas as desinfeções, como o devem ser, temos a bem fundada esperança de que o mal desaparecerá dentro em muitos poucos dias.

Para o conseguir, basta tão-somente que todos aqueles que têm a seu cargo estes serviços, cumpram escrupulosa e conscienciosamente os seus deveres.

Vítima do dever[846]

Vítima do contágio contraído no tratamento dos pneumónicos do sítio da Madalena, freguesia de St. António, sucumbiu anteontem à noite o sr. dr. Luís Vicente da Silva, chefe duma numerosa família, da qual era o único arrimo.

Deste infatigável trabalhador pode dizer-se que morreu no seu posto de honra.

Cumpriu, é certo, o seu dever de médico dedicado, mas o seu procedimento é tanto mais para ser enaltecido e admirado quanto é certo que, infelizmente, nem todos o cumprem.

Quando a epidemia da varíola grassava, com a maior intensidade, na freguesia de Santo António, o malogrado extinto prestou ali os maiores serviços, pois que foi quase ele só quem praticou, em larga escala, a vacinação e revacinação, e fez com que muitos dos atacados dessem entrada no Lazareto. [...]

MISS WILSON[847]

Foi publicado no «Diário do Governo», do dia 7 do corrente, o decreto que agracia Miss Wilson, com o grau de cavaleiro da antiga e muito nobre Ordem de Torre e Espada do Valor, Lealdade e Mérito, por relevantes serviços prestados aos variolosos internados no Lazareto de Gonçalo Aires.

Beneméritas[848]

São-no verdadeiramente as irmãs franciscanas de Santa Cruz, que nos últimos tempos vêm dando os mais irrefragáveis testemunhos da sua dedicação e heroicidade pela conservação da vida do próximo e lenitivo nos seus sofrimentos.

Aí está a ilha inteira a manifestar a sua admiração e ao mesmo tempo o seu inolvidável reconhecimento pelos relevantes serviços prestados por estas heroínas da caridade no Lazareto de Gonçalo Aires, por ocasião da epidemia de varíola que ultimamente grassou entre nós.

Agora que pneumonias com carácter grave se manifestaram na freguesia de S. António, tendo já levado à vala sepulcral algumas vítimas, eis que aí aparecem também as heroicas irmãs a prestar os seus socorros, com grave risco da própria vida.

Oferecem a sua dedicação e sacrifícios desinteressadamente e sem mira alguma na mais insignificante remuneração.

E são estas as almas generosas e heroicas, que consomem a vida fazendo o bem, que são alvo do ódio mais satânico, das calúnias mais soezes e covardes, da parte de adversários

---

[845] BMF, *Diário de Notícias*, 12 de agosto de 1907.
[846] BMF, *Diário de Notícias*, 13 de agosto de 1907.
[847] BMF, *O Direito*, 13 de agosto de 1907.
[848] BMF, *O Jornal*, 13 de agosto de 1907.

injustos e sem verdadeiro critério, – republicanos, mações, e quejandos.

Ainda há pouco um periódico desta cidade[849] desentranhava a sua bílis contra as congregações religiosas, a propósito do recente escândalo sucedido em Milão numa casa dirigida por uma tal Fumagalli, apresentando-a a imprensa anticlerical como religiosa, para seus fins, tendo, contudo, ela tanto de religiosa como nós de chinês.

Saibamos nós todos julgar criteriosamente na sublime dedicação das referidas irmãs quão injusta, caluniosa e infame é a campanha covardemente dirigida pela impiedade republicaneira, maçónica, etc., contra quem só comete um único crime – fazer o bem.

Hospital de isolamento[850]

As edificações que se encontram na foz da ribeira de Gonçalo Aires, conhecidas no seu conjunto pela designação de Lazareto e para esse mesmo fim realizadas, têm desempenhado ultimamente um segundo papel, o de casas de isolamento para as doenças infecto-contagiosas que, epidemicamente, têm aparecido no distrito.

Temos assim como que um estabelecimento sanitário anfíbio, pronto a acudir às exigências da saúde pública despertadas pelo lado da via marítima como pelo lado terrestre.

Empregado ultimamente no isolamento dos variolosos, prestou os mais relevantes serviços, dando por terminada a epidemia na cidade do Funchal, onde nenhum varioloso foi permitido que permanecesse fora dum rigoroso isolamento, a que não faltaram em seguida as devidas desinfeções.

Enquanto ao que se passou nas freguesias suburbanas, temos exemplos frisantes de quanto as medidas sanitárias postas em prática são recursos imprescindíveis e inadiáveis.

Citemos factos, para que fique mais uma vez acentuado que não é inutilmente que os regulamentos de saúde se fizeram.

Confrontemos o que se passou na freguesia de S. Roque, com o que tem lugar na de S. Martinho, por exemplo. Na primeira destas freguesias houve dois ou três casos de varíola, seguidos imediatamente do internamento, pois quando surgiram já funcionava o Lazareto sob a gerência da benemérita Miss Wilson, e a direção clínica e técnica dum dos facultativos municipais, alternadamente. […]

Imagine-se agora o que teria sucedido se aos primeiros casos de varíola que se deram nesta cidade tivessem sido aplicadas as medidas regulamentares.

Afirmou-se desde logo que tal não podia ser, porque as casas do Lazareto estavam no estado em que as deixaram, não só os assaltantes do dia 7 de janeiro, mas principalmente os que, menos ostensivamente e mais lentamente, foram pondo a saque o que havia naquele estabelecimento do Estado.

É triste dizê-lo; mas é a verdade.

Posta em prática a abertura daquela casa, mercê do generoso oferecimento dos serviços das Irmãs de S. Francisco, da autorização, arrancada como que a fórceps, para prepararem-se as instalações mais necessitadas, dos subsídios concedidos pela Junta Geral e Câmara Municipal, e das subscrições particulares, entre as quais devem ter menção especial os filantrópicos bandos precatórios, mercê de tudo isto, em que mais é para louvar o que houve de iniciativa particular e de sacrifícios voluntários, conseguiu-se que a epidemia fosse sustada na sua carreira, e possamos hoje anunciar, que a não ser talvez um ou outro caso esporádico que ainda venha a dar-se, a varíola está extinta no Funchal e seus arredores.

Os últimos variolosos estão a ter alta do hospital de isolamento e ocorre-nos perguntar que fim terão todos esses artigos de mobiliário e roupas e de tratamento dos enfermos que existem atualmente, obtidos à custa de tanto trabalho, como fruto da caridade de todo este povo funchalense.

Já aqui dissemos que não deveriam levar o caminho dos que os precederam no lugar que ora ocupam.

---

849 O jornal anticlerical *O Povo*, que posteriormente também faria um ataque cerrado às atividades da Ir. Wilson no Recolhimento do Bom Jesus, como veremos seguidamente.
850 BMF, *Diário de Notícias*, 14 de agosto de 1907.

Lembramo-nos agora de que, se Miss Wilson e as suas incansáveis companheiras quisessem continuar a assumir a gerência daquele estabelecimento, quais depositárias daqueles objetos, como já o são da confiança e da gratidão do público, teríamos uma garantia de que a todo o momento o Lazareto podia abrir as suas portas, se qualquer epidemia viesse a surgir.[851]

Eis um alvitre que apresentamos, por julgamos viável e de seguros efeitos.

Condecoração acertada[852] – O governo de Sua Majestade acaba de agraciar a Ex.ma Sr.a Maria de S. Francisco Wilson, dig.ma superiora da Congregação diocesana das Irmãs Franciscanas de Santa Cruz, com o grau de cavaleiro da antiga e muito nobre Ordem da Torre e Espada, pelos relevantes serviços que esta benemérita e desveladora amiga dos pobres, auxiliada por uma dúzia das suas dedicadas filhas, tem prestado gratuitamente nos últimos três meses e continua a prestar aos variolosos internados no Lazareto.

Associamo-nos às justas homenagens que a imprensa local tem dirigido nesta ocasião à nobre e dedicada religiosa, porque, como bem diz o nosso colega «Diário de Notícias», elas traduzem certamente o sentir de todos os Madeirenses.

Consta ao nosso colega «O Jornal» que sua ex.a o sr. conselheiro António Jardim de Oliveira, digno secretário geral do distrito, tinha na sua qualidade de governador interino, dirigido, a 15 de julho findo, um ofício ao sr. ministro do reino, no qual instava para que, independentemente de qualquer condecoração que lhe pudesse ser conferida, fosse a benemérita Irmã Wilson beneficiada com um subsídio para a conclusão das obras do Hospital da St.a Casa da Misericórdia de Santa Cruz, por ela iniciada já há muitos anos com grandes sacrifícios pessoais, recompensa esta que, sem dúvida, mui altamente apreciaria a caritativa diretora daquele hospital.

Tem alma grande quem sabe apreciar o mérito das almas grandes e compreender-lhes os seus nobres ideais; por isso pedimos licença ao ex.mo sr. conselheiro para felicitá-lo pela sua nobre e feliz iniciativa.

Falecimento. No dia 15 de julho, finou-se na vila de Santa Cruz a piedosa e ativa irmã franciscana Maria das Mercês, natural de Machico, a qual foi receber das mãos de Deus o justo galardão das suas boas obras e nada perdeu com ter levado uma vida humilde e obscura na terra. [...]

Pelourinho da "Quinzena Religiosa"[853]

[...] **3.º O ensino laical da Escola de Vintém.** Causou admiração a alocução da menina Ernestina Gomes à Ex.ma Irmã Wilson, na ocasião da entrega do produto do Bazar de caridade promovido pelo pessoal da *Escola de Vintém*, e não poucas pessoas, já impressionadas pelo facto de se ensinar na escola algum catecismo religioso, julgaram ver nessa alocução uma prova de que, contrariamente à declaração pintada nas paredes, realmente se ensinava a religião na escola aberta pela Maçonaria Funchalense no Campo da Barca. [...]

Haja pois escolas de ensino laical para as famílias sem Deus nem religião, haja escolas

---

851 Com efeito, as Vitorianas ficariam no Lazareto até serem forçadas a abandoná-lo, aquando da perseguição religiosa que acompanhou a implantação da República em Portugal. Pouco depois disso declarou-se no Funchal um grave surto de cólera, e o Lazareto foi reaberto de pronto como hospital de isolamento, dirigido pelo Dr. Pedro José Lomelino. Se as Irmãs não tivessem ficado ali até outubro de 1910, o mais provável é que o Lazareto teria sido novamente vandalizado e espoliado de todos os seus bens após o fim do surto de varíola, e seria impossível reabri-lo tão rapidamente como foi, o que ajudou a salvar inúmeras vidas. É de sublinhar que tal foi possível graças ao facto das Irmãs de Santa Cruz terem tomado bem conta daquele espaço, mantendo-o capaz de ser reaberto a qualquer instante. E o Dr. Pedro José Lomelino, que tão criticado fora aquando da *peste balbínica*, receberia diversos elogios e agradecimentos públicos pelo modo como tratou os coléricos no Lazareto.

852 BMF, *Quinzena Religiosa da Ilha da Madeira*, 15 de agosto de 1907. Texto inserido na rubrica "Notícias diocesanas".

853 BMF, *Quinzena Religiosa da Ilha da Madeira*, 15 de agosto de 1907.

calvinistas para as famílias calvinistas, mas, por Deus! empenhem-se todos os católicos, especialmente aqueles que têm alguma influência social, para salvar de semelhantes escolas os filhos de famílias católicas, para os quais tais escolas, são escolas de perdição, onde trocam miseravelmente os bens mais preciosos da alma por vantagens inferiores que encontrariam facilmente e sem perigo em escolas católicas, se houvesse almas caritativas que procurassem abrir os olhos aos pais.

SAÚDE PÚBLICA[854]
O estado sanitário em St.º António

Não se registou ontem caso nenhum novo de pneumonia no sítio da Madalena, freguesia de Santo António.

Os dois doentes que ali existem continuam a melhorar. [...]

– Já retiraram de Santo António duas irmãs franciscanas que ali estavam servindo de enfermeiras. [...]

Boletim hospitalar do Lazareto de Gonçalo Aires[855]

[...] Espera-se que o hospital do Lazareto seja encerrado no fim do corrente mês.

Consta-nos que na capela do Lombo da Pereira, em Santa Cruz, será celebrada uma grande festa em ação de graças pela extinção da varíola.

A saúde pública[856]

É, sem dúvida, o assunto que a todos mais deve preocupar, e designadamente àqueles a quem a lei impõe o dever de serem os guardas fiéis e as sentinelas vigilantes da vida e saúde da comunidade social a que pertencem.

Os casos de pneumonia epidémica, de carácter grave e infecioso, que ultimamente ocorreram na freguesia de Santo António, devem, como é de supor ter chamado a especial atenção do sr. delegado de saúde.

O mal acha-se, felizmente, debelado, devido às atiladas providências mandadas adaptar pela autoridade superior do distrito. O isolamento e as desinfeções foram remédio pronto e eficaz. [...]

Após a epidemia[857]

Que nos ficou depois de haverem terminado essas duas epidemias, uma das quais tão pequenas proporções teve que passaria despercebida se não fora a gravidade dos casos ocorridos?

A quase simultaneidade mostrou-nos quanto valem as medidas sanitárias tomadas a tempo e com a energia indispensável. Os casos de varíola, em consequência dum período de hesitação, por não estar o Funchal preparado para estabelecer-se desde logo o hospital de isolamento, tomaram um incremento que poderia evitar-se como se evitou o desenvolvimento das pneumonias malignas que determinaram óbitos numa percentagem de 100%, não o sendo mais porque ninguém morre mais duma vez.

Realizados os isolamentos, nenhuns casos novos se deram senão em três pessoas duma família que ficaram em observação, depois dum óbito na casa em que residiam.

Assim essa pequena epidemia como que formou uma labareda e extinguiu-se por falta de comburente ou combustível. [...]

Passada a tormenta, desvaneceu-se o pavor; e depois, de ânimo sereno, veio a reflexão,

---

[854] BMF, *Diário de Notícias*, 17 de agosto de 1907.
[855] BMF, *Diário de Notícias*, 19 de agosto de 1907.
[856] BMF, *Diário de Notícias*, 19 de agosto de 1907.
[857] ABM, *O Jornal*, 21 de agosto de 1907.

que nuns produziu efeitos salutares, como os que cercam a compreensão da verdade, e noutros criou uma desconfiança, um mau pensamento ou uma obsessão.

Nós ficamos crendo, mais do que dantes, se possível fosse, na realidade dos bons serviços prestados, num concurso de todos os elementos oficiais e alguns particulares, em presença do terrível parêntese que se abriu no ramo da saúde pública, tão florescente em regra, neste belo clima, que, mercê de Deus, é um primor e um mimo, tão apreciado e tão cobiçado.

Fazemos votos para que este distrito se conserve armado na paz, para que, chegado o tempo da guerra, o inimigo nos não alcance desprevenido e fraco.

É a prudência um grande favor e por isso mesmo um inestimável dom.

Em breves dias fecha-se o Lazareto, que esteve arvorado em hospital de isolamento; muito desejaríamos (e o povo madeirense bastante teria a ganhar com isso), que as suas portas estivessem prontas a abrir-se ao primeiro alarme e que fossemos nós, o próprio povo, que não opuséssemos óbices à sua abertura, se nova epidemia vier amargurar-nos mais alguns dias, cujo encurtamento talvez nos seja dado realizar, com prudência e docilidade.

Lazareto de Gonçalo Aires[858]

Consta-nos que este hospital vai passar por importantes melhoramentos e repairos.

Diz-se que sua ex.ª o sr. Governador civil deste distrito obteve para tal fim a quantia de cinco contos de réis.

Se é verídica esta informação, felicitamos a sua ex.ª por mais esta acertada medida, pois estando o edifício do Lazareto, com uma escrupulosa vigilância, em ordem a receber, de um momento para outro, os doentes que ali devam dar entrada, representará isso um grande benefício, especialmente quando se trate de debelar, de pronto, pelo isolamento, qualquer epidemia que de quando em vez possa surgir.

Boletim hospitalar do Lazareto de Gonçalo Aires[859]

[...] A Irmã Wilson pede-nos que apresentemos, em seu nome, os seus cordiais agradecimentos ao mui revd.º pároco da Quinta Grande, pelo donativo de 7$000 réis para os variolosos pobres, e a um empregado da Casa Blandy, pela remessa da quantia de 1$200 réis com a mesma aplicação.

Festejos do Lazareto[860]

Consta-nos que, em ação de graças pela extinção da varíola, será celebrada, no recinto do Lazareto, uma missa solene, campal, havendo sermão alusivo ao ato. Mais nos consta que todo o edifício do Lazareto será iluminado, tocando também uma filarmónica.

Em verdade a extinção da terrível epidemia é um justo motivo do público regozijo e um ensejo para se agradecer a Deus o ter-nos livrado de tão grande calamidade.

Encerramento do Lazareto[861]

Consta que um grupo de rapazes da freguesia de S. Gonçalo vão [vai] promover festejos no dia do encerramento do Lazareto de Gonçalo Aires.

O respetivo programa será publicado oportunamente.

---

[858] ABM, *O Jornal*, 21 de agosto de 1907.
[859] BMF, *Diário de Notícias*, 27 de agosto de 1907.
[860] BMF, *O Jornal*, 28 de agosto de 1907.
[861] BMF, *Diário de Notícias*, 29 de agosto de 1907.

Lazareto de Gonçalo Aires[862]
Consta-nos que é hoje encerrado este hospital de isolamento.

Festejos no Lazareto[863]
Em ação de graças pela extinção da varíola, será celebrada no recinto do Lazareto uma missa campal, havendo sermão alusivo ao ato.
O edifício do Lazareto será iluminado, tocando uma filarmónica.

Ao fechar do Lazareto[864]
Estão quase a fechar-se as portas daquele famoso casarão, ainda há pouco classificado de Bastilha e hoje considerado, com justiça, como a arca salvadora, que concorreu poderosamente para a extinção da pustulenta varíola e para o bom nome do nosso porto.

Ontem, quando o povo olhava aqueles edifícios soturnos, tinha frémitos de horror.

Pareciam pairar sobre aqueles tetos escurentados, as sombras pavorosas dos mortos, que entre lágrimas e suspiros ali deixaram a vida.

Em letras de fogo, em noites escuras, parece que podia ler-se sobre os tétricos casarões – «Lugar de maldição!»

Hoje tudo mudou.

A Bastilha tornou-se em Capitólio. O lugar das lágrimas e dos horrores transmudou-se, como por encanto, num jardim de flores, num teatro de festa!

Em breve, portas adentro do Lazareto, vai celebrar-se um soleníssimo sacrifício, por meio do qual todas as classes sociais agradecerão a Deus o ter afastado de nós tão cruel flagelo.

Em breve, também, os ecos das músicas e o brilhantismo das iluminações vão testemunhar a alegria do povo e a satisfação que ele sente, por ver a nova fase em que entrou o Lazareto.

Mas a quem se deve toda esta maravilhosa transformação?

Quem transmudou a prisão em altar?

Quem pôs sorrisos de festa onde ainda há pouco só existiam baques de corações espezinhados?

Quem cultivou flores onde há pouco somente a vista divisava abrolhos?

É chegada a hora de fazer-se sobre o caso a mais fulgurante luz e a mais imparcial das justiças!

É preciso que o digamos uma e muitas vezes, para que entre em todas as inteligências com a clareza de um sol: – foi a heroica dedicação de uma pequenina congregação religiosa, quase ignorada, que praticou tão portentosas transformações.

Foi a dedicação inaudita de meia dúzia de mulheres sublimes, – quase todas filhas do povo! – que fez amar o Lazareto e que transformou aquelas casas de aspeto carrancudo era asilo santíssimo, onde se acabou com a varíola, pelo isolamento dos casos que iam aparecendo.

Foi o generosíssimo oferecimento de uma benemérita sexagenária, a Irmã Maria de S. Francisco Wilson, que se prontificou a ir dirigir, com as suas piedosas companheiras, o Lazareto, foi esse oferecimento, que se não pode enaltecer assaz, que salvou a reputação da Madeira, com todas as suas indústrias e legítimos interesses.

Bem-haja a preclaríssima senhora que, não obstante estrangeira, ama carinhosamente esta ilha, onde tem passado uma grande parcela da sua vida, deixando por toda a parte as mais brilhantes cintilações do seu espírito ilustrado e do seu coração caridosíssimo.

A má árvore não pode dar bons frutos.

A congregação, que tão sazonados frutos de caridade apresenta ao público, não pode,

---
862 BMF, *O Direito*, 29 de agosto de 1907.
863 BMF, *Heraldo da Madeira*, 29 de agosto de 1907.
864 BMF, *O Jornal*, 29 de agosto de 1907.

Aspeto atual do arruamento localizado na margem esquerda da Ribeira de Gonçalo Aires que dava acesso à antiga Zona Suja do Lazareto. Nos edifícios à esquerda situavam-se a antiga casa do médico e o antigo hospital de isolamento, onde ficaram instaladas as Irmãs Franciscanas de Santa Cruz em 1907. Nos dois andares superiores da casa ao centro, antigo armazém de bagagens, foram alojados os variolosos em 1907, onde foram tratados pela Irmã Wilson e suas companheiras. *Foto do autor.*

pois, ser má. É ótima, como o atestam as suas obras, que resplandecem como um sol diante dos homens.

É por isso que o governo de S. Majestade, não se preocupando com o moderno jacobinismo, que tem querido aniquilar as congregações religiosas, – mandou suspender no peito da venerada irmã Wilson a mais nobre das condecorações – a Torre e Espada.

Não nos oferece dúvida que, ao fechar-se o Lazareto para os variolosos, há ainda outras nobres dedicações a galardoar; mas essas, ainda assim, tiveram como causa ocasional a inigualável isenção da ilustre sexagenária, do peito da qual pende a imagem de Cristo – o símbolo augusto da mais sublime das dedicações – a Redenção!

Não obstante tudo isto, encontra-se ainda quem vote um ódio exterminador às congregações religiosas e lute ingloriamente para expungi-las da face da terra.

Não obstante tudo isto, vai-se guerreando a religião católica, que gera tão enormes dedicações, e pretende-se conduzir os intelectuais ao cepti[ci]smo dissolvente que, salvo raras exceções, somente produz ferozes egoísmos.

Não obstante tudo isto, pretende-se arrasar a religião, apregoando-a inimiga de todos os progressos e geradora de todos os males sociais!

Ora vão para os quintos com tais afirmações!

Em Santo António[865]

Já teve alta Maria José Pereira, do sítio da Madalena, freguesia de Santo António.

Manifesta o seu grande reconhecimento pela caridade como sempre foi tratada pelas irmãs franciscanas.

---

[865] BMF, *Diário de Notícias*, 30 de agosto de 1907.

Boletim hospitalar do Lazareto de Gonçalo Aires[866]
Subscrição a favor das vítimas da varíola

Transporte	2:489$935
Da sr.ª D. Beatriz Cunha, residente em Moçambique	1$500
Soma	2:491$435

[...]

PELOS NOSSOS CAMPOS[867]

[...]

Santana 29-8-1907

Sua ex.ª o Governador Civil[868] visitou ontem pelas 10 horas da manhã as escolas de instrução primária, do sexo feminino dirigidas pelas Irmãs franciscanas e oficial do sexo masculino desta freguesia, dirigindo-se em seguida para o sítio da Ponta Gorda a examinar as obras de construção dum cais que ali se está fazendo, acompanhado dos srs. conselheiro Sá Nogueira, Administrador do Concelho e vereador Afonso Jardim.[869] [...]

Santa Cruz, 31-8-907[870]
O sr. Governador Civil

Ontem, cerca das cinco horas, chegou a Santa Cruz o vapor «Mariano de Carvalho», que conduziu o sr. governador civil, em visita oficial a esta freguesia. [...]

Em seguida, o sr. governador dirigiu-se à igreja paroquial, onde ajoelhou e fez oração; visitou depois as enfermarias do Hospital, ficando agradavelmente impressionado com esta casa de beneficência. [...]

NOTÍCIAS RELIGIOSAS[871]

Nos fins do corrente mês celebra-se, na capela de Nossa Senhora do Meio, uma festa em ação de graças pela extinção da varíola. [...]

Epidemias extintas.[872] Já se dão por extintas a epidemia de varíola que abriu as portas da eternidade a mais de quatrocentas almas durante os cinco meses passados, e a epidemia mais recente e curta de pneumonias infeciosas que se desenvolveu em julho e agosto na freguesia de S. António, vitimando ali umas quinze pessoas, entre as quais o dedicado dr. Luís Vicente da Silva.

Às beneméritas irmãs franciscanas, que arrostaram tão generosa e intrepidamente com os trabalhos e perigos tanto em S. António como no Lazareto, a autoridade superior do país, conformando-se com a opinião unânime do distrito, já rendeu homenagem condecorando a veneranda sr.ª Irmã Wilson, digna fundadora e Superiora do Instituto, com o grau de cavaleiro da nobre e antiga Ordem da Torre e Espada. É de crer que a mesma autoridade pública saberá honrar a memória do malogrado dr. Luís V. da Silva acudindo com uma pensão à situação mui precária da infeliz viúva e dos seus filhos; o governo da-

---

866 BMF, *Diário de Notícias*, 31 de agosto de 1907.
867 BMF, *Heraldo da Madeira*, 31 de agosto de 1907.
868 Boaventura Mendes de Almeida.
869 Segundo se lê na edição do dia seguinte deste jornal, esta visita do Governador Civil a Santana integrava-se num périplo que o mesmo efetuou pelos concelhos de Santana, Machico e Santa Cruz.
870 BMF, *O Jornal*, 31 de agosto de 1907. Texto publicado na rubrica "Notícias rurais".
871 BMF, *Diário de Notícias*, 1 de setembro de 1907.
872 BMF, *Quinzena Religiosa da Ilha da Madeira*, 1 de setembro de 1907. Texto inserido na rubrica "Notícias diocesanas".

ria assim uma satisfação à opinião pública, como já o declarou unanimemente a imprensa local.

Seja-nos permitido encerrar esta local com uma reflexão que já surgiu decerto no espírito de muitos dos nossos leitores. Sendo verdade que nada sucede neste mundo sem a vontade ou permissão divina e que a Bondade divina nunca permite epidemias, nem males temporais alguns, senão para o bem de todos, castigando a uns e provando aos outros, fazemos votos para que nós todos católicos dá Madeira, cumpramos os deveres da nossa santa religião e tomemos a peito defender os direitos de Deus e da sua Igreja, de tal modo que consigamos afastar, para sempre da nossa ilha semelhantes flagelos ou pelo menos não sejamos envolvidos neles senão como vítimas inocentes, destinadas a expiar os pecados alheios.

Outra perspetiva da casa onde funcionou a Escola Salesiana do Arco de São Jorge, dirigida pelas Irmãs de Santa Cruz, que foram visitadas pela Irmã Wilson, por alguns dias, em setembro de 1907. *Secretariado da Irmã Wilson.*

Irmã Wilson.[873] – Consta que o governo acaba de deferir o pedido do Ex.mo Sr. Conselheiro António Jardim de Oliveira, quando governador civil substituto, concedendo um subsídio de 500$000 réis para a conclusão das obras da Santa Casa da Misericórdia de Santa Cruz, empreendidas pela digna Diretora daquele hospital, a Sr.ª Irmã Wilson, e atualmente paradas por falta de recursos. Esta graça destinada a honrar e premiar a ilustre religiosa, honra também aqueles que lha obtiveram e concederam.

Arco de S. Jorge, 30 de agosto[874]
[...]
Entre nós
[...] Também se encontram entre nós, onde são importantes proprietárias, as sr.as D. Sebastiana Acciaioly Sampaio e suas gentis filhas, e D. Maria Teresa Acciaioly. Suas ex.as hospedaram-se num pavimento de sua grande casa que tão amavelmente ofereceram para a instalação da Escola Salesiana, que há dois anos funciona nesta freguesia, sob a hábil direção das beneméritas Irmãs Franciscanas. [...]

Lazareto do Funchal[875]
Foram autorizadas as obras de que carece o edifício do Lazareto do Funchal.

No Lazareto[876]
Sua ex.ª, o sr. governador, esteve ontem no Lazareto de Gonçalo Aires, com os srs. dr. delegado de saúde, diretor das obras públicas deste distrito e administrador do concelho, por motivo das obras que vão ali fazer-se, conforme noticiámos.

---

873 BMF, *Quinzena Religiosa da Ilha da Madeira*, 1 de outubro de 1907. Texto inserido na rubrica "Notícias diocesanas".
874 BMF, *O Jornal*, 2 de setembro de 1907. Texto publicado na rubrica "Notícias rurais".
875 BMF, *Heraldo da Madeira*, 3 de setembro de 1907; BMF, *O Jornal*, 3 de setembro de 1907.
876 BMF, *Diário de Notícias*, 5 de setembro de 1907.

Obras no Lazareto[877]

Na direção das Obras Públicas do Estado serão dadas de adjudicação, no dia 13 do corrente, a quem por menor preço fizer, as seguintes empreitadas:

Reparação no caminho de entrada do Lazareto, desde o portão até à ponte; base de licitação, 487$070 réis;

Reparações na hospedaria da segunda quarentena; base de licitação, 488$369 réis;

Pintura na hospedaria acima referida; base de licitação, 345$169 réis;

Reparações na casa da guarda, junto ao cais; base da licitação, 362$811 réis;

Reparações na casa de jantar, copa e cozinha da primeira quarentena; base de licitação, 428$741 réis;

A arrematação é por meio de carta fechada, devendo os concorrentes fazer previamente o depósito provisório de 12$000 réis, por cada empreitada.

Todas as condições estão patentes na respetiva secretaria, para quem as quiser examinar.

Festejos[878]

Está já organizada a comissão promotora de grandes festejos públicos para comemorarem o encerramento do Lazareto de Gonçalo Aires, por motivo da extinção da varíola.

Haverá missa, *Te-Deum*, músicas, embandeiramentos, iluminações e fogo-de-artifício.

Serão convidadas as autoridades locais, representantes da imprensa e outras entidades.

A referida comissão vai dirigir cartas a grande número de pessoas, solicitando donativos para esse fim.

UM PERIGO[879]

No recolhimento do Bom Jesus faleceu há pouco uma franciscana tuberculosa e encontra-se outra gravemente enferma com a mesma doença.

Às autoridades administrativas e sanitárias pedimos urgentes providências.

Naquele recolhimento abrigam-se bastantes senhoras, a maior parte na flor da idade e algumas ainda muito novas.

É uma verdadeira crueldade deixar que as coisas continuem a correr deste modo porque brevemente se contagiarão as pobres recolhidas.

Há nesta cidade uma casa destinada a receber as tuberculosas – o Hospício.

---

877 BMF, *Diário de Notícias*, 7 de setembro de 1907.

878 BMF, *Diário de Notícias*, 8 de setembro de 1907.

879 BMF, *O Povo*, 8 de setembro de 1907. Este foi o primeiro de uma série de artigos publicados por este jornal anticlerical contra a gestão da Irmã Wilson no *Recolhimento do Bom Jesus*. Este texto teria resposta por parte d'*O Jornal*, de matriz católica, dando-se assim início a um interessante despique entre ambos. Acerca da troca de galhardetes entre estes dois jornais apresentamos seguidamente o texto intitulado «O Povo», publicado três meses antes numa fonte católica da época: «Publica-se, há meses, no Funchal um periódico que nunca lemos, porque ainda não chegou ao nosso humilde escritório, e que nem sempre sentimos vontade de ler, porque sabemos, pela natureza das suas polémicas com o nosso distinto colega «O Jornal», que, não contente em apresentar-se como paladino do ideal republicano, arvora-se em inimigo da Igreja católica, investe furiosamente com as congregações religiosas e o clericalismo, segundo a linguagem convencional das lojas maçónicas, mete-se atrapalhadamente em muitas questões que não entende, barafusta, mete os pés pelas mãos, muito satisfeito consigo por julgar que desempenha um papel bonito e prestimoso./ Ainda que não admitamos a legitimidade de um pretenso direito que lei divina não pode sancionar, sempre compreendemos que escudada pela atual lei de imprensa, que desgraçadamente autoriza todas as canalhices jornalistas contra a religião oficial do país, possa aquela folha julgar-se no seu direito./ O que porém nos custa a entender é a razão porque se intitula arrojadamente «O Povo», quando é certo que este periódico é antipático ao povo, queremos dizer, ao bom povo do Funchal e da Madeira, que frequenta e enche as nossas igrejas, que crê em Nosso Senhor Jesus Cristo e respeita os seus ministros, que professa amor e obediência filial à Santa Madre Igreja e venera todas as suas instituições, que aborrece finalmente todos os inimigos da sua fé tradicional e nacional, especialmente os escrevinhadores que timbram em odiar e insultar o que ele ama e venera e em engrandecer e amar o que ele odeia e despreza./ Quem souber e quiser explique onde está o povo de cujas ideias e interesses a folha «O Povo» se pretende órgão e defensora; nós não o sabemos.» BMF, *A Quinzena Religiosa da Ilha da Madeira*, 15 de junho de 1907.

3.7.1907

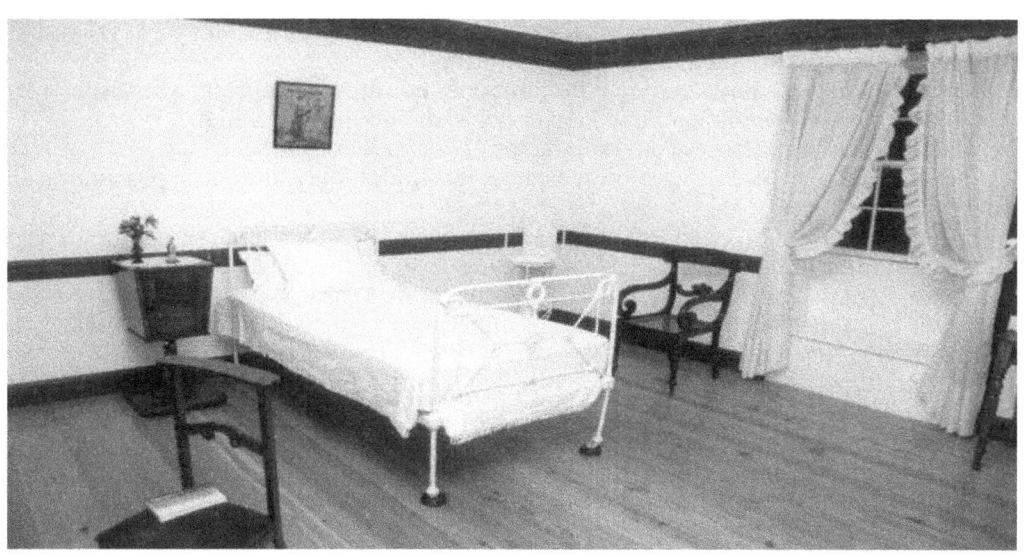

Aspeto atual do antigo quarto da Irmã Wilson no Recolhimento do Bom Jesus, onde a sua presença foi muito criticada pelo jornal anticlerical *O Povo*, pelas mais díspares razões. *Foto do Cónego Dias existente no Secretariado da Irmã Wilson.*

Para lá deve ser imediatamente removida aquela franciscana e rigorosamente desinfetado o quarto onde ela vive.

Para mais ajuda, a doente ocupa uma das salas de visita do recolhimento.

A propósito, diremos que o Bom Jesus foi até há bem pouco tempo dirigido pelas próprias recolhidas, escolhendo-se para esse fim as mais antigas.

Havia ali uma regente, uma vigária, duas escutas, sacristã e porteira.

A cada uma destas pobres senhoras dava o governo a *importante* quantia de mil e quinhentos réis mensais.

Não fazia o governo favor algum pois que o recolhimento tem rendimentos bastantes que o mesmo governo recebe.

Sendo pobríssimas a maior parte das recolhidas, dedicavam-se estas ao fabrico de diversas obras que granjearam alta fama e com o seu produto se sustentavam.

Há tempos, porém, tudo mudou.

Não sabemos a que cargas de água, foi nomeada regente daquela casa, Miss Wilson.

Deveria ser uma das recolhidas; mas, enfim, sofria-se que fosse nomeada uma estranha visto que a nomeação recaía em uma senhora que tinha grande fama de caritativa e zelosa.

Esta senhora, porém, não veio só; fez-se acompanhar dumas poucas franciscanas e nomeou-as imediatamente para os cargos do convento, reduzindo à miséria as infelizes senhoras já idosas que viviam daqueles magros quinze tostões mensais.

Não param aqui as injustiças.

Quase todas estas franciscanas recrutadas nos campos, principalmente em Santa Cruz, nada sabiam senão tratar de gado e fazer alguns bordados ligeiros.

Ao princípio conquistaram as boas graças das recolhidas e com elas aprenderam os trabalhos que durante séculos têm dando sustento às infelizes a quem a desgraça obriga a procurar asilo naquela casa.

Feita a aprendizagem, fizeram-se déspotas.

Como são porteiras, recebem as encomendas e só dão às recolhidas o que não têm tempo de fazer.

Estão, pois aquelas pobres senhoras limitadas aos trabalhos que alguma amiga lhes consegue arranjar.

As franciscanas saem a toda a hora; as recolhidas saem de meses a meses quando isso apraz às suas governantes; nem podem chegar-se a uma janela.

O recolhimento do Bom Jesus está, enfim, convertido em uma terrível prisão cujas carcereiras são as franciscanas.

Até duas raparigas ainda com fato de camponês que ali se encontram a aprender a ler para tomar o hábito, já mandam e se julgam donas das pobres recolhidas.

Muitas destas, desgostosas com estes factos pensam em retirar-se.

É esse o fim das franciscanas – desgostar as recolhidas, obrigando-as a procurar asilo noutra parte.

Em breve o Bom Jesus será um convento de franciscanas para onde se arrastarão pelo fanatismo, raparigas dos campos que trocarão o ar livre e a felicidade das suas aldeias pelo hábito e as contas, que deixarão a salubridade dos campos e o amor dos seus para viverem neste casarão anti-higiénico com trabalhos superiores às suas forças e onde finalmente virão a morrer tuberculosas; e as infelizes feridas por graves desgostos de família ou que tiverem a desgraça de perder os que lhes serviam de arrimo não mais terão à sua disposição este asilo.

Pedir providências é perder tempo.

Não as pedimos, pois.

Expomos os factos para que o público os conheça e nada mais.

Não esperamos que os governantes entreguem o recolhimento àquelas a quem pertence usufruí-lo.

Já não é mau que seja removida a tuberculosa.

Quanto ao mais… um dia será.

Arco de S. Jorge, 4 de setembro[880]

[…]

Irmã Wilson

Consta-nos que a benemérita Irmã Wilson, que tão nobre papel altamente cristão e eminentemente social desempenhou no meio da terrível epidemia que assolou parte da Madeira, durante uns cinco ou seis meses, visitará as Irmãs Franciscanas, que dirigem a escola salesiana desta freguesia há dois anos. […]

Um defensor à altura[881]

O Povo deu-lhe agora na cabeça para ser o defensor, sabem de quem? Das recolhidas do Bom Jesus.

Ora se o colega limitasse o seu zelo a atender à igrejinha republicana e a manter a harmonia entre os irmãozinhos dos ⁖[882] nada tínhamos com isso. Vir, porém, defender as recolhidas do Bom Jesus com mentiras e falsidades, isso não toleramos nós.

Ora vamos por partes:

Diz que «no recolhimento do Bom Jesus faleceu há pouco uma franciscana tuberculosa e que se encontra outra gravemente enferma com a mesma doença.»

É falso que morresse lá qualquer franciscana, nem há muito, nem há pouco. A última pessoa falecida foi a Regente, há quase 2 anos, e essa senhora nunca foi franciscana nem tuberculosa. Há dois anos nem sequer lá havia franciscanas.

Também é falso que lá se encontre qualquer outra gravemente enferma, nem sequer ligeiramente doente.

Num pequeno período duas mentiras: e é capaz de protestar que não é discípulo de Voltaire.

Portanto o apelo às autoridades administrativas e sanitárias, o receio do contágio das pobres recolhidas, a maior parte na flor da idade e algumas ainda muito novas (sic), a desinfeção do quarto e mais lamúrias, não têm razão de ser; caem pela base porque de

---

[880] BMF, *O Jornal*, 9 de setembro de 1907. Texto publicado na rubrica "Notícias rurais".

[881] BMF, *O Jornal*, 11 de setembro de 1907. Texto publicado na rubrica "Ecos de "O Jornal"".

[882] Símbolo utilizado na imprensa católica para representar os maçons.

princípios falsos não se podem tirar conclusões verdadeiras.

A quem foi dirigida a ofensa?

Há aí um nome que anda na boca de todos, coberto de glória, diremos mesmo proferido com um santo e religioso peito.

É o da Irmã Wilson

Ainda há pouco o governo de Sua Majestade agraciou essa heroína conferindo-lhe a grande honra do grau de cavaleiro de Torre e Espada. Os jornais de todas as cores políticas têm-se referido a ela enaltecendo a sua caridade, louvando o seu denodo e pondo em evidência as suas acrisoladas virtudes.

Toda a ilha da Madeira lhe tece elogios, que ela na sua profunda humildade despreza, porque a sua divisa é fazer bem por amor de Deus.

Na sua santa cruzada é ajudada por companheiras que se votaram aos mesmos sacrifícios e que portanto também tomam parte nas suas glórias.

Aí está o Lazareto, campo dos seus trabalhos, onde ela arrancou das garras da morte a muitos dos nossos infelizes concidadãos, que se debatiam com a terrível epidemia da varíola.

O nome simpático da Irmã Wilson e das suas dedicadas irmãs, foi agora conspurcado pelo jornal *O Povo,* semanário republicano.

Esqueceu-se aquele colega de que conforme uma expressão poética «numa senhora nem com uma flor se deve tocar».

Temos a certeza de que muitos dos republicanos madeirenses honrados e sérios, serão os primeiros a censurar a leviandade, para não dizer má-fé, dos redatores do *Povo.*

Campanhas destas não honram um jornal que defende uma bandeira política.

A Irmã Wilson foi nomeada regente das Recolhidas do Bom Jesus pela autoridade competente. Não queremos dizer a que estado havia descido aquele recolhimento, porque isso nos repugna.

Só depois de muito solicitada é que aceitou tal encargo, o que por certo não foi visto com bons olhos por alguém que queria o mando ou então viver à rédea solta. Uma vez ali com as suas companheiras havia de fazer cumprir o regulamento. Isto de obedecer custa, principalmente às pessoas soberbas.

Amanhã apresentaremos o estendal de inexatidões que a tal respeito inseriu *O Povo.* Isto não vai a matar.

Falsidades e mais falsidades[883]

1.º – *O Povo* afirma que com a entrada das Irmãs franciscanas no Bom Jesus ficaram as infelizes senhoras já idosas reduzidas à miséria.

Afirma, mas não prova. Ora nós negamos que tal sucedesse e quando o colega provar o que afirmou, cá estaremos nós para desmascarar a sua mentira.

2.º – *O Povo* afirma que quase todas as franciscanas entradas no Bom Jesus só sabem tratar de gado e fazer alguns bordados ligeiros.

Afirma novamente, mas não prova.

Ora nós estamos habilitados a dizer-lhe que as franciscanas ainda antes de entrarem no Bom Jesus já sabiam não só bordar com perfeição, mas também fazer flores e sobretudo rendas inglesas. No Santo da Serra, em Santa Cruz e Machico, onde já há muito são conhecidas, ninguém haverá que não tenha apreciado os trabalhos das irmãs franciscanas.

3.º – Afirma ainda *O Povo* que as franciscanas no Bom Jesus se tornaram déspotas para com as suas companheiras. Nova afirmação, mas sem provas.

Ou então são déspotas por fazerem cumprir o Regulamento. *Hoc opus hic labor est:* aí é que torce a porca o apêndice.

4.º – Ainda mais afirma *O Povo* que as franciscanas só dão às recolhidas os trabalhos

---

[883] BMF, *O Jornal*, 12 de setembro de 1907. Texto publicado na rubrica "Ecos de "O Jornal"".

que não têm tempo para fazer.

Mais uma vez afirmou mas não provou. Antes da entrada das irmãs naquele estabelecimento havia lá quem fazia monopólio das encomendas; agora não, o trabalho é dividido por todas as recolhidas. Assim no-lo assegura quem disso sabe.

5.º – Continua afirmando *O Povo* que as franciscanas saem a toda a hora e as recolhidas de meses a meses. Ainda isto não é verdade. As franciscanas saem só quando precisam, se para isso obtêm licença da sua superiora e as recolhidas também saem quando precisam e quando também têm licença de quem superintende e que nunca lhes é negada, quando há motivos que justifiquem a sua saída. As famílias que ali têm as suas filhas e protegidas não as desejariam ver aí pelas ruas de hora a hora.

Ainda assim consulte-se o Livro das entradas e saídas e ver-se-á quem tem a razão.

6.º – Outrossim afirma *O Povo* que as recolhidas nem podem chegar-se a uma janela. O que o colega queria bem o sabemos nós. Era escândalo para explorar. Quereria que as recolhidas estivessem sempre às janelas espancando com os seus lindos olhos as faces mimosas dos republicanos. Tenha paciência, nem todas as vontades lhe podem ser feitas...

7.º – Última do *Povo* – «O recolhimento do Bom Jesus está, enfim, convertido em uma terrível prisão cujas carcereiras são as franciscanas!»

Pasmai ó Céus! as religiosas franciscanas converteram o recolhimento do Bom Jesus em prisão, muito pior do que as famosas prisões da Junqueira do célebre Marquês de Pombal.

As franciscanas são o diabo.

No inferno é ele lá o carcereiro. Cá na terra são as franciscanas as carcereiras das crianças nas escolas, elas são as carcereiras dos doentes no Hospital, elas são as carcereiras dos variolosos no Lazareto, elas as carcereiras dos pneumónicos em Santo António e ainda por cima as carcereiras das recolhidas no Bom Jesus.

Credo! Anjo Bento! Cruzes! Canhoto!

Flores... e de Acácia![884]

Ainda sobre o Recolhimento do Bom Jesus conclui *O Povo* o seu artigo *Um Perigo* com estas formais palavras:

«Em breve o Bom Jesus será um convento de franciscanas para onde se arrastarão pelo fanatismo, raparigas dos campos que trocarão o ar livre e a felicidade das suas aldeias pelo hábito e as contas, que deixarão a salubridade dos campos e o amor dos seus para viverem neste casarão anti-higiénico com trabalhos superiores às suas forças e onde finalmente virão a morrer tuberculosas...»

Que jeremiada, santo Deus! Que de[sa]amor para com as *déspotas carcereiras* franciscanas! Que colorido de frases, que rendilhado de estilo e que expressões onde sobressai o fruto da *Acácia*!

Se as franciscanas habitassem num palacete, aqui d'El-Rei, só procuravam as grandezas e eram um ultraje à miséria! Se não trabalharem, aqui d'El-Rei, eram umas ociosas procurando viver à custa dos papalvos!

Mas o que principalmente lhes dá no goto é o hábito e as contas, produtos do fanatismo...

Pois olhe, colega, é esse mesmo fanatismo, é esse mesmo hábito e são essas mesmas contas que levaram a tratar dos míseros pneumónicos de Santo António essas heroínas chamadas franciscanas. E, para nós, praticaram ainda um ato de maior louvor do que quando se internaram no Lazareto, porque para a varíola, há como antídoto a vacina, mas para as tais pneumonias, infeciosas havia só o afrontar a morte no espaço de 48 horas!

O que desejávamos era que o colega apresentasse com as suas teorias almas assim, desprendidas dos laços terrenos e prontas a todos os sacrifícios.

---

[884] BMF, *O Jornal*, 13 de setembro de 1907. Texto publicado na rubrica "Ecos de "O Jornal"".

Quanto a raparigas do campo que trocaram o ar livre e felicidade de suas aldeias pelas tristes e mefíticas vielas da cidade, que deixaram a salubridade dos campos e o amor dos seus, para viverem nos lupanares onde sendo de todos não são de ninguém, e portanto não podem amar, quanto a essas infelizes que eram no dizer de Victor Hugo, um diamante e são uma lágrima; um diamante no fundo do lírio da sua honra, uma lágrima de remorso, caída no chão, transformada em lodo... Para essas desgraçadas, não tem *O Povo* uma única palavra de comiseração... Que contraste... e que cegueira...!

Quanto ao mais... um dia será!

E uma ameaçadora profecia. Fechou *O Povo* com chave de ouro.
O dia será quando o seu colega Magalhães Lima der o grito.
Venha pois o grito! E adeus Recolhimento!

Notícias Religiosas[885]

Deve realizar-se no último domingo do próximo mês de outubro, na freguesia de S. Roque, uma festa em ação de graças pela extinção da epidemia da varíola, que tantas vítimas fez entre nós.

Para esse fim estão sendo recolhidas esmolas, nas várias freguesias deste concelho, pelo sr. Manuel Soares, da referida freguesia, para o que tem autorização do seu rev.º vigário.

Lazareto[886]

Foram ontem dadas de arrematação, na direção das obras públicas deste distrito, as obras de reparação no Lazareto de Gonçalo Aires.

No Bom Jesus[887]

Não nos consta que tivesse ainda sido removida a franciscana tuberculosa que se encontra no recolhimento do Bom Jesus com gravíssimo perigo de contaminar as recolhidas.

Já o dissemos e repetimos: não esperamos que se tomem providências tendentes a acabar o abuso que ali se está cometendo de meia dúzia de intrusas em parte sem instrução nem educação estarem a governar as recolhidas.

É bem triste sermos mandados e vivermos em cárcere privado na nossa própria casa.

A irmã Wilson[888]

Já tínhamos escrito as locais epigrafadas «O Jornal»[889] e «O Bom Jesus»[890] quando recebemos «O Jornal» de quarta-feira.[891]

Neste número e sob o título «Um defensor à altura» esfalfa-se aquele colega em levantar às nuvens os serviços feitos pela irmã Wilson e suas companheiras no Lazareto.

Ora nós nunca pusemos em dúvida tais serviços e pensamos até que as franciscanas que os prestaram são dignas de todo o elogio: mas isso não lhes dá direito a mandarem dentro do Recolhimento do Bom Jesus como se a casa fosse sua.

---

[885] BMF, *O Jornal*, 13 de setembro de 1907.
[886] BMF, *O Jornal*, 14 de setembro de 1907.
[887] BMF, *O Povo*, 15 de setembro de 1907.
[888] BMF, *O Povo*, 15 de setembro de 1907.
[889] No texto intitulado «O Jornal», publicado na mesma edição d'*O Povo*, são trocados alguns galhardetes entre ambos os órgãos informativos, com acusações mútuas entre o primeiro, de inspiração cristã, e o segundo, de carácter anticlerical.
[890] Trata-se do texto anterior, intitulado "No Bom Jesus", publicado na mesma edição deste periódico.
[891] De 11 de setembro de 1907, conforme vimos anteriormente.

Não temos espaço para respondermos a «O Jornal» como desejávamos por nos faltar o espaço, mas sempre lhe diremos que, quem, com tanta má-fé, aprecia o que nós dissemos, não tem direito a que se dê crédito às suas afirmações.

Fomos informados de tudo o que dissemos por pessoa que julgamos incapaz de mentir.

Se a competente autoridade verificar que não existe nem nunca existiram franciscanas tuberculosas no Recolhimento do Bom Jesus, não temos dúvida em declararmos que fomos mal informados. Até lá, não.

Para a semana mostraremos a «O Jornal» o respeito que a este colega merecem as senhoras e responderemos ao mais, se lá chegarmos com vida e saúde.

Agradecimento[892]

José Pereira Camacho e sua mulher Maria José Pereira Guide Barranco cumpre um dever sagrado, tornando público o seu eterno reconhecimento a suas ex.^{as} os srs. governador civil, administrador do concelho e subdelegado de saúde, pelos cuidados que com ela tiveram durante a sua grave enfermidade, por ocasião das pneumonias no sítio da Madalena, freguesia de Santo António, e bem assim às dedicadas e dignas irmãs franciscanas que lhe serviram de desveladas e carinhosas enfermeiras.

A todos protesta eterna gratidão.

Funchal, 15 de setembro de 1907.

No Bom Jesus[893]

O Povo está completamente desmemoriado, causando pena a sua situação, ou então está possuído duma *recolhitite* aguda que o pode levar para o céu… dos pardais.

No seu número de 8 de setembro, afirmou que no Recolhimento do Bom Jesus estava uma franciscana tuberculosa, havendo já falecido outra que tinha sido atacada da mesma doença. Pedia providências imediatas, e a propósito glosava uma série de falsidades que aqui rebatemos.

No nosso número de quarta-feira escrevemos que no Bom Jesus não havia falecido pessoa alguma tuberculosa, que a última pessoa que lá morreu foi a Regente que nem era franciscana nem tuberculosa, e que presentemente não se encontrava lá pessoa alguma com aquela doença.

Na quinta-feira, 12 do corrente, sob o título *Saúde Pública*, dizia o nosso colega *Diário de Notícias*: «O sr. administrador do concelho esteve também no Recolhimento do Bom Jesus, verificando que não há ali nenhuma pessoa afetada de tuberculose».

Pois apesar doestes desmentidos, no último número d'*O Povo* lê-se: «Não nos consta que tivesse ainda sido removida a franciscana tuberculosa que se encontra no Recolhimento do Bom Jesus com gravíssimo perigo de contaminar as recolhidas»… «o caso da tuberculosa é uma questão de saúde pública na qual hão-de intervir as autoridades administrativas e sanitárias».

«Sr. governador civil a saúde de algumas dezenas de infelizes reclama urgentes providências».

«Mexa-se, sr. governador».

Termina o seu novo apelo com o seguinte período:

«Essa tuberculosa, se lá existe tem de ser removida quanto antes».

O Povo depois de alardear tanto contra a célebre franciscana tuberculosa acaba por pôr em dúvida se lá existe. O colega está mangando com a tropa ou então está metendo os pés pelas mãos e as mãos pelos pés.

O Povo não pode ser tomado a sério.

A sua primeira obrigação era averiguar se no Bom Jesus existia alguma franciscana tuberculosa ou mesmo alguma recolhida atacada daquela terrível moléstia e só depois

---

[892] BMF, *Diário de Notícias*, 16 de setembro de 1907.
[893] ABM, *O Jornal*, 16 de setembro de 1907. Texto inserido na rubrica "Ecos de "O Jornal"".

podia apelar para as autoridades administrativas e sanitárias. Não o fez, e por isso mesmo deu... raia.

Oxalá a lição lhe aproveite, e para outra vez não se meta a tratar de qualquer questão sem ter a certeza da veracidade dos seus fundamentos.

Olhe que é um conselho de amigo e pelo qual nada lhe pedimos.

Um sonho[894]
Ao semanário "O Povo"

Eram onze horas e meia da noite do dia... do mês de setembro do corrente ano.

Num dos vastos salões do templo *Liberdade* conversavam dois personagens, um ainda novo cofiando um bigode já preto, o outro entrado em anos com uma barba branca semelhando uma estriga de linho, ambos estavam tristes, dir-se-iam até meditabundos. Naquelas duas inteligências havia pensamentos de hostilidade, de perversão, diremos mesmo de aniquilamento.

O mais novo exclamava: «É necessário suscitar algum escândalo clerical. É necessário suplantar a sotaina. É preciso, custe o que custar, que o pensamento livre, que a consciência livre e que as nossas tradições vinguem esses pobres miseráveis que se deixaram tratar por irmãs franciscanas já no Lazareto, quando foi da varíola, já em Santo António, quando foi das tais pneumonias infeciosas.

Oh! se o Marquês de Pombal voltasse ao mundo correria com todos esses mercadejadores e monopolistas da caridade.

– Não fales ir∴ em caridade. Na nossa gíria maçónica, dizia o mais velho, tal palavra nunca se deve pronunciar, pois não temos nós os vocábulos retumbantes de filantropia, altruísmo, e beneficência?

Não fales em caridade que isso cheira a catolicismo.

– Estou de acordo contigo em que devemos combater, já não digo o clericalismo na Madeira, pois este nada tem de que o possamos arguir. Agora as irmãs da caridade... essas sim... essas é dar-lhes para baixo. Mesmo que se nós atacássemos diretamente os padres, perdíamos em vez de ganhar.

Agora lá as irmãs... essas sim... E afinal de contas, tanto vale dar-lhes na cabeça como na cabeça lhes dar. Se atacamos as irmãs, atacaremos indiretamente os padres e com eles toda essa jesuitada, tenha ou não casaca.

– O ir∴ mais velho passou a mão sobre a testa e passados alguns segundos – *Eureka*, disse: A minha imaginação é fecunda. Só Nero teve uma igual inspiração.

A nossa cidade do Funchal vai daqui a pouco ficar alarmada, vou já mandar dar sinal de incêndio, tu serás o porta-voz do fogo.

– Mas... como poderei eu sair-me bem duma tal tentativa? E se houver fracasso? O que farei depois?

– Escuta... é meia-noite... Tu tens o nosso jornal *O Povo*, ele é mais sonoro e retumbante do que todos os sinos da ilha... Dás o sinal de incêndio... a população levanta-se precipitadamente... corre de todos os lugares e pergunta onde é o fogo... tu então aponta-lhe para o Recolhimento do Bom Jesus. E lá dirás tudo contra essas indignas religiosas.

Dirás que elas com o rancor que têm para com as recolhidas quiseram deitar fogo naquela casa para reduzirem tudo a cinzas...»

Se o mestre bem o disse, o discípulo melhor o executou.

....

Em sonho ouvi bater a meia-noite no relógio da catedral. Os galos anunciavam como que a desafio, com o seu cantar alternado, que principiava um novo dia. A noite era escura. As ruas desertas e só lá de longe em longe se ouvia o passear lento da polícia, ou da guarda militar.

De repente o badalar do sino grande da Sé anunciava aos funchalenses que um incêndio havia rebentado. Este sinal de alarme foi seguido de igual pelas torres de S. Pedro, Santa

---

[894] BMF, *O Jornal*, 17 de setembro de 1907. Texto inserido na rubrica "Ecos de "O Jornal"".

Maria Maior e Santa Luzia.

No quartel de infantaria ouviam-se as cornetas tocar a reunir os pobres soldados, que acordavam estremunhados. A polícia apitava a todos os cantos das ruas. A multidão invadia as casas dos bombeiros, estes atarefavam-se em que nada faltasse para debelar o incêndio, que se dizia ser grande. Ao saírem as bombas dos respetivos quartéis a multidão apinhava-se em volta e perguntava ansiosa, onde era o fogo!

O rapazio, a maior das vezes garotada, também em tais ocasiões quer mostrar que é *valiente* e apenas dizia repetindo a mesma frase:

Avança! Avança!

Avança, repetiam todos. Mas para onde? O badalar dos sinos, os apitos da polícia, o marchar rápido das tropas, o vozear da multidão e as precipitações em que tudo isto era feito, tornara mais horrorosa essa indicação, em que os segundos se contavam por horas e minutos por dias!

Foi então que a voz dum *reporter* se ouviu exclamar: O Recolhimento do Bom Jesus está em chamas! A multidão não corre... voa ao local do sinistro... As bombas são impelidas pela eletricidade do heroísmo. As recolhidas já se não podem chegar às janelas por[que] o incêndio lho proíbe. Lá dentro uma hecatombe... medonha, monumental, destruidora como nenhuma outra...

Franciscanas tísicas no auge do desespero abraçando outras irmãs e estas por sua vez comunicando às pobres recolhidas o terrível gérmen da morte, muito pior que todos os incêndios.

Agulhetas, escadas Magirus, bombeiros que sobem precipitadamente, o povo que se acotovela para encher de água os depósitos que hão-de abastecer as bombas, e o fogo que parece ter qualquer coisa de infernal. Não se vêm chamas, não se sente o cheiro de carne queimada, não se ouve o desmoronar dos andares, abatendo-se uns sobre outros... mas vê-se, palpa-se e escuta-se o Gravoche do *reporter* do nosso colega *O Povo* que em altos gritos exclama:

Aqui não há incêndio, há pior do que isso! Os bombeiros voluntários e municipais desceram a estes antros e trouxeram consigo a autoridade administrativa e sanitária! Aqui há a terrível tísica com todos os seus horrores! Mandem recolher as bombas, que o povo se disperse em boa ordem, que os militares voltem a quartéis e a polícia continue o seu mister. Eu mandei tocar os sinos por causa da tísica, da tuberculosa. Agora, senhores, o que ignoro é... se ela lá existe...

Ao terminar estas palavras uma gargalhada dos garotos abafou a palavra do Gravoche ao mesmo tempo que a multidão séria dizia que tal nos saiu este *D. Quixote de la Mancha*! E ficou desapontada!

A esta vozearia acordamos do nosso estonteador sonho e a sós connosco dissemos, há sonhos que saem verdadeiros – Basta ler o último número de *O Povo*!

Um sonâmbulo.

Órgãos e cantorias de «O Povo»[895]

O nosso colega *O Povo* está sonhando... sonhando sempre.

Por cá também de vez em quando passa essa doença. Ainda ontem um dos nossos presados colaboradores teve um sonho... que aqui reproduzimos, mas sonhos são sonhos.

O sonho do nosso colega é mais divertido. Imaginem que de dia e de noite... a toda a hora e sempre os ouvidos do nosso colega são importunados com o som do órgão e das cantorias da Santa Casa da Misericórdia.

Os pobres doentes que ali foram procurar alívio para os seus sofrimentos não dormem, não comem, nem descansam com a tal vozearia do órgão e das cantorias...

Ainda se aquilo fosse afinado?...

Mas qual?

Afinado e bem está *O Povo*.

---

[895] ABM, *O Jornal*, 18 de setembro de 1907. Texto inserido na rubrica "Ecos de "O Jornal"".

3.7.1907

Com os órgãos e cantorias no Hospital e com as tísicas e tuberculosas no Bom Jesus...

Depende do grito[896]
Do «Mundo», falando do decreto sobre a fazenda da Casa Real:

«No dia em que nós pudermos dar ao decreto que acaba de publicar-se o nome que ele merece, esse decreto ficará sem efeito.
Ora, esse dia há-de vir, e não mais se apagará das páginas da história.»

Diz «O Mundo» que esse dia há-de vir. Mas olhe, colega, nunca virá enquanto o dr. Magalhães Lima não der o grito. Oh! *grito, grito,* que trazes inquieta tanta gente! Nem é para menos pois o tal *grito que passará às páginas da história*, é que porá tudo isto a direito. Até o nosso prezado colega ali do «Povo» está à espera dele para pôr o Recolhimento do Bom Jesus nos eixos.
Oh! sr. Magalhães Lima, tenha coração! Mexa-se, sem delongas, para acabar com tanta ansiedade!
Olhe, que, se a demora for muita, os seus correligionários são capazes de chegar ao auge do desespero, e depois não sei o que será.
Eu sei lá, podem até apertá-lo até dar... *o grito* suspirado.

Lazareto de Gonçalo Aires[897]
Por terem melhorado os últimos internados deste Lazareto, acaba de proceder-se as últimas desinfeções de roupas e domiciliárias.

Batizados[898]
Na igreja de Santa Maria Maior recebe hoje o sacramento do batismo, pelas 10 horas da manhã, uma filhinha do sr. dr. António Feliciano Rodrigues,[899] servindo de padrinhos o sr. dr. Romano de Santa Clara Gomes e Miss Wilson.
À neófita será dado o nome de Maria. [...]

"O JORNAL"[900]
---- * ----
A OFENSA
Quem ler este nosso colega e não tiver lido o «Povo» imagina que nós ofendemos as franciscanas na sua honra.
Ora vejam: «O nome simpático da irmã Wilson e das suas dedicadas irmãs, foi agora conspurcado pelo jornal republicano «O Povo», semanário republicano».
Conspurcámos o nome das franciscanas; nada menos.
Dizendo que algumas delas estão ocupando lugares no Recolhimento do Bom Jesus que dantes eram exercidos pelas recolhidas que, em virtude disso, deixaram de receber uns míseros tostões de que careciam.
Dizendo ainda que as franciscanas faziam no recolhimento, obras que dantes eram feitas pelas recolhidas e das quais algumas destas viviam.
Dizendo mais que as franciscanas eram, na sua maior parte campónias sem ilustração de espécie alguma e, por isso, incapazes de governar senhoras habituadas a ser tratadas

---
896 ABM, *O Jornal*, 20 de setembro de 1907. Texto inserido na rubrica "Ecos de "O Jornal"".
897 BMF, *Diário de Notícias*, 22 de setembro de 1907.
898 BMF, *Diário de Notícias*, 22 de setembro de 1907.
899 Autor da quadra com que abrimos esta obra.
900 BMF, *O Povo*, 22 de setembro de 1907.

com delicadeza.

Acrescentámos ainda que havia morrido de tuberculose uma destas franciscanas e dentro do recolhimento se achava outra padecendo gravemente da mesma doença.

Eis a grande pedra de escândalo.

Factos incontestados

É exato e «O Jornal» não o nega que os lugares de parteira, vigária, sacristã, escutas e regente são remunerados.

É exato e «O Jornal» não o nega que esses lugares são hoje exercidos por franciscanas e, consequentemente, que deles foram demitidas as recolhidas que os exerciam.

É exato e «O Jornal» não o nega, que as franciscanas fazem parte das obras encomendadas ao recolhimento, desfalcando, assim os ganhos das recolhidas pobres.

É também exato e, «O Jornal» não o nega, que o Bom Jesus não é convento de franciscanas, mas sim casa de recolhimento.

Bastava isto só para que pedíssemos providências.

As franciscanas não têm direito a viverem no Bom Jesus e muito menos a mandarem lá dentro e ainda menos, a fazerem trabalhos remunerados que às recolhidas pertencem.

Quaisquer que fossem os serviços prestados pelas franciscanas ninguém tem «direito» de recompensar esses serviços à custa das recolhidas do Bom Jesus.

O respeito pelas senhoras

Lembra-nos «O Jornal» que numa senhora nem com uma flor se deve tocar; mas no mesmo artigo sai-se com esta: «Não queremos dizer a que estado havia descido aquele recolhimento, porque isso nos repugna».

«O Jornal» acusa as recolhidas de fazerem tais coisas antes da entrada das franciscanas que lhe repugna relatá-las.

Como é triste que sobre essas pobres recolhidas se lance assim uma acusação vaga, deixando a imaginação dos leitores em plena liberdade de arquitetar todas as fantasias.

Isto é que é repugnante.

As desgraçadas que vivem no recolhimento do Bom Jesus não praticaram nem antes nem depois da entrada das franciscanas atos que repugne, a quem quer que seja, contar.

«O Jornal» tem obrigação moral de dizer o estado em que se encontrava o Bom Jesus antes da entrada das franciscanas quer lhe repugne, quer não.

Ainda no mesmo artigo diz: «Só depois de muito solicitada é que aceitou tal encargo, o que por certo não foi visto com bons olhos por alguém que queria o mandou ou então viver à rédea solta.»

E mais abaixo: isto de obedecer, custa principalmente às pessoas soberbas.»

No número de 12 do corrente permite-se esta *gracinha*: «Quereria que as recolhidas estivessem às janelas espancando com seus lindos olhos as faces mimosas dos republicanos».

De modo que sem as franciscanas o recolhimento encontrar-se-ia num estado que repugna contar as recolhidas ou, pelo menos, parte delas andava, à RÉDEA SOLTA, e andariam pelas janelas sempre namorando e, ainda por cima, são soberbas.

Como eles são dedicados com as senhoras!

Que amabilidades!

À rédea solta… que delicadeza!

Talvez, os redatores de «O Jornal», entendam que só as franciscanas são senhoras.

Talvez.

As franciscanas e a dedicação

Nem só as franciscanas são dedicadas no tratamento de doentes.

Essa notabilíssima dedicação encontra-se às vezes até nas classes em que menos se poderia esperar.

Vejam o que disse o nosso ilustre patrício José Júlio Rodrigues na conferência feita em Lisboa a 21 de julho de 1884, falando da época em que a Madeira foi invadida pelo cólera.

«E assim foi. Um dia houve no hospital da Misericórdia, no Funchal, em que os infelizes, que a estranha doença prostrara (talvez para sempre), amanheceram sozinhos!

Feridos por um terror nervoso e irresistível, tinham-nos abandonado os seus, até então corajosos, enfermeiros.

Como substituí-los se todos se recusavam?... Lamentável conjuntura a que era, no entanto, mister acudir de pronto.

Havia porém, felizmente, – ides saber porquê – naquele hospital uma enfermaria, onde se conservavam em tratamento de mui diversa enfermidade algumas infelizes (que outro nome não merecem essas pobres mulheres que a falta de educação, os vícios sociais, a miséria ou a desgraça precipitaram no abismo indecoroso, onde a sociedade as procura, mas onde raro lhes estende a mão para as proteger ou redimir).

A elas se dirigiram, pois, em último recurso, (quase de todo perdida a esperança) esses a quem incumbia velar pelos moribundos e abandonados…

Sabem ou adivinham a resposta que essas humílissimas criaturas, (cujos nomes a própria história esconde, para lhes honrar a memória) deram aos que para tão perigoso serviço as requestavam?

«Todas, sem exceção de uma só», aceitando o serviço que se lhes pedia, foram imediatamente substituir os enfermeiros que, devastados pelo medo, tinham torpemente faltado ao seu dever.

Boas e dedicadas criaturas!

As tuberculosas

Embora «O Jornal» negue, é exato que têm estado franciscanas tuberculosas no Recolhimento do Bom Jesus.

A primeira que aí esteve, dava pelo nome de irmã Francisca; foi das primeiras franciscanas que se alojaram no Recolhimento.

Esta, por conselho do falecido Dr. Mourão Pita, retirou-se para Machico, onde ainda vive.

A segunda franciscana tuberculosa que esteve no Bom Jesus era conhecida pelo nome de irmã Mercês, que, não obstante o grau adiantado dessa terrível doença era obrigada a trabalhar à máquina.

Esta desgraçada foi para o campo, supõe-se que para Santa Cruz e aí morreu pouco depois.[901] A terceira franciscana tuberculosa que residiu no Bom Jesus, usa na ordem, o nome de S. Clemente e esteve aí até um dos dias da semana anterior àquela em que saiu a local de «O Povo» intitulada «Um Perigo».

Esta tuberculosa dormia no parlatório com grave prejuízo de contágio não só para as recolhidas, mas ainda para as visitas.

A causa da saída foi o protesto dalgumas visitas e de parte das recolhidas contra tal abuso.

Encontra-se esta tuberculosa no Lazareto, cremos nós.

Eis as nossas informações sobre o assunto.

Pode «O Jornal» dizer que mentimos que nós diremos que é «O Jornal» quem mente.

O nosso colega «Diário de Notícias» em uma pequena local informou realmente que o sr. administrador do concelho estivera no Recolhimento e não encontrara aí nenhuma tuberculosa.

Mas o que o sr. administrador fez, foi somente ir ao Recolhimento e perguntar à diretora se lá existia alguma tuberculosa e recebendo resposta negativa, retirou-se.

Ora não é o sr. administrador do concelho que tem de averiguar cientificamente se estão ou não tuberculosas algumas franciscanas no Bom Jesus mas sim o delegado de saúde, e examinando-as e não contentando-se com a resposta afirmativa ou negativa da regente.

O caso merece alguma importância, cremos nós.

Que providências se tomaram para evitar o contágio das recolhidas antes e depois da

---

[901] A morte desta religiosa foi noticiada na imprensa regional, conforme tivemos oportunidade de verificar anteriormente.

Na igreja de Nossa Senhora do Socorro, situada à beira-mar, decorreu, a 22 de setembro de 1907, o baptismo de uma filha do Dr. António Feliciano Rodrigues (Castilho), notável advogado e poeta, no qual participou a Irmã Wilson. É da sua autoria a quadra que apresentamos no início desta obra. *Coleção do autor.*

remoção das tuberculosas.

É o que é preciso indagar.

Mais nos consta que a tuberculosa que foi para Machico tem vindo várias vezes ao Recolhimento de visita.

A informação do «Diário de Notícias» fez-nos supor que já se não encontrava no Bom Jesus a franciscana tuberculosa e, foi por isso, que no nosso número passado dissemos que ela deveria ser removida se lá existisse.

Falta-nos espaço

Não temos espaço para mais e, por isso, neste número não falaremos das ameaças que têm sido feitas às recolhidas por suporem que são elas quem nos informa, nem responderemos a muita coisa de «O Jornal» nem nos poderemos ocupar do sr. padre Paiva.

Para a semana será.

Batizado[902]

Batizou-se ontem, na igreja de Santa Maria Maior, uma filhinha do sr. dr. António Feliciano Rodrigues.

Foram padrinhos o sr. dr. Romano de Santa Clara Gomes e a Irmã Wilson.

A neófita recebeu o nome de Maria. […]

Os nossos parabéns.

Arco de S. Jorge, 20-9-07[903]
Partida

Partiu hoje para o Funchal a ex.ma irmã Wilson que veio a esta freguesia visitar as beneméritas irmãs franciscanas de que é digna superiora geral. A sua ex.ª desejamos uma feliz viagem. […]

Correspondente

O Lazareto de Gonçalo Aires[904]

Encerrou-se ontem este hospital de isolamento, visto terem dado alta os poucos convalescentes de varíola que ali estavam internados.

Procederam-se às necessárias desinfeções.

É motivo para nos congratularmos efusivamente com os nossos patrícios.

*

Conforme noticiámos, é no dia 13 do próximo mês de outubro que se realizam os festejos no Lazareto de Gonçalo Aires em ação de graças pela extinção da varíola, os quais constam de missa cantada, *Te-Deum*, sermão, iluminações, músicas e fogo-de-artifício, preso e solto, sendo as iluminações dentro do mesmo edifício e fora, no largo.

---

[902] BMF, *O Jornal*, 23 de setembro de 1907.
[903] BMF, *O Jornal*, 23 de setembro de 1907. Texto inserido na rubrica "Notícias rurais".
[904] BMF, *Diário de Notícias*, 24 de setembro de 1907.

N.º 217 Aos vinte e dois dias do mez de Setembro do anno de mil novecentos e sete, n'esta parochial egreja de Santa Maria Maior, concelho e diocese do Funchal, batisei solemnemente um individuo do sexo feminino, a quem dei o nome de Maria, e que nasceu nesta freguezia ás nove horas da manhã do dia um do mez de Junho do anno corrente, filha legitima (primeira d'este nome) do Doutor Antonio Floriano Rodrigues, de profissão Advogado, natural d'esta freguezia d'Olivença, e de Dona Clotilde Eugenia d'Oliveira e Castro, de profissão arranjos domesticos, natural da freguezia da Sé, d'esta cidade, recebidos n'ella e parochianos d'esta, moradores do Caminho do Acciaioli, neta paterna de Joaquim Nicolau Rodrigues e de Dona Lucia Ludovina Madeiras, e materna de Carlos Joaquim d'Oliveira e Castro e de Dona Josephina Blaise de Oliveira e Castro. Foi padrinho o Doutor Romano Santa Clara Gomes, de estado casado e de profissão conservador do registo predial, e madrinha Nossa Senhora do Socorro, tocando com a coroa a irmãa Maria de San Francisco Wilson, de estado solteira, os quaes todos sei serem os proprios. E para constar lavrei em duplicado este assento, que depois de ser lido e conferido perante o padrinho e a pessoa que tocou com a coroa, assignaram. Romano de Sancta Clara Gomes Irmã Maria de S. Francisco Wilson O Vigario José Joaquim Teixeira

100 Rs

22 de Setembro

Na imprensa foi referido que a Irmã Wilson fora a madrinha desta criança, mas através da leitura do respetivo registo de batismo constata-se que a madrinha foi Nossa Senhora do Socorro e que a Boa Mãe, representando-a, tocou na cabeça da criança com a sua coroa. *ABM, Registos Paroquiais, Igreja de Nossa Senhora do Socorro, Batismos, 1907, registo n.º 217.*

Batizado[905]
Foi anteontem batizada na igreja do Socorro, recebendo o nome de Maria, uma filhinha do distinto advogado sr. dr. António Feliciano Rodrigues.
Foram padrinhos a Irmã Wilson e o sr. dr. Romano Santa Clara Gomes.
Os nossos parabéns.

Festejos no Lazareto[906]
No dia 13 de outubro próximo, no Lazareto de Gonçalo Aires e suas imediações realiza-se uma grande festa em sinal de regozijo pela cessação da epidemia da varíola.

Para este fim está constituída uma comissão que projeta dar àqueles festejos um grande brilhantismo, tendo iniciado uma subscrição pública para fazer face às despesas.

Não está ainda definitivamente elaborado o respetivo programa; sabe-se, porém, que haverá missa cantada, "Te-Deum", sermão, iluminações dentro e fora do Lazareto, músicas e fogo preso.

Festejos[907]
Por já estar extinta nesta ilha a epidemia da varíola, realizam-se no próximo mês de outubro brilhantes festejos, que constarão de missa cantada, *Te-Deum*, sermão, iluminações, músicas e fogo-de-artifício.

Festejos no Lazareto de Gonçalo Aires[908]
É no dia 13 do próximo mês de outubro que se realiza os festejos no Lazareto de Gonçalo Aires, em ação de graças pela extinção da epidemia da varíola, os quais constam de missa cantada, *Te-Deum*, sermão, iluminações, música e fogo-de-artifício, preso e solto sendo as iluminações dentro do mesmo edifício e fora, no largo.

Consta-nos que pela comissão encarregada dos referidos festejos, vão ser convidadas todas as autoridades civis, militares e eclesiásticas, todos os bandos precatórios e todas as casas comerciais que concorreram com alguns donativos para o tratamento dos variolosos internados no Lazareto.

Mais nos consta que a dita comissão dá começo hoje aos seus trabalhos de cobrança, a quem foram dirigidas cartas, para a realização desses festejos.

Lazareto de Gonçalo Aires[909]
Fechou anteontem este hospital de isolamento.

No dia 13 do próximo mês de outubro realiza-se no Lazareto, festejos em ação de graças pela extinção da varíola os quais constam de missa cantada, «Te-Deum», sermão, iluminação, música e fogo-de-artifício.

A iluminação será dentro e fora daquele edifício.

No Lazareto[910]
Já ontem demos notícia dos diversos festejos que vão realizar-se no dia 13 do corrente, no Lazareto de Gonçalo Aires, pela extinção da varíola.

Consta-nos que para esses festejos vão ser convidadas as autoridades civis, militares e

---
905 ABM, *Diário do Comércio*, 24 de setembro de 1907.
906 BMF, *Heraldo da Madeira*, 24 de setembro de 1907.
907 ABM, *O Jornal*, 24 de setembro de 1907.
908 BMF, *Diário Popular*, 25 de setembro de 1907.
909 BMF, *O Direito*, 25 de setembro de 1907.
910 BMF, *Heraldo da Madeira*, 25 de setembro de 1907.

3.7.1907

Vista aérea do Lazareto, vendo-se no topo superior direito da imagem a estrada de acesso ao mesmo. No terreno à esquerda da primeira contracurva ficava o cemitério do antigo Lazareto, onde foram sepultadas, em segredo, algumas vítimas da *peste balbínica*, o que suscitou a ira popular em 1906, que se manifestou através do famigerado assalto ao Lazareto. *Secretariado da Irmã Wilson.*

eclesiásticas, os representantes da imprensa, as comissões dos "bandos" precatórios e muitas pessoas que concorreram com seus donativos para o tratamento dos variolosos.

A comissão daqueles festejos começa hoje a arrecadação das importâncias destinadas a fazer face às despesas com os mesmos festejos.

Subsídio[911]

Com data de 15 de julho do corrente ano, o ilustre secretário-geral deste distrito, servindo então de governador civil, oficiou ao sr. ministro do reino, pondo em relevo a dedicação da benemérita Irmã Wilson no tratamento dos variolosos internados no Lazareto.

Nesse ofício, lembrava ao governo que, além de qualquer condecoração, que fosse concedida à Irmã Wilson, muito mais ela apreciaria, um subsídio que a ajudasse a concluir as obras há já alguns anos encetadas no hospital da vila de Santa Cruz e de que era dedicada diretora.

O governo, não só honrou a Irmã Wilson, com uma das primeiras condecorações portuguesas, mas deferiu o justo pedido do subsídio, concedendo-lhe 500$000 réis para a conclusão das obras do hospital de Santa Cruz.

É digno de todo o elogio o ilustre secretário-geral, sr. conselheiro dr. António Jardim de Oliveira, pela resolução tomada, resolução esta que representa um preito à justiça e ao mérito.

Felicitamos também vivamente a heroica Irmã Wilson, que agora pode levar a cabo as obras do Hospital de que é tão digna diretora.

Subsídio[912]

O governo concedeu o subsídio de 500$000 réis pedido pela Irmã Wilson para a conclusão das obras do hospital da vila de Santa Cruz.

---

911 BMF, *O Jornal*, 25 de setembro de 1907.
912 ABM, *Diário do Comércio*, 26 de setembro de 1907.

Hospital de Santa Cruz[913]

Consta que foram autorizadas várias reparações no Hospital de Santa Cruz, solicitadas pelo sr. governador civil deste distrito.

Essas reparações estão orçadas em 500$000 réis.

Lazareto de Gonçalo Aires[914]

Encerrou-se o lazareto de Gonçalo Aires, que durante alguns meses esteve servindo de hospital de isolamento.

Festejos no Lazareto[915]

Para estes festejos, que se realizarão no dia 13 de outubro próximo, há muito entusiasmo da parte da comissão que os promove e muito bom acolhimento do público.

Foram já convidadas a virem tomar parte nessas manifestações de regozijo as filarmónicas de Machico, Santa Cruz, Câmara de Lobos, Ribeira Brava, Campanário e Paul do Mar, bem como as orquestras que acompanharam alguns dos bandos precatórios que se organizaram no tempo da epidemia, hoje extinta.

Amanhã será publicado o programa respetivo.

Festejos do encerramento do Lazareto de Gonçalo Aires[916]

Para os festejos que se devem realizar no dia 13 de outubro próximo, já foram expedidas cartas de convite às filarmónicas de Machico, Santa Cruz, Câmara de Lobos, Ribeira Brava e Campanário, assim como para todos os bandos precatórios, supondo-se, por isso que será esta uma das festas mais imponentes que, no género, se têm feito nesta ilha.

A comissão promotora destes festejos tem encontrado boa aceitação da parte do público.

No próximo domingo será publicado o respetivo programa das festas.

Festejos do encerramento do Lazareto de S. Gonçalo Aires[917]

Para os festejos que se devem realizar no dia 13 de outubro próximo, já foram expedidas cartas de convite às filarmónicas de Machico, Santa Cruz, Câmara de Lobos, Ribeira Brava, Campanário e Paul, assim como para todos os bandos precatórios.

Festejos no Lazareto
NO
Dia 13 de outubro [de] 1907[918]
Programa

1.º – Alvorada às 5 horas e meia pelas filarmónicas.

2.º – Missa campal às 11 horas, celebrada por Sua Ex.ª Revd.ma o ilustre Prelado diocesano, *Te-Deum* e sermão pelo revd.º padre Manuel Francisco Camacho, cura de Santa Maria Maior.

3.º – Iluminação, fogo preso e solto e música até às 11 horas da noite.

---

[913] BMF, *Heraldo da Madeira*, 26 de setembro de 1907.
[914] BMF, *Heraldo da Madeira*, 26 de setembro de 1907.
[915] BMF, *Diário de Notícias*, 28 de setembro de 1907.
[916] BMF, *Diário Popular*, 28 de setembro de 1907.
[917] BMF, *Heraldo da Madeira*, 28 de setembro de 1907. Gonçalo Aires não era um santo, conforme se lê no título desta notícia, mas sim um dos primeiros colonos que se fixaram na nossa ilha.
[918] BMF, *Diário de Notícias*, 29 de setembro de 1907.

Programa dos festejos no Lazareto pela extinção da varíola[919]
Dia 13 de outubro
1.º – Alvorada por diversas filarmónicas às 5 e meia horas da manhã.

2.º – Missa campal pelas 11 horas seguida de *Te-Deum* celebrados por S. Ex.ª Rev.ma, e sermão pelo rev.º padre Manuel Francisco Camacho, cura de Santa Maria Maior.

3.º – Iluminação dentro e fora do edifício, fogo preso e solto e música até às 11 horas da noite.

Festejos no Lazareto[920]
Para as festas no Lazareto, que se realizam no dia 13 de outubro próximo, em ação de graças e regozijo pela extinção da epidemia da varíola que felizmente desapareceu de entre nós, a comissão encarregada de os levar a efeito, elaborou o seguinte programa:

1.º Alvorada às 5,30 da manhã, por diferentes filarmónicas.

2.º Missa campal, às 11 horas da manhã, celebrada por Sua Ex.ª Rev.ma o Sr. Bispo, em um recinto dentro do Lazareto, "Te-Deum", no mesmo recinto, e sermão pelo rev.º padre Manuel Francisco Camacho, cura de Santa Maria Maior.

3.º Iluminações no edifício do Lazareto e em outros recintos exteriores, fogo preso e solto, e música até às 11 horas da noite.

"O JORNAL"[921]
---- * ----
Explicação necessária
Em virtude dos princípios liberais que professamos somos e não podíamos deixar de ser, adversários das congregações, mas não temos ódio aos congreganistas; combatemos e combateremos essas instituições e, principalmente a dos jesuítas e suas aliadas ou dependentes mas não precisamos para isso inventar factos nem os inventamos.

Temos dó dessas pobres mulheres cujo fanatismo as leva a abandonar os pais, os irmãos e os amigos, a deixar o campo com as suas alegrias e o seu ar saudável, para viverem debaixo de trabalhos que as matam e levarem uma vida que as conduz à tuberculose. Quantas vezes não assomarão aos olhos dessas desgraçadas, lágrimas de saudade dos tempos em que livremente viviam.

Nem as lágrimas poderão deixar correr livremente porque não faltará quem as repreenda por se não terem completamente desprendido dos prazeres do mundo.

Sim, temos dó dessas mulheres.

A sua entrada no Bom Jesus tirou a outras mulheres, meios pecuniários, mas nós sabemos perfeitamente que não é nenhuma das franciscanas quem se abotoa com esses cobres.

As franciscanas recebem pelo seu árduo trabalho apenas a comida e os trapos negros que as cobrem.

O produto do seu trabalho vai parar a outras mãos.

Mas estas mulheres habituadas a uma disciplina férrea, acostumadas a obedecer cegamente aos que considera seus superiores, estas mulheres que cumprem ordens sem discutir nem mesmo refletir, não podem deixar de ser despóticas quando tenham o mando porque querem ser obedecidas como obedecem.

Estas mulheres habituadas a pentearem-se todas do mesmo modo, a usarem trajos iguais, a viverem só para ganhar o céu, consideram os penteados, os fatos melhores, as prendas das recolhidas como vaidades mundanas que devem desaparecer.

Não pensando as franciscanas senão nas suas almas, supõem um grande crime, estar à janela algum tempo, ou sair para tomar ar, passear ou visitar amigas.

---
[919] BMF, *Diário Popular*, 29 de setembro de 1907.
[920] BMF, *Heraldo da Madeira*, 29 de setembro de 1907.
[921] BMF, *O Povo*, 29 de setembro de 1907.

Incomoda-as os risos, as conversas animadas e alegres das recolhidas.

Aí tem «O Jornal» o motivo por que, tendo nós dó das franciscanas, lhes chamámos déspotas.

As franciscanas são umas desgraçadas mas tornam também insuportável a vida das pessoas sobre quem mandam.

Prostituição

Admira-se «O Jornal» de que nós mostrando tanto dó pelas franciscanas, não tenhamos uma palavra de comiseração para com as mulheres que abandonam as famílias para viverem nos lupanares.

Não sabemos a que propósito vieram as prostitutas para a discussão; a não ser que «O Jornal» entenda que as mulheres do campo não podem ser senão franciscanas ou prostitutas.

Estas infelizes, levadas umas pela vaidade, outras pela miséria e ainda outras por fatalidades do seu organismo lançam-se numa vida que, para muitos que não pensam, parece de prazer e que não é senão um longo martírio que acaba quase sempre nos hospitais.

Mas «O Jornal» sabe perfeitamente que não é com artigos de jornal nem com sermões que se põe termo à prostituição.

A prostituição é um produto necessário da atual organização social.

Acabar a prostituição, deixando de pé as sociedades constituídas como estão, é um impossível.

A igreja combateu sempre no púlpito e nas suas leis a prostituição e, no entanto, ela sempre existiu e até, por vezes, entrou nos conventos, o que prova o que afirmamos.

É também impossível tratar este assunto nas páginas dum semanário; é trabalho para uma conferência ou para um livro.

As ameaças

Andam louquinhos para saber quem nos disse o que aqui reproduzimos, chegando o sr. padre Paiva a ameaçar as recolhidas de que iam ser expulsas as que tivessem dado essas informações e a dizer a espanholada de que se «O Povo» continuasse viria a esta redação exigir que lhe dissessem o nome dos informadores.

Pode o sr. padre Paiva vir a esta redação quando quiser porque será recebido por quem conhece os deveres da delicadeza mas não para saber senão o que nos convier dizer-lhe.

Afinal, se é uma enfiada de falsidades o que dissemos, como afirma «O Jornal» para que hão-de pensar que há informações destas ou daquelas recolhidas?

A propósito, poderá «O Jornal» informar-nos se o regulamento permite a entrada de homens no Recolhimento e, se não, porque entra lá o padre Paiva?

Retificação

Quando em conversa com a pessoa que nos deu as primeiras informações que aqui reproduzimos, e quando essa pessoa falava das franciscanas do Bom Jesus, disse que uma havia morrido tuberculosa e a outra ainda ali existia.

Nós supusemos por este modo de dizer que a primeira havia morrido no Bom Jesus e, por isso, o dissemos.

Não tendo mais falado com essa pessoa, colhemos informações noutra parte e soubemos o que dissemos no número passado.

De resto, pouco importa que morresse lá ou noutro lugar.

O que importa saber é que cautelas se tomaram para evitar o contágio.

Algumas coisas mais diremos sobre o assunto.

Em Santo António da Serra[922]

No terceiro domingo do próximo mês de outubro, realiza-se nesta freguesia, na capela

---

[922] ABM, *O Jornal*, 30 de setembro de 1907. Texto inserido na rubrica "Notícias religiosas".

dos Sagrados Corações de Jesus e Maria, ao Lombo da Pereira, uma missa solene em ação de graças pela extinção do flagelo da varíola.

Uma das filarmónicas de Santa Cruz ofereceu-se para tocar gratuitamente por essa ocasião, bem como todo o pessoal necessário para a celebração da solenidade.

Presume-se que haverá grande concorrência, especialmente das freguesias vizinhas.

Festejos no Lazareto[923]

É no dia 13 do mês próximo que se realizam os festejos no Lazareto, em ação de graças pela extinção da varíola na Madeira.

O programa desta festa é o seguinte:

1.º Alvorada às 5,30 da manhã, por diferentes filarmónicas.

2.º Missa campal, às 11 horas da manhã, celebrada por Sua Ex.ª Rev.ma o sr. Bispo, em um recinto dentro do Lazareto.

3.º Iluminação no edifício do Lazareto e em outros recintos exteriores, fogo preso e solto, e música até às 11 horas da noite.

A subscrição a favor dos variolosos[924]

A subscrição aberta neste *Diário*, a benefício dos variolosos pobres, rendeu a quantia de 2:491$435 réis.

Desta importância aplicou-se a de 2:183$150 réis às despesas que já foram mencionadas neste jornal, ficando um saldo de 308$285 réis, que ontem entregámos à Irmã Wilson, para pagamento das restantes contas e despesas com a sustentação do hospital do Lazareto.

Aproveitamos este ensejo para expressar, mais uma vez, o nosso sincero reconhecimento a todas as almas caridosas que concorreram tão generosamente para a referida subscrição, cujo produto muito atenuou a terrível desgraça que feriu grande número dos nossos infelizes irmã[o]s, e bem assim à Irmã Wilson e suas irmãs, pelo modo inteligente, dedicado e carinhoso como tratou os enfermos confiados à sua providente caridade.

Obras no Lazareto[925]

Na próxima quinta-feira começam as obras de grandes reparações no edifício do Lazareto de Gonçalo Aires.

Foi encarregado de as fiscalizar o sr. Luís Ferreira da Costa, apontador de 1.ª classe da direção das Obras Públicas do Estado.

Guarda do Lazareto[926]

Sua ex.ª o sr. governador civil deste distrito, mandou retirar a guarda que estava no Lazareto de Gonçalo Aires.

Lazareto de Gonçalo Aires[927]

Começam amanhã as obras de grandes reparações no edifício do Lazareto de Gonçalo Aires.

---

923 ABM, *O Jornal*, 30 de setembro de 1907.
924 BMF, *Diário de Notícias*, 1 de outubro de 1907.
925 BMF, *Diário de Notícias*, 1 de outubro de 1907.
926 BMF, *O Jornal*, 1 de outubro de 1907.
927 BMF, *O Direito*, 2 de outubro de 1907.

3. DE 1901 A 1910

A 4 de outubro de 1907, dia de S. Francisco de Assis, realizou-se na capela do Recolhimento do Bom Jesus um solene Te Deum para assinalar o fim da epidemia da varíola no Funchal e o regresso da Irmã Wilson àquela casa. Foto do Cónego Dias existente no Secretariado da Irmã Wilson.

Guarda do Lazareto[928]
Retirou ontem por ordem do comando militar da Madeira a guarda do Lazareto de Gonçalo Aires.

No Lazareto[929]
Devem começar amanhã as obras de reparação no Lazareto.

No Lazareto[930]
Começam amanhã no Lazareto de Gonçalo Aires as obras de reparação.

«Te-Deum»[931]
Domingo próximo, pelas 5 horas da tarde, será cantado na igreja do Bom Jesus, um solene *Te-Deum* em ação de graças pela extinção da varíola.

Santo da Serra, 1 de outubro[932]
[…]
Ação de graças
É no dia 20 deste mês, que no Lombo da Pereira, casa do noviciado das Religiosas Franciscanas que trataram os variolosos no Lazareto, se celebra uma festa em ação de graças pela extinção da terrível epidemia.

Há muito empenho para esta festa, para a qual todo o pessoal é oferecido, bem como a música Santa-cruzense, dirigida pelo sr. Franco.

É orador o rev.º vigário desta freguesia padre J. M. Jardim. […]

(*Correspondente*)

Te Deum[933]
Amanhã, pelas 4 horas da tarde, será cantado um solene *Te Deum*, na igreja do Recolhimento do Bom Jesus, em ação de graças pela extinção da epidemia da varíola e pelo regresso àquela casa da ilustre superiora, a benemérita Irmã Wilson.

---

928 BMF, *O Direito*, 2 de outubro de 1907.
929 BMF, *Heraldo da Madeira*, 2 de outubro de 1907.
930 ABM, *O Jornal*, 2 de outubro de 1907.
931 ABM, *O Jornal*, 2 de outubro de 1907.
932 ABM, *O Jornal*, 2 de outubro de 1907. Texto inserido na rubrica "NOTÍCIAS RURAIS".
933 BMF, *Diário de Notícias*, 3 de outubro de 1907.

[Sem título]⁹³⁴
– Na capela das Religiosas Franciscanas, situada ao Lombo da Pereira, à freguesia do Santo da Serra, realiza-se no dia 20 do corrente uma festa em ação de graças pela extinção da varíola, pregando ao Evangelho o rev. padre Jardim.
No arraial tocará uma filarmónica de Santa Cruz.

Te-Deum⁹³⁵
No próximo domingo, às 5 horas da tarde, será cantado um solene *Te-Deum* na igreja do Bom Jesus em ação de graças pela extinção da varíola no Funchal.

Em ação de graças⁹³⁶
Celebra-se no dia 20 do corrente, no Santo da Serra ao sítio do Lombo da Pereira, uma festa em ação de graças pela extinção da varíola.
[N]Esta festa que será feita com muito empenho, tocará a filarmónica «Santa-cruzense» dirigida pelo sr. Franco, e pregará o rev. padre J. M. Jardim.

Festejos do Lazareto⁹³⁷
Prometem ser muito deslumbrantes os festejos do Lazareto de Gonçalo Aires, tendo-se já algumas filarmónicas dos campos oferecido para tomarem parte nos referidos festejos.

Notícias Religiosas⁹³⁸
[…] – Domingo próximo, pelas 5 horas da tarde, será cantado na igreja do Bom Jesus, um solene "Te-Deum" em ação de graças pela extinção da varíola.

No Lazareto⁹³⁹
Consta-nos que não é o rev.º padre Manuel Francisco Camacho o orador que se fará ouvir por ocasião dos projetados festejos que serão celebrados no recinto do Lazareto, em ação de graças pela extinção da varíola conforme foi noticiado por um dos nossos colegas locais.

Festejos no Lazareto de Gonçalo Aires⁹⁴⁰
Só no dia 27 do corrente é que se realizam os festejos que estão projetados, pelo encerramento do Lazareto de Gonçalo Aires.
O motivo do adiamento é o ilustre prelado diocesano só nesse dia poder celebrar a missa campal.

---

934 BMF, *Diário de Notícias*, 3 de outubro de 1907. Texto inserido na rubrica "NOTÍCIAS RELIGIOSAS".
935 ABM, *Diário do Comércio*, 3 de outubro de 1907.
936 BMF, *Diário Popular*, 3 de outubro de 1907.
937 BMF, *Diário Popular*, 3 de outubro de 1907.
938 BMF, *Heraldo da Madeira*, 3 de outubro de 1907.
939 BMF, *O Jornal*, 4 de outubro de 1907.
940 BMF, *Diário de Notícias*, 6 de outubro de 1907.

Festejos do Lazareto[941]

Os festejos que se deviam realizar no domingo 13, em ação de graças pela extinção da varíola, ficaram transferidos para o domingo seguinte 27 do corrente em consequência de Sua Ex.ª Rev.ma ter de assistir nesse dia, a outra solenidade.

Festas no Lazareto[942]

Os arrais das lanchas a vapor vão pedir a respetiva licença para conduzir, pela via marítima, as pessoas que queiram assistir às próximas festas no Lazareto de Gonçalo Aires.

Festejos do Lazareto[943]

Consta-nos que a empresa das lanchas a vapor vão [vai] pedir autorização superior, a fim de conduzir passageiros para assistir aos festejos que se devem realizar no dia 27 no Lazareto de Gonçalo Aires em ação de graças pela extinção da varíola.

Festa no Lazareto[944]

A empresa das lanchas a vapor vai fazer serviço da condução de passageiros entre o cais à entrada da cidade e o cais do Lazareto, no dia 27 do corrente, por ocasião dos grandes festejos que ali se realizam.

Arco de S. Jorge, 9 de outubro[945]

[...]

Escola salesiana

A escola salesiana estabelecida nesta freguesia e que já tão grande bem tem espalhado nela e que funciona sob a hábil direção das Irmãs franciscanas, abriu o seu ano letivo no dia um do corrente. Oxalá que o aproveitamento do ano que entra não desminta o dos transatos como esperamos em Deus e na reconhecida proficiência de quem dirige a escola. [...]

(*Correspondente*).

Festejos no Lazareto[946]

É no dia 27 do corrente no Lazareto de Gonçalo Aires os grandes festejos em ação de Graças pela extinção da epidemia de varíola, que flagelou a nossa terra, com especialidade a cidade durante 6 meses consecutivos.

Para levar a cabo essa tão grandiosa festa, constituíram-se em comissão uns cinco rapazes que se têm dado à árdua missão de andarem de porta em porta a fazer o peditório, para fazer face às grandes despesas na ornamentação do edifício do Lazareto.

A comissão convidou as filarmónicas existentes na ilha da Madeira, para tomarem parte naqueles festejos.

As filarmónicas tocarão desde a alvorada até à noite.

Às 11 horas o venerando Prelado diocesano, celebrará a missa campal, pregando ao Evangelho o rev.º padre Manuel Francisco Camacho, mui digno cura de Santa Maria Maior.

---

[941] BMF, *Diário Popular*, 6 de outubro de 1907; BMF, *Heraldo da Madeira*, 6 de outubro de 1907; BMF, *O Direito*, 8 de outubro de 1907.
[942] BMF, *Diário de Notícias*, 12 de outubro de 1907.
[943] BMF, *Diário Popular*, 12 de outubro de 1907.
[944] BMF, *Heraldo da Madeira*, 12 de outubro de 1907.
[945] ABM, *O Jornal*, 12 de outubro de 1907. Texto inserido na rubrica "NOTÍCIAS RURAIS".
[946] BMF, *Correio da Tarde – Jornal Progressista*, 15 de outubro de 1907.

3.7.1907

À noite haverá vistosas iluminações e muito fogo preso e solto.

O recinto será todo embandeirado, havendo arcos com flores desde o portão grande até ao cais.

Já foram expedidos convites a todas as autoridades superiores do Distrito, assim como militares, sanitárias, classe médica, corpo consular, o rev.mo cabido, todo o clero da ilha, alunos e professores do seminário, que com grande regozijo se associarão a esta tão simpática demonstração pela extinção daquela tão pertinaz doença, que levou ao túmulo dezenas de crianças e adultos.

Devem comparecer, sem dúvida, a esta festa, a benemérita irmã Wilson com as outras suas companheiras que tiveram durante cinco meses naquele hospital de isolamento a tratarem os desgraçados variolosos que para lá foram.

A nobre irmã Wilson, nesse dia há-de ostentar no seu peito a condecoração da Torre [e] Espada, que merecidamente lhe foi dada pelo governo.[947]

Agora apresentamos um alvitre a sua ex.ª o sr. governador civil, que é de mandar fazer uma lápide comemorativa, narrando feitos beneméritos da irmã Wilson e das suas companheiras. Cuja lápide deveria ser colocada solenemente no dia dos festejos, ficando para sempre gravado o nome daquelas que por sua livre vontade se meteram naquela terrível doença.

*

Naqueles solenes festejos também deve estar glorioso o nosso prezado colega «Diário de Notícias» que também lhe coube um papel importantíssimo, que foi a sua simpática e altruísta subscrição que fez nas suas colunas, que teve apoio de nacionais e estrangeiros, tanto aqui como lá fora, para acudir às primeiras despesas a fazer-se com os variolosos.

A este colega cabe-lhe muitas honras, que também deveria ser distinguido pelo governo.

Em 1907 não foi colocada nenhuma lápide no Lazareto, conforme sugeriu o articulista do *Correio da Tarde*. Só 50 anos volvidos é que foi colocado este artístico conjunto de azulejos na fachada principal do prédio onde viveu a Irmã Wilson e suas companheiras aquando do tratamento dos variolosos, num gesto evocativo promovido pela Congregação das Irmãs Franciscanas de Nossa Senhora das Vitórias. *Foto do autor.*

---

[947] Esta informação seria desmentida posteriormente visto que a condecoração só seria adquirida no princípio de 1908, após recolha de dinheiro para o efeito, através de subscrição pública aberta pela Condessa de Torre Bela, conforme veremos mais adiante nesta obra.

Foi na importância de 2:491$435 réis o produto líquido da subscrição tirada por aquele jornal; sendo gasto em sustento e roupas para os variolosos pobres 2:181$150 réis, ficando um saldo de 308$285 réis que foi entregue à benemérita irmã Wilson.

Lazareto[948]

As pessoas que tenham contas a liquidar com a administração do Lazareto de Gonçalo Aires, relativas à última epidemia da varíola, só poderão entender-se a tal respeito com o sr. comissário de polícia civil, devendo fazê-lo com a maior brevidade.

Ações de graças.[949] – No dia 6 houve *Te-Deum* no Bom Jesus em ação de graças pela extinção da epidemia da varíola e pelo feliz regresso para esta casa da sua veneranda Superiora, a ilustre Irmã Wilson, que durante cinco ou seis meses dirigiu, com suas dignas filhas, o hospital de isolamento do Lazareto.

– No dia 20, celebrar-se-á outra festa de ação de graças pelo mesmo objeto, no Santo da Serra, na capela anexa à escola e casa de noviciado das Irmãs Franciscanas de Santa Cruz. Há muito empenho para essa festa, para a qual todo o pessoal é oferecido bem como a música Santa-cruzense do sr. Franco. É orador o rev. vigário, padre José Marques Jardim. [...]

Festejos no Lazareto. – No dia 27 deste mês deve realizar-se no Lazareto uma grandiosa festa de ação de graças pela extinção da epidemia de varíola que nos tem flagelado tão cruelmente durante sete meses.

Foram convidadas as filarmónicas de Machico, de Santa Cruz, de Câmara de Lobos, do Campanário, da Ribeira Brava, da Ponta do Sol e todas as do Funchal que acompanharam os vários bandos precatórios. Por isso desde a alvorada até à noite, os toques festivais daquela orquestra imensa darão à festa um aspeto imponente e inaudito.

Às 11 horas o Ex.mo Prelado diocesano celebrará missa campal, pregando ao Evangelho o eloquente cura de Santa Maria Maior, rev.º padre Camacho.

À noite haverá grande iluminação, fogo preso e solto.

Já foram convidadas as Ex.mas autoridades superiores do distrito e da cidade, o rev.º Cabido da Sé, todo o clero, o seminário e a ilustre corporação sanitária e médica a quem cabe uma parte tão honrosa na extinção da varíola.

Não deixarão de comparecer as beneméritas Irmãs Franciscanas e à frente delas a sua valorosa Superiora, a ilustre Irmã Wilson, levando ao peito a condecoração da Torre e Espada, tão nobremente merecida, combatendo o flagelo com as armas da caridade.[950]

Contrariamente ao que sucedeu com a falsa peste bubónica, esta recente epidemia da varíola, se bem que levou o luto e a desolação no seio de inúmeras famílias, contudo deixou após si um rasto luminoso e perfumado que não se apagará tão cedo, porque os rasgos de caridade e as porfiadas emulações de generosidade e dedicação, que assinalaram estes sete meses de dor e de luto, impressionaram demasiado a população Funchalense e circunvizinha para que possam esquecer tão cedo. Deus seja bendito que não permite o mal senão para dar ocasião às almas benfazejas e virtuosas de manifestar a nobreza e generosidade dos seus sentimentos!

Se a suposta epidemia de 1905 indispôs o povo contra as dignas autoridades e a prestimosa classe médica, a epidemia de varíola, pelo contrário, permitiu verificar o grande desvelo e atividade das atuais autoridades distrital e municipal, o grande zelo e dedicação da ilustre classe médica, e restabelecer a confiança e a tranquilidade geral.

Ao nosso zeloso colega, *Diário de Notícias*, coube uma parte gloriosa neste grande certame de caridade.

A subscrição aberta nas suas colunas, em benefício dos variolosos pobres, atingiu a

---

[948] ABM, *Diário do Comércio*, 15 de outubro de 1907.
[949] BMF, *Quinzena Religiosa da Ilha da Madeira*, 15 de outubro de 1907. Texto inserido na rubrica "Notícias diocesanas".
[950] Cf. Nota 947.

quantia de 2:491$435 réis.

Desta importância ficou um saldo de réis 308$285, que entregou no dia 30 de setembro à digna irmã Wilson para pagamento das restantes contas e despesas com a sustentação do hospital do Lazareto; assim o lemos no seu n.º 9557, em que o ilustre colega agradece aos subscritores [a] sua coadjuvação e à Irmã Wilson e companheiras «o modo inteligente, dedicado e carinhoso como trataram os enfermos confiados à sua previdente caridade».

As heroínas da caridade[951]
Uma religiosa condecorada pelo governo português

O nosso prezado e ilustrado colega lisbonense *Portugal*, no seu número do dia 13 do corrente, estampa o retrato da benemérita irmã Wilson, a heroína que aqui tem manifestado os primores da sua caridade, que é muitíssima e da sua abnegação, que não tem limites. Fá-lo seguir das seguintes considerações e biografia que gostosamente reeditamos, com tanto maior gosto quanto são justas as palavras com que se refere àquela ilustre e benemérita irmã:

Foto da Irmã Maria de S. Francisco Wilson que ilustrava este artigo patente na primeira página do jornal católico *Portugal*, publicado em Lisboa.

É trivial lá fora, até mesmo na França, sob o governo sectário do bloco anticlerical, ver galardoar o mérito ou premiar a caridade, prendendo ao peito de sacerdotes ilustres ou caridosas senhoras, pertencentes a congregações religiosas, as mais classificadas condecorações, *inclusive* a cruz da Legião de Honra.

Carnot, Loubet, Falliéres e tantos outros têm, por singular incoerência, recompensado por esta forma o heroísmo das religiosas, que, nos hospitais ou nos campos de batalha, por entre o sibilar das balas, ou encarando a morte de frente, junto aos catres hospitalares, onde agonizam as vítimas de contagiosas enfermidades, hão dado um nobre exemplo do que pode e do que vale a caridade, norteada pela sublime religião católica.

Mas se isso é frequente no estrangeiro, em Portugal não tem sido costume galardoar as beneméritas religiosas, sendo-lhes apenas recompensa dos relevantes serviços prestados a consciência do dever cumprido e as bênçãos dos socorridos.

Acaba, porém, agora o governo de condecorar com as honras de cavaleira da Ordem da Torre e Espada uma religiosa há muitos anos residindo na Madeira.

É ela Miss Mary Frances Wilson, filha de um oficial do exército inglês, agora Irmã Maria de S. Francisco Wilson, é fundadora e Superiora geral de uma pequena congregação de Irmãs Terceiras regulares Franciscanas (chamadas *Irmãs de Santa Cruz*, porque tem a ca-

---

951 BMF, *O Jornal*, 16 de outubro de 1907. Este texto foi ainda publicado, sob o mesmo título e subtítulo, noutros dois jornais regionais, nomeadamente no *Correio da Tarde – Jornal Progressista* e no *Diário de Notícias* do dia seguinte, mas apresentando notas introdutórias distintas. Na primeira fonte refere-se o seguinte: «O nosso colega o «Portugal» do dia 13 do corrente, insere um belo retrato da benemérita irmã Wilson, fazendo-se acompanhar dos seguintes trechos que com a devida vénia, abaixo transcrevemos:», enquanto que, na segunda, este texto foi antecedido pelas seguintes palavras: «Subordinado a estes título e subtítulo, o nosso colega *Portugal*, de 13 do corrente, publica um belo retrato da Irmã Wilson, fazendo-o acompanhar dum pequeno artigo em que põe em relevo os altos méritos e importantes serviços prestados pela bondosa senhora à humanidade enferma./ Desse artigo destacamos os seguintes trechos:» Refira-se ainda que nesta última fonte o texto original d'*O Portugal* não foi transcrito na íntegra, mas sim os parágrafos compreendidos entre "Acaba, porém, agora o governo [...]" e "com que costuma premiar os atos de valor." Sob o título "Miss Mary Frances Wilson" e antecedido da seguinte nota introdutória «O jornal lisbonense "Portugal" publicou o retrato de miss Mary Frances Wilson, que faz acompanhar das seguintes palavras:» este texto foi ainda publicado, na íntegra, no *Heraldo da Madeira* da mesma data, ou seja, de 17 de outubro de 1907.

sa-mãe na vila de Santa Cruz), que tem uns 20 anos de existência, não conta mais de trinta membros e dirige na Ilha um hospital, um recolhimento e cinco grandes escolas gratuitas.

À frente desta pequenina companhia, a veneranda Irmã Wilson tem praticado verdadeiros rasgos de heroísmo durante a recente epidemia de varíola que nos últimos cinco meses fez 400 vítimas, e durante a outra curta epidemia de pneumonias infeciosas que lhe seguiu.

A valente superiora foi encerrar-se com a metade da sua Congregação no Lazareto, até então objeto de horror para todo o povo, mas já reabilitado pela presença das boas irmãs, únicas diretoras da casa, e atraídos pela confiança que elas inspiravam, começaram os pobres variolosos a afluir em grande número de todas as freguesias atacadas pelo flagelo, sendo por elas tratados com tal abnegação e carinho que choravam de enternecimento à vista de tanta dedicação e caridade e que as próprias mães, extasiadas à vista da doçura e mimo com que eram tratados os filhinhos, a despeito das chagas asquerosas que os desfiguravam, proclamavam que nunca teriam podido tratá-los tão bem.

O nobre procedimento da Irmã Wilson e das suas dignas companheiras, realçado pelo desinteresse e inteira gratuidade dos serviços prestados, excitou tal admiração e entusiasmo, granjeou-lhes tal simpatia, que o governo, fazendo-se intérprete do reconhecimento público, conferiu-lhe as honras de cavaleiro da nobre e antiga Ordem da Torre e Espada, com que costuma premiar os atos de valor.

Querendo associarmo-nos à justa homenagem, rendemos aqui preito à virtuosa Irmã Maria de S. Francisco Wilson, de quem inserimos um retrato.[952]

---

[952] Este não foi o único texto relativo à Irmã Wilson e a sua meritória ação no Lazareto publicada neste jornal católico nacional. Através de uma pesquisa no mesmo conseguimos encontrar os seguintes, enviados da Madeira, e balizados entre a abertura do Lazareto e os grandes festejos ali realizados após o fim da epidemia: «"**Carta da Madeira**" Funchal, 22. – Como é sabido, o governo mandou abrir o lazareto Gonçalo Aires para ali serem encerrados em isolamento os variolosos, tendo de ser confiado o tratamento dos doentes ao cuidado e zelo verdadeiramente cristãos das caridosas irmãs franciscanas de Santa Cruz. Sábia e acertada medida foi esta que é pena não ter sido tomada mais cedo, tanto mais que depois desta ordem ainda se teve de proceder a uns certos reparos naquele edifício, que, devido ao incidente popular de 7 de janeiro de 1906 ainda estava e está algum tanto arruinado. Esta imprevidência das autoridades, não mandando reparar a tempo o Lazareto, faz-se agora sentir. É de maior necessidade o isolamento dos variolosos, pois que é quotidianamente avultado o número de novas vítimas e apesar disso não poderão estar concluídas as reparações senão para o dia 29 do corrente. Foi feita já a entrega do mobiliário existente no Lazareto à irmã Wilson, superiora das referidas franciscanas sabiamente escolhida para cuidar dos doentes. [...]» Biblioteca Nacional de Portugal (BNP), *Portugal*, 11 de maio de 1907; «"**Notícias da Madeira**" FUNCHAL, 26. – Continua grassando no nosso meio a epidemia da varíola, atacando de preferência as pessoas que vivem em condições pouco higiénicas e as que não são vacinadas./ É, pois, incontestável, pelo menos na sua generalidade, a utilidade e eficácia da vacina./ O povo que no princípio desta epidemia aferrado aos seus preconceitos ferrenhos e ressentido ainda da chamada peste balbínica, não acreditava na verdadeira existência da varíola na Madeira, nem cria na eficácia da vacina agora, com raras exceções, plenamente convencido destas duas verdades./ Negava a existência da varíola e dizia que era uma trama, porque só os pobres é que morriam, e não queria a vacina porque nela, dizia, é que vem a peste./ Parece agora ter mudado a opinião devido, na cidade e arredores, à evidência da experiência quotidiana e nos campos às explicações e advertências persuasivas do rev. Pároco e da classe médica./ É inexcedível o zelo, dedicação e caridade cristã com que as Irmãs franciscanas, sob a direção da sua superiora Irmã Maria Wilson, tratam os doentes internados no Lazareto./ Todas as pessoas que de lá saem e que lá vão visitar as suas famílias não se cansam de tecer elogios àquelas criaturas beneméritas que, por amor de Deus, se sujeitam a trabalhos tão incómodos e aturados./ Um rapaz que há pouco saiu curado do Lazareto ficou tão cativado com o tratamento que lá recebeu, que prometeu trabalhar uma semana inteira para no fim entregar o salário inteiro à boa Mãe, como cá chamam à irmã Wilson./ O «Diário de Notícias» abriu uma subscrição, os bombeiros voluntários realizaram um bando precatório, os homens do mar fizeram outro, o sr. Cruz B. Santos realizou um peditório, os seminaristas arranjaram 50$000, e uma comissão académica realiza hoje uma quermesse, tudo isto a favor dos variolosos do Lazareto. [...]» BNP, *Portugal*, 31 de maio de 1907; «"**Carta da Madeira**" Funchal, 8. – [...] – Continua sempre grande entusiasmo e contentamento com o tratamento esmerado, afável e desinteressado que se ministra aos internados no Lazareto. Estão-se sempre realizando subscrições, bandos precatórios e esmolas, cujas quantias obtidas são depositadas nas mãos da sábia irmã superiora Maria Wilson que lhes dá acertadíssimo destino. – C.» BNP, *Portugal*, 14 de junho de 1907; «"**Notícias da Madeira**" Funchal, 5 de Novembro. Ainda que tardiamente, não deixarei de mencionar aqui as festas que se celebraram no Lazareto Gonçalo Aires, no dia 27 do mês passado, em ação de graças à Providência pela completa extinção do terrível flagelo da varíola, que durante algum tempo trouxe em sobressalto a população da Madeira e vitimou algumas existências, sobretudo na classe popular./ Revestiram um carácter de imponência e brilhantismo./ Foram convidadas para assistir à missa campal, que devia

Festejos do Lazareto[953]
Na missa campal que se realiza no domingo, 27 do corrente, em ação de graças pela extinção da varíola, será orador o mui rev.º padre José Pereira da Silva, ilustrado professor do Seminário.

Festejos no Lazareto[954]
Será orador na missa campal que se realiza no domingo, 27 do corrente, em ação de graças pela extinção da varíola, o rev.º padre José Pereira da Silva, ilustrado professor do Seminário.

Festejos no Lazareto[955]
Dizem-nos estar para breve grandes festejos no Lazareto, em sinal de regozijo pela extinção da varíola, que devido a um abuso, ou incompetência dum médico veio vitimar alguns de nossos irmãos.

A nosso ver esses festejos deveriam ser adiados para o inolvidável dia 7 de janeiro, em que se comemora o ressurgimento dum povo abatido que, num ímpeto de santa indignação, invadindo a moderna Bastilha, pôs em liberdade os nossos irmãos, que estavam condenados à morte lenta, pelo maior dos facínoras dos tempos modernos – o dr. Rego.

Porém já que assim querem, divirtam-se; mas não esqueçam também que no meio do foguetório poderão aparecer os fantasmas dos que foram vitimados pela *Peste Balbínica* e do fundo das sepulturas não cessam de clamar: Vingança! Vingança!! Vingança!!!

Festejos do Lazareto[956]
As filarmónicas dos «Artistas Funchalenses» e «Artístico Madeirense» (Guerrilhas), tocarão no próximo domingo no Lazareto de Gonçalo Aires, desde a alvorada até às 11 horas da noite.

Uma heroína[957]
A imprensa católica do continente vem tecendo os mais rasgados e justos encómios à heroína que, por ocasião da epidemia da varíola que tantas vítimas fez entre nós, foi o anjo da caridade, prestando os mais assinalados serviços e carinhos aos infelizes variolosos

---

ser celebrada pelo venerando Prelado Funchalense, as autoridades civis, militares e eclesiásticas e outras corporações, bem como todas as filarmónicas do Funchal e arredores e até do campo./ Não se acedeu a todos estes convites./ Sua Ex.ª Rev.ma o sr. Bispo diocesano não compareceu para celebrar a missa campal, por se achar gravemente incomodado de saúde./ Foi oferecido o Santo Sacrifício pelo sr. dr. Manuel G. Salvador, cónego da Sé do Funchal e professor do Seminário./ A falta de algumas das outras autoridades, bem como das filarmónicas, só se explica por incómodos da ocasião…/ Em compensação, lá vimos a simpática pessoa do sr. governador civil, comissário de polícia, cónego Homem de Gouveia e numerosos eclesiásticos, muitíssimas damas e cavalheiros do Funchal, e sobretudo a grande massa de povo que ali ia celebrar a sua festa e finalmente a presença majestosa e elegante do ilustre orador sagrado padre José P. da Silva, dirigindo a palavra em verdadeiros [g]estos de eloquência e entusiasmo àquele numeroso auditório, coberto por um céu puro de anil e bafejado pelas auras frescas do Oceano./ O local estava profusa e ricamente iluminado e embandeirado./ Abrilhantava a festa a filarmónica do sr. Franco de Santa Cruz, única que se dignou aceder gentilmente ao convite./ A concorrência era enorme e o júbilo e entusiasmo brotavam espontâneos do coração aos olhos de todos os assistentes./ Bendizemos e agradecemos à Providência que nos livrou dos horrores do temível flagelo e louvamos e admiramos a dedicação desinteressada das zelosas irmãs franciscanas, em especial da Irmã Superiora Maria Wilson, que durante o tempo da peste se mostrou uma verdadeira heroína da caridade. […] – C.» BNP, *Portugal*, 14 novembro 1907..

953 BMF, *Diário de Notícias*, 17 de outubro de 1907; BMF, *Diário Popular*, 17 de outubro de 1907.
954 BMF, *O Jornal*, 17 de outubro de 1907.
955 BMF, *Trabalho e União*, 19 de Outubro de 1907.
956 BMF, *Diário Popular*, 20 de outubro de 1907.
957 BMF, *O Jornal*, 23 de outubro de 1907.

Casa típica do Santo da Serra. *Coleção do autor.*

internados no Lazareto.

Ainda há pouco o valente campeão católico *O Portugal*,[958] inseria com uma zincogravura da Irmã Maria de S. Francisco Wilson, as mais honrosas referências ao seu zelo e caridade.

Agora é o excelente periódico humorístico *O Petardo*, que, apresentando igualmente no seu lugar de honra uma zincografia da dedicada Superiora das Irmãs Terceiras Franciscanas,[959] tece à incansável Irmã os elogios que passamos a transcrever:

«A despeito de todas as perseguições, a religiosa passará a vida a fazer o bem na escola, no hospital, na enfermaria, no campo da batalha, em toda a parte onde houver uma lágrima a enxugar, uma miséria a remediar, uma dor a mitigar, um pobre a socorrer.

Entre estes anjos de caridade tem hoje lugar de honra a Irmã Maria de S. Francisco Wilson, filha de um oficial do exército inglês, fundadora e superiora geral da pequena Congregação de Irmãs Terceiras Regulares Franciscanas (chamadas Irmãs de Santa Cruz, por terem a casa Mãe na Vila de Santa Cruz – Madeira.)

Dirige um hospital, um recolhimento e cinco grandes escolas.

Na epidemia que há pouco atacou a encantadora ilha e que fez 400 vítimas; na que se seguiu – a de pneumonias infeciosas, e que foi pior – a valente Irmã, com metade da sua comunidade, fez prodígios de abnegação.

Quando todo o mundo, horrorizado, evitava o contacto dos doentes, ela, com um desprendimento, nunca assaz encarecido, internou-se no Lazareto a cuidar de todos.

Toda a Madeira celebrou a caridade, o espírito de sacrifício, a virtude elevada ao mais alto grau, desta grande alma.

O governo de Sua Majestade, intérprete do reconhecimento público, conferiu-lhe as honras de Cavaleiro da nobre e antiga Ordem da Torre e Espada, com que costuma premiar os atos de valor.

Curvamo-nos de respeito e admiração diante deste vulto e auguramos à sua obra um largo futuro de benemerências.»

Queda fatal[960]

Anteontem, quando Manuel de Freitas Enxerga, do sítio da Ribeira do Eixo, regressava à sua residência, da festa que se realizou na capela pertencente a Miss Wilson, no sítio da Pereira (Santo da Serra),[961] resvalou por um despenhadeiro, de que lhe resultou a morte.

Estranhando a ausência do Enxerga em casa, saíram à sua procura um filho e um genro, encontrando-o já cadáver no sítio do Fundão, freguesia de Santa Cruz.

O facto foi participado ao administrador do concelho, sr. Eduardo Luís Rodrigues, pelas 11 e meia horas da noite, sendo o corpo da vítima transportado para o depósito do hospital da mesma vila, onde se devia ter procedido ontem ao competente exame.

---

958 O nome deste jornal católico lisbonense era simplesmente *Portugal*.

959 A foto divulgada neste jornal era idêntica à divulgada n'*O Portugal*.

960 BMF, *Diário de Notícias*, 22 de outubro de 1907.

961 Uma breve descrição desta festa de ação de graças, redigida pelo correspondente d'*O Jornal* em Santa Cruz, seria publicada, dias depois, na sua edição de 29 de outubro.

Contas do Lazareto[962]

As contas das despesas com a varíola e as pneumonias em Santo António devem ser apresentadas até o dia 31 do corrente, no comissariado de polícia.

As que não forem apresentadas, dentro deste prazo, não serão satisfeitas.

Festejos[963]

Agradecemos o convite para assistirmos, no domingo próximo, pelas 11 horas da manhã, a uma missa campal no Lazareto de Gonçalo Aires, em ação de graças pela extinção da varíola.

Festas no Lazareto[964]

É no dia 27 do corrente pelas 11 horas da manhã que se celebra, no Lazareto de Gonçalo Aires, uma missa campal em ação de graças pela extinção da varíola.

Agradecemos à comissão promotora dos festejos, o convite que nos fez para assistirmos a eles.

Festejos no Lazareto[965]

É no próximo domingo que se celebra no Lazareto de Gonçalo Aires, pelas 11 horas da manhã, uma missa campal em ação de graças pela extinção da varíola, havendo sermão pelo revd.º padre José Pereira da Silva.

Festejos no Lazareto[966]

Agradecemos o convite que nos foi dirigido para assistirmos à missa campal que se realiza no próximo domingo no Lazareto de Gonçalo Aires em ação de graças pela extinção da varíola.

Contas do Lazareto[967]

Termina no dia 31 do corrente mês, o prazo para a apresentação das contas das despesas feitas com a varíola e as pneumonias em Santo António.

CONVITE[968]

Da digna comissão dos festejos que se realizam amanhã no Lazareto de Gonçalo Aires, recebemos um convite para assistirmos à missa campal que tem lugar naquele recinto pelas 11 horas da manhã.

Agradecemos.

Festejos no Lazareto[969]

As lanchas a vapor farão amanhã diversas viagens do cais, à entrada da cidade, para o Lazareto, a principiar às 8 horas da manhã, a fim de conduzirem as pessoas que queiram ir ali assistir aos festejos.

---

962 BMF, *Diário de Notícias*, 25 de outubro de 1907.
963 BMF, *Diário de Notícias*, 25 de outubro de 1907.
964 BMF, *Diário Popular*, 25 de outubro de 1907.
965 BMF, *O Direito*, 25 de outubro de 1907.
966 BMF, *Heraldo da Madeira*, 25 de outubro de 1907.
967 ABM, *O Jornal*, 25 de outubro de 1907.
968 ABM, *Correio da Tarde – Jornal Progressista*, 26 de outubro de 1907.
969 BMF, *Diário de Notícias*, 26 de outubro de 1907.

Festejos do Lazareto[970]

Conforme temos noticiado, é amanhã que se realiza no Lazareto de Gonçalo Aires a festa em ação de graças pela extinção da varíola. Haverá alvorada pelas 5 e meia horas da manhã por diversas filarmónicas, missa campal pelas 11 horas do dia, celebrada por S. Ex.ª Rev.ma; subindo ao púlpito, ao Evangelho, o mui rev. padre José Pereira da Silva, ilustrado professor do seminário.

Comparecerão ao ato todas as autoridades civis, militares e eclesiásticas, a Real Corporação dos Bombeiros Voluntários, acompanhada da sua respetiva banda, *Artistas Funchalenses*, o cabido da Sé, etc.

Também haverá vistosas iluminações em toda a extensão do Lazareto, fogo solto, e tocarão desde a alvorada até às 11 horas da noite as filarmónicas dos *Artistas Funchalenses*, *Recreio Lusitano*, as duas filarmónicas de Santa Cruz e a do Paul.

HOMENAGEM
À Irmã Maria de S. Francisco Wilson[971]
27 de outubro de 1907

Honra hoje as páginas do nosso modesto diário o retrato duma benemérita, duma heroína da caridade a quem toda a Madeira presta uma justa homenagem de suas acrisoladas virtudes, não menos de que das suas benemerências em favor dos inditosos da sorte. Justo é o preito que hoje lhe consagramos e que amanhã vai ter a apoteose merecida.

O dia 27 de outubro de 1907, dia este consagrado para rendermos ao Altíssimo as ações de graças que lhe tributamos, comemorando assim o desaparecimento de um dos mais terríveis flagelos – a varíola, que durante meses açoitou de um modo especial esta cidade e que vitimou perto de quatrocentas pessoas, é também o dia no qual em todos os peitos madeirenses se devem insculpir em caracteres áureos e indeléveis o nome da Irmã Wilson.

Os grandes generais romanos quando voltavam das suas conquistas, cobertos de louros e apregoados pela fama, ao atravessarem as ruas da grande cidade de Roma, trazendo acorrentados ao seu carro de triunfo os reis vencidos e as suas preciosas e inúmeras riquezas, a pátria saudava-os com aclamações de alegria e decretava-lhes o triunfo. Esses grandes generais enalteceram o poder de Roma a tal ponto que era considerada a senhora do mundo, indo por regiões diversas à procura da glória, em busca da imortalidade. Se a força desses grandes homens se manifestava tão pujante quando atacava, tornava-se insuperável quando defendia.

A nossa bela e incomparável Ilha da Madeira, que é incontestavelmente a primeira estação sanitária do mundo, viu-se há pouco acometida por um terrível inimigo, que, sorrateiramente, introduzindo-se no seu coração – o Funchal, pôs em alarme mais de cento e cinquenta mil pessoas.

Esse terrível inimigo – a varíola, pudera transpor os mares e iludindo as vigias sanitárias, em pouco tempo estendeu suas mortíferas asas sobre uma parte da nossa população. Aqueles a quem incumbia a defesa das nossas vidas, entenderam, e com razão, que o pestilencial inimigo deveria ser relegado para uma fortaleza onde, sob a vigilância de experimentados generais, pudesse alquebrar as suas forças, até ser reduzido à inanição. Tal reduto escolhido foi o Lazareto, onde se internaram os variolosos.

A dedicação e cuidados da prestimosa classe médica, e não menos a abnegação e caridade da Irmã Wilson puderam com o auxílio divino, fazer desaparecer dentre nós tão terrível epidemia.

O brilhante tirocínio feito no hospital de Santa Cruz pela Irmã Wilson dava-lhe direito a entrar em novos combates, pois nem lhe faltava o valor, a coragem e até o heroísmo, sobrenadando a todas estas virtudes a caridade que ardia no seu coração. Estava pois destinada dia e noite, a toda a hora, diremos mesmo a todo o instante, a arrancar das mãos do inimigo os seus infelizes prisioneiros – os variolosos. Toda a Madeira contemplou com

---

[970] BMF, *Diário Popular*, 26 de outubro de 1907.
[971] ABM, *O Jornal*, 26 de outubro de 1907.

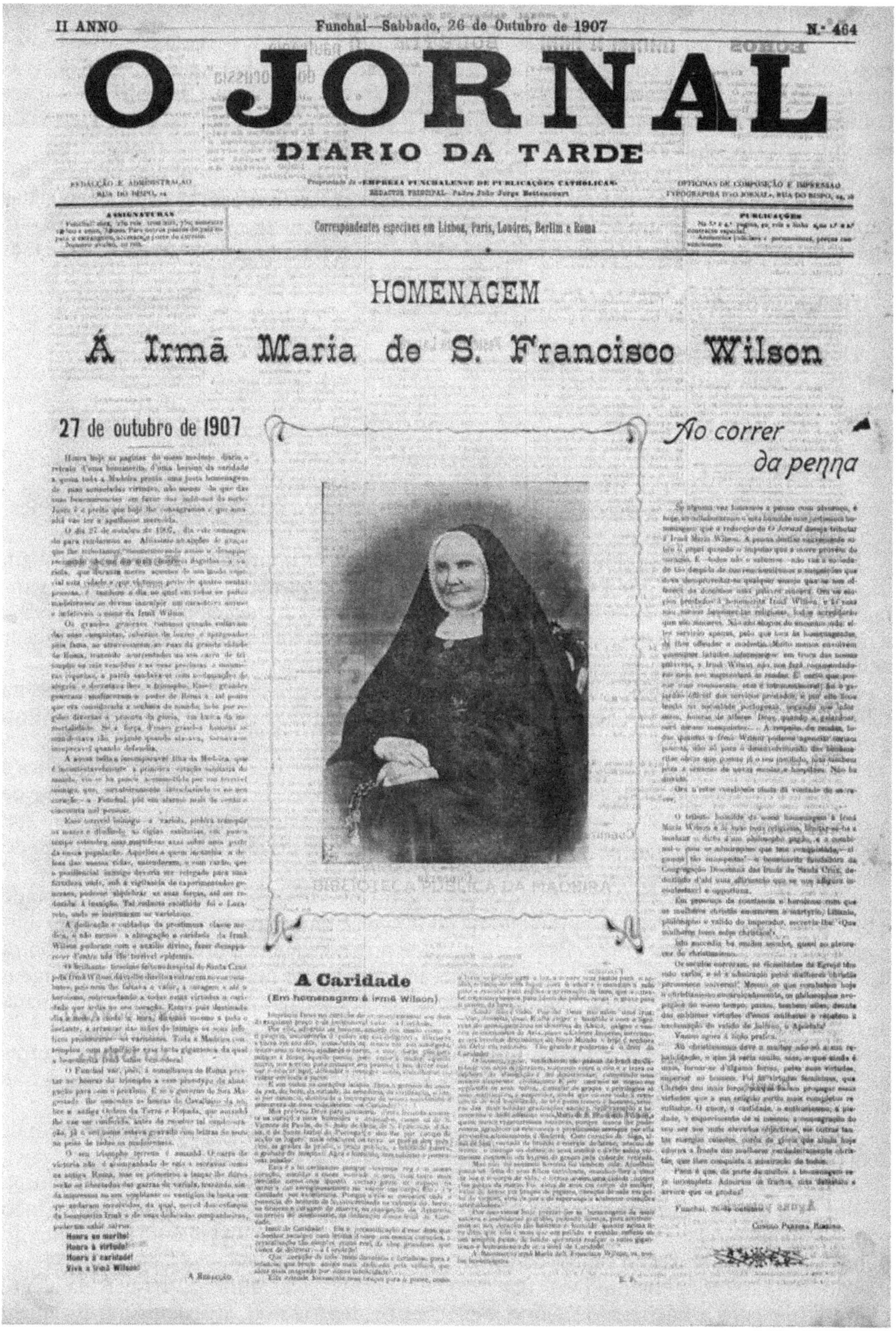

A edição d'*O Jornal* de 26 de outubro de 1907, na véspera dos grandes festejos no Lazareto em ação de graças pelo fim da epidemia da varíola, foi integralmente dedicada à Irmã Wilson. *Cortesia do Arquivo Regional e Biblioteca Pública da Madeira.*

admiração essa luta gigantesca da qual a benemérita Irmã saiu vencedora!

O Funchal vai, pois, à semelhança de Roma prestar as honras do triunfo a esse protótipo de abnegação para com o próximo. E se o governo de Sua Majestade lhe concedeu as honras de Cavaleiro da nobre e antiga Ordem da Torre e Espada, que amanhã lhe vai ser conferida, antes de receber tal condecoração, já o seu nome estava gravado com letras de ouro no peito de todos os madeirenses.

O seu triunfo terreno é amanhã. O carro de vitória não é acompanhado de reis e escravos como na antiga Roma, mas os primeiros a lançar-lhe flores serão os libertados das garras da varíola, trazendo ainda impressos no seu semblante os vestígios da luta em que andaram envolvidos, da qual, mercê dos esforços da benemérita Irmã e de suas dedicadas companheiras, puderam sair salvos.

Honra ao mérito!
Honra à virtude!
Honra à caridade!
Viva a Irmã Wilson!

A REDAÇÃO.

A Caridade
(Em homenagem à irmã Wilson)

Imprimiu Deus no coração da criatura racional um dom de esquisito preço e de inestimável valor: – a Caridade.

Por ele, advertiu ao homem, amarás teu irmão como a ti próprio, socorrerás o pobre em sua indigência, aliviarás a viúva em sua dor, consolarás os tristes em sua amargura, levantarás o fraco, ajudarás o forte; a este, darás pão para mitigar a fome; àquele pano para vestir a nudez; àquele outro, um sorriso para minorar seu pranto; é teu dever ensinar e educar aqui, defender e proteger acolá, trabalhar e civilizar em toda a parte.

E em todos os corações lançou Deus o gérmen do amor da paz, do bem, da virtude, da sabedoria, da civilização, o ideal por essência, destinada a impregnar de aroma suavíssimo a primavera de uma vida inteira: – a Caridade!

Mas preferiu Deus para seminário desta fecunda semente os corações mais humildes e dedicados, como os de S. Vicente de Paulo, de S. João de Deus, de S. Francisco de Assis e de Santa Isabel de Portugal; e deu-lhe por campo de ação os lugares mais obscuros na terra: as portas dos palácios, as grades da prisão, a praça pública, a tenda de guerra, o grabato do hospital. Agra e humilde, mas sublime e portentosa missão!

Esta é a lei certíssima porque devemos reger o nosso coração, amoldar a nossa vontade e isto, com tanta mais precisão como quanta certeza giram no espaço os astros e cai vertiginosamente no vácuo um corpo. Esta é a Caridade por excelência. Porque nela se encontra toda a potência do homem de fé, concretizada na valentia do herói, na firmeza e coragem do mártir, na abnegação do Apóstolo, no arrojo do missionário, na dedicação duma irmã de Caridade.

Irmã de Caridade!... Eis a personificação desse dom que o Senhor esculpiu com letras de ouro em nossos corações, a cristalização tão simples como real, da ideia grandiosa que vimos de delinear: – a Caridade!

Que coração de mãe mais desvelado e carinhoso para a infância, que braço amigo mais dedicado pela velhice, que alma mais magoada por nossa infelicidade?...

Ela estende docemente seus braços para o pobre, como o lírio as pétalas para a luz, a árvore seus ramos para o ninho, o coração seus braços para o amor e o mendigo a mão para a esmola! Está sujeita à gravitação do bem, que a atrai irresistivelmente para junto do pobre, como o grave para o centro da terra.

Ainda não é tudo. Pôs-lhe Deus nas mãos uma cruz: – Vai, ilumina, disse. E ela alegre e humilde e com a ligeireza do gamo, penetrou os desertos da África, galgou e venceu as montanhas da Ásia, pisou o Celeste Império, internou-se nas brenhas densíssimas do Novo Mundo e hoje é senhora do Orbe em redondo. Tão grande e poderoso é o dom da Caridade!

O homem, então, reconheceu na pessoa da Irmã de Caridade um anjo misterioso, suspenso entre o céu e a terra na esfera da abnegação e do desinteresse; cumprindo uma missão altamente civilizadora. E por isso não se negou em aplaudir os seus feitos, cumular de graças e privilégios as suas instituições, e suspender, ainda que contra toda a resistência de sua humildade, de seu peito franco e honesto, veneras das mais subidas graduações sociais. Seja exemplo a benemérita e dedicadíssima irmã, Maria de S. Francisco Wilson, a quem nunca regatearemos louvores, porque nunca lhe poderemos agradecer os relevantes e prestimosos serviços por ela prestados ultimamente à Madeira. Com coração de fogo, alma de luz, vontade de bronze e energia de herói atacou de frente o inimigo na defesa de seus irmãos e dela saiu vitoriosa cantando um hino de graças pela cobarde retirada.

Mas não foi somente heroína, foi também mãe. Ajoelhou junto ao leito de seus filhos variolosos, inundou-lhes a alma de luz e o corpo de vida, e livrou assim, uma cidade inteira das garras da morte. Foi alma de anjo em corpo de mulher, valor de herói em braços de pigmeu, coração de mãe em peito de virgem, «íris de paz e de esperança a acalentar corações atribulados».

Por isso vimos hoje prestar-lhe as homenagens da mais sincera e inolvidável gratidão, pedindo licença, para atribuirmos aos seu coração tão honesto e humilde quanto acima fica dito, que não é mais que um pálido e sumido reflexo ou um simples pano de fundo que tenta realçar o vulto gigantesco e humanitário de uma irmã de Caridade.

À Benemérita irmã Maria de S. Francisco Wilson, as nossas homenagens.

E. P.[972]

Ao correr da pena

Se alguma vez tomámos a pena com alvoroço, é hoje, ao colaborarmos nesta humilde mas justíssima homenagem que a redação de *O Jornal* deseja tributar à Irmã Maria Wilson. A pena desliza suavemente sobre o papel quando o impulso que a move provém do coração. E – todos nós o sabemos – não vai a sociedade tão despida de convencionalismos e suspeições que deva desaproveitar-se qualquer ensejo que se nos ofereça de dizermos uma palavra sincera. Ora os elogios prestados à benemérita Irmã Wilson, e às suas não menos beneméritas religiosas, todos acreditarão que são sinceros. Não são os elogios de encomenda: eles servirão apenas, pelo que toca às homenageadas, de lhes ofender a modéstia. Muito menos envolvem quaisquer intuitos interesseiros: em troca das nossas palavras, a Irmã Wilson não nos fará comendadores nem nos aumentará as rendas. É certo que possui uma comenda, mas é intransmissível; foi o galardão oficial dos serviços prestados, e por ele ficou tendo na sociedade portuguesa, segundo nos informam, honras de alferes. Deus, quando a galardoar, será menos mesquinho... A respeito de rendas, todas quantas a Irmã Wilson pudesse agenciar seriam poucas, não só para o desenvolvimento das beneméritas obras que possui já o seu instituto, mas também para a criação de novas escolas e hospitais. Não há dúvida.

Ora nestas condições ainda dá vontade de escrever.

O tributo humilde da nossa homenagem à Irmã Maria Wilson e às suas boas religiosas, limitar-se-á a lembrar o dito dum filósofo pagão, e a combiná-lo com as admirações que tem conquistado – algumas tão insuspeitas! – a benemérita fundadora da Congregação Diocesana das Irmãs de Santa Cruz, deduzindo daí uma afirmação que se nos afigura incontestável e oportuna.

Em presença da constância e heroísmo com que as mulheres cristãs encaravam o martírio, Libânio, filósofo e valido do imperador, escrevia-lhe: «Que mulheres têm estes cristãos!»

Isto sucedia há muitos séculos quase ao alvorecer do cristianismo.

Os séculos correram, as vicissitudes da Igreja têm sido várias, e só a admiração pelas mulheres cristãs permanece universal! Mesmo os que combatem hoje o cristianismo encarniçadamente, os filósofos neopagãos do nosso tempo, param, também eles, diante das

---

[972] Iniciais de Eduardo Clemente Nunes Pereira, membro do corpo redatorial d'*O Jornal*, que viria a ser ordenado padre em 1913. Homem erudito, destacou-se no meio cultural insular ao publicar a obra de referência *Ilhas de Zarco*.

sublimes virtudes dessas mulheres e repetem a exclamação do valido de Juliano, o Apóstata!

Vamos agora à lição prática.

Ao cristianismo deve a mulher não só a sua reabilitação, o que já seria muito, mas, o que ainda é mais, tornar-se dalguma forma, pelas suas virtudes, superior ao homem. Foi às virtudes femininas, que Cristo deu mais força, porque foi em propagar essas virtudes que a sua religião surtiu mais completos resultados. O amor, a castidade, o entusiasmo, a piedade, o esquecimento de si mesmo, a consagração do seu ser aos mais elevados objetivos, eis outras tantas energias celestes, coroa de glória que ainda hoje adorna a fronte das mulheres verdadeiramente cristãs, que lhes conquista a admiração de todos.

Pena é que, da parte de muitos, a homenagem seja incompleta. Admiram os frutos, mas detestam a árvore que os produz!

Funchal, 26 de outubro.

CÓNEGO PEREIRA RIBEIRO.[973]

Festejos no Lazareto[974]

Conforme já noticiámos, é amanhã que se realizam no Lazareto de Gonçalo Aires os festejos em ação de graças pela extinção da varíola nesta ilha.

Diversas lanchas a vapor farão viagens ao porto do Lazareto, a fim de conduzir as pessoas que ali desejarem assistir a essas festas, que prometem ser imponentes.

Às 11 horas da manhã, será celebrada por Sua Ex.ª Rev.ma o sr. Bispo, uma missa campal; à noite haverá vistosa iluminação e fogo-de-artifício, e diversas filarmónicas executarão um escolhido programa musical.

O encerramento do Lazareto[975]

Também nos associamos às festas de regozijo pelo encerramento do Lazareto de Gonçalo Aires.

Foi ali que as mãos beneméritas de almas devotadas à prática da caridade acolheram com solicitude muitos dos nossos irmãos tornados asquerosos pelo contágio duma doença terrível.

Grassava a varíola.

O mal propagava-se com alentada intensidade.

Abandonados completamente em baiucas imundas jaziam prostrados em enxergas estremes, quando não sobre sacas estendidas no chão de calçada, grande número de variolosos, que aos gemidos provocados pela moléstia ajuntavam as lancinancias da fome.

Pairava um véu de luto sobre o Funchal.

Uma nuvem de terror e de dor a todos empolgava possantemente.

Dia a dia se registavam novos casos.

Dois ilustres sacerdotes da medicina, cedendo aos impulsos do seu nobre e generoso coração, entregam-se a uma larga atividade, pondo os seus serviços clínicos à disposição dos doentes.

S. ex.as não se poupam a sacrifícios no exercício dessa cruzada.

Um é já falecido. O sr. dr. César Augusto Mourão Pita.

Piedosamente tributamos preito de saudade à sua memória.

O outro é o nosso amigo sr. dr. José Joaquim de Freitas, com quem o governo está ainda em dívida, pois s. ex.ª é merecedor duma alta distinção régia, pela filantropia, generosidade e mérito com que se houve, prestando sempre prontamente, quer de noite quer de dia, o seu valioso concurso, com risco muitas vezes da própria vida.

---

[973] Que após a morte de D. Manuel Agostinho Barreto seria eleito Vigário Geral da Diocese do Funchal, e que posteriormente seria nomeado Bispo do Funchal.
[974] ABM, *O Jornal*, 26 de outubro de 1907.
[975] BMF, *Diário de Notícias*, 27 de outubro de 1907.

Convencidos estamos de que o ilustre chefe do distrito se empenhará por que o sr. ministro do reino pratique este ato de inteira justiça.

Fechemos, porém, o grato parêntese.

O *Diário de Notícias*, no intuito de valer aos infelizes desprotegidos da sorte, já pela doença, já pela falta de meios, tomou a iniciativa de abrir uma subscrição nas suas colunas.

Logo se manifestaram os nobres sentimentos deste bom povo. A subscrição atinge um alto total.

O isolamento, porém, tornava-se de toda a urgência.

A benemérita Miss Wilson declara, com as suas companheiras, que está pronta a cuidar dos variolosos no Lazareto, desde que o governo lhe entregue este estabelecimento hospitalar.

É o sr. capitão João Augusto Pereira, nosso ilustre representante em cortes, quem consegue que pela primeira vez as estações oficiais se movam a nosso favor, naquela conjuntura.

O Lazareto é mandado confiar a Miss Wilson.

Toma ela conta do edifício e procede-se ao internamento de doentes.

Alguns, não obstante os cuidados e carinhos com que foram tratados, renderam a alma ao Criador, mas os outros, os que se restabeleceram, esses e as pessoas de família que os acompanharam, num uníssono de reconhecimento, não se cansam de elogiar ardentemente as suas benfeitoras, pela unção, caridade e inexcedível dedicação com que exerciam as espinhosas funções de enfermeiras.

*
* *

Hoje está extinta a epidemia da varíola, o hospital do Lazareto já fechou e por isso são muito justificados os festejos que se realizam e em que devem tomar parte todos os funchalenses.

As nossas felicitações à respetiva comissão promotora.

Festejos do Lazareto[976]

Para assistirem a estes festejos, vieram ontem à noite, nos vapores costeiros, centenares de pessoas do Caniçal, Machico, Santa Cruz e Caniço.

*

À heroica Irmã Wilson será hoje entregue a insígnia de cavaleiro da ordem de Torre e Espada.[977]

Festa do Lazareto[978]

Conforme noticiámos é hoje que se realiza no Lazareto de Gonçalo Aires os festejos em ação de graças pela extinção da varíola. O vapor «Ernesto» fará hoje duas viagens a Santa Cruz e Machico, partindo do Funchal pelas 4 horas da manhã e 4 da tarde, regressando de Machico pelas 6 horas da manhã e 6 da tarde.

Festejos no Lazareto[979]

Como noticiámos, celebra-se hoje, pelas 11 horas da manhã, uma missa campal, no Lazareto, em ação de graças pela extinção da varíola.

Será oficiante o ex.mo prelado diocesano, pronunciado por esta ocasião um discurso alusivo ao ato o rev.º padre José Pereira da Silva, professor do Seminário.

O recinto onde se celebram os ofícios religiosos acha-se convenientemente ornamentado.

---

976 BMF, *Diário de Notícias*, 27 de outubro de 1907.
977 Esta notícia seria posteriormente desmentida por este jornal.
978 BMF, *O Direito*, 27 de outubro de 1907.
979 BMF, *Heraldo da Madeira*, 27 de outubro de 1907.

Tocarão ali algumas filarmónicas e será queimado fogo-de-artifício.

Algumas lanchas a vapor farão transporte de passageiros entre o cais da entrada da cidade e o Lazareto.

Os festejos de ontem no Lazareto[980]
Antes da missa campal

Ontem, de manhã cedo, principiou a afluir grande número de pessoas de diferentes pontos do concelho do Funchal e seus arredores para o Lazareto de Gonçalo Aires e imediações, a fim de ocupar os lugares onde melhor pudessem assistir à anunciada cerimónia religiosa, que revestiu verdadeira imponência.

Os romeiros de várias freguesias rurais, que haviam chegado ontem na véspera à noite, já ali estavam instalados, resolvidos, a não abandonar os seus lugares, antes de terminarem as festas.

À medida que se aproximava a hora da missa campal, ia aumentando consideravelmente a concorrência de povo.

Os carros puxados a cavalos e a bois e as lanchas a vapor transportaram centenares de pessoas, não só antes e durante a missa, mas depois, até à tarde.

O local e arredores, vistosamente embandeirados, todos os pontos sobranceiros às casas do Lazareto estavam repletos de espectadores, formando um conjunto magnífico e surpreendente, tanto pelo número, alguns milhares de indivíduos de ambos os sexos e de todas as idades, como pela variedade das cores das suas *toilettes* iluminadas por um sol radioso, como só se observa nesta formosa ilha, na presente estação.

A missa campal

Às 11 horas e um quarto revestiu-se o revd.º cónego Roque do Nascimento, celebrando missa no altar que foi levantado, ao lado direito da ribeira do Lazareto, entre as duas pontes, num sítio sobranceiro ao arruamento que conduz diretamente à casa maior.

A esta cerimónia religiosa, além da imensa mó de povo, compareceram s. ex.ª o sr. governador civil, Mendes de Almeida, e os srs. Francisco Avelino Gonçalves, comissário de polícia, Julião António Mendes Correia, secretário da administração do concelho, major reformado Guilherme Quintino Pinto Prado, alguns eclesiásticos, diversos seminaristas, o revd.º cónego Fausto Lopes Ribeiro dos Santos, redator do *Jornal* e o autor desta notícia.

Compareceu igualmente a corporação dos Bombeiros Voluntários do Funchal, com a sua filarmónica - *Artistas Funchalenses*.

Oração congratulatória

Após o santo sacrifício da missa, subiu a um púlpito que foi improvisado num ponto, donde se dominava toda a assistência, o ilustre sacerdote revd.º padre José Pereira, que produziu uma primorosa oração, repassada de sentimento e poesia, em que mais uma vez evidenciou os seus altos dotes oratórios.

Devido à amabilidade de s. ex.ª, acedendo ao nosso pedido, publicamos em seguida o eloquente discurso:

Misericordias Domini in aeternum cantabo
Eternamente cantarei as misericórdias do Senhor
S. 88,2

Um cântico que se repercutisse pelos séculos sem fim era o que o salmista desejava para celebrar os louvores das misericórdias do Senhor!

Os desejos do vate inspirado são os ardentes anelos de toda esta inumerável multidão apinhada por altos e planos deste recinto!...

As pulsações do coração, o frémito das almas, os estos do sentimento, o murmúrio dos lábios, as lágrimas que humedecem as faces, o rumor surdo da multidão, a alegria, a santa

---

[980] BMF, *Diário de Notícias*, 28 de outubro de 1907.

3.7.1907

Aspeto atual dos arruamentos existentes no lado direito da Ribeira de Gonçalo Aires, sendo que o de cima conduz diretamente à "casa grande do Lazareto". Foi junto a este último que se montou o altar para a missa campal do dia 27 de outubro de 1907. *Foto do autor.*

e celestial alegria que anima, comove e arrebata toda esta mó imensa de povo, ai! tudo isto são vozes, tudo isto é um cântico, mas um cântico solene, um cântico eloquentíssimo, um hino de divinas harmonias que esta terra ergue hoje, com todo o fervor, com delirante entusiasmo, em sinal de reconhecimento eterno ao Senhor, pelas suas inefáveis misericórdias. E neste cântico há vozes de todas as idades, de todas as condições sociais e de todas as situações do coração humano.

Ouve-se a voz pura da criancinha inocente, a voz virginal da donzela delicada, a voz argentina do jovem em toda a pujança da vida, a voz harmoniosa do coração materno, a voz do ancião de cabelos gelados pelos frios da idade. – É a voz da miséria que mal pode libertar-se dos seus andrajos, é a voz da riqueza dentre as comodidades da abastança, é a voz do proletário no meio das ondas da desgraça, é a voz do comerciante, é a voz dos ministros do santuário, é a voz da paz, é a voz da guerra, é a voz dos vivos e também a voz dos mortos!

E este cântico harmonioso, este coro arrebatador de vozes humanas forma um concerto admirável com as vozes da natureza que nos rodeia. Os montes emprestam-lhe as suas vertentes e os seus ecos; o céu com a sua cúpula majestosa cobre-o de um dossel para que se não perca pelos espaços infinitos, e o mar, ai! o mar é o instrumento ingente, o órgão imenso, que em fortes acordes acompanha essa partitura única, genial, em que se celebram as misericórdias do Senhor: *Misericordias Domini...*

Retumbam as montanhas, ecoam os vales, respondem as quebradas, estremecem os alcantis das serras, os ventos correm apressados, acorda a natureza em sobressalto e atónita pergunta: O que é isto? O que é isto?

E as montanhas, os vales, as quebradas, os alcantis das serras e os ventos respondem-lhe em transportes de jubilosa alegria:

– É o cântico das misericórdias do Senhor! – O norte e o sul, do lado donde surge o arrebol matutino e donde o sol se atufa no oceano afogueado, repercutem-se os mesmos ecos, respondem as mesmas vozes: Cântico das misericórdias do Senhor: *Misericordias Domini...*

E as harmonias evolam-se nos ares, sobem, sobem céleres nos espaços, chegam até ao céu; e os anjos que um dia baixaram do paraíso encheram os arredores de Belém com celestiais melodias, inquirem jubilosos uns dos outros: Que harmonias são estas que nos chegam da terra? E os ecos repetem aos anjos: Cântico das misericórdias do Senhor! E para logo as vozes do céu se reun[ir]em às vozes da terra e os anjos e os homens, em fraternal amplexo, prostram-se diante do trono de Deus e exclamam:

Só tu és Santo! Só tu és o Senhor! Só tu és o Altíssimo!

Tu solus Sanctus, Tu solus Dominus, Tu solus Altissimus!

E os ecos dizem agora no céu e na terra: Cântico das misericórdias do Senhor, *Gloria in excelsis Deo!...*

Senhores! É soleníssimo o momento presente. A vossa fé, a vossa piedade, a justa alegria que vos alvoroça o espírito e o coração casam-se intimamente, fervorosamente, para, num preito condigno, patentear o reconhecimento eterno de todo este povo, de toda esta terra ao seu Deus e Senhor, o qual em sua misericórdia infinita, se dignou dissipar e extinguir por completo, os flagelos que, ultimamente, tanta cópia de tristeza e amargura e dor verteram no coração dos habitantes desta cidade e seus arredores e tanto pavor levaram à alma de toda a gente da Madeira.

Historiar, ainda que mui sumariamente, esses dias de amargo sofrimento e crudelíssima angústia será render homenagem à misericórdia, será historiar a bondade compassiva do coração do nosso amabilíssimo Deus e será ao mesmo tempo realizar o fim deste singelo e desprimorado discurso.

Ill.mo e Ex.mo Sr. Governador Civil!

Senhores! A Vossa comprovadíssima gentileza e extremada benevolência dão ânimo e coragem ao orador que ousa levantar a voz em meio de tão notável assembleia. Sede benignos que eu escudado no valor daquela que a Igreja apelida *Salus Infirmorum*, saúde dos enfermos

Princípio:

Há sofrimento e dores que o pincel se recusa a reproduzir, transes de natureza tal que a pena e a palavra dificilmente conseguem descrever! É deste número a terrível epidemia que, durante alguns meses, trouxe em sobressalto toda esta terra!

A Madeira, como baixel ricamente adereçado por mãos de fada, vogava, plácida e serena, em mar de rosas. A tépida suavidade de seu clima ameníssimo, a pureza e salubridade dos seus benéficos ares, a limpidez das águas em que se espelha, a natureza feracíssima e quase virgem que lhe atapeta o solo fertilíssimo, a robustez e vigorosa constituição dos seus habitantes, a saúde que parece ressumar de todos os seus poros, tudo conjugado com uma doce tranquilidade e paz originavam essa satisfação e alegria, mola real da vida e atividade dos indivíduos e dos povos!

De repente, o rico e mimoso baixel vê o céu toldar-se sobre si; uma nuvem espessa, mais negra do que essa de que fala o nosso épico – *Uma nuvem que os ares escurece – Sobre nossas cabeças aparece* – vem projetar sombras no seu viver feliz. Negro e horrendo presente que a Rainha do Mediterrâneo enviava à Princesa do Atlântico. A terrível varíola descera à terra e assentara quartel na Madeira.

Não é aqui, srs., lugar próprio para descriminar responsabilidades, nem eu me considero competente para tanto, ainda assim o conselho do mestre de que fala Camões não seria para desprezar em semelhante ocasião, pois nisso ia o bem-estar dum povo inteiro: *Alija, disse o mestre rijamente – Alija tudo ao mar não falte acordo.*

O mal, porém, não foi alijado, o mal ficou entre nós e ficou com toda a sua nocividade, ficou com todas as suas consequências, ficou com todo esse largo cortejo de desgraças que enluteceram [enlutaram] tantos corações, que ceifaram tantas vidas, que empanaram tantos brilhos, que emurcheceram tantas formosuras, que reduziram à miséria tantas famílias, que prejudicaram tanto comércio, que sobressaltaram tantos espíritos, que puseram labéu imerecido na reputação ilibada da Madeira. A sua propagação foi intensa, rápida como a vertigem. O Funchal e seus arredores foram invadidos pela terrível epidemia. A classe pobre foi a preferida do mal.

Como o leão acossado na floresta se despenha em carreira vertiginosa ou como a torrente que destrói os diques [e] se alastra numa fúria de devastação, assim o horrível flagelo.

A perturbação que o mal causou em todos os espíritos, a imprevidência em que jazia esta terra fizeram com que a organização da defesa não tivesse, a princípio, um resultado satisfatório.

Mas já, então os belos sentimentos, os generosos sentimentos que distinguem o nosso povo irromperam impulsados por essa força que é resultante da caridade sobrenatural e das inclinações inatas da própria natureza. O sofrimento e a desgraça suscitaram verdadeiros atos heroicos de caridade e sublime dedicação e sacrifício. Bem certo é, Srs., que a generosidade do nosso bom povo é inesgotável; para tudo encontra recursos.

Indivíduos de todas as classes sociais, famílias de todas as condições, corporações de todas as espécies andavam à porfia a ver quem mais e quem melhor concorria com os seus donativos para minorar a sorte dos infelizes atacados.

Nessas dádivas houve ofertas valiosas; viu-se entre elas também o óbolo da pobre viúva do gazofilácio, mas umas e outras foram gravadas a ouro no livro azul das ações nobres, dos rasgos generosos e dos feitos heroicos deste glorioso povo. A dedicação foi geral, o sacrifício foi de todos. As criancinhas formavam ao lado das grandes damas, os pobres iam à ilharga dos ricos e quem mais não podia dava o que tinha... o desejo no olhar, a expressão nos lábios, a vontade no coração.

Mas a epidemia avançava sempre, a sua nocividade era cada vez mais mortífera. Famílias inteiras estavam a braços com a terrível doença que vitimava sem dó nem coração. Morriam pais, morriam filhos; habitações houve que ficaram desertas. A morte pairava sinistra e agoirenta sobre todas as cabeças e já se aprestava para levar a desolação e o luto a toda a Madeira. Foi então que o governo se condoeu da nossa desgraça.

O Pe. Manuel José de Sousa, natural de São Vicente, foi um dos muitos sacerdotes que participaram na missa campal do dia 27 de outubro de 1907 no Lazareto. *BMF*, Almanaque Ilustrado do Diário da Madeira 1914, *1913*.

Preparou-se e abriu-se o grande edifício do Lazareto. Era o hospital de sangue improvisado para os que sucumbissem mal feridos na refrega. A vasta habitação era, porém, deserta. Dentro faltava-lhe a vida. Era um corpo sem alma.

(*Continua*).

Coro de crianças

Num coreto fronteiro ao recinto, onde se procedeu à cerimónia religiosa, diversas crianças, depois da oração do mui rev. padre Pereira, cantaram uns versos de congratulação por se achar extinta a epidemia da varíola neste distrito, sendo acompanhadas por uma orquestra. As crianças foram muito aplaudidas.

*

Tocaram durante o dia as filarmónicas *Artistas Funchalenses* e a *Santacruzense*.
À noite houve lindas iluminações e queimou-se muito fogo.

NO LAZARETO[981]
Os festejos de ontem
A concorrência – A missa campal – Brilhante oração gratulatória – Várias notas.

Eram 9 horas da manhã e já dentro e fora do Lazareto de Gonçalo Aires uma imensa multidão formava uma onda, que se agitava e crescia a pouco e pouco, transparecendo em todos os semblantes a alegria.

Era um aspeto majestoso aquele em que milhares de pessoas afanosamente procura-

---

[981] BMF, *O Jornal*, 28 de outubro de 1907.

vam ocupar as melhores posições para assistirem ao sacrifício da missa.

A missa campal

Estava convidado para celebrar o Santo Sacrifício da Missa o nosso incansável e zeloso Prelado. Uma ligeira constipação, porém, obstou a que Sua Ex.ª Rev.ma comparecesse, fazendo-se substituir pelo rev. cónego dr. Manuel Gonçalves Salvador.[982]

O altar, improvisado ao lado direito da ribeira do Lazareto, levantava-se no fundo dum largo coberto de bandeiras portuguesas.

Dum e doutro lado havia cadeiras para os convidados.

Do lado da epístola tomaram assento sua ex.ª o sr. governador civil, Mendes de Almeida, e os srs. comissário de polícia, Francisco Avelino Gonçalves, secretário da administração do concelho, Julião António Mendes Correia, major reformado Guilherme Quintino P. Prado, o redator do *Diário de Notícias*, sr. Francisco da Conceição Rodrigues, os rev.os cónegos Homem de Gouveia e Fausto Lopes Ribeiro, padres Jacinto Nunes, Manuel José de Sousa, António de Gouveia e Freitas, Silveira e os alunos de teologia do Seminário diocesano.

Finda a missa, que foi ouvida no meio de rigoroso silêncio, o talentoso orador sagrado, rev. padre José Pereira da Silva, subiu a um púlpito que havia sido colocado num lugar eminente, donde se dominava uma grande multidão de povo, e por espaço de meia hora teve suspensos dos seus lábios os numerosos ouvintes.

Tomou para texto as palavras do Salmista: *Misericordias Domini in aeternum cantabo*.

Não damos a súmula do seu brilhante discurso, visto o nosso colega *Diário de Notícias* o publicar na íntegra, mas o que podemos afirmar é que foi uma excelente oração congratulatória e que produziu no ânimo de todos as mais agradáveis impressões.

Felicitamos aquele nosso amigo por tão bem elaborado discurso.

Findo o discurso do rev. padre Pereira, a orquestra *Recreio da Flor da Mocidade*, do sítio das Neves, freguesia de S. Gonçalo, executou um hino dedicado à Irmã Wilson, cantado pelas meninas Júlia Neves, Maria José, Matilde Isabel, Luísa Fernandes, Helena da Encarnação, Maria Elisa, Virgínia Ângela e Maria Virgínia.

Eis alguns desses versos populares, cantados pelas mencionadas meninas:[983]

> Demos mil graças a Deus,
> Todos da mesma maneira,
> Por acabar-se a varíola
> Nesta ilha da Madeira.
>
> Ergamos as mãos ao céu,
> Todos juntos, em geral,
> Pois que se extinguiu a doença
> Que nos causou tanto mal.
>
> Agradeçamos com júbilo
> Àquela tão boa mãe,
> Que a todos os irmãos nossos,
> Com carinho, tratou bem.
>
> Foi p'ra bem da caridade
> Que esta senhora aqui veio
> Para dar a vida a todos

---

[982] Este eclesiástico, natural de Coimbra, deixaria a Diocese do Funchal alguns anos depois, indo radicar-se na cidade de New Bedford, nos Estados Unidos, onde por largas décadas paroquiou a igreja de São João Baptista, a mais antiga igreja católica portuguesa erigida naquele país.

[983] Estes versos também foram publicados posteriormente noutra fonte, nomeadamente na edição de 15 de novembro de 1907 da *Quinzena Religiosa da Madeira*, sob o título "Ação de graças", inseridos na rubrica "Seção amena". Esta fonte também refere igualmente, em nota de pé de página, que estes versos haviam sido cantados por oito meninas na festa de ação de graças do Lazareto.

3.7.1907

Sem da morte ter receio.

Todos os que ali acabaram,
Deus tinha determinado;
Não foi por falta de trato
Nem por falta de cuidado.

Essa tão bela senhora
Com tanto amor e carinho
Ali tratou bem a todos,
Quer grandes, quer pequeninos.

É hoje em sua memória
Que se festeja este dia
Para que tão boa senhora
Parta em meio de alegria.

Também as mais irmãzinhas,
Que ali dentro se encontravam,
As crianças inocentes
Nos seus braços embalavam.

Nos lábios dessas senhoras
Se encontrava o amor de mãe,
Deus há-de recompensar
A quem nos fez tanto bem.

Se não fosse o Lazareto,
Talvez que esta epidemia
Nesta ilha da Madeira
Nunca mais se acabaria.

Pedimos à Mãe Santíssima
Com as nossas mãos erguidas:
Livrai-nos de tal moléstia
Que nos roubou tantas vidas.

Abençoai a toda a gente
Que de tão boa vontade
Deu as suas esmolinhas
Para bem da caridade.

Permiti, ó Mãe Santíssima,
Que no presente e no porvir
Esta má epidemia
Nunca mais torne aqui vir.

A iluminação

O Lazareto apresentava à noite um aspeto verdadeiramente deslumbrante.

A iluminação não deixou nada a desejar, ficando todos muito bem impressionados com o bom gosto que presidiu à disposição dos variados lumes, disseminados em grande quantidade por todo aquele recinto.

A fachada do prédio onde residia a Irmã Wilson salientava-se pelo avultado número de lâmpadas que a iluminavam, produzindo um brilhantíssimo aspeto.

O parque ostentava igualmente um panorama encantador, profusamente iluminado a variadas cores.

Pelas árvores, outros fios se enroscavam, semelhando serpentes de fogo.

Enfim, todo o conjunto representa à vista um grandioso e surpreendente espetáculo.

Notas diversas

Tocaram durante o dia as filarmónicas «Artistas Funchalenses» e «Santa-cruzense», e as orquestras «Recreio da Flor da Mocidade», de S. Gonçalo, «Recreio Musical Artístico Funchalense», «Recreio Faialense», do Bom Sucesso, e «Recreio da Liberdade», da Levada de Santa Luzia.

– A comissão dos festejos era composta dos srs. João Rodrigues Bento, Nuno de Sousa, Francisco Rodrigues Correia e João Rodrigues Lopes.

– As lanchas a vapor fizeram viagens entre o cais do Funchal e o porto do Lazareto, indo e vindo repletas de gente.

– A Real Corporação dos Bombeiros, acompanhada de uma filarmónica, foi ao Lazareto assistir à missa campal.

FESTEJOS NO LAZARETO[984]

Foram imponentíssimos os festejos realizados no domingo último no Lazareto de Gonçalo Aires, em ação de graças por ter-se extinguido a epidemia da varíola.

A benemérita irmã Maria Wilson, foi alvo de grandes ovações da parte dos visitantes àquele recinto.

O ato religioso foi imponentíssimo assistindo cerca de 5000 pessoas, tanto dos campos como do Funchal e arredores.

O discurso proferido pelo rev.º padre José Pereira da Silva, distinto orador sagrado e ilustrado professor do seminário, foi eloquentíssimo, fazendo verter lágrimas aos ouvintes.

O substancioso discurso foi publicado no nosso presado colega «Diário de Notícias», em que tem sido muito apreciado pelos seus numerosos assinantes.

*

As iluminações produziram um efeito deslumbrante.

*

É digna de todos os encómios a comissão promotora daqueles festejos, que se compunha dos seguintes srs. Nuno de Sousa, Bento José Lopes e Francisco Correia.

Os festejos de ontem no Lazareto[985]
Oração congratulatória
(Conclusão)

Sem tardar, as grandes palas converter-se-iam em museu de horrendos monstros humanos; esse museu seria ao mesmo tempo teatro anatómico e necrópole infecta e pestilencial. Eis senão quando aparece a vida nesses salões da morte.

E a vida surgia lá segundo as leis providenciais.

Para todas as manifestações da vida a mulher é complemento imprescindível. Assim o quis Deus.

Foi, portanto, pela mulher que a vida penetrou nessa morada, foi por ela que a mansão da morte se volveu câmara da vida. E essa mulher foi a mulher transformada pelo Evangelho, a mulher santificada pela graça, a mulher inflamada na celestial e divina caridade, a mulher síntese admirável de quanto existe de mais puro, de mais virginal, de mais belo, de mais dedicado, de mais celeste, de mais divino sobre a terra! Foi a mulher formada pela religião divina de Jesus: *A irmã da Caridade!*

Ah! meus senhores, falar assim é ir de encontro às ideias do nosso século, é contraditar o que *pari passu* se vê por aí escrito e se ouve por aí dizer. Mas não importa Srs., a verdade [é] superior a tudo e os factos no primeiro plano.

Se o catolicismo não pudesse ostentar outra criação que lhe granjeasse o respeito dos séculos, esta só bastar-lhe-ia para ter pleno direito à admiração e veneração dos povos! Ela é por si só testemunho suficiente da Religião Católica e da sua origem divina! Fora do

---

[984] BMF, *Correio da Tarde – Jornal Progressista*, 29 de outubro de 1907.
[985] BMF, *Diário de Notícias*, 29 de outubro de 1907.

catolicismo é impossível deparar um coração comparável ao dessas heroínas da Caridade!

Foram corações destes que, penetrando nessa casa, consigo levaram a vida que a devia animar.

As portas deste recinto abriram-se, saudando, admiradas, essas heroínas, e as paredes, tristes e sós, revestiram-se de sorrisos de meiga alegria ao ver essas caras emolduradas em uma oval de neve, respirando bondade, porejando abnegação e sacrifício.

E agora, Srs. que lá está a vida, venha a morte com todas as suas vítimas, venham esses cadáveres ambulantes, venham os malferidos da horrorosa doença; venham esses corpos cobertos de pústulas, venham esses membros apodrecidos, venham essas chagas repugnantes escorrendo pus infecto, venha toda essa procissão de seres humanos incognoscíveis, repelentes, venha toda essa atmosfera nauseabunda, pestilencial, venham os ais, venham os gritos, venham as lágrimas, venham as impaciências inevitáveis, venha toda essa avalanche de horrores, venham os homens, venham as mulheres, venham as donzelas, venham os jovens, venham as criancinhas, venha todo esse exército de prisioneiros da morte, venham impelidos por um ardente e impetuoso anseio de vida! A vida lá os espera, a vida é a Irmã da Caridade.

Como por encanto dissiparam-se os preconceitos e aquela que ainda há pouco era olhada com indiferença, senão com desprezo, vê agora todos esses infelizes lançarem-se-lhe nos braços, volverem para ela olhos suplicantes, implorarem um sorriso, pedirem uma carícia, ansiosos dum alívio, desejosos dum conforto.

E a Irmã de Caridade, revestida do amor divino de Jesus, é o anjo do Senhor que move as águas da piscina e toma o paralítico em seus braços delicados e procura infiltrar as doçuras da vida nesses olhos quase apagados, nesses membros disformes, nesses lábios carbonizados, nesses corações que se definham, nessas almas que já mal animam.

Os carinhos de mãe amorosíssima, as ternuras do coração virginal, os sorrisos dos anjos do paraíso, as energias dos ânimos varonis, aliados a uma atividade febril, despendendo forças que não há, fazendo das próprias fraquezas forças e isto de dia e de noite, de manhã e à tarde, a toda a hora, a todo o instante, sempre, ininterruptamente, correndo, voando para socorrer a este, para acudir àquele, curando uns, guarecendo outros, multiplicando-se, dividindo-se num rodar contínuo, num girar vertiginoso, e em meio de toda esta lida laboriosíssima, atender à criancinha que inconsciente do transtorno que ocasiona, se lhe vem agarrar ao hábito, dependurar do véu, brincar com o rosário, e acariciar maternalmente essa criancinha, beijá-la, entretê-la com essa ternura única que nossas mães usam connosco, eis, senhores, eis o pálido retrato dessas heroínas da caridade; estes os heroísmos praticados sem paga, sem retribuição, tão-somente por amor de Deus e do próximo!...

Poderá haver espetáculo mais sublime e comovedor?

Não creio, senhores, não creio.

E não imagineis, senhores, que exagero. Ah se me fosse permitido eu desejaria apostrofar quantos viveram neste recinto e aqui sofreram e aqui penaram e aqui sentiram alívios e aqui volveram à vida, que já lhes fugia! Eles diriam se nas minhas palavras há vislumbre sequer de falta alguma de verdade! Mas já que não posso, sejam eles os monumentos vivos e ambulantes de todos esses rasgos de caridade heroica praticados pelas humildes filhas de S. Francisco que me escutam confundidas e ruborizadas, só porque eu dizendo a verdade, sujeito à mais rude prova a modéstia que as envolve numa auréola prefulgente.

No meio dessas heroínas distingue-se uma que é nossa, toda nossa pela vida e pelo coração, embora sangue estrangeiro gire em suas veias. Por mais ilustre e distinto que possa ser o seu nome de família, certamente não vale o que o nosso povo lhe dá. Deixai-me pronunciar esse nome para satisfazer um impulso veemente do meu coração. – É a *Boa Mãe*. A *Boa Mãe* foi realmente a *Alma Mater* de todos aqueles heroísmos. O que ela fez era assunto bastante para uma epopeia. Na terra, essa epopeia já está escrita no coração de todos os madeirenses e no céu o seu nome com o de suas heroicas companheiras estão gravadas no livro divino da vida.

O trabalho, porém, era insano e durava havia 5 meses.

Já quase só por milagre se podiam conservar as forças dessas Irmãs que se extenuavam em benefício dos pobres doentes.

Felizmente a misericórdia do Senhor compadeceu-se de nós e a nuvem sinistra que pairava sobre a Madeira dissipou-se; raiaram novos dias de alegria.

A vida afugentou a morte, e hoje essa vida e essa alegria entusiasmam todo este povo e propelem-no a erguer hossanas a Deus e à sua infinita misericórdia. Oxalá sejam os nossos hossanas jubilosos aceites do coração do nosso Deus!

Senhores! Já vai longo o meu dizer, por demais tenho abusado da vossa paciência. Não posso contudo descer deste púlpito sem consagrar um bem alto monumento de eterno louvor: primeiramente ao nobre povo do Funchal e da Madeira toda, o qual pelos seus rasgos de generosidade conservou a vida e aliviou na desgraça todos aqueles que o terrível mal atacou. Glorioso e nobre povo, o teu nome brilha na terra e refulge no céu junto do coração do Deus de caridade e amor.

O segundo será às beneméritas Irmãs e à sua e já agora também *Boa Mãe* do nosso povo. O governo de Sua Majestade suspendeu-lhe do peito a condecoração dos grandes, dos beneméritos da pátria.

Foi justíssimo. Essa condecoração fulge sobre o peito da *Boa Mãe* e irradia seus fulgores sobre todas as suas companheiras que não foram menos heroicas e beneméritas. O terceiro será à dedicadíssima classe médica que tão abnegadamente prestou os seus imprescindíveis socorros já nas casas particulares, já no Lazareto.

Dentre essa classe seja-me lícito destacar os nomes dos Ex.^{mos} Srs. Dr. Mourão Pita, que morreu vítima, pode dizer-se, da sua dedicação, Dr. Nuno S. Teixeira, Dr. Carlos Leite Monteiro, Dr. Pedro José Lomelino e Dr. José Joaquim de Freitas, que por vezes chegaram a passar 5 horas e meia à cabeceira dos doentes, tratando-os com carinho, dedicação e proficiência inexcedíveis. Seja-me permitido inscrever no mesmo padrão de glória o nome de todos os párocos que com tanto zelo e caridade assistiram e prestaram os socorros da Religião aos pobres enfermos. Entre eles o digno vigário desta freguesia merece uma comemoração especial. O quarto monumento de glória será erguido a todas as autoridades eclesiásticas, civis, militares e administrativas, a todos esses simpáticos bandos precatórios, desde o da Real Corporação de Bombeiros Voluntários até ao último organizado nos arredores do Funchal, à imprensa local, e em particular ao *Diário de Notícias*, que tão incansável se mostrou na subscrição aberta nas suas colunas a favor dos variolosos. Ai, a todos, a todos honra, louvor e glória.

Depois de tantas consagrações gloriosas, deixai-me desfolhar um goivo de saudade, orvalhado de lágrimas e acompanhado duma prece sobre a campa desses nossos irmãos que a morte ceifou.

Que a terra lhes seja leve e Deus os acolha em seu seio.

E vós, ó meu Deus, que tão misericordiosamente vos apiedastes da nossa desgraça e depois de experimentar a paciência e virtude de vossos filhos afastastes de sobre nossas cabeças o horroroso flagelo, vós, Senhor, que sois o Deus dos vivos e dos mortos, aceitai estas nossas homenagens de reconhecimento e gratidão. Que seria de nós se o vosso coração não velasse amorosamente sobre este povo!

Senhor, em todas estas manifestações nós damos testemunho de vossa misericórdia e bondade.

Senhor, este povo deseja celebrar hoje convosco um pacto solene: *Ele será sempre o vosso povo* e *Vós sereis o seu Deus:* E o íris de aliança será o vosso coração, aparecendo no céu e desviando de nós todo o mal, tanto do corpo como das almas, e nós cantaremos eternamente as vossas misericórdias.

E agora irrompam de novo esses frémitos de alegre entusiasmo, ecoem nos ares os cânticos e harmonias por que Deus é connosco!... E tu ó céu, grava lá bem fundo no azul da tua abóbada as glórias deste povo.

E tu, ó mar, vai levar a outras plagas, no regaço flácido das tuas ondas as alegrias e júbilos deste dia.

Disse.
*

Agradecemos muito penhorados a especialização com que nos distinguiu o mui revd.º

3.7.1907

padre José Pereira, assim como a referência lisonjeira que a acompanhou.

Os Festejos no Lazareto[986]
Em ação de graças

Com desusado esplendor celebraram-se anteontem, como havíamos noticiado, os solenes festejos em ação de graças pela extinção da terrífica varíola, que assolou a nossa formosa ilha, ceifando quatrocentas existências, aproximadamente.

Às 11 horas principiou a missa campal, que foi celebrada pelo rev.º cónego Gonçalves Salvador, acolitado por dois seminaristas.

Em seguida subiu a um improvisado púlpito o mui rev.º Padre José Pereira da Silva, ilustrado professor do Seminário, que em estilo elevado e claro, narrou a cores negras o espectro da varíola e elogiou o carácter bondoso da benemérita Irmã de Caridade. Foi a prova mais evidente e palpável de sua alma de Luz, Amor e Caridade, o importantíssimo papel que ela desempenhou por ocasião daquela enfermidade assentar quartel entre nós, arrostando com os perigos do contágio, tudo por amor da Humanidade. Ainda mesmo entre suspiros, dores e ais a Irmã de Caridade tem sempre um beijo para o inocente e um sorriso para o enfermo, que cheio de pústulas se estorce no leito hospitalar.

Entre as Irmãs de Caridade, que juntamente com os variolosos se internaram no Lazareto, não pôde deixar de destacar o glorioso nome da Irmã Maria Wilson, conhecida entre o povo pela *Boa Mãe*, pelas suas excelsas virtudes. O governo já a condecorou, mandando suspender do seu nobre peito o galardão com que costuma premiar os heroicos atos – a medalha da Torre e Espada – e o povo em tão grandiosa festa insculpe no pensamento o nome daquele anjo de Caridade.

O orador felicita a respeitável classe médica: especializa o nome do malogrado médico César Moura Pita, vítima das suas canseiras e dedicações durante a época da varíola, e rende homenagem à sua saudosa memória. Também enuncia os nomes dos dignos drs. srs. Nuno S. Teixeira e Carlos Leite Monteiro, delegado e subdelegado de saúde, Pedro José Lomelino e José Joaquim de Freitas, que tantos serviços prestaram durante aquela epidemia.

Felicita a Imprensa Funchalense e em especial o «Diário de Notícias», que abriu em suas colunas uma subscrição a favor dos variolosos pobres. Felicita também os promotores dos bandos precatórios realizados para o mesmo fim e finalmente todo o povo madeirense, que espontaneamente concorreu para os infelizes atacados de varíola.

O brilhante discurso que o rev.º Padre Pereira pronunciou, alusivo ao ato, deixou uma agradabilíssima impressão no numeroso auditório, vendo-se deslizar lágrimas pelos olhos de muitas pessoas.

*

Foi verdadeiramente uma festa de regozijo a que acorreu uma compacta massa de povo de todas as classes sociais e de todos os pontos da Ilha.

Era visível a manifestação do contentamento que reinava no coração do povo que assistiu aos festejos no Lazareto.

*

Sua Ex.ª Rev.ma o Sr. D. Manuel Agostinho Barreto não compareceu no Lazareto, a fim de rezar a missa, em consequência de se achar levemente incomodado de saúde, o que sinceramente sentimos, fazendo votos pelas suas rápidas melhoras.

*

O recinto onde se celebraram os atos religiosos achava-se convenientemente ornamentado.

*

Algumas lanchas a vapor fizeram o transporte de passageiros entre o cais do Funchal e o do Lazareto.

Durante o dia tocaram as filarmónicas «Artistas Funchalenses» e «Santa-cruzense»,

---

[986] BMF, *Diário Popular*, 29 de outubro de 1907.

regida pelo sr. Franco.

*

À noite as iluminações produziram um belíssimo efeito.

*

À missa campal assistiu a «Real Corporação dos Bombeiros Voluntários», que recolheu ao respetivo quartel acompanhada da excelente filarmónica dos «Artistas Funchalenses».

Nas cadeiras reservadas lembra-nos de ter visto os srs. Boaventura Mendes de Almeida, Governador Civil, Francisco Avelino Gonçalves, Comissário de Polícia, Julião Mendes Correia, Secretário da Administração, Major Guilherme Quintino Prado, Padres Manuel Gomes da Silva, fâmulo de S. Ex.ª Rev.ma, Jacinto da Conceição Nunes, Gouveia e Freitas e pároco de S. Gonçalo e os representantes da imprensa: cónego Fausto, do «Jornal», F. da Conceição Rodrigues, do «Diário de Notícias» e o autor destas linhas, do «Diário Popular».

*

A comissão promotora dos festejos do Lazareto, constituída pelos srs. Nuno de Sousa, Francisco Correia, Bento e José Lopes, é merecedora das nossas felicitações pelo bom êxito que obteve.

Festas do Lazareto[987]

Realizaram-se anteontem as anunciadas festas, em sinal de regozijo, pela extinção da varíola.

Na verdade estas foram feitas com o maior esplendor possível, havendo à noite iluminação, que produziu brilhante efeito.

No local tocaram diversas filarmónicas, e a entrada no edifício do Lazareto de Gonçalo Aires foi franqueada ao público.

No Lazareto[988]

Foi enorme o concurso de pessoas de todas as categorias sociais, que anteontem, durante todo o dia, afluíram ao Lazareto de Gonçalo Aires, onde se realizaram diversas manifestações de regozijo pela extinção da varíola.

Não só da cidade e das freguesias limítrofes acudiu muita gente àquele recinto, mas ainda de várias paróquias rurais apareceram ali inúmeros indivíduos trazidos pela natureza dos festejos e pelos motivos que os determinaram.

Ao romper da manhã estrugiam os ares muitas girândolas de foguetes, que se repetiram pelo dia adiante, fazendo-se ouvir várias filarmónicas, tocando algumas até às 11 horas da noite.

A missa campal, que teve lugar às 11 horas da manhã, foi celebrada pelo rev.mo cónego Manuel Gonçalves Salvador, não tendo sido oficiante o ex.mo prelado diocesano, por motivos de saúde.

Assistiram as autoridades locais, vários funcionários públicos e a corporação dos bombeiros voluntários.

O rev.º padre José Pereira da Silva, professor do nosso Seminário, pronunciou por esta ocasião um eloquente e primoroso discurso.

A irmã M. Wilson, a quem foram entregues as insígnias da ordem da Torre e Espada,[989] foi alvo de grandes manifestações de apreço e consideração.

As iluminações eram profusas e de um lindo efeito.

---

987 BMF, *O Direito*, 29 de outubro de 1907.

988 BMF, *Heraldo da Madeira*, 29 de outubro de 1907.

989 Estas insígnias só lhe seriam entregues posteriormente, conforme já referimos. E na notícia seguinte outro órgão da imprensa regional refuta igualmente esta afirmação.

3.7. 1907

A Irmã Wilson[990]

Esta benemérita Irmã não recebeu ainda as insígnias da Ordem da Torre e Espada.

Ainda os festejos no Lazareto[991]
Uma carta descritiva

Vimos hoje uma carta escrita por uma pessoa que assistiu aos festejos do Lazareto e que foi dirigida a uma outra do campo que por se achar doente não pudera assistir àquelas simpáticas festas. Escrita em linguagem popular, não deixa ainda assim de ser muito comovente. Ei-la:

«Meu querido amigo – Como sei que não pudestes vir às festas que se realizaram no Lazareto no domingo passado, eu que tive a felicidade de a elas assistir vou dizer-te em poucas palavras as impressões que elas me deixaram.

Já na tarde de sábado os vapores trouxeram grande número de passageiros, tanto da costa leste como da de oeste.

E no domingo os mesmos vapores vinham regurgitando de passageiros. Era uma alegria imensa que se notava em todas as caras. O Lazareto estava uma perfeição: bandeiras, uma capela ao ar livre, músicas, orquestras e vidros para iluminação à noite.

A multidão acotovelava-se por todos os lados, mas tudo correu às mil maravilhas, graças a Deus.

Diziam que o sr. Bispo ia, mas não foi porque estava doente. Todos contentes e sossegadamente alegres. Até os garotos do calhau se comportaram perfeitamente sem fazerem a mais pequenina *estropelia*. Pareciam impressionados com a lembrança do que tinham sofrido e visto sofrer ali no Lazareto.

Andei todo o dia até às dez horas da noite entre milhares de pessoas que lá estiveram e não vi ninguém sequer levemente embriagada.

Também lá havia polícia, mas não teve nada que fazer: ninguém foi preso. Quando se estava à missa, nem se sentia uma mosca. No fim da missa houve sermão por um sr. padre missionário, que tinha uma voz muito forte, que eu até o ouvia bem do outro lado da ribeira, sem perder uma só palavra, e até cheguei a chorar.

Quanto às iluminações foi coisa que eu nunca vi mais bonito em parte alguma.

Vi tantas coisas que nem te posso contar.

Teu am.º, etc.

P.»

Festividade[992]

Na freguesia de S. Roque realiza-se na próxima sexta-feira, 1 de novembro, uma festa em ação de graças pela extinção da varíola.

Ao Evangelho pregará o respetivo pároco, padre Alfredo Firmino dos Santos. Sairá a procissão das 3 para as 4 horas da tarde. Na véspera haverá vistosas iluminações e no arraial tocará desde as 5 horas da tarde a filarmónica «Artístico Madeirense».

Santo da Serra, 27 de outubro[993]
Festa de ação de graças

Foi bastante comovida a festa celebrada no domingo passado na capela dos Sagrados Corações, ao Lombo da Pereira.

O tempo estava magnífico, conservando-se bom todo o dia.

Assistiu à festa a heroína Irmã Maria Wilson, junto com algumas suas companheiras, e

---

990 ABM, *O Jornal*, 29 de outubro de 1907.
991 ABM, *O Jornal*, 29 de outubro de 1907.
992 ABM, *O Jornal*, 29 de outubro de 1907.
993 ABM, *O Jornal*, 29 de outubro de 1907. Texto inserido na rubrica "NOTÍCIAS RURAIS".

entre elas a Irmã Maria Isabel, que no Lazareto dirigia a zona suja com uma abnegação e caridade inexcedíveis.

Foi deveras simpática esta festa, que deixou no ânimo de todos as mais gratas impressões.

Cumpre agradecer ao pessoal o valioso concurso prestado tão obsequiosamente para que a festa no todo corresse perfeitamente. [...]

(*Correspondente*).

NOTÍCIAS RELIGIOSAS[994]

No dia 1 de novembro próximo realiza-se, com empenho, na paroquial igreja de S. Roque, uma festa em ação de graças pela extinção da varíola, havendo sermão ao Evangelho pelo revd.º vigário, padre Alfredo Firmino dos Santos.

Às 4 horas da tarde sairá uma procissão, conduzindo as imagens de Nossa Senhora da Graça e de S. Roque.

No arraial, que será vistosamente iluminado, tocará a filarmónica *Artístico Madeirense* (Guerrilhas). [...]

Em S. Roque[995]

Realiza-se na próxima sexta-feira na paroquial igreja de S. Roque, uma festa em ação de graças pela extinção da varíola, havendo missa solene com sermão pelo revd.º padre Alfredo Firmino dos Santos, saindo a procissão pelas 4 horas da tarde.

Na véspera haverá vistosa iluminação, tocando no arraial a filarmónica «Artístico Madeirense» (Guerrilhas).

AD PERPETUAM MEMORIAM[996]
(À Benemérita irmã Wilson)

Ressoe de humana turba a s'nora voz!
Erga-se vivo, clamoroso preito,
A festejar c'o amor, heroico feito
De uma alma simples em missão de heróis!

Não pode o mundo olhar do azul os sóis!...
Nem pode o homem no seu peito estreito,
Cantar do amor, rendido e satisfeito
A heroica ação que vimos entre nós!

Não pode o tempo, nem tão pouco a fama
Cingir-lhe a fronte de merecida glória!
Não tem Camões, nem o famoso Gama

Para cantá-los em a Lusa História,
Heroicidade igual, à que proclama
De Wilson o nome: P'RA ETERNAL MEMÓRIA!

Funchal, 26 – 10 – 07.

E. P.[997]

---

[994] BMF, *Diário de Notícias*, 30 de outubro de 1907.
[995] BMF, *O Direito*, 30 de outubro de 1907.
[996] ABM, *O Jornal*, 2 de novembro de 1907. Soneto inserido na rubrica ""O Jornal" Literário, Científico e Artístico".
[997] Cf. Nota 972.

3.7.1907

Fotografias[998]

Acham-se em exposição na *Livraria Funchalense*, diversas fotografias tiradas no Lazareto de Gonçalo Aires, pelo sr. João Augusto Rodrigues, o *Morgado*, por ocasião dos festejos que ali se realizaram domingo passado.

As festas do Lazareto[999]

A par das alegrias as tristezas!

São dois sentimentos humanos bem contrários, mas que quase simultaneamente em nós tiveram manifesta**ção ao assist**irmos aos festejos de domingo último no Lazareto de Gonçalo Aires.

Ao lembrarmos as vítimas da pseudo peste que ali têm sepultura, o nosso coração confrangia-se e, se alguma coisa fôssemos perante o povo, pedir-lhe-íamos para que guardasse as suas manifestações de alegria pelo terminar da varíola, para quando fosse feita justiça a essas vítimas.

As torturas, os vexames, os maus tratos, até produzirem a morte, estão impunes.

O desprezo a que está votado o cemitério desses que foram os infelizes mártires dos gananciosos sem consciência, causa pena, infunde comiseração, desespera todo o bom madeirense, enche de pavor todo aquele que pensar que só por felicidade escapou aos entes malditos, causa de tantas infâmias.

Sendo crentes, devemos acreditar que a chuva caída nesse domingo foi para terminar com uma expansão do regozijo popular que não teve o seu princípio por onde realmente devia começar.

Prestar culto às vítimas e depois aos vivos.

O ver como se esquecem os mortos, as ofensas e, mais, as vergonhas impostas a virgens, as mágoas por que passaram os parentes dos que as sofreram, enfim os tormentos, sobressaltos e aflições impostos a uma população inteira, fizeram com que nos repugnasse a nós mesmo o ali ter ido.

Essa homenagem de respeito, veneração e reconhecimento dos madeirenses para com a benemérita Irmã Wilson, deveria ter sido prestada noutro recinto onde nunca pudéssemos recordar o flagelo, flagelo maior pela sua falsidade e ignomínia, da *Peste Balbínica*.

Contudo compreendemos que esses milhares de pessoas reunidas no Lazareto ali foram levadas pelo dever de mostrar o seu reconhecimento e estima para com essa boa senhora, a Irmã Wilson.

A ideia de ali, no Lazareto, realizar essa manifestação é que não devia ter progredido.

No local onde um verdugo, um algoz dos madeirenses devia ser executado, e ainda o não foi, nunca deveria ter sido vitoriada uma senhora toda dedicação.

Embora o Lazareto, após a entrada ali da Irmã Wilson e suas não menos respeitosas e beneméritas companheiras, tenha sido como purificado do pestífero contato do dr. Rego, ainda ali estão as suas vítimas a pedir o castigo do seu algoz, que vegeta impunemente e ainda com atrevimento e frases menos respeitosas para o povo que lhe dava a estima e ainda lhe dá o pão.

Ao povo da Madeira relembramos que o dr. António Balbino Rego não só goza da liberdade, que a tantos é roubada, como ainda recebe vencimento de diretor do Posto de Bacteriologia e Higiene desta cidade, com manifesto prejuízo para esta terra e para nós, contribuintes.[1000]

---

998 ABM, *O Jornal*, 2 de novembro de 1907. Infelizmente nenhumas destas fotos históricas chegaram aos nossos dias.

999 BMF, *Trabalho e União*, 2 de Novembro de 1907.

1000 Apesar de estar em Lisboa, o Dr. Rego continuou, por dois anos, a receber o vencimento como se estivesse no Funchal a dirigir o Posto Bacteriologia e Higiene, daí esta afirmação. Em 1909 concorreu para um posto de cirurgião no *Hospital de S. José*, tendo ficado aprovado. E desde o ano de 1910 em diante foram vários os madeirenses que tiveram de ir a Lisboa submeter-se a operações cirúrgicas realizadas por ele e, na imprensa regional da época encontramos diversas notas de agradecimento pelo modo eficiente e profissional com que o médico se tinha comportado durante a cirurgia. De *persona non grata* no seio do povo madeirense

É o máximo do escárnio!

Em nome das vítimas, em nome do bondoso povo madeirense, em nome deste povo escarnecido, pelo bom nome da autoridade e, para que se não diga que só há justiça para os *pequenos* da sociedade, seja passado mandado de captura a todos os que têm a responder como autores da *Peste Balbínica*.[1001]

H. M.

Fotografias em exposição[1002]

Estão em exposição na *Livraria Funchalense*, à rua do Bispo, as duas esplêndidas fotografias que o sr. João Augusto Rodrigues, o *Morgado*, tirou no Lazareto de Gonçalo Aires, no dia 27 de outubro último, por ocasião da cerimónia religiosa que ali se realizou, pela extinção da varíola neste distrito.

Fotografias[1003]

Acham-se em exposição na "Livraria Funchalense", diversas fotografias tiradas no Lazareto pelo sr. João Augusto Rodrigues, por ocasião dos festejos que ali se realizaram.

No Bom Jesus[1004] – Ofícios e missa às 7 ½ em sufrágio da alma do padre Pascoal que dotou a igreja e recolhimento de todos os ornamentos e alfaias.

Irmã Wilson[1005]

Esta benemérita irmã vai amanhã a Santa Cruz.

Ao desembarque ali será aguardada pelas autoridades locais, funcionários e o povo daquela vila, comparecendo também duas filarmónicas.

No domingo, pelas 11 horas da manhã, será cantada uma missa solene, em ação de graças pela extinção da varíola.

Ao Evangelho, pregará o revd.º padre João Vieira Caetano, cura da dita freguesia.

Do coração nos associamos ao preito de homenagem que se vai render em Santa Cruz à benemérita Miss Wilson.

Notícias religiosas[1006]

[…] – No Bom Jesus, ofícios e missa às 7 e meia em sufrágio da alma do padre Pascoal, que dotou a igreja e Recolhimento de todos os ornamentos e alfaias.

---

em 1906, o que é bem patente nos inúmeros folhetos em que foi denegrida a sua imagem no seguimento da *peste balbínica*, passou a profissional reputado e estimado, sobretudo pelos pacientes madeirenses que operou naquele hospital lisbonense.

1001 Os responsáveis pela denominada *peste balbínica* nunca foram julgados e este jornal foi dos poucos, senão o único, que durante os vários anos que se seguiram, clamou regularmente nas suas páginas pelo julgamento dos mesmos. Foi como que pregar no deserto pois o caso foi abafado. Ironicamente, os únicos a enfrentarem julgamento foram os soldados da Infantaria 27, que lideraram o assalto ao Lazareto, sendo que, da Madeira foi feito um apelo à Rainha D. Amélia para que fossem perdoados, tendo em conta o grande bem que tinham feito à cidade do Funchal por terem desmascarado o proceder menos correto do Dr. Rego no Lazareto.

1002 BMF, *Diário de Notícias*, 3 de novembro de 1907.

1003 BMF, *Heraldo da Madeira*, 3 de novembro de 1907.

1004 BMF, *O Jornal*, 5 e 6 de novembro de 1907. Texto inserido na rubrica "Calendário da Diocese".

1005 BMF, *Diário de Notícias*, 15 de novembro de 1907.

1006 BMF, *Heraldo da Madeira*, 6 de novembro de 1907.

Obras no Lazareto[1007]

No dia 25 do corrente, vai proceder-se na direção das obras públicas deste distrito à arrematação de algumas empreitadas para a construção de diversas obras no edifício do Lazareto de Gonçalo Aires, sendo a base total da licitação 1.512$723 réis.

A IRMÃ WILSON[1008]
Manifestação de simpatia

É esperada em Santa Cruz, no próximo sábado, a Irmã Maria de S. Francisco Wilson, benemérita superiora da congregação das Irmãs Franciscanas estabelecida naquela vila.

O povo desta freguesia vai tributar a homenagem da sua estima e veneração à valente heroína que lutou contra a hidra da varíola no Lazareto, com a coadjuvação de suas dedicadas filhas.

Para esse fim, todas as autoridades, funcionários, damas e povo de Santa Cruz, irão ao cais da localidade, no próximo sábado, esperar a benemérita religiosa, cuja inteligência, virtude e dedicação têm sido admiradas durante os muitos anos em que ela ali residiu.

As duas filarmónicas da vila acompanham o povo ao cais.

No domingo, pelas onze horas, será cantada uma missa solene, a grande instrumental, em ação de graças pela extinção da malfadada epidemia que fez tantas vítimas.

Pregará ao Evangelho o rev. cura da freguesia, padre João Vieira Caetano.

Festejos em Santa Cruz[1009]

Amanhã e depois realizam-se na vila de Santa Cruz diversas manifestações de regozijo, por motivo da chegada ali da Irmã Maria Wilson, superiora da congregação das Irmãs Franciscanas, estabelecida naquela vila.

A Irmã Wilson será aguardada no cais pelas autoridades, funcionários e mais pessoas de representação daquela localidade.

Depois de amanhã, às 11 horas, será cantada uma missa a grande instrumental, na igreja paroquial, em ação de graças pela extinção da varíola, em que muito se distinguiu aquela benemérita senhora.

Festa do Lazareto.[1010] – Com tempo esplêndido realizou-se, a 27 de outubro no recinto do Lazareto, a grande festa de ação de graças pela extinção da epidemia de varíola, como tínhamos anunciado.

A missa campal foi celebrada às 11 horas e um quarto pelo mui Rev.º Cónego Dr. Manuel Gonçalves Salvador, em substituição de Sua Ex.ª Rev.ma o Sr. Bispo, que uma constipação pertinaz obrigou a desistir do seu desejo de presidir àquela bela manifestação de fé e de alegria.

Festa comovente e omnimodamente popular: tal foi, parece, a impressão geral.

Popular foi a não poder ser mais, não só por ser de iniciativa particular, a saber, dos srs. Nuno de Sousa Francisco Correia e Bento José Lopes, a quem cabem os maiores elogios, mas também porque, excetuando sua Ex.ª o sr. governador civil, o elemento oficial se achava fracamente representado, ao passo que era enorme a afluência dos Funchalenses e dos forasteiros, calculando os mais moderados o seu número em 20:000.

Comovente foi também esta festa, tanto pelo seu objeto e pelo sentimento que animava toda aquela imensa multidão, que era dar graças à Misericórdia divina por ter deparado aos pobres variolosos toda a assistência necessária durante a epidemia e por ter posto

---

1007 BMF, *Heraldo da Madeira*, 13 de novembro de 1907.
1008 BMF, *O Jornal*, 14 de novembro de 1907.
1009 BMF, *Heraldo da Madeira*, 15 de novembro de 1907.
1010 BMF, *Quinzena Religiosa da Ilha da Madeira*, 15 de novembro de 1907. Texto inserido na rubrica "Notícias diocesanas".

termo àquela quadra lúgubre, como pelo local escolhido, pela qualidade dos assistentes, pela eloquência do orador, pela suavidade dos cantos, pelo brilhantismo da decoração, da música e do fogo.

O local escolhido era o Lazareto, testemunha de tantas lágrimas de dor e de consolação, teatro do grandioso combate travado entre a epidemia e a dedicação levada até ao heroísmo.

As pessoas presentes, que mais chamavam a atenção, eram as excelentes Irmãs Franciscanas, rodeadas de muitos variolosos salvos da morte pela perícia dos médicos, graças aos cuidados maternos da *Boa Mãe* e das suas admiráveis filhas.

O discurso [con]gratulatório, pronunciado pelo distinto orador sagrado, Rev. P.ᵉ José Pereira da Silva, digno professor do Seminário, foi um primor de sentimento e de poesia, de tato e de justiça, um preito solene e eloquente, de homenagem e gratidão à Bondade divina e a todas as pessoas, autoridades e corporações, de que Deus se tinha servido para minorar os males, acudir à saúde pública, e preparar a extinção do flagelo. Este discurso, escutado com religioso silêncio, fez correr as lágrimas de muitos assistentes.

Logo em seguida ao discurso, oito vozes frescas de meninas, acompanhadas pela orquestra *Recreio da flor da Mocidade*, de S. Gonçalo, cantaram uma dúzia de quadras singelas e populares, repassadas duma sinceridade pitoresca que traduzia bem os sentimentos de todo o povo ali reunido. Reproduzimos esta poesia na seção amena desta *Quinzena*.[1011]

Esperava-se que para fechar a festa o sr. Governador civil pregasse solenemente no peito da venerável irmã Wilson as insígnias da Torre e Espada, recentemente conferidas pelo governo; mas, ou por não terem chegado a tempo, ou por não estar resolvida a questão dos direitos de mercê e das despesas de compra, esta cerimónia teve que ser adiada.[1012]

Irmã Maria de S. Francisco Wilson. – «É trivial lá fora, diz com razão o nosso colega *Portugal*, até mesmo na França, sob o governo sectário do bloco anticlerical, ver galardoar o mérito ou premiar a caridade, prendendo ao peito de sacerdotes ilustres ou de caridosas senhoras, pertencentes a congregações religiosas, as mais classificadas condecorações, inclusive a Cruz da Legião de Honra».

Entre nós, em Portugal, apesar de não terem faltado ocasiões, não tem sido costume. Por isso causou impressão e ruído o facto de ser condecorada pelo governo, com as honras de cavaleira da Ordem de valor e mérito Torre e Espada, uma religiosa de nacionalidade inglesa, mas madeirense por adoção, outrora miss Mary Wilson e agora a veneranda Irmã Maria de S. Francisco Wilson, fundadora desde há 20 anos e superiora da pequena comunidade diocesana das Irmãs terceiras franciscanas de Santa Cruz.

Não admira pois que os jornais católicos do continente lhe tenham consagrado artigos elogiosos, um dos quais foi reproduzido pela imprensa local, que o *Portugal*, de Lisboa, o *Petardo* do Porto e o *Jornal* do Funchal lhe tenham publicado o retrato e que, bem contra a vontade, a humilde religiosa se tenha tornado uma celebridade.

Não admira tão pouco que se tenha aproveitado a ocasião desta homenagem oficial de apreço e veneração pela virtude, para protestar novamente contra a longa série de calúnias e injustiças, de violências e perseguições praticadas contra as congregações religiosas, porque é evidente a todas as luzes que a homenagem oficial prestada à Irmã Wilson não é exclusivamente pessoal, reflete-se sobre toda a Congregação de Santa Cruz, cuja metade se foi encerrar com a sua superiora no Lazareto e deu as mais admiráveis provas de caridade e abnegação, reflete-se também em todas as congregações religiosas, porque não se pode apreciar um fruto sem apreciar a árvore que o produziu, nem elogiar os frutos de virtude que nascem e amadurecem à sombra do espírito religioso sem fazer o elogio da vida e das comunidades religiosas.

É mesmo esta última consideração que consola algum tanto a humilde irmã Wilson e as suas dignas companheiras da publicidade feita em volta de seu nome, como se depreende

---

[1011] Que omitimos, de modo a evitar a sua repetição, pois os mesmos já haviam sido publicados n'*O Jornal* de 28 de outubro de 1907.

[1012] A segunda hipótese seria a mais acertada, visto que alguns dias depois seria aberta uma subscrição pública para angariar dinheiro para comprar as insígnias da Torre e Espada para serem oferecidas à Ir. Wilson.

3.7.1907

Panorâmica de Santa Cruz e antigo cais da vila, onde a Irmã Wilson desembarcou a 16 de novembro de 1907, sendo recebida triunfalmente pelo povo e autoridades daquela localidade. *Coleção do autor e BMF, Heraldo da Madeira, 25/9/1904.*

de uma carta particular, de 2 de setembro, que nos veio à mão, e da qual extraímos o seguinte trecho, de cuja publicação esperamos que a sua caridosa autora nos relevará a indiscrição. Ei-lo:

«Nunca gostei da publicidade e parece-me que já se tem dito e escrito elogios demasiados por um serviço que, em sua generosidade, Deus me inspirou a mim e às minhas queridas filhas, e para o qual Ele nos deu diariamente o dinheiro e as forças necessárias.

Não gosto, porque se estivessem nas mesmas circunstâncias como eu, não há uma só religiosa na Madeira que não tivesse feito o mesmo serviço e muito mais do que tenho feito, se fosse preciso.»[1013]

A boa irmã se vai alargando em outras considerações da mesma ordem para exprimir quanto as tem penalizado, a ela e às suas filhas, a publicidade feita em volta delas. Mas tenha paciência e resigne-se à sua sorte; não se trata aqui só de questão pessoal: «Não *acendem uma lucerna e a põem debaixo do alqueire,* diz o Divino Mestre, *mas sobre o castiçal para alumiar a todos os que estão em casa. De tal sorte brilhe a vossa luz diante dos homens que vejam as vossas boas obras e deem glória a vosso Pai que está nos Céus.»* (S. Mat. V. 15-16).

É verdade que há muito tempo que brilham no Funchal luzes do mesmo género que alguns não querem ver, de que outros não querem que se fale, nas quais outros ainda ou os mesmos, fingem descobrir as trevas do fanatismo, hipocrisia e malvadez.

Como explicar tão estranha atitude? Não sabemos outra explicação senão a de Nosso Senhor Jesus Cristo: *«Todo aquele que obra mal aborrece a luz e não se chega para a luz, para que não sejam arguidas as suas obras.»* (S. João III, 20.)

[1013] Estas são as únicas palavras da Ir. Wilson, em discurso direto, e em língua portuguesa, publicadas na imprensa madeirense.

Irmã Wilson[1014]

Prepara-se para hoje uma receção festiva à ilustre irmã Wilson, na vila de Santa Cruz.

A receção feita em Santa Cruz a Miss Wilson[1015]

Pelas 4 horas da tarde de ontem, desembarcou no cais de Santa Cruz, de bordo do vapor *Açor* a Boa Mãe Maria de S. Francisco, Miss Wilson, sendo-lhe feita uma magnífica receção.

Aguardava-a ali grande número de crianças, em duas alas, que trajavam de azul e branco, ostentando lindas *corbeilles* de flores; e bem assim todas as autoridades eclesiásticas, judiciais e administrativas, muitas damas e cavalheiros e enorme concorrência de povo.

No entretanto, tocava a filarmónica regida pelo sr. Ângelo Álvares de Freitas.

Em seguida formou-se um imponente cortejo, que se dirigiu para a igreja matriz, onde foi celebrado um *Te-Deum* em ação de graças pela extinção da varíola.

Hoje, pelas 10 horas, será cantada uma missa na mesma igreja, em ação de graças pelo mesmo motivo.

Pregará ao Evangelho o revd.º padre João Vieira Caetano.

Irmã Wilson[1016]

A Irmã Wilson teve anteontem na vila de Santa Cruz uma brilhante receção. Acha-se descrita na carta do nosso solícito correspondente daquela localidade que hoje publicamos na secção competente do nosso jornal, para a qual chamamos a atenção dos nossos leitores.[1017]

Santa Cruz, 17-11-907[1018]

Esteve em festa, ontem e hoje, a freguesia de Santa Cruz, rendendo preito da sua homenagem à benemérita Irmã Maria de S. Francisco Wilson.

No sábado, perto das quatro horas da tarde, achavam-se no cais os rev.ᵐᵒˢ padres João Baptista de Afonseca, Rufino Augusto de Menezes, João V. Caetano, autoridades, funcionários, damas e pessoas mais gradas da vila e uma compacta massa de mais de duas mil pessoas, esperando a dedicada ex-diretora do Lazareto.

Ao desembarcar foi ela saudada com o hino executado pela filarmónica regida pelo sr. Ângelo A. de Freitas.

Um grupo de crianças vestidas de branco lançava pétalas de rosas sobre a benemérita religiosa na sua passagem.

Enquanto ressoavam os recordes da música e caíam as pétalas das flores, viam-se cair também, as lágrimas de muitos olhos.

A Irmã Wilson seguiu para a igreja paroquial acompanhada por todos os que a esperavam e pela filarmónica que ia tocando uma marcha.

Chegados àquele templo, foi lançada a bênção do SS. Sacramento àquela multidão.

Durante o dia de hoje a dita filarmónica tocou na praça de D. João de Alarcão.

Pelas onze horas começou a festa, sendo celebrante o rev. vice vigário, acolitado pelos rev.ᵒˢ padres Rufino e Caetano.

Ao Evangelho proferiu uma alocução o rev. cura desta freguesia.

No coro tocou a orquestra regida pelo sr. Ângelo e cantaram os srs. dr. José Plácido Nunes Pereira, escrivão António Teixeira de Gouveia e Bernardino Joaquim Alves.

A esta missa celebrada em ação de graças pela extinção da varíola, assistiu a Irmã Wilson.

[1014] BMF, *Diário Popular*, 16 de novembro de 1907.
[1015] BMF, *Diário de Notícias*, 17 de novembro de 1907.
[1016] ABM, *O Jornal*, 18 de novembro de 1907.
[1017] Trata-se do texto que se segue.
[1018] ABM, *O Jornal*, 18 de novembro de 1907. Texto inserido na rubrica "NOTÍCIAS RURAIS".

3.7.1907

O Palácio da família Torre Bela situava-se na Rua dos Ferreiros, à esquerda da Igreja do Colégio e junto ao lado esquerdo do atual edifício da Câmara Municipal do Funchal, tendo sido demolido em meados do séc. XX de modo a permitir a construção da atual Rua Marquês do Funchal. AO LADO: Foto da Condessa de Torre Bela, que tomou a iniciativa de promover a subscrição para a aquisição da comenda da Torre e Espada, para ser oferecida à Irmã Wilson. Esta distinta senhora já era conhecida de Miss Wilson desde os seus primeiros anos na Madeira, visto ter participado em inúmeras récitas em benefício da botica anexa ao Colégio de São Jorge. *Coleção do autor e BMF, Registo Bio-Bibliográfico de Madeirenses, [1984]*.

Esta dedicada senhora foi hoje muito cumprimentada, no Hospital da Misericórdia.

Damos os nossos parabéns ao povo de Santa Cruz pela manifestação brilhante que acaba de fazer em homenagem à desvelada Boa Mãe. [...]

Regresso

A Irmã Maria de S. Francisco Wilson regressa ao Funchal na próxima quarta-feira. [...]

(Correspondente).

SUBSCRIÇÃO[1019]

A pedido do Sua Ex.ª o Sr. Governador Civil, Boaventura Mendes de Almeida, a Sr.ª Condessa de Torre Bela, recebe donativos, não excedendo quinhentos réis, de todas as senhoras que quiserem concorrer para a subscrição, já aberta, para se comprar a condecoração da Torre e Espada com que foi agraciada por Sua Majestade a benemérita Irmã Maria de São Francisco Wilson, pelos relevantes serviços prestados aos madeirenses no Lazareto

---

[1019] BMF, *O Jornal*, 21, 22, 23, 25, 26 de novembro de 1907. Nas edições do dia 22 e 23 foi acrescentado no final desta lista o nome da Madame Ten Brook; nas do dia 25 e 26 foi acrescentado o nome de D. Maria Paula K. Rego e de D. Joana Gagliardi Graça; BMF, *Diário de Notícias*, 22 de novembro de 1907; BMF, *O Direito*, 22 de novembro de 1907; BMF, *Heraldo da Madeira*, 22, 23, 24 e 26 de novembro de 1907. Neste jornal este texto foi publicado sob os seguintes títulos: "Irmã Wilson – Subscrição aberta pela S.ª Condessa de Torre Bela, destinada à aquisição da condecoração com que foi agraciada esta benemérita religiosa pelos relevantes serviços prestados, entre nós, durante a última epidemia de varíola." Na edição do dia 27 desta última fonte apenas foi publicada a primeira parte deste texto, omitindo-se o nome das senhoras que já haviam contribuído para este fim.

de Gonçalo Aires, durante a epidemia da varíola.
Os donativos são recebidos na sua casa do Colégio.
Nomes das senhoras que já ofereceram donativos:
D. Júlia Esmeraldo.
D. Isabel Esmeraldo de Matos e Câmara.
D. Ana Cisneiro Gubian.
D. Simy Abudarham.
D. Joana Abudarham da Câmara.
D. Isabel de Vasconcelos Welsh.
D. Carlota de Vasconcelos.
Viscondessa de Gonçalves de Freitas.
D. Maria das Dores Sauvaire.
D. Matilde Sauvaire.
D Maria de Almeida Fernandes.
Condessa de Torre Bela.
D. Ella Gordon Correia.
Madame Bolger.
Mrs. Crosthwait.

Irmã Wilson[1020]

Noutro lugar publicamos, sob este título, a lista das primeiras senhoras que subscreveram para a aquisição da condecoração com que foi agraciada a irmã Wilson.

A subscrição é aberta pela sr.ª Condessa de Torre Bela, ilustre dama funchalense, que sempre tem posto o seu nome e o seu valimento à disposição de tudo quanto de humanitário e simpático tem surgido no nosso meio exigindo o concurso da caridade individual e dedicado amor do próximo.

Subscrição[1021]

A pedido de Sua Ex.ª o sr. governador civil, Boaventura Mendes de Almeida, a sr.ª condessa de Torre Bela recebe donativos, não excedendo quinhentos réis, de todas as senhoras que quiserem concorrer para a subscrição já aberta, para comprar as insígnias da Torre e Espada, com que foi agraciada por Sua Majestade a benemérita Irmã Maria Wilson de S. Francisco pelos relevantes serviços prestados aos madeirenses no lazareto de Gonçalo Aires, durante a epidemia da varíola.

Os donativos são recebidos na sua casa ao Colégio.
Nomes das damas que já ofereceram donativos:
Mme. Tem Brock.

Irmã Wilson[1022]

A sr.ª Condessa de Torre Bela abriu uma subscrição a fim de ser comprada a condecoração da Torre e Espada que foi concedida à irmã Wilson, pelos serviços prestados durante a última epidemia de varíola.

[1020] BMF, *Heraldo da Madeira*, 22 de novembro de 1907.

[1021] BMF, *Diário de Notícias*, 23 de novembro de 1907; BMF, *O Direito*, 23 de novembro de 1907; BMF, *Diário de Notícias*, 24 de novembro de 1907. Nesta edição este texto foi publicado só até "na sua casa ao colégio"; BMF, *O Direito*, 24, 25, 27 e 28 de novembro de 1907. Neste jornal este texto foi publicado só até "que já ofereceram donativos:"; BMF, *Diário de Notícias*, 27 de novembro de 1907. Nesta fonte após a frase "Ofereceram mais donativos as seguintes senhoras:" foram acrescentados os nomes de D. Maria Paula K. Rego e de D. Joana Gagliardini Graça.

[1022] BMF, *Diário Popular*, 23 de novembro de 1907.

Aspeto atual do interior da capela de Santa Isabel, vista do coro, integrada no edifício da Santa Casa da Misericórdia de Santa Cruz, onde esteve instalada por diversos anos a comunidade franciscana fundada pela Irmã Wilson. *Foto do autor.*

Festa de Ação de Graças[1023]

Na igreja paroquial de S. Martinho, celebra-se amanhã uma missa cantada de promessa, com sermão pelo rev. padre Paiva, em ação de graças pela extinção da varíola.

Missa[1024]

Hoje, na igreja de Nossa Senhora do Monte, é celebrada uma missa cantada em ação de graças pela extinção da varíola na Madeira.

É orador o rev.º padre Alfredo Firmino dos Santos, vigário de S. Pedro.

A Irmã Wilson em Santa Cruz.[1025] – A vila de Santa Cruz, que tem a dita de possuir no Hospital da Misericórdia as beneméritas irmãs franciscanas, fundados [fundadas] na dita vila e governadas pela ilustre Irmã Wilson, quis por sua vez e com razão, dar à veneranda *Boa Mãe* um testemunho significativo da sua alta simpatia preparando-lhe, no sábado 16 de Novembro, uma brilhante receção no cais e aproveitando-se da sua presença para celebrar, no Domingo 17, uma festa solene de ação de graças pela extinção da epidemia.

O clero, as autoridades judiciais e administrativas, as damas e as pessoas mais gradas da vila, assim como uma compacta massa de mais de duas mil pessoas, aguardavam no cais a chegada da Irmã Wilson e depois fizeram-lhe até à Igreja uma escolta de honra, enquanto que uma filarmónica lançava nos ares suas notas alegres e um grupo de crianças deitavam flores sobre a humilde religiosa.

Houve *Te-Deum* na Igreja nesse dia, música até à noite na praça e missa solene no dia seguinte, com sermão do rev. padre Caetano.

É inútil dizer que a boa Irmã foi muito cumprimentada. Nós também felicitamos o excelente povo de Santa Cruz e os dignos organizadores da festa.

Subscrição - A pedido de Sua Ex.ª o Sr. Governador Civil, a Sr.ª Condessa de Torre

---

1023 BMF, *O Jornal*, 23 de novembro de 1907.

1024 BMF, *Diário Popular*, 1 de dezembro de 1907. Texto inserido na rubrica " Crónica Religiosa".

1025 BMF, *Quinzena Religiosa da Ilha da Madeira*, 1 de dezembro de 1907. Texto inserido na rubrica "Notícias diocesanas".

Bela, cujo coração pulsa sempre por todas as causas nobres, incumbiu-se de receber donativos, não excedendo a quinhentos réis, de todas as senhoras que quiserem concorrer para a subscrição destinada a comprar as insígnias da condecoração da Torre e Espada, com que foi agraciada por Sua Majestade a benemérita Irmã de S. Francisco Wilson, pelos relevantes serviços prestados aos Madeirenses no Lazareto de Gonçalo Aires durante a epidemia da varíola.

Os donativos são recebidos na sua casa perto do Colégio.

Eis os nomes das senhoras inscritas nos dois primeiros dias, 21 e 22 de novembro:

D. Júlia Esmeraldo, D. Isabel Esmeraldo de Matos e Câmara, D. Ana Cisneiro Gubian, D. Simy Abudarham, D. Joana Abudarham da Câmara, D. Isabel de Vasconcelos Welsh, D. Carlota de Vasconcelos Viscondessa de Gonçalves de Freitas, D. Maria das Dores Sauvayre, D. Matilde Sauvayre, D. Maria de Almeida Fernandes, Condessa de Torre Bela, D. Ella Gordon Correia, Mme. Bolger, Mrs. Crosthwait, Mme. Ten Brook.

Subscrição[1026]

A pedido de S. Ex.ª o Sr. Governador Civil, Boaventura Mendes de Almeida, a sr.ª Condessa de Torre Bela recebe donativos não excedendo a 500 réis de todas as senhoras que quiserem concorrer para a subscrição já aberta, para se comprar a condecoração da Torre e Espada com que foi agraciada por sua Majestade a benemérita irmã Maria Wilson de São Francisco, pelos revelantes serviços prestados aos madeirenses durante a epidemia da varíola.

Esta subscrição acha-se aberta até 31 de dezembro corrente para as pessoas que a ela quiserem concorrer.

Nomes das senhoras que já ofereceram donativos:

D. Júlia Esmeraldo, D. Isabel Esmeraldo de Matos e Câmara, D. Ana Qubian [Gubian], D. Simy Abudarham, D. Joana Abudarham da Câmara, Mrs. Welsh, D. Carlota de Vasconcelos, D. Dores Sauvaire. D. Matilde Sauvaire, Madame Ten Brock, D. Maria de Almeida Fernandes, Viscondessa de Gonçalves de Freitas, Miss Gordon Correia, Condessa de Torre Bela, Mrs. Bolger, Mrs. Broune, Mr. Crosthwait, Viscondessa de Geraz de Lima, Viscondessa de Cagonco, D Isabel Florença, D. Matilde de Florença Dória, Mrs. M. Clelland. D. Eugénia Neto de França Dória, D. Isabel F. Jardim, D. Maria José Rego Leite Monteiro, Miss Hinton, Mrs. Houghton, Miss Mary Hinton, Mrs. Stmars [Smart], Miss Macfarlan, D. Vitória V. Gonçalves, D. Vicência Bettencourt Esmeraldo, D. Augusta Lomelino Leal, D. Maria Paula K. Rego, D. Joana G. da Graça, D. Leonor Mimoso Aragão, Miss Satler, D. Amélia Perestrelo Aragão, D. Júlia Leitão, D. Gabriela Leitão, Mrs. Faber, Miss Faber, D. Júlia Maria da Cunha Teles, D. Ana Pita Leal, Mrs. Edwards, D. Leocádia de Vasconcelos Mimoso, Miss Jane Hinton, Mrs. Lloyd, Madame Rocha Machado, Mademoiselle Rocha Machado, Mademoiselle B. Rocha Machado, D. Ana de Oliveira, D. Maria Dulce Alves Reis Gomes, D. Maria das Mercês Lomelino Bianchi, D. Eugénia Bianchi Henriques, D. Leopoldina Perestrelo de Bettencourt, Viscondessa de Monte Belo, D. Clotilde E. de Oliveira C. Rodrigues, Mrs. Lindon, Mrs. Hinton, D. Helena de Ornelas, D. Maria de Ornelas, D. Gabriela de Ornelas Gonçalves, W. A. R., M. C. R., M. P. R., B. R., C. A. R., C. L. R., W. R., A. E. R., M. H. D. – Total: 73 senhoras a 500 réis .... 36$500

Receberam-se mais os seguintes donativos:

C. L. M. 200

De um grupo de trabalhadores do Caminho do Meio, cujos nomes seguem: João Miranda, Elisa Nóbrega, Virgínia Câmara, Luzia [Luísa] Alves Rodrigues, Virgínia de Jesus, Arriaga, mulher do Arriaga, Arriaga filho, Manuel da Mota, Antónia da Mota, Germano de Freitas, José Gonçalves Paquié, Ana Correia, Claudina de Aguiar, Maria C. Ferreira, Moisés Ferreira, Manuel Ferreira, Laura Ferreira, Georgina de Castro, Isabel Pereira, Delfina Fernandes, Manuel Nunes Quintal, Helena de Freitas, M. Ferreira, José Gomes de França, José E. Antero de Freitas, Sara dos Anjos Gomes da Silva, S. Ferreira, J. Sequeira, Anónimo, Manuel Fernandes, António Rodrigues, Claudina Correia, João Ferreira, Maria de Freitas, Silvana da Mota, Rufina Correia, Maria de Andrade, Francisca Correia, Henriqueta Nunes, Matilde da Costa, Marcelina Rosário de Freitas, João da Silva, Francisco Gouveia, António M. Gouveia .... 2$500

[1026] BMF, *O Jornal*, 17, 18, 19 e 20 de dezembro de 1907; BMF, *Diário de Notícias*, 18 de dezembro de 1907; BMF, *O Direito*, 18, 19 e 20 de dezembro de 1907; BMF, *Heraldo da Madeira*, 18, 19, 20, 21 e 22 de dezembro de 1907.

De outro grupo, do mesmo Caminho do Meio, composto de: João de Freitas[,] Jardineiro, João d.º filho, João de Freitas Miguel, João Correia, João Correia[,] Velho, João de Sousa, Manuel Vieira, João da Silva, Urbano da Silva, João de Jesus, Manuel Fernandes, Manuel Fernandes[,] filho, António Gouveia, Manuel de Freitas, José de Freitas, Francisco de Andrade, Manuel Pernegil, José de Castro, André de Freitas, Rosalina Correia, Virgínia de Sousa, José de Jesus, Luís Correia, José da Mota, Manuel Nunes, Joaquina de Freitas, Maria Correia, Maria Rita de Aleo [Alvo], Virgínia Rosa de Aleo [Alvo], João Sardinha, Ester da Silva .... 2$900

Dos empregados do Reid's Palace Hotel sendo:
Miss Hay, Miss Betherge, Mrs. Ricardo .... 1$500

M. Fernandes, M. Gonçalves, F. Fernandes, F. dos Ramos, M. de Abreu, J. Correia, J. de Pontes, J. de Solla, M. de Solla, F. dos Passos, J. de Castro, J. Gomes, J. da Silva, M. Marques, M. Vieira, C. de Andrade, J. Fernandes, Candeeiro de bois, A. Serafim, A. de Ascensão, J. Dias, A. Laceira, J. Santa Cruz, L. de Ágrela, M. Laceira, F. Vieira, A. Ferraz, J. Gonçalves, F. Luciano, M. Gallo, J. Pereira, Miss Reiller, M. Nunes, M. Augusta, A. Pereira, Isabel, Rosa, Teresa, Carolina, Jesuína, M. Luciano .... 2$930

Mais donativos hoje recebidos de: D. Maria Joaquina Saldanha Gama, D. Maria Teresa de Ornelas de Vasconcelos, D. Isabel de Ornelas de Vasconcelos, D. Maria Antonieta Carregal de St.ª Clara Gomes e D. Cândida D. Jardim de Oliveira .... 2$500

Soma .... 49$030

Reparações no Lazareto[1027]

No dia 28 do corrente, serão dadas de arrematação duas empreitadas de reparações no Lazareto na casa destinada ao hospital e outra na casa do médico, sendo as bases de licitação respetivamente de 327$367, 440$392 e 484$423 rs.

[Sem título][1028]

Há festa hoje nas seguintes igrejas: [...]
No Bom Jesus – 11 horas e Te Deum às 5 horas da tarde.

3.8.1908

Subscrição.[1029] – No dia 19 de dezembro, a subscrição aberta pela ex.ma sr.ª condessa de Torre Bela com o fim de comprar as insígnias da Ordem da Torre e Espada com que foi agraciada pelo governo a veneranda Irmã Wilson, atingia a quantia de 49$030.

Os subscritores de 500 réis são 78; além disso, dois grupos de trabalhadores do caminho do Meio, um de 45 pessoas e o outro de 31 ofereceram, o 1.º 2$500 rs. e o 2.º 2$900 rs.; 42 empregados do Reid's Palace Hotel ofereceram 4$430; uma pessoa deu 200 rs.

A subscrição deve ter sido encerrada a 31 de dezembro.

A Viscondessa de Geraz de Lima, que dedicou a sua vida ao Bem e à Caridade Cristã, foi uma das contribuintes para a subscrição aberta pela Condessa de Torre Bela com o intuito de adquirir as insígnias da Ordem da Torre e Espada para ser oferecida à Irmã Wilson. *BMF*, Almanaque Ilustrado do Diário da Madeira 1913, *1912*.

[1027] BMF, *Heraldo da Madeira*, 19 de dezembro de 1907; BMF, *O Jornal*, 19 de dezembro de 1907.
[1028] ABM, *O Jornal*, 31 de dezembro de 1907.
[1029] BMF, *Quinzena Religiosa da Ilha da Madeira*, 1 de janeiro de 1908. Texto inserido na rubrica "Notícias diocesanas".

No Bom Jesus[1030]

Contaram-nos que no dia 31 de dezembro se ouviu que alguém gritava aflitivamente dentro daquele recolhimento que lhe acudissem porque a Boa Mãe a queria expulsar dali. O que seria?

Sempre seria bom que a autoridade administrativa indagasse de que se tratava.

Miss Wilson[1031]

Subscrição para a compra da condecoração da Torre e Espada com que foi agraciada a benemérita Irmã Maria Wilson:

Importância recebida, como já foi publicado	49$030
Recebido posteriormente:	
D. Ana Velosa Bianchi	500
D. Sofia de Vasconcelos	500
D. Gabriela Machado	500
D. Maria Luísa Blaise Lomelino	500
Mademoiselle Blaise	500
Mrs. Boyle	500
Mrs. Hosking	500
D. Adelaide da Costa	500
D. Matilde de Abreu	500
D. Margarida Almada	500
D. Laura Almada	500
D. Maria Antónia de Castro	500
D. Luísa Grande Vasconcelos	500
Madame W. Schnitzer	500
Viscondessa de Vale Paraíso	500
Mrs. Blandy	500
Miss Blandy	500
Anónimos	1$000
Um grupo de senhoras de Santa Cruz, entregue por D. Cristina B. Oliveira Pereira	1$500
Total	60$030
Dispendido:	
Compra da Condecoração	33$000
Saldo	27$030

O saldo desta subscrição vai ser entregue à Irmã Wilson, para os seus pobres.

No Bom Jesus[1032]

Explicam-nos o caso dos gritos neste recolhimento a que nos referimos no nosso último número do modo seguinte:

Uma senhora, que há muitos anos é recolhida do Bom Jesus e que ali ocupou o cargo de vigária, foi no dia indicado à confissão e, nesse ato, o confessor perguntou-lhe se havia sido ela quem escrevera para «O Povo» o que este semanário publicara relativamente ao recolhimento ou se dera quaisquer informações.

Como, porém, a pobre senhora declarasse que nem havia escrito nem dado informações, o confessor insistiu em afirmar que ela ocultava a verdade e ela continuou a sustentar

---

[1030] BMF, *O Povo*, 5 de janeiro de 1908.

[1031] BMF, *Diário de Notícias*, 11 de janeiro de 1908; BMF, *Heraldo da Madeira*, 11, 12 e 14 de janeiro de 1908; BMF, *O Jornal*, 11 e 14 de janeiro de 1908. Nestas duas últimas fontes esta listagem foi publicada apenas sob o subtítulo patente na primeira fonte; BMF, *O Direito*, 15 de janeiro de 1908; BMF, *Quinzena Religiosa da Ilha da Madeira*, 15 de janeiro de 1908. Texto inserido na rubrica "Notícias diocesanas". Nesta última fonte esta listagem foi publicada sob o título "**Subscrição**" e precedida da seguinte nota introdutória: "Publicamos os nomes de mais algumas senhoras que concorreram para a compra das insígnias da Torre e Espada, que se tenciona oferecer à benemérita Irmã Maria Francisca Wilson."

[1032] BMF, *O Povo*, 12 de janeiro de 1908.

3.8.1908

que dizia unicamente a verdade.

Tal foi o estado de espírito em que o padre deixou a infeliz senhora que esta, chegando à sua cela, teve um forte ataque de nervos, dando gritos desesperados.

A atual regente, Miss Wilson, para evitar o escândalo ou porque entendesse que uma recolhida não pode ter ataques de nervos e quisesse por isso castigá-la, agarrou-a e pretendeu pela força arrancá-la daquela cela e passá-la para outra, no interior do recolhimento.

Uma outra recolhida indignada com este proceder pretendeu opor-se a essa crueldade e lutou até perder as forças, conseguindo afinal a regente acompanhada doutras irmãs levar a efeito o que pretendiam.

Uma destas recolhidas acha-se gravemente doente por virtude destes factos e de outros que se lhe seguiram.

CARTA[1033]

Está bastante doente a Ex.ma Sr.a D. Maria C. Olavo Cruz por causa da Miss Wilson ter feito coisas imprudentes à pobre rapariga e a outras que não vêm para o caso.

A veneranda Miss Wilson tem a seu lado o Dig.mo padre P.[1034] o qual entra a toda a hora naquele recolhimento de caridade quando é certo que só é permitida a entrada de senhoras e com exceções.

Parece incrível mas é verdade.

A doente continua muito mal sendo o seu estado desesperado. Só quem sabe e ouviu os gritos é que pode calcular o que ali dentro passam as raparigas fechadas nas suas celas e as chaves nas mãos da Miss Wilson.

Fora o padre Paiva.

E se a Miss Wilson continuar, iremos além disto.

O. L. S.

Irmã Maria de S. Francisco Wilson ostentando ao peito as insígnias da Ordem de Torre e Espada, que custaram 33$000 réis, angariados através das ofertas de várias senhoras do Funchal e de Santa Cruz. A imprensa madeirense não refere a sua entrega à Boa Mãe mas julgamos que a mesma tenha ocorrido no princípio de 1908. *Secretariado da Irmã Wilson.*

Lazareto de Gonçalo Aires[1035]

Sua Ex.a o sr. governador civil, Boaventura Mendes de Almeida, acompanhado dos srs. conselheiro Mariano Machado de Faria e Maia e José António Jardim de Oliveira, foi ontem em visita ao Lazareto de Gonçalo Aires.

Foram no automóvel n.º 2.[1036]

[1033] BMF, *O Povo*, 12 de janeiro de 1908.

[1034] O Pe. Paiva, confessor das recolhidas do *Recolhimento do Bom Jesus*.

[1035] BMF, *Diário de Notícias*, 15 de janeiro de 1908.

[1036] No ano anterior estabelecera-se no Funchal a *Empresa Madeirense de Automóveis*, que facultava diversos automóveis para transporte regular de passageiros para diversos pontos da cidade.

Lazareto[1037]

O sr. governador civil acompanhado do seu secretário particular e do sr. conselheiro Faria e Maia, foi ontem em visita ao Lazareto.

Arco de S. Jorge, 11.[1038]

É a primeira vez que no ano que há pouco entrou prazenteiro e prometedor escrevo duas notícias para o nosso interessante e muito lido *Jornal*. [...]

Boa imprensa

Nesse mesmo dia,[1039] depois da missa, houve um pequeno leilão em benefício da Boa imprensa rendeu 1$600 réis, que serão enviados ao seu destino em ocasião oportuna. Cumpre declarar que os objetos arrematados foram preparados e oferecidos generosamente pelas beneméritas Irmãs Franciscanas, que dirigem com zelo e geral aproveitamento a Escola Salesiana, fundada nesta paróquia vai em três anos. Que Jesus a quem servem e amam lhes recompense tão grande bem.

Distribuição de prémios

De tarde, neste mesmo dia, depois de invocar o auxílio do céu pela recitação do terço do Rosário da Santíssima Virgem, procedeu-se à distribuição duns pequenos prémios às crianças dum e outro sexo que frequentam a Escola Salesiana. São em número de 70. Pois todas tiveram uma pequena lembrança, umas um livrinho de missa, outras um catecismo grande, outras um terço em lápis, uma caneta, um dedal, agulhozete; e outros pequerruchos ainda que não sabem ler tiveram as suas gaitinhas e todos um santinho com um cartucho de doces. Todos ficaram contentes e entusiasmados.

A esta tocante cerimónia assistiram, além das dignas Irmãs dirigentes da Escola, as crianças, os pais de muitas delas, os rev.ᵒˢ párocos de Boaventura e desta freguesia, que falaram sobre a necessidade da instrução e educação religiosas sobretudo nos nossos tempos em que se pretende arrancar do nosso espírito a fé que nossos maiores nos legaram. Terminou o rev.º Pároco por fazer sentir às criancinhas o respeito, amor e obediência que devem aos seus dignos e zelosos mestres sem o que não pode haver ordem, nem aplicação, nem proveito.

Oxalá todos aproveitassem o conselho.
Até breve. – *(Correspondente.)*

Lazareto[1040]

Vão já bastante adiantadas as reparações a que a direção das obras públicas mandou proceder ali.

Na visita que o sr. governador civil ali fez ontem, acompanhado do seu secretário particular, e do sr. engenheiro diretor das Obras Públicas, ficou muito satisfeito com os trabalhos já realizados, esperando-se por todo este mês [que] tão importantes reparações fiquem finalizadas.

No Bom Jesus[1041]

Em virtude do que aqui dissemos relativamente a este recolhimento, sabemos que o sr. administrador do concelho se dirigiu ali acompanhado do seu secretário a fim de averiguar o que havia de verdade acerca dos boatos de que nós fizemos eco.

1037 BMF, *Heraldo da Madeira*, 15 de janeiro de 1908.
1038 BMF, *O Jornal*, 15 de janeiro de 1908. Texto inserido na rubrica "Notícias rurais".
1039 No Dia de Reis, conforme se lê no texto que omitimos.
1040 BMF, *Heraldo da Madeira*, 16 de janeiro de 1908.
1041 BMF, *O Povo*, 19 de janeiro de 1908.

Dizem-nos que foi averiguado ser exato tudo o que dissemos.

Resta-nos saber que providências se tomaram ou se vão tomar para evitar a repetição de factos semelhantes.

Parecia-nos que o melhor meio era cumprir a lei.

O Bom Jesus é um recolhimento e não um convento de franciscanas.

Se o governo entende que deve recompensar as franciscanas, recompense-as mas não dando-lhes o que pertence às recolhidas.

As recolhidas não se destinam a freiras e não podem por isso nem devem estar sujeitas aos apertados regulamentos das ordens monásticas e muito menos aos caprichos dessas mulheres que encaram a vida dum modo diferente delas.

No Bom Jesus[1042]

Dizem-nos que Miss Wilson declarou que gostava de que o nosso semanário a censurasse porque isso lhe dava honra.

Talvez seja uma honra, talvez.

O que podemos afirmar é que só dissemos a verdade.

Estamos hoje completamente informados de que se passou no Bom Jesus não só o que dissemos mas mais alguma coisa.

Estamos resolvidos a fazer a vontade a Miss Wilson.

Isto, porém, vai devagar.

A Irmã Elisabete junto de diversos utentes do Asilo de Mendicidade e Órfãos do Funchal. *Secretariado da Irmã Wilson.*

Irmãs Franciscanas[1043]

A benemérita congregação das Irmãs Franciscanas de Santa Cruz, tomou hoje a direção do serviço interno do Asilo de Mendicidade e Órfãos desta cidade, indo para ali quatro irmãs, tendo como superiora a Irmã Maria Isabel.

É digna de todos os elogios a ex.ma comissão administrativa daquela casa de caridade, pondo à frente dos respetivos serviços as incansáveis Irmãs, a quem a Madeira já deve tão relevantes serviços.

Asilo de Mendicidade e Órfãos[1044]

Assumiram ontem a direção do serviço interno do Asilo de Mendicidade e Órfãos desta cidade, quatro irmãs da congregação das Franciscanas de Santa Cruz.

Baile[1045]

É no dia 8 do próximo mês de fevereiro que se realiza nas salas do *Stranger's Club* (Casino Pavão) o baile a benefício do *Asilo de Mendicidade e Órfãos*, desta cidade.[1046]

1042 BMF, *O Povo*, 26 de janeiro de 1908.
1043 BMF, *O Jornal*, 29 de janeiro de 1908.
1044 BMF, *Diário de Notícias*, 30 de janeiro de 1908.
1045 BMF, *Diário de Notícias*, 31 de janeiro de 1908.
1046 Durante muito tempo os bailes foram censurados pelos membros da Igreja madeirense mas a partir de certa altura passaram a ser aceites pelos mesmos, desde que tivessem fins caritativos. Apresentamos seguidamente um interessante texto sobre este tema, publicado num jornal humorístico madeirense, a propósito de

Asilo de Mendicidade e órfãos[1047]

A benefício deste estabelecimento de caridade, realiza-se um baile no Casino Pavão no dia 8 do próximo mês de fevereiro.

Despesa Pormenorizada[1048]

Escolas	Quantias
[...]	
Arco de S. Jorge (Escola das Irmãs), subsídio	36$000
Centros autónomos:	
Machico, (Escolas de S. Cristóvão, Moinho da Serra e de Maroços)	194$000
[...]	
Porto Moniz (Escola das Irmãs na Santa)	72$000
[...]	
Santana (Escola das Irmãs)	72$000
[...]	

Mapa das Escolas Salesianas – 1907[1049]

	Sexo masc.º	Sexo feminin.º	Total
Arco de S. Jorge			
1.º Escola das Irmãs	30	40	70
[...]			
Machico			
6.º Escola de S. Cristóvão	85	90	175
[...]			
Porto Moniz			
10.º Escola de Santa Maria Madalena (Irmãs)	38	64	122
Santana			

um baile promovido pelas Franciscanas Missionárias de Maria, em 1906. Algumas destas religiosas, que haviam estabelecido um colégio no extinto convento de Santa Clara, em 1897, eram de nacionalidade francesa e dizia-se na imprensa local que eram muito bonitas e era pena que tivessem enveredado pela vida religiosa. Passemos então à apresentação deste texto, intitulado "**Os bailes e a caridade**", subscrito por alguém que se ocultou sob o pseudónimo "Roupeta": «Não é raro ouvir-se dizer aos padres, que os bailes são uma prática mundana condenada pela Igreja. Intendem eles que, na ocasião de "dar à perninha", se pode fazer muita patifaria, se podem perder as almas sãs, esposas do cândido Nazareno. Afirmam que é o diabo quem preside a esses divertimentos. Mete-se a infernal criatura no coração, nos olhos, na cabeça, em todos os buraquinhos do corpo dum indivíduo, e aí vai o desgraçado a rodopiar com uns poucos de diabretes que o tentam, o induzem ao mal, etc. E o pior é que para os homens, escolhe o diabo dos diabos os diabos machos, e, para as mulheres, os diabinhos e diabatas, filhas, esposas e viúvas dos diabachos./ Aplicam uma tremenda penitência, rosários e rosários de contas com dias de jejuns e passeios de pés descalços ao Monte, quando um penitente declara que caiu na esparrela de dançar um *pas de quatre* ou uma valsa./ Pois, amabilíssimos leitores, o caso vai mudando de figura./ O baile, doravante é uma obra meritória, desde que sejam os produtos para instituições de caridade. Rapazes e raparigas, beatas e sacristas, exultai porque agora podeis "dar às perninhas" em bailes de caridade, incluindo os de pagode carnavalesco, e podeis acrescentar às bem-aventuranças: bem-aventurados os que dançam porque deles será o reino dos céus de comer e beber, cantares e dançares. Quando os bailes forem dirigidos por maometanos e titulares, incluindo naqueles as *huris* dos consulados, terão 69 indulgências./ Viva o pagode!/ Doravante a dança e a batota serão obras de caridade./ Lá irei, porque hão-de ir também as irmãzinhas franciscanas, com as quais quero dançar danças macabras e fantásticas, cancãs de rebolar, valsas de endoidecer./ As huris ficarão para os que as apreciarem.» ABM, *A Chacota*, 20 de janeiro de 1907.

[1047] BMF, *Heraldo da Madeira*, 1 de fevereiro de 1908.
[1048] BMF, *Quinzena Religiosa da Ilha da Madeira*, 1 de fevereiro de 1908. Quadros inseridos na rubrica "Relatório anual da Obra e das escolas de S. Francisco de Sales".
[1049] Para além destas escolas, no ano de 1907 a Obra de S. Francisco de Sales tinha outras escolas ao seu encargo, a saber: uma na Boaventura, uma no Caniçal, duas em Câmara de Lobos, outras duas em Machico, uma na Ponta do Sol, duas em Santo António, uma em Santa Cruz, uma em Santa Luzia, duas em Santa Maria Maior e uma em São Roque, tendo um total de 1652 alunos, sendo 815 do sexo masculino e 837 do sexo feminino.

11.º Escola das Irmãs   36   76   112
[...]

Falecimento.[1050] – No dia 26 de janeiro faleceu no Hospital da Misericórdia de Santa Cruz a irmã Gertrudes, da benemérita congregação das franciscanas da mesma vila. Era natural do Seixal. Que descanse em paz a humilde e fiel serva do Senhor.

Asilo de Mendicidade. – Chega-nos a feliz notícia de que a ilustre comissão administrativa deste importante instituto de caridade acaba de entregar, no dia 29 de janeiro, a direção dos serviços da casa às bondosas irmãs franciscanas, da Congregação de Santa Cruz, que tanto evidenciaram sua competência e zelo na direção dos serviços hospitalares do Lazareto, durante a recente epidemia de varíola. É superiora a ex.ma irmã Maria Isabel de Sá.

Todas as pessoas que sabem a distância que vai da simples beneficência humana à caridade cristã genuína, hão-de acolher com viva satisfação esta notícia, porque, para elas, é evidente que as religiosas consagradas por sua vocação ao exercício das obras de caridade e convenientemente instruídas, levam vantagem aos mais diligentes e hábeis empregados no governo de todos os estabelecimentos de caridade.

Baile a benefício[1051]

Já estão sendo distribuídos os convites para o baile que se realiza no dia 8 do corrente nas salas do *Stranger's Club*, a benefício do *Asilo de Mendicidade e Órfãos*.

Asilo de Mendicidade e Orfã[o]s[1052]

Em vista do tristíssimo e inesperado acontecimento que acaba de ter lugar,[1053] fica adiado o Baile que devia realizar-se no dia 8 do corrente no Stranger's Club, em benefício dessa casa de caridade.

Funchal, 3 de fevereiro de 1908.
A Comissão.

Festas adiadas[1054]

O baile que devia realizar-se no próximo sábado em benefício do Asilo de Mendicidade e o solene "Te-Deum", que hoje devia ter lugar na Igreja do Colégio, por motivo do aniversário da sagração do sr. bispo diocesano, ficaram adiados para ocasião, que será oportunamente anunciada.

O assassinato do Rei D. Carlos levou ao cancelamento e adiamento do baile a benefício do Asilo de Mendicidade e Órfãos do Funchal, previsto para o dia 8 de fevereiro de 1908. *BMF,* Diário Popular, *4/2/1908.*

1050 BMF, *Quinzena Religiosa da Ilha da Madeira*, 1 de fevereiro de 1908. Textos inseridos na rubrica "Notícias diocesanas".
1051 BMF, *Diário de Notícias*, 2 de fevereiro de 1908.
1052 BMF, *Diário de Notícias*, 3 e 4 de fevereiro de 1908.
1053 Neste dia foi anunciado neste jornal o regicídio.
1054 BMF, *Heraldo da Madeira*, 4 de fevereiro de 1908. Na edição deste dia deste jornal foi anunciado o assassinato do Rei D. Carlos e do seu filho D. Luís, motivo pelo qual foram cancelados estes eventos já agendados previamente.

Porta da capela do Recolhimento do Bom Jesus. Foto do Cónego Dias existente no Secretariado da Irmã Wilson.

Poor house charity ball[1055]
This ball which was to have taken place on the 8th instant at the Stranger's Club was unavoidably postponed.
Funchal, 3rd February 1908.
The Committee.

Asilo de Mendicidade[1056]
Foi devolvido do governo civil à administração do concelho, devidamente aprovado, o orçamento do Asilo de Mendicidade e Órfãos para o ano económico de 1907 a 1908.

Arco de S. Jorge, 15.[1057]
Missa de sufrágio
As Irmãs Franciscanas que dirigem com zelo e dedicação a escola Salesiana desta freguesia, pelo que gozam da simpatia de toda a gente, mandam celebrar segunda-feira próxima, uma missa sufragando as almas do Sr. D. Carlos I e D. Luís Filipe, a quem desvairados sicários fuzilaram no Terreiro do Paço, em Lisboa, no dia 1 do corrente. […]

(Correspondente)

No Bom Jesus[1058]
As recolhidas do Bom Jesus mandaram celebrar hoje uma missa, pelas 7 horas da manhã, na igreja do mesmo recolhimento, sufragando as almas dos saudosos Rei D. Carlos e de Sua Alteza Real D. Luís Filipe.

No Bom Jesus[1059]
Já repetidas vezes este semanário se tem referido a violências praticadas por umas irmãs Franciscanas, nesse recolhimento, cuja narração leva, quem quer que seja à conclusão de que as pobres senhoras ali recolhidas vêm de há muito tempo sendo vítimas do ódio e especulação desses *anjos de caridade*.

Até então viviam ali na mais completa harmonia e sossego; mas, «como não há bem que sempre ature», acontece nomearem-se, ultimamente, para a gerência daquela casa, essas irmãs, que constituem hoje o terror daquele recolhimento, que bem podemos chamar uma bastilha.

Não há dia em que não se tenha conhecimento de novas violências e perseguições que ali se praticam e, assim continuará até à consumação da sua obra, que é a expulsão de uma a uma das recolhidas, a fim de se apoderarem definitivamente de mais aquele estabelecimento de caridade.

[1055] BMF, *Heraldo da Madeira*, 4 de fevereiro de 1908.
[1056] BMF, *Heraldo da Madeira*, 12 de fevereiro de 1908.
[1057] BMF, *O Jornal*, 17 de fevereiro de 1908. Texto inserido na rubrica "Notícias rurais".
[1058] BMF, *O Jornal*, 19 de fevereiro de 1908.
[1059] BMF, *O Povo*, 23 de fevereiro de 1908.

Este tem sido sempre o seu proceder em todos os tempos e a tática de todas as épocas.

Não causou, portanto, surpresa o que ali se tem passado visto tudo estar previsto com a entrada dessas irmãs devotas, que só tratam dos próprios interesses, que a fé lhes faz acreditar serem necessários para a salvação eterna.

O que causa admiração e não menos indignação, é a atitude das autoridades locais, perante os factos narrados e já pelas vítimas confirmados, e que até à presente data, que se saiba nada têm feito ou podido conseguir para pôr cabo aos abusos que ali se continuam a praticar.

As senhoras que ali se acham e que a má sorte pôs sob a gerência daquelas *beldades* religiosas, até do convívio íntimo, são privadas, visto haver ordens terminantes de nenhuma poder sair da sua cela senão quando esses *anjos* entendam.

Muitas delas que adquiriam os meios de subsistência com várias obras que ali se davam a fazer, vêem-se atualmente em precárias circunstâncias pois que até disso lançaram mão e exploram em seu favor, essas *santas* criaturas.

O Pe. Schmitz, homem de religião e de ciência, fez um generoso donativo ao Asilo em 1908. *BMF*, Almanaque de Lembranças Madeirense para 1911, *1911*.

Algumas também, que supriam algumas faltas com um pequeno ordenado que lhes davam pelo desempenho de cargos daquele estabelecimento, que variava entre três e dois mil réis, mais ou menos, atualmente também perderam esse insignificante recurso visto que esses cargos passaram a ser desempenhados por essas Franciscanas que hoje recebem **quinze e dez mil réis** cada uma.

Há mais e melhor ainda; mas como isto não vai a matar por hoje é já o bastante para se ver até que ponto chega o egoísmo religioso daquelas *santas* e a indiferença daqueles a quem cumpre olhar pelo bem-estar de todos.

B.

Oferta ao Asilo[1060]

Foi ontem entregue, no Asilo de Mendicidade e Órfãos, a quantia de 7$000 réis correspondente à metade das propinas satisfeitas pelas pessoas que frequentaram no Seminário o curso de *esperanto*.

Esta importância foi generosamente oferecida àquela casa de caridade por iniciativa do rev. padre Ernesto Schmitz, de acordo com o dedicado professor do referido idioma.

Lazareto[1061]

Acham-se quase concluídas as obras do Lazareto de Gonçalo Aires mandadas fazer pelo Estado.

Relatório particular dos vários centros da Obra de S. Francisco de Sales[1062]

Vamos hoje dar, como prometemos, algumas informações particulares sobre os centros ou freguesias onde está estabelecida a nossa querida Obra; hão-de ser bastante sumárias

---

1060 BMF, *O Jornal*, 28 de fevereiro de 1908.
1061 BMF, *Heraldo da Madeira*, 1 de março de 1908.
1062 BMF, *Quinzena Religiosa da Ilha da Madeira*, 1 de março de 1908.

Antigo cais de Machico. *Coleção do autor.*

porque não as possuímos mais circunstanciadas. [...]

Centros que declinam

[...] **No Porto Moniz.** – A escola Salesiana da Santa, dirigida com zelo e perícia pelas boas irmãs Franciscanas, da Congregação de Santa Cruz, é florescente e mui frequentada, contando atualmente 122 alunos; contudo parece-nos que está ou esteve em perigo, o que nos tem causado admiração porque sempre nos pareceu que o povo da Santa simpatizava muito com a nossa Obra e apreciava [a] sua escola. Confiamos no zelo do mui rev. Diretor paroquial que saberá alentar as boas vontades, remover as dificuldades e salvar a escola. [...]

Centros estacionários

[...] **No Arco de S. Jorge.** – A escola Salesiana desta freguesia produz os mais apreciáveis resultados, graças ao zelo inexcedível do rev.º Diretor paroquial e das dignas irmãs Franciscanas que a regem. Estas entendem com muita razão que devem ensinar de um modo mais prático que teórico aos seus pequenos alunos os seus deveres cívicos; foi por isso que organizaram, no dia dos Reis, a favor da Boa Imprensa, um pequeno bazar de prendas feitas na escola, e que mandaram celebrar recentemente uma missa em nome da escola, pelas almas de Sua Majestade El-Rei D. Carlos e de Sua Alteza o Príncipe Real.

O rev.º padre José Eduardo de Faria dá também o exemplo do zelo e não poupa sacrifícios. Além dos sacrifícios exigidos pela manutenção da escola, fez no dia dos Reis uma pequena distribuição de prémios, que constava de livros de missa, catecismos grandes, objetos de escritório e costura, e de gaitinhas para os pequerruchos, sem falar do santinho e cartuxo de doces que os 70 alunos receberam. Assistiram muitas famílias, assim como o rev.º vigário da Boaventura, que falou, como o rev. padre Faria, sobre a necessidade da instrução e educação religiosas, terminando a festa por uma pequena alocução destinada a incutir no ânimo das crianças o respeito, amor e obediência que devem s seus pais, às suas boas mestras e a todos os seus superiores. Pais e filhos, todos saíram contentes e entusiasmados.

Centros em progresso

[...] **Machico.** – Este Centro tem 3 escolas salesianas. Criou-se em 1907 uma nova escola no sítio dos *Maroços,* no centro de uma população de perto de 1000 almas, onde existem vários casais que seguem a seita calvinista. «Graças a Deus e à proteção de S. Francisco de Sales, escreve-nos o rev.º padre Boaventura E. de Ornelas, esta escola já algum bem tem feito e ela tem progredido muito, pois que conta hoje uma frequência regular de 61 crianças, 28 do sexo masculino e 35 do feminino».

«A escola do *Moinho da Serra,* continua o rev. Diretor paroquial, é também muito frequentada, tendo 68 alunos, 24 do sexo masculino e 44 do feminino».

«Aquela porém donde tem saído mais luz e que maiores benefícios tem dispensado a esta freguesia, é incontestavelmente a de *São Cristóvão,* que é dirigida pelas beneméritas irmãs Franciscanas, cuja competência e zelo na educação da juventude não podem ser excedidos. Ainda no ano próximo findo (1907), daquela escola saíram 11 alunos para exame, sendo todos plenamente aprovados e alguns com distinção. Atualmente acham-se matriculados 175 alunos, sendo 85 do sexo masculino e 90 do sexo feminino.»

«Que Deus abençoe e proteja tão benemérita Obra, que tão bons frutos já tem produzido entre nós, livrando muitas crianças de serem presas de doutrinas erróneas, e que ao mesmo tempo tem concorrido para combater o analfabetismo, formando conjuntamente o coração da juventude.»

A estas palavras consoladoras e animadoras nada temos que acrescentar, senão agradecer ao rev.º padre Boaventura os relevantes serviços que tem prestado à Obra, promovendo de um modo tão inteligente e eficaz a sua manutenção e progresso. [...]

Santana. – A escola Salesiana, dirigida pelas excelentes Irmãs Franciscanas, continua a produzir os melhores frutos. Tem 112 alunos e apresentou 3 a exame, ficando aprovados.

Sufrágios fúnebres[1063]

Quinta-feira próxima, será rezada uma missa na capela do Bom Jesus da Ribeira para sufragar as almas de Sua Majestade El-Rei o Senhor D. Carlos I e de Sua Alteza o Príncipe Real D. Luís Filipe, mandada celebrar pelas recolhidas daquela casa religiosa. [...]

Sufrágios[1064]

[...] – Com o mesmo fim e com regular concorrência de fiéis teve lugar hoje na igreja do recolhimento do Senhor Bom Jesus da Ribeira a anunciada missa e responso mandados celebrar pela comissão administrativa daquela casa.

Pelas 7 ½ horas da manhã teve lugar o ofício fúnebre celebrando em seguida o santo sacrifício da missa o rev. capelão sr. padre Teodoro João Henriques.

Durante a missa foi executada no órgão uma sentida marcha fúnebre.

No transepto foi levantado um modesto catafalco sobre o qual se via num coxim roxo a coroa e o cetro real envolvidos em crepes.

Concluída a missa foi cantado o *Libera Me* lançando o rev. celebrante as absolvições do ritual. [...]

O Pe. Teodoro João Henriques, capelão do Recolhimento do Bom Jesus, celebrou ali, a 5 de março de 1908, uma missa por alma do Rei D. Carlos e seu filho D. Luís. *BMF*, Almanque Ilustrado do Diário da Madeira 1913, *1912*.

NOTÍCIAS RELIGIOSAS[1065]

Começa hoje a cerimónia da Via Sacra, realizando-se na Sé e em S. Pedro, às 8 e meia horas da manhã [...]

No Bom Jesus estarão em exposição, nas sextas-feiras, das 5 da tarde às 8 da noite, as imagens do Senhor Salvador, Senhor Morto e Nossa Senhora das Angústias.

Santa Cruz, 13 de março.[1066]
Posse

No dia 11 do corrente tomou posse do lugar de administrador deste concelho, o muito ilustre e nobre senhor Agrela!

A esse ato soleníssimo, realizado a horas crepusculares, assistiu a fina flor da política local.

Como prelúdio comovedor fizeram a apoteose da paz, fechando e lacrando as portas do Templo de Jano. [...]

Alguns populares *apenados* para assistirem ao edificante espetáculo,[1067] por satélites

---

1063 BMF, *O Jornal*, 3 de março de 1908.
1064 BMF, *O Jornal*, 5 de março de 1908.
1065 BMF, *Diário de Notícias*, 6 de março de 1908.
1066 BMF, *O Jornal*, 14 de março de 1908. Texto inserto na rubrica "Notícias rurais".
1067 Na correspondência seguinte de Santa Cruz, redigida a 23 de março e publicada neste jornal no dia

que a troco de *grog* se alugaram, choravam comovidos vendo aquelas pazes tão *cristãs* e tão cheias de *dignidade*. [...]

Depois de tudo houve o expediente: granadas e foguetes de assobio... É porque tinham resolvido *aliviar o luto* por sua Majestade. [...]

Já me ia esquecendo de dizer que o nobre cônsul agradeceu muito ancho a *imponente manifestação popular*, o que deixou a perder de vista a que foi feita à ex.ma sr.a Wilson. [...]

Visita[1068]

Visitou anteontem o sr. governador civil a benemérita Irmã Maria de S. Francisco Wilson.

Lazareto[1069]

O sr. governador civil,[1070] acompanhado do sr. conselheiro dr. Jardim de Oliveira, visitou ontem o Lazareto de Gonçalo Aires, a fim de ver as obras que ali foram realizadas.

Asilo de Mendicidade[1071]

Pela direção geral de saúde e beneficência foi comunicado ao governo civil ter sido concedido ao asilo de Mendicidade e órfãos o subsídio de réis 534$600 para o corrente ano económico.

Casino Pavão[1072]

Realiza-se no dia 20 um baile no casino Pavão, a benefício do Asilo de Mendicidade e Órfãos.

Baile a benefício[1073]

Foram já expedidos os convites para o grande baile que se realiza no *Casino Pavão*, na segunda-feira de Páscoa, a benefício do Asilo de Mendicidade e Órfãos.

Casino Pavão[1074]

Realiza-se na segunda-feira de Páscoa no Casino Pavão um baile a benefício do Asilo de Mendicidade e Órfãos.

O baile de ontem no «Casino Pavão»[1075]

Realizou-se ontem, como estava anunciado, no vasto e artístico salão, esplendidamente iluminado, daquele *Casino*, o baile a benefício do Asilo de Mendicidade e Órfãos, constituindo mais uma festa brilhante e distinta que se dá naquele belo recinto, que é o ponto de

---

seguinte, voltou-se a referir este facto, nos seguintes termos: «No dia em que tomou posse do lugar de administrador deste concelho o sr. Luís de Agrela, foram *apenados* contra sua vontade alguns homens do campo para assistirem ao ato, para depois se dizer que s. s.ª é um homem muito popular, e que o povo o adora.»

1068 BMF, *O Jornal*, 16 de março de 1908.
1069 BMF, *Heraldo da Madeira*, 19 de março de 1908.
1070 João de Paiva Leite Faria Brandão, que havia tomado posse deste cargo a 9 de Março de 1908.
1071 BMF, *Heraldo da Madeira*, 4 de abril de 1908.
1072 BMF, *Heraldo da Madeira*, 5 de abril de 1908.
1073 BMF, *Diário de Notícias*, 13 de abril de 1908.
1074 BMF, *Heraldo da Madeira*, 14 de abril de 1908.
1075 BMF, *Diário de Notícias*, 21 de abril de 1908.

reunião obrigatória do que há de mais *chic* na nossa primeira sociedade.

Deram particular tom e brilho à festa, as ricas e elegantes *toilettes* de algumas damas nacionais e estrangeiras.

Dançou-se com muita animação.

O serviço foi profuso e escolhido, sendo de inexcedível amabilidade os cavalheiros que compõem a direção do *Stranger's Club* (Casino Pavão).

Todos os convidados se retiraram muito penhorados pela magnífica receção que lhes foi feita.

"Asilo de Mendicidade"[1076]

Foi pouco concorrido o baile dado no Casino Pavão, a benefício do Asilo de Mendicidade e Órfãos do Funchal.

No Bom Jesus[1077]

Por motivo justificado não há este ano na próxima quinta-feira de Ascensão, na igreja do Recolhimento do Senhor Bom Jesus da Ribeira, a hora solene de Noa, mas simplesmente bênção solene às 15 horas da tarde.

Asilo de Mendicidade[1078]
1.º Trimestre de 1908
BALANCETE
Mês de Janeiro
Receita

Balanço que passou do mês de dezembro de 1907	867$162
A dinheiro recebido durante este mês de diversas proveniências	1.287$200
Soma ...	2.154$362

Despesa

Por dinheiro recebido para pagamento de toda a despesa deste Estabelecimento, neste mês de Janeiro	479$697
Balanço que passa para o mês de Fevereiro de 1908	1:674$665

Mês de fevereiro
Receita

Balanço que passou do mês de janeiro de 1908	1.674$665
A dinheiro recebido durante este mês de diversas proveniências	136$435
Soma e Receita ...	1.811$100

Despesa

Por dinheiro para pagamento de toda a despesa deste Estabelecimento neste mês de fevereiro	578$402
Balanço que passa para o mês de março de 1908	1.232$698
Total ...	1.811$100

Mês de março
Receita

Balanço que passou do mês de fevereiro de 1908	1.232$698
A dinheiro recebido durante este mês de diversas proveniências	191$745
Soma ...	1.424$443

Despesa

Por dinheiro para pagamento de toda a despesa deste estabelecimento no mês de março de 1908	464$675

[1076] BMF, *Heraldo da Madeira*, 22 de abril de 1908.
[1077] BMF, *O Jornal*, 26 de maio de 1908. Texto inserido na rubrica "Calendário da Diocese".
[1078] BMF, *O Jornal*, 27 de maio de 1908.

Balanço que passa para o mês de abril de 1908 .... 960$368
Total .... 1.424$443

Hospital de Santa Cruz[1079]

Foi enviada à 3.ª repartição da contabilidade pública a folha em duplicado dos subsídios respeitantes aos meses de outubro de 1907 a junho corrente, concedidos ao hospital da Santa Casa da Misericórdia de Santa Cruz, por despacho ministerial de 1907, pedindo autorização para o respetivo pagamento.

O Lazareto do Funchal[1080]

O sr. Governador Civil deste distrito propôs ao Governo a reorganização do lazareto Gonçalo Aires, a fim de ser adaptado a hospitalização de doenças suspeitas, manifestadas em indivíduos de terra e mar e ainda para internato de doenças comuns.

As despesas com estes serviços seriam pagas, em partes iguais, pelo Estado e pela Junta Geral deste distrito.

LAZARETO[1081]

O sr. governador civil deste distrito propôs ao governo a reorganização do Lazareto de Gonçalo Aires a fim de ser adaptado a hospital de doenças suspeitas, manifestadas em indivíduos de terra e mar, e ainda para internato de doenças comuns.

Lazareto de Gonçalo Aires[1082]

Pelo sr. governador civil do distrito do Funchal foi proposto ao governo a adaptação do Lazareto de Gonçalo Aires a hospitalização de doenças suspeitas manifestadas em indivíduos de terra e mar.

A despesa de tais serviços será paga, em partes iguais, pelo cofre do Estado e pela junta geral do distrito.

LAZARETO[1083]

Em virtude duma nova orientação dada regulamentarmente aos serviços de sanidade pública, as quarentenas, algo rigorosas, que em muitos casos eram prescritas, acham-se, umas, modificadas e outras, substituídas por medidas menos onerosas julgadas suficientes para o fim que tem em vista a polícia sanitária dos portos, na parte que lhes compete de impedir a importação de casos de doenças pestilenciais, como são a peste, o cólera e a febre-amarela.

Ainda as medidas sanitárias se estendem aos casos de outras enfermidades infeciosas, como a varíola, o tifo, etc.

Para a realização de toda essa profilaxia contra a introdução de morbos infecto-contagiosas, e para eficácia plena dos meios empregados, os regulamentos atuais versam sobre tudo quanto constitui um perigo evidente e chegam até à simples suspeição. [...]

Se desembarca algum dos atacados da doença exótica, ou algum dos indivíduos sujeitos à quarentena, o hospital de isolamento é indispensável e como a urgência se dá fatalmente,

---

[1079] BMF, *Heraldo da Madeira*, 2 de junho de 1908; BMF, *O Jornal*, 2 de junho de 1908.
[1080] BMF, *Diário Popular*, 10 de junho de 1908; BMF, *O Direito*, 10 de junho de 1908; BMF, *Heraldo da Madeira*, 10 de junho de 1908.
[1081] BMF, *Correio da Tarde – Jornal Progressista*, 11 de junho de 1908.
[1082] BMF, *Heraldo da Madeira*, 16 de junho de 1908.
[1083] BMF, *Diário de Notícias*, 27 de junho de 1908.

esse edifício hospitalar também deve estar montado em ordem a funcionar desde logo. […]

Há nove meses que o Lazareto se fechou, após a saída do último varioloso, e até hoje ainda não foi necessário fazer-se um isolamento ou uma observação das que demandam internato vigiado.

E quando preciso, não faltarão dirigentes com o competente diploma para exercer um bom serviço de saúde, nem empregados que saibam executar os trabalhos de expediente, nem indivíduos que desempenhem cabalmente os lugares de enfermeiros.

Estejam, porém, preparados os edifícios, embora todos nós ansiemos para que se não abram as suas portas, nem sejam ocupados os seus leitos.

Arco de S. Jorge, 25 de julho[1084]
[…]

Exames

Ontem fizeram exame do 1.º grau de instrução primária, ficando respetivamente aprovados com «suficiente» e «bom», os meninos Maria Isabel Camacho e Mateus Gomes Camacho, alunos da escola Salesiana desta freguesia, dirigida pelas Irmãs Franciscanas.

É escusado falar do zelo e dedicação como estas Irmãs se consagram à instrução religiosa e literária da juventude.

O povo é que nem sempre compreende o valor e importância destas escolas, porque ainda não viu de perto nem apalpou com suas mãos, se assim posso falar, os frutos duma educação solidamente religiosa e da instrução que tanto bem trazem às famílias.

Oxalá todos compreendessem isto e as escolas abertamente cristãs se multiplicariam para bem das famílias, da sociedade e prosperidade da nação.

Abramos os olhos.

Foi examinador o digno professor de S. António, sr. Francisco José de Brito Figueiroa Júnior, e assistente o digno subinspetor sr. dr. João Leite Monteiro.

Ontem mesmo retiraram da freguesia. […]

(Correspondente)

Lazareto[1085]

O sr. Governador Civil deste distrito conferenciou em Lisboa, no dia 23 do corrente, com o sr. dr. Ricardo Jorge, acerca da reorganização dos serviços do Lazareto desta cidade.

Machico, 29 de julho de 1908[1086]
[…]

Exames

Realizaram-se na semana passada os exames dos alunos da escola de S. Cristóvão, dirigida pelas zelosas Irmãs Franciscanas de Santa Cruz, obtendo 4 alunos a qualificação de ótimo e 1 de *bom*. O subinspetor escolar sr. dr. João Leite Monteiro ficou muito bem impressionado com tão lisonjeiro resultado, elogiando as beneméritas Irmãs pela maneira proficiente com que prepararam as crianças.

As escolas oficiais não apresentaram nenhum aluno para exame. […]

[Sem título][1087]

Que alguns indivíduos praticaram algumas diabruras no Lazareto, furtando enxergas e mantas, partindo louças, etc., etc.

[1084] BMF, *O Jornal*, 28 de julho de 1908. Texto inserido na rubrica "O JORNAL no campo".
[1085] BMF, *Diário Popular*, 29 de julho de 1908.
[1086] BMF, *O Jornal*, 31 de julho de 1908. Texto inserido na rubrica "O JORNAL no campo".
[1087] BMF, *Trabalho e União*, 1 de Agosto de 1908. Notícia publicada na rubrica "Ecos Locais".

Arco de S. Jorge, 2 de agosto[1088]
A visita do Ex.ᵐᵒ Prelado

O facto mais importante da semana passada cá pelos nortes, foi a passagem de Sua Ex.ᵃ Rev.ᵐᵃ, o ilustre e amado Bispo desta diocese, que todos os anos, por estes tempos mais ou menos, vem recuperar as suas forças, gastas nas canseiras de seu eminente Apostolado, na sua aprazível quinta em S. Jorge. [...]

Continuando sua viagem[1089] Sua Ex.ᵃ pelas três horas e meia da tarde estava no Arco de S. Jorge onde visitou a igreja paroquial, a residência do rev. pároco e a escola Salesiana dirigindo por esta ocasião algumas palavras de incitamento às crianças que ali se encontram e que pouco antes haviam ido ao encontro do ilustre Antístite acompanhado[s] de suas dignas mestras as Irmãs Franciscanas.

Pouco depois seguia S. Ex.ᵃ para S. Jorge acompanhado dos rev.ᵒˢ párocos de Boaventura e desta freguesia até ao sítio da Ribeira Funda. [...]

Interesses do Funchal[1090]

O sr. governador civil deste distrito, que se acha atualmente em Lisboa, conferenciou, no dia 10 do corrente mês, com o sr. dr. Ricardo Jorge, acerca do Lazareto Gonçalo Aires e posto marítimo de desinfestação desta cidade.

Medidas preventivas no Funchal[1091]

Como prevenção contra a possível irradiação da epidemia que grassa nos Açores para a Madeira,[1092] o sr. João de Paiva, governador civil deste distrito, conferenciou com o sr. dr. Ricardo Jorge sobre a forma de melhorar os serviços do Lazareto de Gonçalo Aires e de proceder à montagem do posto de desinfestação do Funchal.

Arco de S. Jorge, 11 de agosto[1093]
[...]
Ao Funchal

Partiu ontem para o Funchal, onde se demorará algum tempo, a Irmã Maria da Conceição, digna superiora das Irmãs Franciscanas estabelecidas nesta freguesia com a direção da Escola Salesiana, tão necessária a este bom povo sem instrução e tem educação mormente religiosa.

Permita Deus que seja larga sua vida desta escola donde há tanto a esperar para a sua glória e para a salvação das almas. [...]

(Correspondente).

[Sem título][1094]

[...] O Lazareto, junto à foz da Ribeira de Gonçalo Aires começou a ser feito em 1849 com os rendimentos do Lazareto provisório estabelecido na quinta do Gorgulho.

1088 BMF, *O Jornal*, 6 de agosto de 1908. Texto inserido na rubrica "O JORNAL no campo".

1089 D. Manuel Barreto vinha da Serra d'Água, aonde havia ido crismar, passando depois por Ponta Delgada, onde contemplou as ruínas da igreja da localidade, que havia sido devorada por um incêndio, seguindo depois para Boaventura, antes de chegar ao Arco de São Jorge.

1090 BMF, *O Jornal*, 13 de agosto de 1908.

1091 BMF, *Heraldo da Madeira*, 14 de agosto de 1908.

1092 Por esta altura grassava um surto de peste bubónica na Ilha Terceira, daí a razão de ser desta notícia.

1093 BMF, *O Jornal*, 17 de agosto de 1908. Texto inserido na rubrica "O JORNAL no campo".

1094 ABM, *O Funchal*, [21 de agosto] 1908. Jornal único, da responsabilidade de Alberto Artur Sarmento, impresso na tipografia do *Heraldo da Madeira*, de modo a assinalar o quadricentenário da elevação do Funchal à categoria de cidade.

José Silvestre Ribeiro, teve o prazer de ver coroada a sua iniciativa com o melhor êxito, e o modesto edifício do estado começou a prestar dentro em pouco os mais relevantes serviços.

Depois do "cólera" uma comissão de médicos declarou que já não o achava nas condições requeridas e foi fechado, dando em resultado desviar-se deste porto a navegação da carreira para o Brasil. Alguém que se sentiu lesado nos seus interesses foi então com mão criminosa lançar-se [lançar--lhe] fogo, em 1857.

Gastaram-se depois grossas somas em melhoramentos indicados pelos peritos sanitários, ampliou-se o edifício com novas repartições e estabelecimentos, fizeram-se um chafariz, um cais de desembarque, um cemitério, e um muro de vedação.

Este texto, integrado num jornal especial publicado por altura da comemoração dos 400 anos da elevação do Funchal à categoria de cidade, encontrava-se ilustrado com uma imagem da "casa grande do Lazareto" semelhante a esta. *Coleção do autor.*

Ora aberto, ora fechado, como "uma sensitiva" ao contato da política, foi determinado em 1884 que apenas servisse de posto quarentenário para os passageiros de procedência suspeita.

Bons serviços prestou depois, na epidemia de variolosos e meningíticos até que se transformou em Bastilha, como o povo lhe chamava, onde foram internados alguns indivíduos atacados duma febre classificada de suspeita, que a indignação pública, como uma dose de antipirina, veio completamente debelar, tirando-os à viva força do Lazareto.

Na última epidemia de variolosos distinguiu-se neste estabelecimento sanitário a benemérita irmã franciscana Mary Wilson, sendo recompensada pelo nosso governo com o hábito da Torre e Espada.

Lazareto[1095]

À junta geral do distrito do Funchal foi concedida aprovação tutelar da sua deliberação, acerca de um subsídio de réis 900$000, para despesas da reorganização do lazareto de Gonçalo Aires, para tratamento de doenças contagiosas.

Visita ao Lazareto[1096]

Os srs. conselheiro secretário geral António Jardim de Oliveira, que está exercendo as funções de governador civil do distrito e dr. João Baptista de Carvalho, administrador deste concelho, foram ontem de tarde ao Lazareto de Gonçalo Aires assistir à experiência da estufa de desinfeção daquele estabelecimento sanitário e bem assim visitar as obras de reparação a que se está procedendo no referido edifício.

Lazareto Gonçalo Aires[1097]

Foi superiormente aprovada a deliberação da Junta Geral, relativa a um subsídio de 900$000 réis para as despesas com a reorganização do Lazareto de Gonçalo Aires, que vai ser adotado ao tratamento de moléstias contagiosas.

1095 BMF, *Diário de Notícias*, 22 de agosto de 1908.
1096 BMF, *Heraldo da Madeira*, 28 de agosto de 1908.
1097 BMF, *O Jornal*, 28 de agosto de 1908.

No Lazareto[1098]

Anteontem de tarde os srs. conselheiro geral António Jardim de Oliveira, que está exercendo as funções de governador civil e dr. João Baptista de Carvalho, administrador deste concelho, foram ao Lazareto de Gonçalo Aires assistir à experiência da estufa de desinfeção daquele estabelecimento sanitário e visitar as obras de reparação a [que] se está procedendo no mesmo edifício.

SAÚDE PÚBLICA[1099]
Relatório apresentado ao Governo pelo sr. dr. delegado de saúde do distrito do Funchal sobre a última epidemia da freguesia de Santo António
XXI

[...]

Combate da epidemia

A Junta Distrital de Higiene, reunida no dia 8 de agosto, para ser ouvida sobre os meios a empregar a fim de impedir a propagação da moléstia, foi de parecer, visto o Lazareto não se achar em condições de serem lá internados os doentes, por ter ainda em tratamento alguns variolosos, que fossem os pneumónicos de Santo António rigorosamente isolados nas suas casas, empregando-se neste serviço de polícia sanitária os soldados do regimento de infantaria 27 aquartelado nesta cidade; e se preparasse, quanto antes, no Lazareto, a casa do hospital, principalmente, por ser a mais afastada, para nela serem isolados os casos que aparecessem fora dos domicílios dos que já estavam atacados. Nesse mesmo dia, fui ao Lazareto, e, de acordo com Miss Wilson, ficou resolvido que os variolosos que se achavam no hospital daquele edifício fossem nesse dia removidos para o 2.º andar do armazém das bagagens, que tinha servido de enfermaria dos variolosos do sexo feminino e que estava devoluto, e se procedesse, desde logo, à desinfeção e arejamento daquele hospital. Como a casa desinfetada dever arejar-se durante nove dias, e, entretanto, poderiam manifestar-se alguns casos de pneumonia fora das famílias que estavam isoladas, de acordo também com Miss Wilson, resolvi que, nesta eventualidade, fossem os doentes recolhidos no 2.º andar da casa grande do Lazareto, sendo cada uma das metades daquele vasto edifício destinada a cada sexo.

Estava, pois, tudo preparado para se proceder ao internamento dos doentes se a moléstia irradiasse além do cordão sanitário formado pelos soldados; mas, felizmente, ficou limitada aos focos primitivos, não havendo um único caso fora das famílias que se contaminaram nas casas de António Teixeira de Almada (1.º caso) e de Maria Augusta de Jesus (4.º caso), mercê do rigor com que foi mantido o isolamento.

As casas foram desinfetadas imediatamente aos óbitos, com o formol e lavagens de solução de sublimado, as roupas que estavam em bom estado foram desinfetadas na estufa do posto, e as mais usadas e de menos valor completamente destruídas pelo fogo.

A revisão médica durante nove dias, de todas as pessoas que se averiguou terem visitado os doentes antes do isolamento, e o isolamento das próprias famílias pelos mesmos dias, com revisão médica também diária, vieram completar a série de medidas postas em prática para evitar a propagação da moléstia, que se pôde considerar completamente extinta, não se tendo manifestado nenhum caso mais depois do dia 10 de agosto. [...]

Deus guarde a V. Ex.ª

Delegação de saúde do distrito do Funchal, 30 de maio de 1908.

Ill.mo e Ex.mo Sr. Conselheiro Inspetor Geral dos Serviços Sanitários do Reino.

O delegado de saúde
Nuno Silvestre Teixeira.

1098 BMF, *Diário Popular*, 29 de agosto de 1908.

1099 ABM, *Diário do Comércio*, 30 de agosto de 1908. Texto inserido na rubrica "ASSUNTOS GERAIS". O facto deste relatório ter sido publicado neste jornal cerca de um ano após o surgimento desta epidemia atípica em Santo António deve-se ao facto deste jornal ter suspendido a sua publicação entre outubro de 1907 e junho de 1908.

3.8.1908

Falecimentos[1100]
Faleceu ontem no Recolhimento do Bom Jesus a sr.ª D. Eva Semoline, viúva, de 74 anos de idade, vitimada por um cancro e que se achava há anos ali recolhida. [...]
As nossas condolências às famílias enlutadas.

[Sem título][1101]
Que o Lazareto, de teatro que foi da peste Rego, se vai transformando em convento de freiras.

Asilo de Mendicidade[1102]
O sr. governador civil remeteu à direção Geral de Contabilidade a petição da comissão administrativa do Asilo de Mendicidade e Órfãos desta cidade acerca do pagamento do subsídio que o governo concede àquele estabelecimento de caridade, respeitante ao 2.º semestre do ano económico de 1907-1908.

Asilo de Mendicidade[1103]
Sua ex.ª, o sr. governador civil, tenente João de Paiva, remeteu à direção geral de contabilidade pública a petição da comissão administrativa do Asilo de Mendicidade e Órfãos desta cidade, relativa ao pagamento do subsídio dado pelo governo, respeitante ao 2.º semestre do ano económico de 1907 a 1908.

Imponente manifestação de simpatia[1104]
A saída do rev. padre Afonseca de Santa Cruz – Milhares de pessoas o acompanham ao cais e muitas ao Funchal – Comovente despedida
Foi verdadeiramente imponentíssima a manifestação de simpatia que o rev. padre João Baptista de Afonseca recebeu ontem ao deixar a freguesia de Santa Cruz para tomar conta da sua nova paróquia da Madalena do Mar. Raríssimas vezes se têm ali presenciado iguais demonstrações de afeto e estima. [...]
Mas demos a palavra ao nosso ilustrado correspondente naquela vila, testemunha dos factos, [...]

Santa Cruz, 16 de setembro
É sob a influência de uma dolorosa impressão que escrevemos hoje.
Deixou definitivamente esta freguesia o rev. padre João Baptista de Afonseca.
Foi a despedida mais imponente que temos presenciado.
Manifestação tão espontânea e comovente, só a que recebeu a irmã Maria de S. Francisco Wilson, quando veio visitar esta vila após a extinção da varíola.
Milhares de pessoas afluíram hoje ao cais de Santa Cruz impelidas pelo sentimento da gratidão,[1105] com os olhos marejados de lágrimas e com uma profunda dor a alancear-lhe[s] o coração. [...]

1100 BMF, *Heraldo da Madeira*, 4 de setembro de 1908.
1101 BMF, *Trabalho e União*, 5 de Setembro de 1908. Notícia publicada na rubrica "Ecos Locais".
1102 BMF, *O Jornal*, 15 de setembro de 1908; BMF, *Diário Popular*, 16 de setembro de 1908.
1103 BMF, *Diário de Notícias*, 16 de setembro de 1908.
1104 BMF, *O Jornal*, 17 de setembro de 1908.
1105 Esta gratidão advinha, em grande medida, do facto deste padre ter conseguido arrancar das mãos de algumas pessoas importantes da vila de Santa Cruz a gestão de algumas levadas, que antes serviam apenas os seus reais interesses e não os do povo, que precisava da água para irrigar as suas culturas.

Missa no Bom Jesus[1106]

Em consequência da nomeação do rev.º padre Teodoro João Henriques, que era capelão do Bom Jesus, para vice-vigário de S. Martinho, a missa que devia celebrar-se às 7 ½ naquela igreja, continua a ter lugar às 7 horas visto o novo capelão não a poder celebrar mais tarde.

Crónica do bem[1107]
Disposição testamentária

Da sr.ª D. Helena Gomes Teixeira, na qualidade de testamenteira da falecida sr.ª D. Eva Smolyne, que por muitos anos residiu no recolhimento do Bom Jesus da Ribeira, recebemos 10$000 réis para serem distribuídos em partes iguais, a 50 pobres, conforme foi determinado no respetivo testamento.

A distribuição coube aos seguintes pobres:[1108] [...]

Asilo de Mendicidade[1109]

Foi submetido à aprovação do sr. governador civil deste distrito, o projeto das obras que a comissão do Asilo de Mendicidade e Órfãos, pretende ali fazer naquele estabelecimento de caridade.

Foros pertencentes ao Recolhimento do Bom Jesus[1110]

Foram ontem arrematados, na repartição de fazenda deste distrito, os seguintes foros:

Um de 750 réis, imposto numa porção de terra no sítio de João Boto, freguesia de Santo António, arrematado pelo sr. José Pinto Correia Jasmins, pela quantia de 21$500 réis.

Idem de 705 réis fortes, idem numa porção de terreno com uma casa sobradada, idem, idem, pela quantia de 34$100 réis;

Idem de 1$175 réis fortes, idem no solo duma casa sobradada, à rua da Alfândega, pelo sr. José de Freitas da Encarnação pela quantia de 86$800 réis;

Idem de 3$200 réis fortes, idem numa casa na entrada da cidade, freguesia da Sé, de que é enfiteuta Paulo Malheiro de Melo, pelo sr. Henrique Figueira da Silva, pela quantia de 251$600 réis;

Idem de 250 réis, idem numa casa térrea e quintal, no beco dos Arrifes, freguesia de S. Pedro, pelo sr. Manuel da Silva Reis, pela quantia de 15$550 réis;

Idem de 750 réis, idem num prédio rústico no sítio do Miradouro da Ribeira do Vento, freguesia de Santa Maria Maior, pelo sr. João Rodrigues, pela quantia de 15$850 réis.

Lazareto[1111]

O sr. Tomás Pita requereu à delegação de saúde que lhe fosse passada certidão dos seus serviços prestados como fiscal do Lazareto Gonçalo Aires, durante a epidemia da varíola no ano findo.

Obras no Asilo[1112]

Pela comissão administrativa, já foram enviados ao governo civil o orçamento das

---

[1106] BMF, *O Jornal*, 9 e 10 de outubro de 1908.
[1107] BMF, *Diário de Notícias*, 10 de outubro de 1908.
[1108] A cada um foi entregue a quantia de 200 réis.
[1109] BMF, *O Jornal*, 12 de outubro de 1908.
[1110] BMF, *Diário de Notícias*, 16 de outubro de 1908.
[1111] BMF, *Heraldo da Madeira*, 21 de outubro de 1908.
[1112] BMF, *Heraldo da Madeira*, 22 de outubro de 1908.

obras de [de]molição e reconstrução de retretes e quartos para banhos no edifício do Asilo de Mendicidade e Órfãos.

Ao Lazareto[1113]

Sua ex.ª o sr. governador civil, João de Paiva, vai em visita ao lazareto de Gonçalo Aires, na próxima segunda-feira, a fim de ver as obras que são ali mais urgentes para ficar aquele edifício em condições de bem servir de hospital de isolamento.

Uma das necessidades que está reclamando o lazareto são alguns repairos no cais que está bastante carcomido pela água do mar.

Ao Lazareto[1114]

S. ex.ª o sr. governador civil vai visitar na próxima 2.ª feira o Lazareto de Gonçalo Aires, a fim de avaliar do estado em que o estabelecimento se encontra.

Visita ao Lazareto[1115]

O sr. governador civil, João de Paiva Leite Brandão, vai segunda-feira próxima ao Lazareto de Gonçalo Aires, a fim de ver as obras que ali são mais urgentes para aquele edifício ficar em condições de receber doentes.

NOTÍCIAS RELIGIOSAS[1116]

Hoje, pelas 7 horas da manhã, será rezada uma missa na igreja do Bom Jesus, sufragando a alma do ex-cónego Deão da Sé do Funchal, Simão Gonçalves Cidrão, fundador daquele recolhimento.

Visita[1117]

O sr. governador civil, acompanhado do seu secretário particular, visitou ontem o Lazareto, a fim de ver as obras que ali estão sendo executadas.

Lazareto de Gonçalo Aires[1118]

Sua Ex.ª, sr. governador civil, acompanhado do seu secretário particular, sr. José António Jardim de Oliveira, visitou anteontem o Lazareto de Gonçalo Aires, tendo o ensejo de verificar, com verdadeiro prazer, que ali tudo se acha na melhor ordem e irrepreensível asseio.

Podem desde já ser ali instalados, com todas as comodidades, dezoito enfermos, em aposentos, nas mais excelentes condições, convenientemente mobilados.

Miss Wilson muito tem contribuído para este bom resultado, com o seu zelo e dedicação.

O ilustre chefe do distrito tem-se empenhado e continua a empenhar-se para que aquela casa seja dotada com todos os melhoramentos próprios dum hospital de tratamento e isolamento de enfermos atacados de doenças contagiosas.

Registamos estes factos com satisfação e louvor.

1113 BMF, *Diário de Notícias*, 31 de outubro de 1908.
1114 BMF, *Heraldo da Madeira*, 31 de outubro de 1908.
1115 BMF, *O Jornal*, 31 de outubro de 1908.
1116 BMF, *Diário de Notícias*, 3 de novembro de 1908.
1117 BMF, *O Jornal*, 4 de novembro de 1908.
1118 BMF, *Diário de Notícias*, 5 de novembro de 1908.

Lazareto do Funchal[1119]
Duas irmãs franciscanas de Santa Cruz, companheiras de Miss Wilson, tiveram ontem uma conferência com o sr. João de Paiva, governador civil, sobre o assunto que diz respeito ao Lazareto de Gonçalo Aires.

Missa no Bom Jesus[1120]
A missa que costumava ser celebrada naquela igreja aos domingos e dias santificados pelas 7 horas da manhã, passa a ser celebrada, de domingo em diante, pelas 7 ½.

Agradecimento[1121]
Virgínia dos Passos Vela, residente no Recolhimento do Bom Jesus, vem pelo presente meio agradecer penhoradíssima à digna Comissão Académica encarregada dos últimos festejos do 1.º de Dezembro o pagamento da importância que lhe era devida desde 1906 pela Comissão que foi encarregada de mandar fazer o pendão pertencente à Academia Funchalense.
Funchal, 4 de Dezembro de 1908.

Asilo[1122]
Foram entregues na administração do concelho, a fim de serem enviadas ao governo civil para serem aprovadas a receita e despesa do Asilo de Mendicidade e Órfãos referentes ao ano de 1907 a 1908.

Guarda do Lazareto[1123]
Por ter falecido o guarda do Lazareto sr. José da Mota, deve ser nomeado brevemente um guarda para aquele edifício público.

No Bom Jesus[1124]
Na próxima sexta-feira realiza-se na igreja do Recolhimento do Senhor Bom Jesus da Ribeira a festa da respetiva invocação.
A solenidade terá lugar em seguida à festa da Sé.
Ao evangelho pregará o rev.mo sr. cónego dr. António Manuel Pereira Ribeiro.
De tarde, pelas 5 horas, haverá solene «Te-Deum» a que assistirá Sua Ex.ª Rev.ma o Sr. Bispo.
Como preparação para esta solenidade, começou hoje, pelas 7 e meia horas da manhã, um tríduo.

NOTÍCIAS RELIGIOSAS[1125]
Na igreja do Recolhimento do Senhor Bom Jesus da Ribeira realiza-se no próximo domingo a festa da respetiva invocação, pregando ao Evangelho o revd.º cónego dr. Pereira Ribeiro.
A solenidade verifica-se em seguida à festa da Sé.

1119 BMF, *Heraldo da Madeira*, 18 de novembro de 1908.
1120 BMF, *O Jornal*, 27 e 28 de novembro de 1908; BMF, *Heraldo da Madeira*, 28 de novembro de 1908.
1121 BMF, *Diário de Notícias*, 5 de dezembro de 1908.
1122 BMF, *Heraldo da Madeira*, 5 de dezembro de 1908.
1123 BMF, *Heraldo da Madeira*, 29 de dezembro de 1908.
1124 BMF, *O Jornal*, 29 de dezembro de 1908.
1125 BMF, *Diário de Notícias*, 30 de dezembro de 1908.

De tarde, pelas 5 horas, haverá solene *Te Deum*, a que assistirá sua ex.ª revd.ma o prelado diocesano. […]

3.9. 1909

Notícias religiosas[1126]

Ontem foi celebrada a festa da circuncisão do Salvador em muitas igrejas da diocese. […]
– No Bom Jesus também se realizou a festa da respetiva invocação.

A igreja ostentava as suas melhores galas e achava-se guarnecida com muitas flores, alegra-campo, verduras e grande quantidade de lumes.

Pouco depois do meio-dia começou a missa solene celebrada pelo muito rev. sr. cónego dr. Manuel Gonçalves Salvador, acolitado pelos revs. padres Manuel José Teotónio Gonçalves e subdiácono Jaime de Gouveia Barreto.

A missa, que foi de Almeida, executada num improvisado coro ao fundo da igreja, foi cantada pelos revs. padres Manuel Joaquim de Paiva, Manuel Mendes Teixeira e Fernando Carlos de Menezes Vaz, acompanhada a *harmónium* pelo rev. padre Teixeira.

Ao evangelho o muito rev. sr. cónego dr. António Manuel Pereira Ribeiro subindo ao púlpito proferiu um eloquente discurso sobre a doçura do nome de Jesus e a divindade da sua religião.

Sua rev.ma provou com factos e à luz da história as suas asserções.

De tarde, pouco depois das 5 horas, Sua Ex.ª Rev.ma o Sr. Bispo entrava no templo, sendo aguardado à porta pelo clero e seminaristas presentes.

Seguidamente começou o *Te-Deum* que foi executado pelos mesmos cantores já referidos.

Dada a bênção foi entoado um hino a Jesus, que pela sua composição e bela música muito agradou.

O concurso de fiéis a esta solenidade foi regular.

Caridade?[1127]

Na manhã do dia 24 de dezembro último foi encontrado para o lado de dentro da porta principal do Asilo de Mendicidade e Órfãos, desta cidade, um envelope contendo a quantia de 25$000 réis, em notas do Banco de Portugal.

Ignora-se quem foi a pessoa que ali deixou ou perdeu aquela soma de dinheiro, supondo-se, contudo, que fosse algum estrangeiro que, ao passar por ali, na véspera à noite, quisesse assim praticar a caridade, segundo os preceitos do Evangelho, que é a mais rara e a mais preciosa.

Em todo o caso, aí fica a prevenção.

Antigo portão do Asilo de Mendicidade e Órfãos do Funchal onde, na manhã de 24 de dezembro de 1909 um generoso benfeitor anónimo deixou um envelope contendo um donativo de 25$000 para aquela casa de caridade regida pelas Irmãs de Santa Cruz. *Coleção de Rui Camacho.*

1126 BMF, *O Jornal*, 2 de janeiro de 1909.
1127 BMF, *Diário de Notícias*, 5 de janeiro de 1909.

3. DE 1901 A 1910

Diversas cenas rurais madeirenses. O estabelecimento de Escolas Salesianas regidas pelas Irmãs Vitorianas levou a luz da instrução aos filhos de muitos camponeses que, de outra maneira, seriam analfabetos. *Coleção do autor.*

Caridade?[1128]

O *Diário de Notícias* desta cidade publicava ontem a seguinte local:

«Na manhã do dia 24 de dezembro último foi encontrado, para o lado de dentro da porta principal do Asilo de Mendicidade e Órfãos, desta cidade, um envelope contendo a quantia de 25$000 réis, em notas do Banco de Portugal.

Ignora-se quem foi a pessoa que ali deixou ou perdeu aquela soma de dinheiro, supondo-se, contudo, que fosse algum estrangeiro que, ao passar por ali, na véspera à noite, quisesse assim praticar a caridade, segundo os preceitos do Evangelho, que é a mais rara e a mais preciosa».

Cremos que na própria Inglaterra não há um jornal mais inglês que o *Diário de Notícias* do Funchal.

No entender do *Notícias* só um estrangeiro, (inglês, com certeza) teria alma e coragem de beneficiar uma casa de caridade com aquela avultada importância!

Isto parece-nos uma ofensa aos sentimentos altruístas e generosos de muitos madeirenses, que em várias ocasiões têm aberto generosamente a sua bolsa para acorrerem a tantos infortúnios particulares, e a tantas casas de caridade, passando estes atos de beneficência na sua maior parte despercebidos, já por modéstia dos benfeitores, já por falta de registo público.

Santa Cruz, 19 de janeiro[1129]

[…]

Falecimento

Faleceu há dias, no Hospital desta vila, a Irmã Maria dos Anjos, natural do Porto Moniz, que foi superiora do referido Hospital durante alguns anos. […]

P. C.[1130]

Falecimento[1131]

Faleceu no hospital da Misericórdia da Vila de Santa Cruz a irmã Maria dos Anjos natural da freguesia do Porto Moniz.

A finada desempenhava o lugar de superiora da referida casa de caridade.

1128 ABM, *Diário do Comércio*, 6 de janeiro de 1909.
1129 BMF, *O Jornal*, 21 de janeiro de 1909. Texto inserido na rubrica "O JORNAL no campo".
1130 Iniciais do Padre João Vieira Caetano, nesta época o correspondente deste jornal em Santa Cruz.
1131 BMF, *Heraldo da Madeira*, 22 de janeiro de 1909.

Arco de S. Jorge, 20 de janeiro[1132]

[...]

Escola salesiana

No dia 6 de janeiro corrente teve lugar na escola salesiana a distribuição de prémios às crianças que a frequentam. Foi uma festa simpática que nos deixou na alma as melhores impressões e encheu de alegria aqueles rostos juvenis que esperavam ansiosamente saber o que a cada um caberia em sorte no momento feliz. Livros de missa, livros de estudo, peças de vestuário, canetas, lápis, papel, bonecas, gaitas, «Almanaques do operário», tabuadas e outras especialidades úteis às crianças da escola, tudo lá estava sobre uma mesa ao fundo da grande sala.

Sobre tudo isto vagueavam as vistas interrogadoras dos pequerruchos que de quando em vez fugiam ara o açafate dos delicados doces, que bem enfeitados com umas belas imagens de Santos, desafiavam o apetite de todos.

A esta festa assistiram os revs. vigários de Boaventura e desta freguesia, as boas irmãs franciscanas, diretoras da Escola, todas as crianças com seus pais e famílias e grande número de curiosos, numa palavra, a sala que é grande, estava literalmente cheia.

Depois dalgumas palavras de incitamento que o rev. Vigário de Boaventura se dignou dirigir às crianças, procedeu-se à distribuição dos prémios que todos recebiam com contentamento e alegria.

Findo este ato o rev. pároco desta freguesia deu os parabéns às crianças e à freguesia, aconselhando o respeito, amor e obediência às suas digníssimas professoras. Fez-lhes sentir a obrigação que têm de se aplicarem ao estudo para satisfação dos seus mestres, aproveitamento próprio e alegria de seus pais.

Findo o que todos se retiraram alegres e contentes.

Oxalá muitas vezes pudéssemos assistir a festas desta natureza que sempre edificam e moralizam.

São dignas dos mais rasgados elogios as beneméritas Irmãs Franciscanas, zelosíssimas professoras desta escola que não se pouparam a sacrifícios para que a festa, que acabo de descrever, revestisse o maior brilhantismo possível. Deus, a quem servem, as recompensará largamente.

Correspondente

Escriturário do Asilo de Mendicidade[1133]

A comissão administrativa do Asilo de Mendicidade e Órfãos, desta cidade, nomeou o sr. dr. Augusto de Freitas Ferraz escriturário desta casa de caridade.

O Dr. Augusto de Freitas Ferraz foi nomeado escriturário do Asilo no final de janeiro de 1909. *BMF*, Registo Bio-Bibliográfico de Madeirenses, *[1984]*.

Asilo[1134]

O asilo de Mendicidade e Órfãos enviou cadeiras para a Sé Catedral para serem alugadas às pessoas que assistam às exéquias por alma de Sua Majestade El Rei D. Carlos e Príncipe Real D. Luís Filipe.[1135]

1132 BMF, *O Jornal*, 25 de janeiro de 1909. Texto inserido na rubrica "O JORNAL no campo".
1133 BMF, *Diário de Notícias*, 26 de janeiro de 1909.
1134 BMF, *Heraldo da Madeira*, 31 de janeiro de 1909.
1135 Segundo se lê na edição de 2 de Fevereiro deste jornal, esta missa de sufrágio por alma do monarca e seu filho havia sido mandada celebrar, no dia anterior, pelo conselheiro Jardim de Oliveira, Secretário-geral servindo de Governador Civil. Segundo a mesma fonte, esta cerimónia religiosa «atraiu à Sé Catedral uma extraordinária concorrência vendo-se o vasto templo completamente cheio de pessoas de todas as classes sociais que ali foram prestar piedosa homenagem à alma dos dois saudosos extintos.» Por esta altura eram exíguos os bancos disponíveis na Sé para os fiéis se sentarem, e os poucos existentes, destinavam-se às pessoas das classes superiores, assistindo o povo de pé aos atos religiosos. O aluguer de cadeiras do Asilo para diversos

Despesa[1136]

[...]

Arco de S. Jorge (Escola das Irmãs Franciscanas de Santa Cruz) Subsídio da Comissão diocesana	30$000
Centros autónomos:	
Machico (Escola de S. Cristóvão, dirigida pelas Irmãs Franciscanas de Santa Cruz, escola do Moinho da Serra e escola de Maroços)	162$000
Santana Escola das irmãs Franciscanas de S. Cruz	72$000
[...]	
Arco de S. Jorge Escola das irmãs Franciscanas de S. Cruz	30$000
Porto do Moniz Escola das irmãs Franciscanas de S. Cruz, na S. Madalena	72$000

[...]

Notícias locais da Obra Salesiana.[1137] – Do Porto Moniz chegam-nos notícias consoladoras. As beneméritas Irmãs Franciscanas continuam a patentear o seu zelo e dedicação pela formação intelectual, moral e religiosa das crianças confiadas à sua escola. E o ativo e solícito pastor daquela freguesia Rev.º P.e João Correia, sabe apreciar os relevantes serviços prestados à nossa paróquia pelas boas Irmãs. No dia 27 de dezembro quis sua Rev.ª assistir a uma distribuição de prémios realizada na escola de S. Francisco de Sales. Ele mesmo comprou livros e outros objetos de grande valor para recompensar as crianças daquela escola. À hora aprazada o Revd. Pároco, acompanhado de muitas pessoas, algumas de graduação social, dirigiu-se ao local onde devia ter lugar a festa infantil. Belo canto, excelentes recitações, um delicioso *bailinho* constituíram o programa singelo desta festa que nem por isso deixou de produzir a mais doce e grata impressão em todos os que assistiram.

O vestido branco que trajavam as meninas, a salientar-lhes os contornos de doce inocência, a correção e delicadeza com que cantavam e recitavam, o conjunto da perspetiva e ação, tudo isso impressionou até às lágrimas os espectadores.

É assim que aquelas delicadas Irmãs comprovam a sua competência para formarem o coração das suas educandas. [...]

Lazareto de Gonçalo Aires[1138]

Acha-se detido no comissariado de polícia, um indivíduo acusado de na segunda-feira última juntamente com outros e a horas mortas da noite, ter atirado com a guarita destinada à sentinela do Lazareto, pela rocha abaixo, praticando ainda outros destroços.

Lazareto de Gonçalo Aires[1139]

Miss Mary Wilson, diretora do Lazareto de Gonçalo Aires, esteve ontem no palácio de S. Lourenço, conferenciando com o sr. governador civil sobre melhoramentos a fazer naquele edifício.

Hospital de Gonçalo Aires[1140]

Foram nomeados serventes do hospital do Lazareto de Gonçalo Aires os seguintes: João Pereira dos Reis e João Rodrigues.

---

eventos com grande aglomeração de pessoas eram um dos meios empregues por aquela casa de caridade, desde longa data, para angariar fundos para a gestão corrente da mesma.

1136 BMF, *Quinzena Religiosa da Ilha da Madeira*, 1 de fevereiro de 1909. Quadro inserido no artigo "Pela Obra Salvadora!".
1137 BMF, *Quinzena Religiosa da Ilha da Madeira*, 1 de fevereiro de 1909.
1138 BMF, *Heraldo da Madeira*, 18 de fevereiro de 1909.
1139 BMF, *Heraldo da Madeira*, 19 de fevereiro de 1909.
1140 BMF, *O Jornal*, 24 de fevereiro de 1909.

Lazareto de Gonçalo Aires[1141]

João Pereira Reis e João Rodrigues foram nomeados serventes do Hospital do Lazareto de Gonçalo Aires.

Serventes do Lazareto[1142]

Por alvará de sua ex.ª o sr. Governador Civil foram ontem nomeados serventes do hospital do Lazareto de Gonçalo Aires, João Pereira Reis e João Rodrigues.

Lazareto[1143]

João Rodrigues e João Pereira Reis foram nomeados serventes do hospital do Lazareto de Gonçalo Aires.

Asilo[1144]

Foi submetido à aprovação de sua ex.ª o sr. governador civil o projeto de construção de retretes e casa de banhos no Asilo de Mendicidade e Órfãos do Funchal.

Águas do Asilo[1145]

Acha-se afixado na porta do Asilo de Mendicidade e Órfãos desta cidade, desde o dia 2 do corrente, o edital para arrendamento das águas das leva[das de irrigação que o mesmo estabelecimento de caridade possui na freguesia de Santana].[1146]

Orçamento[1147]

O sr. diretor das Obras Públicas do distrito devolveu a sua ex.ª o sr. governador civil, devidamente informado, o projeto de demolição e construção de retretes e casa de banhos no Asilo de Mendicidade e Órfãos.

Asilo de Mendicidade e Órfãos[1148]
Contas do 1.º trimestre de 1909

Receita do mês de janeiro	1.327$420
Despesa " " " "	399$825
Receita do mês de fevereiro	153$516
Despesa " " " "	384$680
Receita do mês de março	92$935
Despesa " " " "	370$755

1141 BMF, *Diário de Notícias*, 25 de fevereiro de 1909.
1142 BMF, *Diário Popular*, 25 de fevereiro de 1909.
1143 BMF, *Heraldo da Madeira*, 25 de fevereiro de 1909.
1144 BMF, *Heraldo da Madeira*, 25 de março de 1909.
1145 BMF, *O Jornal*, 5 de abril de 1909.
1146 Julgamos ser este o teor do resto da notícia, visto que a mesma ficou cortada devido ao facto da impressão desta página deste jornal ter sido feita defeituosamente.
1147 BMF, *O Jornal*, 5 de abril de 1909. Notícia publicada na rubrica "Noticiário".
1148 BMF, *O Jornal*, 5 de abril de 1909.

Lazareto[1149]

O sr. dr. Pedro José Lomelino e Miss M. Wilson, diretora do Lazareto de Gonçalo Aires, conferenciaram ontem com o sr. governador civil acerca de assuntos que se prendem com aquele estabelecimento público.

No Santo da Serra[1150]

No próximo sábado, celebra-se na capela dos Sagrados Corações, ao Lombo da Pereira, freguesia de Santo António da Serra, uma festa em ação de graças ao Santíssimo Sacramento.

É orador o rev. vigário, padre José Marques Jardim e toca a «Filarmónica Santa-cruzense» da regência do sr. Franco.

Notícias religiosas[1151]

No pitoresco sítio da Pereira, freguesia de Santo António da Serra, aonde Miss Wilson conseguiu com donativos duma senhora estrangeira edificar uma casa para habitação e escola das irmãs Franciscanas, junto à qual levantou também uma capela, tem lugar no dia 1 de maio uma festa, com missa cantada, sermão e procissão.

Asilo de Mendicidade[1152]

A comissão administrativa deste estabelecimento dará de arrematação, no dia 18 de maio próximo, a empreitada de demolição, construção de retretes, e quartos de banho, do mesmo asilo.

A base de licitação é de 1:000$000 réis.

Asilo[1153]

No dia 15 do corrente, no Asilo de Mendicidade e Órfãos, se procederá à adjudicação, por carta fechada, das obras que se pretendem construir naquela casa de caridade.

Em favor das vítimas sobreviventes do terramoto do Ribatejo[1154]

Como noticiámos,[1155] reuniu anteontem, pelas 9 horas da noite, na sala nobre do "Ateneu Comercial", a comissão executiva do bando precatório que se projeta realizar nas ruas desta cidade, em benefício das infelizes vítimas do terramoto que no dia 23 do mês último, tão rudemente convulsionou o solo das regiões ribatejanas, ocasionando a morte a algumas dezenas de nossos compatriotas e derruindo, nos seus demolidores e terríveis abalos sísmicos, algumas centenas de edifícios que acarretaram na sua queda a miséria a muitas famílias.

Presidiu à sessão o respetivo presidente efetivo, sr. dr. João Baptista de Carvalho, secretariado pelo nosso colega Baptista Santos, vogal da mesma comissão.

Depois de diversas considerações, e de comum acordo com todos os comissários, ficou definitivamente resolvido que o bando precatório[1156] se efetue no próximo domingo, pelas

---

1149 BMF, *Heraldo da Madeira*, 7 de abril de 1909.
1150 BMF, *O Jornal*, 26 de abril de 1909.
1151 BMF, *Heraldo da Madeira*, 29 de abril de 1909.
1152 ABM, *Diário do Comércio*, 30 de abril de 1909.
1153 BMF, *Heraldo da Madeira*, 30 de abril de 1909.
1154 BMF, *Heraldo da Madeira*, 20 de maio de 1909.
1155 Na edição de 16 de Maio deste jornal.
1156 Neste bando precatório incorporar-se-ia um grupo de crianças do Asilo, conforme veremos nos textos seguintes.

10 horas da manhã, saindo da rua do Príncipe [...]

Obras no Asilo[1157]
Devem principiar brevemente, sob a direção do conceituado empreiteiro sr. Manuel João Correia, as obras de melhoramento no edifício do Asilo de Mendicidade desta cidade.

Em favor das vítimas sobreviventes do terramoto do Ribatejo[1158]
[...] No cortejo meritório de hoje também se fazem representar a benemérita "Associação de Socorros Mútuos 4 de setembro de 1862", com alguns dos seus membros e [n]um carro ornamentado a flores o respetivo estandarte, assim como o Asilo de Mendicidade e Órfãos, desta cidade, com um pendão alegórico à caridade, trabalho do hábil pintor sr. Carlos Figueira. [...]

Pelos sobreviventes da catástrofe do Ribatejo[1159]
O bando precatório
Realizou-se no domingo último o bando precatório em favor dos grandes infelizes do Ribatejo, percorrendo o itinerário anteriormente indicado.

O cortejo seguiu na melhor ordem, sendo composto de carros e representantes da Associação Protetora dos Estudantes Pobres, Associação de Socorros Mútuos 4 de Setembro de 1862, Ateneu Comercial, Grémio dos Empregados do Comércio, Monte Pio Madeirense, um grupo de crianças do Asilo e a Corporação dos Bombeiros Voluntários.

[...] O dinheiro recolhido, na importância de 397$355 réis, foi entregue no Palácio de S. Lourenço ao sr. conselheiro Jardim de Oliveira, atual chefe do distrito, seriam 3 horas da tarde. [...][1160]

No Bom Jesus[1161]
Durante as trezenas do grande taumaturgo português, Santo António, será celebrada no altar daquele santo, na igreja do Bom Jesus, missa às 7 horas da manhã.

1157 BMF, *Diário de Notícias*, 21 de maio de 1909.
1158 BMF, *Heraldo da Madeira*, 23 de maio de 1909.
1159 BMF, *Heraldo da Madeira*, 25 de maio de 1909.
1160 Deste bando precatório fizeram-se diversas fotografias, sendo crível que nalgumas delas figurem as crianças do Asilo. Eis algumas notícias sobre as mesmas: "**Fotografias do bando precatório**": «Todo o produto da venda destas magníficas fotografias saídas do atelier "Vicente", reverterá em favor dos sobreviventes da catástrofe do Ribatejo. Este ato de caridade e amor do próximo que os srs. Vicente Gomes da Silva pai e filho acabam de praticar é digno do maior louvor, pondo bem em relevo a aliança do senso estético à bondade de coração que é uma característica desta ilustre família de artistas./ As fotografias três podem ser adquiridas no Bazar do Povo, onde estão expostas, ou no *atelier* "Vicente", à Carreira.» BMF, *Heraldo da Madeira*, 26 de maio de 1909. Em notícia posterior, publicada neste mesmo periódico, encontra-se a seguinte notícia, intitulada "**Bando precatório**": «O sr. Vicente Gomes da Silva, distinto fotógrafo da Casa Real ofereceu a quantia de 10$200 réis, produto da venda das suas fotografias do bando precatório realizado a benefício das vítimas do Ribatejo, quantia que foi entregue ao sr. governador civil.» BMF, *Heraldo da Madeira*, 31 de maio de 1909. E por último, na notícia intitulada "**Bando Precatório**", lê-se ainda o seguinte texto: «Do hábil fotógrafo sr. Frederico Leonardo Martins, com "atelier" à rua de S. Francisco, recebemos três magníficos positivos do bando precatório do domingo último, tirados do Largo das Torneiras e que muito se recomendam pela sua nitidez e bom acabamento./ O produto da venda destas fotografias é destinado às vítimas sobreviventes do Ribatejo, sendo muito para louvar este ato de generosidade do sr. Martins.» BMF, *Heraldo da Madeira*, 27 de maio de 1909.
1161 BMF, *O Jornal*, 1 de junho de 1909; BMF, *O Direito*, 2 de junho de 1909.

Asilo de Mendicidade e Órfãos[1162]

A comissão administrativa do "Asilo de Mendicidade e Órfãos", pediu o pagamento do subsídio referente ao 1.º semestre do corrente ano e com que o estado contribui.

À ex.ma Direção do Asilo[1163]

Lembramos à digna direção do Asilo de Mendicidade e Órfãos desta cidade a conveniência de mandar pintar de novo a maioria das suas cadeiras de ferro por isso que da forma em que estas se encontram estragam os fatos das pessoas que nelas se sentam como ainda anteontem presenciámos no cais e Praça da Rainha.[1164]

[Sem título][1165]

– Conforme noticiámos, realiza-se no dia 11 do corrente, a festa do Espírito Santo, na freguesia de N.ª S.ª do Monte, com bodo aos pobres, pregando ao Evangelho e na copa o rev.º cónego Pereira Ribeiro.

Na véspera serão conduzidos processionalmente, da capela do Bom Jesus, pelas 4 horas da tarde, os doces, pão, carne e hortaliças, etc., para fornecimento da mesa e copa, com acompanhamento da filarmónica dos Artistas Funchalenses, que também tocará no arraial.

A orquestra do coro será fornecida pelos sr. César Rodrigues do Nascimento.

No Monte[1166]

No próximo domingo, 11 do corrente, realiza-se com grande pompa, na igreja de Nossa Senhora do Monte, a festa do Espírito Santo, sendo orador ao evangelho o distinto orador sagrado, rev. cónego dr. Pereira Ribeiro, que também fará uma alocução na copa, por ocasião do bodo aos pobres.

No sábado (véspera), pelas 4 horas da tarde, saem processionalmente, do Bom Jesus, pão, castelos de doce, floreiras, legumes, etc.

Acompanha o préstito religioso a filarmónica "Artístico Madeirense", que também tocará no arraial.

Hospital do Lazareto[1167]

A Irmã Wilson, diretora do hospital do Lazareto, conferenciou ontem com o sr. governador civil sobre assunto relativo àquele hospital.

Consta[1168]

[…] Que vários moradores de S. Gonçalo representaram pedindo que, atenta a falta de água para usos domésticos e de lavadouros públicos,[1169] lhes fosse permitido abastecerem-

---

1162 BMF, *Heraldo da Madeira*, 26 de junho de 1909.
1163 BMF, *Heraldo da Madeira*, 1 de julho de 1909.
1164 Segundo se lê no *Diário de Notícias* de 29 de junho, nesse dia realizar-se-iam dois espetáculos constituídos por bailados infantis, denominados *Gondoleiros de Veneza* e *Grande bailado nacional*, no pavilhão grande da Praça da Rainha, nos quais tomariam parte as alunas do *Vintém das Escolas*.
1165 BMF, *Diário de Notícias*, 4 de julho de 1909. Texto inserido na rubrica "NOTÍCIAS RELIGIOSAS".
1166 BMF, *Heraldo da Madeira*, 6 de julho de 1909.
1167 BMF, *Heraldo da Madeira*, 8 de julho de 1909.
1168 ABM, *Trabalho e União*, 24 de julho de 1909. Notícia publicada na rubrica "ECOS LOCAIS".
1169 Por esta altura fazia-se sentir uma grande falta de água no Funchal, com especial incidência na zona leste da cidade, segundo se lê no artigo intitulado "**Falta de água em Santa Maria Maior**", publicado na edição seguinte deste jornal, a 31 de julho: «É notável a falta de água em vários pontos do Funchal, mas, em Santa Maria Maior então é uma verdadeira lástima!/ Desde a capela das Neves, quer pela nova estrada do

-se do Lazareto, sendo-lhes respondido que o pedido iria em vista à irmã Wilson!
Veremos qual o despacho desta potestade. [...]

Consta[1170]
[...] Que a mana Wilson, que nos conste, ainda não despachou o pedido de alguns moradores das proximidades do Lazareto para irem ali abastecer-se de água.
Decerto está estudando o assunto. [...]

Desinfeção[1171]
A irmã Wilson, acompanhada de duas irmãs do seu instituto, procedeu ontem à desinfeção das roupas e casa onde faleceram as duas infelizes tuberculosas à rua do Bom Jesus, às quais nos referimos por várias vezes.[1172]

Desinfeção[1173]
A irmã Wilson, acompanhada de duas irmãs do seu instituto, procedeu anteontem à desinfeção das roupas e casa onde faleceram duas infelizes tuberculosas à rua do Bom Jesus.

Consta[1174]
[...] Que, segundo se depreende duma notícia dada pelos jornais diários, a irmã Wilson e suas companheiras é que estão encarregadas das desinfeções domiciliárias. Já suprimiram o posto de desinfeção terrestre? [...]

O Sr. Bispo no Santo da Serra[1175]
Sua Ex.ª Rev.ma o nosso venerando Prelado seguiu ontem pelas 4 horas da tarde da freguesia da Camacha para a de Santo António da Serra, onde chegou pelas 7 e meia. Visitou a casa e capela do Lombo da Pereira onde funciona uma escola sustentada pela sua apostólica munificência. [...]

Conde de Carvalhal, quer por a do Lazareto, até ao centro da cidade, tem-se dado muitas vezes a singularidade de só nas fontes de João Dinis se encontrar água./ Custa crê-lo mas o facto tem-se dado, e agora mesmo, ao escrevermos estas linhas, está-se dando./ A fonte do Lazareto não deita água; a da travessa do Lazareto também não deita; a de S. José, na Forca, está seca; a do Corpo Santo está esgotada; a do Poço de Nossa Senhora do Calhau tem a bomba partida; a da Praça dos Lavradores não deita nem pinga; a do Campo da Barca idem; a da Praça ora deita ora não deita; o chafariz não deita nada; enfim, só as fontes de João Dinis, felizmente, são inesgotáveis./ Por aqui se vê a grande falta de água que vai no Funchal, especialmente no populoso bairro de Santa Maria Maior./ Pois, apesar disto, a câmara continua a dormir a soneca dos justos, enquanto o Lazareto, onde tanta água abunda, estando a desperdiçar-se para o mar, continua fechado à ordem de... quem pode!»

1170 ABM, *Trabalho e União*, 31 de julho de 1909. Notícia publicada na rubrica "ECOS LOCAIS".
1171 ABM, *O Jornal*, 3 de agosto de 1909.
1172 Uma dessas notícias, intitulada "**Às almas caridosas**", referia o seguinte: «À rua do Bom Jesus, n.º 14, reside uma família composta de três pessoas, todas tuberculosas, em precárias circunstâncias, sem meios para poderem acorrer ao necessário à sua subsistência./ Imploramos em seu favor o óbolo das almas caritativas.» ABM, *O Jornal*, 10 de julho de 1909.
1173 BMF, *Diário de Notícias*, 4 de agosto de 1909.
1174 ABM, *Trabalho e União*, 7 de agosto de 1909. Notícia publicada na rubrica "ECOS LOCAIS".
1175 ABM, *O Jornal*, 11 de agosto de 1909.

Fonte do Lazareto[1176]

Já foi reparada a fonte do Lazareto, notando-se no entanto a falta de água na sua origem.

Por isso, cada vez se torna mais necessário que as fontes que existem dentro do Lazareto sejam franqueadas ao público.

Consta[1177]

[…] Que uma comissão de lavadeiras dirigiu-se ao sr. governador civil[1178] pedindo autorização para irem ao Lazareto lavar as suas roupas, mas, por enquanto, ainda não obtiveram diferimento, porque provavelmente o pedido ainda está sendo estudado pela irmã Wilson! […]

Santo da Serra, 14 de agosto[1179]
Imponentes festas

Na semana que hoje finda realizaram-se nesta localidade majestosas e significativas festas que nos deixaram na alma uma daquelas impressões que nunca se apagam, e que em nossos corações despertam eternamente uma profunda saudade. Referimo-nos à visita pastoral de Sua Ex.ª Rev.ma o Sr. D. Manuel Agostinho Barreto, venerando Bispo desta diocese.

Seriam 5 e meia da tarde do dia 10 do corrente, quando todo o povo da freguesia sorridente e ansioso se acotovelava nas imediações da igreja paroquial procurando todos à porfia obter um lugar donde melhor pudessem ver o seu venerando pastor. […]

Cerca das 6 e meia, depois de ter visitado a capela das Irmãs Franciscanas, ao Lombo da Pereira, descia Sua Ex.ª Rev.ma da rede ao som do hino nacional, sendo acompanhado pelo seu fâmulo o rev. padre Manuel Gomes e Silva e seminarista José Bebiano da Paixão. […]

Alcyon

Santa Cruz, 14 de agosto[1180]
A visita do Ex.mo Prelado

Esteve em festa nos últimos 3 dias a freguesia de Santa Cruz que teve a honra de hospedar S. Ex.ª Rev.ma o Sr. D. Manuel Agostinho Barreto.

O nobre Prelado chegou a esta freguesia na última quinta-feira pelas 6 horas da tarde. […]

O Sr. D. Manuel visitou ontem de tarde a capela de S. Pedro e hoje o hospital desta vila. Seguiu para o Funchal no vapor «Mariano de Carvalho», sendo acompanhado ao cais pelo povo, alguns rev.os sacerdotes, dr. Mégre, Eduardo Luís Rodrigues, dr. José Plácido, senhoras da vila, etc. […]

(Correspondente)

D. Manuel Agostinho Barreto nos últimos anos da sua vida. *BMF, Quinzena Religiosa, 1/2/1909.*

[1176] ABM, *Trabalho e União*, 14 de agosto de 1909. Em edições anteriores deste jornal o mesmo clamava pela substituição da torneira desta fonte.

[1177] ABM, *Trabalho e União*, 14 de agosto de 1909. Notícia publicada na rubrica "ECOS LOCAIS".

[1178] João de Paiva de Faria Leite Brandão.

[1179] ABM, *O Jornal*, 17 de agosto de 1909. Texto inserido na rubrica "O JORNAL no campo".

[1180] ABM, *O Jornal*, 20 de agosto de 1909. Texto inserido na rubrica "O JORNAL no campo".

3.9.1909

Medida acertada[1181]

Como por mais de uma vez aqui temos pedido, foi finalmente facultado ao público as fontes e lavadouros do Lazareto de Gonçalo Aires.

Realmente era bastante censurável que, escasseando água para usos domésticos e lavagens de roupas, não se franqueasse ao público o precioso líquido que tanto abunda no Lazareto, onde felizmente se pode entrar sem perigo, visto aquele edifício não estar funcionando.

Congratulamo-nos, pois, com a medida acertada de s. ex.ª o sr. governador civil interino.

Visita Pastoral[1182]

Na semana que precedeu a festa da Assunção Sua Ex.ª Rev.ma o Sr. Bispo visitou as três freguesias da Camacha, do Santo da Serra e de Santa Cruz, como já dissemos no último número da *Quinzena*; voltamos ao assunto para darmos aos nossos leitores notícias mais circunstanciadas das festas da 1.ª Comunhão e da Confirmação que se celebraram nestas três freguesias. [...]

– A entrada e receção do Ex.mo Prelado no Santo da Serra,[1183] a 10 de agosto pelas 6 horas da tarde, foi mais que solene e pomposa, foi imponente.

Sua Ex.ª Rev.ma, ao entrar na freguesia, tinha começado por visitar no Lombo da Pereira a capela e grande escola, dirigida pelas beneméritas Irmãs Franciscanas de Santa Cruz e sustentada pelo generoso Prelado, a quem foi doada por sua nobre fundadora a inolvidável Sr.ª Miss Arendrup. Seguiu depois em rede atravessando centenares de arcos, até o sítio do Pinheiro, onde foi recebido com grande ovação e muitos vivas pelo Rev.º Pároco, P.e José Marques Jardim acompanhado de alguns párocos vizinhos e seminaristas, [...]

Subsídio[1184]

Baixou à Repartição de Fazenda do distrito a ordem de pagamento ao Asilo de Mendicidade e Órfãos do Funchal, do subsídio relativo ao 1.º semestre do corrente ano, e respeitante à elevação da taxa do imposto de rendimento nos títulos de dívida pública que lhe estão averbados.

Benefício[1185]

Os srs. Sousa & Barreto, proprietários

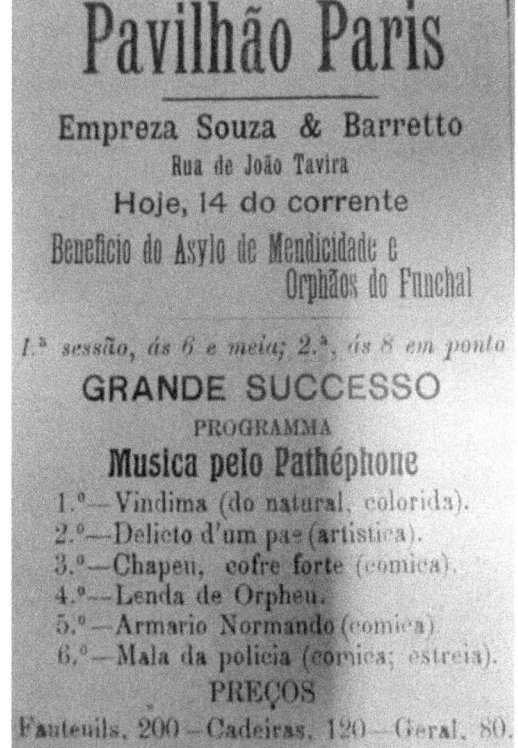

Anúncio da sessão no Pavilhão Paris em prol do Asilo de Mendicidade e Órfãos do Funchal. *BMF, Diário de Notícias, 18/10/1909.*

1181 ABM, *Trabalho e União*, 21 de agosto de 1909.
1182 BMF, *Quinzena Religiosa da Ilha da Madeira*, 1 de setembro de 1909.
1183 O Bispo dirigia-se a esta freguesia onde iria realizar, no dia seguinte, as cerimónias da 1.ª Comunhão, a 60 crianças, e do Crisma, a cerca de 300 pessoas.
1184 ABM, *Diário do Comércio*, 6 de novembro de 1909.
1185 ABM, *Diário do Comércio*, 12 de dezembro de 1909.

do «Pavilhão Paris» à rua de João Tavira, destinam ao Asilo de Mendicidade e Órfãos desta cidade o produto das sessões de cinematógrafo da próxima terça-feira.
Em cada mês será a receita de um dia aplicada a casas de caridade.
Aquela empresa é merecedora de todo o elogio pela sua caritativa deliberação.

Asilo[1186]

Foram ontem aprovadas as contas do Asilo de Mendicidade e Órfãos desta cidade relativas ao ano económico de 1907 a 1908.

A benefício do Asilo de Mendicidade[1187]

O produto das sessões cinematográficas, amanhã, no *Pavilhão Paris*, reverte a favor do *Asilo de Mendicidade e Órfãos*.

Pavilhão «Paris»[1188]
Empresa Sousa & Barreto
Rua de João Tavira

HOJE 14 DO CORRENTE
1.ª *Sessão* às 6 ½ h. 2.ª às 8 h. *em ponto*.
PROGRAMA
1.º Música pelo Pathéfone.
2.º Vindima na França (colorida).
3.º Delito dum pai (dramática).
4.º Chapéu, cofre-forte (cómica).
5.º Lenda de Orfeu (colorida).
6.º Armário normando (cómica).
7.º Mala da polícia (cómica) estreia.

A benefício do Asilo[1189]

A receita das sessões de cinematógrafo, que se realizam esta noite no «Pavilhão Paris», à rua de João Tavira, reverte em benefício do cofre do Asilo de Mendicidade e Órfãos desta cidade.

3.10.1910

Asilo de Mendicidade e Órfãos[1190]

No dia 27 do corrente realiza-se no *Casino Pavão* um baile a benefício do «Asilo de Mendicidade e Órfãos», uma das instituições de beneficência que maiores serviços tem prestado a esta terra.
A respetiva comissão administrativa lida no máximo empenho por que aquela festa seja bastante concorrida, o que é de esperar, atento o fim humanitário a que se destina o seu produto.

1186 BMF, *Heraldo da Madeira*, 12 de dezembro de 1909.
1187 BMF, *Diário de Notícias*, 13 de dezembro de 1909.
1188 ABM, *Diário do Comércio*, 14 de dezembro de 1909.
1189 ABM, *Diário do Comércio*, 14 de dezembro de 1909.
1190 BMF, *Diário de Notícias*, 11 de janeiro de 1910.

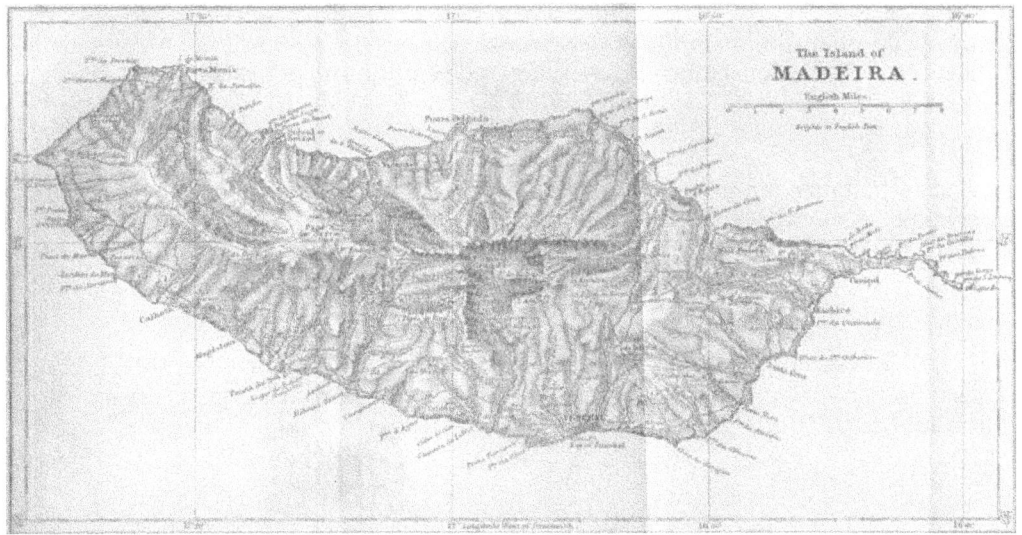

No princípio de 1910 a ação benéfica da Congregação fundada pela Irmã Wilson estendia-se a diversos concelhos da Madeira, a saber: Funchal, Santa Cruz, Machico, Santana e Porto Moniz. *BMF*, Concise Handbook of the Island of Madeira, *1890*.

[Sem título][1191]

The annual subscription Ball in aid of the Funchal Poor House and orphanage will take place at the «Strangers Club», Quinta Pavão, on Thursday, 27th. Inst. – Tickets will be sent round to the hotels and private residences, and may also be obtained on application to the committee, at the Poor House, opposite the Portuguese Cemetery. – The institution is supported by voluntary contributions, and is in need of help. Any donations will be gratefully received.

Asilo de Mendicidade[1192]

Segundo nos informam a ilustre comissão do asilo de mendicidade e órfãos tem sido incansável em promover melhoramentos e todos os confortos para os infelizes que se abrigam naquela casa de caridade.

Dentre os novos melhoramentos notam-se calçadas, casa de banho, etc., etc. pelo que é digna de todo o louvor a atual comissão.

Do que talvez a mesma ilustre comissão não tem conhecimento é que alguns dos velhos ali recolhidos são levados a trabalhar numa fazenda aí para a rua das Hortas, o que não nos parece justo nem humanitário, atenta a idade daqueles infelizes.

Asilo de Mendicidade e Órfãos do Funchal[1193]
Baile

É hoje que no *Casino Pavão* se realiza o baile a benefício daquela útil instituição de caridade.

Consta-nos que será bastante concorrido, atento o empenho com que a respetiva comissão administrativa tem lidado para esse fim.

[1191] BMF, *Diário de Notícias*, 20 de janeiro de 1910.
[1192] ABM, *Trabalho e União*, 22 de janeiro de 1910.
[1193] BMF, *Diário de Notícias*, 27 de janeiro de 1910.

Baile a benefício[1194]
É hoje que se realiza no *Stranger's Club* um baile a benefício do Asilo de Mendicidade e Órfãos desta cidade, constando-nos que há grande entusiasmo por esta festa de caridade.

Baile[1195]
Correu bastante animado o baile que se realizou anteontem no «Casino Pavão» em benefício do Asilo de Mendicidade e Órfãos do Funchal, sendo muito concorrido de nacionais e estrangeiros.

Consta[1196]
[...] Que as beneméritas do Lazareto pretendiam um subsídio do governo!
Está bom, não basta estarem senhoras do convento senão ainda quererem um subsidiozinho! [...]

Despesa pormenorizada[1197]
Nesta seção entram as despesas feitas com as escolas, a saber: ordenado às Professoras, aluguer de casa, pão para as crianças, luz para as escolas noturnas, etc. etc.
[...]

Escola do Porto Moniz (Santa Madalena)	50$000
Escola do Arco de S. Jorge (subsídio)	34$000
« de Santana	72$000
« de Machico (2 escolas)	159$800

[...]

A última recolhida do extinto convento da Encarnação[1198]
Faleceu ontem, de manhã, no Asilo de Mendicidade e Órfãos, com mais de 100 anos de idade, Maria do Monte, a única recolhida do extinto convento da Encarnação, que ainda vivia.

Asilo de mendicidade e órfãos[1199]
No dia 15 do corrente serão dadas de arrematação, na sala das sessões as águas que aquela casa de caridade possui, na levada da Cruzinha e S. Jorge, durante a estação da irrigação.

Asilo de mendicidade e órfãos[1200]
Foi concedido pelo governo central o subsídio da quantia de 543.600 réis ao Asilo de mendicidade e órfãos do Funchal.

[1194] ABM, *O Jornal*, 27 de janeiro de 1910.
[1195] ABM, *O Direito*, 29 de janeiro de 1910.
[1196] ABM, *Trabalho e União*, 29 de janeiro de 1910. Notícia publicada na rubrica "ECOS LOCAIS".
[1197] BMF, *Quinzena Religiosa da Ilha da Madeira*, 1 de fevereiro de 1910. Quadro inserido no artigo "Obra de S. Francisco de Sales".
[1198] BMF, *Diário de Notícias*, 17 de fevereiro de 1910. Texto inserido na rubrica "NOTÍCIAS DIVERSAS".
[1199] BMF, *Heraldo da Madeira*, 19 de fevereiro de 1910.
[1200] BMF, *Heraldo da Madeira*, 2 de março de 1910.

3.10.1910

Asilo de Mendicidade e Órfãos[1201]

Foi ontem aprovado por sua ex.ª o sr. governador civil[1202] o orçamento ordinário do Asilo de Mendicidade e Órfãos, do Funchal, relativo ao corrente ano.

Venda de água[1203]

A comissão administrativa do Asilo de Mendicidade e Órfãos vai pedir ao governo autorização para vender umas águas que possui no concelho de Santana.

Vigário de S. Pedro[1204]

Já se encontra quase restabelecido, da grave enfermidade que o prostrou por muitos dias no leito, o venerando pároco da freguesia de S. Pedro, padre Luís Augusto Macedo de Brito Queiroga.

O digno sacerdote que sofreu duma pneumonia de carácter grave, teve como médico assistente o sr. comendador dr. Eliseu de Sousa Drummond, que foi incansável em dispensar-lhe todos os cuidados e empregar os esforços ao alcance da ciência para salvar o venerando enfermo.

Os srs. drs. Vicente Cândido Machado e Carlos Leite Monteiro, auxiliados pelo médico assistente muito se esforçaram também para o debelamento de tão dolorosa enfermidade.

O rev.º Queiroga foi solicitamente tratado por duas Irmãs do Hospital de Santa Cruz que prodigalizaram os carinhos indispensáveis.

Pe. Luís Augusto de Macedo Queiroga, pároco de São Pedro em 1910 que, aquando da sua enfermidade foi tratado por duas Irmãs do Hospital de Santa Cruz. *BMF*, Almanaque Ilustrado do Diário da Madeira 1913, *1912*.

Anteontem pelas 12 horas do dia o rev. vigário de São Pedro já saiu, visitando a sua igreja e tendo ido cumprimentar o ilustre Prelado Diocesano que muito se interessou pela sua saúde.

Amanhã o bondoso sacerdote deve celebrar missa na sua igreja paroquial, motivo porque o felicitamos, pois o seu melindroso estado de saúde foi geralmente sentido, dum modo especial pelo povo da freguesia que o venera e dedicadamente o estima.

Subsídio ao asilo[1205]

Foi enviada à direção geral da contabilidade pública a petição da comissão administrativa do asilo para que seja autorizado o pagamento do subsídio concedido pelo Estado àquele estabelecimento de caridade.

Consta[1206]

[...] Que no Lazareto há um diretor, um fiscal e dois enfermeiros que recebem ordenado só indo ali raríssimas vezes.

*

1201 BMF, *Heraldo da Madeira*, 3 de março de 1910.
1202 O Dr. Afonso de Melo Pinto Veloso, que chegou ao Funchal a 24 de Fevereiro de 1910 e tomou posse do cargo no mesmo dia, conforme se lê na edição de 25 desse mês deste periódico.
1203 BMF, *Diário de Notícias*, 13 de março de 1910. Texto inserido na rubrica "NOTÍCIAS DIVERSAS".
1204 BMF, *Heraldo da Madeira*, 11 de maio de 1910. Notícia publicada na rubrica "A NOSSA CARTEIRA".
1205 ABM, *O Jornal*, 12 de março de 1910.
1206 ABM, *Trabalho e União*, 30 de abril de 1910. Notícia publicada na rubrica "ECOS LOCAIS".

Que as beneméritas irmãzinhas que inegavelmente prestaram bons serviços no Lazareto, por ocasião da varíola, vão-se deixando ficar ali.
Será aquilo convento de freiras?

*

Que as irmãzinhas do Lazareto cortaram ali algumas árvores, mandando a lenha em barco, para as sócias de Santa Cruz.
Será porque lá não há lenha? [...]
Que um grupo de cidadãos projeta erigir um monumento no Largo do Lazareto à memória das vítimas da peste, no tempo em que foi governador civil o sr. dr. Pedro Lomelino. [...]
Que a água de irrigação do Lazareto anda arrendada, sem se saber quanto traz a quem paga ao pessoal que nem de visita vai ali.

*

Que, enquanto se dá de arrendamento a água do Lazareto, as plantas e jardins morrem ali à sede, e muitas até já se extinguiram.

*

Que o sr. fiscal do Lazareto devia fazer sentir a quem compete a inconveniência das águas pertencentes àquele edifício andarem por mãos estranhas.

*

Que, enquanto viveu António dos Reis, (o cantoneiro) o redondo do Lazareto era um verdadeiro jardim, mas hoje está transformado num escalracho! [...]

Asilo de Mendicidade[1207]
A comissão administrativa do Asilo de Mendicidade e Órfãos foi autorizada a alienar as águas de irrigação que possui, de conformidade com a lei de desamortização.

Asilo de Mendicidade e Órfãos[1208]
A comissão do Asilo de Mendicidade e Órfãos desta cidade pediu autorização ao governo para vender umas águas que possui no concelho de Santana, a fim de aplicar o seu produto à compra de inscrições.
– A mesma comissão pediu ao governo o pagamento do subsídio em dívida àquela casa de caridade.

Asilo de Mendicidade[1209]
A comissão administrativa do Asilo de Mendicidade e Órfãos do Funchal foi superiormente autorizada a alienar, segundo a lei da desamortização, as duas levadas de irrigação que o mesmo estabelecimento de caridade possui na freguesia de Santana.
O produto da venda destas águas é destinado à compra de inscrições de assentamento.

Agradecimento[1210]
Em virtude do meu precário estado de saúde que ainda me impede de agradecer pessoalmente a todos os meus caros paroquianos e demais pessoas que me procuraram, dando assim testemunho da sua muita sincera amizade, cumpre-me do coração como dever indeclinável, manifestar-lhe publicamente o meu profundo reconhecimento, especializando o meu bom amigo e médico assistente comendador sr. Eliseu de Sousa Drummond, assim como os ex.mos srs. drs. Vicente Cândido Machado e Carlos Leite Monteiro, pela maneira

---
1207 BMF, *Diário de Notícias*, 13 de maio de 1910. Texto inserido na rubrica "NOTÍCIAS DIVERSAS".
1208 ABM, *Diário do Comércio*, 13 de março de 1910.
1209 ABM, *Diário do Comércio*, 13 de maio de 1910.
1210 ABM, *O Jornal*, 2 de junho de 1910; ABM, *Diário do Comércio*, 3 de junho de 1910.

extremamente cuidadosamente [cuidadosa] como me trataram na minha longa enfermidade, e para cujo debelamento [cuja debelação] empregaram todos os esforços ao alcance da ciência, a par da sua muita proficiência.

Outros sim [Outrossim], devo render público testemunho às duas beneméritas Irmãs do Hospital de Santa Cruz, de quem recebi cativantes carinhos que muito mitigaram os meus dolorosos sofrimentos físicos. [...]

A todos, pois, o preito da minha sincera gratidão e os testemunhos da minha muita estima.

São Pedro 2 de junho de 1910.

O Vigário
Luís Augusto Macedo de Brito Quiroga.

Subsídios[1211]

A comissão administrativa do Asilo de Mendicidade e Órfãos do Funchal e a mesa gerente da Santa Casa da Misericórdia do Funchal pediram o pagamento do subsídio concedido a estes estabelecimentos no ano económico findo.

Lazareto de Gonçalo Aires[1212]

Pelo governo civil foi autorizado o pagamento dos vencimentos do pessoal menor do Lazareto.

Santa Cruz, 3 de julho.

[...]

Festa de Santa Isabel[1213]

No último sábado realizou-se a festa de Santa Isabel, no Hospital da Misericórdia, pregando o mui rev. cónego Fausto, digno vigário. Esta festa foi promovida pelo secretário da comissão, sr. escrivão Arsénio Álvares de Freitas, que é um benemérito daquela casa pelo trabalho e zelo que desenvolve em favor de tão caridosa instituição. [...]

P. C.[1214]

Subsídio a casas de caridade[1215]

A comissão do Asilo de Mendicidade e Órfãos e a Mesa da Santa Casa da Misericórdia pediram ao governo igual subsídio que foi concedido a estes estabelecimentos no ano económico próximo findo.

Subsídios[1216]

A comissão administrativa do Asilo de Mendicidade e Órfãos e a mesa gerente da Santa Casa da Misericórdia do Funchal pediram o pagamento do subsídio respeitante ao segundo semestre do ano próximo findo e que é concedido pelo governo àqueles estabelecimentos de beneficência.

[1211] ABM, *O Direito*, 13 de junho de 1910.
[1212] BMF, *Diário de Notícias*, 23 de junho de 1910. Texto inserido na rubrica "NOTÍCIAS DIVERSAS".
[1213] ABM, *O Jornal*, 4 de julho de 1910. Texto inserido na rubrica "O JORNAL no campo".
[1214] Iniciais do Pe. João Vieira Caetano.
[1215] BMF, *Heraldo da Madeira*, 13 de julho de 1910.
[1216] A BM, *O Jornal*, 13 de julho de 1910.

Orçamento do Asilo[1217]

Baixou à administração do concelho o orçamento do Asilo de Mendicidade e Órfãos, para o corrente ano económico de 1909 a 1910, a fim de ser aprovado.

Santo da Serra[1218]

A pedido de alguns rapazes não protestantes abrimos no mês de Março próximo passado uma escola noturna. A assistência logo chegou a ser tão boa que aqueles que entendem que a eles só cabe a educação literária e religiosa de todo o povo desta ilha, se lembraram do seu dever de dar uma escola noturna aos rapazes da freguesia na capela vizinha à nossa missão.[1219] Quando os matriculados da nossa escola não foram logo atraídos à escola nova, a autoridade eclesiástica recorreu às armas espirituais assim chamadas, e alguns dos seus adeptos se serviram de armas físicas para estorvar a continuação da nossa escola daqueles sobre cujos espíritos queriam dominar. Nem todos puderam resistir à força de umas e de outras armas; mas nenhum deixou a nossa escola sem terem recebido alguma luz evangélica. Tanto a escola diária como a noturna estão agora em férias.

Subsídio[1220]

Foi pedida ao governo a concessão do subsídio que compete ao Asilo de Mendicidade e Órfãos do Funchal, no corrente ano económico.

Subsídio[1221]

Foi superiormente concedido ao Asilo de Mendicidade e Órfãos desta cidade o subsídio relativo ao corrente ano económico, na importância de 534 000 réis.

Asilo[1222]

Pelo governo civil foi concedido ao Asilo de Mendicidade e Órfãos, o subsídio de 543$000 réis respeitantes ao atual ano económico, nos termos da lei de 9 de setembro de 1908.

1217 BMF, *Heraldo da Madeira*, 26 de agosto de 1910.

1218 ABM, *Voz da Madeira*, agosto de 1910. Os Metodistas, mais conhecidos na Madeira por calvinistas, começaram a publicar este jornal mensal em julho de 1908, onde divulgavam o progresso das suas missões estabelecidas no Funchal, no Santo da Serra e em Machico, registos de batismo e casamento dos seus prosélitos, e ainda lições teológicas, etc. Na edição de 20 de janeiro de 1909 deste jornal vem discriminada ação da Igreja Metodista Episcopal na Madeira. Através da mesma se constata que a missão estabelecida no Lombo da Pereira, em Santo António da Serra, tinha, aos domingos, às 11 da manhã a escola bíblica, seguida, ao meio-dia, do culto com pregação ao Evangelho, e no primeiro domingo de cada mês faziam a celebração da Santa Ceia do Senhor. Aos domingos, em casas particulares daquela freguesia, faziam-se ainda, às 3 horas da tarde, ajuntamentos para louvor e testemunho. E esta missão tinha ainda uma escola primária diária. Em Machico, no sítio da Ribeira Grande, também havia uma missão, que seguia as mesmas premissas da do Santo da Serra, havendo ainda uma outra, mais pequena, na vila de Machico. Na edição de setembro de 1909 deste jornal existe uma crónica, intitulada "**SANTO DA SERRA**", que historia em breves linhas o percurso da missão estabelecida naquela freguesia: «Assim em linguagem vulgar chama-se a freguesia de Santo António da Serra, abreviado muitas vezes simplesmente em «O Santo». Distante da igreja paroquial meia légua, no sítio do Lombo da Pereira é a missão metodista episcopal à qual se deu o nome de «Monte da Fé»./ Pouco acessível como é por ser longe das vilas de Santa Cruz e de Machico, sem boas estradas, mas em lugar delas veredas estreitas e íngremes, durante os dois anos da sua existência como missão metodista, o «Monte da Fé» recebeu sempre uma ou duas vezes por ano visita episcopal. O tempo que o senhor bispo pode dispor na Madeira é sempre pouco; mas cada hora é por ele bem aproveitada nos interesses temporais e espirituais da obra./ Chegado de Machico ao meio-dia no sábado 14 do mês transato, S. Ex.ª Revd.ma Bispo Hartzell esteve no «Monte da Fé» até às 5 horas da manhã na segunda-feira que seguiu. [...]»

1219 Na capela fundada pela Ir. Wilson naquele local para combater e suster o avanço do calvinismo naquela freguesia.

1220 ABM, *Diário do Comércio*, 9 de setembro de 1910.

1221 ABM, *Diário do Comércio*, 27 de setembro de 1910.

1222 BMF, *Heraldo da Madeira*, 27 de setembro de 1910.

3.10.1910

Consta[1223]
[…] Que as irmãzinhas do Lazareto vedaram com arame farpado um local onde as pobres lavadeiras coravam as suas roupas. Estas *beneméritas* que já cortaram as árvores e mandaram a lenha para Santa Cruz, estão mesmo a pedir uma lição como a que foi dada aos frades de Ponte da Aldeia. […]

NO FUNCHAL[1224]
Os conventos e seminário estão guardados por forças de infantaria 27.º constando que esta última casa seria fechada, passando o edifício, depois de ser indemnizado o seu proprietário, servirá [a servir] para o hospital civil e para as repartições públicas.

A confirmar-se esta notícia, é uma medida bastante acertada que S. Ex.ª senhor governador civil adota.

*

Muitas das franciscanas, irmãzinhas dos pobres, e hospitaleiras, já têm partida com destino desconhecido. Ainda bem.

A proclamação da república em Portugal[1225]
NO FUNCHAL
Congregações religiosas
Em cumprimento das instruções recebidas do ministério da justiça, o sr. administrador do concelho, dr. Pestana Júnior, mandou guardar ontem por forças militares e polícia as casas religiosas desta cidade, a fim de que nada possa sair delas.

Essas casas são os conventos de Santa Clara e das Mercês, o Lazareto de Gonçalo Aires e o edifício das Irmãzinhas dos Pobres.

*

Consta que serão competentemente recolhidos os religiosos e religiosas desta cidade, a fim de partirem em breve para o estrangeiro, à exceção dos portugueses que declararem adotar vida secular. […]

Casas religiosas[1226]
Em cumprimento de instruções do sr. ministro da justiça, foram ontem à noite guardadas por forças militares as casas religiosas desta cidade, a fim de evitar o desvio de objetos de valor pertencentes ao governo.

Dr. Manuel Gregório Pestana Júnior, que militava na maçonaria madeirense foi nomeado Administrador da Câmara Municipal do Funchal aquando da implantação da República em Portugal. A 13 de outubro de 1910 o mesmo faria questão de assistir *in loco* à expulsão das Clarissas do Convento das Mercês e das Irmãs de Santa Cruz do Lazareto de Gonçalo Aires e do Recolhimento do Bom Jesus, incluindo a Irmã Wilson, que ali se encontrava. *Coleção do autor.*

1223 ABM, *Trabalho e União*, 1 de outubro de 1910. Notícia publicada na rubrica "ECOS LOCAIS".

1224 ABM, *Correio da Tarde – Jornal Progressista*, 13 de outubro de 1910. Por esta altura este jornal já não era de inspiração católica mas sim republicana, daí a última frase desta notícia.

1225 BMF, *Diário de Notícias*, 13 de outubro de 1910; ABM, *Diário Popular*, 13 de outubro de 1910. Nesta segunda fonte estes textos foram publicados sob o título "No Funchal"; ABM, *Heraldo da Madeira*, 13 de outubro de 1910. Nesta última fonte estes textos foram publicados sob os título e subtítulo seguintes: "A proclamação da república em Portugal – NO FUNCHAL".

1226 ABM, *Diário do Comércio*, 13 de outubro de 1910.

3. DE 1901 A 1910

A proclamação da república em Portugal[1227]
NO FUNCHAL
Congregações religiosas

Em cumprimento do decreto de 8 do corrente sobre congregações religiosas,[1228] o sr. administrador do concelho do Funchal, dr. Manuel Gregório Pestana Júnior, depois de observadas as formalidades legais, como a aposição de selos, fez conduzir ontem à tarde ao palácio de S. Lourenço quatro irmãs da ordem religiosa, da qual é diretora Miss Wilson, que se achavam no Lazareto de Gonçalo Aires, a fim de serem entregues às respetivas famílias. [...][1229]

Todas as religiosas recolhidas naquele palácio ficaram convenientemente instaladas no

---

1227 BMF, *Diário de Notícias*, 14 de outubro de 1910.

1228 Da autoria de Afonso Costa, que promulgou o encerramento compulsivo de todas as casas religiosas existentes em Portugal e extinção de todas as ordens e congregações. Apresentamos seguidamente o seu teor deste decreto emanando do Ministério da Justiça: «O Governo Provisório da República Portuguesa faz saber que em nome da República se decretou, para valer como lei, o seguinte:/ Artigo 1.º Continua a vigorar como lei da República Portuguesa a de 3 de setembro de 1759, promulgada sob o regime absoluto, e pela qual os jesuítas foram havidos por desnaturalizados e proscritos, e se mandou que efetivamente fossem expulsos de todo o país e seus domínios «para nele mais não poderem entrar»./ Art. 2.º Continua também a vigorar como lei da República Portuguesa a de 28 de agosto de 1767, igualmente promulgada sob o regime absoluto, que, «explicando e ampliando» a referida lei de 3 de setembro de 1759, determinou que os membros da chamada Companhia de Jesus, ou jesuítas, fossem obrigados a sair imediatamente para fora do país e seus domínios./ Art. 3.º Continua também a vigorar com força de lei na República Portuguesa o decreto de 28 de maio de 1834, promulgado sob o regime monárquico representativo, o qual extinguiu em Portugal, Algarve, ilhas adjacentes e domínios portugueses, todos os conventos, mosteiros, colégios, hospícios e quaisquer casas de religiosos de todas as ordens regulares, fosse qual fosse a sua denominação, instituto ou regra./ Art. 4.º É declarado nulo, por ser contrário à letra e ao espírito dos mencionados diplomas, o decreto de 18 de abril de 1901, que disfarçadamente autorizou a constituição de congregações religiosas no país, quando pretendessem dedicar-se exclusivamente à instrução ou beneficência, ou à propaganda da fé e civilização no ultramar./ Art. 5.º Em consequência e de harmonia com o disposto nos artigos 1.º a 3.º e nos diplomas aí referidos serão expulsos do território da República todos os membros da chamada Companhia de Jesus, qualquer que seja a denominação sob que ela ou eles se disfarcem, e tanto estrangeiros ou naturalizados, como nascidos em território português, ou de pai ou mãe portugueses./ Art. 6.º Os membros das demais companhias, congregações, conventos, colégios, associações, missões ou outras casas de religiosos pertencentes a ordens regulares serão também expulsos do território da República, se forem estrangeiros ou naturalizados, e, se forem portugueses, serão compelidos a viver vida secular ou pelo menos a não viver em comunidade religiosa./ § 1.º Para o efeito da disposição deste artigo, entende-se que vivem em comunidade os religiosos, pertencentes a quaisquer ordens regulares, que residam ou se ajuntem habitualmente na mesma casa, ou sucessiva ou alternadamente em diversas casas, em número excedente a três./ § 2.º As pessoas referidas no parágrafo anterior são obrigadas a participar ao Governo, pelo Ministério da Justiça, por ofício registado numa estação postal, a localidade do território da República em que estabelecem o seu domicílio./ Art. 7.º Os indivíduos compreendidos neste decreto que infringirem qualquer das suas disposições, ou deixarem de cumprir imediatamente, ou no prazo que lhes for marcado, as determinações legítimas da autoridade competente, incorrerão na pena de desobediência qualificada, sem prejuízo da responsabilidade que porventura lhes caiba por constituírem associações ilícitas, nos termos do artigo 282.º do Código Penal, ou associações de malfeitores, nos termos do artigo 263.º do mesmo código./ Art. 8.º Os bens das associações ou casas religiosas serão arrolados e avaliados, precedendo imposição de selos; e os das casas ocupadas pelos jesuítas, tanto móveis como imóveis, serão desde logo declarados pertença do Estado./ § único. Aos bens das outras casas religiosas dar-se-á proximamente destino no decreto orgânico sobre as relações do Estado Português com as Igrejas, ou em regulamento do presente decreto./ Art. 9.º A execução deste decreto e dos diplomas mencionados nos artigos 1.º a 3.º fica especialmente incumbida ao Ministro da Justiça, que para este fim poderá reclamar dos magistrados judiciais e dos procuradores da República, seus delegados e subdelegados, os serviços de que carecer, inclusive para se estabelecer eficazmente a identidade dos indivíduos atingidos por esse mesmo decreto./ Art. 10.º O presente diploma com força de lei entrará imediatamente em vigor e será sujeito à apreciação da próxima Assembleia Nacional Constituinte./ Determina-se portanto que todas as autoridades a quem o conhecimento e a execução do presente decreto com força de lei pertencer o cumpram e façam cumprir e guardar tão inteiramente como nele se contém./ Os Ministros de todas as repartições o façam imprimir, publicar e correr./ Dado nos Paços do Governo da República, aos 8 de outubro de 1910. = *Joaquim Teófilo Braga* = *António José de Almeida* = *Afonso Costa* = *António Xavier Correia Barreto* = *Amaro de Azevedo Gomes* = *Bernardino Machado*.» BMF, *Diário do Governo*, 10 de outubro de 1910.

1229 No mesmo dia também foram transportadas para o Palácio de S. Lourenço as Irmãs Clarissas recolhidas do Convento de Nossa Senhora das Mercês, sito à Rua das Mercês, cuja Superiora era, à época, a Madre Virgínia Brites da Paixão, Clarissa natural do Lombo dos Aguiares, em Santo António, que era dotada de dons místicos e cujo Processo Diocesano de Beatificação e Canonização decorre atualmente na nossa Diocese.

3.10.1910

Em outubro de 1910 o Palácio de São Lourenço, onde anos antes haviam sido realizados diversos eventos com o intuito de angariar verbas para as obras de caridade da Irmã Wilson, transformar-se-ia no cárcere onde ela e outras religiosas seriam detidas após a implantação da República em Portugal. Ali a Boa Mãe aguardaria a sua deportação para Inglaterra. *Foto aérea obtida em 2005 por José Santos e gentilmente cedida por José Lemos.*

rés-do-chão até que sejam reclamadas por suas famílias. [...]

Casas religiosas[1230]

O digno administrador deste concelho, sr. dr. Manuel Gregório Pestana Júnior, acompanhado do secretário sr. Julião Mendes Correia e do amanuense sr. António Constantino Nunes, fez ontem de tarde a imposição de selos no convento das Mercês e no Lazareto de Gonçalo Aires, conduzindo em seguida ao Palácio de S. Lourenço as religiosas que se encontravam naquelas casas.

As mesmas religiosas – Capuchinhas[1231] e Irmãs Franciscanas de Nossa Senhora das Vitórias – ficarão alojadas naquele Palácio até serem entregues a suas famílias, pois que, sendo nacionais, são obrigadas a viver a vida secular.

Entre as Capuchinhas contam-se uma paralítica, que vai ser recolhida temporariamente na casa das Irmãzinhas dos Pobres,[1232] e outra atacada de tuberculose, que vai ser internada no Hospício da Princesa D. Maria Amélia.

*

O sr. dr. juiz de direito da comarca de S. Vicente vai ser encarregado de proceder ao arrolamento dos bens existentes nas casas religiosas do Funchal.

Congregações religiosas[1233]

O sr. dr. Manuel Gregório Pestana Júnior, administrador deste concelho, acompanhado do secretário sr. Julião Mendes Correia, foi ontem de tarde ao Lazareto de Gonçalo Aires e

---

1230 ABM, *Diário do Comércio*, 14 de outubro de 1910.

1231 Denominação popular atribuída às Clarissas residentes no antigo Convento das Mercês. A rua que ladeia o local onde outrora se erguia o mesmo, ainda mantém esta designação na sua toponímia, ou seja, Travessa das Capuchinhas, que perpetua a memória da sua presença naquele local.

1232 Sita à Rua das Hortas.

1233 ARM, *O Direito*, 14 de outubro de 1910.

ao convento das Mercês fazer a imposição de selos.

As religiosas que ali se achavam, franciscanas e capuchinhas, foram conduzidas ao Palácio de S. Lourenço, onde permanecerão até serem entregues às famílias. [...]

O sr. dr. juiz de direito da comarca de S. Vicente vai ser encarregado de proceder ao arrolamento dos bens existentes nas casas religiosas desta ilha.

Arrolamento do Lazareto de Gonçalo Aires[1234]

O sr. dr. Pestana Júnior, digno administrador deste concelho, acompanhado dos srs. Julião A. Mendes Correia, secretário da administração do concelho, António Constantino Nunes, um oficial de diligências e dois guardas civis, foi ontem ao Lazareto de Gonçalo Aires, fazer o arrolamento do que ali se acha.

Congregações religiosas[1235]
Do Lazareto

As irmãs hospitaleiras que ali se achavam, em número de três foram, por ordem do sr. administrador do concelho intimadas a abandonar aquela casa, dando-lhe o governo albergue no Palácio de São Lourenço, até que embarquem para a terra da sua naturalidade. [...]

Cumprindo um decreto[1236]
No Lazareto

As irmãs hospitaleiras que ali se achavam, em número de quatro foram, por ordem do sr. administrador do concelho[1237] intimadas a abandonar aquela casa, dando-lhe o governo albergue no Palácio de São Lourenço, até que embarquem para a terra da sua naturalidade. [...]

No Bom Jesus

Hoje, pelas 3 horas da tarde, foram removidas para o Palácio de São Lourenço, três irmãs hospitaleiras, que se encontravam no recolhimento do Bom Jesus. [...]

No Asilo

A comissão do Asilo de Mendicidade e Órfãos desta cidade de que é presidente S. Ex.ª Rev.ma, será brevemente dissolvida e nomeada outra pelo sr. governador civil[1238] para a substituir.[1239]

AS CONGREGAÇÕES RELIGIOSAS[1240]

[...] Deram ontem entrada[1241] no Palácio de S. Lourenço três irmãs hospitaleiras (Senhora das Vitórias), incluindo miss Wilson. [...]

Treze religiosas da ordem de miss Wilson ficaram secularizadas, sendo encarregadas

---

[1234] ABM, *Heraldo da Madeira*, 14 de outubro de 1910.

[1235] ABM, *Heraldo da Madeira*, 14 de outubro de 1910.

[1236] ABM, *O Jornal*, 14 de outubro de 1910.

[1237] Dr. Manuel Gregório Pestana Júnior.

[1238] Dr. Manuel Augusto Martins.

[1239] Segundo se lê n'*O Jornal* de 15 de outubro, a nova comissão administrativa do Asilo era composta pelos seguintes elementos: dr. José Joaquim de Freitas, João Augusto Duarte Vítor, Manuel Pinto Correia, Manuel Passos Freitas, Henrique Augusto Rodrigues, Maximiano Rodrigues e Francisco de Andrade.

[1240] ABM, *Correio da Tarde – Jornal Progressista*, 15 de outubro de 1910; BMF, *Diário de Notícias*, 15 de outubro de 1910.

[1241] Este jornal "esqueceu-se" dizer que esta entrada foi feita sob detenção. No intervalo destas duas notícias encontra-se a seguinte, o que nos permite aferir tal afirmação: «As religiosas de Santa Clara, em número de 13, estão ali detidas até á sua partida para fora da ilha, o que deve verificar-se hoje.»

provisoriamente dos doentes no Asilo de Mendicidade e Órfãos.[1242] [...]

Casas religiosas[1243]

O digno administrador do concelho, sr. dr. Manuel Gregório Pestana Júnior, acompanhado dos amanuenses srs. Abel da Silva Moniz e António Constantino Nunes e do oficial de diligências sr. Freitas, fez ontem, pouco depois do meio-dia, a imposição de selos no convento de Santa Clara, permitindo que permanecessem ali, até o dia do seu embarque, as Irmãs Franciscanas que formavam o corpo docente do colégio que funcionava há anos naquele edifício. [...]

O sr. administrador do concelho dirigiu-se em seguida ao Recolhimento do Bom Jesus, e fez conduzir ao Palácio de S. Lourenço as três Irmãs Franciscanas de Nossa Senhora das Vitórias, que ali se encontravam, entre as quais Miss Maria Wilson, a quem estava confiada a direção do mesmo recolhimento. [...]

Consta-nos que Miss Wilson vai passar à vida secular, fixando a sua residência na vila de Santa Cruz.[1244] [...]

Dr. Manuel Augusto Martins, um dos elementos mais ferrenhos da maçonaria madeirense e diretor do jornal anticlerical *O Povo*, que muito criticou a gerência da Irmã Wilson no Recolhimento do Bom Jesus, foi nomeado Governador Civil do Funchal após a implantação da República em Portugal. BMF, *O Povo, 22/3/1911*.

Asilo de Mendicidade[1245]

Pelo sr. governador civil foi ontem demitida a comissão administrativa do Asilo de Mendicidade e Órfãos do Funchal, e nomeados os seguintes cidadãos para gerirem os negócios do mesmo estabelecimento:

Dr. José Joaquim de Freitas, Henrique Augusto Rodrigues, Maximiano de Sousa Rodrigues, João Augusto Duarte Vítor, Manuel Pinto Correia, Francisco de Andrade e Manuel dos Passos Freitas.

Ordens religiosas[1246]

Entraram ontem para o Palácio de S. Lourenço, as irmãs recolhidas dos conventos de Santa Clara e Bom Jesus, tendo sido recebidas amavelmente pelo sr. dr. Manuel Augusto Martins, ilustre Governador Civil do distrito, à porta inferior daquele edifício. [...]

Comissão Administrativa do Asilo

Foi dissolvida a Comissão Administrativa do Asilo, e nomeada em sua substituição outra, composta dos seguintes cidadãos: Dr. José Joaquim de Freitas, Manuel Pinto Correia, Henrique Augusto Duarte Vítor, Manuel Passos Freitas, Francisco de Andrade e Maximiano de Sousa Rodrigues.

1242 Ficaram encarregadas do Asilo apenas quatro Irmãs que anteriormente à proclamação da República ali faziam aquele serviço, e que continuaram a desempenhá-lo após se terem secularizado. No entanto, conforme veremos mais adiante, as mesmas seriam demitidas pouco tempo depois.

1243 ABM, *Diário do Comércio*, 15 de outubro de 1910.

1244 Esta informação não era correta visto a Ir. Wilson ter deixado a Madeira poucos dias depois, rumo à Inglaterra.

1245 ABM, *Diário do Comércio*, 15 de outubro de 1910.

1246 ABM, *Diário Popular*, 15 de outubro de 1910.

Congregações religiosas[1247]

O sr. dr. Manuel Gregório Pestana Júnior, administrador deste concelho, acompanhado dos amanuenses srs. Abel da Silva Moniz e António Constantino Nunes, foi ontem, pela 1 hora da tarde, ao convento de Santa Clara e ao recolhimento do Bom Jesus fazer a imposição de selos. [...]

No recolhimento do Bom Jesus encontravam-se apenas três religiosas, entre as quais Miss Wilson, que também foram conduzidas em carro para o Palácio de S. Lourenço. [...]

Consta-nos também que a Irmã Miss Marie Wilson passa a vida secular, fixando a sua residência na vila de Santa Cruz. [...]

Nova comissão do Asilo[1248]

Foi ontem nomeada a comissão administrativa do asilo de Mendicidade e Órfãos que ficou composta dos seguintes cidadãos: Dr. José Joaquim de Freitas, Manuel Pinto Correia, Henrique Augusto Rodrigues, João Augusto Duarte Vítor, Manuel Passos Freitas, Manuel de Andrade, Maximiano de Sousa Rodrigues, em substituição do sr. Bispo do Funchal, cónego Monteiro, dr. Nuno F. Jardim, comendador João Bernardino Gomes, comendador dr. Eliseu de Sousa Drummond, dr. Abel Tiago Gonçalves e Henrique Hinton.

Congregações religiosas[1249]

[...]

No Bom Jesus

Ontem, pelas 3 horas da tarde, foram removidas para o Palácio de São Lourenço, três irmãs hospitaleiras, que se encontravam no recolhimento do Bom Jesus. [...]

Hospital de Santa Cruz[1250]

As religiosas do Hospital da Santa Casa da Misericórdia de Santa Cruz abandonaram hoje aquele edifício dirigindo-se às casas de suas famílias, exceto a religiosa de nome Clara do Amaral, natural da Calheta, que, sendo reclamada por seu irmão Roque Amaral, declarou perante a comissão administrativa que passava à vida secular pelo que foi contratada pela mesma comissão administrativa para gerente da dita Santa Casa.

Consta[1251]

[...] Que, durante alguns meses, esteve detida, no Lazareto, uma irmãzinha. Porque seria?

Tratar-se-ia duma segunda Sara de Matos?[1252]

*

Que na última quarta-feira[1253] houve movimento de entrada e saída de malas no Lazareto, que ultimamente servia de convento de freiras. [...]

1247 ARM, *O Direito*, 15 de outubro de 1910.
1248 ABM, *Heraldo da Madeira*, 15 de outubro de 1910.
1249 ABM, *Heraldo da Madeira*, 15 de outubro de 1910.
1250 ABM, *O Jornal*, 15 de outubro de 1910.
1251 ABM, *Trabalho e União*, 15 de outubro de 1910. Notícia publicada na rubrica "ECOS LOCAIS".
1252 Alusão ao caso do Convento das Trinas, que fez correr rios de tinta na imprensa do continente, e que serviu de arma de arremesso da maçonaria contra a Igreja Católica em Portugal, que referia que uma jovem ali recolhida havia sido violada e envenenada em 1891, o que mais tarde se veio a constatar ser falso.
1253 12 de outubro de 1910.

3.10. 1910

Congregações religiosas[1254]
[…] Miss Wilson encarrega-nos de pedir a todas as pessoas, para quem esteja em dívida de quaisquer importâncias, a fineza de apresentarem as respetivas contas no Palácio de S. Lourenço até amanhã, pelo meio-dia. […]

Religiosas[1255]
As religiosas que existiam na Santa Casa da Misericórdia de Santa Cruz abandonaram ontem o mesmo estabelecimento de caridade, recolhendo às casas de suas famílias, com exceção de Clara do Amaral, da freguesia do Arco da Calheta, que, passando à vida secular, foi contratada pela respetiva comissão administrativa para continuar a prestar serviço naquela casa.

Partida de religiosas[1256]
No vapor *Antony* saíram ontem para Inglaterra as irmãs hospitaleiras que se achavam prestando serviço no hospital civil, algumas no «Hospício da Princesa D. Amélia», e nove Irmãs Missionárias de Maria que há anos dirigiam o colégio de Santa Clara.

As restantes religiosas estrangeiras deixarão a Madeira logo que o sr. governador civil esteja autorizado pelo governo a pagar-lhes as respetivas passagens.

Congregações religiosas[1257]
Foram ontem requisitadas pelas respetivas famílias diversas religiosas, que passaram à vida secular.

As religiosas que se encontravam na Santa Casa de Misericórdia de Santa Cruz abandonaram ontem aquela casa, dirigindo-se para as residências de suas famílias, exceto a Irmã Clara do Amaral, natural do Arco da Calheta, que passou à vida secular, sendo contratada pela comissão administrativa daquela casa para tomar a direção das enfermarias. […]

Congregações religiosas[1258]
[…]
Hospital de Santa Cruz
As religiosas dirigidas por miss Mary John[1259] Wilson, que estavam tratando dos doentes no Hospital de Santa Cruz abandonaram ontem aquela casa, seguindo para a casa de suas famílias.

– A religiosa Clara do Amaral, natural da freguesia da Calheta, declarou que passava à vida secular, assumindo a gerência daquele hospital, para o que foi contratada pela respetiva comissão administrativa. […]

A proclamação da república em Portugal[1260]
NO FUNCHAL
Miss Wilson
É público e notório que a Madeira muito deve aos sentimentos humanitários desta

---

1254 BMF, *Diário de Notícias*, 16 de outubro de 1910. Texto inserido na rubrica "A proclamação da república em Portugal – NO FUNCHAL".
1255 ABM, *Diário do Comércio*, 16 de outubro de 1910.
1256 ABM, *Diário do Comércio*, 16 de outubro de 1910.
1257 ARM, *O Direito*, 16 de outubro de 1910.
1258 ABM, *Heraldo da Madeira*, 16 de outubro de 1910.
1259 Jane.
1260 BMF, *Diário de Notícias*, 17 de outubro de 1910.

Anúncio da passagem do vapor *Walmer Castle* pelo Funchal, em outubro de 1910, rumo a Inglaterra. Neste navio a Irmã Maria de S. Francisco Wilson seguiu viagem rumo ao seu exílio. *BMF*, Diário de Notícias, *17/10/1910* e Secretariado da Irmã Wilson.

ilustre senhora, sentimentos que foram postos ainda em maior relevo por ocasião da epidemia de varíola.

Constando-nos que a bondosa dama está disposta a secularizar-se, ser-lhe-á certamente permitido que continue a residir, nesta ilha, que de há muito adotou como sua segunda pátria.

É não só um ato de justiça, mas um dever de gratidão que todos nós, madeirenses, contraímos com a benemérita hospitaleira pelos relevantes serviços que ela prestou à humanidade enferma, numa tão grave conjuntura, e que lhe mereceram a honrosa distinção da *Torre e Espada*. [...]

Na Madeira[1261]
Miss Wilson

Todos conhecem esta dedicada heroína que passa a vida no exercício da mais desinteressada caridade, espalhando o bem sob as suas múltiplas manifestações.

Ainda na última epidemia de varíola que assaltou a Madeira, produzindo centenas de vítimas, se evidenciou a heroica dedicação de Miss Wilson oferecendo-se, bem como as suas caritativas companheiras, para tratar os variolosos no hospital de isolamento do Lazareto Gonçalo Aires.

O público funchalense e até toda a Madeira fez-lhe naquele recinto uma apoteose imponentíssima e justa, patenteando-lhe desse modo o seu reconhecimento e o alto apreço em que tinha as suas virtudes e o seu encendrado amor do próximo.

Tudo isso, que não [se] deve esquecer facilmente, está ainda bem impresso na mente de todos com caracteres indeléveis.

Miss Wilson, que também acaba de ser atingida pelos decretos que mandam sair da república as religiosas estrangeiras, resolveu segundo consta, secularizar-se.

Perfilhamos o parecer dum colega da manhã de que à ilustre e benemérita senhora será permitida, nesse caso, a permanência nesta Ilha, onde ela conta por toda a parte padrões que atestam o seu zelo e caridade admiráveis.

É um ato de justiça e representaria isso um tributo de reconhecimento e apreço pelos benefícios relevantes que essa dedicada heroína durante muitos anos prestou à população madeirense.

A Irmã Wilson[1262]

Em consequência do recente decreto do sr. ministro da justiça[1263] que expulsa do país as congregações religiosas, ausentou-se hoje para Inglaterra, a bordo do vapor *Walmer Castle*, aquela benemérita Irmã que durante tantos anos edificou a Madeira com as suas belas práticas de caridade cristã que lhe renderam uma bem justificada estima da parte dos que conheciam a sua desinteressada e humanitária obra em favor dos povos de toda a ilha.

[1261] ABM, *O Jornal*, 17 de outubro de 1910.
[1262] ABM, *O Jornal*, 18 de outubro de 1910.
[1263] Afonso Costa.

3.10.1910

Aspeto do cais do Funchal por volta de 1910. Na imagem são vistos alguns automóveis, possivelmente pertencentes à Empresa Madeirense de Automóveis, que se estabeleceu no Funchal em 1907 e promovia o transporte coletivo de passageiros para diversos pontos da cidade. *Coleção do autor.*

Ao cais foram despedir-se da respeitável senhora muitas damas e cavalheiros da nossa melhor sociedade que quiseram assim testemunhar à veneranda Irmã quanto apreço tinham pelos peregrinos dotes do seu coração e da sua inesgotável caridade.

A despedida foi das mais afetuosas e comoventes, vendo-se lágrimas em todos os olhos. Sentimos profundamente a saída dessa grande benemérita a quem a Madeira tanto deve, tendo como recompensa do bem liberalizado a expulsão da terra que cumulou de benefícios e que está povoada de padrões atestadores da sua dedicação e entranhada caridade em favor do próximo.

Que a religião divina que lhe inspirou tão nobres exemplos de amor do próximo, a quem se consagrou com todo o desinteresse, dê à saudosa Irmã a resignação necessária para poder suportar tão rude golpe.

Feliz viagem.

Miss Wilson[1264]

No vapor inglês *Walmer Castle* partiu ontem para Inglaterra a mui digna irmã Wilson, que na Madeira exerceu por largos anos a mais santa e pura caridade.

Apresentando-lhe a expressão dos nossos respeitos e profunda simpatia, desejamos-lhe feliz viagem.

Passageiros[1265]

[...] – Seguiram no mesmo vapor[1266] para Southampton:
Mr. & Mrs. Lumley Ellis, Miss Camilla Wright, Miss Ruddock e Sister Mary Wilson.

1264 BMF, *Diário de Notícias*, 19 de outubro de 1910. Texto inserido na rubrica "NO FUNCHAL".
1265 BMF, *Diário de Notícias*, 19 de outubro de 1910.
1266 No vapor *Walmer Castle*, proveniente do Cabo da Boa Esperança.

Congregações religiosas[1267]
Bens dos conventos

O sr. dr. António Maria Augusto Pereira Seves de Oliveira, juiz de direito da comarca de S. Vicente, começou ontem pelas 10 horas da manhã o inventário dos bens das congregações religiosas, missão que lhe fora confiada pelo governo da República. […]

Superiores do Seminário diocesano[1268]

No vapor inglês *Adonsi* partiram hoje para Hamburgo os rev.ᵒˢ padres José Pereira da Silva, vice-reitor, Sebastião Mendes e Manuel da Silveira, professores daquele estabelecimento de formação eclesiástica. […]

O rev.º padre Pereira é também um orador distinto, sendo os seus discursos muito apreciados. Quando em 1907, após a extinção da varíola, no recinto do Lazareto de Gonçalo Aires se fez uma imponente e entusiástica apoteose à Irmã Maria de S. Francisco Wilson e suas caritativas companheiras, que trataram com toda a dedicação os infelizes variolosos naquele hospital, foi o rev.º padre Pereira escolhido pela respetiva comissão para fazer o elogio das beneméritas heroínas e para felicitar o povo madeirense pela extinção da terrível epidemia, proferindo um discurso deveras brilhantíssimo. Em muitas outras ocasiões se evidenciou o talento e dotes oratórios do rev.º padre José Pereira da Silva, a quem deixamos aqui consignadas as nossas mais afetuosas homenagens e profunda saudade. […]

CARTA[1269]
PORTO MONIZ, 19 - 10 - 910.

[…] – Já seguiram para as suas freguesias as franciscanas que aqui se achavam. […]
Um republicano

Em nome da liberdade[1270]

Pelo caminho negro do exílio lá vão irmãos nossos, com os olhos marejados de amargo pranto, porque, nesta hora de liberdade ruidosa, não lhes é dado contemplar o nosso querido céu, tão puro e tão lindamente azul!

Lá vão para terras estranhas, onde a lembrança da pátria, que enternecidamente amam, é saudade viva que amargura e punge…

A asa da liberdade, que nós supúnhamos larga para abrigar todos os cidadãos honestos e branca para não magoar e escurecer a consciência de ninguém, bateu ainda, e fortemente, rudemente, numa benéfica falange de mulheres, delicadas e virtuosas, que vieram trazer ao solo bendito de Portugal – hoje para elas tão atrozmente ingrato – a chama sagrada da sua dedicação carinhosa e da sua caridade agasalhadora, e atirou-as para outras nações, mais felizes e mais adiantadas, onde um hábito negro não apavora e desorienta o ânimo dos estadistas, e onde a oração de algumas pessoas reunidas não abala o edifício social.

Foram… Porquê? Porque eram estrangeiros, – conclamam ensurdecedoramente. […]

O «Walmer Castle»[1271]

Este vapor inglês chegou ontem a Southampton, pelas 2 horas da madrugada, em viagem do Cabo da Boa Esperança e do nosso porto, donde saiu na quarta-feira última.

1267 ABM, *Heraldo da Madeira*, 21 de outubro de 1910.
1268 ABM, *O Jornal*, 21 de outubro de 1910.
1269 ABM, *Correio da Tarde – Jornal Progressista*, 22 de outubro de 1910.
1270 ABM, *O Jornal*, 22 de outubro de 1910.
1271 BMF, *Diário de Notícias*, 23 de outubro de 1910.

3.10.1910

A 18 de outubro de 1910 a Irmã Wilson deixou a sua amada cidade do Funchal rumando ao exílio em Inglaterra. *Coleção do autor.*

Arrolamento[1272]

O sr. dr. Soares[1273] de Oliveira, juiz de direito da comarca de S. Vicente, já concluiu o arrolamento dos bens pertencentes ao Estado, existentes no recolhimento do Bom Jesus, tendo dado princípio aos seus trabalhos no convento das Mercês.

A proclamação da república em Portugal[1274]
NO FUNCHAL
Congregações religiosas

O sr. dr. Seves de Oliveira, juiz de direito da comarca de S. Vicente, já concluiu o arrolamento no recolhimento do Bom Jesus.

Acha-se atualmente a prestar idêntico serviço no extinto convento de N.ª S.ª das Mercês. […]

Casas religiosas[1275]

O sr. dr. Severes[1276] de Oliveira, juiz de direito da comarca de S. Vicente, já concluiu o arrolamento dos bens existentes no Recolhimento do Bom Jesus, passando a desempenhar o mesmo serviço no convento das Mercês.

Congregações religiosas[1277]

O sr. dr. António Maria Augusto Pereira Seves de Oliveira, juiz de direito da comarca de S. Vicente, que fora encarregado de proceder neste distrito à aposição de selos nos edifícios

---

1272 ARM, *O Direito*, 24 de outubro de 1910.
1273 Seves.
1274 BMF, *Diário de Notícias*, 25 de outubro de 1910.
1275 ABM, *Diário do Comércio*, 25 de outubro de 1910.
1276 Seves.
1277 ABM, *Heraldo da Madeira*, 26 de outubro de 1910.

desabitados das extintas congregações religiosas e arrolamento do respetivo mobiliário já concluiu o arrolamento dos bens existentes no recolhimento do Bom Jesus começando ontem o mesmo serviço no convento das Mercês.

A Irmã Wilson[1278]
Comemorando

Faz hoje precisamente três anos que no recinto do Lazareto de Gonçalo Aires o povo da Madeira, podemos dizê-lo, fez uma das mais imponentes apoteoses a que temos assistido, celebrando o heroísmo e dedicação da Irmã Maria de S. Francisco Wilson e de suas caritativas companheiras evidenciais no tratamento dos variolosos naquele hospital.

Está ainda na mente de todos o temor que se apoderou da população de toda a ilha ao constatar-se a existência da terrível epidemia.

É nesse transe angustioso que a benemérita religiosa se oferece ao chefe do distrito para com todo o desinteresse se consagrar ao cuidado dos doentes no hospital de isolamento que se ia estabelecer.

Toda a Madeira acolheu com entusiasmo e louvor esse heroico desprendimento e acendrada caridade.

Os serviços que prestou foram relevantíssimos e à benemérita Irmã se deve um grande quinhão na obra da extinção da varíola.

E o povo da Madeira mostrou a consideração em que tinha a caritativa religiosa e patenteou-lhe o seu reconhecimento concorrendo ao Lazareto de Gonçalo Aires no dia memorável de 27 de outubro de 1907, dando-lhe as honras do triunfo e felicitando-se pela extinção de uma epidemia que, se algumas centenas de vítimas produziu, muitas mais causaria se não fora a dedicação da Irmã Wilson e de suas companheiras.

Hoje, que essa benemérita se encontra expulsa da terra orvalhada pela sua inesgotável caridade, nem por isso deixaremos de recordar a data memorável de 27 de outubro de 1907 em que o povo da Madeira lhe fez uma imponente apoteose.

Coisas do mundo e ingratidão dos homens! A data da sua expulsão (18 de outubro) quase coincidia com a do aniversário da sua glorificação pelo povo madeirense no recinto do Lazareto de Gonçalo Aires!

Congregações religiosas[1279]

As três ex-irmãs que ainda se encontravam prestando serviço no Asilo de Mendicidade e Órfãos desta cidade, foram, no sábado passado, despedidas pela nova comissão daquela casa de caridade.

Recolhimento do Bom Jesus[1280]

Por alvará do sr. governador civil, foi hoje retirada da alçada de sua Ex.ª Rev.ma o Prelado Diocesano a administração do Recolhimento do Bom Jesus; e, considerada aquela instituição laica, foi cometida a sua administração a uma comissão composta dos cidadãos seguintes: José Ferreira, António Acácio Martins e Maximiano de Sousa Sumares.

Recolhimento do Bom Jesus[1281]

Por alvará de sua ex.ª o sr. governador civil, foi retirada da alçada do Prelado diocesano a administração daquele recolhimento, sendo considerado instituição laica.

A sua administração foi incumbida a uma comissão composta dos srs. José Ferreira,

---

[1278] ABM, *O Jornal*, 27 de outubro de 1910.
[1279] ABM, *Heraldo da Madeira*, 10 de novembro de 1910.
[1280] ABM, *O Jornal*, 10 de novembro de 1910.
[1281] BMF, *Diário de Notícias*, 11 de novembro de 1910.

António Acácio Martins e Maximiano de Sousa Sumares.

INFORMAÇÕES LOCAIS[1282]
[...] - Por ter sido considerada uma instituição laica, o Recolhimento do Bom Jesus passa a ser administrado por uma comissão nomeada ontem pelo sr. governador civil e composta dos srs. José Ferreira, António Acácio Martins e Maximiano Gonçalves Sumares. [...]

Recolhimento do Bom Jesus[1283]
Por alvará do sr. governador civil, foi ontem retirada da alçada de sua Ex.ª Rev.ma o Prelado Diocesano a administração do Recolhimento do Bom Jesus; e, considerada aquela instituição laica, foi cometida a sua administração a uma comissão composta dos cidadãos seguintes: José Ferreira, António Acácio Martins e Maximiano de Sousa Sumares.

Recolhimento do Bom Jesus[1284]
Foi ontem nomeada, por alvará do sr. governador civil, uma comissão para reger o recolhimento do Bom Jesus, composta dos srs.: José Ferreira, António Acácio Martins e Maximiano Gonçalves Sumares, o qual fica sendo considerado uma instituição laica.

Recolhimento do Bom Jesus[1285]
Tomou ontem posse a nova comissão administrativa do recolhimento do Bom Jesus da Ribeira.

Irmã Wilson[1286]
O sr. Jones Boyle, cônsul da Inglaterra nesta ilha, solicitou ao sr. governador civil do distrito a entrega de todos os objetos pertencentes à benemérita Miss Wilson que há pouco teve de ausentar-se da Madeira, em virtude do decreto do governo provisório da República Portuguesa que expulsa do país as congregações religiosas.

Ainda o nosso isolamento[1287]
Foi declarada oficialmente a existência do cólera-mórbus nesta ilha no dia 28 do mês findo e de então até hoje ainda não tivemos comunicações algumas do continente, por meio de qualquer vapor.

Aqui ficámos completamente abandonados do governo central, que até agora quase limitou a sua ação para connosco a conceder a sua ex.ª o sr. governador civil um crédito de 25 contos, a fim de acorrer às necessárias despesas com a epidemia reinante.[1288]

Este crédito, sem dúvida, é para agradecer, tanto mais se nos lembrarmos do que se

---

[1282] ABM, *Diário do Comércio*, 11 de novembro de 1910.
[1283] ABM, *Diário Popular*, 11 de novembro de 1910.
[1284] ABM, *Heraldo da Madeira*, 11 de novembro de 1910.
[1285] ABM, *Heraldo da Madeira*, 15 de novembro de 1910.
[1286] ABM, *O Jornal*, 21 de novembro de 1910.
[1287] BMF, *Diário de Notícias*, 7 de dezembro de 1910.
[1288] Com este surto de cólera foi reaberto o Lazareto, para internamento dos atacados desta doença, sendo que a sua rápida reabertura se deve ao facto daquele espaço ter sido mantido pelas Vitorianas até à sua expulsão do mesmo, tendo-o mantido limpo e pronto a funcionar a qualquer instante. Aquando deste surto infecioso o Governador Civil do Funchal recusou a ideia do *Diário de Notícias* de abrir uma nova subscrição para ajudar a custear as despesas com os internamentos, tendo o Estado decidido suportar todos os custos. A direção do Lazareto, por esta altura, foi confiada ao Dr. Pedro José Lomelino, conforme já havíamos referido.

passou por ocasião da varíola neste distrito em 1907, em que foi até necessário que o *Diário de Notícias* telegrafasse aos nossos representantes em cortes para que se conseguisse que o Lazareto fosse entregue à benemérita irmã Wilson e aí internado avultado número de doentes.

E já que falamos daquela ilustre senhora, seja-nos permitido aproveitar o ensejo para protestar-lhe o nosso mais profundo respeito e simpatia pelos valiosos serviços que prestou à Madeira, praticando a mais pura e santa caridade, a caridade exercida a bem do próximo, sem indecorosas intenções reservadas.

O nome da irmã Wilson por longos anos há-de ser um nome abençoado e querido nesta ilha. […]

ORLANDO DA GAMA.

Irmã Wilson [1289]

O sr. Orlando da Gama, no «Diário de Notícias», faz as seguintes justas apreciações à irmã Wilson, que nos apressamos a transcrever tanto mais que o articulista não prima por ortodoxia nem morre de amores por ordens religiosas, sendo por isso mais um testemunho insuspeito:

«E já que falámos daquela ilustre senhora, seja-nos permitido aproveitar o ensejo para protestar-lhe o nosso mais profundo respeito e simpatia pelos valiosos serviços que prestou à Madeira, praticando a mais pura e santa caridade, a caridade exercida a bem do próximo, sem indecorosas intenções reservadas.

O nome da irmã Wilson por longos anos há-de ser um nome abençoado e querido nesta ilha.»

[1289] ABM, *O Jornal*, 10 de dezembro de 1910.

4. De 1911 a 1916

Neste capítulo final, o mais pequeno desta obra, veremos sobretudo o regresso da Irmã Wilson do seu exílio em Inglaterra, em novembro de 1911, e a sua breve passagem pelo Reid's Palace Hotel, na qualidade de hóspede daquele afamado hotel, e a sua partida para o Santo da Serra, onde viveria cerca de cinco anos, até 1916, na casa do Lombo da Pereira. Neste seu regresso à terra que tanto amou como se fosse a sua, e por onde derramou tanta Paz e Bem, a Irmã Wilson seria maldosamente saudada como "ave de arribação" pela imprensa anticlerical, mas através da mesma vemos igualmente a sua grande coragem, ao circular pelas ruas do Funchal com o seu hábito religioso, contrariando a lei vigente, para fúria dos empedernidos maçons.

No Santo da Serra a Boa Mãe levaria uma vida recatada e praticamente não encontramos nenhumas referências a ela na imprensa regional durante o período em que lá viveu, até que, em 1916, se referiria sucintamente a sua vinda para o Funchal, onde "passaria uma temporada". No entanto, o seu destino final seria outro, nomeadamente o antigo convento de S. Bernardino, em Câmara de Lobos, para onde fora, a convite do novo Bispo do Funchal, D. Manuel António Pereira Ribeiro, com o intuito de abrir um pré-seminário. Não chegou a cumprir tal desiderato na medida em que faleceria, em odor de santidade, a 18 de outubro desse ano, pouco tempo depois de ali chegar, tendo sido sepultada num jazigo particular do cemitério de Câmara de Lobos.

Após a sua morte foram publicados diversos textos sobre a Irmã Maria de S. Francisco Wilson, relevando o seu carácter bondoso, a sua ação em prol dos mais pobres e dos doentes, e onde alguns autores a referem como sendo santa, o que é de sublinhar.

4.1. 1911

Fala um dos membros da atual comissão administrativa do Asilo de Mendicidade e Órfãos.[1290]

... Cidadão Redator.

Contra minha vontade venho roubar-lhe um cantinho do seu mui lido jornal, caso o meu ... Redator esteja disposto a aturar-me.

Li em vários jornais de hoje uma carta assinada por alguns dos membros da Comissão Administrativa do Asilo de Mendicidade e Órfãos do Funchal, na qual, querendo demonstrar os motivos que os levaram a pedir a sua demissão, *individualmente*, me acusam de *déspota e incoerente*.

Pensei em não fazer caso de tal escrito; mas, vendo que ele se afasta muitíssimo da verdade e para esclarecimento, muito especialmente dos seus leitores dos campos, que, não sabendo como as coisas se passaram, poderiam julgá-las verdadeiras, venho demonstrar com factos comprovados e datas, as falsidades que nele se notam.

1.º Dizem os signatários da carta que logo de princípio tomaram as seguintes deliberações: Dispensar os serviços de 4 ex-irmãs franciscanas, fazendo a economia de 10 mil réis,

---
[1290] BMF, *Diário de Notícias*, 14 de fevereiro de 1911.

por serem *desnecessárias* e sem que os *serviços internos* se ressentissem, etc.

É falso, pois que tal deliberação só foi tomada na 5.ª reunião da mesma comissão, reunião a que eu não assisti nem o vogal Passos Freitas; é falso a economia apontada, pois os ordenados eram de 24$000 réis, um quilo de pão por dia (para as 4) a 90 réis, – 2$700 por mês – 1 quilo de açúcar por semana (para as 4) a 260 1$300 Total 28$000 réis. Nada mais a casa lhes dava, segundo informações do próprio diretor, sr. Augusto; é falso ainda não fazerem falta ao serviço interno do estabelecimento, pois que a própria comissão assim o reconheceu autorizando o diretor a procurar uma pessoa para o auxiliar e enviando o sr. dr. José Joaquim no dia 1 do corrente, (já demissionário), para ser admitida como regente das pequenas asiladas (entre as quais há muitas, entre 14 e 19 anos), Augusta de Araújo, mulher de maus costumes e com dois filhos, um de 4 e outro de 6 anos.

Para comprovar mais o quanto ainda é falso não fazerem falta essas 4 mulheres, direi que o Diretor se vê obrigado a mexer nas panelas, cuidar da comida dos pobres asilados, fazer a divisão da mesma, etc – serviços estes que não são da competência do Diretor dum estabelecimento daquela ordem, mas sim dum criado ou cozinheiro, tirando-lhe além disso o tempo preciso para a vigilância necessária numa casa onde estão abrigados cento e tantos desgraçados, que precisam de carinho e cuidados; e tanto assim é, que a atual comissão, atendendo ao que lhe foi exposto pelo sr. Diretor, resolveu admitir desde já duas pessoas para o serviço interno.

A 2.ª deliberação: «aumentar o número de asilados e passar a arrecadação a sala onde existia um oratório (capela) etc».

Foram recebidos 5 e não 7 órfãos que estavam na extinta oficina de S. José, duas mulheres e um homem, total 8.

Para este fim não havia necessidade alguma de transformar em arrecadação a sala onde *continua* a existir a capela e onde também continua a celebrar-se missa. No entanto, essa deliberação continua sendo mantida; da arrecadação foi feito dormitório e as caixas estão arrumadas em volta da sala.

A 3.ª deliberação: «Tornar o Asilo um estabelecimento laical, etc.». Esta deliberação não foi proposta por um dos vogais na última sessão (ata n.º 10), de 13 de janeiro último, proposta que foi por mim reprovada, como se vê da mesma ata. É, pois, falso quando se diz que tais deliberações foram todas tomadas com o assentimento do vogal Vítor, porquanto à 1.ª (expulsão das irmãs franciscanas) não assisti; e a 3.ª (tornar o Asilo um estabelecimento laical, deitar abaixo a capela e outras que tais deliberações) reprovei, como consta da dita ata n.º 10.

[…]

João Augusto Duarte Vítor.
Funchal, – 11 – 2 – 1911.

Passageiros[1291]

[…] – Vieram de Southampton, no vapor inglês *Balmoral Castle*:

Mr. M. Beadnell, Maj. Gen. Sir H. Ewart Bart, Lady Ewart & maid, Major A. Hill & valet, Rev. R. & Mrs. Johnson, Mr. Ernest L. Jary, Mr. G. de Veer, Mrs. A. Reid & child, Mr. P. J. Repelaer, Mr. & mrs. Marsden & 3 children e Miss M. J. Wilson. […]

Chegadas e partidas[1292]

[…] Chegaram à Madeira e encontram-se hospedados no «Reid Palace Hotel», à Estrada Monumental:

Mr. Repelaer, Miss Royse, Dr. R. S. Aybee, Mrs. Adair, Herr Wahbrat, Mr. & Mrs. Berger, Mr. & Mrs. Baron, General Sir. H. Ewart Bart, Lady E. Ewart, Mr. Jansen Capt. & Mrs. Boyb, Lady Barrymore, Major A. Hill, Mr. E. L. Jary, Miss M. J. Wilson, The Hon. Miss S. Scott, Miss Carter Wood, Dr. Sotting.

1291 BMF, *Diário de Notícias*, 2 de novembro de 1911.
1292 ABM, *Diário Popular*, 3 de novembro de 1911. Texto inserido na rubrica "DIÁRIO ELEGANTE".

Uma ave de arribação[1293]

Chegou a esta cidade, no dia 1 do corrente, a bordo do vapor do Cabo, a irmã Wilson, superiora das irmãs de caridade que em tempo estiveram no lazareto, como enfermeiras, e que após a implantação da República saiu da Madeira por se recusar a vestir hábitos seculares.

Isto é um indício de que os tempos vão correndo prósperos para as aves de arribação voltarem aos seus ninhos, a procriarem!

Parabéns à talassaria[1294] e... viva a República!

No Santo da Serra[1295]
Aves de arribação

Dizem-nos que numa casa dali estão vivendo na «santa graça do senhor», reunidas, quatro ex-congreganistas da Irmandade de São Francisco.

Ora isto é proibido pela lei que não consente que vivam reunidas mais de 3 daquelas «bem-aventuradas esposas do Senhor».

Em vista ao respetivo administrador do concelho.

Atrás dela outros virão[1296]

A irmã Wilson, aquela piedosa irmã que preferiu ausentar-se a substituir o hábito de freira por vestidos de mulher, regressou à Madeira, envolta num enorme casacão, chapéu desabado e espesso véu.

Que negócios trariam esta senhora à Madeira, não o sabemos; lá emissária de Paiva Couceiro[1297] é que ela *não* se prestava a ser.

Entretanto não será mau estar alerta, porque atrás dela outros virão, não sendo mesmo de admirar que, no interesse da política de atração se venha a levantar aí algum convento de frades e freiras.

Anúncio da passagem do *Balmoral Castle* pelo Funchal, rumo à cidade do Cabo. Este navio trouxe a Irmã Wilson de regresso à Madeira em 1911. Aquando da sua chegada à ilha a Boa Mãe ter-se-á hospedado por alguns dias no Reid's Palace Hotel. *BMF, Diário de Notícias, 27/11/1911, Secretariado da Irmã Wilson e Coleção do autor.*

1293 ABM, *Trabalho e União*, 4 de novembro de 1911.
1294 Grupo de monárquicos reacionários.
1295 BMF, *A Voz do Povo*, 10 de Novembro de 1911.
1296 ABM, *Trabalho e União*, 11 de novembro de 1911.
1297 Henrique Mitchell de Paiva Cabral Couceiro (1861-1944), militar, administrador colonial e político português que se notabilizou em campanhas de ocupação colonial em Angola e Moçambique e ainda como inspirador das denominadas "incursões monárquicas" contra a República Portuguesa em 1911, 1912 e 1919.

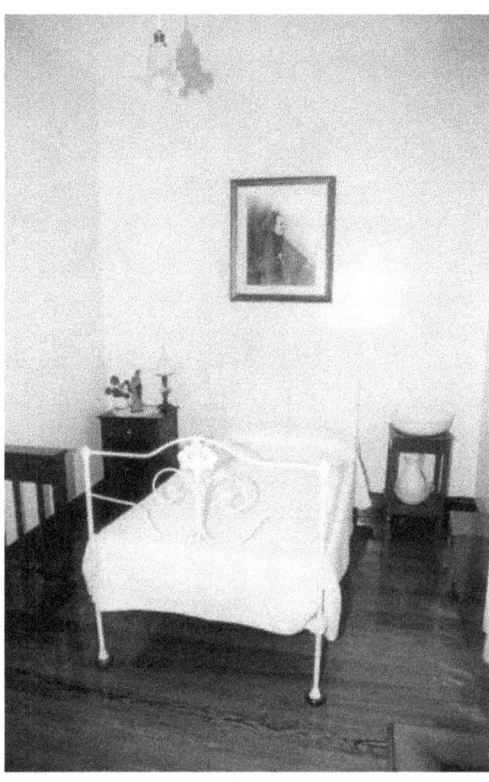 

Após a sua vinda para a Madeira em 1911 a Irmã Wilson radicou-se na casa do Lombo da Pereira, no Santo da Serra, onde viveria em recolhimento. Perspetivas do quarto da Irmã Wilson naquele edifício, onde havia uma janela com vista para o sacrário da capela, onde a mesma passava muitas horas em oração e contemplação. *Secretariado da Irmã Wilson*.

Consta-nos[1298]

que numa casa do Santo da Serra se encontram algumas *irmãs franciscanas*, o que, a ser verdade, é uma infração à Lei da Separação da Igreja, que ainda está em vigor, mau grado do reacionarismo hipócrita e obscuro que campeia no nosso meio.

À autoridade competente cumpre averiguar do que, a esse respeito, se diz por aí.

Miss Wilson[1299]

Esta benemérita senhora, que tão relevantes serviços tem prestado aos madeirenses, acha-se atualmente entre nós, por motivo do seu precário estado de saúde, tendo sido para isso autorizada, pelo nosso ministro dos negócios estrangeiros, o que foi há dias participado telegraficamente ao sr. governador civil[1300] pelo sr. ministro do Interior.

Miss Wilson está residindo em Santa Cruz.

Estimamos o completo restabelecimento da caridosa senhora.

[1298] BMF, *A Voz do Povo*, 16 de Novembro de 1911.
[1299] BMF, *Diário de Notícias*, 19 de novembro de 1911.
[1300] O Dr. Manuel Augusto Martins, que ocupava este cargo por esta altura.

No Santo da Serra a Irmã Wilson ocuparia os seus tempos livres a produzir obras de arte tais como as patentes nestas imagens, nomeadamente o símbolo da Eucaristia, bordado a ouro, e uma grande pintura a óleo representando o Sagrado Coração de Jesus. *Secretariado da Irmã Wilson.*

Consta[1301]

[...] Que alguns eclesiásticos e até a irmã Wilson já transitam nas ruas desta cidade com hábitos talares.[1302]

Não o saiba o sr. Afonso Costa, amigo ali do sr. Hinton, do açúcar. [...]

4.2. 1912

Santa Casa da Misericórdia de Santa Cruz[1303]

O sr. Alfredo P. Menezes de Agrela, administrador do concelho de Santa Cruz informou

---

1301 ABM, *Trabalho e União*, 25 de novembro de 1911. Notícia publicada na rubrica "ECOS LOCAIS".

1302 Na edição de 20 de janeiro de 1912 deste jornal, e na mesma rubrica, é referido o seguinte sobre o uso de hábitos talares por parte de alguns eclesiásticos: «Que alguns padres estrangeiros têm visitado esta cidade, como que observando o terreno./*/ Que os supraditos se apresentam em hábitos seculares, mas, se viessem em hábitos talares nada sofreriam, visto não ser a primeira vez que os seus colegas e nossos patrícios atravessam as ruas desta cidade em hábitos talares, muito embora a lei terminantemente o proíba.» Na edição de 27 de janeiro, na mesma rubrica afirma-se o seguinte: «Que os frades continuam a atravessar as ruas da cidade em hábitos talares.»

1303 ABM, *Heraldo da Madeira*, 3 de janeiro de 1912.

o governo civil sobre o questionário que lhe foi dirigido, declarando que nenhum operário deu entrada no hospital daquela vila vítima de desastres no trabalho, durante o ano de 1909 a 1910.

Esta instituição que é da invocação de Santa Isabel, foi fundada em 1520 para socorrer os doentes pobres do concelho e os seus estatutos remodelados em 7 de janeiro de 1889. É administrada por uma mesa gerente de 7 irmãos, com 32 associados.

O seu edifício é propriedade do mesmo hospital e tem duas enfermarias com 255 metros quadrados, tendo uma área de terreno de 200 metros quadrados.

A Câmara Municipal de Santa Cruz subsidiou este estabelecimento com 650$000 réis anuais.

Última foto da Boa Mãe, tirada no Santo da Serra. *Secretariado da Irmã Wilson.*

4.3. 1913

Estava ou não?[1304]

Não é verdade que miss Wilson, *congreganista não secularizada*, estivesse indigitada para diretora do «Utilidades»?[1305]

Não é verdade que, a uma banquinha do Golden Gate, o visconde da Ribeira Brava tenha dito a alguém que era **ela** a quem tencionavam nomear?

Que nos responda quem é capaz de tudo desmentir, mesmo aquilo que toda a gente sabe que ele, ao *desmentir*, mente segunda vez, fiado no rifão:

Da mentira a alguma coisa fica… ainda que só a mentira.

4.4. 1915

No Santo da Serra.[1306] – Realizou-se nesta freguesia um tríduo solene em honra do SS. Coração de Jesus com sermão em todos os dias. No dia da festa que foi no domingo, 17 do mês último, houve comunhão geral de que participaram algumas centenas de fiéis.

Na semana imediata houve também na capela da Pereira, da mesma freguesia, uma série de práticas religiosas que foram muito concorridas e frutuosas.

Bem hajam os que se dedicam à salvação das almas!

1304 BMF, *Trabalho e União*, 7 de junho de 1913. Notícia publicada na rubrica "Ecos".

1305 Referência à *Escola de Utilidades e Belas Artes*, que existia no Funchal nesta época e que funcionava em regime de internato e externato e na qual se promovia o ensino de disciplinas singulares, línguas, pintura, piano, violino e violoncelo.

1306 BMF, *Boletim Eclesiástico da Madeira*, 1 de novembro de 1915. Texto inserido na rubrica "Notícias Locais".

4.5. 1916

Em outubro de 1916, a pedido do novo Bispo da Diocese, D. António Manuel Pereira Ribeiro, a Irmã Wilson mudou-se para o vetusto convento de São Bernardino, em Câmara de Lobos, famoso pela memória de Frei Pedro da Guarda, ali falecido com fama de santidade em 1505, com o intuito de ali fundar um pré-seminário para dar formação aos futuros sacerdotes diocesanos. Tal desiderato não viria a ser cumprido porque a morte viria a surpreendê-la ali, a 18 de outubro de 1916. Enquanto ali viveu ocupou um quarto no andar superior do edifício. Neste desenho de Luís Bernes podemos sinalizá-lo como ficando na terceira janela da esquerda para a direita.
BMF, Diário Popular, *11/12/1904.*

4.5. 1916

Chegadas e partidas[1307]
[…] Retirou do Santo da Serra, miss Wilson, que se demorará uma temporada nesta cidade. […]

[Sem título][1308]
Realiza-se hoje, pelas 4 horas da tarde, em Câmara de Lobos, o funeral de Miss Mary Jane Wilson, sepultando-se no cemitério da mesma vila.

The funeral of the late Miss Mary Jane Wilson will take place at the cemetery in Camara de Lobos, at 4 p. m. today.

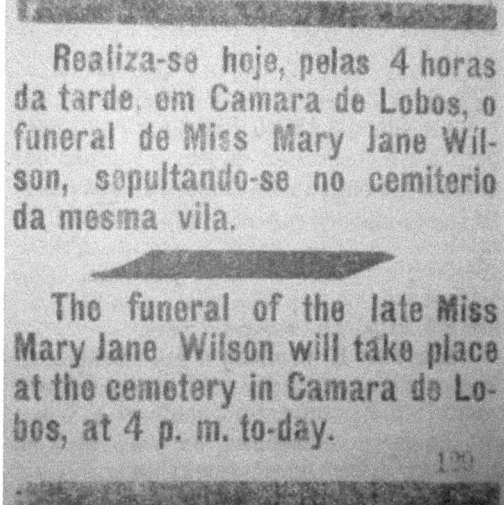

Anúncio do funeral de Mary Jane Wilson.
BMF, Diário de Notícias *e* Diário da Madeira, *19/10/1916.*

[1307] BMF, *Diário da Madeira*, 11 de outubro de 1916. Texto inserido na rubrica "Diário Elegante".
[1308] BMF, *Diário de Notícias*, 19 de outubro de 1916; BMF, *Diário da Madeira*, 19 de outubro de 1916. Nesta segunda fonte esta notícia foi impressa a negrito.

4. DE 1911 A 1916

Aspeto atual do Convento de São Bernardino, recuperado em 2015 e ocupado novamente nesse ano pela Ordem dos Frades Menores, vendo-se em primeiro plano a sua capela conventual. EM BAIXO: Alçado sul da dita casa religiosa onde, à esquerda da porta foi colocada uma lápide por altura do 75.º aniversário da morte da Boa Mãe contendo a seguinte inscrição: «A Serva de DEUS, MARY JANE WILSON veio a este convento fundar um seminário e aqui faleceu a 18-10-1916 - A Congregação das Irmãs Franciscanas de Nossa Senhora das Vitórias comemora o 75.º Aniversário da morte da sua fundadora - 18-10-1991». *Fotos do autor.*

Miss Mary Jane Wilson[1309]

Esta benemérita e respeitável dama, filha dum oficial do exército inglês, faleceu ontem na vila de Câmara de Lobos, com a idade de 73 anos, aproximadamente.

A ilustre extinta, pela sua bondade, pelo seu carácter sério e pelo muito que se consagrou a atenuar os males alheios, com o mais desvelado carinho, conquistou entre nós a simpatia, estima e consideração de todas as classes sociais.

Veio há mais de 30 anos para a Madeira.

Dirigiu, com superior critério e inteligência, o Colégio de São Jorge, instalado no palácio de S. Pedro.

Foi-lhe também confiada a regência do Recolhimento do Bom Jesus e a direção do hospital de Santa Cruz, revelando sempre muito zelo e dedicação, pelo que se tornou credora do maior elogio.

Quando em 1907 nos visitou a varíola, a veneranda senhora ofereceu-se, espontaneamente, para ir tratar dos doentes que foram internados no Lazareto de Gonçalo Aires, prestando, por essa ocasião, tão relevantes serviços à humanidade sofredora, que o governo, tornando-se intérprete do reconhecimento público, condecorou-a, conferindo-lhe as honras de Cavaleiro da nobre e antiga Ordem da Torre e Espada, destinada a assinalar atos de valor.

Com o advento da República, em Portugal, foi obrigada a sair da Madeira; mas, atendendo-se à sua idade avançada, ao seu precário estado de saúde e aos importantes serviços prestados aos órfãos, indigentes e enfermos, foi-lhe concedida autorização para regressar a esta ilha, onde foi recebida com as mais eloquentes demonstrações de apreço, carinho e reconhecimento.

A Madeira, que a benemérita Fundadora e Superiora geral da pequena Congregação das Irmãs Terceiras regulares franciscanas adotou por sua segunda pátria, e à qual muito queria, jamais esquecerá a santa Miss Wilson, assim como as suas obras de bondade e beneficência, que constituem o maior título de glória daquela que tão bom uso soube fazer do seu coração e da sua inteligência, a favor dos pequeninos e dos infelizes.

Abençoada seja para sempre a sua imaculada memória, e diante do seu ataúde, que vai cerrar-se dentro de poucas horas, se inclinam todos quantos admiravam as peregrinas virtudes da querida morta.

Paz à sua alma de justo.

A redação deste diário associa-se, integralmente, ao pesar e ao luto motivados por este passamento.

[1309] BMF, *Diário de Notícias*, 19 de outubro de 1916.

Em outubro de 1916, a pedido do novo Bispo da Diocese, D. António Manuel Pereira Ribeiro, a Irmã Wilson mudou-se para o vetusto convento de São Bernardino, em Câmara de Lobos, famoso pela memória de Frei Pedro da Guarda, ali falecido com fama de santidade em 1505, com o intuito de ali fundar um pré-seminário para dar formação aos futuros sacerdotes diocesanos. Tal desiderato não viria a ser cumprido porque a morte viria a surpreendê-la ali, a 18 de outubro de 1916. Enquanto ali viveu ocupou um quarto no andar superior do edifício. Neste desenho de Luís Bernes podemos sinalizá-lo como ficando na terceira janela da esquerda para a direita.
BMF, Diário Popular, *11/12/1904*.

4.5. 1916

Chegadas e partidas[1307]
[…] Retirou do Santo da Serra, miss Wilson, que se demorará uma temporada nesta cidade. […]

[Sem título][1308]
Realiza-se hoje, pelas 4 horas da tarde, em Câmara de Lobos, o funeral de Miss Mary Jane Wilson, sepultando-se no cemitério da mesma vila.

The funeral of the late Miss Mary Jane Wilson will take place at the cemetery in Camara de Lobos, at 4 p. m. today.

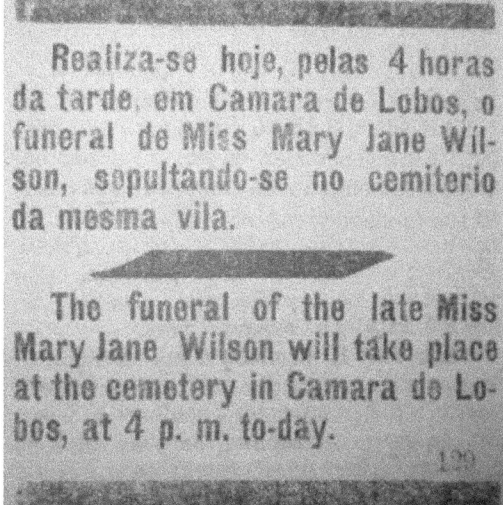

Anúncio do funeral de Mary Jane Wilson.
BMF, Diário de Notícias *e* Diário da Madeira, *19/10/1916*.

[1307] BMF, *Diário da Madeira*, 11 de outubro de 1916. Texto inserido na rubrica "Diário Elegante".

[1308] BMF, *Diário de Notícias*, 19 de outubro de 1916; BMF, *Diário da Madeira*, 19 de outubro de 1916. Nesta segunda fonte esta notícia foi impressa a negrito.

4. DE 1911 A 1916

Aspeto atual do Convento de São Bernardino, recuperado em 2015 e ocupado novamente nesse ano pela Ordem dos Frades Menores, vendo-se em primeiro plano a sua capela conventual. EM BAIXO: Alçado sul da dita casa religiosa onde, à esquerda da porta foi colocada uma lápide por altura do 75.º aniversário da morte da Boa Mãe contendo a seguinte inscrição: «A Serva de DEUS, MARY JANE WILSON veio a este convento fundar um seminário e aqui faleceu a 18-10-1916 - A Congregação das Irmãs Franciscanas de Nossa Senhora das Vitórias comemora o 75.º Aniversário da morte da sua fundadora - 18-10-1991». *Fotos do autor.*

Miss Mary Jane Wilson[1309]

Esta benemérita e respeitável dama, filha dum oficial do exército inglês, faleceu ontem na vila de Câmara de Lobos, com a idade de 73 anos, aproximadamente.

A ilustre extinta, pela sua bondade, pelo seu carácter sério e pelo muito que se consagrou a atenuar os males alheios, com o mais desvelado carinho, conquistou entre nós a simpatia, estima e consideração de todas as classes sociais.

Veio há mais de 30 anos para a Madeira.

Dirigiu, com superior critério e inteligência, o Colégio de São Jorge, instalado no palácio de S. Pedro.

Foi-lhe também confiada a regência do Recolhimento do Bom Jesus e a direção do hospital de Santa Cruz, revelando sempre muito zelo e dedicação, pelo que se tornou credora do maior elogio.

Quando em 1907 nos visitou a varíola, a veneranda senhora ofereceu-se, espontaneamente, para ir tratar dos doentes que foram internados no Lazareto de Gonçalo Aires, prestando, por essa ocasião, tão relevantes serviços à humanidade sofredora, que o governo, tornando-se intérprete do reconhecimento público, condecorou-a, conferindo-lhe as honras de Cavaleiro da nobre e antiga Ordem da Torre e Espada, destinada a assinalar atos de valor.

Com o advento da República, em Portugal, foi obrigada a sair da Madeira; mas, atendendo-se à sua idade avançada, ao seu precário estado de saúde e aos importantes serviços prestados aos órfãos, indigentes e enfermos, foi-lhe concedida autorização para regressar a esta ilha, onde foi recebida com as mais eloquentes demonstrações de apreço, carinho e reconhecimento.

A Madeira, que a benemérita Fundadora e Superiora geral da pequena Congregação das Irmãs Terceiras regulares franciscanas adotou por sua segunda pátria, e à qual muito queria, jamais esquecerá a santa Miss Wilson, assim como as suas obras de bondade e beneficência, que constituem o maior título de glória daquela que tão bom uso soube fazer do seu coração e da sua inteligência, a favor dos pequeninos e dos infelizes.

Abençoada seja para sempre a sua imaculada memória, e diante do seu ataúde, que vai cerrar-se dentro de poucas horas, se inclinam todos quantos admiravam as peregrinas virtudes da querida morta.

Paz à sua alma de justo.

A redação deste diário associa-se, integralmente, ao pesar e ao luto motivados por este passamento.

[1309] BMF, *Diário de Notícias*, 19 de outubro de 1916.

Miss Wilson[1310]

Escrevemos sob uma profunda impressão de dor que nos causou a notícia do falecimento daquela ilustre e veneranda senhora, que toda a Madeira conhecera como um verdadeiro anjo de caridade cristã.

Morreu a irmã Wilson.

A esta hora quantos não pranteiam com lágrimas de saudade o decesso dessa querida figura, alma purificada no carinho da beneficência, que muitas dores suavizou, nesta terra que ela considerava a sua pátria adotiva.

Nascida na Inglaterra,[1311] onde a sua ação caritativa se evidenciou duma maneira notável, Miss Wilson viera há bastantes anos para a Madeira, onde encontrou guarida o seu coração magnânimo, expandindo-se em comiseração pelos pobres, por esses infelizes que de portas adentro das suas casas choram a desdita, sem lenitivo.

Aqui fundou uma obra eminentemente social – a congregação das Irmãs Religiosas, constituída, na sua maior parte, por senhoras modestíssimas que a auxiliaram desinteressadamente na efetivação do seu ideal de amor.

Esta instituição que o regime atual extinguiu, teve por fim lançar a luz do ensino nos espíritos em trevas. Fundaram-se escolas, acepilharam-se inteligências rudes pela ministração do ensino escolar cujos resultados se evidenciaram largamente, em toda a ilha, dum modo particular no Funchal.

Dirigiu essa senhora por largos anos a Escola de S. Francisco de Sales que soube desempenhar o papel de instruir, distribuir vestuário e livro às crianças, filhas de famílias de condição pobre.

De tudo, porém, tem essa senhora ilustre, diante de cuja memória nos curvamos reverentes, um facto a iluminar pelo tempo adiante, a sua vida de bem-fazer, facto que se desentranha em benefícios a santificarem uma mulher! Foi o relevantíssimo serviço que Miss Wilson prestou à cidade do Funchal, quando aqui se desenvolveu a epidemia da varíola.

Heroína do bem, essa figura querida ofereceu-se para tratar dos doentes que foram hospitalizados no Lazareto de Gonçalo Aires, jogando a sua vida para salvar do martírio e arrancar das garras da morte tantos entes que nessa senhora encontraram lenitivo para as suas dores, bálsamo para a sua enfermidade epidémica.

Todos se recordam do grandioso e eloquente testemunho que o povo do Funchal lhe consagrou quando esta cidade pôde respirar livremente do pesadelo da enfermidade de que nos assolava esta ilha.

Amiga desvelada da Madeira, por que[m] ela tinha dedicado todo o seu coração e a sua boa alma, Miss Wilson, quando as leis do atual regime imperiosamen-

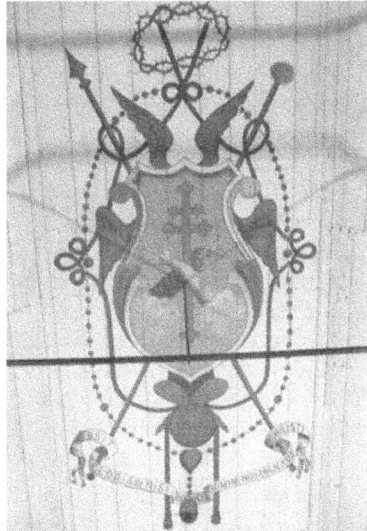

Capela de São Francisco de Assis, anexa ao Convento de São Bernardino onde, na última década do séc. XIX se retomou, com muito empenho, a solenidade em honra do seu patrono. Aqui esteve em câmara ardente o corpo da Irmã Wilson na noite de 18 para 19 de outubro de 1916, o dia em que se realizou o seu funeral. EM BAIXO: Pintura centenária do teto desta capela ostentando as armas franciscanas. *Fotos do autor.*

1310 BMF, *Diário da Madeira*, 19 de outubro de 1916.
1311 Lapso do autor, visto a Irmã Wilson ter nascido na Índia e não na Inglaterra.

Vila de Câmara de Lobos, vendo-se ao fundo o promontório do Cabo Girão, o cabo mais alto da Europa, com 580 metros de altitude. O Convento de São Bernardino, onde faleceu a Irmã Wilson, situa-se a norte do centro desta localidade. *Coleção do autor.*

te lhe intimavam a que abandonasse esta terra, por não poderem nela permanecer os filhos de congregações religiosas, Miss Wilson, repetimos, preferiu despir os hábitos talares e continuar a residir no seio do povo madeirense, onde ela aspirava acabar os últimos restos da sua vida!

E acabou conforme o seu desejo. Bendita foi entre o povo desta terra e bendita há-de permanecer no seio de Deus, para onde, temos fé, foi descansar a sua grande alma, ornada das mais peregrinas e excelsas virtudes.

Em volta da sua urna funerária, que hoje vai baixar ao seio frio do túmulo, nos curvamos reverentes, cobrindo de pétalas de goivos os seus últimos despojos mortais.

Miss Mary Jane Wilson[1312]

O saimento fúnebre desta santa senhora, que ontem se realizou na vila de Câmara de Lobos, foi uma bem eloquente e comovedora consagração de pesar e do alto conceito em que eram tidas as preclaras virtudes da extinta, vendo-se em todos os rostos a mágoa e a tristeza causadas pela perda de tão preciosa existência, predestinada para o bem.

Se nos tivesse sido possível assistirmos ao funeral de Miss Wilson, diríamos, antes de se fechar o seu túmulo, pouco mais ou menos o seguinte, como sincera homenagem da nossa admiração e respeito:

Em nome daqueles a quem prodigalizastes os tesouros inesgotáveis do vosso coração generoso e da vossa alma magnânima; – em nome daqueles, cujo sofrimento físico suavizastes com os vossos cuidados e carinhos maternais; em nome daqueles, cujas lágrimas tantas vezes enxugastes, com as vossas palavras de inefável doçura e conforto; em nome daqueles em cujas almas torturadas, fizestes substituir o desespero pela esperança de melhores dias; venho dizer-vos o último adeus e trazer-vos a solene promessa de que a vossa santa memória jamais será esquecida pelo povo madeirense, reconhecido.

Pertenceis ao número das criaturas privilegiadas que só nascem e vivem para praticar o bem, para atenuar ou corrigir os males que pesam sobre a humanidade.

Matastes a fome;
Saciastes a sede;
Cobristes a nudez;
Suavizastes a doença;
Combatestes a ignorância;
Consolastes os tristes;
Visitastes os encarcerados.

As vossas virtudes proclamam a vossa imortalidade.

Quando a vossa figura distinta e insinuante, que reunia à beleza física, a beleza espiritual, atravessava as ruas desta cidade, envolta no vosso modesto e sombrio trajo de religiosa, todas as cabeças se inclinavam profundamente respeitosas.

Não era o vulto duma mulher: era a Virtude e a Bondade que passavam.

Indicastes à mulher a nobre missão que ela deve desempenhar na terra: amar, educar e instruir.

Filhas submissas, esposas exemplares, mães dedicadas, quantas, dentre vós, deveis o que sois aos ensinamentos e conselhos de Miss Wilson?

[1312] BMF, *Diário de Notícias*, 20 de outubro de 1916. Este artigo foi transcrito, *ipsis verbis*, no jornal *O Luso*, publicado no Hawaii, na sua edição de 9 de dezembro de 1916.

4.5.1916

Recordar o papel importante e benéfico que desempenhastes na Madeira, é recordar 30 anos de trabalhos, de canseiras e de sacrifícios em favor dos pequenos, dos fracos, dos enfermos, de todos quantos se iam abrigar ao porto de salvamento da vossa Bondade ideal.

Para os ricos não tínheis as palavras cruéis da Escritura: insinuáveis-lhes a prática do bem em favor dos deserdados da fortuna.

Que a vossa vida, toda de amor e sacrifício pelos ignorantes, pelos doentes e famintos, fique, para sempre, gravada nos nossos espíritos, como um dos mais altos exemplos de todas as virtudes cristãs.

Jazigo do cemitério de Câmara de Lobos outrora pertencente à família do Dr. António Soares Henriques (AO LADO), que o cedeu gratuitamente em 1916 para ali ser sepultada a Irmã Wilson, cujos restos mortais ali permaneceriam até 1939, ano em que se fez a sua trasladação para a capela da Quinta das Rosas, no Funchal. Em 2013 a Câmara Municipal de Câmara de Lobos cedeu este jazigo à Congregação das Irmãs Franciscanas de Nossa Senhora das Vitórias. *Secretariado da Irmã Wilson.*

DA TERRA PARA O CÉU[1313]
A morte da Irmã Wilson

Lá ficou ontem, dormindo o sono de que se não desperta, à sombra funérea dos ciprestes do pequeno cemitério de Câmara de Lobos, esse santa heroína do Bem que foi no mundo a Irmã Maria de S. Francisco Wilson!

No seu último acompanhamento, tomaram parte todas as classes sociais: muito clero e muito povo, muitos ricos e muitos pobres, plebeus ignorados e fidalgos de alta estirpe!

Chamou-a Deus ao seu seio, para premiá-la do muito bem que espalhou pela terra, das lágrimas que enxugou, do auxílio material e espiritual em que a sua alma de santa se desfez, diante dos indigentes e dos infelizes.

Em frente da pequena campa que guarda o corpo venerado da Irmã Wilson, os nossos joelhos caem em terra, a nossa alma voa para o Céu e a nossa memória recorda estas palavras eloquentes com que há nove anos um colega nosso desta cidade – *O Jornal* –[1314] exaltava a ação nobilíssima desse vulto então cheio de vida e hoje gelado pela morte:

«Os grandes generais romanos quando voltavam das suas conquistas, cobertos de louros, e apregoados pela fama, ao atravessarem as ruas da grande cidade de Roma, trazendo acorrentados ao seu carro de triunfo os reis vencidos e as suas preciosas e inúmeras riquezas, a pátria saudava-os com aclamações de alegria e decretava-lhes o

---

[1313] BMF, *Diário da Madeira*, 20 de outubro de 1916.

[1314] De 26 de outubro de 1907, que dedicou a primeira página desta edição à Ir. Wilson, publicada na véspera da realização dos grandes festejos comemorativos do fim da varíola na Madeira, que decorreram no Lazareto de Gonçalo Aires.

triunfo. Esses grandes generais enalteceram o poder de Roma a tal ponto que era considerada a senhora do mundo, indo por regiões diversas à procura da glória, em busca da imortalidade. Se a força desses grandes homens se manifestava tão pujante quando atacava, tornava-se insuperável quando defendia.

A nossa bela e incomparável Ilha da Madeira, que é incontestavelmente a primeira estação sanitária do mundo, viu-se há pouco acometida por um terrível inimigo, que, sorrateiramente introduzindo-se no seu coração – o Funchal, pôs em alarme mais de cento e cinquenta mil pessoas.

Esse terrível inimigo – a varíola, pudera transpor os mares e iludindo as vigias sanitárias, em pouco tempo estendeu suas mortíferas asas sobre uma parte da nossa população. Aqueles a quem incumbia a defesa das nossas vidas, entenderam, e com razão, que o pestilencial inimigo deveria ser relegado para uma fortaleza onde, sob a vigilância de experimentados generais, pudesse alquebrar as suas forças, até ser reduzido á inanição. Tal reduto escolhido foi o Lazareto, onde se internaram os variolosos.

A dedicação e cuidados da prestimosa classe médica, e não menos a abnegação e caridade da Irmã Wilson puderam com o auxílio divino, fazer desaparecer dentre nós tão terrível epidemia.

O brilhante tirocínio feito no hospital de Santa Cruz pela Irmã Wilson dava-lhe direito a entrar em novos combates, pois nem lhe faltava o valor, a coragem e até o heroísmo, sobrenedando a todas estas virtudes a caridade que ardia no seu coração. Estava pois destinada dia e noite, a toda a hora, diremos mesmo a todo o instante, a arrancar das mãos do inimigo os seus infelizes prisioneiros – os variolosos. Toda a Madeira contemplou com admiração essa luta gigantesca da qual a benemérita Irmã saiu vencedora!

O Funchal vai, pois, à semelhança de Roma prestar as honras do triunfo a esse protótipo de abnegação para com o próximo. E se o governo de Sua Majestade lhe concedeu as honras de Cavaleiro da nobre e antiga Ordem da Torre a Espada, que amanhã lhe vai ser conferida, antes de receber tal condecoração, já o seu nome estava gravado com letras de ouro no peito de todos os madeirenses.

O seu triunfo terreno é amanhã. O carro de vitória não é acompanhado de reis e escravos como na antiga Roma, mas os primeiros a lançar-lhe flores serão os libertados das garras da varíola, trazendo ainda impressos no seu semblante os vestígios da luta em que andaram envolvidos, da qual, mercê dos esforços da benemérita Irmã e de suas dedicadas companheiras, puderam sair salvos.

Honra ao mérito! Honra à virtude! Honra à caridade!»

Miss Wilson[1315]

Santa Cruz, 18 de outubro.
Mais um roble que, açoutado pelo vento da morte, desaparece do número dos vivos!
Mais um ente que passou a vida fazendo o bem, espalhando a mãos largas os benefícios da caridade cristã!
Mais uma alma pura que se evolou para o empíreo celestial!
Miss Wilson já não é do número dos vivos, neste triste vale de lágrimas!
Morreu, mas as suas virtudes são ainda lições para nós!
Toda a ilha da Madeira, a conheceu como um apóstolo!
Não sabemos doutra mulher entre nós que lhe possa ser comparada.
De origem inglesa, e de pais protestantes, estudou com afinco a nossa Religião e tendo chegado ao conhecimento da verdade, abraçou-a de todo o coração e desde então consagrou-se a todas as obras de misericórdia.
As escolas católicas mereceram-lhe uma particular predileção.
A ela se deve que milhares e milhares de analfabetos hoje saibam ler, escrever e contar! E isto sem ostentação, sem paga alguma dos governos, sem mesmo desejar ser conhecida como benemérita da sociedade!

[1315] BMF, *Diário da Madeira*, 22 de outubro de 1916.

Na Vila de Santa Cruz é que ela tinha como que o seu quartel-general. Agrupou em redor de si várias damas, professando todas a Ordem terceira de S. Francisco de Assis, educou-as para os fins que tinha em vista, e depois mandou-as para as diferentes freguesias desta ilha. São incalculáveis os benefícios na ordem intelectual, moral e religiosa que as dignas filhas de Miss Wilson souberam dispensar. Por toda a parte eram aclamadas como modelos de virtude, de trabalho, e de zelo verdadeiramente cristão.

A vila de Santa Cruz deve a Miss Wilson uma obra que como lhe eternizará o seu nome! É o Hospital da Santa Casa da Misericórdia!

Este edifício existe desde há muitos anos, é certo, mas também é inegável que se não fosse a pranteada senhora, hoje esta casa de caridade ou já teria desaparecido ou em breve não se poderia contar mais com o seu edifício.

Foi ela que com o seu dinheiro e com esmolas que pôde colher, mandou soalhar, caiar e retocar os tetos das enfermarias. Reparações nos telhados, camas para enfermos e outras mobílias indispensáveis. A própria farmácia adjunta ao Hospital e a única da vila, a ela é devida.

No Funchal era conhecida de todos, nacionais e estrangeiros, não pela insígnia da *Torre* e *Espada* com que era condecorada, mas pela sua inteligência, pela sua bondade e mais que tudo pela sua excessiva caridade.

Pe. Fernando Augusto da Silva, co-autor do *Elucidário Madeirense*, subscreveu este texto acerca da Irmã Wilson. *BMF*, Registo Bio-Bibliográfico de Madeirenses, [1984].

Parece-nos que ainda a estamos vendo no Lazareto por ocasião da missa campal, após a extinção da varíola! Ah! como ela então exultava de prazer quando milhares de pessoas assistiam àquele ato religioso em ação de graças!

E foi ela que à frente das suas irmãs em religião, afrontou todos os perigos e trabalhou com denodo para debater o mal.

A morte surpreendeu-a quando ainda em Câmara de Lobos trabalhava para abrir uma escola católica para crianças!

Ela estava preparada para a grande viagem donde se não regressa! Que no Céu ela ore pela Madeira que tanto amou!

*
* *

Na próxima quarta-feira haverá na capela do Hospital de Santa Casa da Misericórdia desta Vila solenes exéquias e missa cantada pelo eterno descanso de Miss Wilson.

A cerimónia fúnebre principia às 7 horas.

F.[1316]

Acontecimento lutuoso[1317]

Na quarta-feira da semana passada, faleceu na vila de Câmara de Lobos, a virtuosa e inigualável Miss Wilson, que tantos prodígios de bondade, virtude e caridade fez durante a sua vida.

Miss Wilson era um verdadeiro modelo de virtude e abnegação; possuidora dum coração generoso e duma alma pura e confortante, que a tornavam uma santa heroína perante a virtude e a caridade que tão bem soube exercer durante a sua existência sobre a terra.

[1316] Texto da autoria do Pe. Fernando Augusto da Silva, mais conhecido entre nós por ter sido um dos autores do *Elucidário Madeirense*, que tinha por hábito rubricar os seus textos publicados na imprensa desta forma.

[1317] ABM, *Brado do Oeste*, 25 de outubro de 1916. Este artigo deverá ser da autoria do Pe. João Vieira Caetano, natural de Santa Cruz, que começou o seu múnus pastoral na igreja daquela vila, quando ali estava a Ir. Wilson e que, em 1916, já se encontrava colocado como pároco da igreja paroquial da Ponta do Sol.

A Miss Wilson, a população madeirense sempre tributou e tributa o maior apreço de gratidão e admiração, pela forma santa e modelar como exerceu a caridade e espalhou tanto bem no seio da classe indigente desta terra.

Miss Wilson era condecorada com a insígnia da Torre e Espada a qual lhe foi oferecida por meio de subscrição, aberta, pelos seus maiores admiradores, devido aos brilhantes serviços prestados por ocasião da terrível epidemia da varíola que grassou na cidade do Funchal, em 1909.[1318]

Paz à sua alma, e que lá no céu receba o prémio de tanto bem que fez na terra.

Miss Wilson[1319]

Na capela do Hospital da Misericórdia da vila de Santa Cruz realizaram-se ontem, pelas 7 horas da manhã, ofícios fúnebres em sufrágio da alma da benemérita Miss Wilson.

Foi celebrante o rev.º padre Teotónio Gonçalves, cura da freguesia.

A esta cerimónia religiosa assistiu grande concorrência de fiéis.

Miss Wilson[1320]

Faleceu no dia 15[1321] e sepultou-se no dia 16[1322] do mês último essa excelsa filha da Grã-Bretanha que foi, sem contestação alguma, uma das senhoras a quem a Madeira deve maior soma de benefícios.

Filha de pais protestantes, a sr.ª Wilson professou também essa religião na sua juventude. Deus, porém, fez brilhar ao seu espírito a luz da verdade e a sua alma generosa não se demorou em obedecer à indicação que lhe vinha do alto. Teve que sofrer uma terrível oposição da parte da sua família, mas de nada valeram as censuras e ameaças. Rompeu com todos os obstáculos, sacrificando todo o seu bem-estar e renunciando a toda a fortuna terrena com mira em entesourar unicamente para o céu.

A Providência conduziu-a a esta ilha onde despendeu uma longa vida em benefício dos pobres, dos doentes e de todas as classes. Fundou uma congregação de religiosas franciscanas que se assinalaram por relevantíssimos serviços em diferentes paróquias desta diocese.

Poucos há que desconheçam esses serviços. A educação das crianças em escolas católicas criadas pela sr.ª Wilson e o heroísmo de caridade que ela e as suas religiosas desenvolveram no Hospital de Santa Cruz e no Lazareto de Gonçalo Aires por ocasião da varíola, são títulos de glória que se não apagarão jamais.

O governo, informado de tamanha benemerência, conferiu-lhe uma comenda. Porém, Miss Wilson que só queria dinheiro para educar crianças e alimentar pobres – e as comendas não se obtinham sem dinheiro – nunca suspendeu do seu peito outras veneras que não fossem as da caridade.

Proclamada a república em Portugal, o novo governo dominado por um sectarismo feroz, tratou *brutalmente* essa pequena corporação de heroínas, obrigando-as à secularização e à dispersão.

Deus não podia deixar impune tão desumano procedimento. Algum tempo depois era a Madeira assolada pela epidemia do *Cólera*. O Lazareto ia abrir-se de novo, mas os coléricos já não encontrariam dentro daquele recinto os anjos da caridade que a República dispersara. Em vez deles, puros mercenários.

Não obstante os maus tratos, Miss Wilson continuou a dedicar-se pela Madeira, sendo respeitada por quase todos e venerada por muitos dos que a conheciam, tanto nacionais como estrangeiros.

[1318] Não foi em 1909 mas sim em 1907.
[1319] BMF, *Diário da Madeira*, 26 de outubro de 1916.
[1320] BMF, *Boletim Eclesiástico da Madeira*, 1 de novembro de 1916.
[1321] A data correta é no dia 18.
[1322] A data correta é no dia 19.

4.5.1916

Era a *mulher forte* do Evangelho. Soube triunfar do mundo e das suas seduções. A sua vida decorreu toda perfumada das mais belas virtudes cristãs.

Tomou como modelo o homem que na terra mais se assemelhou a N. Senhor Jesus Cristo – S. Francisco de Assis. Sob os auspícios desse glorioso Patriarca colocou a sua pequena família religiosa; e os favores que recebeu por intermédio do seu Patrono foram coroados pela graça inestimável de morrer num antigo convento de franciscanos e junto ao túmulo do único madeirense – Frei Pedro da Guarda[1323] – que até hoje mereceu as honras da beatificação.[1324]

A sua morte correspondeu, portanto, à sua vida e no céu será grande a sua glória.

A Providência que a conduzira à Madeira para ser o instrumento da salvação de muitas almas, conduziu-a também ao convento de S. Francisco em Câmara de Lobos, não para trabalhar – pois nada chegou a fazer – mas para voar desse ninho de Santidade para o seio da infinita misericórdia de Deus.

O seu funeral foi uma verdadeira glorificação, pois tendo falecido onde quase não era conhecida, reuniu Deus em redor do seu cadáver uma multidão imensa que o acompanhou, cheia de veneração, até à última morada.

Que Miss Wilson do seio de Deus, onde por certo se encontrará, alcance para suas desoladas religiosas e para toda esta ilha as graças e as bênçãos do céu.

A Irmã Wilson[1325]

O sr. D. Bernardo da Costa Mesquitela, que em tempos foi ilustre governador civil da Madeira, publicou no *Diário de Notícias*, de Lisboa, a seguinte carta, que é mais um eloquente preito de saudade e admiração rendido à santa memória da irmã Wilson.

Ei-la:

Sr. redator. – Publicou o seu jornal a notícia de ter falecido no Funchal a irmã Wilson e são de toda a justiça as palavras que acompanham essa notícia, como um preito de homenagem a essa grande alma.[1326]

Nada mais há a acrescentar, sr. redator, pois nessas sentidas palavras vai todo o elogio àquela que foi um verdadeiro Anjo de Caridade durante longos anos da sua existência e creio que até que não se apagou da memória de quem uma vez a viu, a essa figura angélica, o seu sorriso maternal, o seu trato encantador. Ninguém no Funchal –seja qual for o seu credo político – os seus sentimentos e a sua educação, esquecem aquela simples criatura

---

[1323] Tal como o seu próprio nome indica, o Santo Servo de Deus, como é conhecido entre nós, não era natural da Madeira, mas sim da Guarda, no continente português.

[1324] Contrariamente ao afirmado pelo autor deste texto, Frei Pedro da Guarda ainda não foi beatificado, apesar de terem sido compilados inúmeros processos de beatificação ao longo dos últimos cinco séculos.

[1325] BMF, *Diário de Notícias*, 18 de novembro de 1916.

[1326] Referência ao texto intitulado "**A Irmã Wilson**", publicado na edição de 2 de novembro de 1916 do *Diário de Notícias* de Lisboa, que deverá ser lido com alguma cautela pois apresenta muitas imprecisões no que concerne ao percurso madeirense desta religiosa. Segue-se a sua transcrição: «Os jornais da Madeira, ontem chegados, noticiam, com longos e encomiásticos elogios à sua memória, a morte, ocorrida no Funchal, em 18 do mês findo, de «miss» Wilson, «a Irmã Wilson», como em toda a ilha era popularissimamente conhecida, uma bondosa e caritativa senhora, de origem inglesa, e que do seu pris [*sic*] para ali fora, há muitos anos, estabelecer uma casa da Congregação das Irmãs de S. Francisco de Sales, no que a coadjuvaram outras damas nativas./ Tendo dirigido também, por muitos anos, a escola instituída na capital do distrito pela referida congregação, escola em que, além do ensino se fornecia também gratuitamente vestuário e alimento aos alunos pobres, «a Irmã Wilson» não limitou a tão simpática tarefa a sua benéfica ação, pois se dedicou, igualmente, com inexcedível zelo e infinitos requintes de caridade, à missão de enfermeira, sendo de tal ordem os serviços por ela prestados à população madeirense no pestífero hospital de Santa Cruz, por ocasião da terrível epidemia de varíola que ali grassou, que, dominando o flagelo, todo o povo lhe fez uma manifestação de simpatia e reconhecimento, que foi uma verdadeira apoteose, e o governo português consagrou com a concessão à heroica mulher do grau de cavaleiro da Torre e Espada./ Estabelecido o regime republicano e banidas as congregações religiosas, não quis, apesar disso, a «Irmã Wilson» abandonar a ilha da Madeira, e, despindo o hábito, preferiu ali ficar, porque dizia desejar ali morrer./ E morreu, por certo, rodeada de muitos dos que a amavam e bendiziam a sua ação na terra./ O funeral, que foi imponente pelo número de assistentes, entre os quais se viam dos mais ricos aos mais pobres e humildes habitantes, realizou-se no dia 19, ficando o féretro depositado no pequeno cemitério de Câmara de Lobos.»

que por a toda a parte espalhava a mãos cheias a caridade como a nossa Rainha Santa transformando rosas em pão.

E quantos espinhos, quantos doestos sofreu essa grande alma e tudo esquecia para não ver senão os seus irmãozinhos. Os pobres, a socorrer!

Entre as muitas pessoas que tiveram a honra e a alegria de privar com a irmã Wilson, ninguém melhor do que eu pode testemunhar a par dos seus muitos serviços a sua grande modéstia, a sua inexcedível caridade – no tempo que tive a honra de ser governador civil do Funchal, e na época calamitosa que atravessou aquela cidade, a que v., sr. redator, tão bem se refere nas notícias em questão – tive na irmã Wilson, mais que um auxiliar, foi ela a alma de tudo quanto se fez em benefício do povo – no sentido de se debelar a epidemia que então grassava – e ela a tudo acudia, tudo resolvia – pelo seu zelo, pela sua caridade, pelo seu modo, pela sua experiência.

Sem que ela o soubesse – fui eu, que tive a honra do propor ao governo a concessão do Grau de Cavaleiro da Torre [e] Espada e decerto, sr. redator, nunca essa linda medalha ficou melhor em qualquer peito do que, como homenagem ao valor – e ao «mérito», no simples vestido duma pobre Irmã de Caridade.

Era então ministro do reino o sr. João Franco, que sobre o relatório por mim apresentado condecorou a irmã Wilson. E não quero dizer a v., sr. redator, a minha funda impressão quando tive conhecimento de que o governo aceitara de bom grado a minha proposta, nem do espanto, a admiração e a admirável candura como aquela santa mulher recebeu essa notícia.

Morto é também aquele que nesta conjuntura tanto me auxiliou, e a quem a Madeira tanto deve – refiro-me a outra alma de eleição D. Manuel Agostinho Barreto, o grande bispo do Funchal.

As homenagens prestadas pois pelos funchalenses à sua irmã Wilson não foram mais que o pagamento de uma dívida de gratidão e a elas se associa aquele que tão bem avaliou os dotes do coração e de altruísmo da santa criatura que acaba de desaparecer.

Desculpe-me v. esta carta e creia-me com a devida consideração

De v. etc.

Faro, s/c.
8 – XI – 16.

D. Bernardo da Costa Mesquitela.

CONCLUSÃO

Ao terminar esta obra, de forte pendor histórico, que tivemos muito gosto e o raro privilégio de elaborar, sentimos como que um dever cumprido para com a memória desta religiosa que deixou o seu nome gravado, com letras de ouro, na História da Madeira ao fazer a diferença nos locais da ilha por onde passou e por onde se estendeu a sua ação benéfica e pedagógica.

Discípula do *Poverello* de Assis, cujo nome fez questão de integrar no seu nome religioso, Maria de S. Francisco Wilson derramou a luz da instrução e da cura do corpo e das almas no seio do povo madeirense. A sua dedicação às causas que abraçou – quer na criação e direção do Colégio de São Jorge e respetiva botica e do Orfanato de Santa Isabel, quer em tudo o que fez em prol do hospital da Santa Casa da Misericórdia de Santa Cruz, quer tudo o que fez em prol das instituições que dirigiu no Funchal, a convite do Bispo D. Manuel Agostinho Barreto, quer ainda e sobretudo pelo papel ímpar que desempenhou no extermínio da epidemia da varíola entre nós em 1907 – deixam antever o seu forte carácter e personalidade, o seu total empenho e determinação em seguir em frente e em ultrapassar obstáculos, fruto da sua inabalável fé em Deus, que sempre lhe providenciou os meios para que pudesse atingir os seus fins.

O período em que Mary Jane Wilson viveu entre nós, entre 1881 a 1916, não foi uma época fácil em termos sócio-económicos. Ao chegar à Madeira deparou-se com muita miséria e necessidades, fruto, em parte, da filoxera, a segunda calamidade que se abatera sobre as vinhas da ilha, poucos anos antes, destruindo-as por completo, o que originaria diversos surtos migratórios, um dos quais para as então denominadas ilhas de Sandwich, atual Hawaii. Paralelamente a isso, deparou-se com o crescente incremento da propaganda e ensino protestante, que ajudou a combater ao juntar-se à Obra de S. Francisco de Sales e ao estabelecer diversas escolas salesianas em diversos pontos da ilha, com especial incidência no Santo da Serra, onde ajudou a trazer de volta para a religião católica grande parte da população daquela freguesia, que se havia convertido ao calvinismo.

Charity begins at home é uma muito conhecida expressão inglesa que refere que a caridade começa em casa. Apesar de ter nascido e vivido muitos anos no seio duma família protestante, e de ter ficado órfã de pai e mãe muito cedo, os familiares e as perceptoras que cuidaram da educação de Miss Wilson incutiram-lhe uma série de valores cristãos, entre os quais o da caridade. E ao vir para a Madeira, alguns anos após a sua conversão ao catolicismo, pôs em prática, entre nós, um costume muito arreigado na sociedade inglesa, nomeadamente o da realização de eventos de cariz cultural com o intuito de angariar fundos para auxiliar os mais necessitados. E tão bem o fez que, entre nós, para além de ter ficado conhecida como Boa Mãe, também seria apelidada de Anjo de Caridade.

Nos quase quarenta anos que viveu entre nós a Irmã Wilson assistiu ainda ao fortalecimento do movimento maçónico na Madeira, que travou uma encarniçada luta contra a Igreja Católica madeirense e os seus membros. Basta ler a imprensa anticle-

CONCLUSÃO

rical desta época para vermos as gravíssimas acusações feitas quer ao Bispo do Funchal, quer a alguns eclesiásticos da nossa diocese, quer ainda à Irmã Wilson, conforme tivemos oportunidade de constatar através de alguns textos que apresentamos nesta obra. Para estes republicanos dos sete costados (ser republicano, na Madeira, nesta época, era sinónimo de ser arreigamente anticlerical e ver na Igreja o principal inimigo a combater) todos os padres eram jesuítas e todas as casas religiosas não passavam de *coios jesuíticos*, apesar do facto, deveras irónico, de na altura não existirem jesuítas na Madeira.

Forçada ao exílio em outubro de 1910, rumou a Inglaterra, onde passou alguns meses na casa de uma cunhada mas, no ano seguinte, sentido o apelo do regresso à ilha que tanto amou como se fosse sua, decidiu voltar, indo estabelecer-se no remanso do Santo da Serra, onde viveria cerca de cinco anos. A Irmã Wilson regressou mas a Madeira já não era a mesma que deixara ao partir. O Bispo D. Manuel Agostinho Barreto, que tanto apoio moral, material e espiritual lhe dera ao longo de várias décadas, já havia falecido e a Diocese do Funchal encontrava-se na situação de *sede vacante*. Por todo o lado assistiam-se a perseguições à Igreja e aos seus membros, mas esta religiosa escapou incólume a tudo isso mantendo uma postura de recolhimento e silêncio na casa do Lombo da Pereira. Em 1916, a convite do novo Bispo D. Manuel António Pereira Ribeiro, que a Irmã Wilson conhecia muito bem, desde há muitos anos, enquanto cónego da nossa diocese, foi para o Convento de São Bernardino, em Câmara de Lobos, com o intuito de ali fundar um pré-seminário mas onde, ao invés, viria a expirar pacificamente a 18 de outubro desse ano, à sombra da multisecular memória do Santo Servo de Deus, Frei Pedro da Guarda, deixando atrás de si um precioso legado de ajuda ao próximo, sobretudo aos mais necessitados e aos mais pobres dos pobres.

Através da leitura dos inúmeros textos que compõem o corpo principal desta obra conseguimos ver o modo pelo qual a imprensa regional seguiu a sua vida e obra entre nós. Um denominador comum nestes artigos é o facto da Irmã Wilson ser sempre referida na terceira pessoa. Raras são as vezes em que ela surge na primeira pessoa, exceto nalgumas cartas de agradecimento por donativos para o Lazareto, e na transcrição de algumas frases de uma carta da sua autoria a um sacerdote, que este entendeu tornar públicas. Como pudemos constatar igualmente, neste conjunto de textos não existe nenhuma entrevista sua, nem indícios de que a mesma tivesse feito algo para se vangloriar dos seus feitos. Tudo o que se publicou sobre ela saiu da livre e espontânea vontade de diversos articulistas, de diversos jornais madeirenses. Devido a esse facto, nesta obra pouco se alude acerca do seu percurso espiritual ou da sua espiritualidade, a não ser a que transparece da sua nobre ação benemérita entre nós. Muitas vezes o silêncio e o exemplo de vida conseguem ser mais eloquentes do que muitas palavras.

Nalguns textos encontramos indícios de santidade da Irmã Wilson, com especial incidência nalguns relativos à sua ação voluntária e gratuita no Lazareto e sobretudo nos que se publicaram após a sua morte. E em inúmeros artigos é sempre referida como benemérita e caritativa, sinómino da sua vida, em que passou a sua existência a espalhar Paz e Bem. No final da década de 30, poucos meses antes da trasladação dos seus restos mortais do cemitério de Câmara de Lobos para a capela da Quinta das Rosas, o Bispo António Ribeiro autorizou a impressão de uma pagela contendo uma oração pedindo a graça da Beatificação desta religiosa, mas o seu Processo Diocesano de Beatificação e Canonização só teria início a 18 de agosto de 1991, tendo posteriormente seguido para Roma, onde tem sido analisado e estudado ao longo de vários anos. E recentemente, mais concretamente a 9 de outubro de 2013, a Irmã Wilson foi declarada Venerável, pelo Papa Francisco, sendo esta a etapa que antecede a da tão almejada Beatificação.

Para o referido processo diocesano os elementos da comissão histórica nomeada para o mesmo recolheram alguns textos da imprensa madeirense acerca do percurso da Boa Mãe na Madeira, que utilizámos como guia para o início da nossa pesquisa exaustiva, mas através da qual conseguimos encontrar muitíssimos mais, totalmente desconhecidos até ao presente, sendo que todos eles se encontram devidamente compilados nesta obra inédita.

Apresentarmos apenas os textos da imprensa regional relativos aos anos em que a Irmã Wilson viveu entre nós seria um pouco redutor, e não nos permitiria ter uma cabal noção da sua longa jornada entre nós e, de modo a enriquecer este livro, decidimos apresentar igualmente diversos anexos com informação complementar, onde o leitor atento poderá encontrar muitos mais dados que nos ajudam a obter uma visão mais completa do seu percurso madeirense e do contexto em que o mesmo se inseriu.

Com a morte da Irmã Maria de S. Francisco Wilson não se extinguiu a sua Congregação, que continuou a existir na clandestinidade, digamos assim, até que se pôde assumir publicamente após o fim da 1.ª República, de triste memória, sobretudo no que se refere às suas relações com a Igreja, a quem moveu uma luta sem quartel, iniciada sobretudo pelo famigerado ministro Afonso Costa. E nas décadas seguintes continuou a prosperar e a expandir-se para fora da ilha, abraçando o mundo, ao estabelecer-se em diversos países dos quatro continentes.

Cem anos após o falecimento de Mary Jane Wilson o seu legado continua vivo e prospera a olhos vistos. E aquando da comemoração do centenário da sua morte, a meados de outubro de 2016, diversas representantes da Congregação das Irmãs Franciscanas de Nossa Senhora das Vitórias, oriundas dos quatro cantos do mundo, fizeram questão de marcar presença na Madeira para assistir ao programa comemorativo.

Volvido um século sobre a sua libertação da lei da morte, não podemos deixar de sentir empatia por esta ilustre personalidade, que tanto Bem derramou pela Madeira, com a sua notável ação benemérita e desinteressada em prol dos mais pobres.

Ao terminarmos esta obra fazemos nossas as palavras proféticas de Orlando da Gama, em 1910: «O nome da irmã Wilson por longos anos há-de ser um nome abençoado e querido nesta ilha.»

ANEXOS

ANEXO I
Lista dos jornais madeirenses consultados para o corpo principal deste trabalho (entre 1881 e 1916)

Denominação	Local de arquivo	Anos de edição/consultados	Local de edição	Periodi--cidade	Teor editorial
Academia	ABM	1900 a 1901; 1910 a 1911	Funchal	semanário	académico
O Académico	ABM	1884 a 1887	Funchal	quinzenal	académico
Alma Académica	ABM	1906 e 1910	Funchal	semanário	académico
Alma Nova	ABM	1913 a 1914	Funchal	quinzenal	académico
Atalaia	ABM	1892 a 1893	Funchal	quinzenal	anticlerical
Atenista	ABM	1913 a 1914	Funchal	quinzenal	comercial
A Aurora	ABM	1911	Funchal	semanário	generalista
A Boa Nova	ABM	1912	Funchal	trimensal	católico
Boletim Eclesiástico da Madeira	BMF	1912 a 1916	Funchal	mensal	católico
Boletim Mensal Diocesano da Obra de S. Francisco de Sales	ABM BMF	1897 a 1900	Funchal	bimensal/trimensal	católico
Brado do Oeste	ABM	1909 a 1916	Ponta do Sol	bisemanal	generalista
O Chicote	ABM	1916	Funchal	bisemanal	republicano
O Clamor Popular	ABM	1892	Funchal	bisemanal	generalista
O Combate	ABM	1890	Funchal	semanário	generalista
O Comércio da Madeira	ABM	1896 a 1897	Funchal	diário	comercial
Comércio do Funchal	ABM	1910	Funchal	mensal	comercial
O Correio da Manhã	ABM	1884 a 1886	Funchal	diário	generalista
Correio da Tarde	ABM BMF	1901 a 1911	Funchal	trimensal	católico
Correio do Funchal	BMF	1897 a 1898	Funchal	diário	generalista
A Cruz	ABM	1901 a 1902	Funchal	semanário	católico
A Chacota	ABM	1906 a 1907	Funchal	semanário	humorístico
O Debate	ABM BMF	1902 a 1903	Funchal	diário	anticlerical

ANEXOS

O Defensor	ABM	1912	Funchal	quinzenal	pedagógico
A Democracia	ABM	1913	Funchal	bisemanal	republicano
O Democrata	BMF	1901 a 1903	Funchal	semanário	anticlerical
Diário da Madeira	ABM BMF	1881; 1912 a 1916	Funchal	diário	generalista
Diário da Manhã	ABM	1882	Funchal	diário	generalista
Diário de Notícias	ABM BMF	1881 a 1916	Funchal	diário	generalista
Diário da Tarde	ABM	1881 a 1882	Funchal	diário	generalista
O Diário do Comércio	ABM	1891 a 1911	Funchal	diário	generalista
O Distrito	ABM	1893 a 1899; 1904	Funchal	bisemanal	generalista
Diário Popular	ABM BMF	1897 a 1911	Funchal	diário	generalista
O Direito	BMF	1881 a 1911	Funchal	diário	anticlerical
O Dominó	ABM	1903	Funchal	número único	generalista
O Estudante	ABM	1890	Funchal	quinzenal	académico
A Época	ABM	1886; 1895; 1912 a 1916	Ponta do Sol	semanário	generalista
A Esperança	ABM	1914	Funchal	semanário	católico
A Espora	ABM	1891 a 1892	Funchal	semanário	anticlerical
O Funchal	ABM	1908	Funchal	número único	generalista
O Funchalense	ABM	1886	Funchal	semanário	generalista
O Garoto	ABM	1912	Funchal	número único	humorístico
Gente Nova	ABM	1913	Funchal	quinzenal	académico
A Grinalda Madeirense	ABM	1881	Funchal	semanário	generalista
O Imparcial	ABM	1889; 1916	Funchal	bisemanal	generalista
O Independente	BMF	1881; 1915 a 1916	Funchal	semanário	republicano
Jornal de Notícias	ABM	1886	Funchal	diário	generalista
Jornal da Manhã	ABM	1887	Funchal	diário	generalista
Jornal do Povo	ABM	1888 a 1890	Funchal	bisemanal	generalista
Heraldo da Madeira	ABM BMF	1904 a 1915	Funchal	diário	generalista
A Ideia	ABM	1902	Funchal	semanário	sindical
O Imparcial	ABM	1888	Funchal	bisemanal	generalista

ANEXO I - LISTA DOS JORNAIS MADEIRENSES CONSULTADOS PARA O CORPO PRINCIPAL DESTE TRABALHO (ENTRE 1881 E 1916)

O Jornal	ABM BMF	1906 a 1910	Funchal	diário	católico
O Látego	BMF	1889 a 1891	Funchal	semanário	anticlerical
O Liberal	ABM	1913 a 1916	Funchal	bisemanal	republicano
O Monóculo	ABM	1889	Funchal	semanário	humorístico
A Luta	ABM	1888 a 1896	Funchal	semanário	anticlerical
A Luz	ABM	1881 a 1882	Funchal	semanário	anticlerical
A Luz da Madrugada	ABM	1902	Funchal	semanário	católico
A Madeira	ABM	1894; 1897 a 1899	Funchal	bisemanal	generalista
A Madeira Liberal	ABM	1892 a 1893	Funchal	semanário	anticlerical
A Monarquia	ABM	1884	Funchal	semanário	monárquico
O Montepio Madeirense	ABM	1915	Funchal	número único	mutualista
As Novidades	ABM BMF	1881 a 1882; 1888	Funchal	semanário	generalista
A Paróquia de Santo António do Funchal	BMF	1914 a 1916	Funchal	quinzenal	católico
A Opinião	ABM	1890 a 1891	Funchal	bisemanal	regenerador
A Pátria	ABM	1906 a 1907	Funchal	hebdomadário	generalista
O Patriota	ABM	1890	Funchal	número único	patriota
A Pena	ABM	1908	Funchal	número único	encomiástico
O Povo	ABM BMF	1883 a 1888; 1907 a 1916	Funchal	semanário	anticlerical
Portugal	ABM	1891	Funchal	quinzenal	académico
Preito e Homenagem	ABM	1908	Funchal	número único	encomiástico
Primeiro de Dezembro	BMF	1907 a 1908	Funchal	semanário	académico
O Progresso	ABM	1916	Funchal	semanário	generalista
A Quinzena Religiosa da Ilha da Madeira	BMF	1901 a 1912	Funchal	quinzenal	católico
O Radical	ABM	1911; 1912; 1915	Funchal	diário	republicano
O Realista	ABM	1915	Funchal	semanário	monárquico
O Rebate	BMF	1901 a 1902	Funchal	semanário	anticlerical
O Reclame	ABM	1889 a 1891	Funchal	bisemanal	comercial
O Recreio	ABM	1897 a 1898	Funchal	quinzenal	académico
O Redentor do Mundo	ABM	1913	Funchal	número único	católico

A Regeneração	ABM	1914 a 1915	Funchal	quadrimensal	generalista
A República	ABM	1883 a 1886	Funchal	semanário	anticlerical
A Risota	ABM	1906	Funchal	semanário	humorístico
Revista Literária	ABM	1902 a 1903	Funchal	semanário	generalista
Revista Madeirense	BMF	1900 a 1902	Funchal	semanário	generalista
Revolucionário	ABM	1907	Funchal	quinzenal	republicano
Semana Ilustrada	ABM	1898 a 1900	Funchal	quinzenal	generalista
A Sentinela	ABM	1909	Ponta do Sol	semanário	generalista
O Tempo	ABM	1912 a 1913	Funchal	bisemanal	republicano
Trabalho e União	ABM BMF	1907 a 1916	Funchal	semanário	anticlerical
A Verdade	ABM	1882 a 1894; 1915 a 1916	Funchal	semanário	católico
A Vida	ABM	1912	Funchal	número único	humorístico
O Vintém das Escolas	ABM	1915	Funchal	número único	pedagógico
A Voz Pública	ABM	1896	Funchal	semanário	generalista
A Voz da Madeira	ABM	1908 a 1916	Funchal	mensal	protestante
A Voz do Operário	ABM	1899 a 1900; 1902	Funchal	semanário	generalista
A Voz do Povo	ABM	1881 a 1887; 1911	Funchal	semanário	anticlerical
O Zé Povo	ABM	1894 a 1895	Funchal	quinzenal	generalista

ANEXO II
Cronograma do percurso da Irmã Wilson na Madeira[1327]

1881

26 *de maio* – Mary Jane Wilson chega à Madeira, a bordo do *Taymouth Castle*, acompanhando Mr. Fleming, um paciente inglês. Hospeda-se no *Hotel Henry Jones*, no Ribeiro Seco, em S. Martinho
6 *de julho* – Atribuição a Mary Jane Wilson de autorização de residência na Madeira pelo período de um ano, no *Hotel Jones*

1882

6 *de julho* – Renovação da autorização de residência na Madeira, no mesmo local

1883

7 *de abril* – É anunciado a abertura, por Mary Jane Wilson, do *Colégio de S. Jorge*, para educação de meninas, no Hotel Sheffield, sito ao Palácio de São Pedro, onde então residia
? – Instituição da *Orfandade de Santa Isabel*, [na Quinta do Salvador, no Monte?], casa de educação para órfãs e crianças abandonadas, onde ministrava a catequese
7 *de maio* – Realiza-se, no Palácio de S. Pedro, um concerto musical para angariar fundos para ajudar a financiar o *Colégio de S. Jorge*
25 *de maio* – Partida com destino à Inglaterra, a bordo do *Trojan*, com o intuito de tentar convencer algumas senhoras da Ordem Terceira de S. Francisco a virem para a Madeira para colaborarem, como professoras, no *Colégio de S. Jorge*
16 *de outubro* – Regresso de Mary Jane Wilson à Madeira, a bordo do *Garth Castle*

1884

15 *de janeiro* – A Ir. Wilson foi ao *Hospício da Princesa D. Maria Amélia* em busca de uma colaboradora e é-lhe cedida Amélia Amaro de Sá, dando assim início à Congregação
13 *de março* – É publicada a lista de disciplinas que se ensinam no *Colégio de S. Jorge*
7 *de maio* – Realização de um concerto, no Palácio de São Pedro, em benefício do *Colégio de São Jorge*
12 *de maio* – Bênção do *Colégio de São Jorge*, por D. Manuel Agostinho Barreto, sito ao antigo Palácio de São Pedro, na Rua da Mouraria, e da *Botica de São Jorge*, a ele anexa, tendo esta última por missão a distribuição gratuita de medicamentos aos pobres

1885

18 *de abril* – Realização de um sarau musical e dramático, no Palácio de S. Pedro, com o intuito de obter verbas para a manutenção da *Botica de S. Jorge*

[1327] Compilado a partir de dados patentes nos livros *Irmã Wilson: Vida. Testemunhos. Cartas*, de Abílio Pina Ribeiro (Apelação, 1989) e *Mary Jane Wilson: Roteiro*, de Abel Soares Fernandes (Funchal, 2003), e completada com informações patentes na imprensa regional madeirense.

24 de abril – Repetição da *soirée* dramática a benefício da *Farmácia gratuita de S. Jorge*
22 de maio – É anunciado que Miss Wilson estava incomodada de saúde e que a sua falta era sentida no *Colégio de São Jorge*
31 de maio – É anunciado que Miss Wilson já estava em vias de restabelecimento
3 de outubro – É anunciado que o *Colégio de São Jorge* mudou-se para a Rua das Mercês

1886

3 de maio – Realização de um espetáculo, no *Teatro Esperança*, em benefício da *Botica de São Jorge*, também conhecida como a "Farmácia dos Pobres"
9 de junho – É noticiado que Miss Wilson estava melhor do incómodo de saúde por que havia passado recentemente
19 de novembro – Miss Wilson organiza uma festa infantil no *Colégio de São Jorge* destinada a distribuir presentes pelas 60 crianças que a frequentavam

1887

22 de abril – Realização da cerimónia festiva de distribuição de prémios às melhores alunas do *Colégio de São Jorge*, que foi presidida pelo Bispo do Funchal
30 de abril – Realização, no *Colégio de São Jorge*, de uma récita infantil a benefício das órfãs da escola de Santa Isabel
17 de maio – Realização de uma récita, no *Teatro Esperança*, a favor da *Botica de São Jorge*
? – A Ir. Wilson é convidada pelo Barão da Nora, Frederico Teles de Meneses, Provedor da Santa Casa da Misericórdia de Santa Cruz, a tomar conta do Hospital desta instituição caritativa

1888

[*2 de fevereiro* – Abertura do Dispensário para os doentes pobres, na Rua da Cabouqueira, 54, promovida pela família russa Ouchkoff, dando continuidade à obra assistencial iniciada anos antes pela Botica de São Jorge]
11 de agosto – É referido que o Colégio Wilson apresentou duas alunas a exame, tendo sido aprovadas

1889

14 de maio – É anunciado que o colégio de Miss Wilson seria transferido do Palácio de São Pedro, onde estava a funcionar, para outro edifício
26 e 27 de dezembro – Realização de uma exposição de quadros, nos salões do Hotel Vitória, para angariar fundos para a obra de caridade de Miss Wilson

1890

[*26 de fevereiro* – Partida, com destino à Rússia, de Constantino Ouchkoff, a bordo do *El Dorado*, após a morte da sua esposa no Funchal, que seguiu, embalsamada, no mesmo navio]
8 a 10 de abril – Exposição de pinturas, no *Imperial Hotel*, com o intuito de angariar fundos para o orfanato dirigido por Miss Wilson
9 de abril – Miss Wilson regressa de Lisboa, a bordo do vapor inglês *Tartar*, que provinha de Londres
24 de abril – Miss Wilson parte para Londres a bordo do vapor inglês *Grantully Castle*
[*1 de junho* – Encerramento do Dispensário Ouchkoff, na Calçada da Cabouqueira]

1891

20 de maio – Regresso à Madeira da Ir. Wilson, vinda de Londres a bordo do vapor *Moor*
15 de julho – A Ir. Wilson e a Ir. Isabel professam em Santa Cruz, na presença da comunidade, dando assim início ao florescimento da Congregação
21 a 24 de dezembro – Realização de exposição de quadros, com entradas pagas, na Rua das Cruzes, nº 20, assim como de um bazar para venda de alguns lavores femininos, com o intuito de angariar fundos para as obras de caridade de Miss Wilson
26 de dezembro – Nomeação como enfermeira e zeladora do edifício da Misericórdia de Santa Cruz, juntamente com a Ir. Isabel

1892

Princípio do ano – Encerramento do *Colégio de S. Jorge*, por dificuldades financeiras na sua manutenção. A comunidade transfere-se para Santa Cruz
26 de junho – Nomeação da Ir. Wilson como gerente da farmácia do edifício da Misericórdia, à qual foi oferecido o remanescente da farmácia deixada por Madame Ouschkoff no ano anterior. A esta farmácia a Ir. Wilson ofereceu também os medicamentos remanescentes da *Botica de São Jorge* e o seu mobiliário
17 de julho – O Governador Civil do Funchal, Merens de Távora, visitou Santa Cruz, tendo visitado também o hospital e a farmácia dirigido por Miss Wilson
? – A Ir. Wilson funda em Santa Cruz a Ordem Terceira de S. Francisco

1893

8 de julho – Partida rumo a Lisboa, no vapor *Funchal*, acompanhada da Ir. Ana Pereira, com o intuito de encontrar-se com a Superiora das Franciscanas Hospitaleiras Portuguesas
22 de julho – Regresso à Madeira, a bordo do vapor *Funchal*
[*27 de julho* – D. Manuel Agostinho Barreto aprova a fundação da Obra de S. Francisco de Sales na Diocese do Funchal, de modo a suster o avanço do protestantismo]

1894

2 de julho – Realização da festa de Santa Isabel, na capela da Santa Casa da Misericórdia de Santa Cruz
26 de agosto – Oferta da imagem de Nossa Senhora de Lourdes à igreja de Santa Cruz, pelo Barão da Nora. A Ir. Wilson organizou a procissão realizada entre a casa deste generoso ofertante e a igreja da vila.

1895

? – Nomeação como regente do Hospital, tendo permanecido neste cargo até à expulsão da Madeira em 1910

1896

? – As Irmãs começam a usar hábito, por autorização do Bispo do Funchal, D. Manuel Agostinho Barreto
27 de março – Realização de um concerto, pela contralto americana Katherine Timberman, no salão grande do Palácio de São Lourenço, em benefício do Hospital de Santa Cruz
26 de abril – A Ir. Wilson comunica à Mesa gerente da Santa Casa da Misericórdia de Santa Cruz que Madame Arendrup havia feito um donativo de 100 libras para a constru-

ção de uma nova enfermaria no Hospital de Santa Cruz

27 de junho – Miss Wilson acompanha duas Franciscanas Missionárias de Maria, de nacionalidade francesa, vindas de Lisboa, numa visita ao hospital de Santa Cruz

23 de julho – Partida rumo a Londres, a bordo do vapor inglês *Grantully Castle*, acompanhada de Miss Albuquerque

2 de dezembro – Regresso da Ir. Wilson à Madeira, a bordo do vapor inglês *Dunvegan Castle*

19 e 20 de dezembro – Realização de um bazar, no Palácio de São Lourenço, em benefício das obras a realizar no hospital da Santa Casa da Misericórdia de Santa Cruz

1897

Início do ano – A Ir. Wilson nomeia a Ir. Isabel como Superiora Geral da Congregação, ficando ela própria como Mestra de Noviças

Fevereiro? – A Ir. Wilson inscreve-se na *Obra de S. Francisco de Sales* tendo contribuído com um donativo de 400 réis

Início de março – As Irmãs de S. Francisco, juntamente com as Filhas de Maria, promovem, na capela do Hospital de Santa Cruz, a cerimónia do Lausperene das 40 horas

? – A Ir. Wilson promove um bazar para angariar fundos para reparações na Santa Casa da Misericórdia de Santa Cruz

29 de agosto – As Irmãs Franciscanas incorporam-se na procissão de Nossa Senhora de Lourdes, no dia em que se assinalou esta solenidade religiosa na igreja paroquial desta vila

8 de dezembro – Fundação, pela Ir. Isabel de Sá, de uma escola em Santana, integrada na rede escolar suportada pela *Obra de S. Francisco de Sales*

1898

22 de abril – Realização de uma récita, no *Teatro D. Maria Pia*, promovida por Ella Gordon, a favor de várias instituições de caridade, entre as quais o Hospital da Santa Casa da Misericórdia de Santa Cruz

12 de maio – Encontro com o Prelado funchalense, na companhia da Madame Arendrup, no sentido de pedir autorização para a construção de uma capela e escola no sítio da Pereira, no Santo da Serra, para contrariar a aliciante propaganda protestante

18 de julho – É anunciada a construção, por Miss Arendrup, de uma escola e capela no Santo da Serra

19 de julho – Três religiosas vitorianas, a Ir. Maria Antónia, Ir. Maria da Ressurreição e Ir. Maria da Cruz, procedem à (re)abertura de uma escola junto à igreja da Santa, no Porto Moniz, integrada na rede escolar suportada pela *Obra de S. Francisco de Sales*

24 de agosto – Bênção solene e lançamento da primeira pedra da capela do Sagrado Coração de Jesus, no Santo da Serra, tendo usado da palavra nesta cerimónia o Pe. Paiva.

19 a 23 de dezembro – Realização, no Palácio de S. Lourenço, de uma exposição de pintura, com entradas pagas, com o intuito de angariar fundos para custear obras a realizar no Hospital de Santa Cruz

1899

? – A Ir. Wilson, acompanhada de outra religiosa, procedem à abertura da casa religiosa no sítio da Pereira, no Santo da Serra

25 de setembro – O Prelado funchalense visita a nova capela e escola de Madame Arendrup

15 de novembro – Bênção, pelo Bispo do Funchal, da capela anexa a esta escola

1900

5 de fevereiro – Primeiras eleições da Congregação, ficando a Ir. Wilson a exercer o cargo de Superiora Geral

1901

22 de março – Realização de um concerto, no *Club Funchalense*, promovido por Mrs. Hill, a benefício do Hospital de Santa Cruz
25 de setembro – Realização de um sarau musical, em Santa Cruz, em benefício da Santa Casa da Misericórdia daquela vila
16 de novembro – São redigidos, em Santa Cruz, os estatutos da Associação de Nossa Senhora das Vitórias
[*28 de dezembro* – O *Diário do Governo* publica os *Estatutos da Associação de Nossa Senhora das Vitórias*, da freguesia de Santa Cruz, na ilha da Madeira]

1904

3 a 5 de abril – Realização de uma exposição de pinturas do casal Gutschers no seu *atelier* sito à Travessa das Angústias, com entradas pagas, revertendo as verbas angariadas a favor do Hospital de Santa Cruz e das obras de caridade da Ir. Wilson

1905

25 de janeiro – A Ir. Wilson funda uma nova escola, na Quinta de S. Cristóvão, em Machico
2 de fevereiro – Abertura desta escola
11 de agosto – Inauguração, pela Ir. Wilson, acompanhada de duas Irmãs, de uma escola no Arco de São Jorge
[*Final do ano* – Surgimento da alegada peste bubónica no Funchal]
16 de novembro – Aquando da visita do Bispo do Funchal a Santa Cruz, onde foi recebido efusivamente, o mesmo visitou o Hospital desta vila, tendo-o encontrado no melhor estado de asseio
7 de dezembro – A Ir. Wilson oferece os seus serviços ao Bispo e ao Governador Civil (substituto) do Funchal, Dr. Pedro José Lomelino, para tratar dos doentes internados no Lazareto, sendo dispensada por este último

1906

[*7 de janeiro* – Invasão popular do Lazareto]
3 de setembro – É entregue à Ir. Wilson a direção do *Recolhimento do Bom Jesus*, no Funchal
26 de setembro – Aquando da sua passagem por Santa Cruz, o Bispo do Funchal visitou, entre outros locais, o Hospital de Santa Isabel
30 de dezembro – Surge o primeiro caso de varíola no Funchal, através do desembarque do comandante do vapor francês *Massilia*, infetado com esta doença, que virá a espalhar-se junto da população

1907

7 de fevereiro – É declarado o surto de varíola no Funchal
7 de abril – O *Diário de Notícias* abriu uma subscrição de modo a angariar verbas para socorrer os variolosos pobres, que ficaram impedidos de trabalhar e ganhar assim o seu

sustento e das suas famílias

8 de abril – A Ir. Wilson disponibilizou-se a instalar-se imediatamente no Lazareto com algumas das suas Irmãs, para tratar gratuitamente dos variolosos, caso o Governo lhe cedesse aquelas instalações e se comprometesse a fornecer-lhe leitos, medicamentos e alimentação

9 de abril – O Governador Civil telegrafou para Lisboa informando o Governo acerca da oferta da Ir. Wilson

10 de abril – Como o telegrama ficou sem resposta, o *Diário de Notícias* tomou a iniciativa de telegrafar aos deputados eleitos pelo círculo da Madeira, solicitando-lhes que intercedessem junto do Governo para obter uma resposta positiva à oferta da Ir. Wilson

11 de abril – É noticiado que a Ir. Wilson foi encarregada, pelo *Diário de Notícias*, de distribuir pelos variolosos pobres, nos seus domicílios, a quantia de 200$000 provenientes da subscrição aberta por este jornal

12 de abril – Reúne-se a Junta Geral do Funchal, tendo sido decidido por unanimidade telegrafar novamente ao Governo a instar que o Lazareto fosse posto à disposição de Miss Wilson, e que lhe fossem disponibilizados todos os meios para socorrer os doentes

13 de abril – É divulgado que Miss Wilson encontra-se a dar apoio a vários variolosos do sítio do Ribeiro Seco de Cima, na freguesia de S. Martinho

Idem – A Ir. Wilson escreve, do *Recolhimento do Bom Jesus*, uma missiva ao *Diário de Notícias* pedindo para divulgar a lista de pessoas que lhe haviam oferecido dinheiro para ser distribuído pelos variolosos pobres

14 de abril – É noticiado que a Ir. Wilson encontra-se a prestar auxílio a alguns variolosos do sítio do Ribeiro Seco de Cima, na freguesia de S. Martinho, distribuindo alimentos aos doentes

15 de abril – A Ir. Wilson informa ao *Diário de Notícias* os nomes dos variolosos pobres do sítio do Ribeiro Seco de Cima, que estavam a receber um subsídio deste jornal, distribuído por esta religiosa

16 de abril – É anunciado que os variolosos do sítio do Ribeiro Seco de Cima estão recebendo subsídio do *Diário de Notícias*, por intermédio de Miss Wilson

Idem – É anunciado que a Ir. Wilson disponibilizou camas e alimentação ao pessoal encarregado das obras no Lazareto com o fim de ali pernoitarem, por serem oriundos de fora do Funchal

Idem – A Ir. Wilson escreve uma nota, no *Recolhimento do Bom Jesus*, a agradecer duas ofertas anónimas para os variolosos pobres, no total de 6$200 réis

Idem – O Presidente do Conselho, João Franco, telegrafa ao Chefe do Distrito do Funchal, comunicando-lhe para confiar a direção do Lazareto a Miss Wilson, após as reparações urgentes a efetuar naquele local

17 de abril – A Ir. Wilson participa numa reunião convocada pelo Governador Civil do Funchal, D. Bernardo da Costa, para decidir que medidas tomar face ao alastrar da epidemia da varíola

18 de abril – É anunciado que os variolosos pobres estão dispostos a entregar-se aos cuidados maternais da Ir. Wilson e suas companheiras, no *Lazareto de Gonçalo Aires*

20 de abril – Partem de Santa Cruz, rumo ao Funchal, quatro Irmãs Franciscanas destinadas a prestar auxílio aos variolosos no Lazareto

21 de abril – A Ir. Wilson facultou ao *Diário de Notícias* uma lista de doentes atacados por varíola no sítio do Ribeiro Seco, em S. Martinho

Idem – A Ir. Wilson agradeceu a oferta de Margarida de Almada, de roupas usadas para os variolosos pobres

Idem – É entregue a Miss Wilson, pela administração do concelho do Funchal, os poucos objetos do Lazareto que haviam escapado à fúria popular aquando da invasão do mesmo, a 7 de janeiro de 1906

26 de abril – A Ir. Wilson escreve uma missiva, no *Recolhimento do Bom Jesus*, a agradecer as ofertas de alguns produtos para socorrer os variolosos

27 de abril – A Ir. Wilson participa numa reunião convocada pelo Governador Civil do Funchal, a vários clínicos desta cidade, de modo a abordar o problema de saúde pública, tendo esta religiosa informado que no primeiro dia apenas podia receber 30 doentes

Idem – O *Diário de Notícias* divulga que recebeu 50 libras de um estrangeiro residindo no Funchal, para serem entregues a Miss Wilson, para fazer face às despesas com os variolosos pobres que entrassem no Lazareto

Idem – Este jornal divulga a lista das despesas que tem tido com os variolosos pobres, de que estavam encarregados o Dr. José Joaquim de Freitas e Miss Wilson

Idem – O *Diário de Notícias* divulga que a Ir. Wilson o informou de que Francisco de Araújo Figueira se havia voluntariado para fazer 100 lençóis e 100 camisas

30 de abril – Entram no Lazareto as primeiras Irmãs que iriam tratar dos variolosos

1 de maio – Entram no Lazareto os primeiros 30 doentes

Idem – É divulgado o agradecimento da Ir. Wilson relativo a diversas ofertas em dinheiro e géneros para os variolosos do Lazareto

3 de maio – É divulgado que a *Sociedade dos 27* realizou uma *quête*, que rendeu a quantia de 4$500 réis, para ser entregue à Ir. Wilson

Idem – O comissário de polícia enviou à Ir. Wilson 2$500 réis, provenientes de uma multa

7 de maio – É divulgado que a Ir. Wilson afirmou que havia falta de catres no Lazareto, tendo o *Diário de Notícias* mandado adquirir 10, com o dinheiro da subscrição aberta nas suas páginas para socorrer os variolosos pobres

Idem – É referido que sete Irmãs de S. Francisco se encontram a prestar assistência aos variolosos no Lazareto

10 de maio – É referido que a Ir. Wilson é o anjo de caridade que realizou um verdadeiro milagre, ao afastar a maldição que pesava sobre o Lazareto de Gonçalo Aires

Idem – É referido que era urgente aumentar o pessoal enfermeiro do Lazareto visto que Miss Wilson e as suas Irmãs não podiam vencer os muitos encargos, trabalhos e cuidados que sobre elas pesavam

12 de maio – Os Bombeiros Voluntários do Funchal promovem um bando precatório em benefício dos variolosos internados no Lazareto, que angariou 322$930 réis

13 de maio – É divulgado o apelo da Ir. Wilson no sentido de serem oferecidos ao Lazareto brinquedos para as crianças convalescentes

14 de maio – É anunciado que a Ir. Wilson solicitou a impressão de boletins para o registo do movimento hospitalar diário, tendo 300 sido impressos nas oficinas do *Diário de Notícias*

15 de maio – São convocadas mais duas Irmãs Franciscanas de Santa Cruz, Ir. da Cruz e Ir. da Paixão, que se haviam voluntariado a colaborar no Lazareto

Idem – É divulgado que o Visconde de Cacongo ofereceu a Miss Wilson, para os variolosos ao seu cuidado no Lazareto, duas dúzias garrafas de excelente Vinho Madeira, seis toalhas de mão e seis lençóis

16 de maio – É divulgado, em nome da Ir. Wilson, o seu agradecimento a diversas casas de bordados pela oferta de tecido para os variolosos, e que, devido aos seus muitos afazeres não dispunha de tempo para agradecer, por escrito, a cada um dos generosos benfeitores

Idem – É divulgado que estão internados no Lazareto cerca de 90 variolosos, fazendo-se um novo apelo à caridade pública

Idem – Realização de um sarau, no *Ateneu Comercial do Funchal*, com o intuito de angariar verbas para custear o tratamento dos variolosos no Lazareto, que rendeu cerca de 200$000 réis

17 de maio – É divulgado que a Ir. Wilson tinha ao seu encargo, no Lazareto, a alimentação de 140 pessoas, entre enfermos, seus parentes e o pessoal de serviço

Idem – A Ir. Wilson faz um apelo à doação de roupas usadas para que os doentes convalescentes possam sair do Lazareto

Idem – A Ir. Wilson pede que, em seu nome, sejam apresentados agradecimentos à Condessa de Torre Bela e a Augusta Prado, pela oferta de brinquedos para as crianças

19 de maio – Realização de um bando precatório pelas ruas do Funchal, promovido pela classe marítima, em favor dos doentes do Lazareto, que rendeu 300$435 réis em dinheiro e inúmeros géneros alimentícios que foram entregues à Ir. Wilson

Idem – Venda em praça, em Santa Cruz, de uma *charola*, arranjada pela esposa do Dr. José Plácido Nunes Pereira e outras senhoras, com o intuito de enviar à Ir. Wilson a verba angariada, 18$100 réis

23 de maio – É divulgado que a quête realizada pelas alunas da Escola Distrital de habilitação ao magistério primário rendeu 92$800 réis, que foram entregues à Ir. Wilson

24 de maio – É noticiado que a professora particular Maria Palmira Gomes realizou uma quête entre as suas alunas, tendo angariado 3$050 réis, que enviou à Ir. Wilson

25 de maio – É divulgado que os alunos do seminário fizeram uma quête entre si, tendo angariado 50$000 réis, que enviaram à Ir. Wilson

Idem – É noticiado que a quête promovida por Baptista Santos, Juvenal de Araújo e Albino de Menezes rendeu 50$520 réis que reverteram para os variolosos do Lazareto

26 de maio – Um grupo superior a 20 rapazes que haviam sido tratados no Lazareto regressaram àquele local para agradecer à Ir. Wilson e suas companheiras o modo carinhoso como foram tratados quando ali estiveram internados

Idem – É entregue à Ir. Wilson 25$095 réis angariados por uma comissão de alunos da Escola Comercial anexa à Associação Comercial do Funchal

26 e 30 de maio – Realização de uma quermesse, no *Jardim D. Amélia*, promovida por uma comissão de alunos do Liceu do Funchal, com o mesmo fim

27 e 30 de maio – A Ir. Wilson agradece publicamente a oferta de vários donativos para os internados no Lazareto

31 de maio – Gordon Bennett, proprietário do *New York Herald*, de passagem pelo Funchal rumo a Cádis, a bordo do iate *Lisístrata*, oferece 200$000 réis para o tratamento dos variolosos

1 de junho – É entregue à Ir. Wilson 87$400 réis angariados por uma subscrição e quermesse promovida pela Academia Funchalense

2 de junho – Os Carreiros do Monte promovem um bando precatório a favor dos internados no Lazareto, que rendeu 214$455 réis, valor este que foi entregue à Ir. Wilson

5, 12 e 14 de junho – A Ir. Wilson agradece publicamente a oferta de vários donativos para os internados no Lazareto

7 de junho – Realização, no *Casino Pavão*, de uma matinée infantil com o mesmo fim, que rendeu 305$440 réis

15 de junho – É divulgada a lista dos subscritores de São Vicente que contribuíram com 92$490 réis, recolhidos naquele concelho, para serem entregue à Ir. Wilson

16 de junho – Realização de um bando precatório na freguesia de S. Gonçalo, tendo sido angariados 197$810 réis em dinheiro e outros 100$000 réis em géneros alimentícios e outros destinados aos variolosos do Lazareto

19 de junho – A Ir. Wilson reúne-se com o Governador Civil para abordar o assunto dos internados no Lazareto

20 de junho – É divulgado o resultado de uma subscrição aberta por emigrantes madeirenses na Ilha da Trindade, com o mesmo fim, que rendeu £46.10, ou seja, 213$315 réis

23 de junho – O *Heraldo da Madeira* publica um texto laudatório à benemérita ação da Ir. Wilson na direção do hospital de isolamento do Lazareto

28 e 29 de junho – Realização de um bazar, na Praça da Rainha, pelas crianças do *Vintém das Escolas*, com o mesmo fim

29 de junho – A Ir. Wilson faz um apelo ao envio para o Lazareto dos atacados pela doença em Santo António e São Martinho, afirmando que ali seriam tratados com muito zelo e proficiência

30 de junho – Realização de um bando precatório saindo do sítio do Lagar, no Palheiro Ferreiro, e terminando no Lazareto, que angariou 177$770 réis, para além de outros donativos em géneros

Idem – As alunas do *Vintém das Escolas* vão ao Lazareto oferecer à Ir. Wilson o produto do Bazar realizado na Praça da Rainha, tendo-lhe recitado um poema laudatório

1 de julho – A Ir. Wilson agradece publicamente a oferta de vários donativos para os internados no Lazareto

3 de julho – A Ir. Wilson agradece, através do *Diário de Notícias*, os donativos angariados pelo bando precatório de São Gonçalo

4 de julho – O Rei D. Carlos confere a Mary Jane Wilson a comenda de «Cavaleiro da Antiga e mui Nobre Ordem da Torre e Espada», sob proposta do Dr. Bernardo da Costa, Governador Civil da Madeira

Idem – A Ir. Wilson e suas companheiras são revacinadas pelo Dr. José Joaquim de Freitas

11 de julho – A Ir. Wilson é referida como estando doente.

Idem – É noticiado o resultado de uma subscrição aberta por emigrantes madeirenses no Pará, Brasil, que foi enviado à Ir. Wilson para os variolosos pobres do Lazareto

14 de julho – A Ir. Wilson é referida como estando a melhorar, devendo entrar em breve em convalescença

18 de julho – É divulgado o agradecimento da Ir. Wilson por dois donativos de 5$000 réis

28 de julho – Realização de um bando precatório a favor dos variolosos saindo da capela da Boa Nova

6 de agosto – A Ir. Wilson, acompanhada pelo Dr. Nuno Silvestre Teixeira, reúne-se com o Governador Civil do Funchal, Boaventura Mendes de Almeida (que chegou à Madeira no dia 3 deste mês e tomou posse nesse mesmo dia)

7 de agosto – O *Diário do Governo* publica o despacho do Ministério dos Negócios do Reino, atribuindo à Ir. Wilson a comenda da Ordem da Torre e Espada

Idem – É divulgado o surgimento de pneumonias epidémicas no sítio da Madalena, em Santo António

8 de agosto – O Governador Civil do Funchal visitou o Lazareto de Gonçalo Aires, tendo se inteirado de tudo o que respeitava àquele local

9 de agosto – O *Diário de Notícias* entrega à Ir. Wilson 400$000 réis, provenientes da subscrição aberta por aquele jornal, de modo a fazer face às despesas com os variolosos

10 de agosto – É divulgado o agradecimento da Ir. Wilson por dois generosos donativos monetários

11 de agosto – A Ir. Wilson refere que espera que se encerre o Lazareto em breve

12 de agosto – É referido que duas Irmãs Franciscanas, oriundas do Lazareto, se encontravam em Santo António a cuidar dos doentes contaminados pelas pneumonias

14 de agosto – É anunciado o fim da epidemia

17 de agosto – É anunciado que já se retiraram de Santo António as duas Franciscanas que estavam a fazer de enfermeiras junto dos pneumónicos

27 de agosto – É divulgado o agradecimento da Ir. Wilson por dois generosos donativos monetários a favor dos variolosos, sendo um deles proveniente do pároco da Quinta Grande, que ofereceu 7$000 réis

31 de agosto – O Governador Civil do Funchal visitou a vila da Santa Cruz, tendo visitado também as enfermarias do Hospital de Santa Cruz e ficou agradavelmente impressionado com o que lhe foi dado a observar neste local

4 de setembro – É anunciado que a Ir. Wilson visitaria em breve o Arco de S. Jorge, com o intuito de se encontrar com as Irmãs Franciscanas encarregadas da escola daquela localidade

Idem – O Governador Civil do Funchal visita o Lazareto, na companhia do Delegado de Saúde, Diretor das Obras Públicas e Administrador do Funchal, de modo a se inteirarem das obras de recuperação do Lazareto, a levar a efeito em breve

20 de setembro – A Ir. Wilson parte do Arco de S. Jorge rumo ao Funchal

22 de setembro – A Ir. Wilson foi madrinha de batismo de uma filha do Dr. António Feliciano Rodrigues, numa cerimónia religiosa ocorrida na igreja do Socorro

Idem – São anunciadas as melhoras dos últimos internados no Lazareto e o início das desinfeções de roupas e dependências daquele local

23 de setembro – Encerramento do hospital de isolamento de variolosos no Lazareto

26 de setembro – É anunciado que o Governo concordou em atribuir um subsídio de 500$000 réis para a realização de obras no Hospital de Santa Cruz

30 de setembro – O *Diário de Notícias* do Funchal entrega à Ir. Wilson 308$285 réis, provenientes da subscrição aberta por aquele jornal, para fazer face ao pagamento de despesas com a manutenção do hospital do Lazareto

6 de outubro – Realização de um *Te Deum*, no *Recolhimento do Bom Jesus*, em ação de graças pela extinção da varíola e pelo regresso da Ir. Wilson àquela casa.

20 de outubro – Realização de festa de ação de graças pelo fim da varíola, na capela dos Sagrados Corações, no Santo da Serra, com a presença da Irmã Wilson e de algumas companheiras, entre a quais a Irmã Maria Isabel

27 de outubro – Realização de imponentes festejos no Lazareto com o intuito de assinalar o fim da epidemia da varíola

16 de novembro – Regresso triunfal da Ir. Wilson a Santa Cruz, onde é aclamada por uma enorme multidão

17 de novembro – Realização de uma missa, na igreja paroquial de Santa Cruz, em ação de graças pelo fim da varíola, a que assistiu a Ir. Wilson, sendo a mesma muito cumprimentada, no Hospital da Misericórdia, após a cerimónia religiosa

20 de novembro – Regresso da Ir. Wilson ao Funchal

22 de novembro – A Condessa de Torre Bela abre uma subscrição com o intuito de angariar fundos para a aquisição da condecoração da Torre e Espada para ser entregue à Ir. Wilson

1908

14 de janeiro – O Governador Civil do Funchal visita o Lazareto de Gonçalo Aires

29 de janeiro – A Ir. Wilson assume a direção do *Asilo de Mendicidade e Órfãos do Funchal* (atual Lar Nossa Senhora da Conceição), enviando para ali quatro religiosas e nomeando como Superiora a Irmã Maria Isabel

14 de março – A Ir. Wilson encontrou-se com o Governador Civil do Funchal, João de Paiva de Faria Leite Brandão

20 de abril – Realização de um baile, no *Casino Pavão*, a favor do *Asilo de Mendicidade e Órfãos do Funchal*

Maio – O Lazareto é entregue à Ir. Wilson e às suas Irmãs, para a sua manutenção e orientação (tendo estas ali permanecido até à sua expulsão, em 1910)

Final de julho – O Bispo do Funchal, D. Manuel Agostinho Barreto, passou uns dias na Quinta de S. Jorge, pertencente à diocese, tendo visitado a escola do Arco de S. Jorge e as Irmãs Franciscanas que a regiam, tendo deixado umas palavras de incitamento às crianças

2 de novembro – O Governador Civil visita o Lazareto, tendo-o encontrado na melhor ordem e irrepreensível asseio, devido ao zelo e dedicação de Miss Wilson

1909

18 de fevereiro – A Ir. Wilson reuniu-se com o Governador Civil do Funchal, no *Palácio de S. Lourenço*, de modo a abordar os melhoramentos a realizar no edifício do Lazareto

6 de abril – A Ir. Wilson, na qualidade de diretora do hospital do Lazareto, acompanhada do Dr. Pedro José Lomelino, reuniu-se com o Governador Civil do Funchal com o intuito de abordar assuntos relativos ao *Lazareto de Gonçalo Aires*

23 de maio – É organizado um bando precatório no Funchal em favor das vítimas do terramoto no Ribatejo, no qual se integra um grupo de crianças do *Asilo de Mendicidade e Órfãos*

7 de julho – A Ir. Wilson, na qualidade de diretora do hospital do Lazareto, reuniu-se com o Governador Civil do Funchal de modo a comunicar um assunto relativo àquela unidade hospitalar

2 de agosto – A Ir. Wilson, acompanhada de duas Irmãs, procede à desinfeção de roupas e de uma casa, sita à Rua do Bom Jesus, onde faleceram duas tuberculosas

10 de agosto – D. Manuel Agostinho Barreto visita a comunidade das Vitorianas estabelecida no Lombo da Pereira, na casa construída por Madame Arendrup, ao iniciar uma visita pastoral ao Santo da Serra

1910

[*5 de outubro* – Instauração da República em Portugal]

13 de outubro – As Vitorianas residentes na Santa Casa da Misericórdia de Santa Cruz abandonam aquela instituição, secularizando-se e mudando-se para a residência de familiares

14 de outubro – Prisão da Ir. Wilson, no *Recolhimento do Bom Jesus*, sendo conduzida até ao *Palácio de S. Lourenço*, onde aguardou, sob detenção, a sua deportação

15 de outubro – É encerrado e selado o edifício do Lazareto de Gonçalo Aires, sendo

as Vitorianas ali residentes transportadas para o Palácio de São Lourenço, onde aguardariam a sua entrega às respetivas famílias
18 de outubro – Embarque da Ir. Wilson para Inglaterra, a bordo do *Walmer Castle*
? – Hospeda-se em casa da cunhada Cláudia, em Norwood, Londres, onde aprofunda os laços familiares e afetivos com a sua sobrinha Dora Wilson
21 de novembro – É noticiado que Jones Boyle, Cônsul da Inglaterra no Funchal, solicitou ao Governador Civil a entrega de todos os bens pertencentes à Ir. Wilson

1911

? – Redige as primeiras Constituições e uma breve «História da Congregação», assim como o seu testamento
[*26 de junho* – Falecimento do Bispo do Funchal, D. Manuel Agostinho Barreto]
[*29 de junho* – O Cónego António Manuel Pereira Ribeiro é eleito Vigário Capitular da Diocese do Funchal, ficando a governá-la enquanto a mesma esteve *sede vacante*]
21 de abril – A Ir. Wilson apresenta ao Cônsul inglês no Funchal, Capitão Boyle, o problema do seu regresso à Madeira
28 de outubro - Regresso da Ir. Wilson à Madeira, a bordo do *Balmoral Castle*, que zarpara de Southampton
10 de novembro – A Ir. Wilson é referenciada como estando a residir no Santo da Serra, hospedando-se na casa de Madame Arendrup, juntamente com três companheiras

1912

Junho – A Ir. Wilson e as restantes Irmãs, encontram-se secretamente na sacristia da igreja de S. Pedro, no Funchal, onde renovam os seus votos religiosos

1913

Junho – A Ir. Wilson e as restantes Irmãs, encontram-se secretamente na sacristia da igreja de S. Pedro, no Funchal, onde renovam os seus votos religiosos
Junho – A Ir. Wilson estaria indigitada para diretora do "Utilidades"

1914

Junho – A Ir. Wilson e as restantes Irmãs, encontram-se secretamente na sacristia da igreja de S. Pedro, no Funchal, onde renovam os seus votos religiosos
Julho – O Bispo do Funchal, D. António Manuel Pereira Ribeiro, visita a Ir. Wilson e suas companheiras, no Santo da Serra

1915

[*4 de fevereiro* – Sagração de D. António Manuel Pereira Ribeiro como Bispo do Funchal, na igreja de S. Domingos, em Viana do Castelo, de onde era natural]
[*7 de março* – Chegada de D. António Ribeiro à Madeira para tomar conta da Diocese do Funchal]
Junho – A Ir. Wilson e as restantes Irmãs, encontram-se secretamente na sacristia da igreja de S. Pedro, no Funchal, onde renovam os seus votos religiosos

1916

[*8 de maio* – D. António Manuel Pereira Ribeiro aprova "interinamente" o Instituto fundado pela Ir. Wilson e as suas Constituições]

Junho – A Ir. Wilson e as restantes Irmãs, encontram-se secretamente na sacristia da igreja de S. Pedro, no Funchal, onde renovam os seus votos religiosos

8 de agosto – O Bispo do Funchal nomeia a Ir. Maria de S. Francisco Wilson como Superiora Diocesana deste Instituto

1 de outubro – É anunciada a partida da Ir. Wilson do Santo da Serra com destino ao Funchal, onde passaria uma temporada

12 de outubro – A Ir. Wilson muda-se para o *Convento de S. Bernardino*, em Câmara de Lobos, a convite do Prelado funchalense, com o intuito de ali estabelecer um pré-seminário

18 de outubro – Falecimento da Ir. Wilson, neste Convento, em Câmara de Lobos, aos 76 anos de idade

19 de outubro – Funeral da Ir. Wilson, sendo sepultada no Cemitério de Câmara de Lobos

1939

15 de abril – Trasladação dos restos mortais da Ir. Wilson do cemitério de Câmara de Lobos para a capela da Quinta das Rosas, no Funchal

ANEXO III
Textos relativos à expansão protestante no Santo da Serra

Escola protestante.[1328] – Está aberta, e funcionando, na vila de Santa Cruz, uma escola protestante, onde as crianças leem bíblias falsificadas, e já, como tais, condenadas pela igreja; folhetos contendo pequenas histórias cujo intuito é combater e negar ao mesmo tempo certos dogmas da Igreja Católica.

Isto chama-se distribuir pelo povo, em vez de pão do espírito, o veneno que o corrompe.

Chamamos a este respeito a atenção da autoridade competente.

Escola calvinista.[1329] – Consta-nos que a seita calvinista, para se refazer do cheque que tem sofrido, principalmente em Santa Cruz, tenta abrir nesta cidade uma escola, para a qual trabalha por obter um grande número de crianças. As promessas feitas aos pais são encarecidas prodigiosamente, e alguns é de presumir que se deixem enredar na teia calvinista.

Numa terra como a nossa, onde felizmente se trabalha por levar a instrução aos filhos do povo, a escola calvinista nenhuma razão plausível pode apresentar em abono do seu aparecimento. Há aí muitas escolas gratuitas, e em algumas delas é largo e seguro o interesse que se toma pela boa educação religiosa e moral dos alunos que as frequentam. Deve velar-se muito e constantemente pela educação da juventude: os pais devem prevenir-se contra as sugestões duma propaganda que estiolando os bons sentimentos no coração de seus filhos, e dando vida ao joio que lá rebenta, lançam no seio da sociedade males que às vezes ninguém sabe medir. As autoridades igualmente devem estar sempre de atalaia para coartarem, quando possível, o voo sinistro dessa seita que tanto se esforça por criar adeptos entre nós. O princípio do respeito, e acatamento à autoridade, a obediência e o amor que lhe são devidos, brotam no seio do catolicismo e só dele: a autoridade tem na educação, genuinamente cristã, o seu mais sólido esteio, e a mais justa tranquilidade dos povos.

A todos, pois, o lugar que lhes compete nesta obra da educação da infância.

Escola calvinista[1330]

O *Direito*, anunciando o projeto de fundação de uma escola que diz vai ser inaugurada nesta cidade por iniciativa da *seita calvinista*,[1331] avança meia dúzia de dislates que não podem passar sem reparo.

Em vez de felicitar a ignorância pública por tão auspiciosa notícia como a criação de mais um templo de luz e de progresso – a escola – começa por descompor os dignos iniciadores de tão humanitário pensamento porque pertencem à religião reformada.

Este inqualificável procedimento não só revela a ignorância dos princípios da religião reformada, como põe em relevo a intolerância jesuítica de que se inspiram os redatores

---

1328 BMF, *O Direito*, 13 de agosto de 1884.
1329 BMF, *O Direito*, 5 de novembro de 1884.
1330 BMF, *O Povo*, 8 de novembro de 1884.
1331 A 22 de novembro este mesmo jornal publicado um anúncio, sob o título "**ATENÇÃO**", onde se referia a realização de um evento de angariação de fundos para esta nova escola protestante, nos seguintes termos: «Elisa B. Smart participa às pessoas de sua amizade e ao público em geral que o bazar a benefício de sua escola, terá lugar na casa n.º 49 à Praça da Constituição, no dia 15 de dezembro próximo futuro pelas 11 horas da manhã. Estarão à venda muitos objetos próprios para presentes do Natal e Ano Bom.»

daquela folha.

Dizem eles que nesta terra se trabalha por levar a instrução aos filhos do povo; (mais de 4/5 partes da população são analfabetos!) que a nova escola nada tem que apresentar em abono do seu aparecimento, visto haver aí muitas escolas gratuitas que se interessam largamente pela educação religiosa e moral dos alunos; (Quais, as escolas dos jesuítas?) que os pais devem prevenir-se contra as sugestões da propaganda da religião reformada que estiola o coração de seus filhos (credo!) e lançam no seio da sociedade males (cruzes, demónio) que ninguém sabe medir; que as autoridades devem estar sempre de atalaia para coartarem o voo sinistro dessa seita que quer criar adeptos entre nós; e conclui com este melzinho às autoridades:

«O princípio do respeito e acatamento à autoridade, a obediência e o amor que lhe são devidos, brotam no seio do catolicismo e só dele: a autoridade tem na educação genuinamente cristã. (A mais aproximadamente cristã é a reformada) o seu mais sólido esteio, e a mais justa tranquilidade dos povos.»

Não se pode disparatar mais em tão poucas linhas, nem revelar menos boa-fé e maior facciosismo.

Vê-se, pois, pelo que escreve o *Direito*, que os povos protestantes não têm *bons sentimentos, nem moral*, nem *obediência e respeito à autoridade, nem tranquilidade*, que, enfim, não prestam para nada uma vez que não são católicos e jesuíticos e a prova está na Inglaterra, na Alemanha, na América, na Rússia, que também não é católica, etc.

O órgão pseudo-ultramontano entende que quaisquer cidadãos portugueses que professem a religião de Lutero ou de Calvino não podem abrir escolas de instrução pública no seu país, onde o ensino é livre; mas aplaude com todo o entusiasmo, não diremos das suas convicções, porque tem tido todas ou nunca teve nenhumas, mas das suas conveniências, as escolas que a *Companhia de Jesus* mantém para deformar a infância e ajeitá-la segundo o espírito e o interesse da *seita negra*, que explora a humanidade.

Tecem-se apoteoses ao ensino jesuítico que além de obscurantista, fanático e adverso à ciência e à liberdade, é criminoso por que a *seita negra* foi banida do território português pelas leis de 3 de setembro de 1759 e de 24 de maio de 1834; e pede-se às autoridades que façam toda a guerra à escola protegida pelos calvinistas, cujo fim é educar GRATUITAMENTE os filhos do povo nas matérias da instrução pública, sob a inspeção das autoridades competentes.

Supondo mesmo que na projetada escola se faria propaganda evangélica, em que é que as doutrinas do protestantismo são piores do que as do jesuitismo? Quando é que a moral dos *casuístas* da Companhia foi superior à moral da igreja protestante?

Para se provar a má-fé e falta de coerência do *Direito*, condenando a nova escola, basta ler o que escreve mais abaixo, no mesmo n.º, anunciando que em S. Vicente e Boaventura, os professores de instrução primária deram as suas demissões por estarem por pagar há muitos meses.

Em um lugar afirma que está largamente desenvolvida a instrução popular e no outro anuncia que se estão fechando as escolas públicas! Tal é o estado de progresso em que se acha a instrução na Madeira!

Nós que não somos *calvinistas* nem luteranos, mas apostolamos a liberdade de consciência e o direito que cada um tem a seguir a religião que quiser, queremos ver derramada, seja por quem for, a luz do ensino nesta terra de imensa ignorância, uma vez que ele não traga sob a capa da hipocrisia as doutrinas do despotismo e o ódio ao progresso e à liberdade.

Às crenças do *Direito*, o seu zelo pelo catolicismo! Magnifico!

Aquele jornal é órgão de um partido cujos chefes têm escrito muito contra a seita de Loyola e ainda pregam contra ela onde podem e lhes convém. Alguns deles têm fundado lojas maçónicas e proclamam-se livres-pensadores, mas como precisam de especular com a ignorância e o fanatismo, fazem barretadas aos jesuítas para lhe serem retribuídas com votos na urna eleitoral.

Quem não os conhece que os compre.

Proselitismo protestante.[1332] – Quase todos os domingos vai um indivíduo, que pouco sabe ler, vai fazer prosélitos para a igreja anglicana, na freguesia do Santo da Serra, explicando a seu modo a Bíblia. Este facto pode originar ali conflitos; pois, como se sabe, foi em 1844 que na referida freguesia o dr. Roberto Reid Kalley fez mais larga propaganda, a ponto de os povos fanatizados, de machados em punho, investirem contra os agentes da segurança pública, sendo necessário, para os dominar, opor-se-lhes tropa, indo à baía de Machico a fragata portuguesa «Diana» receber os insurgentes, que foram capturados e prestar com força de bordo auxílio para essa captura.

O CALVINISMO NA MADEIRA[1333]

O presente encerra a semente do futuro. Ventilou-se há pouco numa revista inglesa, cremos que sem fundamento, a questão da venda da Madeira à Inglaterra, o que provocou brados de indignação mui legítimos em toda a imprensa local.

Há muito porém que, contra todas as leis do país e do brio nacional, se tolera e até se favorece com silêncio indecoroso a ignóbil traficância dos propagandistas escoceses no meio das populações católicas da Madeira.

A integridade de religião nacional seria porventura de menor importância que a integridade territorial? Seria possível a um povo católico trair o dever sagrado da defesa de sua fé, desamar a Igreja, pátria das almas e ao mesmo tempo conservar intacto o culto das tradições nacionais, e aceso o fogo sagrado do patriotismo? Nunca o havemos de crer. O católico que renega da sua fé ou posterga os deveres que ela impõe não pode ser melhor filho da Pátria do que da Igreja.

O patriotismo sem religião, conhecemo-lo de sobra, é o dos *san culottes* e das *tricotteuses* da revolução francesa, daqueles jacobinos ferozes para os quais a pátria ou não existe ou só existe incarnada neles; para os tais o culto da pátria deve ser a única religião, contanto que sejam eles os únicos sacrificadores e todos os demais as vítimas destinadas ao holocausto.

É um facto de experiência: as virtudes cívicas, o patriotismo dos indivíduos ou dum povo se podem aferir seguramente pelo seu amor à religião verdadeira ou pelo menos à que tem em conta de verdadeira. Assim é que um anglicano de boa-fé ou convertido ao catolicismo poderá ser um ótimo patriota ao passo que o refúgio do catolicismo, quer permaneça católico quer passe para a heresia, jamais poderá merecer confiança à pátria; este poderá ser um pantomineiro, um parlapatão, mas um patriota, nunca: o amor pátrio é flor delicada que não desabrocha em almas lamacentas.

À luz destes princípios confrange deveras o coração a indiferença quase geral pelo insuportável desaforo dos propagandistas escoceses que se está presenciando em certas freguesias, especialmente nas de Machico e Santo da Serra.

Eis o que escreveu Revd.º Padre Vigário de *Machico*: «Muita gente aqui é indiferente aos progressos do Calvinismo, indiferente a ser dada a educação pelas seitas anticatólicas ou em escolas católicas, (¹)[1334] indiferente às intenções do pároco e ao seu trabalhar contra a heresia.»

«Quando chegam a admirar os cânticos dos hereges, as suas palavras de mel ao falarem de Nosso Senhor, a receber as suas ofertas, quando chegam a dar como favor os filhos para a escola católica, a indignar-se contra quem refere ao Vigário os planos e manejos dos sectários, admira por que razão o calvinismo não tem avassalado com rapidez um ou mais bairros importantes de Machico, sendo também certo terem os hereges vomitado muitos erros contra a fé, sobre os dogmas que nos são mais caros, sem que contudo tenham achado eco senão na gente há muito tempo tisnada da heresia e há uns dez anos declarada hostil à Igreja.»

1332 BMF, *O Direito*, 16 de dezembro de 1885. Texto inserido na rubrica "Seção Noticiosa".

1333 BMF, *Boletim Mensal Diocesano da obra de S. Francisco de Sales para Defesa e Conservação da Fé na Diocese do Funchal*, março e abril de 1897.

1334 (¹) Não faltam escolas católicas em Machico. Só na Vila há 4 escolas *municipais*, 2 particulares e 2 régias que custam ao município 514$000 réis, nos diversos bairros da freguesia há 4 escolas de S. Francisco de Sales que custam anualmente 45$000 réis. Sabemos por informação segura que no dia 25 de janeiro p. p. andavam 42 alunos nas primeiras e 70 nas últimas: 112 numa população de 5000 almas!!...

No *Santo da Serra* já não é indiferença nem só admiração platónica e fria, é simpatia pronunciada e assaz geral pelos calvinistas. O sr. Melim, teve a astúcia de persuadir aquela gente ignara que a leitura da Sagrada Bíblia feita em família, *como sabe fazê-la*, é apenas uma devoção, aliás mui conciliável com a religião católica e que o Padre Vigário deveria não só tolerar, mas favorecer, se não lhe fizesse arranjo que os seus paroquianos ignorassem o verdadeiro texto dos Livros Sagrados.

Longe de retrair os camponeses da frequentação da Igreja, o matreiro os convida a que vão ouvir as práticas do Vicário para que possam melhor confrontar o seu ensino com o da S. Bíblia. Quando eles voltam a ouvir o *texto verídico da Sagrada Palavra de Deus* lido e comentado pelo falso evangelista Melim, este faz-lhes perfidamente notar os bocadinhos acrescentados pelo Padre Vigário e toma ocasião disto para deitar a sua picuinha contra os padres e a Igreja romana. O campónio, que sempre gosta de ouvir falar mal daqueles que lhe metem medo ou impõem respeito, gosta, ri-se da malícia e da aparente bonomia do espertalhão e eis como vai crescente e enraizada a estúpida devoção pela Leitura da S. Bíblia feita à calvinista.

Já vai a sementeira em tal altura que o patrão-mor dos propagandistas resolveu assentar arraial no meio duma população *tão inteligente* e tão simpática. Para satisfazer aos desejos daquele *bom* povo, o *generoso* Sr. Smart fez o sacrifício de comprar terreno e mandar construir, no meio dos seus queridos correligionários do Serrado das Ameixieiras, uma vasta hospedaria na qual, como na da rua do Conselheiro, no Funchal, haverá templo, depósito de livros religiosos e escola.

Os simplórios do Santo da Serra terão pois em breve a consolação de possuir um templo calvinista aonde possam satisfazer a sua devoção. O Sr. Melim já fez saber que ia fixar ali sua residência.

Portanto, apesar das denegações interesseiras dos calvinizantes do Santo, vai trabalhar-se ativa e livremente em inocular o vírus calvinista naquelas populações indefesas do campo.

Ah! se algum intrujão procurasse impingir mercadorias avariadas, géneros adulterados, papéis de crédito depreciados ou falsos, que virtuosa indignação não ostentariam as folhas periódicas! com que zelo não pugnariam logo pela saúde pública, pelos interesses dos particulares! Porém andarem por aí velhacos tratando de enve[ne]nar almas, de matar as crenças, dum povo, de exaurir as fontes do legítimo amor pátrio... para tanto não há uma palavra, para isto moita!

Nós é que não podemos calar; falámos e tornaremos a falar. Concluiremos hoje dizendo aos nossos associados o que há pouco nos escrevia o Revd. Vigário do Santo:

«Seria um grandíssimo bem para esta freguesia pôr-se uma escola do lado da Ribeira de Machico; e se a mestra fosse zelosa como a que cá está, então o resultado pode dizer-se que era certo.»

Deus pedirá contas a quem não faz o que pode pela salvação dos seus irmãos; nós mais não podemos.

Escola calvinista[1335]

Diz-se ter-se aberto no sítio da Ribeira de João Gonçalves, freguesia de Santo António da Serra, uma escola calvinista com o fim bem evidente de fazer proselitismo, nas pobres crianças católicas.

Sabemos que as leis civis proíbem a propaganda calvinista, e a lei não deve ser letra morta.

Chamamos para tal assunto a atenção da ilustre autoridade de Santa Cruz.

Oxalá sejamos atendidos na nossa justa reclamação.

No Santo da Serra[1336]

Alguns súbditos ingleses e americanos, que deviam acatar a lei do País, estão fazendo,

---

[1335] BMF, *Correio do Funchal - Diário da Tarde*, 12 de junho de 1897.
[1336] BMF, *Correio do Funchal - Diário da Tarde*, 15 de agosto de 1897.

na freguesia de Santo António da Serra, uma ilegal e estúpida propaganda calvinista, que está indispondo toda a gente sensata daquele lugar.

Afirmam-nos que os falsos apóstolos, não contentes com desacatar a lei portuguesa, arvoram em seus prédios bandeiras estrangeiras, – naturalmente para, à sombra delas, praticarem toda a casta de arbitrariedades.

Chamamos para estes factos, que de instante para instante podem atingir proporções gravíssimas, e dar lugar a sérias desordens, a atenção dos srs. administradores dos concelhos de Santa Cruz e Machico.

Que s.ªs ex.ªs façam conter os desalmados proselitistas, que estão abusando da nossa hospitalidade.

Manejos calvinistas[1337]

Alguns súbditos estrangeiros estão revolucionando a freguesia do Santo da Serra, ensinando ali doutrinas religiosas contrárias à lei fundamental do país.

É sobretudo no sítio intitulado *Serrado das Ameixieiras* que os falsos apóstolos pretendem lançar a desordem e a apostasia.

Isto, que toda a gente sabe perfeitamente, parece ser ignorado pelas autoridades administrativas dos concelhos de Santa Cruz e Machico, que continuam a fazer vista grossa sobre o escandaloso acontecimento.

Sr. administrador do concelho de Santa Cruz, faça v. sr.ia cumprir a lei que proíbe recrutar crianças inocentes para lhes incutir, de envolta com o ódio a Portugal e à própria família católica, as reprovadas doutrinas de Calvino, Lutero e outros infelizes que tais.

É preciso entravar quanto antes os manejos ímpios que, formando uma baixa ideia do estado intelectual do povo do Santo, querem ali implantar doutrinas rejeitadas por todos quantos estudam a sério a religião.

Providências, pois, antes que rebente alguma grave desordem.

Nada mais cruel do que as lutas religiosas – é a história quem no-lo diz.

Que sobretudo o sr. administrador de Santa Cruz tome este assunto na devida consideração.

No Santo da Serra[1338]

Consta-nos que, há dias, o súbdito inglês Smart vindo a cavalo do *Serrado das Ameixieiras*, onde fora fazer uma preleção calvinista, escapou de magoar uma criança que se achava junto ao lugar onde passou a cavalgadura.

Este facto, junto com a antipatia de que goza no Santo da Serra o apóstolo de Calvino, deu lugar a que alguns rapazes atirassem pedras à passagem do sr. Smart.

Acabem com o proselitismo, em favor da paz no Santo da Serra!

A CAMINHO DO SANTO DA SERRA[1339]
I Plano Calvinista

....

– O que há de novo, tiozinho! Você parece tão contente!

– Tenho motivo para estar alegre, porque hão-de reviver em breve os belos dias da nossa santa religião evangélica na freguesia do Santo da Serra, que lhe foi berço há 60 anos. Vamos ter uma grande e bela casa para templo, escola e residência de amigos, no Serrado das Ameixieiras, tudo por conta do Sr. Smart. Do seu lado, o Rev. Paterson também quis trabalhar na evangelização do Santo e já está residindo na Quinta do Sr. Leacock, perto da Igreja, de sorte que as nossas esperanças estão em véspera de realizar-se.

Jovem. – Isso não será tão fácil! porque lá está um Padre, que não é um João-ninguém

---

[1337] BMF, *Correio do Funchal - Diário da Tarde*, 17 de agosto de 1897.

[1338] BMF, *Correio do Funchal - Diário da Tarde*, 18 de agosto de 1897.

[1339] BMF, *Boletim Mensal Diocesano da obra de S. Francisco de Sales para Defesa e Conservação da Fé na Diocese do Funchal*, junho - julho - agosto [de 1897].

e, por sinal, é orador apreciado, explica a Bíblia na Igreja, tem escola oficial em casa e já fundou outra gratuita há dois anos no Lombo de João Ferino a qual visa a cortar-nos o caminho.

Velho. – Eu cá, meu rapaz, rio do Padre e das suas escolas. A escola de S. Francisco de Sales, como lhe chamam, tirou-nos o Lombo de João Ferino, é verdade, e parece que para sempre, mas a freguesia é grande e a metade é nossa.

Os habitantes ainda não são declaradamente nossos, porque não lhes fazia conta, e não haver quem os congregasse, alentasse e protegesse. Mas logo que nos vejam bem estabelecidos no meio deles e habilitados para lhes dar toda a sorte de auxílios, vem tudo para nós.

Jovem. – Sobre que se funda, tiozinho, para afirmar que a metade da freguesia está por nós: eu estava longe de o pensar.

Velho. – Conheço de há muito aquele povo: é muito ignorante em matéria de religião e bastante bruto, mas não tem inclinação nenhuma para o beatério. Onde há beatos e beatas nada podemos fazer porque... porque a experiência mo ensinou e a prova é que os católicos que não gostam de beatério são muito nossos amigos.

Jovem. – É verdade, já o tinha observado.

Velho. – Não é só isso. Quando um católico não é muito entusiasta pela sua religião e faz largo abatimento na doutrina que ensinam os padres, é sinal quase certo que não é católico senão por conveniência e que, encontrando maiores vantagens na nossa religião, não terá muita repugnância em abraçá-la logo que se lhe ofereça ensejo, porque já é protestante de coração.

Assim é que os ilustrados da cidade começam por provar o fruto proibido, quero dizer, as leituras proibidas pela Igreja romana, e depois aprovam e defendem as doutrinas que ela condena, acabando por rejeitar e combater as que ela ensina.

O mesmo sucederá à nossa boa gente do Santo, porque, longe de fugir de nós, gostam de ouvir ler e comentar a Sagrada Bíblia. Não faltam provas em abono do que afirmo. Já temos porta franca em casa dum dos principais e dos melhores católicos da freguesia. O Padre sabe-o e já se arreliou com isso, sem que o nosso hóspede se desse por achado. Já são muitos os que não se desobrigam e não aparecem na Igreja ou no adro senão em dias de festa.

É impossível que permaneçam muito tempo numa situação tão falsa aos olhos dos Padres e da própria consciência. Hão-de acolher-nos como anjos salvadores desde que lhes dissermos e provarmos com o texto do S. Evangelho que se podem salvar sem dinheiro, nem confissão, nem Padres, e tão-somente com a fé em Cristo.

Jovem. – Não me parece, tiozinho, que os católicos do Santo, embora sejam pouco fiéis às suas obrigações, larguem tão facilmente a sua religião, renunciem às festas de que tanto gostam para se tornarem *calvinistas*, como se costuma dizer. Aquele nome de *calvinista* soa muito mal aos ouvidos deles!

Velho. – É verdade! Mas afinal de contas que nos importa que eles larguem ou não larguem a religião romana? O que importa é que eles vão mordendo o fruto proibido, ouçam ler a S. Bíblia e os nossos comentários e se tornem tão crentes como nós. Quanto a irem à missa e fazerem as devoções de seu agrado, se isso lhes convém é também para nós uma coisa ótima, porque leva muita gente a pensar que a nossa doutrina não é tão feia como os padres a pintam, e que não é contrária à religião católica.

Jovem. – Isso lá, tiozinho, creio que é tática excelente. Os habitantes do Santo timbram em ser católicos, mas reservam seu direito de ler e ouvir a S. Bíblia e por isso de conversar à vontade com os ministros protestantes ou pessoas da sua confiança. É preciso confirmá-los nestas disposições, procurando desvanecer qualquer escrúpulo que tenham em aliar estas duas coisas; desta forma vamos mais seguros.

Velho. – Sim, há muito que trabalho neste sentido. Faço-lhes ver que os católicos da cidade, apesar de instruídos, não são tão escrupulosos como eles em matéria de leituras, de escolas e de práticas religiosas.

Quanto a leituras, digo-lhes que os jornais mais lidos são todos mais ou menos anticatólicos e que os jornais católicos são poucos e têm poucos leitores.

Digo-lhes ainda que nas escolas régias já se não ensina o catecismo diocesano, mas sim outro tão protestante como católico (¹):¹³⁴⁰ que nas escolas superiores, liceus e universidade, há professores que ensinam doutrinas contrárias à religião católica; e que não obstante isso nenhum católico duvida em enviar para ali os seus filhos.

Digo-lhes enfim que os católicos da cidade se dão muito bem com protestantes e calvinistas, visitando-se, convidando-se mutuamente para festas e até que não se pejam de assistir aos *serviços* religiosos protestantes quando são convidados. (²)¹³⁴¹

Ao ouvir tudo isto o campónio fica boquiaberto e... a causa está ganha.

Jovem. – Não tem dúvida. Você é mais finório que os padres todos e é por isso que tanto lhe querem; mas enfim se o Vigário apelasse para a autoridade civil e esta não permitisse a admissão na nossa escola de crianças católicas, ou nos criasse outros embaraços?

Velho. – Tá... tá... tá! É mais fácil dizer do que fazer. Já duas vezes nos meteram em processo e a experiência lhes saiu mal. Há muito tempo que o Sr. Silvestre Ribeiro não é governador civil e, contanto que não provoquemos motins populares, podemos trabalhar em paz.

Jovem. – Percebo, mas se porventura alguns católicos esturrados quisessem seguir as pisadas dos seus antepassados, embargar-nos o passo e suscitar questões...

Velho. – Não é para recear, felizmente. Os católicos do Santo, bem os conheço, são pau para toda a obra; se lhes desse na cachola argumentar contra nós com o varapau, então ai de nós!... Mas, repito, não são tão fanáticos pela sua religião, a não ser que se dê algum incidente desagradável que irrite o povo contra nós: é coisa que procuraremos evitar a todo o transe. Só se aquele Paterson tornasse a fazer alguma das suas habilidades! Em todo o caso espero que o ano de 1897 há-de marcar data nos anais da religião evangélica.

Jovem. – Oxalá assim suceda! e a verdadeira fé triunfe das superstições romana!

II Castigar os que erram

– Nosso Senhor nos dê os bons dias, Sr. Padre Vigário!...

Padre. – E nos ajude a empregá-los bem, Sr. José!

José. – Melhor que aqueles dois malandrins que ali vão adiante em desempenho da sua infernal missão.

Padre. – É verdade, reconheço-os agora. Pobre gente! Indigna-me a sua propaganda desleal e criminosa e contudo não me posso defender de algum sentimento de compaixão por eles. S. Paulo dizia a respeito dos Judeus que contrariavam seu apostolado: «Eu digo a verdade em Cristo... tenho mui grande tristeza e contínua dor no meu coração; porque desejava eu mesmo ser anátema por Cristo, por amor de meus irmãos... Por certo que o desejo do meu coração e a minha oração a Deus é para que eles consigam a salvação. Pois lhes dou testemunho de que eles têm zelo de Deus, mas não segundo a ciência... Honrarei o meu ministério para ver se de algum modo posso... fazer com que se salvem alguns deles. (¹)»¹³⁴² Eu sinto por aqueles pobres Calvinistas alguma coisa do que S. Paulo sentia pelos seus irmãos extraviados.

José. – Cá para mim, Sr. Padre, aquela gente não merece compaixão; são malvados que têm bastante juízo para saber aonde está a verdade; mas o que lhes faz conta não é a verdade, é o interesse, é a ganância. Se ninguém lhes pagasse eu queria ver em que vinha a parar aquele belo zelo!... creio bem que era uma vez tal zelo!

Por isso parece-me que, se a autoridade não pode ou não quer obrigá-los a estar quietos, compete aos amigos leais da nossa santa religião desafrontá-la, empregando, se tanto for necessário, razões do marmeleiro.

Padre. – Estará certo, Sr. José, que Nosso Senhor recomenda o emprego de meios tão violentos?

José. – Bem sei que Nosso Senhor recomenda a mansidão, mas sei também que expulsou a chicote os vendilhões do templo. Quereria V. Rev.ª porventura que tratássemos por amigos aos propagandistas calvinistas, que lhes déssemos hospitalidade e os recebêssemos à nossa mesa, pondo-nos enfim às ordens deles como fazem alguns desas-

---

1340 (¹) É o chamado *Catecismo de moral...* neutra.

1341 (²) Ver pág. 66 e seguintes deste boletim o que se deve pensar de tudo isso e quanto se iludem e erram muitos católicos. [Referência ao texto "Regras que se devem observar nas relações com os hereges", que apresentamos seguidamente.]

1342 (¹) Epist. Rom. IX. 1-3, X 1-2, XI 13-14.

trados católicos lá do Santo, a pretexto de caridade e urbanidade?

Padre. – Não digo tanto. Se não é permitido agredi-los, não o é tão pouco ajudá-los e animá-los na sua nefanda obra de perversão. É rigorosamente proibido algures, sob pena de excomunhão reservada ao S. Padre, prestar qualquer auxílio aos hereges que fazem proselitismo (¹).[1343] O Apóstolo da Caridade, S. João Evangelista, proíbe toda a relação desnecessária com eles, chega a dizer que nem os devemos saudar. (²).[1344]

José. – Conheço pessoas que não sofrem se fale mal dos Calvinistas, por ser pecado, dizem elas, contra a caridade. O que diz V. Rev.ª a isso?

Padre. – Digo o que diz S. Francisco de Sales, o mais manso dos bispos, o mais moderado, mais indulgente e mais tolerante dos Doutores da Igreja: «Não se deve, diz ele, favoniar, acariciar ou alimentar os outros vícios a pretexto de fugir do vício da maledicência, mas é preciso dizer corajosamente mal do mal e censurar francamente as coisas censuráveis. É preciso poupar o mais possível a pessoa, sem dúvida, mas não o vício dela. *Excetuo todavia os inimigos declarados de Deus e da sua Igreja; porque, a estes, é preciso desacreditá-los tanto quanto possível*; tais são as seitas dos hereges, dos cismáticos e [d]os seus chefes. *É caridade bradar contra o lobo quando entra no meio das ovelhas, seja qual for o lugar que ocupa.*»

S. Francisco de Sales não inventou, expôs apenas a pura doutrina do Evangelho. Nosso Senhor não se cansou de chamar hipócritas, sepulcros caiados, raça de víboras, filhos do diabo aos Escribas e Fariseus que se esforçavam por desvirtuar a sua doutrina e por desviar o povo de ouvi-la; chamava-lhes aqueles nomes tanto na presença como na ausência deles.

É pois muito bom, Sr. José, fazer conhecidos os tratantes que escandalizam a fé do povo, querendo pervertê-la com suas doutrinas blasfematórias ou mesmo dando guarida àqueles agentes do demónio. Venham os nomes deles ao lume da publicidade, arranque--se-lhes a máscara, revelem-se suas infâmias, *seja qual for o lugar que ocupam,* para escarmento dos maus e prevenção dos simples. Nada de contemplações com os tais, que os cancros não se curam com cataplasmas, mas sim empregando o ferro e fogo; ora S. Paulo nos adverte que o mal causado pelos discursos pérfidos daqueles semeadores de más doutrinas lavra como um cancro no meio dos fiéis. (¹)[1345]

José. – Muito estimo que V. Rev.ª esteja de acordo comigo neste ponto. Oxalá assim pensassem e procedessem todos aqueles a quem assiste o direito e o dever de falar e de dar o exemplo! Sinto todavia que o Rev. Padre Vigário não admita o argumento do cacete e não autorize a gente a imitar a Nosso Senhor até o cabo.

Padre. – Não rejeito absolutamente aquele argumento contundente, mas entendo que só se deve empregar contra os Calvinistas apanhados em flagrante delito de propaganda criminosa. Se, por exemplo, algum deles se atrever a andar pelas freguesias distribuindo seus papeluchos ou vendendo seus livrecos, se ousar entrar nos casais a angariar adeptos, a provocar polémicas religiosas, se tiver a pouca vergonha de chamar crianças para lhes morder a alma inocente com suas bocas viperinas, então sim tratem-se como se tratam os salteadores, os ladrões apanhados no exercício do seu ofício infame.

Se porém se limitarem a praticar em casa própria suas odiosas funções, a justiça e a caridade exigem que se use tolerância.

José. – Mas como é isso, Sr.? Se se tratasse de moléstia contagiosa, de lepra, de peste, de febre-amarela, de cólera, tolerar-se-ia porventura que os da casa contaminada tivessem livre prática com os de fora? Não se havia de estabelecer um cordão sanitário em volta daquele foco de micróbios e de morte? O micróbio da descrença, da heresia, da imoralidade não é pois mil vezes mais nocivo que o da cólera?

Se se conceder hoje tal tolerância às oficinas da heresia, amanhã serão tantos os que ali forem, atraídos pela curiosidade ou pelo interesse, tantos os que tiverem padecido por qualquer motivo aquele contacto pestífero que dentro em pouco a peste andará por toda a freguesia e já não haverá meio para mim de preservar a minha família daquele micróbio fatal.

1343 (¹) Ver pág. 68 e 69 deste boletim.

1344 (²) «Não o recebais em casa, nem mesmo o saudeis, porque aquele que diz *eu vos saúdo* comunica com as suas obras malignas.» 2.ª epist. I. 11-12.

1345 (¹) 2.ª Epist. a Tim. II. 17.

Por isso não me posso conformar com tão perigosa tolerância que em breve dará cabo da fé, dos bons costumes e da paz doméstica e social.

Padre. – Presto homenagem ao seu zelo, meu caro amigo, mas deixe-me dizer-lhe que o melhor meio de preservação e de combate contra o flagelo da propaganda herética não é o marmeleiro; há outro mais brando, mais evangélico e muito mais eficaz. Já se experimentou em outras freguesias e o resultado excedeu as esperanças.

José. – Qual é, se faz favor?

Padre. – É consagrar à instrução e educação religiosa das crianças a atenção, o cuidado que merecem: é interessar toda a população da freguesia por aquela obra eminentemente regeneradora e salvadora, solicitando o concurso de todos, pobres e ricos; é finalmente organizando solidamente a Santa Obra de S. Francisco de Sales.

José. – Já ouvi falar dessa Obra, creio mesmo que já dei alguma esmola para isso, mas não sei bem o que é. Qual é seu fim?

Padre. – Cada um dos associados desta admirável Obra pelo só facto de se comprometer a dar sua esmola mensal ou anual e a rezar a oração quotidiana prescrita, toma logo a verdadeira atitude que convém ao discípulo de Jesus, ao soldado de Cristo, a de cristão militante, de obreiro da civilização cristã; sacode a egoísta e preguiçosa indiferença que aniquila as forças do exército de Cristo, toma a peito a Obra pela qual se impõe estes pequenos sacrifícios, deseja de a ver progredir, exulta ao contemplar os frutos de regeneração que produzem suas numerosas escolas, associa-se enfim à Obra evangelizadora e redentora de Jesus. Uma freguesia em que circula esta seiva de legítima caridade, esta vida cristã, pode desafiar todos os propagandistas do mundo: é um exército em ordem de batalha, nada receio para ela.

A Obra de S. Francisco de Sales não tem quatro anos de existência e já recebe as esmolas mensais ou anuais de quase 15:000 associados; amanhã a Liga há-de contar 20:000 e espero em Deus que ela há-de paralisar os esforços dos emissários de Satanás e talvez um dia de os escorraçar daqui para fora.

José. – A ser assim, Sr. Padre, dou o dito por não dito. Se V. Rev.ª me quiser explicar um poucochinho o que devo fazer para auxiliar tão benemérita Obra, estou pronto.

Padre. – O Sr. José não precisa de mim para isso; tem junto de si quem o pode elucidar perfeitamente; peça informações à Sr.ª J.**, que é uma boa zeladora da Obra, e estou certo que, em matéria de zelo e de generosidade, o Sr. não lhe há-de ficar a dever nada.

José. – Muito obrigado pelo cumprimento, e por todas as coisas boas que o Rev. Padre Vigário teve a bondade de ensinar-me; farei por tirar bom proveito de quanto ouvi; adeus Sr. Padre Vigário! Deus o guarde!

III Caridade e Justiça

....

Padre. – Sim Srs., vou visitar aquela malfadada freguesia do Santo da Serra...

– Malfadada freguesia! exclamou o homem de casaca e gravata branca. A que desgraça se refere V. Rev.ma? Eu não sei de nada!

Padre. – Acabam de concentrar-se ali as forças de todos os propagandistas calvinistas da Madeira. O ministro oficial da religião escocesa, o Rev. Paterson, cuja atividade e ousadia não são mistério para ninguém, já tem residência de verão na Quinta do Sr. Leacock, perto da Igreja. Noutro sítio distante, entre o Santo e [a] Camacha o Sr. Smart, que em questões de proselitismo leva a palma a todos os Patersons do mundo, mandou construir uma grande hospedaria com todas as serventias próprias dum centro de propaganda; já funciona ou está a funcionar em breve uma escola calvinista para crianças católicas e o velho evangelista Melim lá chegou avante a prestar o seu habilidoso concurso para a obra de apostasia que se prepara naquela infeliz freguesia.

– É triste deveras; mas que quer V. Rev.ma que se lhe faça? A freguesia tem pároco; que este obre pelas suas ovelhas o que deve obrar um bom pastor.

Padre. – V. Ex.ª resigna-se facilmente e muitos são infelizmente os que assim pensam. Eu é que não estou pelo ajuste, porque abandonar assim uma população ignorante e indefesa, às mãos daqueles agentes da heresia, com risco iminente de perdição para muitas almas e sem outra proteção do que o zelo dum pároco falto de meios, isso é um crime abominável que brada ao céu e pesa sobre a consciência de todos aqueles católicos madeirenses que, tendo meios e dever rigoroso de acudir à necessidade urgente de seus irmãos se contentam em lastimar a sorte deles, lavam as mãos como Pilatos e ficam de braços cruzados.

– Sem dúvida é mal, é falta de generosidade, de caridade; mas não sei com que direito V. Rev.ª chama isso um crime abominável. *A caridade* não é, parece-me, um dever jurídico que torne o seu infrator responsável pelas consequências da sua falta; não terá este, na verdade, o mérito de ter praticado uma ação boa, mas não faltou a nenhum *dever de justiça*, pode ainda considerar-se bom cristão e esperar a salvação. É sobre o pároco e mais ninguém que pesa a responsabilidade, a meu ver, porque só ele está obrigado *por ofício* a salvar as almas que lhe estão confiadas.

Padre. – Desculpe V. Ex.ª a minha rudeza: mas o Sr. fala como Caim a quem Deus pedia conta do sangue de seu irmão Abel: *Sou eu porventura*, dizia aquele fratricida, *o guarda de meu irmão?* O Sr. engana-se redondamente e raciocina como se o preceito da Caridade cristã não fosse um preceito *novo* promulgado por N. S. Jesus Cristo.

– A caridade preceito novo e que date de Jesus Cristo! Como? Isso não pode ser. A caridade é preceito da própria Lei natural; não era desconhecida do mundo antigo, embora a praticasse pouco, e a Lei de Moisés a prescrevia formalmente, se me não engano, porque Cristo é o primeiro a reconhecer que amar a Deus sobre todas as coisas é o primeiro e maior mandamento da Lei mosaica, mas que amar ao próximo como a nós mesmo, por ser o segundo, não deixa de ser igual ao primeiro. (¹)[1346]

Cristo assim o disse é verdade: vejo que V. Ex.ª leu o S. Evangelho; deve então ter reparado também na passagem do Evangelho de S. João em que Nosso Senhor se exprime deste modo por ocasião da última ceia: «Filhinhos... um *novo* mandamento vos dou: Que vos ameis uns aos outros como eu vos amei, para que vós vos ameis mutuamente. Nisto conhecerão todos que sois meus discípulos se vos amardes uns aos outros.» (²)[1347]

– Deve então essa palavra *novo* encerrar um significado especial com o qual não atino, mas que decerto ocasiona o equívoco.

Padre. – V. Ex.ª adivinhou. O preceito da Caridade é velho e novo ao mesmo tempo, como declara expressamente o apóstolo S. João (³).[1348] *É velho* na parte negativa, que são os mandamentos da Lei de Deus e que consiste em não fazer a outrem o que não queremos que se nos faça; mas *é novo* na parte afirmativa, que são as obras de misericórdia corporal e espiritual e que consiste em fazermos a outrem tudo o que queremos que os outros nos façam.

Estas obras de misericórdia que primitivamente eram apenas obrigações *morais*, isto é, de mera conveniência e perfeição sem nenhum carácter jurídico ou de justiça estrita, passaram a ser obrigações rigorosas e verdadeiramente jurídicas em virtude do preceito tão formal e expressivo de N. S. Jesus Cristo. Para usar a linguagem rigorosa da ciência teológica direi que a Caridade, considerada em si, continua a ser uma obrigação exclusivamente *moral*, mas o preceito positivo que no-lo impõe, sendo obrigatório *em justiça estrita*, resulta daí que a Caridade vem a ser *indiretamente* um dever de justiça estrita *para com* o Divino Legislador da Nova Lei.

É assim que o dever da Caridade, na parte relativa às obras de misericórdia, *é velho*, enquanto procede da Lei natural mas, enquanto procedente do preceito positivo de Nosso Senhor Jesus Cristo, *é novo*.

Esta é a razão porque Nosso Divino Mestre disse: «Não vim destruir a Lei mas para lhe dar cumprimento... porque vos digo que, se a Vossa justiça não abundar mais do que a dos escribas e fariseus, não entrareis no reino dos céus. (¹)»[1349]

– Com a breca! Se as obras de misericórdia são obrigações jurídicas como os preceitos da Lei natural, então aquele que deixa de fazer esmola quanto pode e deve, fica tão mal colocado perante a consciência e perante Deus como aquele que rouba o alheio: é um facinoroso!

[1346] (¹) S. Mat. XXII. 38.

[1347] (²) S. João XIII. 34.

[1348] (³) «Caríssimos, não vos escrevo um mandamento novo, mas sim o mandamento antigo que recebestes desde o princípio... contudo um novo mandamento vos escrevo... aquele que diz que está em luz e aborrece o seu irmão está ainda me trevas... etc. ...» (I Epist. de S. João II. 7-11.)

[1349] (¹) S. Mat. V. 20.

Padre – Sim, Sr., é conclusão rigorosamente certa e para que não houvesse dúvida, Nosso Divino Mestre a formulou expressamente em termos duma clareza terrível, dum inexcedível rigor no primeiro e no último dos seus discursos ao povo.

No sermão da montanha, depois de formular o preceito da Caridade, na sua parte afirmativa, e de proclamar a necessidade das boas obras para a salvação, declara que ficarão frustradas as esperanças daqueles que as puserem nas suas devoções e pregações, apesar de terem realizado prodígios de zelo, de atividade, de inteligência, porque, pelo facto de desprezarem os deveres da Caridade, se tornam *obreiros da iniquidade*. (²)[1350]

No sermão da quarta-feira depois dos Ramos, Nosso Senhor foi mais explícito e decisivo ainda: «Então, (no dia do Juízo, o Juiz) dirá àqueles que hão-de estar à esquerda: Apartai-vos de mim, malditos, para o fogo eterno que está preparado para o diabo e para os seus anjos; porque tive fome e não me destes de comer; tive sede e não me destes de beber etc... etc...» o Sr. sabe o resto. Não há fugir daqui para subtilezas e escapatórios; torçam e retorçam estas palavras Calvinistas e quejandos, quanto quiserem, é absolutamente reto que, salvo se fizer penitência, não se há-de livrar da inexorável sentença quem deixar de praticar as obras de misericórdia espiritual e temporal quanto pode e quanto deve, porque como diz S. Tiago: «O juízo será sem misericórdia para aquele que não fez misericórdia. (¹)»[1351]

– Sabe V. Rev.ma que estou verdadeiramente atordoado com essa doutrina tão nova para mim e seguramente inaudita para muita gente e mesmo a gente instruída.

Mas já que me fez o favor de me desvendar os olhos, queira, elucidar-me ainda num ponto. Se as obras de misericórdia e especialmente o dever da esmola obrigam em justiça, haverá obrigação de restituir aos pobres as esmolas que lhes deveriam ter sido feitas assim como há-de restituir o alheio quem o furtou ou detém injustamente?

Padre. – Não Senhor. Verdade é que as obras de misericórdia e especialmente o dever da esmola são deveres jurídicos, obrigam em justiça estrita, mas só indiretamente, por corresponderem a um direito estrito de N. S. J. C. *e não dos nossos irmãos*.

Em virtude do seu mandamento novo da caridade somos obrigados em justiça a obedecer ao nosso Divino Mestre, mas em caso de infração só a Ele é que devemos dar uma satisfação condigna; esta deverá consistir ordinariamente em obras equivalentes, em esmolas, sem que todavia tenham carácter de restituição senão de mera penitência.

Esta é a *primeira* diferença existente entre o novo preceito e o velho. Há mais uma *segunda* que deriva da diversidade dos preceitos negativos e dos afirmativos.

O mal proibido pelos preceitos negativos de caridade, isto é, pelos mandamentos da lei de Deus, deve evitar-se *sempre e em toda a ocasião* pois nunca é permitido jurar em vão, agredir injustamente o próximo, furtar, mentir, etc; mas o bem prescrito pelo mandamento novo e positivo de Jesus, isto é, as obras de misericórdia não hão-de ser praticadas sempre e em toda a ocasião, senão com discrição e nas ocasiões mais oportunas.

Por cada um regular como melhor lhe convier o exercício da caridade, a distribuição das suas esmolas; a obrigação não se torna urgente e sob pecado mortal senão quando se trata de remediar a uma necessidade extrema ou grave do próximo, tanto no espiritual como no temporal; neste caso porém não é lícito contemporizar e diferir o cumprimento do dever da caridade, a não ser por receio fundado de incorrer em igual risco.

– Mais uma palavra Sr. Revd.º, e ficar-lhe-ei eternamente agradecido pelo imenso servi-

---

1350 (²) «Todas as coisas que quereis que os homens vos façam, fazei-as vós também a eles. Porque esta é a Lei e os Profetas... Toda a árvore boa dá bons frutos... toda a árvore que não dá bom fruto será cortada e metida no fogo... Nem todo aquele que me diz: Senhor! Senhor! entrará no reino dos Céus... Muitos me dirão naquele dia: Senhor, Senhor, não profetizámos em teu nome? Não fizemos muitos milagres em teu nome? E então eu lhes direi abertamente: Pois eu nunca vos conheci: apartai-vos de mim, *os que obrais a iniquidade*.» (S. Mat. VII. 12-23.)

1351 (¹) O texto do apóstolo é um argumento irrespondível contra todos aqueles que negam a necessidade e até a inutilidade das obras de caridade para a salvação; citaremos as passagens principais: «De que servirá, irmãos meus, se alguém disser que tem fé e não tiver as obras? Acaso poderá salvá-lo a fé? Porém se um irmão ou uma irmã estiverem nus e a necessitarem de alimento quotidiano e lhes disser algum de vós: Ide em paz aquentai-vos e fartai-vos e não lhes derdes o que hão mister para o corpo, que lhes aproveitará? *Assim também a fé se não tiver obras está morta em si mesma*. .... Eia pois agora, vós ricos, chorai dando urros por causa das misérias que hão-de vir sobre vós!... o vosso ouro e a vossa prata se enferrujarão e a sua ferrugem dará testemunho contra vós!... entesourastes para vós ira nos últimos dias.» Cap. III. 14-17; V. 1-3.

ço que me prestou apontando-me o abismo para o qual me ia despenhando sem o saber, por nunca ter encontrado quem me explicasse clara e satisfatoriamente a excecional gravidade dos deveres da caridade.

Como é que poderei conhecer as necessidades espirituais e temporais, extremas e graves que tenho obrigação estrita e urgente de socorrer segundo os meus meios? E, além disso, qual é o critério seguro que me permitirá determinar com prudência e precisão a medida dos sacrifícios que me reclama o cumprimento de tal obrigação?

Padre. – Para reconhecer as necessidades extremas e graves que temos obrigação estrita e urgente de socorrer sob pecado mortal, há dois meios: as informações particulares, que eu chamaria casuais, se não fossem sempre providenciais, e as informações oficiais ou oficiosas da autoridade eclesiástica.

As primeiras nos revelam as necessidades dos particulares, as segundas as necessidades gerais duma freguesia, duma diocese, dos países estrangeiros, da Igreja toda.

Os verdadeiros católicos timbram de estar sempre em dia com as informações da autoridade eclesiástica a esse respeito e de concorrer generosamente para as obras da Propagação da Fé, da Santa Infância, de S. Francisco de Sales, do Dinheiro de S. Pedro, da libertação dos escravos. Se o número desses católicos fosse o que deve ser na Madeira, os Calvinistas haviam de ser em breve desenganados e a freguesia do Santo da Serra não incorreria no perigo iminente de que falei. (¹)[1352]

Quanto à proporção dos Sacrifícios que nos impõe o dever da esmola há regras mais ou menos claras e seguras (¹),[1353] mas não há meio mais elucidativo, a meu ver, do que transportar-nos antecipadamente pelo pensamento à hora da nossa morte e calcular ao clarão do círio bento o que desejaremos então ter feito no que diz respeito ao caso presente. Não há luz no mundo que melhor desvaneça as trevas, as ilusões, os preconceitos mundanos; aquela vela fúnebre ilumina os sãos como os moribundos, não só lhes faz discernir o caminho reto mas estimula-os eficazmente a tomar resoluções viris e a resolver os sacrifícios necessários.

– Mil vezes obrigado, Rev.ᵐᵒ Sr.! Devo deixar aqui a sua estimável companhia, mas levo como recordação uma lição que, com a ajuda de Deus, saberei aproveitar. Adeus!

Padre. – Assim seja! Se V. Ex.ª puder ensinar a lição a outros que a ignorem, já será pô-la em prática. Adeus!

Regras que se devem observar nas relações com os hereges[1354]

Em atenção à ignorância e à leviandade de não poucos católicos, aliás bem intencionados, renovamos, amplificando-a, a publicação feita no Boletim de Março, de 1894, das seguintes regras impostas aos católicos acerca da atitude e das precauções necessárias a observar relativamente às pessoas e seitas heréticas e acatólicas (¹),[1355] às suas doutrinas e práticas cerimoniais.

I Filiação nas seitas. Comete pecado mortal e incorre na pena de excomunhão especialmente reservada ao Sumo Pontífice (²)[1356] todo o católico que, sob qualquer pretexto,

---

1352 (¹) Não podemos deixar de protestar aqui que o fim da Obra de S. Francisco de Sales, conquanto não exclua o bem particular de cada freguesia, visa primeiramente o bem geral da diocese e que, portanto, a nossa Obra é e deve ser diocesana *antes de ser paroquial*. Foi o mal causado pela propaganda calvinista que motivou sua fundação, ela é pois *primeiro que tudo* uma obra de preservação e de defesa geral da fé na diocese. Suplicamos pois a todos os Revd.ᵒˢ Párocos e Eclesiásticos que advirtam na grave responsabilidade em que incorrem pelo seu carácter e posição, relativamente ao perigo calvinista e outro análogo que ameaçam *hoje* algumas freguesias e *amanhã* a diocese toda.

1353 (¹) Ver no Boletim de Outubro p. p. (pág. 390 e seguintes) explicações sobre esta matéria. As obrigações crescem com a importância da posição social; a responsabilidade dos ricos, das pessoas ilustradas e influentes é tremenda.

1354 BMF, *Boletim Mensal Diocesano da obra de S. Francisco de Sales para Defesa e Conservação da Fé na Diocese do Funchal*, junho - julho - agosto [de 1897].

1355 (¹) Chamam-se *acatólicos* todos aqueles que vivem pública e oficialmente separados da Igreja católica, por conseguinte, não só os hereges e cismáticos, senão também os infiéis e todos os membros das sociedades secretas, franco-maçonarias e outras, proibidas sob pena de excomunhão.

1356 (²) A *excomunhão (maior)*, ou exclusão total da comunicação dos santos e privação de toda a participação nos bens espirituais da Igreja, é a mais terrível pena que possa ser infligida a um cristão na terra.

se alista numa seita herética ou acatólica, como são o Protestantismo e a Franco-maçonaria.

– Comete o pecado de heresia formal não só aquele que se alista numa seita herética, ou que nega pertinazmente um dogma ensinado pela Santa Igreja, mas também aquele que *duvida voluntariamente* da verdade do ensino católico, como, por exemplo, os que leem a Sagrada Bíblia com a pretensão de a interpretar por si mesmos, segundo o método protestante do livre exame, ou até para verificar quem tem razão, se os Padres se os calvinistas.

II Livros e leituras. É rigorosamente proibido sob pecado mortal e, em certos casos, sob pena de excomunhão imprimir, vender, comprar, ler e até guardar livros, folhetos ou quaisquer publicações proibidas *por condenação expressa* da Sagrada Congregação do Índex, como são as Bíblias e todos os impressos propagados pelas seitas heréticas, ou proibidas *em virtude da sua própria índole,* como são os romances, folhetins, periódicos e artigos de jornais imorais e ímpios.

III Conversas e polémicas. As discussões, *quer públicas quer privadas* com hereges em matéria de fé, são expressamente proibidas, salvo uma licença especial da Santa Sé para as primeiras e o caso de necessidade para as segundas.

Relativamente às discussões ou conferências públicas com hereges, a Sagrada Congregação da Propaganda declarou, a 8 de Março de 1658, que elas eram ordinariamente mais prejudiciais do que úteis por causa da loquacidade e da insolência dos hereges e da facilidade com que o povo aclama os espertalhões e engraçados, sem atender à gravidade da matéria discutida, donde resulta a verdade ficar oprimida e a falsidade prevalecer.

Quanto às discussões privadas a Sag. Congregação declarou, em 20 de Fev.º de 1630, que «a disputa sobre matéria de fé é proibida aos leigos o que os eclesiásticos, se não forem muito peritos, por conselho devem abster-se dela, escusando-se com boas palavras e pretextos.»

Um sacerdote douto e versado na Escritura sagrada pode pois aceitar sempre tal discussão quando lhe pareça conveniente, ao passo que o leigo só o poderá fazer em caso de necessidade.

Dá-se esse caso de necessidade quando algum católico *instruído, capaz de* defender a sua fé e de desafrontar a religião, prevê que escandalizará as pessoas presentes, se não procura impor silêncio a um insultador das nossas crenças, ou se não responde às objeções e provocações de um questionador de boa ou de má-fé.

Num país católico, como é a Madeira, salvo o caso assaz raro em que se pode presumir que o herege provoca a discussão pelo desejo de conhecer a verdade, é geralmente melhor não aceitar a discussão. «Julgamos preferível, diz o S. Cipriano, desprezar com o silêncio a inépcia do que erra, a provocar, falando, a loucura do demente.»

IV Frequentação dos hereges e católicos. Por duas razões se não deve comunicar com os hereges, diz S. Tomás, por causa da heresia e por causa da excomunhão.

Por causa da heresia, isto é, pelo perigo de subversão, porque, diz S. Paulo, as ruins conversações corrompem os bons costumes. Para afastar este perigo, os católicos, principalmente se não forem muito instruídos e firmes na fé, devem evitar toda a familiaridade com os hereges. Na sua célebre encíclica o S. Padre Gregório XVI insiste muito neste ponto (¹).[1357] – Os criados e criadas de servir não devem, sem motivo grave e certas garantias prévias, que lhes assegurem a livre prática da sua religião, entrar ao serviço de hereges, porque incorrem no perigo próximo de ouvir conversas irreligiosas ou blasfematórias, de ser escarnecidos pelas suas práticas de religião ou devoção, de ser constrangidos a praticar, em sinal de desprezo pela Religião e Igreja Católica, algum ato que esta condene, por exemplo: a comer carne nos dias de abstinência, a profanar os dias de festa, a acompanhar os amos ao templo da seita, a confecionar objetos que sirvam para a

---

Nenhum Sacramento pode aproveitar ao excomungado, ainda que os receba fraudulosamente, não tem parte nas orações da Igreja, nem sequer nos frutos do Santo Sacrifício da missa embora profane hipocritamente a casa de Deus, assistindo aos ofícios divinos, apesar das proibições eclesiásticas; finalmente não pode ter enterro religioso. O apóstolo S. Paulo define exatamente a excomunhão declarando, ao proferi-la contra alguns hereges, que *os entregava a Satanás.* I Epist. aos Corint. V. 5. I

1357 (¹) A frequentação dos acatólicos é mais perigosa ainda, porque são inimigos de toda a religião ou pelo menos da religião cristã, nem podem estar de boa-fé, como isto sucede entre hereges.

propaganda ou o culto protestante.

Por causa da excomunhão. Ainda que seja permitido comunicar com os hereges nas relações ordinárias da vida civil, nem por isso é lícito comunicar com eles *in divinis,* nas práticas do seu culto.

Em atenção à confusão de ideias e à divergência das opiniões sobre esta matéria, advertimos os nossos leitores que a seguinte doutrina e regras foram extraídas dos melhores autores modernos (²)[1358] e das mais recentes decisões da Santa Sé:

Observações prévias. 1.ª As regras concernentes à comunicação com os hereges, ainda que baseadas em princípios gerais e fixos, variam na aplicação, conforme as circunstâncias do país, do tempo e outros adjuntos. São menos rigorosas em país protestante e até nas nações católicas que já não têm religião oficial, porque além de o escândalo ser menor ou nenhum em muitos casos, o demasiado rigor prejudicaria notavelmente os católicos sem remediar nem sequer atenuar o mal.

Sucede diversamente em Portugal e especialmente na Madeira, cuja religião oficial é católica e cuja índole fundamente religiosa não consente passem sem reparo nem grave escândalo as doutrinas e práticas afrontosas para a sua fé.

2.º Importa distinguir também entre as seitas heréticas *que não fazem propaganda* da sua doutrina entre os católicos, como o anglicanismo professado pela maior e melhor parte da colónia inglesa da Madeira e as seitas *que procuram angariar prosélitos* e atrair católicos para os seus erros. A estas últimas pertencem os sectários da Igreja escocesa, vulgarmente chamados calvinistas, que, na Madeira como por toda a parte, afrontando audazmente as leis do país e abusando torpemente da pobreza e simplicidade da gente do campo e mesmo da cidade, traficam abertamente com a consciência dos pais e com a alma das crianças.

Se é legal e justo conceder aos primeiros a licença de praticar privadamente seu culto em recintos particulares, não se deve de forma alguma consentir o desaforo dos calvinistas e pecam gravemente todos aqueles que concorrem eficazmente para tão nefanda propaganda, as autoridades pela sua tolerância abusiva e ilegal e os particulares prestando um auxílio qualquer que tenda, ao menos diretamente, a facilitar o proselitismo ou a introdução da seita numa freguesia.

– Passemos agora a examinar os principais casos práticos na Madeira:

1.º *Casas para herejes.* É rigorosamente proibido sob pecado mortal prestar auxílio aos *sectários propagandistas* emprestando ou alugando casas ou salas para reuniões, prédicas ou para servir de escola.

– Incorrem no mesmo pecado todos aqueles que lhes facilitam a aquisição duma casa, expressamente acomodada a um fim de propaganda sectária, como templo, livraria, escola; tais são o que vende a casa ou o terreno para a sua construção, o arquiteto, os mestres e oficiais de todos os misteres que a construem, mobilam e acomodam para esse fim.

Poderão quando muito ser escusados de pecado os oficiais e operários subalternos que não possam, sem sofrer grave prejuízo, deixar de prestar seus serviços ao mestre que os contratou, contanto que não deem escândalo com isso.

2.º *Assistência aos atos de culto dos hereges.* Entrar nos templos e assistir, *dum modo puramente material,* aos seus atos religiosos, sem acompanhar as preces ou tomar parte no canto, nem fazer ato algum interno ou externo que implique adesão ao culto falso, não é necessariamente pecado, segundo os melhores autores. (¹)[1359] Haverá pecado só em razão do *escândalo* que possa resultar para outros católicos, ou do *perigo de perversão* em que se incorre temerariamente, ou de *uma proibição* expressa da autoridade eclesiástica.

Portanto não se verificando nenhuma destas três hipóteses não há pecado algum em assistir às núpcias, enterros, batismos e até aos sermões e outras práticas religiosas dos hereges.

– Cumpre notar que o escândalo diminui em proporção direta da frequência dos casos, chegando a desaparecer quase por completo nos países protestantes ou mistos, e

---

1358 (²) Seguimos principalmente Lehmkuhl (tom. I. n.ᵒˢ 295, 658) e os casos de consciência do P.ᵉ Vilada (2.ª parte n.º 23).

1359 (¹) Lehmkuhl, P.ᵉ Vilada e o próprio Scavini, Trat. VIII. N.º 723.

que também o perigo de perversão diminui rapidamente nos países onde a instrução e a educação religiosa habilitam os católicos a suportar, sem dano, o contacto habitual dos hereges e a defender-se contra o contágio das suas doutrinas. – Não é infelizmente este o caso da Madeira, nem sequer da cidade do Funchal que, apesar de cosmopolita, não, está nas condições necessárias para poder praticar impunemente com os forasteiros hereges que confluem para ele. Eis a razão porque a tolerância na matéria que nos ocupa, é maior nos países protestantes e mistos e porque as proibições são mais severas em certos países e dioceses, principalmente em Roma, na Espanha e em Portugal, onde o catolicismo é a religião oficial do país. Seria portanto imprudente e injusto generalizar regras que se inspiram das circunstâncias locais e que fora delas já não tem razão de ser.

Citaremos algumas destas proibições locais e também algumas das tolerâncias introduzidas pelo costume, acompanhando-as duma breve crítica:

A. Em muitas dioceses, como Turim, Nápoles, Navarra, Niza, ... é expressamente proibido, e sob pena grave, *entrar nos templos* dos hereges, ainda que seja fora das horas de serviço religioso e com o fim único de os visitar.

– A ousadia dos hereges, pelo menos dos calvinistas, e a dissolução dos costumes dos católicos que, segundo Scavini, motivaram tal proibição, não são menores na Madeira; por isso embora não haja proibição formal julgamos ilícito entrar nos templos heréticos da Madeira, salvo nos casos especiais que explicaremos adiante.

B. Na diocese de Roma, em virtude duma circular ao Cardeal Vigário, sancionada por Sua Santidade Leão XIII a 12 de julho de 1878, é rigorosamente proibido, sob pecado mortal aos católicos entrar cientemente, ainda que seja por curiosidade, nas salas ou templos dos católicos ou dos hereges na hora das conferências. Quem tal fizesse, com a determinação fixa de se render às razões alegadas a favor das doutrinas anticatólicas, caso lhe parecessem concludentes, incorreria por este facto na excomunhão especialmente reservada ao S. Padre.

Incorre no mesmo pecado e na mesma penalidade todo aquele que promove de qualquer modo a concorrência do povo para tais reuniões, imprimindo ou distribuindo convites, publicando nos jornais indicações favoráveis à seita.

– Excetuando a penalidade que foi promulgada só para a diocese de Roma, entendemos que esta dupla proibição tem a mesma razão de ser na Madeira e que incorre no mesmo pecado todo aquele que a infringe sem motivo justo.

C. É *geralmente* lícito, em virtude, dos costumes estabelecidos, assistir às núpcias e enterros dos hereges, quando isso seja motivado exclusivamente por razões de conveniência social e de obséquio à família e conquanto o católico se abstenha de qualquer ato que possa significar adesão ao falso culto, como seria aceitar livros, folhetos ou círios, salmodiar, cantar, etc...

– Como porém é o costume que, atenuando o escândalo, atenua também o rigor da lei, deve saber-se que, na Madeira, não é costume entrar no templo ou no cemitério por ocasião de tais enterros, e que a assistência dos católicos aos matrimónios heréticos é mui rara e sempre mal vista.

D. Por identidade de razão é geralmente lícito às criadas acompanhar as suas amas ao templo, quando estas não possam ou não queiram prescindir dos seus serviços; exige-se todavia que não haja escândalo, nem perigo grave de perversão e por isso, conclui Lehmkuhl, raras vezes será lícito.

E. Por efeito dos costumes introduzidos *no mundo* diplomático e político, é geralmente licito às autoridades e personagens oficiais assistir aos atos de culto herético, tais como coroação, festas em honra dos soberanos, se receberem convite especial que não possam declinar, sem ofender gravemente as conveniências sociais.

Foi sem dúvida em virtude desta tolerância que as autoridades civis, administrativas e consulares do Funchal julgaram poder assistir ao ato religioso celebrado no templo anglicano, em 22 de junho p. p., por ocasião do jubileu diamantino da rainha de Inglaterra. Não faltou quem protestasse e se escandalizasse; na verdade mais digno e correto teria sido agradecer o convite e decliná-lo, como alguém fez, alegando as leis da Igreja e do Estado; todavia não nos consta haver razão decisiva que autorize a condenar em absoluto o proceder das autoridades.

Teria sido mais atilado e delicado não obrigá-las, por meio dum convite oficial, a praticar o ato de cortesia que não julgaram oportuno negar; com efeito, o exercício público da religião anglicana sendo proibido na Madeira, como em Portugal, e o exercício privado sendo apenas tolerado, convidar as autoridades a tornar público por sua presença um ato que as leis do país condenam a ser exclusivamente privado, era colocá-la numa alternativa tão melindrosa que não podia sair da dificuldade senão duma maneira menos airosa.

Sem dúvida os anglicanos da Madeira, à vista da tolerância excessiva das autoridades com relação aos manejos calvinistas, chegaram a persuadir-se que, pelo facto de já não merecer a proteção oficial, a religião católica deixará, de vez, de ser a religião oficial do país e que a liberdade de cultos era lei em Portugal.

3.º *Escolas calvinistas ou acatólicas*. Incorrem em gravíssimo pecado os pais assaz cruéis para entregar a alma de seus filhinhos aos inimigos de Deus, enviando-os às escolas protestantes. Na diocese de Roma, e em virtude da circular Pontifícia supramencionada, é proibido aos párocos e confessores absolver os pais e os filhos enquanto esses últimos não saiam das escolas heréticas; esta proibição é de direito comum e portanto existe igualmente na Madeira.

– Interrogada a Santa Sé pelos bispos da Suíça se essa proibição e norma era aplicável aos liceus, colégios, escolas e oficinas, aonde a fé dos alunos ou aprendizes corre igual risco de se perder, respondeu *afirmativamente*.

V Necessidade de instrução religiosa. Há obrigação, sob pecado grave, para todo o católico de se instruir nas verdades da sua religião de modo a defender a sua fé contra aqueles que a atacam ou pelo menos a conservá-la intacta no meio da torrente de iniquidade e de corrupção que vai alastrando na cidade e subúrbios e até no campo. Maior obrigação corre ainda aos pais e mestres que têm de saber para si pessoalmente e para instruir aos subordinados.

Os pais que não podem doutrinar convenientemente os filhos têm obrigação rigorosa de os mandar instruir por pessoa capaz, enviando-os para escolas boas e concorrendo, se for preciso, pelos meios ao seu alcance, para a abertura e manutenção delas.

Os amos e patrões ficam responsáveis, perante Deus e a sociedade, se não envidam os esforços possíveis para a instrução religiosa e moralização dos seus empregados, principalmente menores, porque todo o superior *tem cura de almas*.

Artimanhas protestantes no Santo da Serra[1360]

Acabamos de saber alguns pormenores acerca das artimanhas protestantes no Santo da Serra e a maneira digna porque o ilustre administrador do concelho de Santa Cruz se portou para com os infames propagandistas, que, certamente muito interessará aos nossos estimáveis leitores conhecer as manhas duns e o zelo do outro.

Ei-las:

A câmara de Santa Cruz, reunida em sessão no dia 9 do corrente, deliberou fornecer meio de transporte ao sr. administrador do concelho, escrivão e oficial, a fim de irem ao Santo da Serra sindicar a propaganda que ali se faz contra a Religião do Estado.

Partiram pois estes cavalheiros ontem, em direção ao local onde naquela freguesia se acha montada a escola, apresentando-se o sr. administrador aos diretores da escola e semelhando ao mesmo tempo ser estrangeiro e seguir as doutrinas protestantes.

A manifestação do sr. administrador, os trajos e até a fila, tudo levou a convencer os façanhudos propagandistas de que se achavam em frente de um sincero e dedicado prosélito.

Ei-los pois a declararem ao suposto protestante qual o progresso da seita ali, mostrando-lhe duas ordens de livros religiosos e bíblias que lhes serviam, uns para *converter* aquele povo e outros para apresentar a qualquer autoridade administrativa ou eclesiástica, que porventura os quisesse perseguir embaraçando-lhes o seu proselitismo.

Vistos os livros e declarada abertamente a propaganda, o sr. administrador tomando o nome de várias testemunhas que isto presenciaram, vai levantar o competente processo.

É digno de louvor o procedimento e zelo do sr. Manuel Augusto da Silva, que mui dignamente ocupa o lugar de administrador do concelho de Santa Cruz.

Sem que pessoalmente conheçamos o sr. Manuel Augusto da Silva, permita-nos con-

---

[1360] BMF, *Correio do Funchal - Diário da Tarde*, 11 de setembro de 1897.

tudo s. ex.ª que daqui o cumprimentemos por tal motivo.

*

Diz-nos alguém que a continuar na administração do concelho de Santa Cruz o sr. Joaquim de Gouveia, a maldita seita protestante nunca encontraria da parte da autoridade resistência à sua desenfreada propaganda, e disso estamos nós convencidos.

Pudera, se a própria família a coadjuvava fornecendo-lhe casa e adeptos.

Ainda os protestantes no Santo da Serra[1361]

O nosso colega *Diário do Comércio* em o seu número de hoje, pretendendo censurar o procedimento do atual sr. administrador do concelho de Santa Cruz pela maneira como se houve com os protestantes do Santo da Serra, facto que sábado noticiámos, e querendo por outro lado justificar a conduta do sr. Joaquim de Gouveia vêm por mal informado[s], informar mal o público que o lê.

Desculpamos ao colega lá do alto essas *falhas* de verdade, que não serão propositadas, e que poderão ser filhas dum zelo excessivo.

Nós, porém, querendo tanto a Paulo como a Martinho, pouco nos importando que o administrador de Santa Cruz seja Joaquim ou Manuel e não estando acorrentado pela política a este ou aquele, vamos com toda a singeleza e imparcialidade reatar a verdade dos factos, explicando-os.

Por termos sido informados pelas próprias pessoas que presenciaram, já os factos, já as conversas, e por estas pessoas nos merece[re]m inteira confiança pelas suas qualidades, carácter e posição social, vamos, no cumprimento dum dever sagrado expor o que se passou a tal respeito.

A) O sr. Manuel Augusto da Silva, administrador de Santa Cruz, andou corretamente quando, tomando o nome de várias testemunhas que ouviam a declaração dos propagandistas, levantou o auto por ludíbrio à autoridade e desprezo das leis do Estado.

Diz o nosso colega *D. do Comércio* que o que deveria ter feito o sr. administrador era apreender imediatamente os livros de propaganda[s] protestantes para depois levantar o auto.

Nós, porém, apesar de não sermos fortes em jurisprudência, entendemos que só deveria obrar assim o sr. administrador, se os propagandistas fossem encontrados no ato mesmo de propaganda, ou melhor, se fossem surpreendidos em flagrante delito de proselitismo.

Não o entende assim o colega, porém ao público fica a liberdade de ajuizar sobre o caso sujeito.

B) Quer o *Diário do Comércio* convencer os seus leitores de que houve da nossa parte intenção propositada de ferir o sr. Joaquim de Gouveia, quando dizíamos que a continuar aquele senhor na administração do concelho de Santa Cruz, nunca encontrariam os propagandistas oposição da parte da autoridade, por isso que a família deste lhes tenha fornecido casa e adeptos, o que pretende negar.

Com vistas a refutar o que dizíamos apresenta o colega ao público algumas observações que caducam por serem mal fundamentadas e faltas de verdade devido, talvez à deficiência da informação.

Vamos porém melhor informados, elucidar o colega e o público.

Como o vizinho muito bem deve saber, e como o sabe também toda a gente de Santa Cruz, o sr. Martinho de Gouveia, pai do sr. Joaquim de Gouveia, alugou há poucos meses uma casa ao sr. Smart no sítio de S. Fernando em Santa Cruz, casa que foi destinada a escola protestante, ainda que abortasse em pouco tempo.

Depois desta contrariedade o sr. Smart querendo estabelecer-se no Santo da Serra, a fim de ver se era ali mais feliz na sua empresa, e como não achasse quem lhe alugasse casa em boas condições, dirige-se novamente ao sr. Martinho, que, pesaroso por isso, lhe vende uma porção de terreno para nele levantar uma casa.

Porventura poderá alguém de boa-fé afirmar que o sr. Martinho obrando como obrou não favoreceu o proselitismo protestante?

1361 BMF, *Correio do Funchal - Diário da Tarde*, 14 de setembro de 1897.

Responda quem nos ler.
Diz ainda *O Diário do Comércio*:

«O colega devia saber que alguns dias antes da administração de Santa Cruz estar confiada ao sr. Manuel Augusto da Silva, o sr. Joaquim de Gouveia procurou o revd.º vigário daquela freguesia para lhe dizer que tinha as coisas dispostas por forma a impedir o movimento calvinista no Santo da Serra, e que o mesmo sacerdote lhe disse que era melhor aguardar a vinda do novo administrador, que a essa data já estava nomeado.

Donde se vê que o sr. Joaquim de Gouveia já tinha concebido o propósito de proceder contra esses propagandistas da seita calvinista, e que se o não fez, foi isso devido à resposta quo lhe foi dada pelo aludido vigário, que talvez julgou o momento importuno.»

Perdoamos-lhe porque atribuímos a falsidade do que o colega acaba de dizer não à sua má-fé mas sim à do informador.
Eis a verdade nua, embora crua:
O respeitável vigário de Santa Cruz, como presidente da Câmara falou ao sr. Joaquim, como administrador, na necessidade que havia de obstar os progressos da seita no Santo da Sena, dizendo-lhes ao mesmo tempo ser feio para ele e sua família ter na dita escola protestante sobrinhos seus.
A isto responde o sr. Joaquim que ia tomar providências, porém continuaram as coisas como dantes.
Partiu pois a iniciativa de acabar com o proselitismo no Santo, não do sr. Joaquim de Gouveia, mas sim do rev. vigário de Santa Cruz, apesar de durante a administração do sr. Gouveia nada se ter feito neste sentido.
Consta-nos também que até algumas senhoras se dirigiram à esposa do sr. Gouveia a fim de ver se faziam com que seu marido se resolvesse a pôr em prática a lei respetivamente à desenfreada propaganda e a tirar da escola os seus sobrinhos, quase únicos frequentadores dela.
Fica, pois, aí expandido a verdade dos factos, sem que queiramos atirar «bisca» a pessoa alguma, porque não é esse o nosso intento, mas acima de tudo e de todas as considerações humanas, pomos sempre a verdade, pese a quem pesar.
E temos dito.

Acima de tudo a verdade[1362]

Ainda a respeito do que aqui dissemos acerca dos protestantes no Santo da Serra, factos cuja autenticidade ninguém pôde pôr em dúvida, a não ser que esteja de má-fé, vem o «Diário do Comércio» no seu número de quarta-feira, não só sofismar alguns pontos, como também falsear a verdade de outras, o que certamente muito depõe contra o colega.

Querendo a todo o custo defender o sr. Joaquim de Gouveia e censurar o atual sr. administrador de Santa Cruz, escreve um arrazoado de duas colunas o qual, como em frase popular se diz, não ata nem desata.

Já não vemos no «Diário do Comércio», a quem sempre temos dispensado muita deferência, senão, no caso sujeito, um arauto do suposto zelo pela boa causa do sr. Joaquim de Gouveia, para o que estropeia e falseia factos cuja veracidade estamos prontos a demonstrar com testemunhas fidedignas.

Estabelece o colega vários pontos sobre que nos quer contradizer, sem contudo nada dizer, com verdade, contra o que nós temos escrito.

Avaliemos o arrazoado, com respeito ao procedimento correto e legal do digno administrador de Santa Cruz, pela notória contradição com que termina a sua apreciação sobre o caso.

Diz o colega depois de noticiar novamente o facto sindicância do sr. Manuel da Silva à escola protestante no Santo da Serra.

«Que devia fazer, pois?

[1362] BMF, *Correio do Funchal - Diário da Tarde*, 17 de setembro de 1897.

Arrancar o disfarce, e revestido da sua autoridade apreender imediatamente os livros condenados, *já que não podia prender os propagandistas por eles não estarem em plena manifestação do culto.*

Os livros deviam ser apreendidos, visto que à própria autoridade foi revelado o ludíbrio e o infringimento. *O criminoso, embora não seja apanhado em flagrante, nem por isso deixa de ser capturado quando revela o seu crime.*

Quem é este criminoso a que o articulista se refere?

Se são os propagandistas, como se depreende do contexto, como se percebe o que diz o colega quando no primeiro período, afirma que o sr. administrador *não podia prender os propagandistas em plena manifestação de culto* e, pouco abaixo, diz que *o criminoso, embora não seja apanhado em flagrante, nem por isso deixa de ser capturado quando revela o seu crime!*

Segundo a primeira frase não devia ser preso imediatamente o propagandista que sem rebuços se manifestou protestante, enquanto que, pelo que se lê em seguida, devia ser logo capturado só por ter revelado o seu crime.

Que lógica esta!

Sobre este ponto nada mais diremos.

Julgamos bastar o que já no nosso diário de terça-feira escrevemos acrescentando a isso o estado de vacilação em que anda o colega, afirmando agora o que antes nega.

Respetivamente ao segundo ponto que diz ter a família do sr. Joaquim favorecido o desenvolvimento da seita, é suficiente também o que já dissemos, visto ser do domínio de todos ter o pai do ex-administrador não só alugado para escola calvinista uma casa, em S. Cruz, como também os seus sobrinhos serem assíduos frequentadores da que, devido á coadjuvação do sr. Martinho de Gouveia, se fundou no Santo da Serra, depois deste senhor ter vendido ao sr. Smart o terreno em que se edificou a nova escola.

Sobre este ponto muito haveria que dizer ao sr. Barão de Nora, cuja fé temos tido como ortodoxa, se bem que o seu jornal[1363] pretenda desmentir o conceito que de s. ex.ª fazemos, quando se espraia em fúteis reflexões, de qualquer católico romano poder livremente deixar de seguir a sua religião para abraçar a que lhe aprouver.

Insiste ainda o *Diário do Comércio* em dizer que só *devido ao respeitável pároco de Santa Cruz, é que nenhuma medida foi posta em prática pelo sr. Joaquim de Gouveia em ordem a sufocar o movimento protestante no Santo da Serra*, insinuando de seguida:

Queixe-se o colega do seu colega no sacerdócio, e não agrida quem estava pronto a fazer cumprir a lei.

Até que ponto leva a cegueira do faciosismo?!!!

Saibam todos e fique-o sabendo também o colega, que o sr. Joaquim de Gouveia nem como particular, nem como autoridade, *jamais* procurou o revd.º vigário de Santa Cruz para lhe declarar – que tinha as coisas dispostas em ordem a sufocar o movimento da seita protestante no Santo da Serra.

Se ousamos avançar tanto é porque fomos informados de quem privou sobre o caso sujeito com o mesmo rev. pároco tendo nós inteira certeza e plena confiança na veracidade do que afirmámos.

Neste jornal em questões desta ordem, como em quaisquer outras, não nos move a paixão política para, com a falsidade e má fé em que em nossa casa não tem guarida, incensarmos um Joaquim e amesquinharmos um Manuel. Não. Acima de tudo pomos a verdade, e porque só ela nos tem servido de lema até agora, agora, será também a nossa guia até o fim da nossa carreira.

Elogiámos o sr. administrador do concelho de Santa Cruz porque o seu procedimento foi corretíssimo, assim como censurámos o sr. Joaquim de Gouveia, por não ter obrado como devia, quando o administrador, apesar de ter sido incitado pelo seu respetivo pároco, que ao mesmo tempo é presidente da câmara.

A ninguém regateamos os louvores de que se tornam dignos.

Avante pois sr. Manuel A. da Silva, na santa cruzada já encetada contra a pestilente propaganda protestante, embora os *dissidentes* a maldigam e apodem de fantochada, porque nós bem lhes conhecemos as causas dessa guerra, seus meios e fins, qual deles

---

[1363] O Barão da Nora era, por esta altura, o diretor do *Diário do Comércio*.

mais desprezível e baixo.

Diz-se que a alta política inglesa anda empenhada em acabar com o auto levantado pelo sr. administrador de Santa Cruz contra o sr. Smart, por promover propaganda contra a Religião do Estado.

E com isto salta de contente o «Diário do Comércio».

Em vista disto começamos a duvidar das ideias religiosas do nosso colega.

Podemos até afirmar que o «Diário do Comércio» preferiria ser protestante com o sr. Joaquim de Gouveia a ser católico romano com o sr. Manuel A. da Silva.

Do que a política é capaz!!!

Damos hoje por terminada[s] estas explicações a que nos levou uma falsa réplica do nosso vizinho, acerca duma notícia que aqui demos.

Seja o colega mais respeitador da verdade, dando a César o que é de César e a Deus o que é de Deus que nada lhe custa.

Os protestantes no Santo da Serra[1364]

Podemos categoricamente afirmar aos nossos leitores em geral e ao «Diário do Comércio» em particular, que as diligências empreendidas pelo digno administrador de Santa Cruz, não abortarão como diz o «Diário do Comércio», mas que por estes dias será já entregue ao poder judicial o resultado da investigação a que aquela autoridade procedeu.

Consta-nos que o ilustre chefe do distrito está de acordo com aquele senhor, para que em breve se ponha termo à propaganda que os protestantes estão fazendo no Santo da Serra.

Asseguram-nos também que se fosse ordenado ao sr. administrador que pusesse *pedra* sobre a questão, este cavalheiro pediria imediatamente a sua demissão

Ainda os protestantes no Santo da Serra[1365]

Ao que há dias dissemos a este respeito, temos a acrescentar que o sr. Manuel Augusto da Silva digno administrador de Santa Cruz quando procedeu às indagações na escola protestante no Santo da Serra, apreendeu alguns dos livros de propaganda de que se servem naquela escola para perverter os incautos que lá vão assistir às suas prédicas.

Esses livros vão ser juntos ao processo que se está instaurando na vila de Santa Cruz.

Falsidades em letra redonda[1366]

Se é pelo dedo que se conhece o gigante, é pela palavra que se descobre um falsário. Os semeadores do calvinismo entre os campónios do Santo da Serra, podiam bem limitar-se a mentir aos povos, quando lhes falam. Não tinham necessidade de vir para a imprensa falsear a verdade reconhecida por tal. Defendam-se como puderem, porém sem entrarem na via tortuosa da calúnia. Depois de haverem abusado da nossa hospitalidade, não fica bem a esses estrangeiros, sectários de Calvino, virem ejacular sobre duas autoridades do concelho de Santa Cruz o vómito negro da calúnia.

Depois de terem apostolado a desordem na família, não venham semear a maledicência num jornal.

Vem isto a propósito de um comunicado que foi publicado anteontem no *Diário de Notícias*, à razão de 40 réis a linha, e que, pelo matizado do estilo, está a acusar a sua procedência calvinista.

Demais, dá-se a coincidência de um dos redatores dum diário desta cidade ter sido convidado a ir a casa do sr. Smart – que queria fazer comunicações importantes ao público. O redator abordado riu-se do convite do ministro de Calvino e deixou-se ficar em sua casa.

Um ou dois dias depois apareceu no *D. de Notícias* o famoso comunicado. Quem é o

---

[1364] BMF, *Correio do Funchal - Diário da Tarde*, 17 de setembro de 1897.
[1365] BMF, *Correio do Funchal* - Diário da Tarde, 20 de setembro de 1897.
[1366] BMF, *Correio do Funchal - Diário da Tarde*, 25 de setembro de 1897.

seu autor?... É fácil adivinhar.

*

O comunicado a que nos referimos dirige-se evidentemente a nós, porque afirma exatamente o contrário daquilo que temos escrito relativamente ao proselitismo ilegal, que se está fazendo no Santo da Serra. O pérfido escrito parece não ter outro escopo senão desprestigiar e enxovalhar o carácter do sr. administrador de Santa Cruz e do Rev. Pároco do Santo da Serra.

Para isso narra duas anedotas, qual delas mais inverosímil e falsária.

Segundo o herético escriba, o sr. administrador teria dito a um súbdito inglês, no Santo da Serra: – «Deixe esta casa, quando não virão aqui uns homens para deitar o edifício abaixo.»

Por seu turno, o rev. Pároco é acusado de ter dito à cunhada do sr. Smart:

«V... é uma propagandista do diabo ou coisa assim» (sic.)

Estas bernardices repelem-se a si mesmas, ninguém de bom senso poderá dar-lhes fé. Nem o sr. administrador do concelho de Santa Cruz nem o rev. Vigário do Santo proferiram, nunca, semelhantes frases, disso estamos bem convencidos, porque os conhecemos a ambos.

*

Devemos também dizer, mais uma vez, porque é a verdade, que na escola calvinista do Santo da Serra há duas ordens de livros – uma para ministrar a instrução às crianças que ali vão vender a alma e o corpo, outra para mostrar às autoridades no caso de uma investigação; e que o sr. administrador, na rusga que fez à escola calvinista do Santo, apreendeu 4 livros de propaganda herética, os quais serão juntos ao auto que foi levantado em Santa Cruz.

Isto é que é a verdade, contada por testemunhas.

Também é falso que tenham ido 4 polícias ao Santo da Serra, *a fim de protegerem um súbdito britânico*. Quem lá foi, foi o sr. chefe Ribeiro e um guarda, com o fim de averiguar quem ali fazia proselitismo calvinista.

Mais nos consta que o sr. chefe Ribeiro foi incumbido de averiguar o que se passou na freguesia da Camacha entre o pastor Paterson e um rapaz que lhe atirou um pequeno pau, inconveniência na verdade, mas à qual o propagandeiro respondeu puxando um revólver e ameaçando de morte o inconsiderado garoto.

Missão em Santo António da Serra[1367]

É consolador o que se tem dado no Santo, nestes dias de missão.

Calvinismo é coisa que lá não há já. Têm vindo os mais ferrenhos sectários entregar aos padres livrinhos; o súbdito inglês Paterson já não trata de catequisar, os outros dispersaram; – venceu o Leão da tribo de Judá.

Os párocos vizinhos têm ajudado muito, tomando parte nos trabalhos da missão.

A missão tem sido concorridíssima e as prédicas feitas no adro, tal é a concorrência.

Notícias do Santo da Serra[1368]

Não se queixem os leitores do «Correio do Funchal» contra nós pela falta de notícias desta localidade, porque de ordinário não as há e quando aparecem, como desta vez, não nos recusamos a dá-las.

A primeira, e não menos importante, das notícias que temos a dar é a da suspirada e frutuosa missão, a que este povo teve a felicidade de assistir.

No dia da festa do Senhor, 26 de Setembro próximo passado, entre milhares de romeiros e enorme concurso do povo desta freguesia, teve lugar o início de tão almejado quão necessário benefício para estes povos.

O zeloso missionário, rev.º João Bento Justino d'Andrade, fez um discurso que a todos atraiu, não só pela eloquência que patenteou como pela suavidade e unção, que deliciava as multidões.

[1367] BMF, *Correio do Funchal - Diário da Tarde*, 7 de outubro de 1897.

[1368] BMF, *Correio do Funchal - Diário da Tarde*, 9 de outubro de 1897.

Com tal prelúdio a missão não podia deixar de ser concorrida.

A quase totalidade do povo desta freguesia e grande multidão das freguesias vizinhas enchia de tal modo a Igreja que foi necessário pregar ao ar livre.

O fruto das pregações não se fez esperar.

Numerosas confissões gerais prendiam ao confessionário 6 a sete padres desde a manhã até às dez horas da noite; os calvinistas vinham entregar os livros e os seus engajadores, achavam conveniente abandonar o campo, vendo a messe deserta.

Há muito que o povo, tanto desta freguesia como das freguesias limítrofes, tentava expulsar à força os *proselitistas* de Calvino, a que se chama *maçons*, o que sem dúvida teria feito se lhe não fosse aconselhado pelos rev.os Párocos, instantemente, toda a moderação e prudência.

Moderação que, no seu rude pensar, julgam ser um crime, pois se veem atacados no que têm de mais caro, mais sagrado e mais santo e julgam-se com direito à defesa.

Pode supor-se, entretanto, que o Calvinismo está morto no Santo da Serra. Se, porém, novas investidas dos *engajadores* de Calvino, vierem de novo provocar estes povos nas suas crenças, apesar das sensatas recomendações dos homens prudentes, é para temer que os povos não tenham paciência como até agora!

É conselho de amigo prudente.

*

Tivemos aqui igualmente a grande satisfação de assistir à primeira missa do rev.º José Marcelino de Freitas, inteligente filho desta freguesia, que muito a honra, o que na realidade foi para este povo grande ufania, por não ter havido há muito padre desta paróquia.

A concorrência foi enormíssima, jamais se viu tanta gente junta, nesta localidade.

Pregou a missa nova o zeloso missionário padre Justino.

Celebrava-se neste dia a festa do Sagrado Coração de Jesus, que o povo tanto ama e compreende.

De tarde houve procissão e encerramento da missão, com enorme satisfação de todo este povo e grande bem das almas.

[...]

Encerramento de escolas[1369]

Segundo informa o nosso colega o *Diário Popular*, que deve estar bem informado, foram expedidas ordens aos srs. administradores dos concelhos do Funchal e Santa Cruz, para mandarem encerrar as escolas calvinistas que funcionavam nas freguesias de S. Roque e do Santo da Serra, e onde eram professadas doutrinas contrárias à religião do estado.

Muito bem andou o ilustre chefe do distrito, pondo um travão à propaganda dissolvente que se estava fazendo entre nós.

Com pedra em cima[1370]

Afirmam-nos que está *com pedra em cima*, ou que não teve seguimento algum, o processo levantado na vila de Santa Cruz, pelo sr. Manuel Augusto da Silva, contra o pastor calvinista Smart, pregoeiro de doutrinas falsas e insultador da lei do País.

Será verdadeiro este boato? E se o é, quais as razões especiosas que aconselharam tão estranho proceder?

Quem assume as responsabilidades de ficar impune um pregador do erro que, contra todas as leis, vai lançando a desordem no seio das famílias?

Temos desejo de conhecer o benemérito patrocinador do falso apóstolo! E depois conversaremos, dando o seu a seu dono.

[1369] BMF, *Correio do Funchal - Diário da Tarde*, 10 de novembro de 1897.

[1370] BMF, *Correio do Funchal - Diário da Tarde*, 25 de novembro de 1897.

OS ACONTECIMENTOS DO SANTO DA SERRA[1371]

Deram-se nesta freguesia importantes factos que justificaram as previsões formuladas no último número deste Boletim pag. 101. Deus, que, na sua Sabedoria, sabe do mal tirar o bem, permitiu que, sem combinação prévia, a autoridade religiosa e a autoridade civil, comovidas pelo excesso dos males que oprimem aquela infeliz freguesia e pelos perigos mais graves que se lhes antolhavam para o futuro, concorressem simultaneamente para atalhar o mal e, se possível fosse, suprimi-lo. Para pôr os nossos leitores ao facto de tudo, bastar-nos-á analisar as notícias assaz circunstanciadas publicadas em os números 203, 210 e 217 do *Correio do Funchal*.

A Sindicância. No dia 10 de setembro o digno Administrador de Santa Cruz, Ex.mo Sr. Manuel Augusto da Silva, de acordo com a Ex.ma Câmara Municipal que lhe forneceu os meios de transporte, deliberou ir ao Santo da Serra a fim de averiguar a propaganda que ali se fazia contra a Religião do Estado.

Acompanhado dum escrivão e dum oficial apresentou-se aos Diretores da calvinista aberta pelo súbdito inglês W. Smart no sítio denominado Serrado das Ameixieiras, a três quartos de hora da Igreja, na direção da Camacha. Como manifestasse interesse pela escola e vivo desejo de a visitar e não houvesse nada nos modos e palavras dos visitantes que fizesse suspeitar a sua qualidade e intenções, mas pelo contrário o trajo, a fala e as maneiras delicadas do Sr. Manuel Augusto da Silva davam a entender que era estrangeiro e amigo, a diretora da escola, persuadida que se achava em frente dum sincero e dedicado correligionário, não duvidou em esclarecê-lo sobre a destinação da escola, os progressos do proselitismo que nela se fazia, os meios empregados tanto para angariar adeptos como para iludir as tentativas de fiscalização que porventura quisesse fazer a autoridade tanto civil como eclesiástica; mostrou-lhe *os dois jogos de livros*, uns católicos e outros calvinistas, o primeiro para embaçar a autoridade que viesse meter o nariz nos negócios da escola, o segundo para a negociata das almas e consciências, especialidade da mui conceituada casa industrial Smart e C.ª.

Vistos os livros e ouvidas as interessantes declarações da Sr.ª Diretora, o Sr. Administrador largando o *incógnito* deu-se a conhecer e, agradecendo à mestra atónita suas preciosas informações, tomou os nomes das testemunhas e crianças presentes, mandou ao escrivão lavrar o auto de devassa e depois de apreender alguns livros que irão juntos ao processo, regressou para Santa Cruz deixando o pessoal da escola aterrado e furioso.

É verdadeiramente digno de louvor, como diz o *Correio do Funchal*, o procedimento tanto da Câmara Municipal, como do Sr. Administrador de Santa Cruz o resultado desta diligência; queremos crer para honra do governo e bem desta terra que o processo irá avante e que a demora dos trâmites legais não prejudicará o devido resultado. A Sindicância a que se está procedendo na cidade contra outro súbdito inglês, o Rev. Paterson, que incorreu nos mesmos crimes contra a Religião do Estado, e as visitas feitas ultimamente por ordem superior às escolas calvinistas de S. Roque e do Santo da Serra parecem de molde a confirmar as nossas esperanças. Consta-nos que o Ill.mo Sr. Taborda, digno Inspetor das escolas, inspecionou em outubro a escola do Serrado das Ameixieiras, no Santo da Serra, recebendo da Diretora declarações idênticas às já feitas ao Sr. Administrador de Santa Cruz, encontrando lá muitas Bíblias protestantes e uma quantidade enorme de folhetos de propaganda calvinista, alguns dos quais extremamente curiosos, donde resulta que não pode subsistir a menor dúvida sobre o carácter altamente ilegal e criminoso do ensino ministrado na referida escola. Consta-nos mais que a visita do Sr. Inspetor apavorou muito as crianças encontradas na escola às quais tomou os nomes, por ser inegável que quase todas são católicas, filhos de católicos que tinham tomado parte na missão e na comunhão geral alguns dias antes; uma daquelas crianças até, que também comungara na missão, fugiu a toda a carreira temendo ser levada presa para a cadeia. Não se diga pois que aquela escola foi aberta só para os filhos dos calvinistas e não recebe senão crianças calvinistas.

A missão. No dia 26 do mesmo mês de setembro, o Rev.mo Padre João Bento Justino de Andrade, vindo expressamente dos Açores para esse fim, por instância e a expensas do Ex.mo Prelado, deu começo aos exercícios da missão no meio dum enorme concurso de

---

[1371] BMF, *Boletim Mensal Diocesano da obra de S. Francisco de Sales para Defesa e Conservação da Fé na Diocese do Funchal*, novembro e dezembro [de 1897].

povo que continuou quase ininterruptamente até o dia 5 de outubro em que se encerrou a missão.

Em volta do púlpito levantado no adro da Igreja vieram às vezes agrupar-se cerca de 5000 pessoas a ouvir a palavra eloquente e luminosa do apostólico filho de S. Inácio. Numerosas confissões gerais, diz *O Correio do Funchal,* prendiam ao confessionário seis ou sete Padres desde a manhã até às 10 horas da noite. Também lá apareceram calvinizantes a confessar-se e a entregar as bíblias protestantes e outros livros; a maior parte das crianças matriculadas na escola calvinista assistiram à catequese e muitas comungaram; naturalmente tinha fechado a escola e os diretores haviam-se ausentado.

O entusiasmo popular excedeu tudo o que se podia esperar e o Rev. missionário foi acompanhado como que em triunfo quase até à Camacha entre cânticos e aclamações que testemunhavam bem alto quão viva e funda era a impressão deixada nos corações pelos salutares exercícios da missão.

Depois da missão. Após as finas diligências do solícito Sr. Administrador de Santa Cruz, após a missão grandiosa e incontestavelmente frutuosa dada na freguesia do Santo da Serra, persuadiram-se alguns que ficava extinto de vez o foco da heresia e aniquilada a propaganda calvinista; assim se depreende dalgumas correspondências otimistas enviadas do Santo ou dos arredores ao *Correio do Funchal,* e publicadas nos n.os 225 e 227 deste periódico.

Pura ilusão! Era conhecer mal a pertinácia do espírito maligno que anima a seita. O pai da mentira que no paraíso terreal se disfarçou em serpente, por ser a criatura que melhor simboliza as suas astúcias e perfídias, nunca desarma, nunca desiste da luta, nunca se dá por vencido; assim como a sua invencível soberba não lhe permite reconhecer e confessar seus erros, tão pouco lhe consente se convença da sua impotência; vencidos e esmagados milhares de vezes os seus erros, desvendadas as suas mentiras e dolos, nem por isso aquele espírito das trevas deixa de voltar esperançoso para o campo de batalha; encobrirá melhor a sua tortuosa marcha, recorrerá a novos ardis, mas nunca lhe há-de esmorecer o ardor e a confiança; se algumas das suas pobres vítimas abrem os olhos e renunciam aos seus erros, apressar-se-á em recrutar outros adeptos por entre as turmas sempre inumeráveis da ignorância e do vício, para por meio deles prolongar o combate 70 vezes secular da mentira contra a verdade, do mundo contra Cristo, do Inferno contra o Céu.

De facto informações seguras vindas do Santo da Serra nos asseveram que os traficantes calvinistas voltaram para o seu posto, reabriram sua escola, a qual continua frequentada como dantes, e prosseguem tranquilamente a sua negregada obra de proselitismo.

Lá vão outra vez ouvir as prédicas e conduzir os filhinhos aqueles infames descendentes da raça de Judas Iscariotes que no dia do encerramento da missão juraram solenemente diante do SS.mo Sacramento que nunca mais teriam relações com os Calvinistas. Talvez tenham ainda o atrevimento de se chamar católicos e de querer servir dois Senhores, a Deus e a ouro... dos prosélitos ingleses!

É tempo de os desiludir e confiamos bastante na firmeza do Rev. Pároco para nos persuadir facilmente que saberá cumprir o seu dever.

O que vai suceder. A questão do proselitismo protestante abriu mais uma crise na vida religiosa dos povos da Madeira e esta crise chegou pela segunda vez a um período agudo que tem muitas analogias com o de 1839. Todos aqueles que seguiram com atenção as diversas peripécias desta luta pela fé e pela honra do nome português perguntam ansiosamente o que vai suceder. Deus o sabe, nós o ignoramos.

Sabemos que os chefes e auxiliares do proselitismo assentaram a sua confiança em quatro bases fortes: *as influências diplomáticas, as divisões políticas, a incúria e a fraqueza dos magistrados e o poder mágico do ouro.*

Quanto às influências diplomáticas, consta-nos que os diretores da escola calvinista do Santo tiveram a desfaçatez de ameaçar a Madeira com a vinda duma esquadra inglesa se houvesse a menor violação do que eles chamam os seus direitos. Mas dizem que o Sr. Cônsul inglês já reduziu aquela bazófia aos justos termos. Ainda bem! Se o não fez ainda, os factos se encarregarão de o fazer.

Relativamente às divisões políticas é infelizmente verdade que os impostores calvinistas têm encontrado em certos políticos que se pretendem católicos mais apoio do que no próprio cônsul anglicano da nação Britânica. Aqueles políticos de marca, arvorados em defensores de interesses públicos que deveriam primeiro conhecer e apreciar melhor, não satisfeitos com os serviços prestados à seita calvinista pelo próprio pai do anterior representante do governo em Santa Cruz, o qual depois de lhes ter alugado casa na vila para abrirem uma escola calvinista, tentativa felizmente frustrada como em tempo explicámos (¹),[1372] ainda lhes vendeu no Santo da Serra uma porção de terreno para ali levantar a maldita escola do Serrado das Ameixieiras, não satisfeitos ainda com serem frequentadores dela os sobrinhos desse funcionário nem com a inação culpada senão calculada deste último ante uma propaganda pública, a despeito das representações do Venerável Padre Vigário e Presidente da Câmara Municipal e das instancias de várias Senhoras de qualidade, como se tudo isso fosse pouco aqueles desastrados políticos ainda por cima não trepidaram em censurar abertamente a prudente e atilada sindicância feita em setembro pelo novo Administrador de Santa Cruz, procuraram desvirtuar-lhe o alcance, inutilizar-lhe os efeitos, ridicularizá-la até perante o público apodando-a de fantochada, intimidar enfim o próprio governo diligenciando criar uma corrente de opinião desfavorável a qualquer ação re[p]ressiva contra a infame e criminosa propaganda. (¹)[1373]

Tudo isso parecerá inverosímil a quem não conhece aquela política moderna, filha dum liberalismo anticristão, que desnorteou tantas inteligências, aviltou almas tão nobres, insensibilizou tantos corações generosos, paralisou tanta boa vontade, e depois, como se os quisesse desonrar perante os seus amigos e a sociedade, obrigou certos homens, aliás dignos de estima e de simpatia, a representar no seu cenário um papel de políticos sem fé nem caridade, sem convicções nem entranhas, sem consciência nem patriotismo e paladinos tais de interesses e egoístas e sectários decorados com o nome pomposo de interesses públicos, arrimados a certos princípios de governo que nenhum homem honrado aceitaria para a direção da sua vida privada, prezavam-se de liberais, homens livres! Ó ironia!

Quão prejudicial e fatal aos povos é esta política desastrada divorciada da fé e da moral cristã manifestam-no bem claro as terríveis desordens sociais que com uma implacável lógica resultam dela e põem em sobressalto a sociedade civil e religiosa. Agora que o surdo ruído da onda revolucionária, que nos bate à porta, pressagia um futuro e próximo cataclismo não seria tempo de lembrar àqueles políticos de vistas curtas que *Nisi Dominus cedificaverit domum in vanum laboraverunt qui oedificant eam* (¹)?[1374] Não ensinou Jesus Cristo no seu Evangelho que prescindir da sua doutrina e moral para manter a ordem e fomentar a prosperidade social é tornar-se *semelhante ao homem néscio que edificou a sua casa sobre areia? E veio a chuva e trasbordaram os rios e assopraram os ventos e deram com ímpeto naquela casa e caiu e foi grande a sua ruína.* (¹)[1375]

Do poder de ouro para corromper as consciências e desviar o curso da justiça nada temos que dizer por enquanto; esse poder é grande mas aguardaremos os factos antes de falar.

Resta *a proverbial e lastimosa brandura dos nossos costumes*, como se exprime o Ex.mo Prelado na Provisão episcopal publicada em setembro tratando o mesmo assunto, resta a incúria e fraqueza dos magistrados mais inclinados a ouvir as vozes mais clamorosas da opinião de preferência às vozes mais autorizadas da justiça, da religião, e especialmente à voz da consciência. É mais cómodo escudar-se com certos precedentes suspeitos, e mais que suspeitos, para deixar de fazer aplicação das leis mais claras e terminantes e deixar os criminosos à vontade, é cómodo sim, mas perante os homens de bem, que ainda os há, mercê de Deus, não é honroso, não é honesto; se exemplos maus não autorizam os particulares a postergar as leis da justiça, muito menos aos homens públicos a quem pertence manter firmes e inabaláveis os alicerces da ordem social.

Graças a Deus! parece que há na Madeira magistrados que pensam como nós e que não se importam com precedentes e praxes em oposição com os deveres da sua posição.

É do próprio governo civil que parte a iniciativa dos processos promovidos aos pro-

---

1372 (¹) V. Boletim n.º 20 p. 199 (ano 1895) e n.º 33 p. 378 (ano 1896).

1373 (¹) Cumpre-nos declarar que os autores desta desatinada campanha reconheceram e retrataram dalgum modo seu er[r]o. Ainda bem! É ato que os honra.

1374 (¹) (Salm. 126) «Se o Senhor não edificar a casa debalde, trabalharão aqueles que a quiserem construir.»

1375 (¹) S. Mat. Cap. VII 26-27.

selitistas calvinistas Smart e Paterson, e consta que não obedeceu às sugestões de ninguém senão à consciência de seu dever. Na verdade a sua atenção não podia deixar de ser despertada pelos acontecimentos do Santo, que narrámos acima e por outros de carácter ainda mais perigoso que revelam um grave estado de excitação no povo contra os propagandistas protestantes. Os jornais noticiaram há meses uma agressão de que foi alvo o Sr. Smart no caminho do Santo a Machico: o n.º 124 do *Correio do Funchal* anunciava outra sucedida na Camacha contra o Sr. Paterson, o qual, conquanto seja o chefe da seita evangélica na Madeira, puxou do revólver em vez de pôr em prática o conselho do Evangelho. Poucos dias antes outro calvinista que passava em rede pela mesma freguesia da Camacha em direção ao Santo tinha sido salvo dum perigo ainda mais sério graças a uma mentira dos seus portadores.

«Há muito, diz um correspondente do *Correio do Funchal* n.º 227 que o povo desta freguesia do Santo como das freguesias limítrofes tentava expulsar à força os proselitistas de Calvino, a que chamam *maçonos*, o que sem dúvida teria feito se não lhe fosse aconselhado pelos Reverendos Párocos toda a moderação e prudência, moderação que no seu rude pensar julga ser um crime, pois se veem atacados no que tem de mais sagrado, mais caro, e julgam-se com direito à defesa própria. Se pois novas investidas dos engajadores de Calvino vierem outra vez provocar estes povos nas suas crenças, apesar das sensatas recomendações dos homens prudentes, é para temer que os povos não tenham paciência como até aqui.»

Não conhecemos o autor das linhas que acabámos de citar, mas acreditamos facilmente na verdade das suas apreciações, tanto mais que, um mês antes, uma correspondência de Boaventura, inserida no n.º 198 do *Correio do Funchal*, anunciava que bastara uma rápida digressão do Sr. Paterson por algumas freguesias do norte e uma preleção numa tasca da Ribeira Funda em S. Jorge para provocar as iras do povo e levá-lo a formular as mais graves ameaças.

Parece que o fogoso propagandista arde em desejo de espalhar a luz da sua cerebrina doutrina por entre *aqueles milhares de insulares portugueses que nunca ouviram a palavra de vida, vivendo imersos nas mais densas trevas da ignorância que se hajam encontrado jamais em país civilizado, sob o abjeto domínio dum clero o mais imoral de todos aqueles que são o opróbrio de Roma* (¹).[1376] Por isso, não contente em alugar uma quinta do Santo da Serra para passar o verão e exercer a sua propaganda, foi alugar outra casa em Santana um mês depois e ainda uma terceira na Ponta Delgada.

Não é improvável que tenha principalmente em mira deitar poeira nos olhos dos 70 anciãos que compõem o conselho Supremo da *Free Church* da Escócia, consignando no seu relatório anual a inauguração de mais *três* estações missionárias na Madeira, o que não deixaria de evidenciar a atividade de seu zelo, de aumentar os seus créditos perante o venerável sinedrim e sobretudo de merecer-lhe a conservação, talvez com aumento, das suas 100 libras mensais.

Compreende-se que sobre uma situação tão crítica o governo distrital não podia facilmente fazer vista grossa. Eis porque mandou abrir um inquérito geral sobre os atos dos dois proselitistas Smart e Paterson e dos seus agentes na Madeira.

Obedecem pois às ordens superiormente recebidas as diligências feitas pelo Ex.mo Sr. Comissário de polícia e pelo ilustrado Inspetor das escolas. Consta-nos que já foram ouvidas várias testemunhas no comissariado e que as pessoas apresentadas contra o Rev. Paterson são duma força e clareza indiscutíveis. Sabemos doutra parte que as visitas do Ex.mo Sr. Taborda às escolas calvinistas não foram infrutuosas. (¹)[1377]

Epílogo. Sem querermos desconfiar das intenções dos governantes, nem sequer do bom resultado das diligências oficiais, motivos de sobra temos para não pôr a nossa confiança na proteção oficial no que diz respeito à conservação e defesa da fé nesta diocese.

1376 (¹) São palavras textuais consignadas num relatório do Rev. Paterson ao Conselho Superior da Igreja escocesa.

1377 (¹) O Ex.mo Sr. Governador civil do Funchal, Dr. José António de Almada a quem pertence a honrosa iniciativa de ter solicitado do ministério da Instrução pública a faculdade de mandar inspecionar as escolas calvinistas de S. Roque e do Santo, acaba de receber ordem do ministério para serem fechadas as ditas escolas. Já foram enviadas instruções aos Srs. Administradores do Funchal e de Santa Cruz e quando sair este boletim da imprensa é de crer que aquela excelente medida já terá recebido sua plena execução.

A fé é um dom de Deus que não podem conservar intacto aqueles que abusam desta luz divina, aqueles que não receiam de nortear a sua vida quer privada, quer pública por princípios ou costumes em oposição com os ditames da fé e da consciência católica, aqueles sobretudo que têm a louca pretensão de seguir as normas da vida cristã dispensando o auxílio sobrenatural da graça e vivendo habitualmente no triste e horroroso estado do pecado mortal.

Deus nos livre do pecado mortal e principalmente do hábito do pecado mortal, caros associados! porque a fé do pecador é uma fé divorciada da caridade divina, única vida da nossa alma, é uma fé morta (²),[1378] que semelhante à folha seca, morta, cai ao primeiro sopro das paixões e nunca resiste aos assaltos dos vendavais que às vezes açoitam furiosamente a razão e o coração do homem. Eis o que nos explica tantas defecções e tantas fraquezas em homens que aliás não querem renunciar ao nobre título de católicos. Alguns forcejam por salvar do naufrágio alguns destroços da sua fé primitiva e fugir do medonho abismo do cepti[ci]smo que se lhes abre aos pés, leem, estudam, raciocinam, debatem-se contra a terrível lógica do erro que os empurra para a dúvida universal: vãos esforços, esperanças ilusórias! A fé não é uma conquista da razão e a razão não a pode conservar sem o auxílio da graça: «Nisi Dominus custodierit civitatem frustra vigilat qui custodit eam.» (³)[1379]

Pelo que diz respeito à defesa da fé nos outros, não é menos certo que só a sabem defender eficazmente aqueles que a conservam intacta e viva no santuário da sua alma, que aos escândalos da heresia, da impiedade, opõem os exemplos duma vida sincera e francamente cristã e combatem as forças do inferno com as armas duma oração constante e fervorosa.

Nada pois de respeitos humanos e desapareça a confraria *dos braços cruzados*, aquela culpável inação que faz a força dos inimigos da nossa fé! Ai daquele que por seus exemplos perniciosos se torna para os simples e fracos uma pedra de escândalo! Sobretudo, caros associados, sejamos fiéis ao nosso apostolado da oração, cumpramos fielmente com a pequena oração quotidiana prescrita pela Obra; todo o segredo da nossa força está nela, só a ela devemos os resultados consoladores obtidos até aqui e só ela os saberá conservar e ampliar. Na verdade trabalhamos e devemos utilizar-nos de todos os meios legítimos ao nosso alcance para conseguir os fins que nos propomos, mas sem embargo somos servos inúteis, como ensina expressamente o divino Mestre (¹),[1380] porque o bom êxito, a vitória depende de Deus e se é certo que Deus não abençoa as obras do preguiçoso, mas as amaldiçoa (²),[1381] não é menos certo que esteriliza os esforços dos presumidos e soberbos que confiam em si próprios e reserva sua bênção para aqueles que põem a sua confiança exclusiva na bondade e na graça divina: *Porque esperou em mim, diz o Espírito Santo, hei-de livrá-lo: hei de protege-lo porque reconheceu o poder de meu Nome.*» (³)[1382]

P.

Os calvinistas na Madeira[1383]

Com a devida vénia, transcrevemos do interessantíssimo «Boletim da Obra de S. Francisco de Sales» os seguintes trechos de um magistral artigo, publicado no último número:

«É verdadeiramente digno de louvor o procedimento tanto da Câmara Municipal, como do sr. Administrador de Santa Cruz. Não consta por ora qual seja ou haja de ser o resultado desta diligência; queremos crer para honra do governo e bem desta terra que o processo irá avante e que a demora dos trâmites legais não prejudicará o devido resulta-

---

1378 (²) «Assim como o corpo sem o espírito está morto, assim também a fé sem as obras (da caridade) está morta» (Epist. de S. Tiago cap. II. 26).

1379 (³) Salmo 226 «Se o Sr. não proteger a cidade debalde vela aquele que a guarda.»

1380 (¹) «Assim também vós quando fizerdes todas as coisas que vos são mandadas, dizei: Somos servos inúteis; fizemos o que devíamos fazer.» (S. Lucas XVII. 10).

1381 (²) Maldito seja aquele que faz a obra de Deus dum modo fraudulento ou negligente. (Jeremias cap. 48 v. 10).

1382 (³) Salmo 90 v. 14.

1383 BMF, *Correio do Funchal - Diário da Tarde*, 25 de novembro de 1897.

do. A sindicância a que se está procedendo na cidade contra outro súbdito inglês, o Rev. Paterson, que incorreu nos mesmos crimes contra a Religião do Estado, e as visitas feitas ultimamente por ordem superior às escolas calvinistas de S. Roque e do Santo da Serra parecem de molde a confirmar as nossas esperanças. Consta-nos que o ex.^{mo} sr. Taborda, digno Inspector das escolas, inspeccionou em outubro a escola do Serrado das Ameixieiras, no Santo da Serra, recebendo da Directora declarações idênticas às já feitas ao sr. Administrador de Santa Cruz, encontrando lá muitas Bíblias protestantes e uma quantidade enorme de folhetos de propaganda calvinista, alguns dos quais extremamente curiosos, donde resulta que não pode subsistir a menor dúvida sobre o carácter altamente ilegal e criminoso do ensino ministrado na referida escola. Consta-nos mais que a visita do sr. Inspector apavorou muito as crianças encontradas na escola às quais tomou os nomes, por ser inegável que quase todas são católicas, filhos de católicos que tinham tomado parte na missão e na comunhão geral alguns dias antes; uma daquelas crianças até, que também comungara na missão, fugiu a toda a carreira, temendo ser levada presa para a cadeia. Não se diga pois que aquela escola foi aberta só para os filhos dos calvinistas e não recebe senão crianças calvinistas.»

....

«De facto informações seguras vindas do Santo da Serra nos asseveram que os traficantes calvinistas voltaram para o seu posto, reabriram sua escola, a qual continua frequentada como dantes, e prosseguem tranquilamente a sua negregada obra de proselitismo.

Lá vão outra vez ouvir as prédicas e conduzir os filhinhos àqueles infames descendentes da raça de Judas Iscariotes, que no dia do encerramento da missão juraram solenemente diante do SS.^{mo} Sacramento que nunca mais teriam relações com os Calvinistas. Talvez tenham ainda o atrevimento de se chamar católicos e de querer servir dois Senhores, a Deus, e ao ouro... dos proselitistas ingleses!

É tempo de os desiludir e confiamos na firmeza do Rev. Pároco para nos persuadir facilmente que saberá cumprir o seu dever.»

Ao sr. Governador Civil[1384]

Ainda não há muito que neste mesmo jornal elogiámos, como merecia, s.ª ex.ª o sr. Governador Civil, pelo zelo e interesse com que se empenhava em pôr termo á desenfreada propaganda calvinista nesta ilha, mui particularmente nas freguesias do S. da Serra e de S. Roque do Funchal.

Verdade é que s.ª ex.ª conseguiu alguma coisa – uma sindicância às escolas destas localidades, onde se inoculava o veneno letífero da heresia nos tenros corações, incutindo-lhes na alma as mais horríveis blasfémias contra a Religião do País, e como resultado desta sindicância uma ordem expressa, transmitida até por telegrama da capital, para que se fechassem tais escolas propagandistas.

Com esta primeira medida parecia termos alcançado, senão a morte completa da seita entre nós, ao menos uma duradora barreira ao seu desenvolvimento.

Porém, que nos veio mostrar a experiência de apenas um mês?

O que toda a gente sabe e vê.

A escola calvinista de S. Roque do Funchal continua aberta como dantes, sendo violadas as suas portas no mesmo dia em que os representantes da Autoridade ali foram selá-las, proibindo [que] continuasse a funcionar.

No Santo da Serra as coisas vão da mesma forma.

Ocorre-nos, pois, em vista do que está sucedendo perguntar se, havendo da parte da autoridade manifesta vontade e interesse em pôr termo ao desenvolvimento da propaganda (o que não duvidemos), qual a razão porque, tendo s.ª ex.ª o Chefe do distrito envidado todos os esforços para que baixasse do governo central ordem para tais escolas se fecharem, elas continuaram abertas?

A de S. Roque continuou a funcionar, porque a intimação foi feita não à professora da escola calvinista mas a uma sua ajudante que nessa ocasião se achava na escola, abs-

---

[1384] BMF, *Correio do Funchal - Diário da Tarde*, 3 de dezembro de 1897.

tendo-se esta com efeito de ali ir depois de ser avisada pelo representante da Autoridade civil.

Diz a mencionada professora calvinista que tem continuado e continuará na sua missão (de apóstola do erro) enquanto direta e judicialmente não for proibida de o fazer.

Cremos pois, que, ficando agora s.ª ex.ª o sr. Governador civil conhecedor do que deixamos dito não poderá certamente descurar tão séria e grave questão, de cujo bom resultado depende não só a tranquilidade e a paz no seio das famílias, como também o confirmarmo-nos cada vez mais no conceito que de s.ª ex.ª temos feito de carácter sério e probo, bem como de tenaz observador da lei e de escrupulosíssimo em fazê-la cumprir.

Em S. António da Serra continuam as visitas dos propagandistas aos sítios infecionados pela seita, encontrando-se também aberta a escola que continua a ser frequentada por crianças, de noite e de dia, ainda que já em menor número e mais às ocultas.

Ainda para aquela freguesia chamamos a atenção do sr. Governador civil, lembrando a s.ª ex.ª que, para tão descarados transgressores das leis do país, talvez não seja suficiente apenas simples intimações mas sim rigorosos castigos.

Ocorre-nos dizer a s.ª ex.ª que além das duas escolas calvinistas que já foram inspecionadas, existe uma outra no sítio dos Salões, freguesia de S. Gonçalo, onde abertamente se ensina o calvinismo, esperando que s.ª ex.ª se aproveite da estada do sr. Taborda entre nós, para requerer do governo autorização para este cavalheiro a inspecionar, mandando-se depois proceder ao encerramento da mesma.

Confiados no zelo e cavalheirismo de s.ª ex.ª o nobre Chefe do distrito, esperamos que em breve serão tomadas todas as medidas que a gravidade do caso requer. Do contrário teremos talvez que presenciar um facto idêntico ao que aqui se deu no tempo do dr. Kalley.

Vale mais prevenir do que remediar.

Ao "Diário de Notícias"[1385]

Este nosso esclarecido colega, em o número de ontem vem, à guisa de retificação dizer que fomos mal informados quando afirmámos o seguinte, no nosso jornal de sexta-feira passada:

«Em S. António da Serra continuam as visitas propagandistas aos sítios infecionados pela seita, encontrando-se também aberta a escola que continua a ser frequentada por crianças, de noite e de dia, ainda que já em menor número e mais às ocultas.»

Esta declaração incomodou o «Notícias», pois ontem saiu-se com o seguinte:

«O nosso esclarecido colega «Correio do Funchal» afirmou anteontem que a escola do sr. Smart, em Santo António da Serra continua a funcionar, apesar de ter o sr. administrador do concelho de Santa Cruz mandado intimar o encerramento da mesma no dia 11 de novembro último.

O nosso colega, porém, foi mal informado, visto que desde aquele dia nunca mais se abriu a referida escola.»

Porem nós é que dizemos ao colega que, ou foi mal informado quando afirmou o que acabámos de ler ou então, seguindo o seu antigo processo de argumentação e crítica, sofismou a nossa afirmativa.

Porventura porque uma escola, associação ou instituto mudou de residência, indo funcionar em outra casa ou edifício poderá afirmar-se que tal instituto, associação ou escola *está fechada?*

Contra o comum sentir atesta o nosso colega do *Notícias* que a *escola calvinista do Santo da Serra nunca mais se abriu depois do sr. Administrador do Concelho de S. Cruz mandar intimar o encerramento da mesma no dia 11 de novembro último* e isto pelo facto de se conservar fechada a *casa* onde estava aquela escola, indo contudo funcionar em uma outra.

Semelhantes espertezas não colhem. Afirmámos que continuava aberta uma escola calvinista no Santo da Serra e não retiramos o que dissemos, pois não nos faltaram informações fidedignas e até, procurando investigar melhor o que naquela freguesia se passa a este respeito, viemos ao conhecimento de que agora se acham abertas não uma mas

---

[1385] BMF, *Correio do Funchal - Diário da Tarde*, 6 de dezembro de 1897.

duas *escolas calvinistas.*

É esta a verdade.

De novo chamamos a solícita atenção do sr. Governador Civil para tão escandaloso desprezo à autoridade, lembrando mais uma vez que só um rigorosíssimo castigo infligido a tão audazes quão estólidos propagandistas, que de uma maneira tão cínica abusam da nossa hospitaleira terra, repetimos, só isso poderá livrar a Madeira da invasão da seita calvinista, que já vai lançando a discórdia e desunião entre algumas famílias, particularmente em S. Roque e Santo António da Serra.

Ao "Diário de Notícias"[1386]
O calvinismo no S. da Serra

O nosso presado colega, «Diário de Notícias» não perde uma só ocasião de *desmentir* o que dizemos com respeito à propaganda calvinista, no Santo da Serra, no intuito *desinteressado* de defender o sr. Smart.

Tem-no provado mais de uma vez, dando até publicidade a comunicados que defendem aquele propagandista e desprestigiam o zeloso vigário daquela freguesia.

No seu número de terça-feira, 7 do corrente, quer convencer o público de que **o sr. Smart é completamente estranho à escola calvinista que ora funciona no Santo da Serra,** *desmentindo* assim o que no nosso jornal afirmámos no número 272, 3 de dezembro, e confirmámos no dia 6, no número 274.

Visto termos prometido que haveríamos de falar sobre o assunto, depois de colhermos informações precisas, agora que as temos, cavaqueemos um pouco.

A escola calvinista que atualmente funciona no Santo da Serra é completamente estranha ao sr. Smart. («Diário de Notícias» de 7 de dezembro.)

Provámos que a proposição contrária é que é a verdadeira.

A cunhada do sr. Smart, Miss Lúcia Newton era quem dirigia a escola propagandista daquele cavalheiro, na Ribeira de João Gonçalves, quando foi intimado o encerramento da mesma, pela autoridade administrativa, depois da sindicância a ela feita pelo sr. Taborda.

Esta senhora, todavia, continua a viver na casa do sr. Smart na Ribeira de João Gonçalves, depois da intimação da autoridade para fechar a escola.

Por lá viver a sr.ª Newton não a censuramos. Porém ocorre-nos perguntar, que faz aquela senhora ali? Certamente que não será para passar a estação invernosa porque o frio ali é intenso nesta quadra do ano. Só achamos como motivo da sua estada naquela freguesia, o fanatismo da propaganda.

Se Miss Lúcia Newton, cunhada do sr. Smart, não tem escola na casa deste cavalheiro na Ribeira de João Gonçalves, onde reside, continua a ensinar em casa de Domingos Baptista, no Serrado das Ameixieiras.

Fará isto sem consentimento, nem conhecimento do sr. Smart, sendo-lhe assim completamente estranha a escola a que nos referimos? Responda o esclarecido e bem informado «Diário de Notícias».

*

Até aqui provámos com os factos que **o sr. Smart** não é completamente estranho **à escola calvinista, que funciona no Santo da Serra.**

Não só é certo que o sr. Smart é o verdadeiro inspirador da escola da sr.ª Newton, no Serrado das Ameixieiras como também é muito provável que subsidie uma outra escola, que se abriu há pouco, no sítio da Madre d'Água da mesma freguesia.

É seu professor José Vieira (o Rato), homem que apenas entende um pouco de letra redonda e faz conta de somar!

Se é fraco em letras não o é em tretas.

Este homem, que foi roubado ao amanho das terras como Rómulo, é calvinista declarado e por conseguinte todo aquele que lá vai à escola é unicamente para adestrar-se na mesma bela doutrina, que ele professa.

Outro não será o fim dos que a frequentam, pois o tal José Vieira é quase analfabeto e

---

[1386] BMF, *Correio do Funchal - Diário da Tarde*, 13 de dezembro de 1897.

nem os próprios filhos ensinava, mandando-os à escola do sr. Smart.

Coisa singular!

A abertura desta escola coincidiu perfeitamente com o mandado ou intimação do encerramento da do sr. Smart, dirigida pela sua cunhada, Miss Lúcia Newton.

Um reparo; – Sendo o tal José Vieira tão amigo do sr. Smart, mandando os filhos à sua escola, professando as mesmas ideias, e, sucedendo à intimação do encerramento duma escola a abertura da outra, dando-se tudo isto, quem deixará de pensar que a razão da existência da última escola é motivada pelo simulado encerramento da primeira.

Esse homem, que é pobre, deve certamente receber algum subsídio para exercer o cargo de *mestre escola,* ou melhor pregoeiro do erro.

Deve, por conseguinte, ser assalariado ou pelo sr. Smart ou pelo sr. Paterson de quem é também amigo, pois, como vulgarmente se diz *homem do campo não mete prego sem estopa,* particularmente este que é aferrado ao dinheiro.

*

Depois do que fica exposto podemos tirar os corolários seguintes:

a) Miss Lúcia Newton, cunhada do sr. Smart, desobedeceu formalmente à autoridade, continuando a doutrina calvinista, no Santo da Serra, depois de intimada para fechar a escola, ainda que esta começasse a funcionar em outra casa, por isso que não é a casa que constitui a escola mas o ensinamento ministrado aos alunos;

b) O sr. Smart é o fomentador principal da heresia, no Santo da Serra, não lhe sendo por conseguinte estranho o movimento religioso que ali opera e que particularmente consiste no estabelecimento de escolas;

c) Finalmente o esclarecido colega do «Notícias» levado pelas... más informações que lhe deram, enganou-se quando nos pretendeu desmentir.

*

O rev. padre Roque Caetano Rodrigues, vigário de Santo António da Serra, que tem sido incansável em combater a heresia, tem visto pouco coroados os seus esforços, talvez porque da parte da autoridade não tem encontrado a coadjuvação que devia esperar.

Em ofício, com data de 6 do corrente, o rev. vigário do Santo da Serra comunicou ao sr. administrador do concelho de Santa Cruz tudo o que deixamos dito, acerca do movimento calvinista naquela freguesia, pedindo-lhe providências.

Não nos consta que até agora tenha sido feito nada no sentido de castigar severamente tão audazes propagandistas, ou de impedir o desenvolvimento da seita.

Que a quem competir pugnar pela observância da lei não descure tão melindroso assunto que, mais tarde, a ser desprezado, pode acarretar-nos sérias perturbações no seio das famílias.

E temos dito.

Ao "Diário de Notícias"[1387]
Ainda o calvinismo

O nosso colega «Diário de Notícias», depois de apertado pela lógica dos factos que ontem apresentámos aos nossos leitores, vendo-se perdido e não podendo por conseguinte cantar vitória, atirando-nos com a seleta *pá de cal,* recorreu ao único expediente, que se lhe afigurou ser o mais simples e de resultado mais pronto.

Para isso estampa uma carta assinada por *Wm. Geo. Smart,* datada de ontem, 13.

Essa carta com que o nosso colega «Notícias» julgava mais uma vez desmentir o que dissemos acerca das escolas calvinistas, no Santo da Serra, não passa dum acervo de falsidades.

Nega o sr. Smart que a sua cunhada Miss Lucie Newton tenha escola alguma na freguesia do Santo da Serra, afirmando que nada tem com as escolas que ali existem.

Para provar quanta é a seriedade do sr. Smart e qual o valor comprovativo da carta que fez estampar no «Diário de Notícias», publicamos em seguida um ofício que o revd.º P.e Roque Caetano Rodrigues, vigário do Santo da Serra, enviou ao sr. administrador do concelho de Santa Cruz, com data de 6 do corrente.

[1387] BMF, *Correio do Funchal - Diário da Tarde,* 14 de dezembro de 1897.

É concebido nestes termos:

«Ex.mo Sr. Em vista do ofício, datado de 18 de novembro do corrente ano, que de V. Ex.ª recebi, sou a informar que a mesma sr.ª Newton, a quem foi feita a intimação, para fechar uma escola evangélica, que se achava aberta no sítio da Ribeira de João Gonçalves desta freguesia; pode ser que sim, mas não me consta que tenha ensinado na mesma casa, onde mora, mas sim em casa de Domingos Baptista no sítio do Serrado das Ameixieiras desta mesma freguesia.

Para testemunhas disto que aqui afirmo queira V. Ex.ª chamar ao Sr. Manuel Baptista (regedor da freguesia), Joana de Freitas, mulher de Manuel de Freitas Reis, da Madre d'Água, e o próprio Domingos Baptista ou a mulher. Mais informo a V. Ex.ª que José Vieira (Rato) da Madre d'Água, e que atualmente professa doutrinas opostas à nossa santa religião e à religião do Estado abriu também escola, à qual estão indo não só crianças, mas já mancebos de 20 anos. Para esta nova casa de perversão, chamo também a esclarecida atenção de V. Ex.ª – Deus guarde a V. Ex.ª.

Ex.mo Sr. Administrador do concelho de Santa Cruz, 6 de dezembro de 1897.

O Vigário, *Roque Caetano Rodrigues*».

Damos a questão por terminada, visto termos provado até a evidenciar o que desde o princípio temos aqui afirmado, isto é, que o sr. Smart não é completamente estranho ao movimento calvinista que se está operando no Santo da Serra, particularmente por meio das escolas e que miss Newton continua com escola calvinista, naquela freguesia, em desobediência à lei.

Retribuímos agora ao colega «Diário de Notícias» a famigerada pá de cal, com que algumas vezes quis mimosear-nos, visto na presente questão, todos os seus sofismas não terem sido suficientes para aparentar ao público uma vitória.

Ainda o calvinismo no Santo da Serra[1388]

Não há muito que dizíamos, nas colunas deste jornal, que o revd.º P.e Roque Caetano Rodrigues tinha enviado um ofício ao sr. administrador do concelho de Santa Cruz, participando-lhe o que a seita calvinista continuava a fazer, na freguesia do Santo da Serra.

Esperávamos, em vista disto, que se dessem prontas providências.

Porém, o sr. administrador de Santa Cruz que, no caso a que nos referimos, só tinha que cumprir a lei, mandando imediatamente fechar as escolas propagandistas, visto o regulamento de instrução primária dizer que não é permitido abrir-se qualquer escola sem prévia participação à autoridade competente, (que no caso sujeito é o sr. Perry) apesar disto, vacila-se, e, temendo-se os furores da seita calva-se aos pés as leis do país.

Não valem as evasivas de pedidos de sindicância às ditas escolas, querendo-se assim afastar a responsabilidade de aquele a quem por lei compete.

Semelhante procedimento, longe de desviar responsabilidades, antes acarreta sérias suspeições.

A lei é clara, Sabe-se quais as disposições do governo a tal respeito, pois aí estão a evidenciá-las as medidas prontas ultimamente tomadas.

Que tem pois a fazer o sr. administrador do concelho de Santa Cruz?

Sabe-o tão bem como nós, ou talvez melhor.

As instruções já recebidas de quem na matéria é perito são suficientes para guiar com segurança o sr. Perry, no caminho que tem a trilhar, para pôr em execução a lei.

Nada de temores.

OS CALVINISTAS[1389]

Continua em paz a propaganda escolar no *Santo da Serra*, especialmente na escola de um tal Rato, que não perde pelo nome porque pertence efetivamente à raça daninha

---

[1388] BMF, *Correio do Funchal - Diário da Tarde*, 21 de dezembro de 1897.

[1389] BMF, *Boletim Mensal Diocesano da Obra de S. Francisco de Sales para Defesa e Conservação da Fé na Diocese do Funchal*, abril e maio [de 1898].

dos roedores da fé e da consciência do povo. Quando houver desordens, talvez que a autoridade administrativa se interponha e castigue... os católicos intolerantes, porque os calvinistas, eles, são tolerantes, (pudera não!) e também a tolerância é mais evangélica... (oh! se é!).

– Nada transpira acerca do célebre processo promovido no *Funchal* pelo ministério público contra o missionário herege do Pico de S. João; a prudência nos manda ser discretos a tal respeito para não embaraçarmos a ação da Justiça, mas reservamo-nos falar quando for tempo.

Diremos apenas que, a ser verdadeiro o boato que corre com insistência de terem sido interrogadas mais de 30 testemunhas sem que aparecesse um só testemunho de valor contra o propagandista Paterson, pode muito bem suceder que de tamanho inquérito fique apurado, *para* os representantes da legalidade, que o fanático predicante escocês nunca saiu da lei, que o ensino das suas escolas á ortodoxo e que aqueles pobres calvinistas foram vítimas de calúnias atrozes. Se se der este caso nunca imaginado e altamente caricato, deverá a justiça local trocar a espada da lei pelo caduceu da paz e, se não se esforçar por conciliar as partes interessadas na questão, pelo menos não obstará a que se desenvolvam livremente, a sombra duma legalidade fementida, os fermentos corruptores e subversivos que hão-de dar cabo nesta terra da vetusta moral católica e dos velhos códigos por onde lia a magistratura católica em Portugal. A experiência nos dirá então se é verdade, como pretendem os rituais maçónicos, que a esta destruição corresponde o advento de uma era de fraternidade e de concórdia universal.

O ilustre Prelado diocesano acaba de entrar também a seu modo nesta questão, não sabemos se para desembarrancar o carro mal parado dos homens de justiça, se para aparar o golpe que o gládio duma justiça demasiado humana vier porventura descarregar sobre a cabeça dos católicos e da religião da Madeira.

Como quer que seja, o autorizado defensor da verdade e dos direitos da religião tão audazmente agredidos por aqueles *salteadores das consciências*, como justamente lhes chama, acaba de deitar a espada de sua palavra episcopal na balança da opinião, publicando uma sábia carta pastoral que põe bem pelo claro a iniquidade e a imprudência duma tolerância exagerada para com esses tredos e perigosos propagandistas, cujos fins e manhas são conhecidas por demais. Oxalá esta palavra luminosa, vibrante de fé e de patriotismo, repercutida em todas as freguesias por aqueles que são as tubas de Israel, retumbe aos ouvidos dos inimigos da nossa fé, como as trombetas de Gedeão nos arraiais dos Madianitas e os faça retirar em debandada para os nevoeiros da Inglaterra donde vieram, quais morcegos e mochos espantados pela irradiação duma luz viva se precipitam e somem nas escuridões da noite!

Em boa hora soou o grilo de alarme do vigilante pastor desta diocese. Consta que o decano dos propagandistas ingleses, o sr. W. Smart, para dar força à resistência tenaz que sempre opôs às tendências dominadoras de seu rival, o Revd. Paterson, ministro oficial da igreja presbiteriana escocesa, e para assegurar a perpetuidade da divisão que, em nome e para a maior glória do anjo da revolta que inspirou Lutero e Calvino, diligenciou fomentar na grei protestante e calvinista da ilha, *repudiou* pela 3.ª vez as crenças, culto e seita a que pertencia, fez *abjuração solene* no domingo 6 de março p. p. nas mãos dum pseudobispo americano, o Revd. Hartzel, pertencente à seita metodista episcopal, e, para completar a paródia, representou o papel de ordenando num simulacro de ordenação em que o falso bispo lhe conferiu um falso poder de presbítero, passando doravante a denominar-se o Revd. Smart e, melhor ainda, a receber um verdadeiro e pingue ordenado.

Repugnante espetáculo, mas bem significativo, esse que nos oferece o decano dos propagandistas ingleses, passando, em menos de 20 anos, do *Anglicanismo* da Rua da Bela Vista[1390] para o *Presbiterianismo Escocês* da rua do Conselheiro, repassando deste para o *Batismo* da Quinta Magnólia e trespassando agora para o *Metodismo episcopalista*! Justos juízos de Deus! Eis o homem que teve primeiro a louca pretensão de propor ao nosso povo ignorante e simples a troca da sua fé católica por umas crendices que o Sr. Smart é o primeiro a rejeitar! Vemo-lo agora percorrendo o fatal ciclo do erro, realizando em sua pessoa o vaticínio de S. Paulo: «Nos últimos dias virão tempos perigosos. Haverá

[1390] Antiga denominação da atual Rua do Quebra-Costas, cujo nome ainda ali permanece numa placa de mármore junto à presente toponímia.

homens... corrompidos de entendimento, réprobos acerca da fé, ... os quais, andando sempre a aprender, nunca chegam ao conhecimento da verdade. Assim como Jannes e Mambres resistiram a Moisés, assim também estes resistem à verdade. Foge deles!... (¹)».[1391]

Consta-nos mais que o tal pseudobispo declarou oficialmente ao Ex.ᵐᵒ Sr. Governador Substituto, Visconde do Ribeiro Real, que as escolas do Revd. Smart passavam doravante para a sua jurisdição episcopal, e que o Sr. Governador tomou nota da declaração ponderando-lhe todavia que o protestantismo existia na Madeira debaixo do regime de pura tolerância, não de liberdade, e que, por conseguinte, o governo não lhe consentiria nenhum ato que ofendesse as leis ou a religião do Estado.

– Muito bem! apoiado! Melhor ainda se os atos corresponderem às palavras!

Propaganda calvinista nesta ilha[1392]

Vimos em um nosso colega da capital, que no dia 29 do mês findo reuniu o Conselho Superior de Instrução Pública, sob a presidência do sr. Jaime Moniz.

Entre os diferentes processos distribuídos encontra-se uma *consulta acerca do procedimento a haver para com a propaganda religiosa nas escolas primárias no distrito do Funchal*.

De há muito que vimos reclamando, nas colunas deste jornal, contra a desenfreada propaganda calvinista que se tem feito e continua a fazer-se na freguesia do Santo da Serra.

Bradámos muito tempo sem que os nossos clamores fossem ouvidos.

Meses depois o ilustre chefe do distrito, ainda no princípio da sua administração, promoveu uma sindicância às escolas de propaganda do Santo da Serra, sendo incumbido dessa missão o sr. Taborda, que elaborou o seu relatório, enviando-o depois para o Conselho Superior de Instrução Pública pelas vias competentes.

Julgávamos que esse relatório tivesse sido atirado para o lugar dos papéis inúteis, pois que nenhumas providências até hoje foram tomadas no sentido de pôr cobro a semelhante abuso e a tão escandaloso desprezo pelas leis do país.

A este respeito a autoridade administrativa do concelho a que a dita freguesia pertence não tem sabido cumprir rigorosamente com o que a lei lhe impõe e a sua consciência de católico romano lhe deve ditar.

Um pouco mais de energia e o vírus calvinista não estaria inoculado em tantas almas.

Se não fosse a morosidade com que de ordinário os poderes superiores costumam tratar estes, como todos os assuntos, quase que nos chegamos a convencer que a propaganda calvinista nesta ilha, não teria de há algum tempo a esta parte continuado a fazer mais vítimas.

Agora que vemos tratar-se no Conselho Superior de Instrução Pública deste assunto, anima-nos a esperança de que hão-de ser tomadas as providências que o caso reclama.

E para terminar esta pequena local diremos que o que nós desejamos são *opera, non verba*.

S. CRUZ, 24-12-04.[1393]

Foi ontem intimado o súbdito inglês Jorge B. Nind, pela administração deste concelho e de ordem superior, para fechar a escola pública que rege no Lombo da Pereira, da freguesia de Santo António da Serra,[1394] visto não estar autorizada tal escola. [...]

Correspondente

1391 (¹) 2.ª Epist. a Timot. III 7-8.
1392 BMF, *Correio do Funchal - Diário da Tarde*, 11 de agosto de 1898.
1393 BMF, *Diário Popular*, 25 de dezembro de 1904.
1394 No mesmo sítio onde se encontrava estabelecida a escola fundada pela Ir. Wilson, em 1899.

ANEXO IV
A obra da Irmã Wilson na Santa Casa da Misericórdia de Santa Cruz segundo Manuel Ferreira Pio

IV
A Misericórdia[1395]

[...] Em 15 de maio de 1864 mandou a Mesa da Santa Casa retelhar e caiar o hospital e fazer duas janelas novas; na enfermaria das mulheres foi colocada uma pintura a óleo. A madeira para esses melhoramentos veio do extinto Convento de S. Francisco, da Vila, oferecida por Nuno Lomelino, a pedido do Presidente da Mesa da Santa Casa da Misericórdia local. Estas obras ficaram concluídas em meados de julho, daquele ano de 1864.

Novas e graves ruínas

No ano de 1888, a Misericórdia encontrava-se gravemente arruinada, que era impossível nela receber doentes, pelo que a Santa Casa resolveu «socorrer alguns pobres» nas suas residências.

Tornava-se, pois, urgente, a imediata reparação do hospital, carecido de ser, de novo, retelhado e caiado, bem assim a respetiva Capela que se encontrava nas mesmas condições.

Por ação do Presidente da Mesa da Misericórdia que tudo fez para que começassem as obras, estas foram arrematadas em 20 de Novembro de 1890, por Henrique César Gonçalves, pela importância de 245 mil réis. Foram imediatamente assoalhadas as salas da

Capa da 1.ª edição deste livro, existente no rico acervo da Biblioteca Municipal do Funchal.

enfermaria dos homens e a que fica junto à capela. O pavimento da Capela foi dividido em cinco quartos com respetivas portas e alisares, introduzindo-lhe o construtor soalhos de casquinha. Nova arrematação foi dada ao mesmo Henrique Gonçalves, em 9 de Junho de 1891, pela quantia de 232$830 réis, cujas obras foram a divisão de uma loja em três quartos e a construção de uma escada de acesso ao andar superior, assoalhando-se, também um quarto da secretaria com madeira de casquinha. Várias subscrições feitas no Funchal e em Santa Cruz, permitiram o pagamento destas obras, dinheiro esse obtido por intermédio de Miss Mary Jane Wilson.

Em 1894, a Mesa Gerente da Santa Casa, presidida pelo Padre João Joaquim da Silva, vendo a necessidade de construir-se uma enfermaria para tratamento de mulheres pobres e indigentes, mandou orçamentar essa obra, que ficaria pronta pelo preço de 600$000 réis. Sem recursos para tamanha despesa, a Mesa pediu um auxílio monetário à Rainha D. Amélia de Portugal, que, atendendo esse pedido contribuiu com 50$000 réis, procedendo-se, imediatamente à construção da obra, que ficou concluída em 1897. Para o seu integral pagamento, além da Rainha D. Amélia contribuíram também Miss Mary Edith Arendrup com 100 libras, em memória de seu filho Axil Arendrup; o Bispo diocesano

---

[1395] BMF, Pio, Manuel Ferreira, *Santa Cruz da Ilha da Madeira – Subsídios para a sua História*, Tipografia Minerva, Funchal, 1967, pp. 237-246.

D. Manuel Agostinho Barreto com 20$000 réis; D. Jorge Saenz de Tejada com 10$000 réis; um grupo de senhoras, que angariou 90$000 réis e o Padre António Nicolau Fernandes, Cura da Paróquia com o produto de duas subscrições: uma de 19$476 réis, obtida na Vila e outra de 10$560 réis angariada nos vários sítios campesinos da freguesia. Dirigiram e orientaram a obra Miss Mary Wilson e Carlos F. Raleigh Blandy, grandes benfeitores da Misericórdia e da Igreja matriz, sendo este último quem ofereceu o atual relógio que se encontra na torre da Igreja paroquial, como já se escreveu.

Oportuno se torna salientar que a citada Mary Edith Arendrup mandou edificar, em 1899, no sítio do Lombo da Pereira, freguesia do Santo da Serra, Concelho de Santa Cruz, uma espaçosa Capela da invocação dos Corações de Jesus e Maria.

Esta Capela, ainda hoje em perfeito estado de conservação, serve de Igreja matriz à nova Paróquia de João Ferino, criada em Novembro de 1960. Defronte desse templo funcionou durante muitos anos um Orfanato, ali fundado pelo Padre José Lino da Costa em 1922.

Na dita Capela funcionou também, durante vários unos uma escola primária, cujas aulas eram ministradas por Irmãs de Nossa Senhora das Vitórias, onde o autor e o seu progenitor aprenderam as primeiras letras, isto apesar da Capela se localizar muito distante do sítio das Lamarejas, onde nasceram e residiam.

Uma benfeitora – Madre Wilson
Uma Congregação

Com quarenta e dois anos de idade Miss Mary Jane Wilson, natural de Madrasta, Índia inglesa, desembarcou no Funchal, trazendo consigo um nobre e sacrossanto ideal.

Com trinta e três anos, Madre Wilson, filha de pais protestantes tinha-se convertido à fé católica e, por consequência, batizado a 11 de Maio de 1873. Nascera a 3 de outubro de 1840, encontrando a sua verdadeira vocação religiosa, estando, portanto predestinada para cumprir uma missão sacrossanta e humanitária.

Dedicando-se, pois, «ao serviço de Deus e do próximo», Madre Wilson fundou uma Congregação espiritualmente patrocinada pela «Mãe de Deus e São Francisco», cuja Casa-mãe teve logo sua sede na Capela da Misericórdia de Santa Cruz, após obtida a necessária aprovação do Bispo do Funchal, D. Manuel Agostinho Barreto, e o consentimento do Provedor que era o vigário de Santa Cruz, Rev.º Padre João Joaquim Figueira da Silva.

Madre Wilson já havia então trabalhado no Funchal desde que ali desembarcara, nomeadamente no seu «Colégio de S. Jorge» que tinha fundado e instalado no Palácio de S. Pedro, destinado a meninas em idade escolar.

Recrutando as suas duas primeiras companheiras de ideal, Maria Isabel de Sá e Maria Pereira Camacho seriam, depois, em religião, a Irmã Isabel e a Irmã Santo António, Madre Wilson concretizou, finalmente seu grande sonho, trabalhando para Cristo e, simultaneamente, para a sociedade. Entretanto, a instâncias de Madre Wilson, a Irmã de Santo António, embarcara para Inglaterra, em fevereiro de 1885, a fim de formar-se «na vida religiosa, numa comunidade de clausura rigorosa», regressando à Madeira, em 1887, formando logo estas três companheiras de ideal um noviciado orientado pelo Bispo diocesano e dirigido pelo Revm.º Padre Varet, C. M.

Em 15 de julho de 1891, as três religiosas fizeram a sua profissão de fé, na Capela da Visitação da Misericórdia, de Santa Cruz.

A partir dessa data Madre Wilson ia dedicar-se, de alma e coração ao serviço daquela instituição misericordiosa. A Misericórdia de Santa Cruz tinha caído numa espécie de letargia, da qual eram testemunhos a mísera receita de 1889 – 71$340 réis, apenas, e o completo abandono do hospital, que se encontrava vazio de doentes, desde 10 de maio de 1888, data em que falecera o seu único internado de então que era Domingos de Araújo. Sem pessoal de serviço no Hospital, posto que a última ama Rosa Maria Álvares que ali estava desde 23 de fevereiro de 1873, fora despedida; com roupas e mobiliário todos velhos e esfarrapados, telhados por retelhar, soalhos esburacados, enfermarias arruinadas e todo o edifício em estado calamitoso, restando apenas em mau estado de conservação três cadeiras de vinhático com fundo de pau, uma estante de missal e um armário velho na sacristia, tudo o resto até mesmo o edifício era autêntica ruína. A Misericórdia, podia apenas socorrer alguns doentes nas suas próprias residências e administrar os bens, lega-

ANEXO IV - A OBRA DA IRMÃ WILSON NA SANTA CASA DA MISERICÓRDIA DE SANTA CRUZ SEGUNDO MANUEL FERREIRA PIO

dos à Santa Casa. Uma obra urgente e dispendiosa se impunha: a restauração do edifício e do mobiliário e a reorganização de todos os serviços hospitalares. Uma pessoa que arcasse com toda essa responsabilidade, possuidora de uma vontade férrea e o desejo forte de triunfar na grande obra misericordiosa que era necessário reerguer teria de aparecer dentro em pouco em exigência às circunstâncias daquele momento. O ano de 1890, decorria célere. Havia que agir e bem depressa em ordem a salvar-se o nome e o prestígio de uma obra beneficente e humanitária que já fora florescente em épocas pretéritas e durante quase quatro séculos.

Foto da Irmã Wilson inserida nesta publicação.

Madre Wilson seria a tal pessoa requerida pelas circunstâncias do momento. Meteu mãos à obra urgente, ao encargo pesado, à necessidade inadiável que era necessária restaurar e renascer. O primeiro auxílio veio logo duma subscrição pública efetuada, naquele ano, no Funchal. Rendeu a importância de 185$250 réis. Os rendimentos da Santa Casa da Misericórdia de Santa Cruz e algumas esmolas dadas para o mesmo fim fizeram reerguer os ânimos e estimular a boa vontade de todos. Com o produto dessas recolhas assoalhou-se a enfermaria do hospital destinada aos homens e a sala contígua à Capela, dividindo-se o seu pavimento em cinco quartos e a loja em três, construindo-se ainda uma escadaria de comunicação com o andar superior, assoalhando-se e estucando-se a divisão da secretaria.

Alguns benfeitores apareceram a colaborar naquela obra de restauro. Eram os senhores Frederico Teles de Meneses e Joaquim Teles de Meneses, aquele Barão da Nora, Presidente da Câmara e Administrador do Concelho de Santa Cruz, o Conde da Calçada, então Governador Civil Substituto do Distrito e testamenteiro de Madame Ouschkoff, que deixara as drogas e mobílias da sua farmácia do Funchal para serem oferecidas a uma instituição de caridade, cujo valor era avaliado em 500$000 réis, valores preciosos que logo reverteram em benefício da Instituição santa-cruzense.

A ata de Agradecimento desta última dádiva, lavrada pela Mesa da Misericórdia de Santa Cruz em 15 de Junho de 1890, diz o seguinte:

> «A Mesa (da Santa Casa da Misericórdia de Santa Cruz) deliberou que se lavrasse na presente ata um voto de louvor ao Exm.º Sr. Governador Civil Substituto deste distrito, Conde da Calçada, pelo benefício que acaba de fazer ao Hospital desta Vila, ofertando-lhe todos os medicamentos e utensílios que se achavam no Consultório Ouschkoff do Funchal, que foram postos à sua disposição para estabelecimento de caridade. A Mesa gerente deste estabelecimento assim como os habitantes deste concelho ficam reconhecidíssimos para com Sua Excelência pelo dito benefício, pois este estabelecimento achava-se presentemente fechado por falta de meios, mas brevemente será aberto à caridade pública devido à oferta de Sua Excelência que lhe vem abrir a porta. Deus o abençoe. Seu nome fica escrito no registo deste estabelecimento para perpétua memória e gravado no coração de todos os habitantes de Santa Cruz para eterno reconhecimento». (256)[1396]

Madre Wilson abriu a farmácia do Hospital santa-cruzense, deu-lhe as drogas e o mobiliário da sua extinta «Botica de S. Jorge» que tinha no Funchal e, desenvolvendo a sua Congregação religiosa, na Misericórdia de Santa Cruz, dedicou-se com redobrado entusiasmo e ardor à sua reconstrução e desenvolvimento. Madre Wilson diz tudo o que sucedeu, no seguinte documento:

> «Em 1891, os Exmos. Snrs. Joaquim Teles de Meneses e Frederico Teles de Meneses hoje (1892) Barão da Nora e Presidente da Câmara de Santa Cruz e Administrador do mesmo Concelho, obtiveram para a Casa da Misericórdia desta Vila do Exm.º Conde da Calçada as drogas e mobília duma farmácia que a falecida Madame Ouschkoff deixou por tes-

---

[1396] (256) – Livro das Atas da Misericórdia, pág. 83, citado pelo Padre Pita Ferreira, in «Das Artes e da História da Madeira», n.º 11, pág. 30.

A Irmã Wilson acompanhada pela Irmã Elisabete em Santa Cruz. *Secretariado da Irmã Wilson.*

tamento ao mesmo Senhor Conde, então Governador (Substituto) do Distrito, oferecidas a qualquer instituto de caridade. Essas drogas e mobília foram calculadas no valor aproximadamente de 500$000.

Em 1892, a Irmã Maria de S. Francisco Wilson uniu à mencionada farmácia de Madame Ouschkoff as drogas e mobília duma farmácia gratuita, denominada «Botica de S. Jorge» outrora estabelecida no Funchal e que era sustentada por subscrições de muitas almas caritativas tanto portuguesas como estrangeiras e dirigida por ela.

Quando aquela «Botica de S. Jorge» foi fechada, em 1888, as ditas drogas e mobília ficaram em seu poder e à sua disposição e foram por ela oferecidas à Santa Casa da Misericórdia de Santa Cruz com a expressa condição de que com o produto da sua venda fosse paga a soma de 103$340 que a «Botica de S. Jorge» estava devendo por parte das referidas drogas, quando foi fechada, e que também a nova farmácia fornecesse gratuitamente remédios às irmãs residentes na mesma Santa Casa. Estes dois donativos valiam em 1 de Julho de 1892, 1.000$000 réis, não contando com a dívida de que acima se fala, isto é, 103$340 réis. Sendo o cálculo feito ao preço de compra e não ao de venda.» ([257])[1397]

Em 26 de dezembro de 1891, a Mesa da Santa Casa nomeou enfermeiras do Hospital a Madre Wilson e a Irmã Maria Isabel de Sá, cada uma com o ordenado de 25$000 réis anuais.

Na Sessão de 26 de junho de 1892 a dita Mesa entregou a gerência da farmácia a Madre Wilson, com a condição de tudo ser escriturado e a obrigação de «fornecer gratuitamente» medicamentos» aos doentes pobres das freguesias» que tiverem receitas certificadas de «pobre», assinadas pelos párocos de todas as freguesias do Concelho. Também Madre Wilson foi autorizada a vender medicamentos da farmácia, em forma de negócio vantajoso para a Santa Casa da Misericórdia. Várias pessoas ajudavam a obra beneficente com várias esmolas.

Na enfermaria denominada «Santa Maria», destinada a homens foram colocadas seis camas oferecidas por Madame Ouschkoff, mais três por Madre Wilson e uma outra adquirida por subscrição. Nessa enfermaria ficou, portanto, o total de dez camas.

E os auxílios e esmolas ao Hospital de Santa Cruz, chegavam de toda a parte da freguesia: as senhoras residentes na Vila de Santa Cruz, ofereceram toda a roupa branca para mulheres doentes e ainda 29 lençóis, 2 lençóis impermeáveis, dois lençóis de banho, 24 toalhas de mãos, 7 colchas e oito cobertores. A Irmã Gertrudes que para ali viera prestar serviço ofereceu todo o recheio da cozinha, em memória de seus pais. Madame Barker deu ao hospital um berço de bebé. Os instrumentos cirúrgicos foram adquiridos com o produto duma subscrição pública. E os benfeitores apareciam em maior número, parecendo chamados pela Providência Divina ou atraídos pela grandiosa obra santificadora e caritativa de Madre Wilson: o Cónego Monteiro, o Padre Figueira da Silva e a religiosa Irmã Maria da Paz ofereceram à Capela do Hospital diversas toalhas para o altar, mesa da comunhão e credencias do templo hospitalar e ainda um missal e uma âmbula.

Dos benfeitores estrangeiros que ajudaram a obra Madame Wilson, há a mencionar

---

1397 ([257]) – Manuscrito da Santa Casa, de Santa Cruz, idem, idem.

os nomes de Miss Iord, Madame le Crénier, Bidal, Muller, Mary Edith Arendrup, R. Barker, além da mencionada Madame Ouschkoff.

Em 1893, era internado no hospital reconstruído o primeiro doente João António, morador no sítio do Cano, freguesia de Santa Cruz.

A nova caixa das esmolas colocada na Capela, destinada à recolha de esmolas para a alimentação dos doentes internados no hospital, denominava-se «Pão de Santo António».

Tornava-se necessária a existência de uma nova enfermaria para o tratamento de mulheres indigentes, pedindo a Mesa da Santa Casa, em 1894, um subsídio à Rainha Senhora D. Amélia de Portugal, que, para tal fim, mandou entregar a quantia de 50$000 réis. Simultaneamente, apareceram vários donativos para o mesmo fim: Madame Mary Edith Arendrup, desejando sufragar a alma de seu filho Axil, falecido no Funchal em 5 de Abril de 1896, pôs à disposição de Madre Wilson a importância de cem libras; entretanto, Madame Wilson ausentou-se da Madeira, pelo período de três meses, voltando a Santa Cruz pouco depois.

A antiga caixa de esmolas outrora colocada à entrada da capela de Santa Isabel, em Santa Cruz, para receber esmolas para a alimentação dos doentes internados no Hospital denominava-se «Pão de Santo António». *Foto do autor.*

Ao entregar o seu donativo de cem libras, Madame Arendrup, impôs a condição de, na nova enfermaria a construir para mulheres indigentes se construísse um nicho ou altar com a Imagem do Sagrado Coração de Jesus, a fim de que as doentes orassem pela alma do referido Axil Arendrup, mandando também a Mesa da Santa Casa celebrar no dito nicho ou altar uma missa anual, no aniversário do nascimento do dito defunto.

A obra de construção da nova enfermaria começou em 1897, por deliberação da Mesa Gerente, ficando a direção da referida obra e o dinheiro a receber para o seu custeio a cargo de Madame Wilson.

Além das cem libras oferecidas por Madame Arendrup, recebeu, também Madre Wilson o produto recebido num bazar como ainda outras ofertas e esmolas de diversos cavalheiros generosos e caritativos.

Planeou a nova obra Mr. Blandy outro benfeitor do Hospital de Santa Cruz, ficando a nova enfermaria com uma cozinha e alguns quartos anexos, reconstruindo-se a antiga enfermaria que ali existira para homens. Para completar o total acabamento da nova enfermaria, lutando com falta de rendimentos, deliberou a Mesa assentar numa proposta genial que rendeu os melhores frutos; era autora dessa proposta Madre Wilson. Tal proposta consistia no seguinte:

> «...sabendo que a Santa Casa não tinha fundos para sustentar os doentes pobres, porque eram diminutos os seus rendimentos, propunha ela (Madre Wilson) a exemplo de Madame Arendrup que de ora avante todos os cavalheiros e damas que quisessem entrar de pronto com a quantia não inferior a cem mil réis ou que levassem em seu testamento, para ser entregue depois do seu falecimento, fossem considerados fundadores, tendo o seu nome gravado em uma lápide à entrada da Casa, uma comemoração diária nas orações das Irmãs, uma missa rezada no aniversário do seu nascimento, aliás em outro qualquer dia, tendo parte em um ofício e missa de requiem em que a Mesa gerente mandaria celebrar todos os anos, por todos os fundadores e benfeitores desta Santa Casa.» ([258])[1398]

Madre Wilson, cuja proposta fora aceite pela Mesa Gerente da Santa Casa, ficou com o encargo e o consequente direito de tornar pública a sua proposta, mesmo através dos jornais madeirenses e outras quaisquer fontes de informação e notícia.

Entretanto, a Mesa da Santa Casa da Misericórdia de Santa Cruz, apesar de vir lutando com falta de rendimentos também se tornou numa benemérita, sobremodo para com

---

1398 ([258]) – Livro das atas, 1890, pág. 42-v.º, idem, idem.

a obra humanitária de Madre Wilson: ofereceu para a nova enfermaria cinco camas, 28 lençóis e seis cobertores.

O arco Manuelino de jaspe que emoldurava o túmulo de Urbano Lomelino, construído na Capela-mor da Igreja do convento franciscano de Santa Cruz, extinto em 1834, foi trazido para o nicho da Imagem do Coração de Jesus construído na nova enfermaria para homens e pedido por Madame Arendrup.

Em 1904, estava concretizado o sonho de Madre Wilson, a Mesa da Santa Casa lavrou, em sua reunião de 28 de abril de 1904, a seguinte ata:

> «...disse o Presidente que atendendo à maneira zelosíssima como até hoje (1904) tem sido administrado os negócios da botica adjunta a este estabelecimento pela Irmã Maria Francisca Wilson, com bastante proveito para este estabelecimento e para os habitantes deste concelho propunha que nesta ata se lançasse um voto de louvor e agradecimento àquela Irmã pelos relevantes serviços que tem prestado a este estabelecimento o que a Mesa unanimemente aprovou e deliberou que à mesma Irmã fosse enviada uma cópia desta ata para seu conhecimento.» ([259])[1399]

Porém, a missão sacrossanta, humanitária e caritativa de Madre Wilson ainda não terminara em Santa Cruz, apesar da sua idade se vir aproximando da sétima década. Ainda em 1908, sua ação empreendedora se fez sentir em benefício da instituição pela qual durante tanto tempo havia trabalhado. Nesse ano «montou o quarto de isolamento», uma medida e necessidade que se fazia sentir num hospital, regional, onde o perigo de contágio com doenças graves era manifesto.

Com o advento da República demo-liberal que tantos dissabores e incompreensões injustas havia de trazer à Igreja e às comunidades religiosas, Madre Wilson foi obrigada com suas Irmãs em religião a deixar «a Casa que tanto amara» e pela qual tanto trabalhara. Recolheu-se, já velha e cansada, com setenta anos de idade ao Convento de S. Bernardino, em Câmara de Lobos, onde viria a falecer em 18 de Outubro de 1916 com 76 anos de idade e 34 de atividade benfazeja na Madeira, que tanto lhe ficava a dever, sobremodo no sector caritativo e humanitário, pelo qual ela tanto trabalhou e se sacrificou.

Porém, suas filhas espirituais voltaram à Misericórdia de Santa Cruz, continuando na ação da sua fundadora, trabalhando pelo bem dos pobres e doentes, dos quais Madre Wilson foi uma grande e generosa benfeitora, nomeadamente na sua humanitária ação empreendida no Hospital da Misericórdia de Santa Cruz, à qual deixou o seu nome ligado de forma indelével e perpétua. [...]

[1399] ([259]) – Livro das Atas da Santa Casa da Misericórdia de Santa Cruz, pág. 69-v.º, idem, idem.

ANEXO V
Folhetos sobre a *peste balbínica*

1. Contendo referências ao oferecimento da Irmã Wilson para cuidar dos doentes no Lazareto em 1905

O ASSALTO AO LAZARETO
No dia 7 de Janeiro de 1906[1400]

Vou contar em poucos versos
Como é que a peste morreu;
Quem foram os matadores
E como o caso se deu.

Havia quase dois meses
Que o triste povo sofria
Entre incómodos e sustos
Uma cruel tirania.

A desgraça era tão crua
P'ra aqueles que adoeciam
Porque doentes e sãos
No Lazareto metiam.

Faziam coisas tão tristes
E de cruel maneira
Quando levavam um doente
Lá ia a família inteira.

Não quiseram receber
As irmãs de caridade
Que iam tratar os enfermos
De muito boa vontade.

Ninguém sabia o destino
Que levavam os desgraçados
Mas diziam cá por fora
Que lá, eram maltratados.

Muitos ali faleciam
Sem padre e sem confissão
E em seguida os metiam
Dentro de um grande caixão.

Por altas horas da noite
P'ra S. Gonçalo os levavam
E depois com mil cuidados
Em segredo os enterravam.

Um dia o povo não quis
Deixar enterrar os caixões
E desatou à pedrada
Contra aqueles intrujões.

Mas a sete de janeiro
É que o povo resolveu
Matar duma vez a peste
Como depois sucedeu.

O ajuntamento formou-se
Pelas 10 horas do dia
Foram chefes os soldados
E cabos de infantaria.

Foi no Campo de D. Carlos
O ponto de reunião
Aos soldados se juntou
Uma imensa multidão.

Partiram para a façanha
Em ordem e muito unidos
Todos pensavam no caso
Ao vê-los tão atrevidos.

Chegaram ao Lazareto
Viram a porta fechada
Por muito forte que fosse
Foi num instante arrombada.

Logo que a porta se abriu
E o povo entrou de montão
A sentinela rendeu-se
Trazendo as armas na mão.

Desceram todos em massa
Até à maldita prisão
Onde estavam três soldados
P'ra fazer observação.

Os companheiros que vieram
Para os salvar de morrer
Começaram a abraçá-los
Por se tornarem a ver.

Uma mulher que lá estava
Deitada na cama e nua
Embrulhada num lençol
Veio para o meio da rua.

Todos, homens e mulheres,
Que ali estavam em tratamento

Foi-lhes dada liberdade
Com geral contentamento.

Arrancaram os doentes
Das camas do hospital
Alguns deles a morrer,
Outros inda menos mal.

Deu então nos assaltantes
Uma singular mania
De estragar, quebrar, partir
Tudo o que por lá havia.

O destroço foi tamanho
E tão grande a confusão
Que os remédios da botica
Fizeram um lago no chão.

Nem um vidro de janela
Ficou lá no seu lugar,
Era só levantar pau,
E sem dó, esmigalhar.

Partiram a louça toda
Que encontraram na cozinha
Não escapou um só prato
Daquela raiva daninha.

Se o doutor era apanhado
No meio daquela lida,
Decerto estava arriscado
A perder ali a vida.

Fugiram para esconder-se
Pelas furnas e ribeiros
Os empregados e guardas
Os chefes e cozinheiros.

Mas o enfermeiro chefe
Quando se ia a safar
Foi avistado por três
Que trataram de o caçar.

O pobre corria tanto
Que quase ia pelo ar,
E os três que o perseguiam
Tiveram de o largar.

Depois de tudo acabado
Sem mais nada que partir,
Aqueles que inda lá estavam
Trataram de se evadir.

[1400] ABM, "A peste balbínica", folheto avulso.

Os soldados já lá iam
À frente da multidão
A caminho da cidade
Em meio duma ovação.

Os doentes vinham todos
Fraquinhos, mal embrulhados
Nos lençóis de suas camas
Tal como foram achados.

Mesmo assim, inda puderam
Dar vivas aos vencedores
Que os tinham salvo da morte
Sob tão feios horrores.

Daquele dia em diante
Ninguém da peste morreu
E aquele que a inventou
Da pancada se temeu.

Está morta a peste e agora
É preciso a Deus rogar
Que ela ficasse bem morta
Para não ressuscitar.

Agora já estamos livres
Da peste gananciosa;
E ao praga que a fez nascer,
Pegou-lhe a peste medrosa.

O DEDO DA PROVIDÊNCIA[1401]
DESCRIÇÃO DA TRAGÉDIA DO LAZARETO DE 1905 A 1906
Por um ex-internado do mesmo

Primeira parte

Mote

A 29 do mês dos Santos,
Meteram-me no Lazareto.
Saí a 7 de janeiro,
Mas quase feito em esqueleto.

Glosa

Era numa quarta-feira,
Recebi a triste notícia
Dada por um polícia,
De catana à bandoleira.
Quatro homens em fileira,
Com uma rede pelos cantos.
Oh! meu Deus que muitos prantos

Houveram na freguesia,
Por aquele tão triste dia,
A 29 do mês dos Santos.

Naquela rede eu caminhei,
Os quatro homens me levaram,
Só apenas me abandonaram,
Quando ao Lazareto cheguei.
Numa cama me deitei,
Tirando calça e colete,
Descarapuçado sem barrete,
É uso do hospital.
Para mim foi todo o mal,
Meteram-me no Lazareto.

Fizeram-me num triste dia,
Duas chagas em mim!
Meu Deus! tenho aqui meu fim,
Nunca mais tive alegria.
Encomendei-me à Virgem Maria
A Jesus Cristo verdadeiro.
Eu sofri dezembro inteiro,
Dores que nem eu sei,
Todo o tempo assim passei,
Saí a 7 de janeiro.

Esse dia foi duma glória,
Os doentes tiveram soltura.
Foi um dia de ventura,
Ficará sempre em memória.
Com esta minha história,
Eu a ninguém comprometo.
Eu saí a cavaleto,
De gente de minha amizade,
Dando vivas à liberdade,
Mas quase feito em esqueleto.

Segunda parte

Se Deus do Céu me ajudar,
Eu vos contarei uma história,
Como é tudo verdade,
Vos ficará de memória.

Eu sou pessoa do campo,
Tenho pouca inteligência,
Há nesta história um mistério,
É o dedo da Providência.

Foi numa sexta-feira,
Tremores de frio senti,
Duas ínguas numa perna,
Duma febre adoeci.

No sábado chamei um médico,
Examinou-me, receitou,
Na segunda-feira esse médico,
O subdelegado encontrou.

Dizendo-lhe todo aflito,
Que me tinha encontrado,
Uma febre desconhecida,
Em grau muito elevado.

O subdelegado, o doutor Rego,
E o delegado também,
Combinaram entre si,
Ver o doente nos convém.

Na terça chegam-me a casa,
Recebi-os de bom coração,
Dizendo eles que vinham,
Fazer-me uma operação.

Eu para os compreender,
Fiz bastante diligência.
Há nesta história um mistério,
É o dedo da Providência.

O doutor Rego foi o primeiro,
Que lavrou minha sentença,
Dizendo aos seus colegas,
«Encontrei aqui a doença.»

«Foi então para isso mesmo,
Que nós três viemos cá»,
Examinando as duas ínguas,
Disse aos colegas, «cá está!»

Apalpando uma das ínguas,
Com um instrumento a furou.
Ah! tirano, cruel doutor,
Com o furo me matou.

Disseram-me para eu ir,
Para o Lazareto a tratar,
Dizendo à minha família,
Para o meu quarto desinfetar.

Na quarta-feira de tarde,
Chega-me a casa um polícia.
Com ordem do administrador,
Trazendo-me a triste notícia.

Vinham também quatro homens,
Trazendo uma rede consigo,
Com ordem da autoridade,
Para carregarem comigo.

À ordem da autoridade,
Eu não mostrei resistência.
Há nesta história um mistério,
É o dedo da Providência.

Naquela rede nojenta,
Ao Lazareto me levaram.
Apenas ali cheguei,
Numa cama me deitaram.

O doutor Rego me visitou,
E de lanceta na mão,
Lancetou-me a outra íngua,
Feriu-me até o coração.

Tanto me atormentaram,
Tanta diabrura fizeram,
Que as duas ínguas feridas,

[1401] ABM, "A peste balbínica", folheto avulso.

Ambas apodreceram.

Estive quase a morrer,
Estive quase à dependura,
Sofri dores, só Deus sabe,
Quando me faziam a cura.

Tudo isto eu padeci,
Com mui grande paciência,
Há nesta história um mistério,
É o dedo da Providência.

Ali sozinho, num quarto,
Nem amigos nem parentes.
Até o comer que me davam,
Não era próprio p'ra doentes.

Atum fresco, atum salgado,
Cavalas e chicharrinhos,
Até o próprio bacalhau,
Comi os meus bocadinhos.

Ao jantar é que era ver,
Isso tinha maçaroca:
Sopa de massa, sopa de ervilha,
A negra sopa de feijoca.

Ponham aquilo para ali,
E tornavam a seguir.
«Come, se queres comer,
Senão deita-te a dormir.»

A ninguém davam conforto,
A ninguém clemência!
Há nesta história um mistério,
É o dedo da Providência.

Dias terríveis eu passei,
Naquele grande tormento.
Tanto sofri que me parecia,
Que não tinha acabamento.

Até o dia 7 de janeiro,
Estava a manhã muito bela,
Compadeceram-se de mim,
Levaram-me na cama à janela.

O que da janela eu vi,
O que então presenciei,
Encheu-me de contentamento,
D'alegria que nem eu sei.

Grande multidão de povo,
Em ordem e harmonia,
Seguindo-se um elevado número,
De soldados de Infantaria.

Apenas chegaram às casas,
Foi como um tufão de vento,
Soltaram os tristes mártires,
Do terrível isolamento.

Saíram todos em camisa,
Dando graças ao Eterno,
Por haver alminhas santas,
Que os livraram daquele inferno.

Caminhavam a passo lento,
Parecia uma penitência.
Há nesta história um mistério,
É o dedo da Providência.

Aquele povo sempre em ordem,
Ao hospital marchava,
Onde estavam os doentes,
Onde também eu estava.

Todos os doentes saíram,
Postos em liberdade,
Levados por seus parentes,
E gente de sua amizade.

Caminhavam muito alegres,
Um a um, dois a três,
Eu dava graças ao Céu,
Por me chegar a minha vez.

Os meus parente e amigos,
Na rua me puseram.
Fui descansar a uma casa,
Por favor que me fizeram.

Passado foi pouco tempo,
Uma rede ali chegou.
Meti-me nela, caminhámos,
Muito povo me acompanhou.

Por ordem duma alma santa,
Parámos a meio caminho.
Deu-me um caldo a beber,
Por me ver muito fraquinho.

Fomos a caminho da Igreja,
Rendi graças ao Eterno,
Por assim ter-me livrado,
Daquele medonho inferno.

No caminho para casa,
Numa capela entrámos,
Dei graças à Virgem do Céu,
Saí da capela, caminhámos.

Eis-me, já estou em casa,
Venturoso é este dia.
Quando caminhei foi tristeza,
Quando chego tudo é alegria.

Todo o povo me quer ver;
Pedem com muita insistência,
Há nesta história um mistério,
É o dedo da Providência.

Graças a Deus que já estou,
Na minha cama deitado.

Mandei chamar outro médico,
Por não estar bem curado.

Tratou-me com muito desvelo,
D'alma, corpo e coração.
Graças a Deus que já estou,
Curado, vivo e são.

Médico bom e entendido,
Outro igual não conheço.
Por tão belo tratamento,
Reconhecido lhe agradeço.

Agradeço a todo o povo,
que no caminho me saudou.
Bem assim a todo aquele,
Que por mim perguntou.

Agradeço a todo aquele,
Que por mim se interessou,
A todo aquele que a casa,
Alegre me visitou.

Finalmente eu agradeço,
Tanta benevolência.
Há nesta história um mistério,
É o dedo da Providência.

Finalizo por aqui,
Fazendo minha despedida,
Depois de dar a descrição,
Dos passos da minha vida.

Terceira parte

Há muita gente no mundo,
Que se fazem falaraz
Que deixam a sua vida,
P'ra falar na vida dos [de]mais.

Eu como sou pecador,
Cometo o meu pecadinho,
Falo na vida dos outros,
Apenas um poucochinho.

Desculpem os que me ouvem,
A minha grande insolência.
Há nesta história um mistério,
É o dedo da Providência.

Sou pecador, dizia eu,
O meu pecadinho cometo.
Vou dizer o que se passou,
Fora e dentro do Lazareto.

Era no mês de novembro,
Não pensem que isto é brinco,
Da era de Jesus Cristo,
De mil e novecentos e cinco

Como é num mês de inverno,
Correm as nuvens muito leste,
Corre na cidade um zunzum,
Que havia caso de peste.

Todo o povo perguntava,
Onde é que o caso se deu?
Quem é a desgraçada pessoa?
Que com a peste adoeceu?

Com este vaivém de perguntas,
Andavam aos trambolhões,
Uns diziam ser a peste,
Outros que eram bubões.

Diziam outros que era
Uma moléstia reinosa,
Uns, uma febre suspeita,
Outros, febre infeciosa.

Perguntavam quem [é] o médico?
Que o micróbio descobriu?
Em que pessoa o encontrou?
De que forma então o viu?

Passados poucos momentos,
Já todo o povo dizia:
«Foi o governador e o dr. Rego
No posto de bacteriologia.»

Infelizmente o encontraram,
Em estado já crescido,
Para desgraça da ilha,
Por eles bem desenvolvido.

Muitos de boa-fé,
Acreditaram na ciência!
Há nesta história um mistério,
É o dedo da Providência.

Perguntavam aos da peste,
Se a desgraça era certa?
Respondiam eles que não,
Tendo-a meio encoberta.

No entanto telegrafavam
Para o governo central,
Que havia peste na Madeira,
Na cidade do Funchal.

A uns diziam que não,
A outros diziam que sim.
Formavam certa manobra,
Com a mira nalgum fim.

Os interessados na peste,
Pensaram que haviam de fazer?
Enclausurar no Lazareto
Todo aquele que adoecer.

«Abriremos o Lazareto,
Padeça quem padecer,
Assim preparamos campo,
Para alguma coisa obter.»

Ao doutor Rego fizeram,
Senhor de todo o poder,
Dentro do Lazareto,
Praticar o que entender.

Nisto adoece uma senhora,
Duma família de bem,
Veio logo a autoridade,
Não atendendo a ninguém.

Manda todos p'ra o Lazareto,
Deixando a casa deserta,
Dizia o povo assustado,
«A peste sempre é certa!»

A senhora no Lazareto,
A triste sorte conheceu.
Passados foram dois dias,
Em agonias morreu.

A triste família em presença,
Daquele acontecimento,
Ainda estiveram sete dias,
No terrível isolamento.

As roupas e móveis da casa,
Foram todos desinfetados,
Ficando as roupas perdidas,
Os móveis danificados.

Não tinham a quem se queixar,
A quem pedir clemência.
Há nesta história um mistério,
É o dedo da Providência.

Foram ao sítio das Neves,
Trouxeram um pobre rapaz,
Deixando a triste família,
Em prantos e tristes ais.

O quarto onde ele assistia,
Foi todo desinfetado,
Deixando os móveis perdidos,
Quase tudo danificado.

As roupas todas do quarto,
Foram à desinfeção,
Ficando tudo perdido,
Foi uma perdição.

A roupa que ele vestia,
Ficou-lhe toda perdida,
Até a própria caminha,
A cinzas foi reduzida.

A roupa da sua cama,
Ficou-lhe danificada,
De todo este prejuízo,
Nunca ninguém lhe deu nada.

Nesta mesma ocasião,
O sr. comissário adoeceu,
Mas como era autoridade,
Ninguém com ele mexeu.

Sempre é autoridade,
É tratado por excelência.
Há nesta história um mistério,
É o dedo da Providência.

Lá foi ter o António Pinto,
Vinte e quatro horas não durou,
Até a sua triste mulher,
Às garras não escapou.

O pobre marido morreu,
Em horrível sofrimento.
A triste mulher a gemer,
Em medonho isolamento.

Levaram o mestre Miguéis,
Pouco antes tinha adoecido,
Chega ao Lazareto já morto,
Que de susto tinha morrido.

Levaram o moço do Pita,
Por vender um caixão de palha.
Andava o povo aflito,
Era tudo uma baralha.

Adoecer era um perigo,
Para todos uma desgraça,
Por causa dum caixão de palha,
Era tudo uma palhaça.

Foram ao sítio das Angústias,
Levaram uma família inteira,
Não escapando às garras,
Uma vizinha e a lavadeira.

Faziam do Lazareto
De Noé uma nova arca,
Lá meteram o pobre Mendes,
Morador no Campo da Barca.

As casas destas famílias,
Foram todas desinfetadas,
Ficando os móveis perdidos,
As roupas todas queimadas.

Tudo isto eles faziam,
Sem ter dó nem consciência.
Há nesta história um mistério,
É o dedo da Providência.

Os interessados na peste,
Deitaram seus espiões,
A indagar quem adoecia,
A ver se tinham bubões.

Levaram algumas famílias,
Da rua de Santa Maria,
Todos para o Lazareto,
Nunca ninguém de lá saía.

Veio um dia uma senhora
De St.ª Cruz à cidade,
Oferecer os seus préstimos
À nossa autoridade.

Para ir para o Lazareto,
Três irmãs de caridade,
Tratar os pobres doentes,
De graça e de boa vontade.

Mas não quiseram aceitar,
Tão belo oferecimento,
Não queriam que elas soubessem,
O que se praticava lá dentro.

Aos doentes nunca davam,
Os sacramentos da Igreja,
Tratavam os pobres mártires,
Como se fosse gente hereja.

Muitos dos que lá foram,
Tiveram seu falecimento,
A altas horas da noite,
Faziam-lhe seu enterramento.

Arrastados numa corça,
Puxada por dois animais,
Sem ao menos lhes darem,
Os socorros espirituais.

Todo o povo reclamava,
Qual era pois a razão,
Que não havia lá um padre,
Ouvi-los de confissão?

Andava o povo desconfiado,
Com aquele grande segredo,
Adoeciam, não chamavam médico
Com pavor e grande medo.

Os interessados da peste,
Sempre sem consciência.
Há nesta história um mistério,
É o dedo da Providência.

Mais tarde chamaram um padre,
Para tapar bocas ao mundo,
Para ungir um doente,
Que estava já moribundo.

Mas para o desgostar,
Que lá não fosse outra vez,
Deram-lhe tal regadura,
Da cabeça até os pés.

Deixaram-no todo encharcado,
Com uma grande desinfeção.
Quando saiu do Lazareto,
Metia dó e compaixão.

No último dia do ano,
Disseram que adoeceu,
No sítio das Angústias,
O cozinheiro Abreu.

Levaram-no e toda a família,

P'ra o Lazareto num instante,
Até a sua triste mulher
No seu «estado interessante».

O pobre Abreu no hospital,
Martirizaram-no noite e dia,
Estando apenas padecendo,
Duma leve pneumonia.

A infeliz mulher no isolamento,
Clamando sua triste cruz,
Passados poucos momentos,
Deu uma menina à luz.

Não tendo em que deitar,
O seu inocente filhinho,
Do seu colo fez uma cama,
Dos seus braços um bercinho.

No dia seis de janeiro,
Levaram quatro soldados,
Foram para o isolamento,
Para serem desinfetados.

Foi aqui nesta altura,
Que rebentou o trovão,
Seus camaradas pensaram,
Livrá-los daquela prisão.

O soldado ao sentar praça,
Jura defender a nação,
Seus superiores e camaradas,
D'alma, corpo e coração.

Em seu peito lhe bateu,
O brado da consciência.
Há nesta história um mistério,
É o dedo da Providência.

Pensaram no dia sete,
Ir ao Lazareto nesse dia,
Libertar seus camaradas,
Daquela grande tirania.

Dito e feito caminharam,
Sempre em boa harmonia.
Grande multidão de povo,
Foi em sua companhia.

Chegando ao Lazareto,
As portas meteram dentro,
Libertaram os que estavam
No terrível isolamento.

Todos foram libertados,
Das garras da negra morte.
Os doentes por sua vez,
Tiveram a mesma sorte.

Vinham muito comovidos,
Não podiam levantar voz,
Uns descalços, em camisa,
Outros envoltos em lençóis.

A triste mulher do Abreu,
Sem poder deitar os passos,
Vinha apenas em camisa,
Com a filhinha nos braços.

Os interessados na peste,
Ficaram desmascarados,
Diziam então num jornal,
Que estavam bem arranjados.

Que os doentes entre o povo,
Pegavam aquela doença;
Mas o povo os conhecendo,
Lavrou-lhes a sua sentença.

Não há moléstia infeciosa,
Não há peste nem bubões,
O que há então na cidade,
É uma malta de intrujões.

Telegrafam os da peste,
Ao governo de Lisboa,
Que a situação na Madeira,
Não estava muito boa.

Que meia população,
Estava toda empestada,
A outra meia restante,
Estava toda revoltada.

Que para sua segurança,
Mandasse um navio de guerra,
Para fazer amedrontar,
Todo o povo desta terra.

O governo iludido,
Temendo o terrível mal,
Manda o 'D. Carlos I'
Para o porto do Funchal.

Tudo isto eles faziam,
Sempre sempre sem consciência.
Há nesta história um mistério,
É o dedo da Providência.

Os que saíram do Lazareto,
Inda nenhum deles morreu,
E depois do dia sete,
Ninguém da peste adoeceu.

No dia dezoito de janeiro,
Sabia a cidade inteira,
Que o S. Miguel não vinha
A vinte e dois à Madeira.

Em sinal de protesto,
O comércio todo fechou,
Um cavalheiro muito honrado,
O governador procurou.

Pede-lhe que telegrafe,
Para Lisboa ao superior,
Que faça para que venha,

ANEXOS

À Madeira aquele vapor.

Também telegrafou ao governo,
A Associação Comercial,
Que o estado era bom,
No distrito do Funchal.

Umas três mil pessoas,
À porta da Associação,
Esperando pela resposta,
Do governo da nação.

Quase noite, o governador,
Traz à Associação um papel,
Dizendo ser o telegrama,
«Vai à Madeira o S. Miguel.»

O povo então retirou,
Indo meio satisfeito,
Dando vivas à Associação,
Que alguma coisa tinha feito.

Seguiu aquela multidão,
No mais completo sossego,
À rua Bela de S. Tiago,
A casa do doutor Rego.

Ele não aparecendo,
A casa lhe apedrejaram,
Vidros de portas e janelas,
Todos quebrados ficaram.

A guarda de marinheiros,
Dá uma descarga p'ra o ar,
Não havendo felizmente,
Vítimas a lamentar.

Chegando o cabo Macedo,
Mostrando ares de pimpão,
Puxa o revólver, dispara,
Estende dois homens no chão.

De noite com medo fugiu,
Entre uma escolta o doutor,
Com toda a sua família,
Para bordo do cruzador.

Mais tarde a sua senhora,
Com o coração aflito,
Lá deu um menino à luz,
Sem saber em que distrito.

Foi no Distrito do Mar,
Concelho de embarcação,
Freguesia do Cruzador,
Da Portuguesa nação.

A dezanove, de manhã,
O comércio todo fechado,
Vai o administrador com tropa,
Para a porta do Mercado.

Manda então abrir a porta,

Que entrasse quem quisesse,
Mas nem sequer uma laranja,
Ele encontra quem lhe vendesse.

Sai à porta para fora,
Com ares de impertinência.
Há nesta história um mistério,
É o dedo da Providência.

Vai o administrador à Praça,
Onde se vende o Atum,
Manda cortar, ninguém corta,
Nem há quem compre nenhum.

Foi a todos os padeiros,
P'ra suas portas abrir,
Abrem, ele caminha,
Fecham e ficam a rir.

Vendo que nada fazia,
Que o povo tinha razão,
Manda destroçar a tropa,
Meteu-se na Administração.

Passaram-se poucos dias,
Falavam pela cidade,
Que o governo demitiu,
A nossa primeira autoridade.

Veio telegrama dizendo,
Que no primeiro vapor,
Vinha para a Madeira,
Um novo governador.

O povo então o espera,
Com mui grande paciência.
Há nesta história um mistério,
É o dedo da Providência.

A vinte e nove de janeiro,
Chega o novo governador,
Senhor capitão Soares Branco,
Um oficial a primor.

Agora a nossa autoridade,
Ficou reduzida ao que era,
Mas é apontado a dedo,
Pela traição que fizera.

Está o novo governador,
Dizem de boa vontade,
Indagando tudo a todos,
Apurando responsabilidade.

Também a causa foi entregue,
Ao nobre tribunal,
Para que sejam castigados,
Quem praticou tanto mal.

Todo o povo então espera,
Pelo dia da sentença,
Sejam castigados os tiranos,

Que inventaram tal doença.

Acabou-se a peste dos pestes,
Já ninguém dela tem medo,
Ficaram os pestes da peste,
Todos a chuchar no dedo.

Acabou-se, dizia eu,
Já nem sequer me lembrava,
O principal desta história,
Um restinho me faltava.

Quem é que foi ao Lazareto?
Que à grande porta entrou?
Quem é que os pobres mártires,
Daquele inferno tirou?

Quem é que para sempre
A terrível peste matou?
Foram os bravos soldados,
Que o quartel recrutou.

Mas esses nobres soldados,
Com amor à sua terra,
Praticaram um ato heroico,
Vão a conselho de guerra.

Caminhai bravos heróis,
Com vosso peito erguido,
Praticastes um ato heroico,
Nunca no mundo sucedido!

Que será de vós em Lisboa,
De perguntas apertados,
Sem ter quem vos defenda,
Pobres mancebos, coitados!

O sr. capitão Cândido Gomes,
Dizem que vai a Lisboa,
Defender os pobres soldados,
Acho-lhe a ideia muito boa.

Oficial reto e austero,
Em tudo boa pessoa,
Deus o leve a salvamento,
E lhe dê viagem boa.

Felizmente inda nos resta,
Outra consolação,
É que as damas funchalenses,
Fizeram uma representação.

À nossa excelsa Rainha,
Da portuguesa nação,
Que intervenha junto ao Rei,
Para obter o perdão.

Para aqueles pobres soldados,
Dignos de compaixão,
Não merecem ser castigados,
Merecem condecoração.

Que não sejam castigados,

Isso é tudo o meu desvelo,
Para que possamos dizer,
Estamos livres do flagelo.

Acabar com os pestes da peste,
Era a minha opinião,
Espetá-los todos em ferros,
Na Praça da Constituição.

Dos pestes da peste fazer,
Naquela Praça um museu,
Para todo o povo dizer,
Agora é que a peste morreu.

Renderíamos graças à Virgem,
Oferecendo a Omnipotência.
Há nesta história um mistério,
É o dedo da Providência.

Desculpem-me os que ouviram,
Esta história que contei,
Se da vossa paciência,
Por muito tempo abusei.

Eu fui mártir no Lazareto,
Saí seco, gordo entrei,
Martirizaram o meu corpo,
Morri e ressuscitei.

Neves, fevereiro de 1906.

Um ex-internado do Lazareto

FARSA DO LAZARETO[1402]

A Farsa do Lazareto

Na nossa formosa Ilha,
Nesta bela flor dos Mares,
Cometeram um grande crime,
Dois tiranos alveitares.

Corria o mês de novembro,
Quando se espalhou na cidade,
Uma notícia tristíssima
Uma grande falsidade!

Reinava na Ilha a peste,
Com seu cortejo ferino,
Era o que diziam Rego,
Mais seu caro Lomelino.

Uma juvenil senhora,
Logo outros que enfermaram,
Foram as vítimas primeiras,
Que os malvados imolaram.

Ao contemplar o rosto

1402 ABM, "A peste balbínica", folheto avulso.

Dessa jovem inda tão bela,
Se não é a peste, exclama!
É o diabo por ela.

E vendo o corpo gentil,
Mas que parecia já morto,
Diz o hipócrita! Isto é o mesmo,
Que eu já vira no Porto.

E voltando-se para os médicos,
Lhes diz com seriedade,
Vede que o caso colegas,
É de extrema gravidade.

Pela calada da noite,
Por ordem desse homem brutal,
Lá ia a enferma a caminho,
Do Lazareto fatal.

Foi nesse lugar funesto,
Que a pobre mártir expirou.
E a sua bela alma de anjo,
Radiante ao céu voou.

Foram envoltos em crepes,
Um pai, uma mãe, um esposo,
Pela desditosa vítima,
Hoje chora o irmão saudoso.

De pânico o povo tomado,
Para o céu as mãos erguia.
Que os livrasse da peste,
À Virgem Santa pedia.

No entanto o doutor Rego,
Novas vítimas farejava.
E a tristeza e pavor,
A muitas casas levava.

Trabalhavam os dois chefes
Rego e Pedro Lomelino,
Este, governador do distrito,
Aquele bárbaro e ladino.

Era então administrador
Do concelho do Funchal,
O Octaviano Soares
Esse homem vil e fatal.

A negra peste da Índia,
Afirmava o tal doutor,
Continuava na Ilha,
Causando grande terror.

Nisto adoece o Miguéis,
E mal o Rego o sabia,
Uma rede sem demora,
Para a casa deste partia.

Ao desditoso artista,
Que no leito enfermo jaz,
Lhe diz o algoz: – levanta-te!
Para o Lazareto vais.

E o pobre homem atónito,
Encarou logo o malvado,
Quis erguer-se, mas não pôde
E caiu desmaiado.

Então os cruéis carrascos,
Logo do leito o tiraram,
Quando os gritos aflitos,
Da esposa e filhas vibraram.

Como loucos precipitam-se,
Sobre esse corpo gelado,
Clama a esposa o marido
Choram os filhos o pai amado.

E esse quase cadáver,
Um instante se animou,
Volve o olhar para os filhos,
E ali mesmo expirou.

Ao verem isto os algozes,
Brutalmente o levantaram
E o cadáver ainda quente,
Eles na rede o levaram.

Nem os rogos e lamentos
Dessa gente desditosa,
Abrandaram os tiranos,
Essa casta odiosa.

A todos pesar causou,
A morte desse infeliz,
A quem o ganancioso,
Matou conforme se diz.

Esse odioso tirano,
Vergonha duma nação,
Com seu trato insinuante,
Ao povo armara traição.

Celebridade e glória
Queria ele adquirir.
E a troco dessa ambição,
Fez o povo sucumbir.

ANEXOS

E a ilha da Madeira,
Angustiada gemia
Vendo o espectro sinistro,
Da suposta epidemia.

Lá iam sãos e doentes,
Do Lazareto a caminho,
Por ordem do doutor Rego
E do Pedro Lomelino.

Homens, mulheres, crianças,
Choravam de amarga dor,
Ao verem-se na Bastilha,
Que lhes causava terror.

Nesse tempo ainda recente,
Tinha o Lazareto então,
Enfermeiros, pessoal,
Da pior reputação.

Entregues a vis bandidos,
E brutalmente tratados,
Eram por estes despidos,
Sem pejo desinfetados.

Aos desditosos enfermos,
Os vestuários tiravam,
As donzelas inocentes,
Os perversos ultrajavam.

Por requinte de maldade,
Sorriam ao vê-las nuas,
Fingindo não ver as lágrimas,
Caindo nas faces suas.

Cheias de dor e vergonha,
Vibrantes de indignação,
Erguem os olhos ao céu,
Clamando! Maldição!...

O Abreu que também fora,
No Lazareto internado,
Jazia enfermo no leito,
Cruelmente abandonado.

Com a suposta epidemia,
Estava o mísero atacado,
Era o que dizia o Rego,
Esse perverso malvado.

O doutor Balbino Rego,
Com requintada maldade,
Dizia a uma ilustre dama,
Residente na cidade.

O Abreu só bastaria,
Minha estimada senhora
Para contaminar a cidade,
Em pouco mais duma hora.

O que o cínico vendido,
Desejava e pretendia
Era fazer supor
Que a peste aqui existia.

Foi na fatal Bastilha,
De tão funesta lembrança,
Que a esposa desse infeliz
Deu à luz uma criança.

Nesse momento solene,
Sozinha a triste se viu,
Chamou! Mas coitada a pobre,
Pessoa alguma acudiu.

A pobre mãe carinhosa,
Olha o pequenino ser,
Cujo corpinho gelado,
Ela sente estremecer.

Com o rosto banhado em pranto,
As mãos erguidas ao céu,
A infeliz pede à Virgem,
Que proteja o filho seu.

E essa gente maldita,
Sem alma, nem coração,
Deixavam sozinha a enferma,
Na sua triste prisão.

Eram tantos os tormentos,
Que os enfermos padeciam,
Pois se até aos moribundos,
A confissão proibiam!...

O padre de S. Gonçalo,
Que à pressa fora chamado,
Chega ao Lazareto e vê,
Um grande caixão fechado.

Entre atónito e indignado,
Grita o sacerdote então,
Chamaram-me, senhor doutor,
Foi para ver o caixão?

Encarando o sacerdote,
Que o fitava de frente,
O Rego encrespou o sobrolho,
Respondendo altivamente:

Cumpra o seu dever, ó padre,
Se é que isso lhe apraz,
Absolva esse cadáver,
E vá-se embora em paz.

O padre torna-lhe severo,
Apontando para o caixão,
A que sexo então pertence,
O desditoso cristão?

Que lhe importa senhor padre,
Torna o Rego com arrogância;
Que esse corpo pertença,
A homem, mulher ou criança?

E depois de absolver,
Esse cadáver gelado,
O padre de S. Gonçalo,

Foi logo desinfetado.

Num estado lamentável,
Volta o pároco à freguesia,
Jurando pelo seu Deus,
Que nunca mais ali ia.

Desde então o Lazareto,
Mansão de paz e amor,
Transformou-se num abismo,
De desgraça, angústia e dor.

As crianças inocentes,
Choram amarguradas,
As donzelas castas puras,
Soluçam envergonhadas.

Ao enfermo que no leito,
Jaz em prostração,
Negam-lhe o próprio alimento,
Sem ter dó nem compaixão.

E os pobres moribundos,
Em poder desses malvados,
Sofriam torturas mil,
Morrendo desesperados.

As irmãs da caridade,
Voluntárias se ofereceram,
Mas Rego e Lomelino,
A isso não acederam.

Desditosas criancinhas,
Com o corpinho chagado,
Serviam de experiência,
A esse homem depravado.

Envolto em denso mistério,
O Lazareto jazia,
E cá fora o povo opresso,
De seus irmãos não sabia.

Um pequenino internado,
Desapareceu certo dia,
A título de estar febril,
Era a peste que o invadia.

A desditosa criança,
Com voz meiga lhe dizia:
Nada sinto senhor doutor,
E o velhaco sorria.

Tomando-a pela mão,
No quarto a isolou.
E a pequenina vítima,
No mesmo dia expirou.

Seguiram para a Bastilha,
Sacas com cal e carvão,
De propósito a assustar,
Os filhos deste torrão.

Por horas mortas da noite,
No mais profundo mistério,

Os mortos eram levados,
A caminho do cemitério.

O povo de S. Gonçalo,
Já muito contrariado,
Ao ver tanta mortandade,
Revoltou-se indignado.

E quando mais um cadáver,
Ia para ser enterrado,
Tiveram de recuar,
Perante o povo armado.

Com grossas varas em punho,
Tendo o vigário à frente,
Dar ao morto sepultura,
Recusaram tenazmente.

Do cadáver os condutores,
Tremendo de ansiedade,
Foram o morto sepultar,
No cemitério da cidade.

Vendo isto o Lomelino,
Tratou logo de arranjar,
Na Bastilha um cemitério,
Para as vítimas sepultar.

Com o bacilo da peste,
Que esse homem possuía,
Eram inumadas as vítimas,
Que faleciam por dia.

No sombrio Lazareto,
Toda a gente padecia,
E o governador da ilha,
Tudo isto permitia.

Perante tanto horror,
O Universo estremeceu.
E trémulo indignado,
Um anjo dos céus desceu.

Desdobrando as brancas asas,
Rápido ao quartel voou,
E no peito dos soldados,
A coragem inoculou.

Logo um punhado de bravos,
Partem dizendo – avante!
Escudados pelo anjo,
Que os segue vigilante.

E dali a poucas horas,
Esses valentes chegaram,
Ao sombrio Lazareto,
Que num instante arrombaram.

Seguidos por populares,
Na Bastilha penetraram,
Esses valentes soldados,
Que com a peste acabaram.

Ao vê-los os desditosos,
Que ali estavam internados,
Erguem os olhos ao céu,
Caindo ajoelhados.

E esses nobres heróis,
Honra e glória da ilha,
Os seus irmãos libertaram,
Dessa funesta Bastilha.

Então os pobres cativos,
Num ímpeto de gratidão,
Beijam as mãos aos soldados,
Que choram de comoção.

Num momento esses valentes,
Com a negra peste findaram,
E sobre uma ilha inteira,
A ventura derramaram.

Essa ação tão nobre e digna,
Para sempre abençoada,
Até junto do Eterno,
Foi pelos anjos levada.

E lá do alto dos céus,
A Virgem então sorriu,
E sobre os nobres soldados,
De Deus a bênção caiu.

O feito! Heroico sublime,
Desse dia abençoado,
Ficará na história pátria,
Em letras de ouro gravado.

Se não fossem esses bravos,
Soldados de infantaria,
Esta pérola do Oceano,
Em que estado hoje estaria?

E agora esses valentes,
Para Lisboa partirão,
E em vez de recompensa,
Grande castigo terão.

A esses bravos que arrostaram,
Até mesmo com a morte,
O castigo é imerecido,
São dignos da melhor sorte.

No seu peito de valentes,
Deveriam de ostentar,
Uma medalha honrosa,
Para o feito memorar.

Por isso Rainha Excelsa,
Que todo o povo venera,
Livrai nossos defensores,
Do castigo que os espera.

Vós que possuis Senhora,
Tão bondoso coração,
Perdoai a esses bravos,
Soldados desta nação.

Cinge-vos a fronte formosa,
O diadema real,
A vossa alma magnânima,
No mundo não tem rival.

O perdão! Nós vos pedimos,
Para esses homens de bem,
Vós que antes de Rainha,
Sois Mulher, Esposa, e Mãe.

**Sonho dum Machiqueiro
História da peste gananciosa
na ilha da Madeira**[1403]

Sonho dum Machiqueiro
História da peste gananciosa
na ilha da Madeira

Deitei-me na minha cama
e que havia de sonhar?
Que já era o fim do mundo
ou em breve ia acabar,
porque os homens, uns aos outros,
se tratavam de matar,
lá vão algumas razões
no que lhes passo a contar:

A nossa linda Madeira
formosa por excelência,
com gente bem educada
com gente de inteligência,
procurava-a o estrangeiro
sem temor de pestilência.

Houve um homem no país
que a queria difamar,
ao ponto de embarcações
não a poder visitar.

[1403] BMF, "Sonho dum machiqueiro", folheto avulso.

Um condemnado á morte

Este homem nasceu no Porto,
ali foi nado e criado,
e após vinte anos de estudo
veio a ficar aprovado,
pelos mestres de Coimbra
onde foi examinado.

E findos os seus estudos,
(tinha trinta anos de idade)
fizera um requerimento
à senhora autoridade,
demonstrando o seu saber,
sua muita habilidade.

Convocou-se uma assembleia,
com o fim de resolver
a maneira mais segura
de garantir-lhe o comer,
em vista de possuir
um tão notável saber.

Começou de receitar
quando à cidade chegou,
mas parece que espicharam
os doentes que tratou,
e daí a pouco tempo
é que a peste se espalhou.

E logo a fama correu
em toda a nossa nação
uns diziam que era peste
teimavam outros que não,
e a maior parte do povo
queria dar-lhe um malhão.

Levantou-se aquela gente
fazendo uma baralhada,
uns com paus, outros com pedras
correram-no à pancada,
três meses gemeu na cama
com uma canela quebrada,
mas depois finou-se a peste
não sucedendo mais nada.

Já tinha sido o bastante
para de tal se deixar,
mas assim que melhorou
para melhor se arranjar
foi procurar o ministro
mais a mulher, a chorar,
que tivessem pena dele
que lhe arranjassem lugar,
que de futuro jurava
sempre bem se comportar.

Mandaram-no para a Madeira
num cargo muito elevado,
e de todos os amigos
muito bem recomendado.
Assim que ele cá chegou
foi muito bem aceitado,
mas inda se não sabia
o que ele tinha arranjado.

Entrou para a Fortaleza
numa pantominação
e lá pensaram no modo
de pedir bago à nação
para ver se reaviam
o perdido na eleição.

Passaram-se muitos meses
sem que houvesse novidade,
mas um caso sucedido
no meio desta cidade
veio pôr os corações
numa grande ansiedade.

Era uma triste senhora
que há muito tempo sofria
e o que lá se passava
nunca a ninguém se dizia,
pois da sua enfermidade
Deus e ela é que sabia.

Chamaram quatro doutores
depressa, não devagar,
a fim de ver se podiam
todos juntos a salvar;
também foi o Dr. Rego
a doente examinar,
dizendo logo ser peste
impossível de curar.

Foi-se logo o doutor Rego
muito lesto p'ra a Carreira,
e diz ao governador
assim por esta maneira:
«Trago-te uma novidade –
que é p'ra interesse da algibeira –
é preciso declarar
termos peste na Madeira.»

E o nosso governador
assim lhe passa a dizer:
«Há-de entrar no Lazareto
todo aquele que adoecer,
e eu vou telegrafar,
fazer o caso saber.»

E partiu o doutor Rego
para casa a matutar:
«Se eles não me descobrirem
tudo se vai arranjar»,
(já contando com a massa
que p'ra lá ia ganhar).

Chegado ao dia seguinte
pelas horas do jantar,
foi a casa do barbeiro
com um carro para os levar,
e que tratassem depressa
da casa desinfetar.

Ao dar a doente entrada
na casa da ruindade
ordenou-lhe que lhe dessem
banhos cedo e pela tarde,
mas ao cabo de três dias
morreu de necessidade.

Começaram de empregar
vadios e malandrões,
conduzindo pelas ruas
os carros aos trambolhões
e a torto e a direito
fazendo desinfeções.

Os enfermeiros ganhavam
talvez pequena quantia,
mas o ganho do doutor
eram dez mil réis por dia.

Andavam dúzias de velhas
com coisinhas a vender,
mas o seu fim principal
os doentes conhecer,
e quem mais os descobrisse
maior prémio havia ter.

Um homem bem conhecido,
o cozinheiro Abreu,
também foi p'ra o Lazareto
por tratar parente seu,
que morreu mais a mulher
de moléstia que Deus deu.

O povo desta cidade
andava triste e a tremer,
uns queriam ir p'ra o campo
outros p'ra fora correr,
com medo do Lazareto
onde não queria[m] morrer.

As irmãs da Caridade
andavam sempre a clamar
chegaram mesmo a ofer'cer
seus serviços para os tratar,
que se alguma lá morresse
ia outra p'ra o seu lugar
mas eles que tinham manha
não quiseram tal deixar.

Foram ao Caminho do Meio
buscar duas desgraçadas,
levantou-se aquela gente
correram-no às pedradas,
o nosso doutor Abel
saltou muros e latadas,
chegando a casa de noite
c'o as costelas amolgadas.

Foi esta a primeira coisa
p'ra o povo ter coração
logo no dia seguinte
houve maior revol'ção.
Lá no Campo de D. Carlos
fizeram sua união,
quem não fosse ao Lazareto
ia levar cachação.

P'ra mais de três mil pessoas
puseram-se a caminhar,
cheios de ódio e destinados
a morrer ou a matar.
«Vamos para o Lazareto
que a peste vai-se acabar.»

Assim que chegados foram
começaram a bater,
o que fez a sentinela
principiar de tremer,
ignorando aquela gente
o que ali ia fazer,
e pondo o ouvido à escuta
ouviu uma voz dizer:
«Abre a porta e deixa entrar
de contrário vais morrer.»

Entraram todos lá dentro
sem terem que recear,
pois a mesma sentinela
o povo quis reforçar.
«Deita abaixo o Lazareto
para a peste se acabar
e agarrem o doutor Rego
para vivo sepultar.»

Mas assim que tal ouviu
logo dali se raspou,
era vereda de cabras
o caminho onde passou
e tão aflito se viu
que até, dizem, se sujou.

Apenas chegou a casa
foi-lhe a mulher perguntar:
– O que é que tens, marido

O cosinheiro Abreu e familia — libertados pelo povo.

que te pareces acabar?
– «Venho fugido da morte
O povo me quer matar,
Traz-me depressa umas calças
E trata de me limpar,
Agora estou desgraçado
Não tenho tempo p'ra que apelar.» –

No Lazareto, dizia
o povo aos encarcerados:
vamos já daqui p'ra fora,
andem daí, desgraçados,
pois já lá fora corria
que tínheis sido enterrados.

Uns em fralda de camisa
outros nuzinhos lá dentro,
a casa toda molhada,
Jesus! Que feio tormento!
Nem sequer os pais sabiam
dos filhos há tanto tempo.

Agarraram o Carocha
fizeram-no ajoelhar,
por haver desconfiança
que os ajudava a matar.
Logo pôs as mãos p'ra o céu
com promessa de explicar
o que sob aqueles tetos
tinha visto praticar,
que logo que eles morriam
se começam a cortar,
e metidos entre a cal
iam juntos a enterrar.

Assim que isto o povo ouviu
não se pôs com mais aquelas,
começou por estragar
louças, mesas e panelas,
instrumentos e remédios
atirou pelas janelas.

Depois de tudo partido
saíram num de repente,
um bando de militares
trazendo à sua frente
com pessoas quase nuas
p'ra vergonha dessa gente.

Havia muita pessoa

que não queria acreditar
o que dentro dessa casa
se estava há tanto a passar,
mas assim que aquilo viram
logo entraram de chorar,
foi somente a Providência
que quis o povo salvar.

Temendo encontrar a tropa,
foi o povo em romaria
com vivas à liberdade
pelo lado da olaria,
todos que o viam pasmavam
da proeza desse dia.

Quando chegaram à casa
do doutor Leite Monteiro,
deram vivas de alegria
a tão nobre cavalheiro
não esquecendo também
José da Cunha Ribeiro,
pelo acertado governo
feito no distrito inteiro.
Veio o doutor à janela
logo ao povo agradeceu,
e de tanto comovido
nesse dia nem comeu.

E lá no Campo da Barca,
tanta gente de montão
pretendia escangalhar
esse novo casarão,
mas os soldados pediram
que houvesse procedência então,
que partissem sossegados
com firmeza e união.

O Pedro da casa Blandy,
que em triste estado se achava
foi levado em padiola
à sua pobre morada
e ao vê-lo, a boa irmã
que já de luto trajava,
tal alegria sentiu
coitadinha! que chorava.

– Oh! meu querido irmão,
minha única ventura,
já te julgava atirado
ao fundo da sepultura!

Que é daquela cor tão bela,
que é da tua formosura!

O nosso Abreu cozinheiro
o que mais doente 'stava
veio num carro de bois
às mãos da rapaziada,
com a família também
do mesmo modo que andava.

Foram depressa p'ra casa
para o poder abafar,
a porta estava fechada
e não puderam entrar,
saltaram pela janela
e que haviam de encontrar?
Os instrumentos que tinham
vindo para desinfetar,
pegaram naquilo tudo
e mudaram-lhe o lugar,
à força de pontapés
tudo à rua foi parar.

Mais tarde veio um doutor
que tratou de receitar
caldo e leite de fartura
para a peste afugentar
e com tais medicamentos
veio o Abreu a escapar.

Ficou o António Preto
dentro das canas metido,
por não ter umas calcinhas
nem a mulher um vestido,
não venham julgar que é peta
foi um caso sucedido.

A família foi chamada
para de lá o retirar,
com a roupinha de esmola
que puderam alcançar,
e só eles, pois a irmã
já tinha ido a enterrar.

Mandaram depois pedir
o D. Carlos, à nação,
para evitar que nas costas
lhe estendessem um bordão,
dizendo que a nossa tropa
'stava toda em revol'ção.

À saída do vapor
já se ouvia alguém dizer:
apenas chegue o D. Carlos
grandes coisas vão fazer,
hão-de abrir o Lazareto
para o povo lá meter.

À chegada do D. Carlos
mais se zanga o povo então,
ouve-se um brado geral:
fora, fora o intrujão!
Em talas, o doutor Rego
fugiu p'ra Fortaleza,

'stavam lá cinco diabos
escrevendo sobre a mesa
Por ordem da autoridade
e tudo contra a pobreza.

Depois partiu p'ra casa
p'ra descansar e dormir,
rodeado pela tropa
como um ladrão a fugir,
pois nem osso lhe escapava
se ele chegasse a cair
nas mãos do povo que andava
a sua morte a pedir.

Na casa do doutor Rego
para a pele lhe livrar
'stavam quatro sentinelas
e um sargento a mandar,
e sempre bradando: – alerta!
toda a noite, sem parar.

Foram dois dos deputados
eleitos pela Madeira,
a tratar com os ministros
falando desta maneira:
«Quatro centenas de contos
são precisos p'ra a Madeira,
para o seu saneamento,
p'ra limpeza da estrumeira.
isto é sério, muito sério,
não julguem ser brincadeira,
morrem lá como peixinhos
coitados! Que desgraceira!

Viu-se nesta cidade
todo o comércio fechar,
alfaiates, sapateiros,
a deixar de trabalhar,
merceeiros, lavradores,
um povo inteiro a exclamar:
«É grande mariolada
o vapor cá não tocar.»

Reuniu a associação
do comércio, p'ra arranjar
bastantes assinaturas
para um protesto formar.
seguiram p'ra Fortaleza
povo e câmara a assinar
que peste cá não entrou
nem há-de, por Deus entrar.

Juízes e delegados
começam de falar:
«Você não tem competência
para estar nesse lugar,
era melhor empregar-se
no serviço de lavar,
ponha isto em pratos limpos
faça o vapor cá entrar.»
– E não teve outro remédio...
– Veio por fim a assinar.

Saíram todos contentes,

voltando ao seu lugar
onde o senhor Azevedo
Ramos ia discursar.
E disse aquele senhor:
– «Vão p'ra casa sossegar,
temos fé que dentro em breve
vão as coisas melhorar.»
Disse mais: que a autoridade
o doutor ia soltar.

Mal que o nosso povo ouviu
no doutor Rego falar:
– «Vamos todos sem demora
a casa dele assaltar.»
E partiram decididos
aos tarecos lhe estragar,
quando acaso não pudessem
o doutor nas mãos pilhar.

Foi embora aquele povo
em quantidade sem fim,
p'ra casa do doutor Rego
a provocar um chinfrim,
com vontade de enterrá-lo
mesmo vivo no jardim.

– «'Stá em casa o senhor doutor?
Desejamos de saber.»
Respondeu a sentinela
que ali estava por dever,
e nenhuma culpa tinha
do que ele andava a fazer,
que fora disso não queria
o nariz intrometer.

Havia perto dali
uma casa a concertar,
e de pedras se muniram
da mesma, para atirar
às janelas do doutor
fazendo os vidros quebrar,
obrigando a sentinela
a um brado d'armas soltar.

Deu a força de marinha
nessa mesma ocasião
uma descarga cerrada
sem ter bala ou munição,
no intento de afastar
para longe a multidão.

Um polícia que ali estava,
um polícia atrevido,
disparou também um'arma
para sobre o povo irmão,
indo a um ferir na boca
e a outro no peito então:
o desgraçado Filipe
que logo rolou no chão.

Acercou-se muita gente
naquele instante fatal
do desgraçado Filipe

ANEXO V - FOLHETOS SOBRE A *PESTE BALBÍNICA*

Partida do dr. Rego para Lisboa no "S. Miguel"

p'ra levá-lo ao hospital,
onde ao fim de muitos dias
melhorou do grande mal.

No quartel de infantaria
mandaram apresentar
as licenças, e recrutas
que mal sabiam pegar
nas armas, para as costelas
de tais tratantes guardar.

Um doutor lá por Machico
andara sempre a tremer,
e p'ra evitar de ser morto
disfarçou-se de mulher.

Voltemos ao Lazareto
pois que lhes quero contar
que os tais doentes de peste
gozam saúde a fartar,
o Pedro está muito fraco
mas breve vai melhorar.

Quanto ao cozinheiro Abreu
foi sua pena chorar,
p'ra que lhe dessem a roupa
que lhe custara a ganhar,
consta que ainda por cima
entraram dele a troçar.

*
* *

Houve mortes, mas ao certo
quantos inda não se sabe,
pois que o Rego & Companhia
tinham grande habilidade,
p'ra esconder tão grandes crimes
à sombra da liberdade.

Ao nosso bondoso Rei
pedimos a pena inteira
no castigo dos traidores
do bom nome da Madeira,
que inventaram a moléstia
só para encher a algibeira.

Eis aqui o triste sonho
dum infeliz machiqueiro
que só veio a terminar

no tal sete de janeiro,
dia em que morreu a peste
do grande pantomineiro.

Já lá foi o doutor Rego,
o terror do povo ilhéu,
vai sucedendo o sossego,
parece o Funchal um céu,
porém à sua saída
bonito caso se deu.

Em barda, na praia o povo
quis ver partir o vapor,
que ia levar p'ra Lisboa
o tal prenda do doutor,
que em má hora p'ra aqui veio,
que foi disto o causador.

Para o ar subiram bombas,
houve alegria nas almas,
homens velhos e crianças
de prazer bateram palmas.

Num escaler do D. Carlos
Posto às ordens do governo,
Foi p'ra bordo do paquete
Sem ter um sorriso terno
Destes povos que se viram
Livres de tamanho inferno.

Maldição sobre ele pese
E também sobre a quadrilha,
Que para comer à farta
Infamaram nossa ilha.

2. Da autoria do Feiticeiro do Norte[1404]

A Peste no Funchal[1405]

Cantigas do feiticeiro
Foram sempre bem aceitas,
Eu cá tenho as pernas tortas
Mas digo coisas direitas.

Vim do Arco de S. Jorge,
Lá da minha moradia,
Mas antes tomei conselho
Com o padre da freguesia.
– Senhor padre sou cristão,
Comecei por lhe dizer,
E sem minha confissão
Eu não desejo morrer,
Preciso d'ir à cidade
E quero-me defender.

Anda a peste no Funchal
P'ra lá quero caminhar,
Sou casado tenho filhos
Posso por lá acabar
E a eles coitadinhos
Quem os há-de sustentar. –

O padre me respondeu
Que estivesse descansado
Pois na sua opinião
O nosso maldito Estado
É que precisava ser
Muito bem desinfetado.
Que o padre não me enganava
Então logo percebi,
Despedi-me da família
E em seguida parti
P'ra o Funchal e aqui estou
Pronto a contar o que vi.

Foi na rua dos Ferreiros
Onde a peste começou
A enganar toda a gente
Que na rua se ajuntou,
E mais tarde a triste nova
Pelo mundo se espalhou.

[1404] Nesta altura o mais afamado Feiticeiro madeirense, ou seja, poeta popular que recitava de cor os seus versos, era Manuel Gonçalves, natural do Arco de São Jorge, mais conhecido pelo epíteto de Feiticeiro do Norte.

[1405] BMF, "A peste no Funchal", folheto avulso. Este folheto teve uma segunda edição, ilustrada, publicada sob o título "Peste no Funchal - Cantigas do Feiticeiro (2.ª Série).

Foi aberto o Lazareto
Para a peste se isolar,
Daqueles que p'ra lá iam
Nunca [mais] se ouvia falar,
Mas o povo cá por fora
Pôs-se no caso a pensar.
A altas horas da noite
Eram muitos agarrados
Como a rede apanha os cães
Cegos, tortos e cambados
Lá iam parar às mãos
Daqueles grandes malvados.
Reumatismo, dores de dentes
Ou no corpo qualquer íngua
Deitava um homem a perder
Tinha que acabar à míngua;
Gosto de dizer verdades
Não tenho papas na língua.
    Soube-se então que faziam
Milhares de judiarias
Aos doentes que entravam
P'ra's negras enfermarias
Do Lazareto tornado
Casa de patifarias.
Eram todos alagados
Da cabeça até ao chão
E outros mesmo na cama
Levavam desinfeção,
Tremendo os pobres com frio
Por andar à *pai Adão*.
    P'ra estas poucas vergonhas
Nunca faltava dinheiro
Mas o Abreu tinha fome
Disse um dia ao enfermeiro:
«Em má hora Deus me fez
Neste mundo cozinheiro;
Meus dias vou acabar
Infeliz num cativeiro.»
    Desgraçados se enterraram
Nas covas do cemitério
Sem padre sem sacristão
Tudo em profundo mistério;
Isto não se faz a moiros
Nem a gente de critério,
Pois estas pestes às vezes
Dão cabo do ministério.
    O doutor Balbino Rego
Mal haja quem se lembrou
Mandá-lo p'ra nossa terra,
Um tirano que inventou
A peste que a todos mata
E só a ele o não matou,
Ou aqui houve mandinga
Ou *a peste assassinou!*...
    Ao infame Lazareto
Vão a sete de Janeiro
Soldados e populares
Não deixando nada inteiro;
No assalto se perdeu
Coisas de muito dinheiro,
O povo já estava farto
De tanto pantomineiro.
Os doentes que lá estavam
Coitadinhos a penar
Da mão daqueles tiranos
O povo pôde arrancar,
E sem ter medo da peste,
Tratou logo de abraçar
Aqueles que felizmente
Puderam à morte escapar;
Estas cenas, meus senhores,
Davam vontade de chorar.
Foram ao colo os mais fraquinhos
Outros pareciam ter asas
A correr a bom correr
Cada um p'ra suas casas.
    O governo português,
P'ra maior calamidade,
Não queria que o «S. Miguel»
Tocasse nesta cidade,
Temendo os açorianos
Fez-nos grande falsidade.
    Os lojistas do Funchal
Não tinham satisfação
Em ver que os seus interesses
Sofriam alteração;
Fecharam todas as portas
Para uma reunião
Na entrada da cidade
Numa casa de balcão;
Lá estiveram à conversa
Para ficar resolvido
Que dessa peste maldita
Ninguém havia morrido.
    Foram com o governador
Para assinar um artigo,
Isto tudo foi contado
Por um nosso bom amigo
Que no balcão ia lendo
Num papel bem redigido.
    O povo então esqueceu
O fero administrador
E seguiu por ali acima
Onde morava o doutor;
A casa estava guardada
Por marinha portuguesa
Que aconselhava o povinho
Que não fizesse afoiteza,
Porque eles tinham ordem,
Passada na fortaleza,
Para matar todo aquele
Que praticasse esperteza.
Apesar destes conselhos
Houve ainda sobremesa
Pois as portas e janelas
Levaram boa limpeza.
    A polícia também quis
Mostrar o seu galardão
Querendo matar a peste
De bacamarte na mão;
Estava tudo acabado

A HISTÓRIA DA PESTE[1406]
(Os verdadeiros versos do Feiticeiro)

Meus senhores e senhoras,
Queiram m'ouvir um nadinha,
Palavras da minha boca
São bons caldos de galinha.

———

Fizeram p'ra aí uns versos,
Os senhores «quadrilheiros»,
E disseram que eram meus!
Que grandes pantomineiros!
Muita pataca ganharam
À custa dessa artimanha,
Mas hão-de pagar bem caro
Sua atrevida façanha.

Eu entreguei minha queixa
No tribunal competente;
Por o que lá me disseram
Eu fiquei muito contente!
Mais nada, a este respeito,
Não esperem que eu lhes diga,
Pois segredos da justiça
Não me saem da barriga.

Meus senhores e senhoras,
Agora vou-me ocupar
Da moléstia que aqui houve
E tanto deu que falar...
Notem bem que eu vou fazê-lo
Com toda a sinceridade;
Por toda a parte onde andar
Sempre direi a verdade.

Pelo fim do mês dos Santos,
Tava eu no mê torreiro,
Ouvindo o mê galo preto
A cantar no sê poleiro,
Quando mê primo, o «Guedelha»,
Que voltava da cidade,
Foi ao mê pé me dezer
Que levava novidade.

Pedi-lhe que ma dissesse.
E logo me respondeu,
Que uma nova sobre «peste»
Nesta cidade correu;

[1406] ABM, *Correio da Tarde*, 1 de março de 1906. Neste texto optámos por manter algumas expressões da nossa oralidade, existentes no mesmo, de modo conferir mais autenticidade ao mesmo. Não deixam de ser interessantes estes versos, que seriam da sua autoria, ao mesmo tempo que o seu autor refere que houve outros que haviam sido forjados e publicados como se fossem seus.

Apenas ele voltou as costas,
Eu me pus a analisar...
E pensei que grande JOGO
Se tratava de arranjar.

Para eu poder fazer
Minhas observações,
Mandei logo p'ra cidade
Meio cento de tostões,
P'ra que lá p'ra freguesia
A mim fossem enviadas,
As folhas desta cidade,
Devidamente seladas.

Assim eu fui recebendo
Todos os jornais da ilha:
«O Popular» dos catitas,
«O Direito» da Quadrilha
«Heraldo» dos alamões
«Notícias», dos ingleses,
E, em carta dum compadre,
Falaço dos portugueses.

Lia-me esses tais papeles,
O genro do «Ti Gavina»,
Que desta coisa de letras,
Não percebo patavina;
Por isso hoje, meus senhores,
E senhoras que aqui 'stão
Eu estou bem informado
De tão falada questão.

Não houve peste nenhuma.
Cá no meu intindimento;
O que houve foi um «jogo».
Com grande descaramento!
Foi uma peste inventada
Por gente de grande tento,
Mas não foi como alguém diz,
Pelo nosso parlamento.

Quem criou a negra peste,
Com atrevido e grande jeito,
Já se sabe, e muito bem,
Foi a gente d'«O Direito».
Foi essa gente que trouxe
P'ra Madeira o Doutor Peste,
Que apareceu no Funchal
Em dia de forte leste.

Essa gente do «Direito»
Fundou aí certas gaiolas,
Por o que são conhecidos
Por uns grandes mariolas;
– O Posto da Bicharia,
E o de Desinfeções,
P'ra não falar, meus senhores,
Em mais outros alçaprões.

Os forjadores da peste
Duas tenções tinha em vista:
Matar o grande partido
Que se chama Progressista,
E engordar o Doutor Rego,

O alfacinha; o tripeiro;
Consta que lhe prometeram
CINCO contos em dinheiro.

O pançudo do Artur,
'Té denúncias fez também;
Fez ir para o Lazareto
Tanta pessoa de bem!
Ele, um pateta, um velhaco,
Nem golpes sabe curar,
Acusar gente com peste,
Sem de nada se queixar!!!

Chegando a uma certa altura,
Vendo-se desmascarados,
Arranjaram outro «jogo»
P'ra não serem castigados;
Para não abrir a boca
Ao Rego foram rogar;
Que quando fossem p'ra cima
Lhe haviam de pagar.

Não levanto aqui um viva
Aos que fôro ao Lazareto
Matar a peste inventada,
Por não terem um espeto
Metido no doutor Rego,
E também nos que o trouxeram
Da sua terra p'ra aqui,
Que tanto mal nos fizeram.

Talvez alguém vá julgar
Que eu recebi dinheiro
P'ra poder falar assim;
Notem bem que o Feiticeiro
É pobre mas é honrado;
P'los santos todos do céu
Jura que diz a verdade
E que nunca se vendeu.

3. Outros folhetos sobre esta peste

O BICHO DESAPARECEU[1407]

Já lá vai o Dr. Rego
Que nos queria aniquilar;
Que vá, mas nunca apareça
Neste ninho salutar.

Que vá, mas nunca apareça
Deixando esta terra em paz
Pois antes que o mal cresça
Corta-se a *tola ao rapaz*.

Pois antes que o mal cresça
É preciso ter cuidado

[1407] ABM, "A peste balbínica", folheto avulso.

Já o pusemos na rua
Foi cortado o mau bocado.

Já o pusemos na rua
Esse maldito bregueiro,
Que à custa da Madeira
Quis encher o *pandeiro*.

Que à custa da Madeira
Já tinha grande a barriga
A enterrar Madeirenses
Com a sua jeropiga.

A enterrar Madeirenses
Nunca mais apanhas tal,
Se queres viver sossegado
Nunca venhas ao Funchal.

Se queres viver sossegado
Deixa as bubónicas pestes,
É melhor cavar batatas
Que adubar os ciprestes.

É melhor cavar batatas
P'ra tua terra, *tripeiro*,
E fica-te de lembrança
O dia SETE DE JANEIRO.

E fica-te de lembrança
Nunca mais aqui voltares,
A Madeira também sabe
Livrar-se dos maus azares.

A Madeira também sabe
Expurgar os vendilhões
Que com manha sorrateira
Queriam impingir os bubões.

Que com manha sorrateira
Só querias os teus intentos;
Nunca mais venhas à Madeira
Deus te leve com bons ventos.

CANÇÃO DA PESTE[1408]
(Para cantar na música da "Margarida")

O doutor Balbino Rego
o doutor Balbino Rego
um portento nos micróbios,
veio roubar o sossego,
o doutor Balbino Rego
aos espertos e pacóvios.

*O doutor Balbino Rego
um portento nos micróbios.*

Dias depois de internado,
dias depois de internado,

[1408] ABM, "A peste balbínica", folheto avulso.

no Lazareto o Abreu,
foi Galeno interrogado
dias depois de internado
sobre o mal que o acometeu.

*Dias depois de internado
no Lazareto o Abreu.*

*Pneumonia infeciosa,
pneumonia infeciosa,
e do caráter pior,
numa epístola manhosa,
ser moléstia infeciosa
afirmara o tal doutor.*

*Pneumonia infeciosa
e do caráter pior.*

E Deus que sempre direito,
e Deus que sempre direito,
escreve por linhas tortas,
do dia sete no feito,
Deus que escreve bem direito
abriu à *Bastilha* as portas.

*Mas Deus que escreve direito
abriu à Bastilha as portas.*

Desde esse dia de glória,
desde esse dia de glória,
para o povo do Funchal,
a *peste* passou à história,
desde esse dia de glória
acabou-se o negro mal.

*Desde esse dia de glória
Acabou-se o negro mal.*

Sai da flor do oceano,
sai da *flor* do oceano,
para outras regiões,
c'o ferrete de tirano
sai da flor do oceano
onde não medram bubões.

*Sai da flor do oceano
onde não medram bubões.*

CONFISSÃO DO DOUTOR REGO[1409]

Foi a sete de janeiro
De novecentos e seis
Que morrendo a negra peste
Findaram cenas cruéis.

O doutor Balbino Rego
Desse dia por diante
Nunca mais pôde alcançar
De sossego um só instante.

Vendo-se tão perseguido
Pela ira popular
Foi p'ra bordo do D. Carlos
Seguro asilo encontrar.

No dia sete em Fevereiro
Para Lisboa fugiu
Sendo saudado à partida
Com foguetes de assobio.

Segue o rumo de Lisboa
Com mar chão e vento forte
Bem feliz te deves crer
Por escapares da morte.

Ó tirano do bom nome
Desta terra hospitaleira
Nunca mais deves pensar
Em pôr os pés na Madeira.

Era às quatro horas da tarde
Que ia partir o vapor
Que havia de conduzir
O malfadado doutor.

Mais ou menos às cinco horas
Largaram do cruzador
Quatro escaleres armados
E duas lanchas a vapor.

Logo que a bordo chegou
E olhou para a multidão
Que deixava para sempre
Por ser malvado e intrujão.

Ouvindo o som zombeteiro
Das granadas a estalar
Escutando em volta dele
Foguetes a assobiar.

Sobre o mar e sobre a terra
Tudo o que ficava atrás
Eram ódios infinitos
Eram pragas colossais.

Em meio de tal grandeza
Triste e surpreso ficou,
Levantando as mãos ao céu
De joelhos se prostrou.

Entre lágrimas e pranto,
Tomado de comoção
Os passageiros ouviram
A seguinte confissão:

«De joelhos me confesso
A ti Povo da Madeira
A quem eu queria explorar
De forma tão carniceira.

Eu fui malvado, bem sei,
Fui um feroz criminoso

Por meus crimes merecia
Um castigo temeroso.

E agora que duma vez
P'ra sempre te vou deixar,
Pela minha própria boca,
Meus crimes te vou contar:

A minha primeira vítima
Foi uma dama estimada
Que sofria há muitos anos
Uma doença ignorada.

Quando a fui examinar
Logo a peste lhe encontrei,
A ela e mais a família
P'ra o Lazareto mandei.

Lá ficaram muitas horas
Sem socorro, luz e pão,
Antes de lhe dar comida
Mandei-lhe fazer caixão.

No outro dia morreu
Essa pobre desditosa
E com ela começou
A Peste Gananciosa.

De susto matei Miguéis
E António Pinto matei,
Matei muitos mais sem conta
Porque os mortos não contei.

Lá meti uma criança
Com cinco anos somente
Metiam dó os gemidos
Soltados pela inocente.

Quando já estava expirando
Inda chamou pela mãe
Que sem lhe poder valer,
Lá estava presa também.

Uma das cenas mais belas
Em que sentia prazer
Era dar banho às mulheres
Nuas de frio a tremer.

Nestas coisas indecentes
As pobres não consentiam
Que as tratasse doutra forma
De joelhos me pediam.

Das dores das infelizes
Nunca tive compaixão;
Com essa dores e angústias
Eu ganhava um dinheirão.

Aos doentes mais em perigo
Que estavam em pior estado
Eu dava em vez de remédios
Batatas e atum salgado.

Dos homens me desfazia

[1409] ABM, "A peste balbínica", folheto avulso.

Das mulheres abusava
E aquelas que resistiam
Num instante as desterrava.

Depois de mortos os doentes
Eram por mim retalhados
Quebrava-lhes os ossos todos
E as carnes em mil pedaços.

O padre de S. Gonçalo
Movido de caridade
Quis confessar os enfermos
Às portas da eternidade.

Mas isso não me servia
Aquilo não me agradava
Não queria olhos estranhos
Vendo o que ali se passava.

P'ra lhe tirar a vontade
De lá tornar a voltar
Dei-lhe um banho de sulfato
Que o deixou da cor do mar.

E ao ser desinfetado
O bom do padre vigário
Fazia recordar Cristo
Na agonia do Calvário.

Inda tinha alguns seguros
Guardados para matar
Quando os malditos soldados
Os puderam libertar.

Desse dia por diante
P'lo grande medo que eu tinha
Mandei guardar minha porta
Com soldados de marinha.

Eu não te peço perdão
Ó Povo que me expulsou
Eu fiz-te mal, muito mal
Mas satisfeito não estou.

Eu tenho um nó na garganta
Levo em mim desgosto sério
Em não fazer da Madeira
Um completo cemitério.

Não fui somente o culpado
Dos crimes que já contei
Se roubei, feri, matei,
Foi sempre à sombra da lei.

À DESPEDIDA – DOUTOR REGO – ARREPENDIMENTO[1410]

Adeus povo madeirense,

1410 BMF, "À Despedida – Doutor Rego – Arrependimento". Folheto avulso.

Por mim tão prejudicado,
Adeus, Ilha da Madeira,
Adeus, povo abençoado.

POVO

Adeus cínico, bandido,
Adeus carrasco malvado,
Adeus louco devasso,
Adeus ente desgraçado.

REGO

Perdão ó povo bondoso,
Porque eu estou castigado,
Das injúrias, o remorso,
Jamais me há abandonado.

Oh... deixai-me em paz
Criminoso degredado,
Entre os horrores da dor,
Do mundo tão desprezado.

A minha alma amargurada
O coração lacerado,
Só no inferno encontrará,
Refogo do seu grande peca[do.]

Entre as agruras da morte,
No lodaçal arrastado,
Da podridão do desprezo
Findará meu triste fado.

Pela política da terra
Fui deveras detestado,
E pelo povo em geral,
Eu também fui malfadado.

Finalmente, arrependido,
Vivo mui apoquentado,
Porque o causador da peste
A pena, sou eu culpado.

De que me serve a ciência
Se... ó gran[de] e cruel enfado,
Esta maldita cabeça
Tanto me tem arruinado.

Eu vou partir da Madeira
P'ra Lisboa, magoado,
Pela peste que inventei,
Deixando o povo alvejado.

POVO

Parte, sim parte ó tirano,
Mais que nunca perdoado
E do funesto flagelo
Que tu tinhas atirado.

REGO

Eu da justiça talvez,

Fuja do banco dos réus,
Mais [Mas] não poderei fugir,
Do castigo lá dos céus...

POVO

Foge foge da Madeira;
Infame a negro castigo,
Ceifada de tantas vidas,
Da vida monstro inimigo.

REGO

Antes de partir deixai,
Dizer um lobo feroz
Que desta patifaria,
Sou eu o único algoz.

Sou responsável em tudo
De quanto se praticou.
Sou eu o único culpado
Mais [Mas] tudo tudo acabou.

Devido aos bravos soldados,
Dignos de todo o elogio
Já não existe o bacilo
Que apenas de mim saiu.

POVO

Todos sabem que só a ti
Cabe a responsabilidade
Da inventada epidemia
Nesta salubre cidade.

Vai expiar teus pecados
Com Lúcifer p'ra o inferno,
Vai apagar teus pecados
Sob fogo intenso e eterno.

REGO

Adeus povo Funchalense,
Adeus terra hospitaleira,
Onde formei uma peste

Brotada desta algibeira.

POVO

Adeus imundo, adeus louco,
Adeus, para sempre, adeus,
E não voltes que serão
Contados os dias teus.

REGO

Perdão, povo molestado
Perdão ó povo perdão
Pois dos crimes praticados
Eu já tenho a expiação.

Adeus, eu parto para sempre
Para não cá mais voltar,
Boiando sobre o desprezo
Como o São Miguel no mar.

Saudação
Salvé! Ó capitão Branco,
Ilustre governador,
Recebei dos Funchalenses,
A gratidão e o amor.

O DR. REGO ENFORCADO
Os crimes do Lazareto[1411]

Ao chegar a Lisboa o Rego
Não o deixaram saltar,
O governo pensou logo
Em o mandar enforcar.

Foi para terra escoltado
Numa força de capitão,
Sendo logo em seguida
Encerrado na prisão.

Foi lavrada a sentença
Que antes de morrer
Três dias devia estar
Sem comer nem beber.

Também foi decretado
Que na mesma prisão
Devia sofrer horrores
Ferindo-lhe o coração.

A prisão era escura
E umas palhas no chão,
De cama lhe servia
Como se fora um cão.

Por ordem superior
Foi-lhe ordenado então
Que devia tirar as roupas
E de ficar à Pai Adão.

Na cabeça devia ter
Panos com água fria,
O corpo sempre molhado
Como ele a todos fazia.

Findo o terceiro dia,
Foi chamado ao juiz,
Este, grave e austero,
Desta maneira lhe diz:

«Foste tu, dr. maldito,
Na Madeira autor da peste!
E dentro do Lazareto
Tu muitas mortes fizeste!

Tens cúmplices, bem o sei,
Que hão-de ser castigados,
Como tu, dr. infame,
Em breve serão julgados.

Tua hora é chegada
E não serás perdoado
Maldito serás p'ra sempre,
Ao inferno condenado!»

*
* *

Foi lá no Campo Grande
Entre grande multidão
Que o dr. Rego espichou
Sem nunca pedir perdão.

Depois de ser enforcado
E metido num caixão,
Foi levado ao cemitério
Do alto de S. João.

A cova não foi benzida
Nem padre o acompanhou,
Foi enterrado como um bicho
Que de repente *azougou*.

No inferno os demónios
Tiveram grande alegria,
Ao chegar este irmão
Lá p'ra sua confraria.

«Olha, Rego, – diziam eles –
Tu vais a desinfetar,
Dentro destes caldeirões
Para o micróbio matar.

E como ele não quisesse
Tais desinfeções fazer,
Foi posto numa fogueira
E lá está sempre a arder.

FIM

O DR. REGO NO INFERNO
(Expiação dum criminoso)[1412]

Logo que o Diabo soube
Que o Rego 'stava enforcado,
Sem demora s'apoderou
Daquele grande malvado,
E com receio *do Peste*
Lá o levou arrastado.

Viajar dessa maneira
Por valados e montanhas,
Só merece um criminoso
Desumano sem entranhas,
Que dentro do Lazareto
Praticou cruéis façanhas.

Ao dar entrada no Inferno,
Procedem às desinfeções,
E mil demónios espertos
Munidos com os seus sifões,
Tratam logo de esguichá-lo,
Como o Carocha, os *bubões*.

Ao levar grande lavagem
Com sulfúrico e aguarrás,
O miserável coitado
Dava urros e dava ais...
Dizia o Demo: «Não gostas
Do que fazias aos [de]mais?»

Com pez, alcatrão e enxofre
Tratam de o *alcatroar*...
E a *diabada* dizia,
Quando o estava a *caiar*:
«De medidas profiláticas
Não tens que te admirar.»

E na zona de refúgio
O infame foi metido:
Mas naquele *Lazareto*
Não havia atum cozido...
Só comia cobras vivas
E algum chumbo derretido.

Q'ria dar notícias suas
Dessa prisão horrorosa,
Aos seus *amigos e sócios*
Da Peste Gananciosa:
Mas diz o Demo: «O infame,
Dessa graça nunca goza...»

Lembra-te que no Lazareto
Torturaste tantos entes,
Que entravam com saúde
E lá ficavam doentes,
Sem nunca terem a dita
De saberem dos parentes.

....

1411 ABM, "A peste balbínica", folheto avulso.

1412 ABM, "A peste balbínica", folheto avulso.

Com horror via os espetros
Das vítimas que cometeu,
A lançarem-lhe p'lo corpo
Grandes caldeirões de breu.
Até via com um trinchão
O bom cozinheiro Abreu.

Via o pobre do Miguéis
Contra ele às marteladas;
Ouvia ais cruciantes
De crianças mutiladas;
Maldições de mães aflitas,
Seminuas, desgrenhadas!...

Naquele antro horroroso
Tudo vinha atormentá-lo!...
Carne humana retalhada
Parecia querer esmagá-lo.
Daquela que ele mandava
Em caixões p'ra S. Gonçalo!

Com todos estes tormentos,
O infame carniceiro,
Só maldizia os heróis
Que a sete de janeiro
Lhe arrancaram a *maminha*
Onde *chupara* dinheiro!...

Já sem receio do Peste,
Por ter passado o inverno,
Diz Satanás ao tratante,
(Fingindo um sorriso terno):
«Queres ver alguma coisa
Deste meu reino – O inferno?...»

E lá vão a passear
Os *dois amigos leais*,
Por ruas, becos, cavernas,
Labirintos infernais,
A falar sobre micróbios,
Medicina e coisas mais...

– «Não quero saber de médicos...
Dos muitos que p'ra cá vem,
Proibi que eles receitem,
Que não ganhem nem vintém:
E com estas minhas ordens
Não morre por cá ninguém.»

... E sobre melhoramentos
Notou o Rego que *a cidade*
Não tem água nem esgotos,
P'rigando a salubridade;
Nem *Posto Bacteriológico*
Que é de gran[de] necessidade!...

– «Um posto bacteriológico!
Esgotos! Desinfeções!
Sendo você diretor
Com mais alguns intrujões,
Tinha a Peste em breves dias

Cá por estas regiões!!

E a matutar lá consigo,
Diz o Demo tarimbeiro:
«Este patife só quer
Meios d'apanhar dinheiro!...
Deixa estar qu'eu já t'arranjo,
Dentro daquele caldeiro!»

E levando-o p'ra o lugar
Onde fervia alcatrão,
Agarra o doutor malvado
E lança-o no caldeirão...
Saindo dias depois
Mais negro do que um tição.

O Doutor endiabrado
Com tão enormes torturas
Jurou que ia vingar-se
Das Satânicas criaturas
Mandando vir p'los amigos
As suas célebres *culturas*...

O Demo que nada teme,
Parece ter medo agora
Que o Rego lhe largue Peste
No Inferno, e sem demora
Já deu ordens terminantes
Para o pôr de lá p'ra fora!

FARSAS E FARSANTES
Primeira duma série de cartas sobre as peripécias da suposta epidemia da peste bubónica.[1413]

Volve à vida, Tolentino,
Bocage, surge do pó,
tendes assunto que baste
p'ra bordoada sem dó,
causticai estes patifes
que não fique a salvo um só,
volve à vida, Tolentino,
Bocage, surge do pó.

Que das lousas se levantem
também Zarco e Vaz Teixeira,
venham ver os detratores
desta terra hospitaleira,
desta gema preciosa
denominada – Madeira,
a muito amada de Henrique
João Zarco e Vaz Teixeira.

Nesta jóia, a mais formosa
da c'roa de Portugal,
Uma horda de traidores
assentou seu arraial.
Poetas, navegadores,
vinde ver tamanho mal,

[1413] ABM, "A peste balbínica", folheto avulso.

o descrédito da jóia
mais bela de Portugal.

Vinde ver dos insulanos
a mágoa dilacerante,
por ver lançada a suspeita
no seu torrão deslumbrante,
bem digno de ser cantado
na lira de Homero ou Dante,
vinde ouvir-lhes os queixumes
de mágoa dilacerante.

Nesta pérola dos mares
tudo fala de primores,
concedeu-lhe a Natureza
brando clima, e lindas flores
onde buscam estrangeiros
lenitivo às suas dores,
nesta pérola dos mares
tudo fala de primores.

Não possui a Europa inteira
um jardim assim tão grácil,
uma flora mais constante,
primavera mais gentil,
mais formoso panorama,
mais ameno e puro abril.
Não possui a Europa inteira
um jardim assim grácil.

Todavia, alguns ingratos
filhos seus, desnaturados,
sem escrúpulo e respeito
às cinzas de antepassados,
vem cuspir-lhes a memória
com intentos depravados.
E compõe-se essa falange
de filhos desnaturados.

Concebido o astuto plano
da mais sórdida cobiça,
não trepida essa coorte
ferir dos Céus a justiça,
e à cratera da calúnia
De contínuo o fogo atiça,
concebido o astuto plano
da mais sórdida cobiça.

Lá fora, a tuba da fama,
apregoa o fatal fim
da família madeirense
c'o a «peste» de Bombaim.
Cá dentro o cenário é triste,
é tudo lúgubre, enfim.
Lá fora a tuba da fama
apregoa o nosso fim.

Polícias e varredores
andam numa dobadoira,
um espia, outro fareja,
este assalta, aquele agoira,
e em meio de tal terror
quem não for um forte estoira.
Polícias e varredores

andam numa dobadoira.

Desinfeções ao almoço,
à ceia desinfeções,
de demónios pelas casas
verdadeiras legiões,
a inquirir se nossas pernas
ou sovacos tem bubões.
Desinfeções ao almoço,
ao jantar desinfeções.

É inaudito, pois não é,
coisa assim que é que a viu?
O que vale a maravilha
do telégrafo sem fio,
em face do microscópio
que o Balbino descobriu?
É assombroso, pois não é,
coisa assim quem é que viu?

FARSAS E FARSANTES
Segunda duma série de cartas sobre as peripécias da suposta epidemia da peste bubónica.[1414]

Dá-me, *Apolo*, a tua lira,
Venham *Erato* e *Tália*
Para cantar os grotescos
Detalhes da epidemia,
Descoberta pela troupe
Rego & Companhia.
Dá-me, Apolo, a tua lira
Venham *Erato* e *Tália*.

Em matéria de infusórios
dá o Balbino sota e ás...
Quem o Balbino desbanca
nas análises que faz?
Deixa o nome imorredouro
da Madeira nos anais...
Em matéria de infusórios
dá o Balbino sota e ás.

Roux, *Pasteur*, velai as faces,
fostes vencidos, alfim!
Esculápio tão famoso
e um laboratório assim,
não tem Paris nem Madrid,
nem também possui Berlim.
Roux, *Pasteur*, velai as faces
fostes vencidos, alfim!

Se o Vaticano soubesse
de tal médica eminência
era certa a concessão
duns cem dias de indulgência,
pelos serviços prestados
com tanta proficiência.
Se o Vaticano soubesse,

[1414] ABM, "A peste balbínica", folheto avulso.

concedia-lhe indulgência.

Gripe, tosses, catarreiras,
apanha-as qualquer mortal,
a estação seja calmosa
seja a estação hibernal,
mas nelas vira a *ciência*
sintomas de estranho mal.
Gripe, tosses, catarreiras,
Apanha-as qualquer mortal.

Em criaturas propensas
a *maleitas* ou sezões,
e acusadas por tunantes,
miseráveis espiões,
descobriram-se *bacilos*
tamanhos como melões,
Em criaturas propensas
a *maleitas* ou sezões.

*
* *

Beleguins e Torquemadas
dum moderno tribunal,
não acenderam fogueiras
nem brandiram o punhal,
mas tem crimes que punidos
são p'lo CÓDIGO PENAL.
Beleguins e Torquemadas
dum moderno tribunal.

Os maus tratos infligidos
em filhos deste torrão,
revelaram-nos condignos
da quadrilha do Brandão,
diferentes nos processos
iguais na depravação.
Pelos tratos infligidos
em filhos deste torrão.

Acaso podem tais réus
escapar à ação das leis?
Não reina João terceiro,
liberais são nossos reis,
e justiça e só justiça
pedem súbditos fiéis.
Acaso podem tais réus
escapar à ação das leis?

Pois ver assim transformada
num açougue e num harém,
uma casa onde devia
reinar o amor e o bem,
não é para revoltar
as almas que vista tem?
É justo ver transformado
o Lazareto em harém?

É justo que se propalem
calúnias aos quatro ventos,
p'ra que vis ambiciosos
aufiram largos proventos?
Os bandidos do Falperra

tinham melhores sentimentos!
É justo que se propalem
calúnias aos quatro ventos?

FARSAS E FARSANTES
Terceira duma série de cartas sobre as peripécias da suposta epidemia da peste bubónica.[1415]

O dia de ontem

Ontem, chorava o povo as suas
grandes mágoas
trânsido de pavor e alheio aos
vis intentos
duma feroz quadrilha,
que p'ra levar a efeito o seu
negócio d'águas
o fazia passar inúmeros tormentos
nesse hospital – bastilha!

E enquanto o povo, coitado!
em convulsões se estorcia,
satisfeita, a corja ria
pelo êxito alcançado.

Ontem, sentia o povo as
grandes comoções
de dor, pelo cismar no duro
isolamento
do tétrico hospital,
onde o metia à força a troupe
de histriões
para morrer a sós, sem luz,
sem sacramento,
como um irracional.

E enquanto o povo, coitado!
em convulsões se estorcia,
satisfeita, a corja ria
pelo êxito alcançado.

Ontem, trilhara o povo a dolorosa via,
e deram-lhe a beber a taça da
amargura
uns fariseus ignaros,
para que não faltasse à grei de
gente ímpia
o vinho, a carne, o pão nas
mesas com fartura
e mais deleites caros...

E enquanto o povo, coitado!
em convulsões se estorcia,
satisfeita, a corja ria
pelo êxito alcançado.

[1415] ABM, "A peste balbínica", folheto avulso.

Ontem, tremia o povo, o susto era visível,
falar no Lazareto era falar na morte
ou suplícios atrozes,
esbirros a lembrar o tribunal terrível
no campo e na cidade e desde o sul ao norte,
os médicos, algozes.

E enquanto o povo, coitado!
em convulsões se estorcia,
satisfeita, a corja ria
pelo êxito alcançado.

Ontem, gelava o povo adentro de seus lares,
ninguém manifestar podia um leve mal,
achaques de momento,
farejavam-lhe a porta uns espiões alvares,
mostrando possuir entranhas de chacal
no seu cometimento.

E enquanto o povo, coitado!
em convulsões se estorcia,
satisfeita, a corja ria
pelo êxito alcançado.

Ontem, o pobre povo era sentenciado
a sucumbir à dor, à sede, ao frio, à fome
naquele antro infernal,
e mesmo ali ficar, p'ra sempre, o desgraçado
num informe caixão, sem cruz, sem nome,
embalsamado em cal.

E enquanto o povo, coitado!
em convulsões se estorcia,
satisfeita, a corja ria
pelo êxito alcançado.

Ontem, o povo, aflito, em lancinantes ais,
mãos postas para os céus aos tiranos pedia
A vida e liberdade;
mas nada demovia aqueles canibais;
forçoso era dar curso à *grande epidemia*
E visos de verdade.

E enquanto o povo, coitado!
em convulsões se estorcia,
satisfeita, a corja ria
pelo êxito alcançado.

FARSAS E FARSANTES
Quarta duma série de cartas sobre as peripécias da suposta epidemia da peste bubónica.[1416]

O assalto

Ao escravo da caserna,
porque traz um sabre à cinta,
pode, acaso, quem governa
proibir que pense e sinta?

Sob a farda do soldado
existe o povo soberano,
cuidado... muito cuidado...
não busquem fazer-lhe dano.

Vira um grupo de valentes
Condenados sem remédio
Camaradas inocentes.

Que fazer? Abandoná-los,
ou preparar um assédio
de maneira a libertá-los?

II

Esse troço de soldados
Ao pensamento aderiu
De salvar uns *atacados*
De *peste* que ninguém viu.

Em hora e dia aprazados,
povo e tropa reuniu
em pontos determinados
e a *caravana* partiu

p'ra a *Bastilha*, pressurosa
de extinguir de qualquer modo
a tal *peste infeciosa*.

Na vanguarda, os militares
– oitenta, talvez, ao todo
e a populaça – milhares.

III

Que belo, ver congraçados
no mesmo nobre ideal,
os paisanos e os soldados
da guarnição do Funchal!

Nem afronta à disciplina,
nem quebra de juramento,
nem deslustre à carabina
em tão feliz movimento!

O troço da infantaria
auxiliar da invasão,
levantou naquele dia

[1416] ABM, "A peste balbínica", folheto avulso.

Um perdurável padrão
de respeito e simpatia
em cada bom coração.

IV

Não se descreve o terror
daquelas almas de breu,
quando a porta com fragor
à onde humana cedeu.

Viram-se então numa fona
almoxarife e enfermeiros,
os tais micróbios da zona
de políticos rafeiros.

Entra o povo, de roldão,
a dentro dessa *Bastilha*
e salva o doente e o são.

Descoberta no seu jogo,
espavorida, a matilha
deu às de *Vila Diogo*.

V

Aceso em ira sagrada,
o povo em breves momentos
faz cacos da garrafada
e inutiliza instrumentos.

Enxergas inda molhadas
de tantas seringadelas,
são mesmo ali desmanchadas
ou voam pelas janelas.

E tudo que vê diante
de si, reduz a estilhaços
num acesso delirante,

sem fadigas nem canseiras,
enquanto vão os palhaços
a palmilhar tabaibeiras.

VI

In continenti, desliza
um cortejo singular
de *pestosos* em camisa
e de frio a tiritar.

Nos braços dos assaltantes
vêm alguns à pai Adão,
com vestígios nos semblantes
da muita falta de pão.

Pungente, comovedor,
o quadro desenrolado
aos olhos do espetador.

O povo, chora por ver
o seu misérrimo estado,
e eles choram de prazer.

....
Quadro que reproduzi-lo
na sua expressão fiel,
só o talento de Murillo
de Van Dyck ou Rafael.

LOUVOR À VIRGEM POR NOS LIVRAR DE CALAMIDADES[1417]

Almas cristãs levantai aos céus
Mãos postas implorando perdão;
Senhora do Monte, pede a Deus
Que livremo-nos da tentação!...

Padroeira nossa, Santa Mãe,
Dai alívio ao desgraçado,
Misericórdia para os que têm
De lágrimas o solo regado.

Livrai-nos do mal, Rainha Santa,
Também dos tormentos do inferno...
A nossa desgraça, assim, é tanta
Que o nosso remorso assim é eterno.

Tu, minha santa, que foste mãe,
Protege os pobres desgraçadinhos;
Senão, somos levados também
Por lobos ferozes e daninhos...

Ó Virgem do Monte, és padroeira
Dos que sofrem com resignação...
Ó Virgem do Monte, és na Madeira
O fanal da nossa redenção.

Ó Virgem, mãe dos desprotegidos,
Rogai por nós, tu, ao Santo Deus;
Escutai estes rogos sentidos
Deitai um olhar da cor dos céus...

*
* *

Tolda-se o céu de nuvens escuras,
Paira no ar um grito de dor;
Tu Madeira, cheia de amarguras,
Já não tens d'outrora o esplendor!

Porque será que aves agoureiras
Vieram pousar no seio teu?
Não vês que elas com falsas maneiras
Roubam-te os filhos que Deus te deu?...

Vil hipocrisia porque tentas
Deitar as garras à ignorância?
De paixões vis é que te sustentas
E forjaste aqui a vil *ganância*...

A ganância, sim... mas não contente,
Companheira quer neste torrão;
Treda fúria de raiva demente
Companheira tem: *a exploração*.

Encontro maldito, pavoroso,
Jazigo perene de desgraça;
E assim dois monstros num colosso
As garras deitou [deitaram] sobre esta raça.

Houve um rebento desta união
Que à Madeira correndo investe;
Batizaram este *maganão*
Com o nome de: *micróbio da peste*...

Mas que micróbio, Supremo Deus,
Que nomes lhe deram, que alcunhas,
Pois eles não conheciam, ó céus!...
Que era um micróbio de *cinco unhas*.

*
* *

De tanta desgraça havida,
Quem nos há-de defender?
Uns quer[em]-nos roubar a vida
E em constante investida
É só deixarmos [deixarem-nos] morrer.

Outros, nossos semelhantes
Têm ainda algum valor;
Antes que seja por instantes
Foram sempre bem constantes
Em brios e pundonor.

De tanto coração nobre
Que povoa a Madeira,
Quem será que não descobre
A indigência do pobre
Numa hora derradeira?...

Santo Deus, por piedade
Afugentai desta terra
Tanta força de maldade,
Que nos tira a liberdade
E sempre em contínua guerra.

Fujam daqui os malvados
Avaros e cobiçosos
Que em rapina formados
Apanham mais desgraçados
P'ra lugares cavernosos.

Deixai passar contratempos,
Já sem nuvens fica o céu;
P'ra os séculos são momentos
O que há no mundo aos centos,
Na Madeira aconteceu.

Para outras gerações
Lembradas hão-de ficar
Que não há só vis ladrões
Por selvagens regiões
Mas também neste lugar.

Tomai cuidado, ó povo,
Sobre tantos malfeitores;
Podem investir de novo
E é coisa que não louvo
Passarem por mais horrores.

Somos pobres? Porque não...
Desprezemos as riquezas
Que nos dá a tentação
De tornarmos num vilão
Praticando vis baixezas.

Sempre com o nosso trabalho
Temos pão para viver,
À noitinha o agasalho
Que não serve de enxovalho
Como alguém assim faz crer...

Já vai longe o negro mal,
Dissipou-se lá nos céus
As nuvens do vendaval
Que pairou sobre o Funchal,
Pelos desígnios de Deus.

ÂNGELO S. REIS.

[1417] ABM, "A peste balbínica", folheto avulso.

MÁ PESTE DÊ NOS PESTES[1418]

Nas quadras que abaixo se lê, contaremos ao povo Madeirense como é que alguns maraus quiseram pôr a peste na nossa querida Ilha, o que fizeram aos infelizes que caíram no Lazareto, da forma como no memorável dia 7 de janeiro de 1906 um valente punhado de soldados de Infantaria n.º 27 matou a peste, e mais alguns factos que dizem respeito a tantas calamidades que caíram sobre o bom povo da Madeira.

O nosso governo agora
Está cheio de trapalhões,
Não querem senão dinheiro
Os alarves comilões.

Por não terem que fazer
Começaram por pensar,
Qual seria a melhor forma
De comerem sem trabalhar.

Deitam logo mãos à obra
E viram que a melhor maneira
Era dizer p'ra Lisboa,
Que havia peste na Madeira.

Mas isto é uma mentira,
Malandro é quem diz tal,
Porque Jesus livrou disso
A cidade do Funchal.

Chegado que foi a Lisboa
Este grande maranhão
Remetem logo p'ra Madeira
Um poder de dinheirão.

Mas não fartos só com isto
O Lazareto mandam abrir,
E apanham os desgraçados
Para lá os introduzir.

Lá dentro passam martírios
Aqueles pobres inocentes,
E cá fora os malandros
Pança cheia e bem contentes.

Até o que saúde tinha
Atiraram p'ra o Lazareto,
E quando p'ra fora vinha
Era quase um esqueleto.

A comida era uma coisinha
Que não dava p'ra o jejum,
Um pãozinho p'ra o almoço
E não lhe davam mais nenhum.

Os vestidos que levavam
Era[m] de pronto escondido.
De dia como de noite
Passavam sem abrigo.

Tantas lágrimas vertiam
Levantavam as mãos p'ra os céus,
Para que se lembrasse deles
O Omnipotente Deus.

As mulheres coitadinhas
Já não podiam sofrer;
Pediam a Santa Maria
Que só queriam morrer.

Também entre os infelizes
Agarram em três soldados
E meteram no Lazareto
Para serem operados.

Mas viram tanta desgraça,
Que entre eles foi resolvido
A contarem numa carta
O que tinham visto e ouvido.

Foram à procura de tinta,
De envelopes e papel
Para escrever uma carta
Aos camaradas do quartel.

Essa carta participava
Os tormentos que passavam
E pediam por amor de Deus
A ver se os salvavam.

Os camaradas vêm isto
Vão cheios de indignação
Por verem que tão mal faziam
Naquela rude prisão.

Foi a 7 de janeiro
Que este caso aconteceu.
O dia estava risonho
Estava sem nuvens o céu.

Foi no Campo de D. Carlos
Que houve a grande reunião
Dos valentes militares
Formados em batalhão.

Daí partem com o povo
Aquela grande romaria.
Seguindo p'ra o Lazareto
Pela rua de Santa Maria.

Assim que lá chegaram
Àquela casa malfadada,
Estava tudo em silêncio
E a porta estava trancada.

Isto p'ra eles não foi nada,
Meteram-na logo adentro
E foram logo por lá abaixo
A caminho do *convento*.

Assim que lá chegaram,
Foram buscar os doentes
Que há tanto estavam penando
Os pobres dos inocentes.

Não se ouvia senão chorar
Todos cheios de satisfação,
Bendizendo a feliz hora
Que os tiraram da prisão.

Foi preciso dar roupinha
Porque todos estavam nus;
Para tamanha crueldade
Só os judeus para Jesus.

Vieram logo para a rua
E começam em grandes brados:
«Morra os do Lazareto!»
«E viva os bravos soldados!»

Nos caminhos que passaram
Era tudo saudações;
Senhoras sempre a acenar
Nas janelas e balcões.

Logo que no quartel entraram
Foram ter com o comandante
E cada qual a seu modo
Contaram tudo num instante.

O comandante não pensando
No bem que eles fizeram,
Manda os doentes para casa
E aos valentes prenderam.

Também aos mandões da rua
Fizeram pouca vergonha,
A mandarem prender gente
Sem fazerem coisa nenhuma.

Foram enchendo a cadeia
Até não poder ser mais;
Mas o juiz por ser reto
Manda tudo p'ra rua em paz.

Mas apesar disto tudo
Cá o nosso governante
Manda dizer p'ra Lisboa
Que há peste a cada instante.

Mas o povo não gostando
Daquelas maneiras tortas,
Ajuntaram-se numa tarde
Fechando o comércio as portas.

Houve grande reunião
Na Associação Comercial.

[1418] ABM, "A peste balbínica", folheto avulso.

Para dizerem p'ra Lisboa
Que estava limpo o Funchal.

O povo tão agastado
Com tanto pantomineiro,
Foram à rua de S. Tiago
À casa do doutor *tripeiro*.

Mas ele era tão finório
Que nunca veio à janela.
Pondo por todos os lados
Marinheiros de sentinela.

A marinha, bons rapazes
Portaram-se sempre à altura,
Também o sargento Almeida
Foi mui boa criatura.

Mas a polícia da terra
Nunca teve bom pensar,
E um mandão lá entre eles
Contra nós se quis voltar.

E lá foi [foram] dois pobres homens
A caminho do hospital,
Simplesmente por não quererem
A peste cá no Funchal.

O *tripeiro* sempre fugiu
Para bordo do cruzador,
Anda com o rabo encolhido
Aquele grande matador.

Mau fim tu sempre tenhas,
E que nunca hajas sossego,
E quando cá pensaste vir,
Deus te pusesse num cego.

Oh, *tripeiro* pensa bem
Que já mataste no Porto;
Na Madeira não se brinca
Agora és um homem morto.

....

Protestai ó povo nosso,
Ó patrícios cá da terra;
Porque os valentes soldados
Vão p'ra o conselho de guerra.

Mas Deus há-de ser bom,
Que lhes hão-de perdoar;
Porque quem salvou a nós,
Hão-de eles também salvar.

Sua Majestade El-rei,
Pratica uma boa ação,
Absolvendo os valentes
Que livram da peste a nação.

A PANELINHA DA PESTE E UM MEDROSO[1419]

UM QUADRO

A ti venho eu implorar
Ó Rei dos reis da pintura,
Levanta-te da sepultura
E vem este quadro pintar,
Lembrei-me de t'invocar
Ó imortal Rafael!
Co'as barbas do teu pincel,
E tuas tintas brilhantes,
Aproveita estes pedantes
Carlos, Teixeira e Abel.

Um recheado caldeirão,
Com *massa* a transbordar,
O Teixeira a meditar
Com'apanhar bom quinhão,
O dr. Carlos, o maganão...
A fazer-lhe rapapés,
P'ra também por sua vez
Ir enchendo o *pandeiro*
E o Abel querendo dinheiro
A fazer-lhe tagatés.

Achei! Achei! exclamou
O Rego que de repente,
Entrou afoitadamente
E no caldeiro tropeçou...
Nisto surge da invenção
A *Dona Peste* do Rego,
Que p'ra ter bom emprego
E ser também papão...,
Foram todos metendo a mão,
Foram todos metendo o prego.

De parte a presenciar,
Quero uma *Porca* leiteira,
De pé, de qualquer maneira
Com *porquinhos* a mamar
A rir co'um riso alvar,
Vendo onde param as modas,
P'ra que chegando as *bodas*
As *bodas* das eleições,
Estarem todos gordos os leitões
P'ra nas urnas darem podas.

A um cantinho, receoso
O Zé-Povo madeirense,
Dum outro o portuense
A estender-se preguiçoso,
Mais abaixo mui dengoso
O gordo administrador,
Que por vício ou por amor
À *massa* que remirava,
Sorria-se, e aprovava

Que se espalhasse o terror.

[De] Facto espalhou-se o horror
Sendo muitos internados
E ao Lazareto mandados
Os de menos valor;
P'ra Peste era um primor
Certo doutor que conheço,
Não fazia questão de preço
Para se julgar um doente,
Fugia constantemente
Este *bonzinho* doutor.

*

Leitor, se queres saber
ao certo o que se passou,
ainda contar-te vou,
desta infamada cidade,
tudo quanto em mim couber;
tudo, tudo, sem errar,
e se *nalguém* se topar
é sem dó nem piedade.

Sem m'espetar,
Quero fazer,
Com grão prazer,
E sem maçar,
Certo *elogio*
Mui reinadio
Qu'ia escapar...

Em novembro vi-o eu,
ia a sair dum barbeiro,
mansinho com'um cordeiro,
para a atenção não chamar,
enterrado no chapéu
tal como subdelegado
de sobrolho carregado
fugindo do patamar.

Andava a tratar,
Muito em segredo,
Com susto e com medo,

1419 BMF, "A Panelinha da Peste e um Medroso". Folheto avulso.

De a *Peste* encontrar.
Ele trabalhou
Mas sempre arranjou
Sem se lembrar!...
Que o maganão!...
Do Dr. do Rego,
O *parlapatão*,
O ia embaçar
Que sem se ralar,
Um belo emprego
Tentou arranjar...
E em tudo isto
O mais mal visto
Foi o Lomelino
A quem faltou tino
E se deixou embaçar!

*

O retrato vou pintar
Sem palheta nem pincel,
Daquele que ludibriado
Andou todo acagaçado
Em todo este aranzel.

Baixo, grosso, barba cheia,
Na medicina se enleia
No rosto tem desenhados
Os montes da Crimeia!...

Abusa muito do fraque
E também do guarda-sol
E de *caneco* à cabeça,
Faz lembrar um caracol.

Seu nome começa em *J*
e vai terminar num *é*,
mesmo sem fazer banzé
formar vou, já outra nota:
O outro em *J* começa
e vai terminar em *im*;
na medicina tropeça,
tem parecenças a *arlequim*...
No terceiro por ser *Frei*
Sem c'roa nem *farragoilo*
t, a, s, e *é* da *Grei*
O nosso doutor *Piolho*.

*

Achando-se algo doente
O criado do barbeiro
Ao banco *voou* ligeiro.
Chegando lá descontente,
Procurou o Dr. *Rente*
E foi por ele apalpado!...
– Salta ao estojo apressado,
Pegou na lanceta e *zás!*
Corta os *bubões* ao rapaz,
E o pobre ficou castrado!...

Da *Peste* de seu tormento
Também roeu um bom *osso*
Por causa do pobre moço

Chega a fazer testamento!...
E passou tanto tormento
Tanto tormento passou!...
'té os amigos chamou,
Julgando qu'ia morrer,
Mas ele deve saber:
– *Vaso mau* nunca quebrou.

E foi por se haver picado
Num dedo, na operação!...
Devia ser mui *ratão*,
Vê-lo todo acagaçado,
E até mesmo engraçado,
Ver o farsante a chorar,
Por da *Peste* se lembrar,
E também do Lazareto...
Dum ovo tornou-se espeto
O triste *chapéu a'ndar!*

Se na sua consciência
É doutor *abalizado*
E não tinha reprovado
A *Peste* é evidência...
(Desculpe Vossa excelência)
Eu já lhe digo o porquê;
P'ra que consultou você
O *Julinho curandeiro?*
– Foi p'ra este bilhardeiro
Lhe lançar o R. I. P.?!...

Com franqueza vou dizer
Que um caso como este,
Com medo da D. Peste
É da gente endoidecer.

Doutores não queiram mal
Sou um *humilde* criado...
Por dizer a verdade
Não posso ser castigado.
... sempre de risca *ao lado!*...

Assinado,
Um oriundo do Louriçal

PARTIDA[1420]

REGO

Adeus Madeira formosa!
Adeus ó campo de flores!
Adeus povo que me votas
Toda a casta de rancores.

Eu bem sei o mal que fiz
Nessa terra de primores
Deixando seus filhos ternos
Na pobreza, em luto e dores.

Adeus p'ra sempre Perdoai

[1420] ABM, "A peste balbínica", folheto avulso.

Esta minha ingratidão
Já tenho o remorso na alma
Eu quero o vosso perdão.

POVO

Parte monstro e não mais voltes
A este solo abençoado,
Parte, porque tu bem vês
O quanto aqui foste odiado.

És o ente desprezível
Nojento e ordinário,
Que cheio de ambições fizeste
De crimes um sudário.

A peste que descobriste
Era a peste d'algibeira.
Mas quem a soube matar
Foi o povo da Madeira.

Numa prisão entre ferros
Deviam estar os ladrões
Que como tu, ajudaram,
Na peste dos intrujões.

Ainda assim temos pena
Não vermos os ossos teus
Bem moídos, bem amassados
Cá na mão destes ilhéus.

Vai-te pois para os infernos
E fique-te de lembrança
Que nunca entre os ilhéus
De dinheiro enches a pança!

Enfim sempre partiu
Desta terra hospitaleira
O monstro que lançou
A discórdia na Madeira.

A PESTE BALBÍNICA – O ENJEITADO DO POVO[1421]

Foi por determinação
do novo governador,
que levara o S. MIGUEL
para Lisboa o Doutor.

Má peste dê no PESTE
onde quer que se encontrar,
que tenha tanta ventura
como a que nos veio dar.

Pelo que fez na Madeira
devia ser enterrado
vivo, ficando de exemplo

[1421] BMF, "A Peste Balbínica – O Enjeitado do Povo", folheto avulso.

a todo e qualquer malvado.

Na saída do Doutor
as granadas estalavam,
muitas pragas lhe pediam
e de morte o ameaçavam.

E de muito lhe valeu
o andar tão bem guardado,
pois se andasse em liberdade
há muito tinha espichado.

Se fosse um bom cidadão
tudo lhe era negado,
mas como foi um bandido
deve ser condecorado.

Talvez um dia o Doutor
pelhado [apilhado] na ratoeira
venha a pagar o que fez
nesta formosa Madeira.

Tantos filhinhos sem pai,
tanto lar abandonado,
por causa desse maldito
pior do que um cão danado.

Mas a PESTE já morreu,
foi a 7 sepultado,
e o OSSO vai roê-lo
o progressista cambado.

Porém, no banco dos réus,
espera o povo ansioso
ver sentados os parceiros
desse assassino famoso.

Não se culpe o Rego só:
neste plano de traidores
há muitos regos por fim,
há TRIGOS e CAPADORES.

É uma pura questão de águas
para a venda de manilhas,
com que vão enriquecer
uns engenheiros pandilhas.

Parabéns aos funchalenses
por ter sido exonerado
o malandrão do Soares
do cargo há muito ocupado.

O herói da roubalheira
praticada na BASTILHA
ao tempo em que a BUBÓNICA
não visitara esta ilha.

O Soares dos guardanapos,
de unhas na palma da mão,
foi corrido para fora
da nossa administração.

Ordenou esta limpeza
o novo governador,
prestando a nossos irmãos
um grandiosíssimo favor.

A PESTE NO FUNCHAL[1422]

A PESTE BALBÍNICA

Em pleno século vinte
O que haviam de inventar?!...
A notícia dementada
Que nos veio suplantar.

Foi no silêncio da noite
Que a pérfida autoridade
Lançou *baba peçonhenta*
Envenenando a cidade.

Capitaneava o chefe

1422 BMF, "A Peste no Funchal", folheto avulso. Na capa deste folheto encontra-se a seguinte quadra: «O doutor Balbino Rego/ Comunica ao mundo inteiro/ Que os soldados madeirenses/ Foram da peste - **o coveiro**.»

Doutor Pedro Lomelino,
Ajudado pelo monstro
Esse verdugo Balbino.

E na família Leopoldo,
Iniciaram o seu pasto,
Serviram-se da sua casa
P'ra largar-lhes o seu rasto.

O Octaviano maldito
Essa nojenta vasilha,
Num carro os faz meter
E os conduz para a Bastilha.

Dois dias após passados
De boca em boca correra,
Que a nora do bom Leopoldo
Naquele abismo morrera.

A notícia alastrou-se
Ao sopro do vento leste,
Qual fantasma aterrador,
Que no Funchal havia peste?...

O bacilo dessa peste
Quem foi que o descobriu?
Dizem ser o doutor Rego,
Mas onde foi que ele o viu?

E o Rego que é mesmo um alho
De ciências se reveste
E descobre num momento
Dentro dos bolsos a peste

E de amigos e sequazes
Percorrem todos os cantos
Não respeitam a virtude
Nossos foros sacrossantos.

As pudibundas virgens
Nas aduncas garras suas
Eram vilmente ultrajadas
E em quartos postas nuas.

O *Carocha!* Esse impúdico

D'alma vil e repugnante
Neste caso acima exposto
Revelou-se um bom tratante.

Agarrou-se a uma vítima
Brutalmente a fez despir
E daquela força ingente
Fez a pobre sucumbir.

Esses dois miseráveis
Sem ter dó nem compaixão
Lançaram a discórdia
Nos filhos deste torrão.

*

Foram famílias inteiras
A do Abreu conjuntamente
Porque estava com a peste
Contaminava esta gente.

E a mulher na gravidez,
Fora levada também,
Ter seu filho entre carrascos,
Entre esses *filhos da... mãe!*...

E naquelas tristes horas
D'amargura e tanta dor!...
Nem um *trapo* p'ra cobrir
Esse fruto do seu amor!...

Corre-lhe o pranto nas faces
Escaldando os seios seus;
E em silêncio, uma prece,
Fervorosa, eleva aos Céus:

«Deus! Nasceste entre palhas
Na gruta de Belém.
Nasceste pobre, ignorado,
Mas vestiu-te a Santa Mãe.

Por isso, te imploro! ó Deus!
Ó Santo! Ó meigo Jesus!
Sustenhas meu sofrimento
A minha pesada cruz!...

Não vês o quanto padece
Esta alma? Lá do céu,
Envia-me um raio d'esperança!
Ó! protege o filho meu!»

E num ímpeto de amor
Beija o filho mansamente
E nesse encanto supremo
Segreda-lhe ternamente:

– «Meu coração pressagia
Que Deus nos há-de enviar
Uns corações generosos
Que nos hão-de libertar.»

E neste segredo santo
O filho se contorceu
E num dolente vagido,

Como que dizia ao céu:

«Virgem mãe do mesmo Deus
Olha que sou criatura
Olha o horror da sorte impura
E os temíveis escarcéus.

Se tu és Virgem, tem dó
De mim que vivo no mundo
Neste pélago sem fundo
Ao pecado exposto e só.

Se tu és Mãe, tu me vês
Órfã desde o nascimento
Ó que grande sofrimento
Se és Mãe, nas faces me lês!»

E a triste mãe carinhosa,
Ouviu um som meigo e brando.
Era o Anjo! A Providência!
Que do céu vinha chegando!

Era um grupo de soldados
Os heróis libertadores,
Pois de facto acabaram
Com o cativeiro e as dores.

E o povo que acompanhava
Esses homens geniais,
Ajudaram na tarefa
Escangalhando portais.

A porta sempre se abriu
Entre os brados d'alegria,
E tudo que dentro estava,
Cá para fora saía.

Uns em fralda de camisa
Com frio, quase gelados,
Outros nus, porque assim
Os tinham encarcerados.

E um militar, admirai-lhe
A nobre ação praticada!
Tirou do corpo seus fatos,
Sendo p'los nus envergada.

Alfim a nudez composta,
Tratou logo se raspar!
Contudo conjuntamente,
Os seus irmãos quis levar.

E levou, sim, esses entes,
Vítimas da tirania,
Entre a chusma popular
Que choravam de alegria.

E nas ruas que passavam,
Eram tais as ovações?!...
Que cativavam as almas,
Enebriavam corações.

E das janelas, as damas,
Quiseram também saudar!

Enviaram sorrisos, tantos,
De prazer a transbordar!

E os pequenos passarinhos
De dentro da ramagem,
Quiseram em trinos, gozar,
Do cortejo, a passagem.

E a natura por completo,
De mil galas se reveste,
Porque o povo tenazmente,
Matara de vez a peste.

E as vítimas da malvadez,
Desse cativeiro de horrores,
Em preces, rogam a Deus,
Pelos seus libertadores!

*

Visto que a peste morreu,
Quer o povo que os malvados,
Lomelino e doutor Rego,
Venham a ser castigados.

Maldito sejas p'ra sempre,
Lomelino Capador!
Precisamos das tuas costas
Para rufarmos tambor!...

Lomelino! ó Lomelino!
Essa cara de carrasco,
É dum grande sem vergonha,
Todo o mundo te tem asco.

E ao doutor Balbino Rego
Que é um médico sem rival.
Nós temos para ofertar-lhe
D'ódios, um pedestal.

Ó seja também maldito,
Para sempre este facínora!
E fuja da nossa vista,
Quanto antes, e sem demora.

E na história madeirense
Ficam dois nomes inscritos:
Lomelino e doutor Rego,
Os intrincados precitos.

*

Terás castigo? que importa?!...
Pela glória dos feitos teus,
Terás a bênção suprema,
Dimanada lá dos céus.

Recebam em paga os bravos
Deste povo seu irmão
Os votos de homenagens
Nascidas do coração.

*

Soberana! Excelsa Rainha!
Ouvi do povo o clamor!...
Ó sê dos pobres soldados,
O seu anjo protetor!

Sim! vinde ouvir o lamento!
Da desgraça a soluçar!...
Não vedes o sofrimento?
Vinde-lhe o pranto enxugar!

Converte o pranto em sorrisos
Ao castigo dai perdão!
Minorai-lhe os sofrimentos
Teu benigno coração!

Protege Rainha! bondosa!
Os filhos deste torrão!
Gozarás do nosso povo
A mais pura gratidão!

A PESTE NO FUNCHAL[1423]
No dia 7 de janeiro de 1906

No Lazareto de Gonçalo Aires o dia mais glorioso para esta terra, devido aos nobres soldados de infantaria n.º 27 que tendo eles sido coadjuvados com alguns populares, entraram dentro da enxovia e quiseram assim mostrar que não havia peste na Madeira e que tiveram ânimo e coragem para salvar os seus irmãos.

Versos dedicados aos nobres soldados e aos populares que os acompanharam ao Lazareto.

Foi no campo de D. Carlos
Que tudo ali corria,
Vamos todos ao Lazareto
Com Deus e Santa Maria.

O popular que se ajuntava
Com soldados de infantaria,
Sigam todos ao Lazareto
Com Deus e Santa Maria.

Houve um soldado que disse:
«Vai tudo em romaria
Buscar os nossos irmãos
Com Deus e Santa Maria.»

Tal era já a multidão
De vonlade percorria,
Chegando ao Lazareto
Com Deus e Santa Maria.

[1423] ABM, "A peste balbínica", folheto avulso.

Quando todos lá chegaram
À porta da enxovia,
Mas ela estava fechada
Com Deus e Santa Maria.

A porta sempre se abriu
Com a maior harmonia,
Entrando todos dentro
Com Deus e Santa Maria.

Uns em fralda de camisa,
Outros nus que se via,
Meus irmãos, vamos embora
Com Deus e Santa Maria.

Uns doentes sobressaltados
Choravam de alegria,
Vamos depressa embora
Com Deus e Santa Maria.

Diziam os nobres soldados:
«Caminhemos com alegria!
Que já se acabou a peste
Com Deus e Santa Maria.»

Os enfermos de contentes
Que as ruas percorria,
Estavam livres da peste
Com Deus e Santa Maria.

Toda a gente exclamava:
Mas que grande tirania!
Mas estamos livres da peste
Com Deus e Santa Maria.

Lá no largo do Colégio
No quartel de infantaria,
Tiveram de recolher-se
Com Deus e Santa Maria.

Os doentes que ficaram
Lá na sua moradia
Estão livres da peste
Com Deus e Santa Maria.

A peste era tão forte
Que só o Doutor sabia,
Mas nenhum deles morreu
Com Deus e Santa Maria.

Adeus meus caros irmãos,
Que nos tirastes da enxovia,
Mas quem vos dará o pago
Deus e Santa Maria.

Depois do assalto feito,
O Doutor nunca apareceu,
Só depois de a gente vir
É que no carro se meteu.

Quando ele chegou a casa
Lhe puseram de jantar,
«Eu não tenho vontade
Que eles me querem matar.»

Desse dia em diante
Não foi mais ao Lazareto,
Se ele tornava a lá ir
Ficava lá num esqueleto.

Tratou logo de mandar
Pedir força ao governo,
P'ra lhe guardar as costas
De matar tanto enfermo.

A guarda quando chegou
À pressa, urgentemente,
Foi o que lhe valeu a ele
Pois era morto brevemente.

Pois passados alguns dias
Foram à porta visitá-lo,
Grande multidão de povo
Vamos todos já matá-lo.

Mas a boa marinhagem
Diziam da melhor maneira,
Que não queriam ser pisados
Pela gente da Madeira.

O povo foi sossegando,
Não queriam resistir
Com as praças da marinha
Que se estavam a afligir.

O malandro do Doutor
Estava em grande aflição!
Contava já com a morte
Em qualquer ocasião.

Teve de se pôr à pireza
Com urgência e pavor,
Foi conselhos que lhe deram
Fugir para o cruzador.

Tu, peste quando irás,
Desta terra para Lisboa.
Vais ir para o arsenal
Para figura de proa.

Puseste aqui a peste
Mas tudo te saiu torto,
Foi igual à que em tempo
Tu derramaste no Porto.

Tu ao Porto já não voltas,
Meu peste quadrilheiro,
Lá correram-te à pedrada
Por seres tu pantomineiro.

A peste que tu trouxeste
A esta gente da Madeira,
Era um grande esgoto
Que trazias na algibeira.

Vai-te embora meu malandro
Aqui fizeste boa tormenta.
Querias um conto mais
Para amolação da ferramenta.

Se nos deixávamos [deixavam]
a nós,
Cá na nossa calada
Tirávamos-te a pele
Sem a ferramenta amolada.

Quem ficar com estes versos
Vejam a toda a hora do dia,
Que ficam livres da peste
Por Deus e Santa Maria.

CONTINUAÇÃO DOS VERSOS DE SANTA MARIA[1424]

Vamos hoje continuar
Com a maior alegria
C'os versos que se venderam
De Deus e Santa Maria.

Toda a gente que comprou
A toda a hora do dia
Não deixava de dizer
Que tal peste não havia.

Mas a gente da Madeira
Que de noite não dormia
Estava sobressaltada
Da infame epidemia.

Mas foi Deus tão bondoso
Que toda a gente predizia
Ficar-se livres da peste
Por Deus e Santa Maria.

Mas S. Pedro quando soube
Naquele glorioso dia,
Que os enfermos estavam já
Livres da epidemia.

S. Pedro nunca quis crer
Que houvesse epidemia,
Tratou logo de falar
Com Deus e Santa Maria.

S. Pedro quando pediu
À hora do meio-dia,
A peste já acabou
Por Deus e Santa Maria.

S. Pedro foi um bom Santo
Que nesta terra existia,
Foi sempre bom companheiro
De Deus e Santa Maria.

Mas S. Pedro que falou
Com a família sagrada,
Acabou-se a peste toda
Fica a gente descansada.

1424 ABM, "A peste balbínica", folheto avulso.

S. Pedro já nos livrou
De três pragas nesta terra,
Que estavam a perseguir-nos,
A Peste, a Fome e a Guerra.

Sempre é bom ter um santinho
Que tenhamos em devoção,
Para nos livrar de males
Em qualquer ocasião.

A fome ameaçava
Com a tal praga terrível;
O que se deu nesta terra
Até parece impossível.

Pois a guerra já andava
Pelas ruas espalhada
Que alguns nossos irmãos
Apanharam a fio de espada.

Mas eles para que fizeram
Andar o povo exaltado;
Se não fossem mentirosos
Tudo estava sossegado.

Já temos governo novo
A toda a hora do dia,
Que tudo já ficou limpo
Por Deus e Santa Maria.

Se há mais tempo ele viesse
Não se dava o que se deu;
Toda a gente nesta terra
Gente sempre morreu.

Por todos os Santos e Santas
Que são hoje deste dia,
Nos livrem de toda a peste
Por Deus e Santa Maria.

O peste gananciosa
Que a terra já não o queria,
Já caminhou no «D. Carlos»,
Por Deus e Santa Maria.

Que o remorso o acompanhe
A toda a hora do dia;
São os votos que fazemos
A Deus e Santa Maria.

Pois agora, meus irmãos,
Pedi a toda a hora do dia
De nos livrar de todo o mal
Por Deus e Santa Maria.

Rezem todos a S. Pedro
E pedi-lhe com devoção
Que peça a Deus por nós
E nos deite sua bênção.

Adeus, meus caros irmãos,
Até o dia de juízo
Tudo isto fez girar
O que tudo é preciso.

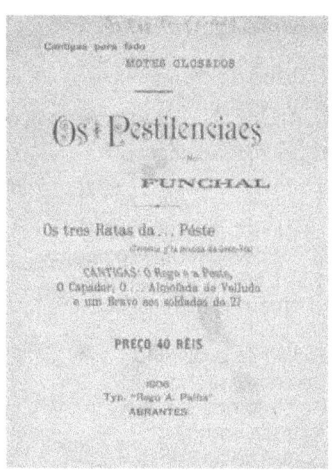

OS PESTILENCIAIS NO FUNCHAL[1425]

Os três Ratas da... Peste
(Música da Gran-Via)
DISTRIBUIÇÃO:

Primeiro Rata........ Rego
Segundo Rata........ Capador[1426]
Terceiro Rata .... de Veludo[1427]

Rego: Eu sou *rata* primeiro.
Capador: E eu segundo.
... de veludo: E eu terceiro.
....

1.º – Eu forjei as *gananciais*
2.ª – E eu nelas consenti,
3.º – E eu que tudo prendi.
Todos nós somos iguais!

Zombar do povinho,
Que é perspicaz,
Isso nós quisemos
Mas levámos p'ra trás...
Zombar dos ilhéus,
Que são mui sagazes,
Isso nós quisemos
Isso nós quisemos

1425 BMF, "Cantigas para fado - Motes Glosados, Os Pestilenciais no Funchal - Os três Ratas da... Peste, folheto avulso.

1426 Epíteto pejorativo atribuído ao Dr. Pedro José Lomelino, governador civil do Funchal na altura da *peste balbínica*.

1427 Epíteto pejorativo atribuído a Octaviano Soares, Administrador da Câmara Municipal do Funchal, que também ocupava o cargo de Comissário de Polícia.

Mas não fomos capazes.

O diabo do *trama*
Não nos ajudou
Por isso que a *Peste*
O povo *assassinou*

....

1.º – Estas *gananciosas*
2.º – Puseram-me em *pantana*
3.º – E p'ra maior *lampana*
Chamámos-lhe *pestosas*...

Fazíamos *cardanho*,
De combinação,
De nada nos serviu
A nossa ambição...
Comíamos a meias,
Enchendo a *pança*
mas nossas costelas
Mas nossas costelas
Iam entrando na *Dança*.

Quem mais sofreu,
Já vai mar fora
Nós estamos em p'rigo
É melhor *ir embora*.

....

CAI O PANO

O Rego e a Peste

Ó Rego que foste *Peste*;
Ó *Peste* que já não és;
Ó Rego que te viraste...
Da cabeça para os pés!

Dizem que *gato escaldado*
De água fria tem medo;
Quiseste seguir o *enredo*
Do Porto – malfadado?
De lá vindo escorraçado,
Teu rancor *endureceste*;
– Olha que bem merecestes
O que o *povinho* te fez;
Não voltes cá outra vez
Ó Rego que foste *Peste*.

Jazem lá nas sepulturas
Vítimas que tu fizeste;
Matando à sombra da *Peste*
Com *tratos* e amarguras,
Com fome, frio e agruras
Mais de cinco, oito ou dez!...
Saíste-me uma *boa rês*,
Ó *doutor* duma figa;
Assassinaste a rapariga
Ó *Peste* que já não és.

Do Posto Bacteriológico
Diretor te nomearam,
Ao Lazareto te mandaram,

Todos sabem, isto é lógico,
Mas tu *Grande Mágico*...
A albarda ao ar atiraste...
A toda a gente *rifaste*
Seu maroto, seu vadio,
Só quem nunca te viu
Ó Rego que te viraste...

Importada de Bombaim
Derramá-la tu quiseste;
Mas o *demónio da Peste*,
Teu *Amor*, teu *Querubim*
Disse-te: não faças de mim
Assassina como tu és,
Recorda-te o que te fez
O *Zé Povo* portuense
E não tombes o madeirense
Da cabeça para os pés!...

O CAPADOR

Diz um provérbio antigo,
Oiça lá seu *Capador*:
– Que tão bom é o ladrão
Como é o consentidor.

Só tu foste o culpado,
Da revolta que se deu,
Visto que você cedeu
A que fosse encerrado
Quer torto quer aleijado,
Estivesse são ou em p'rigo
Fosse parente ou *Amigo*
Sem *cópia* deles se dar...
Deste corda p'ra t'enforcar
Diz um provérbio antigo.

Levado por vis paixões
Mais os que te rodeiam,
– Ainda assim te odeiam,
Essa *troupe de intrujões*
Qu'inventaram os *bubões*
Da *Peste* – mas que horror!
Quiseram-te fazer favor
De nos bolsos os *pés* meter;
Escuta o que te vou dizer,
Oiça lá seu *Capador*:

É mais fácil *Capar Grilos*
Do que saber governar;
Pois tu querias embolsar
A *Grande Massa* a quilos,
Sem contares co'os *Refilos*
Do Povinho – um dragão?
Tem seu p'rigo, com razão,
Pois que ele descontente,
Bradava constantemente
Que tão bom é o ladrão!

Fizeste *figura d'urso*
No comércio, na reunião,
Ao teu escrito *Ratão*
Não quiseram dar curso,
Pois que esse teu recurso

Deu resultado pior.
– De que serviu o cruzador?
– P'ra *pescar ao carapau*!
– Pois ele não era tão mau
Como é o consentidor!...

O ... Almofada de Veludo

Todo muito empertigado
N'... *almofada de Veludo*,
Prendia a *torto e direito*,
Era mesmo um telhudo!

Sempre de costas quentes,
Por *toda a parte* girava,
Enquanto se não levantava
Do Lazareto *os doentes*;
Tomou o *freio* nos dentes,
E com o *macedo* ao lado
Mandava abrir o Mercado;
E, quando ninguém o ouvia,
Dava *ordes* como queria
Todo muito empertigado.

Bigode – *piaçá tingido*,
Com'alguém lhe chamou;
Parece que até *zurrou*
Por ter que andar fugido;
Tinha medo de ser ferido
Por algum mais abelhudo,
Mas se não fosse *cabeçudo*,
Podia até ser estimado,
E continuar recostado
N'... *almofada de Veludo*.

Para D. Juan, tem bossa
Como alguém disse há dias;
E p'ra fazer *porcarias*?...
Não julguem que isto é troça;
Que se livre d'alguma *coça*...
Por causa *daquele defeito*.
P'ra administrar não tem jeito,
Um conselho tome sem pejo:
– *Vá pescar ao caranguejo*
Não prenda a torto e direito.

Torto como um arrocho
Elegante se quer fazer,
É caso p'ra se lhe dizer:
– *Lindos olhos tem o Mocho*!
Tantas vezes anda coxo
Por ser muito pançudo,
Muito *torto*, torto em tudo,
Que até o pobre *Carocha*[1428]
Lá no Lazareto, na rocha

[1428] Epíteto atribuído a um enfermeiro do Dr. Rego no Lazareto, que era um antigo polícia que havia sido expulso do serviço policial por mau comportamento. Sobre ele recaíram graves acusações de desumanidade no tratamento dos doentes.

Era mesmo um telhudo.

Os Bravos do 27

No dia 7 de janeiro,
Foram em grande romaria;
O Lazareto assaltaram
Os Soldados d'Infantaria.

Naquele *Presídio* internadas
Foram as praças da guarda,
Metidos numa *mansarda*
Com fome e frio - coitados!
Pela *fúria* foram levados
Praças e *povo arruaceiro*,
Que nem o próprio dinheiro
Os faziam retroceder,
Quiseram por si *proceder*
No dia 7 de janeiro.

Ultrapassaram a *Zona*
de *Refúgio* chamada,
Arrombaram à pranchada
Caso único – se menciona.
Tudo apanhou *tapona*,
Até o *Carocha* que queria
Impedir quem invadia
As portas e janelas
Tendo que *dar às canelas*...
Foram em grande romaria.

Libertaram seus camaradas;
E o *Povinho* por sua vez,
Atirando pontapés
E também às pedradas,
Trouxeram bem agarradas
As vítimas que penaram.
Até mesmo repararam:
Que as *febres gananciosas*
Eram *muito contagiosas*...
E o Lazareto assaltaram.

Estes valentes soldados
Foram mais que heróis,
Foram como faróis
A náufragos desapontados;
E os do *Povo*, desesperados
Aproveitaram este *Guia*;
E *Eu* com toda a energia
Porque da alma sou escravo,
Envio um veemente BRAVO!
Aos Soldados d'Infantaria.

O ÚLTIMO SUSPIRO[1429]

Os diabos dos infernos
Fizeram reunião
P'ra meter o doutor Rego
No fundo dum caldeirão

Decretaram conjuntamente
O que haviam de lhe dar
Para o desgraçado comer
Por almoço e por jantar

Ficara pois combinado
Prendê-lo com sete cadeias
E lhe darem por almoço
Dez mil morrões de candeias

E para jantar, que bela
Sopa que é papa fina
Uma tigela de brasas
E outra de estricnina

Dizem-nos que o doutor Rego
Levará para os caldeirões
Os amigos que ajudaram
Na peste dos intrujões

Dizem e estou certo
Que tudo é verdadeiro
Que os tais intrujõezinhos
O que queriam era dinheiro

Pois agora já que perderam
A descoberta feiticeira
Vejam agora se descobrem
Outra peste na Madeira

Vai, anda desaparece
Deste mundo que és um tirano
Tu anjinho maldito
Só serves para o guano

Mas se tu um dia morres
Sem veres um olhar terno
Descansa que encontrarás
Quando fores para o inferno

Agora, aguenta-te amigo
Que te sirva de exemplo a peste
Vê se encontras outro meio
Já que nesta nada puseste

VIVA O 7 DE JANEIRO DE 1906[1430]

No dia 7 de janeiro
Uma revolução rebentou
Que às 11 horas do dia
No campo D. Carlos se achou.

Deixando o campo de D.

[1429] ABM, "A peste balbínica", folheto avulso.

[1430] ABM, "A peste balbínica", folheto avulso. Pela leitura destes versos se infere que os mesmos foram redigidos por um dos soldados que fez parte do grupo de militares que liderou o assalto ao Lazareto.

Carlos,
Ao Largo do Corpo Santo se chegou
As vivas foram tantas
Que todo o povo abalou.

Esta expedição foi composta
De uma multidão de populares
Seguindo à frente da coluna
Uns oitenta militares.

Fomos logo em seguida
Ao largo do Socorro parar
A fim de todos se reunirem
Para o assalto se poder dar.

Chegando ao Lazareto
Logo a porta se abriu
As vivas eram tantas
Talvez como nunca se viu.

Logo ao entrar à porta
A polícia se encontrou
Que todos com o chapéu na mão
A expedição cumprimentou.

Seguindo mais abaixo
Se encontrou o cemitério
Onde os tiranos ladrões
Cometeram casos sérios.

Chegando logo mais abaixo
O enfermeiro se encontrou
Que visto por todo o povo
Logo imediatamente se esgueirou.

Chegando mais abaixo
Novamente se encontrou
Um valente português
Uma cacetada lhe largou.

Ao entrar para as casas
O carocha foi encontrado
Que levando uma bofetada
Tonto caiu para o lado.

Deixando logo o carocha
A batalha se começou
Que tirando os mais camaradas
Para o quartel se marchou.

E tando no Lazareto
Um macaco se encontrou
Que fingindo [fugindo] acelerado
Na ponta do mastro parou.

Ao vir das casas para cima
Todo o povo gritou
Componham os militares
Um xaile uma mulher lhe atirou.

Um outro nosso camarada
Um capote dum polícia atracou
Que chegando ao quartel
O capote se entregou.

À expedida do Lazareto
Até os próprios sinos tocaram
Que vendo a batalha ganha
Todo o povo nos saudaram.

Seguindo o nosso itinerário
Ao caminho novo se veio dar
As vivas eram tantas
Que todo o povo fez chorar.

Os nossos pobres camaradas
Trajavam da mais triste miséria
Uns em camisa outros em lençóis
Tratam duma causa séria.

Mas para essa causa
Os populares não olharam
Só deram vivas aos militares
Que muitas vidas resgataram.

Chegando à Rebela
Um militar se compadeceu
Que vendo os camaradas descompostos
Umas ceroulas lhe deu.

Seguiram por aí abaixo
Todas em boa união
Dando vivas aos militares
Toda esta multidão.

Este povo madeirense
Todos de grande alegria
À espera da multidão
Que para baixo seguia.

O que mais gostaram
Foi ver gente nos balcões
Dando vivas aos militares
E fora àqueles ladrões.

Chegando em frente da casa
Do sr. dr. José Leite Monteiro
Algumas vivas se levantou
A este ilustre cavalheiro.

Este ilustre cavalheiro
A todo o povo agradeceu
Tirando o seu chapéu
Que todo o povo comoveu.

Chegando ao campo da barca
A multidão queria voltar
Para ir ao Posto de Desinfeção
Àquela casa estrangular.

Diziam os militares

Sigam sempre para a frente
É melhor não fazer mais nada
Que carga temos para a gente.

Chegando à rua do Castanheiro
Esta valente multidão
A sentinela bradou às armas
Formou a guarda então.

Entraram os militares
E seguindo para dentro
Foram logo reclusos
No ex-refeitório dos sargentos.

Aqui estamos reclusos
Nesta casa de reclusão
À espera de uma resposta
Do general de divisão.

VIVA O POVO MADEIRENSE!

ANEXO VI
Transcrição do opúsculo "A Tragédia do Lazareto"

A TRAGÉDIA DO LAZARETO[1431]

AO
POVO MADEIRENSE

À memória das vítimas do Lazareto

Ad Perpetuam Rei Memoriam

Nos anais da história de um povo, bom é que fiquem consignados, em traços inapagáveis, todos os factos memoráveis.

E porque não devem esquecer nunca os sucessos de execranda recordação que se deram nesta Ilha desde 28 de novembro de 1905 até 6 de janeiro do corrente ano, nem o acontecimento providencial ocorrido a 7 do mesmo mês, eis os motivos que determinaram a publicação deste opúsculo.

Ao mesmo tempo tem o seu autor em vista prestar a devida homenagem aos sentimentos humanitários daqueles que praticaram o ato heroico de libertar esta Ilha da fantástica e *negra peste* que a assoberbava e a vexava.

E nesta sincera homenagem ao valor cívico dos vivos vai também um[a] saudade, muito agreste, embora, tributada aos mortos, a essas vítimas que pereceram longe dos carinhos daqueles que lhes eram caros, e muitos dos quais nem ao menos na hora extrema, puderam, pela malvadez dos seus algozes, receber os precisos confortos da religião que professavam.

Capa deste opúsculo, existente no acervo da Biblioteca Municipal do Funchal, ilustrada com o desenho da primeira vítima da *peste balbínica*.

A TRAGÉDIA DO LAZARETO

No mês de novembro de 1905 a nossa cidade foi sobressaltada por uma nova aterradora, que se espalhou com a rapidez do relâmpago de um a outro extremo, deixando todo o nosso povo transido de pavor: – a peste bubónica, o terrível flagelo do Levante, tinha feito o seu aparecimento no Funchal!

Não se apagara ainda na memória dos madeirenses a recordação do flagelo da cólera mórbus que nos visitou em 1856, e uns por conhecimento próprio, outros por o ouvirem, receavam que a Madeira fosse mais uma vez teatro dessa cena pavorosa, que cobriu de luto uma população inteira.

O terror foi geral, e, para muitos, as noites eram de insónia, e através do seu medo, bem justificado, como que viam montões de cadáveres ao lado de valas abertas e as

---

[1431] BMF, *A Tragédia do Lazareto – A suposta peste – Um cúmulo de infâmias*, Tip. Anti Pestífera, Funchal, 1906.

carretas fúnebres a perpassarem pelas ruas da cidade, arrastando para o campo do repouso aqueles que tinham sido presas da maligna peste.

Ninguém duvidou da veracidade da notícia, porque os primeiros casos suspeitos tinham sido confirmados pelo técnico bacteriológico dr. António Balbino do Rego, que não só afirmara a existência da doença, como aconselhara a abertura do Lazareto para que a moléstia se não alastrasse, levando a morte a milhares de criaturas e o descrédito a esta terra, sempre procurada como estação de saúde.

Sim, ninguém desconfiara da seriedade do técnico e o nosso povo, sempre bom e confiante, não podia nem de leve supor, que se lhe preparava uma farsa ignóbil, para fins inconfessáveis, sacrificando os seus autores, á sua ambição desmedida e à sua vaidade incomensurável, muitos dos nossos irmãos!

Há crimes tão nefandos que pessoa alguma bem-intencionada pode supor sequer a sua existência.

*
* *

Os primeiros casos que deram o alarme e serviram de pretexto para pôr em prática a tragédia do Lazareto, por certo meditada com muitos tempos de antecedência, foram os da Rua dos Ferreiros.

Existia ali uma pobre senhora, doente desde muito, e foi essa e uma criada, as primeiras vítimas da suposta peste.

Abriu-se o Lazareto e para lá foram as duas internadas, bem como a restante família.

Ali chegados, nada encontraram pronto para recebê-los, apesar das afirmativas em contrário do administrador do concelho Octaviano Soares, que não só obrigou essas doentes e essa família a saírem de casa ainda de dia, como se tornou bem espetaculosa essa triste cena, a fim de que toda a cidade dela tivesse conhecimento e o terror frutificasse em todos os espíritos.

Estava bem estudado o plano, parecendo até que a ele não eram estranhos hábeis engenheiros.

Espalhafato, – para que todos soubessem da desgraça que sobre esta cidade caíra; Lazareto desmantelado, sem utensílios e sem médico, – para que as reclamações chovessem e o serviço fosse entregue a um homem *zeloso*, que de tudo cuidasse!

As pobres doentes estiveram muitas horas ao desamparo, sem mesmo haver um leito onde pudessem repousar!

A família reclamou ao governador civil Pedro José Lomelino, este por sua vez reclamou para o governo, fazendo sentir quanto convinha que todo o serviço do Lazareto e da peste fosse confiado a um técnico zeloso, e o governo, caindo na armadilha do seu delegado, nomeia diretor do Lazareto o chefe supremo dos serviços sanitários contra a peste, o mesmo dr. António Balbino do Rego, o famoso descobridor do micróbio pestífero.

Estava realizada a primeira parte do plano e para completá-lo necessário era que nos serviços internos do Lazareto só interviessem pessoas da absoluta confiança do dr. Rego e do governador Lomelino.

Era fácil, porque isto só deles dependia!

O dr. Rego nomeia para almoxarife seu irmão Manuel do Rego e para diretora de enfermeiras a esposa deste.

O pessoal menor foi recrutado pelo governador Lomelino e pelo administrador Octaviano entre os indivíduos expulsos do corpo da polícia e mulheres de má nota!

Foragidos da polícia e prostitutas!

Estas nomeações não só não foram comunicadas ao público, como ainda o Lazareto, sempre olhado como útil casa de isolamento, passou a ser envolvido no mais tenebroso mistério, transpirando apenas cá para fora as notícias que eram de molde a aterrorizar o nosso povo.

A primeira doente internada faleceu e logo se soube cá fora!

Uma vítima da peste?!

O público formara a este respeito o seu juízo por aquilo que se vai seguir.

*
* *

Esta primeira vítima serviu de pretexto para pôr em execução medidas só adotadas em face de moléstias perigosíssimas e onde há a temer fácil contágio. Era a maneira de a todos convencer da enormidade do perigo.

A pobre morta foi, por isso, sepultada a altas horas da noite, em largo caixão abarrotando de cal e puxada numa corça de bois!

Foi assim que a conduziram ao cemitério de S. Gonçalo, que guarda em seu seio a primeira vítima da pavorosa.

Como se soube isto cá fora, logo no dia imediato, estando o Lazareto envolto no mais denso mistério?!

Ninguém o pode dizer!

O que se sabe é que tal facto constou logo, bem como, imediatamente se sabiam todas as notícias terroristas, sem que pessoa alguma lograsse descobrir o resto.

Evidentemente havia agentes pagos para espalharem as más novas, levando o medo e o assombro a toda a parte!

Imagem da primeira vítima da *peste balbínica* existente neste opúsculo.

O diabólico plano ia sendo executado com mestria, mas para dar o resultado desejado necessário era a matéria-prima – os pestíferos!

Bem depressa os arranjaram, porque se a suposta epidemia tivesse ficado limitada aos primeiros ali internados nada estava conseguido. Lançaram as vistas em seu redor, colheram informações e descobriram o doente Pedro de Alcântara Costa, empregado de uma casa comercial, e morador nas Neves.

Este *pestífero* sofria de duas úlceras na coxa esquerda, havia já muito tempo!

Foi um bode expiatório da tragédia. Arrastado ao Lazareto lá permaneceu durante todo o tempo em que esteve funcionando este edifício.

Cá por fora constou a sua morte, sem que houvesse um desmentido. O terror aumentou!

Desde então, e à sombra do pavor espalhado, começaram a internar no Lazareto aqueles que estavam doentes ou tinham a infelicidade de adoecer das moléstias as mais vulgares e de fácil diagnóstico!

Tudo eram pestíferos!

Foi assim que deram entrada no Lazareto: – um criado do sr. Leopoldo Cabral por nome José de Jesus de Sousa, um menor, guia de bois; o merceeiro António Pinto, pobre sifilítico de muitos anos; – José Mendes, trabalhador da alfândega; – o mestre Miguéis, desgraçado tuberculoso, que **já é tirado de casa cadáver, porque o susto de ir para o Lazareto fulminou-o;** – um rapazinho morador à Rua das Queimadas; – Maria Carlota de Sousa Mendes; – a lavadeira Leopoldina da Luz; – Emília Maciel; – dois menores, filhos do alfaiate José Gomes de Freitas; – e por último o cozinheiro Manuel de Abreu.

Estes últimos internados nada sofriam ou estavam atacados de simples pneumonias!

Este arrebanhar de doentes para o Lazareto, bem como de suas famílias, elevou bem depressa a algumas dezenas o número de hóspedes daquela casa!

*
* *

O procedimento inaudito das autoridades produziu alarme e provocou no público a desconfiança de que davam entrada no Lazareto indivíduos que não sofriam de peste!

Todos então quiseram informações e trataram de colhê-las. Baldado trabalho!

No lazareto ninguém entrava e as cartas que para lá eram dirigidas ficavam sem resposta!

Os doentes e sãos estavam ali puramente em cárcere privado!

Voltaram-se então as vistas para o cemitério de S. Gonçalo, para se apurar quantas as vítimas da *epidemia*.

Mas isto não convinha aos engendradores do diabólico trama!

Acabaram, portanto, com as inumações em S. Gonçalo e passaram a fazê-las no cemitério do próprio Lazareto, restaurado à pressa, e isto, com dois fins principais: – furtarem-se à fiscalização dos de cá de fora; e aterrorizar cada vez mais o povo funchalense, pois a abertura do cemitério do lazareto dava a perceber que a doença era de tão mau carácter, que até constituía um perigo o saimento dos cadáveres, muito embora metidos em cal e conduzidos ao cemitério de S. Gonçalo por horas mortas da noite!

Estas notícias lúgubres, que cá fora bem depressa eram sabidas, ao passo que do estado dos doentes pessoa alguma conseguia saber, pois nem mesmo um padre lá consentiam para ministrar os últimos sacramentos aos doentes, e as irmãs de caridade, que generosamente ofereceram seus serviços, não foram aceites pelo governador, avolumaram as desconfianças e o público passou a protestar, e alguns jornais a pedir providências.

Nenhum caso, porém, fizeram de tais protestos, antes, para arranjarem mais clientes para o Lazareto, assalariaram uma porção de vadios que, a título de fazerem limpeza, uns, e para pedir esmola, outros, entravam nas casas de cada qual e quando descobriam um doente denunciavam-no ao médico Mário de Castro, que logo o ia examinar, classificando *de peste* o caso e fazendo-o recolher ao Lazareto!

Muitos deverem a sua salvação à fuga, entre outros, José Baptista, morador à Rua da Infância, que ia ser levado para o Lazareto como pestífero, quando apenas estava sofrendo de febres intermitentes, a que sempre ficara sujeito, desde que residira em África!

Todas estas violências inauditas foram exaltando os ânimos e por todos os pontos se ouviam clamores contra os mistérios do Lazareto, que o povo passou a denominar Bastilha de Gonçalo Aires.

*
* *

A situação agravava-se horrorosamente, já porque estavam sendo arrastadas para o lazareto pessoas que apenas sofriam de doenças comuns, bem como as suas famílias e os vizinhos que com eles comunicavam, já porque o governador, ao passo que afirmava ao povo da cidade ser bom o nosso estado sanitário, ia mandando internar cada vez mais pessoas no lazareto e participava para a capital, para os Açores e até para o estrangeiro, que na Madeira grassava uma doença de mau carácter, que ele designava por *febres infeciosas*.

Esta velhaca classificação, que por ser demasiadamente vaga deixava perceber que ocultava uma doença aguda gravíssima, em breve foi por todos classificada de peste, porque o governador, propositadamente, fez anunciar em alguns jornais da terra que na administração do concelho não só forneciam desinfetantes, mas também veneno para ratos, cuja destruição era absolutamente necessária, e como se isto ainda não bastasse e tais insinuações não fossem o suficiente para que por toda a parte constasse, como ele tanto desejava, qual era a moléstia reinante, fez publicar na sua gazeta – Diário Popular, – que no quartel de infantaria 27 tinham sido adotadas medidas profiláticas contra a peste.

O resultado de toda esta farsa foi constar em todos os países, que entretinham relações comerciais connosco, que a Madeira estava sendo flagelada pela peste bubónica, advindo daí o afastamento da navegação e prejuízos enormíssimos para todas as classes, visto que a maior fonte de receita da Madeira é constituída pelo movimento marítimo.

A miséria ameaçava, pois, bater-nos à porta, com todo o seu sudário de horrores.

Os protestos foram então gerais e mister se tornou aos engendradores da peste arranjar uma prova da gravidade da doença, levando terror a toda a parte, para que pessoa alguma pensasse em reagir contra as medidas adotadas e as violências que estavam sendo exercidas sobre o povo, que já recalcitrara contra elas, apedrejando os agentes do governador na Rua de Santa Maria e perseguindo o dr. Abel Tiago de Sousa e Vasconcelos, que teve de saltar muros e barrancos no sítio do Bom Sucesso, por ali ter ido uma tarde e desconfiar o povo que ele ia ver uma doente do sítio, já há muito tuberculosa, para fazê-la recolher ao lazareto, como já a outros tinha feito.

Encarregou-se da farsa o dr. António Balbino do Rego, comunicando a todas as pessoas conhecidas, com gestos trágicos e palavras de desespero, que seu irmão Manuel do Rego, almoxarife do lazareto, tinha sido atacado de peste, sendo desesperado o seu estado!

Não passou pela mente de pessoa alguma que o dr. Rego estivesse representando uma ignóbil comédia e por isso a notícia causou a mais profunda sensação, chegando mesmo a fazer vacilar aqueles que mais alto estavam gritando contra os desaforos da peste.

Teriam pois os dois comediantes – Rego e Lomelino – colhido o mais lisonjeiro resultado desta torpe invenção, por todos acreditada, se não tivessem querido também fortificar um dos seus pontos fracos, que estava servindo de pasto às murmurações e que muito comprometia os autores da infame tramoia.

A *epidemia alastrava-se* por todos os pontos da cidade e o quartel de infantaria 27 conservava-se indemne, apesar de ali estarem acumulados mais de 700 homens, e não nas melhores condições, pois por mais esforços que sejam empregados impossível é conseguir que tantos homens cumpram à risca os preceitos higiénicos!

Isto dizia-se cá por fora e era um dos pontos que servia de pasmo a toda a gente, bem como o maldito mistério em que estava envolvido o lazareto, não sendo lá admitido nem mesmo um padre para prestar as derradeiras consolações aos moribundos, não obstante no lazareto entrar e sair todos os dias o dr. António Rego!

Sabendo disto os autores da tramoia quiseram remediar estes dois pontos.

Para o último acederam à entrada do Rev.º Padre Quirino Gonçalves no Lazareto para ungir um dos desgraçados ali internados, mas a título de desinfeção, atiraram sobre este sacerdote repetidos esguichos dum líquido colorido e mal cheiroso que lhe estragou por completo o fato, querendo assim tirar ao Rev.º Quirino o desejo de lá tornar!

Para remediar a imunidade do quartel começaram por requisitar uma força para o Lazareto composta dum cabo e três soldados com o pretexto de fazer sentinela à porta exterior e guardar o edifício.

Para que servia força tão diminuta?! Absolutamente para nada, visto que quatro praças não podiam conter um ataque de centenas de pessoas, se ele se desse, e para evitar a entrada no edifício a qualquer curioso também não era precisa, visto que a porta exterior permanecia fechada!

Tal força foi requisitada já com malévolos propósitos, pois bem sabiam os autores da tramoia que, sem ter um militar mais graduado a comandá-los, os noviços soldados não resistiriam ao desejo de, ao primeiro anseio, penetrarem no Lazareto.

E se bem o pensaram, melhor os soldados o fizeram.

Como o cabo e os três soldados estavam aquartelados numa pequena casa que fica logo a dentro da porta principal, aproveitaram as duas horas de folga, que dava a três a sentinela feita pelo quarto camarada, e foram seguindo até à chamada zona de refúgio.

Mal aí chegaram foram assaltados pelo pessoal do Lazareto, que lhes impuseram o internato, a fim de evitar o perigo de virem empestar o quartel!

Note-se que os militares nem mesmo tinham passado da chamada zona de refúgio, onde apenas estavam as pessoas absolutamente indemnes!

E lá ficaram internados os pobres militares, que foram logo despidos, metidos na cama e nesta mesmo *desinfetados* com grande abundância de líquido, ficando os míseros a tremer de frio e pavor, pois obrigaram-nos a permanecer na cama perfeitamente alagada e com as janelas abertas!

Se não houvesse um maldito propósito por certo que sujeitariam estes três militares à mesma simples desinfeção a que se submetia todos os dias o dr. Rego no momento de sair do Lazareto ou, quando muito, à brutal desinfeção aplicada ao Rev.º Padre Quirino Gonçalves, mandando-os em seguida cá para fora.

E qualquer das duas era mais do que suficiente, visto que o dr. Rego e Padre Quirino tinham estado em contacto com doentes, ao passo que os soldados apenas falaram com gente sadia.

Ao constar cá fora esta infame armadilha preparada aos soldados no dia 6 de janeiro, mais se convenceram todos que o Lazareto estava convertido em açougue e que longe de se tratar ali de curar doentes, antes se passavam coisas pavorosas.

ANEXOS

Foi esta a faúlha que ateou o incêndio.

*
* *

No dia seis de tarde, ao saber-se na cidade que tinham sido internados no Lazareto três militares, sob o fútil pretexto de que tinham penetrado até à chamada zona de refúgio, foi geral a indignação, ouvindo-se por toda a parte os mais acerbos comentários, pois este internato vinha provar à evidência que o Lazareto, longe de estar sendo uma útil casa de isolamento, não era mais do que uma masmorra, onde eram metidos vários desgraçados, verdadeiros bodes expiatórios dum tenebroso plano concertado entre os que governavam e o dr. Rego.

Numerosos grupos se viam por toda a parte, e o assunto obrigado era o Lazareto.

O povo não podia sofrer por mais tempo tantas afrontas, vexames e prejuízos.

Evidentemente a borrasca aproximava-se e o furacão estava prestes a desencadear-se.

O dia sete amanheceu sereno e lindo, como só nesta privilegiada terra os há no mês de janeiro.

Parecia que a Natureza, vestindo as suas melhores galas, queria, também, desmentir aqueles que afirmavam estar esta terra empestada, e animar o povo a que pusesse termo a tanto flagelo.

Como se de antemão houvesse um plano já traçado, o povo foi-se juntando no vasto campo de D. Carlos, bem como algumas dezenas de soldados.

Não havia ali uma opinião discordante.

Todos, sem exceção, opinaram para que fossem ao Lazareto arrancar os desgraçados que ali jaziam e levá-los a suas casas.

Nem um só se lembrou do perigo que podiam correr, se acaso fosse verdadeira a notícia espalhada acerca da gravidade da doença. A Providência iluminava o povo!

Cerca das dez horas, achando-se reunidas umas 5.000 pessoas, puseram-se em marcha para o Lazareto, seguindo pela Rua de Santa Maria.

Chegados ali pelas onze horas da manhã, forçaram a porta exterior da Bastilha, que encontraram fechada, e seguiram até as casas ocupadas por sãos e doentes.

O primeiro indivíduo que o povo avistou, de perfeita saúde e à porta dum dos edifícios, foi o mesmo Manuel do Rego, almoxarife improvisado, e que três dias antes o irmão dr. Rego dissera estar atacado de peste e em estado desesperado!

Foi esta a prova real de que o povo funchalense estava sendo vítima duma infamíssima comédia.

Avançaram, então, todos para aquele indivíduo e ele em *estado tão grave* se encontrava, que deitou a correr como um cabrito pela rocha fora, furtando-se, assim, a qualquer explicação desagradável. O restante pessoal fugiu também, indo refugiar-se nas rochas que, pelo lado do mar, cercam o Lazareto.

Penetraram, então, os populares em todas as casas, deram liberdade aos sãos e conduziram carinhosamente os enfermos para fora do lúgubre hospital, cobrindo-os com lençóis, pois não foi possível encontrar-lhes o fato.

Ainda aqui outra surpresa os esperava, pois foram encontrar vivos os doentes Pedro Alcântara Costa e cozinheiro Abreu, que os beleguins da autoridade afirmavam ter morrido, para propositadamente levarem o terror a toda a parte.

A alegria redobrou, então.

Enquanto uns iam conduzindo os doentes até à porta exterior do edifício, para metê-los em carros que tinham mandado buscar, outros foram inutilizando tudo aquilo que pudesse servir para reabrir sem demora o maldito edifício.

O povo não praticou nenhum vandalismo, nem atrocidades, honra lhe seja. Não maltratou ninguém, nem destruiu coisa alguma além do que foi necessário para impedir a reabertura do Lazareto.

Era uma precaução necessária.

Acabada esta tarefa, reuniram-se todos e metidos os doentes em carro partiram dali em direção à cidade.

Era um cortejo triunfal!

Os vivas estrugiam, a alegria brilhava em todos os semblantes e o nosso lindo sol dourava esta cena imponentíssima.

O cortejo foi seguindo pela estrada do Conde de Carvalhal e a todas as janelas apareciam os moradores, acenando entusiasticamente com lenços e vitoriando os libertadores e libertados.

O entusiasmo tocava as raias do delírio e ninguém se assustava com os perigos do contágio, antes em todas as bocas se ouvia esta significativa frase: – **o povo matou a peste!**

A meio do cortejo, e envoltos em brancos lençóis, caminhavam de pé o cabo e dois soldados, que de véspera tinham sido internados no Lazareto!

Todos os olhavam e todos se admiravam!

Os robustos e fortes rapazes da véspera, estavam amarelos, emagrecidos, extenuados, parecendo que acabavam de sofrer prolongada doença.

Em menos de 24 horas uma mudança horrorosa, tais os tratos a que foram submetidos a título de desinfeção!

Era desejo de todo o povo conduzir os doentes a suas casas, e bem assim, os soldados ao seu quartel.

Por esta razão dividiram-se em grandes grupos, seguindo cada um em direção da morada daqueles que acompanhavam, indo o grupo que conduzia o cabo e dois soldados pelo Largo do Colégio em direção ao Quartel de Infantaria 27.

Como, porém, tudo isto tivera demora, já os sequazes do governador Pedro José Lomelino o tinham vindo prevenir do assalto ao Lazareto, e ele, com passo vacilante, pálido de medo, dirigira-se ao quartel para refugiar-se e requisitar uma força que viesse esmagar os populares.

O déspota da véspera, o governador valentão, o engendrador da tramóia, andava pelas corredoras do quartel quase a desmaiar.

Todos os maus são assim: – extremamente covardes.

Por esta razão, quando os populares iam chegando ao quartel, para ali deixarem o cabo e dois soldados libertados do Lazareto, saiu-lhes ao encontro uma força de capitão, que se portou, porém, com a maior prudência, procurando dispersar o povo sem o agredir.

Os populares, então, vendo que os militares libertados do Lazareto já estavam recolhidos no quartel e não desejando reagir contra as ordens urbanamente dadas pelos dignos oficiais de infantaria 27 começaram a dispersar.

Foi nesta ocasião que apareceu o administrador Octaviano Soares, que até então tinha estado covardemente escondido na administração do concelho, dando ordem à polícia para que espadeirasse o povo e efetuasse prisões.

E o covarde administrador, ao serem-lhe trazidos uns populares presos agrediu-os à bengalada, cometendo, assim, um ato revoltante e indigno, só próprio de quem não tem sentimentos.

Dispersado o povo e julgando o governador que tudo estava serenado atreveu-se a sair, descendo a rua de João Tavira; avistando, porém, nesta ocasião um grande grupo de populares, que conduzia triunfalmente a sua casa o cozinheiro Abreu, fugiu espavorido pela Praça da Constituição, indo encerrar-se na Fortaleza de S. Lourenço, que fez imediatamente cercar de tropa, para que ficasse com as costas bem guardadas.

Tal era a convicção que tinha do ódio que o povo lhe votava!

Desta fortaleza requisitou o governador tropa para guardar-lhe a casa de sua residência, bem como a do comissário de polícia, administrador do concelho e a do dr. Abel de Vasconcelos.

Uma força de capitão foi para o Lazareto, uma de tenente para o posto de desinfeção, uma de alferes para a cadeia e uma outra para a administração.

Não contente em pôr a cidade quase em estado de sítio, telegrafou ao governo pedindo com urgência um navio de guerra com numerosa força!!!

E o dr. Rego? Qual o seu destino neste memorável dia 7?

O dr. Rego não estava no lazareto quando ali chegaram os populares, achando-se em sua casa à Rua Bela de S. Tiago.

Duas criadas que se achavam no lazareto e que saíram com o povo dirigiram-se a casa do diretor Rego e participaram-lhe o ocorrido.

Ele, porém, supondo muito menos importante a manifestação popular, armou-se com um revólver, meteu-se em carro com as duas criadas e seguiu para o Lazareto.

Chegado ali encontrou ainda um resto de populares que delicadamente o obrigaram a voltar para sua casa, não lhe fazendo o mínimo mal.

Este tão correto e louvável procedimento do povo, mereceu-lhe horas depois este infame comentário: – **O povo do Funchal é tão covarde que nem no casaco me tocou!**

Apesar, porém, de chamar covarde ao povo, o valentão recusou-se a ficar em sua casa e neste mesmo dia 7 recolheu à fortaleza de S. Lourenço com toda a sua família, vindo reunir-se ao seu comparsa Pedro José Lomelino.

O dia 7 foi um dia de júbilo, um dia festivo para toda a cidade do Funchal.

Todos queriam saber notícias do que se passara no Lazareto, todos indagavam com ansiedade do que diziam os internados e os comentários eram muitos.

Mas todos apresentavam rosto prazenteiro, notando-se uma satisfação geral, como se tivesse sido afastado da cidade um horrível pesadelo.

Ninguém temeu o contágio apesar de saber-se que o comediante dr. Rego dissera, assim que entrara na Fortaleza: – Que horrível desgraça! A cidade agora vai ficar empestada e o número de vítimas da peste vai ser enorme!

Todos sabiam disto e todos se riam! Ninguém incriminava os assaltantes do Lazareto, antes todos bendiziam a sua resolução, como se tivessem a antecipada certeza do que ia suceder.

E, felizmente, ninguém se enganou! Os assaltantes da Bastilha de Gonçalo Aires tinham posto termo a uma infame farsa, tornando-se credores da nossa gratidão.

*
* *

Estava submetida à prova de fogo a apregoada epidemia da peste bubónica.

Se ela fosse real, como queriam e afirmavam *os chefes,* alastrar-se-ia de um a outro extremo da cidade, causando a mais pavorosa desgraça! Centenas de vítimas da temerosa peste iriam povoar os cemitérios, por isso que os assaltantes do Lazareto tinham sido muitos, andando por toda a parte e em tudo pegando sem o mínimo escrúpulo e por sua vez tinham vindo cá para fora comunicar com milhares de pessoas, não havendo, por assim dizer, uma só família que pudesse julgar-se isenta de contágio nesse memorável dia 7 de janeiro! Os doentes, esses terríveis focos pestilenciais, não só tinham andado nos braços dos seus libertadores, como ainda em suas casas estavam sendo visitados por centenas de pessoas, havendo verdadeiras romarias aos seus domicílios. O contágio seria inevitável!

Se pelo contrário a epidemia fosse puramente fantástica, torpe invenção de míseros especuladores sem escrúpulos, como queria e afirmava o povo, em breves dias a verdade resplandeceria e os embusteiros ficariam a descoberto, pois a não dar-se caso algum de doença suspeita seria a prova irrefragável, esmagadora, de que no lazareto apenas tinham sido internados indivíduos atacados de doenças comuns, pobres vítimas dum plano verdadeiramente infernal.

Por afirmações dos mais competentes clínicos sabia-se que o período de incubação para o micróbio da peste era de 8 a 10 dias.

Tal era o período destinado à prova.

*
* *

No entanto todos buscavam informações, todos queriam ouvir da boca dos internados do Lazareto o que lá dentro se passava e que até então todos desconheciam, pois era impenetrável o mistério de que tinham cercado a lúgubre mansão.

O que a pouco e pouco se foi apurando, e que circulava com espantosa rapidez, ia indignando todas as pessoas honestas e por toda a parte se ouviam ruidosos e ameaçadores protestos contra as infâmias do Lazareto.

Há coisas que a pena se recusa a descrever, porque são de molde a fazer subir ao rosto o rubor da vergonha.

Ali campeava infrene a imoralidade e a falta de carinho.

As mulheres foram submetidas a operações vergonhosas, os doentes jaziam no mais cruel abandono e ao desamparo ficavam os agonizantes!

Os moribundos ficavam ao abandono sem terem uma pessoa que lhes dirigisse uma palavra de conforto, sem mesmo lhes ser permitido os últimos sacramentos da Igreja, sem terem quem lhes fechasse piedosamente os olhos!

Morriam ao desamparo, a dois passos dos entes que estremeciam, sem neles poderem fixar o seu olhar, sem lhes poderem dizer o último adeus e sem lhes ser permitido receber deles uma palavra de amizade, uma lágrima de despedida!

Mais parecia o agonizar de irracionais, do que de irmãos nossos!

Com os doentes só havia cuidado para infligir-lhes verdadeiros martírios, até hoje desconhecidos, pois nem nos suplícios da inquisição foram inventados tão bárbaros tratos.

Todos os dias, e a título de desinfeção, os desumanos enfermeiros, sob as ordens do sinistro almoxarife Manuel do Rego, percorriam os quartos dos enfermos e despejavam-lhes sobre a cabeça vários litros dum líquido, que diziam antisséptico, e que os deixava não só completamente molhados como ainda a cama e todas as roupas!

E assim permaneciam os míseros perfeitamente alagados, dia e noite, com as janelas abertas, em pleno mês de dezembro e em casas já de si frigidíssimas, pois estão situadas quase sobre o leito da ribeira de S. Gonçalo!

Raro era o que fazia uso de medicamentos, pois, ao que parece, estes eram destinados aos que para lá entravam sem moléstia! Aos verdadeiramente doentes toda a terapêutica consistia em tintura de iodo, aplicada em abundância no peito e costas, até o efeito cáustico!

Esquisito e nunca visto tratamento da peste bubónica, ao qual juntavam umas perfurações nas coxas!

Como conseguiram escapar alguns doentes a estas barbaridades sem nome?!

Mas não ficava só por aqui.

O alimento era insuficiente.

Os doentes tinham leite e caldo, mas com intervalo de várias horas. Como porém tinham a falta de apetite que é comum a todas as moléstias, nada pediam, nem se importavam com isso.

E os desalmados enfermeiros, longe de carinhosamente os obrigarem a tomar o raro alimento que lhes traziam, limitavam-se somente a pôr-lho à cabeceira, saindo em seguida!

Basta tanta desumanidade para nos capacitarmos de que de tudo era capaz o pessoal do Lazareto, desde o diretor até o último dos enfermeiros. E, sem receio de desmentido, pode dizer-se que os doentes que morreram não foram vítimas da doença, mas sim da cura!

Aos que entravam sem ser por doença, mas simplesmente a título de isolamento preventivo, eram também aplicadas desinfeções. E quer se tratasse de homens, quer de mulheres, quer de crianças, quer de novos, quer de velhos, tinham de despir-se completamente e sujeitar-se à operação feita por homens!

Há até a infame o repugnantíssima cena, imprópria mesmo de canibais, dos enfermeiros terem obrigado a despir-se, diante uns dos outros, uma família composta de mãe e um filho e filha já adultos, para serem assim obscenamente desinfetados pelos mesmos enfermeiros. É um crime monstruoso, um crime que brada aos céus!

E apesar de para o Lazareto ser todos os dias requisitados vários e abundantes géneros alimentícios, deram a uma mulher, que tivera lá dentro o seu bom sucesso, – atum salgado; e a convalescentes – bacalhau!

Quer dizer, o alimento destinado para os serviçais era dado aos pobres internados e o destes ia servir para os banquetes daqueles, pois é hoje facto averiguado que naquela triste mansão, onde vários infelizes soltaram o último suspiro, onde tantas e tão cruciantes dores sofreram os que tiveram a desdita de para lá serem arrotados, se realizaram verdadeiras saturnais, por horas mortas da noite, em que enfermeiros e enfermeiras davam largas aos seus sentimentos depravados, enquanto muitos desgraçados, bem perto dali e em cruel abandono, se debatiam nas vascas da agonia!

E a ninguém causará espanto o que aí fica sucintamente narrado, mas que se desenrolou lentamente em quase dois meses de acerbos sofrimentos para os pobres internados, dizendo-se que a enfermagem no Lazareto era exercida por polícias expulsos da corporação pelo seu mau comportamento, e por prostitutas, todos capitaneados pelo almoxarife Manuel do Rego, este escolhido por seu irmão dr. Rego, aqueles da escolha do ex-governador Pedro José Lomelino e administrador Octaviano Soares.

*
* *

Todas estas infâmias foram sendo sabidas nos dias imediatos ao assalto do Lazareto, de forma que a exaltação dos ânimos ia sendo cada vez maior.

No dia 10 chegou ao nosso porto o cruzador D. Carlos, com quase 500 homens de guarnição.

Entrou pelo meio-dia, trazendo todas as peças assestadas para terra e prontas a fazer fogo!

Mais tarde é que se soube que todo este aparato fora originado pelas falsas notícias que para Lisboa fornecera o governador Pedro José Lomelino, a ponto do ministro ter dito ao ilustre comandante do D. Carlos, que vinha para uma cidade em que metade da população estava atacada de peste e a outra metade revoltada, e que a revolta era apoiada por militares!

Para completar a sua nefasta obra o governador mentia escandalosamente, tentando comprometer os dignos oficiais do nosso regimento que acabavam de salvar-lhe a vida, porque a não ter-se ele encerrado na fortaleza de S. Lourenço e ficado esta guardada pelos mesmos militares que ele queria insinuar que faziam coisa comum com os manifestantes, por certo que essa autoridade maldita teria pago caro o seu condenável procedimento.

De bordo do D. Carlos veio para terra uma força do comando dum primeiro-tenente, que ficou aquartelada na própria residência de S. Lourenço, residência de ocasião do governador!

Medo é medo!

Desta força foi tirada uma guarda de sargento que acompanhou para sua casa, à Rua Bela de S. Tiago, o dr. António Balbino do Rego, ficando lá a guardá-lo, muito embora espalhassem que a força ia para proteger uma criada do sr. Leopoldo, que tinha estado no Lazareto por sofrer de *peste* e que de lá fora tirada no dia 7 pelo povo, depois do que seguira para S. Vicente, freguesia de sua naturalidade, donde novamente fora recambiada para o Funchal, prontificando-se o dr. Rego, que então se achava refugiado na Fortaleza, a recebê-la na sua residência, mediante a promessa de ter uma força de marinha à sua disposição.

E o dr. Rego que por todos os modos significara quanto a moléstia era perigosa não hesitou em receber na sua casa, em contacto com toda a sua família, uma atacada de peste!

E houve ainda alguém que tentou insinuar ter praticado o dr. Rego uma ato benemérito!

Ele recebeu a doente por bem saber que perigo algum havia nisso, visto ela nunca ter sofrido de peste, e porque ela lhe servia de pretexto para ter as costas guardadas!

Um benemérito aquele comediante!

*
* *

Os dias iam decorrendo e quanto mais se ia avizinhando o último dia do prazo assinalado para prova iniludível de ter havido ou não peste na cidade, mais os ânimos se iam exacerbando, já pelo conhecimento que todos iam tendo das infâmias praticadas no Lazareto, já pelos doentes estarem em via de completo restabelecimento sem ter-se manifestado caso algum suspeito, já por saber saber-se que o governador, longe de colocar-se ao lado do povo, ia informando falsamente o governo, dando em resultado o afastamento, cada vez mais acentuado, da navegação!

Chegou finalmente o dia 17, último dia de prova e ao saber-se que os doentes arrancados do lazareto estavam curados ou em via disso, e que nenhum caso de doença suspeita aparecera, de todos os peitos saiu um brado de indignação contra a burla infame do lazareto.

Tudo fora uma mentira, tudo uma comédia ignóbil. A nossa cidade não recebera a visita do flagelo do Levante, e, contudo, estava desacreditada, quase perdida!

Uns traidores, sem consciência e sem pejo, não tinham hesitado em ferir-nos nos mais caros interesses, em propalar ao mundo inteiro que a decantada Madeira, este oásis salubérrimo, estava convertido em perigoso foco pestilencial donde era mister fugir.

Os malditos, obcecados por insaciável ambição tinham sacrificado várias famílias à execução de diabólicos planos!

O povo tivera, pois, razão em revoltar-se, em assaltar o lazareto, em pôr termo à farsa, dando liberdade a uns desgraçados, cujo fim teria sido talvez muito outro, se a Providência não tivesse inspirado o movimento do dia 7 de janeiro, que há-de ficar para sempre memorável e de todos bendito.

O povo falara verdade e mais uma vez se confirmou que: – *Voz do povo é voz de Deus*.

No Lazareto nunca tinham existido indivíduos atacados de peste bubónica, mas sim uns infelizes atacados de doença comum, e outros sem doença alguma, como a pobre mártir Fernanda de Freitas, de 7 anos, que sem nada sofrer todos os dias lhe pincelavam peito e costas com tintura de iodo, sendo encontrada pelo povo em mísero estado!

Foi por esta ocasião que um telegrama vindo de Lisboa veio pôr bem a descoberto a tramóia do Lazareto.

O deputado João Pereira interessava-se junto do governo para que ele autorizasse um grande empréstimo de 400 contos para canalização de águas e esgotos da cidade e o ministro da fazenda, impressionado pelas terríveis notícias que lhe tinham chegado acerca da saúde pública desta cidade, prometera autorizar sem demora o formidável empréstimo, que em condições normais dificilmente seria conseguido.

Estava, pois, explicado para que tinham inventado a epidemia e qual a razão porque o governador, longe de pôr-se do lado do povo, continuava a apoiar o dr. Rego e a dar informações dúbias para Lisboa, recusando-se dum modo terminante a satisfazer as reclamações da imprensa e do público, que podiam insistentemente para que fosse convocada a Junta Distrital de Higiene, a fim de que esta declarasse qual o estado sanitário da Madeira, que todos, com exceção do governador, afirmavam, baseados *nos factos,* ser excelente.

A primeira autoridade do distrito continuava, pois, a trilhar o caminho que sempre seguira, conservando-se surda a todas as reclamações, exatamente como antes do memorável assalto do dia 7, em que todos lhe pediam que fosse fiscalizar o que no Lazareto se passava, como era das atribuições conferidas ao governador pelo código administrativo vigente, sem que nunca ele o tivesse feito, evidenciando, assim, a parte ativa que tomara em toda a tremenda tramóia.

Estavam descobertos os diabólicos planos e os seus autores, dos quais os dois principais foram o governador Pedro José Lomelino e dr. António Balbino do Rego, que pela sua situação oficial o povo começou a apelidar: – *os dois chefes da peste.*

A exaltação dos ânimos era manifesta, enorme a tensão de todos os espíritos, percebendo-se claramente que ao primeiro acontecimento extraordinário rebentaria tremenda tempestade.

Este acontecimento não tardou a dar-se.

*
* *

Em consequência dos *factos* ocorridos após o assalto ao Lazareto e estando plenamente demonstrado que a Madeira havia sido vítima duma repugnantíssima farsa, não se tendo dado nunca caso algum de peste, começaram de todos os lados a ouvir-se clamores contra a precária situação da cidade, perante todos aqueles com quem mantínhamos relações comerciais, tanto nacionais como estrangeiros, pedindo todos que se pusesse termo a ela, informando o governador ao governo central e a todos os representantes dos países estrangeiros nesta cidade de que era bom o nosso estado sanitário.

A direção da Associação Comercial, interpretando o sentir geral, dirigiu-se para isso ao governador, o qual prometeu interessar-se pelo assunto.

Estavam as coisas neste pé, quando no dia 18 de manhã chegou notícia aos agentes da Companhia Insulana de que o vapor S. Miguel não viria a este porto na sua viagem regular para os Açores, devido ao nosso mau estado sanitário.

Neste mesmo dia é recebida mala de Lisboa, e nos dois jornais mais importantes da capital – Século e Diário de Notícias – de treze de janeiro, viu-se que as notícias oficiais desta Ilha para o governo em data de 12, informavam – nenhuns casos suspeitos se terem dado *nas últimas horas*, não oferecendo, porém, confiança o nosso estado sanitário por não ser possível isolar convenientemente os indivíduos arrancados do Lazareto!

Estas notícias falsíssimas fornecidas pelo governador demonstravam bem a sua má-fé. Dizia o governador não ter-se dado caso algum suspeito nas últimas horas, quando o último caso, por ele chamado suspeito, mas que afinal não era mais do que uma pneumonia, tinha aparecido no dia 30 de dezembro!

Atenta a exaltação dos ânimos, fácil é calcular a indignação que produziram as notícias trazidas pelos jornais e a enviada ao agente do S. Miguel, que vinha confirmar que os jornais referidos nada inventavam mas sim forneciam informações verdadeiras baseadas em dados oficiais.

Como sinal de protesto o comércio da cidade, sem exceção alguma, fechou suas portas pelas 4 horas da tarde, marcando uma reunião na sua Associação, à Entrada da Cidade, para o mesmo dia às seis horas, e para a qual foram convidados representantes de toda a imprensa.

O povo funchalense foi afluindo à Entrada da Cidade e ao reunir-se a assembleia geral da Associação estavam fora alguns milhares de pessoas.

O governador, refugiado na fortaleza de S. Lourenço, mandara dobrar as sentinelas das duas portas, que armaram baioneta, e fizera saber à Associação Comercial que na fortaleza não poderia entrar qualquer comissão que se compusesse de mais de dez pessoas!

Pelas seis horas da tarde, achando-se reunidos quase todos os comerciantes e os representantes da imprensa, declarou o digno presidente da Associação estar aberta a sessão, dizendo em vista do telegrama dirigido à agência do São Miguel, comunicando não vir este vapor à Madeira, na sua viagem regular para os Açores, por ordem do governo, convocara a assembleia geral da associação, a fim de deliberarem qual a atitude a tomar em face de semelhante resolução de todo o ponto injustificada e altamente prejudicial para esta terra, visto corresponder ela à declaração oficial de que a Madeira estava empestada e que constituía um perigo grave para os Açores a continuação das nossas relações comerciais com aquelas ilhas. Que quando um vapor português, subsidiado pelo governo, assim procedia, nenhuma outra coisa podíamos esperar senão que a navegação estrangeira lhe imitasse o exemplo, ficando esta ilha para sempre desacreditada e perdida.

Que ao ter conhecimento de que o São Miguel não comunicava com o nosso porto se dirigira imediatamente ao governador pedindo-lhe prontas providências e que este prometera enviar ao governo um telegrama enérgico, que logo formulou e com o qual concordara plenamente, pedindo uma cópia dele, que lhe foi prometida assim que o telegrama fosse expedido.

Que pouco depois, indo buscar a tal cópia, lhe fora entregue uma coisa muito diversa daquela que o governador redigira à sua vista e que não correspondia às necessidades da nossa precária situação. Dizia, pois, bem claramente, ter sido burlado pelo governador, pois este cometera uma verdadeira farsa, razão porque dava a palavra aos que dela quisessem usar, a fim de que se chegasse a um acordo nos meios a adotar para acabar com tão intolerável situação, de todo o ponto injustificada, visto que o nosso estado sanitário era muito bom, estando os libertados do Lazareto restabelecidos e não havendo caso algum de moléstia suspeita, o que bem demonstrava nunca ter havido peste na Madeira, pois se assim não fosse muito outras teriam sido as consequências do assalto ao lazareto no dia 7 de janeiro.

Que o governador ou havia de pugnar pelos interesses da Madeira ou então se o não queria fazer ou não sabia ocupar o alto cargo em que fora investido pedisse a sua demissão.

Usaram da palavra diferentes cavalheiros, todos unânimes em verberar o indigno procedimento do governador, ficando deliberado por unanimidade o seguinte: l.ª que a Associação Comercial dirigisse diretamente um telegrama ao Presidente do Conselho expondo-lhe a verdadeira situação da Madeira e pedindo-lhe fizesse com que o «São Miguel» comunicasse com o nosso porto na sua viagem para os Açores; 2.º que uma comissão de dez cavalheiros fosse imediatamente ao Palácio de S. Lourenço, a fim de que o governador assinasse um telegrama para o governo, nos termos acima, e já previamente redigido na Associação, devendo entregá-lo à comissão para que o fosse levar diretamente ao correio, a fim de que o governador não cometesse nova burla, prometendo uma coisa e telegrafando outra; 3.º que o comércio continuasse fechado até que fosse pelo governo dada satisfatória solução ao pedido acima.

Eleita a comissão partiu para o Palácio de S. Lourenço, continuando reunida a assembleia até saber a resposta do governador.

Neste intervalo trocaram-se impressões e em todos se notava a mais tremenda indignação contra a burla praticada pelo governador, enganando indignamente o honrado presidente da Associação e pondo bem a descoberto a má-fé com que sempre andara em toda a tramóia da peste.

Passado algum tempo voltou a comissão, declarando que o governador a tudo acedera, assinando, sem tergiversar, o telegrama já redigido e entregando-o à comissão para o levar ao correio!!!

Aceitara o governador o diploma de burlão, de trapaceiro, sem que o rubor da vergonha lhe subisse às faces e sem que, por um resto de brio, depusesse imediatamente nas mãos do governo o mandato que este lhe conferira!

A tudo se sujeitou, só para não abandonar o lugar que tanto rebaixara.

Preferia a tremenda desautorização a ter de largar a rendosa posta!

Era, positivamente, um *desautorado*, em que os sentimentos estavam substituídos pela tripa.

Todos os que compunham a assembleia, ouviram assombrados a comunicação da comissão. Profunda expressão de desprezo transpareceu em todos os rostos.

O digno presidente deu então por concluídos os trabalhos daquele dia, encarregando um dos cavalheiros presentes de ir à varanda da Associação comunicar ao povo, que fora se aglomerava, o que estava deliberado e, bem assim, dizer que havia esperanças de arranjar uma *licença* ao dr. Rego para sair desta terra, como todos desejavam.

Essa comissão foi desempenhada pelo cavalheiro designado, que terminou por pedir ao povo que retirasse em boa ordem e recolhesse a suas casas.

Era, porém, grande a excitação do povo e ao ver que a situação da Madeira se agravava cada vez mais, pensou em tirar tremenda desforra daqueles que tinham sido os causadores de tanto mal!

Ao dr. Rego! Ao dr. Rego! – tal foi o grito que de muitas bocas saiu.

E todo aquele povo, que até ali estacionara em frente da Associação, partiu unido para a Rua Bela de S. Tiago, onde residia o ex-diretor do Lazareto.

Chegados em frente da sua morada deram muitos gritos subversivos, apedrejaram a casa, não conseguindo lá entrar por a isso ter obstado a força de marinha, que se portou com uma prudência digna do maior elogio.

Durou esta cena muito tempo e por certo que o dr. Rego havia de ter-se então arrependido da frase insultuosa que proferira contra o povo funchalense, que tão urbanamente o tratara no dia do assalto ao Lazareto.

Por fim chegou uma força de 2.º tenente a reforçar a que guardava a casa do dr. Rego, e para conseguir mais facilmente dispersar a multidão, deu uma descarga para o ar, vindo uma das balas, de ricochete, ferir no maxilar inferior, fraturando-lho, a António Pereira.

Foi então que a polícia civil, aproveitando a confusão que reinava, fez uso do revólver, ferindo gravemente no peito a José da Silva Santos, mais conhecido pelo Filipe.

Depois disto o povo veio em direção à Rua da Carreira, fazendo uma estrondosa manifestação de desagrado diante da residência do governador Pedro José Lomelino, na impossibilidade de lha fazer mais diretamente, visto ele achar-se encerrado na Fortaleza de S. Lourenço, guardado por numerosas forças.

Da Carreira seguiu o povo para a Rua de João Tavira e uma vez em frente da Redação do «Diário Popular», órgão do governador e que sempre defendera toda a infâmia do Lazareto, nova manifestação de desagrado foi feita.

Pela meia-noite era já completo o sossego, pelo que o dr. Rego, Manuel do Rego e toda a família seguiram entre uma escolta de marinheiros para a fortaleza de S. Lourenço, donde pela madrugada saíram, embarcando para bordo do cruzador «D. Carlos», onde ficaram.

Ao amanhecer do dia 19 começaram novamente a afluir milhares de pessoas para a parte baixa da cidade, especialmente aos arredores da Praça do peixe e mercado de D. Pedro V, a fim de verem se o comércio cumpria ou não o que tinha sido deliberado.

Não se via, porém, estabelecimento algum aberto. O protesto era espontâneo, estava bem no espírito de todos os comerciantes.

Mais uma vez apareceu em cena o administrador do concelho, Octaviano Soares, procurando salientar-se.

Veio para o mercado de D. Pedro V acompanhado duma força de infantaria 27, do comando dum capitão, e com as costas assim guardadas, quis impor a reabertura de todas as barracas, a fim de que expusessem à venda os géneros alimentícios que lá tinham.

Nada conseguiu, porém, apesar das suas bravatas, nem foi melhor sucedido ao querer obrigar a abertura das padarias.

Concorreu tão-somente para que os ânimos se exaltassem, porque longe de tentar persuadir tão-somente ameaçava.

Foi por esta ocasião que apareceu a coadjuvar o administrador o mesmo guarda civil que era acusado de ter na véspera disparado o revólver contra José da Silva Santos.

Por todos os lados se ouviram gritos de – morra o assassino!

Foi mister que a força presente o protegesse e conduzisse a S. Lourenço, a fim de que não pagasse cara a sua triste proeza da véspera.

Os manifestantes, que então eram milhares, percorriam todas as ruas, obrigando a fechar as portas aos raros estabelecimentos que se conservavam abertos.

Apesar de tudo isto, a primeira autoridade do distrito, o governador Pedro José Lomelino, continuava covardemente encerrado na Fortaleza, não se atrevendo sequer a aparecer às janelas, o que não obstou a que dissesse ao governo que de tal maneira fora enérgica a sua atitude, em face das manifestações, que a sua vida correra risco!

Ao serem recebidos jornais do continente em que se via esta ridícula bravata mais se acentuou o desprezo geral pelo poltrão.

*
* *

Às duas horas da tarde foi recebido um telegrama do Presidente do Conselho, contendo as seguintes palavras: Vai vapor «S. Miguel».

Como não havia nestes dizeres restrição alguma, todos entenderam que estava satisfeito o pedido de por aqui passar o «S. Miguel» na sua viagem regular para os Açores, pelo que reabriu o comércio e a cidade voltou ao seu estado normal.

Só pela tarde é que se soube que o «S. Miguel» vinha à Madeira, mas que voltava para Lisboa, onde seria desinfetado antes de seguir para os Açores!

Era mais uma burla ao povo da Madeira e burla arranjada pelo governador, pois sabia-se ter ele enviado na manhã desse mesmo dia 19 para Lisboa um telegrama cifrado em que a propunha ao governo, a fim de ver se podia continuar à frente do distrito, preferindo, assim, sofrer novas humilhações a ter de largar tão rendoso lugar!

Ao ser conhecido mais este logro a indignação foi geral e novas reclamações foram feitas para Lisboa, vindo, então de lá a notícia de que tinha sido nomeado um governador civil efetivo, que brevemente viria para esta Ilha.

O próprio governo expulsava do lugar o governador Pedro José Lomelino por ter-se convencido, afinal, de que era ele que, com suas falsas informações, mais complicava a situação.

Se bem que não representasse esta nomeação a inteira satisfação das reclamações feitas ao governo, foi tal a alegria que de todos se apoderou por ser enfim escorraçado o nefasto governador Pedro José Lomelino, que todos resolveram esperar pela chegada do novo chefe do distrito.

O «S. Miguel» veio no dia 22 à Madeira, mas tornou para Lisboa, não seguindo nele, como todos esperavam e queriam o dr. Rego e família, que continuaram a bordo do «D. Carlos».

Foi por esta ocasião que se espalhou a verdadeira notícia de ter o dr. Rego recebido ordem de vir para terra tomar conta do seu cargo.

Era a última obra do governador Pedro José Lomelino, que antes de largar o lugar queria à força salvar o seu cúmplice na Tragédia do Lazareto.

Foi, porém, tão significativa a atitude do povo ante esta notícia que o governador Lomelino não se atreveu a trazer de bordo do «D. Carlos» o ex-diretor do Lazareto e o sinistro almoxarife Manuel Rego, que a bordo continuaram.

Imagem da mátir Fernanda de Freitas, existente neste opúsculo.

*
* *

Foi a 29 de janeiro que chegou a esta cidade, pelas seis horas da tarde, o novo governador civil sr. capitão João Soares Branco.

No dia 30 tomou posse do seu cargo e pelo despeito que se notou no ex-governador Lomelino e seus janízaros, logo se aquilatou não ser o sr. capitão Branco da laia dos progressistas desta terra.

O povo teve, então, esperança de que o novo governador civil trilharia um caminho exatamente inverso ao do seu antecessor.

Em breve teve a confirmação de que se não enganava, porque logo no dia 31 de janeiro convocou o sr. governador civil, para o dia imediato, a reunião da Junta Distrital de Higiene que o ex-governador Lomelino sempre se recusara convocar, apesar de todos os pedidos e reclamações que nesse sentido lhe tinham feito o povo e a imprensa.

Reunida a junta, e exposta a opinião de cada um dos seus vogais, foi votado por unanimidade: 1.º que era muito bom o estado sanitário da Madeira; 2.º que a partir do dia 8 de janeiro nenhum caso de moléstia suspeita se dera nesta terra.

Estava assim condenada a infâmia do lazareto e declarado oficialmente que tudo fora uma farsa, pois, pelas razões já expostas, o facto de não aparecer caso algum de moléstia suspeita era a prova de que no dar-se o assalto ao Lazareto só lá existiam atacados de doenças comuns e não indivíduos sofrendo de peste bubónica.

E explicada ficou a razão porque o ex-governador Lomelino, sempre e dum modo terminante, se recusara a convocar a Junta Distrital de Higiene. Ninguém melhor do que ele sabia a farsa praticada no Lazareto e por isso evitara, enquanto pudera, que ela fosse posta a descoberto.

A opinião da Junta Distrital de Higiene foi sem demora telegrafada para Lisboa e Açores, sendo também comunicada a todos os representantes, nesta terra, das nações estrangeiras.

Principiara a nossa reabilitação e lavrada ficara a condenação dos dois chefes da peste – ex-governador Pedro José Lomelino e dr. Rego, bem como de todos os seus indignos cooperadores.

*
* *

Não estavam, porém, satisfeitas todas as reclamações do povo madeirense e por isso continuaram todos a pedir que fosse demitido o administrador Octaviano Soares, que fosse o dr. Rego obrigado a sair desta terra, e processados todos os culpados na tragédia do Lazareto.

O primeiro pedido só em parte foi satisfeito, porque o administrador Octaviano não foi demitido, sendo, contudo, nomeado um comissário de polícia civil, interino, ficando ele, assim, privado do exercício destas funções, que acumulava com as de administrador, e à sombra das quais cometera toda a casta de prepotências.

Ao dr. Rego foi afinal imposta a obrigação de abandonar esta terra.

Por uma coincidência digna de menção seguiu para Lisboa no dia 7 de fevereiro, exatamente um mês depois do assalto popular ao Lazareto, e a bordo do vapor «S. Miguel», o

Imagem do Dr. Balbino Rego, a pessoa mais odiada na Madeira em 1906, existente neste opúsculo.

mesmo barco que por causa da tramóia do Lazareto se recusara a tocar na Madeira, recusa esta que dará lugar às manifestações do dia 18 de janeiro.

A partida do «S. Miguel» fora fixada para as cinco horas da tarde.

Às quatro horas já era enorme a afluência de povo ao cais e suas imediações.

Todos queriam certificar-se que o ex-diretor do Lazareto deixava enfim a Madeira, que tanto fora prejudicada por sua causa e dos seus cúmplices.

Pelas cinco horas largou de bordo do cruzador «D. Carlos», em direção ao «S. Miguel», uma lancha em que iam o dr. António Balbino do Rego, seu irmão Manuel do Rego, e família. Era esta lancha escoltada por mais três em que se viam marinheiros armados de espingardas.

Começaram então a subir ao ar muitas granadas e foguetes de assobio, atirados de diversos pontos da terra e de muitos barcos que estacionavam perto do vapor «S. Miguel».

Ao mesmo tempo ouviam-se diversos gritos subversivos, conjuntamente com brados de satisfação por ver o povo, enfim, realizado um dos seus mais ardentes desejos.

Foi por esta ocasião que o capitão do porto, que ia numa das três lanchas de escolta, mandou prender um dos barcos de onde partiam foguetes, resultando, da confusão produzida, incendiarem-se os foguetes que ainda restavam, pelo que os seus tripulantes se atiraram ao mar, conseguindo escapar à arbitrária prisão.

À medida que a lancha que conduzia o dr. Rego e irmão passava diante das embarcações fundeadas, iam estes recebendo as mais significativas manifestações de desagrado, que se repetiram mesmo a bordo do «S. Miguel» por parte de diversos passageiros que da Madeira seguiam para a capital.

O «S. Miguel» levantou ferro pelas cinco e meia da tarde, sendo despedido com muitos foguetes.

Era o último adeus deste povo a um dos carrascos da tragédia do Lazareto.

*
* *

Era já geral a convicção de que tudo o que no Lazareto se passara não fora mais do que a realização dum diabólico plano concertado entre o dr. Rego, ex-governador Lomelino e seus sequazes, para poderem levar a efeito o ambicionado empréstimo dos 400 contos pedidos a título de saneamento do Funchal.

Apesar, porém, de nenhumas dúvidas restarem a este respeito, um jornal desta cidade – O Direito –, sem dúvida aquele que mais alto falou contra a tramóia da peste, encetou a publicação da correspondência trocada entre o pessoal do Lazareto e as autoridades, cartas preciosíssimas que vieram fazer luz em muitos pontos obscuros e provar até à saciedade a cumplicidade das mesmas autoridades.

Ao mesmo tempo a justiça começou a ouvir os internados do Lazareto, salvos pelo povo, sendo os seus depoimentos esmagadores para os engendradores da tramóia da peste, a mais infame burla que nesta terra tem sido posta em prática.

Breve, pois, ficarão apuradas as responsabilidades e no banco dos réus hão-de prestar contas à justiça os autores de tanta maldade, aqueles que não hesitaram sacrificar irmãos seus para conseguimento de inconfessáveis planos, em que a ambição desmedida foi um dos maiores incentivos.

Malditos sejam.

Conclusão

Por todos os factos sucedidos, e que resumidamente acabamos de narrar, evidente é que na Madeira nunca existiu peste bubónica, sendo esta pura invenção de entes ambiciosos e maus que não hesitaram em sacrificar muitas vítimas no altar de suas ambições e em lançar o descrédito nesta terra privilegiada.

Não fossem os beneméritos do dia 7 de janeiro e sabe Deus o tempo que duraria a suposta epidemia e quantos desgraçados mais resvalariam para o túmulo, sacrificados à execução do diabólico plano.

Por isso as maldições deste povo caem sobre os autores de tanta maldade e suas bênçãos cobrem os nossos salvadores.

Nesta terra haverá para sempre uma data memorável e de todos bendita:

7-1-906

Dois nomes execrados e para sempre malditos:
Pedro José Lomelino
António Balbino do Rego

ANEXO VII
Movimento hospitalar do Lazareto em 1907

SAÚDE PÚBLICA[1432]

[...] Nomes dos internados no Lazareto, nos dias 2 e 3 do corrente:

Sofia (de cor), 23 anos, criada de servir, rua do Arcebispo D. Aires.

Maria, 9 anos, filha de Manuel Miranda, rua das Rosas, n.º 3.

Maria Augusta, 16 anos, travessa do Forno, n.º 10.

Maria do Livramento Gomes, 28 anos, rua da Princesa, n.º 116.

José Gomes de Afonseca, 30 anos, rua da Princesa, n.º 116.

Carlos António, 16 anos, e Álvaro António, 13 anos, filhos de João António, rua de Santa Maria, n.º 136.

Nuno, 10 anos, Maria, 3 anos, e mais uma criança do sexo masculino, filhos de José Augusto de Oliveira, morador à travessa dos Arrifes, n.º 18. [...]

SAÚDE PÚBLICA[1433]

[...] Além dos variolosos que foram internados no Lazareto de Gonçalo Aires, no dia 3, temos a registar os seguintes:

Maria, 7 anos, filha de Virgínia Adelaide Pestana, rua das Mercês, n.º 60;

José de Castro, 13 anos, filho de Carolina de Castro, rua de Santo António n.º 25. (Faleceu no dia 3);

Ivo, 3 anos, filho de Cândido de Nóbrega, travessa das Amoreiras;

Ilda, 10 anos, filha de Olímpia de Brito, rua de Santa Maria, n.º 97;

Armanda, 11 anos, idem, idem, idem.

António, 16 anos, idem, idem, idem.

António de Sousa, 17 anos, filho de João de Sousa, rua da Boa Viagem, n.º 10.

José Fernandes, 11 anos, filho de João Fernandes, rua de Santa Maria, n.º 196.

Internados no dia 4:

Maria, 16 anos, filha de Cândido de Nóbrega, travessa das Amoreiras;

José Fernandes, 11 anos, filho de João Fernandes, rua de Santa Maria, n.º 196;

José Rodrigues Pão, 17 anos, filho de Francisco Rodrigues Pão, rua de Santa Maria;

Alfredo, 3 anos, filho de Francisco Escórcio, rua do Ornelas, n.º 36;

Leonor Escórcio, 10 anos, idem, idem;

Arsénio, 14 anos, filho de Virgínia da Costa, rua do Portão Novo;

Gracinda, 15 anos, filha de José Gomes, n.º 32;

José, dois meses, idem, idem, idem.

Cristina Gomes, 12 anos, idem, idem, idem;

Severo Gomes, 10 anos, idem, idem, idem;

Elisa de Sousa, 13 anos, filha de Amâncio de Sousa, S. Filipe;

Casimiro Fernandes, 13 anos, filho de João Fernandes, caminho do Palheiro, n.º 3;

Laura Fernandes, 7 anos, filha de Manuel Fernandes, rua dos Barreiros, n.º 1;

Manuel Fernandes, 1 ano, idem, idem, idem;

César Dias, 15 anos, filho de João Dias, travessa de João Caetano, n.º 10;

Júlia da Conceição, 12 anos, idem, idem;

Luís, 5 anos, filho de Adelaide Figueira, caminho do Palheiro;

Luís, 8 anos, filho de João de Sousa, sítio das Murteiras, S. Gonçalo;

Alfredo, 1 ano, filho de José Correia, rua dos Barreiros, n.º 20;

José, 13 anos, idem, idem, idem;

Álvaro, 8 anos, idem, idem, idem;

Sindina, 15 anos, idem, idem, idem;

Vitorino de Sousa, 15 anos, filho de Filomena de Nóbrega, rua do Portão Novo;

Bela Fernandes, 13 anos, filha de João Fernandes, rua de Santa Maria, n.º 196.

Manuel Fernandes, 22 anos, morador à Cruz de Carvalho, preso na cadeia do Funchal, (suspeito de varíola).

Virgínia Vieira, 30 anos, Campo de D. Carlos, n.º 24.

Laura Vieira, 6 anos, filha de Virgínia Vieira, idem, idem.

José Vieira, 9 anos, idem, idem, idem.

[1432] BMF, *Diário de Notícias*, 4 de maio de 1907.
[1433] BMF, *Diário de Notícias*, 5 de maio de 1907.

José Lourenço, 14 anos, filho de José Lourenço, rua de Santa Maria, 149.
Maria, 32 anos, de S. Vicente, rua dos Aranhas (suspeita de varíola).
Samuel, 15 anos, filho de Cristina Rosa, rua de Santa Maria, n.º 104. [...]

SAÚDE PÚBLICA[1434]

[...] Variolosos internados no dia 5:
João de Castro, 16 anos, filho de Manuel de Castro, rua de João Caetano, n.º 6.
Joaquim, 7 anos, filho de Maximiano, rua de Santa Maria, n.º 196.
Manuel de Castro, 11 anos, filho de José de Castro, rua dos Barreiros, n.º 6.
Augusto de Castro, 13 anos, idem, idem, idem.
Manuel de Jesus, 13 anos, filho de Manuel de Jesus, Largo da Praça, n.º 4.
Jaime de Jesus, 12 anos, idem, idem, idem.
António, 11 anos, filho de Maria Rosa, rua de Santa Maria, n.º 142.
Maria Rosa, 10 anos, idem, idem, idem.
Sara Rosa da Silva, 22 anos, casada com Manuel da Silva, Largo do Corpo Santo.
Francisco, 13 anos, filho de João Rodrigues Figueira, rua das Maravilhas, n.º 140, (caso novo). Não vacinado.
Júlia Emília dos Reis, 64 anos, rua da Conceição, n.º 109, (caso novo). Não vacinada.
Carolina dos Santos, 20 anos, filha de Manuel da Silva, Campo D. Carlos, n.º 15.
João, 8 meses, filho de Sara Rosa da Silva, Largo do Corpo Santo.
Guilherme Fernandes, 16 anos, filho de João Fernandes, rua dos Barreiros.
João de Jesus, 3 anos, filho de Licandro [Leandro] Pinto, rua do Conselheiro, n.º 51, (caso novo). Não vacinado.
Pedro António, 18 anos, filho de Adriano António de Oliveira Gomes, rua de Santa Maria, n.º 80.
João, 10 meses, filho de João Nunes, rua dos Barreiros, n.º 5.
Alice de Viveiros, 4 anos, filha de João Nunes de Viveiros, idem, idem.
Conceição de Melim, 7 anos, filha de Manuel de Melim, rua de Santa Maria, 106.
Gabriela de Melim, 13 anos, idem, idem, idem. [...]

SAÚDE PÚBLICA[1435]

[...] Além dos internados no dia 5, cujos nomes publicámos ontem, temos a registar o de Violante da Costa, 12 anos, filha de Maria da Costa, rua de Santa Maria.
Internados no dia 6:
Palmira, 4 anos, filha de Manuel da Gama, rua da Boa Viagem, n.º 26.
José Carlos de Freitas, 36 anos, casado, rua Nova de S. Pedro, n.º 55.
Georgina da Silva, filha de Manuel da Silva, travessa das Torres, n.º 20.
Maria Gomes, 6 anos, filha de João Gomes, Cruz de Carvalho, n.º 35.
Luís, 14 anos, filho de Joaquim Vaz, rua de Santa Maria, n.º 206.
Júlio de Gouveia, 18 anos, filho de José Rodrigues de Gouveia, rua do Pombal, n.º 38.
Afora destes, deu também ontem entrada no Lazareto um rapaz, atacado de varíola, morador ao sítio da Tendeira, freguesia do Caniço. [...]

SAÚDE PÚBLICA[1436]

[...] Além dos internados, no Lazareto, no dia 6, temos a registar mais o seguinte:
Jesuína de Jesus, 31 anos, filha de Policarpo de Nóbrega, do Pilar, freguesia de Santo António.
Internados no dia 7:
Carlos de Melim, 14 anos, filho de Manuel de Melim, rua de Santa Maria, n.º 149.
Luís, 3 anos, filho de Caetano de Sousa, sítio da Vila, freguesia de Câmara de Lobos.
João Gonçalves Rocha, 18 anos, filho de João Gonçalves Rocha, idem, idem.
Faleceu o internado de cor, José Gomes de Afonseca, natural da ilha Brava.
Até ontem haviam entrado no Lazareto 80 variolosos, tendo falecido dois. [...]

SAÚDE PÚBLICA[1437]

[...] Internados no Lazareto, no dia 8:
Isabel Jesus Fernandes, de 23 anos, rua das Hortas, n.º 88.
Francisco, filho de Manuel de Sousa, 15 anos, rua da Alegria, n.º 1.
António Escórcio, 41 anos, filho de Agostinho Escórcio, Beco da Estufa, n.º 3.
César Camacho Fernandes, 18 anos, filho

[1434] BMF, *Diário de Notícias*, 6 de maio de 1907.
[1435] BMF, *Diário de Notícias*, 7 de maio de 1907.
[1436] BMF, *Diário de Notícias*, 8 de maio de 1907.
[1437] BMF, *Diário de Notícias*, 9 de maio de 1907.

de Francisco Fernandes Camacho, Cruz de Carvalho.

*

Faleceu ontem no Lazareto uma variolosa de 15 anos de idade, filha de um fragateiro, por alcunha o *Lobo*.

*

Ontem, uma variolosa, por apelido Teixeira, internada no Lazareto, deu à luz, em parto prematuro, uma criança que faleceu pouco depois. [...]

SAÚDE PÚBLICA[1438]

[...] A variolosa que faleceu anteontem no Lazareto, chamava-se Júlia da Conceição, 15 anos, filha de Manuel da Conceição, moradora que era à rua de João Caetano.

Faleceu ontem no mesmo hospital, Ivo, 3 anos, filho de Cândido de Nóbrega, travessa das Amoreiras. [...]

SAÚDE PÚBLICA[1439]

[...] Internados no dia 10:

Luís Vicente de Castro, 34 anos, rua do Carmo;

Luís Pinheiro, 18 anos, filho de Antónia de Jesus, caminho do Lazareto;

D. Maria de Jesus Cunha, de 63 anos, viúva, rua da Carreira, n.º 111;

Augusta Pestana, 3 anos, beco do Nogueira, n.º 5;

Ricardo Guedes de Abreu, 28 anos, rua dos Medinas, n.º 8.

*

Foi dada alta no hospital do Lazareto, por se acharem completamente curados, aos seguintes doentes:

Vitorino Gomes, 15 anos de idade, morador ao Portão Novo n.º 32.

António de Menezes, 15 anos de idade, rua de Santa Maria n.º 162.

Guilherme Fernandes, 16 anos de idade, morador à rua dos Barreiros n.º 196.

José Correia, 13 anos de idade, morador à rua dos Barreiros n.º 20. [...]

SAÚDE PÚBLICA[1440]

[...] Internados no dia 11:

Lucília, de 8 anos e João, de 4 anos, filhos de José Correia e de Inocência Correia, moradores ao Beco do Francelho. [...]

SAÚDE PÚBLICA[1441]

[...] Sepultaram-se ontem uma mulher e dois menores variolosos, que estavam internados no Lazareto.

*

Devem dar hoje entrada no mesmo hospital dois homens atacados de varíola.

*

Saíram ontem do Lazareto dois indivíduos que ali estiveram em observação. [...]

SAÚDE PÚBLICA[1442]

[...] Faleceu ontem no Lazareto, João Pereira, de 14 anos, filho de José Pereira, da freguesia de S. Gonçalo.

*

O sr. José Carlos de Freitas, internado no Lazareto, vai melhorando sensivelmente.

*

É satisfatório o estado de grande número de variolosos internados no mesmo hospital.

SAÚDE PÚBLICA[1443]

[...] Internados no Lazareto, no dia 14:

Adelaide, filha de Silvano da Câmara, 16 anos, rua de Santa Maria n.º 118.

Luís Gonçalves, 17 anos, filho da viúva Gonçalves, rua dos Ilhéus.

Vivência da Conceição, 2 anos, filha de Manuel Joaquim Teixeira, rua 5 de Junho.

Manuel, 5 anos, filho de Manuel Joaquim Teixeira, idem.

José Teixeira, 14 anos, filho de António Teixeira, caminho do Elevador.

*

Falecidos no dia 14:

Aires da Costa, 3 anos, filho de Felisberto da Costa, rua de Santa Maria.

Alfredo de Sousa, 4 anos, filho de Alfredo de Sousa, idem.

Isabel de Jesus Fernandes, 23 anos, rua das Hortas, n.º 88.

Manuel, 16 anos, filho de José Correia Belo, Caniço. [...]

Saíram ontem curados, do Lazareto, João Gonçalves Angélica, de Câmara de Lobos e Manuel Fernandes, que teve de reco-

---

1438 BMF, *Diário de Notícias*, 10 de maio de 1907.
1439 BMF, *Diário de Notícias*, 11 de maio de 1907.
1440 BMF, *Diário de Notícias*, 12 de maio de 1907.
1441 BMF, *Diário de Notícias*, 13 de maio de 1907.
1442 BMF, *Diário de Notícias*, 14 de maio de 1907.
1443 BMF, *Diário de Notícias*, 15 de maio de 1907.

lher à cadeia onde se achava quando adoeceu. [...]

SAÚDE PÚBLICA[1444]
[...] Entraram ontem no Lazareto:
Maria, 5 anos de idade, filha de Maria da Paixão, moradora ao Largo do Corpo Santo;
Maria da Paixão, viúva, 35 anos, moradora ao largo do Corpo Santo.

*

Faleceram ontem no Lazareto:
Ricardo Gomes de Abreu, de 28 anos, e Catarina, filha de Felisberto da Costa e de Amélia de Jesus, rua de Santa Luzia. [...]

SAÚDE PÚBLICA[1445]
[...]
Boletim do estado de saúde dos variolosos internados no Lazareto
DIA 16
Melhores:
Sofia, de cor, Carlos António, Álvaro António, José Fernandes, Maria de Nóbrega, Alfredo Escórcio, Arsénio da Costa, Leonor Escórcio, Nuno de Oliveira, Gracinda de Oliveira, António de Brito, José Rodrigues Pão, Maria do Livramento, Maria Miranda, Ilda de Brito, Armanda Brito, Elisa de Sousa, Maria de Oliveira, Maria Augusta, Arsénio da Costa, um filho de José Augusto de Oliveira, Luís Vaz, Laura Fernandes, José Lourenço, Cristina Gomes, Samuel Fernandes, Vitorino de Sousa, José Vieira, Laura Vieira, Sara Rosa e Silva, José de Gouveia, Manuel de Castro, Augusto de Castro, Maria Rosa, João de Castro, António Rosa, Jaime de Jesus, Joaquim Soares, Francisco Figueira, Manuel de Jesus, Júlia A. dos Reis, João Viveiros, Alice Viveiros, Violante da Costa, Conceição Melim, Pedro António, João de Jesus, Carolina Santos, José Carlos de Freitas, Maria Figueira, Palmira da Gama, Georgina da Silva, Maria de Mendonça, Maria Garcês, Isabel de Jesus Fernandes, António Escórcio, D. Maria Jesus Cunha, Luís Vicente Costa, Delfina, de cor, João Correia, Augusta Pestana, Júlia Alves, José da Costa, João Gomes, Emília R. Encarnação, Joaquim Pinheiro, Vicência da Conceição, Manuel Joaquim, Maria da Paixão, Maria da Paixão Rodrigues, Adelaide Câmara, Manuel Soares, Cândido Gomes, José Gomes, Cristina da Câmara e José Gonçalves; e já saídos: Guilherme Fernandes, João Gonçalves Rocha, José Correia e Manuel Fernandes.
Mal:
Francisco de Sousa, César Camacho Fernandes, Manuel Francisco, João da Mota, Manuel Carvalho, Luís Pinheiro, Bela da Silva, João Gonçalves e José Teixeira.
Saíram curados:
Luís Figueira, Severo Gomes e Maria Adelaide Pestana.
Faleceram:
Luís de Sousa e João Correia. [...]
Na próxima semana devem dar alta do Lazareto, cerca de trinta pessoas.

*

Internados no dia 16:
José, 4 anos, filho de João Gonçalves, rua do Anadia, n.º 4. [...]

SAÚDE PÚBLICA[1446]
[...] Sairão ontem curados do Lazareto os seguintes:
Pedro António, Luís Vaz, César Gomes, José Lourenço, Luís de Castro, Gracinda Gomes e Maria Miranda.
Não houve nenhum falecimento. [...]

SAÚDE PÚBLICA[1447]
[...] Faleceu ontem, no Lazareto, João da Mata, de 15 anos, filho de João da Mata e de Violante da Conceição, moradores à rua de Santa Maria n.º 164. [...]
Entrou ontem, no Lazareto, Maria Delfina, de 28 anos, solteira, moradora à travessa das Torres n.º 25.

*

Saíram ontem do Lazareto os seguintes internados:
José Fernandes, de 11 anos, filho de João Fernandes e de Carolina de Jesus, rua de Santa Maria n.º 196; José Rodrigues Pão, de 17 anos, filho de Francisco Rodrigues Pão e de Antónia de Jesus, rua de Santa Maria. [...]

SAÚDE PÚBLICA[1448]
[...]
Alta do Lazareto
Deve dar hoje alta do hospital do Lazare-

[1444] BMF, *Diário de Notícias*, 16 de maio de 1907.
[1445] BMF, *Diário de Notícias*, 17 de maio de 1907.
[1446] BMF, *Diário de Notícias*, 18 de maio de 1907.
[1447] BMF, *Diário de Notícias*, 19 de maio de 1907.
[1448] BMF, *Diário de Notícias*, 20 de maio de 1907.

to o sr. José Carlos de Freitas, proprietário da *Mercearia Aliança*, ao Largo de S. Sebastião.

Sabemos que tanto o sr. José Carlos de Freitas, como os demais internados no Lazareto, se mostram muito satisfeitos e reconhecidos pelo excelente tratamento que lhes tem sido ali dispensado. [...]

Falecimento

Faleceu ontem no Lazareto Bela da Silva, filha de Augusto Gomes, Pico dos Frias.

SAÚDE PÚBLICA[1449]

[...] Deram ontem entrada no Lazareto de Gonçalo Aires:

Francisco de Abreu, solteiro, de 30 anos de idade, do Funchal, sítio do Paiol.

Augusta Franco, de 15 anos, filha de Francisco Franco, de Machico, Beco do Socorro.

Deolinda de Gouveia, de 9 anos, filha de Maria Augusta, do Funchal, Travessa dos Arrifes.

António Gomes Banha, casado, de 40 anos, do Monte, Rua da Queimada.

José, de 4 anos, filho de Tristão Velosa, do Funchal, Travessa do Forno.

Tiveram alta:

José Carlos de Freitas, casado, de 36 anos, do Funchal, rua Nova de S. Pedro.

Arsénio da Costa, de 14 anos, filho de Virgínia da Costa, de Santa Maria Maior, Portão Novo.

Nuno Marote de Olim, de 10 anos, filho de José Augusto de Olim, de Machico, Travessa dos Arrifes.

Joaquim Soares, de 7 anos, filho de Manoel Soares, do Porto da Cruz, Rua de Santa Maria Maior.

Mário de Mendonça, de 10 anos, filho de José Mendonça, de Santa Luzia, Ponte do Cidrão.

Manuel Soares, de 35 anos, casado, filho de Francisco Soares, do Porto da Cruz, Rua de Santa Maria Maior.

Maria, de 7 anos, filha de Virgínia Adelaide Pestana, do Funchal, Rua de Santa Maria Maior.

João de Gouveia, 19 anos de idade, filho de José de Gouveia, do Santo da Serra, rua de Santa Maria.

Faleceram:

João Gonçalves, 17 anos de idade, filho da viúva Gonçalves, do Funchal, sítio dos Ilhéus.

Luís Vieira, 5 anos de idade, filho de pais incógnitos, do Funchal, morador ao Campo D. Carlos I.

Francisco de Andrade, 23 anos de idade, casado, filho de José de Andrade, da Serra de Água, rua de S. Paulo. [...]

SAÚDE PÚBLICA[1450]

[...] Deram ontem entrada no Lazareto as seguintes pessoas:

– Maria Isabel, de 4 anos, filha de Joaquim Francisco de Freitas e de Maria Velosa, rua de Santa Maria.

– Jacinto Rodrigues, de 15 anos, e João Rodrigues, de 10 anos, filhos de Manuel Rodrigues e de Maria Isabel de Jesus, travessa de S. Paulo, n.º 15.

– José, de 13 anos e Ivo, de 12, filhos de João de Sousa e de Maria Isabel de Sousa, moradores ao Campo de D. Carlos.

– José, de 21 dias, filho de Júlio Quintino Ferraz, rua de Santa Maria, n.º 62.

*

Faleceu ontem, no Lazareto, Maria de Jesus, de 18 anos de idade, filha de Carlota de Jesus, moradora à rua de Júlio da Silva Carvalho. [...]

SAÚDE PÚBLICA[1451]

[...] Saíram anteontem do Lazareto, os seguintes internados:

Cristina Gomes, de 12 anos de idade, filha de José Gomes, do Funchal, Portão Novo.

Manuel de Castro, de 11 anos de idade, filho de José de Castro, do Funchal, rua dos Barreiros.

Augusto de Castro, de 13 anos de idade, filho de José de Castro, do Funchal, rua dos Barreiros.

Bela Fernandes, de 13 anos de idade, filha de João Fernandes, do Funchal, Santa Maria Maior.

Júlia Augusta dos Reis, de 64 anos de idade, do Funchal, rua da Conceição.

Maria da Conceição de Melim, de 7 anos de idade, filha de Manuel de Melim, do Funchal, rua de Santa Maria.

*

Além dos que já mencionámos, deram anteontem entrada no Lazareto, mais os seguintes variolosos:

João Rodrigues, de 10 anos de idade, fi-

[1449] BMF, *Diário de Notícias*, 21 de maio de 1907.

[1450] BMF, *Diário de Notícias*, 22 de maio de 1907.

[1451] BMF, *Diário de Notícias*, 23 de maio de 1907.

lho de Manuel Rodrigues Neto, do Funchal, travessa de S. Paulo.

Pedro dos Ramos, casado, de 23 anos de idade, de Câmara de Lobos, beco do Coelho.

Pedro dos Ramos, de 7 anos de idade, filho de Pedro dos Ramos, de Câmara de Lobos, beco do Coelho.

João da Câmara, casado, de 23 anos de idade, do Caniço, sítio da Assomada.

Carlos Henrique de Jesus, de 6 anos de idade, filho de Augusto Henrique de Jesus, do Funchal, sítio da Cruz de Carvalho.

Maria Mendes, de 6 meses de idade, filha de João Mendes, do Funchal rua do Torreão.

Patrocínia Alves, de 2 anos de idade, filha de Francisco Alves, de Santa Cruz, rua de Santo António.

António Alves, de 5 anos de idade, filho de Francisco Alves, de Santa Cruz, rua de Santo António.

Alice de Sousa, de 5 anos de idade, filha de Manuel de Sousa, do Funchal, rua da Boa Viagem.

*

Entraram ontem no Lazareto:
Maria Antónia, de 2 anos, filha de João Pereira e de Maria José Pereira, Travessa de S. Paulo n.º 4.

Uma criança, por nome Francisco, de Santa Catarina.

Manuel Cabaça, casado, de 40 anos de idade, Funchal, Bom Sucesso.

Vítor da Silva, de 13 anos de idade, filho de João da Silva, rua de Serpa Pinto.

Faleceram ontem no Lazareto:
Cristina Machado, casada, de 28 anos, moradora ao caminho do Acciaioly.

Pedro dos Ramos, casado, de 30 anos de idade, morador ao beco do Coelho (Ribeira de S. João).

Maria Augusta, de 36 anos de idade, filha de António Teixeira, moradora ao beco do Forno. [...]

SAÚDE PÚBLICA[1452]

[...] Deram ontem entrada no Lazareto, os seguintes variolosos:

Francisco, de 4 anos de idade, filho de Luísa de Jesus, rua da Princesa.

José de Olim, de 17 anos de idade, filho de José de Olim, travessa de João Caetano.

José Roiz, de 6 anos de idade, filho de João Roiz, beco do Coelho.

Alfredo Gonçalves, de 18 anos de idade, filho de Augusto Gonçalves, rua da Imperatriz.

José Plácido, de 5 anos de idade, filho de Manuel Joaquim Mendes, rua da Princesa.

*

Faleceu ontem no Lazareto, Carlos Henrique de Jesus, filho de Augusto Henrique de Jesus, Cruz de Carvalho. [...]

Saiu ontem, dum quarto particular do Lazareto, completamente curada, a sr.ª D. Maria de Jesus Cunha, sogra do sr. António Maria Henriques.

Estimamos. [...]

SAÚDE PÚBLICA[1453]

[...] Entraram ontem no Lazareto:
Manuel Fernandes, de 19 anos, filho de João Fernandes e Maria Fernandes, natural de Santa Cruz, rua de Santa Maria n.º 4;

José Augusto de Gouveia, de 22 anos, filho de Manuel Augusto de Gouveia e de Olinda Augusta, natural de Lisboa, rua dos Medinas;

João Coelho, de 15 anos de idade, filho de João Coelho, rua da Imperatriz;

Manuel Gonçalves, de 4 anos, filho de Ludovina Gonçalves, rua de Santa Maria;

Joaquim de Oliveira, de 14 anos, filho de José Pedro de Oliveira, rua de St.ª Maria;

Júlia dos Santos, de 14 anos, filha de Vicente de Freitas, St. António, Levada do Cavalo;

*

Faleceram ontem no Lazareto:
Cândido Gomes, de 8 anos de idade, filho de Júlio Gomes, Bica de Pau, S. Gonçalo. [...]

SAÚDE PÚBLICA[1454]

[...]

Boletim do estado sanitário dos variolosos no Lazareto

Dos 100 variolosos existentes ontem, de manhã, no Lazareto, tiveram alta 4, – Alfredo Escórcio, Leonor Escórcio, Maria da Paixão e Laura Vieira.

Existentes atualmente – 96.

Treze dos enfermos acham-se em estado mais grave, mas não desesperado.

São os seguintes:

1452 BMF, *Diário de Notícias*, 24 de maio de 1907.
1453 BMF, *Diário de Notícias*, 25 de maio de 1907.
1454 BMF, *Diário de Notícias*, 26 de maio de 1907.

João Coelho, Manuel de Abreu Cabaça, Alice de Sousa, Luís Pinheiro, Virgínia de Carvalho, António de Nóbrega, Guilherme da Silva, José Ferreira, Deolinda, José de Sousa, José de Germano, João Gomes e uma filha de António Mendes Brazão.

O estado dos outros doentes – 83 – é muito satisfatório. [...]

Maria de Jesus, filha de Manuel da Silva, Campo de D. Carlos.

João Correia, filho de João Correia, natural de Câmara de Lobos, residente no sítio da Levada do Cavalo, St. António.

Henrique e Artur Correia, filhos de José Correia, de S. Gonçalo, Lombo da Quinta. [...]

SAÚDE PÚBLICA[1455]

[...] Deram anteontem entrada no Lazareto os seguintes variolosos:

Manuel Rodrigues, de 15 anos de idade, filho de Cândida de Jesus, rua de Santa Maria.

Pedro Hermínio, de 5 anos de idade, filho de Manuel de Caires, Caniço.

Luísa Camila Garcia, de 42 anos de idade, espanhola, rua Direita.

Maria de Jesus Correia, de 5 anos de idade, filha de João Gomes Rebelo, sítio da Ponte, Paul do Mar.

Blandina Ferreira, casada, sítio da Ponte, idem.

E ontem entraram os seguintes:

José dos Santos, de 41 anos de idade, filho de António dos Santos, S. Roque.

Vicente Pereira, de 14 anos de idade, filho de João Roiz Pereira, Calheta.

*

Faleceu anteontem à noite, no Lazareto, o varioloso José Velosa, de 4 anos de idade, filho de Tristão Velosa, travessa do Forno; e ontem: Deolinda de Jesus, de 9 anos de idade, filha de Maria Augusta, travessa dos Arrifes, Alice de Sousa, de 5 anos de idade, filha de Manuel de Sousa, rua da Boa Viagem; Virgínia Carvalho, de 8 anos de idade, filha de João Carvalho, rua do Arcebispo.

*

À entrada dos nossos escritórios está fixado o boletim do estado de saúde dos variolosos internados no Lazareto, relativo ao dia 25 do corrente, cujo resumo publicamos anteontem. [...]

SAÚDE PÚBLICA[1456]

[...] Deram ontem entrada no Lazareto os seguintes variolosos:

Domingos Teixeira, beco do Forte n.º 12.

Benvinda Teixeira, filha de Avelina de Jesus, natural de Lisboa, rua da Cadeia Velha, n.º 2.

SAÚDE PÚBLICA[1457]

[...] Deram ontem entrada no Lazareto os variolosos:

Manuel Gonçalves, casado, de 38 anos de idade, Ribeira de João Gomes.

Adelaide Dias, de 3 anos de idade, filha de José Dias, já falecido, sítio do Pelame, S. Pedro.

José da Silva, de 7 anos de idade, filho de João da Silva, Santa Maria Maior.

Laurinda da Conceição, de 16 anos de idade, filha de Emília Augusta, (Açores), rua da Cadeia Velha. (Esta doente morreu ao chegar ao Lazareto).

*

Faleceram ontem no Lazareto:

José de Sousa, de 13 anos, filho de João de Sousa, natural de Canárias, Campo D. Carlos.

Luís Pinheiro de 18 anos de idade, filho de António de Jesus, Santa Maria Maior, Lazareto.

Laurinda da Conceição de 16 anos de idade, filha de Emília Augusta, (Açores), rua da Cadeia Velha.

*

Acham-se atualmente internados no Lazareto 105 variolosos. [...]

SAÚDE PÚBLICA[1458]

[...] Deram ontem entrada no Lazareto os seguintes variolosos:

Augusta Gomes da Silva, de 7 anos de idade, filha de Augusto Gomes da Silva, S. Pedro.

Jesuíno Coelho, de 10 meses de idade, filho de Francisco Rodrigues Coelho, Santa Cruz.

Henrique Gonçalves, de 16 anos de idade, filho de Manuel Gonçalves, Santa Maria Maior.

Palmira de Nóbrega, de 9 anos de idade, filha de Manuel de Nóbrega, Santo António.

[1455] BMF, *Diário de Notícias*, 27 de maio de 1907.
[1456] BMF, *Diário de Notícias*, 28 de maio de 1907.
[1457] BMF, *Diário de Notícias*, 29 de maio de 1907.
[1458] BMF, *Diário de Notícias*, 30 de maio de 1907.

Olinda de Nóbrega, de 11 anos de idade, filha de Manuel de Nóbrega, Santo António.

Maria da Conceição, casada, de 28 anos de idade, filha de Góis de Freitas, Santa Luzia, rua do Carmo.

Luís Romão da Silva, de 15 anos de idade, filho de Joaquina Rodrigues, caminho do Til.

*

Faleceu ontem no Lazareto o varioloso Manuel Gonçalves, de 4 anos de idade, filho de Ludovina Gonçalves, rua de Santa Maria.

*

Tiveram alta do Lazareto os seguintes internados:

Gabriela de Melim, de 13 anos de idade, filha de Manuel Melim, Santa Maria Maior.

Casimiro Fernandes, de 13 anos de idade, filho de João Fernandes, natural de Lubango, caminho do Palheiro.

Carolina dos Santos, de 20 anos de idade, filha de Manuel da Silva, natural de Portugal, Campo de D. Carlos.

Hilda Brito, de 10 anos de idade, filha de Olímpia Brito, rua de Santa Maria.

*

Ficaram existindo ontem no Lazareto 107 variolosos. [...]

SAÚDE PÚBLICA[1459]

[...] Deram ontem alta do Lazareto de Gonçalo Aires os seguintes variolosos:

Martinho Fernandes, Maria de Nóbrega, Alfredo Correia, Maria Delfina Martins, Emília Rosa de Jesus, Maria Augusta de Jesus, Laura Fernandes, Maria de Jesus Marote, Palmira da Gama, Júlia dos Santos Freitas, Alice de Viveiros, Ernesto de Olim Marote, Joaquim de Sousa, Jaime de Sousa, João de Viveiros, Manuel de Sousa, José da Costa e Joaquim Gomes. [...]

SAÚDE PÚBLICA[1460]

[...] Damos em seguida a notícia completa das pessoas que tiveram anteontem alta do Lazareto:

Maria de Nóbrega, de 16 anos de idade, filha de Cândido de Nóbrega, travessa da Amoreira.

Jaime de Jesus, de 12 anos de idade, filho de Manuel de Jesus, largo da Praça.

Laura Martinha Fernandes, de 6 anos de idade, filha de João Fernandes, caminho do Palheiro.

Manuel de Jesus, de 13 anos de idade, filho de Manuel de Jesus, largo da Praça.

João Viveiros, de 10 meses e Alice Viveiros, de 4 anos de idade, filhos de João Nunes Viveiros, rua dos Barreiros.

Palmira da Gama, de 4 anos de idade, filha de Manuel da Gama, rua da Boa Viagem.

Júlia Alves, de 9 anos de idade, filha de Francisco Alves, natural de Santa Cruz, e residente na freguesia de Santo António.

José da Costa, de 16 anos de idade, filho de João da Costa, sítio da Igreja, S. Gonçalo.

Emília Rosa da Encarnação, casada, de 23 anos de idade, Paul do Mar.

Joaquim Pinheiro, de 17 anos de idade, filho de Júlio Pinheiro, S. Gonçalo.

Maria Delfina, de 38 anos de idade, filha de Francisco Martins, travessa das Torres.

Júlia dos Santos, de 14 anos de idade, filha de Vicente de Freitas, Levada do Cavalo, Santo António.

Laura Fernandes, de 7 anos de idade, filha de Manuel Fernandes, rua dos Barreiros.

*

Faleceram anteontem no Lazareto os seguintes variolosos:

Guilherme da Silva, de 12 anos de idade, filho de João da Silva, beco do Forno, Sé.

Pedro Hermínio, de 5 anos de idade, filho de Manuel de Caires, sítio da Tendeira, Caniço.

Maria de Jesus Correia, de 5 anos de idade, filha de João Gomes Rebelo, Paul do Mar.

Jesuíno Coelho, de 19 meses, filho de Francisco Rodrigues Coelho, Santa Cruz.

*

Deram anteontem entrada no Lazareto os seguintes variolosos:

João de Deus Rodrigues, de 16 anos de idade, filho de Pedro Rodrigues, rua do Arcebispo, Santa Luzia.

Lucília Pereira, de 6 meses, filha de João Pereira, travessa do Arcipreste, Santa Maria Maior.

Agostinho de Jesus, de 8 meses, e João de Jesus, de 2 anos de idade, filhos de João Joaquim de Jesus, rua do Príncipe, S. Pedro.

Glória, filha de Joaquim João, Quinta Grande. (Esta criança era a que tinha adoecido na calçada da Cabouqueira n.º 57).

Matilde Alves, de 5 anos de idade e Porfírio Alves, de 6 meses, filhos de João Alves, rua de Santa Maior [Maria]. [...]

[1459] BMF, *Diário de Notícias*, 31 de maio de 1907.
[1460] BMF, *Diário de Notícias*, 1 de junho de 1907.

SAÚDE PÚBLICA[1461]

[...] Deram anteontem entrada no Lazareto os seguintes variolosos:

Manuel Perestrelo, de 11 anos, filho de José Perestrelo, S. Pedro.

Manuel Velosa, de 18 meses, filho de Tristão Velosa, S. Pedro.

Fernando Vieira, de 9 anos de idade, filho de João Pedro Vieira, rua do Príncipe.

João Figueira, de 18 anos de idade, Jilho de João Figueira Quintal, Estreito de Câmara de Lobos.

Maria José de Bettencourt, de 9 anos de idade, filha de José de Freitas Bettencourt, travessa dos Moleiros.

João Fernandes, de 16 anos de idade, filho de João Fernandes, beco do Salvador, S. Pedro.

Maria, de 6 anos de idade, filha de José Gonçalves Rebelo, sítio da Quebrada, Paul do Mar.

João Drummond, de 13 anos de idade, filho de Júlio Drummond, sítio da Quebrada, Paul do Mar.

*

Tiveram anteontem alta os seguintes internados no Lazareto:

Carlos António, de 16 anos de idade, filho de João António, Santa Maria Maior.

Sindina Correia, de 15 anos de idade, filha de José Coreia, Santa Maria Maior

Alfredo Correia, dum ano de idade, filho de José Correia, Santa Maria Maior.

Álvaro Correia, de 8 anos de idade, filho de José Correia, Santa Maria Maior.

Elisa de Sousa, de 13 anos de idade, filha de Amâncio de Sousa, natural de Santa Cruz.

José de Sousa, de 17 anos de idade, filho de João de Sousa, natural do Caniço.

César Fernandes Camacho, de 13 anos de idade, filho de Francisco Fernandes Camacho, Cruz de Carvalho.

José Júlio Ferraz, de 21 dias, filho de Júlio Quintino Ferraz, Santa Maria Maior.

Francisco de Abreu, casado, de 30 anos de idade, sítio do Paiol.

*

Faleceram anteontem no Lazareto os seguintes variolosos:

Maria Gomes, de 6 anos de idade, filha de João Gomes, Cruz de Carvalho.

Agostinho de Jesus, de 8 meses, filho de João Joaquim de Jesus, rua do Príncipe, S. Pedro.

José Ferreira, de 19 anos de idade, filho de Francisco Ferreira, Santa Luzia.

*

Deram ontem entrada no Lazareto 8 variolosos e saíram 3. [...]

SAÚDE PÚBLICA[1462]

[...] Os 8 variolosos que deram anteontem entrada no Lazareto são os seguintes:

João de Sá, de 11 anos de idade, filho de João Baptista de Sá, sítio da Tendeira, Caniço.

José de Sousa, casado, de 38 anos de idade, filho de pais incógnitos, S. Roque.

Manuel Ferreira de Freitas, casado, de 30 anos de idade, natural de S. Roque do Faial, sítio do Livramento.

Vitorino Rodrigues, casado, de 40 anos de idade, Santa Luzia.

Manuel Rodrigues, casado, de 21 anos de idade, Monte.

Maria de Jesus, de 6 anos de idade, filho de José Moniz da Câmara, natural de Machico, sítio das Neves.

José de Aveiro, de 12 anos de idade, filho de José de Aveiro, rua do Anadia.

João de Castro, casado, de 25 anos de idade, filho de Joaquim de Castro, Bom Sucesso.

*

Os três internados do Lazareto que tiveram anteontem alta, são os seguintes:

Francisco Figueira, de 13 anos de idade, filho de João Rodrigues Figueira, rua das Maravilhas, S. Pedro.

José Gonçalves, de 4 anos de idade, filho de João Gonçalves, rua do Anadia.

Luís de Sousa, de 3 anos de idade, filho de Caetano de Sousa, sítio da Vila, Câmara de Lobos. [...]

SAÚDE PÚBLICA[1463]

[...] Deram anteontem entrada no Lazareto, 5 variolosos e ontem 4.

*

Faleceu anteontem no Lazareto João Coelho, de 15 anos de idade, filho de João Coelho, morador à rua da Imperatriz; e ontem Manuel Cabaça.

*

Teve anteontem alta do mesmo hospital, Álvaro António, de 13 anos, filho de João

---

1461 BMF, *Diário de Notícias*, 2 de junho de 1907.

1462 BMF, *Diário de Notícias*, 3 de junho de 1907.

1463 BMF, *Diário de Notícias*, 4 de junho de 1907.

António, morador à rua de Santa Maria, e ontem tiveram alta 5 internados. [...]

SAÚDE PÚBLICA[1464]

[...] As pessoas que deram entrada no Lazareto no domingo último foram as seguintes:

José de Gouveia, dum ano de idade, rua da Princesa.

José de Abreu, de 40 anos de idade, rua do Arcebispo D. Aires.

Maria Augusta, de 23 anos de idade, Câmara de Lobos.

Maria da Nazaré, de 12 anos de idade, Santa Maria Maior.

Hilário dos Santos, de 10 anos de idade.

Na segunda-feira última entraram os seguintes variolosos:

Maria Rodrigues, de 25 anos de idade, filha de Rosa Rodrigues Pataca, Estreito de Câmara de Lobos.

Henrique Figueira, de 10 anos de idade, filho de Manuel Figueira, Santa Maria Maior.

João Figueira, de 16 anos de idade, filho de Manuel Figueira, Santa Maria Maior.

José de Ornelas, de 13 anos de idade, filho de Luís de Ornelas, Santa Maria Maior.

Deram ontem entrada no Lazareto os seguintes variolosos:

César Rodrigues, de 50 anos de idade, filho de Manuel Leandro, Ribeira Brava.

Agostinho da Corte, de 19 anos de idade, filho de João da Corte, natural de São Martinho.

Manuel de Aguiar, de 14 anos de idade, filho de Manuel de Aguiar, natural do Caniço.

António de Sousa, de 42 anos de idade, filho de José da Câmara, natural de Santa Cruz, morador à rua do Carmo.

Henrique de Castro, de 6 anos de idade, filho de Rosalina de Castro, e João de Vasconcelos, de 1 ano de idade, ambos irmãos, moradores ao Ribeiro Seco.

José de Abreu, de 13 anos de idade, filho de João de Abreu, natural do Funchal, rua da Alfândega.

Maria Júlia, de 7 anos de idade, filha de João Fernandes, Santa Maria Maior, caminho do Terço.

Adelina Fernandes, de 4 anos de idade, e João Fernandes, de 2 anos de idade, todos três irmãos.

*

Tiveram alta anteontem do Lazareto os seguintes:

Maria Isabel de Freitas, de 4 anos de idade, filha de Joaquim de Freitas, rua de Santa Maria.

João de Jesus, de 3 anos de idade, filho de Leandro Pinto, rua do Conselheiro.

João de Castro, de 10 anos de idade, filho de Manuel de Castro, rua de João Caetano.

Maria de Olim, de 3 anos de idade, filha de José Augusto de Olim, travessa dos Arrifes.

Ernesto de Olim, de um ano de idade, filho de José Augusto de Olim, travessa dos Arrifes.

Tiveram ontem alta do Lazareto:

Vicência da Conceição, de 2 anos de idade, filha de Manuel Joaquim Teixeira, moradores à rua 5 de Junho.

José Vieira, de 9 anos de idade, filho de Virgínia Vieira, já falecida, morador ao Campo de D. Carlos.

*

Faleceram ontem no Lazareto:

Porfírio Alves, de 6 meses de idade, filho de João Alves, Santa Maria Maior.

Manuel Velosa, de 18 meses de idade, filho de Tristão Velosa, beco do Forno.

*

Existiam ontem no Lazareto 95 variolosos: desses estavam em convalescença 45; melhores, 50; continuavam no mesmo estado, 22; e mal, 8.

Amanhã publicaremos o boletim completo dos variolosos internados no Lazareto. [...]

SAÚDE PÚBLICA[1465]

[...] Boletim do estado sanitário dos variolosos internados no Lazareto, referente ao dia 3 do corrente:

Melhores: – Agostinho da Corte, Alfredo Gonçalves, António Alves, António de Nóbrega (sobreveio-lhe uma diarreia), António de Sousa, Augusta Franco, Augusto G. da Silva, Benvinda, Blandina Ferreira, Carlos de Melim, Conceição Gomes, Fernando Vieira, Henrique Correia, Henrique Figueira, Jacinto Rodrigues, João de Sá, Joaquim de Oliveira, José Augusto de Gouveia, José de Aveiro, José de Germano, José de Olim, José de Ornelas, José Plácido, José Rodrigues, Caniço; José Rodrigues, beco do Cascalho; José da Silva, José de Sousa, Júlio de

---

1464 BMF, *Diário de Notícias*, 5 de junho de 1907.

1465 BMF, *Diário de Notícias*, 6 de junho de 1907.

Gouveia, Luísa Câmara Garcia, Manuel de Aguiar, Manuel Fernandes, Manuel Nunes, Manuel Rodrigues, rua de Santa Maria; Manuel Rodrigues, Monte; Maria de Ascensão Garcia, Maria Augusta Rodrigues, Maria da Conceição Castro, Maria Gonçalves, Maria de Jesus, Campo D. Carlos; Maria de Jesus, Machico; Maria Mendes, Maria Nazaré Teixeira, Palmira de Nóbrega, Patrocínia Alves, Pedro dos Ramos (sobreveio-lhe uma enterite), Rosa de Nóbrega, Severo Rodrigues, Vítor da Silva (sobreveio-lhe uma enterite), e José Fernandes.

Alguns alívios: – Antero Correia, Henrique Gonçalves, Manuel Gonçalves, Maria José Bettencourt, Maria dos Santos, Matilde Alves, Olinda de Nóbrega e Vitorino Rodrigues Capelo.

No mesmo estado: – José de Abreu, José de Vasconcelos (1 ano), João Fernandes, João Drummond, Henrique de Castro, Luís Romão da Silva, Manuel Perestrelo, Maria da Glória, Teresa de Jesus, Maria Júlia Fernandes, Adelina Fernandes, Maria José Fernandes e Júlia Fernandes.

Convalescentes: – António de Brito, António Escórcio, Armando de Brito, César Dias, Francisco de Sousa, Georgina da Silva, João de Freitas, Maria do Livramento Gomes, Sofia (de cor), Vicente Pereira, Violante da Costa, José Teixeira, Manuel Francisco e Justiniano de Freitas.

Mal: – Adelaide Dias, João Figueira, José de Abreu, José de Gouveia (1 ano), uma criança cujo nome se ignora, João de Vasconcelos e João de Jesus.

Estado regular: – Honorina Correia.

*

Tiveram ontem alta do Lazareto os seguintes variolosos:

Francisco, de 4 anos de idade, filho de Luísa de Jesus, rua da Princesa.

Georgina da Silva, de 29 anos, filha de Manuel da Silva, travessa das Torres.

António Gomes Banha, de 40 anos, casado, natural do Monte, morador à rua da Queimada.

Rosa Paranco, de 11 anos (órfã de pai e mãe), natural da Calheta.

Manuel Ferreira de Freitas, casado, de 30 anos, natural de S. Roque do Faial, morador ao Livramento.

*

Deram anteontem entrada no Lazareto os seguintes variolosos:

Maria José, de 12 anos, filha de António Fernandes, caminho do Terço.

Júlia Fernandes, de 7 anos, filha de António Fernandes, caminho do Terço.

E ontem entraram:

Honorina Correia, de 11 anos, filha de António Ildefonso Correia Favila, rua de João Tavira.

João Gonçalves, de 13 anos, filho de Ricardo Gonçalves, Boa Vista.

Gabriel Coelho, de 11 anos, filho de João da Silva Coelho, rua da Queimada.

*

Faleceram ontem no Lazareto os seguintes variolosos:

Lucília Pereira, de 6 meses, filha de João Pereira, travessa do Arcipreste.

João de Deus Rodrigues, de 16 anos, filho de Pedro Rodrigues, rua do Arcebispo D. Aires. [...]

SAÚDE PÚBLICA[1466]

[...] Boletim do estado sanitário dos variolosos internados no Lazareto, referente ao dia 5 do corrente:

Melhores: – Agostinho da Corte, Alfredo Gonçalves, António Alves, António de Nóbrega, António de Sousa, Augusta Franco, Augusto G. da Silva, Benvinda, Blandina Ferreira, Carlos de Melim, Conceição Gomes, Fernando Vieira, Henrique Correia, Henrique Figueira, Jacinto Rodrigues, João de Castro, João Gomes, João Rodrigues, Joaquim de Oliveira, José Augusto de Gouveia, José de Aveiro, José de Germano, Caniço, José de Olim, José de Ornelas, José Plácido, José Rodrigues, Caniço, José Rodrigues, beco do Cascalho, José da Silva, José de Sousa, Júlio de Gouveia, Luísa Camila Garcia, Manuel de Aguiar, Manuel Fernandes, Manuel Nunes, Manuel Rodrigues, rua de Santa Maria, Manoel Rodrigues, Monte, Maria de Ascensão Garcia, Maria Augusta Rodrigues, Maria da Conceição Castro, Maria de Jesus, Campo D. Carlos; Maria de Jesus, Machico, Maria Mendes, Maria Nazaré Teixeira, Palmira de Nóbrega, Patrocina Alves, Pedro dos Ramos (sobreveio-lhe uma enterite), Rosa de Nóbrega, Vítor da Silva (sobreveio-lhe uma enterite), Sérgio Rodrigues, Henrique de Castro, João Fernandes, (caminho do Terço) Manuel Perestrelo, Maria José Bettencourt, Matilde Alves, Olinda de Nóbrega, Teresa de Jesus e Vitorino Rodrigues Capelo.

Alguns alívios: – Antero Correia e Manuel Gonçalves.

No mesmo estado: – João Fernandes,

[1466] BMF, *Diário de Notícias*, 7 de junho de 1907.

Beco do Salvador, João Drummond, Maria da Glória, Maria Júlia Fernandes, Adelina Fernandes, Maria José Fernandes, Júlia Fernandes, João Gonçalves, Gabriel Coelho, Honorina Gouveia, Margarida de Ornelas, Maria Jardim e José Gonçalves Balelor.

Convalescentes: – António de Brito, António Escórcio, Armando de Brito, César Dias, João de Freitas, Maria do Livramento Gomes, Sofia (de cor), Violante da Costa, José Teixeira, Manuel Francisco, Justiniano de Freitas e João de Sá.

Mal: – Adelaide Dias, João Figueira, rua da Conceição; José de Abreu, José de Gouveia (1 ano), uma criança cujo nome se ignora, João de Vasconcelos e João de Jesus, Henrique Gonçalves, João Figueira, Caminho do Terço; José de Abreu, rua do Arcebispo; Luís Romão Silva, Maria dos Santos e David Gonçalves.

*

Teve alta do Lazareto, Vicente Pereira. [...]

SAÚDE PÚBLICA[1467]

[...] Boletim do estado sanitário dos variolosos internados no Lazareto, referente ao dia 7 do corrente:

Curados: – António Escórcio, Francisco de Sousa e Vicente Pereira.

Melhores: – Alfredo Gonçalves, António Alves, António de Nóbrega, António de Sousa, Augusto G. da Silva, Benvinda, Conceição Gomes, Fernando Vieira, Henrique Figueira, José de Aveiro, José de Germano, José de Ornelas, José Plácido, José Rodrigues, Caniço, José da Silva, Júlio de Gouveia, Manuel de Aguiar, Manuel Nunes, Manuel Rodrigues, Monte, Maria de Jesus, Campo D. Carlos, Maria Nazaré Teixeira, Pedro dos Ramos (continua a enterite), Rosa de Nóbrega, João Fernandes, Manuel Perestrelo, Matilde Alves, Olinda de Nóbrega, Teresa de Jesus e Vitorino Rodrigues Capelo.

Alguns alívios: – Antero Correia e Manuel Gonçalves.

No mesmo estado: – João Fernandes, Maria da Glória, Henrique de Castro, Adelina Fernandes, Maria José Fernandes, Júlia Fernandes, João Gonçalves, Gabriel Coelho, Margarida de Ornelas, Maria Jardim, José César Vieira e Lucinda Pereira.

Convalescentes: – António de Brito, Augusta Franco, Armando de Brito, César Dias, João de Freitas, Maria do Livramento Gomes, Sofia (de cor), Violante da Costa, José Teixeira, Manuel Francisco, Justiniano de Freitas, João de Sá, Agostinho da Corte, Blandina Ferreira, Carlos de Melim, Sérgio Rodrigues, Henrique Correia, João Gomes, Jacinto Rodrigues, João Rodrigues, José de Olim, José Rodrigues, José Augusto de Gouveia, Joaquim de Oliveira, José de Sousa, João de Castro, Luísa Camila Garcias, Maria de Ascensão Garcias, Maria Mendes, Manuel Fernandes, Maria da Conceição Castro, Maria Gonçalves, Manuel Rodrigues, Rua de Santa Maria, Maria de Jesus, Machico, Maria Augusta Rodrigues, Patrocínia Alves, Palmira de Nóbrega, e Vítor da Silva (continua a enterite).

Mal: – Adelaide Dias, João Figueira, uma criança cujo nome se ignora, João de Jesus, Henrique Gonçalves, José de Abreu, rua da Alfândega, José de Abreu, rua do Arcebispo D. Aires, Luís Romão Silva, Maria dos Santos e David Gonçalves.

Faleceram: – anteontem à noite José de Gouveia, de um ano de idade e ontem de manhã, João de Vasconcelos, idem.

SAÚDE PÚBLICA[1468]

[...] Boletim do estado sanitário dos variolosos internados no Lazareto, referente ao dia 8 do corrente:

José Rodrigues (Caniço)	Curado
João Fernandes (Caminho do Terço)	«
Manuel Francisco	«
Justiniano de Freitas	«
António Alves	Melhor
António de Nóbrega	«
Adelina Fernandes	«
Augusto G. da Silva	«
Benvinda	«
Conceição Gomes	«
Fernando Vieira	«
Henrique Figueira	«
José de Aveiro	«
José de Germano	«
José de Ornelas	«
José da Silva	«
João Drummond	«
Manuel de Aguiar	«
Manuel Nunes	«
Manuel Rodrigues (Monte)	«
Maria de Jesus (Campo D. Carlos)	«
Manuel Perestrelo	«

1467 BMF, *Diário de Notícias*, 8 de junho de 1907.

1468 BMF, *Diário de Notícias*, 9 de junho de 1907.

Maria José Bettencourt	«	José Augusto de Gouveia	«
Olinda de Nóbrega	«	Joaquim de Oliveira	«
Vitorino Rodrigues Capelo	«	José de Sousa	«
Honorina Correia	«	João de Castro	«
Manuel Gonçalves	«	Júlio de Gouveia	«
Maria Júlia Fernandes	«	Luísa Camila Garcias	«
Sérgio Rodrigues	«	Maria Nazaré Teixeira	«
José Rodrigues (beco do Cascalho)		Maria de Ascensão Garcia	«
Palmira de Nóbrega	«	Maria Mendes	«
Vítor da Silva	«	Manuel Fernandes	«
	Alguns alívios	Maria da Conceição Castro	«
Antero Correia		Maria Gonçalves	«
Henrique de Castro	«	Manuel Rodrigues (Rua de Santa Maria)	«
José de Abreu, rua da Alfândega	«	Maria de Jesus (Machico)	«
Júlia dos Santos	«	Maria Augusta Rodrigues	«
Gabriel Coelho	«	Maria dos Santos	«
Luís Romão Silva	«	Patrocínia Alves	«
	Mesmo estado	Pedro dos Ramos	«
António Fernandes		Teresa de Jesus	«
Alice Rodrigues	«	João Figueira (caminho do Terço)	«
Carolina Teixeira	«	Violante da Costa	Mal
Gabriel Fernandes	«	João Figueira (rua da Conceição)	«
João Fernandes (beco do Salvador)	«	João de Jesus	«
Maria da Glória	«	Henrique Gonçalves	«
Maria José Fernandes	«	David Gonçalves	«
Júlia Fernandes	«	Matilde Alves	«
João Gonçalves	«	Maria de Jesus, Tabua	«
João Teixeira	«	Manuel Correia	«
José César Vieira	«	Adelaide Dias	Falecidos
José Gonçalves	«	José de Abreu, rua do Arcebispo D. Aires	«
Margarida de Ornelas	«		
Maria Jardim	«	[...]	
Manuel Nóbrega Matos, Caniço	«		
Lucinda Pereira	«		
Manuel Correia	«		
Rosa de Nóbrega (continua a enterite)	«		
Virgínia Gonçalves	«		
	Convalescente		
António de Brito			
Alfredo Gonçalves	«	António Alves	Teve alta
António de Sousa	«	Augusta Franco	«
Augusta Franco	«	João de Sá	«
Armando de Brito	«	Luísa Camila Garcia	«
César Dias	«	Patrocínia Alves	«
João de Freitas	«	Sofia (de cor)	«
Maria do Livramento Gomes	«	Adelina Fernandes	Melhor
Sofia (de cor)	«	Alice Rodrigues	«
José Teixeira	«	Antero Correia	«
João de Sá	«	António de Nóbrega	«
Agostinho da Corte	«	Augusto G. da Silva	«
Blandina Ferreira	«	Benvinda	«
Carlos de Melim	«	Conceição Gomes	«
Henrique Correia	«	Fernando Vieira	«
José Plácido	«	Henrique de Castro	«
João Gomes	«	Henrique Figueira	«
Jacinto Rodrigues	«		
João Rodrigues	«		
José de Olim	«		

SAÚDE PÚBLICA[1469]

[...] Boletim do estado sanitário dos variolosos internados no Lazareto, referente ao dia 9 do corrente:

1469 BMF, *Diário de Notícias*, 10 de junho de 1907.

Honorina Correia	«	José Augusto de Gouveia	«
João Drummond	«	José de Olim	«
José de Aveiro	«	José Plácido	«
José de Germano	«	José Rodrigues (beco do Cascalho)	«
José de Ornelas	«		
José da Silva	«	José de Sousa	«
Júlia Fernandes	«	José Teixeira	«
Manuel de Aguiar	«	Júlio de Gouveia	«
Manuel Gonçalves	«	Manuel Fernandes	«
Manuel Nunes	«	Manuel Rodrigues (Rua de Santa Maria)	«
Manuel Perestrelo	«		
Manuel Rodrigues (Monte)	«	Maria de Ascensão Garcia	«
Maria de Jesus (Campo D. Carlos)	«	Maria Augusta Rodrigues	Convalescente
Maria José Bettencourt	«	Maria da Conceição Castro	
Maria José Fernandes	«	Maria Gonçalves	«
Maria Júlia Fernandes	«	Maria de Jesus (Machico)	«
Matilde Alves	«	Maria do Livramento Gomes	«
Olinda de Nóbrega	«	Maria Mendes	«
Teresa de Jesus	«	Maria Nazaré Teixeira	«
Vítor da Silva	«	Palmira de Nóbrega	«
Vitorino Rodrigues Capelo	«	Rosa de Nóbrega	«
José de Abreu, rua da Alfândega	Alguns alívios	Sérgio Rodrigues	«
		Violante da Costa	«
António Fernandes	Mesmo estado	João Figueira (caminho do Terço)	Mal
Carolina Teixeira	«	João de Jesus	«
Conceição Rodrigues	«	Júlia dos Santos	«
Gabriel Coelho	«	Luís Romão Silva	«
Gabriel Fernandes	«	Manuel Correia	«
João Fernandes (beco do Salvador)	«	Margarida de Ornelas	«
		Maria de Jesus, Tabua	«
João Gonçalves	«	Valdemar Rodrigues	«
João da Silva	«	David Gonçalves, Paul do Mar	Falecido
João Teixeira	«	Henrique Gonçalves, da Boa Vista	«
José César Vieira	«		
José Gonçalves	«	João Figueira, Câmara de Lobos	«
José Rodrigues (Varadouros)	«	Maria dos Santos, Monte	«
Lucina Pereira	«		
Manuel Nóbrega Matos	«		
Maria da Glória	«		
Maria Jardim	«		
Pedro dos Ramos (continua a enterite)	«		
Virgínia Gonçalves	«		
Agostinho da Corte	Convalescente		
Alfredo Gonçalves	«		
António de Brito	«		
António de Sousa	«		
Armando de Brito	«		
Blandina Ferreira	«		
Carlos de Melim	«		
César Dias	«		
Henrique Correia	«		
Jacinto Rodrigues	«		
João de Castro, Bom Sucesso	«		
João de Freitas, Louros	«		
João Gomes	«		
João Rodrigues	«		
Joaquim de Oliveira	«		

*

Deram ontem entrada no Lazareto os seguintes variolosos:

Conceição Roiz Coelho, de 7 anos de idade, filha de Francisco Roiz Coelho, Santa Cruz.

João da Silva, de 27 anos de idade, filho de César da Câmara, Funchal.

Firmina de Freitas, de 7 anos de idade, filha de Maria Cândida, São Roque.

Sofia de Nóbrega, casada, de 34 anos de idade, rua do Carmo. [...]

SAÚDE PÚBLICA[1470]

[...] Boletim do estado sanitário dos variolosos internados no Lazareto, referente ao dia 10 do corrente:

[1470] BMF, *Diário de Notícias*, 11 de junho de 1907.

ANEXO VII - MOVIMENTO HOSPITALAR DO LAZARETO EM 1907

Nome	Estado
Maria Mendes	Teve alta Convalescente
Agostinho da Corte	«
Alfredo Gonçalves	«
António de Brito	«
António de Sousa	«
Armando de Brito	«
Blandina Ferreira	«
Carlos de Melim	«
César Dias	«
Henrique Correia	«
Jacinto Rodrigues	«
João de Castro, Bom Sucesso	«
João de Freitas, Louros	«
João Gomes	«
João Rodrigues	«
Joaquim de Oliveira	«
José Augusto de Gouveia	«
José de Olim	«
José Plácido	«
José Rodrigues (beco do Cascalho)	«
José de Sousa	«
José Teixeira	«
Júlio de Gouveia	«
Manuel Fernandes	«
Manuel Rodrigues (Rua de Santa Maria)	«
Maria de Ascensão Garcia	«
Maria Augusta Rodrigues	«
Maria da Conceição Castro	«
Maria Gonçalves	«
Maria de Jesus (Machico)	«
Maria do Livramento Gomes	«
Maria Nazaré Teixeira	«
Palmira de Nóbrega	«
Rosa de Nóbrega	«
Sérgio Rodrigues	«
Violante da Costa	«
Adelina Fernandes	Melhor
Alice Rodrigues	«
António de Nóbrega	«
Augusto G. da Silva	«
Benvinda	«
Conceição Gomes	«
Fernando Vieira	«
Henrique de Castro	«
Henrique Figueira	«
Honorina Correia	«
João Drummond	«
José de Aveiro	«
José de Germano	«
José de Ornelas	«
José da Silva	«
Júlia Fernandes	«
Lucinda Pereira	«
Manuel de Aguiar	«
Manuel Gonçalves	«
Manuel Nunes	«
Manuel Perestrelo	«
Manuel Rodrigues (Monte)	«
Maria de Jesus (Campo D. Carlos)	«
Maria José Bettencourt	«
Maria José Fernandes	«
Maria Júlia Fernandes	«
Matilde Alves	«
Olinda de Nóbrega	«
Teresa de Jesus	«
Vítor da Silva	«
Vitorino Rodrigues Capelo	«
António Fernandes	Mesmo estado
Carlos da Conceição Gonçalves de Freitas	«
Carolina Teixeira	«
Firmina de Freitas	«
Francisco de Abreu	«
Gabriel Fernandes	«
João Teixeira	«
José César Vieira	«
José Rodrigues (Varadouros)	«
Manuel Nóbrega Matos	«
Maria da Glória	«
Maria Jardim	«
Sofia de Nóbrega	«
Virgínia Gonçalves	«
Pedro dos Ramos (continua a enterite)	«
Virgínia Gonçalves	«
Antero Correia	Alguns alívios
José de Abreu, rua da Alfândega	«
Gabriel Coelho	Mal
João Fernandes (beco do Salvador)	«
João Figueira (caminho do Terço)	«
João Gonçalves	«
João de Jesus	«
José Gonçalves	«
Luís Romão Silva	«
Manuel Correia	«
Valdemar Rodrigues	«
Conceição Rodrigues	Em observação
João da Silva	«
Júlia dos Santos	Falecido
Margarida de Ornelas	«
Maria de Jesus Franco	«

[...] Deram ontem entrada no Lazareto os seguintes variolosos:

Francisco de Abreu, de 12 anos de idade, filho de António de Abreu (Ponta do Sol), Santo António.

Carlos Gonçalves de Freitas, de 38 anos, filho de João Augusto Gonçalves de Freitas, rua dos Murças.

Manuel Varela (de cor preta), de 25 anos, filho de André Varela, natural de Cabo Verde.

SAÚDE PÚBLICA[1471]

[...] Boletim do estado sanitário dos variolosos internados no Lazareto, referente ao dia 11 do corrente:

Agostinho da Corte	Teve alta
Maria Augusta Rodrigues	«
Violante da Costa	«
João da Silva	«
Alfredo Gonçalves	Convalescente
António de Brito	«
António de Sousa	«
Armando de Brito	«
Augusto G. da Silva	«
Benvinda	«
Blandina Ferreira	«
Carlos de Melim	«
César Dias	«
Conceição Gomes	«
Henrique Correia	«
Jacinto Rodrigues	«
João de Castro, Bom Sucesso	«
João de Freitas, Louros	«
João Gomes	«
João Rodrigues	«
Joaquim de Oliveira	«
José Augusto de Gouveia	«
José de Olim	«
José de Ornelas	«
José Plácido	«
José Rodrigues (beco do Cascalho)	«
José da Silva	«
José de Sousa	«
José Teixeira	«
Júlio de Gouveia	«
Manuel Fernandes	«
Manuel Nunes	«
Manuel Rodrigues (Rua de Santa Maria)	«
Maria de Ascensão Garcia	«
Maria da Conceição Castro	«
Maria Gonçalves	«
Maria de Jesus (Machico)	«
Maria do Livramento Gomes	«
Maria Nazaré Teixeira	«
Palmira de Nóbrega	«
Rosa de Nóbrega	«
Sérgio Rodrigues	«
Adelina Fernandes	Melhor
Alice Rodrigues	«
António de Nóbrega	«
Fernando Vieira	«
Henrique de Castro	«
Henrique Figueira	«
Honorina Correia	«
João Drummond	«
José de Aveiro	«
José de Germano	«
Júlia Fernandes	«
Lucinda Pereira	«
Manuel de Aguiar	«
Manuel Gonçalves	«
Manuel Perestrelo	«
Manuel Rodrigues (Monte)	«
Maria de Jesus (Campo D. Carlos)	«
Maria José Bettencourt	«
Maria José Fernandes	«
Maria Júlia Fernandes	«
Maria Jardim	«
Matilde Alves	«
Olinda de Nóbrega	«
Teresa de Jesus	«
Vítor da Silva	«
Vitorino Rodrigues Capelo	«
Carlos da Conceição Gonçalves de Freitas	Mesmo estado
Carolina Teixeira	«
Firmina de Freitas	«
Francisco de Abreu	«
Gabriel Fernandes	«
João de Castro (entrou hoje)	«
João Teixeira	«
José César Vieira	«
José Rodrigues (Varadouros)	«
Manuel Nóbrega Matos	«
Manuel Varela (de cor)	«
Maria da Glória	«
Sofia de Nóbrega	«
Pedro dos Ramos (continua a enterite)	«
Antero Correia	Alguns alívios
Gabriel Coelho	«
José de Abreu, rua da Alfândega	«
António Fernandes	Mal
João Fernandes (beco do Salvador)	«
João Figueira (caminho do Terço)	«
João Gonçalves	«
João de Jesus	«
José Gonçalves	«
Luís Romão Silva	«
Manuel Correia	«
Virgínia Gonçalves	«
Valdemar Rodrigues	«
Maria Conceição Rodrigues	Em observação

*

Deram ontem entrada no Lazareto os seguintes variolosos:

João de Castro, de 3 meses, filho de João de Castro, Bom Sucesso.

Noémi Gomes, de 22 anos de idade (muda), ignora-se a filiação, Beco de Miguel

---

1471 BMF, *Diário de Notícias*, 12 de junho de 1907.

Carvalho.

Maria Augusta Sousa Jardim, de 33 anos de idade, casada com Cristóvão Gomes, Rua dos Arrifes. [...]

SAÚDE PÚBLICA[1472]

[...] Boletim do estado sanitário dos variolosos internados no Lazareto, referente ao dia 12 do corrente:

Alfredo Gonçalves	Convalescente
António de Brito	«
António de Sousa	«
Armando de Brito	«
Augusto G. da Silva	«
Benvinda	«
Blandina Ferreira	«
Carlos de Melim	«
César Dias	«
Conceição Gomes	«
Henrique Correia	«
Jacinto Rodrigues	«
João de Castro, Bom Sucesso	«
João de Freitas, Louros	«
João Gomes	«
João Rodrigues	«
Joaquim de Oliveira	«
José Augusto de Gouveia	«
José de Aveiro	«
José de Germano	«
José de Olim	«
José de Ornelas	«
José Plácido	«
José Rodrigues (beco do Cascalho)	«
José da Silva	«
José de Sousa	«
José Teixeira	«
Júlio de Gouveia	«
Lucinda Pereira	«
Manuel de Aguiar	«
Manuel Fernandes	«
Manuel Nunes	«
Manuel Rodrigues (Rua de Santa Maria)	«
Maria de Ascensão Garcia	«
Matilde Alves	«
Maria da Conceição Castro	«
Maria Gonçalves	«
Maria de Jesus (Machico)	«
Maria de Jesus (Campo D. Carlos)	«
Maria do Livramento Gomes	«
Maria Nazaré Teixeira	«
Palmira de Nóbrega	«
Rosa de Nóbrega	«
Sérgio Rodrigues	«
Adelina Fernandes	Melhor
Alice Rodrigues	«
António de Nóbrega	«
Fernando Vieira	«
Henrique de Castro	«
Henrique Figueira	«
Honorina Correia	«
João Drummond	«
Júlia Fernandes	«
Manuel Gonçalves	«
Manuel Perestrelo	«
Manuel Rodrigues (Monte)	«
Maria da Conceição Rodrigues	«
Maria José Bettencourt	«
Maria José Fernandes	«
Maria Júlia Fernandes	«
Maria Jardim	«
Olinda de Nóbrega	«
Teresa de Jesus	«
Vítor da Silva	«
Vitorino Rodrigues Capelo	«
António Franco	Mesmo estado
Carlos da Conceição Gonçalves de Freitas	«
Carolina Teixeira	«
Firmina de Freitas	«
Francisco de Abreu	«
João da Câmara	«
João de Castro Júnior	«
José Teixeira	«
José Rodrigues (Varadouros)	«
Manuel Nóbrega Matos	«
Manuel Varela (de cor)	«
Maria Augusta de Sousa	«
Maria da Glória	«
Noémi Gomes	«
Pedro dos Ramos (continua a enterite)	«
Sofia de Nóbrega	«
Gabriel Coelho	Alguns alívios
João de Jesus	«
José de Abreu, rua da Alfândega	«
José César Vieira	«
Antero Correia	Mal
António Fernandes	«
Gabriel Fernandes	«
João Fernandes (beco do Salvador)	«
João Figueira (caminho do Terço)	«
João Gonçalves	«
José Gonçalves	«
Luís Romão Silva	«
Manuel Correia	«
Virgínia Gonçalves	«
Valdemar Rodrigues	«

1472 BMF, *Diário de Notícias*, 13 de junho de 1907.

Deram ontem entrada no Lazareto, os seguintes variolosos:

José Pereira, de 7 anos de idade, filho de João Martins Pereira, Santo António, sítio do Vasco Gil.

João da Câmara, de 18 anos de idade, filho de Paulo da Câmara, Machico.

João Baptista, de 19 anos de idade, filho de João Baptista, S. Martinho, sítio das Quebradas.

Joaquina Mendonça, de 25 anos de idade, casada, Santa Cruz, sítio de S. Gil.

António Franco, de 11 dias, filho de Francisco Franco, Quinta dos Frias. [...]

SAÚDE PÚBLICA[1473]

[...] Boletim do estado sanitário dos variolosos internados no Lazareto, referente ao dia 13 do corrente:

Adelina Fernandes	Convalescente
Alfredo Gonçalves	«
António de Brito	«
António de Sousa	«
Armando de Brito	«
Augusto G. da Silva	«
Benvinda	«
Blandina Ferreira	«
Carlos de Melim	«
César Dias	«
Conceição Gomes	«
Fernando Vieira	«
Henrique de Castro	«
Henrique Correia	«
Jacinto Rodrigues	«
João de Castro, Bom Sucesso	«
João de Freitas, Louros	«
João Gomes	«
João Rodrigues	«
Joaquim de Oliveira	«
José Augusto de Gouveia	«
José de Aveiro	«
José de Germano	«
José de Olim	«
José de Ornelas	«
José Plácido	«
José Rodrigues (beco do Cascalho)	«
José da Silva	«
José de Sousa	«
José Teixeira	«
Júlio de Gouveia	«
Lucinda Pereira	«
Manuel de Aguiar	«
Manuel Fernandes	«
Manuel Nunes	«
Manuel Rodrigues (Rua de Santa Maria)	«
Maria de Ascensão Garcia	«
Maria da Conceição Castro	«
Maria Gonçalves	«
Maria de Jesus (Machico)	«
Maria de Jesus (Campo D. Carlos)	«
Maria Júlia Fernandes	«
Maria do Livramento Gomes	«
Maria Nazaré Teixeira	«
Matilde Alves	«
Olinda de Nóbrega	«
Palmira de Nóbrega	«
Rosa de Nóbrega	«
Sérgio Rodrigues	«
Teresa de Jesus	«
Alice Rodrigues	Melhor
António de Nóbrega	«
Firmina de Freitas	«
Henrique Figueira	«
Honorina Correia	«
João Drummond	«
José de Abreu, rua da Alfândega	«
Júlia Fernandes	«
Manuel Gonçalves	«
Manuel Perestrelo	«
Manuel Rodrigues (Monte)	«
Maria da Conceição Rodrigues	«
Maria José Bettencourt	«
Maria José Fernandes	«
Maria Jardim	«
Sofia de Nóbrega	«
Vítor da Silva	«
Vitorino Rodrigues Capelo	«
António Franco	Mesmo estado
Carlos da Conceição Gonçalves de Freitas	«
Carolina Teixeira	«
João Baptista	«
João da Câmara	«
João de Castro Júnior	«
João Teixeira	«
Joaquina Mendonça	«
José Pereira	«
José Rodrigues (Varadouros)	«
Manuel Nóbrega Matos	«
Manuel Varela (de cor)	«
Maria Augusta de Sousa	«
Noemi Gomes	«
Pedro dos Ramos	«
Gabriel Coelho	Alguns alívios
João de Jesus	«
João Figueira (caminho do Terço)	«
José César Vieira	«
Manuel Correia	«
António Fernandes	«

[1473] BMF, *Diário de Notícias*, 14 de junho de 1907.

Gabriel Fernandes	«	Maria Gonçalves	«
João Fernandes (beco do Salvador)	«	Maria de Jesus (Machico)	«
José Gonçalves	«	Maria de Jesus (Campo D. Carlos)	«
Luís Romão Silva	«	Maria Júlia Fernandes	«
Virgínia Gonçalves	«	Maria do Livramento Gomes	«
Valdemar Rodrigues	«	Maria Nazaré Teixeira	«
Antero Correia	Falecidos	Matilde Alves	«
Francisco de Abreu	«	Olinda de Nóbrega	«
João Gonçalves	«	Palmira de Nóbrega	«
Maria da Glória	«	Rosa de Nóbrega	«
		Teresa de Jesus	«

[...]

SAÚDE PÚBLICA[1474]

[...] Boletim do estado sanitário dos variolosos internados no Lazareto, referente ao dia 14 do corrente:

António de Brito	Teve alta	Alice Rodrigues	Melhor
António de Sousa	«	António de Nóbrega	«
José de Sousa	«	Firmina de Freitas	«
Maria da Conceição Castro	«	Gabriel Coelho	«
Sérgio Rodrigues	«	Henrique Figueira	«
Adelina Fernandes	Convalescente	Honorina Correia	«
		João Drummond	«
Alfredo Gonçalves	«	José de Abreu, rua da Alfândega	«
Armando de Brito	«	Júlia Fernandes	«
Augusto G. da Silva	«	Manuel Gonçalves	«
Benvinda	«	Manuel Correia	«
Blandina Ferreira	«	Manuel Perestrelo	«
Carlos de Melim	«	Manuel Rodrigues (Monte)	«
César Dias	«	Maria da Conceição Rodrigues ...	«
Conceição Gomes	«	Maria José Bettencourt	«
Fernando Vieira	«	Maria José Fernandes	«
Henrique de Castro	«	Maria Jardim	«
Henrique Correia	«	Sofia de Nóbrega	«
Jacinto Rodrigues	«	Vítor da Silva	«
João de Castro, Bom Sucesso	«	Vitorino Rodrigues Capelo	«
João de Freitas, Louros	«	Carlos da Conceição Gonçalves de Freitas	Mesmo estado
João Gomes	«	Carolina Teixeira	«
João Rodrigues	«	João Baptista	«
Joaquim de Oliveira	«	João da Câmara	«
José Augusto de Gouveia	«	João de Castro Júnior	«
José de Aveiro	«	João Teixeira	«
José de Germano	«	Joaquina Mendonça	«
José de Olim	«	Manuel de Nóbrega Matos	«
José de Ornelas	«	Manuel dos Reis	«
José Teixeira	«	Manuel Varela (de cor)	«
Júlio de Gouveia	«	Maria Augusta de Sousa	«
Lucinda Pereira	«	Noémi Gomes	«
Manuel de Aguiar	«	Maria da Soledade	«
Manuel Fernandes	«	João de Jesus	Alguns alívios
Manuel Nunes	«	João Figueira (caminho do Terço)	«
Manuel Rodrigues (Rua de Santa Maria)	«	José César Vieira	«
Maria de Ascensão Garcia	«	António Franco	Mal
		João Fernandes (beco do Salvador)	«
		José Gonçalves	«
		José Pereira	«
		José Rodrigues (Varadouros)	«
		Luís Romão da Silva	«
		António Fernandes	Falecidos
		Gabriel Fernandes	«
		Virgínia Gonçalves	«

[1474] BMF, *Diário de Notícias*, 15 de junho de 1907.

Valdemar Rodrigues .... «

[...]

SAÚDE PÚBLICA[1475]

[...] Boletim do estado sanitário dos variolosos internados no Lazareto, referente ao dia 15 do corrente:

Blandina Ferreira	Teve alta
Conceição Gomes	«
João Rodrigues	«
José de Ornelas	«
Manuel Rodrigues (Rua de Santa Maria)	«
Maria do Livramento Gomes	« Convalescente
Adelina Fernandes	«
Alfredo Gonçalves	«
Armando de Brito	«
Augusto G. da Silva	«
Benvinda	«
Carlos de Melim	«
César Dias	«
Fernando Vieira	«
Henrique de Castro	«
Henrique Correia	«
Henrique Figueira	«
Honorina Correia	«
João Drummond	«
Jacinto Rodrigues	«
João de Castro, Bom Sucesso	«
João de Freitas, Louros	«
João Gomes	«
João Rodrigues	«
Joaquim de Oliveira	«
José Augusto de Gouveia	«
José de Aveiro	«
José da Silva	«
José Teixeira	«
Júlio de Gouveia	«
Lucinda Pereira	«
Manuel de Aguiar	«
Manuel Fernandes	«
Manuel Nunes	«
Maria de Ascensão Garcia	«
Maria Gonçalves	«
Maria de Jesus (Machico)	«
Maria de Jesus (Campo D. Carlos)	«
Maria José Bettencourt	«
Maria Júlia Fernandes	«
Maria Nazaré Teixeira	«
Matilde Alves	«
Olinda de Nóbrega	«
Palmira de Nóbrega	«
Rosa de Nóbrega	«
Teresa de Jesus	«
Vitorino Rodrigues Capelo	«
Alice Rodrigues	Melhor
António de Nóbrega	«
Firmina de Freitas	«
Gabriel Coelho	«
José de Abreu, rua da Alfândega	«
Júlia Fernandes	«
Manuel Gonçalves	«
Manuel Correia	«
Manuel Perestrelo	«
Manuel Rodrigues (Monte)	«
Maria da Conceição Rodrigues ...	«
Maria José Fernandes	«
Maria Jardim	«
Sofia de Nóbrega	«
Vítor da Silva	«
Carlos da Conceição Gonçalves de Freitas	Mesmo estado
Carolina Teixeira	«
João Baptista	«
João da Câmara	«
João Teixeira	«
Joaquina Mendonça	«
Manuel Nóbrega Matos	«
Manuel dos Reis	«
Manuel Varela (de cor)	«
Maria Augusta de Sousa	«
Noémi Gomes	«
Maria da Soledade	«
Pedro dos Ramos	«
Virgínia Augusta de Jesus	«
João de Jesus	Alguns alívios
João Figueira (caminho do Terço)	«
António Franco	Mal
João Fernandes (beco do Salvador)	«
João de Castro Júnior	«
José Gonçalves	«
José Rodrigues (Varadouros)	«
Luís Romão Silva	«
Virgínia Gonçalves	«
José Pereira	Faleceu

[...] Deram ontem entrada no Lazareto os seguintes variolosos:

Maria Teresa, de 6 anos de idade e Ireno, de 5 anos, filhos de João Pereira da Silva e de Maria Clementina da Silva, moradores à Levada do Cavalo, freguesia de Santo António. [...]

SAÚDE PÚBLICA[1476]

[...] Boletim do estado sanitário dos va-

[1475] BMF, *Diário de Notícias*, 16 de junho de 1907.

[1476] BMF, *Diário de Notícias*, 17 de junho de 1907.

riolosos internados no Lazareto, referente ao dia 16 do corrente:

José de Olim	Teve alta
Rosa de Nóbrega	«
Adelina Fernandes	Convalescente
Alfredo Gonçalves	«
António de Nóbrega	«
Armando de Brito	«
Augusto G. da Silva	«
Benvinda	«
Carlos de Melim	«
César Dias	«
Fernando Vieira	«
Firmina de Freitas	«
Henrique de Castro	«
Henrique Correia	«
Henrique Figueira	«
Honorina Correia	«
Jacinto Rodrigues	«
João Drummond	«
José de Abreu, rua da Alfândega	«
João de Castro, Bom Sucesso	«
João de Freitas, Louros	«
João Gomes	«
Joaquim de Oliveira	«
José Augusto de Gouveia	«
José de Aveiro	«
José de Germano	«
José Plácido	«
José Rodrigues (beco do Cascalho)	«
José da Silva	«
José Teixeira	«
Júlia Fernandes	«
Júlio de Gouveia	«
Lucinda Pereira	«
Manuel de Aguiar	«
Manuel Fernandes	«
Manuel Nunes	«
Manuel Perestrelo	«
Maria de Ascensão Garcia	«
Maria Gonçalves	«
Maria de Jesus (Machico)	«
Maria de Jesus (Campo D. Carlos)	«
Maria José Bettencourt	«
Maria Júlia Fernandes	«
Maria Nazaré Teixeira	«
Matilde Alves	«
Olinda de Nóbrega	«
Palmira de Nóbrega	«
Teresa de Jesus	«
Vitorino Rodrigues Capelo	«
Alice Rodrigues	Melhor
Carolina Teixeira	«
Gabriel Coelho	«
José César Vieira	«
Manuel Gonçalves	«
Manuel Correia	«
Manuel Rodrigues (Monte)	«
Manuel Varela (de cor)	«
Maria da Conceição Rodrigues ...	«
Maria José Fernandes	«
Maria Jardim	«
Sofia de Nóbrega	«
Vítor da Silva	«
Carlos da Conceição Gonçalves de Freitas	Mesmo estado
João Baptista	«
João da Câmara	«
João Teixeira	«
Joaquina Mendonça	«
Manuel Nóbrega Matos	«
Manuel dos Reis	«
Noémi Gomes	«
Pedro dos Ramos	«
Virgínia Augusta de Jesus	«
João de Jesus	Alguns alívios
João Fernandes (beco do Salvador)	«
João Figueira (caminho do Terço)	«
António Franco	Mal
Ireno Pereira da Silva	«
João de Castro Júnior	«
João Gomes Bento	«
José Gonçalves	«
José Rodrigues (Varadouros)	«
Luís Romão Silva	«
Maria Augusta de Sousa	«
Maria da Conceição	«
Maria da Soledade	«
Maria Teresa Pereira	«
Virgínia Gonçalves	Faleceu

SAÚDE PÚBLICA[1477]

[...] Boletim do estado sanitário dos variolosos internados no Lazareto, referente ao dia 17 do corrente:

Alfredo Gonçalves	Teve alta
João de Castro, Bom Sucesso	«
José Plácido	«
Adelina Fernandes	Convalescente
António de Nóbrega	«
Armando de Brito	«
Augusto G. da Silva	«
Benvinda	«
Carlos de Melim	«
César Dias	«
Fernando Vieira	«
Firmina de Freitas	«
Henrique de Castro	«
Henrique Correia	«

1477 BMF, *Diário de Notícias*, 18 de junho de 1907.

Henrique Figueira	«	Luísa de Aguiar	«
Honorina Correia	«	Manuel dos Reis	«
Jacinto Rodrigues	«	Noémi Gomes	«
João Drummond	«	Pedro dos Ramos	«
José de Abreu, rua da Alfândega	«	Virgínia Augusta de Jesus	«
João de Freitas, Louros	«	João de Jesus	Alguns alívios
João Gomes	«		
Joaquim de Oliveira	«	João Fernandes (beco do Salvador)	«
José Augusto de Gouveia	«	José Gonçalves	«
José de Aveiro	«	Luís Romão da Silva	«
José de Germano	«	António Franco	Mal
José Rodrigues (beco do Cascalho)	«	Ireno Pereira da Silva	«
José da Silva	«	João de Castro Júnior	«
José Teixeira	«	José Rodrigues (Varadouros)	«
Júlia Fernandes	«	Maria de Aguiar	«
Júlio de Gouveia	«	Maria Augusta de Sousa	«

[...] Entraram anteontem para o Lazareto os seguintes variolosos:

João, de 13 anos de idade e Luís, de 5 anos, filhos de Manuel Fernandes, sítio das Courelas, freguesia de Santo António.

*

Deram ontem entrada no Lazareto, os seguintes variolosos:

Luís de Aguiar, de 7 anos de idade, filho de Manuel de Aguiar e de Júlia de Jesus, do Caniço, sítio do Livramento.

Maria de Aguiar, de 1 ano de idade, filha de Manuel de Aguiar Fidélio e de Clara Ferreira, do Caniço, sítio da Quinta.

José, de 8 anos e Balbina, de 6 anos, filhos de Maria Augusta, de S. Pedro, sítio do Ribeiro Seco. [...]

SAÚDE PÚBLICA[1478]

[...] Boletim do estado sanitário dos variolosos internados no Lazareto, referente ao dia 18 do corrente:

Lucinda Pereira	«
Manuel de Aguiar	«
Manuel Fernandes	«
Manuel Nunes	«
Manuel Perestrelo	«
Maria de Ascensão Garcia	«
Maria da Conceição Rodrigues	«
Maria Gonçalves	«
Maria Jardim	«
Maria de Jesus (Machico)	«
Maria de Jesus (Campo D. Carlos)	«
Maria José Bettencourt	«
Maria Júlia Fernandes	«
Maria Nazaré Teixeira	«
Matilde Alves	«
Olinda de Nóbrega	«
Palmira de Nóbrega	«
Sofia de Nóbrega	«
Teresa de Jesus	«
Vitorino Rodrigues Capelo	«
Alice Rodrigues	Melhor
Carolina Teixeira	«
Carlos da Conceição Gonçalves	«
Gabriel Coelho	«
José César Vieira	«
Manuel Gonçalves	«
Manuel Correia	«
Manuel Nóbrega Matos	«
Manuel Rodrigues (Monte)	«
Manuel Varela (de cor)	«
Maria José Fernandes	«
Vítor da Silva	«
Balbina	Mesmo estado
João Baptista	«
João da Câmara	«
João Fernandes	«
João Figueira (caminho do Terço)	«
João Teixeira	«
Joaquina Mendonça	«
José	«
Luís Fernandes	«
Benvinda	Teve alta
João Gomes	«
Lucinda Pereira	«
Maria Gonçalves	«
Adelina Fernandes	Convalescente
António de Nóbrega	«
Armando de Brito	«
Augusto G. da Silva	«
Carlos de Melim	«
César Dias	«
Fernando Vieira	«
Firmina de Freitas	«
Henrique de Castro	«
Henrique Correia	«

[1478] BMF, *Diário de Notícias*, 19 de junho de 1907.

Henrique Figueira .... «
Honorina Correia .... «
Jacinto Rodrigues .... «
João Drummond .... «
José de Abreu, rua da Alfândega «
João de Freitas, Louros .... «
Joaquim de Oliveira .... «
José Augusto de Gouveia .... «
José de Aveiro .... «
José de Germano .... «
José Rodrigues (beco do Cascalho) .... «
José da Silva .... «
José Teixeira .... «
Júlio de Gouveia .... «
Manuel de Aguiar .... «
Manuel Fernandes .... «
Manuel Nunes .... «
Manuel Perestrelo .... «
Maria de Ascensão Garcia .... «
Maria da Conceição Rodrigues ... «
Maria Jardim .... «
Maria de Jesus (Machico) .... «
Maria de Jesus (Campo D. Carlos) .... «
Maria José Bettencourt .... «
Maria Júlia Fernandes .... «
Maria Nazaré Teixeira .... «
Matilde Alves .... «
Olinda de Nóbrega .... «
Palmira de Nóbrega .... «
Sofia de Nóbrega .... «
Teresa de Jesus .... «
Vitorino Rodrigues Capelo .... «
Alice Rodrigues .... Melhor
Carolina Teixeira .... «
Carlos da Conceição Gonçalves de Freitas .... «
Gabriel Coelho .... «
José César Vieira .... «
Manuel Gonçalves .... «
Manuel Correia .... «
Manuel Nóbrega Matos .... «
Manuel Rodrigues (Monte) .... «
Manuel Varela (de cor) .... «
Maria José Fernandes .... «
Vítor da Silva .... «
Sofia de Nóbrega .... «
Balbina .... Mesmo estado
Francisco Franco .... «
João Baptista .... «
João da Câmara .... «
João Figueira (caminho do Terço) .... «
João Teixeira .... «
Joaquina Mendonça .... «
José .... «
José de Andrade .... «
Luísa de Aguiar .... «
Manuel dos Reis .... «

Noémi Gomes .... «
Pedro dos Ramos .... «
Virgínia Augusta de Jesus .... «
João de Jesus .... Alguns alívios
João Fernandes (beco do Salvador) .... «
José Gonçalves .... «
Luís Romão da Silva .... «
Ireno Pereira da Silva .... Mal
João Fernandes .... «
Luís Fernandes .... «

SAÚDE PÚBLICA[1479]
[...] Boletim do estado sanitário dos variolosos internados no Lazareto, referente ao dia 19 do corrente:

João de Freitas, Louros .... Teve alta
José Teixeira .... «
Maria Nazaré Teixeira .... «
Adelina Fernandes .... Convalescente
Alice Rodrigues .... «
António de Nóbrega .... «
Armando de Brito .... «
Augusto G. da Silva .... «
Carlos de Melim .... «
César Dias .... «
Fernando Vieira .... «
Firmina de Freitas .... «
Henrique de Castro .... «
Henrique Correia .... «
Henrique Figueira .... «
Honorina Correia .... «
Jacinto Rodrigues .... «
João Drummond .... «
José de Abreu, rua da Alfândega «
Joaquim de Oliveira .... «
José Augusto de Gouveia .... «
José de Aveiro .... «
José de Germano .... «
José Rodrigues (beco do Cascalho) .... «
José da Silva .... «
Júlia Fernandes .... «
Júlio de Gouveia .... «
Manuel de Aguiar .... «
Manuel Fernandes .... «
Manuel Rodrigues (Monte) .... «
Maria de Ascensão Garcia .... «
Maria da Conceição Rodrigues ... «
Maria Jardim .... «
Maria de Jesus (Machico) .... «
Maria de Jesus (Campo D. Carlos) .... «
Maria José Bettencourt .... «

1479 BMF, *Diário de Notícias*, 20 de junho de 1907.

Maria José Fernandes	«
Maria Júlia Fernandes	«
Matilde Alves	«
Olinda de Nóbrega	«
Palmira de Nóbrega	«
Sofia de Nóbrega	«
Teresa de Jesus	«
Vitorino Rodrigues Capelo	«
Carolina Teixeira	Melhor
Carlos da Conceição Gonçalves de Freitas	«
Gabriel Coelho	«
João Baptista	«
João Figueira (caminho do Terço)	«
José César Vieira	«
Manuel Gonçalves	«
Manuel Correia	«
Manuel Nóbrega Matos	«
Manuel Varela (de cor)	«
Noémi Gomes	«
Pedro dos Ramos	«
Vítor da Silva	«
Balbina	Mesmo estado
Francisco Franco	«
João da Câmara	«
João Teixeira	«
Joaquina Mendonça	«
José	«
José de Andrade	«
Luísa de Aguiar	«
Manuel dos Reis	«
Virgínia Augusta de Jesus	«
João de Jesus	Alguns alívios
João Fernandes (beco do Salvador)	«
Luís Romão Silva	«
Ireno Pereira da Silva	Mal
João Fernandes	«
Joaquim Rodrigues do Nascimento	«
José Gonçalves	«
Luís Fernandes	«
Maria de Aguiar	«
Maria da Conceição	«
Maria da Soledade Teixeira	«
Maria Teresa Pereira	«
Maria Augusta de Sousa	Faleceu

*

Deram ontem entrada no Lazareto os seguintes variolosos:

Joaquim Rodrigues do Nascimento, de 2 anos de idade, filho de António Rodrigues Cró e de Maria de Jesus, natural de S. Pedro, morador à rua 5 de junho.

José Joaquim de Andrade, de 12 anos, filho de José Joaquim de Andrade e de Maria Rosa, natural de S. Gonçalo, no sítio das Neves.

Francisco Franco, de 28 anos, filho de José Franco e de Maria Cândida, viúvo de Maria de Jesus Franco, natural de Machico, morador ao Pico dos Frias, freguesia de S. Pedro. [...]

SAÚDE PÚBLICA[1480]

[...] Boletim do estado sanitário dos variolosos internados no Lazareto, referente ao dia 20 do corrente:

Henrique de Castro	Teve alta
Joaquim de Oliveira	«
José Augusto de Gouveia	«
Matilde Alves	«
Sofia de Nóbrega	«
Adelina Fernandes	Convalescente
Alice Rodrigues	«
António de Nóbrega	«
Armando de Brito	«
Augusto G. da Silva	«
Carlos de Melim	«
Carlos da Conceição Gonçalves de Freitas	«
Carolina Teixeira	«
César Dias	«
Fernando Vieira	«
Firmina de Freitas	«
Henrique Correia	«
Henrique Figueira	«
Honorina Correia	«
Jacinto Rodrigues	«
João Baptista	«
João Drummond	«
José de Abreu, rua da Alfândega	«
José de Aveiro	«
José de Germano	«
José Rodrigues (beco do Cascalho)	«
José da Silva	«
Júlia Fernandes	«
Júlio de Gouveia	«
Manuel de Aguiar	«
Manuel Fernandes	«
Manuel Nóbrega Matos	«
Manuel Nunes	«
Manuel Perestrelo	«
Manuel Rodrigues (Monte)	«
Maria de Ascensão Garcia	«
Maria da Conceição Rodrigues ...	«
Maria Jardim	«
Maria de Jesus (Machico)	«
Maria de Jesus (Campo D. Carlos)	«
Maria José Bettencourt	«

1480 BMF, *Diário de Notícias*, 21 de junho de 1907.

Maria José Fernandes	«	Armando de Brito	«
Maria Júlia Fernandes	«	Augusto G. da Silva	«
Olinda de Nóbrega	«	Carlos de Melim	«
Palmira de Nóbrega	«	Carlos da Conceição Gonçalves de Freitas	«
Teresa de Jesus	«	Carolina Teixeira	«
Vitorino Rodrigues Capelo	«	César Dias	«
Vítor da Silva	«	Fernando Vieira	«
Gabriel Coelho	Melhor	Firmina de Freitas	«
João Figueira (caminho do Terço)	«	Henrique Correia	«
João Teixeira	«	Henrique Figueira	«
José César Vieira	«	Honorina Correia	«
Manuel Gonçalves	«	Jacinto Rodrigues	«
Manuel Correia	«	João Baptista	«
Manuel Varela (de cor)	«	João Drummond	«
Noémi Gomes	«	João Figueira (caminho do Terço)	«
Pedro dos Ramos	«	José de Abreu, rua da Alfândega	«
Virgínia Augusta de Jesus	«	José de Aveiro	«
Balbina	Mesmo estado	José César Vieira	«
Francisco Franco	«	José de Germano	«
João da Câmara	«	José Rodrigues (beco do Cascalho)	«
Joaquina Mendonça	«	José da Silva	«
José	«	Júlia Fernandes	«
José de Andrade	«	Júlio de Gouveia	«
Luísa de Aguiar	«	Manuel de Aguiar	«
Manuel Gomes	«	Manuel Nóbrega Matos	«
Manuel dos Reis	«	Manuel Perestrelo	«
João de Jesus	Alguns alívios	Manuel Rodrigues (Monte)	«
João Fernandes (beco do Salvador)	«	Maria de Ascensão Garcia	«
Luís Romão Silva	«	Maria da Conceição Rodrigues	«
Ireno Pereira da Silva	Mal	Maria Jardim	«
João Fernandes	«	Maria de Jesus (Machico)	«
Joaquim Rodrigues do Nascimento	«	Maria José Bettencourt	«
José Gonçalves	«	Maria José Fernandes	«
Luís Fernandes	«	Maria Júlia Fernandes	«
Maria de Aguiar	«	Noémi Gomes	«
Maria da Conceição	«	Olinda de Nóbrega	«
Maria da Soledade Teixeira	«	Palmira de Nóbrega	«
Maria Teresa Pereira	«	Pedro dos Ramos	«
		Teresa de Jesus	«
		Vítor da Silva	«
		Gabriel Coelho	Melhor
		João da Câmara	«
		João Teixeira	«
		Joaquina Mendonça	«
		José de Andrade	«
		Manuel Gonçalves	«

SAÚDE PÚBLICA[1481]

[...] Boletim do estado sanitário dos variolosos internados no Lazareto, referente ao dia 21 do corrente:

Manuel Fernandes	Teve alta	Manuel Correia	«
Manuel Nunes	«	Manuel dos Reis	«
Maria de Jesus (Campo D. Carlos)	«	Manuel Varela (de cor)	«
Vitorino Rodrigues Capelo	«	Virgínia Augusta de Jesus	«
Adelina Fernandes	Convalescente	Francisco Franco	Mesmo estado
Alice Rodrigues	«	Luísa de Aguiar	«
António de Nóbrega	«	Manuel Góis	«
		Ireno Pereira da Silva	Alguns alívios
		João de Jesus	«

[1481] BMF, *Diário de Notícias*, 22 de junho de 1907.

João Fernandes (beco do Salvador)	«
Luís Romão Silva	«
Balbina	Mal
João Fernandes	«
Joaquim Rodrigues do Nascimento	«
José	«
José Gonçalves	«
Luís Fernandes	«
Maria de Aguiar	«
Maria da Conceição	«
Maria da Soledade Teixeira	«
Maria Teresa Pereira	«

*

José Gomes, de St.º António, do sítio do Pilar, entrou anteontem no Lazareto, agonizante e cheio de vermes, pelas 5 horas da tarde, falecendo pelas onze horas da noite.

Declarou que desejava entrar para ali mais cedo, mas que a família se opusera a isso. [...]

Deram ontem entrada no Lazareto um indivíduo da freguesia do Monte, e outro do sítio do Faial, freguesia de Santa Maria Maior.

SAÚDE PÚBLICA[1482]

[...] Boletim do estado sanitário dos variolosos internados no Lazareto, referente ao dia 22 do corrente:

Armando de Brito	Teve alta
Augusto G. da Silva	«
Carlos de Melim	«
César Dias	«
Honorina Correia	«
Jacinto Rodrigues	«
José Rodrigues (beco do Cascalho)	«
José da Silva	«
Júlio de Gouveia	«
Maria da Conceição Rodrigues ...	«
Palmira de Nóbrega	«
Vítor da Silva	«
Adelina Fernandes	Convalescente
Alice Rodrigues	«
António de Nóbrega	«
Carlos da Conceição Gonçalves de Freitas	«
Carolina Teixeira	«
Fernando Vieira	«
Firmina de Freitas	«
Henrique Correia	«
Henrique Figueira	«
João Baptista	«
João Drummond	«
João Figueira (caminho do Terço)	«
José de Abreu, rua da Alfândega	«
José de Aveiro	«
José César Vieira	«
José de Germano	«
Júlia Fernandes	«
Manuel de Aguiar	«
Manuel Nóbrega Matos	«
Manuel Perestrelo	«
Manuel Rodrigues (Monte)	«
Maria de Ascensão Garcia	«
Maria Jardim	«
Maria de Jesus (Machico)	«
Maria José Bettencourt	«
Maria José Fernandes	«
Maria Júlia Fernandes	«
Noémi Gomes	«
Olinda de Nóbrega	«
Pedro dos Ramos	«
Teresa de Jesus	«
Vítor da Silva	«
Gabriel Coelho	Melhor
João da Câmara	«
Joaquina Mendonça	«
José de Andrade	«
Manuel Gonçalves	«
Manuel Correia	«
Manuel dos Reis	«
Manuel Varela (de cor)	«
Virgínia Augusta de Jesus	«
Francisco Franco	Mesmo estado
João Baptista de Sousa	«
José Correia	«
Luísa de Aguiar	«
Manuel Góis	«
Ireno Pereira da Silva	Alguns alívios
João de Jesus	«
João Fernandes (beco do Salvador)	«
José	«
Luís Romão da Silva	«
Maria de Aguiar	«
Maria da Soledade Teixeira	«
António Rodrigues	Mal
Balbina	«
João Fernandes	«
Joaquim Rodrigues do Nascimento	«
José Gonçalves	«
Luís Fernandes	«
Maria da Conceição	«
Maria Teresa Pereira	«

1482 BMF, *Diário de Notícias*, 23 de junho de 1907.

SAÚDE PÚBLICA[1483]

[...] Boletim do estado sanitário dos variolosos internados no Lazareto, referente ao dia 23 do corrente:

Henrique Correia	Teve alta
Teresa de Jesus	«
Adelina Fernandes	Convalescente
Alice Rodrigues	«
António de Nóbrega	«
Carlos da Conceição Gonçalves de Freitas	«
Carolina Teixeira	«
Fernando Vieira	«
Firmina de Freitas	«
Henrique Figueira	«
Honorina Correia	«
João Baptista	«
João Drummond	«
João Teixeira	«
José de Abreu, rua da Alfândega	«
José de Aveiro	«
José César Vieira	«
José de Germano	«
Júlia Fernandes	«
Júlio de Gouveia	«
Manuel de Aguiar	«
Manuel Gonçalves	«
Manuel Nóbrega Matos	«
Manuel Perestrelo	«
Manuel Rodrigues (Monte)	«
Maria de Ascensão Garcia	«
Maria Jardim	«
Maria de Jesus (Machico)	«
Maria José Bettencourt	«
Maria José Fernandes	«
Maria Júlia Fernandes	«
Noémi Gomes	«
Olinda de Nóbrega	«
Pedro dos Ramos	«
Gabriel Coelho	Melhor
João da Câmara	«
João de Jesus	«
Joaquina Mendonça	«
José de Andrade	«
Luís Romão Silva	«
Manuel Correia	«
Manuel dos Reis	«
Manuel Varela (de cor)	«
Virgínia Augusta de Jesus	«
António Vieira	Mesmo estado
Francisco Franco	«
João Baptista de Sousa	«
José Correia	«
Luísa de Aguiar	«
Manuel Góis	«

Ireno Pereira da Silva	Alguns alívios
João Fernandes (beco do Salvador)	«
José	«
Luís Fernandes	«
Maria de Aguiar	«
Maria da Conceição	«
Maria da Soledade Teixeira	«
António Rodrigues	Mal
Balbina	«
João Fernandes	«
Joaquim Rodrigues do Nascimento	«
José Gonçalves	«
Maria Teresa Pereira	«

SAÚDE PÚBLICA[1484]

[...] Boletim do estado sanitário dos variolosos internados no Lazareto, referente ao dia 24 do corrente:

Adelina Fernandes	Convalescente
Alice Rodrigues	«
António de Nóbrega	«
Carlos da Conceição Gonçalves de Freitas	«
Carolina Teixeira	«
Fernando Vieira	«
Firmina de Freitas	«
Henrique Figueira	«
Honorina Correia	«
João Baptista	«
João Drummond	«
João Figueira (caminho do Terço)	«
João Teixeira	«
José de Abreu, rua da Alfândega	«
José de Andrade	«
José de Aveiro	«
José César Vieira	«
José de Germano	«
Júlia Fernandes	«
Manuel de Aguiar	«
Manuel Gonçalves	«
Manuel Nóbrega Matos	«
Manuel Perestrelo	«
Manuel Rodrigues (Monte)	«
Maria de Ascensão Garcia	«
Maria Jardim	«
Maria de Jesus (Machico)	«
Maria José Bettencourt	«
Maria José Fernandes	«
Maria Júlia Fernandes	«
Noémi Gomes	«
Olinda de Nóbrega	«

[1483] BMF, *Diário de Notícias*, 24 de junho de 1907.

[1484] BMF, *Diário de Notícias*, 25 de junho de 1907.

Pedro dos Ramos	«	José de Abreu, rua da Alfândega	«
Virgínia Augusta de Jesus	«	José de Andrade	«
Gabriel Coelho	Melhor	José de Aveiro	«
Ireno Pereira da Silva	«	José César Vieira	«
João da Câmara	«	José de Germano	«
João de Jesus	«	Júlia Fernandes	«
Joaquina Mendonça	«	Manuel Correia	«
José	«	Manuel Gonçalves	«
José Correia	«	Manuel Nóbrega Matos	«
Luísa de Aguiar	«	Manuel Perestrelo	«
Luís Romão Silva	«	Manuel dos Reis	«
Manuel Correia	«	Maria de Ascensão Garcia	«
Manuel dos Reis	«	Maria Jardim	«
Manuel Varela (de cor)	«	Maria de Jesus (Machico)	«
Maria da Soledade Teixeira	«	Maria José Bettencourt	«
Francisco Franco	Mesmo estado	Maria José Fernandes	«
João Baptista de Sousa	«	Maria Júlia Fernandes	«
Manuel Góis	«	Noémi Gomes	«
João Fernandes (beco do Salvador)	Alguns alivios	Olinda de Nóbrega	«
		Pedro dos Ramos	«
Joaquim Rodrigues do Nascimento	«	Virgínia Augusta de Jesus	«
		Gabriel Coelho	Melhor
Luís Fernandes	«	Ireno Pereira da Silva	«
Maria de Aguiar	«	João da Câmara	«
Maria da Conceição	«	Joaquina Mendonça	«
António Rodrigues	Mal	Joaquim Rodrigues do Nascimento	«
António Vieira	«	José	«
Balbina	«	José Correia	«
João Fernandes	«	Luísa de Aguiar	«
José Gonçalves	«	Luís Fernandes	«
Maria Teresa Pereira	«	Luís Romão Silva	«
		Manuel Góis	«
		Manuel Varela (de cor)	«
		Maria da Soledade Teixeira	«
		Francisco Franco	Mesmo estado
		João Baptista de Sousa	«
		João Fernandes (beco do Salvador)	Alguns alivios
		Maria de Aguiar	«
		Maria da Conceição	«
		Maria Teresa Pereira	«
		António Rodrigues	Mal
		António Vieira	«
		Balbina	«
		João Fernandes	«
		José Gonçalves	«
		Olívia	«
		Manuel de Jesus	«

SAÚDE PÚBLICA[1485]

[...] Boletim do estado sanitário dos variolosos internados no Lazareto, referente ao dia 25 do corrente:

Manuel de Aguiar	Teve alta
Manuel Rodrigues (Monte)	«
Adelina Fernandes	Convalescente
Alice Rodrigues	«
António de Nóbrega	«
Carlos da Conceição Gonçalves de Freitas	«
Carolina Teixeira	«
Fernando Vieira	«
Firmina de Freitas	«
Henrique Figueira	«
Honorina Correia	«
João Baptista	«
João Drummond	«
João Figueira (caminho do Terço)	«
João de Deus	«
João Teixeira	«

*

No dia 21 do corrente entraram para o Lazareto os seguintes variolosos:

José Correia, de 12 anos de idade, filho de Manuel Correia, de Maria Correia, moradores ao caminho do Terço, freguesia de Santa Maria Maior.

João Baptista de Sousa, de 10 anos, filho de José de Sousa e de Deolinda de Jesus,

---

1485 BMF, *Diário de Notícias*, 26 de junho de 1907.

morador ao sítio da Lombada, freguesia do Monte.

No dia 22: António Rodrigues Júnior, de 23 anos de idade, filho de António Rodrigues e de Isabel de Jesus, casado com Margarida Vieira, morador ao sítio do Lombo da Boa Vista, freguesia de Santa Maria Maior.

No dia 23: António vieira, de 19 anos de idade, filho de Manuel Vieira e de Maria Fernandes, morador ao sítio da Ribeira do Eixo, freguesia de Santa Cruz.

No dia 24: Manuel de Jesus, de 17 anos, filho de José de Jesus e de Júlia de Jesus, morador ao caminho Chão, freguesia de Santa Maria Maior.

E no dia 25: Olívia, filha de José Quirino Júnior e de Benvinda Ferreira de Sousa, de 10 meses de idade, moradora à rua da Princesa, n.º 35, freguesia de S. Pedro. [...]

SAÚDE PÚBLICA[1486]

[...] Boletim do estado sanitário dos variolosos internados no Lazareto, referente ao dia 26 do corrente:

João de Jesus (*)	Teve alta
Maria de Ascensão Garcia	«
Maria de Jesus (Machico)	«
Olinda de Nóbrega	«
Adelina Fernandes	Convalescente
Alice Rodrigues	«
António de Nóbrega	«
Carlos da Conceição Gonçalves de Freitas	«
Carolina Teixeira	«
Fernando Vieira	«
Firmina de Freitas	«
Henrique Figueira	«
Honorina Correia	«
João Baptista	«
João Drummond	«
João Figueira (caminho do Terço)	«
João Teixeira	«
Joaquina Mendonça	«
José de Abreu, rua da Alfândega	«
José de Andrade	«
José de Aveiro	«
José César Vieira	«
José de Germano	«
Júlia Fernandes	«
Manuel Correia	«
Manuel Góis	«
Manuel Gonçalves	«
Manuel Nóbrega Matos	«
Manuel Perestrelo	«
Manuel dos Reis	«
Manuel Varela (de cor)	«
Maria Jardim	«
Maria José Bettencourt	«
Maria José Fernandes	«
Noémi Gomes	«
Pedro dos Ramos	«
Virgínia Augusta de Jesus	«
Gabriel Coelho	Melhor
Ireno Pereira da Silva	«
João Baptista de Sousa	«
João da Câmara	«
Joaquim Rodrigues do Nascimento	«
José	«
José Correia	«
Luísa de Aguiar	«
Luís Fernandes	«
Luís Romão Silva	«
Maria de Aguiar	«
Maria da Soledade Teixeira	«
Francisco Franco	Mesmo estado
Maria da Conceição	«
Maria Teresa Pereira	«
João Fernandes (beco do Salvador)	Alguns alívios
António Rodrigues	Mal
António Vieira	«
Balbina	«
João Fernandes	«
José Gonçalves	«
José da Silva	«
Olívia	«
Manuel de Jesus	«
Manuel de Jesus Gomes	«
Maria Augusta de Abreu	«
João Gomes Madeira	Faleceu

Anteontem entraram para o Lazareto os seguintes variolosos:

João Gomes Madeira, de 3 anos de idade, filho de António Gomes Madeira e de Maria (Fajoa), moradora à rua da Ponte Nova, freguesia de Santa Luzia. Este varioloso deu entrada pelas 5 horas da tarde, em estado desesperado, tendo falecido na manhã seguinte. Acompanhou-o sua mãe.

Maria Augusta de Abreu, de 34 anos, casada com João de Abreu Júnior, natural do Porto da Cruz, morador ao Pico de S. João.

Manuel de Jesus Gomes, de 16 anos, filho de Manuel Gomes e de Ana de Jesus, morador ao sítio do Pilar, freguesia de Santo António.

Deram ontem entrada: José da Silva, de

[1486] BMF, *Diário de Notícias*, 27 de junho de 1907. Em relação ao primeiro paciente desta lista informava este jornal o seguinte: "Este doente João de Jesus ficou cego, em consequência das pústulas que se lhe desenvolveram nos olhos."

19 anos, filho de Joaquim da Silva e de Antónia Joana da Silva, casada com Maria Augusta da Silva, morador ao sítio das Quebradas, freguesia de S. Martinho.

Virgínia, de 3 meses de idade, filha de José Quirino Júnior e de Benvinda Ferreira, freguesia de Santa Luzia, (com a mãe).

João de Abreu, de 5 anos e meio, filho de Manuel José de Abreu, morador ao sítio dos Ilhéus, freguesia de S. Pedro. [...]

SAÚDE PÚBLICA[1487]

[...] Boletim do estado sanitário dos variolosos internados no Lazareto, referente ao dia 27 do corrente:

Fernando Vieira	Teve alta
Maria Jardim	«
Maria Júlia Fernandes	«
Adelina Fernandes	Convalescente
Alice Rodrigues	«
António de Nóbrega	«
Carlos da Conceição Gonçalves de Freitas	«
Carolina Teixeira	«
Armando de Brito	«
Augusto G. da Silva	«
Carlos de Melim	«
Carlos da Conceição Gonçalves de Freitas	«
Carolina Teixeira	«
Firmina de Freitas	«
Henrique Figueira	«
Honorina Correia	«
João Baptista	«
João Drummond	«
João Figueira (caminho do Terço)	«
João Teixeira	«
Joaquina Mendonça	«
José de Abreu, rua da Alfândega	«
José de Andrade	«
José de Aveiro	«
José César Vieira	«
José Correia	«
José de Germano	«
Júlia Fernandes	«
Luísa de Aguiar	«
Manuel Correia	«
Manuel Góis	«
Manuel Gonçalves	«
Manuel Nóbrega Matos	«
Manuel Perestrelo	«
Manuel dos Reis	«
Manuel Varela (de cor)	«
Maria de Aguiar	«
Maria José Bettencourt	«
Maria José Fernandes	«
Noémi Gomes	«
Pedro dos Ramos	«
Virgínia Augusta de Jesus	«
Gabriel Coelho	Melhor
Ireno Pereira da Silva	«
João Baptista de Sousa	«
João da Câmara	«
Joaquim Rodrigues do Nascimento	«
José	«
Luís Fernandes	«
Luís Romão Silva	«
Maria da Soledade Teixeira	«
Francisco Franco	Mesmo estado
Maria da Conceição	«
Maria Teresa Pereira	«
João Fernandes (beco do Salvador)	Alguns alívios
António Rodrigues	Mal
António Vieira	«
Balbina	«
João de Abreu	«
João Fernandes	«
José Gonçalves	«
José da Silva	«
Olívia	«
Manuel de Jesus	«
Manuel de Jesus Gomes	«
Maria Augusta de Abreu	«
Virgínia (*)	Faleceu

(*) Esta doente entrou ontem em estado desesperado, pelas 3 horas da tarde, e faleceu hoje de manhã. [...]

Informou-nos Miss Wilson de que há poucas esperanças de salvar a maior parte dos doentes que entraram no Lazareto, nos últimos dias, devido à gravidade do seu estado.

SAÚDE PÚBLICA[1488]

[...] Boletim do estado sanitário dos variolosos internados no Lazareto, referente ao dia 28 do corrente:

Firmina de Freitas	Teve alta
Adelina Fernandes	Convalescente
Alice Rodrigues	«
António de Nóbrega	«
Carlos da Conceição Gonçalves de Freitas	«
Carolina Teixeira	«

[1487] BMF, *Diário de Notícias*, 28 de junho de 1907.

[1488] BMF, *Diário de Notícias*, 29 de junho de 1907.

Henrique Figueira	«
Honorina Correia	«
João Baptista	«
João Drummond	«
João Figueira (caminho do Terço)	«
João Teixeira	«
Joaquim Rodrigues do Nascimento	«
Joaquina Mendonça	«
José de Abreu, rua da Alfândega	«
José de Andrade	«
José de Aveiro	«
José César Vieira	«
José Correia	«
José de Germano	«
Júlia Fernandes	«
Luísa de Aguiar	«
Manuel Correia	«
Manuel Góis	«
Manuel Gonçalves	«
Manuel Nóbrega Matos	«
Manuel Perestrelo	«
Manuel dos Reis	«
Manuel Varela (de cor)	«
Maria de Aguiar	«
Maria José Bettencourt	«
Maria José Fernandes	«
Noémi Gomes	«
Pedro dos Ramos	«
Virgínia Augusta de Jesus	«
Gabriel Coelho	Melhor
Ireno Pereira da Silva	«
João Baptista de Sousa	«
João da Câmara	«
José	«
Luís Fernandes	«
Luís Romão Silva	«
Maria da Soledade Teixeira	«
Francisco Franco	Mesmo estado
Maria da Conceição	«
Maria Teresa Pereira	«
João Fernandes (beco do Salvador)	Alguns alívios
João Fernandes	
Balbina	Mal
João de Abreu	«
José Gonçalves	«
José da Silva	«
Olívia	«
Manuel de Jesus	«
Manuel de Jesus Gomes	«
Maria Augusta de Abreu	«
António Rodrigues	Faleceu
António Vieira	«

[...]

SAÚDE PÚBLICA[1489]

[...] Boletim do estado sanitário dos variolosos internados no Lazareto, referente ao dia 29 do corrente:

Adelina Fernandes	Convalescente
Alice Rodrigues	«
António de Nóbrega	«
Carlos da Conceição Gonçalves de Freitas	«
Carolina Teixeira	«
Gabriel Coelho	«
Henrique Figueira	«
Honorina Correia	«
Ireno Pereira da Silva	«
João Baptista	«
João Drummond	«
João Figueira (caminho do Terço)	«
João Teixeira	«
Joaquim Rodrigues do Nascimento	«
Joaquina Mendonça	«
José de Abreu, rua da Alfândega	«
José de Andrade	«
José de Aveiro	«
José César Vieira	«
José Correia	«
José de Germano	«
Luís Romão da Silva	«
Júlia Fernandes	«
Luísa de Aguiar	«
Manuel Correia	«
Manuel Góis	«
Manuel Gonçalves	«
Manuel Nóbrega Matos	«
Manuel Perestrelo	«
Manuel dos Reis	«
Manuel Varela (de cor)	«
Maria de Aguiar	«
Maria José Bettencourt	«
Maria José Fernandes	«
Noémi Gomes	«
Pedro dos Ramos	«
Virgínia Augusta de Jesus	«
João da Câmara	Melhor
João Baptista de Sousa	«
José	«
Luís Fernandes	«
Maria da Soledade Teixeira	«
João Correia	Mesmo estado
Maria Augusta	«
Maria José de Andrade	«
Maria da Conceição	«
Maria Teresa Pereira	«

[1489] BMF, *Diário de Notícias*, 30 de junho de 1907.

Balbina	Alguns alívios
João Fernandes (beco do Salvador)	«
João Fernandes	«
José Gonçalves	«
António Gomes Teixeira	Mal
Francisco Ferreira	«
Francisco Franco	«
João de Abreu	«
José da Silva	«
Manuel de Jesus	«
Manuel de Jesus Gomes	«
Maria Augusta de Abreu	«
Olívia	«

[...]

SAÚDE PÚBLICA[1490]

[...] Boletim do estado sanitário dos variolosos internados no Lazareto, referente ao dia 30 de junho:

Adelina Fernandes	Convalescente
Alice Rodrigues	«
António de Nóbrega	«
Carlos da Conceição Gonçalves de Freitas	«
Carolina Teixeira	«
Gabriel Coelho	«
Henrique Figueira	«
Honorina Correia	«
Ireno Pereira da Silva	«
João Baptista	«
João Baptista de Sousa	«
João da Câmara	«
João Drummond	«
João Figueira (caminho do Terço)	«
João Teixeira	«
Joaquim Rodrigues do Nascimento	«
Joaquina Mendonça	«
José	«
José de Abreu, rua da Alfândega	«
José de Andrade	«
José de Aveiro	«
José César Vieira	«
José Correia	«
José de Germano	«
Luís Romão da Silva	«
Júlia Fernandes	«
Luísa de Aguiar	«
Manuel Correia	«
Manuel Góis	«
Manuel Gonçalves	«
Manuel Nóbrega Matos	«
Manuel Perestrelo	«
Manuel dos Reis	«
Manuel Varela (de cor)	«
Maria de Aguiar	«
Maria José Bettencourt	«
Maria José Fernandes	«
Maria da Soledade Teixeira	«
Noémi Gomes	«
Pedro dos Ramos	«
Virgínia Augusta de Jesus	«
Luís Fernandes	Melhor
Maria Augusta	«
Maria Teresa Pereira	«
João Correia	Mesmo estado
João Fernandes (beco do Salvador)	«
João Fernandes	«
Maria José de Andrade	«
Maria da Conceição	«
Maria Teresa Pereira	«
Balbina	Alguns alívios
José Gonçalves	«
António Gomes Teixeira	Mal
Francisco Ferreira	«
Francisco Franco	«
José da Silva	«
Manuel de Jesus	«
Manuel de Jesus Gomes	«
Maria Augusta de Abreu	«
João de Abreu	Faleceu
Olívia	«

*

Entraram no Lazareto no dia 28 de junho: Francisco Ferreira, de 17 anos de idade, filho de Manuel Ferreira (*o Dentinho*), natural de Santa Maria Maior, ao sítio do Lombo da Boa Vista.

António Gomes Teixeira, de 18 anos, filho de João Gomes Teixeira, natural de Santo António, ao sítio da Quinta das Freiras.

Entraram no dia 29 do mesmo mês: João Correia, de 29 anos, filho de António Correia e de Júlia Jesus, casado com Maria de Jesus, natural de Santa Maria Maior, ao sítio do Bom Sucesso, acompanhado por uma tia.

Maria José de Andrade, de 2 anos, filha de José de Andrade e de Maria Rosa, natural de S. Gonçalo, ao sítio das Neves, acompanhada por sua mãe.

Maria Augusta Teixeira, de 3 anos, filha de António de Ornelas e de Adelaide Teixeira, natural de Machico, ao sítio da Graça, acompanhada por sua mãe. [...]

1490 BMF, *Diário de Notícias*, 1 de julho de 1907.

SAÚDE PÚBLICA[1491]

[...] Boletim do estado sanitário dos variolosos internados no Lazareto, referente ao dia 1 de julho:

Adelina Fernandes	Teve alta
José de Aveiro	«
Alice Rodrigues	Convalescentes
António de Nóbrega	«
Carlos da Conceição Gonçalves de Freitas	«
Carolina Teixeira	«
Gabriel Coelho	«
Henrique Figueira	«
Honorina Correia	«
Ireno Pereira da Silva	«
João Baptista	«
João Baptista de Sousa	«
João da Câmara	«
João Drummond	«
João Figueira (caminho do Terço)	«
João Teixeira	«
Joaquim Rodrigues do Nascimento	«
Joaquina Mendonça	«
José	«
José de Abreu, rua da Alfândega	«
José de Andrade	«
José César Vieira	«
José Correia	«
José de Germano	«
José da Silva	«
Luís Romão Silva	«
Júlia Fernandes	«
Luísa de Aguiar	«
Manuel Correia	«
Manuel Góis	«
Manuel Gonçalves	«
Manuel Nóbrega Matos	«
Manuel Perestrelo	«
Manuel dos Reis	«
Manuel Varela (de cor)	«
Maria de Aguiar	«
Maria José Bettencourt	«
Maria José Fernandes	«
Maria José da Silva	«
Maria da Soledade Teixeira	«
Noémi Gomes	«
Pedro dos Ramos	«
Virgínia Augusta de Jesus	«
João Correia	Melhor
Luís Fernandes	«
Maria Augusta	«
Maria da Conceição	«
Maria Teresa Pereira	«
António Gonçalves	Mesmo estado
João Fernandes (beco do Salvador)	«
João Fernandes	«
José Rodrigues	«
Maria José de Andrade	«
Balbina	Alguns alívios
José Gonçalves	«
Francisco Ferreira	Mal
Francisco Franco	«
João Gonçalves	«
José da Silva	«
Manuel de Jesus Gomes	«
Maria Augusta de Abreu	«
António Gomes Teixeira	Muito mal
Manuel de Jesus	Faleceu

[...]

SAÚDE PÚBLICA[1492]

[...] Boletim do estado sanitário dos variolosos internados no Lazareto, referente ao dia 2 de julho:

Júlia Fernandes	Teve alta
Alice Rodrigues	Convalescente
António de Nóbrega	«
Carlos da Conceição Gonçalves de Freitas	«
Carolina Teixeira	«
Gabriel Coelho	«
Henrique Figueira	«
Honorina Correia	«
Ireno Pereira da Silva	«
João Baptista	«
João Baptista de Sousa	«
João da Câmara	«
João Correia	«
João Drummond	«
João Figueira (caminho do Terço)	«
João Teixeira	«
Joaquim Rodrigues do Nascimento	«
Joaquina Mendonça	«
José	«
José de Abreu, rua da Alfândega	«
José de Andrade	«
José César Vieira	«
José Correia	«
José de Germano	«
José da Silva	«
Luís Romão da Silva	«
Luísa de Aguiar	«
Manuel Correia	«
Manuel Góis	«
Manuel Gonçalves	«

[1491] BMF, *Diário de Notícias*, 2 de julho de 1907.

[1492] BMF, *Diário de Notícias*, 3 de julho de 1907.

Manuel Nóbrega Matos	«
Manuel Perestrelo	«
Manuel dos Reis	«
Manuel Varela (de cor)	«
Maria de Aguiar	«
Maria José Bettencourt	«
Maria José Fernandes	«
Maria José da Silva	«
Maria da Soledade Teixeira	«
Noémi Gomes	«
Pedro dos Ramos	«
Virgínia Augusta de Jesus	«
José Rodrigues	Melhor
Luís Fernandes	«
Maria Augusta	«
Maria da Conceição	«
Maria Teresa Pereira	«
António Gonçalves	Mesmo estado
João Fernandes (beco do Salvador)	«
João Fernandes	«
Maria José de Andrade	«
Balbina	Alguns alívios
José Gonçalves	«
Manuel de Jesus Gomes	«
Francisco Ferreira	Mal
Francisco Franco	«
João Gonçalves	«
José da Silva	«
Maria Augusta de Abreu	«
Maria da Silva	«
António Gomes Teixeira	Muito mal

*

Entrou para o Lazareto, no dia 30 de junho último, o varioloso José Rodrigues, de 18 anos de idade, filho de Francisco Rodrigues Martins e de Maria Matilde, morador ao Bom Sucesso, freguesia de Santa Maria Maior.

E no dia 1 do corrente:

João Gonçalves, de 19 meses e António Gonçalves, de 5 anos de idade, filhos de Manuel Gonçalves e de Luísa da Encarnação, moradores ao Ribeiro Seco, freguesia de S. Martinho. Acompanhou-os a mãe.

João da Silva, de 16 anos de idade e Maria Rosa da Silva, de 11 anos, filhos de António da Silva e de Maria da Silva, moradores a S. João, freguesia de S. Pedro.

Maria da Silva, de 9 anos, filha de Manuel da Silva, moradora a S. João, freguesia de S. Pedro. [...]

SAÚDE PÚBLICA[1493]

[...] Boletim do estado sanitário dos variolosos internados no Lazareto, referente ao dia 3 de julho:

Alice Rodrigues	Convalescente
António de Nóbrega	«
Carlos da Conceição Gonçalves de Freitas	«
Carolina Teixeira	«
Gabriel Coelho	«
Henrique Figueira	«
Honorina Correia	«
Ireno Pereira da Silva	«
João Baptista	«
João Baptista de Sousa	«
João da Câmara	«
João Correia	«
João Drummond	«
João Figueira (caminho do Terço)	«
João Teixeira	«
Joaquim Rodrigues do Nascimento	«
Joaquina Mendonça	«
José	«
José de Abreu, rua da Alfândega	«
José de Andrade	«
José César Vieira	«
José Correia	«
José de Germano	«
José Rodrigues	«
José da Silva (sítio S. João)	«
Luís Romão Silva	«
Luísa de Aguiar	«
Manuel Correia	«
Manuel Góis	«
Manuel Gonçalves	«
Manuel Nóbrega Matos	«
Manuel Perestrelo	«
Manuel dos Reis	«
Manuel Varela (de cor)	«
Maria de Aguiar	«
Maria José Bettencourt	«
Maria José Fernandes	«
Maria da Silva (filha de António da Silva)	«
Maria da Soledade Teixeira	«
Noémi Gomes	«
Pedro dos Ramos	«
Virgínia Augusta de Jesus	«
João Fernandes (beco do Salvador)	Melhor
João Fernandes	«
Luís Fernandes	«
Maria Augusta Teixeira	«
Maria da Conceição	«
Maria Teresa Pereira	«

[1493] BMF, *Diário de Notícias*, 4 de julho de 1907.

António Gonçalves	Mesmo estado
Maria José de Andrade	«
Balbina	Alguns alívios
Francisco Ferreira	«
José Gonçalves	«
Manuel de Jesus Gomes	«
Cristina da Conceição	Mal
Francisco Franco	«
João de Sousa	«
José da Silva (S. Martinho)	«
Maria Augusta de Abreu	«
Maria José de Abreu	«
Maria da Silva (filha de Manuel da Silva)	Muito mal
António Gomes Teixeira	Faleceu
João Gonçalves	«

[...]

SAÚDE PÚBLICA[1494]

[...] Boletim do estado sanitário dos variolosos internados no Lazareto, referente ao dia 4 de julho:

Alice Rodrigues	Convalescente
António de Nóbrega	«
Carlos da Conceição Gonçalves de Freitas	«
Carolina Teixeira	«
Gabriel Coelho	«
Henrique Figueira	«
Honorina Correia	«
Ireno Pereira da Silva	«
João Baptista	«
João Baptista de Sousa	«
João da Câmara	«
João Correia	«
João Drummond	«
João Figueira (caminho do Terço)	«
João Teixeira	«
Joaquim Rodrigues do Nascimento	«
Joaquina Mendonça	«
José	«
José de Abreu, rua da Alfândega	«
José de Andrade	«
José César Vieira	«
José Correia	«
José de Germano	«
José Rodrigues	«
José da Silva (sítio de S. João)	«
Luís Fernandes	«
Luís Romão da Silva	«
Luísa de Aguiar	«
Manuel Correia	«
Manuel Góis	«
Manuel Gonçalves	«
Manuel Nóbrega Matos	«
Manuel Perestrelo	«
Manuel dos Reis	«
Manuel Varela (de cor)	«
Maria de Aguiar	«
Maria da Conceição	«
Maria José Bettencourt	«
Maria José Fernandes	«
Maria da Silva (filha de António da Silva)	«
Maria da Soledade Teixeira	«
Noémi Gomes	«
Pedro dos Ramos	«
Virgínia Augusta de Jesus	«
João Fernandes (beco do Salvador)	Melhor
João Fernandes	«
Maria Augusta Teixeira	«
Maria Teresa Pereira	«
António Gonçalves	Mesmo estado
Balbina	«
José Gonçalves	«
Manuel de Jesus Gomes	«
Maria José de Andrade	«
Francisco Ferreira	Alguns alívios
António de Freitas	Mal
Cristina da Conceição	«
Francisco Franco	«
João de Sousa	«
José Baptista	«
José Gomes	«
Maria Augusta de Abreu	«
Maria José de Abreu	«
Maria da Silva (filha de Manuel da Silva)	«
José da Silva (S. Martinho)	Faleceu

*

Deram entrada no Lazareto, no dia 2 do corrente, os seguintes variolosos:

João de Sousa, de 28 anos de idade, casado com Maria José Gomes, morador ao caminho do Palheiro, freguesia de S. Gonçalo. Acompanha-o sua mulher.

Cristina da Conceição, de 23 anos de idade, casada com Luís Pereira, moradora no sítio do Pilar, freguesia de Santo António.

Entraram no dia 3:

Maria José de Abreu, de 15 anos, filha de José de Abreu e de Maria de Jesus, moradora no sítio do Tanque, freguesia de Santo António.

José Gomes, de 2 anos de idade, filho de António Gomes (o amarelo), morador no sítio do Amparo, freguesia de S. Martinho.

[1494] BMF, *Diário de Notícias*, 5 de julho de 1907.

José Baptista, de 17 anos, filho de José Baptista e de Maria Baptista, morador no sítio do Rochão, freguesia da Camacha.

E entraram ontem:

António de Freitas, de 23 anos, casado com Maria José da Conceição, morador no sítio do Areeiro, freguesia de S. Martinho.

Vicente Gomes de Faria, de 21 anos, filho de João Gomes de Faria e de Maria de Jesus, morador no sítio do Tanque, freguesia de Santo António. [...]

SAÚDE PÚBLICA[1495]

[...] Boletim do estado sanitário dos variolosos internados no Lazareto, referente ao dia 5 de julho:

José César Vieira	Teve alta
Maria José Bettencourt	«
Maria da Silva (filha de António da Silva)	«
Alice Rodrigues	Convalescente
António de Nóbrega	«
Carlos da Conceição Gonçalves de Freitas	«
Carolina Teixeira	«
Gabriel Coelho	«
Henrique Figueira	«
Honorina Correia	«
Ireno Pereira da Silva	«
João Baptista	«
João Baptista de Sousa	«
João da Câmara	«
João Correia	«
João Drummond	«
João Fernandes	«
João Figueira (caminho do Terço)	«
João Teixeira	«
Joaquim Rodrigues do Nascimento	«
Joaquina Mendonça	«
José	«
José de Abreu, rua da Alfândega	«
José de Andrade	«
José Correia	«
José de Germano	«
José Rodrigues	«
José da Silva (sítio de S. João)	«
Luís Fernandes	«
Luís Romão da Silva	«
Luísa de Aguiar	«
Manuel Correia	«
Manuel Fernandes	«
Manuel Góis	«
Manuel Gonçalves	«
Manuel Nóbrega Matos	«
Manuel Perestrelo	«
Manuel dos Reis	«
Manuel Varela (de cor)	«
Maria de Aguiar	«
Maria Augusta Teixeira	«
Maria da Conceição	«
Maria José Fernandes	«
Maria da Soledade Teixeira	«
Maria Teresa Pereira	«
Noémi Gomes	«
Pedro dos Ramos	«
Virgínia Augusta de Jesus	«
João Fernandes (beco do Salvador)	Melhor
Maria José de Andrade	«
António Gonçalves	Mesmo estado
Balbina	«
Manuel de Jesus Gomes	«
António de Freitas	Alguns alívios
Cristina da Conceição	Mal
Francisco Franco	«
Francisco Ferreira	«
João de Sousa	«
José Baptista	«
José Gomes	«
Laurinda Prazeres Fernandes	«
Maria Augusta de Abreu	«
Maria José de Abreu	«
Maria da Silva (filha de Manuel da Silva)	«
Vicente Gomes Faria	«
José Gonçalves	Faleceu

[...] Deram ontem entrada no Lazareto, os seguintes variolosos:

Manuel Fernandes, de 28 anos de idade, casado com Hermínia Fernandes, morador à Casa Branca, freguesia de S. Martinho. Acompanhou-o sua mulher e dois filhos, um dos quais, de três meses, atacado também de varíola.

*

Faleceu ontem no Lazareto, vítima de varíola, Francisco Franco, representando a sua morte a extinção duma família, que era composta do mesmo, mulher e um filho, de 6 dias de idade, falecidos também de varíola, a primeira no dia 10 e o segundo no dia 18 de junho último.

Francisco Franco deu entrada no Lazareto no dia da morte do filho.

Muito lamentável.

1495 BMF, *Diário de Notícias*, 6 de julho de 1907.

SAÚDE PÚBLICA[1496]

[...] Boletim do estado sanitário dos variolosos internados no Lazareto, referente ao dia 6 de julho:

Alice Rodrigues	Teve alta
Carolina Teixeira	«
Henrique Figueira	«
João Correia	«
José de Abreu, rua da Alfândega	«
Maria José Fernandes	«
Virgínia Augusta de Jesus	«
António de Nóbrega	Convalescente
Carlos da Conceição Gonçalves de Freitas	«
Gabriel Coelho	«
Honorina Correia	«
Ireno Pereira da Silva	«
João Baptista	«
João Baptista de Sousa	«
João da Câmara	«
João Drummond	«
João Fernandes	«
João Figueira (caminho do Terço)	«
João Teixeira	«
Joaquim Rodrigues do Nascimento	«
Joaquina Mendonça	«
José	«
José de Andrade	«
José Correia	«
José de Germano	«
José Rodrigues	«
José da Silva (sítio S. João)	«
Luís Fernandes	«
Luís Romão Silva	«
Luísa de Aguiar	«
Manuel Correia	«
Manuel Fernandes	«
Manuel Góis	«
Manuel Gonçalves	«
Manuel Nóbrega Matos	«
Manuel Perestrelo	«
Manuel dos Reis	«
Manuel Varela (de cor)	«
Maria de Aguiar	«
Maria Augusta Teixeira	«
Maria da Conceição	«
Maria da Soledade Teixeira	«
Maria Teresa Pereira	«
Maria Teresa Pereira	«
Noémi Gomes	«
Pedro dos Ramos	«
João Fernandes (beco do Salvador)	Melhor
Maria José de Andrade	«
Manuel de Jesus Gomes	«
António Gonçalves	Mesmo estado
Balbina	«
António de Freitas	Alguns alívios
Cristina da Conceição	«
João de Sousa	Mal
José Baptista	«
Laurinda Prazeres Fernandes	«
Maria José de Abreu	«
Maria da Silva (filha de Manuel da Silva)	«
Vicente Gomes Faria	«
Francisco Ferreira	Muito mal
Maria Augusta de Abreu	«
Francisco Franco	Faleceu
José Gomes	«

[...]

SAÚDE PÚBLICA[1497]

[...] Boletim do estado sanitário dos variolosos internados no Lazareto, referente ao dia 7 de julho:

Manuel Perestrelo	Teve alta
Maria de Aguiar	«
Maria da Conceição	«
Noémi Gomes	«
António de Nóbrega	Convalescente
Carlos da Conceição Gonçalves de Freitas	«
Gabriel Coelho	«
Honorina Correia	«
Ireno Pereira da Silva	«
João Baptista	«
João Baptista de Sousa	«
João da Câmara	«
João Drummond	«
João Fernandes	«
João Figueira (caminho do Terço)	«
João Teixeira	«
Joaquim Rodrigues do Nascimento	«
Joaquina Mendonça	«
José	«
José de Andrade	«
José Correia	«
José de Germano	«
José Rodrigues	«
José da Silva (sítio S. João)	«
Luís Fernandes	«
Luís Romão Silva	«
Luísa de Aguiar	«
Manuel Correia	«
Manuel Fernandes	«

[1496] BMF, *Diário de Notícias*, 7 de julho de 1907.

[1497] BMF, *Diário de Notícias*, 8 de julho de 1907.

Manuel Góis	«
Manuel Gonçalves	«
Manuel Nóbrega Matos	«
Manuel dos Reis	«
Manuel Varela (de cor)	«
Maria Augusta Teixeira	«
Maria da Soledade Teixeira	«
Maria Teresa Pereira	«
Pedro dos Ramos	«
João Fernandes (beco do Salvador)	Melhor
Maria José de Andrade	«
Manuel de Jesus Gomes	«
António de Freitas (sitio do Bom Sucesso)	Mesmo estado
António Gonçalves	«
Balbina	«
Cristina da Conceição	«
António de Freitas	Alguns alívios
Vicente Gomes Faria	«
João de Sousa	Mal
José Baptista	«
Laurinda Prazeres Fernandes	«
Maria José de Abreu	«
Maria da Silva (filha de Manuel da Silva)	«
Francisco Ferreira	Muito mal
Maria Augusta de Abreu	Faleceu

SAÚDE PÚBLICA[1498]

[...] Boletim do estado sanitário dos variolosos internados no Lazareto, referente ao dia 8 de julho:

António de Nóbrega	Teve alta
Carlos da Conceição Gonçalves de Freitas	Convalescente
Gabriel Coelho	«
Honorina Correia	«
Ireno Pereira da Silva	«
João Baptista	«
João Baptista de Sousa	«
João da Câmara	«
João Drummond	«
João Fernandes	«
João Figueira (caminho do Terço)	«
João Teixeira	«
Joaquim Rodrigues do Nascimento	«
Joaquina Mendonça	«
José	«
José de Andrade	«
José Correia	«
José de Germano	«
José Rodrigues	«
José da Silva (sítio S. João)	«

Luís Fernandes	«
Luís Romão Silva	«
Luísa de Aguiar	«
Manuel Correia	«
Manuel Fernandes	«
Manuel Góis	«
Manuel Gonçalves	«
Manuel de Jesus Gomes	«
Manuel Nóbrega Matos	«
Manuel dos Reis	«
Manuel Varela (de cor)	«
Maria José de Andrade	«
Maria Augusta Teixeira	«
Maria da Soledade Teixeira	«
Maria Teresa Pereira	«
Pedro dos Ramos	«
João Fernandes (beco do Salvador)	Melhor
António de Freitas	Mesmo estado
António de Freitas (sitio do Bom Sucesso)	«
António Gonçalves	«
Balbina	«
Cristina da Conceição	«
Maria de Ascensão	«
Maria José de Abreu	Alguns alívios
Vicente Gomes Faria	«
Francisco Ferreira	Mal
João de Sousa	«
José Baptista	«
Laurinda Prazeres Fernandes	«
Maria da Silva (filha de Manuel da Silva)	«
Manuel de Vasconcelos	«
Maria José Fernandes	«

SAÚDE PÚBLICA[1499]

[...] Boletim do estado sanitário dos variolosos internados no Lazareto, referente ao dia 9 de julho:

José Correia	Teve alta
Manuel Nóbrega Matos	«
Maria Augusta Teixeira	«
Carlos da Conceição Gonçalves de Freitas	Convalescente
Gabriel Coelho	«
Honorina Correia	«
Ireno Pereira da Silva	«
João Baptista	«
João Baptista de Sousa	«
João da Câmara	«
João Drummond	«
João Fernandes	«
João Figueira (caminho do Terço)	«

1498 BMF, *Diário de Notícias*, 9 de julho de 1907.

1499 BMF, *Diário de Notícias*, 10 de julho de 1907.

ANEXO VII - MOVIMENTO HOSPITALAR DO LAZARETO EM 1907

João Teixeira	«
Joaquim Rodrigues do Nascimento	«
Joaquina Mendonça	«
José	«
José de Andrade	«
José de Germano	«
José Rodrigues	«
José da Silva (sítio S. João)	«
Luís Fernandes	«
Luís Romão Silva	«
Luísa de Aguiar	«
Manuel Correia	«
Manuel Fernandes	«
Manuel Góis	«
Manuel Gonçalves	«
Manuel de Jesus Gomes	«
Manuel dos Reis	«
Manuel Varela (de cor)	«
Maria José de Andrade	«
Maria da Soledade Teixeira	«
Maria Teresa Pereira	«
Pedro dos Ramos	«
Cristina da Conceição	Melhor
João Fernandes (beco do Salvador)	«
António de Freitas	Mesmo estado
António de Freitas (sítio do Bom Sucesso)	«
António Gonçalves	«
Balbina	«
João dos Santos	«
Maria de Ascensão	«
Maria José de Abreu	«
Maria da Silva (filha de Manuel da Silva)	Alguns alívios
Vicente Gomes Faria	«
Francisco Ferreira	Mal
Guilhermina Rodrigues Pereira ..	«
João de Sousa	«
José Baptista	«
Laurinda Prazeres Fernandes	«
Manuel de Vasconcelos	«
Maria José Fernandes	«

[...]

SAÚDE PÚBLICA[1500]

[...] Boletim do estado sanitário dos variolosos internados no Lazareto, referente ao dia 10 de julho:

João Teixeira	Teve alta
Manuel Fernandes	«
Manuel dos Reis	«
Carlos da Conceição Gonçalves de Freitas	Convalescente

Gabriel Coelho	«
Honorina Correia	«
Ireno Pereira da Silva	«
João Baptista	«
João Baptista de Sousa	«
João da Câmara	«
João Drummond	«
João Fernandes	«
João Figueira (caminho do Terço)	«
Joaquim Rodrigues do Nascimento	«
Joaquina Mendonça	«
José	«
José de Andrade	«
José de Germano	«
José Rodrigues	«
José da Silva (sítio de S. João)	«
Luís Fernandes	«
Luís Romão Silva	«
Luísa de Aguiar	«
Manuel Correia	«
Manuel Góis	«
Manuel Gonçalves	«
Manuel de Jesus Gomes	«
Manuel Varela (de cor)	«
Maria José de Andrade	«
Maria da Soledade Teixeira	«
Maria Teresa Pereira	«
Pedro dos Ramos	«
Cristina da Conceição	Melhor
João Fernandes (beco do Salvador)	«
António de Freitas	Mesmo estado
António de Freitas (sítio do Bom Sucesso)	«
António Gonçalves	«
Balbina	«
João dos Santos	«
José Gomes	«
Maria de Ascensão	«
Maria José de Abreu	«
Maria da Silva (filha de Manuel da Silva)	«
Vicente Gomes Faria	Alguns alívios
Francisco Ferreira	Mal
Guilhermina Rodrigues Pereira ..	«
João de Sousa	«
Manuel de Vasconcelos	«
Maria José Fernandes	«
Laurinda Prazeres Fernandes	Faleceu

[...]

SAÚDE PÚBLICA[1501]

[...] Boletim do estado sanitário dos va-

[1500] BMF, *Diário de Notícias*, 11 de julho de 1907.

[1501] BMF, *Diário de Notícias*, 12 de julho de 1907.

riolosos internados no Lazareto, referente ao dia 11 de julho:

Nome	Estado
José de Andrade	Teve alta
Carlos da Conceição Gonçalves de Freitas	Convalescente
Gabriel Coelho	«
Honorina Correia	«
Ireno Pereira da Silva	«
João Baptista	«
João Baptista de Sousa	«
João da Câmara	«
João Drummond	«
João Fernandes	«
João Figueira (caminho do Terço)	«
Joaquim Rodrigues do Nascimento	«
Joaquina Mendonça	«
José	«
José de Germano	«
José Rodrigues	«
José da Silva (sítio de S. João)	«
Luís Fernandes	«
Luís Romão Silva	«
Luísa de Aguiar	«
Manuel Correia	«
Manuel Góis	«
Manuel Gonçalves	«
Manuel de Jesus Gomes	«
Manuel Varela (de cor)	«
Maria José de Andrade	«
Maria da Soledade Teixeira	«
Maria Teresa Pereira	«
Pedro dos Ramos	«
António Gonçalves	Melhor
Cristina da Conceição	«
João Fernandes (beco do Salvador)	«
José Gomes	«
Maria de Ascensão	«
António de Freitas	Mesmo estado
António de Freitas (sítio do Bom Sucesso)	«
Balbina	«
João dos Santos	«
Maria José de Abreu	«
Maria da Silva (filha de Manuel da Silva)	«
Valentim Fernandes	«
Vicente Gomes Faria	«
Guilhermina Rodrigues Pereira	Mal
João de Sousa	«
José Gomes Louça	«
Joaquina de Abreu	«
Manuel de Vasconcelos	«
Maria José Fernandes	«
José Baptista	«
Francisco Ferreira	Faleceu

SAÚDE PÚBLICA[1502]

[...] Boletim do estado sanitário dos variolosos internados no Lazareto, referente ao dia 12 de julho:

Nome	Estado
Honorina Correia	Teve alta
José	«
José Rodrigues	«
Manuel Góis	«
Manuel Varela (de cor)	«
António Gonçalves	Convalescente
Carlos da Conceição Gonçalves de Freitas	«
Cristina da Conceição	«
Gabriel Coelho	«
Ireno Pereira da Silva	«
João Baptista	«
João Baptista de Sousa	«
João da Câmara	«
João Drummond	«
João Fernandes	«
João Figueira (caminho do Terço)	«
Joaquim Rodrigues do Nascimento	«
Joaquina Mendonça	«
José de Germano	«
José Gomes	«
José da Silva (sítio de S. João)	«
Luís Fernandes	«
Luís Romão Silva	«
Luísa de Aguiar	«
Manuel Correia	«
Manuel Gonçalves	«
Manuel de Jesus Gomes	«
Maria José de Andrade	«
Maria da Soledade Teixeira	«
Maria Teresa Pereira	«
Pedro dos Ramos	«
Balbina	Melhor
João Fernandes (beco do Salvador)	«
Maria de Ascensão	«
Maria da Silva (filha de Manuel da Silva)	«
António de Freitas	Mesmo estado
António de Freitas (sítio do Bom Sucesso)	«
Girardo da Silva	«
João dos Santos	«
Maria José de Abreu	«
Valentim Fernandes	«
Vicente Gomes Faria	«
Guilhermina Rodrigues Pereira	«
João de Sousa	«
José Gomes Louça	Mal
Joaquina de Abreu	«
Maria José Fernandes	«

[1502] BMF, *Diário de Notícias*, 13 de julho de 1907.

Manuel de Vasconcelos	Faleceu
José Baptista	«

SAÚDE PÚBLICA[1503]

[...] Boletim do estado sanitário dos variolosos internados no Lazareto, referente ao dia 13 de julho:

Carlos da Conceição Gonçalves de Freitas	Teve alta
Joaquina Mendonça	«
Luísa de Aguiar	«
Pedro dos Ramos	«
António Gonçalves	Convalescente
Cristina da Conceição	«
Gabriel Coelho	«
Ireno Pereira da Silva	«
João Baptista	«
João Baptista de Sousa	«
João da Câmara	«
João Drummond	«
João Fernandes	«
João Figueira (caminho do Terço)	«
Joaquim Rodrigues do Nascimento	«
José de Germano	«
José Gomes	«
José da Silva (sítio de S. João)	«
Luís Fernandes	«
Luís Romão Silva	«
Manuel Correia	«
Manuel Gonçalves	«
Manuel de Jesus Gomes	«
Maria de Ascensão	«
Maria José de Andrade	«
Maria da Soledade Teixeira	«
Maria Teresa Pereira	«
Balbina	Melhor
João Fernandes (beco do Salvador)	«
João dos Santos	«
Maria da Silva (filha de Manuel da Silva)	«
Vicente Gomes Faria	«
Ana de Freitas	Mesmo estado
António de Freitas	«
Girardo da Silva	«
João de Sousa	«
Maria José de Abreu	«
Valentim Fernandes	«
Guilhermina Rodrigues Pereira ..	Alguns alívios
António de Freitas (sítio do Bom Sucesso)	Mal
Domingos de Sousa	«
Herculano Gomes	«
José Gomes Louça	«
Joaquina de Abreu	«
Joaquina de Freitas	«
Maria José Fernandes	«

SAÚDE PÚBLICA[1504]

[...] Boletim do estado sanitário dos variolosos internados no Lazareto, referente ao dia 14 de julho:

João Figueira (caminho do Terço)	Teve alta
António Gonçalves	Convalescente
Cristina da Conceição	«
Gabriel Coelho	«
Ireno Pereira da Silva	«
João Baptista	«
João Baptista de Sousa	«
João da Câmara	«
João Drummond	«
João Fernandes	«
Joaquim Rodrigues do Nascimento	«
José de Germano	«
José Gomes	«
José da Silva (sítio de S. João)	«
Luís Fernandes	«
Luís Romão Silva	«
Manuel Correia	«
Manuel Gonçalves	«
Manuel de Jesus Gomes	«
Maria de Ascensão	«
Maria José de Andrade	«
Maria da Silva (filha de Manuel da Silva)	«
Maria da Soledade Teixeira	«
Maria Teresa Pereira	«
Balbina	Melhor
João Fernandes (beco do Salvador)	«
João dos Santos	«
Maria José de Abreu	«
Vicente Gomes Faria	«
Ana de Freitas	Mesmo estado
António de Freitas	«
Gerardo da Silva	«
João de Sousa	«
Valentim Fernandes	«
Guilhermina Rodrigues Pereira ..	Alguns alívios
Joaquina de Freitas	«
António de Freitas (sítio do Bom Sucesso)	Mal
Domingos de Sousa	«
Herculano Gomes	«
João Gomes	«
José Gomes Louça	«

[1503] BMF, *Diário de Notícias*, 14 de julho de 1907.

[1504] BMF, *Diário de Notícias*, 15 de julho de 1907.

Joaquina de Abreu .... «
Maria José Fernandes .... Muito mal

SAÚDE PÚBLICA[1505]

[...] Boletim do estado sanitário dos variolosos internados no Lazareto, referente ao dia 15 de julho:

Manuel Gonçalves	Teve alta Convalescente
António Gonçalves	«
Cristina da Conceição	«
Gabriel Coelho	«
Ireno Pereira da Silva	«
João Baptista	«
João Baptista de Sousa	«
João da Câmara	«
João Drummond	«
João Fernandes	«
João dos Santos	«
Joaquim Rodrigues do Nascimento	«
José de Germano	«
José Gomes	«
José da Silva (sítio S. João)	«
Luís Fernandes	«
Luís Romão Silva	«
Manuel Correia	«
Manuel de Jesus Gomes	«
Maria de Ascensão	«
Maria José de Abreu	«
Maria José de Andrade	«
Maria da Silva (filha de Manuel da Silva)	«
Maria da Soledade Teixeira	«
Maria Teresa Pereira	«
António de Freitas	Melhor
Balbina	«
João Fernandes (beco do Salvador)	«
João de Sousa	«
Vicente Gomes Faria	«
Ana de Freitas	Mesmo estado
Francisco Marques Ferreira	«
Gerardo da Silva	«
Guilhermina Rodrigues Pereira ..	«
Valentim Fernandes	Alguns alívios
Joaquina de Abreu	«
Joaquina de Freitas	«
António de Freitas (sítio do Bom Sucesso)	«
Domingos de Sousa	«
Herculano Gomes	«
João Gomes	«
José Gomes Louça	«
Maria José Fernandes	Muito mal

*

Deram ontem entrada no Lazareto os seguintes variolosos:

Leonor de Góis, de 31 anos de idade, filha de José e de Delfina de Jesus da Costa, casada, com António de Góis, da freguesia do Caniço, no sítio do Palheiro Ferreiro;

José Teixeira, de 11 anos de idade, filho de Manuel Teixeira e de Constância Baptista dos Passos, da freguesia de S. Gonçalo, no sítio de S. João de Latrão;

Manuel Fernandes, de 10 anos; Júlia, de 4 anos; Maria José, de 2 anos e Francisca, de 7 meses de idade, filhos de Gonçalo e de Maria de Jesus Fernandes, idem, idem. São acompanhados pela mãe;

Francisco Marques Ferreira, filho de Ana de Jesus Caldeira, viúva, natural de Santana, residente atualmente na freguesia de Santa Maria Maior, no sítio da Boa Vista. [...]

SAÚDE PÚBLICA[1506]

[...] Boletim do estado sanitário dos variolosos internados no Lazareto, referente ao dia 15 de julho:

Gabriel Coelho	Teve alta Convalescente
António Gonçalves	«
Cristina da Conceição	«
Ireno Pereira da Silva	«
João Baptista	«
João Baptista de Sousa	«
João da Câmara	«
João Drummond	«
João Fernandes	«
João dos Santos	«
Joaquim Rodrigues do Nascimento	«
José de Germano	«
José Gomes	«
José da Silva (sítio S. João)	«
Luís Fernandes	«
Luís Romão Silva	«
Manuel Correia	«
Manuel de Jesus Gomes	«
Maria de Ascensão	«
Maria José de Abreu	«
Maria José de Andrade	«
Maria da Silva (filha de Manuel da Silva)	«
Maria da Soledade Teixeira	«
Maria Teresa Pereira	«
António de Freitas	Melhor
Balbina	«
Guilhermina Rodrigues Pereira ..	«

1505 BMF, *Diário de Notícias*, 16 de julho de 1907.

1506 BMF, *Diário de Notícias*, 17 de julho de 1907.

João Fernandes (beco do Salvador)	«	Maria da Soledade Teixeira	«
João de Sousa	«	Maria Teresa Pereira	«
Vicente Gomes Faria	«	António de Freitas	Melhor
Ana de Freitas	Mesmo estado	Guilhermina Rodrigues Pereira	«
Francisco Marques Ferreira	«	João Fernandes (beco do Salvador)	«
Gerardo da Silva	«	João de Sousa	«
João de Faria	«	Joaquina de Abreu	«
Joaquina de Abreu	«	Vicente Gomes Faria	«
Júlia Fernandes	«	Ana de Freitas	Mesmo estado
Leonor da Costa	«	Francisco Marques Ferreira	«
Manuel Fernandes	«	Gerardo da Silva	«
Valentim Fernandes	«	João de Faria	«
Joaquina de Freitas	Alguns alívios	Júlia Fernandes	«
António de Freitas (sítio do Bom Sucesso)	Mal	Leonor de Góis	«
		Manuel Fernandes	«
Francisca Fernandes	«	Valentim Fernandes	«
Herculano Gomes	«	Joaquina de Freitas	Alguns alívios
João Gomes	«	António de Freitas (sítio do Bom Sucesso)	Mal
José (Bica de Pau)	«	Francisca Fernandes	«
José de Faria	«	Herculano Gomes	«
José Gomes Louça	«	João Gomes	«
Maria Fernandes	«	José (Bica de Pau)	«
Domingos de Sousa	Muito mal	José de Faria	«
Maria José Fernandes	«	José Gomes Louça	«
		Maria Fernandes	«
		Domingos de Sousa	Muito mal
		Maria José Fernandes	«

SAÚDE PÚBLICA[1507]

[...] Boletim do estado sanitário dos variolosos internados no Lazareto, referente ao dia 17 de julho:

José da Silva (sítio de S. João)	Teve alta Convalescente
António Gonçalves	«
Balbina	«
Cristina da Conceição	«
Ireno Pereira da Silva	«
João Baptista	«
João Baptista de Sousa	«
João da Câmara	«
João Drummond	«
João Fernandes	«
João dos Santos	«
Joaquim Rodrigues do Nascimento	«
José de Germano	«
José Gomes	«
Luís Fernandes	«
Luís Romão Silva	«
Manuel Correia	«
Manuel de Jesus Gomes	«
Maria de Ascensão	«
Maria José de Abreu	«
Maria José de Andrade	«
Maria da Silva (filha de Manuel da Silva)	«

*

Deu anteontem entrada no Lazareto, os seguintes variolosos:

João Faria, de 10 anos e José Faria, de 16 anos, filhos de João e Maria de Jesus Gomes Faria, naturais de Santo António, sítio do Tanque. [...]

SAÚDE PÚBLICA[1508]

[...] Boletim do estado sanitário dos variolosos internados no Lazareto, referente ao dia 18 de julho:

José Gomes	Teve alta Convalescente
António de Freitas	«
António Gonçalves	«
Balbina	«
Cristina da Conceição	«
Ireno Pereira da Silva	«
João Baptista	«
João Baptista de Sousa	«
João da Câmara	«
João Drummond	«
João Fernandes	«
João dos Santos	«

[1507] BMF, *Diário de Notícias*, 18 de julho de 1907.

[1508] BMF, *Diário de Notícias*, 19 de julho de 1907.

Nome	Estado
Joaquim Rodrigues do Nascimento	«
Joaquina de Abreu	«
José de Germano	«
Luís Fernandes	«
Luís Romão Silva	«
Manuel Correia	«
Manuel de Jesus Gomes	«
Maria de Ascensão	«
Maria José de Abreu	«
Maria José de Andrade	«
Maria da Silva (filha de Manuel da Silva)	«
Maria da Soledade Teixeira	«
Maria Teresa Pereira	«
Vicente Gomes Faria	«
Guilhermina Rodrigues Pereira ..	Melhor
João Fernandes (beco do Salvador)	«
João de Sousa	«
Ana de Freitas	Mesmo estado
Francisco Marques Ferreira	«
Gerardo da Silva	«
João de Faria	«
Júlia Fernandes	«
Leonor de Góis	«
Manuel Fernandes	«
Valentim Fernandes	«
Francisca Fernandes	Alguns alívios
Domingos de Sousa	Mal
Herculano Gomes	«
João Gomes	«
Joaquina de Freitas	«
João Ferreira	«
José (Bica de Pau)	«
José de Faria	«
José Gomes Louça	«
Maria Fernandes	«
António de Freitas (sítio do Bom Sucesso)	Faleceu
Maria José Fernandes	«

*

Deu entrada anteontem, no Lazareto, o varioloso João Ferreira, de 15 anos de idade, filho de José e de Júlia de Jesus Ferreira, morador no sítio das Neves, freguesia de S. Gonçalo.

E entrou ontem Francisco Pereira, de 10 anos, filho de José e de Maria do Rosário Pereira, morador no sítio do Pilar, freguesia de S. Martinho.

*

Saíram já curadas do Lazareto as três crianças, que ali haviam entrado com sarampo, por supor a mãe das mesmas que estavam atacadas de varíola. [...]

SAÚDE PÚBLICA[1509]

[...] Boletim do estado sanitário dos variolosos internados no Lazareto, referente ao dia 19 de julho:

Nome	Estado
Joaquim Rodrigues do Nascimento	Teve alta
Luís Fernandes	«
Maria José de Andrade	«
Maria da Soledade Teixeira	«
António de Freitas	Convalescente
António Gonçalves	«
Balbina	«
Cristina da Conceição	«
Guilhermina Rodrigues Pereira ..	«
Ireno Pereira da Silva	«
João Baptista	«
João Baptista de Sousa	«
João da Câmara	«
João Drummond	«
João Fernandes	«
João dos Santos	«
Joaquina de Abreu	«
José de Germano	«
Luís Romão Silva	«
Manuel Correia	«
Manuel de Jesus Gomes	«
Maria de Ascensão	«
Maria José de Abreu	«
Maria da Silva (filha de Manuel da Silva)	«
Maria Teresa Pereira	«
Vicente Gomes Faria	«
Ana de Freitas	Melhor
Francisca Fernandes	«
João Fernandes (beco do Salvador)	«
João de Sousa	«
Júlia Fernandes	«
Valentim Fernandes	«
Francisco Marques Ferreira	Mesmo estado
Gerardo da Silva	«
Leonor de Góis	«
Manuel Fernandes	«
José (Bica de Pau)	Alguns alívios
José Gomes Louça	«
Maria Fernandes	«
Agostinho de Vasconcelos	Mal
Domingos de Sousa	«
Francisco Pereira	«
Herculano Gomes	«
João de Faria	«
Joaquina de Freitas	«
João Ferreira	«
José de Faria	«
Maria da Conceição Ferreira	«

1509 BMF, *Diário de Notícias*, 20 de julho de 1907.

Maria de Jesus Gonçalves .... «
Maria José de Vasconcelos .... «
João Gomes .... Faleceu

[...] Deram anteontem entrada no Lazareto, os variolosos, Maria José, de 4 anos e Agostinho, de 9 anos, filhos de José e de Maria de Ascensão de Vasconcelos, moradores ao sítio de S. João de Latrão, freguesia de S. Gonçalo.

E ontem entraram:

Maria de Jesus Gonçalves, de 27 anos de idade, casada com João Gonçalves, moradora ao sítio da Cruz da Caldeira, freguesia de Câmara de Lobos.

Maria da Conceição Ferreira, de 7 meses, filha de Manuel Ferreira e de Luzia de Jesus, moradora ao sítio da Cruz da Caldeira, freguesia de Câmara de Lobos.

SAÚDE PÚBLICA[1510]

[...] Boletim do estado sanitário dos variolosos internados no Lazareto, referente ao dia 20 de julho:

Ireno Pereira da Silva	Teve alta
João Baptista	«
João Baptista de Sousa	«
João da Câmara	«
João Drummond	«
José de Germano	«
Manuel Correia	«
Maria Teresa Pereira	«
António de Freitas	Convalescente
António Gonçalves	«
Balbina	«
Cristina da Conceição	«
Guilhermina Rodrigues Pereira ..	«
João Fernandes	«
João dos Santos	«
João de Sousa	«
Joaquina de Abreu	«
Júlia Fernandes	«
Luís Romão Silva	«
Manuel de Jesus Gomes	«
Maria de Ascensão	«
Maria José de Abreu	«
Maria da Silva (filha de Manuel da Silva)	«
Vicente Gomes Faria	«
Ana de Freitas	Melhor
Francisca Fernandes	«
Gerardo da Silva	«
João Fernandes (beco do Salvador)	«
José (Bica de Pau)	«

Maria Fernandes	«
Valentim Fernandes	«
Francisco Marques Ferreira	Mesmo estado
Leonor de Góis	«
Manuel Fernandes	«
Domingos de Sousa	Alguns alívios
José Gomes Louçã	«
Agostinho de Vasconcelos	Mal
Francisco Ferreira	«
Herculano Gomes	«
João de Faria	«
Joaquina de Freitas	«
João Ferreira	«
José de Faria	«
Maria da Conceição Ferreira	«
Maria de Jesus Gonçalves	«
Maria José de Vasconcelos	«

*

Deu ontem entrada no Lazareto, João de Sousa, de 21 anos, filho de João de Sousa e de Ana Madalena, sítio do Perdigal [Pedregal], freguesia de Câmara de Lobos. [...]

Domingos de Sousa, filho de José de Sousa Maciel e de Maria de Jesus, morador no sítio da Ribeira Grande, freguesia de Machico, que se acha em tratamento no Lazareto, quis experimentar se as bexigas lhe pegavam, quando estava trabalhando na freguesia de S. Martinho. Indo visitar um companheiro, atacado de varíola, levou a mão ao rosto do enfermo, e, esfregando-a no seu, disse: «Quero ver se isto pega!»

E pegou, para sua escarmenta.

SAÚDE PÚBLICA[1511]

[...] Boletim do estado sanitário dos variolosos internados no Lazareto, referente ao dia 21 de julho:

Cristina da Conceição	Teve alta
João Fernandes	«
António de Freitas	Convalescente
Ana de Freitas	«
António Gonçalves	«
Balbina	«
Francisca Fernandes	«
Guilhermina Rodrigues Pereira ..	«
João dos Santos	«
João de Sousa	«
Joaquina de Abreu	«
Júlia Fernandes	«
José (Bica de Pau)	«
Luís Romão Silva	«

[1510] BMF, *Diário de Notícias*, 21 de julho de 1907.

[1511] BMF, *Diário de Notícias*, 22 de julho de 1907.

Manuel de Jesus Gomes	«
Maria de Ascensão	«
Maria da Silva (filha de Manuel da Silva)	«
Maria Fernandes	«
Valentim Fernandes	«
Vicente Gomes Faria	«
Gerardo da Silva	Melhor
João Fernandes (beco do Salvador)	«
José Gomes Louça	«
Leonor de Góis	«
Manuel Fernandes	«
Francisco Marques Ferreira	Mesmo estado
João de Sousa	«
Domingos de Sousa	Alguns alívios
Herculano Gomes	«
Agostinho de Vasconcelos	Mal
Francisco Pereira	«
João de Faria	«
Joaquina de Freitas	«
João Ferreira	«
José de Faria	«
Maria da Conceição Ferreira	«
Maria de Jesus Gonçalves	«
Maria José de Vasconcelos	«

SAÚDE PÚBLICA[1512]

[...] Boletim do estado sanitário dos variolosos internados no Lazareto, referente ao dia 22 de julho:

João dos Santos	Teve alta
António de Freitas	Convalescente
Ana de Freitas	«
António Gonçalves	«
Balbina	«
Francisca Fernandes	«
Guilhermina Rodrigues Pereira ..	«
João de Sousa	«
Joaquina de Abreu	«
Júlia Fernandes	«
José (Bica de Pau)	«
Luís Romão Silva	«
Manuel de Jesus Gomes	«
Maria de Ascensão	«
Maria José de Abreu	«
Maria da Silva (filha de Manuel da Silva)	«
Maria Fernandes	«
Valentim Fernandes	«
Vicente Gomes Faria	«
Gerardo da Silva	Melhor
João Fernandes (beco do Salvador)	«
José Gomes Louça	«
Leonor de Góis	«
Manuel Fernandes	«
Augusto Gomes Jardim	Mesmo estado
Francisco Marques Ferreira	«
João Gomes Faria	«
João de Sousa	«
Maria Gomes Jardim	«
Domingos de Sousa	Alguns alívios
Herculano Gomes	«
Agostinho de Vasconcelos	Mal
João de Faria	«
Joaquina de Freitas	«
João Ferreira	«
José de Faria	«
Maria da Conceição Ferreira	«
Maria de Jesus Gonçalves	«
Maria José de Vasconcelos	«
Maria José de Abreu	Em observação

*

Entraram ontem para o Lazareto os seguintes variolosos:

Maria José de Abreu, de 6 anos de idade, filha de José e de Vicência de Abreu de Sousa, moradora na calçada da Cabouqueira, freguesia de S. Pedro.

Augusto Gomes Jardim, de 20 anos de idade, filho de José e de Rosa de Jesus Gomes Jardim, casado com Maria Gomes Faria, morador no sitio das Quebradas, freguesia de S. Martinho.

Maria Gomes Jardim, de 21 anos, filha de Manuel e de Francisca de Jesus Gomes Faria, casada com Augusto Gomes Jardim, moradora no sítio das Quebradas, freguesia de S. Martinho.

João Gomes de Faria, de 16 anos de idade, filho de Manuel e de Francisca de Jesus Gomes Faria, morador no sítio das Quebradas, freguesia de S. Martinho.

SAÚDE PÚBLICA[1513]

[...] Boletim do estado sanitário dos variolosos internados no Lazareto, referente ao dia 23 de julho:

António de Freitas	Convalescente
Ana de Freitas	«
António Gonçalves	«
Balbina	«
Francisca Fernandes	«
Guilhermina Rodrigues Pereira ..	«

[1512] BMF, *Diário de Notícias*, 23 de julho de 1907.

[1513] BMF, *Diário de Notícias*, 24 de julho de 1907.

João de Sousa	«
Joaquina de Abreu	«
Júlia Fernandes	«
José (Bica de Pau)	«
Luís Romão Silva	«
Manuel Fernandes	«
Manuel de Jesus Gomes	«
Maria da Ascensão	«
Maria José de Abreu	«
Maria da Silva (filha de Manuel de Silva)	«
Maria Fernandes	«
Valentim Fernandes	«
Vicente Gomes Faria	«
Gerardo da Silva	Melhor
João Fernandes (beco do Salvador)	«
José Gomes Louça	«
Leonor de Góis	«
Augusto Gomes Jardim	Mesmo estado
Francisco Marques Ferreira	«
João Gomes Faria	«
João de Sousa	«
Maria Gomes Jardim	«
Domingos de Sousa	Alguns alívios
Herculano Gomes	«
Maria de Jesus Gonçalves	«
Maria José de Vasconcelos	«
Francisco Pereira	Mal
João de Faria	«
Joaquina de Freitas	«
João Ferreira	«
José de Faria	«
Maria José de Abreu	Em observação
Agostinho de Vasconcelos	Faleceu
Maria da Conceição Ferreira	«

SAÚDE PÚBLICA[1514]

[...] Boletim do estado sanitário dos variolosos internados no Lazareto, referente ao dia 24 de julho:

António de Freitas	Convalescente
Ana de Freitas	«
António Gonçalves	«
Balbina	«
Francisca Fernandes	«
Guilhermina Rodrigues Pereira	«
João de Sousa	«
Joaquina de Abreu	«
Júlia Fernandes	«
José (Bica de Pau)	«
Luís Romão Silva	«
Manuel Fernandes	«
Manuel de Jesus Gomes	«
Maria da Ascensão	«
Maria José de Abreu	«
Maria da Silva (filha de Manuel de Silva)	«
Maria Fernandes	«
Valentim Fernandes	«
Vicente Gomes Faria	«
Gerardo da Silva	Melhor
João Fernandes (beco do Salvador)	«
José Gomes Louça	«
Leonor de Góis	«
António Fernandes	Mesmo estado
Augusto Gomes Jardim	«
Francisco Marques Ferreira	«
João Gomes Faria	«
João de Sousa	«
João de Sousa (de Machico)	«
Maria Gomes Jardim	«
Domingos de Sousa	Alguns alívios
Herculano Gomes	«
Maria de Jesus Gonçalves	«
Maria José de Vasconcelos	«
Francisco Pereira	Mal
João de Faria	Muito mal
Maria José de Abreu	Em observação
Joaquina de Freitas	Faleceu
José de Faria	«

*

Deram anteontem entrada no Lazareto os seguintes variolosos:

Maria de Sousa, de 27 anos de idade, filha de António Teixeira e de Sofia Pereira, casada com Domingos de Sousa, natural de Machico e moradora no sítio do Brasil.

João de Sousa, de 2 anos de idade, filho dos acima mencionados Domingos de Sousa, natural da mesma freguesia e morador no mesmo sítio.

E entrou ontem, António Fernandes, de 23 anos, filho de António e de Carolina de Jesus Fernandes, natural da freguesia da Quinta Grande e morador no sítio das Fontinhas. [...]

SAÚDE PÚBLICA[1515]

[...] Boletim do estado sanitário dos variolosos internados no Lazareto, referente ao dia 25 de julho:

António Gonçalves	Teve alta
Maria José de Abreu	«

[1514] BMF, *Diário de Notícias*, 25 de julho de 1907.

[1515] BMF, *Diário de Notícias*, 26 de julho de 1907.

António de Freitas	Convalescente
Ana de Freitas	«
Balbina	«
Francisca Fernandes	«
Guilhermina Rodrigues Pereira ..	«
João Fernandes (beco do Salvador)	«
João de Sousa	«
Joaquina de Abreu	«
José (Bica de Pau)	«
José Gomes Louça	«
Júlia Fernandes	«
Leonor de Góis	«
Luís Romão Silva	«
Manuel Fernandes	«
Manuel de Jesus Gomes	«
Maria da Ascensão	«
Maria José de Abreu	«
Maria da Silva (filha de Manuel de Silva)	«
Maria Fernandes	«
Valentim Fernandes	«
Vicente Gomes Faria	«
Maria Gomes Jardim	Melhor
Maria de Jesus Gonçalves	«
Maria José de Vasconcelos	«
Maria de Sousa	«
António Fernandes	Mesmo estado
Augusto Gomes Jardim	«
Domingos de Sousa	«
Francisco Marques Ferreira	«
João Gomes Faria	«
João de Sousa Júnior	«
João de Sousa (de Machico)	«
Remígio Pestana	«
Francisco Pereira	Alguns alívios
Herculano Gomes	«
Armanda Pestana	Mal
Cipriano Pestana	«
João Ferreira	«
Maria de Jesus Rodrigues	«
João de Faria	Muito mal

*

Deram anteontem entrada no Lazareto os seguintes variolosos:

Maria de Jesus Rodrigues, de 6 anos, filha de Francisco e de Constância de Jesus Rodrigues, moradora no sítio do Avoeiro, freguesia da Quinta Grande.

Remígio, Cipriano e Armanda Pestana de 9, 5 e 3 anos respetivamente, filhos de João Eduardo e de Cristina Pestana, moradores no sítio de S. João Baptista, freguesia de S. Pedro.

E ontem os seguintes:

Manuel de Jesus, de 35 anos, filho de João de Jesus e de Ludovina do Nascimento, casado, com Hermina de Jesus Nunes, morador no sítio do Bairro da Igreja, freguesia da Quinta Grande.

António Gonçalves, de 24 anos, filho de Manuel Gonçalves, morador no sítio da Cruz da Caldeira, freguesia de Câmara de Lobos. [...]

SAÚDE PÚBLICA[1516]

[...] Boletim do estado sanitário dos variolosos internados no Lazareto, referente ao dia 26 de julho:

António de Freitas	Convalescente
Ana de Freitas	«
Balbina	«
Francisca Fernandes	«
Gerardo da Silva	«
Guilhermina Rodrigues Pereira ..	«
João Fernandes (beco do Salvador)	«
João de Sousa	«
Joaquina de Abreu	«
José (Bica de Pau)	«
José Gomes Louça	«
Júlia Fernandes	«
Leonor de Góis	«
Luís Romão Silva	«
Manuel Fernandes	«
Manuel de Jesus Gomes	«
Maria da Ascensão	«
Maria Fernandes	«
Maria Gomes Jardim	«
Maria de Jesus Gonçalves	«
Maria José de Abreu	«
Maria da Silva (filha de Manuel de Silva)	«
Maria de Sousa	«
Valentim Fernandes	«
Vicente Gomes Faria	«
António Fernandes	Melhor
Augusto Gomes Jardim	«
Francisco Marques Ferreira	«
João Gomes Faria	«
Maria José de Vasconcelos	«
Alfredo Nunes	Mesmo estado
Domingos de Sousa	«
Francisco Pereira	«
João de Sousa Júnior	«
Remígio Pestana	«
Herculano Gomes	Alguns alívios
João Ferreira	«
António Gonçalves	«
António Gonçalves (Quinta Grande)	«

[1516] BMF, *Diário de Notícias*, 27 de julho de 1907.

Armanda Pestana	«	Maria de Jesus Rodrigues	«
João de Faria	«	António Gonçalves (Quinta Grande)	Mal
João de Sousa (de Machico)	«	Armanda Pestana	«
José de Sousa	«	José de Sousa	«
Maria de Jesus Rodrigues	«	Cipriano Pestana	Muito mal
Cipriano Pestana	Muito mal	Manuel de Jesus	«
Manuel de Jesus	«		

SAÚDE PÚBLICA[1517]

[...] Boletim do estado sanitário dos variolosos internados no Lazareto, referente ao dia 27 de julho:

Guilhermina Rodrigues Pereira	Teve alta
António de Freitas	Convalescente
Ana de Freitas	«
Balbina	«
Francisca Fernandes	«
Gerardo da Silva	«
João Fernandes (beco do Salvador)	«
João de Sousa	«
Joaquina de Abreu	«
José (Bica de Pau)	«
José Gomes Louça	«
Júlia Fernandes	«
Leonor de Góis	«
Luís Romão Silva	«
Manuel Fernandes	«
Manuel de Jesus Gomes	«
Maria de Ascensão	«
Maria Fernandes	«
Maria Gomes Jardim	«
Maria de Jesus Gonçalves	«
Maria José de Abreu	«
Maria José de Vasconcelos	«
Maria da Silva (filha de Manuel de Silva)	«
Maria de Sousa	«
Valentim Fernandes	«
Vicente Gomes Faria	«
Alfredo Nunes	Melhor
António Fernandes	«
António Gonçalves	«
Augusto Gomes Jardim	«
Francisco Marques Ferreira	«
Francisco Pereira	«
João Gomes Faria	«
João de Sousa Júnior	«
Domingos de Sousa	Mesmo estado
João Ferreira	«
Remígio Pestana	«
Herculano Gomes	Alguns alívios
João de Faria	«
João de Sousa (de Machico)	«

SAÚDE PÚBLICA[1518]

[...] Boletim do estado sanitário dos variolosos internados no Lazareto, referente ao dia 28 de julho:

Joaquina de Abreu	Teve alta
Alfredo Nunes	Convalescente
Amélia dos Santos	«
António Fernandes	«
António de Freitas	«
Ana de Freitas	«
António Gonçalves	«
Balbina	«
Francisca Fernandes	«
Francisco Pereira	«
Gerardo da Silva	«
João Fernandes (beco do Salvador)	«
João de Sousa	«
João de Sousa Júnior	«
José (Bica de Pau)	«
José Gomes Louça	«
Júlia Fernandes	«
Leonor de Góis	«
Luís Romão Silva	«
Manuel Fernandes	«
Manuel de Jesus Gomes	«
Maria de Ascensão	«
Maria Fernandes	«
Maria Gomes Jardim	«
Maria de Jesus Gonçalves	«
Maria José de Abreu	«
Maria José de Vasconcelos	«
Maria da Silva (filha de Manuel de Silva)	«
Maria de Sousa	«
Valentim Fernandes	«
Vicente Gomes Faria	«
Augusto Gomes Jardim	Melhor
Francisco Marques Ferreira	«
João Ferreira	«
João Gomes Faria	«
Domingos de Sousa	Mesmo estado
Herculano Gomes	«
João de Faria	«
João de Sousa (de Machico)	«
Remígio Pestana	«

[1517] BMF, *Diário de Notícias*, 28 de julho de 1907.

[1518] BMF, *Diário de Notícias*, 29 de julho de 1907.

Maria de Jesus Rodrigues	Alguns alívios
António Gonçalves (Quinta Grande)	Mal
Armanda Pestana	«
José de Sousa	«
Cipriano Pestana	Muito mal
Manuel de Jesus	«

Maria de Jesus Rodrigues	Alguns alívios
António Gonçalves (Quinta Grande)	Mal
Armanda Pestana	«
José de Sousa	«
Cipriano Pestana	Faleceu
Manuel de Jesus	«

SAÚDE PÚBLICA[1519]

[...] Boletim do estado sanitário dos variolosos internados no Lazareto, referente ao dia 29 de julho:

Alfredo Nunes	Convalescente
Amélia dos Santos	«
António Fernandes	«
António de Freitas	«
Ana de Freitas	«
António Gonçalves	«
Augusto Gomes Jardim	«
Balbina	«
Francisca Fernandes	«
Francisco Pereira	«
Gerardo da Silva	«
João Fernandes (beco do Salvador)	«
João Gomes Faria	«
João de Sousa	«
João de Sousa Júnior	«
José (Bica de Pau)	«
José Gomes Louça	«
Júlia Fernandes	«
Leonor de Góis	«
Luís Romão Silva	«
Manuel Fernandes	«
Manuel de Jesus Gomes	«
Maria de Ascensão	«
Maria Fernandes	«
Maria Gomes Jardim	«
Maria de Jesus Gonçalves	«
Maria José de Abreu	«
Maria José de Vasconcelos	«
Maria da Silva (filha de Manuel de Silva)	«
Maria de Sousa	«
Valentim Fernandes	«
Vicente Gomes Faria	«
Francisco Marques Ferreira	Melhor
Herculano Gomes	«
João Ferreira	«
Remígio Pestana	«
Domingos de Sousa	Mesmo estado
João de Faria	«
João de Sousa (de Machico)	«

*

Entrou no dia 27 do corrente, no Lazareto, a variolosa Amélia dos Santos, de 6 anos, filha de João Henrique dos Santos, moradora na rua das Hortas, freguesia de Santa Luzia.

SAÚDE PÚBLICA[1520]

[...] Boletim do estado sanitário dos variolosos internados no Lazareto, referente ao dia 30 de julho:

Alfredo Nunes	Convalescente
Amélia dos Santos	«
António Fernandes	«
António de Freitas	«
Ana de Freitas	«
António Gonçalves	«
Augusto Gomes Jardim	«
Balbina	«
Francisca Fernandes	«
Francisco Pereira	«
Gerardo da Silva	«
João Fernandes (beco do Salvador)	«
João Ferreira	«
João Gomes Faria	«
João de Sousa	«
João de Sousa Júnior	«
José (Bica de Pau)	«
José Gomes Louça	«
Júlia Fernandes	«
Leonor de Góis	«
Luís Romão Silva	«
Manuel Fernandes	«
Manuel de Jesus Gomes	«
Maria de Ascensão	«
Maria Fernandes	«
Maria Gomes Jardim	«
Maria de Jesus Gonçalves	«
Maria José de Abreu	«
Maria José de Vasconcelos	«
Maria da Silva (filha de Manuel de Silva)	«
Maria de Sousa	«
Remígio Pestana	«
Valentim Fernandes	«
Vicente Gomes Faria	«

1519 BMF, *Diário de Notícias*, 30 de julho de 1907.

1520 BMF, *Diário de Notícias*, 31 de julho de 1907.

Herculano Gomes	Melhor
Maria de Jesus Rodrigues	«
Domingos de Sousa	Mesmo estado
João de Faria	«
João de Sousa (de Machico)	«
António Gonçalves (Quinta Grande)	Alguns alívios
José de Sousa	«
Armanda Pestana	Mal
Maria da Conceição Silva	«

SAÚDE PÚBLICA[1521]

[...] Boletim do estado sanitário dos variolosos internados no Lazareto, referente ao dia 31 de julho:

António de Freitas	Teve alta
Ana de Freitas	«
António Gonçalves	«
Francisca Fernandes	«
João de Sousa	«
Júlia Fernandes	«
Manuel Fernandes	«
Manuel de Jesus Gomes	«
Maria da Ascensão	«
Maria Fernandes	«
Maria Gomes Jardim	«
Maria José de Abreu	«
Maria José de Vasconcelos	«
Maria de Sousa	«
Valentim Fernandes	«
Vicente Gomes Faria	«
Alfredo Nunes	Convalescente
Amélia dos Santos	«
António Fernandes	«
Augusto Gomes Jardim	«
Balbina	«
Francisco Marques Ferreira	«
Francisco Pereira	«
Gerardo da Silva	«
João Fernandes (beco do Salvador)	«
João Ferreira	«
João Gomes Faria	«
João de Sousa Júnior	«
José (Bica de Pau)	«
José Gomes Louça	«
Leonor de Góis	«
Luís Romão Silva	«
Maria de Jesus Gonçalves	«
Maria da Silva (filha de Manuel da Silva)	«
Remígio Pestana	«
Herculano Gomes	Melhor
José de Sousa	«

Maria de Jesus Rodrigues	«
Domingos de Sousa	Mesmo estado
João de Faria	«
António Gonçalves (Quinta Grande)	Alguns alívios
Armanda Pestana	Mal
João de Sousa (de Machico)	«
Maria da Conceição Silva	Faleceu

[...]

SAÚDE PÚBLICA[1522]

[...] Boletim do estado sanitário dos variolosos internados no Lazareto, referente ao dia 1 de agosto:

Alfredo Nunes	Convalescente
Amélia dos Santos	«
António Fernandes	«
Augusto Gomes Jardim	«
Balbina	«
Francisco Marques Ferreira	«
Francisco Pereira	«
Gerardo da Silva	«
João Fernandes (beco do Salvador)	«
João Ferreira	«
João Gomes Faria	«
João de Sousa Júnior	«
José (Bica de Pau)	«
José Gomes Louça	«
Leonor de Góis	«
Luís Romão Silva	«
Maria de Jesus Gonçalves	«
Maria da Silva (filha de Manuel da Silva)	«
Remígio Pestana	«
Herculano Gomes	Melhor
José de Sousa	«
Maria de Jesus Rodrigues	«
Domingos de Sousa	Mesmo estado
João de Faria	«
António Gonçalves (Quinta Grande)	Alguns alívios
Armanda Pestana	Faleceu
João de Sousa (de Machico)	«

*

Maria da Conceição, de 10 anos, filha de Joaquim e de Maria de Jesus Silva, natural de S. Martinho, moradora no sítio do Amparo. Esta variolosa dera entrada no Lazareto no dia 29 de julho último, falecendo na tarde do dia seguinte.

[1521] BMF, *Diário de Notícias*, 1 de agosto de 1907.

[1522] BMF, *Diário de Notícias*, 2 de agosto de 1907.

SAÚDE PÚBLICA[1523]

[...] Boletim do estado sanitário dos variolosos internados no Lazareto, referente ao dia 2 de agosto:

Alfredo Nunes	Convalescente
Amélia dos Santos	«
António Fernandes	«
Augusto Gomes Jardim	«
Balbina	«
Francisco Marques Ferreira	«
Francisco Pereira	«
Gerardo da Silva	«
João Fernandes (beco do Salvador)	«
João Ferreira	«
João Gomes Faria	«
João de Sousa Júnior	«
José (Bica de Pau)	«
José Gomes Louça	«
Leonor de Góis	«
Luís Romão Silva	«
Maria de Jesus Gonçalves	«
Maria da Silva (filha de Manuel da Silva)	«
Remígio Pestana	«
Herculano Gomes	Melhor
José de Sousa	«
Maria de Jesus Rodrigues	«
Domingos de Sousa	Mesmo estado
João de Faria	«
António Gonçalves (Quinta Grande)	Alguns alivios

SAÚDE PÚBLICA[1524]

[...] Boletim do estado sanitário dos variolosos internados no Lazareto, referente ao dia 3 de agosto:

Alfredo Nunes	Convalescente
Amélia dos Santos	«
António Fernandes	«
Augusto Gomes Jardim	«
Balbina	«
Francisco Marques Ferreira	«
Francisco Pereira	«
Gerardo da Silva	«
João Fernandes (beco do Salvador)	«
João Ferreira	«
João Gomes Faria	«
João de Sousa Júnior	«
José (Bica de Pau)	«
José Gomes Louça	«
Leonor de Góis	«
Luís Romão Silva	«
Maria de Jesus Gonçalves	«
Maria da Silva (filha de Manuel da Silva)	«
Remígio Pestana	«
Herculano Gomes	Melhor
José de Sousa	«
Maria de Jesus Rodrigues	«
Domingos de Sousa	Mesmo estado
Jacinto José Fernandes	«
João de Faria	«
António Gonçalves (Quinta Grande)	Alguns alivios

*

Entrou ontem no Lazareto o varioloso Jacinto José Fernandes, de 30 anos de idade, filho de Francisco José Fernandes e de Maria Joaquina, morador no sítio da Igreja, freguesia da Quinta Grande.

SAÚDE PÚBLICA[1525]

[...] Boletim do estado sanitário dos variolosos internados no Lazareto, referente ao dia 4 de agosto:

José (Bica de Pau)	Teve alta
Leonor de Góis	«
Maria de Jesus Gonçalves	«
Maria da Silva (filha de Manuel da Silva)	«
Alfredo Nunes	Convalescente
Amélia dos Santos	«
António Fernandes	«
Augusto Gomes Jardim	«
Balbina	«
Francisco Marques Ferreira	«
Francisco Pereira	«
Gerardo da Silva	«
João Fernandes (beco do Salvador)	«
João Ferreira	«
João Gomes Faria	«
João de Sousa Júnior	«
José Gomes Louça	«
Luís Romão Silva	«
Remígio Pestana	«
Herculano Gomes	Melhor
José de Sousa	«
Maria de Jesus Rodrigues	«
Domingos de Sousa	Mesmo estado
Jacinto José Fernandes	«

[1523] BMF, *Diário de Notícias*, 3 de agosto de 1907.

[1524] BMF, *Diário de Notícias*, 4 de agosto de 1907.

[1525] BMF, *Diário de Notícias*, 5 de agosto de 1907.

João de Faria .... «
António Gonçalves (Quinta Grande) .... Alguns alívios

SAÚDE PÚBLICA[1526]

[...] Boletim do estado sanitário dos variolosos internados no Lazareto, referente ao dia 5 de agosto:

Alfredo Nunes .... Convalescente
Amélia dos Santos .... «
António Fernandes .... «
Augusto Gomes Jardim .... «
Balbina .... «
Francisco Marques Ferreira .... «
Francisco Pereira .... «
Gerardo da Silva .... «
João Fernandes (beco do Salvador) .... «
João Ferreira .... «
João Gomes Faria .... «
João de Sousa Júnior .... «
José Gomes Louça .... «
Luís Romão Silva .... «
Remígio Pestana .... «
Herculano Gomes .... Melhor
José de Sousa .... «
Maria de Jesus Rodrigues .... «
Jacinto José Fernandes .... Mesmo estado
João de Faria .... «
António Gonçalves (Quinta Grande) .... Alguns alívios
Domingos de Sousa .... Faleceu

Boletim hospitalar do Lazareto de Gonçalo Aires[1527]

[...] Boletim do estado sanitário dos variolosos internados no Lazareto, referente ao dia 6 de agosto:

Alfredo Nunes .... Teve alta
António Fernandes .... «
Balbina .... «
José Gomes Louça .... «
Luís Romão Silva .... «
Herculano Gomes .... «
Amélia dos Santos .... Convalescente
Augusto Gomes Jardim .... «
Francisco Marques Ferreira .... «
Francisco Pereira .... «
Gerardo da Silva .... «

João Fernandes (beco do Salvador) .... «
João Ferreira .... «
João Gomes Faria .... «
João de Sousa Júnior .... «
Remígio Pestana .... «
José de Sousa .... Melhor
Maria de Jesus Rodrigues .... «
António Gonçalves (Quinta Grande) .... Mal
Jacinto José Fernandes .... «
João de Faria .... «

Boletim hospitalar do Lazareto de Gonçalo Aires[1528]

[...] Boletim do estado sanitário dos variolosos internados no Lazareto, referente ao dia 8 de agosto:

Amélia dos Santos .... Teve alta
Augusto Gomes Jardim .... «
Gerardo da Silva .... «
João de Sousa Júnior .... «
Remígio Pestana .... «
José de Sousa .... «
Francisco Marques Ferreira .... Convalescente
Francisco Pereira .... «
Herculano Gomes .... «
João Fernandes (beco do Salvador) .... «
João Ferreira .... «
João Gomes Faria .... «
Maria de Jesus Rodrigues .... Melhor
António Gonçalves (Quinta Grande) .... Mal
Jacinto José Fernandes .... «
João de Faria .... Faleceu

[...]

Boletim hospitalar do Lazareto de Gonçalo Aires[1529]

[...] Boletim do estado sanitário dos variolosos internados no Lazareto, referente ao dia 9 de agosto:

Francisco Marques Ferreira .... Convalescente
Francisco Pereira .... «
Herculano Gomes .... «
João Fernandes (beco do Salvador) .... «
João Ferreira .... «
João Gomes Faria .... «

1526 BMF, *Diário de Notícias*, 6 de agosto de 1907.

1527 BMF, *Diário de Notícias*, 8 de agosto de 1907.

1528 BMF, *Diário de Notícias*, 9 de agosto de 1907.

1529 BMF, *Diário de Notícias*, 10 de agosto de 1907.

Maria de Jesus Rodrigues	Melhor
Vicente Gomes	Mesmo estado
Jacinto José Fernandes	Mal
António Gonçalves (Quinta Grande)	Faleceu

*

Deu ontem entrada no Lazareto, Vicente Gomes, de 16 anos de idade, filho de João Gomes Romão Júnior e de Maria Júlia, natural de S. Martinho e morador no sítio do Pico do Funcho. [...]

Boletim hospitalar do Lazareto de Gonçalo Aires[1530]

[...] Boletim do estado sanitário dos variolosos internados no Lazareto, referente ao dia 10 de agosto:

Francisco Marques Ferreira	Convalescente
Francisco Pereira	«
Herculano Gomes	«
João Fernandes (beco do Salvador)	«
João Ferreira	«
João Gomes Faria	«
Maria de Jesus Rodrigues	Melhor
Vicente Gomes	Mesmo estado
Jacinto José Fernandes	Mal

*

Os restantes variolosos internados no Lazareto foram já removidos para a casa grande, ficando, portanto, o hospital devoluto e preparado para outros enfermos, caso isso se torne necessário.

*

Deu anteontem entrada no Lazareto, António Rodrigues, de 18 meses de idade, filho de Francisco Rodrigues e de Constância de Jesus, morador no sítio do Areeiro, freguesia da Quinta Grande.

Boletim hospitalar do Lazareto de Gonçalo Aires[1531]

[...] Boletim do estado sanitário dos variolosos internados no Lazareto, referente ao dia 11 de agosto:

Francisco Marques Ferreira	Convalescente
Francisco Pereira	«
Herculano Gomes	«
João Fernandes (beco do Salvador)	«
João Ferreira	«
João Gomes Faria	«
Maria de Jesus Rodrigues	Melhor
Vicente Gomes	Mesmo estado
António Rodrigues	«
Jacinto José Fernandes	Mal

Boletim hospitalar do Lazareto de Gonçalo Aires[1532]

[...] Boletim do estado sanitário dos variolosos internados no Lazareto, referente ao dia 12 de agosto:

Francisco Marques Ferreira	Convalescente
Francisco Pereira	«
Herculano Gomes	«
João Fernandes (beco do Salvador)	«
João Ferreira	«
João Gomes Faria	«
Maria de Jesus Rodrigues	Melhor
Vicente Gomes	Mesmo estado
António Rodrigues	«
Jacinto José Fernandes	Mal

[...]

Boletim hospitalar do Lazareto de Gonçalo Aires[1533]

[...] Boletim do estado sanitário dos variolosos internados no Lazareto, referente ao dia 12 [13] de agosto:

Francisco Pereira	Teve alta
João Ferreira	«
João Gomes Faria	«
Francisco Marques Ferreira	Convalescente
Herculano Gomes	«
João Fernandes (beco do Salvador)	«
Maria de Jesus Rodrigues	Melhor
António Rodrigues	Mesmo estado
Jacinto José Fernandes	Alguns alívios
Vicente Gomes	Mal

[...]

[1530] BMF, *Diário de Notícias*, 11 de agosto de 1907.
[1531] BMF, *Diário de Notícias*, 12 de agosto de 1907.
[1532] BMF, *Diário de Notícias*, 13 de agosto de 1907.
[1533] BMF, *Diário de Notícias*, 14 de agosto de 1907.

Boletim hospitalar do Lazareto de Gonçalo Aires[1534]

[...] Boletim do estado sanitário dos variolosos internados no Lazareto, referente ao dia 14 de agosto:

Francisco Marques Ferreira	Convalescente
Herculano Gomes	«
João Fernandes (beco do Salvador)	«
Maria de Jesus Rodrigues	Melhor
António Rodrigues	Mesmo estado
Jacinto José Fernandes	Alguns alívios
Vicente Gomes	Mal

Boletim hospitalar do Lazareto de Gonçalo Aires[1535]

[...] Boletim do estado sanitário dos variolosos internados no Lazareto, referente ao dia 15 de agosto:

Francisco Marques Ferreira	Convalescente
Herculano Gomes	«
João Fernandes (beco do Salvador)	«
Maria de Jesus Rodrigues	Melhor
António Rodrigues	Mesmo estado
Jacinto José Fernandes	Alguns alívios
Vicente Gomes	Mal

Boletim hospitalar do Lazareto de Gonçalo Aires[1536]

[...] Boletim do estado sanitário dos variolosos internados no Lazareto, referente ao dia 16 de agosto:

Francisco Marques Ferreira	Convalescente
Herculano Gomes	«
João Fernandes (beco do Salvador)	«
Maria de Jesus Rodrigues	Melhor
António Rodrigues	Mesmo estado
Jacinto José Fernandes	Alguns alívios
Vicente Gomes	Mal

Boletim hospitalar do Lazareto de Gonçalo Aires[1537]

[...] Boletim do estado sanitário dos variolosos internados no Lazareto, referente ao dia 16 [17] de agosto:

Francisco Marques Ferreira	Teve alta
Herculano Gomes	«
João Fernandes (beco do Salvador)	Convalescente
Maria de Jesus Rodrigues	Melhor
António Rodrigues	«
Jacinto José Fernandes	«
Vicente Gomes	Alguns alívios
João de Sousa	Mesmo estado

*

Entrou no dia 15 no Lazareto, João de Sousa, de 40 anos de idade, filho de João de Sousa e de Maria Rosa de Jesus, casado com Augusta Rosa Teixeira, morador à Cruz da Caldeira, freguesia de Câmara de Lobos.

Boletim hospitalar do Lazareto de Gonçalo Aires[1538]

[...] Boletim do estado sanitário dos variolosos internados no Lazareto, referente ao dia 18 de agosto:

João Fernandes (beco do Salvador)	Convalescente
Maria de Jesus Rodrigues	Melhor
António Rodrigues	«
Jacinto José Fernandes	«
Vicente Gomes	Alguns alívios
João de Sousa	Mesmo estado

[...]

Boletim hospitalar do Lazareto de Gonçalo Aires[1539]

[...] Boletim do estado sanitário dos variolosos internados no Lazareto, referente ao dia 19 de agosto:

João Fernandes (beco do Salvador)	Convalescente
Maria de Jesus Rodrigues	Melhor
António Rodrigues	«

[1534] BMF, *Diário de Notícias*, 15 de agosto de 1907.
[1535] BMF, *Diário de Notícias*, 16 de agosto de 1907.
[1536] BMF, *Diário de Notícias*, 17 de agosto de 1907.
[1537] BMF, *Diário de Notícias*, 18 de agosto de 1907.
[1538] BMF, *Diário de Notícias*, 19 de agosto de 1907.
[1539] BMF, *Diário de Notícias*, 20 de agosto de 1907.

Jacinto José Fernandes	«
Vicente Gomes	Alguns alívios
João de Sousa	Mesmo estado

Boletim hospitalar do Lazareto de Gonçalo Aires[1540]

[...] Boletim do estado sanitário dos variolosos internados no Lazareto, referente ao dia 20 de agosto:

João Fernandes (beco do Salvador)	Convalescente
Maria de Jesus Rodrigues	Melhor
António Rodrigues	«
Jacinto José Fernandes	«
Vicente Gomes	Alguns alívios
João de Sousa	Mesmo estado

Boletim hospitalar do Lazareto de Gonçalo Aires[1541]

[...] Boletim do estado sanitário dos variolosos internados no Lazareto, referente ao dia 20 [21] de agosto:

João Fernandes (beco do Salvador)	Convalescente
Maria de Jesus Rodrigues	«
António Rodrigues	«
Jacinto José Fernandes	«
João de Sousa	«
Vicente Gomes	Melhor

Boletim hospitalar do Lazareto de Gonçalo Aires[1542]

[...] Boletim do estado sanitário dos variolosos internados no Lazareto, referente ao dia 22 de agosto:

João Fernandes (beco do Salvador)	Convalescente
Maria de Jesus Rodrigues	«
António Rodrigues	«
Jacinto José Fernandes	«
João de Sousa	«
Vicente Gomes	Melhor

Boletim hospitalar do Lazareto de Gonçalo Aires[1543]

[...] Boletim do estado sanitário dos variolosos internados no Lazareto, referente ao dia 24 de agosto:

António Rodrigues	Teve alta
Maria de Jesus Rodrigues	«
Jacinto José Fernandes	Convalescente
João Fernandes (beco do Salvador)	«
João de Sousa	«
Vicente Gomes	«

Boletim hospitalar do Lazareto de Gonçalo Aires[1544]

[...] Boletim do estado sanitário dos variolosos internados no Lazareto, referente ao dia 25 de agosto:

Jacinto José Fernandes	Convalescente
João Fernandes (beco do Salvador)	«
João de Sousa	«
Vicente Gomes	«

Boletim hospitalar do Lazareto de Gonçalo Aires[1545]

[...] Boletim do estado sanitário dos variolosos internados no Lazareto, referente ao dia 26 de agosto:

Jacinto José Fernandes	Convalescente
João Fernandes (beco do Salvador)	«
João de Sousa	«
Vicente Gomes	«

[...]

Boletim hospitalar do Lazareto de Gonçalo Aires[1546]

[...] Boletim do estado sanitário dos variolosos internados no Lazareto, referente ao dia 27 de agosto:

| Jacinto José Fernandes | Convalescente |

[1540] BMF, *Diário de Notícias*, 21 de agosto de 1907.
[1541] BMF, *Diário de Notícias*, 22 de agosto de 1907.
[1542] BMF, *Diário de Notícias*, 23 de agosto de 1907.
[1543] BMF, *Diário de Notícias*, 25 de agosto de 1907.
[1544] BMF, *Diário de Notícias*, 26 de agosto de 1907.
[1545] BMF, *Diário de Notícias*, 27 de agosto de 1907.
[1546] BMF, *Diário de Notícias*, 28 de agosto de 1907.

João Fernandes (beco do Salvador) .... «
João de Sousa .... «
Vicente Gomes .... «

[...]

Boletim hospitalar do Lazareto de Gonçalo Aires[1547]

[...] Boletim do estado sanitário dos variolosos internados no Lazareto, referente ao dia 30 de agosto:

Jacinto José Fernandes	Teve alta
João Fernandes (beco do Salvador)	Convalescente
Vicente Gomes	«
Francisco Gomes Camacho	Mesmo estado
Maria de Sousa	«
António de Sousa	Mal
Luzia de Sousa	«

*
Entraram no dia 28:
António, de 2 anos, Luzia, de 18 meses e Maria, de 7 anos, filhos de João de Sousa e de Augusta Rosa Teixeira, moradores no sítio da Cruz da Caldeira, freguesia de Câmara de Lobos. (São acompanhados pelo seu pai).
Francisco Gomes Camacho, de 60 anos de idade, filho de António Gomes e de Antónia Rosa Vieira, morador no sítio dos Piornais, freguesia de S. Martinho.

Boletim hospitalar do Lazareto de Gonçalo Aires[1548]

[...] Boletim do estado sanitário dos variolosos internados no Lazareto, referente ao dia 31 de agosto:

João Fernandes (beco do Salvador)	Convalescente
Vicente Gomes	«
Francisco Gomes Camacho	Mesmo estado
Maria de Sousa	«
António de Sousa	Mal
Luzia de Sousa	«

Boletim hospitalar do Lazareto de Gonçalo Aires[1549]

[...] Boletim do estado sanitário dos variolosos internados no Lazareto, referente ao dia 1 de setembro:

João Fernandes (beco do Salvador)	Convalescente
Vicente Gomes	«
Francisco Gomes Camacho	Mesmo estado
Maria de Sousa	«
António de Sousa	Mal
Luzia de Sousa	«

Boletim hospitalar do Lazareto de Gonçalo Aires[1550]

[...] Boletim do estado sanitário dos variolosos internados no Lazareto, referente ao dia 2 de setembro:

João Fernandes (beco do Salvador)	Convalescente
Vicente Gomes	«
Francisco Gomes Camacho	Mesmo estado
Maria de Sousa	«
António de Sousa	Mal
Luzia de Sousa	«

Boletim hospitalar do Lazareto de Gonçalo Aires[1551]

[...] Boletim do estado sanitário dos variolosos internados no Lazareto, referente ao dia 3 de setembro:

João Fernandes (beco do Salvador)	Convalescente
Vicente Gomes	«
Francisco Gomes Camacho	Mesmo estado
Maria de Sousa	«
António de Sousa	Mal
Luzia de Sousa	«

Boletim hospitalar do Lazareto de Gonçalo Aires[1552]

[...] Boletim do estado sanitário dos variolosos internados no Lazareto, referente ao dia 4 de setembro:

[1547] BMF, *Diário de Notícias*, 31 de agosto de 1907.
[1548] BMF, *Diário de Notícias*, 1 de setembro de 1907.
[1549] BMF, *Diário de Notícias*, 2 de setembro de 1907.
[1550] BMF, *Diário de Notícias*, 3 de setembro de 1907.
[1551] BMF, *Diário de Notícias*, 4 de setembro de 1907.
[1552] BMF, *Diário de Notícias*, 5 de setembro de 1907.

João Fernandes (beco do Salvador) .... Convalescente
Vicente Gomes .... «
Francisco Gomes Camacho .... Mesmo estado
Maria de Sousa .... «
António de Sousa .... Mal
Luzia de Sousa .... «

Boletim hospitalar do Lazareto de Gonçalo Aires[1553]

[...] Boletim do estado sanitário dos variolosos internados no Lazareto, referente ao dia 5 de setembro:

Vicente Gomes .... Teve alta
Francisco Gomes Camacho .... Convalescente
João Fernandes (beco do Salvador) .... «
Maria de Sousa .... «
João Gonçalves Cabo .... Melhor
António de Sousa .... Mal
Luzia de Sousa .... «

Boletim hospitalar do Lazareto de Gonçalo Aires[1554]

[...] Boletim do estado sanitário dos variolosos internados no Lazareto, referente ao dia 6 de setembro:

Francisco Gomes Camacho .... Convalescente
João Fernandes (beco do Salvador) .... «
Maria de Sousa .... «
João Gonçalves Cabo .... Melhor
António de Sousa .... Mal
Luzia de Sousa .... «

Boletim hospitalar do Lazareto de Gonçalo Aires[1555]

[...] Boletim do estado sanitário dos variolosos internados no Lazareto, referente ao dia 7 de setembro:

Francisco Gomes Camacho .... Teve alta
João Fernandes (beco do Salvador) .... Convalescente
João Fernandes Cabo .... «
Maria de Sousa .... «
Luzia de Sousa .... Mal
António de Sousa .... Faleceu

Boletim hospitalar do Lazareto de Gonçalo Aires[1556]

[...] Boletim do estado sanitário dos variolosos internados no Lazareto, referente ao dia 8 de setembro:

João Fernandes (beco do Salvador) .... Convalescente
João Fernandes Cabo .... «
Maria de Sousa .... «
Luzia de Sousa .... Mal

Boletim hospitalar do Lazareto de Gonçalo Aires[1557]

[...] Boletim do estado sanitário dos variolosos internados no Lazareto, referente ao dia 8 [9] de setembro:

João Fernandes (beco do Salvador) .... Convalescente
João Fernandes Cabo .... «
Maria de Sousa .... «
Luzia de Sousa .... Mal

Boletim hospitalar do Lazareto de Gonçalo Aires[1558]

[...] Boletim do estado sanitário dos variolosos internados no Lazareto, referente ao dia 9 [10] de setembro:

João Fernandes (beco do Salvador) .... Convalescente
João Fernandes Cabo .... «
Maria de Sousa .... «
Luzia de Sousa .... Mal

Boletim hospitalar do Lazareto de Gonçalo Aires[1559]

[...] Boletim do estado sanitário dos variolosos internados no Lazareto, referente ao dia 11 de setembro:

Maria de Sousa .... Teve alta
João Fernandes (beco do Salvador) .... Convalescente
João Fernandes Cabo .... «
Luzia de Sousa .... «

[1553] BMF, *Diário de Notícias*, 6 de setembro de 1907.

[1554] BMF, *Diário de Notícias*, 7 de setembro de 1907.

[1555] BMF, *Diário de Notícias*, 8 de setembro de 1907.

[1556] BMF, *Diário de Notícias*, 9 de setembro de 1907.

[1557] BMF, *Diário de Notícias*, 10 de setembro de 1907.

[1558] BMF, *Diário de Notícias*, 11 de setembro de 1907.

[1559] BMF, *Diário de Notícias*, 12 de setembro de 1907.

Boletim hospitalar do Lazareto de Gonçalo Aires[1560]

[...] Boletim do estado sanitário dos variolosos internados no Lazareto, referente ao dia 13 de setembro:

João Fernandes (beco do Salvador)	Convalescente
João Fernandes Cabo	«
Luzia de Sousa	«

Boletim hospitalar do Lazareto de Gonçalo Aires[1561]

[...] Boletim do estado sanitário dos variolosos internados no Lazareto, referente ao dia 14 de setembro:

João Fernandes (beco do Salvador)	Convalescente
João Fernandes Cabo	«
Luzia de Sousa	«

Boletim hospitalar do Lazareto de Gonçalo Aires[1562]

[...] Boletim do estado sanitário dos variolosos internados no Lazareto, referente ao dia 15 de setembro:

João Fernandes (beco do Salvador)	Convalescente
João Gonçalves Cabo	«
Luzia de Sousa	«

Boletim hospitalar do Lazareto de Gonçalo Aires[1563]

[...] Boletim do estado sanitário dos variolosos internados no Lazareto, referente ao dia 16 de setembro:

João Fernandes (beco do Salvador)	Convalescente
João Gonçalves Cabo	«
Luzia de Sousa	«

Boletim hospitalar do Lazareto de Gonçalo Aires[1564]

[...] Boletim do estado sanitário dos variolosos internados no Lazareto, referente ao dia 17 de setembro:

João Fernandes (beco do Salvador)	Convalescente
João Gonçalves Cabo	«
Luzia de Sousa	«

Boletim hospitalar do Lazareto de Gonçalo Aires[1565]

[...] Boletim do estado sanitário dos variolosos internados no Lazareto, referente ao dia 18 de setembro:

João Fernandes (beco do Salvador)	Convalescente
João Gonçalves Cabo	«
Luzia de Sousa	«

Boletim hospitalar do Lazareto de Gonçalo Aires[1566]

[...] Boletim do estado sanitário dos variolosos internados no Lazareto, referente ao dia 19 de setembro:

João Fernandes (beco do Salvador)	Convalescente
João Gonçalves Cabo	«
Luzia de Sousa	«

Boletim hospitalar do Lazareto de Gonçalo Aires[1567]

[...] Boletim do estado sanitário dos variolosos internados no Lazareto, referente ao dia 20 de setembro:

João Fernandes (beco do Salvador)	Convalescente
João Gonçalves Cabo	«
Luzia de Sousa	«

Boletim hospitalar do Lazareto de Gonçalo Aires[1568]

[...] Boletim do estado sanitário dos variolosos internados no Lazareto, referente ao dia 21 de setembro:

João Fernandes (beco do Salvador)	Convalescente
João Gonçalves Cabo	«
Luzia de Sousa	«

[1560] BMF, *Diário de Notícias*, 14 de setembro de 1907.
[1561] BMF, *Diário de Notícias*, 15 de setembro de 1907.
[1562] BMF, *Diário de Notícias*, 16 de setembro de 1907.
[1563] BMF, *Diário de Notícias*, 17 de setembro de 1907.
[1564] BMF, *Diário de Notícias*, 18 de setembro de 1907.
[1565] BMF, *Diário de Notícias*, 19 de setembro de 1907.
[1566] BMF, *Diário de Notícias*, 20 de setembro de 1907.
[1567] BMF, *Diário de Notícias*, 21 de setembro de 1907.
[1568] BMF, *Diário de Notícias*, 22 de setembro de 1907.

Boletim hospitalar do Lazareto de Gonçalo Aires[1569]

[...] Boletim do estado sanitário dos variolosos internados no Lazareto, referente ao dia 22 de setembro:

João Fernandes (beco do Salvador)	Convalescente
João Gonçalves Cabo	«
Luzia de Sousa	«

[1569] BMF, *Diário de Notícias*, 23 de setembro de 1907.

ANEXO VIII
Trancrição do capítulo V do livro *Leaves from a Madeira garden*[1570]

CHAPTER V – JANUARY
PLAGUE AND RIOT

> "Diseases, desperate grown,
> By desperate appliance are relieved
> Or not at all." – HAMLET.

THREE years ago a remarkable episode, savouring rather of the Middle Ages than of our time, occurred here. It illustrates the distrust of the learned, especially of doctors, which still lingers among the uneducated, and it is full of lessons as to how things should not be done. It threw a new light on the nature of the people, previously supposed to be more than docile, and unwilling under any circumstances to lift a hand against constituted authority. And it had an undoubted effect on their general character and demeanour.

The Government, being well aware that the ordinary sanitary requirements of a civilized country are not fulfilled here, is extremely nervous about the importation of serious infectious diseases, especially bubonic plague and cholera. There are good grounds for this state of apprehension. A large number of steamers call here from Southern ports, especially those of South America, and strangers are constantly coming and going. Waterborne diseases are invited by the primitive character of the water-supply. Water, pure in its source, is brought from the hills in open conduits, and in its passage is liable to pollution of every kind. The absence of an effective drainage system is perhaps less serious, as owing to the numerous fissures in the volcanic rock, impurities find their own way of escape. Arrangements for the isolation and proper treatment of disease are, or were, inadequate; and above all the funds at the disposal of the local authorities are quite insufficient to deal with an outbreak.

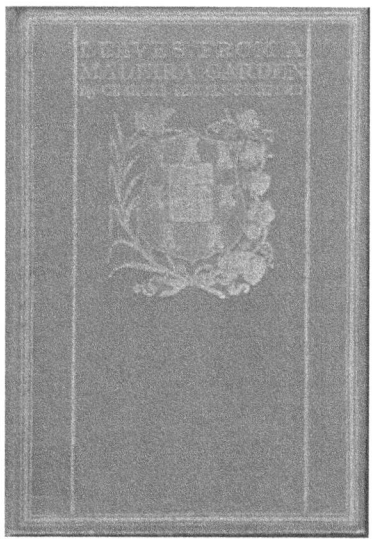

Capa do livro *Leaves from a Madeira Garden,* existente no acervo da Biblioteca Municipal do Funchal.

And if an epidemic occurs the indirect results are likely to be far more serious to the island than the mere sickness itself. There is a dense population living under conditions of extravagant protection, amounting almost to State Socialism, and engaged in an industry created and fostered by the State, for whose welfare the State is peculiarly responsible. And if steamers ceased to call, and foreigners absented themselves, the large number of people which lives on traffic with them, directly or indirectly, would be face to face with starvation. Yet years roll on and nothing very dreadful happens, and little in the way of sanitary improvement is carried out, in spite of much talk about it. But the underlying nervousness is always there.

[1570] BMF, Thomas-Stanford, Charles, *Leaves from a Madeira Garden*, Londres e New York, 1910, pp. 82-95.

On our arrival here in December, 1905, we were told that a few cases of plague were said to have occurred; "but," added our informant, "it isn't plague, it's all politics." The word "politics" here is of wider application than with us; it may truly be said to cover a multitude of sins. After some perplexity we discovered the suggestion to be that the authorities thought an epidemic would be a help to a water scheme they were urging on the Lisbon Government, on the principle of getting up a war-scare to carry naval votes. But this seems to have been a libel. In fact, the existence of plague was never officially admitted; the disease if it existed, and whatever it was, was described as "infectious fever."

It appeared that two or three weeks earlier a woman of the middle class had been taken to the Lazaretto suffering from a disease pronounced by the doctor in charge to be bubonic plague. It was stated that he exhibited to some of his colleagues the characteristic plague bacilli. Other cases of suspicious disease followed and were removed to the Lazaretto. Thither also were taken for isolation and disinfection the families of the patients. It was reported that the disease was taking a pneumonic form of a particularly insidious and dangerous character.

Up to this point the authorities seem to have acted in the only way possible. Granted the existence of a serious infectious disease, as they were informed by their medical adviser was the case, it was their duty to endeavour by isolating the patients and those who had been in contact with them to stamp it out. Where they broke down, and occasioned the subsequent trouble with its far-reaching consequences, was in the neglect of proper methods, especially as regards publicity. People in considerable numbers were taken to the Lazaretto; no official news as to what was passing within its walls was published. Patients died and no notice of their death reached their friends. So, at any rate, it was commonly said. The wildest rumours began to gain currency. The ignorant believed that the doctors inoculated people and murdered them; some of the better educated asserted that the whole thing was being run as a financial speculation by the Lazaretto doctor, who was paid so much a head for those under his charge. Sinister stories of the treatment of women and girls were widely spread abroad. Meantime people of influence, whose interest was against any interference with the shipping trade of the island, were strenuously denying the existence of any sickness at all, and the Government was watering it down to "infectious fever."

A veritable reign of terror resulted. To be taken to the Lazaretto was feared as a sentence of death. People who had been in contact with patients ran away and hid themselves to escape the dreaded isolation. I happened one day to look over my garden wall and to see the chief of police and several constables with an ambulance-car standing outside a neighbouring cottage. I inquired their object, and was told that for some days they had been looking for a woman whose brother had been taken as a patient to the Lazaretto, and that they had found her hiding with relations there. They took her away, and we heard subsequently that she died that night from heart-failure due to shock.

Three days later, on Sunday, January 7, the crisis came. A few soldiers who were isolated at the Lazaretto succeeded in getting a message carried to their comrades at the barracks, asking them to deliver them. On the Sunday morning a band of a hundred soldiers, accompanied by several hundreds of the townsfolk, and countrymen from the surrounding hills, attacked and broke into the Lazaretto, liberated their comrades and others who were in quarantine, and carried from the hospital the sick patients to their own homes. This carrying was a veritable procession of triumph, and was succeeded by great rejoicings. It was with mixed feelings that we heard next day that our cook had visited a friend of his who had been brought to his home on his bed, and that a housemaid had attended an impromptu dance at another patient's house. After this, we felt we could only await developments.

The Lazaretto doctor succeeded in escaping the fury of the mob, which would have made short work of him. His house in the town was attacked, and there was some shooting by the police who defended it, happily without fatal result. An attack on the prison in which a few of the rioters who were arrested were lodged was not pressed home, and failed. But the authorities were now practically powerless; the town was quite out of hand, and a portion of the garrison being implicated, it could not be depended on. As soon as the news reached Lisbon the Government acted with commendable promptitude. The smart cruiser *Dom Carlos* was at once dispatched; and when thirty hours later, having made the fastest passage on record, she steamed into the port, the cause of law and order was saved. The Lazaretto doctor found his way on board, it was said, disguised as an old woman. His name is still execrated here, and probably even now his life would not be safe.

But the sanitary situation now looked very serious. Sick persons had been withdrawn from the Lazaretto and spread over the town, and hundreds or thousands of people had been in contact with them. If one was to believe in the existence of plague, one could only expect a great outbreak within a week or two. But nothing happened. The sick recovered, and no further case of suspicious sickness occurred. This of course confirmed the unbelievers in their disbelief, and the ignorant in their distrust of doctors. To a dispassionate observer it appears incredible that a doctor should invent and exploit an epidemic for his personal gain; yet that such was the case we were solemnly assured by serious people. The truth may never be fully known; what happened is probably that a few cases of plague did occur, but that the disease was stamped out in the early days, and that the sick persons removed later were suffering from non-infectious pneumonia or less serious complaints.

Eighteen months afterwards, in the summer of 1907, there was a serious outbreak of a mysterious disease, said to be septic pneumonia of a plague type, at S. Antonio, a suburb of Funchal. Fourteen persons, including a doctor, were attacked, and the fourteen died. A fifteenth, a doubtful case, recovered. The energetic governor of the day – it was during Franco's rule in Portugal, of which more hereafter – personally superintended the isolation of the sick, and the threatened epidemic was stayed.

During the riots the Lazaretto had been somewhat damaged, and subsequently the hated building was completely looted and gutted, and rendered quite unfit for use. The Government took no steps to put it in order, probably being unwilling to incur the unpopularity and the expense of doing so. The punishment that followed was swift and bitter.

Sir Charles Thomas-Stanford, o autor desta obra, que chegou à Madeira em dezembro de 1905, conheceu pessoalmente a Irmã Wilson e refere no seu texto que ouviu dos próprios lábios desta religiosa que o Céu lhe providenciaria os meios para tratar os variolosos no Lazareto. De facto, como vimos nesta obra, assistiu-se na Madeira, em 1907, a uma onda solidária sem precedentes de modo a que a Boa Mãe tivesse tudo o que fosse necessário para cuidar dos pacientes ali internados. *Coleção do autor.*

Early in the following winter a mariner was landed from a steamer suffering from what proved to be small-pox. Whether as a result of his case or not, within a few weeks the disease became prevalent in the poor quarters of the town, chiefly among the families of the boatmen. For twenty years or more there had been no serious outbreak here, and the greater part of the population, especially the youthful part, was unvaccinated. The Lazaretto having been wrecked, and being moreover in very bad odour with the people from the events of the previous year, there was no hospital to which patients could be taken, and no provision for their isolation. The authorities adopted the remarkable expedient of placing a policeman outside an infected house to prevent ingress or egress. How the poor people were to live was a question apparently ignored. And the absurdity of the arrangement was grimly exhibited when a policeman caught the disease and died. A private subscription was got up to supply food and medicines as far as possible, but it is not surprising that the disease spread with great rapidity, that it began to appear all over the town and in the suburbs, and that it assumed a virulent type. The statistics showed that among six hundred cases there were two hundred deaths. Probably this proportion is misleading, as there may have been numerous mild cases of which little or no notice was taken.

At first there was considerable disinclination among the populace to be vaccinated. A distrust of doctors, an evil heritage of the plague trouble, was prevalent. For our part we insisted on the vaccination of our *employés* and when we announced that it should be done by an English doctor with English lymph, the reluctance disappeared. We invited them to bring their relations, which many of them did.

The redeeming feature of such a crisis is that it always produces acts of heroism and unselfishness. Such were not wanting here. The doyen of the medical profession, Dr. Mourão Pitta – for many years Vice-Consul of France, a fine example of the old-fashioned doctor, a man of culture and of the world, of wide sympathies and many social gifts, a welcome guest at every man's table and a genial host at his own – wore himself out in visiting the poorest of the sick in their squalid homes. He was not strong or young enough to bear the continuous strain, and died a victim of blood-poisoning contracted in the course of his labours. His self-sacrifice added one more name to the roll of martyrs which honours his profession; and his death left a void in many lives.

When things were at their worst, when it appeared likely that the disease would extend all over the island, and that with the disorganization of trade widespread distress would result, a very noble English lady went to the Government and offered, if the Lazaretto were at once put in order, to take charge of it, and to nurse as many patients as it would contain. Miss Wilson has spent much of her life in nursing the sick poor of this island; she is of their own religion, and is the head of a devoted band of sisters. The Government was prepared to find the funds for the repairs and furnishing, but no more. Miss Wilson took the chance of what might happen afterwards, and the work was hurried on. In a fortnight the hospital was ready for occupation. The confidence of the people having been won by Miss Wilson's previous labours among them, no objections were raised by them to the removal thither of the sick. But there were no funds available for their feeding and attendance when there. Miss Wilson was not daunted. She had perfect trust, as I have had the privilege of hearing from her own lips, that Heaven would provide. And her prayer was not unanswered. On the day before one hundred and eighty people were to be moved to the hospital, a yacht unexpectedly entered the port. The owner, hearing what was going on, sent her a cheque for £50. This was the beginning of a continuous stream of charity, which left her for not one moment in trouble about funds. She was enabled to purchase every requisite and comfort for the patients, even toys for the children. And from that moment the plague was stayed. It began to decline in the town, and it did not spread to the remoter parts of the island. Its final disappearance was coincident with an exceptionally strong and intensely hot "Leste," the dry east wind which sometimes blows from the Sahara, and brings its dust across the intervening three hundred miles of sea.

It is satisfactory to know that Miss Wilson's great services were fully appreciated and publicly recognized. The Queen of Portugal took the lead in doing honour to her,[1571] and press and pulpit and private citizens joined in a chorus of gratitude. And surely we English have great reason to be proud of our countrywoman.

It must not be inferred from the somewhat lugubrious contents of this chapter that we live here in a constant state of epidemic sickness. The reverse is the fact. In spite of all the invitations to zymotic diseases held out by the habits of the people and the sanitary short-comings of the Government, they seldom get a hold here. Possibly the outdoor life of the people and the qualities of the air have something to do with this. Scarlet fever, so severe a scourge of youth in England, appears to be almost unknown, and one hears little of diphtheria, which might be expected to prevail. I have had propounded to me an agreeable theory that such diseases cannot propagate themselves for more than three generations here; that is, if A is landed from a steamer suffering from an infectious disorder, he may communicate it to B, and B may pass it on to C, but that C has no such power. The remarkably abrupt termination of the small-pox epidemic and the complete disappearance of the disease seem to lend some colour to this comfortable belief.

1571 Não foi a Rainha mas sim o Rei D. Carlos.

ANEXO IX
Evocação da Irmã Wilson entre 1917 e 1966[1572]

ECOS DO PASSADO: [1573]
Outubro, 18

[...] 1915[1574] – *No antigo Convento de S. Bernardino, em Câmara de Lobos, onde instalara um internato para alunos de instrução primária, morre, repentinamente, Miss Mary de S. Francisco Wilson, que fora fundadora do Colégio de S. Jorge, no Funchal, em 1882. Em 1892, depois de encerrado o seu colégio restaurou o Hospital da misericórdia de Santa Cruz e fundou a Congregação de Nossa Senhora das Vitórias, da observância da Ordem 3.ª de S. Francisco, encarregando-se, e os seus companheiros, da direção do mesmo Hospital e da fundação de escolas em várias freguesias.*

Em 1907, por ocasião da varíola, tomou a direção do Lazareto Gonçalo Aires, onde prestou assinalados serviços, sendo, por isso, condecorada com o grau de cavaleiro da Ordem de Torre e Espada. Tendo deixado a Madeira em 1910, depois da secularização da sua ordem, voltou mais tarde, fixando residência em Câmara de Lobos. [...]

Irmã Maria de S. Francisco Wilson[1575]

Faz hoje 20 anos que faleceu,[1576] subitamente, no antigo Convento de S. Bernardino, em Câmara de Lobos, a venerável Irmã Maria de S. Francisco Wilson, que ali estabelecera um internato de instrução primária.

Miss Mary Wilson fundou no Funchal, em 1882 o «Colégio de S. Jorge», onde foram recebidas as filhas das principais famílias da Madeira, além dum certo número de alunas gratuitas.

Em 1892 fundou a Congregação de Nossa Senhora das Vitórias que se estabeleceu no, então desmantelado, Hospital da Vila de Santa Cruz, que a finada fez restaurar com os donativos que recolheu.

Pertencem à instituição de Nossa Senhora das Vitórias as beneméritas Irmãs que superintendem no Hospital da Misericórdia, Asilo dos Velhinhos, Asilo de Mendicidade, Cruz Vermelha, Patronato de Nossa Senhora das Dores (S. Filipe), Colégio de S. João da Ribeira, além de muitas outras que dirigem escolas em diferentes freguesias da ilha.

É atualmente Superiora desta benemérita instituição a sr.ª D. Amélia de Sá (em religião Irmã Maria Isabel) que tem sabido ser a continuadora, muito digna, dessa veneranda figura que foi a Irmã Wilson.

1572 Contrariamente ao que seria de supor, nos anos que se seguiram ao falecimento da Irmã Wilson até à comemoração do 50.º aniversário da sua morte, assistimos, na imprensa madeirense, mesmo na de cariz católico, a um certo silêncio sobre a sua memória, visto que são praticamente inexistentes artigos sobre ela no dia em que se assinalava a efeméride da sua morte. Nessas datas, encontramos, ao invés, frequentes notícias sobre o aniversário da sagração da Sé do Funchal.

1573 ABM, *O Jornal*, 18 de outubro de 1931; BMF, *O Jornal*, 18 de outubro de 1932; BMF, *O Jornal*, 18 de outubro de 1933; BMF, *O Jornal*, 18 de outubro de 1934; BMF, *O Jornal*, 18 de outubro de 1936; BMF, *O Jornal*, 18 de outubro de 1937; BMF, *O Jornal*, 18 de outubro de 1938; BMF, *O Jornal*, 18 de outubro de 1939; BMF, *O Jornal*, 18 de outubro de 1940.

1574 Não foi em 1915 mas sim em 1916. O texto original encontra-se em itálico e decidimos manter essa formatação.

1575 BMF, *O Jornal*, 18 de outubro de 1935.

1576 Esta informação não está correta visto que a Irmã Wilson faleceu em 1916, e por isso os 20 anos da sua morte assinalar-se-iam em 1936 e não em 1935. Porventura o autor deste texto foi induzido em erro pelo que leu numa das rubricas "Ecos do Passado", apresentadas anteriormente, onde se refere, repetida e erradamente, que esta religiosa faleceu em 1915.

A Irmã Maria Wilson prestou relevantes serviços, no Lazareto «Gonçalo Aires», aquando da epidemia da varíola, em 1907, serviços que o Governo premiou fazendo-a cavaleiro da Ordem da Torre e Espada.

Ao ser-lhe entregue a venera com que os altos poderes do Estado a galardoaram o povo madeirense prestou-lhe, no Lazareto, uma justíssima homenagem de apreço e gratidão.

Obrigada, pela força das circunstâncias, a deixar a Madeira, em 1910, nunca esqueceu esta terra, a quem queria como sua, voltando mais tarde, indo instalar-se, como acima dizemos, em Câmara de Lobos, e onde a morte veio cortar-lhe o fio da existência, de duras provações e fazer com que a sua bela alma fosse receber no Céu, por que ela tanto suspirava, o prémio das suas muitas virtudes e benemerências.

18-10-35

V.

ANEXO X
Pagela de 1939 com oração a pedir a beatificação da Irmã Wilson

IMPRIMATUR.

Aos nossos fieis diocesanos que devotadamente recitarem esta oração e as preces pelas almas do Purgatório que a devem acompanhar, concedemos Indulgencia de 50 dias, lucravel uma vez por dia.

Funchal, 9 de Abril de 1939.

† ANTÓNIO, Bispo do Funchal

Irmã Maria de S. Francisco Wilson

Nasceu a 3-10-1840
Batisou-se a 11-5-1873
Veio para a Madeira em 1882
Fundou a Congregação das Irmãs Franciscanas de Nossa Senhora das Vitórias na Ilha da Madeira a 15 de Janeiro de 1884
Faleceu a 18-10-1916

ORAÇÃO PARA PEDIR A DEUS

A GRAÇA DA BEATIFICAÇÃO
DA
IRMÃ MARIA DE S. FRANCISCO WILSON

Senhor Jesus Cristo, que por efeito da Vossa bondade e misericórdia, quizestes tirar do êrro, a Irmã Maria de S. Francisco Wilson, e chamá-la a vir trabalhar para melhorar a Ilha da Madeira por meio da educação da mocidade, de que havia tanta necessidade; concedei-nos a graça de tambem vermos a nossa Ilha honrada com a sua beatificação.
Manifestai Senhor quanto ela Vos foi agradavel e como, junto de Vós, atende às nossas súplicas.

Concedei-nos por sua intercessão a graça N . . . . . E que ela seja para honra e glória Vossa, e bem de nossas almas. Assim seja.
Três Ave Marias, pelas almas do purgatório, de quem ela era muito devota.

PENSAMENTOS DA IRMÃ WILSON

«Temos duas azas para voar para Deus, e atrair graças do céu; são a oração e a mortificação.

Querer voar sem azas, é loucura.

Querer orar bem, sem a mortificação, é querer o impossivel»

1577 Coleção do autor.

ANEXO XI
Notícias referentes à trasladação dos restos mortais da Irmã Wilson de Câmara de Lobos para a capela da Quinta das Rosas em 1939

Miss Wilson[1578]
Trasladação dos restos mortais da fundadora da Congregação das Franciscanas Madeirenses de N.ª S.ª das Vitórias

Realizou-se no sábado último, pelas 13 horas, no cemitério de Câmara de Lobos, a exumação dos restos mortais da Irmã Maria de S. Francisco Wilson (Miss Wilson), que faleceu no dia 18 de outubro de 1916, no Convento de S. Bernardino daquela freguesia.

Assistiram a este ato, além de inúmeras pessoas da referida vila, o rev.º cónego Fulgêncio de Andrade, como delegado de S. Ex.ª Rev.ma o Sr. Bispo; os rev.os padre Pinto da Silva e Abel Ferreira, vigário e cura da freguesia, respetivamente; as autoridades administrativas e Conservador do Registo Civil do concelho; a atual Irmã Superiora Geral, Maria do Cenáculo de Menezes, a ex-Superiora Geral, Irmã Maria Amélia de Sá e uma numerosa representação de outras religiosas da mesma Congregação.

Após a exumação, foram as ossadas da veneranda «Boa Mãe», por determinação do ilustre Prelado diocesano, recolhidas numa pequena urna e conduzidas pelas suas filhas para a capela do referido cemitério, onde o povo orou pelo seu eterno descanso, sendo ali lavrada pelo representante da autoridade eclesiástica, a ata do facto que foi assinada pelas entidades oficiais presentes à cerimónia.

A seguir, a urna com as cinzas de Miss Wilson, acompanhada pelas religiosas, foi transportada para a residência da atual Casa Mãe da referida Congregação (Quinta das Rosas).

Aí, pelas crianças das escolas dirigidas pelas referidas religiosas, foi cantado o Libera-me pelo eterno descanso da falecida «Boa Mãe», que tão bons serviços prestara à Madeira, nomeadamente por ocasião da última epidemia de cólera morbus[1579] que assolou esta ilha, em que a veneranda irmã Maria de S. Francisco Wilson se ofereceu para, juntamente com outras Irmãs, prestar assistência aos doentes no Lazareto de Gonçalo Aires.

Trasladação dos restos mortais da Irmã Maria de S. Francisco Wilson (Miss Wilson) fundadora da congregação das Franciscanas Madeirenses de Nossa Senhora das Vitórias[1580]

Teve lugar ontem, no cemitério de Câmara de Lobos a exumação dos restos mortais da Irmã Maria de S. Francisco Wilson, aquela ilustre senhora inglesa convertida ao catolicismo que, nascida na cidade de Madrasta, na Índia inglesa, fez da Madeira a sua segunda pátria, espalhando o bem e a caridade por toda a nossa Ilha.

Foi aqui que ela, em 1884, lançou os fundamentos da humilde congregação das Franciscanas madeirenses de Nossa

Quinta das Rosas, adquirida na década de 20, com dinheiro proveniente da herança da Irmã Wilson, de modo a ser a sede da Congregação das Irmãs Franciscanas de Nossa Senhora das Vitórias. *Secretariado da Irmã Wilson.*

1578 BMF, *Diário da Madeira*, 17 de abril de 1939.
1579 Não foi de cólera mas sim de varíola.
1580 BMF, *O Jornal*, 16 de abril de 1939.

Interior da capela da Quinta das Rosas, para onde foram trasladados, em 1939, os restos mortais da Irmã Wilson. EM BAIXO: Lápide assinalando o local onde foram guardados *ad aeternum* os ditos restos mortais. *Foto do Cónego Dias existente no Secretariado da Irmã Wilson.*

Senhora das Vitórias, que tanto bem tem feito em prol da assistência, da instrução e da caridade da nossa Ilha e que ultimamente já começou a estender a sua benéfica ação no vastíssimo campo missionário no nosso Império Colonial, na colónia de Moçambique.

Há 23 anos que a virtuosa religiosa entregou a sua benemérita alma a Deus, no convento de S. Bernardino, em Câmara de Lobos, onde então tinha apenas há uma semana, aceitado de S. Ex.ª Reverendíssima o Sr. Bispo, a incumbência de dirigir um internato do sexo masculino, de instrução primária, tendo em vista a cultura das vocações eclesiásticas em ordem à formação de futuros candidatos ao sacerdócio.

O dia do seu falecimento foi a 18 de outubro de 1916, tendo sido sepultada no dia seguinte no meio da veneração e estima da inteira população de Câmara de Lobos, tendo os seus despojos sido encerrados por delicada deferência do sr. dr. João Artur Soares Henriques no seu jazigo de família.

Ontem, após 23 anos de repouso, foram esses mesmos despojos exumados e por ordem de S. Ex.ª Reverendíssimo o Sr. Bispo, transportados para a residência da atual Casa Mãe da referida congregação, na Quinta das Rosas.

Realizou-se este ato no meio da respeitosa veneração duma grande massa de povo, no cemitério de Câmara de Lobos, às 13 horas.

Presidiu ao ato, como delegado de S. Ex.ª Rev.ma, o sr. Bispo, o Rev. Cónego dr. Francisco Fulgêncio de Andrade, estando também presentes os Rev.os pároco e cura de Câmara de Lobos, padres António Pinto da Silva e Abel Ferreira e as autoridades administrativas do concelho e Conservador do Registo Civil, fazendo-se também representar pelo digno administrador do concelho o professor dr. Ângelo de Menezes Marques, presidente da comissão administrativa da Câmara Municipal do mesmo concelho, que com a melhor boa vontade, se prestou a conceder todas as facilidades relativas ao ato.

Assistiram também a atual Irmã Superiora Geral, Maria do Cenáculo de Menezes, a ex-Superiora Geral Irmã Maria Amélia de Sá e uma numerosa representação de outras religiosas da mesma congregação.

Feita a exumação, foram as ossadas da veneranda religiosa, a primeira «Boa Mãe» da congregação, encerradas numa pequena urna e transportada pelas suas filhas para a capela do Cemitério, onde o povo foi orar pelo descanso eterno da sua alma, sendo ali feito, pelo representante da autoridade eclesiástica, a ata do facto assinada pelas entidades oficiais presentes.

A seguir, foi na maior intimidade, a urna, sempre acompanhada pelas referidas religiosas, num *camion*, gentilmente cedido pelo sr. dr. Fernão de Ornelas Gonçalves, ilustre presidente da Câmara do Funchal, transportada para a Quinta das Rosas, nesta cidade sendo o cortejo presidido pelo representante da autoridade eclesiástica que o precedia num automóvel.

Chegado o cortejo à Quinta das Rosas, onde era ansiosamente esperado por outras religiosas da mesma congregação, pelas noviças, e aspirantes e por muitas crianças das escolas dirigidas pelas mesmas religiosas, cantaram estas o *Libera-me* pelo descanso eterno da alma da falecida «Boa Mãe», sendo depois os restos mortais encerrados num recanto da capela.

ANEXO XII
Notícias referentes à comemoração do 50.º aniversário da morte da Irmã Wilson

EXPOSIÇÃO DAS MEMÓRIAS DA IRMÃ WILSON[1581]

Na Quinta das Rosas, realiza-se na próxima terça-feira, às 18 e 30 horas, a inauguração da Exposição das Memórias da Irmã Wilson, fundadora da Congregação das Franciscanas de Nossa Senhora das Vitórias, em celebração do 50.º aniversário da sua morte.

Congregação de Nossa Senhora das Vitórias[1582]
50.º ANIVERSÁRIO DA MORTE DA FUNDADORA
IRMÃ WILSON

A fim de assinalar a passagem do 50.º aniversário da morte da Irmã Wilson, fundadora da Congregação de Nossa Senhora das Vitórias, que se verifica terça-feira próxima, aquela comunidade elaborou o seguinte programa comemorativo:

– Às 17 horas, Missa solene, na capela da Casa Mãe, celebrada por S. Exa. Revma. o Senhor Bispo do Funchal.

Finda a santa missa, o Senhor D. João da Silva Saraiva presidirá, na presença das autoridades superiores do Distrito, à inauguração da exposição de objetos e documentos pertencentes à Irmã Wilson.

*

O Rev. Pe. dr. Angelino Barreto proferirá, amanhã, às 20 e 30, no Posto Emissor do Funchal, uma palestra que versará a obra e a vida da Irmã Wilson.

Celebração do 50.º Aniversário
DA MORTE DA IRMÃ WILSON[1583]

Na Quinta das Rosas, celebra-se hoje o 50.º aniversário da morte da Irmã Wilson, fundadora da Congregação das Franciscanas de Nossa Senhora das Vitórias. Aquela Comunidade elaborou o seguinte programa comemorativo:

Às 17 horas – Missa solene na Capela da Casa Mãe, celebrada por S. Exa. Revma. o Bispo da Diocese.

Às 18,30 horas – Inauguração da exposição de objetos e documentos pertencentes à Irmã Wilson, com a presença das autoridades superiores do Distrito

MISS WILSON[1584]

Mary Jane Wilson, Irmã Maria de São Francisco, fundadora das «Franciscanas de Nossa Senhora das Vitórias», nasceu em Madrasta (Índia Inglesa) a 3-X-1840.

Seus pais e educadores, anglicanos convictos e sinceros, deram-lhe a formação religiosa que tinham, acompanhada dum grande amor aos pobres e duma educação cívica nobre.

Começou a duvidar da verdade do Protestantismo quando viu que não ensinavam a mesma doutrina em todas as igrejas.

Por curiosidade frequentou algumas igrejas católicas e impressionou-a a unidade de en-

---

[1581] BMF, *Diário de Notícias*, 16 de outubro de 1966.
[1582] BMF, *Jornal da Madeira*, 16 de outubro de 1966.
[1583] BMF, *Diário de Notícias*, 18 de outubro de 1966.
[1584] BMF, *Jornal da Madeira*, 18 de outubro de 1966.

sino que observou.

Nesta altura vivia, órfã de pai e de mãe, com uma tia que a educou desde os 3 anos. Esta tia fez grandes esforços para a dissuadir de fazer-se católica. Retirou-lhe até a promessa de a fazer herdeira de seus bens.

Apoiada num pequeno Montepio militar deixado pelo pai, saiu da Inglaterra e foi para Boulogne-Sur-Mer, onde se preparou sob a orientação dum padre redentorista, fazendo a abjuração e batizando-se em 11-5-1873.

Serviu nos hospitais tirando o curso de enfermagem para ajudar os doentes pobres e também para ganhar o sustento trabalhando.

Em 1881 chegou ao Funchal onde se deu ao apostolado da catequese na cidade e arredores, fundou um colégio onde desde 1884 preparou o germe da Congregação que oficialmente apareceu em 1891.

O Bispo impulsionador, D. Manuel Agostinho Barreto, entregou-lhe a maior parte das escolas de S. Francisco de Sales.[1585] Tudo prosperava a olhos vistos sob a sua orientação.

Em 1907 o seu espírito de caridade ficou bem patente quando tomou conta do Lazareto - Hospital - Isolamento para combater a epidemia «Varíola». Foi tal o seu heroísmo que congregou tudo e todos a favor dos doentes.

O Governo da Nação pelo Rei D. Carlos conferiu-lhe a alta condecoração da «Grã Cruz da Torre e Espada».

Com o advento da República em 1910 e consequente supressão das Congregações religiosas as suas filhas tiveram de se dispersar e ela foi mandada sair para a Inglaterra.

Passado um ano regressa externamente como simples súbdita britânica mas com o desejo de reunir as suas filhas e continuar o trabalho da Congregação como antes.

Depois de a pedido do Sr. Bispo abrir o colégio de candidatos para o Seminário, morreu em 18-10-1916 deixando 11 fundações, umas dezenas de Irmãs professas e sobretudo a fama das suas virtudes heroicas, sendo chamada ainda em vida o «Anjo da Caridade».

A sua espiritualidade é inspirada no grande modelo de S. Francisco de Sales. É uma espiritualidade toda impregnada do espírito de fé, esperança e caridade.

Ao ler as suas cartas, os seus apontamentos, os seus propósitos, a orientação que dava às superioras e os conselhos que dava às suas filhas ficamos altamente impressionados com o espírito de compreensão humana que daí ressalta.

O espírito de obediência e de pobreza são tratados de tal maneira que nos convidam a exclamar: eis o espírito de Cristo.

Na prática da vida religiosa seguiu com firmeza e suavidade o Serafim de Assis.

Procurou a vida de perfeição religiosa por ser o meio de os esforços mínimos de cada uma serem máximos na união de vontades pela entrega total e alegre ao Senhor.

Dizia e repetia: «a minha maior satisfação e alegria é viver na comunidade».

Sendo caprichosa, desde criança foi obrigada a dominar-se mas acima de tudo queria a verdade.

E quando pensou converter-se ao catolicismo foram quase insuperáveis os obstáculos quer da parte da família quer da parte da sua consciência porque só depois de muita penitência e oração recebeu luzes especiais para aceitar de alma aberta e franca o dogma da infalibilidade pontifícia e a presença real de Cristo na Eucaristia.

Foi tal a graça que a iluminou que desde então o amor à Igreja e à Santíssima Eucaristia emolduravam toda a sua obra.

Pelos testemunhos dos que a conheceram e com ela privaram é geral e unânime a visão da sua personalidade como «forte, enérgica, firme, mas verdadeiramente humana, transparecendo de todos os seus atos e atitudes o espírito de confiança em Deus que a todos convencia sem constrangimento.

Este testemunho que se conserva inédito em inúmeros depoimentos é verdadeiramente unânime.

1585 Esta afirmação é um tanto exagerada, visto que a Irmã Wilson apenas tomou conta de quatro destas escolas, a saber, em Santana, Santo da Serra, Porto Moniz, Arco de São Jorge e Machico.

Se quiser desvendar o segredo da sua ascensão dentro do protestantismo, do protestantismo ao catolicismo, do catolicismo à perfeição no estado religioso e dentro deste à perfeição da superiora mais obedecida e amada talvez o encontre no amor ao trabalho para em tudo servir a Deus.

Para ela a vontade de Deus dominava tudo e desde que fosse vontade de Deus tudo fazia para a realizar.

Como meios usava a oração e penitência, a devoção ao Sagrado Coração de Jesus, a Maria Santíssima, a S. Francisco de Assis e ainda às benditas almas do Purgatório a favor das quais fez o ato heroico pouco depois do batismo.

P. Angelino Barreto

FOI CELEBRADO ONTEM O 50.º ANIVERSÁRIO
da morte da Irmã Wilson[1586]

Na Quinta das Rosas celebrou-se ontem o 50.º aniversário da morte da Irmã Wilson, fundadora da Congregação das Franciscanas de Nossa Senhora das Vitórias.

Integrado no programa comemorativo foi celebrada, às 17 horas, por S. Excia. Revma. o Bispo da Diocese, missa solene na Capela da Casa Mãe.

Com a presença do Chefe do Distrito, Comandante Camacho de Freitas e dos srs. Tenente José Jorge Frutuoso da Silva, ajudante de campo do sr. Governador Militar, em representação de S. Excia.; D. João Saraiva, Bispo do Funchal; Coronel Fernando Homem Costa, presidente da Junta Geral; eng. Nuno Gonçalo da Câmara, vereador da Câmara Municipal do Funchal, em funções de Presidente; Dr. Militão Rodrigues, presidente da Câmara Municipal de Santa Cruz, e de outras entidades, foi inaugurada às 18,30 horas uma exposição de objetos e documentos pertencentes à Irmã Wilson.

Antes de se iniciar a visita, o Rev. Dr. Angelino Barreto, encarregado da biografia da Irmã Wilson, agradeceu a presença das autoridades superiores do Distrito, lamentando depois a ausência da Madre Superiora da Congregação, que se encontra presentemente em Roma.

As autoridades superiores do distrito, na visita à exposição.

AS CERIMÓNIAS COMEMORATIVAS DO 50.º ANIVERSÁRIO
DA MORTE DA IRMÃ WILSON
foram presididas por S. Exa. Revma. O SENHOR BISPO DO FUNCHAL[1587]

Conforme foi anunciado, a Congregação de Nossa Senhora das Vitórias comemorou, ontem, o 50.º aniversário da morte da Irmã Wilson, sua fundadora.

Às 17 horas foi celebrada missa solene na capela daquela Congregação, presidida por Sua Excia. Revma. o Senhor Bispo do Funchal, D. João António da Silva Saraiva, que foi acolitado pelos Rev.ºs Pe. dr. Abel Augusto da Silva e Pe. Fernando Xavier Ribeiro, respetivamente, Reitor e Perfeito do Seminário Maior do Funchal.

À homilia, S. Exa. Revma. o Bispo do Funchal, disse que não evocaria as virtudes da Irmã Wilson, pois essas eram suficientemente conhecidas por todas as Irmãs. E em vez de falar delas aproveitava então a data para perguntar às Irmãs se ela fosse viva o que pensaria da Congregação.

S. Excia. Revma. afirmou depois que o Concílio dizia que as Congregações se deviam renovar e atualizar mas sempre segundo o espírito dos seus fundadores.

Depois, o Senhor D. João da Silva Saraiva falou da beleza da vida religiosa, dizendo

---

[1586] BMF, *Diário de Notícias*, 19 de outubro de 1966.
[1587] BMF, *Jornal da Madeira*, 19 de outubro de 1966.

O sr. Governador do Distrito e Bispo do Funchal apreciando alguns trabalhos expostos.

O Rev. Dr. Angelino Barreto no momento em que falava sobre Miss Wilson.

quando se dedicava uma Igreja esta era consagrada ao Culto Divino e portanto da mesma forma as almas que a Deus se consagram devem sobrenaturalizar o humano que têm em si, através dos três votos: pobreza, castidade e obediência.

Deu o Prelado como exemplo Jesus, que na Casa de Nazaré, sendo o mais digno era o mais submisso.

Disse também S. Excia. acerca da castidade que esta era uma exigência do amor.

Terminou as suas palavras referindo-se à Grande Graça da Congregação espalhada em outros continentes, onde as Irmãs podiam desenvolver a sua ação.

Exposição de documentos e objetos pertencentes à Irmã Wilson

Na presença de S. Exa. o Chefe do Distrito e demais autoridades superiores, o Senhor D. João da Silva Saraiva inaugurou a exposição dos objetos e documentos pertencentes à Irmã Wilson, fundadora da Congregação.

O Rev. Pe. Dr. Angelino Barreto falou para dizer do valor da exposição não como preciosidade de arte, mas sim como elementos de conhecimentos valorosos para o estudo da biografia de Miss Wilson.

Apresentou as desculpas da Irmã Superiora Geral da Congregação, presentemente em Roma de visita à casa ali existente, o que a impossibilitou de estar presente à cerimónia comemorativa do 50.º aniversário da morte da Boa Mãe.

Teve, depois, palavras de agradecimento para o escultor Amândio de Sousa e sua esposa, escultora D. Luísa Clode, que orientaram a colocação dos objetos e documentos dispersos na sala.

Seguidamente as autoridades percorreram, acompanhadas do Rev. Pe. Dr. Angelino Barreto e Irmã Alexandra, as salas de exposição, onde se podem admirar diferentes objetos pessoais, livros e cartas que constituem um património valioso para a Congregação de Nossa Senhora das Vitórias.

Na sala via-se, ainda, uma placa de mármore com o nome da fundadora da Congregação de Nossa Senhora das Vitórias, que, por deliberação da Câmara Municipal de Santa Cruz, será colocada na rua onde está situado o hospital, a qual passará a chamar-se Rua Irmã Wilson.

Congregação de Nossa Senhora das Vitórias[1588]
EXPOSIÇÃO DE DOCUMENTOS PERTENCENTES À IRMÃ WILSON

A exposição de documentos e objetos pertencentes à Irmã Wilson, fundadora da Congregação Franciscana de Nossa Senhora das Vitórias, está patente ao público todos os dias das 9 às 12 e das 13 às 18 horas.

1588 BMF, *Jornal da Madeira*, 20 de outubro de 1966.

ANEXO XII - NOTÍCIAS REFERENTES À COMEMORAÇÃO
DO 50.º ANIVERSÁRIO DA MORTE DA IRMÃ WILSON

NOTICIÁRIO DA SEMANA[1589]

[...] Teve grande luzimento, conforme foi oportunamente noticiado, as comemorações do 50.º aniversário da Irmã Wilson fundadora das «Franciscanas de Nossa Senhora das Vitórias». [...]

No 50.º aniversário da morte de MADRE WILSON[1590]

No pretérito dia 18 do corrente fez cinquenta anos que faleceu, no Convento de São Bernardino, em Câmara de Lobos, a virtuosa Irmã Mary Jane Wilson, em Religião, «Irmã Maria de São Francisco Wilson».

Nascera na longínqua cidade de Madrasta, da então Índia Inglesa, a 3 de outubro de 1840. Quando faleceu, a bondosa Irmã contava 76 anos de idade e 31 de devotado amor ao próximo e à caridade cristã, desta Ilha.

Madre Wilson, filha de pais protestantes, abraçou o catolicismo aos 33 anos de idade, batizando-se com a mesma idade bom que morreu Jesus Cristo. Quando, em 1882, desembarcou no Funchal,[1591] tinha-se convertido à fé cristã, haviam decorridos, apenas, nove anos. Todavia, neste breve espaço de tempo Mary Jane Wilson, adquirira um profundo conhecimento da fé que poucos anos antes abraçara, cuja perfeição e santificação se lhe enraizaram na alma, guindando-a, para os carismas da santidade e das virtudes cristãs e altamente luminosas, cujas consequências haviam de traçar-lhe uma vida social e caritativa, em prol da Igreja e da sociedade humilde, sofredora e desamparada.

Dedicando-se logo com alma e coração ao serviço de Deus e do próximo, fundou uma Congregação religiosa, para a qual invocou o patrocínio da Virgem e de São Francisco, por quem o seu coração tanto se apaixonara e procurava servir, espiritualmente com todo o ardor da sua alma repleta de virtudes e de amor a Deus e ao próximo. D. Manuel Agostinho Barreto compreendendo os desejos da bondosa Mrs. Wilson,[1592] facilitou-lhe a sua tarefa, aprovando a sua ideia e os seus sacrossantos e piedosos propósitos. Dentro em pouco, estaria fundada a Congregação de Nossa Senhora das Vitórias, cuja sede seria na Capela da Visitação da Misericórdia de Santa Cruz, da fidalga Vila do leste madeirense. Ali estabelecida a Casa-Mãe, recrutadas as duas primeiras companheiras de ideal, Maria Isabel de Sá e Maria Pereira Camacho, em religião, Irmã Isabel e Irmã de Santo António, Madre Wilson mandou logo esta última sua companheira a Inglaterra, onde, durante dois anos se preparou para a vida religiosa numa comunidade de clausura rigorosa. Voltando à Madeira, as três Irmãs companheiras de ideal, fizeram a sua profissão solene, na Capela da referida Misericórdia de Santa Cruz, no dia 15 de julho de 1891.

A partir de então Madre Wilson ia dedicar-se, de alma e coração à obra sacrossanta que fundara, Fundadora do «Colégio de S. Jorge», que se instalara no Palácio de S. Pedro, no Funchal, cujas portas mandou logo encerrar, juntando suas drogas e mobiliário aos congéneres da Farmácia que Madame Ouschkoff, deixara em testamento ao Barão da Nora, Frederico Teles de Menezes, antigo Presidente da Câmara de Santa Cruz, para ser oferecida por aquele titular a um instituto de caridade, que, por instâncias de Madre Wilson, coube à Misericórdia de Santa Cruz. Com as drogas e mobiliários destas duas farmácias, montou Madre Wilson a Farmácia Hospitalar de Santa Cruz, numa altura em que a Misericórdia daquela Vila se encontrava arruinada e, por consequência, em tristes circunstâncias.

Madre Wilson seria a reconstrutora daquela Misericórdia, cujo hospital se encontrava arruinado e deserto. Edifício em ruínas, hospital sem roupas nem mobiliário, telhados descobertos, soalhos esburacados, enfermarias em estado calamitoso, a Misericórdia de Santa Cruz limitava-se, apenas, a socorrer alguns pobres e doentes em seus próprios domicílios. Madre Wilson, fundadora da sua pequena Congregação, tinha tudo por resolver: reconstruir o Hospital, fornecer e desenvolver a farmácia hospitalar, dar um grande im-

---

1589 BMF, *Eco do Funchal*, 24 de outubro de 1966.

1590 BMF, *Voz da Madeira*, 25 de outubro de 1966.

1591 Lapso do autor, visto Mary Jane Wilson ter chegado à Madeira em 1881.

1592 Lapso do autor, por ser Miss Wilson a referência correta. Na língua inglesa Mrs. refere-se a uma senhora casada, o que não era o caso.

pulso à sua nascente Congregação religiosa.

Com a farmácia meia-fornecida e a Casa-Mãe em ruínas, Madre Wilson, mete mãos à obra dispendiosa, mas necessária, recolhendo, pouco depois no Funchal, o primeiro auxílio para a sua obra cristã, social e misericordiosa: a primeira subscrição pública feita na Cidade, rendera a importância de cento e oitenta e cinco mil, duzentos e cinquenta reis. Era já um precioso estímulo que ela recebia, ao qual se vieram juntar os magros rendimentos daquela Misericórdia e as várias outras esmolas que recebera para o mesmo fim. Tratou logo de reconstruir o velho hospital arruinado, as enfermarias e lojas que careciam de urgente reparo. Em 1891, Madre Wilson e a sua companheira Irmã Isabel eram nomeadas pela respetiva Mesa, as primeiras enfermeiras do hospital em reconstrução.

Entretanto, em 1896, Wilson era nomeada principal regente do Hospital da Misericórdia de Santa Cruz. Simultaneamente, por influência de Madre Wilson iam aparecendo os primeiros benfeitores da Misericórdia. Uma Senhora estrangeira, Madame Mary Edith Arendrupe, entregou à Misericórdia de Santa Cruz a valiosa oferta de cem libras, destinadas a sufragar a alma de seu falecido filho Mr. Axil Arendrupe. Madre Wilson, por indicação da Mesa Gerente, recebeu aquela importância, pelo que a obra da reconstrução [do] hospital, progredia, em ritmo acelerado.

De esmola em esmola, de subsídio em subsídio, de auxílio em auxílio, Madre Wilson realizou o seu propósito. Em 1904, já a Misericórdia de Santa Cruz se encontrava reconstruída. Os doentes bem instalados, a Congregação em franco progresso, a farmácia bem abastecida. Madre Wilson que tanto trabalhara para a reconstrução daquela obra misericordiosa, de maneira zelosa, ativa e empreendedora, era louvada pela Mesa Gerente e os doentes e o concelho de Santa Cruz, ficavam-lhe devedores de uma obra social e humanitária, que logo dera seus belos frutos no campo da assistência social e misericordiosa.

Madre Wilson obrigada a sair da casa a que fundara, em Santa Cruz, por ocasião da implantação da República demo-liberal, recolheu-se com suas Irmãs em religião ao Convento de São Bernardino, em Câmara de Lobos, onde faleceu em 18 de outubro de 1916, em cheiro de santidade. As suas companheiras de ideal regressaram depois à Misericórdia de Santa Cruz, onde continuaram na obra caritativa, benemérita e imorredoira da sua Boa-Mãe, fundadora. Madre Wilson morrera velha e cansada; porém, a sua obra perdura florescente, continuada pelas suas beneméritas discípulas que hoje, meio século decorrido após a morte da sua benemérita e incansável fundadora recordam, com saudade, Madre Wilson, uma das maiores benfeitoras da Misericórdia de Santa Cruz, a cuja reconstrução o seu nome está indelével e perpetuamente ligado.

Funchal, outubro de 1966

M. F. Pio[1593]

[1593] Manuel Ferreira Pio, o autor do texto que apresentamos no Anexo IV.

ANEXO XIII
Notícias referentes à comemoração do centenário da morte da Irmã Wilson

CONSAGRADA
ABERTURA DO CENTENÁRIO DA MORTE DA IRMÃ WILSON[1594]
Ocorre hoje a abertura do Centenário da morte da Irmã Wilson, fundadora da Congregação das Irmãs Franciscanas de Nossa Senhora das Vitórias, cujo processo de beatificação decorre no Vaticano, tendo sido já declarada Serva de Deus, sinal de que muito proximamente tê-la-emos nos altares. A Irmã Wilson faleceu no Convento de São Bernardino em Câmara de Lobos na madrugada do dia 18 de outubro de 2016,[1595] seis dias após ali ter ingressado para fundar uma escola primária e preparatória de alunos para o seminário da diocese. A solene comemoração realiza-se hoje concomitantemente com a solenidade da Dedicação da Catedral, às 11h00.

1.º Centenário da sua morte
Mary Wilson missionária[1596]

MEMÓRIA
Manuel Gama

Sejamos testemunhas autênticas da presença do Espírito de Deus, neste nosso mundo.

A Irmã Mary Wilson, fundadora da Congregação das Irmãs Franciscanas de Nossa Senhora das Vitórias, foi apresentada como exemplo de missionária segundo o coração de Cristo, que mandou evangelizar os pobres, humildes doentes, esquecidos e desprezados pela sociedade, durante a celebração ontem realizada na Catedral do Funchal, que também serviu de abertura solene do 1.º centenário da sua morte, 18-10-1916.
O mote foi dado pela Irmã Superiora Provincial, citando a Venerável: "Devemos tornar a nossa vida toda sobrenatural". Na homilia, D. António Carrilho referiu-se à Dedicação da Catedral como a maior solenidade da Liturgia, fundamentando-se nas leituras que falam do rico simbolismo da presença do Espírito Santo, nas águas que saem do templo, da situação concreta dos cristãos como pedras vivas do Templo do Senhor e da Confissão de Pedro que recebe de Cristo a missão de evangelizar até aos confins do mundo. Razão para que a Igreja esteja também a celebrar o Dia Mundial das Missões, referindo a mensagem do Papa que reitera ser todo o batizado e com maior força de razão a pessoa consagrada, uma vocação missionária. A propósito da Irmã Wilson, diz textualmente o bispo: "Foi nes-

Aspeto da Eucaristia ontem celebrada na Catedral do Funchal.

[1594] ABM, *JM-Madeira*, 18 de outubro de 2015. Texto inserido na rubrica "RELIGIÃO".
[1595] Lapso do autor do texto, visto a Irmã Wilson ter falecido em 1916 e não em 2016.
[1596] ABM, *JM-Madeira*, 19 de outubro de 2016. Texto inserido na rubrica "RELIGIÃO".

ta missão e atenção aos mais carenciados que brilhou o testemunho da vida e obra da Irmã Mary Jane Wilson, cujas virtudes heroicas a Igreja reconheceu, proclamando-a Venerável e colocando-a, deste modo, no caminho da Beatificação/Canonização".

D. António recordou ainda a canonização dos pais de Santa Teresinha do Menino Jesus, primeiro casal não mártir a subir aos altares, ontem efetuada pelo Papa Francisco, com grande significado no decorrer do Sínodo dos Bispos sobre a família.

Conclui o Bispo com um apelo: à União com a Mãe Igreja e a Senhora da Assunção. JM

Abertura do 1.º centenário da morte
Irmã Mary Jane Wilson
figura ilustre e privilegiada[1597]

Irmã Mary Wilson.

A Irmã Wilson é "uma figura ilustre, que pertence ao número das criaturas privilegiadas, que só nascem para praticar o bem, atenuar ou corrigir o mal. Faz parte da história desta diocese, desta Igreja e do povo madeirense. As suas virtudes proclamam a sua imortalidade". Foi com estas palavras que a Irmã Maria Ângela Belim Martins definiu a fundadora da Congregação Franciscana de Nossa Senhora das Vitórias, de que é Superiora Geral, no domingo passado, na Catedral do Funchal, na solene abertura das celebrações do 1.º centenário da sua morte, ocorrida a 18 de outubro de 1916.

Chama-lhe também "MULHER", com maiúsculas, porque "foi grande em tudo, até na humildade". "Disse e ensinou a dizer a vida em grande", transmitindo "valores humanos, evangélicos, de fé e de vida autêntica a que todos somos convocados". E porque mulher de fé, totalmente voltada para Deus, lhe foi possível também voltar-se para fazer bem à humanidade, aonde foi chamada. Celebrar o centenário é "fazer memória agradecida" para aprofundar a sua mensagem, gravar e seguir o seu exemplo de vida. JM

Fundadas pela Irmã Wilson a 15 de janeiro de 1884
Irmãs de N.ª S.ª das Vitórias celebram 132 anos de história[1598]

JUBILEU
Manuel Gama

Conferência vai analisar Espiritualidade da Venerável Irmã Wilson.

A Congregação das Irmãs Franciscanas de Nossa Senhora das Vitórias fundada a 15 de janeiro de 1884, no Funchal, por Mary Jane Wilson, Irmã Maria de S. Francisco, tendo como cofundadora a Irmã Elisabeth de Sá, convida a participar numa reflexão sobre a Espiritualidade da Venerável Irmã Wilson, com a intervenção do Reverendo Pe. Estêvão, que se realiza hoje, no Colégio de Santa Teresinha às 19h15 horas, assinalando o 132 aniversário.

Os objetivos da fundação encontram vigência nos tempos modernos: "tornar presente, no mundo, os valores do Reino de Deus e colaborar na missão salvadora de Cristo, através do ensino, enfermagem, cuidado às crianças e aos idosos, promoção humana, catequese, pastoral a jovens e adultos".

Toda a Congregação em Igreja Universal está em ano Jubilar, com a celebração do 1.º

[1597] ABM, *JM-Madeira*, 25 de outubro de 2015. Texto inserido na rubrica "RELIGIÃO".
[1598] ABM, *JM-Madeira*, 15 de janeiro de 2016. Texto inserido na rubrica "RELIGIÃO".

ANEXO XIII - NOTÍCIAS REFERENTES À COMEMORAÇÃO DO CENTENÁRIO DA MORTE DA IRMÃ WILSON

centenário da morte da Venerável Irmã Wilson: 1916-2016.

Mary Jane Wilson nasceu a 3 de outubro de 1840, em Hurryhur, região de Mysore, na Índia.

Em 1981,[1599] chegou à Madeira, acompanhando uma senhora doente; esta voltou à Inglaterra, mas Mary Wilson permaneceu na Ilha, a pedido do Bispo do Funchal, D. Manuel Agostinho Barreto, dedicando-se à catequese e aos mais pobres de pão, de fé ou de cultura.

Em 1907, exerceu caridade heroica, no Lazareto - Funchal, no combate a uma epidemia de varíola, recebendo, por isso, a condecoração portuguesa de Torre e Espada.

Com a implantação da República, em 1910, foi expulsa de Portugal e viveu um ano de exílio na Inglaterra. Voltou à Madeira em 1911 e morreu em 1916, no Convento de S. Bernardino, em Câmara de Lobos, com fama de santidade.

A 18 de agosto de 1991, em cerimónia presidida pelo Bispo do Funchal, D. Teodoro de Faria, na presença dos membros que constituíam o tribunal diocesano, fez-se a abertura oficial do Processo Diocesano de "Canonização da Irmã Wilson", na Igreja de S. Pedro - Funchal.

Venerável Irmã Wilson, fundadora da Congregação.

A 9 de outubro de 2013, em Roma, o Papa Francisco aprovou a publicação do Decreto que reconhece as "virtudes heroicas" da Serva de Deus - Irmã Maria de S. Francisco Wilson, VENERÁVEL. Aguarda-se a beatificação. JM

TERTÚLIA
DIMENSÃO SOCIAL NA IRMÃ WILSON[1600]

Hoje sexta-feira, pelas 19h15, no colégio de Santa Teresinha no Funchal, vai realizar-se uma Tertúlia sobre a Dimensão social na vida da Irmã Wilson, inserida no programa do 1.º centenário da morte da Venerável Irmã Wilson, Fundadora da Congregação das Irmãs Franciscanas de Nossa Senhora das Vitórias. É conduzida pela Irmã Deolinda Mendonça, Dra. Graça Alves e Dr. Francisco Santos. Estão convidados leigos, consagrados, sacerdotes, professores de todas as Escolas, ex-alunos e amigos da Irmã Wilson.

No centenário da sua morte
A santidade heróica da Irmã Wilson[1601]

MEMÓRIA
Teodoro de Faria
Bispo Emérito do Funchal

"É digno e conveniente celebrar esta memória de uma das mulheres a quem poderíamos chamar a Madre Teresa da Madeira."

As Irmãs Vitorianas preparam-se para comemorar dignamente neste mês de outubro o centenário da santa morte da sua Fundadora, a 18 de outubro, com a celebração da Eucaristia na Catedral a 16 do mesmo mês. É digno e conveniente celebrar esta memória de uma das mulheres a quem poderíamos chamar a Madre Teresa da Madeira, a quem tanto o Funchal deve

---

1599 Lapso do autor do texto, visto o ano correto ser o de 1881.
1600 ABM, *JM-Madeira*, 27 de maio de 2016. Texto inserido na rubrica "RELIGIÃO".
1601 ABM, *JM-Madeira*, 2 de outubro de 2016. Texto inserido na rubrica "RELIGIÃO".

Irmã Wilson.

e que teve a intuição de fundar um Instituto que perdura no tempo, ultrapassando a pequenez da Madeira e, como árvore frondosa estende os seus braços pelos cinco continentes. Foi obra abençoada por Deus, louvada pelos cristãos e indiferentes, cujo perfume de caridade e misericórdia nos alegra recordar e bendizer o Senhor. Pedimos a Deus, como lemos no profeta Ezequiel, que os ramos da Congregação alimentados pelas águas que escorriam debaixo da soleira do Templo, produzam novos frutos todos os meses que sirvam de alimento e as folhas de remédio. (cfr. Ez. 47 e ss.).

A Irmã Mary Jane Wilson nasceu em Mysore, na Índia, de pais ingleses e anglicanos, a 3 de outubro de 1840. Após uma procura dolorosa e diligente da fé católica, teve uma experiência interior muito forte na noite de 30 de abril de 1873 na França, devido a ter dúvidas sobre a presença real de Jesus na Eucaristia. Abraçada a uma pequena imagem da Senhora das Vitórias, as dúvidas dissiparam-se como a névoa da manhã sob os raios do sol, no seu espírito brilhou a claridade radiante da face de Cristo ressuscitado. Não foi um milagre externo, mas o dom da fé que inundou o seu espírito de uma santa paz e suave alegria, durante toda a sua vida. Desde então consagrou toda a sua vida ao Senhor e à caridade para com os seus irmãos, desconhecendo ainda o caminho que Deus lhe preparava.

A sua vinda para o Funchal, cidade conhecida então como propícia para curar a tuberculose, em companhia de uma sua amiga que acompanhava um filho tuberculoso, ela que era enfermeira diplomada num hospital de Londres, ao chegar à Madeira ficou deslumbrada com a beleza da natureza e suas flores, os rochedos pareciam-lhe restos dum mítico Leviatan sepultado no mar e, ao mesmo tempo ficou triste e perturbada com a pobreza das crianças, falta de escolas, doentes sem cuidados, sociedade laicizada, padres desleixados, religiosos expulsos dos conventos pela legislação maçónica, o espetáculo desolador da vida moral e social que lhe dilacerava o coração.

Miss Wilson sente interiormente que este é o lugar difícil onde Deus quer que ela permaneça para O servir. O bispo, D. Manuel Agostinho Barreto pede-lhe para ajudá-lo na evangelização, na escola às crianças, no cuidado aos doentes, na preparação de remédios nas farmácias, até na cura aos variolosos e. finalmente, na preparação dos seminaristas no mosteiro de São Bernardino, espremido dentro dum vale. Quando chegou ao Funchal, a 26 de maio de 1881, ela já contava 41 anos, três anos depois, em 1884, funda a Congregação, o trabalho, porém, é duro e demasiado. Como Moisés no deserto, precisa de ajuda, vai à Inglaterra pedir auxílio, mas não consegue, vem procurar nos residentes na Madeira, dirige-se ao Hospício Rainha D. Amélia e encontra uma jovem trabalhadora, inteligente, educada, tinha 18 anos, chamava-se Amélia Amaro de Sá e era órfã. As duas, agora, vão rezar em conjunto e fundar a Congregação de Nossa Senhora das Vitórias. O exemplo da Amélia contagiou outras jovens. Surgem muitas dificuldades económicas e financeiras, com problemas e dívidas, mesmo nas provas Deus vai mostrando o caminho, os muitos trabalhos exigem muitos braços, diligentes e fortes, ela luta para que as suas religiosas crescessem na ciência e na santidade. O Bispo foi uma preciosa ajuda para a Boa Mãe, até a escolha do hábito teve aprovação episcopal. Como dissessem à Boa Mãe que o hábito era muito elegante, ela diz ao bispo que vai mudá-lo, tem de ser simples e pobre, D. Manuel responde, por agora fica assim... As vocações aumentaram, vieram de famílias inglesas residentes no Funchal, do continente português, da Alemanha e da Itália. JM

ANEXO XIII - NOTÍCIAS REFERENTES À COMEMORAÇÃO
DO CENTENÁRIO DA MORTE DA IRMÃ WILSON

Falecida a 18 de outubro de 1916
Encerramento a 16 na Catedral[1602]

A Congregação das Irmãs Franciscanas de Nossa Senhora das Vitórias tem programado para o encerramento dos cem anos da morte da Irmã Wilson, uma celebração Eucarística na Catedral do Funchal, no domingo, 16 de outubro, às 11h00, a qual será presidida pelo Bispo do Funchal, D. António Carrilho. Do seu programa consta ainda a celebração de um tríduo preparatório: A 13 de outubro na Igreja de Santa Cruz às 19:30h; a 14 de outubro na Igreja de S. Pedro às 19:30; e a 15 de outubro na Igreja do Convento de S. Bernardino às 19:30h, peregrinando assim pelos "caminhos percorridos pela Irmã Wilson" na Ilha da Madeira de 13 a 19 de outubro de 2016.

Para participar nestas celebrações, a Irmã Maria Ângela Belim Martins, Superiora Geral da Congregação das Irmãs Franciscanas de Nossa Senhora das Vitórias, está a convidar todas as Religiosas das diversas Congregações, Sacerdotes Diocesanos e Religiosos, Familiares das Irmãs, Amigos da Irmã Wilson e simpatizantes, Pais e Alunos das Escolas e Colaboradores assim como todas as pessoas que queiram unir-se para dar Graças a Deus pela Vida da Venerável Irmã Wilson na celebração do 1.º Centenário da Morte da Irmã Wilson. Desta forma solene se encerra o ano jubilar, durante o qual "se fizeram ações de bem-fazer, relembrou-se o carisma e espiritualidade herdado pela Venerável Irmã Wilson e viveram--se momentos significativos de encanto, proximidade, oração e convivência". JM

[Logotipo criado por Bruno Tremura].

Mary Wilson a caminho da Beatificação
A heroicidade das virtudes[1603]

MEMÓRIA
Teodoro de Faria
Bispo Emérito do Funchal

"Fiquei profundamente impressionado com a qualidade e profundidade mística desta grande mulher".

No ano de 2012, reuniu-se em Roma a Congregação para a Causa dos Santos para estudar e discutir a heroicidade das virtudes da Serva de Deus Maria de São Francisco Wilson, estando presentes sete consultores.

O Promotor da Fé ao terminar o debate, escreveu: «Todos os consultores deram voto afirmativo» (9 sobre 9). Nos momentos da despedida, todos os consultores deram um voto de louvor porque esta exemplar figura de mulher consagrada para em breve chegar, se for do agrado do Santo Padre, à desejada beatificação».

O estudo minucioso e critérios das nove comissões de teólogos experimentados, reunidas separadamente chegaram à mesma conclusão afirmativa.

Antes da reunião dos consultores em Roma, a Diocese do Funchal organizou um processo de 700 páginas. Foi sobre este volumoso livro que os escritores históricos e teólogos e, depois, os consultores examinaram a santidade heróica da Irmã de São Francisco Wilson. Li e reli as notas e a observação dos Consultores e, apesar de tudo o que já lera, estudara e escrevera sobre esta grande figura da Igreja, fiquei profundamente impressionado com a qualidade e profundidade mística desta grande mulher. Como o juízo sobre a heroicidade das virtudes e, consequente forma de santidade, é de natureza histórica, a sua validade é fundada nos testemunhos escritos do processo.

1602 ABM, *JM-Madeira*, 2 de outubro de 2016. Texto inserido na rubrica "RELIGIÃO".
1603 ABM, *JM-Madeira*, 9 de outubro de 2016. Texto inserido na rubrica "RELIGIÃO".

Madre Wilson, a "Boa Mãe" dos pobres, doentes e crianças.

A primeira documentação foi recolhida 23 anos após a morte da Serva de Deus e refere-se ao período anterior à Grande Guerra (1939-1945), a segunda recolha diz respeito ao período posterior à revolução dos cravos (1974). A Madre Wilson viveu um dos períodos mais difíceis e conturbados dos 500 anos desta Diocese. Uma das perguntas mais frequentes dos Consultores foi. Porque se esperou tanto tempo para se iniciar o processo de beatificação? Foi exatamente o contexto histórico e político em que se vivia na Diocese, a passagem da monarquia para a República, a expulsão das Ordens Religiosas. A declaração mais antiga foi escrita apenas seis anos após a morte (1916) santa da Madre Wilson, que as Irmãs e o povo chamavam carinhosamente a «Boa Mãe».

Quanto ao livro chamado «Positio» dizem os consultores que, apesar de alguns limites, contém os elementos suficientes para avaliar serenamente as virtudes da Serva de Deus, a radicalidade evangélica, o espírito missionário, a pobreza moral e material do povo madeirense, o seu profundo misticismo, a forma de santidade, etc. A radicalidade do seguimento de Jesus Cristo aparece desde a sua conversão (1873), até ao fim da sua vida terrena. Com o advento da República (1910) e supressão das Ordens Religiosas, expulsão da Madeira, nunca vacilou na sua fé. Soube proteger, encorajar, incentivar os outros cristãos nos momentos de crise. A sua caridade ia à sua frente, a favor de todos. Criou escolas gratuitas para os pobres, escolas que foram fechadas com a expulsão das ordens religiosas. Fundou asilos para velhinhos, crianças pobres, abandonados de ambos os sexos não esquecendo a gesta do Lazareto e a pneumónica. Sem mérito meu, fui a pessoa que mesmo antes de ser bispo, tanto no Reino Unido como em Roma, mais se interessou pela beatificação da Irmã Wilson.

Quando o Papa João Paulo II visitou a Madeira, falei do processo de beatificação da Madre Wilson que havia de iniciar em breve. Finalmente abri o processo a 18 de agosto de 1991. Estou convicto que foi Deus quem me inspirou e guiou a começar a investigação em Londres e a continuá-la em Roma e Funchal, embora, sempre me considerando um servo inútil (Lc 17, 10). JM

Encerramento das celebrações centenárias no próximo domingo
Peregrinando com a Irmã Wilson[1604]

Uma celebração Eucarística na Catedral do Funchal, no próximo domingo, 16 de outubro, às 11h00, presidida pelo Bispo do Funchal, D. António Carrilho, encerra oficialmente as comemorações do centenário da morte da Madre Wilson, ocorrida a 18 de outubro de 1916, que a Congregação das Irmãs Franciscanas de Nossa Senhora das Vitórias tem vindo a efetivar. Do programa consta ainda a celebração de um tríduo preparatório: A 13 de outubro na Igreja de Santa Cruz às 19:30; a 14 de outubro na igreja de S. Pedro às 19:30; e a 15 de outubro na Igreja do Convento de S. Bernardino às 19:30, peregrinando assim pelos "caminhos percorridos pela Irmã Wilson" na Ilha da Madeira de 13 a 19 de outubro de 2016.

A Irmã Maria Ângela Belim Martins, Superiora Geral da Congregação, está a convidar todas as Religiosas das diversas Congregações, Sacerdotes Diocesanos e Religiosos, Familiares das

---

[1604] ABM, *JM-Madeira*, 9 de outubro de 2016. Texto inserido na rubrica "RELIGIÃO".

ANEXO XIII - NOTÍCIAS REFERENTES À COMEMORAÇÃO DO CENTENÁRIO DA MORTE DA IRMÃ WILSON

Irmãs, Amigos da Irmã Wilson e simpatizantes, Pais e Alunos das Escolas e Colaboradores assim como todas as pessoas que queiram unir-se para dar Graças a Deus pela Vida da Venerável Irmã Wilson na celebração do 1.º Centenário da sua Morte.

Desta forma solene se encerra o ano jubilar, durante o qual "se fizeram ações de bem--fazer, relembrou-se o carisma e espiritualidade herdado pela Venerável Irmã Wilson e viveram-se momentos significativos de encanto, proximidade, oração e convivência". JM

PALAVRAS APENAS
MARY WILSON[1605]
(em tempo de centenário)

"Aprendi a chamá-la Boa Mãe. E peço-lhe colo, sempre que me perco do que aprendi. E sinto-a ao meu lado, quando preciso de amparo."

Guardo seu olhar, desde a minha adolescência. Mesmo que a minha vida tenha tomado outra direção, Mary Jane Wilson continuou a ser, para mim, um modelo: de amor, de serviço, de bem-fazer.

Morreu há cem anos, aqui, na ilha que escolheu para ser sua e que ajudou a vencer a fome, a pobreza, o analfabetismo, a falta de Deus. Morreu aqui, como morrem os santos, no colo da Senhora das Vitórias que lhe ensinou o segredo da fé.

Pelas mãos das suas palavras, das que li e das que a vida das irmãs me ditaram, aprendi a olhar as coisas pequenas, as flores miudinhas dos caminhos, a doçura dos olhos dos miúdos, depois das tropelias; aprendi que é preciso muito cuidado com a caridade e que a nobreza está guardada no silêncio dos gestos.

Guardei dela, desses anos da minha adolescência, muitas coisas que o meu coração vai buscar, quando a noite cai, quando me desiludo, quando não tenho vontade de perdoar, quando me cego com o brilho dos meus olhos e não vejo mais nada. Guardei dela a noção de que a nossa vida tem de ser toda sobrenatural, de que Deus faz milagres sempre que é preciso, de que temos de pôr o melhor de nós em tudo aquilo que fazemos.

Não posso deixar de falar na Congregação que ela fundou e à qual, um dia, eu quis pertencer. A Ir. Wilson sonhou-a como uma família, um lugar onde se vai receber parte daquilo que é preciso ter para se poder dar aos outros. Imagino, aos olhos de hoje, de uma mulher do mundo, que cada comunidade devia ser um laboratório de amor, um lugar onde se aprende a viver o que se deve ensinar – a simplicidade, a prudência, a verdade, a caridade, o perdão, o valor dos gestos delicados.

Aprendi a chamá-la Boa Mãe. E peço-lhe colo, sempre que me perco do que aprendi. E sinto-a ao meu lado, quando preciso de amparo.

Hoje, agradeço o dom da sua vida e de ter escolhido este cantinho de mar, para iniciar uma obra que se espalhou pelo mundo inteiro. "Se a obra é de Deus, permanecerá", disse, um dia. E a prova está aqui, cem anos depois de nos ter deixado. JM

[1605] ABM, *JM-Madeira*, 14 de outubro de 2016. Texto inserido na rubrica "A ABRIR".

Mary Wilson e suas filhas entraram na Instituição no 1.º de maio de 1907
A gesta do Lazareto [1606]

MEMÓRIA
Teodoro de Faria
Bispo Emérito do Funchal

Com a sua intuição, inteligência e conhecimento da epidemia, os doentes saíram todos curados[1607] e o perigo da epidemia desapareceu.

Há uma frase da Irmã Maria de São Francisco Wilson que mostra o radicalismo da sua congregação a Deus. Geralmente os grandes convertidos que, após uma vida dissipada ou mesmo pecadora, se convertem, conservam um grande amor a Cristo e afastamento da tibieza e pecado. A frase é esta: «Quem ama alguma coisa mais do que a Deus, rouba, pertencemos a Deus e a nenhuma outra coisa devemos dar o nosso coração».

Esta frase foi escrita pela sua mão, mas foi vivida por ela durante os anos que Deus lhe concedeu. Nesse tempo, fins do século XIX e princípio do século XX a Madeira foi surpreendida com várias epidemias, algumas das quais muito contagiosas. Mas uma meteu medo e terror, como no tempo da peste negra na Europa, foi a varíola, quando as entidades civis colocaram os doentes no Lazareto. Todos temiam o contágio.

A Irmã Wilson com uma confiança ilimitada em Deus e uma vontade indómita e heroica, ofereceu-se para tratar dos doentes com algumas das suas filhas que voluntariamente se ofereceram, dispostas a sacrificar até a própria vida. A Irmã Wilson não temia enfrentar nenhum obstáculo para alcançar a perfeição. «A graça de Deus, dizia ela, é a nossa força». A Irmã Wilson ofereceu-se generosamente ao Governador Civil, Dr. Jardim,[1608] para juntamente com as suas filhas, poderem ser úteis aos infelizes, internados no Lazareto, preparadas para dar a vida, para o bem do próximo, se Deus assim permitisse.

Mary Wilson, a "Santa Teresa" da Madeira. [Pintura da autoria de Richard Fernandez].

Entraram no Lazareto no 1.º de Maio de 1907. Com a sua intuição. inteligência e conhecimento da epidemia, higiene, os doentes saíram todos curados e o perigo da epidemia desapareceu. O bom povo madeirense, que já conhecia em parte a obra da Irmã Wilson organizou-se para agradecer o bem precioso da cura que ela conseguira para a Madeira o que antes causara tanto medo e preocupação. O governo português concedeu-lhe a mais alta consideração: «A Ordem de Torre e Espada, do valor, lealdade e mérito».

A Boa Mãe afligiu-se com a condecoração, ela fez o que a sua consciência lhe ditara, não queria honras humanas. Disse às Irmãs: «Não me agrada a publicidade». Alguns jornais imbuídos de preconceitos liberais, sem quererem mostrar a sua oposição de forma clara e explícita, disseram que nesse tempo não era costume condecorar mulheres na Madeira. O povo cristão alegrou-se, a esfera maçónica e liberal agastou-se.

Esta foi a maior humilhação que tive em toda a minha vida. Fiz aquilo que cada religiosa teria feito no meu lugar. Não fiz outra coisa senão cumprir o meu dever». Diz o Papa Francisco: «Não é o clamor nem a

---

1606 ABM, *JM-Madeira*, 16 de outubro de 2016.

1607 Contrariamente ao que refere D. Teodoro de Faria, ocorreram diversos óbitos de variolosos no Lazareto, muitos dos quais de crianças de tenra idade, conforme se pode constatar no Anexo VII.

1608 Lapso do autor, visto o Governador Civil do Funchal em 1907, por altura do início do surto de varíola, era o D. Bernardo da Costa.

plateia, mas a sombra e o silêncio os lugares que Deus escolheu para manifestar-se aos homens».

Com a chegada da República em 1910, todos os Institutos Religiosos foram ofendidos pela legislação anticlerical. A condecorada Irmã Wilson foi expulsa da Madeira para a Inglaterra.

A fama de santidade da Irmã aumentou e foi crescendo até à hora da morte. O título de «Boa Mãe» equivale ao de Santa. Um dos comentadores, escreveu este feliz resumo: «A vida da Irmã Mary Jane Wilson é uma vida de silêncio, de recolhimento, de dedicação e de trabalho no profundo espírito de oração que sempre a acompanhou, de confiança em Deus, na Sua Providência e de entrega à sua vontade até ao abandono total de si». Foi dotada de uma espiritualidade rica e profunda. Transformou a sua cultura, que era vasta, num dom consciente, iluminado pela graça de Deus. Dedica longas horas à oração e enriquece-se com a leitura espiritual, principalmente a Sagrada Escritura. Possui uma atitude filial com o bom Pai que é Deus... Aprende a contemplar a face de Cristo nos pobres, nos doentes, nas crianças, nos irmãos. Tornou-se uma alma eucarística... O seu modelo foi a Virgem Maria que amou filialmente, da qual aprendeu a doação ao plano do Senhor. Confiou a Ela, excelsa Mãe de Deus e Mãe Vitoriosa a sua própria conversão. JM

Esta manhã, na Catedral
Encerram celebrações centenárias[1609]

Uma celebração Eucarística na Catedral do Funchal, às 11 horas deste domingo, presidida pelo Bispo do Funchal, D. António Carrilho, encerra oficialmente as comemorações do centenário da morte de Madre Wilson, ocorrida a 18 de outubro de 1916, que a Congregação das Irmãs Franciscanas de Nossa Senhora das Vitórias tem vindo a efetivar.

A Irmã Maria Ângela Belim Martins, Superiora Geral da Congregação, está a convidar todas as Religiosas das diversas Congregações, Sacerdotes Diocesanos e Religiosos, Familiares das Irmãs, Amigos da Irmã Wilson e simpatizantes, Pais e Alunos das Escolas e Colaboradores assim como todas as pessoas que queiram unir-se para dar Graças a Deus pela Vida da Venerável Irmã Wilson na celebração do 1.º Centenário da sua Morte.

Desta forma solene se encerra o ano jubilar, durante o qual "se fizeram ações de bem-fazer, relembrou-se o carisma e espiritualidade herdado pela Venerável Irmã Wilson e viveram-se momentos significativos de encanto, proximidade, oração e convivência". JM

Ao encerrar as celebrações do Centenário da sua morte
Igreja presta homenagem à Venerável "Boa Mãe"[1610]

MEMÓRIA AGRADECIDA
Manuel Gama

Esta jornada de gratidão contou com a presença do Papa Francisco.

A Catedral do Funchal foi cenário de uma grandiosa homenagem à Irmã Maria de São Francisco Wilson, a quem os madeirenses apelidaram de "Boa-Mãe", e a Santa Sé já chama "Venerável", a caminho dos altares. Um ato que partiu certamente das suas "filhas", as Irmãs da Congregação de Nossa Senhora das Vitórias, mas que envolveu toda a Igreja. O Papa Francisco enviou a sua mensagem, o Bispo Diocesano, D. António Carrilho acompanhado de um grupo de quatro bispos, presidiu à Eucaristia e fez a homilia, o cabido da

---

1609 ABM, *JM-Madeira*, 16 de outubro de 2016. Texto inserido na rubrica "RELIGIÃO".
1610 ABM, *JM-Madeira*, 17 de outubro de 2016. Texto inserido na rubrica "RELIGIÃO".

Entrada solene do colégio Pontifical em homenagem à "Boa Mãe" numa Catedral repleta, reconhecida e agradecida.

Catedral marcou presença, alguns sacerdotes participaram, com destaque para os que representam Ordens Religiosas, as mesmas religiosas de vida consagrada, onde sobressaíam as Irmãs Vitorianas, quase completavam o recinto sagrado, muito povo de Deus, entre o qual certamente os pais dos alunos das escolas fundadas pela "Boa Mãe", e até crianças que em número aproximado dos 150, integravam o coro orientadas pela professora e maestrina Zelina Caldeira. Como salientou D. António Carrilho, todos se "congregaram", para prestar esta justa homenagem à Irmã falecida há cem anos, a 18 de Outubro de 1916. Celebrado no domingo, proporcionou maior afluência e permitiu registar 'casa cheia" na vetusta Catedral do Funchal. O bispo do Funchal discorreu pela vida e obras da Irmã Wilson, destacando a sua fé na Senhora das Vitórias, que lhe concedeu a graça de acreditar na presença real de Cristo na Eucaristia, possibilitando a sua conversão à Igreja Católica, enaltecendo também o amor dedicado ao longo da sua vida, referindo a circunstância de, no Santo da Serra, olhar através da sua janela, para o sacrário da capela. Recordou o Bispo a sua total dedicação aos pobres, aos doentes, aos leprosos[1611] e vítimas da pneumática[1612] a quem se entregou no Lazareto, vivendo o trecho evangélico de fazer a Cristo o que se faz aos mais pequeninos. Ainda neste campo, D. António ressaltou que a Irmã Wilson cumpriu todas as obras de misericórdia, corporais e espirituais, mandando as suas filhas ensinar as crianças e a juventude, preparando para a vida. Referiu ainda que a Irmã faleceu oito dias depois de ter chegado ao Convento de São Bernardino, em Câmara de Lobos, aonde fora enviada pelo bispo Diocesano, para preparar uma escola de formação a futuros seminaristas e sacerdotes, o que lhe haveria causado suma alegria. Não hesitou o bispo em referir que até o clero diocesano beneficiou do seu espírito de entrega, de devoção e de vivência prática do Evangelho, na vida, num estado de coerência com a fé.

Foi há cem anos que partiu para o Pai. No entanto, continua viva nas suas obras de misericórdia, no seu ensino, nas suas "filhas", espalhadas por onze países em quatro continentes. Mas não há dúvida alguma, que a sociedade madeirense tem uma dívida de gratidão para com a Mary Jane Wilson. E essa gratidão esteve ao rubro, ontem na Catedral. Deveras emocionante e digno de registo as interpretações do coro de cerca de 150 crianças das escolas por ela fundadas, ou pela Congregação. Muitos dos textos cantavam a sua obra, o seu amor, a sua dedicação. JM

Associando-se à homenagem dos madeirenses à "Boa Mãe"
Papa concede Bênção Apostólica[1613]

A Superiora Geral da Congregação de Nossa Senhora das Vitórias, Irmã Ângela Martins, deu leitura à missiva do papa Francisco, dirigida à Congregação. Respigamos algumas palavras: "Possa esta celebração jubilar ajudá-las a olhar o mundo com olhos novos, tornados mais luminosos pelo amor e a esperança, que permitam a cada uma viver den-

---

[1611] Lapso do autor. O termo correto seria variolosos.
[1612] Lapso do autor. O termo correto seria pneumónica.
[1613] ABM, *JM-Madeira*, 17 de outubro de 2016. Texto inserido na rubrica "RELIGIÃO".

ANEXO XIII - NOTÍCIAS REFERENTES À COMEMORAÇÃO DO CENTENÁRIO DA MORTE DA IRMÃ WILSON

Um dos momentos da Eucaristia solene comemorativa dos 100 anos da morte da Irmã Wilson, celebrada na Sé Catedral pelo Bispo do Funchal, D. António Carilho (ao centro), e co-celebrada por D. Teodoro de Faria, Bispo Emérito do Funchal e D. Maurílio de Gouveia, Arcebispo Emérito de Évora (à esquerda) e D. José Alves, Bispo de Évora, e D. António Montes, Bispo Emérito de Bragança-Miranda (à direita), este último pertencente à Ordem dos Frades Menores. *Foto de Carlos Fernandes.*

tro de si com verdade, viver na caridade. Com olhar assim, os outros nunca parecem como obstáculo a superar, mas como irmãos e irmãs a acolher".

Diz que "o nosso tempo, infelizmente conhece novas pobrezas e nós as vemos difíceis, mas a grande carestia é a caridade. São precisas pessoas cheias de amor e que infundam esperança, porque o amor fará encontrar formas e palavras para confortar quem é mais frágil. E tais são as Irmãs Vitorianas". "Crescei e multiplicai-vos", diz Francisco, ao mesmo tempo que convida a continuarem com coragem a vencer os desafios da hora presente, apoiando-se, ajudando-se mutuamente, porque "os problemas superam-se com a solidariedade". E conclui: "Copiosas graças celestiais, em penhor das quais lhes concede, extensivas aos familiares e a quantos servem, a implorada bênção apostólica e a indulgência Plenária". JM

Um coro infantil louvou a vida e obras da "Boa Mãe".

Homilia de D. António Carrilho, Bispo do Funchal, na Eucaristia do Centenário da morte da Venerável Irmã Mary Jane Wilson[1614]

Sé do Funchal, 16 de Outubro de 2016

"Que felicidade conhecer as misericórdias do Senhor!"
Irmã Wilson

A Igreja do Funchal alegra-se, neste Ano Santo da Misericórdia, com todos os seus filhos que, ao longo dos tempos, foram o rosto visível da misericórdia de Deus e transformaram o Evangelho da alegria em gestos e palavras, para os seus contemporâneos. Alegremo-nos com o seu testemunho de santidade, testemunho de caridade e de alegria. É que a Igreja necessita de testemunhas, de pedras vivas; necessita de homens e mulheres, que sejam luzeiros da esperança e do amor.

Hoje aqui nos encontramos, na nossa catedral, para celebrarmos o centenário da morte da Venerável Irmã Mary Jane Wilson, em comunhão com toda a família das Irmãs Vitorianas, que ao longo do ano caminhou, preparando esta data como grande oportunidade de reavivar os dons e carismas recebidos da Irmã Fundadora. Recordamos a sua história, damos graças a Deus pela sua vocação e afirmamos o desejo de responder aos desafios do nosso tempo, com a mesma fé, a mesma força e determinação, que ela sempre manifestou.

Luzeiro da esperança e do amor

A Irmã Wilson faleceu no convento de São Bernardino, em Câmara de Lobos, no dia 18 de outubro de 1916, com 76 anos de idade, para onde tinha ido, por vontade e com a missão recebida do Bispo meu antecessor, D. António Pereira Ribeiro, de criar uma escola de formação e orientação vocacional para rapazes, em ordem à sua eventual entrada no Seminário Diocesano.

A chegada ao convento de São Bernardino foi para a Irmã Wilson uma grande alegria e a realização de um sonho. Após as dificuldades, as perseguições e o exílio imposto pela Primeira República, surgiam agora novos tempos que lhe permitiam concretizar este seu desejo. Mas Deus tinha outro desígnio, chamando-a a Si, oito dias depois, no dia 18 de Outubro. Rapidamente a notícia da morte se espalhou e uma grande multidão compareceu a prestar a última homenagem à Boa Mãe, como era conhecida. O Bispo do Funchal, D. António Pereira Ribeiro, presidiu ao funeral e muitos foram, também, os sacerdotes que ali estiveram presentes, num gesto de profundo reconhecimento e carinho.

Com a sua vida, obras e fama de santidade, a Irmã Wilson tinha conquistado o coração de todos os madeirenses. Era a Boa Mãe! Ninguém podia esquecer os anos que viveu na Madeira e toda a sua dedicação aos outros, principalmente aos mais pobres: a forma como tinha cuidado dos doentes nas epidemias da varíola e da pneumónica, colocando em perigo a própria vida; a grande capacidade de criar e gerir obras de solidariedade, para acolher e educar crianças, cuidar dos enfermos e dos idosos; e a fundação de um novo instituto religioso, que prolongasse a sua ação pastoral e caritativa, a Congregação das Irmãs Franciscanas de Nossa Senhora das Vitórias, hoje presentes em onze países de quatro continentes.

Vinde bendita de Meu Pai!

Para ela, como carisma e projeto para a Congregação que fundou, os pobres a quem procurava ajudar, em vista da sua promoção humana e espiritual, eram todos os necessitados, fossem eles pobres "de pão ou de cultura, de amor ou de saúde, de justiça, de fé ou de esperança" (*Constituições*, 5). Jesus bem pôde olhar para ela e dizer-lhe: tive fome e destes-Me de comer, tive sede e destes-Me de beber, cobristes a nudez, suavizastes a doença, combatestes a ignorância, consolastes os tristes, visitastes os encarcerados, vinde bendita de meu Pai! Assim dissera Jesus: "Sempre que fizestes isto a um destes Meus

---

[1614] Esta homilia não foi publicada na imprensa mas inserimo-la aqui de modo a ficar registada igualmente nesta obra e terminar assim, com chave de ouro, a seção dos Anexos da mesma.

ANEXO XIII - NOTÍCIAS REFERENTES À COMEMORAÇÃO DO CENTENÁRIO DA MORTE DA IRMÃ WILSON

D. António Carrilho no momento em que proferia a homilia da Eucaristia solene comemorativa do centenário da morte da Irmã Maria de São Francisco Wilson. *Foto de Carlos Fernandes.*

irmãos mais pequeninos a Mim mesmo o fizestes" (Mt 25,40).

A Boa Mãe chegou ao Funchal aos 40 anos de idade e rapidamente percebeu a beleza da ilha e da natureza, as flores e os jardins, a bondade e a fé das pessoas, mas como mulher atenta, percebeu também as grandes necessidades da maior parte da população: a fome e a doença, o desamparo das crianças e dos idosos, a falta de catequese e apoio pastoral de muitos sacerdotes.

Perante tal situação, qualquer pessoa podia desanimar e desistir, mas a Irmã Wilson abraçou todos estes desafios com muita fé e a fortaleza daqueles que confiam em Deus. Ela soube acolher e responder, generosamente, aos apelos do seu coração, assumindo-os como verdadeiros apelos de Deus. Não era uma senhora rica, que apenas dava esmolas: era uma mulher simples e pobre, mas inteligente e culta, rica na capacidade de amar e de reconhecer o rosto de Cristo no rosto dos irmãos, até nos mais pequeninos.

O povo madeirense chamava-lhe "Boa Mãe", agora a Igreja chama-lhe "Venerável", reconhecendo as suas virtudes heróicas, por decreto do Papa Francisco, de 9 de outubro de 2013, que a coloca mais perto da sua Beatificação. Como se lê neste *Decreto sobre as Virtudes*, diante das dificuldades ela mantinha sempre uma alegria serena, porque afirmava: "se existe uma virtude no mundo à qual devemos aspirar é precisamente a alegria". E mais: "devemos ser firmes no amor divino, como o ilhéu no meio do oceano: batem tempestades de todos os lados e permanece sempre ilhéu".

Eucaristia e oração perseverante

Onde foi a Irmã Wilson encontrar tanta fé e coragem? Qual era a fonte da sua caridade e proximidade? Como alimentou ela os seus gestos e obras de misericórdia? Podemos responder, sem dúvida, que ela se deixou tocar profundamente pelo amor de Deus. N'Ele encontrou a força para a missão: na oração, na escuta da Sua Palavra e nos sacramentos, mananciais de graça e fortaleza. E no encontro com Deus encontrou os irmãos e os amou com todas as suas capacidades e uma confiança inabalável na Providência Divina.

Era grande o seu amor à Eucaristia! Com a pequenina imagem de Nossa Senhora das Vitórias, agarrada ao peito e suplicando, com ansiedade, uma luz do alto, que rompesse e brilhasse no seu coração, recebeu naquela noite de 30 de Abril de 1873, aquilo que procurava: o grande dom da fé na presença real de Cristo na Eucaristia, fé e sentido de presença, que a acompanhou e foi tão importante para ela, ao longo de toda a vida.

Era grande também o seu gosto pela oração, como "expressão íntima de amor, confiança e entrega à Providência Divina". Que belo testemunho e estímulo sentimos nós, quando visitamos, na Comunidade do Santo da Serra, aquele pequeno espaço de janela aberta para a capela, donde a Irmã Wilson, já mais velha e doente, tantas vezes contemplava o sacrário; aí permanecia em longos tempos de meditação da Palavra de Deus, de diálogo com Ele no silêncio e na intimidade do coração, como quem escuta o que Ele tem para dizer, em horas de dúvida e discernimento, de alegria ou sofrimento, perante os diversos acontecimentos e situações.

A Irmã Wilson bem entendeu e pôs em prática aquilo que, afinal, a liturgia deste domingo nos sugere e recomenda sobre a oração e a Palavra de Deus, através das leituras há pouco proclamadas. Ancorada na meditação da Palavra, a oração ilumina os caminhos da vida, faz comunhão, suscita o olhar da misericórdia de um coração sereno e confiante; a oração humilde e persistente é, sem dúvida, uma força que revitaliza a fé e a esperança, une mais profundamente a Deus e projeta no amor para com o próximo.

Em louvor e ação de graças

Não é este o momento de relembrar toda a história da vida da Venerável Irmã Wilson. O seu perfil de grande mulher e o testemunho de santidade, que nos legou e a Igreja reconhece, ao proclamar as suas virtudes heróicas, como Venerável a caminho da Beatificação, levam-nos hoje a bendizer e dar graças a Deus pela sua vida e missão, na Igreja e na Sociedade.

Bendizemos a Deus pelo que sonhou e realizou no seu tempo, bendizemos a Deus pela atividade da Congregação das Irmãs Franciscanas de Nossa Senhora das Vitórias, nestes cem anos após a morte dela, como prolongamento do seu carisma evangelizador.

Como é bom recordar, nesta data, o amor da Irmã Wilson à Congregação que fundou e as expetativas e esperanças, que nela depositou. Consta que ao obter a aprovação das Constituições, por parte do Bispo D. António Pereira Ribeiro, a Irmã Mary Jane Wilson muito se alegrou e disse: "Agora morro em paz, porque já vi o que desejava!". Esta aprovação aconteceu no dia 8 de Maio de 1916, cinco meses antes da sua morte.

À Senhora das Vitórias

Confiemos à Boa Mãe, com fé e muita esperança, as nossas preocupações, necessidades e anseios; a sua vida e as suas virtudes sejam para nós modelo de vida cristã, de amor a Cristo e à Igreja, de entrega generosa ao serviço dos irmãos.

E rezemos à Senhora das Vitórias, para que o desejado e necessário milagre, para a Beatificação da Venerável Irmã Wilson, venha em breve trazer-nos essa grande alegria, com a certeza da sua intercessão e estímulo à santidade da nossa vida.

Funchal, 16 de outubro de 2016

† António Carrilho, Bispo do Funchal

Bibliografia

Arquivo Regional e Biblioteca Pública da Madeira

Jornais:

- *Atalaia*
- *O Académico*
- *Brado do Oeste*
- *A Chacota*
- *O Combate*
- *O Correio da Manhã*
- *Correio da Tarde*
- *Diário da Tarde*
- *Diário da Madeira*
- *Diário de Notícias*
- *Diário do Comércio*
- *Eco do Funchal*
- *O Direito*
- *O Distrito*
- *O Funchal*
- *O Jornal*
- *Jornal da Madeira*
- *Jornal da Manhã*
- *Jornal de Notícias*
- *JM-Madeira*
- *A Luta*
- *A Madeira*
- *A Pátria*
- *O Povo*
- *O Reclame*
- *Trabalho e União*
- *A Verdade*
- *Voz da Madeira*
- *A Voz Pública*

Folhetos:

- "O Assalto ao Lazareto - No dia 7 de janeiro de 1906"
- "O bicho desapareceu"
- "Canção da Peste"
- "Confissão do Doutor Rego"
- "Continuação dos versos de Santa Maria"
- "O Dedo da providência"
- "O Dr. Rego enforcado - Os crimes do Lazareto"
- "O Dr. Rego no Inferno (Expiação dum criminoso)"

- "Farsa do Lazareto"
- "Farsas e Farsantes"
- "Louvor à Virgem por nos livrar de calamidades"
- "Má Peste dê nos Pestes"
- "Partida"
- "A Peste no Funchal - No dia 7 de janeiro de 1906"
- "O Último suspiro"
- "Viva o 7 de janeiro de 1906"

Biblioteca Municipal do Funchal

Jornais:

- *Boletim Eclesiástico da Madeira*
- *Boletim Mensal Diocesano da Obra de S. Francisco de Sales para a Defesa e Conservação da Fé na Diocese do Funchal*
- *Correio da Tarde - Jornal Progressista*
- *O Correio do Funchal - Diário da Tarde*
- *O Democrata*
- *Diário de Notícias*
- *Diário do Governo*
- *Diário Popular*
- *O Direito*
- *O Jornal*
- *Heraldo da Madeira*
- *O Látego*
- *O Povo*
- *Quinzena Religiosa da Ilha da Madeira*
- *O Rebate*
- *Trabalho e União*
- *A Voz do Povo*

Obras:

- *Almanaque de Lembranças Madeirense para 1908*, Edição Bureau de la Presse, Funchal, 1907
- *Almanaque de Lembranças Madeirense para 1911*, Edição Bureau de la Presse, Funchal, 1911
- *Almanaque Ilustrado do Diário da Madeira 1913*, Edição da Empresa Diário da Madeira, Funchal, 1912
- *Almanaque Ilustrado do Diário da Madeira 1914*, Edição da Empresa Diário da Madeira, Funchal, 1913
- Biddle, Anthony J. Drexel, *The Madeira Islands*, Filadélfia, 1896
- Clode, Luís Peter, *Registo Bio-Bibliográfico de Madeirenses: Sécs XIX e XX*, Edição da Caixa Económica do Funchal, Funchal, [1984]
- Koebel, W. H., *Madeira: Old and New*, Londres, 1909
- Pio, Manuel Ferreira, *Santa Cruz da Ilha da Madeira: Subsídios para a sua História*, Tipografia Minerva, Funchal, 1967
- Rego, António Balbino, *Na Ilha da Madeira: Hospital improvisado*, Porto, 1907
- Rendell, J. M., *Concise Handbook of the Island of Madeira*, Revised Edition, Lon-

dres, 1890
- Silva, Pe. Fernando Augusto da; Menezes, Carlos Azevedo de, *Elucidário Madeirense*, Direção Regional dos Assuntos Culturais, Funchal, 1998
- Taylor, Ellen, *Madeira: Its scenery and how to see it*, Londres, 1882
- Thomas-Stanford, Charles, *Leaves from a Madeira Garden*, 2.ª Edição, Londres e New York, 1910
- *A Tragédia do Lazareto: A suposta peste - Um cúmulo de infâmias*, Tip. Antipestífera, Funchal, 1906

Folhetos:

- "À Despedida - Doutor Rego - Arrependimento"
- "A Panelinha da Peste e um Medroso"
- "A Peste Balbínica - O Enjeitado do Povo"
- "A Peste no Funchal"
- "Os Pestilenciais no Funchal"
- "Sonho dum Machiqueiro"

Biblioteca Nacional de Portugal

Jornais:

- *Diário de Notícias*
- *Portugal*

OUTRAS OBRAS CONSULTADAS:

- Fernandes, Abel Soares, *Mary Jane Wilson: Roteiro*, Congregação das Irmãs Franciscanas de Nossa Senhora das Vitórias, Funchal, 2003
- Ribeiro, Abílio Pina, *Irmã Wilson: Vida - Testemunhos - Cartas*, Congregação das Irmãs Franciscanas de Nossa Senhora das Vitórias, Apelação, 2000

Nota sobre o Autor da obra

Duarte Miguel Barcelos Mendonça é natural do Funchal, onde nasceu a 21 de julho de 1974. É formado pela Universidade da Madeira, onde obteve a Licenciatura em Línguas e Literaturas Modernas, variante de Francês/Inglês, ramo científico, no ano 2000, e o Mestrado em Cultura e Literatura Anglo-Americanas, no ano 2003.

Tem publicadas sete obras, a saber: *João de Lemos Gomes (1906-1996) Médico Cururgião* (Funchal 500 Anos, 2006); *Da Madeira a New Bedford - Um capítulo ignorado da emigração portuguesa nos Estados Unidos da América* (DRAC, 2007); *Impressões de uma Viagem à América - Pe. Alfredo Vieira de Freitas* (CMSC, 2009); *Memórias da minha vida - Um Inverno na Madeira* (Sopa de Letras/Principia Editora, 2011); *Carlos e Zita de Habsburgo - Crónica de um exílio imperial na cidade do Funchal* (CMF, 2013); *American Views on Madeira Wine - Annotated anthology of 19th Century texts* (Edição de Autor, 2015); *A visão (Luso-)Americana da Revolta da Madeira* (Edição de Autor, 2016).

Tem centenas de artigos sobre Cultura Madeirense publicados na imprensa regional e luso-americana.

Conferencista, já apresentou dezenas de prelecções a solo ou integrado em seminários ou colóquios realizados na Madeira, nos Açores, em Lisboa, em Paris e nos Estados Unidos.

A meados de 2016 criou a Editora Madeirense, através da qual já publicou o livro *Dramaturgia de João França*, lançado no mesmo ano.

Em 2016 foi convidado a integrar o CIERL, Centro de Investigação em Estudos Regionais e Locais, sedeado na Universidade da Madeira, do qual é membro.

É funcionário da autarquia funchalense desde 2008, desempenhando funções na Biblioteca Municipal do Funchal desde então, com exceção do período compreendido entre janeiro de 2014 e março de 2015, em que, no seguimento do convite formulado pelo edil Dr. Paulo Cafôfo, desempenhou o cargo de coordenador operacional do Teatro Municipal Baltazar Dias.

O Autor desta obra nas escadas de acesso ao cais do Lazareto.
Foto da Irmã Dulce Pinto.

www.ingramcontent.com/pod-product-compliance
Lightning Source LLC
Chambersburg PA
CBHW081123170426
43197CB00017B/2728